A MORTE DO
MESSIAS

Coleção BÍBLIA E HISTÓRIA

- A mulher israelita: papel social e modelo literário na narrativa bíblica – *Athalya Brenner*
- Culto e comércio imperiais no apocalipse de João – *J. Nelson Kraybill*
- É possível acreditar em milagres? – *Klaus Berger*
- Esperança da glória, A – *David A. deSilva*
- Igreja e comunidade em crise: o evangelho segundo Mateus – *J. Andrew Overman*
- Jesus exorcista: estudo exegético e hermenêutico de Mc 3, 20-30 – *Irineu J. Rabuske*
- Metodologia de exegese bíblica – *Cássio Murilo Dias da Silva*
- Moisés e suas múltiplas facetas: do Êxodo ao Deuteronômio – *Walter Vogels*
- O judaísmo na Antiguidade: a história política e as correntes religiosas de Alexandre Magno até o imperador Adriano – *Benedikt Otzen*
- O projeto do êxodo – *Matthias Grenzer*
- Os evangelhos sinóticos: formação, redação, teologia – *Benito Marconcini*
- Os reis reformadores: culto e sociedade no Judá do Pimeiro Templo – *Richard H. Lowery*
- Pai-nosso: a oração da utopia – *Evaristo Martín Nieto*
- Para compreender o livro do Gênesis – *Andrés Ibañez Arana*
- Paulo e as origens do cristianismo – *Michel Quesnel*
- Profetismo e instituição no cristianismo primitivo – *Guy Bonneau*
- São João – *Yves-Marie Blanchard*
- Simbolismo do corpo na Bíblia – *Silvia Schroer & Thomas Staubli*
- Terra não pode suportar suas palavras; reflexão e estudo sobre Amós, A – *Milton Schwantes*

Série MAIOR

- Anjos e Messias; messianismos judaicos e origem da cristologia – *Luigi Schiavo*
- Entre o céu e a terra, comentário ao "Sermão da Montanha" (Mt 5-7) – *Franz Zeilinger*
- Fariseus, escribas e saduceus na sociedade palestinense – *Anthony Saldarini*
- Introdução ao Novo Testamento – *Raymond E. Brown*
- O Nascimento do Messias; comentário das narrativas da infância nos evangelhos de Mateus e Lucas – *Raymond E. Brown*
- Pedro e Roma; a figura de Pedro nos dois primeiros séculos – *Joachim Gnilka*
- Rei e Messias em Israel e no Antigo Oriente Próximo – *John Day (Org.)*
- Tobias e Judite – *José Vílchez Líndez*

Raymond E. Brown

A MORTE DO MESSIAS

COMENTÁRIO DAS NARRATIVAS DA PAIXÃO
NOS QUATRO EVANGELHOS

Volume II

Dados Internacionais de Catalogação na Publicação (CIP)
(Câmara Brasileira do Livro, SP, Brasil)

Brown, Raymond E.
   A morte do Messias : comentário das narrativas da Paixão nos quatro Evangelhos, volume II / Raymond E. Brown ; [tradução Barbara Theoto Lambert]. – São Paulo : Paulinas, 2011. – (Coleção Bíblia e história. Série maior)

   Título original: The death of the Messiah.
   Bibliografia.
   ISBN 978-85-356-2729-9

   1. Narrativas da Paixão (Evangelhos)   2. Bíblia. N.T. Gospels - Comentários   I. Título.   II. Série.

10-11324   CDD-226.07

Índice para catálogo sistemático:
1. Narrativas da Paixão : Bíblia : Novo Testamento : Comentários   226.07

Título original: *The death of the Messiah* – from Gethsemane to the grave: A Commentary on the Passion Narratives in the Four Gospels, volume II

© 1994, by The Associated Sulpicians of the U. S.

Direção-geral: Bernadete Boff
Editores responsáveis: Vera Ivanise Bombonatto e Matthias Grenzer
Tradução: Barbara Theoto Lambert
Copidesque: Tiago José Risi Leme
Coordenação de revisão: Marina Mendonça
Revisão: Ruth Mitzuie Kluska
Assistente de arte: Sandra Braga
Gerente de produção: Felício Calegaro Neto
Capa e diagramação: Manuel Rebelato Miramontes

Nenhuma parte desta obra poderá ser reproduzida ou transmitida por qualquer forma e/ou quaisquer meios (eletrônico ou mecânico, incluindo fotocópia e gravação) ou arquivada em qualquer sistema ou banco de dados sem permissão escrita da Editora. Direitos reservados.

Paulinas
Rua Dona Inácia Uchoa, 62
04110-020 – São Paulo – SP (Brasil)
Tel.: (11) 2125-3500
http://www.paulinas.com.br – editora@paulinas.com.br
Telemarketing e SAC: 0800-7010081

© Pia Sociedade Filhas de São Paulo – São Paulo, 2011

Sumário do volume II

(Antes de cada "ato" e "cena" do Comentário, será apresentado um quadro mais detalhado, que divide as seções [marcadas por §] em subseções.)

Abreviaturas 7

Quarto ato: Jesus é crucificado e morre no Gólgota. É sepultado ali perto
(Mc 15,20b-47; Mt 27,31b-66; Lc 23,26-56; Jo 19,16b-42) 21

Sumário do quarto ato, cena um 23

§ 37. Bibliografia da seção para a cena um do quarto ato:
A crucificação de Jesus (§§ 38—44) 27

§ 38. Introdução: estrutura dos relatos da crucificação e do sepultamento 47

§ 39. Episódio de transição: Jesus levado para ser crucificado
(Mc 15,20b-21; Mt 27,31b-32; Lc 23,26-32; Jo 19,16b-17a) 59

§ 40. Jesus crucificado, primeira parte: O cenário
(Mc 15,22-27; Mt 27,33-38; Lc 23,33-34; Jo 19,17b-24) 85

§ 41. Jesus crucificado, segunda parte: Atividades no local da cruz
(Mc 15,29-32; Mt 27,39-44; Lc 23,35-43; Jo 19,25-27) 141

§ 42. Jesus crucificado, terceira parte: Últimos acontecimentos, morte
(Mc 15,33-37; Mt 27,45-50; Lc 23,44-46; Jo 19,28-30) 197

§ 43. Jesus crucificado, quarta parte: Acontecimentos posteriores à morte de Jesus —
a. Efeitos externos (Mc 15,38; Mt 27,51-53; [Lc 23,45b]) 273

§ 44. Jesus crucificado, quarta parte: Acontecimentos posteriores à morte de Jesus —
b. Reações dos presentes (Mc 15,39-41; Mt 27,54-56; Lc 23,47-49; Jo 19,31-37) 325

Sumário do quarto ato, cena dois 391

§ 45. Bibliografia da seção para a cena dois do quarto ato:
O sepultamento de Jesus (§§ 46—48) 393

§ 46. O sepultamento de Jesus, primeira parte: O pedido do corpo por José
(Mc 15,42-45; Mt 27,57-58; Lc 23,50-52; Jo 19,38a).. 399

§ 47. O sepultamento de Jesus, segunda parte: Colocação do corpo no túmulo
(Mc 15,46-47; Mt 27,59-61; Lc 23,53-56a; Jo 19,38b-42) 441

§ 48. O sepultamento de Jesus, terceira parte: No sábado, a guarda no sepulcro
(Mt 27,62-66; Lc 23,56b).. 489

Apêndices **523**

Apêndice I: O Evangelho de Pedro – narrativa não canônica da Paixão............................ 525

Bibliografia para o Apêndice I: O Evangelho de Pedro 565

Apêndice II: Data da crucificação (dia, mês, ano)... 569

Bibliografia para o Apêndice II: Para datar a crucificação 601

Apêndice III: Passagens pertinentes difíceis de traduzir.. 603

Apêndice IV: Perspectiva geral de Judas Iscariotes 621

Bibliografia para o Apêndice IV: Judas Iscariotes 647

Apêndice V: Autoridades e grupos judaicos mencionados nas narrativas da Paixão.......... 651

Apêndice VI: O sacrifício de Isaac e a Paixão.. 671

Bibliografia para o Apêndice VI: O sacrifício de Isaac... 681

Apêndice VII: Os antecedentes veterotestamentários das narrativas da Paixão................ 683

Bibliografia para o Apêndice VII: Os antecedentes veterotestamentários
das narrativas da Paixão.. 707

Apêndice VIII: As predições de Jesus a respeito de sua Paixão e morte........................... 711

Bibliografia para o Apêndice VIII: As predições de Jesus a respeito de sua Paixão 737

Apêndice IX: A questão de uma narrativa pré-marcana da Paixão:
por Marion L. Soards.. 739

Abreviaturas

AB	Anchor Bible
AER	*American Ecclesiastical Review*
AJBI	*Annual of the Japanese Biblical Institute*
AJEC	P. Richardson, org. *Anti-Judaism in Early Christianity; Vol 1: Paul and the Gospels.* Waterloo, Ont., Canadian Corp. for Studies in Religion & Wilfred Laurier Univ., 1986
AJINT	W, P. Eckert *et alii*, orgs. *Antijudaismus im Neuen Testament?* München, Kaiser, 1967
AJSL	*American Journal of Semitic Languages and Literature*
AJT	*American Journal of Theology*
AnBib	Analecta Biblica
AnGreg	Analecta Gregoriana
ANRW	Aufstieg und Niedergang der römischen Welt
Ant.	*Antiguidades judaicas*, de Flávio Josefo
AP	R. H. Charles, org. *Apocrypha and Pseudepigrapha of the Old Testament.* Oxford, Clarendon, 1913, 2 v.
AsSeign	*Assemblées du Seigneur*
ASTI	*Annual of the Swedish Theological Institute*
AT	Antigo Testamento
ATANT	Abhandlungen zur Theologie des Alten und Neuen Testaments
ATR	*Anglican Theological Review*
A.U.C.	*anno urbis conditae* ou *ab urbe condita* (no ano especificado da fundação de Roma)
AUSS	*Andrews University Seminary Studies*
BA	*Biblical Archaeologist*

BAA	M. Black. *An Aramaic Approach to the Gospel and Acts*. 3. ed. Oxford, Clarendon, 1967
BAG	W. Bauer; W. F. Arndt; F. W. Gingrich. *Greek- English Lexicon of the New Testament and Other Early Christian Literature*. Cambridge University, 1957
BAGD	BAG revisto por F. W. Danker, Univ. of Chicago, 1979
BARev	*Biblical Archaeology Review*
BDF	F. Blass; A. Debrunner; R. W. Funk. *A Greek Grammar of the New Testament*. University of Chicago, 1961. Referências a seções
BEJ	R. E. Brown. *The Epistles of John*. Garden City, N.Y., Doubleday, 1982 (AB 30)
BeO	*Bibbia e Oriente*
BETL	Bibliotheca Ephemeridum Theologicarum Lovaniensium
BExT	P. Benoit. *Exégèse et Théologie*. Paris, Cerf, 1961-1982, 4 v.
BGJ	R. E. Brown. *The Gospel According to John*. Garden City, N.Y., Doubleday, 1982. AB 29, 29A, 2 v.
BHST	R. Bultmann. *History of the Synoptic Tradition*. New York, Harper & Row, 1963
BibLeb	*Bibel und Leben*
BibLit	*Bibel und Liturgie*
BJG	P. Benoit. *Jesus and the Gospel*. New York, Herder, 1973, 2 v.
BJRL	*Bulletin of the John Rylands Library of the University of Manchester*
BK	*Bibel und Kirche*
BNM	R. E. Brown. *O nascimento do Messias* [tradução Barbara Theoto Lambert]. São Paulo, Paulinas, 2005
BR	*Biblical Research*
BS	Biblische Studien
BSac	*Bibliotheca Sacra*
BSSNT	K. Beyer. *Semitische Syntax in Neuen Testament*. Göttingen, Vandenhoeck & Ruprecht, 1962
BT	*The Bible Translator*

BTB	*Biblical Theology Bulletin*
BU	Biblische Untersuchungen
BVC	*Bible et Vie Chrétienne*
BW	*Biblical World*
BWANT	Beiträge zur Wissenschaft vom Alten und Neuen Testament
ByF	Biblia y Fe
BZ	*Biblische Zeitschrift*
BZNW	Beihefte zur ZNW
CB	*Cultura Bíblica*
CBQ	*Catholic Biblical Quarterly*
CC	Corpus Christianorum. Series Latina
CCat	*Civiltà Cattolica*
CCER	*Cahiers du Cercle Ernest Renan*
CD	Cairo (texto Genizá do Documento de) Damasco
CH	*Church History*
CKC	J. Vardaman & E. M. Yamauchi, orgs. *Chronos, Kairos, Christos*. Winona Lake, IN, Eisenbrauns, 1989 (J. Finegan Festschrift)
CNBB	*Bíblia Sagrada* — tradução da CNBB
ColB	*Collationes Brugenses*
ConNT	*Coniectanea Neotestamentica*
CQR	*Church Quarterly Review*
CR	*Clergy Review*
CSA	*Chicago Sudies* 25, #1, 1986. Passion, Death, and Resurrection of Jesus (volume de aniversário)
CSEL	Corpus Scriptorum Ecclesiasticorum Latinorum
CT	*Christianity Today*
CTM	*Concordia Theological Monthly*
CTom	*Ciencia Tomista*
CurTM	*Currents in Theology and Mission*
DACL	*Dictionnaire d'Archéologie Chrétienne et de Liturgie*

DBG	M. Dibelius. *Botschaft und Geschichte*. Tübingen, Mohr, 1953, 1956, 2 v.
DBS	H. Denzinger & C. Bannwart. *Enchiridion Symbolorum*. A. Schönmetzer, revisor. 32. ed. Freiburg, Herder, 1963. Referências a seções
DBSup	*Dictionnaire de la Bible, Supplément*
DJ	T. Mommsen, org. *The Digest of Justinian*. Philadelphia, Univ. of Pennsylvania, 1985, 4 v.
DJD	Discoveries in the Judaean Desert
DJS	A. Denaux, org. *John and the Synoptics*. Leuven Univ., 1992 (BETL 101). Analisado por Denaux em ETL 67, 1991, p. 196-203
DNTRJ	D. Daube. *The New Testament and Rabbinic Judaism*. London, Athlone, 1956
DRev	*Downside Review*
DSNT	J. D. M. Derrett. *Studies in the New Testament*. Leiden, Brill, 1977-1986, 4 v.
DSSW	G. Dalman. *Sacred Sites and Ways*. New York, Macmillan, 1935. Original alemão, 3. ed., 1924
EBib	Études Bibliques
EJMI	R. A. Kraft & G. W. E. Nickelsburg, orgs. *Early Judaism and its Modern Interpreters*. Atlanta, Scholars, 1986
EKKNT	Evangelisch-katholischer Kommentar zum Neuen Testament
EQ	*Evangelical Quarterly*
ErbAuf	*Erbe und Auftrage*
EspVie	*Esprit et Vie* (posteriormente, *L'Ami du Clergé*)
EstBib	*Estudios Bíblicos*
EstEcl	*Estudios Eclesiásticos*
ESM	*Evangelho secreto de Marcos*
ETL	*Ephemerides Theologicae Lovanienses*
ETR	*Études Théologiques et Religieuses*
EvPd	*Evangelho de Pedro* (ver Apêndice I)

EvT	*Evangelische Theologie*
ExpTim	*Expository Times*
FANT	J. Finegan. *The Archaeology of the New Testament*. Princeton Univ., 1969
FAWA	J. A. Fitzmyer. *A Wandering Aramean*. Missoula, MT, Scholars, 1979 (SBLMS 25)
FB	Forschung zur Bibel
FESBNT	J. A. Fitzmyer. *Essays on the Semitic Background of the New Testament*. London, Chapman, 1971
FGN	F. Van Segbrook et alii, orgs. *The Four Gospels 1992*. Leuven, Leuven Univ., 1992, 3 v. (F. Neirynck Festschrift. BETL 100)
FRLANT	Forschungen zur Religion und Literatur des Alten und Neuen Testaments
FTAG	J. A. Fitzmyer. *To Advance the Gospel*. New York, Crossroad, 1981
FV	*Foi et Vie*
FZPT	*Freiburger Zeitschrift für Philosophie und Theologie*
GCS	Die Griechischen Christlichen Schriftsteller. Berlin
GVMF	H. Goldstein, org. *Gottesverächter und Menschenfeinde? Juden zwischen Jesus und frühchristlicher Kirche*. Düsseldorf, Patmos, 1979
HE	Eusébio. *História Eclesiástica*
HeyJ	*Heythrop Journal*
HibJ	*Hibbert Journal*
HJPAJC	E. Schürer. *The History of the Jewish People in the Age of Jesus Christ*. G. Vermes et alii, revisores. Edinburgh, Clark, 1973-1987, 3 v.
HPG	C. Kopp. *The Holy Places of the Gospels*. New York, Herder and Herder, 1963
HSNTA	E. Hennecke & W. Schneemelcher. *New Testament Apocrypha*. Philadelphia, Westminster, 1963, 1965, ed. rev., v. I, 1991, 2 v.
HTR	*Harvard Theological Review*

HUCA	*Hebrew Union College Annual*
IBS	*Irish Biblical Studies*
IEJ	*Israel Exploration Journal*
IER	*Irish Ecclesiastical Record*
ILS	H. Dessau. *Inscriptiones Latinae Selectae*. Berlin, Weidmann, 1892-1916, 3 v. Citado pelo número da inscrição.
ITQ	*Irish Theological Quarterly*
JAAR	*Journal of the American Academy of Religion*
JANT	M. R. James. *The Apocryphal New Testament*. 2. ed. Oxford, Clarendon, 1953
JBL	*Journal of Biblical Literature*
JBR	*Journal of Bible and Religion*
JE	*Jewish Encyclopedia*
JES	*Journal of Ecumenical Studies*
JETS	*Journal of the Evangelical Theological Society*
JEWJ	J. Jeremias. *The Eucharistic Words of Jesus*. 2. ed. New York, Scribners, 1966
JJC	L. H. Feldman & G. Hata, orgs. *Josephus, Judaism and Christianity*. Leiden, Brill, 1987
JJS	*Journal of Jewish Studies*
JJTJ	J. Jeremias. *Jerusalém no tempo de Jesus*. São Paulo, Paulus, 1986 [Reeditado por Paulus e Academia Cristã, 2010]
JPFC	S. Safrai & M. Stern, orgs. *The Jewish People in the First Century*. Philadelphia, Fortress, 1974, 2 v.
JPHD	E. Bammel & C. F. D. Moule, orgs. *Jesus and the Politics of His Day*. Cambridge Univ., 1984
JQR	*Jewish Quarterly Review*
JRS	*Journal of Roman Studies*
JSJ	*Journal for the Study of Judaism in the Persian, Hellenistic and Roman Period*
JSNT	*Journal for the Study of the New Testament*

JSNTSup	Journal for the Study of the New Testament — Série suplementar
JTS	*Journal of Theological Studies*
KACG	H. Koester. *Ancient Christian Gospels*. Philadelphia, Trinity, 1990
KBW	Katholisches Bibelwerk. Stuttgart, Verlag
KJ	*King James* ou *Versão autorizada da Bíblia*
KKS	W. H. Kelber; A. Kolenkow; R. Scroggs. Reflections on the Question: Was There a Pre-Markan Passion Narrative? SBLSP, 1971, v. 2, p. 503-586
Kyr	P. Granfield & J. A. Jungmann, orgs. *Kyriakon*. Münster, Aschendorff, 1970, 2 v.
LB	*Linguistica Biblica*
LD	Lectio Divina
LFAE	A. Deissmann. *Light from the Ancient East*, ed. rev. New York, Doran, 1927 (TU 68)
LKS	H. Lietzmann. *Kleine Schriften II*. Berlin, Akademie, 1958
LS	*Louvain Studies*
LumVie	*Lumière et Vie*
LXX	Septuaginta — Tradução grega do Antigo Testamento
MACM	H. Musurillo. *The Acts of the Christian Martyrs*. Oxford, Clarendon, 1972
MAPM	H. Musurillo. *The Acts of the Pagan Martyrs*. Oxford, Clarendon, 1954
MGNTG	J. H. Moulton (e N. Turner). *Grammar of New Testament Greek*. Edinburgh, Clark, 1908-1976, 4 v.
MIBNTG	C. F. D. Moule. *An Idiom-Book of New Testament Greek*. Cambridge Univ., 1960
MM	J. H. Moulton & G. Milligan. *The Vocabulary of the Greek New Testament Illustrated from the Papyri and Other Non-Literary Sources*. [reimpr.:] Grand Rapids, Eerdmans, 1963
MMM	Manuscritos do Mar Morto

MNTS	U. Luz & H. Weder, orgs. *Die Mitte des Neuen Testaments*. Göttingen, Vandenhoeck & Ruprecht, 1983 (E. Schweizer Festschrift)
ms., mss.	manuscrito(s)
MTC	B. M. Metzger. *A Textual Commentary on the Greek New Testament*. New York, United Bible Societies, 1971
MTZ	*Münchener Theologische Zeitschrift*
NAB	*New American Bible*
NDIEC	*New Documents Illustrating Early Christianity*
NEB	*New English Bible*, 1961
NEv	F. Neirynck. *Evangelica, Gospel Studies – Études d'Évangile*. Louvain, Peeters, 1982, 1991, 2 v. (O v. 1 traz artigos escritos entre 1966-1981; o v. 2, entre 1982-1991)
NHL	J. M. Robinson, org. *The Nag Hammadi Library*. New York, Harper & Row, 1988
NICOT	New International Commentary on the Old Testament
NJBC	R. E. Brown et alii, orgs. *The New Jerome Biblical Commentary*. Englewood Cliffs, N. J. Prentice-Hall, 1990. Referências a artigos e seções
NKZ	*Neue Kirchliche Zeitschrift*
NorTT	*Norsk Teologisk Tidsskrift*
NovT	*Novum Testamentum*
NovTSup	Novum Testamentum, Supplements
NP	Narrativa da Paixão. Quase sempre as narrativas da Paixão dos Evangelhos canônicos, que para este livro são Mc 14,26–15,47; Mt 26,30–27,66; Lc 22,39–23,56; Jo 18,1–19,42
NRSV	*New Revised Standard Version of the Bible*
NRT	*Nouvelle Revue Théologique*
NS	new series (de periódicos)
NT	Novo Testamento
NTA	*New Testament Abstracts*
NTAbh	Neutestamentliche Abhandlungen

NTS	*New Testament Studies*
NTT	*Nederlands Theologisch Tijdschrift*
OL	The Old Latin Version of the Bible
OS	The Old Syriac Version of the Bible
OS^{cur}	The Curetonian tradition of the OS
OS^{sin}	The Sinaitic tradition of the OS
OTP	J. H. Charlesworth, org. *The Old Testament Pseudepigrapha*. Garden City, NY, Doubleday, 1983-1985, 2 v.
par.	paralelo(s) da passagem citada, em um ou nos outros dois Evangelhos sinóticos
PEFQS	*Palestine Exploration Fund, Quarterly Statement*
PEQ	*Palestine Exploration Quarterly*
PG	J. Migne. Patrologia Graeca-Latina
PGJK	K. Kertelge, org. *Der Prozess gegen Jesus*. Freiburg, Herder, 1988 (QD 112)
PIB	Pontifício Instituto Bíblico de Roma
PIBA	Procedimentos da Irish Biblical Association
PILA	R. J. Cassidy & P. J. Scharper, orgs. *Political Issues in Luke-Acts*. Maryknoll, Orbis, 1983
PL	J. Migne. Patrologia Latina
PMK	W. H. Kelber, org. *The Passion in Mark. Studies on Mark 14–16*. Philadelphia, Fortress, 1976
PNT	R. E. Brown et alii, orgs. *Peter in the New Testament*. New York, Paulist, 1973
Q	*Quelle* ou fonte para material compartilhado por Mateus e Lucas, mas ausente de Marcos
QD	Quaestiones Disputatae
RA	*Revue Apologétique*
RArch	*Revue Archéologique*
RB	*Revue biblique*

RBen	*Revue Bénédictine*
RDLJ	D. D. Sylva, org. *Reimaging the Death of the Lukan Jesus.* Frankfurt, Hain, 1990 (Bonner Biblische Beiträge 73)
REA	*Revue des Études Anciennes*
RechBib	Recherches Bibliques
RechSR	*Recherches de Science Religieuse*
REJ	*Revue des Études Juives*
RevExp	*Review and Expositor*
RevQ	*Revue de Qumran*
RevSR	*Revue des Sciences Religieuses*
RHPR	*Revue d'Histoire et de Philosophie Religieuses*
RHR	*Revue d'Histoire des Religions*
RivB	*Rivista Biblica*
RQ	*Römische Quartalschrift für Christliche Altertumskunde und Kirchengeschichte*
RSJ	G. Richter. *Studien zum Johannesevangelium.* J. Hainz, org. Regensburg, Pustet, 1977 (BU 13)
RSV	*Revised Standard Version of the Bible*
RThom	*Revue Thomiste*
RTL	*Revue Théologique de Louvain*
RTP	*Revue de Théologie et de Philosophie*
RTPL	M. Limbeck, org. *Redaktion und Theologie des Passionsberichtes nach den Synoptikern.* Darmstadt, Wissenschaftliche Buch., 1981 (Wege der Forschung 481)
RV	*The Revised Version of the Bible*
SANT	Studien zum Alten und Neuen Testament
SB	Sources Bibliques
SBB	Stuttgarter Biblische Beiträge
SBE	Semana Bíblica Española
SBFLA	Studii Biblici Franciscani Liber Annuus

SBJ	*La Sainte Bible de Jérusalem*
SBLA	Society of Biblical Literature Abstracts
SBLDS	Society of Biblical Literature Dissertation Series
SBLMS	Society of Biblical Literature Monograph Series
SBLSBS	Society of Biblical Literature Sources for Biblical Studies
SBLSP	Society of Biblical Literature Seminar Papers
SBS	Stuttgarter Bibelstudien
SBT	Studies in Biblical Theology
SBU	Symbolae Biblicae Upsalienses
SC	Sources Chrétiennes
ScEsp	*Science et Esprit*
SEA	*Svensk Exegetisk Arsbok*
SJT	*Scottish Journal of Theology*
SNTSMS	Society for New Testament Studies Monograph Series
SO	Symbolae Osloenses
SPAW	*Sitzungsberichte der (königlichen) Preussischen Akademie der Wissenschaften*
SPNM	D. P. Senior. *The Passion Narrative According to Matthew.* Leuven Univ., 1975 (BETL 39)
SRSTP	M. Avi Yonah & Z. Baras, orgs. *Society and Religion in the Second Temple Period.* Jerusalem, Massada, 1977 (World History of the Jewish People 8)
ST	*Studia Theologica*
St-B	H. L. Strack & P. Billerbeck. *Kommentar zum Neuen Testament aus Talmud und Midrasch.* München, Beck, 1926-1961, 6 v.
StEv	Studia Evangelica (I = TU 73, 1959; II = TU 87, 1964; III = TU 88, 1964; IV = TU 102, 1968; V = TU 103, 1968; VI = TU 112, 1973; VII = TU 126, 1982)
SuS	*Sein und Sendung*
SWJT	*Southwestern Journal of Theology*
TalBab	Talmude babilônico

TalJer	Talmude palestinense
TBT	*The Bible Today*
TCSCD	C. Andresen & G. Klein, orgs. *Theologia Crucis — Signum Crucis*. Tübingen, Mohr, 1979 (E. Dinkler Festschrift)
TD	*Theology Digest*
TDNT	G. Kittel & G. Friedrich, orgs. *Theological Dictionary of the New Testament*. Grand Rapids, Eerdmans, 1964-1976; original alemão, 1928-1973, 10 v.
TEB	*A Bíblia — TEB*. São Paulo, Paulinas-Loyola, 1995
TG	*Theologie und Glaube*
TJCSM	E. Bammel, org. *The Trial of Jesus — Cambridge Studies in Honour of C. F. D. Moule*. London, SCM, 1970 (SBT 2, série 13)
TJT	*Toronto Journal of Theology*
TLOTC	A. Lacomara, org. *The Language of the Cross*. Chicago, Franciscan Herald, 1977
TLZ	*Theologische Literaturzeitung*
TM	Texto massorético do AT ou Bíblia hebraica padrão
TNTSJ	A. M. Johnson, Jr., org. *The New Testament and Structuralism*. Pittsburgh, Pickwick, 1976 (Pittsburgh Theol. Monograph 11)
TPNL	V. Taylor. *The Passion Narrative of St Luke*. Cambridge Univ., 1972
TPQ	*Theologisch-Praktische Quartalschrift*
TQ	*Theologische Quartalschrift*
TS	*Theological Studies*
TSK	*Theologische Studien und Kritiken*
TTK	T. Baarda et alii, orgs. *Text and Testimony*. Kampen, Kok, 1988 (A. F. J. Klijn Festschrift)
TToday	*Theology Today*
TTZ	*Trierer Theologische Zeitschrift*
TU	Texte und Untersuchungen
TV	J. Rogge & G. Schille, orgs. *Theologische Versuche*. Berlin, Evangelische Verlag. Neste anuário, o numeral romano que diferencia o volume faz parte do título.
TZ	*Theologische Zeitschrift*

UBSGNT	*United Bible Societies Greek New Testament*
VC	*Vigiliae Christianae*
VCaro	*Verbum Caro*
VD	*Verbum Domini*
VInt	*Vie Intellectuelle*
VSpir	*Vie Spirituelle*
VT	*Vetus Testamentum*
WD	*Wort und Dienst*
WUNT	Wissenschaftliche Untersuchungen zum Neuen Testament
WW	*Wort und Wahrheit*
ZAGNT	M. Zerwick & M. Grosvenor. *An Analysis of the Greek New Testament*. Roma, Pontifical Biblical Institute, 1974, 1979, 2 v.
ZAW	*Zeitschrift für die Alttestamentliche Wissenschaft*
ZBG	M. Zerwick. *Biblical Greek*. Roma, Pontifical Biblical Institute, 1963
ZBTJ	F. Viering, org. *Zur Bedeutung des Todes Jesu*. Gütersloh, Mohn, 1967
ZDMG	*Zeitschrift der Deutschen Morgenländischen Gesellschaft*
ZDPV	*Zeitschrift des Deutschen Palästina-Vereins*
ZKT	*Zeitschrift für die Katholische Theologie*
ZNW	*Zeitschrift für die Neutestamentliche Wissenschaft*
ZTK	*Zeitschrift für Theologie und Kirche*
ZWT	*Zeitschrift für Wissenschaftliche Theologie*

Abreviaturas-padrão são usadas para os livros bíblicos e para os Manuscritos do Mar Morto. (Para informações a respeito dos manuscritos mais importantes, ver NJBC, artigo 67, p. 82-95.) O AT, em geral, e os Salmos, em particular, são citados conforme os números hebraicos de capítulos e versículos, o que se verifica mesmo quando a LXX está em discussão. Ajudará aos leitores saber que nos Salmos o número da LXX é sempre um número mais baixo que o número hebraico, por exemplo, Sl 22 hebraico é Sl 21 da LXX. O número do *versículo* de um Salmo na KJ e na RSV é sempre um número mais baixo que na Bíblia hebraica, por exemplo, Sl 22,2 hebraico é Sl 22,1 na RSV.

Os nomes Marcos, Mateus, Lucas e João são usados para os escritos e também para os autores. Não é feita nenhuma conjetura quanto à identidade dos evangelistas; assim, quando empregado para o autor, João significa quem quer que tenha sido o autor principal do Evangelho segundo João. Mc/Mt é usado onde Marcos e Mateus (Evangelhos ou evangelistas) estão tão próximos a ponto de se considerar que eles apresentam os mesmos dados ou o mesmo ponto de vista.

O asterisco depois do nome de um ms. da Bíblia indica uma leitura do copista original, diferenciada de adições ou mudanças posteriores. As seções (= capítulos) deste livro são marcadas pelo sinal § mais um numeral de 1 a 48 (ver Sumário). As remissões dentro do livro empregam esse sinal com o número da seção apropriada; ver o título corrido no topo das páginas para obter um acesso fácil à seção indicada.

Quarto ato: Jesus é crucificado e morre no Gólgota. É sepultado ali perto
(Mc 15,20b-47; Mt 27,31b-66; Lc 23,26-56; Jo 19,16b-42)

O quarto ato da narrativa da Paixão descreve como Jesus, depois de ser levado para o Gólgota, foi crucificado entre dois outros como "o Rei dos Judeus". Durante as horas em que ficou pendurado na cruz, houve reações de várias pessoas que estavam ali perto e também palavras pronunciadas por Jesus até ele entregar o espírito. Sua morte foi recebida com acontecimentos extraordinários e, também, reações de várias pessoas. Finalmente, José de Arimateia tomou o corpo e o sepultou ali perto, enquanto as mulheres eram espectadoras.

Sumário do quarto ato, cena um

CENA UM: Jesus é crucificado e morre (Mc 15,20b-41; Mt 27,31b-56; Lc 23,26-49; Jo 19,16b-37)

§ 37. Bibliografia da seção: A crucificação de Jesus (§§ 38–44)

Parte I: Episódio de transição: Jesus levado do pretório de Pilatos para o local da crucificação (§ 39)

Parte II: Geografia da crucificação, especificamente o local do Gólgota e do sepulcro de Jesus

Parte III: Geral: A crucificação antiga; relatos evangélicos da crucificação de Jesus (§ 40)

Parte IV: Cenário: título, terceira hora, vestes, o primeiro gole, "Pai, perdoa-lhes" (§ 40)

Parte V: Relatos sinóticos das atividades na cruz; o "Bom Ladrão" lucano (§ 41)

Parte VI: Os que estavam perto da cruz (Jo 19,25-27); identidade das mulheres (§ 41)

Parte VII: Últimos acontecimentos e palavras, exclusive o grito mortal em Marcos/Mateus (§ 42)

Parte VIII: O grito mortal ("Meu Deus, meu Deus...") em Marcos/Mateus e Elias (§ 42)

Parte IX: A realidade da morte de Jesus e sua causa fisiológica (§ 42)

Parte X: O rasgamento do véu do santuário (§ 43)

Parte XI: Fenômenos especiais em Mt 27,51-53 (§ 43)

Parte XII: Reações sinóticas à morte: confissão do centurião; mulheres galileias (§ 44)

Parte XIII: Reações joaninas à morte: o lado perfurado; ossos quebrados (§ 44)

§ 38. Introdução: estrutura dos relatos da crucificação e do sepultamento

A. Estrutura do relato de Marcos/Mateus

B. Estrutura do relato de Lucas

C. Estrutura do relato de João

§ 39. Episódio de transição: Jesus levado para ser crucificado
(Mc 15,20b-21; Mt 27,31b-32; Lc 23,26-32; Jo 19,16b-17a)

Comentário:
- Levando Jesus para fora; o carregamento da cruz; Simão Cireneu
- Jesus fala às filhas de Jerusalém (Lc 23,27-31)

Análise:

§ 40. Jesus crucificado, primeira parte: O cenário (Mc 15,22-27; Mt 27,33-38; Lc 23,33-34; Jo 19,17b-24)

Comentário:

#1. O nome do lugar (Mc 15,22; Mt 27,33; Lc 23,33a; Jo 19,17b)

#2. A oferta inicial de vinho (Mc 15,23; Mt 27,34)

#3. A crucificação (Mc 15,24a; Mt 27,35a; Lc 23,33b; Jo 19,18a)

#4. A divisão das roupas (Mc 15,24b; Mt 27,35b; Lc 23,34b; Jo 19,23-24)

#5. A terceira hora (Mc 15,25); os soldados mantêm guarda (Mt 27,36)

#6. A inscrição e a acusação (Mc 15,26; Mt 27,37; Lc 23,38; Jo 19,19-22)

#7. Dois bandidos ou malfeitores (Mc 15,27; Mt 27,38; Lc 23,33c; Jo 19,18b)

#8. "Pai, perdoa-lhes" (Lc 23,34a)

§ 41. Jesus crucificado, segunda parte: atividades no local da cruz
(Mc 15,29-32; Mt 27,39-44; Lc 23,35-43; Jo 19,25-27)

Comentário:

• O triplo escárnio de Jesus (Mc 15,29-32; Mt 27,39-44; Lc 23,35-39)

• A salvação do outro malfeitor (Lc 23,40-43)

• Amigos e discípulos perto da cruz (Jo 19,25-27)

Análise:

A. Historicidade

B. Algumas notas teológicas adicionais

§ 42. Jesus crucificado, terceira parte: Últimos acontecimentos, morte
(Mc 15,33-37; Mt 27,45-50; Lc 23,44-46; Jo 19,28-30)

Comentário:

• Escuridão na sexta hora (Mc 15,33; Mt 27,45; Lc 23,44-45a)

• O grito mortal de Jesus; Elias; oferta de vinho avinagrado (Mc 15,34-36; Mt 27,46-49)

• O grito mortal de Jesus em Lc 23,46

• As últimas palavras de Jesus e a oferta de vinho em Jo 19,28-30a

• A morte de Jesus em todos os Evangelhos

Análise:

A. Teorias de como Mc 15,33-37 foi composto

B. As últimas palavras de Jesus: tradição mais antiga e/ou historicidade

    C. A causa fisiológica da morte de Jesus

    D. Reescrito imaginoso que anula a crucificação

§ 43. Jesus crucificado, quarta parte: Acontecimentos posteriores à morte de Jesus:
a. Efeitos externos (Mc 15,38; Mt 27,51-53; [Lc 23,45b])

    Comentário:

- O véu do santuário foi rasgado (Mc 15,38; Mt 27,51; Lc 23,45b)
- Fenômenos especiais em Mt 27,51-53

    Análise:

    A. As teologias dos evangelistas ao relatar o rasgamento do véu do santuário

    B. A teologia de Mateus ao relatar os fenômenos especiais

§ 44. Jesus crucificado, quarta parte: Acontecimentos posteriores à morte de Jesus:
b. Reações dos presentes (Mc 15,39-41; Mt 27,54-56; Lc 23,47-49; Jo 19,31-37)

    Comentário:

- Reações dos presentes segundo Marcos/Mateus
- Reações dos presentes segundo Lucas
- Reações dos presentes segundo João
- Reações dos presentes segundo o *EvPd*

    Análise:

    A. A historicidade dos que reagiram e de suas reações

    B. A composição dos relatos sinóticos e joanino

§ 37. Bibliografia da seção para a cena um do quarto ato: A crucificação de Jesus (§§ 38-44)

As análises da crucificação de Jesus são particularmente numerosas. Para esta bibliografia ser proveitosa, pareceu-me essencial uma divisão maior em partes que de costume. Ver as treze subdivisões delineadas no sumário imediatamente anterior.

Parte I: Episódio de transição: Jesus levado do pretório de Pilatos para o local da crucificação (§ 39)

Bishop, E. F. F. Simon and Lucius: Where did they come from? ExpTim 51, 1939-1940, p. 148-153.

Giblin, C. H. *The Destruction of Jerusalem According to Luke's Gospel*. Rome, PIB, 1985 (AnBib 107), esp. p. 93-104 a respeito de Lc 23,26-32.

Käser, W. Exegetische und theologische Erwägungen zur Seligpreisung der Kinderlosen, Lc 23,29b. ZNW 54, 1963, p. 240-254.

Kinsey, A. B. Simon the Crucifer and Symeon the Prophet. ExpTim 35, 1923-1924, p. 84-88.

Kudasciewicz, J. Resumo de seu artigo polonês a respeito de Lc 23,27-31. NTA 21, 1977, #427.

Lee, G. M. Mark xv 21. The Father of Alexander and Rufus. NovT 17, 1975, p. 303.

Neyrey, J. H. Jesus' Address to the Women of Jerusalem (Lk 23.27-31) — A prophetic judgement Oracle. NTS 29, 1983, p. 74-86.

Reinach, S. Simon de Cyrène. *Cultes, Mythes et Religions*. Paris, Leroux, 1904-1923, v. 4, p. 84. Original em *Revue de l'Université de Bruxelles* 17, 1912, p. 721-728.

Rinaldi, B. Beate le sterili (Lc. 23,29). BeO 15, 1973, p. 61-64.

Soards, M. L. Tradition, Composition, and Theology in Jesus' Speech to the "Daughters of Jerusalem" (Luke 23,26-32). *Biblica* 68, 1987, p. 221-244.

Untergassmair, F. G. Der Spruch vom "grünen" und "dürren Holz" (Lk 23,31). *Studien zum Neuen Testament und seiner Umwelt* 16, 1991, p. 55-87.

Parte II: Geografia da crucificação, especificamente o local do Gólgota e do sepulcro de Jesus

Bahat, D. Does the Holy Sepulchre Church Mark the Burial of Jesus? BARev 12, #3, 1986, p. 26-45.

Barkay, G. The Garden Tomb — Was Jesus Buried There? BARev 12, #2, 1986, p. 40-57.

Benoit, P. Les remparts de Jérusalem. BexT, v. 4, p. 292-310. Original em *Le Monde de la Bible* 1, nov. 1977, p. 21-35.

Bible et Terre Sainte 149, 1973. Número inteiro a respeito do Gólgota.

Corbo, V. C. *Il Santo Sepulcro di Gerusalemme*. Jerusalem, Franciscan, 1981-1982, 3 v.

Coüasnon, C. The Church of the Holy Sepulchre in Jerusalem. London, Oxford, 1974.

Dalman, G. DSSW, p. 346-381 a respeito de "Gólgota e o sepulcro".

Evans, L. E. C. The Holy Sepulchre. PEQ 100, 1968, p. 112-136.

Harvey, A. E. Melito and Jerusalem. JTS ns 17, 1966, p. 401-404 (com referência a Mc 15,20b).

Jeremias, J. *Golgotha*. Leipzig, Pfeiffer, 1926.

Kretschmar, G. Kreuz und Auferstehung Jesu Christi. Das Zeugnis der Heiligen Stätten. ErbAuf 54, 1978, p. 423-431; 55, 1979, p. 12-26.

Lux (-Wagner), U. Vorläufiger Bericht über die Ausgragung unter der Erlöserkirche im Muristan in der Alstadt von Jerusalem in den Jahren 1970 und 1971. ZDPV 88, 1972, p. 185-201.

Martin, E. L. The Place of the Crucifixion. The Foundation Commentator 10, 8, set. 1983, p. 1-13.

_____. *Secrets of Golgotha*. Alahambra, CA, ASK, 1988. Informações atualizadas em seu *A. S. K. Historical Report*, jan. 1992.

Riesner, R. Golgotha und die Archäologie. BK 40, 1985, p. 21-26.

Ross, J.-P. B. The Evolution of a Church — Jerusalem's Holy Sepulchre. BARev 2, #3, 1976, p. 3-8, 11.

Schein, B. E. The Second Wall of Jerusalem. BA 44, 1981, p. 21-26.

Smith, R. H. The Tomb of Jesus. BA 30, 1967, p. 74-90.

Vincent, L.-H. Garden Tomb: histoire d'un mythe. RB 34, 1925, p. 401-431.

Wilkinson, J. The Church of the Holy Sepulchre. *Archaeology* 31, #4, 1978, p. 6-13.

_____. The Tomb of Christ: An Outline of its Structural History. *Levant* 4, 1972, p. 83-97.

Parte III: Geral: A crucificação antiga; relatos evangélicos da crucificação de Jesus (§ 40)

BACON, B. W. Exegetical Notes: John 19:17–20:20. BW ns 13, 1899, p. 423-425.

BAILEY, K. E. The Fall of Jerusalem and Mark's Account of the Cross. ExpTim 102, 1991, p. 102-105.

BAMMEL, E. Crucifixion as a Punishment in Palestine. TJSCM, p. 162-165.

BAUMGARTEN, J. M. Does *TLH in the Temple Scroll Refer to Crucifixion?* JBL 91, 1972, p. 472-481.

Bible et Terre Sainte 133, 1971. Número inteiro a respeito da crucificação.

BRANDENBURGER, E. *Stauros*, Kreigung Jesu und Kreuzestheologie. WD 10, 1969, P. 17-43.

CANTINAT, J. Le crucifiement de Jésus. VSpir 84, 1951, p. 142-153.

CARROLL, J. T. Luke's Crucifixion Scene. RDLJ, p. 108-124, 194-203

CHARLESWORTH, J. H. Jesus and Jehohanan: An Archaeological Note on Crucifixion. ExpTim 84, 1972-1973, p. 174-150.

COLLINS, J. J. The Archaelogy of the Crucifixion. CBQ 1, 1939, p. 154-159.

DIÉZ MERINO, L. La crucifixion en la antigua literatura judía (Período intertestamental). EstEcl 51, 1976, p. 5-27.

FITZMYER, J. A. Crucifixion in Ancient Palestine, Qumran Literature, and the New Testament. CBQ 40, 1979, p. 493-513. Reimpresso em FTAG, p. 125-146.

FORD, J. M. "Crucify Him, Crucify Him" and the Temple Scroll. ExpTim 87, 1975-1976, p. 275-278.

GUILLET, P.-E. Les 800 "crucifiés" d'Alexandre Jannée. CCER 25, #100, 1977, p. 11-16.

HAAS, N. Anthropological Observations on the Skeletal Remains from Giv'at ha-Mivtar. IEJ 20, 1970, p. 38-50, esp. 42, 49-50 a respeito de um homem crucificado.

HALPERIN, D. J. Crucifixion, the Nahum Pesher, and the Rabbinic Penalty of Strangulation. JJS 32, 1981, p. 32-46.

HENGEL, M. *Crucifixion in the Ancient World and the Folly of the Message of the Cross.* Philadelphia, Fortress, 1977.

HEWITT, J. W. The Use of Nails in the Crucifixion. HTR 25, 1932, p. 29-45.

HOLZMEISTER, U. Crux Domini eiusque crucifixio ex Archaelogia Romana illustrantur. VD 14, 1934, p. 149-155, 216-220, 241-249, 257-263.

JEREMIAS, J. Perikopen-Umstellungen bei Lukas? NTS 4, 1957-1958, p. 115-119 a respeito de Lc 23,26-49.

Kreitzer, L. The Seven Sayings of Jesus on the Cross. *New Blackfriars* 72, 1991, p. 239-244.

Kuhn, H.-W. Zum Gekreuzigten von Giv'at ha-Mivtar. Korrektur eigenes Versehens in der Erstveröffentlichung. ZNW 69, 1978, p. 118-122.

_____. Der Gekreuzigte von Giv'at ha-Mivtar. TCSCD, p. 303-334.

_____. Jesus als Gekreuzigter in der frühchristlichen Verkündigung bis zur Mitte des 2. Jahrhunderts. ZKT 72, 1975, p. 1-46.

_____. Der Kreuzesstrafe während der frühen Kaiserzeit. ANRW II/25,1, 1982, p. 648-793.

Leclercq, H. Croix et Crucifix. DACL 3, 1914, p. 3045-3131, esp. 3045-3071 a respeito dos primeiros séculos.

Moller-Christensen, V. Skeletal Remains from Giv'at ha-Mivtar. IEJ 26, 1976, p. 35-38.

Naveh, J. The Ossuary Inscriptions from Giv'at ha-Mivtar. IEJ 20, 1970, p. 33-37, esp. 35 referente a um homem crucificado.

Nestle, Eb. The Seven Words from the Cross. ExpTim 11, 1899-1900, p. 423-424.

Osborne, G. R. Redactional Trajectories in the Crucifixion Narrative. EQ 51, 1979, p. 80-96.

Paton, W. R. Die Kreuzigung Jesus. ZNW 2, 1901, p. 339-341.

Robbins, V. K. The Crucifixion and the Speech of Jesus. *Forum* 4, #1, 1988, p. 33-46.

Rüdel, W. Die letzten Worte Jesu. NKZ 21, 1910, p. 199-227.

Schreiber, J. *Der Kreuzigungsbericht der Markusevangeliums Mk 15, 20b-41*. BZNW 48, Berlin, de Gryter, 1986.

Scroggs, R. The Crucifixion. KKS, v. 2, p. 556-563.

Taylor, V. The Narrative of the Crucifixion. NTS 8, 1961-1962, p. 333-334 a respeito de Lc 23,26-49.

Trilling, W. Le Christ, roi crucifié. Lc 23,35-43. AsSeign 65, 1973, p. 56-65, 2nd. series.

Tzaferis, V. Jewish Tombs at and near Giv'at ha-Mivtar. IEJ 20, 1970, p. 18-32 sobre o túmulo de um homem crucificado.

_____. Crucifixion – the Archaeological Evidence. BARev 11, #1, jan./fev. 1985, p. 44-53. Ver correção em BARev 11, #6, nov./dez. 1985, p. 20-21.

van Unnik, W. C. Der Fluch der Gekreuzigten. TCSCD, p. 483-499.

Wansbrough, H. The Crucifixion of Jesus. CR 56, 1971, p. 251-261.

Weeden, T. J. The Cross as Power in Weakness (Mark 15:20b-41). PMK, p. 115-134.

Wilcox, M. "Upon the Tree" — Deut 21:22-23 in the New Testament. JBL 96, 1977, p. 85-99.

WILKINSON, J. The Seven Words from the Cross. SJT 17, 1964, p. 69-82.

WINANDY, J. Le témoignage du sang et de l'eau. BVC 31, 1960, p. 19-27 a respeito de Jo 19,17-37.

YADIN, Y. Epigraphy and Crucifixion. IEJ 23, 1973, p. 19-22.

YOUNG, B. The Cross, Jesus and the Jewish People. *Immanuel* 24/25, 1990, p. 23-34.

ZIAS, J. & CHARLESWORTH, J. H. Crucifixion: Archaelogy, Jesus and the Dead Sea Scrolls. In: Charlesworth, J. H. org. *Jesus and the Dead Sea Scrolls*. New York, Doubleday, 1992, p. 273-289.

ZIAS, J. & Sekeles, E. The Crucified Man from Giv'at ha-Mivtar — A Reappraisal. IEJ 35, 1985, p. 22-27; BA 48, 1985, p. 190-191.

Parte IV: Cenário: título, terceira hora, vestes, o primeiro gole, "Pai, perdoa-lhes" (§ 40)

AUBINEAU, M. La tunique sans couture du Christ. Exégèse patristique de Jean 19,23-24. Kyr, v. 1, p. 100-127.

BAMMEL, E. The *titulus*. JPHD, p. 353-364.

BRAUN, F.-M. Quatre "signes" johanniques de l'unité chrétienne. NTS 9, 1962-1963, p. 147-155, esp. 150-152 a respeito de Jo 19,23-24.

CONYBEARE, F. C. New Testament Notes: (2) The Seamless Coat. *Expositor* 4th Ser., 9, 1894, p. 458-460.

COWLING, C. C. Mark's Use of Hora. *Australian Biblical Review* 5, 1956, p. 153-160.

DAMMERS, A. Studies in Texts: Luke xxiii,34a. *Theology* 52, 1949, p. 138-139.

DAUBE, D. "For they know not what they do": Luke 23,34. *Studia Patristica* 4,2. Berlin, Akademie, 1961, p. 58-70 (TU 79).

DAVIES, J. G. The Cup of Wrath and the Cup of Blessing. *Theology* 51, 1948, p. 178-180.

DE LA POTERIE, I. La tunique "non divisée" de Jésus, symbole de l'unité messianique. In: Weinrich, W. C., org. *The New Testament Age*. 2 v. Macon, GA, Mercer, 1984, v. 1, p. 127-128 (em honra de B. Reicke).

_____. La tunique sans couture, symbole du Christ grand prêtre? *Biblica* 60, 1979, p. 255-269.

DÉMANN, P. "Père, pardonnez-leur" (Lc 23,34). *Cahiers Sioniens* 5, 1951, p. 321-336.

DE WAAL, A. Das Mora-Spiel auf den Darstellungen der Verlosung des Kleides Christi. RQ 8, 1894, p. 145-146.

EPP, E. J. The "Ignorance Motif" in Acts and the Antijudaic Tendencies in Codex Bezae. HTR 55, 1962, p. 51-62 (a respeito de Lc 23,34.41).

FLUSSER, D. "Sie wissen nicht was sie tun". Geschichte eines Herrenwortes. In: MÜLLER, O.-G. & STENGER, W., orgs. Kontinuität und Einheit. Freiburg, Herder, 1981, p. 393-410 (F. Mussner Festschrift)

FULLER, R. C. The Drink Offered to Christ at Calvary. *Scripture* 2, 1947, p. 114-115.

HARRIS, J. R. New Points of View in Textual Criticism. *Expositor* 8th Ser., 7, 1914, p. 316-334, esp. 324-334 a respeito de Lc 23,34a.

HEPPNER, T. Eine vormoderte Hypothese und — eine neue Apokryphe? TG 18, 1926, p. 657-671.

KARAVIDOPOULOS, J. L'heure de la crucifixion de Jésus selon Jean et les synoptiques. Mc 15.25 par rapport à Jn 19,14-16. DJS, p. 608-613.

KENNEDY, A. R. S. The Soldiers' Portions (John xix. 23,24). ExpTim 24, 1912-1913, p. 90-91.

KETTER, P. Ist Jesus auf Golgotha mit Galle und Essig getränkt worden? *Pastor Bonus* 38, 1927, p. 183-194.

LEE, G. M. The Inscription on the Cross. PEQ 100, 1968, p. 144.

LIPINSKI, E. Resumo de seu artigo polonês a respeito da hora da crucificação. NTA 4, 1959-1960, #54.

MAHONEY, A. A New Look at "The Third Hour" of Mk 15,25. CBQ 28, 1966, p. 292-299.

MILLER, J. V. The Time of the Crucifixion. JETS 26, 1983, p. 157-166.

MOFFATT, J. Exegética: Luke xxiii.34. *Expositor* 8th Ser., 7, 1914, p. 92-93.

NESTLE, Eb. The Coat without Seam. ExpTim 21, 1909-1910, p. 521.

_____. Der ungenähte Rock Jesu und der bunte Rock Josefs. ZNW 3, 1902, p. 169.

_____. Father, forgive them. ExpTim 14, 1902-1903, p. 285-286.

O'RAHILLY, A. The Title on the Cross. IER 65, 1945, p. 289-297.

PRIMENTAS, N. Resumo de seu artigo em grego moderno sobre "The Tunic without Seam". NTA 37, 1993, #810.

REGARD, P.-F. Le titre de la croix d'après les évangiles. RArch 28, 1928, p. 95-105.

RODGERS, P. Mark 15:28. EQ 61, 1989, p. 81-84.

RUTHERFORD, W. S. The Seamless Coat. ExpTim 22, 1910-1911, p. 44-45.

SAINTYVES, P. Deux thèmes de la Passion et leur signification symbolique. RArch Ser. V., 6, 1917 B, p. 234-270, esp. 234-248 a respeito de Jo 19,23.

WILCOX, M. The Text of the *Titulus* in John 19.19-20 as Found in Some Italian Renaissance Paintings. JSNT 27, 1986, p. 113-116.

WILLCOCK, J. "When he had tasted" (Matt. xxvii.34). ExpTim 32, 1920-1921, p. 426.

Parte V: Relatos sinóticos das atividades na cruz; o "Bom Ladrão" lucano (§ 41)

Altheim, F. & Stiehl, R. *Die Araber in der alten Welt*. 5 v. Berlin, de Gruyter, 1964-1969, v. 5/2, p. 361-363 ("Aramäische Herrenworte" a respeito de Lc 23,42-43).

Aytoun, R. A. "Himself He cannot save" (Ps xxii 29 and Mark xv 31). JTS 21, 1919-1920, p. 245-248.

Bishop, E. F. F. *oua*. Mark xv 29: A Suggestion. ExpTim 57, 1945-1946, p. 112.

Blathwayt, T. B. The Penitent Thief. ExpTim 18, 1906-1907, p. 288

Boulogne, C.-D. La gratitude et la justice depuis Jésus Christ. VSpir 96, 1957, p. 142-156 a respeito de Lc 23,43.

Crowe, J. The *Laos* at the Cross: Luke's Crucifixion Scene. TLOTC, p. 75-101.

de la Calle, F. "Hoy estarás conmigo en el Paraíso". ¿Visión inmediata de Dios o purificación en el "más allá"? ByF 3, 1977, p. 276-289.

Derrett, J. D. M. The Two Malefactors (Lk xxiii 33,39-43). DSNT 3, p. 200-214.

Donaldson, T. L. The Mockers and the Son of God (Matthew 27.37-44): Two Characters in Matthew's Story of Jesus. JSNT 41, 1991, p. 3-18.

Fitzmyer, J. A. "Today You Shall Be with Me in Paradise" (Luke 23,43). *Luke the Theologian*. N. Y., Paulist, 1989, p. 203-233.

García Pérez, J. M. El relato del Buen Ladrón (Lc 23,39-43). EstBib 44, 1986, p. 263-304.

Grelot, P. "Aujourd'hui tu seras avec moi dans le Paradis" (*Luc*, xxiii 43). RB 74, 1967, p. 194-214.

Hope, L. P. The King's Garden. ExpTim 48, 1936-1937, p. 471-473 a respeito de Lc 23,43.

Klein, G(ottlieb). Zur Erläuterung der Evangelien aus Talmud und Midrasch. ZNW 5, 1904, p. 144-153, esp. 147-149 a respeito de Lc 23,42; Jo 19,23.

Leloir, L. "Hodie mecum eris in paradiso" (Lc. xxiii,43). *Revue Diocésaine de Namur* 13, 1959, p. 471-483. Forma latina um pouco diferente deste artigo francês em VD 28, 1950, p. 372-380.

Lewis, A. S. A New Reading of Lk. xxiii.39. ExpTim 10, 1906-1907, p. 94-95.

Macgregor, W. M. The Penitent Thief (Lk xxiii.39-43). ExpTim 41, 1929-1930, p. 151-154.

MacRae, G. W. With Me in Paradise. *Worship* 35, 1960-1961, p. 235-240.

Manrique, A. El premio del "más allá" en la enseñanza de Jesús. ByF 3, 1977, p. 162-177 com referência a Lc 23,43; Mt 27,53.

Martin, G. C. A New Reading of Lk xxiii. 39. ExpTim 18, 1906-1907, p. 334-335.

METZGER, B. M. Names for the Nameless in the New Testament. Kyr, v. 1, p. 79-99, esp. 89-95 a respeito dos dois ladrões de Mc 15,27.

NESTLE, Eb. Luke xxiii.43. ExpTim 11, 1899-1900, p. 429.

O'NEILL, J. C. The Six Amen Sayings in Luke. JTS ns 10, 1959, p. 1-9, esp. 8-9 a respeito de Lc 23,43.

SMITH, R. H. Paradise Today: Luke's Passion Narrative. CurTM 3, 1976, p. 323-336.

TRILLING, W. La promesse de Jésus au bon larron (Lc 23,33-43). AsSeign 96, 1967, p. 31-39. Reimpresso com pequenas modificações como Le Christ, roi crucifié, em AsSeign 2d. Ser., 65, 1973, p. 56-65.

WEISENGOFF, J. F. Paradise and St. Luke 23:43. AER 103, 1940, p. 163-167.

Parte VI: Os que estavam perto da cruz (Jo 19,25-27); identidade das mulheres (§ 41)

(ESTUDOS DOS VERSÍCULOS ONDE O INTERESSE PRINCIPAL É PRIMORDIALMENTE MARIOLÓGICO NÃO ESTÃO INCLUÍDOS.)

BISHOP, E. F. F. Mary Clopas — John xix.25. ExpTim 65, 1953-1954, p. 382-383.

_____. Mary (of) Clopas and Her Father. ExpTim 73, 1961-1962, p. 339.

BOGUSLAWSKI, S. Jesus' Mother and the Bestowal of the Spirit. IBS 14, 1992, p. 106-129.

BUCK, H. M. The Fourth Gospel and the Mother of Jesus. In: Aune, D. E. org. *Studies in New Testament and Early Christian Literature*. NovTSup 33. Leiden, Brill, 1972, p. 170-180 com referência a Jo 19,25-27 (em honra a A. P. Wikgren).

CHEVALLIER, M.-A. La fondation de "l'Église" dans le quatrième Évangile: Jn 19/25-30. ETR 58, 1983, p. 343-353.

DAUER, A. Das Wort des Gekreuzigten an seine Mutter und den "Jünger den er liebte". BZ 11 ns, 1967, p. 222-239; 12 ns, 1968, p. 80-93.

DE GOEDT, M. Un Schème de Révélation dans le Quatrième Évangile. NTS 8, 1961-1962, p. 142-150, esp. 145ss a respeito de Jo 19,26-27.

DE LA POTTERIE, I. La parole de Jésus "Voici ta mère" et l'accueil du Disciple (Jn 19,27b). *Marianum* 36, 1974, p. 1-39. Forma alemã em Gnilka, J., org. *Neues Testament und Kirch*. Freiburg, Herder, 1974, p. 191-219 (R. Schnackenburg Festschrift)

_____. Et à partir de cette heure, le Disciple l'accueillit dans son intimité (Jn 19,27b). *Marianum* 42, 1980, p. 84-125. Reação a Neirynck, "eis".

EVANS, G. E. The Sister of the Mother of Jesus. RevExp 44, 1947, p. 475-485.

FEUILLET, A. Les adieux du Christ à sa Mère (Jn 19,25-27) et la maternité spirituelle de Marie. NRT 86, 1964, p. 469-489. Resumo em inglês em TD 15, 1967, p. 37-40.

_____. L'heure de la femme (Jo 16,21) et l'heure de la Mère de Jésus (Jn 19,25-27). *Biblica* 47, 1966, p. 169-184, 361-380, 557-573.

KLAUCK, H.-J. Die dreifache Maria. Zur Rezeption von Joh 19.25 in EvPhil 32. FGN, v. 3, p. 2343-2358.

KOEHLER, T. Les principales interprétations traditionnelles de Jn 19,25-27, pendant les douze premiers siècles. *Études Mariales* 16, 1959, p. 119-155.

LANGKAMMER, H. Christ's "Last Will and Testament" (Jn 19,26-27) in the Interpretation of the Fathers of the Church and the Scholastics. *Antonianum* 43, 1968, p. 99-109.

NEIRYNCK, F. *eis ta idia*: Jn 19,27 (et 16,32). ETL 55, 1979, p. 357-365. Reimpresso em NEv, v. 1, p. 456-464.

_____. La traduction d'un verset johannique: Jn 19,27b. ETL 57, 1981, p. 83-106. Reimpresso em NEv, v. 1, p. 465-488. Réplica a de la Potterie, "Et à partir".

PREISKER, H. Joh 2,4 und 19,26. ZNW 42, 1949, p. 209-214.

SCHÜRMANN, H. Jesu letzte Weisung. Jo 19,26-27a. *Ursprung und Gestalt*. Düsseldorf, Patmos, 1970, p. 13-28. Original em HOFFMANN, F. et alii, orgs. *Sapientes ordinare*. Leipzig, St. Benno, 1969, p. 105-123 (E. Kleineidam Festgabe).

ZERWICK, M. The Hour of the Mother — John 19:25-27. TBT 18, 1965, p. 1187-1194.

Parte VII: Últimos acontecimentos e palavras, exclusive o grito mortal em Marcos/Mateus (§ 42)

ABRAMOWISKI, L. & GOODMAN, A. E. Luke xxii.46 *paratithenai in a Rare Syriac Reading*. NTZ 13, 1966-1967, p. 290-291.

BAMPFYLDE, G. John XIX 28, a Case for a Different Translation. NovT 11, 1969, p. 247-260.

BERGMEIER, R. TETELESTAI John 19:30. ZNW 79, 1988, p. 282-290.

BERTRAM, G. Die Himmelfahrt Jesu von Kreuz aus und der Glaube an seine Auferstehung. *Festgabe für Adolf Deissmann*. Tübingen, Mohr, 1927, p. 187-217.

CLARKE, W. K. L. St. Luke and the Pseudepigrapha: Two Paralles. JTS 15, 1913-1914, p. 597-599, esp. 597 a respeito de Lc 23,44-48.

COLIN, J. Il soldato della Matrona d'Efeso e l'aceto dei crocifissi (Petronio III). *Rivista di Filologia e Istruzione Classica* ns 31, 1953, p. 97-128.

DRIVER, G. R. Two Problems in the New Testament. JTS ns 16, 1965, p. 327-337, esp. 331-337 a respeito de Lc 23,44-45.

GALBIATI, E. Issopo e canna in Gv 19,29. In: Marcheselli C. C., org. *Parola e Spirito*. 2 v. Brescia, Paideia, 1982, v. 1, p. 393-400 (Em honra a S. Cipriani).

GARVIE, A. E. The Desolation of the Cross. *Expositor* 7th Ser., 3, 1907, p. 507-527 (as "últimas sete palavras" de Jesus crucificado).

GRÁNDEZ, R. M. Las tinieblas en la muerte de Jesús. Historia de la exégesis de Lc 23,44-45a (Mt 27,45; Mc 15,33). EstBib 47,1989, p. 177-223.

GRAYSTON, K. The Darkness of the Cosmic Sea: A Study of the Symbolism in St Mark's Narrative of the Crucifixion. *Theology* 55, 1952, p. 122-127.

HOLZMEISTER, U. Die Finsternis beim Tode Jesu. *Biblica* 22, 1941, p. 404-411.

KILLERMANN, S. Die Finsternis beim Tode Jesu. TG 23, 1941, p. 165-166.

MILLIGAN, W. St. John's View of Jesus on the Cross. *Expositor* 1st Ser., 6, 1877, p. 17-36 sobre Jo 19,28-29; p. 129-142 sobre Jo 19,30-37.

MORETTO, G. Giov. 19,28: La sete di Cristo in croce. RivB 15, 1967, p. 249-274.

NESTLE, Eb. Die Sonnenfinsternis bei Jesu Tod. ZNW 3, 1902, p. 246-247.

_____. Zum Ysop bei Johannes, Josephus and Philo. ZNW 14, 1913, p. 263-265 (sobre Jo 19,29).

POWELL, J. E. "Father, Into Thy Hands…". JTS ns 40, 1989, p. 95-96.

SAWYER, J. F. A. Why is a Solar Eclipse Mentioned in the Passion Narrative (Luke xxiii 44-45)? JTS ns 23, 1972, p.124-128.

SCHWARZ, G. *Hyssopo perithentes* (Johannes 19,29). NTS 30, 1984, p. 625-626.

SOURRELL, J. M. An Interpretation of "I Thirst". CQR 167, 1966, p. 12-18.

VEALE, H. C. The Merciful Bystander. ExpTim 28, 1916-1917, p. 324-325 sobre Mc 15,36.

WITKAMP, L. T. Jesus' laatste woorden volgens Johannes 19:28-30. NTT 43, 1989, p. 11-20.

Parte VIII: O grito mortal ("Meu Deus, meu Deus…") em Marcos/Mateus e Elias (§ 42)

BAKER, N. The Cry of Dereliction. ExpTim 70, 1958-1959, p. 54-55.

BLIGH, J. Christ's Death Cry. HeyJ 1, 1960, p. 142-146.

BOMAN, T. Das letzte Wort Jesu. ST 17, 1963, p. 103-119.

BRAUMANN, G. Wozu (Mark 15,34). *Theokratia* 2, 1970-1972, p. 155-165 (K. H. Rengstorf Festgabe).

BROWER, K. Elijah in the Markan Passion Narrative. JSNT 18, 1983, p. 85-101 a respeito de Mc 15,33-39.

BUCKLER, F. W. Eli, Eli, Lama Sabachthani? AJSL 55, 1938, p. 378-391.

BURCHARD, C. Markus 15,34. ZNW 74, 1983, p. 1-11.

BURKITT, F. C. On St. Mark xv 34 in *Cod. Bobiensis*. JTS 1, 1899-1900, p. 278-279.

_____. Ubertino da Casale and a Variant Reading. JTS 23, 1921-1922, p. 186-188 (a respeito de Mt 27,49).

Caza, L. Le relief que Marc a donné au cri de la croix. ScEsp 39, 1987, p. 171-191.

Cohn-Sherbok, D. Jesus' Cry on the Cross: An Alternative View. ExpTim 93, 1981-1982, p. 215-217.

Danker, F. W. The Demonic Secret in Mark: A Reexamination of the Cry of Dereliction (15,34). ZNW 61, 1970, p. 48-69.

Eissfeldt, O. "Mein Gott" in Alten Testament. ZAW 61, 1945-1948, p. 3-16.

Floris, E. L'abandon de Jésus et la mort de Dieu. ETR 42, 1967, p. 277-298.

Gnilka, J. "Mein Gott, Mein Gott, warum hast du mich verlassen" (Mk 15,34 Par.). BZ ns 3, 1959, p. 294-297.

Guillaume, A. Mt. xxvii,46 in the Light of the Dead Sea Scroll of Isaiah. PEQ 83, 1951, p. 78-80.

Hasenzahl, W. *Die Gottverlassenheit des Christus nach den Kreuzeswort bei Matthäus und Markus und das christologische Vertändnis des criechisches Psalters*. Gütersloh, Bertelsman, 1938 (Beiträge zur Forderung christlicher Theologie 39).

Holst, R. The "Cry of Dereliction" — Another Point of View. *Springfielder* 35, 1971-1972, p. 286-289.

Johnson, S. L. Jr. The Death of Christ. BS 125, 1968, p. 10-19 (a respeito de Mt 27,45-46).

Kenneally, W. J. "Eli, Eli, Lamma Sabacthani" (Mt. 27:46). CBQ 8, 1946, p. 124-134.

Lacan, M.-F. "Mon Dieu, mon Dieu, pourquoi?" (Matthieu, 27,46) LumVie 13, #66, 1964, p. 33-53.

Lee, G. M. Two Notes on St. Mark. NovT 18, 1976, p. 36 a respeito de Mc 15,36.

Léon-Dufour, X. Le dernier cri de Jésus. *Études* 348, 1978, p. 666-682.

Lofthouse, W. F. The Cry of Dereliction. ExpTim 53, 1941-1942, p. 188-192.

Nestle, Eb. Mark xv.34. ExpTim 9, 1897-1898, p. 521-522.

Pella, G. "Pourquoi m'as-tu abandonné?" Marc 15.33-39. *Hokhma* 39, 1988, p. 3-24.

Pennells, S. The Spear Thrust (Mt 27.49b,v.l./Jn. 19.34). JSNT 19, 1983, p. 99-115.

Read, D. H. C. The Cry of Dereliction. ExpTim 68, 1956-1957, p. 260-262.

Rehm, M. Eli, Eli lamma sabacthani. BZ ns 2, 1958, p. 275-278.

Rogers, O. The Desolation of Jesus in the Gospel of Mark. TLOTC, p. 53-74.

Rossé, G. *The Cry of Jesus on the Cross*. New York, Paulist, 1987.

Sagné, J.-C. The Cry of Jesus on the Cross. *Concilium* 169, 1983, p. 52-58.

SAHLIN, H. Zum Verständinis von drei Stellen des Markus Evangeliums. *Biblica* 33, 1952, p. 53-66, esp. 62-66 a respeito de Mc 15,34.

SCHÜTZEICHEL, H. Der Todesschrei Jesu. Bemerkungen zu einer Theologie des Kreuzes. TTZ 83, 1974, p. 1-16.

SIDERSKY, D. La parole suprême de Jésus. RHR 103, 1931, p. 151-154 a respeito de Mc 15,34.

_____. Un passage hébreu dans le Nouveau Testament. *Journal Asiatique* 11th Ser., 3, 1914, p. 232-233 a respeito de Mc 15,34.

SKEHAN, P. St. Patrick and Elijah. In: CASSETTE, P. *et* et alii, orgs. *Mélanges Dominique Barthélemy*. Göttingen, Vandenhoeck & Ruprecht, 1981, p. 471-483 sobre Mc 15,34-35 (Orbis Biblicus & Orientalis 38).

SMITH, F. The Strangest "Word" of Jesus. ExpTim 44, 1932-1933, p. 259-261.

TRUDINGER, L. P. "Eli, Eli, Lamma Sabacthani?" A Cry of Dereliction? or Victory? JETS 17, 1974, p. 235-238.

VAN KASTEREN, J. P. Der Lanzenstich bei Mt 27,49. BZ 12, 1914, p. 32-34.

VOGELS, H. J. Der Lanzenstich vor dem Tode Jesu. BZ 10, 1912, p. 396-405.

ZILONKA, P. *Mark 15:34 in Catholic Exegesis and Theology 1911-1965*. Rome, Gregorian, 1984 (S. T. D. Dissertation).

ZIMMERMANN, F. The Last Words of Jesus. JBL 66, 1947, p. 465-466.

Parte IX: A realidade da morte de Jesus e sua causa fisiológica (§ 42)

BALL, R. O. & Leese, K. Physical Cause of the Death of Jesus. ExpTim 83, 1971-1972, p. 248.

BARBET, P. *A Doctor at Calvary*. New York, Kennedy, 1953.

BLINZLER, J. Ist Jesus am Kreze gestorben? *Glaube und Leben* 10, 1954, p. 562-576.

BRÉHANT, J. What Was the Medical Cause of Christ's Death? *Medical World News*, 27 de outubro de 1966, p. 154-159.

CRAWFORD, L. Non, Jésus pas mort sur le Golgotha! CCER 33, #142, 1985, p. 17-29; 34, #143, 1986, p. 20-22; #144, 1986, p. 37-42.

EDWARDS, W. D. et alii. On the Physical Death of Jesus. *Journal of the American Medical Association* 255, #11, 21 de março de 1986, p. 1455-1463.

GILLY, R. *Passion de Jésus. Les conclusions d'un médecin*. Paris, Fayard, 1985.

LOSSEN, W. Blut und Wasser aus der Seite Jesu. TG 33, 1941, p. 48-49.

Marcozzi, V. Osservazioni medicopsicologiche sui fatti concernenti la risurrezione di N. S. *Gregorianum* 39, 1958, p. 440-462.

Merrins, E. M. Did Jesus Die of a Broken Heart? BSac 62, 1905, p. 38-53, 229-244.

Primrose, W. B. A Surgeon Looks at the Crucifixion. HibJ 47, 1948-1949, p. 382-388.

Sava, A. F. The Wounds of Christ. CBQ 16, 1954, p. 438-443.

_____. The Wound in the Side of Christ. CBQ 19, 1957, p. 343-346. A tese fundamental repete-se em The Blood and Water from the side of Christ. AER 138, 1958, p. 341-345.

Sharpe, N. W. A Study of the Definitive Cause of Death of the Lord Jesus Christ. BSac 87, 1930, p. 423-452.

Simpson, A. R. The Broken Heart of Jesus. *Expositor* 8th Ser., 2, 1911, p. 310-321.

Smith, D. E. An Autopsy of an Autopsy: Biblical Illiteracy Among Medical Doctors. *Westar* 1, #2, 1987, p. 3-6, 14-15.

Southerland, W. The Cause of Christ's Death. BSac 88, 1931, p. 476-485. Réplica a Sharpe e Young.

Tröger, K.-W. Jesus, the Koran, and Nag Hammadi. TD 38, 1991, p. 213-218 (a respeito da opinião islâmica de que Jesus não morreu na cruz).

Wilkinson, J. The Physical Cause of the Death of Christ. ExpTim 83, 1971-1972, p. 104-107.

Young, G. L. The Cause of our Lord's Death. BSac 88, 1931, p. 197-206.

Zugibe, F. T. Two Questions About Crucifixion. Does the Victim Die of Asphyxiation? Would Nails in the Hand Hold the Weight of the Body? *Bible Review* 5, 1989, p. 34-43.

Parte X: O rasgamento do véu do santuário (§ 43)

Bonner, C. Two Problems in Melito's Homily on the Passion. HTR 31, 1938, p. 175-190, esp. 182-190 a respeito de The Angel and the Rending of the Temple Veil.

Brown, D. The Veil of the Temple Rent in Twain from the Top to the Bottom. *Expositor* 5th Ser., 2, 1895, p. 158-160.

Celada, B. El velo del Templo. CB 15, 1958, p. 109-112.

Chronis, H. L. The Torn Veil: Cultus and Christology in Mark 15:37-39. JBL 101, 1982, p. 97-114.

Daube, D. The Veil of the Temple. DNTRJ, p. 23-26.

de Jonge, M. De berichten over het scheuren van het voorhangsel bij Jesus' dood in de synoptische evangelien. NTT 21, 1966-1967, p. 90-114.

_____. Het motief van het gescheurde voorhangsel van de tempel in een aantal vroeg-christelijke geschriften. NTT 21, 1966-1967, p. 257-276.

_____. Matthews 27:51 in Early Christian Exegesis. HTR 79, 1986, p. 67-79.

_____. Two Interesting Interpretations of the Rending of the Temple-veil in the Testaments of the Twelve Patriarchs. *Bijdragen* 46, 1985, p. 350-362.

GREEN, J. B. The Death of Jesus and the Rending of the Temple Veil (Luke 23:44-49). SBLSP 1991, p. 543-557.

JACKSON, H. M. The Death of Jesus in Mark and the Miracle from the Cross. NTS 33, 1987, p. 16-37.

LAMARCHE, P. La mort du Christ et le voile du temple selon Marc. NRT 96, 1974, p. 583-599.

LÉGASSE, S. Les voiles du Temple de Jérusalém. Essai de parcours historique. RB 87, 1980, p. 560-589.

LINDESKOG, G. The Veil of the Temple. *In honorem Antonii Fridrichsen sexagenarii*. Lund, Gleerup, 1947, p. 132-137 (ConNT 11).

McCASLAND, S. V. Portents in Josephus and the Gospels. JBL 51, 1932, p. 323-335 com referência a Mc 15,38; Mt 27,51-53.

MONTEFIORE, H. W. Josephus. NovT 4, 1960, p. 139-160, esp. 148-154 a respeito de The Rending of the Temple Veil.

MOTYER, S. The Rending of the Veil: A Markan Pentecost? NTS 33, 1987, p. 155-157.

NESTLE, Eb. Matt 27,51 und Parallelen. ZNW 3, 1902, p. 167-168.

PELLETIER, A. Le grand rideau du vestibule du Temple de Jérusalem. Syria 35, 1958, p. 218-226.

_____. La tradition synoptique du "Voile déchiré" à la lumière des réalités archéologiques. RechSR 46, 1958, p. 161-180.

_____. Le "Voile" du temple de Jérusalem est-il devenu la "Portière" du temple d'Olympie? *Syria* 32, 1955, p. 289-307.

SYLVA, D. D. The Temple Curtain and Jesus' Death in the Gospel of Luke. JBL 105, 1986, p. 239-250.

ULANSEY, D. The Heavenly Veil Torn: Mark's Cosmic *Inclusio*. JBL 110, 1991, p. 123-125.

YATES, J. E. The *Velum Scissum: Mark 15.38. The Spirit and the Kingdom*. London, SPCK, 1963, p. 232-237.

ZAHN, T. Der zerrissene Tempelvorhang. NKZ 13, 1902, p. 729-756.

Parte XI: Fenômenos especiais em Mt 27,51-53 (§ 43)

Aguirre, R. El Reino de Dios y la muerte de Jesús en el evangelio de Mateo. EstEcl 54, 1979, p. 363-382 a respeito de Mt 27,51-53. Resumo em inglês em TD 29, 1981, p. 149-153.

Aguirre Monasterio, R. *Exégesis de Mateo*, 27,51b-53. Institucion San Jeronimo 9. Vitoria, Eset, 1980.

Allison, D. C. The End of the Ages Has Come *The End of the Ages Has Come*. Philadelphia, Fortress, 1985, p. 40-50 a respeito do caráter escatológico da cena mateana da morte.

Bieder, W. *Die Vorstellung von der Höllenfahrt Jesu Christi*. ATANT 19. Zurich, Zwingli, 1949, esp. p. 49-56 a respeito de Mt 27,51b-53.

Blinzler, J. Zur Erklärung von Mt 27,51b-53. Totenauferstehung am Karfreitag? TG 35, 1943, p. 91-93.

Cerfaux, L. Les "Saintes" de Jérusalem. *Recueil Lucien Cerfaux*. 3 v. Gembloux, Duculot, 1954-1962, v. 2, p. 389-413.

Essame, W. G. Matthew xxvii.51-54 and John v.25-29. ExpTim 76, 1964-1965, p. 103.

Fascher, E. Das Weib des Pilatus (Matthäus 27,19). *Die Auferweckung der Heiligen* (Mattäus 27,51-53). Hallische Monographien 20. Halle, Niemeyer, 1951, respectivamente p. 5-31, 32-51.

Fuller, R. C. The Bodies of the Saints, Mt 27,52-53. *Scripture* 3, 1948, p. 86-87.

Grassi, J. A. Ezekiel 37,1-14 and the New Testament. NTS 11, 1964-1965, p. 162-164.

Gschwind, K. *Die Niederfahrt Christi in die Unterwelt*. Münster, Aschendorf, 1911, esp. p. 185-199 a respeito de Mt 27,52-53 (NTAbh 23-5).

Hill, D. Matthew 27:51-53 in the Theology of the Evangelist. IBS 7, 1985, p. 76-87.

Hutton, D. D. The Resurrection of Holy Ones. Cambridge, MA, Harvard Univ., 1970 (Th.D. Dissertation).

Keane, W. The Dead Arose [Matt 27,52-53]. *Australasian Catholic Record* 25, 1948, p. 279-289.

Lange, J. Zur Ausgestaltung der Szene vom Sterben Jesu in den synoptischen Evangelien. In: Merklein, H. & Lange, J., orgs. *Biblische Randbemerkungen*. Würzburg, Echter, 1974, p. 40-55.

Maisch, I. Die österliche Dimension des Todes Jesu. Zur Osterverkündigung in Mt 27.51b-53. In: Oberlinner, L, org. *Auferstehung Jesus — Auferstehung der Christen*. Freiburg, Herder, 1986, p. 96-123 (QD 105).

Riebl, M. *Auferstehung Jesu in der Stunde seines Todes? Zur Botschaft von Mt 27,51b-53*. Stuttgart, KBW, 1978 (SBB 8).

_____. Jesu Tod und Auferstehung — Hoffnung für unser Sterben. BibLit 57, 1984, p. 208-213 a respeito de Mt 27,51b-53.

Schubert, U. Eine Jüdische Vorlage für die Darstellung der Erschaffung des Menschen in des sogenannten Cotton-Genesis-Rezension? *Kairos* 17, 1975, p. 1-10 com referência a Mt 27,51b-53.

Senior, D. The Death of God's Son and the Beginning of the New Age (Matthew 27:51-54). TLOTC, p. 29-51.

_____. The Death of Jesus and the Resurrection of the Holy Ones (Mt 27:51-53). CBQ 38, 1976, p. 312-329.

_____. Matthew's Special Material (§ 3 acima), p. 277-285.

Vittonatto, G. La risurrezione dei morti (Mt xxvii,52-53). *Sapienza* 9, 1956, p. 131-150.

Wenham, J. W. When were the Saints Raised? A Note on the Punctuation of Matthew xxvii.51-53. JTS ns 32, 1981, p. 150-152.

Winklhofer, A. *Corpora Sanctorum.* TQ 133, 1953, p. 30-67, 210-217. Réplica a Zeller, *Corpora.*

Witherup, R. D. The Death of Jesus and the Raising of the Saints: Matthew 27:51-54 in Context. SBLSP 1987, p. 574-585.

Zeller, H. *Corpora sanctorum.* Eine Studie zu Mt 27,52-53. ZKT 71, 1949, p. 385-465.

Parte XII: Reações sinóticas à morte: confissão do centurião; mulheres galileias (§ 44: Mc 15,39-41; Mt 27,54-56; Lc 23,47-49)

Bauckham, R. Salome the Sister of Jesus, Salome the Disciple of Jesus, and the Secret Gospel of Mark. NovT 33, 1991, p. 245-275.

Bligh, P. H. A Note on *Huios Theou* in Mark 15:39. ExpTim 80, 1968-1969, p. 51-53.

Bratcher, R. G. A Note on *huios theou* (Mark xv.39). ExpTim 68, 1956-1957, p. 27-28.

_____. Mark xv.39: the Son of God. ExpTim 80, 1968-1969, p. 286.

Crossan, J. D. Mark and the Relatives of Jesus. NovT 15, 1973, p. 81-113, esp. 105-110 a respeito de Mc 15,40.47.

Davis, P. G. Mark's Christological Paradox. JSNT 35, 1989, p. 3-18 a respeito de Mc 15,39.

Dechent, H. Der "Gerechte" — eine Bezeichnung für den Messias. TSK 100, 1927-1928, p. 438-443 com referência a Lc 23,47.

Gerhardsson, B. Mark and the Female Witnesses. In: Behrens, H. et alii, orgs. DUMU--E2- DUB-BA-A. Philadelphia, University of Penn. Museum, 1989, p. 217-226 (A. W. Sjöberg Festschrift).

GLASSON, T. F. Mark xv.39: the Son of God. ExpTim 80, 1968-1969, p. 286.

GOODSPEED, E. J. *Problems of New Testament Translation*. University of Chicago, 1945, esp. p. 90-91 a respeito de Lc 23,47.

GOODWIN, D. R. *Theou Huios, Matt xxvii.54 and Mark xv.39*. JBL 6, junho de 1886, p. 129-131.

GUY, H. A. Son of God in Mk 15:39. ExpTim 81, 1969-1970, p. 151.

HANSON, R. P. C. Does *dikaios in Luke xxiii.47 Explode the Proto-Luke Hypothesis?* Hermathena 60, 1942, p. 74-78.

HARNER, P. B. Qualitative Anarthrous Predicate Nouns: Mark 15:39 and John 1:1. JBL 92, 1973, p. 75-87.

HARRIS, J. R. The Origin of a Famous Lucan Gloss. ExpTim 35, 1923-1924, p. 7-10 sobre Lc 23,48.

HENGEL, M. Maria Magdalene und die Frauen als Zeugen. In: Betz, O. *et alii*, orgs. *Abraham unser Vater*. Leiden, Brill, 1963, p. 243-256 com referência a Mc 15,40-41.47 e par. (O. Michel Festschrift).

JOHNSON, E. S. Is Mark 15:39 the Key to Mark's Christoly? JSNT 31, 1987, p. 3-22.

KARRIS, R. J. Luke 23:47 and the Lucan View of Jesus' Death. JBL 105, 1986, p. 65-74. Também RDLJ, p. 68-78, 187-189.

KETTER, P. Zur Ehrenrettung der Männer auf Golgotha. TPQ 84, 1931, p. 746-758 com referência a Lc 23,49.

KILPATRICK, G. D. A Theme of the Lucan Passion Story and Luke xxiii,47. JTS 43, 1942, p. 34-36.

MANUS, C. U. The Centurion's Confession of Faith (Mk 15,39). *Bulletin de Théologie Africaine/Bulletin of African Theology* 7, 1985, p. 261-278.

MICHAELS, J. R. The Centurion's Confession and The Spear Thrust. CBQ 29, 1967, p. 102-109.

POBEE, J. The Cry of the Centurion — a Cry of Defeat. TJCSM, p. 91-102.

RYAN, R. The Women from Galilee and Discipleship in Luke. BTB 15, 1985, p. 56-59.

SCHNEIDER, C. Der Hauptmann am Kreuz. Zur Nationalisierung neutestamentlicher Nebenfiguren. ZNW 33, 1934, p. 1-17.

SCHOTTROFF, L. Maria Magdalena und die Frauen am Grabe Jesu. EvT ns 42, 1982, p. 3-25.

SCHWEIZER, E. Scheidunsrecht der jüdischen Frau? Weibliche Jünger Jesu? EvT ns 42, 1982, p. 294-300, esp. 297-300 a respeito de Mc 15,40ss.

STOCK, K. Das Bekenntnis des Centurio. Mk 15,39 im Rahmen des Markusevangeliums. ZKT 100, 1978, p. 289-301.

STOCKKLAUSNER, S. K. & Hole, C. A. Mark 15:39 and 16:6-7: A Second Look. *McMaster Journal of Theology* 1, 1990, p. 34-44.

Parte XIII: Reações joaninas à morte: o lado perfurado; ossos quebrados (§ 44: Jo 19,31-37)

(Estudos puramente fisiológicos da ferida no lado e do fluxo de sangue e água como causa da morte de Jesus estão relacionados na Parte IX.)

BARTON, G. A. A Bone of Him Shall Not Be Broken. John 19:36. JBL 49, 1930, p. 13-19.

BLASS, F. Über Ev. John 19,35. TSK 75, 1902, p. 128-133.

BRAUN, F.-M. L'eau et l'Esprit. RThom 49, 1949, p. 5-30, esp. 15-20 a respeito de Jo 19,34.

Chase, F. H. Two Notes on St John's Gospel. JTS 26, 1925, p. 381 a respeito de Jo 19,35.

CULPEPPER, R. A. The Death of Jesus: An Exegesis of John 19,28-37. *Faith and Mission* 5, 1988, p. 64-70.

DECHENT, H. Zur Auslegung der Stelle Joh 19,35. TSK 72, 1899, p. 446-467.

DE LA POTTERIE, I. Le symbolisme du sang et de l'eau en Jn 19,34. *Didaskalia* 14, 1984, p. 201-230.

_____. "Volgeranno lo sguardo a colui che hanno trafitto". Sangue di Christo e oblatività. CCat 137, #3266, 1986, p. 105-118.

DUNLOP, L. The Pierced Side. Focal Point of Johannine Theology. TBT 86, 1976, p. 960-965.

FORD, J. M. "Mingled Blood" from the Side of Christ (John xix.34). NTS 15, 1968-1969, p. 337-338.

HAENSLER, B. Zu Jo 19,35. BZ 11, 1913, p. 44-48.

HARDER, G. Die bleibenden Zeugen (1Cor 15,6... Jn 19,35) Theologia Viatorum 11, 1966-1972, p. 83-90.

HARRISON, S. J. Cicero and "Crurifragium". *Classical Quarterly* 33, 1983, p. 453-455, esp. 454.

HEMELSOET, B. L'ensevelissement selon Saint Jean. *Studies in John*. NovTSup 24, Leiden, Brill, 1970, p. 47-65 a respeito de Jo 19,31-42 (J. N. Sevenster Festschrift).

HENNINGER, J. Neuere Forschungen zum Verbot des Knochenzerbrechens. In: Szabadfalvi, J. et alii., orgs. *Studia Ethnographica et Folkloristica in honorem Béla Gunda*. Debrecen, Kossuth, 1971, p. 673-702.

HULTKVIST, G. *What Does the Expression "Blood and Water" Mean in the Gospel of John 19,34?* Vrigstad, Sweden, 1947.

KEMPTHORNE, R. "As God is my Witness!" John 19,34-35. StEv VI, p. 287-290.

LAVERGNE, C. Le coup de lance au coeur de Jésus. Sindon 10, #11, 1967, p. 7-14.

LEFÈVRE, A. Die Seitenwunde Jesu. Geist und Leben 33, 1960, p. 86-96.

LEROY, H. "Kein Bein wird ihm zerbrochen werden" (Jo 19,31-37). In: Kilian, R. et alii, orgs. *Eschatologie*. St. Ottilien, EOS, 1981, p. 73-81 (E. Neuhäusler Festschrift).

MALATESTA, E. Blood and Water from the Pierced Side of Christ. In: Tragan, P.-R. org. *Segni e sacramenti nel Vangelo di Giovanni*. Roma, Anselmiana, 1977, p. 165-181 (Studia Anselmiana 66).

MENKEN, M. J. J. The Old Testament Quotation in Jn 19,36. Sources, Redaction, Background. FGN, v. 3, p. 2101-2118.

_____. The Textual Form and the Meaning of the Quotation from Zech 12:10 in John 19:37. CBQ 55, 1993, p. 494-511.

MEYER, E. Sinn und Tendenz der Schlussszene am Kreuz in Johannesevangelium. SPAW, 1924, p. 157-162.

MIGUENS, M. "Salió sangre y agua" (Jn 19,34). SBFLA 14, 1963-1964, p. 5-31.

MINEAR, P. S. Diversity and Unity: A Johannine Case-Study. MNTS, p. 162-175 a respeito de Jo 19,34-37.

NESTLE, Eb. John xix.37. ExpTim 24, 1912-1913, p. 92 a respeito de *ekeinos* em 19,35 (apesar do título).

RICHTER, G. Blut und Wasser aus der durchbohrten Seite Jesu (Joh 19,34b). MTZ 21, 1970, p. 1-21. Reimpresso em RSJ, p. 120-142.

SEYNAEVE, J. Les citations scripturaires en Jn. 19,36-37: une preuve en faveur de la typologie de l'Agneau pascal? *Revue Africaine de Théologie* 1, 1977, P. 67-76.

VELLANICKAL, M. Blood and Water. *Jeevadhara* 8, 1978, P. 218-230.

VENETZ, H. J. Zeuge des Erhöhten. Ein exegetischer Beitrag zu Joh 19,31-37. FZPT 23, 1976, p. 81-111.

WILKINSON, J. The Incident of the Blood and Water in John 19.34. SJT 28, 1975, p. 149-172.

§ 38. Introdução: estrutura dos relatos da crucificação e do sepultamento

Chegamos agora à última das quatro divisões principais que chamei de "Atos" do drama. Como antes, ao comentar esses relatos vou subdividir seguindo principalmente a sequência marcana. Naturalmente, reconheço que tal divisão não faz justiça à sequência dos outros Evangelhos até o ponto em que diferem de Marcos. Contudo, ao comentar as cenas respectivas tomarei o cuidado de alertar o leitor sobre as peculiaridades nos tratamentos de cada cena nos outros Evangelhos e sobre os arranjos do material nesses Evangelhos. Este último "Ato" da NP tem uma diversidade de personagens e locais, e o arranjo que cada evangelista dá a esse material variado tem importância extraordinária para a interpretação do pensamento do evangelista. Portanto, acho prudente, mesmo antes de comentar seções distintas, dar ao leitor uma visão geral de três estruturas diferentes nos relatos da crucificação e do sepultamento (Marcos/Mateus, Lucas e João). A investigação dessas estruturas esclarece um pouco como foi composto cada um dos relatos evangélicos da crucificação e do sepultamento; assim, à medida que descrevo cada estrutura, faço algumas observações gerais a respeito da composição. Em parte, Lucas está próximo de Marcos/Mateus; em parte, tem estrutura diferente. Para facilitar a avaliação dos dois aspectos lucanos, vou incluir uma coluna lucana comparativa em minha apresentação da estrutura de Marcos/Mateus e depois fazer um exame independente da estrutura lucana considerada à parte.

A. Estrutura do relato de Marcos/Mateus

O Quadro 6 adiante esquematiza os principais elementos de Mc 15,20b-47 e Mt 27,31b-61[1] (e suplementarmente em Lc 23,26-56). Neste esquema, depois da transição introdutória, o relato marcano consiste em cinco partes componentes

---

[1] Seria possível ampliar isso até Mt 27,66. O sepultamento (Mt 27,57-61) e a guarda no túmulo (Mt 27,62-66), embora concluam a NP, fazem parte de uma narrativa em cinco seções da ressurreição (§ 48 A, Quadro 9).

(quatro [§§ 40–44] dizem respeito a Jesus crucificado, sendo o sepultamento um quinto componente, com subdivisões próprias [§§ 45–46]). A parte central é a terceira (§ 42), onde Jesus, perto da morte, pronuncia suas únicas palavras. Dos dois lados, na segunda e na quarta partes, estão atividades que mostram as reações dos presentes a Jesus na cruz. Além dessa habilidade geral de organização, o padrão narrativo de três está presente nos três escárnios de Jesus antes de morrer e em três anotações de períodos de três horas (terceira, sexta, nona horas).[2] Matera julga descobrir um padrão marcano de agrupar seções colocando o mesmo tipo de declaração antes e depois, mas os exemplos que oferece são muitas vezes forçados.[3]

O conteúdo da narrativa marcana é, em grande parte, determinado, material e verbalmente, pelo desejo de mostrar cumprimento. O escárnio de Jesus na cruz e o que acontece depois de sua morte continuam e realizam alegações feitas no julgamento judaico a respeito da destruição do santuário e de ser o Messias, o Filho de Deus. Mais proeminente ainda é o cumprimento de temas veterotestamentários, por exemplo, a descrição pelo salmista do justo sofredor que é escarnecido e esbofeteado pelos inimigos; a acusação, registrada em Sb 2,17-20, de que o justo é impotente para impedir a morte ignominiosa, apesar de alegar que Deus está do seu lado e que é Filho de Deus; o uso do versículo de um Salmo para a oração de Jesus ao morrer na cruz. Esses temas da narrativa da crucificação são incontestáveis; temas inspiradores menos certos também têm sido propostos. Por exemplo, Matera (*Kingship*) acha o tema do rei do princípio ao fim de Marcos, até onde não está claramente visível.[4] Entretanto, nem um tema em particular, nem o

---

[2] Esses períodos fazem parte de um padrão maior de tempo que percorre toda a NP marcana (§ 28), mas não são úteis para subdividir o relato da crucificação (por exemplo, as referências à sexta e à nona horas encontram-se em um único versículo!).

[3] Ver *Kingship*, p. 57. Ele alega que as referências à 3ª e à 6ª horas agrupam material tradicional, ignorando o que relatei na nota 2. É imaginoso chamar "Eles põem púrpura sobre ele" e "Eles o despiram da púrpura", em Mc 15,17.20a, repetição combinadora; são apenas ações correlatas. Digo o mesmo de "Ele está gritando para Elias" e "Vermos se Elias vem descê-lo", em Mc 15,35.36. Também acho forçada a divisão proposta por Robbins ("Reversed"), que junta em uma única unidade (Mc 15,16-24) o escárnio romano de Jesus no pretório, Jesus sendo levado à crucificação, algumas das preliminares da crucificação — tudo sob o título "Escárnio de Jesus como rei". Como Simão de Cirene, o lugar chamado Gólgota e a oferta de vinho misturado com mirra harmonizam-se sob esse cabeçalho? Bailey ("Fall", p. 103) elimina Mc 15,40-46 e encontra uma elaborada estrutura quiástica em Mc 15,20-39. Entretanto, o quiasmo inclui um número grande demais de improbabilidades, por exemplo, fazer a cena central consistir nos escárnios pelos transeuntes, e não nas únicas palavras de Jesus e sua morte, ou fazer o centurião romano que confessa Jesus paralelo a Simão de Cirene, quando em Marcos (diferente de Lucas), em estrutura narrativa e contexto, Simão está mais próximo de José de Arimateia.

[4] Nas páginas 62-63, ele faz essas sugestões. Os criminosos à direita e esquerda de Jesus (Mc 15,27) correspondem aos assentos à direita e à esquerda de Jesus na glória, como solicitado por Tiago e João

motivo de realização explicam tudo o que Marcos relata a respeito da crucificação. Principalmente na Primeira Parte (§ 40 adiante), há informações incluídas que não têm nenhum propósito dramático ou teológico óbvio para Marcos. Penso em especial no topônimo Gólgota, no título "o Rei *dos Judeus*" e na primeira oferta de vinho misturado *com mirra*. Esses eram provavelmente elementos antigos em um relato do acontecimento, e alguns deles devem ser considerados históricos.

QUADRO 6. COMPARAÇÃO DOS RELATOS SINÓTICOS DA CRUCIFICAÇÃO E DO SEPULTAMENTO

§ 39. Episódio de transição: Jesus levado para ser crucificado[5]		
Mc 15,20b-21	Mt 27,31b-32	Lc 23,26-32
Levando-o para fora.	igual	igual
Simão Cireneu	igual	igual
Pai de Alexandre Rufo		Multidão e filhas de Jerusalém seguiam e lamentavam; J [= Jesus] falou com elas.
§ 40. Jesus crucificado, primeira parte: o cenário		
Mc 15,22-27	Mt 27,33-38	Lc 23,33-34
Sete informações (relacionadas em § 40, adiante)	Seis informações na mesma ordem de Marcos (Omite 3ª hora; acrescenta guarda[6])	Quatro informações reorganizadas (concentradas no dito de Jesus: "Pai, perdoa-lhes.")
§ 41. Jesus crucificado, segunda parte: atividades no local da cruz		
Mc 15,28-32	Mt 27,39-44	Lc 23,35-43
		Pessoas de pé, observando.
Três grupos escarnecedores	igual (2º grupo e escárnio ampliado)	Três grupos escarnecedores (composição parcialmente diferente de Marcos)
		"Ladrão penitente"

(Mc 10,37.40)! O escárnio do brado por Jesus de abandono em Mc 15,34-35 é o escárnio do brado por um falso rei Messias (embora nenhum dos termos apareça nesses versículos). O fato de Pilatos espantar-se por Jesus já ter morrido (Mc 15,44) faz eco ao espanto de Pilatos em Mc 15,5 com relação a "o Rei dos Judeus" (embora Mc 15,5 relacione o espanto à recusa de Jesus a responder outras acusações) e contribui para a atmosfera de um sepultamento régio para Jesus! Matera menciona que Pilatos obteve as informações a respeito da morte do centurião "que proclamou ser o Rei dos Judeus o Filho de Deus" (embora Marcos não associe o centurião ao título "o Rei dos Judeus").

[5] Esta não é, na verdade, uma cena independente em Marcos/Mateus (nem em João), mas uma sentença de transição. A ampliação lucana força-me a dedicar a ela § 39.

[6] Mc 15,25, "Agora era a terceira hora e eles o crucificaram", está no mesmo lugar na sequência que Mt 27,36: "E tendo sentado, eles estavam guardando-o (montando guarda) ali".

§ 42. Jesus crucificado, terceira parte: últimos acontecimentos, morte

Mc 15,33-37	Mt 27,45-50	Lc 23,44-46
Trevas da 6ª à 9ª horas	igual	igual (eclipse do sol)
		O véu do santuário rasgou-se.
Na 9ª hora, J. gritou a Deus brado de abandono.	igual	J. deu um alto brado, entregando-se nas mãos do Pai.
Interpretação com Elias	igual	
Oferta de vinho avinagrado, escárnio com Elias	igual	
Tendo dado um alto brado, J. expirou.	Tendo gritado, J. deixou ir o espírito.	Tendo dito isso, J. expirou.

§§ 43–44. Jesus crucificado, quarta parte: acontecimentos posteriores à morte de Jesus

Mc 15,38-41	Mt 27,51-56	Lc 23,47-49
O véu do santuário rasgou-se.	igual	
	a terra tremeu, as pedras se partiram, os túmulos se abriram, os santos ressuscitaram e entraram na cidade santa.	
O centurião, tendo visto, confessou J. como Filho de Deus.	igual (outros com o centurião)	O centurião, tendo visto, confessou J. como homem justo.
		Multidões voltaram, batendo no peito.
Quatro mulheres galileias observavam de longe.	igual	Os conhecidos de Jesus e as mulheres galileias de pé, de longe, viram.

§§ 46–47. O sepultamento de Jesus, primeira e segunda partes: José e o sepultamento

Mc 15,42-47	Mt 27,57-61	Lc 23,50-56a
Entardecer, dia de preparação antes do sábado.	Entardecer	
José pediu o corpo a Pilatos.	igual	igual (José não concordou com a decisão contra J.)
Pilatos perguntou ao centurião se J. estava morto.[7]		
Pilatos concedeu o corpo a José.	igual	
José amarrou o corpo e sepultou-o.	igual	igual
Duas mulheres observaram o túmulo.	Duas mulheres sentaram-se em frente ao sepulcro.	As mulheres olharam para o túmulo.
		Elas voltaram, aprontaram especiarias.

---

[7] Relativamente às divergências mateanas do esquema marcano, esta é a mais longa omissão mateana.

§ 48. O sepultamento de Jesus, terceira parte: no sábado	
Mt 27,62-66	*Lc 23,56b*
Depois do dia da preparação, os chefes dos sacerdotes conseguiram guardas de Pilatos para vigiar o sepulcro.[8]	As mulheres repousaram.

COMPOSIÇÃO. Independentemente da teoria de composição que se adote, as observações gerais que acabamos de fazer a respeito da estrutura da narrativa marcana da crucificação têm valor. É inevitável encontrar a mesma variedade de teorias de composição que vimos em relação a partes anteriores da NP. Por exemplo, muitos biblistas descobrem (às vezes considerado histórico) que foi adaptado ou readaptado por Marcos. A esse centro, Finegan atribui Mc 15,21.22a.24a.26.27.37.40-41, enquanto Linnemann propõe Mc 15,22a.24a.25a.33.34a.37.38 e Bultmann sugere Mc 15,20b-24a.(27).37. Dormeyer acha que Mc 15,21.22a.23.24a.26.27.31a.32 c.34ab.37.38.40 se originaram de uma comunidade judeu-cristã primitiva. Outro enfoque popular teoriza que a narrativa marcana resulta da combinação de dois relatos. Schreiber considera o primeiro histórico, relacionando-o a Simão de Cirene (Mc 15,20b-22a.24.27), e o segundo, apocalíptico, influenciado por reminiscências veterotestamentárias (Mc 15,25.26.29a.32c.33.34a.37.38). Com referência a Mc 15,22-33, Taylor atribui Mc 15,22-24.26.29.30 a Marcos A e Mc 15,25.27.31.32.33 a Marcos B. Nas duas teorias de composição, os (frágeis) critérios costumeiros de redação, duplicatas e interesse teológico são invocados para identificar etapas pré-marcanas. Onde tais critérios produzem maior concordância é com referência às informações que descrevi no final do parágrafo anterior como aparentemente imotivadas (principalmente em Mc 15,22-27).[9]

Ao contrário, quando se julga que, até onde podemos remontar, havia aspectos narrativos (padrão de três) e reflexões no AT, o método por trás da análise exata de versículos e meio-versículos pré-marcanos torna-se suspeito. A desalentadora falta de concordância entre os resultados defendidos pelos diversos biblistas (ver também APÊNDICE IX) torna frágil todo o empreendimento. A esses problemas, se João não é dependente de Marcos, é preciso acrescentar a questão joanina. A concordância

---

[8] Mateus tem dois adendos significativos ao esquema marcano: no final, esta cena; antes, as reações da terra, das pedras e dos túmulos à morte de Jesus (ver em § 43).

[9] Como de costume, Pesch (*Markus*, v. 2, p. 482) afirma que, do jeito que está, Marcos reflete os relatos primitivos e, assim, rejeita fragmentação. Ele identifica duas subseções: Mc 15,20b-24 e Mc 15,25-32.

entre os dois Evangelhos não está só nos detalhes (topônimo, crucificação entre dois criminosos, acusação divulgada contra Jesus, escárnio pelos chefes dos sacerdotes, divisão de roupas, oferta de vinho azedo [*oxos*], Maria Madalena e outra Maria), mas também em padrões de três e ecos de Salmos — em outras palavras, concordância joanina com Marcos em aspectos que muitas análises pré-marcanas consideram adições marcanas ou características de uma segunda fonte. Minha opinião, então, é que, aqui, como em outras passagens, identificam-se tradições primitivas (compartilhadas independentemente pelos Evangelhos), mas que não podemos reconstruir uma narrativa pré-marcana com probabilidade significativa, embora tenhamos boa razão para pensar que ela existiu.

B. Estrutura do relato de Lucas

Uma olhada na coluna lucana no esboço de Marcos/Mateus acima mostra a extensão dos paralelos lucanos com Marcos. Especialmente notável é que a sequência geral de episódios similares é a mesma. Contudo, Taylor (*Passion*, p. 92) observa que Lc 23,33-49 (minhas primeira a quarta partes de Jesus crucificado) tem 265 palavras, somente 74 das quais encontram-se no material comparável em Marcos (assim, apenas 28 por cento).[10] A impressão dessa estatística diminui um pouco quando percebemos que Lucas apresenta aqui material encontrado em outras passagens de Marcos, por exemplo, o escárnio romano de Jesus.

Muitos dos elementos lucanos que não são idênticos a Marcos repercutem temas comuns a Lucas-Atos, por exemplo, perdão, estar em paz com Deus, a multidão compreensiva em contraste com as autoridades. Assim, encontra-se a costumeira discordância quanto ao fato de Lucas ter tido uma fonte especial ou reescrito livremente o material marcano (talvez com a ajuda de informações isoladas de tradição não conhecida por Marcos). Aqui (como antes), prefiro a segunda posição. Seja como for, um fato é certo: o relato final em Lc 23,26-56 foi escrito e moldado cuidadosamente por Lucas. O que ele tirou de Marcos foi encaixado em uma estrutura de arte ainda maior que a de Marcos:

a) Lc 23,26-32 (§ 39: Jesus levado para ser crucificado). Três partes favoráveis a Jesus: i) Simão que leva a cruz atrás de Jesus na postura de discípulo; ii)

---

[10] Das setenta e quatro palavras paralelas, quase um quarto encontram-se em dois versículos.

uma grande aglomeração do povo e as filhas de Jerusalém que batem no peito e lamentam; iii) dois malfeitores, um dos quais depois se compadece de Jesus. Ver o paralelo que consiste em três partes depois da morte de Jesus em e).

b) Lc 23,33-34 (§ 40: Cenário da crucificação de Jesus). Consiste em três subseções: i) topônimo, fato da crucificação, disposição dos dois malfeitores — informações tiradas de Marcos; ii) oração de Jesus ao Pai pelo perdão — exclusiva de Lucas; iii) divisão das roupas — informação tirada de Marcos. A afabilidade do Jesus tipicamente lucano é realçada pela hostilidade circundante.

c) Lc 23,35-43 (§ 41: atividades no local da cruz). Cinco informações ao todo: i) pessoas param e observam — não hostis; ii) autoridades zombam; iii) soldados escarnecem; iv) um malfeitor blasfema; v) um malfeitor se compadece e é recompensado. As três reações hostis principais assemelham-se a Marcos, com alguma mudança de envolvidos de uma cena alhures em Marcos.[11] A primeira e a quinta, que emolduram as três centrais e não são hostis, são exclusivas de Lucas e suavizam o impacto negativo da cena.

d) Lc 23,44-46 (§ 42: últimos acontecimentos, morte). Mais sucinto que Marcos, Lucas tem dois elementos: i) *trevas* da 6ª até a 9ª hora (enquanto a luz do sol escurece) e o rasgamento do véu do santuário — ambos de Marcos, onde, entretanto, as trevas precedem e o rasgamento segue a morte de Jesus; ii) Jesus brada com voz forte (tirado de Marcos), entregando o espírito ao Pai (quase o oposto de Marcos, onde ele se sente abandonado por Deus). Lucas reúne os elementos negativos de antemão, para que, depois da morte mais resignada de Jesus, tudo possa ser positivo.

e) Lc 23,47-49 (§ 44: atividades no local da cruz depois da morte). Não é autenticamente paralelo a § 41, como em Marcos (porque ali Lucas já neutralizou a hostilidade dos três escárnios por sua estrutura), mas complementarmente paralelo a § 39, com suas três partes favoráveis a Jesus antes da crucificação. Aqui, também há três partes favoráveis a Jesus: i) o centurião que louva a Deus e confessa que Jesus é um justo, comparável a Simão que carregou a cruz atrás de Jesus; ii)

---

[11] Os transeuntes da tríade negativa marcana de escarnecedores tornam-se pessoas lucanas mais positivas que observam. Como Lucas também apresenta uma tríade de escarnecedores, ali os soldados (romanos) tomam o lugar dos transeuntes de Marcos. Marcos apresentou antes soldados romanos hostis a Jesus (Mc 15,16-20a) em uma cena depois do julgamento romano que Lucas não preservou naquela sequência, mas da qual se apropriou aqui.

as multidões que voltam para casa batendo no peito — que correspondem à aglomeração do povo em § 39; iii) os conhecidos de Jesus e as mulheres da Galileia que ficam longe e observam — que correspondem às filhas de Jerusalém em § 39.

f) Lc 23,50-56 (§§ 46–48: Sepultamento de Jesus e o dia seguinte). José de Arimateia pede a Pilatos o corpo de Jesus e o sepulta em um túmulo onde ainda ninguém fora sepultado. Esse material faz paralelo com Marcos e deixa de fora (como faz Mateus) o espanto de Pilatos por Jesus já estar morto, aumentando a ênfase na probidade de José (que, embora membro do conselho [sinédrio], não concordou com o propósito dos outros membros) e (com objetivo apologético) evitando a possibilidade de o corpo de Jesus ser confundido com outro corpo no mesmo túmulo. Ao relato marcano das mulheres que veem onde Jesus é sepultado, Lucas acrescenta a informação de que elas prepararam especiarias e unguentos e descansaram no sábado. Desse último elemento tratarei em seção à parte, pois ele corresponde funcionalmente ao esforço mateano muito mais longo para preencher o dia entre a sexta-feira da morte de Jesus e o domingo em que sua ressurreição é revelada.

Esta análise da estrutura do relato lucano da crucificação é feita de maneira a sugerir como uma adaptação imaginosa do material marcano explica muitas das diferenças entre os dois Evangelhos. A teologia lucana mais benevolente, do papel dos participantes humanos e do exercício de misericórdia por Jesus, está por trás dessa adaptação. Contudo, deve ser reconhecido que a arte de Lucas transcende um arranjo arquitetônico de informações para servir a sua teologia. A evolução dramática do papel do malfeitor compassivo ("o bom ladrão") aproxima-se da técnica joanina de escolher alguns incidentes da crucificação e realçar seus potenciais. Seu Jesus soberano, que promete ao malfeitor a participação no paraíso "este dia" (Lc 23,43), se assemelha ao Jesus que governa da cruz no relato joanino. É para a estrutura deste último que agora nos voltamos.

C. Estrutura do relato de João

Em Lucas, ao contrário de Marcos/Mateus, Jesus levado ao lugar da crucificação constitui uma cena em si, integrante da estrutura geral. Em João, embora não seja uma cena independente, a saída de Jesus para o Gólgota combina-se com outras informações pertinentes ao cenário da crucificação, de modo que constitui uma introdução que pode ser ligada a seis episódios que descrevem Jesus na cruz e seu sepultamento, e assim produz um padrão quiástico (quadro 7). É em parte semelhante à mais elaborada organização quiástica de sete episódios no julgamento de Pilatos (§ 32 D); mas na ausência do padrão fora/dentro que ali serviu de guia, as diretrizes para divisões aqui são mais contestáveis.[12]

A quantidade de paralelismo nesse quiasmo não é uniforme. A principal similaridade entre a Introdução e o Episódio 6 está na maneira lacônica na qual relacionam o que aconteceu, mas o Episódio 6 é mais longo que a Introdução. Há bom paralelismo entre o Episódio 1 e o Episódio 5. Em cada um deles, judeus hostis a Jesus vão a Pilatos com um pedido destinado a reduzir a importância de Jesus ou tirá-lo de cena, mas Pilatos não concorda da maneira que eles querem. Há paralelismo moderado entre o Episódio 2 e o Episódio 4 no tema de cumprimento. Reconhecendo que o tema geral na NP joanina é o controle de tudo isso por Jesus e sua vitória na cruz, o Episódio 3 forma um centro excelente do relato da crucificação. Nele, Jesus está cercado de uma comunidade de fiéis que ele transforma em uma família obediente a sua vontade. Ele preserva os que o Pai lhe dá, e assim pode bem seguir isso com a declaração de que agora tudo está consumado.

QUADRO 7. ESTRUTURA QUIÁSTICA DO RELATO JOANINO DA CRUCIFICAÇÃO E DO SEPULTAMENTO

Introdução (Jo 19,16b-18) Jesus levado; carrega a cruz; Gólgota; crucificado com outros dois.	=	Episódio 6 (Jo 19,38-42) José pede a Pilatos o corpo de Jesus; Nicodemos traz mirra; eles o envolvem com panos e especiarias, sepultando-o em um túmulo novo no jardim.
Episódio 1 (Jo 19,19-22) Inscrição dramatizada na proclamação trilíngue por Pilatos de Jesus como rei; chefes dos sacerdotes pedem a Pilatos para mudar, mas ele se recusa.	=	Episódio 5 (Jo 19,31-37) Dia de Preparação; judeus pedem a Pilatos para retirar os corpos; seus soldados quebram as pernas dos outros, trespassam o lado de Jesus; sangue e água; duas citações da Escritura.

---

[12] Por exemplo, Janssens de Varebeke ("Structure") identifica sete episódios no relato da crucificação, como no julgamento por Pilatos. Ele junta o que chamo de "Introdução" a meu "Episódio 1", enquanto divide meu "Episódio 6" em dois. Além disso, é possível discutir se minha terminologia "Episódio 6" é apropriada ou se eu deveria falar em Conclusão para combinar com a Introdução? Nenhuma das duas designações faz justiça ao fato de estilisticamente Jo 19,38-42 ser mais evoluído que Jo 19,16b-18, mas menos evoluído dramática e teologicamente que os outros episódios.

Episódio 2 (Jo 19,23-24) Soldados dividem as roupas em quatro partes; tiram a sorte para a túnica sem costura; Escritura cumprida.	=	Episódio 4 (Jo 19,28-30) Cônscio de terminar tudo, Jesus diz que tem sede; esponja de vinho avinagrado no hissopo; "Está consumado";[13] entrega o espírito.
	Episódio 3 (Jo 19,25-27) Mulheres de pé perto da cruz; Jesus dirige-se à mãe e ao discípulo amado; discípulo toma-a como sua.	

João lida com algumas das mesmas informações tradicionais pertinentes à crucificação que Marcos relaciona em seu cenário. Contudo, embora João relacione três delas na Introdução (comparáveis às sete de Marcos), outras duas (inscrição, divisão de roupas) ele transforma em seus Episódios 1 e 2, usando-os para dramatizar teologia. Somos tentados a considerar essas evoluções inteiramente obra do quarto evangelista, até percebermos que os Episódios joaninos 1,2 e 3 apresentam três reações a Jesus na cruz semelhantes ao agrupamento de três que Marcos tem em suas atividades no local da cruz (§ 41). Os três grupos marcanos (transeuntes, chefes dos sacerdotes, companheiros de crucificação) são todos hostis. João tem um grupo verdadeiramente hostil (chefes dos sacerdotes), um parcialmente hostil (soldados romanos) e um favorável (mulheres, mãe, discípulo).[14] É possível teorizar que João adapta Marcos de maneira imaginosa, mas me parece mais plausível que o padrão narrativo de três fizesse parte do relato da crucificação desde onde podemos investigar e que cada evangelista fez sua adaptação. O mesmo pode ser dito de tonalidades bíblicas veterotestamentárias. Não há dúvida de que João moldou estrutural, dramática e teologicamente material que lhe chegou a respeito da crucificação; mas julgo menos plausível que esse material viesse de Marcos.

Como tratarei de João ao lado dos relatos sinóticos da crucificação e do sepultamento e, portanto, implicitamente chamarei a atenção para similaridades,

---

[13] Jesus crucificado faz três declarações em João e três em Lucas; mas não há duplicação entre os dois conjuntos de declarações (e cada conjunto é característico da teologia do Evangelho respectivo). Além disso, nenhuma das seis declarações em Lucas e João combina com a única declaração atribuída a Jesus em Marcos/Mateus. As tradicionais "sete últimas palavras de Jesus (na cruz)" são altamente divisíveis.

[14] Das quatro (?) mulheres joaninas que estão de pé perto da cruz e das três mulheres em Marcos que observam de longe, uma é obviamente idêntica (Maria Madalena) e outra talvez seja a mesma (a mulher chamada Maria; ver o Quadro 8 em § 41).

talvez seja útil apresentar aqui uma lista de detalhes que aparecem nos (três ou em um dos) relatos sinóticos, mas estão ausentes de João:

- Simão de Cirene (os três)
- Lamento das mulheres no caminho do Calvário (Lucas)
- Oferta inicial de vinho misturado (Marcos/Mateus)
- Oração de Jesus pelo perdão de seus algozes (Lucas)
- Indicações de tempo, por exemplo: 9 da manhã (Marcos); meio-dia a 3 da tarde (os três)
- Vários escárnios (os três)
- Arrependimento do "bom ladrão" (Lucas)
- Trevas sobre a terra (os três)
- O brado "*Eloi, Eloi, lama sabachthani*" (Marcos/Mateus)
- A sugestão de que ele procura a libertação por meio de Elias (Marcos/Mateus)
- O último brado em voz alta de Jesus (os três)
- As palavras "Pai, em tuas mãos coloco meu espírito" (Lucas)
- O rasgamento do véu do santuário (os três)
- O terremoto e a abertura dos túmulos (Mateus)
- Reação do centurião (os três)
- Arrependimento das multidões na volta para casa (Lucas)
- Investigação de Pilatos para afirmar a morte de Jesus (Marcos)
- O envolvimento do corpo em um sudário de linho (os três)
- A presença das mulheres no túmulo (os três)
- Compra de especiarias pelas mulheres (Lucas)

(A bibliografia para esta INTRODUÇÃO *encontra-se em § 37.)*

§ 39. Episódio de transição: Jesus levado para ser crucificado (Mc 15,20b-21; Mt 27,31b-32; Lc 23,26-32; Jo 19,16b-17a)

Tradução

Mc 15,20b-21: ²⁰ᵇE eles o levam para fora, a fim de que pudessem crucificá-lo; ²¹e eles obrigam certo transeunte, Simão de Cirene, chegando do campo, pai de Alexandre e Rufo, a tomar sua [de Jesus] cruz.

Mt 27,31b-32: ³¹ᵇE eles o levaram embora para ser crucificado. ³²Mas, saindo, encontraram um cireneu, chamado Simão; esse sujeito, eles obrigaram a tomar sua [de Jesus] cruz.

Lc 23,26-32: ²⁶E quando eles o levaram embora, tendo pegado Simão, um certo cireneu chegando do campo, eles puseram sobre ele a cruz para levar atrás de Jesus. ²⁷Ora, havia seguindo-o [Jesus] uma grande aglomeração do povo e de mulheres que estavam batendo em si mesmas e lamentando por ele. ²⁸Mas, tendo se voltado para elas, Jesus disse: "Filhas de Jerusalém, não choreis por mim. Antes, por vós mesmas chorai e por vossos filhos, ²⁹porque, vede, vindo estão dias em que dirão: 'Benditas sejam as estéreis e os ventres que não deram à luz e os seios que não amamentaram'. ³⁰Então começarão a dizer às montanhas: 'Caí sobre nós' e às colinas: 'Escondei-nos'. ³¹Porque, se na madeira verde eles fazem tais coisas, na seca o que acontecerá?". ³²Mas outros também estavam sendo levados, dois malfeitores, com ele para serem executados.

Jo 19,16b-17a: ¹⁶ᵇAssim eles tomaram Jesus consigo; ¹⁷ᵃe carregando a cruz por si mesmo ele saiu...

Comentário

Esta é uma cena de transição, que muda Jesus do local onde se concentrava a jurisdição romana em Jerusalém, e onde ele fora julgado e condenado, para o lugar fora de Jerusalém onde tinham lugar as execuções. Consiste em dois elementos básicos. *Primeiro*, comum a todos os Evangelhos, há uma descrição de Jesus levado para fora e da cruz sendo carregada, por Simão ou por Jesus. *Segundo*, exclusivo de Lucas é o seguimento de Jesus pelo povo e as mulheres, isto é, as filhas de Jerusalém a quem Jesus dirige uma profecia de infortúnio. Em dois Evangelhos (Marcos e Mateus), o primeiro elemento segue-se diretamente ao escárnio e aos abusos de Jesus pelos soldados romanos. Contudo, alguns biblistas consideram o escárnio romano em Mc 15,16-20a uma adição secundária e afirmam que outrora Mc 15,20b vinha depois de Mc 15,15 na imediata execução da sentença de morte.

Levando Jesus para fora; o carregamento da cruz; Simão Cireneu

Levando Jesus para fora. Os quatro Evangelhos descrevem a mesma ação inicial pela qual Jesus é levado para fora/embora/com eles para o local de execução. Em Mc 15,15, Pilatos entregou Jesus "a fim de que ele fosse crucificado"; o ato de levá-lo para fora em Mc 15,20b é descrito como o primeiro passo "a fim de que pudessem crucificá-lo" (de modo semelhante, Mt 27,26 e 27,31b). O "eles" que levam/levaram Jesus para fora (Marcos: *exagein*) ou embora (Mateus: *apagein*) se refere aos soldados romanos — os soldados que pouco antes o tinham levado embora (Mc 15,16: *apagein*) ou o tinham levado consigo (Mt 27,27: *paralambanein*) para o pretório e então tinham passado com a coorte inteira a escarnecer dele e maltratá-lo. Como em Lucas e João, esse escárnio romano está ausente depois de Pilatos entregar Jesus, há ambiguidade nesses Evangelhos quanto ao "eles" que conduzem Jesus: "eles o levaram embora" (Lc 23,26: *apagein*); "eles tomaram Jesus consigo" (Jo 19,16b: *paralambanein*, no sentido de tomar Jesus sob custódia). Aos copistas, a fraseologia joanina deve ter parecido brusca; alguns testemunhos textuais reduzem *paralambanein* a um particípio (tomando Jesus consigo) e acrescentam em imitação dos sinóticos ou "eles puseram sobre ele a cruz" (Lc 23,26b) ou "eles o levaram embora" (Lc 23,26a; Mt 27,31b). Em Lucas e João, a primeira impressão é que "eles" são as autoridades judaicas e o povo presentes no final do julgamento romano. Em § 35, dei razões para pensar que, apesar da imprecisão quanto ao antecedente, os leitores de Jo 19,16b pensariam que os soldados romanos estavam envolvidos no ato de conduzir Jesus até a cruz, porque antes, no meio do julgamento romano (Jo 19,1-4), Pilatos entregara Jesus para esses soldados para ser açoitado e escarnecido, e imediatamente depois da chegada ao local da crucificação, esses soldados estão presentes e ativos (Jo 19,23-24). É provável que também os leitores lucanos pensassem nos soldados romanos como aqueles que levaram Jesus embora em Lc 23,26.[1] De qualquer modo, nenhum dos dois evangelistas escreve no espírito abertamente antijudaico de *EvPd* 3,5c-6, onde explicitamente o povo judeu arrasta Jesus.

Na sequência de Marcos/Mateus, o "para fora" ou "embora" expresso nos prefixos *ex* ou *ab* do verbo "levar" (*agein*) significa logicamente de dentro do pretório, embora os evangelistas possam ter tido uma pressuposição mais ampla. Nenhum Evangelho sinótico nos diz precisamente onde era o local de execução em relação à cidade murada de Jerusalém, mas de várias maneiras os três dão a impressão de que a crucificação teve lugar fora dos muros. Imagina-se o lugar perto de uma estrada ou caminho, pois transeuntes falam a Jesus na cruz (Mc 15,29; Mt 27,39). Ao que tudo indica, a estrada leva à cidade a partir do campo, pois Simão Cireneu é um transeunte que vem do campo (Lc 23,26). Mt 27,32 tem um segundo verbo, "sair" (*exerchesthai*), que talvez sugira saindo da cidade, como faz o mesmo verbo ("ele saiu") em Jo 19,17, pois nesse Evangelho Jesus já estava fora do pretório quando foi entregue por Pilatos (Jo 19,13.16a). No final, Jo 19,20 é bastante específico: "O local onde ele foi crucificado era perto da cidade"; nele, havia um jardim e nesse jardim, um túmulo (Jo 19,41). O simbolismo em Hb 13,11-13, segundo o qual Jesus morreu "fora da porta (ou acampamento)" faz parte do que deve ter sido a imagem comum.

Tudo isso se ajusta ao que sabemos dos costumes judaicos e romanos. Lc 24,14 especifica que o blasfemador devia ser levado para fora do acampamento e apedrejado pela comunidade inteira (também Nm 15,35-36 — as duas passagens usam *exagein*, o verbo empregado aqui só por Mc 15,20b). Quando Israel estabeleceu-se na terra prometida, essa diretriz foi entendida em termos de fora da cidade; foi aonde Nabot foi levado para ser apedrejado por amaldiçoar Deus e o rei (1Rs 21,13), e aonde Estêvão foi arrastado para ser apedrejado por blasfêmia contra Moisés e Deus (At 7,58; ver At 6,11). Quintiliano (*Declamationes* 274) relata que

---

[1] Em § 35, demonstrei detalhadamente que, embora Lc 23,24-25 usasse "seus (deles)" vagamente para se referir às autoridades judaicas e ao povo (Lc 23,13), por "eles" de Lc 23,26 ele quis dizer os soldados romanos que só são mencionados em Lc 23,36.

sempre que criminosos eram crucificados, escolhiam-se estradas bem movimentadas, para que o maior número de pessoas vissem e fossem persuadidas pelo medo. Um fragmento de Plauto (*Carbonaria* 2) declara que o criminoso carregava a viga transversal (*patibulum*) pela cidade, antes de ser preso à cruz. Em *Miles gloriosus* (II,iv,6-7; ##359-360), Plauto é mais específico e afirma que a pessoa que carregava a viga transversal pereceria fora da porta. A única voz discordante é a de Melitão de Sardes que, em seu *Sobre a Páscoa*, diz três vezes (72, 93, 94; SC 100, 114, 116) que Jesus morreu no meio da cidade. Logo depois que Jesus morreu, Herodes Agripa I construiu o "terceiro muro" de Jerusalém, aumentando consideravelmente a cidade para o norte, de modo que o lugar onde Jesus morreu foi incorporado à cidade. Na primeira metade do século II, quando os romanos construíram Aelia Capitolina no lugar onde ficava Jerusalém, o local da crucificação estava dentro daquela cidade (ver também o mapa de Madaba, do século VI e, na verdade, desde então Jerusalém). Melitão visitou essa cidade romana algumas décadas mais tarde e o local da crucificação que lhe mostraram ficava no meio da cidade.[2]

O carregamento da cruz; Simão Cireneu. Os quatro Evangelhos também descrevem o transporte da cruz: Marcos/Mateus usam *airein* ("tomar, pegar"). Lucas usa *pherein* ("transportar, levar"[3]), enquanto João emprega *bastazein* ("carregar"). O objeto desses verbos é sempre *stauros* ("cruz"). Normalmente, a parte vertical da cruz (*stipes, staticulum* ["cadafalso"]) ficava fixada no local de execução; e os condenados carregavam só a viga transversal (*patibulum*, isto é, uma barra para fechar uma porta; ou *antenna*, lais de verga do velame). Quase sempre era carregada atrás da nuca, como uma canga, com os braços do condenado puxados para trás e dobrados sobre ela. Por sinédoque, "cruz" podia ser usada para a viga transversal (Sêneca, *De vita beata* ixx,3) e "viga transversal" podia ser usada para "cruz" (Tácito, *História* iv,3); assim, ao contrário de artistas mais tardios, no século I os leitores dos Evangelhos entendiam que apenas a viga transversal estava incluída quando Jesus foi levado para fora.

Nos Evangelhos sinóticos, Simão Cireneu carrega a cruz. Ele não aparece em nenhum outro papel na tradição neotestamentária. Em parte porque Simão está ausente de João e do *EvPd*, Denker (também Linnemann) afirma que ele não fazia parte da tradição pré-marcana mais primitiva; mas a opinião oposta é mais

---

[2] Ver Harvey, "Melito".

[3] Marcos emprega esse verbo em Mc 15,22 para os soldados que levam Jesus ao Gólgota.

comum (Bultmann, Dibelius, Finegan, J. Weiss). Na verdade, há quem afirme que seu nome era parte importante do testemunho ocular defendendo a tradição mais antiga da crucificação (por exemplo, Gnilka, *Markus*, v. 2, p. 314 — juntamente com as mulheres citadas na conclusão da história do sepultamento). Complementar a isso é a tese de que ele se tornou cristão e foi lembrado pelo serviço que prestou ao Senhor. (Tese semelhante será proposta para a memória do nome de José de Arimateia.) Parece que essa tese se fortalece pelo fato de Marcos conservar os nomes de seus filhos, que se presume serem conhecidos dos leitores cristãos marcanos e/ou onde a tradição se formou. Apesar de João não mencioná-lo, Taylor (*Mark*, p. 588) escreve que Simão é sem dúvida figura histórica. No outro extremo da escala, Reinach ("Simon", p. 183-184) afirma que o papel de Simão foi inventado para dramatizar Mc 8,34 (= Lc 9,23; ver Lc 14,27): "Se alguém quer me seguir [*opiso*], que negue a si mesmo e tome [*airein*] sua cruz e siga-me".[4] Contudo, na descrição marcana de Simão, além do uso de "tomar sua cruz", não há nenhuma referência a seguir Jesus. Isso aparece (implicitamente) apenas em Lucas: "Eles puseram sobre ele a cruz para levar [*pherein*] atrás de [*opisthen*] Jesus". Embora, como a maioria dos biblistas,[5] eu pense que Lucas tinha em mente o dito a respeito de seguir, ele acrescentou um eco desse dito à tradição de Simão que assumiu de Marcos; e não é possível verificar a tese de Reinach para Marcos. Nos três sinóticos, fica-se com a impressão de que, anteriormente, Simão era figura *desconhecida* ("um certo") e foi *coagido* a assumir o papel de tomar ou levar a viga transversal. Marcos/Mateus usam *aggareuein*, um estrangeirismo em grego originário do persa, onde tinha a conotação de forçar para o serviço do governo. Lucas descreve os captores de Jesus como pegando (*epilambanesthai*) e pondo sobre (*epitithenai*) Simão a cruz.[6] Se alguém inventasse a história para descrever Simão como discípulo, certamente não o descreveria como um desconhecido forçado a servir Jesus. (Reinach imagina que forçar não era parte original do papel de Simão quando foi criado por seus filhos para engrandecer o pai; Marcos o acrescentou para suavizar o tom da narrativa!)

---

[4] Em nível histórico, Brandenburger ("Stauros", p. 32-33) afirma que essa imagem de carregar a cruz não era judaica e, assim, o dito foi formulado depois da crucificação de Jesus. Parece improvável que o dito e também Simão como seu cumprimento fossem criações da comunidade posteriores à crucificação.

[5] Loisy, seguido por Soards ("Tradition... Daughters", p. 227), duvida que mesmo Lucas tenha sido influenciado pelo dito de Jesus a respeito de discipulado.

[6] Lucas-Atos é responsável por uma alta porcentagem do uso desses dois verbos no NT.

São formuladas duas objeções contra a história de Simão, ambas baseadas na prática romana. Plutarco (*De sera numinis vindicta* 9; #554 AB) diz: "Todo malfeitor que vai para a execução carrega [até o local de execução] sua cruz [*stauros*]". Em *Oneirokritika* (ii,56) de Artemidoro Daldiano lemos: "A pessoa que é pregada na cruz primeiro carrega-a [até o local de execução]". Assim, não seria normal os romanos permitirem que outra pessoa carregasse a cruz de Jesus. Além disso, teriam eles *forçado* alguém a servir dessa maneira (mesmo se deixarmos de lado por enquanto o fato de estarem forçando um judeu a trabalhar na Páscoa)? Enquanto alguns biblistas (Blinzler, *Prozess*, p. 363) declaram que isso era típica arrogância romana nas províncias, Josefo (*Contra Apião* II,6; #73) admira a "magnanimidade e moderação dos romanos, pois eles não forçam os súditos a transgredir suas leis nacionais". Se o episódio de Simão é histórico, por que os romanos agiriam de maneira tão insólita? Parece muito improvável que sentissem piedade de Jesus em Marcos/Mateus, onde acabaram de escarnecer dele e maltratá-lo.[7] Uma sugestão mais plausível é que Jesus estava tão fraco fisicamente por causa da flagelação que os soldados temiam que ele morresse antes de chegar ao lugar de execução e a sentença do governador ser executada.[8] A teoria de perigosa fraqueza por parte de Jesus obtém algum apoio da surpresa demonstrada pela rapidez de sua morte depois de ser crucificado (Mc 15,44; Jo 19,33).

Certos detalhes na descrição de Simão precisam ser comentados. Ele é identificado como cireneu, detalhe incomum para inventar, se seu papel não era histórico. Cirene era a capital do distrito norte-africano de Cirenaica, na região da Líbia. Josefo (*Contra Apião* II,4; 44) relata que, a fim de solidificar o domínio egípcio nas cidades da Líbia, Ptolomeu I Soter (c. 300 a.C.) enviava judeus para ali se estabelecerem.[9] Havia uma sinagoga cireneia em Jerusalém (At 6,9). Pregadores cristãos de Cirene aparecem em At 11,20; e Lúcio, o Cireneu, é mencionado ao lado de Simão, o Negro, em At 13,1, como líder cristão em Antioquia. Assim, não é de modo algum implausível que houvesse um judeu cireneu chamado Simão em Jerusalém, no tempo da morte de Jesus, e que ele se tornasse cristão.

---

[7] Mesmo se deixarmos de lado a questão de historicidade, resta o problema da plausibilidade do tema.

[8] Lucas é um problema, porque Jesus não é açoitado nem flagelado na narrativa que precede. Como Lucas deslocou e modificou blocos de material marcano, talvez ele não percebesse que seu novo arranjo produziu problemas de lógica. Já vimos que, embora o Jesus lucano predissesse que seria açoitado, ele nunca é.

[9] Os judeus eram um grupo favorecido entre os quatro grupos de Cirene; contudo, uma revolta judaica ali é mencionada por Josefo em *Ant.* XIV,vii,2; ##114-118.

Em Marcos (e Lucas), é dito que Simão chegava do *agros*, "campo, roça". É comum interpretarem que ele estava trabalhando no campo, mas isso não está indicado.[10] Mesmo sem a possível dimensão agrícola, Simão faz uma viagem de ida para Jerusalém (ou uma viagem de ida e volta, se ele saiu de Jerusalém para ir ao campo ou à roça aquela manhã). Era tal atividade permitida a um judeu na Páscoa? De fato, não nos é dito que Simão era judeu; Simão é nome grego, embora frequentemente sirva de equivalente grego para o nome judaico Simeão (como no caso de Simão Pedro); e os nomes dos dois filhos de Simão são greco-romanos. Admitindo a maior probabilidade de Simão ser um judeu cireneu, Jeremia (JEWJ, p. 76-77) afirma que a atividade descrita era permitida na Páscoa. Acho essa solução particularmente duvidosa aqui, porque a omissão mateana de "chegando do campo" talvez se origine do reconhecimento de que Marcos estava descrevendo o que era impróprio em uma festa. Conforme explico em APÊNDICE II B3, abordo o problema da festa de maneira diferente. O relato marcano, fundamental para a cronologia sinótica, descreve apenas a Última Ceia em um contexto de Páscoa. Uma observação teológica a respeito da refeição talvez tenha criado uma datação espúria; João é plausível ao indicar que esse é o dia antes da Páscoa.[11]

Quanto aos filhos de Simão citados por Marcos, Alexandre é nome grego e Rufo é nome romano (comum para escravos). Julgando ter Marcos sido escrito para pessoas em Roma, há quem identifique o filho de Simão com o único outro Rufo neotestamentário, "o eleito do Senhor" mencionado com a mãe em Rm 16,13. "Alexandre" aparece outras quatro vezes no NT como o nome de um ou mais dos adversários de Paulo.[12] Tem havido muita especulação antiga e moderna a respeito de Simão e seus filhos; parece que a riqueza de imaginação quanto a figuras neotestamentárias aumenta em proporção inversa ao que o NT nos diz a respeito delas. Os dois filhos aparecem em narrativas na *Assunção da Virgem* copta e em *Os Atos de Pedro e André* (JANT, p. 194, 458). Bishop ("Simon") sugere que Simão

---

[10] A imaginosa alegação de C. C. Torrey (*Our Translated Gospels*, New York, Harper, 1936, p. 131) defende de forma bastante dúbia que o nome cireneu sugere lavoura.

[11] Na véspera da Páscoa, quase sempre o trabalho cessava por volta do meio-dia (APÊNDICE II, nota 19); e isso explica por que Simão está chegando do campo. Contudo, João, que dá o cenário da véspera da Páscoa e meio-dia como a hora em que o julgamento terminou, não menciona Simão.

[12] N. Avigad (IEJ 21, 1962, p. 1-12) relata sobre um ossário do início do séc. I d.C., descoberto no sudoeste do Vale do Cedron, perto de Jerusalém, em 1941. Parece que pertenceu a uma família judaica da diáspora de Cirenaica e tem o nome de Alexandre, filho de Simão. É inevitável que alguns especulem que esse seja o filho mencionado em Marcos (ver Pesch, *Markus*, v. 2, p. 477).

era originário de Kyrenia, no norte de Chipre, e Paulo encontrou a mãe da família enquanto ali esteve (At 13,4; Rm 16,13). Como Barnabé que vinha de Chipre (At 4,36-37), Simão tinha um campo na Judeia. Lee ("Mark xv") afirma que Marcos foi escrito em Jerusalém em 41 d.C., quando Simão e os dois filhos ainda estavam ali. Há quem identifique Simão com Simeão, o Negro, relacionado ao lado de Lúcio de Cirene em Antioquia em At 13,1. Por causa da associação dos cireneus com a história de Estêvão (At 6,9; 11,19-20) e por causa dos nomes em estilo grego de Simão e Alexandre, tem havido frequentes tentativas para identificar o pai e os filhos como cristãos helenistas (At 6,1-6).[13] Irineu (*Contra as heresias* xxiv,4) associa com Basílides (talvez incorretamente) a ideia gnóstica de que Jesus trocou de aparência com Simão e ficou assistindo e rindo enquanto Simão era crucificado. Essa ideia nos leva a examinar o silêncio de João a respeito de Simão.

A ausência de Simão em João. Têm sido feitas tentativas para harmonizar a afirmação de João de que Jesus carregou a própria cruz com o papel que os sinóticos atribuem a Simão. Tirando vantagem da redação de Lucas ("Eles puseram sobre ele a cruz para levar atrás de Jesus"), artistas retratam Jesus carregando a parte da frente da cruz e Simão carregando a metade de trás. Entretanto, na verdade Lucas não quer dizer que Simão carregou a parte de trás; ele carregou toda a viga transversal, enquanto Jesus caminhava à frente, de modo que Jesus estava livre para se voltar e conversar em Lc 23,28. Biblistas responsáveis (Blinzler, Taylor) harmonizam, fazendo o próprio Jesus carregar a cruz durante algum tempo (João) e então, quando Jesus enfraqueceu, Simão ser forçado a carregá-la (sinóticos). Entretanto, parece haver uma qualidade deliberada em Jo 19,17a que indica que embora conhecesse a tradição de Simão (e assim implicitamente atestasse sua antiguidade), João rejeitou-a por razões próprias.

Em parte, essa abordagem depende da força do dativo *heauto* em Jo 19,17a. Há quem o entenda como um dativo de vantagem, "para si mesmo" (BDF 188²); mas D. Tabachovitz (*Eranos* 44, 1946, p. 301-305) afirma que é um dativo instrumental de pessoa, equivalente a *di' heautou*, "por si mesmo". Uso semelhante de *heauto* encontra-se em Martírio de Policarpo 13,2, quando o mártir tira a roupa ele mesmo. Por que João rejeita com tanta firmeza o papel de Simão a favor de Jesus

---

[13] Divagando, Derrett ("Haggadah", p. 313) liga Simão com o Simeão veterotestamentário, um dos doze filhos de Jacó que odiava seu irmão José e aconselhou os irmãos a matá-lo. A ideia de que Simão carregou a viga transversal de Jesus deu origem à designação *Kyrenaios*, do hebraico *qôrâ* (viga).

carregar a própria cruz? Há quem pense que a opinião gnóstica denunciada por Irineu mencionada acima (na qual Simão é que foi crucificado) já era conhecida e João a estava refutando. Outra explicação altamente especulativa é que João estava introduzindo aqui a tipologia de Isaac, que carregou a lenha para seu sacrifício (Gn 22,6). Se esse simbolismo é ou não forçado depende até certo ponto de, quando João escreveu, já serem conhecidas criações de midraxe nos quais Isaac era retratado como um adulto que voluntariamente aceitou ser morto (tema do servo sofredor). Ver essa questão no APÊNDICE VI.

Menos especulativa e mais provável é a observação de que a cristologia joanina não tem espaço para a necessidade ou aceitação de ajuda por parte de Jesus. O princípio fundamental de Jo 10,17-19 entra em jogo: "Dou voluntariamente minha vida [...] ninguém a tira de mim; antes eu a dou por vontade própria". Vimos toques joaninos anteriores na NP para salientar a soberania de Jesus: Jesus forçou o grupo aprisionador a recuar e cair ao chão; contestou o sumo sacerdote a respeito do motivo de estar sendo interrogado em Jo 18,21; disse a Pilatos: "Tu não tens nenhum poder sobre mim, em absoluto" (Jo 19,11). Que a omissão de Simão por João era para enfatizar o controle ou autoridade que Jesus possuía até mesmo na crucificação está implícito na declaração de Justino (*Apologia* I,xxxv,2) de que, quando foi crucificado, Jesus acomodou os ombros à cruz, declaração à qual ele acrescenta uma citação de Is 9,5: "Em seus ombros está a autoridade/o poder".

Jesus fala às filhas de Jerusalém (Lc 23,27-31)

A estrutura para esta cena. Mc 15,20b usa esta sentença para prefaciar o aparecimento de Simão Cireneu: "E eles o levam para fora a fim de que pudessem crucificá-lo". Lc 23,26 tomou emprestada a primeira metade da sentença de Marcos também para prefaciar Simão ("E quando eles o levaram embora").[14] Lucas usa a outra metade da sentença marcana em Lc 23,32 para concluir a cena presente: "levados [...] para serem executados". Assim, a partir de Mc 15,20b, Lucas cria uma estrutura na qual ele põe o material dos vv. 27-31 que não tem nenhum paralelo

---

[14] A concordância de Lucas e Mateus ao empregar *apagein* contra *exagein* de Marcos não é significativa. *Apagein* é usado seis vezes na NP para deslocar Jesus e, independentemente, Mateus e Lucas preferem permanecer consistentes com o uso anterior, em vez de seguir Marcos na introdução de um novo verbo — verbo que Marcos usou em imitação das diretrizes da LXX a respeito da morte de blasfemadores: Lv 24,14; Nm 15,36.

marcano. (Ver a ANÁLISE abaixo quanto a Lucas ter tirado o material dos vv. 27-31 de uma fonte pré-lucana ou de sua própria composição livre.)

Lucas também fez mudanças no material a respeito de Simão Cireneu que tomou emprestado de Marcos, de modo que algumas mudanças visíveis em Lc 23,26 levam ao material novo dos vv. 27-31.[15] A partir do relato marcano, presume-se que Simão se tornou cristão (porque seu nome foi preservado pela memória cristã), mas, ao fazer Simão levar a cruz "atrás" (*opisthen*) de Jesus, Lucas atribui-lhe, alusivamente, a posição de discípulo (Lc 9,23). Há quem negue isso, porque embora Lucas suavize o "obrigam" marcano, ainda assim Simão tem a cruz posta sobre ele. Contudo, para Lucas, o contato com Jesus muda as pessoas inesperada e repentinamente. Jesus vai à frente de Simão e mostra o caminho para a cruz.[16] A conversão de um involuntário seguidor e cruciferário não é mais difícil que a mudança instantânea de um malfeitor penitente ("o bom ladrão" de Lc 23,40-43) ou a proclamação da inocência de Jesus extraída do centurião romano que o crucificou (Lc 23,47). O Simão lucano, então, é figura positiva que ajuda a transição para a descrição de outros não opostos a Jesus que Lucas vai apresentar agora. Assim, parece que, ao copiar de Marcos, Lucas compensa, via um avanço teológico, os defeitos que cria na narrativa (por exemplo, Jesus consegue ajuda para carregar a cruz, embora não tenha sido flagelado).

A aglomeração e as mulheres (Lc 23,27). Os mesmos resultados um tanto divididos de narração e teologia aparecem na grande inserção lucana a respeito de outros que seguiram Jesus ao lugar de execução. A última vez que Lucas mencionou "o povo" como participante da NP foi em Lc 23,13, em um contexto no qual ele era hostil a Jesus. Talvez ele o tenha incluído implicitamente ao lado das autoridades judaicas nos momentos finais do julgamento romano, quando Pilatos entregou Jesus "a sua vontade" (Lc 23,25). Que impressão temos, então, quando lemos, em Lc 23,27, "Ora, havia seguindo-o uma grande aglomeração do povo"?[17] Embora "seguindo-o" não seja necessariamente postura de discipulado, à primeira

---

[15] Uma pequena mudança é o "E quando" inicial no v. 26 (*kai hos*) usado alhures por Lucas para indicar mudança de lugar ou de tempo (Lc 2,39; 15,25 etc.; ver Büchele, *Tod*, p. 42).

[16] At 3,15; 5,31 descreve Jesus como *archegos*, termo difícil de traduzir, mas que tem o sentido de precedência; cf. Lc 19,28 (Talbert, *Reading*, p. 219).

[17] No NT, uma "aglomeração do povo" é peculiar a Lucas (Lc 1,10; 6,17; At 21,36), com *poly* ("grande") representando a propensão lucana por exagero retórico (Fitzmyer, *Luke*, v. 1, p. 324).

vista não há nenhuma sugestão de hostilidade (com a devida vênia a Büchele, *Tod*, p. 43). Na verdade, Lucas parece atribuir um papel progressivamente favorável a esta parte do populacho de Jerusalém. Se Lc 23,27 não diz que a "grande aglomeração do povo" se lamenta, ela está associada a mulheres que se lamentam e são solidárias com Jesus. Mais adiante (Lc 23,35), quando Jesus pende da cruz, é-nos dito que "o povo estava de pé ali observando". Embora essa descrição seja evasiva, o povo é assim diferenciado dos três tipos de escarnecedores, a descrição dos quais se segue imediatamente. Em uma cena depois que Jesus morre na cruz (cena que, por inclusão, se compara com esta antes da crucificação), Lc 23,48 relata que "todas as multidões que estavam reunidas para a observação disso [...] voltaram batendo no peito". O efeito total dessa progressão para simpatizar com Jesus encontra-se no apócrifo *Atos de Pilatos* 4,5: "Ora, quando o governador olhou para as aglomerações de judeus de pé ali, viu muitos dos judeus chorando e disse: 'Nem toda a aglomeração deseja que ele seja executado'". Essa imagem não parecia implausível aos leitores antigos. Luciano (*De morte Peregrini* 34) observa cinicamente que "os conduzidos à cruz [...] têm um grande número de pessoas seguindo-os de perto".

No grego lucano, "uma grande aglomeração", além de reger "do povo", também rege "e de mulheres". Entretanto, é duvidoso que Lucas pretenda enfatizar o número de mulheres; antes, por meio do correlativo *kai* ("e"), ele parece estar chamando a atenção para um grupo de mulheres *ao lado* da aglomeração geral do povo, um tanto como em At 17,4: "Uma grande aglomeração de gregos devotos e não poucas das mulheres importantes". (Um *kai* correlato encontra-se novamente na cena paralela depois da crucificação em Lc 23,49: "todos os conhecidos dele [...] e as mulheres".) De qualquer modo, as mulheres são as "que estavam batendo em si mesmas e lamentando por ele".[18] Benoit, Lagrange e Marshall estão entre os que julgam ser essa lamentação por alguém prestes a ser executado ato de piedade religiosa, mas outros como Schneider duvidam que a lamentação por criminosos a caminho da execução fosse permitida em público. Suetônio (*Tiberius* 61) relata: "Os

---

[18] Muitos biblistas veem aqui a influência de Zc 12,10: "Eles olharão aquele que tiverem trespassado e baterão em si mesmos de luto por ele como se por um filho único e chorarão com mágoa como pelo primogênito". (Os versículos subsequentes de Zacarias atribuem o luto às várias famílias *e suas mulheres*.) Parte deste versículo é citada por Jo 19,37 *depois* que Jesus morre na cruz e parece mais apropriada às multidões que batem no peito depois que Jesus morre (Lc 23,48) do que a esta cena onde Jesus ainda não sofreu nenhum dano físico.

parentes [dos condenados em consequência da queda de Sejano — § 31, B1] foram proibidos de ficar de luto". Quer essa restrição estivesse ou não em vigor antes, é improvável que essa regra fosse aplicada a todo pequeno caso nas províncias. Desse modo, não há nada que apoie a sugestão contrária de que, em vez de lamentação, as mulheres haviam saído para protestar contra a execução e expressar apoio a Jesus como rei. Lucas inclina-se a usar verbos duplos de lamentação (Lc 7,32; 8,52), e a combinação de *koptesthai* e *threnein* que ele usa aqui encontra-se em Josefo (*Ant.* VI,xiv,8; #377) para descrever a autoflagelação e a lamentação pela morte de Saul.

      Como Lucas entende essas mulheres? Jesus chama-as de "filhas de Jerusalém" e lhes dirige uma profecia negativa a respeito da sina da cidade na qual elas serão envolvidas, por isso alguns biblistas como Neyrey (*Passion*, p. 111) identificam-nas com aquele grupo de Israel que consistentemente rejeitava os mensageiros de Deus (ver também Untergassmair, *Kreuzweg*, p. 144). Isso está com certeza errado, como indicam Giblin (*Destruction*, p. 97) e Soards ("Tradition [...] Daughters", p. 229). Essas mulheres são figuras solidárias com Jesus e a tragédia é que mesmo suas lágrimas compassivas não as salvam da sina da cidade que mata os profetas. Entretanto, não há razão para ir ao outro extremo e descrevê-las como discípulas, pois as seguidoras de Jesus na narrativa são as mulheres da Galileia (Lc 23,49.55). Além disso, é cedo demais no movimento em direção à crucificação para os leitores pensarem nas mulheres que administravam analgésicos aos condenados (§ 40, #2 adiante). Mais exatamente, estamos no bem conhecido contexto de mulheres que lamentam os mortos carpindo (como no caso de Saul que acabamos de descrever; ver Jo 11,31; *EvPd* 12,52). A tristeza desamparada demonstrada pelo ato de se autopunirem é um toque dramático, como é o uso delas para descrever um aspecto de Jerusalém. Jesus entrou em Jerusalém em Lc 19,37-40, e em meio ao júbilo de toda uma aglomeração dos discípulos que entoavam as bênçãos do rei; agora ele é levado da cidade seguido por "uma grande aglomeração do povo" e das mulheres que lamentam sua morte. É interessante que, na entrada de Jesus em Jerusalém em Mt 21,5 e Jo 12,15, há um discurso pessoal para as "filhas de Sião"; Lucas guarda seu discurso equivalente até aqui e é a ele que agora nos voltamos.

A sina das filhas de Jerusalém e seus filhos (Lc 23,28). Neyrey (*Passion*, p. 111) lembra que o ato de Jesus se voltar para se dirigir a alguém é aspecto lucano característico; *strapheis* ocorre sete vezes em Lucas, em comparação a cinco nos três outros Evangelhos. Contudo, a natureza do discurso que se segue, positiva ou negativa, não se determina por essa ação.[19] Embora "filhas" possa significar habitantes, aqui Lucas segue um padrão veterotestamentário de se dirigir a mulheres como representantes da nação ou da cidade em oráculos de alegria ou desgraça: "filhas de Israel" (2Sm 1,24); "filha de Sião" (Sf 3,14; Zc 9,9); e "filhas de Jerusalém" (Ct 2,7). Chamar as mulheres de "filhas de Jerusalém" não é pejorativo,[20] mas identifica a sina delas com a da cidade.

As palavras "não choreis [não chores]" foram dirigidas antes por Jesus à viúva de Naim que chorava pelo filho (Lc 7,13) e aos que lamentavam a morte da filha do chefe da sinagoga (Lc 8,52); assim, se adaptam bem ao contexto de lamentação por alguém prestes a morrer. Nos casos anteriores, Jesus estava prestes a eliminar a causa de lamentação, ressuscitando o morto; aqui, ele volta a tristeza por sua morte para a morte da cidade e seus habitantes. Um *plen* ("antes") estabelece o contraste, que é realçado pela ordem quiástica de palavras: "não choreis por mim [...] por vós mesmas chorai" (ver uma estrutura um pouco semelhante em Lc 10,20). Aqui, a atmosfera não é muito diferente da de Jr 9,16-19, onde o Senhor conclama as mulheres para chorar sobre Jerusalém: "Um canto triste se ouve em Sião: 'Como estamos arruinados e muito envergonhados' [...] Ouvi, vós mulheres [...]. Ensinai a vossas filhas este canto triste e uma à outra este lamento". Embora a instrução de Jesus seja dirigida às mulheres que o seguem, por meio delas ele fala a toda a aglomeração do povo de Jerusalém que não lhe foi hostil. A mensagem é que agora nenhuma quantidade de lamentação pelo que lhe está sendo feito pode salvar Jerusalém ou seu povo da destruição que está para chegar. Jesus não está dizendo palavras de compaixão, como pensou Dalman, embora esse elemento esteja presente; nem está apelando à reforma (Grundmann, Danker), pois é tarde demais; nem está denunciando, pois os que seguem não estão fazendo o mal. Do mesmo modo que os profetas de outrora que pronunciavam oráculos contra as nações (assim Neyrey, Giblin), Jesus está falando a Jerusalém como representante de Israel — a última de uma série de palavras de desgraça.

---

[19] Às vezes, quando o Jesus lucano se volta, ele diz alguma coisa positiva para o interlocutor (Lc 7,9; 10,23), às vezes, alguma coisa negativa (Lc 9,55; ver Lc 22,61) e outras vezes, alguma coisa que não se enquadra em nenhuma dessas categorias (Lc 7,44; 14,25).

[20] Aqui, Lucas usa a forma hebraizada de *Hierousalem* para a cidade. Em § 33, nota 1, mencionei a tese de la Potterie de que essa ortografia é usada em contextos positivos. A meu ver, essa tese é contestada aqui, porque uma palavra de terrível desgraça está prestes a ser pronunciada.

Em Lc 11,49-50, Jesus advertiu que esta geração seria considerada responsável pelo sangue de todos os profetas. Em Lc 13,34-35, Jesus falou diretamente a Jerusalém advertindo que, porque ela se recusou a escutar, sua casa (= Templo e toda a cidade) seria abandonada: "Quantas vezes eu quis reunir *teus filhos* como a galinha reúne os pintinhos debaixo das asas!". Em Lc 19,41-44 o próprio Jesus *chorou* sobre Jerusalém e lhe falou que *dias virão* de destruição por seus inimigos: "Lançar-te-ão ao chão, *a ti e a teus filhos dentro de ti*". Finalmente, em Lc 21,20-24, ele falou que a devastação da Judeia se aproximava; "Que os que estão na Judeia fujam para *as montanhas* [...]. E ai das que tiverem (filhos) *no ventre* e das que estiverem *amamentando* naqueles dias". Pus em itálico palavras nessas passagens para mostrar como, em vocabulário e tema, o que Jesus diz às filhas de Jerusalém em Lc 23,28-31 é consistente com ditos do Jesus lucano para Jerusalém e a respeito dela durante o ministério. Em especial, já tinha havido uma advertência de que mulheres e crianças inocentes pereceriam.[21] Funcionalmente (mas sem autoaceitação judaica de responsabilidade), esta passagem não está longe da cena mateana em Mt 27,25: "Seu sangue sobre nós e sobre nossos filhos". O castigo deve ser infligido não só à geração que vive no tempo da morte de Jesus, mas também a seus filhos, na geração da queda de Jerusalém em 70.

O pronunciamento de Jesus em Lc 23,29: "Vede, estão vindo dias nos quais dirão: 'Benditas as estéreis e os ventres que não deram à luz e os seios que não amamentaram'".[22] Ao estudar este versículo, é útil manter separados dois conjuntos de palavras (e ideias) bíblicas que envolvem bênção, um que podemos chamar de "participial" e o outro "adjetival":

Particípio passivo: Hebraico *baruk*, grego *eulogetos* ou *eulogemenos*, latim *benedictus*, português *bendito* — mais apropriadamente dirigido a Deus que deve ser bendito pelos seres humanos.

Adjetivo: Hebraico *'asre*, grego *makarios*, latim *beatus*, português *feliz* ou *bendito* — macarismo que não confere nem deseja uma bênção, mas reconhece

---

[21] Assim, Dupont, "Il n'en sera", p. 314-319; Rinaldi, "Beate", p. 62.

[22] Este versículo manifesta algumas variantes de cópia. P[75], códice de Beza, OL e OS omitem "vede". Algumas variantes representam esforços para melhorar o equilíbrio poético dos objetos afetados pela bênção pesarosa, isto é, mudanças para aproximar "estéreis" e "ventres", de modo que só as duas partes do corpo das mulheres estão envolvidas (ventres, seios), em vez de um tríplice arranjo com uma referência completa a mulheres estéreis, seguida pelos dois órgãos relativos a dar à luz. Entretanto, o último arranjo (que segui) combina melhor a referência a "vós" e "vossos filhos", no v. 28.

um estado existente de boa sorte entre os seres humanos, às vezes por causa de alguma coisa que Deus fez por eles.

Embora eu use o termo indiferenciado "bendito" com referência a esse dito em Lc 23,29, o significado é de um macarismo.

Na ANÁLISE, vou examinar a composição geral desta seção em Lucas para a qual este versículo é uma chave, mas mesmo aqui alguns fatos pertinentes à origem do versículo são importantes para entender o comentário. Lucas tira-o de uma fonte especial da NP; ou tira-o de uma fonte de ditos e adapta-o ao presente contexto; ou simplesmente o compõe seguindo o modelo da LXX e das advertências anteriores de Jesus a respeito de Jerusalém? Com essas perguntas em mente, examinemos cada frase.

Um *idou* ("vede") inicial antes de um oráculo de desgraça para Jerusalém encontra-se em Lc 13,35. Com ligeiras variações, a LXX usa "vindo estão dias" no tempo presente em algumas profecias de alegria e de desgraça: Jr 7,32; 16,14; Am 4,2; Ml 3,19. Lucas usou a frase antes, por exemplo, nas advertências a Jerusalém de Lc 19,43 e 21,6, mas sempre no tempo futuro. O tempo presente aqui em Lucas indica dependência de uma fonte, ou Lucas mudou para o presente (imitando a LXX) para assinalar que com a morte de Jesus os dias de ação divina final estão mais próximos? Quanto a dias "em que dirão", Taylor e Rehkopf veem estilo pré-lucano e indícios de uma fonte da NP. Contudo, essa oração é também estilo da LXX (Is 3,7; 12,1) e em Jr 31,29.31 (= LXX 38,29.31) e em Lc 17,22-23, encontram-se em estreita proximidade as frases "dias virão" e "dirão".

Quanto ao que será dito ("Benditas sejam as estéreis"), para alguns como Käser ("Exegetische", p. 246), Lucas recorre a Is 54,1: "Canta, ó estéril, que não deste à luz". Eles apontam para Is 54,10, que menciona montanhas e colinas, como faz o versículo seguinte de Lucas. Is 54,1 era bem conhecido dos cristãos primitivos, sendo citado em Gl 4,27; *2 Clemente* 2,1; Justino, *Apologia* I,53. Contudo, em todas essas citações, a passagem de Isaías é entendida como o profeta pretendia: mensagem de alegria, porque a estéril agora terá filhos. Não é isso que Lucas quer dizer.[23] Antes, Lucas diz, de maneira paradoxal, que será melhor não

---

[23] Käser ("Exegetische", p. 251) tenta inclinar o v. 29 nessa direção. As estéreis constituem um Israel espiritual que confia em Deus para ter filhos, substituindo as filhas de Jerusalém que representam Israel carnal.

ter filhos quando o sombrio juízo final chegar; de fato, os filhos são incapazes de se proteger nesses tempos e os pais têm a angústia de ver os que eles trouxeram ao mundo destruídos — se os pais tentam salvar os filhos, também perecem. Em Lm 4,4, há uma analogia precisa. Na horrível queda de Jerusalém para os babilônios, as crianças de peito choram por comida, mas não há ninguém para alimentá-las. Esse tema lúgubre era bem conhecido também na literatura greco-romana (Fitzmyer, *Luke*, v. 2, p. 1498). Assim, se Lucas estava recorrendo a Is 54,1, ele tinha de mudar não só o formato para um macarismo, mas também o sentido básico. É preciso muito menos imaginação para relacionar Lc 23,29 com passagens que realmente bendizem quem não tem filhos, por exemplo, Sb 3,13: "Bendita é a mulher estéril inviolada que não conheceu a transgressão do leito conjugal". Com pessimismo, Ecl 4,2-3 louva os mortos acima dos vivos e afirma ser melhor que ambos o que nunca nasceu. O siríaco *2 Baruc* 10,5b-10, escrito não mais que algumas décadas depois de Lucas, usa esse tema em uma lamentação sobre Jerusalém destruída pelos romanos: "Bendito é o que não nasceu ou o que, tendo nascido, morreu". Ao que parece, então, Lucas recorreu a um tema comum apropriado à catástrofe que Jerusalém tinha pela frente. Antes ele exprimiu esse tema com referência à destruição de Jerusalém como uma desgraça: "Ai das que tiverem (filhos) no ventre e das que estiverem amamentando naqueles dias" (Lc 21,23, tirado de Mc 13,17); aqui, ele o expressa como bênção (macarismo). Ver a expressão lucana de bênçãos e desgraças em paralelismo antitético em Lc 6,20-26.

Tudo isso sugere fortemente que Lucas não tirou Lc 23,29 de uma NP pré--lucana. Mas o próprio Lucas formulou inteiramente esta bênção que está expressa em linguagem bíblica e reflete um tema bíblico que ele usa alhures em relação a Jerusalém? Ou tirou-a de uma tradição de ditos e a reformulou? Logion 79 em *Evangelho de Tomé* é importante neste estudo:

> Uma mulher da multidão disse a ele: "Benditos sejam o ventre que te deu à luz e os seios que te amamentaram". Ele disse[-lhe]: "Benditos sejam os que ouvem a palavra do Pai e guardam-na na verdade. Pois haverá dias em que direis: 'Benditos o ventre que não concebeu e os seios que não amamentaram'".

Em uma análise cuidadosa dessa passagem, Soards ("Tradition [...] Daughters", p. 232-237) mostra como é difícil decidir se, ao usar palavras articuladas, o *Evangelho de Tomé* juntou Lc 11,27-28 e Lc 23,29, ou se, vice-versa, Lucas dividiu em duas uma unidade original que o *Evangelho de Tomé* preservou. Ele prefere a última hipótese, apontando exemplos no uso lucano de Marcos onde elementos de um único fragmento marcano aparecem em dois lugares diferentes de Lucas. Exemplo ainda mais próximo da divisão proposta aqui é apresentado por Lc 2,14 e 19,38, dois versículos que originalmente faziam parte de um hino pré-lucano (BNM, p. 510). Assim, não é improvável que o macarismo em Lc 23,29 viesse de uma coletânea de ditos de Jesus, onde pode ter estado associado ao macarismo de Lc 11,27-28. (Este dito tinha uma contrapartida em Mc 13,7 = Lc 21,23.) Para introduzi-lo aqui no contexto de um oráculo às filhas de Jerusalém, Lucas empregou conhecida linguagem da LXX, de modo que o "haverá dias" do *Evangelho de Tomé* se transforma em "vindo estão dias".

Continuação do pronunciamento (Lc 23,30): "Então começarão a dizer às montanhas: 'Caí sobre nós', e às colinas: 'Escondei-nos'". Lucas usa o auxiliar "começar a" cerca de vinte e nove vezes; e a sequência em Lc 29,29-30, "dirão [...] começarão a dizer", encontra-se em ordem inversa em Lc 13,26 e Lc 14,9. Na relação de aliança entre Deus e Israel, apela-se a montanhas e colinas como testemunhas: elas ali estavam quando foi feita a aliança e ainda estão presentes para testemunhar em momentos cruciais (Mq 6,1-2). Is 54,10 é quase sempre citado como origem: "Mesmo que as montanhas se afastem e as colinas se abalem, meu amor não se afastará, nem minha aliança de paz se abalará". Contudo, isso está muito longe da significação deste versículo em Lucas, do mesmo modo que Is 54,1 estava muito longe da significação do versículo anterior em Lucas. O óbvio antecedente é Os 10,8b que, em contexto relativo à capital Samaria (semelhante ao uso lucano de Jerusalém), adverte que sob o castigo de Deus Israel clamará pela libertação: "E eles dirão às montanhas: 'Cobri-nos', e às colinas: 'Caí sobre nós'". (Observemos que Lucas inverte a ordem dos imperativos de Oseias encontrados no TM e no Códice Vaticano da LXX.)[24] O versículo de Oseias fazia parte dos recursos da expectativa apocalíptica cristã primitiva; com efeito, Ap 6,16 faz eco a ele para descrever a situação dos poderosos da terra diante da ira do Cordeiro: "E eles dirão às montanhas e aos rochedos: 'Caí sobre nós e cobri-nos'" (notemos a mesma inversão dos imperativos que em Lucas). Se Lucas reformulou um dito de Jesus para formar o v. 29, ele o fez paralelamente a uma advertência veterotestamentária da mesma

---

[24] Na LXX do Códice Alexandrino, a ordem é a lucana. Esse códice (séc. V d.C.) se harmonizou com Lucas, ou Lucas usou essa outra fonte grega?

significação no v. 30. O Filho de Deus e os profetas têm a mesma mensagem de sina violenta para os desobedientes.

Término do pronunciamento (Lc 23,31): "Porque se na madeira verde eles fazem tais coisas, na seca o que acontecerá [será feito]?". O verbo na última oração (a apódose) é futuro.[25] Diz respeito ao que será feito no tempo do castigo, do mesmo modo que fizeram os vv. 29-30. Ali ouvimos o que os habitantes de Jerusalém diriam; aqui ouvimos uma pergunta sobre o que será feito *a eles*. Entretanto, a prótase da condição (*ei* mais o presente do indicativo) descreve uma coisa que está realmente acontecendo; assim, o "eles" muda de sentido dos que reagirão no futuro para os que estão fazendo alguma coisa a Jesus. (Em vez de admitir que há uma lógica narrativa em tal mudança, há quem descreva os vv. 29-30 como inserção, de modo que o "Porque" do v. 31 seguiria o v. 28.) O tema principal da condição inclui a bem conhecida fórmula proverbial *a minore ad maius* (do menor para o maior), por exemplo, no AT, Pr 11,31: "Se o justo é castigado na terra, quanto mais o ímpio e o pecador"; no NT, 1Pd 4,17: "O julgamento começa com a casa de Deus; se o julgamento é feito primeiro conosco, qual será o fim para os que desobedecem o Evangelho de Deus"; na literatura rabínica, com referência ao crucificado Jose ben Jo'ezer (Midraxe *Rabbah* 65,22 a respeito de Gn 27,27): "Se isso acontece com os que fazem a vontade de Deus, o que acontecerá aos que O ofendem?".

Quanto à metáfora usada na condição lucana, em Ez 17,24, uma árvore verde (= nova) e uma seca (*xylon chloron, xylon xeron*) são um par em contraste. Em *Seder Elijah Rabbah* 14 (p. 65 — séc. IX d.C.), sem o emprego de "madeira", encontramos: "Quando o úmido pega fogo, o que fará o seco?". Lucas não é específico quanto a que coisas são feitas na madeira verde e na seca; mas, recorrendo a Ez 21,3; 24,9-10; e Is 10,17, Caird, Marshall e muitos outros presumem que está incluído queimar: se podem queimar a madeira verde, molhada, não será a madeira seca queimada muito mais? Entretanto, com Leaney, Neyrey e outros, é possível pensar que o enfoque da comparação é a diferença de tempo entre a vida inicial da árvore e seu período de envelhecimento, por exemplo, aplicada à diferença de tempo entre o momento em que Jesus é crucificado e o momento em que Jerusalém será destruída. A segunda é apoiada pelos vv. 29-30, que se referem ao *futuro* castigo divino de Jerusalém e Israel. Fitzmyer (*Luke*, v. 2, p. 1498-1499) menciona uma

---

[25] Isso é verdade, quer leiamos o subjuntivo aoristo *genetai* usado como futuro enfático em uma pergunta deliberativa (BDF 3661), quer como futuro indicativo *genesetai* (Códice de Beza).

possível comparação adicional entre a madeira na qual Jesus foi crucificado (At 5,30; 10,39; 13,29), que não foi consumida pelas chamas, e a madeira de Jerusalém, consumida pelas chamas — contudo, nenhuma das descrições proféticas lucanas da destruição de Jerusalém menciona madeira ou chamas.[26] A imprecisão dos sujeitos na prótase e na apódose e a falta de certeza quanto à significação exata da metáfora levam a muitas interpretações do v. 31 (ver Plummer, Fitzmyer). Deixe-me agrupá-las sob quatro cabeçalhos:

1) Os romanos como o sujeito do começo ao fim, por exemplo, se os romanos tratam desse jeito a mim, que eles admitem ser inocente, como tratarão os que se revoltam contra eles? Contudo, os romanos *não* são formalmente identificados em Lucas como os agentes que levam Jesus para crucificá-lo.

2) Deus como o sujeito do começo ao fim, por exemplo, se Deus não poupa o Jesus amado, muito mais o Judaísmo impenitente receberá o impacto do julgamento divino (assim, Creed, Fitzmyer, Manson, J. Schneider [TDNT, v. 5, p. 38], G. Schneider, Zerwick). Mas pensa Lucas na crucificação como o que *Deus* está fazendo a Jesus?

3) Os seres humanos como o sujeito do começo ao fim, por exemplo, se as pessoas se comportam assim antes que seu cálice de iniquidade esteja cheio, o que farão quando ele transbordar? Esta interpretação não faz justiça à especificidade do contexto lucano e do discurso às filhas de *Jerusalém*; Jesus preocupa-se com o destino daquela cidade. *As três primeiras sugestões não pressupõem uma diferença entre os sujeitos dos dois verbos na condição*: "eles fazem" e "acontecerá ou será feito" (passiva).

4) Os adversários de Jesus como o sujeito da prótase e Deus como o sujeito da apódose. Que adversários? Lucas relata que Pilatos entregou Jesus "a sua vontade". Desse modo, embora seja provável que os leitores lucanos reconhecessem que os romanos estavam levando Jesus para fora a fim de crucificá-lo, eles consideravam os principais adversários "os chefes dos sacerdotes e os governantes e o povo" de Lc 23,13 que queriam Jesus crucificado. A atitude é exemplificada pelos textos de Lucas-Atos que generalizam ao descrever os judeus de Jerusalém ou seus líderes como os que crucificaram Jesus (ver Blinzler, *Trial*, p. 280-281). Assim, o contexto

---

[26] Ainda menos provável é um eco da conspiração dos adversários de Jeremias (Jr 11,19): "Vinde, e ponhamos madeira no pão dele" (LXX) ou "Destruamos a árvore em seu vigor" (TM).

com certeza dá preferência aos adversários de Jesus como o sujeito de "eles fazem" na prótase. Quanto à apódose, os versículos imediatamente anteriores pressupõem um julgamento divino vindo sobre Jerusalém e, assim, o sujeito mais óbvio por trás do que acontecerá ou será feito é Deus. O uso da passiva para subentender a ação divina é fenômeno bem atestado no grego bíblico e reflete a abstenção judaica de citar Deus com demasiada frequência (BDF 130[1], 313; C. Macholz, ZNW 81, 1990, p. 247-253). Assim, a sugestão básica de Neyrey é, a meu ver, a mais plausível: se eles (os líderes judaicos e o povo) tratam-me deste modo em tempo favorável (quando não são forçados pelos romanos), muito pior eles serão tratados em tempo desfavorável (quando os romanos os oprimirem). Nessa interpretação, madeira verde e madeira seca são simplesmente, de modo proverbial, períodos diversos de tempo, um mais favorável que o outro, e "madeira" não é interpretada alegoricamente. Como nos versículos anteriores, reforma não é uma possibilidade; o destino de Jerusalém e seus habitantes é selado pelo que os adversários de Jesus estão fazendo agora.

Dois malfeitores com Jesus (Lc 23,32). A ordem um tanto desajeitada de palavras atestada em P[75] e nos Códices Sinaítico e Vaticano diz literalmente: "E eram levados outros malfeitores dois com ele para serem executados"; o sentido é: "outros, que eram malfeitores, dois deles". Entretanto, é de se presumir que, para evitar a possibilidade de ler de uma forma que faria do próprio Jesus um malfeitor, a tradição *koiné* de mss. mudou a ordem das palavras para: "outros, dois malfeitores". De modo algum poderia o Jesus lucano ser um *kakourgos* (um "fazedor de coisas más"); com efeito, em Lc 23,22, Pilatos não achou nada "mau" (*kakos*) que Jesus tivesse feito e depois de sua morte, um centurião declarou Jesus um homem "justo [*dikaios*]" (Lc 23,47).

O vocabulário desse versículo consiste em palavras que têm alta porcentagem de uso lucano no NT: *agein* ("levar"), *de kai* ("Mas [...] também"), *heteros* ("outro"), *kakourgos* ("malfeitor"), *anairein* ("executar"). Contudo, Soards ("Tradition [...] Daughters", p. 239-240) está certamente correto ao julgar que essa é simplesmente uma reescrita lucana de material marcano. Lucas usa *agein* no início do versículo para assinalar uma inclusão com *apagein* ("levar embora") em Lc 23,26. Com referências a Jesus ser levado (embora) nos dois lados dele, o oráculo das filhas de Jerusalém está acondicionado concisamente — um momento estático no trajeto.[27] Como já mencionamos, Lc 23,26 usou apenas a primeira metade de Mc 15,20b (a parte a respeito de levar Jesus para fora/embora). Ele decidiu adiar o uso da segunda parte do versículo marcano, "a fim de que pudessem crucificá-lo" até aqui onde ele a reformula como "para serem executados". É a expressão que Lucas (sozinho; Lc 22,2) usou para a trama dos chefes dos sacerdotes maquinada antes da Páscoa: "Eles procuravam executá-lo". Por meio de uma inclusão maior, Lucas nos diz que o que foi tramado anteriormente pelas autoridades judaicas está agora prestes a acontecer.[28]

Marcos (também Mateus e João) espera até Jesus chegar ao lugar da crucificação para mencionar que outros dois (Marcos: *lestai*, "bandidos") foram crucificados com ele. Lucas antecipa, pois presume que esses dois devem ter sido levados com ele ao local da execução. Há quem pense que ter dois malfeitores com Jesus nesse trajeto é a maneira lucana de ressaltar o cumprimento da predição de Jesus na Última Ceia (Lc 22,37): "E com criminosos [*anomoi*] foi ele contado", citação de Is 53,12. Isso não está claro: o vocabulário aqui ("malfeitores", *kakourgoi*) é diferente e a profecia teria sido cumprida com a mesma facilidade se Lucas deixasse a primeira menção desses dois homens onde Marcos a pôs, no momento da crucificação. Mais exatamente, Lucas chama a atenção para esses dois homens, antecipando sua presença e separando-a dos outros acontecimentos da crucificação, por causa da cena muito importante na qual ele planeja apresentá-los enquanto Jesus pende na cruz. Em Lc 23,39-43, a mais longa e mais importante mudança lucana na narrativa da crucificação, Lucas retrata suas reações diferentes a Jesus. Parece que ele está também bastante decidido quanto a preferir "malfeitores" aos "bandidos" (*lestai*) de Marcos, ao que tudo indica por causa do tom pejorativo que a última palavra adquirira nos turbulentos anos 50 e 60 e na Primeira Revolta Judaica. Embora descreva Barrabás que foi preferido a Jesus pelos líderes judaicos e o povo como

---

[27] Embora Lucas não contenha as histórias de Verônica e das três quedas de Jesus a caminho da crucificação, a cena com as mulheres contribui para a devoção muito mais tardia das "Estações da Cruz". A mulher chamada Berenice (latim: Verônica) aparece no julgamento de Jesus diante de Pilatos em *Atos de Pilatos* 7 e identifica-se como a mulher que tocou a veste de Jesus e foi curada de um fluxo de sangue (Lc 8,44 e par.). Apesar do significado de seu nome ("*portadora da imagem*"), não há referência a um retrato de Jesus. Na obra latina *Death of Pilate* (JANT, p. 157-158), quando Jesus encontrou Verônica (mas não a caminho do Calvário), a pedido dela ele imprimiu as feições de sua face em um pano de linho. Ver E. Kuryluk, *Veronica and Her Cloth*, Oxford, Blackwell, 1991.

[28] Ver também em At 2,23; 10,39; 13,28 o verbo "executar, matar" (*anairein*) usado para descrever a execução de Jesus pela vontade ou cumplicidade das autoridades judaicas e do populacho de Jerusalém.

alguém que desempenhou um papel em um tumulto (Lc 23,18-19), Lucas prefere manter os que são crucificados com Jesus livres desse contexto sedicioso. Afinal de contas, um deles estará este dia com Jesus no paraíso (Lc 23,43).

Análise

Dos dois elementos nesta cena onde Jesus está sendo levado/conduzido para a cruz, o COMENTÁRIO já examinou em detalhe várias teorias que tratam do primeiro, isto é, o carregamento da cruz. Rejeitei as teorias de que Simão de Cirene foi inventado como uma pessoa (nunca existiu) ou como papel (existiu como pai de Alexandre e Rufo, mas foi ficcionalmente engrandecido como tendo ajudado Jesus). A alegação de que essa invenção tinha o propósito de incluir na narrativa da crucificação o exemplo de um discípulo que renunciou a si mesmo, tomou a cruz e seguiu Jesus (Mc 8,34) é fraca, pois em nenhum Evangelho Simão apresenta-se voluntariamente (= renuncia a si mesmo) ou toma uma cruz sua, e em Marcos/Mateus ele não segue atrás de Jesus. A alegação de que a invenção tinha o propósito de proporcionar uma testemunha ocular da crucificação também é imprecisa, pois Simão nunca mais é mencionado no NT; assim, não é afirmado que ele estava presente e assistiu à crucificação (compare-se Mc 15,40).[29] De modo paradoxal, a anomalia de uma pessoa carregar a cruz de outra aumenta a possibilidade de Simão ser figura histórica, lembrada porque ele ou seus filhos se tornaram cristãos. É provável que a omissão joanina (aparentemente deliberada) de seu papel, por meio da insistência de que Jesus carregou a cruz sozinho, reflita a cristologia joanina na qual Jesus sacrificou a vida sem nenhuma coação humana e sem nenhum auxílio humano. A ausência da atraente figura de Simão do *EvPd* talvez reflita a tendência antijudaica desse apócrifo.

Exclusivo de Lucas (Lc 23,27-31) é o segundo elemento desta cena, o centro da qual envolve o seguimento de Jesus pela aglomeração do povo, as mulheres que batem em si mesmas e se lamentam e o oráculo de Jesus às filhas de Jerusalém. Como acontece com todo o material exclusivo da NP lucana, há ampla diversidade de opiniões quanto à composição. É amplamente reconhecido que Lucas tirou

---

[29] A ideia de que os cristãos primitivos sentiam uma necessidade premente de ter testemunhas oculares para apoiar a história dos acontecimentos da crucificação é incerta (ver Wansbrough, "Crucifixion", p. 258-259); ainda mais incerta é a tese de que eles inventaram livremente personagens para preencher essa necessidade.

pelo menos Lc 23,26 de Mc 15,20b-21. Concordo com Büchele, Soards e outros que Lucas também derivou Lc 23,32 dessa fonte (+ Mc 15,27) e a reescreveu de modo a formar uma inclusão com Lc 23,26 e assim estruturar o material inserido a respeito do povo e das mulheres. (Lucas também desejou formar uma inclusão com Lc 22,2, onde as autoridades judaicas procuravam matar Jesus; e ele queria preparar a inserção relativa aos dois malfeitores em Lc 23,39-43.)

As principais discordâncias concentram-se no material inserido em Lc 23,27-31. Como não há nenhum paralelo estreito em Marcos, muitos (Fitzmyer, Rehkopf, Taylor etc.) pensam que aqui Lucas recorreu a uma fonte especial ou uma NP especial. Contudo, como indicado no COMENTÁRIO, a maior parte do vocabulário está atestada em outras passagens de Lucas-Atos, às vezes com notável frequência; assim, a tese da fonte especial aumenta acentuadamente a relação estilística entre Lucas e a suposta fonte. Outros pensam quase totalmente em termos de composição lucana destes versículos, que difere apenas quanto a se e onde Lucas recorreu a elementos mais primitivos.[30] Por exemplo, *quanto aos vv. 27-28*, Bultmann, Dupont e Soards afirmam que o próprio Lucas os compôs, enquanto Käser e Kudasciewicz acham aqui (juntamente com o v. 31) o antigo núcleo pré-lucano da cena. Quanto aos vv. 29-30, Käser e Kudasciewicz afirmam que Lucas os compôs ele mesmo a partir de temas veterotestamentários (LXX), enquanto Bultmann e Dupont acham aqui (juntamente com o v. 31) o antigo núcleo pré-lucano, talvez existente em aramaico.[31] Soards e Untergassmair atribuem o v. 29 e o v. 31 à tradição (oral) pré-lucana, mas acham que Lucas adaptou o v. 30 da LXX (talvez lembrado oralmente). Relato essas opiniões (sem reproduzir todas as sutilezas) para mostrar como é impossível chegar a qualquer acordo.

Indiquei no COMENTÁRIO que existe boa razão para crer que Lucas encontrou o macarismo do v. 29 na tradição dos ditos de Jesus e o adaptou a este contexto. O v. 30 faz claramente eco a Os 10,8b, enquanto o v. 31 é um provérbio obscuro: assim, profecia e sabedoria são usadas por Lucas para confirmar o oráculo de Jesus.

---

[30] No texto acima, menciono opiniões segundo as quais Lucas preserva um elemento mais primitivo. Alguns biblistas (Finegan, Feldkämper) enfatizam tanto a composição lucana, de modo que não se faz referência a elementos mais primitivos ou esses elementos se tornam mero trampolim para a criação lucana e não estão realmente preservados.

[31] Para Bultmann, esta é uma história de pronunciamento que consiste em uma profecia cristã colocada na boca de Jesus, mas não um dito genuíno de Jesus. Fitzmyer (*Luke*, v. 2, p. 1495) acha que o v. 28 pode ter vindo de Jesus, mas em um contexto diferente.

Quanto a haver uma tradição pré-lucana a respeito de mulheres que lamentavam por Jesus enquanto ele ia morrer ou Lucas ter usado um tema comum para dar contexto ao macarismo do v. 29, não vejo como saber.

O que está claro é que, quer tenhamos composição criativa quer reutilização adaptativa, a mão e o modo de pensar de Lucas estão evidentes em quase todas as linhas. Por que Lucas reuniu todo esse material? Os que enfatizam o tema parenético em Lucas mencionam que só este relato evangélico de Simão ressalta que ele levou a cruz *atrás* de Jesus. Entretanto, outros como Dibelius (*From*, p. 202-203), Surkau (*Martyrien*, p. 96) e Aschermann ("Agoniegeber", p. 149) veem forte significado martirológico em elementos lucanos como Jesus sendo mais corajoso que os circunstantes compassivos, a insistência por parte dele quanto ao fato de que sua morte trará a intervenção divina que afetará o destino deles e os tempos que estão para vir serão piores. Histórias de martírio cristãs e judaicas mais tardias (*Martírio de Policarpo* 11,2; a crucificação de Jose ben Jo'ezer [ver acima, sob "Término do pronunciamento"]) são invocadas como paralelos. Entretanto, essas sugestões são tão alusivas a ponto de serem questionáveis (Untergassmair [*Kreuzweg*, p. 162-163] contesta os paralelos de martírio).

Menos problemáticos, a meu ver, são os paralelos estruturais dentro da NP lucana (ver § 38 B). No centro do relato da crucificação, em Mc 15,29-32, três grupos escarnecem Jesus, e Lc 23,35b-39 adota e adapta essa tríade hostil. Mas somente Lucas inicia a crucificação com três grupos envolvidos (Simão, a aglomeração do povo e de mulheres, os dois malfeitores) e anexa sequencialmente à morte de Jesus outros três grupos envolvidos (Lc 23,47-49: o centurião, as multidões que batem no peito, os conhecidos e as mulheres que observavam à distância). Essas tríades respectivas, acrescentadas como introdução e anexadas,[32] são solidárias com Jesus (de fato, pelo menos um dos malfeitores tomará o lado dele). Em cada tríade, o primeiro grupo (um único estranho sem nenhum envolvimento pessoal anterior) e o último encontram-se em Marcos, enquanto o participante do meio (uma pluralidade lamentadora) aparece somente em Lucas. (As filhas de Jerusalém, antes da crucificação, e as mulheres da Galileia, depois da morte, também formam um paralelismo estrutural.)

---

[32] Em sua análise estrutural da narrativa da crucificação lucana, Büchele (*Tod*, p. 66-72) revela uma paixão exagerada por encontrar tríades, mas isso não devia cegá-lo para a descoberta de alguns conjuntos de três genuinamente paralelos.

Essas tríades adaptam-se à perspectiva teológica lucana de que, enquanto alguns se opunham a Jesus (a tríade do meio, de escarnecedores, tirada de Marcos), a vida de muitos outros era afetada positivamente pela Paixão. Se para Marcos a Paixão manifesta a maldade e o fracasso humanos com o poder triunfante de Deus manifestado principalmente depois que Jesus morre, para Lucas o amor de Deus, o perdão e a cura já estão presentes em toda a Paixão. O despreparado e relutante Simão surge em Lucas na postura de discípulo; nem todas as pessoas são hostis a Jesus, pois uma aglomeração o segue e as mulheres de Jerusalém lamentam por ele; um dos dois malfeitores que são levados com ele para morrer será feito vitorioso com ele; um centurião romano se tornará porta-voz da inocência de Jesus; as multidões serão tão tocadas por sua morte que baterão no peito em penitência; e as mulheres da Galileia que o seguiram tão fielmente verão sua morte de longe, mas depois verão o túmulo vazio por sua vitória.

No COMENTÁRIO, mencionei que o oráculo falado às filhas de Jerusalém em Lc 23,28-29, com seus acompanhamentos profético (Lc 23,30) e proverbial (Lc 23,31), é o jeito lucano de dizer que os responsáveis pela execução do Filho de Deus serão punidos, até na próxima geração, por meio da destruição de Jerusalém. Equivale funcionalmente às cenas diante de Pilatos acrescentadas em Mateus ("Seu sangue sobre nós e sobre nossos filhos") e em João ("Não temos nenhum rei além de César"). Mas essas declarações autoconvincentes colocadas respectivamente nos lábios de todo o povo e dos chefes dos sacerdotes são muito mais sombrias em seu contexto e importância que o relutante oráculo relatado dos lábios de Jesus por Lucas. O próprio fato de ser falado a mulheres que lamentam nega que a devastação será merecida por todos que viverem para vê-la. Se a ira divina não pode ser desviada de Jerusalém por causa de sua rejeição prolongada dos profetas e de Jesus, Lucas mostra que nem todos eram hostis e deixa aberta a possibilidade de o Deus que tocou os corações de Simão e de um dos malfeitores e do centurião poder ser tocado pelas lágrimas dos que lamentaram o que estava sendo feito a Jesus. Leitores modernos que reconhecem que questões de responsabilidade, culpa e castigo são mais complicadas do que qualquer Evangelho retrata podem julgar que Lucas introduz algumas sutilezas úteis.

(A bibliografia para este episódio encontra-se em § 37, Parte I.)

§ 40. Jesus crucificado, primeira parte: O cenário (Mc 15,22-27; Mt 27,33-38; Lc 23,33-34; Jo 19,17b-24)

Tradução

Mc 15,22-27: ²²E eles o conduzem para o lugar do Gólgota, que é interpretado Lugar da Caveira; ²³ᵉ eles estavam lhe dando vinho com mirra, mas ele não o tomou. ²⁴E eles o crucificam; e eles repartem suas roupas, tirando a sorte para elas quanto a quem devia pegar o quê. ²⁵Agora era a terceira hora e eles o crucificaram. ²⁶E havia uma inscrição da acusação contra ele, inscrita: "O Rei dos Judeus". ²⁷E com ele eles crucificam dois bandidos, um à direita e um à sua esquerda.*

Mt 27,33-38: ³³E tendo chegado a um lugar chamado Gólgota, que é chamado Lugar da Caveira, ³⁴eles lhe deram para beber vinho misturado com fel; e tendo provado, ele não quis beber. ³⁵Mas tendo-o crucificado, eles repartiram suas roupas, tirando a sorte. ³⁶E tendo sentado, eles estavam guardando-o (montando guarda) ali. ³⁷E eles puseram acima de sua cabeça a acusação contra ele, escrita: "Este é Jesus, o Rei dos Judeus". ³⁸Então ali são crucificados com ele dois bandidos, um à direita, e um à esquerda.

Lc 23,33-34: ³³E quando chegaram ao lugar designado Caveira, ali eles o crucificaram e os malfeitores, um à direita, o outro à esquerda. ³⁴[Mas Jesus estava dizendo: "Pai, perdoa-lhes, pois eles não sabem o que estão fazendo".] Mas repartindo suas roupas, eles tiraram a sorte.

[Lc 23,38: Pois havia também uma inscrição sobre ele: "O Rei dos Judeus, este (homem)".]

---

* A tradição grega *koiné*, a latina e a Peshitta Siríaca acrescentam um v. 28: "E foi cumprida a Escritura que diz: 'E com criminosos foi ele contado'". É o texto de Is 53,12 que Lucas cita em Lc 22,37. MTC, p. 119, comenta que é muito raro Marcos citar expressamente o AT e que, se esse versículo estivesse originalmente em Marcos, não haveria razão para Mateus ou para os escribas o omitirem. Com a devida vênia a Rodgers ("Mark"), pequenas diferenças no contexto marcano não refutam que este versículo foi copiado de Lucas, e Orígenes (*Contra Celso* II,44) refere-se ao cumprimento da predição em Lucas.

Jo 19,17b-24: ¹⁷ᵇEle saiu para o que é chamado o Lugar da Caveira, que é chamado em hebraico Gólgota, ¹⁸onde eles o crucificaram e com ele dois outros, aqui e ali, mas Jesus no meio.

¹⁹Mas Pilatos também escreveu um letreiro e o pôs sobre a cruz. Ora, estava escrito: "Jesus, o Nazareu, o Rei dos Judeus". ²⁰Por isso, muitos dos judeus leram esse letreiro, porque o lugar onde ele foi crucificado era perto da cidade e estava escrito em hebraico, latim e grego. ²¹Assim, os chefes dos sacerdotes dos judeus estavam dizendo a Pilatos: "Não escrevas 'O Rei dos Judeus', mas que esse sujeito disse: 'Eu sou o Rei dos Judeus'" ²²Pilatos respondeu: "O que escrevi, escrevi".

²³Assim os soldados, quando crucificaram Jesus, pegaram suas roupas e fizeram quatro partes, uma parte para cada soldado; e (eles pegaram) a túnica. Ora, a túnica era sem costura, desde cima tecida de uma ponta à outra. ²⁴Assim eles disseram uns aos outros: "Não vamos rasgá-la, mas vamos jogar sobre ela (para ver) de quem ela é", a fim de que a Escritura fosse cumprida:

Repartiram minhas roupas entre eles,
e para meu traje tiraram a sorte.
Assim, então, os soldados fizeram essas coisas.

EvPd 4,10-12: ¹⁰E eles trouxeram dois malfeitores e crucificaram o Senhor no meio deles. Mas ele estava calado, como não tendo nenhuma dor. ¹¹E quando colocaram a cruz de pé, eles escreveram que "Este é o Rei de Israel". ¹²E tendo posto suas vestes diante dele, eles as repartiram e lançaram a sorte por elas.

Comentário

Anteriormente, quando analisei Jesus diante das autoridades judaicas e Jesus no julgamento romano, prefaciei cada uma daquelas divisões principais ("Atos") da NP com uma seção dedicada aos antecedentes. Entretanto, aqui esse procedimento não me pareceu prático. O que chamo "Jesus crucificado, primeira parte" consiste, em Marcos/Mateus e (em menor grau) em Lucas, de quase uma lista de discretos itens pertinentes à crucificação. As provas históricas, geográficas e arqueológicas pertinentes a cada um desses itens são mais proveitosas ao leitor como parte do COMENTÁRIO a respeito do versículo que a menciona do que em uma seção introdutória de antecedentes que necessariamente aparecem muitas páginas antes do versículo respectivo. A natureza do material também me faz omitir uma ANÁLISE no final desta seção. Nos sinóticos, embora alguns dos itens relatados cumpram a Escritura ou se adaptem ao esboço geral do respectivo evangelista, outros estão presentes sem nenhuma indicação clara de propósito. Na verdade, nenhuma única explicação justifica a presença de todos os itens, e evangelistas diferentes talvez tivessem razões diferentes para aquilo que incluíram. Mais uma vez, então, a investigação de propósito e composição será mais prática se ligada a meu comentário de cada um dos itens, em vez de ser reunida como estudo analítico no final.

Em Marcos, percebem-se sete itens: 1) nome do lugar; 2) oferta inicial de vinho; 3) crucificação; 4) divisão de roupas; 5) tempo; 6) inscrição da acusação; 7) dois bandidos. Um desses itens (#5) é exclusivo de Marcos. Mateus tem seis deles, na mesma ordem que Marcos e copiados de Marcos com pequenas adaptações. Lucas tem pelo menos quatro: ##1, 3, 7, 4 aqui no início; e #6 (a inscrição) mais adiante, em Lc 23,38.[1] De modo geral, neste material não vejo razão para pensar que Lucas precisou de outra fonte além de Marcos. Contudo, enquanto Marcos/Mateus simplesmente relacionam os itens sem tentar explicar consequências teológicas nem repercussões veterotestamentárias, Lc 23,38 entrelaça na narrativa um dos itens (#6) e Lc 23,39-43 expande outro (#7) em importante episódio teológico.

João tem um total de cinco itens. No início, ele relaciona #1, #3 e #7 apenas como detalhes, mas depois expande #6 e #4 como episódios importantes com sentido teológico simbólico. Embora seja teoricamente possível que João tenha feito uma seleção dos sete itens marcanos, há bastante diferença mesmo nos que são paralelos para sugerir que lidamos com itens estabelecidos cedo na tradição e que Marcos e João refletem essa tradição de modo independente.[2] Vamos examinar os sete itens na ordem marcana e então, em oitavo lugar, analisar a autenticidade do controvertido Lc 23,34a, onde Jesus concede perdão.

#1. O nome do lugar (Mc 15,22; Mt 27,33; Lc 23,33a; Jo 19,17b)

A cena começa com a chegada de Jesus. Aqui, só Marcos usa um presente histórico para o verbo de chegada ("conduzem"), como fez em Mc 15,20b-21 quando levam Jesus para fora e forçam Simão. Ele continuará a usar presentes históricos nos vv. 24 e 27. Assim, há um forte estilo narrativo na relação desses itens. Mateus

---

[1] É possível debater a presença de #2 (a oferta inicial de vinho) em Lucas, já que ele traz apenas uma oferta de vinho e essa é mais parecida com a segunda oferta marcana.

[2] Por exemplo, Mc 15,29-32 e Jo 19,19-27 têm três indivíduos/grupos que reagem a Jesus na cruz, mas o único grupo compartilhado é o dos chefes dos sacerdotes, que aparecem como o principal componente em um grupo que reage nos dois Evangelhos. As três reações marcanas são independentes da lista introdutória de sete itens e as três são hostis a Jesus. As duas primeiras reações joaninas relacionam-se com os itens introdutórios marcanos #6 e #4, e a terceira reação é de apoio a Jesus, não hostil.

e Lucas usam *erchesthai* ("chegar"); João usa *exerchesthai* ("sair", que apareceu antes em Mt 27,32). Os biblistas discutem o tom de *pherein* em Marcos: sempre significa "conduzir", distinto de "carregar"?[3] Subentende aqui que Jesus teve de ser conduzido (praticamente arrastado) porque estava fraco demais; e, nesse caso, é por isso que Mateus e Lucas o evitaram?[4] Ou "conduzir" tem simplesmente o tom de Jesus sob compulsão?

Gólgota ou Lugar da Caveira. Quanto ao nome do lugar onde Jesus foi crucificado, parece que as formas semítica (*Golgotha*) e grega (*kranion*), ambas significando "caveira, crânio", estavam na tradição.[5] A forma semítica é omitida por Lucas, mas isso não é inesperado; ele omitiu "Getsêmani" também, presumivelmente porque essas palavras estrangeiras não faziam sentido para seus leitores gregos. Marcos/Mateus põem primeiro o nome semítico, enquanto João põe primeiro o grego.[6]

O verbo que expressa a equivalência em Marcos é *methermeneuein* ("interpretar, traduzir", a ser usado novamente em Mc 15,34). Lucas substitui *kalein* ("chamar, designar", que como particípio passivo nesta situação é exclusivamente lucano). Mateus e João usam formas de *legein* ("dizer", mas aqui traduzido "chamar") — a mudança que Mateus faz de Marcos é desajeitada, pois agora Mateus tem "chamado" duas vezes na mesma sentença. Desse último emprego, tem-se a impressão de que *kranion* não era simplesmente a tradução de "Gólgota", mas o nome textual usado pelos de língua grega, impressão incrementada por Lucas. A relação gramatical entre *topos* ("lugar") e *kranion* ou "Gólgota" varia em cada Evangelho e nem sempre é clara. Em Marcos/Mateus, por exemplo, pode-se pensar que "Lugar"

---

[3] O verbo é menos frequente em Mateus e Lucas, onde significa "carregar". Lc 23,26 acabou de usá-lo para o ato de Simão carregar a cruz. Ver C. H. Turner, JTS 26, 1924-1925, p. 12, 14.

[4] Uma atitude semelhante fez os escribas mudarem o verbo marcano para *agein* ("levar") no Códice de Beza e nas minúsculas Ferrar?

[5] Apesar da referência joanina a "hebraico" (como antes com referência a Gábata em Jo 19,13), "Gólgota" ("Golgotha" no Códice Vaticano) está mais próximo do aramaico *Gulgulta'* que do hebraico *Gulgolet*. Na transliteração grega, a segunda sílaba (*gul*) foi dissimilada da primeira (BDF6). Ver a equivalência com *kranion* na tradução da LXX de Jz 9,53; 2Rs 9,35. O equivalente latino é *calvaria*, daí o topônimo "Calvary" [Calvário], popular em inglês desde a tradução de Wyclif (1382).

[6] É provável que a forma mais conhecida da comunidade joanina fosse a grega, pois parece que ele acha necessário fornecer uma tradução grega até para termos transliterais comuns (Messias, Rabi). Aparentemente, Marcos segue uma sequência transliterada aramaico/grego padrão já demonstrada no *abba, ho pater* de Mc 14,36.

fazia parte da designação: "Lugar de uma Caveira" ou "Lugar da Caveira".[7] Lucas não pensava que "lugar" fazia parte do nome. A expressão joanina em Jo 19,17 é literalmente: "Ele saiu para o que é chamado Lugar 'da Caveira', que é chamado em hebraico Gólgota"; copistas antigos não concordaram se a oração do "que" modifica "caveira" (o que é mais provável) ou "lugar".[8]

Ao deixar de lado esse pontos secundários, uma questão importante envolve o que o nome subentende. Todas as formas nominais dadas acima são conciliáveis com a sugestão de que a aparência do local assemelhava-se a uma caveira porque era uma colina arredondada, que se elevava da superfície circundante.[9] Em parte por causa das informações joaninas de que ali havia um túmulo (Jo 19,41), muitos pensam que entradas para túmulos semelhantes a grutas deram à colina aspectos parecidos com rostos. Examinaremos no próximo parágrafo a localização tradicional do Gólgota em Jerusalém. Peregrinos do século IV falavam do Calvário que ali existia como *monticulus* ou pequena colina (Jeremias, *Golgotha*, p. 2) e o que resta dele hoje (dentro de uma igreja) tem cerca de 4 metros de altura (L. E. C. Evans, "Holy", p. 112). A utilização de uma colina como o lugar de crucificação servia ao objetivo romano de fazer do castigo uma advertência pública.

A localização em Jerusalém. Exatamente onde fora dos muros de Jerusalém (§ 39, sob "Levando Jesus para fora") Jesus foi crucificado? Como João declara que Jesus foi sepultado perto (fato confirmado pela necessidade de pressa subentendida na narrativa sinótica do sepultamento), esta questão é a mesma da localização do túmulo de Jesus. A discussão concentra-se em incertezas quanto à validade da localização escolhida pelos arquitetos de Constantino (que recorreram

---

[7] Ver H. Koester, TDNT, v. 8, p. 203. O uso marcano duplo de "lugar", a saber, o lugar do Gólgota (com o artigo "o" faltando em alguns mss.) e Lugar da Caveira, faz alguns biblistas pensarem que Marcos combinou fragmentos de informações. É mais provável que seja simplesmente tautologia marcana.

[8] João também pode ser traduzido "Ele veio a um lugar chamado Caveira", conforme preferido por P[66] e Jeremias (*Golgotha*, p. 1).

[9] O nome Caveira recebeu outro significado na tradição cristã mais tardia, parte dele originando-se da tradição judaica a respeito da área do Templo de Jerusalém. Orígenes (*Comentário a Mt* 27,33; #126; GCS 38,265 e 41[1],226) menciona a tese de que Adão foi sepultado aqui; e um século mais tarde, Pseudo--Basílio (*In Isa.* 5,1; #14; PG 30,348C) menciona a caveira de Adão. Jerônimo (*In Matt.* 4; CC 77,270) conhece a tradição da caveira de Adão, mas não a aceita. Contudo, a caveira e os ossos de Adão estão representados no pé do crucifixo em muitas pinturas e entalhes. Ainda outra explicação do nome é que a Colina da Caveira era lugar de execução pública onde se encontravam caveiras na superfície ou perto dela.

à tradição local) para construir, em 325-335 d.C., um grande encrave sagrado, que consistia na basílica do Martyrion, um jardim sagrado com uma rotunda de pórticos centralizada no túmulo (chamado o Anastasis) e um Calvário independente, que se julgava ser a colina do Gólgota. O que resta da reconstrução pelas cruzadas de tudo isso em 1099-1149 é, em geral, chamado de igreja do Santo Sepulcro. O foco primordial do edifício eclesiástico (como o nome indica) tem sido sempre o túmulo onde Jesus ficou, por isso reservarei o exame da história da localização e suas igrejas para a última parte da ANÁLISE de § 47 adiante, a seção que trata do relato evangélico do sepultamento de Jesus por José de Arimateia. Aqui, só me preocupo com o que essa localização tradicional (que deve ser levada a sério como possível lembrança histórica) nos revela a respeito do local do Gólgota.

Ponto crucial no debate é a localização por Josefo das diversas muralhas defensivas construídas através da história de Jerusalém (*Guerra* V,iv,2; ##142ss). A Segunda Muralha Setentrional existia no tempo de Jesus e a possível autenticidade do local ocupado pela igreja do Santo Sepulcro depende de ele ter sido fora dessa muralha (e não dentro dos muros, como agora está a igreja). Escavações a partir da Segunda Grande Guerra esclareceram a situação,[10] pois aparentemente o local tradicional ficava fora da muralha, em uma seção utilizada como pedreira desde o século VIII ou VII a.C., e que no século I a.C. fora em parte tapada para servir de jardim e lugar de sepultamento. O local não é longe da Porta do Jardim, na muralha setentrional, e se encaixa bem na descrição de Jo 19,41: "Mas havia no lugar onde ele foi crucificado um jardim, e no jardim um túmulo novo no qual ninguém havia sido colocado ainda". O que é agora o Calvário erguia-se a 11-12 metros acima do chão da pedreira, uma colina arredondada que devia ter sido facilmente visível das muralhas. Foram encontrados indícios de túmulos cortados na rocha da colina.[11] Assim, extensas escavações fortaleceram a causa da localização tradicional.

A igreja do Santo Sepulcro que está agora naquele local tem inconvenientes emocionais, por exemplo, a querela irritante entre os sacerdotes ou monges que representam igrejas antigas que celebram rituais ali, o encardimento opressivo, a

---

[10] Em § 37, Segunda Parte, ver especialmente os escritos de Bahar, Benoit, Evans, Kretschmar, Lux-Wagner, Riesner, Schein e Wilkinson ("Tomb").

[11] Bahat, "Does", p. 32. É plausível concluir que a rocha deste afloramento havia sido estragada por uma rachadura resultante de um terremoto (um afundamento ainda é visível) e é por isso que os cavouqueiros a desprezaram como inadequadas para produzir os blocos de alta qualidade de calcário *melek* que essa área fornecia.

escuridão e (durante grande parte do século XIX) feios andaimes, porque os cristãos não chegam a um acordo quanto aos consertos. Para os evangélicos protestantes em especial, o incenso e a música de liturgias exóticas parecem quase idólatras. Inevitavelmente tem havido tentativas de encontrar um local mais conveniente, o mais famoso dos quais é o "Túmulo do Jardim" (associado no século XIX a Thenius, Conder e ao general britânico Gordon), cerca de 250 metros ao norte das muralhas turcas existentes e da Porta de Damasco. Uma colina arredondada que se parece com uma caveira, um jardim projetado e um túmulo antigo tornam esta escolha atraente para visitantes aos quais a igreja do Santo Sepulcro causa repulsa. Argumentos de que o local do "Túmulo do Jardim" não tem nenhuma tradição de antiguidade, de que a fisionomia de caveira não se origina do século I, de que há muitos túmulos de diversos períodos nesta área e de que as muralhas turcas estão muito longe dos muros do tempo de Jesus convenceram a esmagadora maioria dos biblistas que esse candidato a Gólgota não é digno de debate sério.[12] Tese igualmente implausível foi proposta em escritos persistentes por E. L. Martin: o Monte das Oliveiras, perto do cume, era o lugar de execução.[13] Seu principal argumento origina-se de uma interpretação literalista de Mt 27,51-54, onde se tem a impressão de que o centurião e os que estavam com ele viram o terremoto, o rasgamento do véu do santuário, os túmulos se abrirem e os corpos dos santos falecidos ressuscitarem. Somente do Monte das Oliveiras se podia ver a entrada do santuário ou "lugar santo" do Templo. Isso presume que Mateus sabia que véu estava envolvido e que Martin leu sua mente de maneira certa quanto a que véu, e que tudo isso aconteceu. (Marcos não especifica que o centurião viu o rasgamento.) Não há o mais leve indício fora de Mateus de que qualquer dessas coisas aconteceu quando Jesus morreu; como afirmarei em § 43, lidamos com simbolismo apocalíptico. A tentativa de entender Hb 13,10-13 literalmente como diretriz geográfica para o lugar onde Jesus foi "sacrificado" é outra incompetência para reconhecer o simbolismo. A expressão joanina em Jo 19,20 é particularmente obscura (literalmente: "porque perto estava o lugar da cidade onde Jesus foi crucificado"). Na interpretação de Martin, isso significa que Jesus foi

---

[12] Ver Vincent, "Garden".

[13] Ele afirma em *A. S. K. Historical Report* que sua tese é revolucionária, porque as igrejas tradicionais, inclusive a Igreja Católica Romana "aceitam como ensinamento de *facto* de dogma (supostamente sob a inspiração do Espírito Santo) que a igreja do Santo Sepulcro construída por Constantino e sua mãe é na verdade o local da crucificação". O local físico da crucificação no pensamento católico não tem nada a ver com dogma, doutrina ou crença. Ao verificar os biblistas que relacionei na nota 10 acima, reconhece-se que eles não decidem na base de preconceito religioso. Essa é uma pista falsa.

crucificado perto do "Lugar [Templo] da cidade", pois o Monte das Oliveiras ficava defronte ao Templo. A meu ver, isso é totalmente implausível: "Lugar" foi usado apenas três versículos antes, em "o Lugar da Caveira" (Gólgota), e é plausível que aqui também signifique isso. A tese mais implausível é a de Barbara Thiering:[14] Gólgota era a esplanada meridional do povoado de Qumrã, perto do Mar Morto, a mais de trinta quilômetros de Jerusalém por estrada (Pilatos e Caifás haviam ido lá). Nunca se poderá provar fora de qualquer dúvida onde ficava o Gólgota, mas é provável que não apareça nenhum candidato mais verossímil que o local tradicional. Tradições dos séculos II e IV a respeito do local do sepultamento, que apontam para o Santo Sepulcro, têm mais valor que essas modernas suposições que não têm nenhum apoio arqueológico sério.

#2. A oferta inicial de vinho (Mc 15,23; Mt 27,34)

Em Marcos/Mateus, é oferecido vinho a Jesus duas vezes. Aqui, *no início* do processo de crucificação, "eles", isto é, os soldados romanos, dão-lhe *oinos* (vinho doce) misturado com mirra ou fel, mas ele não o toma/bebe. (Marcos usa o imperfeito com talvez um ponto conotativo: estavam tentando dar.) No fim, depois do brado de desolação de Jesus e pouco antes de sua morte, "alguém" entre os espectadores enche uma esponja com *oxos* (vinho inferior, amargo, de gosto avinagrado), fixa-a em um caniço e dá para ele beber (Mc 15,36; Mt 27,48). Isso é feito em um contexto de escárnio, mas não está claro se a ação em si é um escárnio. Não ficamos sabendo se Jesus bebeu ou não.

Em Lucas, há apenas uma oferta de vinho: no meio do tempo de Jesus na cruz, os soldados (primeira referência lucana a eles) escarnecem dele, adiantando-se e oferecendo-lhe *oxos*. Parece a segunda oferta de Marcos/Mateus (entretanto, sem esponja). Os agentes são os soldados, mas isso não é suficiente para se afirmar que é um eco da primeira oferta, pois Lucas tende a tratar os espectadores favoravelmente e talvez esteja corrigindo a imagem marcana da segunda oferta.

Em João, há apenas uma oferta de vinho: no final (Jo 19,29-30), pouco antes de Jesus morrer, "eles" (os soldados?) põem uma esponja embebida em *oxos*

---

[14] *The Qumran Origins of the Christian Church*, Sydney, Australian and New Zealand Studies in Theology and Religion, 1983, p. 216; repetido em *Jesus and the Secret of the Dead Sea Scrolls*, San Francisco, Harper, 1992, p. 113-115. A morte aconteceu na sexta-feira, em 33 d.C., depois de Jesus ter se casado com Maria Madalena na noite de quarta-feira.

em um pouco de hissopo e erguem-na até os lábios de Jesus; ele toma esse vinho. Claramente, um paralelo com a segunda oferta em Marcos/Mateus.

De modo geral, então, só Marcos/Mateus têm a oferta inicial de *oinos*, enquanto, mais tarde ou lá para o fim da crucificação, os quatro Evangelhos têm a oferta de *oxos*, como faz o *EvPd* (ver adiante). Somente João especifica que Jesus tomou esse *oxos*. Havia duas ofertas de bebidas na tradição pré-evangélica e vários evangelistas simplificaram a imagem de modo independente? Ou na tradição só havia uma bebida oferecida — lá para o fim, em um contexto de escárnio, e com antecedentes bíblicos? A última é uma solução mais simples, mas então é preciso explicar por que Marcos (ou a tradição pré-marcana imediata) acrescentou o *oinos* inicial. Não há nenhum eco bíblico claro de Salmos da Paixão nesta oferta inicial em Marcos (Mateus acrescenta um, como veremos). Realmente, Marcos tem predileção por duplicar cenas e ditos, e a oferta inicial fornece um tipo de inclusão (vinho no início e no fim); mas existe um motivo teológico?

O uso marcano desse gesto. Não falta totalmente verossimilhança ao que Marcos descreve. A ideia de um benevolente trago de vinho para entorpecer a dor aparece já em Pr 31,6-7, onde, como exceção à advertência para os que estão no poder não beberem, ouvimos: "Dai bebida forte aos moribundos e vinho [*oinos*] aos amargurados; quando bebem, esquecem sua miséria". Passagens em escritos judaicos mais tardios atestam a oferta de vinho perfumado aos condenados, como forma de anestésico.[15] Marcos escreve de uma mistura de mirra usando o particípio passivo de *smyrnizein*, verbo relacionado com *smyrna* ("mirra").[16] A mirra era usada pelos egípcios para embalsamar; e passagens bíblicas referem-se a um uso externo na preparação do corpo para o sepultamento (Mc 14,3; Lc 23,56; Jo 12,3; 19,39). Um uso mais amplo como perfume atraente é atestado em Sl 45,9; Pr 7,17 e Ct 5,5. Há quem pense que ela era posta no vinho como anestésico ou narcótico,

---

[15] TalBab *Sanhedrin* 43a fala de um grupo de mulheres de Jerusalém que, como ato de piedade, davam ao condenado um recipiente de vinho contendo um grão de incenso de olíbano para entorpecê-lo. O tratado talmúdico menor *Semahot* ('*Ebel Rabbati*) 2,9 (44a) relata: "Aos condenados [...] é dado para beber vinho contendo olíbano, para que não se sintam angustiados". Tertuliano (*De jejunio* 12,3; CC 2,1271) conta como na manhã de sua condenação amigos deram a um catecúmeno cristão vinho "medicado", como antídoto, mas ele ficou tão bêbado que não conseguiu confessar a que Senhor ele servia.

[16] Também citado como *myrra* ou *myron* e, quando misturado com óleo, como *stacte*. É a goma resinosa do arbusto conhecido como *balsamodendron myrrha* ou, mais precisamente, como *commiphora myrrha* ou *abyssinica*. Ver detalhes em W. Michaelis, TDNT, v. 7, p. 457-459; G. W. Van Beek, BA 23, 1960, p. 83-86.

citando o uso farmacêutico de Dioscórides Pedânio no século I d.C. Entretanto, no primeiro livro (#77) de *The Greek Herbal of Dioscorides* (R. T. Gunther, org., Oxford Univ., 1934, p. 42-43), há uma longa lista daquilo que a mirra ajuda (menstruação, resfriados, disenteria, perda de cabelo, mau hálito, cheiro de suor etc.); mas há somente uma palavra de passagem a respeito do efeito soporífero. Apuleio (*O asno de ouro* viii,14) descreve uma mulher que droga um homem com vinho fortemente soporífero para poder feri-lo enquanto dorme, mas a mirra não é mencionada. Portanto, o efeito entorpecedor esperado da bebida pode bem ter sido associado ao vinho em si (vinho doce, pesado), e não à mirra. Quanto ao propósito da mistura de mirra, embora possa parecer estranho ao gosto moderno, o vinho perfumado era apreciado na Antiguidade: "O vinho mais fino nos tempos primitivos era o temperado com o perfume da mirra" (Plínio, *História Natural* xiv,15; #92). Ele continua: "Também acho que o vinho aromático é constantemente feito de quase os mesmos ingredientes que os perfumes, a partir da mirra, como dissemos" (*História Natural* xiv,19; #107).

Todos esses antecedentes sugerem como era entendida a declaração marcana quanto à oferta de vinho. A única surpresa no que ele descreve é que "eles" que oferecem o vinho são soldados romanos; de fato, nas referências de pano de fundo, os assistentes são, com frequência, família, amigos, ou devotos auxiliares. Essa imagem evangélica pela qual os que escarnecem e açoitam Jesus oferecem um gole analgésico torna inteligível por que "ele não o tomou". Em Mc 14,36, no Getsêmani, o Jesus marcano pedira ao Pai para tirar dele o cálice de uma morte sofredora, mas viera a entender que fazer a vontade do Pai incluía beber esse cálice. Beber o vinho misturado com mirra, dado a ele pelos inimigos a fim de diminuir a dor, seria renegar o compromisso que assumira. Para o Jesus marcano a oferta de vinho é outra manifestação do *peirasmos* ou teste que começara no Getsêmani.

A meu ver, essa análise da intenção teológica marcana na qual a bebida recusada é usada para ressaltar a determinação de Jesus de se dar plenamente é mais plausível que qualquer de diversas outras sugestões. Por exemplo, há quem relacione a recusa de vinho aqui com a declaração simbólica na Última Ceia em Mc 14,25: "Amém, eu vos digo, não beberei mais do fruto da vinha até o dia em que o beberei de novo no Reino de Deus". Contudo, a recusa de Jesus a beber o vinho misturado com mirra certamente não faz parte desse adiamento até mais tarde, quando o Reino de Deus for plenamente estabelecido, pois esse não é um vinho positivo que, se Jesus o bebesse, traria a vinda do reino. Davies ("Cup") tem outra sugestão: Jesus considera sua morte uma expiação e Mixná *Yoma* 8,1 proíbe beber no Dia da Expiação. Mas não há nenhum indício de que Marcos interpreta a morte de Jesus contra o pano de fundo da metáfora do Dia da Expiação, como faz a Epístola aos Hebreus.

O uso mateano desse gesto. Há quem argumente que Marcos alude a Sl 69,22, que apresenta uma descrição do que os inimigos do justo sofredor lhe fazem:

E eles deram por meu pão fel [*chole*]
e para minha sede deram-me vinagre [*oxos*] para beber.

Entretanto, das quinze palavras gregas na LXX do versículo, somente "e" e o verbo "dar" (em um tempo diferente) encontram-se em Mc 15,23. Se há um eco do Salmo em Marcos, ele está na segunda oferta de vinho que envolve *oxos* (Mc 15,36).

Uma análise da primeira oferta de vinho em Mt 27,34 dá um resultado diferente, pois esse Evangelho substitui o "vinho com mirra" marcano por "vinho misturado com fel [*chole*]", de modo que o *chole* do primeiro verso do Salmo está na primeira oferta mateana de vinho e o *oxos* do segundo verso do Salmo constitui a segunda oferta mateana de vinho. Por paralelismo, os dois versos do Salmo dizem a mesma coisa com vocabulário diferente: fel (*chole*) e vinagre ou vinho ordinário (*oxos*) eram ofertas desagradáveis para o justo, que refletiam ódio ou desprezo. Contudo, alhures, Mateus (e também outros autores neotestamentários; ver Jo 19,24 abaixo) mostra tendência a dividir o paralelismo de passagens veterotestamentárias em duas declarações distintas, sendo que ambas se mostram cumpridas em Jesus.[17] É Mateus, então, não Marcos, quem faz a primeira oferta de bebida repetir de maneira reconhecível Sl 69,22.[18] Isso representa um abandono da ênfase marcana, pois, enquanto os leitores marcanos discerniam no vinho doce perfumado com mirra o analgésico tradicional, os leitores mateanos não pensavam assim do vinho misturado com fel. Ao contrário, reconheciam que, como Deus predissera por intermédio do salmista, o justo estava sendo maltratado pelos inimigos.[19] Expliquei

---

[17] Seu exemplo mais famoso está em Mt 21,5, onde um paralelismo com dois nomes para o mesmo animal em Zc 9,9 (jumento, burrico) é dividido em uma descrição de dois animais e Jesus monta *nos dois* ao mesmo tempo!

[18] O texto *koiné* de Mt 27,34 vai além nesta distinção, lendo *oxos*, em vez de *oinos*, na primeira oferta de vinho.

[19] Como já foi mencionado, creio que a argumentação e as referências neotestamentárias a pregação justificam o fato de pressupormos que considerável familiaridade com a Escritura era transmitida aos convertidos

acima que, com toda probabilidade, a razão pela qual o Jesus marcano não tomou o vinho analgésico oferecido a ele foi que ele concordara em fazer a vontade do Pai e beber o cálice. Essa razão não se aplica a Mateus, como o evangelista reconheceu implicitamente ao inserir uma nova explicação para a recusa de Jesus: "tendo provado, ele não quis beber". Ele provou o fel que tinha sido misturado com o vinho para escarnecer dele e reconheceu o escárnio.[20]

A mudança de mirra para fel sacrifica toda verossimilhança da narrativa mateana? Era costume pôr fel no vinho? Chole significa uma coisa amarga (fel, veneno, absinto; ver Pr 5,4; Lm 3,15). Também há certo amargor no gosto aromático da mirra;[21] *e o absinto (absinthium) era misturado ao vinho antigo (Plínio, História Natural xix,19; #109) e também no vermute moderno. Assim, a imagem mateana não é absurda, mesmo que os leitores reconheçam a ação neste contexto como hostil.*

Embora não saibamos com certeza, em síntese sugiro que a cena seguinte explica melhor a situação nos Evangelhos pertinente ao vinho oferecido a Jesus na cruz. Na tradição mais primitiva, havia *uma única* oferta de vinho ordinário (vinagre, *oxos*), provavelmente para escarnecer da sede de Jesus na cruz. Isso está preservado na única oferta joanina e na segunda oferta de Marcos/Mateus. Ao que tudo indica, foi o próprio Marcos que introduziu no relato da crucificação uma oferta inicial de vinho temperado, porque essa era uma prática muito seguida em tais execuções. A predileção marcana por duplicação é bem atestada; aqui, a introdução criou um paralelismo inclusivo entre o início e o fim da cena. Mais importante, permitiu a Marcos informar o leitor sobre a recusa de Jesus do que o pouparia de sofrer e assim mostrar na etapa final do drama a disposição de Jesus para beber o cálice de sofrimento que o Pai lhe dera. Ao adaptar Marcos e reconhecer o eco de Sl 69,22 na segunda oferta de bebida, Mateus introduziu outro eco ("fel") na primeira; assim, a crucificação de Jesus cumpriu os dois versos do que o salmista dissera a respeito do sofrimento do justo. Quanto a Lucas, sua única oferta de bebida (Lc 23,36) é dependente do relato marcano da segunda oferta (não de uma tradição pré-lucana

---

gentios. Muitos judeus que passaram a crer em Jesus são considerados como já tendo recebido essa familiaridade por sua educação.

[20] Acho totalmente implausível a sugestão de Willcock ("When"), segundo a qual Jesus cortesmente provou-o para demonstrar reconhecimento do bondoso propósito com o qual o vinho fora oferecido. O vinho foi oferecido com um propósito bondoso em Marcos, não em Mateus.

[21] Entretanto, são exagerados os esforços de R. C. Fuller ("Drink") e Ketter ("Ist Jesus") para afirmar que a "coisa amarga" de Mateus é diferente da mirra de Marcos.

anterior; ver, adiante, § 41, sob "Segundo escárnio lucano"); sua omissão da primeira oferta marcana de bebida é exemplo da costumeira simplificação lucana, que dispensa a duplicação marcana.

Resta um fator complicador. Em *EvPd* 5,16, perto do fim do tempo de Jesus na cruz e pouco antes (não depois, como em Marcos/Mateus) do brado de abandono que Jesus soltou, "alguém dentre eles" (o povo judeu, que o crucificou), diz: "Dai-lhe para beber fel com vinho avinagrado [*oxos*]". Então, tendo feito uma mistura, eles lhe deram para beber. Discutirei no APÊNDICE I os (relativamente poucos) biblistas que dão prioridade ao *EvPd* sobre as NPs canônicas. Seguindo (de maneira exagerada) a ideia de Dibelius, de que a NP surgiu da reflexão sobre a Escritura, eles afirmam que o forte eco de Sl 69,22 contido no *EvPd* foi a forma original da tradição, e que Marcos reduziu a qualidade bíblica ao omitir a referência a fel e introduzir uma primeira oferta de bebida. Mateus restaurou parcialmente o tom original ao trazer de volta o fel e introduzi-lo na primeira oferta de bebida. A meu ver, essa teoria faz Marcos agir de forma muito implausível. Vejo antes uma tendência a aumentar gradativamente os ecos do Salmo. Já havia o *oxos* ("vinho ordinário, vinagre") em Mc 15,36; Mateus acrescentou o fel na primeira oferta de bebida; ao eliminar todos os elementos que não eram do Salmo, o *EvPd* reuniu o fel e o *oxos* em um único verso. O que aparece no *EvPd* se encontra alhures, em escritos do século II; portanto, não se pode ter certeza se o *EvPd* é a fonte desta combinação ou faz eco a ela. Ao descrever a crucificação do Filho de Deus, *Barnabé* 7,3 relata: "Foi-lhe dado para beber vinho e fel". Algumas linhas adiante (*Barnabé* 7,5), no contexto de como tudo isso cumpriu as preparações veterotestamentárias faladas por Deus por intermédio dos profetas, encontramos: "Porque vais me dar a beber fel com vinho avinagrado" (mesma redação que o *EvPd*). Irineu (*Contra as heresias* IV,xxxiii,12) refere-se à predição de que lhe dariam para beber vinho avinagrado e fel. O eco do Salmo passa a ser quase o último problema.

#3. A crucificação (Mc 15,24a; Mt 27,35a; Lc 23,33b; Jo 19,18a)

Chegamos agora ao centro da Paixão, a crucificação em si, retratada na arte com mais frequência que qualquer outra cena da história — com grande variação no formato e na posição das cruzes, na maneira como Jesus é preso à cruz, na maneira como está vestido, em suas expressões de angústia etc. Contudo, em toda literatura comparável, um momento tão crucial já foi expresso de maneira tão sucinta e não informativa?

Marcos: E eles o crucificam [presente histórico]
Mateus: Mas tendo-o crucificado
Lucas: Ali eles o crucificaram
João: Onde eles o crucificaram

Nenhuma palavra é dita quanto ao formato da cruz, quanto à maneira como ele foi pregado, quanto à importância da dor. Na verdade, em Mateus, a crucificação está subordinada à divisão de roupas e em João, à designação do local. Em Lucas e João, a crucificação de Jesus e a crucificação dos dois criminosos obtêm a mesma atenção. Assim, no que se segue, dependemos fortemente de indícios fora do NT.[22]

A crucificação em geral. O termo "cruz" prejudica nosso entendimento, pois dá a imagem de duas linhas que cruzam uma à outra. Nem o grego *stauros*, nem o latim *crux* têm necessariamente esse sentido; ambos referem-se a uma estaca à qual as pessoas eram ligadas de várias maneiras: empaladas, enforcadas, pregadas e amarradas.[23] O uso de uma estaca para empalar normalmente matava a vítima instantânea ou rapidamente. O uso de uma estaca ou um poste para crucificar normalmente provocava uma morte lenta, pois nenhum órgão vital era perfurado.

A arqueologia fornece indícios de que a crucificação de piratas era conhecida no porto de Atenas já no século VII a.C. Contudo, parece que Heródoto (*História* i,126; iii,132.159) associa a crucificação primordialmente aos medos e aos persas, e estes últimos talvez fossem os primeiros a empregá-la como castigo em larga escala. Com a difusão do poder grego no Oriente por Alexandre Magno, no fim do século IV, a crucificação tornou-se prática helenística comum. Os parentes cartagineses dos fenícios praticavam a crucificação, e parece que o contato com eles nas guerras

---

[22] Em § 37, Parte III, ver as contribuições úteis de Brandenburger, Fitzmyer, Hengel e H.-W. Kuhn ("Kreuzesstrafe").

[23] *Skolpos* ("estaca, poste") e *xylon* ("árvore") também aparecem em referências à crucificação. Quanto a verbos, além do *stauroun*, empregado nos Evangelhos, encontram-se *anastauroun*, *anaskolpizein* ("prender a um poste"), *kremannynai* ("pendurar") e *proseloun* ("pregar"). Deliberadamente ou não, Heródoto usa *anastauroun* (v. 3, p. 125) com referência a cadáveres, e *anaskolpizein* (v. 1, p. 128; v. 3, p. 132) com referência aos vivos. Entretanto, nuanças de sentido acabaram por ceder ao costume estilístico: Fílon usa *anaskolpizein* e Josefo usa *(ana)stauroun*. Ver Hengel, *Crucifixion*, p. 24. As raízes hebraicas encontradas no vocabulário de crucificação incluem *tlh* ("pendurar"), *zqp* ("erguer") e *slb* ("pendurar, empalar").

púnicas explica sua difusão entre os romanos. Se os que tinham sido mortos de outra maneira eram às vezes crucificados depois de mortos para exibição no Oriente, a crucificação romana dos vivos constituía o castigo em si. Plauto (250-184 a.C.), que em suas peças nos dá um mundo romano povoado de escravos, soldados e patifes, é o primeiro autor latino a fornecer referências claras, embora sucintas, à crucificação. Era castigo aplicado primordialmente às classes baixas, aos escravos e aos estrangeiros. Tácito (*História* II,lxxii,1-2) fala de um castigo "típico de escravos" (*servile modum*) e Cícero (*In Verrem* II,v,63.66; #163.170) expressa horror oratório à ideia de se ousar crucificar um cidadão romano. Na verdade, às vezes isso realmente acontecia (Hengel, *Crucifixion*, p. 39-40; H.-W. Kuhn, "Kreuzesstrafe", p. 736-740); mas, de modo geral, ao contrário dos cartagineses, os romanos poupavam da crucificação as classes altas e a nobreza. A atitude reflete-se em relação a Jesus em Fl 2,7-8, que liga assumir a forma de escravo com a morte na cruz.

Quanto à crucificação por judeus, uma das mais antigas referências à prática é a execução, no começo do século I a.C., de 800 prisioneiros por Alexandre Janeu.[24] À medida que os exércitos romanos começaram a interferir na Judeia, a crucificação de judeus se tornou questão de estratégia, por exemplo, o governador da Síria crucificou 2.000 judeus em 4 a.C (Josefo, *Ant.* XVII,x,10; #295). No século I d.C., Jesus é o judeu que *sabemos* ter sido crucificado. De outro modo, Josefo não registra nenhuma crucificação de judeus durante a primeira parte da prefeitura romana na Judeia (6-40 d.C.), embora haja ampla atestação de crucificação durante a segunda parte dessa prefeitura (44-66 d.C.)[25]

Apesar do número de referências de passagem na literatura secular à crucificação, não aprendemos nada à guisa de informações detalhadas. Comparativamente,

---

[24] Josefo, *Guerra* I,iv,6; #97; *Ant.* XIII,xiv,2; #380. É improvável que Josefo estivesse se referindo a uma empalação que mataria *ipso facto* a vítima; ver § 35, nota 4. Consultar, em § 23 A-B, outros exemplos de crucificação por judeus e a interpretação de Qumrã que parece inculcar esse castigo. Halperian ("Crucifixion", p. 40-42) afirma que os judeus tomaram emprestada a crucificação dos romanos e a levaram para a lei judaica envolvendo Dt 21,22-23. Ele sugere que a crucificação, que se tornou uma forma legítima de castigo nos tempos de Qumrã, foi mais tarde substituída nos tempos rabínicos pelo estrangulamento, uma pena capital mais rápida e menos torturante.

[25] H.-W. Kuhn, "Kreuzesstrafe", p. 733. Ele observa (p. 686-687) que, no período de 1-150 d.C., incidentes de crucificação raramente estão documentados em outros lugares (Grécia, Ásia Menor, Síria), exceto pela crucificação de cristãos em Roma sob Nero.

os lacônicos relatos evangélicos surgem como informativos (Hengel, *Crucifixion*, p. 25). Em parte, a situação se explica pelo fato de romanos instruídos considerarem a crucificação um castigo bárbaro a ser comentado o menos possível. (Em todos os períodos da história, os que praticam tortura não são demasiadamente comunicativos quanto aos detalhes.) A relativa escassez de referências à crucificação na Antiguidade e sua casualidade são menos um problema histórico que um problema estético (ibidem, p. 38). Em *Digesto* XLVIII,xix,28, Justiniano considera a crucificação uma forma muito agravada da pena de morte (*summum supplicium*: ver H.-W. Kuhn, "Kreuzesstrafe", p. 746-751). Cícero (*In Verrem* II,v,64.55; ##165.169) refere-se a ela como "castigo muito cruel e repulsivo", e o "castigo extremo e máximo para um escravo". Ele diz (*Pro Rabirio perduellionis* v,16): "O próprio nome 'cruz' deve não só ficar longe do corpo de um cidadão romano, mas também de seus pensamentos e seus ouvidos". Sêneca (*Epístola* ci,14) fala da "árvore maldita". Josefo (*Guerra* VII,vi,4; #203) considera a crucificação "a mais lamentável das mortes". Além das referências neotestamentárias à infâmia da morte de Jesus na cruz (1Cor 1,18.23; Hb 12,2), temos o constante desprezo dos autores pagãos por uma religião que estima tanto um homem executado pela pior das mortes na cruz infame.[26]

Pode-se pensar que a reticência dos autores a respeito dos detalhes da crucificação foi suplementada pela arte cristã dos primeiros séculos, quando a crucificação ainda era praticada, mostrando como artistas desse período imaginavam Jesus crucificado. O simbolismo da cruz (sem um corpo) aparece na arte das catacumbas, por exemplo, no hipogeu de Lucina do século III, e se torna comum por volta do século IV. Contudo, muitas vezes o sinal da cruz é apenas uma aproximação rústica, que nada nos diz a respeito do tipo de cruz que os cristãos julgavam ter sido usada para Jesus. A situação se complica pela tendência dos arqueólogos mais antigos a identificar qualquer coisa remotamente parecida com uma cruz como cristã.[27] Quanto a descrições de Jesus crucificado, há apenas cerca de meia dúzia de descrições dos séculos II ao V (Leclercq, "Croix", com reproduções). Uma das mais antigas, uma gravura diminuta em uma pedra de jaspe, do século II, talvez seja obra gnóstica; mostra uma figura crucificada nua e contorcida, sem espectadores, e assim talvez

---

[26] Justino, *Apologia* I,xiii,4; Orígenes, *Contra Celso* vi,10; Agostinho, *Civitas Dei* 19,23 (CC 48,690) com referência a Porfírio.

[27] O objeto cruciforme anterior a 79 em Herculaneum, o célebre quadrado de palavras Sator em Pompeia (W. Barnes, NTS 33, 1987, p. 469-476), os sinais de mais em ossários da Judeia do século I e a cruz de Palmira, de 134 d.C., são todos possíveis exemplos desse exagero.

ridicularize a crença cristã ortodoxa na morte de Jesus. Outra pedra preciosa, uma cornalina do século II, da Romênia, mostra um Cristo super-humano na cruz, quase duas vezes mais alto que os doze apóstolos circundantes. A representação do século III encontrada na escola para pajens Domus Gelotiana do palácio imperial no monte Palatino em Roma é o grafito de um asno crucificado; ridiculariza o Deus cultuado pelos cristãos e aparentemente reutiliza o que pode ter sido uma forma padrão de escárnio dirigido a um pretendente régio (Políbio, *História* viii,21; #3; ver NDIEC 3, 1979, #34, p. 137). Que pena! Essas reproduções nada têm a nos ensinar a respeito de como Jesus foi crucificado. Admitindo a escassez de informações, vamos mesmo assim procurar responder a diversas perguntas.

Em que tipo de cruz crucificaram Jesus? Sêneca declara (*De consolatione ad Marciam* xx,3): "Vejo cruzes ali, não apenas de um tipo, mas talhadas de muitas maneiras diferentes. Algumas têm as vítimas com a cabeça inclinada para o chão; algumas empalam os órgãos genitais; outras estendem os braços na viga transversal". Josefo (*Guerra* V,xi,1; #451) relata que os soldados romanos sob Tito pregavam os prisioneiros em diversas posições. De vez em quando, só era usada uma estaca vertical e as mãos do condenado eram erguidas verticalmente e pregadas esticadas acima da cabeça. (Não foi isso que aconteceu no caso de Jesus,[28] pois ele carregou uma viga transversal ao lugar de execução.) Onde tinha lugar uma crucificação em massa, às vezes alguns criminosos eram presos a algo parecido com um cadafalso ou tímpano — um painel de tábuas verticais. A descrição, do século V, da crucificação de Jesus no portal de Santa Sabina em Roma mostra um tipo de cadafalso. Por causa da suposição de que só os dois criminosos mencionados nos dois lados de Jesus foram crucificados no Gólgota, nesta cena costumam ser imaginadas três cruzes *individuais*. Embora houvesse uma cruz em forma de X (*crux decussata*, "torta"), em geral, o fato de Jesus carregar uma viga transversal costuma eliminá-la da discussão. Se a estaca vertical já se erguia no Lugar da Caveira, a viga transversal era atada a ela de um de dois modos. Um entalhe em forma de V era às vezes cortado bem no topo da estaca vertical e a viga transversal colocada nele, dando a forma de um T (*crux commissa*) onde nenhuma parte da cruz erguia-se acima da cabeça do crucificado.[29] *Barnabé* 9,8

---

[28] Com a devida vênia à Bíblia das Testemunhas de Jeová; ver J. F. Mattingly, CBQ 13, 1951, p. 441-442.

[29] Às vezes é citada como cruz de três braços, um vertical, descendo da viga transversal e dois horizontais em cada lado do ponto onde a viga vertical divide ao meio a viga transversal.

presume que Jesus foi crucificado em uma cruz em forma de T e Justino (*Diálogo* xci,2) descreve a viga transversal sendo adaptada à extremidade mais alta da estaca vertical, uma área em forma de chifre. (Entretanto, Justino está interessado no cumprimento de uma passagem veterotestamentária, que trata de chifres, que talvez guiasse sua descrição.) Outro tipo de cruz era formado se um entalhe fosse cortado horizontalmente no lado da estaca vertical, a alguma distância do topo, e a viga transversal fosse inserida nele, dando a forma de um sinal de mais alongado († , a *crux immissa*). Essa seria uma cruz com quatro braços, sendo presumida por Irineu (*Contra as heresias* II,xxiv,4), que, acrescentando um assento ou descanso de nádegas a ela, fala de cinco extremidades. Tertuliano (*Ad nationes* I,xii,7; CC 1,31) compara a cruz de Jesus a um homem de pé com os braços abertos. É a cruz favorita da arte cristã, porque Mt 27,37 menciona que "eles puseram acima de sua cabeça a acusação" (ver Lc 23,38).

A que distância do chão erguia-se uma cruz? Encontramos a expressão "subir na cruz" (*anabainein, epibainein, ascendere*). Muitas vezes a cruz era baixa o suficiente para animais destroçarem os pés do crucificado, que talvez estivesse a apenas uns trinta centímetros do chão. Suetônio (*Galba* ix,1) conta do homem que alegava ser cidadão romano e foi por zombaria pendurado mais alto que os outros. Três dos evangelistas imaginam que um caniço ou hissopo foi necessário para erguer uma esponja cheia de vinho ordinário até os lábios de Jesus. Uma *conjetura* comum é que a cruz de Jesus erguia-se a cerca de 2 metros de altura.

Como prenderam Jesus à cruz? Os criminosos eram presos à viga transversal, sendo amarrados ou pregados; então a viga transversal era erguida por estacas bifurcadas (*forcillae*) e, com o corpo atado, inserida no entalhe da estaca vertical. Hewitt ("Use", p. 40) cita indícios de que no Egito amarrar era mais comum. Plínio (*História Natural* XXVIII,xi,46) inclui entre os acessórios mágicos a corda (*spartum*) de uma cruz; e Lívio (*História* I,xxvi,6) fala de criminosos sendo amarrados a uma árvore e surrados ali. Por outro lado, Fílon (*De posteritate Caini* 17; #61) alude a homens crucificados e pregados a uma árvore. Lucano (*Guerra Civil*, v, p. 547) tem uma feiticeira que junta ferro que foi cravado nas mãos (*manus*). Em Plauto (*Mostellaria* ii,1; #360), um escravo oferece recompensa se alguém tomar seu lugar na cruz, desde que os pés sejam pregados duas vezes e os braços (*brachia*) duas vezes. Mixná *Shabbat* 6,10 menciona os cravos de um crucificado.

Sêneca (*De vita beata* xix,3) fala figurativamente de pessoas que cravam os próprios cravos na cruz.

Dessas descrições, surgem questões pertinentes a Jesus. Nenhum relato evangélico da crucificação nos diz se Jesus foi amarrado ou pregado. Para isso, dependemos de descrições de cenas depois da morte de Jesus. Em Lc 24,39, Jesus ressuscitado diz: "Vede minhas mãos e meus pés", declaração que sugere eles terem sido perfurados. Mais especificamente, Jo 20,25.27 indica as marcas de cravos nas mãos de Jesus. *EvPd* 6,21, ao descrever a descida do cadáver da cruz, fala em tirar "os cravos das mãos do Senhor". Inácio (*Esmirniotas* i,2) diz que Jesus foi "verdadeiramente pregado". Com um claro interesse simbólico, Efrém (*Comentário sobre o Diatesserão* 20,31 [armênio; SC 121,365]) fala das mãos de Jesus pregadas e de seus pés amarrados. Até onde são históricas essas passagens a respeito desse ponto e até onde refletem o Salmo da Paixão (Sl 22,17: "Traspassaram minhas mãos e meus pés")? À guisa de resposta a essa última pergunta, nenhuma das passagens acima que se referem a cravos apenas nas mãos faz eco à redação ou às metáforas do Salmo. Na verdade, alguns biblistas, perplexos com o fracasso para examinar uma passagem bíblica, sugerem que os evangelistas não estavam usando a LXX do Salmo; contudo, Mc 15,34 cita claramente a LXX de Sl 22,2. Talvez Lc 24,39 (a única passagem neotestamentária a mencionar os pés) reflita mesmo Sl 22,17; e, no século II, essa passagem do Salmo era citada explicitamente.[30]

Que as mãos de Jesus foram pregadas é considerado historicamente plausível, desde que se entenda que essa não é uma terminologia clinicamente exata. Cravos de um lado ao outro das palmas das mãos não carregariam o peso do corpo, mas as rasgariam. Nas referências clássicas acima, Plauto é mais exato ao falar de "braços" e, em sua maioria, os biblistas presumem que os cravos atravessaram os pulsos de Jesus. (O hebraico *yad* abrange não só a mão, mas também o antebraço.) Mais problemática é a historicidade dos cravos nos pés. Em 1932, Hewitt ("Use", p. 45) escreveu: "Há espantosamente poucas evidências de que os pés de um crucificado fossem traspassados por cravos". Em sua maior parte, os cravos de crucificação descobertos por escavações nas regiões fronteiriças do Império Romano não fornecem indicações de qual membro traspassaram. Contudo, H.-W. Kuhn ("Gekreuzigte", p. 303-304) menciona a descoberta, no porto de Atenas

---

[30] Justino, *Apologia* I,xxxv,5-7; *Dialogue* xcvii,3-4; Tertuliano, *Adversus Iudaeos* xiii,10-11 (CC 2,1386).

(Falero), de dezessete esqueletos de piratas com cravos de ferro nas mãos e nos pés, o que reflete uma execução no século VII a.C. Muito mais importante para nossos propósitos foi a descoberta, em junho de 1968, de um túmulo em Giv'at ha-Mivtar, bem ao norte do túmulo de Simão, o Justo, em Jerusalém. Abrigava seis ossários que continham os ossos de quase vinte pessoas. Em um ossário, entre os ossos de três pessoas (uma delas uma criança pequena), estavam os de um homem de vinte e tantos anos de idade que fora crucificado. A criança e também o homem se chamavam Yehohanan (YHEHNN), mas havia também a designação *BN HGQW*, que confunde os biblistas. Yadin ("Epigraphy") sugeriu ler *h'qwl*,[31] "o de pernas arqueadas", de modo que a criança era o filho de um homem crucificado com as pernas separadas. H.-W Kuhn ("Gekreuzigte", p. 312) sugere um eco da palavra grega *agkylos* [latim *ancyla*], "arqueado, vergado", que descreve os ossos. A data de crucificação para o Yehohanan mais velho era algumas décadas antes de 70 d.C. Uma descrição dos ossos e cravos foi publicada por V. Tzaferis, J. Naveh e N. Haas em IEJ 20, 1970, p. 18-59; e muitas descrições de Yehohanan na cruz baseiam-se na apresentação deles (ver o vol. Suplementar, 1976, do *Interpreters Dictionary of the Bible*, p. 200). H.-W. Kuhn (Gekreuzigte") e Zias & Skeles ("Crucified") perceberam graves erros na apresentação de 1970 (inclusive o tamanho dos cravos). Os braços estavam amarrados (não pregados) na viga transversal;[32] parece que as pernas estavam escarranchadas na viga vertical, de modo que os pés estavam pregados nos *lados* dela (não na frente); com toda a probabilidade, dois cravos foram usados, cada um traspassando primeiro uma placa de madeira de oliveira, o osso do calcanhar e então a superfície de madeira da cruz — a madeira de oliveira era para impedir o crucificado de soltar os pés do cravo. Não parece que os ossos da perna tivessem sido quebrados deliberadamente enquanto ele estava vivo na cruz, como relatado originalmente.[33] Pelo menos os dados desta crucificação, aproximadamente contemporânea da crucificação de Jesus, devem afastar o ceticismo quanto à plausibilidade da sugestão de que os pés de Jesus foram pregados.

---

[31] Naveh ("Ossuary"), que publicou a inscrição, não deu um sentido satisfatório a *HGQWL*. Na proposta de Yadin, é incerto se um mal escrito ' aparece como *G* ou ' era pronunciado e, portanto, escrito como *G*.

[32] Para explicar o fato de estarem os ossos do pulso incólumes, Haas ("Anthropological", p. 57-58) tinha originalmente teorizado que os membros superiores eram pregados. Ver uma lista do que muitos consideram defeitos na publicação de Haas em Zias & Charlesworth, "Crucifixion", p. 279-280.

[33] Haas ("Anthropological", p. 57) havia relatado que o osso tibial direito era quebrado por um único golpe que podia ser atribuído ao "coup de grâce" final. À luz da análise mais recente, a quebra do osso pode ter ocorrido enquanto os ossos eram postos no ossário.

Hewitt ("Use", p. 30-39) examina como os cravos foram retratados na arte cristã subsequente. Surpreendentemente, algumas pinturas muito antigas de Jesus na cruz, uma caixa de marfim do século V, preservada no Museu Britânico, e o portal de madeira de Santa Sabina em Roma (Leclercq, "Croix") não mostram nenhum cravo nos pés. Gradativamente os cravos começam a ser representados como longos — alongamento que reflete o interesse teológico no sangue de Jesus. Quatro cravos são mais comuns no período mais primitivo.[34] Segundo consta, Helena, mãe de Constantino, encontrou apenas três;[35] e esse número acabou por se tornar padrão (Gregório Nazianzeno, Boaventura) — um cravo para cada uma das mãos e um terceiro cravo traspassando os pés de Jesus (o pé direito colocado sobre o esquerdo, exceto na arte espanhola).

Ser pregado na cruz foi doloroso para Jesus: "Castigados com os membros estendidos [...] eles são atados e pregados à estaca no tormento mais amargo, comida nociva para aves de rapina e sinistros restos para cães" (tradução livre de Pseudo-Manetão [século III d.C.], *Apotelesmatica*, v. 4, p. 198-200; Hengel, *Crucifixion*, p. 9). Nenhum Evangelho canônico menciona o sofrimento de Jesus. Entretanto, quando relata que eles "crucificaram o Senhor", *EvPd* 4,10 comenta: "Mas ele estava calado, como se não sentisse dor".[36]

É preciso comentar dois outros itens menores pertinentes a Jesus preso à cruz. O corpo do crucificado recebia apoio físico de várias maneiras, não como ato de misericórdia, mas para que o sofrimento durasse mais tempo. Se o condenado pudesse se erguer para respirar, ele sobreviveria mais tempo do que se o corpo sem apoio fosse um peso morto pendurado pelos braços pregados ou amarrados. O relato de que Jesus morreu tão rapidamente torna improvável que deveríamos pensar que seu corpo teve um dos apoios seguintes, mas eu os menciono porque eles aparecem na arte e nos escritos cristãos. Um *suppedaneum* ou escabelo era às

---

[34] Uma contagem apoiada por Cipriano, Ambrósio, Gregório de Tours e *Oráculo Sibilino* 8,319-320.

[35] A respeito de aspectos dúbios desse achado, ver J. W. Drijvers, *Helena Augusta: The Mother of Constantine the Great and the Legend of Her Finding the True Cross* [Helena Augusta: a mãe de Constantino e a lenda da cruz verdadeira], Leiden, Brill, 1991.

[36] Essa pode bem ter sido uma das passagens que levaram à desconfiança ortodoxa desse Evangelho (ver APÊNDICE I), pois podia ser entendida como dando apoio à tese de que Jesus não era verdadeiramente humano, nem mesmo real na época da crucificação. Entretanto, é mais provável que o autor simplesmente reflita o tema do silêncio de Jesus (já visto em diversos cenários dos Evangelhos canônicos) combinado ao tema de bravura relacionado com a descrição de Jesus como mártir. Policarpo (*Martírio* xiii,3) reza para que Deus lhe conceda permanecer impassível nas chamas.

vezes atado perto da parte inferior da viga vertical. Nos séculos VI e VII, artistas e escritores cristãos começaram a presumir que Jesus tinha um.[37] Na cruz russa, esse escabelo se torna outra viga transversal mais curta que atravessa a haste vertical em um ângulo perto do fundo. No meio da cruz, havia às vezes um *sedile* ("assento") ou *pegma* ("alguma coisa fincada"), isto é, um bloco de madeira para apoiar as nádegas. Sêneca (*Epístola* ci,12) escreve a respeito de tomar assento na cruz; outra expressão é "montar" na cruz, como se a pessoa estivesse cavalgando (*inequitare*). O assento pode ter sido útil quando o condenado, amarrado ou pregado à viga transversal, estava sendo baixado em posição; de fato, tomava parte do peso durante o breve tempo em que a viga transversal estava sendo encaixada no nicho preparado para ela na viga vertical.[38]

#4. A divisão das roupas (Mc 15,24b; Mt 27,35b; Lc 23,34b; Jo 19,23-24)

Em Marcos/Mateus, a declaração de que Jesus foi crucificado é imediatamente seguida pela divisão de suas roupas; na verdade, em Mateus, a crucificação está gramaticalmente subordinada à divisão, quase como se a última fosse mais importante. Em Lucas e João, a declaração de que Jesus foi crucificado é seguida pela referência à crucificação de dois criminosos; e a referência à divisão de roupas vem um pouco mais adiante. Em João, ela é preparada por uma segunda referência à crucificação (Jo 19,23a); em Lucas, aparece incidentalmente, e apenas confirma que Jesus estava sendo tratado como criminoso.

Os quatro Evangelhos indicam que "suas roupas" foram divididas. Como já mencionamos, os condenados costumavam ser levados nus ao lugar de execução; e assim, ou em atenção a Jesus, ou a Jerusalém, ou aos judeus, é feita uma exceção. Além disso, as roupas são as suas, não as vestes de escárnio com que o haviam vestido. Essa troca foi especificada em Mc 15,20a; Mt 27,31a, mas não é nunca

---

[37] E. Grube, *Zeitschrift für Kuntsgeschichte* 20, 1957, p. 268-287. Uma das mais antigas descrições da crucificação, o grafito do asno crucificado no Palatino (séculos II — III; ver acima, neste mesmo item, sob "A crucificação em geral"), tem um *suppedaneum* — indicação de que o uso era considerado normal. Contudo, espécimes da arte cristã do século V (a caixa de marfim no Museu Britânico, o painel da porta de Santa Sabina em Roma) não têm esse apoio para os pés.

[38] Justino (*Diálogo* xci,2) descreve-o projetando-se da cruz de Jesus como o chifre de um rinoceronte, mas ele está interessado no cumprimento de uma passagem veterotestamentária que trata de chifres (Dt 33,17). Como mencionei acima, sob "Em que tipo de cruz crucificaram Jesus?", ele constituía a quinta extremidade da cruz para Irineu, enquanto Tertuliano (*Ad nationes* I,xxiv,4; CC 1,31) considerava-o um assento que se sobressaía.

especificada em João ou Lucas. (Embora em Lucas os soldados romanos não vistam Jesus com roupas de escárnio, a última vez que ouvimos falar no assunto [Lc 23,11] Jesus estava com a veste esplêndida com a qual Herodes o vestira.)

Antes de discutir a divisão descrita nos Evangelhos, perguntemos se a divisão significava que Jesus pendeu nu da cruz. Os evangelistas não são específicos e talvez não soubessem; tudo o que podemos examinar são probabilidades. Com certeza João, que dá a maior atenção à cena, é tão específico a respeito de cada peça de roupa que se tem a impressão de que nada foi deixado de lado. O padrão romano normal era crucificar os criminosos nus, como atestado por Artemidoro Daldiano (*Oneirokritika* ii,53). Mas fizeram os romanos uma concessão especial ao horror judaico de nudez (*Jubileus* 3,30-31; 7,20) e permitiram que uma tanga fosse usada (*subligaculum*)? Que os evangelistas creem terem os romanos permitido a Jesus usar suas roupas até o Gólgota apoia isso. Mixná *Sanhedrin* 6,3 relata opiniões rabínicas divergentes quanto a dever um homem ser apedrejado nu ou com uma capa na frente. Midraxe *Sipre* 320, a respeito de Dt 32,21, julga ser uma das coisas mais vergonhosas do mundo estar (ser castigado) nu no mercado. Entre as descrições primitivas de Jesus crucificado (#3 acima), em diversas das pedras preciosas esculpidas Jesus está nu. No fim do século II, Melitão de Sardes, (*Sobre a Páscoa* 97; SC 123,118) escreve a respeito de "seu corpo nu, nem ao menos considerado digno de um traje para não ser visto. Portanto, as luzes celestes afastaram-se e o dia escureceu, a fim de que fosse escondido o que estava desnudo sobre a cruz". Padres da Igreja como João Crisóstomo e Efrém, o Sírio, toleram essa opinião. Contudo, em *Atos de Pilatos* 10,1, Jesus está vestido com uma tanga depois da divisão das roupas; e tanto a caixa de marfim do século V no Museu Britânico como a porta de cipreste de Santa Sabina retratam Jesus com uma tanga. Penso não haver um jeito de resolver a questão, mesmo que os indícios favoreçam um despojamento completo.

A divisão e o Salmo 22. O que os evangelistas realmente descrevem em termos de dividir e tirar a sorte tem semelhança notável nos quatro Evangelhos.[39] Pode-se perguntar quanto essa linguagem reflete Sl 22,19:

Repartiram^{1} minhas roupas^{2} [pl. *himation*] entre eles,^{3}

---

[39] As frases finais de Marcos são exclusivas desse Evangelho ("para elas quanto a quem devia pegar o quê"), usando o verbo *airein* que foi empregado três versículos antes para o ato de Simão "tomar" a viga transversal.

e para meu traje [*himatismos*] tiraram a sorte.

A LXX do versículo do Salmo é citada exatamente (como citação de cumprimento) apenas em Jo 19,24; mas os sete itens enumerados acima têm forte semelhança com a *descrição* que os Evangelhos fazem da divisão:[40]

Mc 15,24b:	n. 1, 2, 4, 6, 7
Mt 27,35b:	n. 1, 2, 6, 7
Lc 23,34b:	n. 1, 2, 6, 7
Jo 19,23b-24a:	n. 2

Ao comparar essas estatísticas, a situação que surge é curiosa. Sem citar o versículo do Salmo, os sinóticos usam metade do vocabulário do Salmo para descrever a divisão, com Lucas um pouco mais distante do Salmo que Marcos/Mateus. Como reforço, João cita o Salmo com exatidão, mas sua descrição do que os soldados fizeram tem pouca coisa do vocabulário do Salmo.

Presumivelmente, no nível pré-evangélico (Oswald, "Beziehungen", p. 56), os cristãos incluíam na NP o costumeiro desnudamento do prisioneiro, mas o faziam na linguagem de um Salmo a respeito da sina do justo sofredor, o que ajudava a exemplificar a preparação detalhada por Deus para a sina do Filho. Marcos seguiu o padrão pré-evangélico; e Mateus e Lucas copiaram de Marcos, suprimindo o tempo presente histórico ("repartem") e o final desajeitado "quanto a quem devia pegar o quê". João estava familiarizado com uma tradição semelhante e reconheceu-a por uma citação de cumprimento, citando Sl 22,19 com exatidão. Contudo, João fez deste um episódio importante no relato da crucificação, ao narrar uma cena que cumpre o Salmo em todos os detalhes sem usar o vocabulário do Salmo. No Salmo em si, não se pretende nenhuma diferença de ação entre os dois versos; de fato, "repartiram" e "tiraram a sorte" são a mesma ação, sendo a segunda frase simplesmente o meio de realizar a primeira. Do mesmo modo, somente um conjunto de vestuário é citado sob os nomes de "roupas" e "traje". Entretanto, João ignora o paralelismo (do mesmo modo que Mateus em relação ao fel e ao vinagre) e descreve

---

[40] Houve acirrado debate entre os Padres da Igreja quanto ao fato de o salmista ter Jesus em mente quando escreveu isso. Tertuliano o afirmou (*Adv. Marcion* IV,xlii; 4; CC 1,659), como também o Segundo Concílio de Constantinopla (4ª sessão; 12/13 de maio de 553) contra Teodoro de Mopsuéstia.

duas ações diferentes a respeito de duas peças diferentes de vestuário: as roupas são divididas em quatro partes, enquanto o traje indivisível (= túnica) é sorteado.[41]

Parte da criação joanina que ultrapassa o Salmo representa simbolismo teológico, como já se vê no arranjo esquemático de episódios (§ 38 C, Quadro 7). Este é o Episódio 2 do relato joanino da crucificação. No Episódio 1, *Pilatos* dá testemunho da soberania de Jesus por uma proclamação trilíngue. Agora, os soldados, cuja tarefa de executar criminosos alinha-os com as forças hostis a Jesus, mesmo assim cumprem as Escrituras. (Observemos que a divisão de trajes está enquadrada dos dois lados por uma referência aos soldados.) O episódio seguinte diz respeito a *seguidores* de Jesus.[42] Onde João transcende o Salmo (e onde pode haver tradição não sinótica pré-joanina) é em ter as roupas arranjadas em quatro partes, uma para cada soldado (Jo 19,23b). Parece que pelotões de quatro soldados (grego: *tetradion*; latim: *quaternion*) eram comuns.[43] Um dos quatro pode bem ter sido um oficial e mais adiante os sinóticos mencionam um centurião (Mc 15,39 e par.). Aqui, então, temos verossimilhança joanina sem nenhuma orientação teológica clara.[44]

Que probabilidade existe de terem as vestes[45] ido para os soldados que eram guardiões do condenado? Em DJ XLVIII,xx,1, o princípio geral é que os bens dos condenados são confiscados, mas DJ XLVIII,xx,6 relata uma distinção feita por Adriano. As vestes que a pessoa condenada está vestindo não podem ser exigidas pelos torturadores. Tácito (*História* iv,3) descreve um escravo crucificado enquanto ainda usava anéis. Estava essa atitude mais branda do século II corrigindo a prática mais gananciosa do século I? Quanto ao método empregado para dividir as roupas de

---

[41] O aramaico de um targum mais tardio deste Salmo é às vezes invocado como base para a exegese joanina, pois fala de *lebusa*, "roupas", em um verso, e *petaga*, "capa", no seguinte; mas não há prova de que essa interpretação existisse no século I.

[42] Na nota 2 acima, mencionei que, como Marcos, João tem três reatores (Pilatos, soldados, seguidores) que interagem com Jesus crucificado, embora a identidade dos reatores joaninos seja diferente da dos de Marcos.

[43] Em At 12,4, o rei Herodes Agripa I entrega Pedro à prisão sob custódia de quatro esquadrões.

[44] Acho forçada a tentativa de relacionar as quatro partes das roupas às quatro mulheres (pela contagem mais plausível) em Jo 19,25 (ver de la Potterie, "Tunique non divisée", p. 135).

[45] Se o próprio evangelista especulou ou não quanto ao que eram os quatro itens, os biblistas compensam a falta joanina de especificidade. A. Edersheim (*The Life and Times of Jesus the Messiah*, 2. v., New York, Longmans, Green, 1897, v. 1, p. 625) sugere: adorno de cabeça, sandálias/sapatos, faixa longa e um *talith* grosseiro ou manto exterior. Kennedy ("Soldiers") afirma que Jesus foi levado descalço ao Gólgota; e com base em Jo 13,4, que descreve Jesus vestindo alguma coisa debaixo do *chiton*, substitui as sandálias por uma camisa ou túnica interior (o *halûq* mencionado na Mixná).

Jesus, os três sinóticos usam *ballein kleron* ("lançar a sorte"), expressão que aparece em Sl 22,19,[46] onde, como em Marcos, é acompanhada da preposição *epi* ("sobre" = "para"). Com referência à túnica, não às roupas, Jo 19,24 emprega *lagchanein* ("obter por acaso" = "jogar"),[47] acompanhado pela preposição *peri* ("sobre"). Quanto ao que é imaginado, muitos biblistas acham que alguma coisa como dados teria sido jogada. Entretanto, De Waal ("Mora") duvida que os soldados teriam de modo tão conveniente trazido uma *pyrgos* ("caixa de dados") para o lugar da crucificação. Ele sugere um jogo de *mora* jogado por meio da adivinhação do número de dedos estendidos sobre as mãos ocultas do adversário. Aparentemente foi assim que a paráfrase de João por Nonos de Panópolis (c. 440) entendeu *lagchanein*: "estender os dedos da mão para ela [a túnica]".

A túnica que não foi rasgada. Jo 19,23-24 dá grande importância a um *chiton*, que evidentemente ele identifica com o *himatismos* ("traje") de Sl 22,19 e mantém separado das outras quatro partes das "roupas" de Jesus. *Chiton*, quase sempre traduzido por "túnica", normalmente era uma veste longa usada sobre a pele.[48] A descrição que João dá de *chiton arraphos*, "sem costura, de cima [a baixo] tecida de uma ponta à outra",[49] significa que esta era uma veste altamente incomum ou apenas uma veste normal de qualidade especial? H. Th. Braun[50] analisa a técnica de tecer: uma veste inconsútil não era necessariamente uma peça de luxo, pois podia ser tecida por um artesão sem habilidade especial. C. 400, Isidoro de Pelúsio (*Epístola* 1,74; PG 78,233B) afirmou que esse estilo de veste era característico dos pobres galileus — foi uma suposição ou ele de algum modo preservou a tradição antiga? Segundo Aubineau ("Tunique", p. 105), muitos

---

[46] Entretanto, no caso de Lc 23,34, o Códice Alexandrino e a família Lake de minúsculas têm uma leitura divergente que emprega o plural *klerous* e que talvez seja original.

[47] O relacionado *ballein lachmon* aparece em *EvPd* 4,10 (com *epi*) e Justino, *Diálogo* xcvii,3 (embora, em *Apologia* I,xxxv,8, Justino use *ballein kleron*). *Lachmos* é palavra rara, encontrada principalmente em reflexões a respeito desta passagem.

[48] J. Repond, "Le costume du Christ", em *Biblica* 3, 1922, p. 3-14 em relação a Jo 19,23.

[49] Procuro seguir a ordem joanina de palavras. Não está claro o que a frase "de cima" modifica. Muitos a entendem com o antecessor "sem costura", mas Nestle ("Coat") a entende com "tecida" que vem a seguir (como fazem o Códice Latino c e testemunhos siríacos). Ele acredita que João descreve uma capa sem costura no topo ou na parte superior. Em passagem a ser examinada mais adiante, Josefo (Ant. III,vii,4; #161) descreve uma túnica sacerdotal que "não consiste em duas partes [de pano] costuradas juntas nos ombros e nos lados".

[50] *Fleur bleue, Revue des industries du lin*, 1951, p. 21-28, 45-53.

dos Padres da Igreja, julgando pelas roupas de seu próprio tempo, consideravam a túnica joanina sem costura uma veste muito incomum, que revelava a majestade de Jesus ou sua pobreza.

Têm sido feitas sugestões de que a veste tinha caráter sagrado e os soldados supersticiosos temiam destruir isso ao rasgá-la. Alguns biblistas descobrem um eco simbólico da história de José.[51] Nestle ("Ungenähte") lembra a capa especial que José tinha (Gn 37,3), e que a LXX entendeu ser um *chiton* de muitas cores. É provável que ali o hebraico descrevesse uma túnica longa, e ao que tudo indica, os tradutores siríacos entenderam que ela era de mangas compridas.[52] Vimos acima (§ 29 B) a tese de que, na NP, José serviu como tipo ou imagem de Jesus. Gottlieb Klein ("Erläuterung") indica TalBab *Ta'anit* 11b, que em sua interpretação significa que Moisés usava uma capa inconsútil (sem remate).

De modo geral, duas interpretações simbólicas deixaram as outras para trás[53] no número de adeptos que conquistaram: alusão à veste do sumo sacerdote e símbolo de unidade. Cada uma delas precisa ser analisada em detalhe.

a) A veste do sumo sacerdote. A começar de Grotius, em 1641, biblistas apelaram para interpretar João de acordo com a descrição por Josefo da túnica de comprimento até o tornozelo (*chiton*) do sumo sacerdote (*Ant*. III,vii,4; #161): "não composta de duas partes", costurada nos ombros e do lado, um pano longo tecido (*hyphasmenos*). Embora o padrão da veste não esteja longe do de João, o vocabulário descritivo é muito diferente. Só *chiton* é o mesmo e, para o sumo sacerdote, essa pode ser uma veste externa, não uma interna, como se presume que fosse para Jesus. Estariam João e Josefo nos dando traduções gregas independentes de uma

---

[51] Outros procuram antecedentes pagãos. Saintyves ("Deux", p. 235-236) lembra que o traje dos deuses da vegetação revelava sua natureza cósmica e que os mantos nas estátuas dos deuses tinham significância (por exemplo, Macróbio, *Saturnália* I,xviii,22 fala de vestes colocadas na estátua de Dioniso ou Liber para imitar o sol). A obra gnóstica *Pistis Sophia* I,ix,11 dá grande atenção à vestimenta de luz com a qual Jesus estava vestido. É difícil saber como os leitores de João, presumivelmente de formação variada, interpretaram a atenção de João às roupas de Jesus; mas os antecedentes detalhados do Salmo tornam difícil acreditar que o autor de repente mudasse para um pano de fundo totalmente diferente para a túnica.

[52] Essa parece ser a importância de Midraxe *Rabba* 84,8 a respeito de Gn 37,3 ("alcançava até os punhos"). Entretanto, Murmelstein ("Gestalt", p. 55) cita o siríaco e o midraxe como prova de que José usava uma capa sem costura. G. Klein ("Erläuterung") nega que a prova disso seja primitiva.

[53] Além dessas duas, é possível mencionar a túnica sem costura como símbolo do próprio Cristo como alguém com quem todos (inclusive celestes e terrenos) estavam em harmonia (Rutherford, "Seamless").

tradição a respeito da "túnica tecida de linho fino" do sumo sacerdote (Ex 39,27; Ex LXX 36,35)? Um fator que contribuiu para o interesse nela pode ter sido o cuidado romano para ter controle das vestes do sumo sacerdote, liberando-as apenas para festas (Josefo, *Ant*. XV,xi,4; ##403-408; XX,i,1; #6).[54] Os que invocam esses antecedentes sugerem que, depois de Jesus ser proclamado rei pelo título na cruz, João agora simboliza-o como sacerdote.[55] Alguns autores patrísticos comparam Jesus ao sumo sacerdote em Lv 21,10, que não rasgou suas vestes.[56] Entretanto, em geral, de la Potterie ("Tunique sans couture", p. 256-257) está correto ao afirmar que a interpretação de Jo 19,23 na qual a túnica é a vestimenta sumo sacerdotal é ideia relativamente moderna.[57] (Alguns que a apoiam também defendem a interpretação a seguir, pois elas não são incompatíveis.)

b) Símbolo de unidade. O fato de não ser rasgada (*schizein*) a túnica sem costura, elemento que não está no Salmo, é considerado símbolo de unidade entre os seguidores de Jesus. De la Potterie ("Tunique non divisée", p. 131) aponta para 1Rs 11,30-31, onde o profeta Aías rasgou seu novo *himation* em doze pedaços para simbolizar a divisão do reino unido de Davi e Salomão. João mostra mais interesse na unidade que no sacerdócio (Jo 10,16: "Um só rebanho, um só pastor"; Jo 11,52: "Reunir até os filhos dispersos de Deus e fazê-los um"; Jo 17,21-22: "Que eles todos possam ser um"). Um símbolo paralelo é a rede carregada de grandes peixes que não se rasgou em Jo 21,11, o único outro emprego joanino de *schizein*. O substantivo relacionado *schisma* aparece em Jo 7,43; 9,16; 10,19 para divisões que Jesus produz entre as pessoas. A ideia, então, é que soldados romanos, tão proeminentes no início e no fim deste episódio, não romperam o que pertencia a Jesus. De la Potterie ("Tunique non divisée", p. 136-137), forte proponente dessa interpretação,[58] acha que João tinha em mente a unidade do povo messiânico de Deus. Na Igreja Ocidental, a interpretação de unidade é logo atestada com Cipriano

---

[54] Também digna de nota é a interpretação alegórica do sumo sacerdote, que tinha uma veste especial; harmoniza-se com a identificação que Fílon faz do sumo sacerdote como símbolo do *Logos* geral (*De ebrietate* 21; #85-86; *De fuga* 20; ##108-112; ver Bacon, "Exegetical", p. 423; Conybeare, "New").

[55] Para possíveis referências a Jesus como sacerdote em João, ver BGJ, v. 2, p. 765-767, 907-908, 993. Também é invocado Ap 1,13, onde alguém semelhante a um filho de homem usa vestes possivelmente simbólicas de sacerdote e rei. Em Hb 8–10, Jesus vai para a morte de uma forma comparável à oferenda de sacrifício pelo sumo sacerdote no Dia da Expiação.

[56] Isidoro de Sevilha, *Quaestiones in Vet. Test. Lev* 12,4; Pl 83,330; também Severo de Antioquia.

[57] Os proponentes incluem Barrett, W. Bauer, Calmes, Durand, Haenchen, Hoskyns, Lightfoot e Loisy.

[58] Outros proponentes incluem Bernard, Bultmann, Dauer, Lagrange e van den Bussche.

(*De Ecclesiae Cath. Unitate* 7; CC 3,254), que vê na túnica inconsútil, tecida desde cima, um símbolo da Igreja indivisa sendo unificada do céu lá em cima. Um pouco mais tarde, no Oriente, Alexandre de Alexandria critica os arianos por terem rasgado a túnica inconsútil de Jesus.[59]

Uma decisão a respeito de exatamente que tipo de simbolismo João tinha em mente talvez não seja possível (isso é verdade de outros simbolismos joaninos), embora haja mais indícios para a interpretação de unidade que para o simbolismo sacerdotal. Em qualquer dessas interpretações, ainda se é forçado a lidar com a importância simbólica de ter essa túnica indivisa *tirada* de Jesus. O que é certo é que João ultrapassou os sinóticos neste e também nos outros episódios da crucificação.

#5. A terceira hora (Mc 15,25); os soldados montando guarda (Mt 27,36)

Aqui examinamos duas sentenças sucintas de importância diferente, encontradas (apenas) em Marcos e Mateus, sequenciais à divisão das roupas. Mc 15,25: "Agora era a terceira hora e eles o crucificaram"; e Mt 27,36: "E tendo sentado, eles estavam guardando-o (montando guarda: *terein*) ali". Surgem dois problemas: a terceira hora marcana; a segunda referência marcana à crucificação e os soldados mateanos montando guarda.

A terceira hora. Marcos tem uma longa e cuidadosa sequência de indicações de tempo que dividem o dia e começam com a Última Ceia (ver § 28). Em especial, esta é a primeira de três indicações de tempo no decorrer da crucificação, continuada por "a sexta hora", quando a escuridão cobriu a terra inteira em Mc 15,33, e "a nona hora", quando Jesus gritou em Mc 15,34. (De cada lado dessas três, estão *proi* ["cedo" = 6 horas da manhã] para levar Jesus a Pilatos em Mc 15,1 e *opsia* ["tarde" = 6 horas da tarde?] para obter o corpo de Jesus em Mc 15,42.) Mateus e Lucas, que preservam outros padrões marcanos de três e outras indicações marcanas de tempo, omitem essa referência à terceira hora; assim, parece que rejeitam a imagem marcana na qual Jesus foi crucificado às 9 horas da manhã ou um pouco depois. Já Jo 19,14 descreve Jesus como ainda estando diante de Pilatos na "sexta hora", isto é, ao meio-dia.[60]

---

[59] Teodoreto, *Hist. Ecl.* I,iv,3-5; GCS xix,9. Em interpretações concentradas em unidade, às vezes a ênfase é cristológica, por exemplo, a unidade de naturezas em uma única pessoa (Aubineau, "Tunique", p. 126).

[60] Essa discordância é importante à luz da concordância joanina de tempo com Marcos em relação às negações

Com referência a essa passagem joanina (§ 35), mencionei e rejeitei uma série de tentativas para harmonizar Marcos e João (também J. V. Miller, "Time"). Esses e outros biblistas incluem as seguintes tentativas (com cada uma das quais eu relaciono uma objeção ou dificuldade básica):

- argumentar que a sexta hora joanina deve ser contada a partir da meia-noite, não da madrugada, e assim igualar 6 horas da manhã — horário já analisado e rejeitado;[61]

- descartar a sexta hora joanina como declaração teológica (ela o é, mas a sexta hora é também a primeira indicação de tempo pertinente à crucificação em Mateus e Lucas);

- tornar a terceira hora marcana equivalente à sexta hora: a) interpretar *hote* ("quando") como *kai* ("e"), com alguns testemunhos textuais de Mc 15,25, combinados com um entendimento incoativo do aoristo ("começaram a crucificar"), de modo que Marcos quer dizer que uma série de ações relacionadas com a crucificação começaram às 9 horas da manhã; b) argumentar que a terceira hora marcana abrange de 9 horas da manhã ao meio-dia (tese refutada pelo padrão marcano de terceira, sexta e nona horas, que requer uma distinção entre a terceira e a sexta; além disso, Marcos explica uma duração quando deseja uma, por exemplo, da sexta à nona hora em Mc 15,33);[62]

- argumentar que a terceira hora marcana descreve o momento em que Pilatos decidiu crucificar Jesus, enquanto a sexta hora joanina descreve o momento da execução dessa decisão[63] (na verdade, a presença e a

---

de Pedro (hora em que os galos cantam), a condução de Jesus a Pilatos ("cedo") e o sepultamento de Jesus (mais tarde no dia de preparação, imediatamente antes do sábado).

[61] § 35, nota 45. J. P. Louw (*Scriptura* 29, 1989, p. 13-18) argumenta com firmeza que não se pode harmonizar pela alegação de que Mc 15,25 representa o modo romano de calcular as horas, enquanto Jo 19,14 representa o modo grego. "Todos os dados de textos gregos e latinos antigos comprovam um único sistema unificado de contar as horas do dia do nascente ao poente" (NTA 34, 1990, #88).

[62] Uma proposta desesperada por Cowling, "Mark's", reconhece isto: enquanto a terceira hora marcana era um período de três horas (das 9 ao meio-dia), a sexta e a nona horas mencionadas por Marcos eram horas reais (meio-dia e 3 da tarde). Blinzler (Trial, p. 266) questiona se alguma dessas horas pode ser o equivalente de um período de vigília de três horas.

[63] Ver Teofilacto, *Enarratio in Ev. Joannis* (a respeito de Jo 19,14; P 124,269A) e Eutímio Zigabeno, *Commentarium in Marcum* (a respeito de Mc 15,25; PG 129,845A).

ação de Pilatos foram concluídas por Marcos dez versículos antes de ele mencionar a terceira hora);

- argumentar que a "terceira" hora marcana é um erro de interpretação pela "sexta"[64] (ter-se-ia então duas referências marcanas à sexta hora);
- argumentar que, em muitas passagens, "hora" é escatológica, isto é, a hora da luta final de Jesus, como em Mc 14,35.41 (entretanto, mais uma vez a sequência de terceira, sexta e nona horas assinala indicações específicas de tempo dentro dessa luta).

Minha conclusão geral é que as 9 horas da manhã marcanas e o meio-dia joanino não se harmonizam em nenhuma das maneiras citadas. As duas indicações podem ser teológicas; uma pode ser cronológica e a outra teológica ou litúrgica; mas ambas não podem ser cronologicamente exatas.

A única indicação de tempo que aparece nos quatro relatos da crucificação é "a sexta hora" (meio-dia). Talvez estivesse na tradição pré-evangélica, mas fosse usada de modo diferente: nos sinóticos, para a escuridão cobrindo toda a terra; em João, para a condenação de Jesus a ser crucificado. Passando para a história, devemos reconhecer que as 9 horas da manhã marcanas para a crucificação têm muito menos probabilidade que Jesus pendurado na cruz no início da tarde. O próprio Marcos dá uma indicação de que Jesus não foi crucificado tão cedo; de fato, com o entardecer se aproximando (entre 4 e 6 horas da tarde?), Pilatos se admira de Jesus ter morrido tão depressa (Mc 15,44).

Se "a terceira hora" não fazia parte da tradição primitiva, Marcos (ou a tradição pré-marcana imediata) acrescentou-a para seguir o padrão da terceira, sexta e nona horas. Foi isso feito com propósitos estruturais ou havia um motivo teológico? Gnilka (*Markus*, v. 2, p. 317) percebe aqui o determinismo cronológico do pensamento apocalíptico no qual há períodos estabelecidos por Deus (estações e tempos, anos, meses e semanas), embora não haja nenhum paralelo estreito com a contagem marcana das horas diurnas. Sem seguir completamente essa tese, é possível reconhecer que a exata estrutura de tempo marcana nesse dia fatídico mostra o esmero com que Deus cuidou dos acontecimentos que cercaram a morte do Filho.

---

[64] É o contrário da tese de que a "sexta" hora joanina era erro de um copista por "terceira". Mencionei as duas propostas em § 35, nota 46.

Uma segunda possibilidade é a estrutura de tempo ser influenciada pelos padrões litúrgicos da Igreja marcana. A mais famosa de diversas tentativas para explicar Marcos inteiro como um arranjo litúrgico é *The Primitive Christian Calendar*, de P. Carrington, Cambridge Univ., 1952; o autor afirmou que Marcos consistia em leituras organizadas de acordo com um calendário religioso. Menos forçada é a tese de que, na origem da Igreja de Marcos, havia horas fixas de oração,[65] talvez principalmente para a comemoração anual da morte do Senhor. As horas cristãs de oração são mencionadas em At 3,1 (nona hora); At 10,9 (sexta hora) e At 10,30 (nona hora). O local do Gólgota talvez seja lembrado por causa da tendência judaica de homenagear (talvez com festas anuais) lugares associados à morte dos mártires. A sugestão litúrgica é atraente, mas não passa de especulação.[66]

A segunda referência marcana à crucificação. Em Mc 15,24, encontramos: "E eles o crucificam"; em Mc 15,25: "Agora era a terceira hora e eles o crucificaram"; em Mc 15,27: "E com ele eles crucificam dois bandidos". Mateus tem a primeira e a terceira referências à crucificação, mas não a segunda. Por que a repetição marcana? Não são necessárias teses de que Marcos combina uma tradição estranha incorporando a segunda referência ou de que a segunda referência, a única a usar um aoristo, deve ser traduzida "começaram a crucificar". Com toda a probabilidade, temos outro caso de estilo narrativo marcano que flui livremente. Haverá duas referências a Jesus gritando em Mc 15,34.37. (Observemos também a dupla referência à crucificação em Jo 19,18.23.)

Contudo, resta um problema. Mateus e Lucas não copiaram de Marcos nenhum elemento de Mc 15,25: nem "a terceira hora", nem a segunda referência à crucificação. Há quem queira explicar o silêncio em Mateus e Lucas pela crítica textual. Blinzler (*Trial*, p. 268-269) propõe que a forma de Marcos lida por Mateus e Lucas (independentemente) não tinha Mc 15,25, que foi adição de um editor mais tardio. Pode-se então atribuir a esse editor e a esse período mais tardio o interesse litúrgico analisado acima. Ou se pode explicar a adição como resultado de uma interpretação editorial errônea. Por exemplo, encontra-se nos escritos cristãos o

---

[65] Talvez Karavidopoulos ("Heure") e outros estejam corretos ao sugerir que essa era a prática da Igreja de Roma, mas pode ter sido uma prática judeu-cristã mais geral. Daniel (Dn 6,11) tinha o costume de rezar três vezes ao dia; e TalBab *Berakot* 26b atribui essa oração em horas fixas aos patriarcas.

[66] Embora Gnilka ("Verhandlungen", p. 9) reconheça que houve influência litúrgica em Marcos, ele acha que as referências marcanas de tempo foram acrescentadas com propósitos de historicidade.

tema de que Jesus passou seis horas na cruz, presumivelmente contadas a partir da sexta hora até o entardecer, quando José de Arimateia chegou. O hipotético editor marcano contou erroneamente as seis horas para trás, da hora da morte de Jesus por volta da nona hora (3 da tarde), e assim surgiu com a crucificação na terceira hora? Por mais atraentemente simples que seja a proposta de interpolação, a pressuposição de uma forma diferente de Marcos disponível para Mateus e Lucas é uma solução um tanto desesperada.[67]

Explica-se melhor a ausência dos dois elementos de Mc 15,25 em Mateus e Lucas como omissão deliberada. Se a ausência do versículo marcano fosse manifestada somente por Lucas, seria um problema secundário, pois Lucas já havia eliminado a primeira oferta de vinho. Mas Mateus conservou todos os outros incidentes preliminares marcanos. Por que ele de repente elimina os dois elementos de Mc 15,25? É possível explicar de maneira plausível a omissão da segunda referência à crucificação porque Mateus e Lucas muitas vezes prescindem da repetição marcana, por exemplo, a repetição da oração em Mc 14,35-36, onde independentemente eliminaram a primeira descrição marcana. Mas é necessária outra explicação para a omissão de "a terceira hora" (quando as referências marcanas à sexta e à nona hora são preservadas). Mateus e Lucas decidiram independentemente que o fato de Marcos colocar a crucificação tão cedo era contra uma tradição bem estabelecida que associava a sexta hora à crucificação de Jesus? Talvez achassem a introdução marcana de uma completa estrutura de tempo inovação radical demais; ou, se a estrutura marcana teve origem litúrgica, talvez eles não a tenham repetido porque não tinham esse padrão de oração litúrgica em suas igrejas.

Os soldados montando guarda (Mt 27,36). Precisamente onde Mc 15,25 devia vir (depois da divisão das roupas, antes da inscrição), Mateus registra um versículo diferente, não encontrado em Marcos: "E tendo sentado, eles estavam

---

[67] Do mesmo modo, não confio na tese de J. P. Brown (JBL 78, 1959, p. 223), de que originalmente em Marcos, no lugar onde agora está Mc 15,25, havia uma redação diferente pertinente a *vigiar Jesus na cruz* e esse verbo deu solidez a Mt 27,36 (talvez por meio de reescrita mateana). Para estabelecer a existência desse versículo marcano, além de Mt 27,36 com seu *terein*, é possível indicar Lc 23,35, que na mesma posição sequencial de Mc 15,25 e Mt 27,36 diz: "E o povo estava de pé ali observando [*theorein*]". Também é possível defender a originalidade de uma leitura alternativa de Mc 15,25 (apoiada pelo Códice de Beza e a OL) que substitui por "e eles o crucificaram" a interpretação "e eles o estavam guardando [*phylassein*]". Mas o vocabulário desses três testemunhos do hipotético versículo marcano é muito variado e a interpretação de Marcos pelo Códice de Beza talvez resulte de uma tentativa de harmonizar com Mateus.

guardando-o [montando guarda: *terein*] ali [*ekei*]". Há verossimilhança aqui, pois Petrônio (*Satyricon* 111) descreve um soldado designado para vigiar ladrões crucificados (ver Mt 27,38), para seus corpos não serem descidos (também Fedro, *Fábulas de Esopo*, Apêndice de Perotti 15,9). O que é descrito por Mateus encaixa-se no plano de sua NP: esses soldados são relembrados quando Jesus morre (Mt 27,54) a fim de se juntarem ao centurião para dar testemunho do Filho de Deus. Em outros detalhes, este versículo harmoniza-se com estilos e temas mateanos. Quanto à posição dos soldados de sentar e guardar, só Mateus explica a presença de Pedro no pátio do sumo sacerdote assim: "sentou-se com os guardas para ver [*idein*] o fim" (Mt 26,58; ver 26,69). Só Mateus usa o verbo *terein* na NP (aqui; Mt 27,54; em Mt 28,4, para a custódia do túmulo). Assim, com SPNM, p. 279-280, explica-se este versículo como criação mateana. Esses soldados elevam o valor do testemunho romano sobre Jesus, pois o reconhecimento de sua filiação divina baseia-se não só no que aconteceu em sua morte, mas no que aconteceu durante toda a crucificação, que os designados para montar guarda bem conheciam.

#6. A inscrição e a acusação (Mc 15,26; Mt 27,37; Lc 23,38; Jo 19,19-22)

Os quatro Evangelhos concordam que o crime do qual Jesus foi acusado existiu em uma forma escrita no local da crucificação. Marcos e Lucas chamam-na *epigraphe* ("inscrição") e Marcos acrescenta *epigegrammene* ("inscrita") em típica construção perifrástica. Mateus e João usam o particípio passivo *gegrammenos* ("escrita" — também concordam ao incluir "Jesus" na redação); João usa *titlos* ("letreiro"), tradução grega do termo latino *titulus* (talvez por intermédio do latim vulgar *titlus*). A terminologia joanina mais exata está em harmonia com sua tendência a fazer deste um episódio formal. Parece que, para João, *titlos* inclui a tábua e a mensagem escrita nela, mas o termo podia referir-se apenas à mensagem.[68] Há outro sentido de *titlos*, como "título" régio, que talvez não esteja de todo ausente de João.

Três Evangelhos mencionam a existência da inscrição/título no material introdutório pertinente à crucificação. Lucas menciona-a somente mais adiante, como base do escárnio de Jesus pelos soldados (por analogia com o fato de Marcos fazer a *substância* da inscrição o objeto do escárnio judaico em Mc 15,32). O que os evangelistas descrevem aqui não é uma notificação oficial relacionada com os

---

[68] Ver F. R. Montgomery Hitchcock, JTS 31, 1930, p. 272-273.

registros romanos, mas a técnica de informar o público em geral: se a crucificação tinha o propósito de desencorajar o crime, era útil ter a especificidade do crime publicada. Uma placa (*tabula*; grego *pinax*) era preparada para indicar a acusação contra o prisioneiro, isto é, o crime ou a *causa poenae* de sua condenação. Marcos/Mateus falam de *aitia*, o termo usado em João (Jo 18,38; 19,4.6) na declaração de Pilatos, de que não encontrou nenhuma *causa* contra ele. Blinzler (*Trial*, p. 254) imagina que a escrita foi em letras vermelhas ou pretas, na superfície branca de gesso de uma tábua. A partir de nossas principais referências a um *titulus* fora do NT,[69] parece que essa inscrição era frequente, mas não necessária, que havia considerável amplitude na redação (que podia conter uma nota de sarcasmo) e que o letreiro podia ser exibido de diversas maneiras. Eusébio exemplifica uma redação: "Este é Átalo, o cristão". Às vezes, o *titulus* era carregado à frente do condenado, enquanto ele caminhava para ser crucificado, ou o faziam marchar ao redor do anfiteatro; outras vezes, era pendurado em volta de seu pescoço. TalBab *Sanhedrin* 43 a (§ 18, E1) supõe que um arauto saiu para apregoar o crime de Jesus.

Os relatos evangélicos. Marcos não descreve a posição da inscrição; João descreve-a como posta "sobre a cruz". Lucas a tem "sobre [*epi*] ele"; Mateus especifica que a "puseram [*epitihenai*] acima [*epano*] de sua cabeça". Para harmonizar os indícios, muitos artistas imaginam uma *crux immissa* (†), com a inscrição na parte da viga vertical que se erguia acima de Jesus. Isso pode perfeitamente ter sido o que todos ou quase todos os evangelistas pretendiam, pois todos acham que os que estavam passando ou estavam perto podiam lê-la. O fato de nos indícios seculares (bastante limitados) não termos nenhum exemplo do título sendo colocado nessa posição leva alguns biblistas a preterir a localização evangélica como ficção. Entretanto, com certeza, se os evangelistas estivessem criando livremente, eles poderiam ter colocado o título em outra posição e fazê-lo legível. A verossimilhança sugere que escritores que viviam no século I d.C. não descreveriam um cenário totalmente implausível sem uma razão teológica.

A inscrição/título contém as únicas palavras pertinentes a Jesus que se alega terem sido escritas durante sua vida. Notamos, entretanto (achando graça, se pensarmos em abordagens literalísticas dos Evangelhos), que os quatro evangelistas as relatam de maneira diferente (como faz *EvPd* 4,11):

---

[69] Suetônio, *Calígula* xxxii,2; *Domiciano* x,1; Tertuliano, *Apologia* ii,20 (CC 1,91); Díon Cássio, *História* LIV,iii,7; Eusébio, HE V,i,44.

Marcos: O Rei dos Judeus

Mateus: Este é Jesus, o Rei dos Judeus

Lucas: O Rei dos Judeus, este (homem)

João: Jesus, o Nazareu, o Rei dos Judeus[70]

EvPd: Este é o Rei de Israel

Marcos não relata quem fez a inscrição, mas as ações circundantes são as dos soldados romanos. Mateus atribui a acusação escrita a "eles", que têm de ser os soldados de guarda. Lucas coloca a inscrição em um cenário onde ele menciona soldados (romanos) pela primeira vez. Em nenhum dos sinóticos há a sugestão de que a inscrição em si foi feita com o propósito de escárnio, embora, depois de escritas, as palavras fossem usadas para escarnecer de Jesus. Pela inscrição e o uso feito dela, tem-se a impressão de que, até o último momento, Jesus foi vítima de acusação falsa.

O episódio em João. João não só transforma a inscrição em episódio importante, mas também muda seu significado. Pilatos escreve o título. Essa indicação não é diretamente contraditória à imagem sinótica, porque muitos leitores entendiam que Pilatos mandou os soldados escrevê-la e colocá-la. Contudo, a proximidade da atribuição a Pilatos e a impressão resultante de que ele e os chefes dos sacerdotes estão no Gólgota discutindo uns com os outros permitem a João transformar a cena na cruz em um encontro pessoal, que prolonga a luta no julgamento. Mais uma vez, Pilatos e "os judeus" debatem a respeito de Jesus. Na conclusão evidente do julgamento, os chefes dos sacerdotes forçaram Pilatos a condenar Jesus, que ele sabia não ser culpado; agora, com ironia, Pilatos inverte a posição de seus protagonistas judaicos proclamando ser verdade a acusação que fizeram.[71] A inferência de Pilatos reutilizar deliberadamente a acusação judaica é explicada em *Atos de Pilatos* 10,1:

---

[70] Em Jo 19,21, o título é repetido como "O Rei dos Judeus", forma que concorda com Marcos e deve ter sido a redação básica na tradição.

[71] João tira proveito das complexidades da acusação. No julgamento romano, a pergunta de Pilatos: "És tu o Rei dos Judeus?" (Jo 18,33) não era criação sua, mas veio da nação judaica e dos chefes dos sacerdotes que lhe entregaram Jesus (Jo 18,34-35). Jesus não respondeu: "Eu sou um rei", mas: "Tu dizes que sou rei" (Jo 18,37), para ressaltar que seu reino não era deste mundo como tinha sido subentendido. Contudo, agora na cruz os chefes dos sacerdotes alegam: "Esse sujeito disse: 'Eu sou o Rei dos Judeus'". E é em resposta à afirmação deles declarando que o próprio Jesus fez a alegação que Pilatos confirma a realeza de Jesus (presumivelmente no sentido que Jesus visualizava o reino).

"Depois da sentença, Pilatos ordenou que a acusação contra ele fosse escrita como título em grego, latim e hebraico, exatamente como os judeus tinham dito que 'Ele é o Rei dos Judeus'". Na dramatização joanina, o governador romano reconquistou seu domínio depois de ter sido intimidado por ameaças no fim do julgamento. Sem esforço, a resposta lacônica (dada em grego) aos chefes dos sacerdotes dos judeus pode ser traduzida em um epigrama latino digno de um prefeito autoritário: *Quod scripsi, scripsi*. Os chefes dos sacerdotes aceitaram César como rei; agora têm de se satisfazer com a repulsa do representante de César.

A formulação joanina das palavras do título é a mais solene e mais memorável, como atestado pela arte tradicional da cruz com um INRI, do suposto latim *Iesus Nazarenus Rex Iudaeorum*. A solenidade aumenta com a indicação de que o título era trilíngue.[72] É inevitável que tenha havido tentativas de argumentar que a forma joanina do título, inclusive o padrão trilíngue, é histórica. Variante peculiar é a tese de Regard ("Titre"), que afirma que Mateus preserva em tradução literal a forma hebraica da inscrição, Lucas preserva a forma grega e João, a forma latina! Igualmente romântica é a tese de Lee ("Inscription"), segundo a qual o título completo, "Este é Jesus de Nazaré, o Rei dos Judeus", foi escrito em consoantes semíticas (aramaicas); mas o estilo mais longo da escrita grega e latina (que incluía vogais) significava que só formas abreviadas apareceram na inscrição nessas línguas, daí as variantes evangélicas mais sucintas. Ele invoca o testemunho ocular de Simão Cireneu para a redação — uma coisa que os Evangelhos se recusam a fazer. Tem havido tentativas de reconstrução do hebraico[73] e até discussões quanto ao fato de a relíquia do título (forma joanina) venerada na Igreja de Santa Croce in Gerusalemme em Roma ser ou não autêntica.[74]

Deixando tudo isso de lado, podemos ter razoável certeza de que os soldados não teriam o cuidado de transcrever uma acusação criminal em três línguas.

---

[72] Na tradição textual *koiné* de Lc 23,38, se lê: "escreveram acima dele em letras gregas, latinas e hebraicas". Fitzmyer (*Luke*, v. 2, p. 1505) expressa a opinião da vasta maioria de biblistas: "Quase certamente uma glosa tirada de Jo 19,20".

[73] Muitas das pinturas medievais mostram um texto hebraico, às vezes expresso na base do grego joanino (ver Wilcox, "Text"). S. Ben-Chorin (*Bruder Jesus*, München, Deutscher Taschenbusch, 1977, p. 180) tem uma sugestão peculiar: *Yeshu Hanozri Wumelek Hayehudim*, cujas quatro primeiras letras constituem um jogo com o tetragrama *YHWH*. Blinzler (*Trial*, p. 254) volta-se para o aramaico (que é muitas vezes, se não sempre, o que o "hebraico" joanino significa): *Yesua' Nazoraya malka diyehudaye* (= minha modificação da transcrição germânica de Blinzler).

[74] *The Month* 155, 1930, p. 428.

Inscrições multilíngues estavam em voga na Antiguidade, mas em cenários solenes, por exemplo, proclamações imperiais. O túmulo de Gordiano III, construído por soldados romanos, tinha inscrições em grego, latim, persa, hebraico e egípcio. (Os hierosolimitas estavam familiarizados com o edito contra entrar em partes proibidas do Templo, escrito em grego e latim [Josefo, *Guerra* VI,ii,4; #125]; e não é impossível que, por ironia, esse edito contribuísse para a ideia de João.) Se, com intenção de informar, os sinóticos relataram a existência de uma inscrição porque suas palavras dariam oportunidade para o escárnio de Jesus, João foi em outra direção, que em parte escarnece "os judeus". Só na cena joanina do julgamento a importância do título "O Rei dos Judeus" foi analisada: é um título falso, quando se refere a um reino deste mundo, mas Jesus é rei no sentido de que veio do alto para este mundo a fim de dar testemunho da verdade (Jo 18,36-37). Aqui, o Pilatos joanino, que não tem poder sobre Jesus, exceto o que lhe foi dado do alto (Jo 19,11), é levado a fazer uma proclamação formal da verdade. Quando Jesus desafiou-o no julgamento: "Todo aquele que é da verdade ouve minha voz", Pilatos desviou o assunto, perguntando o que é a verdade (Jo 18,38a). Mas ninguém escapa tão facilmente do julgamento na presença de Jesus e, agora, Pilatos é levado a professar publicamente o que não quis confessar em particular.

Nesta proclamação, IÉSOUS NAZORAIOS tem toda a formalidade de "Tibério César" e o trilinguismo aumenta a atmosfera imperial ou régia. Para os leitores cristãos, "Jesus, o Nazareu" modifica "O Rei dos Judeus" para dar uma imagem mais completa. O último, se entendido corretamente, tem verdade; mas o próprio Jesus deu um "eu sou" a sua identificação como o primeiro em Jo 18,5.7-8. Assim, no título que é o clímax do julgamento de Jesus pelo governador romano, há o eco de uma designação de Jesus falada quando soldados romanos entraram na cena da NP pela primeira vez para prendê-lo. As três línguas têm força simbólica. Hebraico é a língua sagrada das Escrituras de Israel; latim é a língua do conquistador romano (na verdade a palavra que João usa é *Romaisti*); grego é a língua na qual a mensagem a respeito de Jesus está sendo proclamada e escrita. Os escribas antigos viam possibilidades no simbolismo: alguns testemunhos textuais *koiné* mudaram a ordem para hebraico, grego e latim, dando à língua imperial o lugar de dignidade no fim; mas a primazia joanina não é determinada pelo que é poderoso aqui embaixo. Podemos comparar o papel atual de Pilatos ao de Caifás em Jo 11,49-52; 18,14. Sumo sacerdote aquele ano e, portanto, alguém que podia profetizar, Caifás foi levado por Deus a, sem saber, falar a verdade a respeito de

Jesus: "É melhor que um só homem morra pelo povo". Tendo encontrado a verdade (Jesus), Pilatos é levado a fazer uma proclamação imperial profeticamente verdadeira em sua terminologia.[75] Em Jo 19,16, "os judeus" disseram: "Não temos nenhum rei além de César"; mas ironicamente o romano proclama um rei diferente (e maior) que César. Ainda mais claramente que os sinóticos, João usa Pilatos para expressar uma avaliação teológica.

Jo 19,20 nos diz que esse título dramático foi lido por muitos dos judeus, porque "o lugar onde ele foi crucificado era perto da cidade".[76] Os relatos sinóticos da crucificação têm três escárnios de Jesus pelos que contestam suas alegações; o paralelo joanino mais próximo, em termos de conteúdo, é esta cena onde "os chefes dos sacerdotes dos judeus" contestam a proclamação por Pilatos de "O Rei dos Judeus". Na triunfal descrição joanina da crucificação, Pilatos é inflexível a favor de Jesus. Os verbos em "O que escrevi, escrevi" estão ambos no tempo perfeito: o primeiro equivalente a um aoristo, o segundo sugerindo um efeito duradouro (BDF 342⁴). Comparemos a resposta do rei selêucida Demétrio em 1Mac 13,38: "O que garantimos a vós está garantido". Nos lábios de Pilatos, a autoridade romana e o respeito romano por uma declaração escrita encontram expressão.

Em João, esse é o encontro final de Jesus com seus adversários judaicos e os "chefes dos sacerdotes dos judeus" ainda lhe recusam qualquer reconhecimento. Esse é dado pelo representante dos gentios. Jesus dissera (Jo 12,32) que, quando fosse elevado da terra, começaria a atrair todos para si; e agora isso começou. A descrição joanina de Jesus crucificado está em harmonia com a famosa interpolação cristã em Sl 96,10: "O Senhor reina da madeira [da cruz]".[77]

---

[75] Pseudo-Cipriano (*De montibus Sion et Sinai* 9; PL 4,915C) diz que Pilatos tornou manifesto um dito profético.

[76] Literalmente, "perto estava o lugar da cidade onde Jesus foi crucificado". Martin ("Place", p. 3) usa a emaranhada ordem grega das palavras para defender o Monte das Oliveiras como o local da crucificação, perto do lugar (isto é, Templo; ver Jo 11,48) da cidade. Entretanto, não há nada no contexto para incentivar a interpretação de "lugar" aqui como o Templo; mais logicamente, é o Lugar da Caveira de Jo 19,17b. A gramática não apoia necessariamente a interpretação de Martin, pois *eggys* ("perto") rege a frase de genitivo "da cidade". Schnackenburg (*John* v. 3, p. 271) menciona a separação de palavras que se unem como marca do estilo joanino e como prova de que a cena foi composta em círculos joaninos.

[77] Esta leitura não se encontra no TM, nem na LXX, mas está subentendida em *Barnabé* 8,5 e é conhecida de Justino (*Diálogo* lxxiii,1), Tertuliano (*Adv. Marcion* xix,1; CC 1,533) e da tradição latina.

EvPd. A inscrição na cruz é usada em *EvPd* 4,11 de uma forma que difere das apresentações sinóticas e joanina. Como os judeus, não os soldados romanos, crucificam Jesus, eles escrevem: "Este é o Rei de Israel". Antes, eles tinham escarnecido de Jesus: "Julga justamente, Rei de Israel", mas não há nenhuma sugestão de que a inscrição em si seja um escárnio. "O Rei de Israel" não é título político, como é "O Rei dos Judeus". Para o cristão que escreveu o *EvPd*, Jesus é verdadeiramente o Rei de Israel; e, por isso, os judeus proclamam a verdade nessa inscrição, mesmo que escarneçam da reivindicação de Jesus a ela.

Há um núcleo histórico no título ou inscrição canônica? Como lembra Bammel ("Titulos", p. 355-356), muitos biblistas críticos põem a inscrição de lado, considerando-a invenção cristã: Bousset, porque ela mostra depreciação dos judeus; Haenchen, porque contém uma confissão judeu-cristã de Jesus.[78] Tais objeções referem-se mais à transformação joanina do título que à simples existência da inscrição "O Rei dos Judeus" em relação à crucificação de Jesus.[79] O uso do título aqui relaciona-se com seu uso no julgamento romano. Estava o uso no julgamento cultuado na inscrição; ou a memória de uma inscrição na crucificação moldou o relato do julgamento; ou eram ambos históricos; ou eram ambos formulações de fé cristã? É implausível que o título "o Rei dos Judeus" seja total invenção cristã, pois ele nunca aparece como confissão cristã.[80] A reação relatada de Jesus a ela, "Tu (o) dizes", indica não ser essa uma expressão que ele escolheria. Por outro lado, não há nada implausível quanto a ela como acusação que um governador romano, ao decidir uma causa segundo procedimentos extraordinários típicos de administração provinciana em uma área de menor interesse como a Judeia, pudesse relacionar com as diretrizes gerais da *Lex Iulia de maiestate* na jurisprudência ordinária de Roma (§ 31, D3a acima). Que uma reivindicação a realeza traria uma violenta reação romana é visto nas crucificações em massa realizadas por Varo, o governador romano da

---

[78] Ao contrário, o biblista judeu Winter ("Marginal", p. 250-251) afirma que a redação evangélica do título é histórica, pois, se os cristãos tivessem criado a redação, eles teriam sido mais precisos a respeito da identidade teológica de Jesus. Ele menciona a expressão cristã que foi o assunto da nota anterior: "O Senhor reina da madeira [da cruz]".

[79] A forma marcana da redação é com certeza a mais original entre os sinóticos, pois Mateus e Lucas simplesmente a expandem. A mesma forma encontra-se na discussão entre os chefes dos sacerdotes e Pilatos em Jo 19,21.

[80] O uso da designação pelos magos em Mt 2,2 não contradiz isso, pois ocorre antes de eles serem iluminados por informações das Escrituras. Como Pilatos, os magos reconhecem certa verdade a respeito de Jesus, mas em Mt 2,2 eles certamente não são descritos como cristãos.

Síria, contra autoproclamados reis e seus seguidores depois da morte de Herodes, o Grande (Josefo, *Ant.* XVII,x,8.10; ##285.295). H.-W. Kuhn ("Kreuzesstrafe", p. 735) acha que a inscrição é para historicizar a avaliação característica de Jesus pelos romanos. Mas como se iniciou essa avaliação característica? Os cristãos não preservaram nenhuma memória quanto aos detalhes básicos do acontecimento mais importante de sua fé? As objeções à historicidade quase sempre se baseiam na (dúbia) alegação de que os cristãos não tiveram acesso ao que foi dito nos julgamentos pelo sinédrio e romano, mas aqui lidamos com um sinal público. Não vejo nenhuma objeção convincente a sua historicidade como expressão da acusação pela qual os romanos executaram Jesus.

#7. Dois bandidos ou malfeitores (Mc 15,27; Mt 27,38; Lc 23,33c; Jo 19,18b)

Marcos tem mais um presente histórico em Mc 15,27: "E com ele eles crucificam dois bandidos", que forma uma inclusão com Mc 15,24: "E eles o crucificam". Não é sinal de que o que está no meio foi inserido (com a devida vênia a Matera, *Kingship*, p. 27); é sinal de que Marcos está concluindo sua lista de itens preliminares. No que se segue, Marcos começará de novo sua narrativa sequencial. O mateano "Então ali são crucificados com ele dois bandidos" (Mt 27,38) é menos obviamente uma inclusão com "tendo-o crucificado" de Mt 27,35; mas a lista mateana dos itens preliminares já foi sequencial, como sugerido por "Então". Enquanto Marcos/Mateus colocam assim a referência aos dois cocrucificados no fim dos itens relacionados concernentes à crucificação, Lucas e João concordam ao pô-la no início, na mesma sentença que anuncia a crucificação de Jesus no lugar da Caveira; e assim fazem a presença dos cocrucificados mais incidental ou, pelo menos, menos ascendente na lista. É digno de nota que os quatro Evangelhos mencionam que dois outros foram crucificados com Jesus e concordam quanto a sua posição relativa, de cada lado de Jesus.[81] Contudo, os Evangelhos não são muito instrutivos quanto a detalhes pertinentes à crucificação dos cocrucificados. Essa concisão deu rédeas à imaginação de comentaristas patrísticos e artistas para descrever a crucificação dos dois criminosos como diferente da crucificação de Jesus, e assim realçar a singularidade do Senhor.[82] Por exemplo, os criminosos são não raro descritos como presos a um estilo de cruz diferente, amarrados, em vez de pregados,

---

[81] Nos sinóticos, à direita e à esquerda; em João: "aqui e ali", com Jesus no meio.
[82] Crisóstomo, *Homilia sobre João* 84 (85); PG 59,461.

ou sem inscrições de seu crime. Até receberam nomes, por exemplo, para o bom (lado direito) e o mau (lado esquerdo): Joathas e Maggatras (Capnatas, Gamatras), em mss. da OL de Lc 23,32 (e derivados); Zoatham e Camma, em um ms. da OL de Mt 27,38; Dimas e Gestas, em *Atos de Pilatos* 9,4.[83] Tudo isso ultrapassa os Evangelhos que os mencionam sem explicação, mas também sem constrangimento pelo fato de Jesus estar sendo tratado como um entre diversos criminosos.[84] É digno de nota que o código penal da Mixná não estava em vigor; *Sanhedrin* 6,4 não admitia que duas pessoas fossem julgadas no mesmo dia.

Por que foram os cocrucificados incluídos nos relatos evangélicos? A resposta mais simples é que sua presença mostra a indignidade à qual o Jesus inocente foi submetido. Ele protestara em Mc 14,48 e par. que estava sendo preso como se fosse um bandido (*lestes*); agora, na linguagem de Marcos/Mateus, ele é crucificado no meio de bandidos. Lucas se dá ao trabalho de mostrar que Jesus é *dikaios* ("inocente, justo"); contudo, ele é crucificado entre *kakourgoi* ("malfeitores, criminosos" — termo que talvez Lucas tenha escolhido a fim de evitar as implicações políticas de *lestes* para seus leitores dos anos 80 e 90, depois da violência na Judeia nos anos 50 e 60).

Há outros motivos.[85] Exatamente como Marcos/Mateus mencionam a inscrição entre os itens preliminares e então voltam mais adiante às palavras da inscrição como fonte de escárnio, do mesmo modo também estes dois bandidos aparecem mais adiante em Mc 15,32b e Mt 27,44 zombando de Jesus. Em Lucas, o tema de uso futuro é ainda mais forte. Esse Evangelho já mencionou os dois malfeitores no caminho para a crucificação (Lc 23,32), de modo que esta referência (Lc 23,33) é reiteração da presença deles — tudo isso porque eles vão desempenhar um papel

---

[83] Também se encontram Tito e Dumaco (que Jesus encontrou quando criança!) no *Evangelho arábico da Infância* 23; ver Metzger, "Names", p. 89-95. A indicação mais curiosa é fornecida por B. Thiering (nota 14): Judas Iscariotes e Simão, o Mágico!

[84] Matera (*Kingship*, p. 62) vê um eco do pedido de Tiago e João para se sentarem à direita e à esquerda de Jesus em sua glória, pedido (Mc 10,35-37) que se segue imediatamente à terceira predição que Jesus faz de sua Paixão. Contudo, a metáfora de um assento ou trono respeitado é tão diferente do que temos aqui que a menção de direita e esquerda não basta para estabelecer um paralelo e, na verdade, o vocabulário para "esquerda" não é o mesmo.

[85] Além dos mencionados acima, Paton, "Kreuzigung", vê aqui uma continuação do escárnio da Festa dos Sacas, que foi sugerida por alguns como antecedente do escárnio romano de Jesus (§ 36 B). Entretanto, Díon Crisóstomo (*De Regno* iv,66-70), a principal fonte de informações sobre essa festa, menciona apenas um homem escarnecido, despido, açoitado e pendurado.

em episódio importante em Lc 23,39-43, onde um escarnece, mas o outro confessa Jesus e é recompensado por ele. É provável que, em João, sua futura utilidade no relato da crucificação (embora diferente da utilidade nos sinóticos) também seja um motivo. Não ouvimos nada de seu escárnio, mas depois de Jesus morrer, os ossos deles serão quebrados e os de Jesus não (Jo 19,31-36). Essa diferença realça uma passagem bíblica pertinente a Jesus. O futuro dos malfeitores (terminologia lucana) em *EvPd* 4,13-14 inclui elementos similares a Lucas e João, como veremos.

Qual é a relação entre as referências evangélicas aos dois cocrucificados e Is 53,12 ("Com criminosos [*anomoi*] ele foi contado")? Os evangelistas claramente consideraram o fato de Jesus ser crucificado entre criminosos uma indignidade sofrida pelo Filho de Deus, mas essa passagem específica de Isaías deu origem ao relato evangélico? Nem todos os itens pertinentes à crucificação foram originados pela reflexão em textos veterotestamentários, por exemplo, a primeira oferta marcana de vinho, se podemos julgar pelo vocabulário (§ 40, #2). Aqui também não há nenhuma semelhança de vocabulário entre a passagem de Isaías e a descrição evangélica dos cocrucificados. (O mesmo pode-se dizer de uma suposta similaridade com Sl 22,17: "Uma companhia de marginais [*ponerouomenoi*] me rodeia".) Lucas é o único Evangelho que cita Is 53,12 (em Lc 22,37, na Última Ceia), mas não há nenhuma indicação, no vocabulário, de que Lucas tenha visto essa passagem cumprida na crucificação de Jesus entre dois malfeitores.[86] Um dos malfeitores surgirá em luz altamente favorável e não como *anomos*. O único outro emprego lucano de *anomoi* (At 2,23) sugere que os criminosos eram os que crucificaram Jesus, não os que foram crucificados com ele. A aplicação de Is 53,12 a esta cena está clara pela primeira vez na variante textual que constitui Mc 15,28 (ver a nota de rodapé * no início desta seção). Presumivelmente, essa interpretação é do século II, de um tempo em que havia tendência a encontrar para passagens evangélicas ligações veterotestamentárias até então não percebidas.

De que crime eram os cocrucificados acusados? João é o menos instrutivo com sua referência a "dois outros", silêncio lamentável que não oferece nenhum incentivo para associar esses dois com Barrabás, que João chama de *lestes*. Para Marcos/

---

[86] A referência inicial aos malfeitores em Lc 23,32 revela sinais da escrita lucana em vocabulário e sintaxe, e isso é verdade também deste versículo (Lc 23,33), onde os malfeitores são crucificados. Untergassmair (*Kreuzweg*, p. 42) menciona que o inicial *kai* + *hote* + um verbo finito ("E quando chegaram") ocorre sete vezes em Lucas-Atos. A construção *men* [...] *de* ("um [...] outro") na segunda parte do versículo também é lucana (Fitzmyer, *Luke*, v. 1, p. 108), embora *hon men* [...] *hon de* ocorra só aqui.

Mateus, eles são "dois bandidos" (pl. de *lestes*); contudo, esses Evangelhos nunca usaram esse termo em relação a Barrabás, figura notória, preso com desordeiros. Para Lucas, eles são "dois malfeitores" e novamente esse não é um termo que foi usado para Barrabás. Em 7,26 do *EvPd*, que já falou dos "malfeitores" crucificados (em *EvPd* 4,10), Pedro diz de si mesmo e de seus companheiros: "Fomos procurados por eles [os judeus] como malfeitores que desejam pôr fogo no santuário". De acordo com Marcos, havia nesta Páscoa pessoas na cadeia por causa de um tumulto, por isso muitos biblistas concluem que os dois bandidos/malfeitores faziam parte dessas pessoas; contudo, nenhum Evangelho estimula essa interpretação por semelhança de vocabulário. Havia outros crucificados além desses dois? O silêncio evangélico talvez subentenda uma negativa; contudo, a razão para especificar dois é arquitetônica, para Jesus ser retratado no centro entre eles. Embora o uso de *lestes* por Marcos/Mateus para designar os dois dê a impressão de que eles eram homens de violência (certamente não ladrões, como indica a tradicional descrição de "bom ladrão" para o penitente malfeitor lucano), é interessante que a inscrição que descreve o crime de Jesus não tenha nenhuma sugestão disso para ele. Embora a acusação romana contra Jesus fosse política, não tinha o mesmo tom que a designação por Marcos/Mateus dos crucificados com ele.

#8. "Pai, perdoa-lhes" (Lc 23,34a)

Antes de analisar o modo como Lucas situa e interpreta as palavras "Pai, perdoa-lhes, pois eles não sabem o que estão fazendo", vamos refletir a respeito dessas palavras como as primeiras que encontramos do que costuma ser chamado de "as sete últimas palavras de Jesus". Depois de ser crucificado, Jesus fala uma vez em Marcos/Mateus, três vezes em Lucas e três vezes em João. Vou relacioná-las nessa ordem evangélica, que é a ordem em que aparecem no NT e na análise que se segue, vou referir-me a elas pelo número usado aqui: *1) "Meu Deus, meu Deus, por que razão [com que propósito] me abandonaste?" (Mc 15,34; Mt 27,46); *2) "Pai perdoa-lhes, pois eles não sabem o que estão fazendo" (Lc 23,34a); *3) "Amém, eu te digo, este dia comigo estarás no paraíso" (Lc 23,43); *4) "Pai, em tuas mãos coloco meu espírito" (Lc 23,46); *5) "Mulher, olha: teu filho [...]. Olha: tua mãe" (Jo 19,26-27); *6) "Tenho sede" (Jo 19,28); *7) "Está consumado" (Jo 19,30).

Se tratarmos Marcos/Mateus como uma unidade, nenhum dito em um dos três registros evangélicos encontra-se em outro. Até a última palavra de Jesus, pronunciada imediatamente antes de morrer, não é a mesma em Marcos/Mateus, em Lucas e em João — funcionalmente temos três tentativas diferentes de fazer um dito captar a posição final de Jesus em seu papel no plano de Deus. Contudo, com o entendimento de que Jesus falou sete vezes depois de ser crucificado, desde o século II harmonizações os preservam como ditos distintos, mas em várias ordens. Nestle ("Seven") recorre à forma arábica do *Diatessarão* de Taciano e reconstrói a ordem do século II como *3, 5, 1, 6, 7, 2, 4. Ele relata a ordem que se tornou tradicional na vida da Igreja alemã, por exemplo, em Württemberg, como *2, 3, 5, 1, 6, 7, 4, com a variação mais frequente concentrando-se na ordem de 3 e 5.[87]

Biblistas modernos que dão prioridade a Marcos presumem que *1, o (único) dito de Marcos/Mateus, estava colocado como a última palavra de Jesus antes de sua morte. Contudo, é evidente que a negatividade desse dito causava problemas e, por isso, um dos ditos mais suaves, em especial *4, é tradicionalmente colocado por último. Tendo refletido sobre os ditos em geral, voltemo-nos agora para o primeiro dos ditos lucanos.

No início de meus comentários a respeito de toda esta seção que trata de itens que servem de cenário para a crucificação, mencionei que Lucas tem cinco dos sete itens marcanos, dos quais quatro (#1, 3, 7, 4) ocorrem aqui e o quinto (#6, a inscrição), mais adiante. Se nos concentrarmos nos quatro, notaremos como Lucas os organiza. Em uma sentença complexa que constitui um versículo (Lc 23,33), há três itens (#1, 3, 7): o topônimo, a crucificação de Jesus e a crucificação dos dois malfeitores. Então, o outro item (#4: a divisão das roupas) ocorre na segunda sentença do versículo seguinte (Lc 23,34b), do qual a primeira (Lc 23,34a) é um pedido de Jesus para que o Pai perdoe. Assim, o cenário lucano da crucificação é organizado nesta sequência: a) no Lugar da Caveira, eles crucificam Jesus e os dois malfeitores; b) Jesus reza pelo perdão; c) eles dividem as roupas de Jesus. É provável que o primeiro e o terceiro sejam resumos lucanos de material marcano; o item do meio é exclusivo de Lucas. Schweizer (*Luke*, p. 359) considera bastante esse arranjo, pois encontra mais três padrões triplos, em Lc 23,35-43; 23,44-46 e 23,47-49, respectivamente. E afirma que na presente sequência, se a oração de Jesus pelo perdão fosse omitida, o característico padrão de três lucano seria destruído.

---

[87] Ver uma abordagem homilética típica em sete artigos em ExpTim 41, 1929-1930. Ali a ordem de tratamento é também *2, 3, 5, 1, 6, 7, 4. Ver Kreitzer ("Seven") para os diferentes arranjos de autores e filmes modernos.

Essa observação leva às duas questões que precisamos examinar pertinentes a Lc 23,34a: *primeiro*, o sentido do versículo, em termos de por quem Jesus reza e o objetivo moral da oração; *segundo*, a autenticidade da oração, em termos de ter sido falada por Jesus ou escrita por Lucas. O fato de ser omitida por testemunhos textuais importantes torna a segunda questão necessária.[88]

Sentido do versículo. Em meio a ações hostis dos que crucificam Jesus e dividem suas roupas, no v. 34a, Jesus reza inesperada e misericordiosamente por esses agentes. Quem são "eles" que "não sabem o que estão fazendo"? Afirmei acima (§ 35) que, embora Lucas ainda não tenha mencionado soldados romanos, ele presumiu um conhecimento geral, por parte dos leitores, de que os romanos crucificaram Jesus. E por isso concordo com Harnack, Flusser e outros que esse ato de perdão abrangeu os romanos que fisicamente prenderam Jesus à cruz, mas não entenderam que estavam cometendo esse ultraje ao Filho de Deus. Contudo, Lucas nunca apresenta os romanos como únicos responsáveis pela crucificação; eles realizaram a ação física, mas "os chefes dos sacerdotes e os governantes e o povo" (os agentes judaicos de Lc 23,13 que são o último antecedente mencionado para quaisquer "eles" na crucificação) bradaram para crucificar Jesus (Lc 23,21). A caminho do lugar de crucificação, Jesus falou às filhas de Jerusalém: "Se na madeira verde *eles fazem tais coisas*"; e isso tinha de se referir a antagonistas judaicos simbolizados por Jerusalém. Em At 3,17; 13,27, os que agiram por ignorância quando executaram Jesus são explicitamente identificados como o populacho judaico e seus governantes. Portanto, em Lc 23,34a, os "eles" por quem Jesus reza incluem os romanos e os judeus, em proporção a seus papéis respectivos na morte de Jesus.

É preciso dizer mais a respeito de o Jesus lucano rezar pelos agentes judaicos que, de maneira tão consistente, têm sido hostis a ele. Como pode ele dizer que "eles não sabem o que estão fazendo"? Os chefes dos sacerdotes e suas coortes ouviram Jesus pregar e, bem deliberadamente, rejeitaram sua proclamação. Fazem parte de uma Jerusalém que Jesus denunciou por matar os profetas (Lc 13,34). Contudo, foi a hierosolimitas empedernidos que Jesus atribuiu ignorância: "Se conhecesses hoje as coisas que trazem a paz; mas agora elas estão escondidas de teus olhos" (Lc 19,42). Aparentemente, no modo de ver lucano, por mais que tramassem o mal,

---

[88] Úteis para o estudo de Lc 23,34a são os artigos da BIBLIOGRAFIA de § 37, quarta parte, por Dammers, Daube, Démann, Epp, Flusser, Harris, Moffatt, Nestle; também Feldkämper (*Betende*, p. 257-267); Harnack ("Probleme", p. 255-261) e Wilkinson, "Seven".

sempre se pode dizer que os perpetradores não sabiam (isto é, não apreciavam a bondade ou o plano de Deus); do contrário, não agiriam como agiram. Ao se opor aos seguidores de Jesus a ponto de apedrejá-los, um Paulo que era aliado dos chefes dos sacerdotes disse: "Eu mesmo estava convencido de que era necessário *fazer* muitas *coisas* contra o nome de Jesus o Nazareu" (At 26,9). Contudo, Lucas certamente julgava que Paulo não sabia o que fazia. Talvez com Daube ("For they", p. 60) seja possível resumir a atitude lucana assim: se havia os que não sabiam porque não lhes disseram, havia também os que não sabiam porque, embora lhes tivessem dito, não entenderam. Entretanto, é digno de nota que, embora os do segundo grupo não saibam o que estão fazendo, eles precisam de perdão.

Quanto a castigo, Lc 12,48 faz uma distinção: "Quem não sabe e faz coisas que mereçam uma surra, receberá uma surra leve". É de se presumir que isso se refira à falta de conhecimento mais elementar, pois as palavras de Jesus às filhas de Jerusalém mostram que o castigo torna-se inevitável para os malfeitores mais repreensíveis. Se Lc 23,34a é autenticamente lucano, então é preciso distinguir entre um perdão que é possível e um castigo que é inevitável. Mas não era um apelo ao perdão combinado com o sentimento de castigo inevitável a mensagem dos profetas veterotestamentários nos últimos dias antes da queda dos reinos de Israel e de Judá?

Como a oração pelo perdão porque eles não sabem o que estão fazendo combina as atitudes éticas do mundo contemporâneo com o NT? Como Daube ("For they", p. 61-62, 65) menciona, há quem cite o princípio socrático: *Ninguém faz o mal por ignorância de si mesmo, de seu lugar no mundo ou do bem supremo.* Então, eles passam depressa demais a presumir a origem grega da oração atribuída a Jesus. Realmente, a atitude judaica para com a ignorância ao pecar é complexa. Há passagens que refletem benevolência se a ignorância é falta de informação, de modo que a ação se torna mesmo inadvertida ou impremeditada. Ao descrever a expiação feita por sacerdotes pelo povo de Israel, Nm 15,25-26 oferece a certeza de que o perdão pelos pecados de inadvertência será concedido até aos estrangeiros residentes entre eles, "pois a falta por inadvertência afeta todo o povo".[89] Contudo, ações deliberadas, as realizadas com arbitrariedade, são julgadas severamente, e a falta de pleno entendimento não era amplamente aceita como desculpa. Em 1QS

---

[89] Hb 5,2 louva os sumos sacerdotes por tratarem com bondade os que não sabem e são enganados.

10,16-21, embora um salmista de Qumrã diga: "Não pagarei a nenhum homem a recompensa do mal", e assim pareça abster-se de vingança, ele prossegue e mostra estar ansiosamente esperando o julgamento divino daqueles que se afastam do caminho. De modo mais benevolente, no TM de Is 53,12, o servo intercede pelos pecados de todos, sem distinção de como os pecados foram cometidos (ver TalBab *Sota* 14a). Em Jn 4,11, apesar de todos os horrores infligidos a outros pelos brutais assírios, é feita a pergunta retórica se Deus não deveria ter piedade da população de Nínive, "pessoas que não sabem distinguir a mão direita da esquerda". *Testamento de Benjamim* 4,2 declara: "A pessoa boa [...] mostra misericórdia a todos, embora sejam pecadores".[90] Importante distinção é feita por Fílon (*In Flaccum* 2; #7): "Para quem se desencaminha por causa da ignorância de um caminho melhor, pode-se fazer concessão; mas quem com conhecimento faz o que é errado, não tem defesa, porém, já está condenado em sua consciência". Estaria Lc 23,34a pondo as autoridades judaicas na primeira categoria? Ou com mais probabilidade estaria a oração em desacordo com a atitude de Fílon para com a segunda categoria? Se o Judaísmo não estava de acordo quanto a esta questão, o Cristianismo mais tardio também não estava; e, como veremos adiante, essa talvez seja uma das razões pelas quais esta oração não se encontra em todos os manuscritos do NT.

A autenticidade do versículo. Este versículo é omitido em importantes testemunhos textuais, alguns deles bastante primitivos.[91] Contudo, outros grandes códices gregos e versões primitivas o contêm. É um caso onde o peso de testemunhos textuais de um lado quase contrabalança o do outro lado. O que surge é que, já no século II, alguns manuscritos de Lucas tinham a oração, enquanto outros não tinham. Dessa situação, surgem as seguintes possibilidades para a origem da oração de Lc 23,34a:

---

[90] Precisamos ter cuidado. Há influência cristã nos *Testamentos dos Doze Patriarcas*.

[91] P[75], os Códices Vaticano, de Beza, o corretor de Sinaítico, Koridethi, e as versões Sir^{sin} e Copta. Nestle ("Father") acha que a colocação deste dito de Jesus como penúltimo na ordem das sete últimas palavras de Jesus em Diatessarão de Taciano, como examinada no início desta subseção, sugere que ela foi uma inserção mais tardia e que a atitude original de Taciano foi influenciada pela falta da passagem na OS. O autor das Constituições Apostólicas usou Taciano; e depois de transmitir a palavra "Meu Deus" de Marcos/Mateus na nona hora, ele relata: "Depois de pouco tempo, ele bradou com voz forte: 'Pai, perdoa-lhes, pois eles não sabem o que estão fazendo', e acrescentando 'Em tuas mãos eu confio meu espírito', ele expirou e foi sepultado antes do pôr do sol em um túmulo novo" (*Constituições Apostólicas* V,xiv,17).

- Foi falada por Jesus (no contexto da crucificação ou alhures) e preservada somente por Lucas. Alguns copistas mais tardios acharam-na inaceitável e a removeram.

- Foi falada por Jesus, mas não foi preservada por Lucas. Circulou como dito independente e somente no século II foi inserida no contexto atual por um copista para quem ela se adaptava bem aos sentimentos deste Evangelho. Outros copistas não sabiam dela. (Presume-se uma história parecida para a narrativa da mulher apanhada em adultério, que acabou sendo inserida no início de Jo 8.) Essa posição é defendida por MTC, p. 180.

- Não foi falada por Jesus, mas formulada por Lucas (ou na tradição pré-lucana imediata) como vocalização apropriada do que Jesus deve ter pensado: ele na verdade perdoou silenciosamente. Alguns copistas mais tardios acharam-na inaceitável e a removeram.

- Não foi falada por Jesus, mas formulada no pensamento cristão pós-evangélico como apropriada a Jesus e inserida por um copista na NP lucana, como contexto adequado.

Para discernir se os indícios favorecem a composição lucana, que é nosso interesse aqui, examinaremos sequência, estilo, origens alternativas e por que copistas a omitiram.

a) *Sequência*. Apesar do apelo de Schweizer à estrutura lucana completa a favor da oração (terceiro parágrafo deste #8), esta oração atribuída a Jesus é intrusiva, dividindo duas sentenças (vv. 33 e 34b) onde o sujeito é "eles", isto é, os crucificadores. Contudo, como lembra Harnack ("Probleme", p. 257), essa intrusão poderia ser obra de Lucas, porque ele insere um dito não marcano no meio de material tomado por empréstimo de Marcos. Na verdade, é bastante eficaz encontrar no meio de ações hostis pelos crucificadores uma oração por Jesus pelo perdão deles. Nessa sequência, a oração encontra mais hostilidade (despindo-o de suas roupas). Mesmo que este versículo não seja de Lucas, essa sequência fez sentido para alguém, isto é, para o copista mais tardio que a inseriu.

b) *Estilo*. Como o versículo está agora, o nome de Jesus é necessário para indicar a mudança de agente. O imperfeito "estava dizendo" (*elegen*) não é incomum em Lucas para introduzir uma pergunta ou exigência. Jesus reza com grande frequência em Lucas (Fitzmyer, *Luke*, v. 1, p. 244-245); e entre os sinóticos, uma oração dirigida a Deus no vocativo grego "Pai", sem nenhum modificador ou tradução semítica, é peculiaridade lucana (Lc 10,21; 11,2; 22,42; 23,46). Na NP lucana, se contarmos este exemplo, Jesus reza "Pai" três vezes.[92] Assim, o formato da oração é bem lucano. Isso também é verdade do resto do vocabulário na oração (Untergassmair, *Kreuzweg*, p. 46). O padrão "perdoa [...] pois" (*aphes [...] gar*) é exatamente o mesmo que na forma lucana do Pai-nosso (Lc 11,4).[93] Quanto a "o que estão fazendo", encontramos em Lc 6,11 os escribas e fariseus discutindo "o que farão a Jesus" (ver também Lc 19,48). O Jesus lucano pinta uma imagem de Deus que é generosa no perdão, antes mesmo que o arrependimento seja expresso (Lc 15,20; 19,10). Em Lc 6,27-29, Jesus ensina os discípulos: "Amai vossos inimigos; fazei o bem aos que vos odeiam; bendizei os que vos amaldiçoam; rezai pelos que vos maltratam". Em Lc 12,10, ele diz: "Todo aquele que fala uma palavra contra o Filho do Homem será perdoado". Logicamente, então, o que é *feito* contra o Filho do Homem também pode ser perdoado. Se alguém quiser saber por que Jesus pede ao Pai para perdoar, em vez de estender o perdão ele mesmo (como em Lc 5,20; 7,48), talvez ele esteja motivado pelo desejo de que sua oração seja imitada pelos cristãos que sofrem injustamente, por exemplo, Estêvão, em At 7,60. Assim, se alguém deseja pressupor que um copista do século II inseriu uma oração em Lucas, esse copista tomou todo o cuidado de imitar o estilo e pensamento lucanos, e foi tão bem-sucedido que o produto final ficou perfeitamente lucano.

c) *Origens alternativas sugeridas.* Se a oração não fosse parte original do Evangelho lucano, de onde ela teria vindo? Uma sugestão é que foi formulada a partir das atribuições neotestamentárias gerais de ignorância aos inimigos de Jesus, por exemplo, 1Cor 2,7-8: Nenhum dos governantes deste mundo entendeu a sabedoria secreta de Deus, "pois se tivessem entendido, não teriam crucificado o Senhor da glória". Contudo, o tema da ignorância é mais claro em Lucas-Atos que em qualquer outro escrito neotestamentário. Quem estiver tentado a pressupor que um copista leu passagens como At 3,17 e At 13,27, e então formulou esta oração, tem razão ainda melhor para pressupor que a oração foi formulada pelo próprio Lucas.

---

[92] No Monte das Oliveiras, para que o cálice fosse afastado; aqui, para o perdão de seus perseguidores, e antes de morrer, confiando seu espírito nas mãos do Pai.

[93] Alhures em Lucas, "perdoar" tem o objeto "pecados"; contudo, o "lhes" sendo perdoados aqui são "os homens pecadores" de Lc 24,7, em cujas mãos o Filho do Homem é entregue para ser crucificado.

Outros propõem que os cristãos criaram esta oração de Jesus ao refletirem sobre o TM de Is 53,12: "Ele suportou os pecados de muitos e fez intercessão pelos transgressores". Essa reflexão teria de ser em hebraico, pois a LXX da segunda sentença diz: "Ele foi entregue por causa dos pecados deles". Se Lc 23,34a foi escrito por Lucas, já que ele normalmente trabalhava a partir da LXX, é preciso pressupor que a reflexão sobre o TM foi feita pelo próprio Jesus ou por cristãos pré-lucanos. Se o versículo não foi escrito por Lucas, mas acrescentado por um copista, poderia ter sido criado por cristãos que ainda liam hebraico? Flusser ("Sie wissen", p. 404-407) pensa assim, apresentando a missão cristã continuada para os judeus como um contexto no qual a oração pelo perdão deles poderia ter sido persuasiva. Ele indica o *Evangelho dos Nazarenos* como localização possível — Evangelho conhecido nos séculos II a IV por Hegesipo, Eusébio e Jerônimo, que também revelaram conhecimento da oração. Nesse Evangelho (#35; HSNTA, v. 1, p. 153; ed. rev., v. 1, p. 164), lemos que a oração de Jesus pelo perdão levou à conversão de 8.000 judeus, conforme registrado nos Atos (At 2,41 + At 4,4). Na mesma tendência, Hegesipo (refletindo o Cristianismo judaico do século II) descreve como, em Jerusalém, no início dos anos 60, Tiago, o irmão do Senhor, ajoelhou e rezou enquanto estava sendo apedrejado pelos escribas e fariseus: "Senhor, Deus, Pai, perdoa-lhes, pois eles não sabem o que estão fazendo" (citado em Eusébio, HE II,xxiii,16). O *Segundo Apocalipse de Tiago* de Nag Hammadi coloca temas relacionados nos lábios de Tiago: "Juízes, fostes julgados; e vós não poupastes, mas fostes poupados" (*Segundo Apocalipse de Tiago* V,57,21-24); "Ele não vos julgará pelas coisas que fizestes, mas terá compaixão de vós" (V,59,6-8). Foi a oração primeiro atribuída a Tiago, o grande herói dos judeu-cristãos (o "bispo dos bispos" dos Pseudoclementinos [*Epístola de Clemente*, Prefácio]), e então, mais tarde, transferida para Jesus? Ou a influência foi ao contrário: um dito de Jesus favorável aos judeus foi preservado em círculos judeu-cristãos e se tornou parte do martírio de Tiago, o irmão de Jesus? Notamos que nada no relato de Hegesipo nega que Jesus pronunciara essa oração.

Um componente médio importante para relacionar o Tiago de Hegesipo e Jesus quanto à oração é Estêvão. Em At 7,60, ele também se ajoelhou e rezou: "Senhor, não consideres este pecado contra eles". Exatamente como em At 7,56, onde consta que Estêvão viu os céus se abrirem e o Filho do Homem de pé à direita de Deus, o Tiago de Hegesipo afirma que o Filho do Homem está sentado à direita do Poder e virá sobre as nuvens do céu (HE II,xxiii,13). Assim, há uma linha de ligação a partir da morte de Jesus, passando pela morte de Estêvão até a imagem da morte de Tiago, no século II. A associação de uma oração pelo perdão com o porta-voz helenístico Estêvão, que era contra o Templo, enfraquece a tese de que ela foi preservada apenas em círculos judeu-cristãos. Fator comum entre as três figuras é a morte de um mártir. Realmente, uma oração pelo perdão de perseguidores não é característica no padrão de mártir judaico estabelecido pelas vítimas dos tempos macabeus: elas advertiram que no fim Deus castigaria seus perseguidores, privando-os da ressurreição (2Mc 7,14.19.31.35-36; *4 Macabeus* 9,30; 10,11; 11,3). Contudo, o perdão como está expresso em Lc 23,34a tornou-se sinal dos cristãos sofredores. Inácio (*Efésios* 10,2-3) exorta: "Oferecei orações em resposta às blasfêmias deles [...] sede pacíficos em resposta a suas crueldades e não fiqueis ansiosos por imitá-los em troca [...]. Sejamos ansiosos imitadores do Senhor". Justino Mártir (*Apologia* I,14) afirma: "Rezamos por nossos inimigos e empenhamo-nos em persuadir os que nos odeiam injustamente". Consta que, no fim do século II, os mártires de Lyon rezaram: "do mesmo modo que Estêvão, o mártir perfeito: 'Senhor, não consideres este pecado contra eles'" (HE V,ii,5).

Ao relacionar a oração com o martírio, mais uma vez precisamos indagar a respeito da direção que o tema percorreu. Por exemplo, foi a oração originalmente associada com o protomártir Estêvão e então transferida pelos copistas para a narrativa da morte de Jesus para aumentar o elemento martirológico ali? Há sérias dificuldades com essa tese. Surkan (*Martyrien*, p. 90) lembra que a NP lucana é mais martirológica que a de Marcos ou Mateus, de modo que faz sentido pressupor que a oração já estava nos lábios do Jesus lucano, em vez de ser revertida do martírio de Estêvão. Além disso, um estudo do uso lucano da NP marcana mostra que Lucas transformou o relato da morte de Estêvão ao transferir para ele temas que Marcos associou à morte de Jesus (blasfêmia, falso testemunho, hostilidade para com o santuário/lugar santo, o papel do sumo sacerdote). Assim, haveria tendência a se pensar que a influência foi da oração de Jesus para a oração de Estêvão. Em Lucas-Atos, há outra oração atribuída a Jesus e a Estêvão na qual o locutor respectivo encomenda seu espírito ao cuidado celeste (Jesus ao Pai, em Lc 23,46; Estêvão ao Senhor Jesus, em At 7,59). Não se pode desprezar, então, a possibilidade de Lucas-Atos ter uma oração pronunciada por Jesus e por Estêvão para que Deus fosse leniente com os executores. Essa oração foi subsequentemente atribuída por judeu-cristãos a Tiago, o irmão do Senhor, o herói mártir deles, e se tornou também padrão para a atitude de outros mártires cristãos.

Até aqui, a análise mostra que não há nada que refute a autoria lucana de 23,34a e nenhuma explicação alternativa convincente de sua origem. Se não houvesse testemunhos textuais que não o contêm, não haveria dúvidas sérias entre os biblistas quanto a esse versículo fazer parte da NP lucana. Contudo, se alguém deseja afirmar que Lucas escreveu esta oração, resta uma objeção importante.

d) *Por que copistas omitiram esta bela passagem de mss. que a continham?* A falta da oração em Marcos/Mateus pode ter deixado copistas apreensivos, mas só isso certamente não os faria dar o passo drástico da eliminação. Acharam a oração contraditória com as palavras ameaçadoras ditas por Jesus às filhas de Jerusalém em Lc 23,29-32 que indicavam ser o castigo inevitável? Foi essa oração considerada contraditória porque o Pai não concedera perdão aos judeus, mas fizera Jerusalém ser destruída em 70? Esta última pergunta foi repetida pelos Padres da Igreja, por exemplo, Jerônimo (*Epístola* CXX,viii,2; PL xx,993) explica que a oração ganhou alguns anos de perdão para os judeus antes da destruição e durante esse tempo milhares vieram a crer.

Embora as questões acima possam ter sido cogitadas, a sugestão primordial de um motivo para copistas omitirem a oração é terem-na achado favorável demais aos judeus. Em relação a isso, dois fatores são importantes. O primeiro é a convicção cristã de que os judeus continuaram a ser perseguidores hostis muito depois da morte de Jesus. Em 1Ts 2,14-16 ouvimos que os judeus expulsavam os cristãos e impediam a proclamação do Evangelho. Segundo os Atos (At 13,45.50; 14,2.19; 17,5.13; 18,12), os judeus constantemente provocavam dificuldades para pregadores cristãos. Jo 16,2 alega que os cristãos eram expulsos da sinagoga e executados.[94] Josefo (*Ant.* XX,ix,1; #200) relata que o sumo sacerdote Anás II ordenou que Tiago, o irmão de Jesus, fosse apedrejado no início dos anos 60. No século II e mais tarde, os cristãos julgavam que eram capturados para o martírio porque os judeus os denunciavam aos romanos. O *Martírio de Policarpo* fala do costumeiro zelo irado dos judeus contra o santo (*Martírio de Policarpo* 12,2; 13,1). Justino, que estivera na Palestina, dirige-se a seus adversários judeus: "Vós nos odiais e matais também

---

[94] Não é dada nenhuma informação quanto ao fato de a execução ser direta ou indireta (isto é, informando os romanos que essas pessoas já não tinham direito à tolerância oferecida aos judeus).

[...] com a mesma frequência com que obtendes autoridade" (*Diálogo* cxxxiii,6). A oração de perdão que Jesus faz em Lc 23,34a talvez perturbasse os copistas que compartilhavam essa imagem dos judeus como perseguidores implacáveis.

Um segundo fator que pode ter influenciado o julgamento dos copistas é a moralidade da oração, como já examinamos no início de nosso estudo de Lc 23,34a. Como as autoridades judaicas agiam tão deliberadamente contra Jesus, com certeza elas sabiam o que faziam e como então podiam ser perdoadas sem genuíno arrependimento? A perseguição constante de cristãos era sinal de que esse arrependimento não estava próximo e por isso os copistas do século II faziam seu julgamento em um contexto do forte sentimento antijudaico revelado em *Didaqué*, *EvPd*, *Apologia* de Aristides, *Doutrina de Adai* e o siríaco *Didascalia Apostolorum*. Mais tarde, João Crisóstomo escreveu: "Depois de matardes Cristo [...] não resta nenhuma esperança para vós, nenhuma retificação, nenhum perdão, nenhuma desculpa" (*Adv. Judaeos Oratio* vi,2; PG xlviii,907). Como a concordância com o pensamento e a prática da Igreja influenciavam o processo de aceitar escritos como Escritura canônica, copistas que compartilhavam essa teologia podiam bem ter decidido contra uma oração que pedia a Deus para perdoar os perseguidores judeus de Jesus.[95] O siríaco *Didascalia* II,vi,1 (Connolly, org., p. 52) faz eco a Lc 23,34a, mas demonstra hesitação: "Nosso Salvador estava suplicando a seu Pai por pecadores: 'Meu Pai, eles não sabem o que fazem, nem o que falam; mas *se é possível*, perdoa-os'". Epp ("Ignorance") menciona que, embora o Códice de Beza (que originalmente omitia Lc 23,34a) contenha os textos dos Atos a respeito da ignorância dos participantes judeus na morte de Jesus, parece que ele faz essa ignorância mais censurável.

De modo geral, depois de examinar os prós e os contras, considero mais fácil pressupor que a passagem foi escrita por Lucas e eliminada por razões teológicas por um copista mais tardio do que pensar ter sido ela acrescentada a Lucas por um copista que se deu ao trabalho de planejá-la no estilo e pensamento lucanos. Exceto talvez em círculos judeu-cristãos, no século II havia poucos copistas ansiosos para ver Jesus rezar pelo perdão para os judeus.[96] Harnack ("Probleme", p.

---

[95] Harnack, Harris e outros consideram esse fator muito importante. Ver em BGJ (v. 1, p. 335) a questão de hesitação dos escribas a respeito de incluir uma narração onde Jesus perdoou uma adúltera.

[96] Contudo, não há um meio de se ter certeza: Um copista pode ter inserido esta oração como oração pelos romanos, sem jamais imaginar que suas palavras seriam lidas como perdão para os judeus.

261), que defendeu com muita firmeza a autenticidade de Lc 22,43-44, está menos seguro (embora seja favorável) a respeito de Lc 23,34a; ele insiste, entretanto, que a passagem não deve ser riscada de cópias do texto evangélico.

É irônico que talvez a mais bela sentença da NP seja textualmente duvidosa. O sentimento por trás dela é a essência de responder à hostilidade no que veio a ser considerada uma maneira cristã. Esta palavra de Jesus é certamente um fator fundamental, que leva ao julgamento de Dante sobre Lucas como "o escriba da bondade de Cristo". Para alguns, se Jesus não pronunciou essas palavras, elas não têm nenhuma importância religiosa cristã. Para outros, se Lucas não as escreveu, elas são mero sentimento apócrifo. Para outros ainda, embora uma resposta afirmativa em um desses pontos ou em ambos fosse apreciada, o longo uso dessas palavras pelos cristãos significa que elas adquiriram autoridade normativa. Se foram acrescentadas por um escriba, o discernimento desse escriba torna-se uma interpretação autêntica do Cristo lucano. Que pena! Com demasiada frequência, não a ausência desta oração do texto, mas a não incorporação dela no coração é o verdadeiro problema. Flusser ("Sie wissen", p. 393) começa seu estudo deste versículo com a nota melancólica de que os cruzados citavam para os judeus uma palavra (apócrifa) do Senhor: "Ainda chegará o dia em que meus filhos virão vingar meu sangue". Contudo, em seu NT em latim, os cruzados encontravam apresentada como uma palavra genuína do Senhor a oração em Lc 23,34a — palavra que devia lhes dar uma perspectiva muito diferente.

(A bibliografia para este episódio encontra-se em § 37, Partes III e IV.)

§ 41. Jesus crucificado, segunda parte: Atividades no local da cruz (Mc 15,29-32; Mt 27,39-44; Lc 23,35-43; Jo 19,25-27)

Tradução

Mc 15,29-32: ²⁹E os que passavam por ali estavam blasfemando contra ele, sacudindo a cabeça e dizendo: "Ah! Ó aquele destruindo o santuário e construindo-o em três dias, ³⁰salva-te a ti mesmo, tendo descido da cruz".

³¹Similarmente, também os chefes dos sacerdotes, escarnecendo dele entre si com os escribas, estavam dizendo: "Outros ele salvou; a si mesmo ele não pode salvar. ³²Que o Messias, o Rei de Israel, desça agora da cruz, a fim de podermos ver e crer".

Mesmo os que tinham sido crucificados junto com ele estavam insultando-o.

Mt 27,39-44: ³⁹Mas os que passavam por ali estavam blasfemando contra ele, sacudindo a cabeça ⁴⁰e dizendo: "Ó aquele destruindo o santuário e em três dias construindo, salva-te a ti mesmo, se tu és Filho de Deus e desce da cruz"

⁴¹Similarmente, também os chefes dos sacerdotes, escarnecendo dele com os escribas e anciãos estavam dizendo: ⁴²"Outros ele salvou; a si mesmo ele não pode salvar. Ele é o Rei de Israel — que desça da cruz e acreditaremos. ⁴³Ele confiou em Deus. Que seja libertado se Ele o ama, pois ele disse: 'Eu sou Filho de Deus'".

⁴⁴Do mesmo modo, até os bandidos que foram crucificados junto com ele o estavam insultando.

Lc 23,35-43: ³⁵E o povo estava de pé ali observando.

Mas havia também governantes zombando, dizendo: "Outros ele salvou; que se salve a si mesmo, se este é o Messias de Deus, o escolhido".

³⁶Além disso, também os soldados zombavam, vindo para a frente, levando para a frente para ele vinho avinagrado, ³⁷e dizendo: "Se tu és o Rei dos Judeus, salva-te a ti mesmo". ³⁸Pois havia também uma inscrição acima dele: "O Rei dos Judeus, este (homem)".

³⁹Além disso, um dos malfeitores suspensos estava blasfemando contra ele: "Não és tu o Messias? Salva-te a ti mesmo e a nós".

⁴⁰Mas em resposta o outro, repreendendo-o, disse: "Tu nem sequer temes a Deus? Porque estás sob a mesma condenação; ⁴¹e na verdade nós justamente, pois nós estamos recebendo o que é digno do que fizemos, mas ele não fez nada ilegal". ⁴²E ele estava dizendo: "Jesus, lembra-te de mim logo que vieres em teu reino". ⁴³E ele lhe disse: "Amém, eu te digo, este dia comigo vais estar no paraíso".

Jo 19,25-27: ²⁵Mas estavam de pé perto da cruz de Jesus sua mãe, e a irmã de sua mãe, Maria de Clopas, e Maria Madalena. ²⁶Assim Jesus, tendo visto sua mãe e o discípulo que ele amava de pé perto, diz a sua mãe: "Mulher, olha: teu filho". ²⁷Então ele diz ao discípulo: "Olha: tua mãe". E a partir daquela hora, o discípulo tomou-a como sua.

EvPd 4,13: Mas um certo indivíduo daqueles malfeitores insultou-os [os judeus], dizendo: "Foi-nos feito sofrer deste modo, por causa do mal que fizemos; mas este, tendo se tornado Salvador dos homens [seres humanos], que injustiça ele vos fez?".

Comentário

Na primeira parte da cena da crucificação, os evangelistas preparam o terreno, ao designar lugar e hora e localizando Jesus na cruz entre dois bandidos ou malfeitores. Na segunda parte, eles começam a ação do drama, mostrando-nos como os que estavam presentes no Lugar da Caveira reagiram ao Jesus crucificado. As reações que eles descrevem vão de negativas a positivas, conforme a perspectiva teológica do evangelista a respeito da Paixão. Em *Marcos/Mateus*, a reação é inteiramente negativa. Três grupos são relacionados e todos escarnecem de Jesus. É outro exemplo dos padrões de três que vemos em toda a NP:[1] Jesus faz predições a respeito da sina de três entre os que o seguem (a respeito de Judas, dos discípulos e de Pedro); no Getsêmani, Jesus reza três vezes, e três vezes volta e encontra seus seguidores dormindo; Pedro nega Jesus três vezes; em Marcos, o período na cruz divide-se nas terceira, sexta e nona horas. A reação negativa pela qual nem uma única pessoa próxima da cruz é favorável a Jesus enquadra-se no pessimismo geral que domina a NP marcana desde que Jesus saiu da Última Ceia e começou a

---

[1] Importante aqui, pelo menos para Mateus e Lucas, é outro padrão de três: as três tentações de Jesus por Satanás no início do ministério que se contrapõem aos três escárnios de Jesus no fim de sua vida. Na cruz, dois dos escárnios em Mateus (Mt 27,40.43) e dois em Lucas (Lc 23,35.37) são expressos como orações condicionais, do mesmo modo que as três tentações em Mt 4,1-11 e Lc 4,1-13. Na verdade, o escárnio mateano "Se tu és Filho de Deus" (comparemos o "Se tu és o Rei dos Judeus" lucano) é *verbatim* o mesmo que "Se tu és Filho de Deus" em duas das tentações. O tom das duas tríades é o mesmo.

proclamar uma advertência de escândalo (Mc 14,27). Na maioria dos casos, Mateus preserva a perspectiva melancólica da NP marcana; e nesta cena na cruz, Mateus segue Marcos de perto, fazendo apenas pequenas mudanças e acrescentando um eco veterotestamentário (Mt 27,43) que só intensifica a hostilidade.

Em *Lucas*, a reação a Jesus na cruz é mista, negativa e positiva. Lucas preserva o padrão marcano de três escárnios de Jesus, mas ele circunda os três por uma estrutura melhoradora, descrevendo no início "o povo" formado por espectadores neutros, e no final um dos crucificados que é solidário com Jesus. Este último dá a Lucas a oportunidade de fazer o escárnio terminar com um ato de salvação por Jesus, outro caso onde Lucas trata o sofrimento de Jesus como salvífico.

Para *João*, este é o terceiro episódio da crucificação. No primeiro, quando começou a crucificação, "os chefes dos sacerdotes dos judeus" foram silenciados por Pilatos;[2] no segundo, ao tratar Jesus como um criminoso a ser despojado de suas roupas, os soldados sem saber cumpriram as Escrituras. Agora, encontramos uma mistura de amigos, discípulos e parentes de pé perto da cruz, que compõem uma comunidade de fiéis que Jesus institui como sua verdadeira família. Aqui, não há escárnio de Jesus na cruz; ele triunfa sobre os inimigos.

Vou dividir meu estudo em três subseções. A primeira comenta o triplo escárnio de Jesus comum aos sinóticos, embora Lucas modifique o esquema marcano. A segunda examina o adendo ao esquema em Lc 23,40-43 onde um dos malfeitores suspensos toma o lado de Jesus contra o outro malfeitor que escarneceu dele blasfemando — em outras palavras, o lado positivo da imagem lucana. A terceira comenta a cena joanina bastante positiva ao pé da cruz.

O triplo escárnio de Jesus (Mc 15,29-32; Mt 27,39-44; Lc 23,35-39)

Embora esta seja uma descrição sinótica comum, há pequenas variações mateanas de Marcos e lucanas maiores. Vou usar um quadro para fazer uma comparação geral. Os números 1, 2 e 3 à esquerda representam os três escárnios na ordem em que ocorrem em cada Evangelho; as letras a, b e c representam

---

[2] No artístico equilíbrio quiástico joanino (§ 38 C), exatamente como depois da introdução "os chefes dos sacerdotes dos judeus" enfrentam Pilatos no Episódio 1 para fazer um pedido a respeito de Jesus que Pilatos frustra, também antes da conclusão "os judeus" reaparecem no Episódio 5 para fazer a Pilatos outro pedido a respeito de Jesus (agora morto) que ele mais uma vez frustra. Mas eles não confrontam Jesus enquanto ele pende da cruz.

respectivamente os escarnecedores, o assunto do escárnio e o desafio a Jesus para salvar-se a si mesmo. Somente sob Mateus são mencionadas *diferenças* de Marcos.[3]

	Marcos	*Mateus*	*Lucas*
			o povo observa
1 a.	*transeuntes blasfemam*		*governantes zombam*
b.	*destruindo o santuário*	+ *Filho de Deus*	*Messias de Deus; escolhido*
c.	*salva-te a ti mesmo; desce*		*salvou outros; salve a si mesmo*
2 a.	*chefes dos sacerdotes, escribas escarnecem*	+ *anciãos*	*soldados escarnecem*
b.	*Messias, Rei de Israel*	*Rei de Israel*	*Rei dos Judeus*
c.	*salvou outros; não a si mesmo desce, para crermos*		*salva-te a ti mesmo*
		Filho de Deus seja libertado	
3 a.	*dois cocrucificados zombam*	*bandidos*	*um malfeitor suspenso com ele blasfema*
b.			*Messias*
			outro suspenso com ele solidariza-se; irá para o paraíso

Antes de comentar cada escárnio, uma olhadela geral deve deixar claro que a expansão lucana é, na maior parte, dependente de Marcos — a única séria exceção possível é o assunto do diálogo entre Jesus e o malfeitor solidário. Lucas cria um *prefácio* para o triplo escárnio, adaptando os transeuntes marcanos ao povo e lhes atribuindo um papel neutro. Cria uma sequência para o triplo escárnio, dividindo os dois cocrucificados marcanos e fazendo um deles solidário. Como ele não tem transeuntes, Lucas preenche a lacuna na estrutura triádica, substituindo por soldados. Na verdade, Lucas transforma o escárnio do meio em um compêndio de cenas marcanas às quais ele não recorreu antes: escárnio por soldados romanos imediatamente depois do julgamento romano (Mc 15,16-20a), a oferta de vinho (Mc 15,23 + 36) e a inscrição da acusação "O Rei dos Judeus" (Mc 15,26). Com essa observação geral, tratamos dos componentes um por um.

Primeiro escárnio em Marcos/Mateus (Mc 15,29-30; Mt 27,39-40). Nenhum estudo deste escárnio inicial enquanto Jesus pendia da cruz pode se permitir fazer vista grossa a seu caráter dramático. Os dois Evangelhos ilustram

---

[3] Uma pequena diferença que achei complicada demais para incluir é que Mateus junta mais os escárnios que Marcos. Ele repete o "Similarmente" marcano para introduzir o segundo escárnio, mas acrescenta "Do mesmo modo" para introduzir o terceiro escárnio. O mesmo efeito é obtido colocando o título "Filho de Deus" no primeiro e no segundo escárnios.

amplamente a veemente hostilidade das autoridades judaicas determinadas a conseguir a morte de Jesus. Na verdade, no caso de uma multidão que viera pedir a Pilatos para soltar um prisioneiro na festa, as resolutas autoridades conseguiram instigar essa multidão a pedir a soltura de Barrabás e a crucificação de Jesus. Mas aqui encontramos simples transeuntes judeus[4] dos quais não há indicação de terem encontrado Jesus antes e que não foram pré-programados pelas autoridades; contudo, a primeira reação deles é blasfemar contra o crucificado, com base no que ouviram a respeito dele.[5] "Blasfemar" é palavra significativa para Marcos e proporciona inclusões com usos anteriores.[6] No início (Mc 2,6-7 = Mt 9,3), Jesus foi acusado de blasfêmia porque perdoava pecados, poder exclusivo de Deus. No final do julgamento pelo sinédrio (Mc 14,61-64 = Mt 26,63-66), Jesus foi condenado por blasfemar porque disse que era o Messias, o Filho do Bendito, o Filho do Homem que seria visto à direita do Poder. No início de Marcos (Mc 3,22.28-30 = Mt 12,24.31-32), escribas de Jerusalém eram associados ao cometimento de um pecado eterno por blasfemar contra o Espírito Santo que operava nos exorcismos de Jesus — eles o consideravam possuído por um espírito impuro. Agora, no fim, quando Jesus pende da cruz, os transeuntes blasfemam contra Jesus, desafiando seu poder de destruir o santuário e construí-lo em três dias.[7] Assim, em Marcos, a imagem de discórdia hostil é consistente do começo ao fim.

Antes de dar voz à blasfêmia deles, os transeuntes se comunicam pela linguagem corporal, quando sacodem a cabeça de modo derrisório. Como veremos a seguir (a respeito de Lc 23,35a), desse modo eles imitam uma ação que o AT associa ao comportamento dos maus para com o justo sofredor. Começam a expressar

---

[4] Marcos/Mateus não identificam os transeuntes como judeus, mas em um local judaico, o fato de não lhes dar outra identidade certamente não permitia que os leitores chegassem a outra conclusão.

[5] Já comentamos Mt 27,25, onde "todo o povo" assume a responsabilidade pela morte de Jesus ("Seu sangue sobre nós e sobre nossos filhos"). Marcos não é tão sistemático, mas o impacto geral desta narrativa levaria a alguma conclusão a respeito do envolvimento repreensível do povo?

[6] Mencionei, acima (§ 23, Elemento C), o que se torna óbvio aqui: no uso atestado neste período, *blasphemein* não tem nenhuma inferência de pronunciar o nome sagrado YHWH. Envolve um insulto e, na maioria das vezes, reflete arrogância, pela blasfêmia ou o blasfemado. Aqui, não tem diferença significativa de *empaizein* ("escarnecer") e *oneidizein* ("injuriar"), que Marcos/Mateus usam no segundo e terceiro escárnios, exceto talvez na intensificação da irreverência.

[7] Esta blasfêmia é mais repreensível porque, em Mc 7,22, Jesus mencionou que ela é um vício que se origina no coração das pessoas.

seu desprezo com um forte expletivo: "Ah" (toque dramático marcano que Mateus, mais moderado, omite).[8]

O assunto declarado que dá origem ao primeiro escárnio de Marcos/Mateus é a acusação de que Jesus queria ou podia destruir o santuário do Templo e reconstruí-lo em três dias — acusação feita de forma participial vocativa, quase como se "aquele destruindo o santuário" tivesse se tornado descrição proverbial para identificar Jesus. É óbvio que essa redação reproduz o testemunho dado contra Jesus no julgamento pelo sinédrio judaico[9] (testemunho falso e inconsistente de Mc 14,57-59; legalmente testemunho suficiente de Mt 26,60-61). O modo de ser colocada nos lábios de transeuntes sugere que a acusação é bem conhecida e que, não importando o que Mateus tinha em mira ao chamar de falso o testemunho que a invocava, ele não deixou claro que Jesus nunca a disse. Com toda a probabilidade, não se espera que o leitor pergunte como essa alegação de Jesus ficou tão conhecida. A reação dos transeuntes a ela na forma atual indica que seu caráter ofensivo não se relaciona integralmente com as frases "feito por mão humana" e "não feito por mão humana", precisões interpretativas presentes em Mc 14,58, mas ausentes aqui (e ausentes nos dois relatos mateanos do dito).

Quando lembramos que havia dois temas no julgamento pelo sinédrio judaico em Marcos/Mateus, vemos que aqui há um esforço deliberado para recordar o julgamento todo.

Temas do julgamento	Escárnios marcanos	Escárnios mateanos
1. Destruição do santuário	1. igual	1. igual + Filho de Deus
2. Messias, Filho do Bendito ou de Deus	2. Messias Rei de Israel	2. Rei de Israel Filho de Deus

Marcos, que já usou "blasfêmia" para lembrar a sentença no julgamento, recorda o tema do primeiro julgamento no primeiro escárnio e o tema do segundo

---

[8] O grego *oua* é usado em Epicteto para expressar admiração. Contudo, achando admiração desdenhosa insatisfatória, Bishop ("*oua*") sugere relacionar a expressão marcana ao arábico '*ua*', advertência para "vigiar" pelo que cavalga um asno ou um camelo — os transeuntes advertem Jesus para ter cuidado consigo mesmo. Sem pretender ser severo, considero isso uma fantasia pedante. Expletivos têm inteligibilidade emocional sem se traçar sua etimologia; o dicionário é bastante informativo a respeito do "Ah" que usei para traduzir *oua*.

[9] O uso aqui de "em [*en*] três dias" em lugar de "dentro de [*dia*] três dias" de Mc 14,58 (Mt 26,61) é uma variante inexpressiva. A ordem mateana das palavras aqui, com "em três dias" antes de "construindo" (inversão da ordem do escárnio marcano), é a mesma ordem do dito do julgamento.

julgamento no segundo escárnio. Mateus lembra os dois temas do julgamento no primeiro escárnio[10] e então repete "Filho de Deus" no segundo escárnio. Várias razões para a ênfase mateana no tema do "Filho de Deus" se apresentam. Primeiro, é bem possível que, na ocasião em que Mateus escreveu, o santuário de Jerusalém já tivesse sido destruído e a incredulidade judaica hostil se concentrasse agora primordialmente na cristologia, de modo que a questão de Jesus ser ou não o Filho de Deus estava em primeiro plano nos debates das igrejas e sinagogas. Segundo, Mateus lembra as tentações de Jesus no início do Evangelho e nelas, "se tu és Filho de Deus" é tema importante (ver nota 1 acima).[11] Mencionei que esta cena de escárnio em Marcos usa o tema da blasfêmia como uma inclusão com passagens iniciais de seu Evangelho; Mateus usa "se tu és Filho de Deus" como sua frase de inclusão. Uma terceira razão para a ênfase de Mateus em Jesus como o Filho de Deus inclui uma repetição do livro veterotestamentário da Sabedoria em sua descrição do escárnio do justo pelo ímpio — repetição envolvida com os temas de ser salvo e libertado que são mais bem examinados abaixo (sob "O desafio para salvar-se a si mesmo ou ser libertado"), no final do segundo escárnio em Marcos/Mateus, onde Mateus faz uma inserção que facilita esse exame.

Entretanto, aqui já está claro um eco do tema veterotestamentário do escárnio do justo. Em § 40, #4, acima, ao estudar a divisão das roupas de Jesus, vimos a lembrança das palavras de Sl 22,19. Abaixo, veremos que as únicas palavras faladas na cruz por Jesus moribundo em Marcos/Mateus citam Sl 22,2. E, assim, não é surpreendente termos aqui outra reverberação do Salmo 22:[12]

---

[10] O primeiro escárnio marcano justapõe "destruindo o santuário" e "salva-te a ti mesmo", sem especificar gramaticalmente que, *se* Jesus pode fazer uma coisa, deve ser capaz de fazer a outra. A adição mateana de "se tu és Filho de Deus" esclarece isso e nos lembra, além do mais, que no julgamento mateano do sinédrio a acusação de destruir o santuário não era falsa (como era para Marcos), mas levou diretamente à pergunta do sumo sacerdote quanto a Jesus ser o Filho de Deus.

[11] Nos escárnios perto da cruz, Mateus amplia as duas discórdias satânicas da natureza do Filho de Deus. No início do Evangelho as tentações do diabo culminaram na oferta de um poder condizente com o padrão do mundo para o Filho de Deus (Mt 4,8-9); no meio do Evangelho, Pedro foi chamado de Satanás porque julgava o sofrimento irreconciliável com o fato de Jesus ser o Filho do Deus vivo (Mt 16,16.22-23). Donaldson ("Mockers") defende vigorosamente que, nos escárnios, com sua ênfase no Filho de Deus, Mateus transcendeu a imagem do justo sofredor em Marcos.

[12] As palavras gregas em colchetes representam o vocabulário da LXX da passagem do Salmo usada no relato evangélico do escárnio. Contudo, o uso evangélico da Escritura aqui é tão alusivo que nem sempre temos certeza se o evangelista está lendo a LXX ou o TM. (McCaffrey, "Psalm", p. 86, também invoca a possibilidade de leituras targumísticas.) Afora as alusões ao Sl 22 e a Sb 2 citadas em meu texto, o prof. E. Boring chamou minha atenção para Jr 48,27 (LXX 31,27), dirigido a Moab como censura: "É Israel motivo de riso para ti? Foi ele pego *entre ladrões* para que balances a cabeça sempre que falas dele?".

Sl 22,8a: Todos os que me observaram [*theorein*] zombaram [*ekmykterizein*] de mim;

8b: falaram com os lábios, sacudiram [*kinein*] a cabeça.

Em seu primeiro escárnio de Jesus na cruz, Marcos/Mateus imitam Sl 22,8b na frase a respeito de sacudir a cabeça;[13] e, como agora veremos, Lucas recorre a Sl 22,8a quando reformula a passagem marcana.

O "povo" que vigia (Lc 23,35a). Como expliquei no início desta seção, Lucas fornece uma estrutura para os três escárnios, acrescentando reações antes e depois. Se os "transeuntes" que iniciam a cena marcana formam um grupo hostil (de judeus) que blasfemam, Lucas começa com um "povo" (judeu) mais benevolente.[14] Ao descrever cuidadosamente esse grupo na cena da crucificação e sua consequência, Lucas prepara a rápida aceitação de Jesus por um grande número de hierosolimitas em At 2,41.47; 4,4; 6,1. Ao compor a estrutura, Lucas combina a imagem marcana[15] com Sl 22,8a e escreve: "E o povo estava de pé ali observando".

Por si só, o aparecimento de pessoas em uma execução é negativo, representando curiosos que vieram se divertir com o espetáculo, como em *3 Macabeus* 5,24, onde uma multidão sai cedo para ver judeus serem executados. Mas a sequência das referências lucanas ao povo no relato da crucificação indica uma atitude mais positiva aqui. Certamente, "o povo" perto da cruz em Lc 23,35 é o mesmo que na

---

[13] Isso é certamente indubitável por causa dos usos frequentes do Sl 22 na NP; mas "sacudir a cabeça" encontra-se em outras passagens de aflição e elas podem também ter sido lembradas, por exemplo, Lm 2,15: "*Todos os que passam* pelo caminho batem palmas para ti, vaiam e *sacodem a cabeça* para a filha de Jerusalém". As duas frases em itálico encontram-se em Mc 15,29. Bailey ("Fall", p. 105) enfatiza esses antecedentes em Lamentações e certamente há ironia em fazer os hierosolimitas escarnecerem de Jesus da mesma maneira que os inimigos outrora escarneceram de Jerusalém.

[14] Uma exceção à apresentação lucana geralmente favorável do "povo" (APÊNDICE V, A) é Lc 23,13, que junta o "povo" aos chefes dos sacerdotes e governantes — um grupo que, junto, levou Jesus a Pilatos para ser castigado (Lc 23,14). Implicitamente, eles faziam parte de um "eles" que é hostil a Jesus em todo o julgamento de Pilatos (Lc 23,18.21.23) e à vontade de quem Pilatos entrega Jesus (Lc 23,25). Tentativas para fazer Lucas totalmente consistente ao lidar com esse povo (judeu) não reconhecem que Lc 2,34 reconheceu Jesus como sinal contraditório que seria "causa da queda e reerguimento de muitos em Israel".

[15] Além de mudar os transeuntes marcanos para o povo de pé, Lucas omite o temperamental "sacudindo a cabeça" marcano e muda o "estavam blasfemando" marcano do primeiro escárnio para o terceiro, ligando-o ao malfeitor hostil (Lc 23,39). Como Lucas omitiu o tema da destruição do santuário no interrogatório de Jesus diante do sinédrio, ele o omite também no escárnio.

"grande aglomeração do *povo*" que seguiu Jesus ao local da crucificação em Lc 23,27. Embora Lucas não tenha indicado a atitude ou razão deles para seguirem, o fato de essa aglomeração acompanhar "mulheres que estavam batendo em si mesmas e lamentando" por Jesus não daria a impressão de que eles tinham uma atitude negativa para com Jesus.

Aqui, o povo é descrito estando "de pé [*histanai*] ali observando [*theorein*]". Mais uma vez, nenhum verbo dessa descrição lucana revela a atitude de "o povo" para com Jesus crucificado. Em grego que reflete formação semítica, o verbo *histanai* muitas vezes não transmite nada mais que presença e virtualmente equivale a "estar" em um lugar. Às vezes, entretanto, Lucas usa-o para pintar um quadro vivo, como em Lc 23,10, onde ele diz que, diante de Herodes, os chefes dos sacerdotes e os escribas tinham *estado de pé* ali, acusando-o [Jesus] insistentemente. Agora, em contraste com o primeiro grupo transiente marcano, os transeuntes, o povo de Lucas "de pé ali", são presença continuada em toda a crucificação,[16] pois, quando Jesus morre, lemos em Lc 23,48: "Todas as multidões que estavam reunidas para a observação disso, tendo observado esses acontecimentos, voltaram batendo no peito". Ali vemos os resultados da observação (*theorein*) que começou enquanto Jesus era escarnecido. Quer o povo já estivesse ou não compadecido, em contraste com os três grupos de escarnecedores, sua observação levou ao arrependimento. Desse modo, para Lucas — e isso será mais uma vez enfatizado em relação aos dois malfeitores —, observar Jesus na cruz endurece a hostilidade de alguns e amolece o coração de outros.

Primeiro escárnio em Lucas; segundo escárnio em Marcos/Mateus (Lc 23,35b; Mc 15,31-32a; Mt 27,41-42)). Tendo omitido o primeiro grupo de escarnecedores (os transeuntes que blasfemam) marcanos, Lucas teve de reorganizar para obter seus três escárnios. Seguiu a ordem marcana, no sentido de que o segundo grupo de escarnecedores marcanos, isto é, os chefes dos sacerdotes e escribas que escarneciam de Jesus a respeito de ser o Messias, torna-se o primeiro grupo lucano de escarnecedores: os governantes que zombam de Jesus a respeito de ser o Messias. Vamos começar examinando em detalhe a passagem lucana.

---

[16] De uma forma diferente, Mt 27,36 também inclui no local da cruz uma continuada presença observadora: os soldados que se sentam montando guarda sobre ele ali.

As palavras iniciais são literalmente: "Havia zombando, entretanto [*de*] também [*kai*] os governantes". É provável que, sob a influência do *kai* canhestro, alguns escribas antigos[17] e alguns comentaristas modernos[18] entendam que a vigília do povo em Lc 23,35a era malevolente e desse modo complementava a zombaria dos governantes. Na interpretação da maioria (defendida acima), na qual a vigília não tem o propósito de ser hostil, há diversas maneiras de explicar o *kai*. É possível recorrer a explicá-lo como parte da tomada de empréstimo de Marcos por Lucas (*"também* os chefes dos sacerdotes"), sem prestar atenção suficiente à dificuldade assim criada acidentalmente. Mais simplesmente a força do *kai* pode ser adverbial, não tendo a implicação de que os governantes estavam zombando também como outros tinham zombado, mas não só o povo estava de pé ali vigiando, como também os governantes estavam zombando e dizendo. De certo modo, o *kai* chama a atenção para a estrutura paralela das duas partes do v. 35, cada uma tendo um sujeito acompanhado por um verbo finito, com a força de um tempo imperfeito,[19] e um particípio explicativo que continua a ação do verbo.

Em Marcos/Mateus, os verbos de insulto nos três escárnios são *blasphemein*, *empaizein* e *oneidizein*, nessa ordem. Lucas usa *ekmykterizein*, *empaizein* e *blasphemein* — é o último o clímax? Sua preferência por *ekmykterizein* ("zombar") ao *oneidizein* ("injuriar") marcano talvez tenha sido ditada pelo aparecimento de *ekmykterizein* em Sl 22,8a. (Notemos que desse modo se está pressupondo que Lucas percebeu o uso de Sl 22,8b, mas preferiu usar 22,8a — montagem sutil!) Contudo, o verbo já estava no vocabulário lucano, que é o único autor no NT a empregá-lo (Lc 16,14). Ele é maravilhosamente expressivo, pois se relaciona com *myktos*, "nariz", e por isso tem parte da conotação de "torcer o nariz para" ou "ficar de nariz empinado". *Archontes*, "governantes", é exclusivo de Lucas na NP (Lc 23,13 e aqui) e, em Lucas-Atos, às vezes corresponde aos componentes do sinédrio (APÊNDICE V, B6). Assim, é equivalente ao segundo grupo de escarnecedores marcanos: "os chefes dos sacerdotes [...] com os escribas", aos quais Mateus acrescenta os "anciãos" para

---

[17] O Códice de Beza, que tem tendências antijudaicas, omite o "havia também governantes" lucano, de modo que o povo está de pé ali, vigiando e zombando dele. As famílias de minúsculas Lake e Ferrar trazem os governantes zombando dele "com eles" (= o povo).

[18] Plummer (*Luke*, p. 532) conta a vigília do povo como o primeiro de "quatro tipos de maus-tratos". Estruturalmente, em *um episódio* devemos suspeitar de quatro, não de três escárnios!

[19] O mais que perfeito de *histanai* em Lc 23,35a tem essa conotação, do mesmo modo que o perfeito tem conotação de presente (BDF 97¹).

completar os componentes do sinédrio. Contudo, a preferência lucana pelo termo genérico "governantes" apresenta um sutil contraste com "o povo". Para Lucas, a reação judaica a Jesus divide-se na Paixão (como na história subsequente): o povo como um todo não é hostil, mas os governantes são. É muito diferente da perspectiva mateana, onde "todo o povo" (Mt 27,25) toma o lado das autoridades.

Marcos traz os chefes dos sacerdotes "escarnecendo dele entre si" e falando a respeito de Jesus na terceira pessoa. Gnilka (*Markus*, v. 2, p. 320) acha que eles estão longe da cruz, mas isso destruiria o cenário onde o primeiro e o terceiro escárnios estão imediatamente presentes para Jesus. É apropriado que membros do sinédrio, sob várias designações, apareçam como os principais protagonistas do primeiro escárnio de Lucas e do segundo escárnio de Marcos/Mateus, pois a cena tem o propósito de lembrar aos leitores o desafio a Jesus no julgamento ou interrogatório do sinédrio. Marcos estabelece o padrão: as acusações contra Jesus pelas autoridades judaicas quando elas o interrogaram são retomadas para escarnecer dele enquanto ele pende da cruz, mas acabarão sendo o assunto da justificação divina de Jesus depois de sua morte. Já examinamos em relação ao primeiro escárnio em Marcos/Mateus a acusação de que Jesus afirmou poder destruir e construir o santuário. Voltemo-nos agora para os títulos a respeito dos quais Jesus foi interrogado nos procedimentos judaicos, a saber, "o Messias", "o Filho do Bendito/de Deus". No escárnio perto da cruz, aparecem os seguintes títulos:

Mc 15,32: Messias, Rei de Israel

Mt 27,42: Rei de Israel, Filho de Deus

Lc 23,35-37: Messias de Deus, escolhido (3º escárnio), Rei dos Judeus

Por que Marcos só menciona "Messias" e não "Filho do Bendito/de Deus", especialmente quando na justificação de Jesus depois de sua morte o centurião romano confessa-o como o Filho de Deus?[20] Este último aspecto, considerado sozinho, é inteligível: um gentio não usaria "Messias" ao confessar Jesus. É essa a chave para a resposta? Marcos descreve as autoridades do sinédrio escarnecendo

---

[20] Ao examinar esses títulos, farei perguntas em vez de apresentar soluções com firmeza. Aqui, a lógica dos evangelistas é obscura e talvez a escolha de títulos não fosse tão deliberada quanto muitas soluções supõem.

do que as preocupa, isto é, "o Messias" e a confissão pelo centurião romano da mesma realidade, mas sob o título de "Filho de Deus"?

Uma abordagem semelhante explica em parte o que Marcos acrescenta a "Messias", embora não seja mencionado no julgamento do sinédrio, isto é, o título "Rei de Israel?".[21] A respeito deste título, Mateus segue Marcos, embora mantenha-o bem separado de "Filho de Deus", enquanto Lucas muda para "o Rei dos Judeus". O título lucano imita claramente a acusação contra Jesus no julgamento romano, como evidencia o fato de Lucas atribuí-lo a soldados (romanos). Desse modo, Lucas nos dá a chave para a intenção de Marcos, a saber: tendo lembrado o julgamento judaico de Jesus com os temas do santuário e do Messias, Marcos quer também lembrar o julgamento romano? Mas por que então Marcos não escreveu "o Rei dos Judeus", em vez do que realmente escreveu, "Rei de Israel"? Ele pretende dizer (seguido por Mateus) que Pilatos e os romanos usam o título político "o Rei dos Judeus" (Mc 15,2.9.12.18.26),[22] mas que os judeus usam o mais teológico "Rei de Israel"? Nossos indícios para essa suposição são por comparação externa. Em *EvPd* 4,11, a inscrição na cruz, erguida *por judeus* é: "Este é o Rei de Israel".[23] Embora seja agradável pensar que Marcos quer lembrar o julgamento romano, a sugestão de que o faz dando-nos o conhecido equivalente judaico de "o Rei dos Judeus" subentende grande sutileza.

A preferência de Mateus por "Filho de Deus" já foi examinada (sob "Primeiro escárnio em Marcos/Mateus", acima), pois ele o emprega duas vezes, introduzindo-o no primeiro escárnio e também substituindo por ele o "Messias" marcano do segundo escárnio. Continua intrigante para este comentarista por que Mateus não deixou "Messias" ao lado de "Filho de Deus". Nada no relato mateano favorece a tese de que "o Rei de Israel" traduz a acusação no julgamento romano, pois, ao contrário do escárnio marcano, onde esse título vem depois das acusações a respeito do santuário e Messias, em Mateus ele aparece entre as duas referências a "Filho de Deus".

---

[21] Dos sete usos marcanos de *Christos* ("Messias"), quatro são seguidos por um título em aposição: Filho de Deus/do Bendito (Mc 1,1; 14,61), filho de Davi (Mc 12,35), Rei de Israel (aqui). Em Lc 23,2, Jesus é acusado diante de Pilatos por alegar ser "o rei Messias".

[22] Ver no § 32, v. I, acima o uso deste título pelos rei seculares asmoneus e herodianos.

[23] Também segundo Jo 12,12-13, Jesus foi louvado pela multidão quando entrou em Jerusalém: "Bendito é o que vem em nome do Senhor e o Rei de Israel".

Embora em Lucas "o Rei dos Judeus" (o terceiro escárnio) apresenta menos problemas como título, as adições que ele faz ao "Messias" de Marcos são intrigantes; de fato, Lucas fala de "o Messias de Deus, o escolhido". É digno de nota que Lc 9,20 colocou a confissão de "o Messias de Deus"[24] nos lábios de Pedro, quando o paralelo em Mc 8,29 tinha simplesmente "o Messias" (e Mt 16,16 tinha "o Messias, o Filho do Deus vivo"). Se perto da cruz os governantes judeus estão zombeteiramente remontando a Jesus uma alegação que seus seguidores fizeram para ele, Lucas tem o cuidado de insinuar para o leitor que o título é primordialmente teológico. Quanto ao outro adendo lucano, "o escolhido" (*ho eklektos*),[25] no relato da Transfiguração em Lucas (Lc 9,35) Deus chama Jesus de "meu Filho, meu escolhido [*eklelegmenos*]", cujo paralelo em Marcos 9,7 é "meu Filho, meu bem-amado [*agapetos*]". Mt 17,5 seguiu Marcos, mas acrescentou "em quem tenho muito prazer", forma completa usada pelos três sinóticos para descrever a voz celeste no batismo de Jesus. Nas designações da Transfiguração e do batismo, o propósito é fazer com que os leitores reconheçam a combinação de cristologia régia (Sl 2,7: "Tu és meu filho") e a cristologia do servo sofredor (Is 42,1: "Vede meu servo [...] meu escolhido, em quem minha alma se apraz"). Como essa combinação representa a reflexão cristã pós-ressurreição sobre o ministério de Jesus, os governantes judeus em Lucas zombam da avaliação mais profunda de Jesus por seus seguidores.

O desafio para salvar-se a si mesmo ou ser libertado (esp. Mt 27,43). Em relação ao segundo escárnio em Marcos/Mateus e ao primeiro escárnio em Lucas, estudamos as personagens (autoridades do sinédrio) e os títulos que deram origem ao escárnio. Mas há um desafio que percorre os dois primeiros escárnios em Marcos/Mateus e os três em Lucas, a saber, um desafio, expresso de várias

---

[24] Ver também "Seu Messias", em At 3,18, e "o Messias do Senhor", em Lc 2,26 — este último (ou "Senhor Messias") é atestado como designação judaica em *Salmos de Salomão* 17,36(32) — ver BNM, p. 804.

[25] Talvez porque "o escolhido [eleito]" não fosse um título com o qual estivessem familiarizados, os copistas adaptaram a frase, por exemplo, alguns mss. *koiné* suavizam Lc 23,35 para "o Messias, o escolhido de Deus", enquanto P^{75} tem "o Messias, o Filho de Deus escolhido". (É o último uma tentativa de incorporar os dois títulos que Lucas emprega no interrogatório judaico de Jesus: Messias e o Filho de Deus [Lc 22,67.70a]? "O escolhido de Deus" como título para Jesus tem magnífico apoio textual em Jo 1,34. Era "o escolhido ou eleito" um título no Judaísmo pré-cristão? O título aparece uma dúzia de vezes em *1 Henoc*, entre 45,3 e 61,10, isto é, na parte de "Parábolas" que não foi encontrada entre as muitas cópias de *1 Henoc* de Qumrã, e isso mostra sinais de interpolação cristã; contudo, ver § 22 A, acima. O título aparece em 4Q Mess Ar, com referência a uma criança recém-nascida que terá um grande futuro, mas sem contexto suficiente para identificar essa figura como o Messias — assim J. A. Fitzmyer, FESBNT, p. 127-160 *versus* J. Starcky.

maneiras, a Jesus para salvar-se a si mesmo,[26] descer da cruz ou ser libertado por Deus. Mt 27,43 acrescenta ao que foi adotado de Marcos todo um versículo para tratar desse desafio. Permitam-me relacionar as diversas expressões, seguidas pelos Evangelhos em que ocorrem e por uma indicação (1, 2 ou 3) quanto a qual dos três escárnios as contém nesse Evangelho específico.[27]

  i. Salva-te a ti mesmo: Marcos 1, Mateus 1, Lucas 2-3

  ii. Outros ele salvou; a si mesmo ele não pode salvar: Marcos 2, Mateus 2

  Outros ele salvou; que se salve a si mesmo: Lucas 1

  iii. Desce da cruz: Marcos 1-2, Mt 1-2

  iv. Ele confiou em Deus. Que seja libertado se Ele o ama (adendo de Mateus a 2)

Diversos itens são imediatamente notáveis. Primeiro, venho tratando o primeiro escárnio lucano como equivalente a certos aspectos do segundo escárnio em Marcos/Mateus; sob *ii* está evidente que a equivalência se estende também ao desafio. Contudo, Lucas não aprecia a redação marcana: "a si mesmo ele não pode salvar". Para Marcos, esse é um endurecimento artístico de atitude pelos segundos escarnecedores (as autoridades do sinédrio) em relação aos primeiros (simples transeuntes) — em Marcos, as autoridades estão certas da impotência de Jesus. Mas o Jesus da NP lucana, embora não tão onipotente quanto o Jesus joanino, é descrito como estando mais no controle de seu destino que o Jesus marcano; e Lucas acharia "não pode salvar" forte demais. Segundo, Lucas, que emprega três vezes o tema marcano de Jesus salvar-se a si mesmo, evita o desafio marcano de que Jesus deve descer da cruz. Teria Lucas considerado "Salva-te a ti mesmo, tendo descido da cruz" tautologia?

---

[26] Pesch (*Markus*, v. 2., p. 488) acha que a incapacidade de salvar-se a si mesmo era um teste padrão que traía o falso messias, mas as provas que apresenta (*Apocalipse de Elias* e Hipólito) são de mais de um século depois e encontradas em um contexto cristão.

[27] Observemos que, sob *i*, o terceiro escárnio lucano adapta o desafio (tomado de Marcos) ao contexto no qual ele é dirigido a Jesus por um malfeitor "suspenso" com ele: "Salva-te a ti mesmo e a nós". O desafio no segundo escárnio lucano também está na segunda pessoa ("Salva-te a ti mesmo"); e o Códice de Beza harmoniza também o desafio no primeiro escárnio (Lc 23,35b), mudando-o da terceira para a segunda pessoa: "Tu salvaste outros, salva-te a ti mesmo".

Mostrei acima como Sl 22,8 deu forma ao primeiro escárnio de Marcos/ Mateus e à descrição lucana de "o povo" que precede os escárnios. O versículo seguinte do Salmo influencia o desafio a Jesus:

Sl 22,9a: Ele confiou no Senhor; que Ele o salve;

9b: Que Ele o salve porque o ama.

A referência em 9b a Deus *que salva* o justo foi adaptada nos desafios *i* e *ii* a Jesus (que alega ser Filho de Deus ou o Messias). O desafio *iv*, forma relatada apenas em Mt 27,43, faz uso claro também de Sl 22,9a.[28] Como a razão sarcástica de ser o desafio *i* apresentado a Jesus é que "ele disse: 'Eu sou Filho de Deus'", é provável que Mateus tenha em mente outro escárnio bíblico do justo sofredor pelo ímpio:

Sb 2,17a: Vejamos se suas palavras são verdadeiras,

17b: e comprovemos [*peirazein*] o que lhe acontecerá.

18a: Pois se o justo é filho de Deus,

18b: Ele o ajudará e o libertará da mão dos que se levantam contra ele.[29]

Claramente, é forte a atmosfera veterotestamentária do desafio arremessado a Jesus.

Entretanto, há também temas derivados dos relatos evangélicos do ministério de Jesus. "Ele salvou outros" do desafio *ii* descreve globalmente uma série de ações, pois "salvar" é frequente em narrativas de Jesus perdoando pecados e curando.[30] Talvez seja especialmente significativo o uso evangélico de "salvar" para quando Jesus liberta as pessoas da morte (Mc 5,23; Lc 8,50) — o Jesus que salvou outros da morte deve ser capaz de salvar a si mesmo da morte.[31] Mas os desafiantes não

---

[28] SPNM, p. 287-288, debate em detalhe que forma linguística do texto do Salmo motivou Mateus e conclui: "Embora possam estar presentes influências do hebraico e da LXX, não há nenhuma relação necessária com uma dessas duas versões". A questão é complicada pela liberdade de Mateus ao adaptar e por ele ter em mente outras passagens. Aytoun, "Himself", remonta "A si mesmo ele não pode salvar", no desafio *ii* ao último verso de Sl 22,30, verso muito obscuro, que diz literalmente "Sua alma ele não faz viva" e que, na interpretação de Aytoun, significa que o sofredor não se salvou.

[29] O contexto em Sb 2,19-24 continua com a resolução do ímpio de torturar e condenar o justo a uma morte vergonhosa, "pois de acordo com suas palavras, Deus cuidará dele".

[30] Por exemplo, Mt 1,21; Mc 3,4 e par.; Lc 7,50; 8,48; 17,19; 18,42.

[31] A sugestão de que Jesus não pode se salvar é particularmente irônica em Mateus, onde os leitores já ouviram Jesus dizer: "Pensas que não sou capaz de recorrer a meu Pai, e Ele imediatamente me proverá com mais de doze legiões de anjos?" (Mt 26,53).

demonstram saber que a advertência de Jesus aos discípulos tinha exatamente o sentido oposto: "Quem quiser salvar sua vida a perderá" (Mc 8,35 e par.). Do mesmo modo, o desafio "desce da cruz" é exatamente o contrário da exigência que Jesus fez aos discípulos para tomar a cruz e segui-lo.[32] Em Marcos, o desafio para descer da cruz é apresentado "a fim de podermos ver e crer". Mas os leitores marcanos já ouviram Jesus falar desses forasteiros na linguagem de Isaías (Mc 4,12, de Is 6,9): "Eles na verdade veem, mas não percebem". Mt 27,42 concentra-se no elemento de crença: "Desce da cruz e acreditaremos".[33] A ironia é que, se descesse, ele se tornaria *ipso facto* inacreditável.

Já indiquei, na nota 1, os paralelos verbais entre esses três escárnios de Jesus no final de Mateus e as três tentações de Jesus no início. "Se tu és Filho de Deus [...] desce da cruz" é muito semelhante a "Se tu és Filho de Deus, joga-te para baixo [do pináculo do Templo]" (Mt 27,40; 4,6). A intenção é que os leitores mateanos reconheçam em cada um dos versículos que, se Jesus fizer o que o desafiador quer que ele faça, deixará de ser o que a alegação afirma: Ele não será o Filho de Deus. Mais exatamente, só quando ele permanecer na cruz até morrer, acreditarão ser ele Filho de Deus (Mt 27,54; Mc 15,39).

Segundo escárnio lucano (Lc 23,36-38). Em lugar do primeiro conjunto marcano de zombadores, "os transeuntes", Lucas colocou "o povo" e lhe deu um papel neutro para estruturar os escárnios. Logicamente, isso significa que para manter o padrão de três, Lucas tinha de introduzir um grupo substituto de escarnecedores (ver o quadro no início desta subseção). Consequentemente, depois dos governantes zombeteiros que formam o primeiro escárnio lucano, agora encontramos: "Além disso, também os soldados zombavam".[34] O aparecimento desses soldados finalmente especifica o vago "eles" que estão encarregados da execução de Jesus

---

[32] Mc 8,34; Mt 10,38; 16,24; Lc 9,23; 14,27.

[33] O mesmo desafio seria expresso 150 anos mais tarde pelo incrédulo Celso: "Por que ele de qualquer maneira não manifesta agora alguma coisa divina e se liberta dessa vergonha?" (Orígenes, *Contra Celso* ii,35).

[34] O início dos três escárnios lucanos de Jesus na cruz (Lc 23,35b.36.39) é marcado por um *de* pospositivo, traduzido por: "Mas [...] Além disso [...] Além disso...". Apesar do costume de descrever esses três insultos como "escárnios", o verbo *empaizein*, que é mais apropriadamente traduzido "escarnecer", aparece apenas na segunda ação. Antes, os três Evangelhos usaram-no na terceira predição da Paixão (Mc 10,33-34; Mt 20,19; Lc 18,32). Lucas usou *empaizein* nas duas cenas anteriores da NP, nas quais Jesus foi ridicularizado (antes do julgamento judaico [Lc 22,63] e na presença de Herodes [Lc 23,11]), enquanto Mc 15,20 e Mt 27,29.31 usaram-no apenas para o escárnio depois do julgamento por Pilatos.

desde que Pilatos o entregou.[35] Embora não os identifique, Lucas com certeza quer que pensemos em soldados *romanos* (com a devida vênia a Walaskay, "Trial", p. 92). Na terceira predição lucana da Paixão (Lc 18,32), Jesus disse que seria entregue *aos gentios* e escarnecido. Outros onze usos de *stratiotes* ("soldado") em Lucas-Atos referem-se a soldados que oficiais romanos, como centuriões e tribunos, tinham sob suas ordens.[36] O título que eles usam aqui para escarnecer de Jesus é "o Rei dos Judeus", título que nunca se origina de judeus nos Evangelhos e que repete a acusação de Pilatos (Lc 23,3) no julgamento romano. Por conseguinte, enquanto o primeiro e o segundo escárnios marcanos avançam de transeuntes para chefes dos sacerdotes e os escribas, o primeiro e segundo escárnios lucanos avançam de governantes judaicos para soldados romanos. Os governantes judaicos zombam de Jesus sob o título religioso "o Messias de Deus"; os soldados romanos escarnecem dele sob o título político "o Rei dos Judeus". O fato de ambos desafiarem-no para salvar-se a si mesmo da cruz mostra que tanto judeus como romanos entenderam mal a identidade de Jesus.

Diversos aspectos do relato lucano exigem atenção. O *primeiro* é o paralelismo entre a cena lucana no local da cruz onde Jesus é escarnecido pelos soldados romanos e a cena de Marcos/Mateus no pretório depois do julgamento por Pilatos, onde Jesus é escarnecido por uma coorte romana (§ 36). Aqui, em Lucas, e ali, em Marcos, o verbo *empaizein* ("escarnecer") é usado, e o escárnio concentra-se no título "Rei dos Judeus". Os escribas do Códice de Beza e da OS notaram essa relação; de fato, em seu texto da cena lucana na cruz, exatamente como no escárnio marcano pós-Pilatos, os soldados dizem: "'Salve [*chaire*], Ó Rei dos Judeus', [...] depois de terem posto nele também uma coroa de espinhos". Pode-se dizer que há em Marcos quatro conjuntos nos quais tem lugar o escárnio: julgamento judaico, julgamento romano, na cruz e quando Jesus morre (Mc 15,36-37).[37] O primeiro e o terceiro são por judeus, o segundo por romanos e o quarto simplesmente por

---

[35] Lc 23,26: "eles o levaram embora"; Lc 23,33: "ali eles o crucificaram"; 23,34: "eles tiraram a sorte".

[36] As únicas exceções na prática lucana total estão em At 12,4.6.18 com os soldados do rei Herodes Agripa I. Contudo, como esse rei assumira o papel governante antes desempenhado por prefeitos romanos, pode-se dizer que Lucas sempre usa *stratiotes* para soldados de autoridade governante civil. O termo não deve ser confundido com o *strategos* usado por Lucas-Atos para os "capitães do Templo", que são figuras sacerdotais acompanhadas por milícias judaicas encarregadas da ordem no Templo (APÊNDICE V, B4), nem com *strateuma*, que Lc 23,11 usa para tropas de Herodes.

[37] A relação entre o relato lucano e o último episódio marcano da crucificação que envolve a oferta de vinho será examinada em breve.

"alguém". O sentido lucano de método fá-lo reduzir os escárnios a dois: um antes do julgamento judaico, pelos captores judeus que estavam detendo Jesus, e o outro na cruz, por soldados romanos.

O *segundo* aspecto que merece atenção é a ação dos soldados "vindo para a frente, levando para a frente para ele vinho avinagrado [*oxos*]". O fato de terem os soldados de se adiantar (*proserchesthai*)[38] implicitamente reconhece que Lucas manteve os militares romanos nos bastidores até agora. *Prospherein* é o segundo verbo lucano em sequência composto com *pros*, donde minha tradução repetitiva: "levar para a frente". O verbo é muitas vezes usado para uma respeitosa apresentação religiosa de presentes (como em Mt 2,11), de modo que, em si, a ação descrita aqui não é escarnecedora. Somente quando ouvimos as palavras dos soldados fica claro que sua oferta de vinho barato[39] é um presente burlesco para o rei.

Em § 40, #2, descrevi os relatos em Marcos/Mateus de duas ofertas de vinho para Jesus na cruz. *No início*, em Mc 15,23 (= Mt 27,34), eles (soldados romanos) oferecem *oinos* ou vinho doce, misturado com mirra (fel), provavelmente com o propósito caridoso de diminuir o sofrimento de Jesus; mas ele não o toma. No fim, em Mc 15,36 (= Mt 27,48), um espectador enche uma esponja com *oxos* ou vinho amargo, encaixa-a em um caniço e (em um contexto de escárnio) dá para Jesus beber; mas não nos é dito se ele bebeu ou não.[40] De modo não inesperado, Lucas simplifica, relata apenas uma oferta de vinho e baseia sua narrativa principalmente na segunda oferta marcana de vinho — afinal de contas, a primeira foi ineficaz, pois Jesus a recusou. Na verdade, a única imitação possível da primeira oferta marcana foi a especificação lucana daquilo que Marcos só subentende: os soldados foram os agentes. Lucas também torna específico o escárnio insinuado

---

[38] Este verbo, que ocorre 10 vezes em Lucas, 10 nos Atos (em comparação com 5 em Marcos, 1 em João), ainda não tem a frequência (52 vezes) nem a importância mateanas (§ 13).

[39] É difícil determinar a impressão transmitida pela oferta de *oxos*, o vinho tinto seco ordinário, diluído e avinagrado (relacionado com *oxys*, "ácido") que era a bebida *posca* ou comum dos soldados romanos, por exemplo, dos estacionados em Hermópolis no Egito, conforme atestado por descobertas em papiros. Para Mateus e talvez também para Marcos, o uso da palavra *oxos* na NP é uma imitação de Sl 69,22 (ver § 42, sob "Elias e a oferta de vinho avinagrado"), mas será que Lucas pretende que seus leitores façam essa ligação e teriam eles feito?

[40] Em Jo 19,29-30, "eles" (os soldados?) põem uma esponja embebida em *oxos* em um pouco de hissopo e a erguem até os lábios de Jesus; ele toma esse vinho. Não há nenhum escárnio envolvido. Nada sugere que Lucas conhecesse a tradição joanina ou tenha recorrido ao relato de João.

pelo contexto no qual Marcos coloca a segunda oferta.[41] Ao trazer escárnio e *oxos* aqui, Lucas elimina diversos itens da repetição marcana.

Um *terceiro* aspecto é a informação: "Pois havia também uma inscrição acima dele: 'O Rei dos Judeus, este (homem)'". Lucas usa isso para explicar por que os soldados foram impelidos a dizer a Jesus: "Se tu és o Rei dos Judeus" — eles leram o título que estava diante de seus olhos na cruz. Como vimos em § 40, #6, Mc 15,26 (= Mt 27,37) menciona a inscrição no início do relato da crucificação simplesmente como item pertinente, sem dar explicações teológicas ou narrativas. Por outro lado, Jo 19,19-22 amplia o título como centro do primeiro episódio narrativo do relato da crucificação, trabalhando com o sentido dramático da linguagem empregada e o protesto zangado dos chefes dos sacerdotes dos judeus, que fizeram Pilatos insistir na afirmação da realeza de Jesus em relação aos judeus. O tratamento dado por Lucas fica a meio-caminho entre as duas abordagens, pois Lucas usa os detalhes marcanos com um instinto para sua importância narrativa não diferente de João.[42] Como em Lucas a inscrição alimenta o escárnio dos soldados, ela não é apenas um aviso do crime do acusado; é um motejo público de suas pretensões. Isso está entrevisto no *houtos* ("este") que Lucas acrescenta à redação marcana da inscrição: "O Rei dos Judeus — este indivíduo!".

Nessas condições, a meu ver o escárnio pelos soldados, exclusivo de Lucas, é totalmente formado por esse evangelista, a partir de matéria-prima marcana, que manifesta seu costumeiro talento para organização reajustada, simplificação por meio da abstenção de repetição e preferência por uma fluência narrativa mais suave.

O terceiro escárnio (Mc 15,32b; Mt 27,44; Lc 23,39). Marcos/Mateus concluíram o cenário da crucificação (§ 40) falando de dois bandidos que foram crucificados ao lado de Jesus; Marcos/Mateus encerram a segunda parte da cena da crucificação voltando a esses cocrucificados. Nos três sinóticos, este é o escárnio mais conciso de Jesus na cruz. (Em Marcos, isso não é surpreendente, pois as três cenas de oração em seu relato do Getsêmani também ficam cada vez mais concisas.)

---

[41] O desafio nos escárnios marcanos para descer da cruz talvez lembrassem a Lucas o insulto que acompanhou a última oferta marcana de vinho, quanto a querer ver se Elias viria descê-lo da cruz.

[42] Na verdade, escribas antigos traduziram erroneamente a semelhança funcional com João em uma relação verbal. Como relatado em § 40, nota 72, em Lc 23,38 a tradição textual *koiné* substituiu "uma inscrição acima dele" por "escrito acima dele em letras gregas, latinas e hebraicas" — certamente glosa tirada de João. Sem essa glosa, o texto de Lucas não trai nenhuma dependência de João.

Marcos introduz um novo verbo, *oneidizein* ("injuriar, censurar"), no imperfeito, e a força contínua do tempo mais a força do *kai* inicial tornam pungente a concisão: até os cocrucificados não pararam de injuriar Jesus. Marcos não dá expressão a essa injúria, por isso Mateus presume ter ela sido feita "do mesmo modo" que os escárnios precedentes.[43] Quando (Mc 15,27) introduziu essas personagens, Marcos falou delas como "dois bandidos" (plural de *lestes*; também Mt 27,38); mas aqui ele não reproduz essa terminologia: eles são apenas cocrucificados. É evidente que Marcos não está interessado no crime do qual essas personagens são culpadas, mas somente em sua sina lamentável na cruz. Ele não está interessado no conteúdo do que eles disseram, mas apenas no fato de terem injuriado Jesus. A força do terceiro escárnio, então, é a acumulação de hostilidade: não só os transeuntes casuais e os inimigos determinados de Jesus no sinédrio, mas até os infelizes que compartilham sua sina falam mal dele. Na cruz, Jesus não tem amigos: é um justo solitário, estreitamente rodeado por todos os lados de inimigos. Mais uma vez, pode ser que o Salmo 22 esteja nos bastidores, pois no v. 7 assim fala o justo: "Eu sou alguém injuriado [*oneidos*] por seres humanos e considerado um nada pelo povo [*laos*]". Palavras da mesma raiz, como *oneidizein*, são comuns em relatos veterotestamentários que descrevem o escárnio sofrido pelo justo (Sl 69,10; 89,51-52; Sb 5,3).

A versão lucana do terceiro escárnio tem significativas diferenças de Marcos.[44] Quando Lucas introduziu os criminosos que seriam crucificados com Jesus em Lc 23,32.33, chamou-os de malfeitores (plural de *kakourgos*) e ele repete essa designação aqui.[45] Ao contrário de Marcos, ele quer enfatizar não só o destino infeliz deles, mas também o fato de terem feito uma coisa repreensível. Um deles será salvo e os leitores precisam ver que a abundante indulgência de Jesus não é apenas simpatia pelos que sofrem, mas ainda verdadeira misericórdia para com os pecadores. Na verdade, em Lucas, o primeiro malfeitor faz jus a sua designação. No primeiro escárnio, os governantes judeus zombaram com incredulidade: "Se este

---

[43] Embora separado do verbo, o grego *to d'auto* é traduzido por alguns quase como se fosse uma relação objetiva: "insultando-o do mesmo modo".

[44] Uma diferença secundária é que Lucas não fala dos que foram "crucificados junto" com Jesus, mas dos "suspensos", isto é, o verbo *kremannynai*, que será usado para a morte de Jesus em At 5,30 e At 10,39 ("suspendem-no em uma árvore"). Esse verbo, que é mais bíblico, lembra a descrição em Dt 21,22.23 do castigo para um pecado capital, mas não podemos ter certeza se aqui a intenção é aludir ao Deuteronômio.

[45] Lucas é o único Evangelho que nunca usa *lestes* ("bandido") para aqueles cuja prisão acompanha a Paixão de Jesus — nem para Barrabás (Jo 18,40), nem para os cocrucificados (Mc 15,27 e Mt 27,38.44).

é o Messias". No segundo escárnio, os soldados romanos escarneceram de Jesus: "Salva-te a ti mesmo". Agora, o malfeitor que está suspenso ao lado de Jesus repete as duas coisas em sua blasfêmia: "Não és tu[46] o Messias? Salva-te a ti mesmo e a nós". Apesar de toda a injustiça envolvida, os governantes judeus e os soldados romanos tinham a seu favor as formalidades legais de interrogatório e julgamento, mas o malfeitor (como lhe lembrará seu companheiro) está do outro lado da lei. Sua blasfêmia contra Jesus é ainda mais infundada que a dos transeuntes a respeito dos quais Mc 15,29 usou esse verbo. É um Jesus que foi vilipendiado sem causa que agora mostra misericórdia.

A salvação do outro malfeitor (Lc 23,40-43)

Até aqui na cena presente, que descreve atividades na cruz, Lucas reelaborou material marcano, mesmo quando criou o versículo introdutório (Lc 23,35) a respeito do povo em vigília. Esse grupo neutro, colocado antes dos três escárnios hostis, alertou aos leitores lucanos que a imagem na cruz não era completamente negativa. Para combinar com esse versículo introdutório, Lucas agora termina a cena com um episódio centralizado em uma personagem mais que neutra, a saber, "o outro" malfeitor,[47] que serve de testemunha da inocência de Jesus. Mais importante, este episódio dá a Jesus a oportunidade de falar da cruz as últimas palavras de sua vida dirigidas a pessoas. Durante os escárnios, ele não respondeu aos que exigiam sinais; agora, ele fala a um malfeitor que reconhece ser criminoso. O outro ridicularizou

---

[46] Vinte dos 53 usos neotestamentários de *ouchi* ocorrem em Lucas-Atos (Marcos: 0; Mateus: 9; João: 5); a palavra pressupõe uma resposta afirmativa: na opinião desse malfeitor, Jesus alega ser o Messias. Esse tema lembra o segundo escárnio marcano (Mc 15,32), onde Jesus é chamado sarcasticamente de "o Messias, o Rei de Israel". O Códice de Beza omite "Não és tu o Messias?". Por outro lado, a tradição *koiné* de Lucas ("Se tu és o Messias") adapta o terceiro escárnio lucano ao segundo, que diz: "Se tu és o Rei dos Judeus". Agnes Lewis ("New") aponta para a leitura de OS[sin]: "Não és tu o Salvador", leitura harmonizada com "Salva-te a ti mesmo e a nós". G. G. Martin ("New") aponta para *EvPd* 4,13, que fala de Jesus como "o Salvador dos homens [seres humanos]". *EvPd* e OS[sin] refletem uma tradição comum, ou o primeiro influenciou o segundo? Como datá-los a respeito um do outro é incerto; ambos são do século II.

[47] Lucas nunca atribui outra designação. O popular "bom ladrão" é imperfeito por dois motivos: primeiro, o uso de *lestes* ("bandido") para o cocrucificado, embora encontrado em Marcos/Mateus, é evitado por Lucas; segundo, Lucas não usa "bom" para descrever este malfeitor, mas "mau" (*kakos*). Na tentativa de ser mais preciso, há quem prefira "penitente" a "bom"; contudo, como vou mencionar, embora reconheça sua culpa, o malfeitor nunca é explícito a respeito de contrição. É inevitável que houvesse tentativas de ser mais preciso, fornecendo diversos conjuntos de nomes para os dois criminosos (§ 40, #7). O malfeitor salvo é identificado como o que está "à direita" (Mc 15,27) de Jesus e o blasfemador como o que está "à sua esquerda [de Jesus]".

Jesus como rei implausível; agora, Jesus responde que este dia ele próprio estará no paraíso. O malfeitor ímpio retomou o desafio: "Salva-te a ti mesmo" (descendo da cruz), e a ele acrescentou: "e (salva) a nós"; Jesus salvará um dos "nós", mas permanecendo na cruz e entregando-se a seu Pai.

Onde Lucas obteve este episódio? Não há indícios de que Marcos (ou Mateus, ou João) soubesse dele.[48] Lucas tirou-o de uma tradição independente? Alguns (Fitzmyer, Jeremias, Taylor) respondem afirmativamente, apontando para aspectos não lucanos, por exemplo, paraíso. Contudo, como vão mostrar as notas de rodapé, há também aspectos lucanos; assim, não é impossível pensar na cena como criação teológica lucana.[49] Ou é possível defender uma perspectiva intermediária: Lucas tirou um elemento da tradição independente e desenvolveu-o neste episódio. Quanto a esse elemento, há duas propostas principais: a) A tese de que o relato em *EvPd* 4,13 representa tradição pré-lucana. Nessa tradição, só um dos malfeitores desempenhou um papel ativo; e ele injuriou *os judeus*, expressando alguns dos temas, mas não grande parte da redação encontrada em Lucas. Propõe-se que Lucas combinou essa tradição independente com os dois difamadores cocrucificados de Marcos. Entretanto, então é preciso supor que havia duas tradições primitivas muito diferentes a respeito dos cocrucificados, a de Marcos e a do *EvPd*, cada uma, ao que tudo indica, desconhecida do preservador da outra, até ambas caírem nas mãos de Lucas. É também preciso pensar que, por acaso, a tradição primitiva pressuposta para Evangelho de Pedro *EvPd* se harmoniza extremamente bem com a teologia desse Evangelho apócrifo, o que faz dos judeus os únicos adversários na Paixão. Não é muito mais provável que o *EvPd* tenha recorrido remotamente a Lucas e virado o episódio lucano em uma direção antijudaica? Essa sugestão se harmoniza com a abordagem geral que tenho defendido quanto ao *EvPd*, a saber, que ele recorre aos Evangelhos canônicos (não necessariamente aos textos escritos, mas não raro a memórias preservadas por terem sido ouvidas e relatadas oralmente). b)

---

[48] Desde os tempos patrísticos, tem havido tentativas de harmonizar a imagem de Lucas com a de Marcos/Mateus, onde os dois cocrucificados injuriam. Assim, podemos dar como exemplo a proposta de que ambos teriam começado sendo hostis, mas um mudou de ideia, ou a alegação de que a imagem marcana dos dois *insultando* não contradiz a imagem lucana onde só um *blasfema*. Dessas duas harmonizações, a primeira não é fiel ao que é declarado nas respectivas narrativas evangélicas, enquanto a segunda ignora a equivalência de injuriar e blasfemar (em paralelismo em 2Rs 19,22).

[49] Como vou mencionar, a narrativa do Gênesis, de José aprisionado entre o (bom) mordomo que foi reconduzido a seu posto e o chefe dos padeiros que seria enforcado em uma árvore, pode ter inspirado Lucas a descrever dois destinos diferentes para os malfeitores. Na narrativa da infância, a história de Abraão e Sara no Gênesis inspirou a descrição lucana de Zacarias e Isabel.

A tese de que Lucas tirou da tradição um dito de "Amém" do Jesus clemente, que prometeu a um pecador um lugar com ele no paraíso.[50] Lucas adaptou então esse dito ao contexto da cruz, aplicando-o a um dos malfeitores a respeito de quem ele lera em Marcos. Sabemos que Lucas teve acesso a uma coleção dos ditos de Jesus, e a adaptação proposta não é sem paralelo no procedimento lucano, pois muitos pressupõem que, em Lc 22,29-30, Lucas tomou um dito que prometia tronos no reino para os doze e adaptou-o ao contexto da Última Ceia.

É certo que, criação pura ou tradição no todo ou em parte, o episódio do malfeitor solidário foi adaptado por Lucas para seu propósito teológico de pelo menos três maneiras: a) Ele o usou para suprir o outro lado de uma estrutura positiva para os escárnios negativos. b) Ele apresentou "o outro malfeitor" como outra testemunha imparcial da inocência de Jesus em uma corrente que se estende de Pilatos e Herodes antes da morte de Jesus ao centurião depois da morte. c) Ele deu outro exemplo de perdão que cura exercido durante a Paixão, em uma corrente que inclui o servo do sumo sacerdote (de quem Jesus curou a orelha) e os que pregaram Jesus à cruz (perdoados por não saberem o que faziam). As primeiras palavras que o Jesus lucano falou ao povo foram na sinagoga de Nazaré, quando proclamou a libertação para os prisioneiros e liberdade para os que eram oprimidos (Lc 4,18); nada mais apropriado que suas últimas palavras dirigidas a outro ser humano cumprissem essa promessa, oferecendo o paraíso a um malfeitor suspenso em uma cruz. Se Lucas recebeu esse episódio de uma fonte (o que eu duvido), deve-se reconhecer por que ele preferiu essa fonte: tinha a mesma teologia que ele. Fitzmyer ("Today") faz bem de apelar a esse episódio para refutar a tese de que Lucas não tem nenhuma teologia soteriológica da cruz.

O outro malfeitor fala a seu companheiro blasfemador (Lc 23,40-41). Enquanto em Marcos/Mateus nenhuma resposta é dada aos insultos do cocrucificado, em Lucas o sarcasmo e a repetida blasfêmia por parte de um dos malfeitores recebem resposta direta[51] do companheiro. Lucas gosta de pôr em contraste duas personagens, por exemplo, Maria e Marta (Lc 10,38-42), o rico e Lázaro (Lc 16,19-31), o fariseu e o publicano (Lc 18,9-14), João Batista e Jesus (Lc 7,33-34) — ver

---

[50] É mais plausível que a sugestão de Robbins ("Crucifixion", p. 41), segundo a qual originalmente o dito se referia a um "gentio convertido que compartilhou o destino de um mártir, aspecto recorrente em narrativas do Judaísmo mais tardio". A salvação de um perseguidor é aspecto mais tardio nas narrativas judaicas e cristãs de martírio e aqui não há nada que sugira antecedentes gentios.

[51] Entre os Evangelhos, o padrão "em resposta [...] disse" é lucano e reflete o uso da LXX.

também a parábola dos dois filhos em Mt 21,28-32. Aqui, há também ressonância da história em Gn 40 sobre o chefe dos padeiros e o mordomo (copeiro) presos com José no Egito.[52] O mordomo recebeu um lugar na corte do faraó, enquanto o chefe dos padeiros foi enforcado em uma árvore. Depois de interpretar positivamente o sonho do mordomo quanto ao futuro, José acrescentou: "Lembra-te de mim [...] quando as coisas te correrem bem e age [faze] com misericórdia para comigo".[53] Se, na história do Gênesis, o mordomo por fim eleva José com ele a um lugar de prestígio na corte, na história lucana Jesus eleva o malfeitor com ele ao paraíso.

Vimos que os três escárnios de Jesus se parecem com as três tentações de Jesus por Satanás. Jesus repreendeu (*epitiman*) Satanás por seu atrevimento (Lc 4,35.39.41); assim, não nos surpreende encontrar o mesmo verbo (mais comumente usado em Lucas que nos outros Evangelhos) empregado aqui quando o segundo malfeitor repreende o primeiro. A repreensão ganha ênfase com *oude*, "nem sequer", partícula usada cinco vezes por Lucas para iniciar uma sentença, como aqui. Os intérpretes discordam a respeito da palavra modificada por ela na pergunta lucana: "nem sequer" modifica "tu" (Marshall) ou "Deus", ou "temes" (Plummer, Fitzmyer)? A última alternativa é a mais provável, pois *oude* precede imediatamente o verbo "temer"; mas o sentido geral é claro, não importa que palavra *oude* modifique. Em Lc 12,4-5, o Jesus lucano advertiu que o único que deve ser temido é Deus, que tem o poder para depois da morte de alguém lançar essa pessoa ao inferno; e esse tipo de temor,[54] baseado na justiça divina, está incluído aqui. Certamente, o malfeitor fala de algo mais que simples temor piedoso, pois a advertência de que o temor é imperioso é suscitada pela blasfêmia que foi dita contra o Filho de Deus.

A frase "Porque estás sob a mesma *krima*" é elíptica e um tanto obscura. García Pérez ("Relato", p. 263) sente-se impelido a recorrer ao aramaico, mas sua

---

[52] Ver em § 29 B outras semelhanças entre José e Jesus na NP, por exemplo, José foi vendido a inimigos por Judá/Judas, um dos doze (filhos de Jacó), por vinte ou trinta moedas de prata.

[53] Fora as semelhanças na narrativa bíblica, é digno de nota que o contemporâneo dos escritos de Lucas, Josefo, em *Ant.* II,v,1; #62, fala dos companheiros de prisão de José como condenados (katakrinein) por crimes e em *Ant.* II,v,2; #69, José sofre o destino de um malfeitor (kakourgos), apesar de suas virtudes, enquanto em Lc 23,40, vemos os dois malfeitores e a mesma condenação (krima). Na tradição judaica mais tardia, acreditava-se que o pedido na história de José para ser lembrado referia-se a um mundo futuro, do mesmo modo que para Lucas a lembrança inclui o paraíso. Ver Nestle, "Ungenähte", p. 169; Gottlieb Klein, "Erläuterung"; e Derrett, "Two", p. 201-209.

[54] *Phobeisthai* ("ter medo") é usado mais frequentemente por Lucas (23 vezes) que por qualquer outro Evangelho (Marcos: 12 vezes; Mateus: 18; João: 5).

abordagem altamente especulativa produz uma tradução ("Não temes a Deus *quando* tu estás condenado?") não muito melhor que a derivada do grego. A inabilidade do grego é suavizada quando se reconhece que "Porque" é equivalente a "Afinal de contas". Que comparação está envolvida em "a mesma" — a mesma que a de Jesus? García Pérez (p. 287ss) rejeita essa inferência, argumentando que a frase não passa de um lembrete de que o malfeitor blasfemador está sendo punido pelo que fez. Contudo, no que se segue, a ideia parece ser que os três estão condenados a morrer na cruz: dois justamente, um injustamente. Parte do problema de entender precisamente o que Lucas quer dizer concentra-se em *krima*. Geralmente, no NT a palavra se refere à ação judicial (julgamento ou condenação), mas pode se referir ao resultado negativo da ação (execução). Uso "condenação" para me referir ao complexo todo. Lucas quer que pensemos que os dois malfeitores foram julgados do mesmo modo que Jesus foi, foram condenados (Lc 23,24 usa *epikrinein* para o julgamento de Pilatos de que a exigência para crucificar Jesus devia ser satisfeita) e levados embora para serem crucificados (Lc 23,26.32). Assim, os três tinham a mesma experiência judicial.

No v. 41, o eloquente malfeitor admite que ele e o companheiro estão sendo *condenados justamente* — implícito contraste com a declaração que será feita depois da morte de Jesus em Lc 23,47: "Certamente este homem era justo". Em linguagem tipicamente lucana, o malfeitor confessa: "nós estamos recebendo o que é digno do que fizemos"[55] — implícito contraste com a afirmação de Pilatos a respeito de Jesus em Lc 23,15: "Não há nada merecedor de morte que tenha sido feito por ele". (Do mesmo modo, em At 25,11, Paulo nega ter feito alguma coisa que mereça a morte.) Embora o malfeitor fosse certamente capaz de saber que a crucificação se ajustava a seu crime e ao de seu companheiro, como pode ele estar tão certo do resto de sua afirmação (novamente expressa em linguagem lucana):[56]

---

[55] "Receber" é *apolambanein*, que é usado 4 ou 5 vezes por Lucas, 1 por Marcos e 0 por Mateus e João. *Axios* mais o genitivo ("digno de") é usado 11 vezes em Lucas-Atos, 2 em Mateus e 6 no restante do NT. "O que fizemos" começa com um genitivo, não um acusativo; a atração do pronome relativo ao caso do antecedente é aspecto gramatical lucano (Fitzmyer, *Luke*, v. 1, p. 108, sob 6). *Prassein* ("fazer") é verbo usado 19 vezes em Lucas-Atos, 2 em João, 0 em Mateus e Marcos.

[56] "Mas" é *de* unido ao *men* ("na verdade") precedente — uso clássico exagerado por Lucas (Fitzmyer, *Luke*, v. 1, p. 108). "Fez" é *prassein*, usado novamente. Entre os Evangelhos, *atopos* (literalmente, "fora de lugar") ocorre somente em Lucas. Na verdade, em seu lugar, o Códice de Beza usa aqui o mais usual *poneros* ("mal"), apresentando um contraste com o julgamento dos "homens de Israel" por Pedro em At 3,17: Jesus não fez nada de mal; mas eles fizeram o mal, embora por ignorância.

"Mas ele não fez nada ilegal"? Como ele sabe o que Jesus fez? Certamente, neste gênero não devemos recorrer a uma explicação naturalista, por exemplo, o malfeitor conhecera Jesus antes[57] ou ouvira dizer que Pilatos declarara Jesus inocente. Mais exatamente, este malfeitor em Lucas tem de certo modo o mesmo papel que a mulher de Pilatos teve em Mt 27,19: embora fosse uma gentia que nunca vira Jesus antes, ela afirmou ser ele um "homem justo". Ela soube disso por meio de (revelação divina em) um sonho; entretanto, para as personagens lucanas como este malfeitor ou o centurião depois da morte de Jesus: desde a primeira vez que veem Jesus, sua inocência é transparente. Só aqueles cujos olhos estão cegos pela ignorância não reconhecem isso (At 3,17).

É o reconhecimento da própria culpa e da inocência de Jesus equivalente a arrependimento (*metanoia*) por parte do malfeitor? Em caso afirmativo, o perdão implícito estendido a ele por Jesus é comparável ao estendido em Lc 15,20 pelo pai do filho pródigo que não teve tempo suficiente para expressar plenamente sua confissão ("Pequei contra o céu e diante de ti" [Lc 15,21])? Ou este malfeitor ainda não alcançou *metanoia*? Essa etapa incompleta requer um perdão maior — o tipo subentendido por Paulo em Rm 5,8: "Deus demonstrou Seu amor por nós visto que, enquanto ainda éramos pecadores, Cristo morreu por nós". O Jesus lucano curou a orelha do servo do sumo sacerdote que lhe era hostil. Sua simples presença curou a inimizade que existira entre Herodes e Pilatos. Ele espontaneamente implorou a seu Pai o perdão para os que o crucificaram. Em nenhum desses três casos ele procurou *metanoia*. Obviamente, então, os intérpretes não podem reclamar a existência de *metanoia* no coração desse malfeitor crucificado que reconheceu não ter Jesus feito nada ilegal merecedor de condenação.

O outro malfeitor fala a Jesus (Lc 23,42). Depois de repreender o companheiro, o "outro" (malfeitor) agora dirige uma súplica ("estava dizendo") persistente a Jesus. Seu modo de falar, "Jesus", é chocante em sua intimidade, pois em nenhuma outra passagem de nenhum Evangelho alguém se dirige a Jesus simplesmente por seu nome, sem uma qualificação especificadora ou reverente.[58] Tal familiaridade

---

[57] Alguns Evangelhos apócrifos ampliam a narrativa do Menino Jesus no Egito e fazem sua família encontrar favoravelmente este "assaltante" naquela época. Ver nota 70 adiante.

[58] Eis as maneiras de se dirigir a Jesus nos Evangelhos: "Jesus Nazareno" (Mc 1,24; Lc 4,34); "Jesus, Filho de Deus" (Mc 5,7; Lc 8,28); "Jesus, Filho de Davi" (Mc 10,47; Lc 18,38); "Jesus, Mestre" (Lc 17,13). Esses padrões ajudam a explicar a variante textual *koiné* em Lc 23,42 ("E ele estava dizendo: 'Jesus, *Senhor*, lembra-te de mim..."') e a variante do Códice de Beza: "Tendo se voltado para o *Senhor*, ele lhe disse...".

impressiona alguns intérpretes como ilógica da parte de um malfeitor condenado que encontrou Jesus pela primeira vez, mas é duvidoso que esse problema tenha ocorrido a Lucas. Na NP, a saudação "Jesus" é comovente toque artístico, pois o nome pessoal transmite a sinceridade do pedido. Fora isso, o uso reflete ironia. A primeira pessoa com a segurança para ser tão atrevido é um criminoso condenado que é também a última pessoa na terra a falar com Jesus antes de Jesus morrer. A familiaridade não é irreverente, pois o malfeitor presume que Jesus tem o poder real de conceder à vontade privilégios régios.

O privilégio pedido é expresso em termos de lembrança[59] logo que Jesus vier (subjuntivo aoristo: tenha vindo ou virá) em/a seu reino. "Em/a" reflete um famoso problema textual. P[75,] Códice Vaticano e a tradição latina apoiam eis, "em", enquanto a tradição koiné, inclusive os Códices Sinaítico e Alexandrino, apoiam en, "a". No grego desse período, a linha de demarcação entre as duas preposições não é precisa, mas aqui muitos intérpretes veem uma diferença de importância teológica.

a) *Eis*, "em" (preferido por Fitzmyer, Metzger, RSV, *New Jerusalem Bible*) significa que o malfeitor pensava estar Jesus a caminho de seu reino e queria ser lembrado assim que Jesus chegasse lá. (O uso de *eis* em seguida a *erchesthai*, "vir", ocorre cerca de vinte e cinco vezes em Lucas-Atos e é expressão convencional para chegar a um lugar.) Como o malfeitor sabia com convicção que Jesus era verdadeiramente rei? Mais uma vez deve ser lembrado que estamos lidando com uma narrativa popular que não explica a lógica. Os soldados escarnecem de Jesus como "o Rei dos Judeus". Em seguida, o malfeitor reconhece uma injustiça feita a Jesus e conclui que de fato ele governará um reino.[60] Como isso acontecerá? Lucas

---

[59] O verbo *mimneskesthai* ("lembrar-se") ocorre seis vezes em Lucas, em comparação a seis vezes em todos os outros Evangelhos juntos. (Também o *hotan* ["logo que"] que o segue ocorre mais frequentemente em Lucas que em qualquer outro Evangelho.) Pedidos de lembrança estão atestados em inscrições funerárias judaicas primitivas (IEJ 5, 1955, p. 234). Na verdade, o pedido para ser lembrado misericordiosamente em situação mais favorável está atestado também em outras tradições religiosas. Diodoro da Sicília (séc. I a.C.), *Bibliotheca* XXXIV/XXXV,ii,5-9, nos fala de um sírio que se dedicava a artes mágicas e profetizou que a deusa lhe dissera que ele seria rei. Em um jantar onde alguns escarneceram dele, o pedido foi feito por outros que lhe deram um presente: "Logo que fores rei, lembra-te desta boa ação". Ele realmente se tornou rei e os recompensou.

[60] Há controvérsia se aqui *basileia* significa "reino" ou "poder, governo, régio", às vezes com a pressuposição de que a leitura *en* (entendida como referência à parusia) é auxiliada se as palavras se referem a Jesus (voltando) com poder régio. Entretanto, na verdade as duas preposições são sugestivas, com qualquer das duas conotações de *basileia*, embora "reino" combine mais facilmente com *eis* e "poder régio" com

não explica o entendimento do malfeitor; ele supõe que Deus intervenha e impeça Jesus de morrer? Ou Deus fará Jesus vitorioso imediatamente depois da morte em um reino desta terra ou em um reino no céu? Às vezes, os estudiosos procuram determinar a resposta perguntando o que um criminoso judeu (que provavelmente não era um culto teólogo) teria entendido a respeito do destino de Jesus em 30/33 d.C. Essa é uma abordagem insatisfatória: em 80-95 d.C., quando Lucas escreveu, leitores cristãos da frase com *eis* entenderiam que o malfeitor quis dizer "para teu reino celeste", porque sabiam que Jesus acabara de designar lugares (tronos) no reino (Lc 22,29-30) e que ele foi para o céu (At 1,9-11; 7,56). Pode-se protestar que eles também sabiam que Jesus não subiu ao céu antes do anoitecer do domingo de Páscoa (Lc 24,51) ou antes de quarenta dias depois do domingo de Páscoa (At 1,3.9-11). Entretanto, o próprio fato de Lucas descrever a ascensão ao céu em duas datas diferentes deixa aberta a possibilidade de que ele não viu problema em reproduzir outra crença cristã primitiva de que, da cruz, Jesus subiu (de um modo invisível, não mundano) ao céu quando morreu.[61] Essa crença encontra-se em Hb 10-11, na linguagem joanina de ser "levantado" na cruz de volta ao Pai (Jo 3,14-15; 8,28; 12,32.34; 13,1; 16,28), e mesmo em Lc 24,26, onde Jesus ressuscitado fala de ter entrado (tempo passado) em sua glória depois do sofrimento. Entrar (*eiserchesthai*) em sua glória era o mesmo que vir (*erchesthai*) em seu reino?[62] Em Dn 7,13-14, "um como Filho de Homem" vem ao Ancião de Dias e recebe *honra* e *reino*, o que se relaciona com Dn 7,22, onde os santos vêm tomar posse do reino. A leitura *eis* de Lc 23,42 é bem consistente com essa interpretação.

---

en. Há quem alegue que o semitismo *bemalkût* ("no governo de" = "como rei": Dn 6,29) reforça o grego *en basileia* (G. Dalman, *The Words of Jesus*, Edinburgh, Clark, 1902, p. 133-134). A alegação de que escribas mais tardios, que já não entendiam a formação semítica, mudaram-no para *eis basilein* é dúbia porque esses escribas introduziriam uma teologia de subida ao céu da cruz que não foi proeminente em tempos mais tardios.

[61] Aplicando um Salmo a Jesus, em At 2,27 Pedro diz que Deus não deixaria o Santo ver a corrupção. A ideia de diversas idas de Jesus ao Pai encontra-se também em João: elevação por meio da cruz, em Jo 12,32-33, e ascensão na Páscoa, em Jo 20,17. As narrativas evangélicas descrevem tudo o que aconteceu depois da morte de Jesus como uma sequência que afetou os seguidores de Jesus que ficaram na história; contudo, parece que os evangelistas entenderam que, da parte de Deus, tudo a partir da morte na cruz até o derramamento do Espírito (do anoitecer da sexta-feira até Pentecostes) foi unificado e intemporal. Ao morrer, Jesus passara além do tempo. A respeito de tudo isso, ver G. Bertram, "Die Himmelfahrt Jesu von Kreuz aus und der Glaube an seine Auferstehung", em *Festgabe für Adolf Deissmann*, Tübingen, Mohr, 1927, p. 187-217, esp. p. 215-216.

[62] P[75] realmente substitui "glória" por "reino", em Lc 24,26.

b) *En*, "a" (preferido por Lagrange, Lake, Plummer, G. Schneider), apresenta uma série mais ampla de possibilidades que a leitura *eis*. García Pérez, que a prefere, menciona exemplos onde *en* significa "em",[63] e observa que *'th* (hebraico) ou *'t'* (aramaico), embora normalmente signifiquem "vir", são polivalentes, deslizando para "ir". Como duvido que Lucas estivesse traduzindo do semítico, acho melhor trabalhar com o sentido grego: "Lembra-te de mim logo que vieres em [ou com] teu reino [ou governo régio]". Que "lembra-te" adapta-se a esse contexto, Sl 106,4 deixa claro: "Lembra-te de mim, Senhor, enquanto favoreces teu povo. Visita-me [LXX: nos] com tua salvação".

Com muita frequência, os que aceitam a leitura *en* entendem que Lucas se refere à parusia, e parece que isso está subentendido pela subvariante da leitura *en* no Códice de Beza: "no dia de tua vinda". Mais uma vez, não se deve avaliar esta interpretação com base na hipótese de um criminoso judeu, em 30/33, esperar a segunda vinda do Messias (o título usado na blasfêmia pelo primeiro malfeitor), pois, aparentemente, a *segunda* vinda era conceito caracteristicamente cristão.[64] O verdadeiro problema é que, em 80-95, os leitores cristãos de Lucas certamente esperavam a parusia. Na verdade, os defensores da leitura *eis* afirmam que o conceito mais conhecido da parusia fez os escribas mudarem do *eis* original (com seu conceito agora menos conhecido de subida da cruz ao céu) para *en*.[65] Que a vinda do reino era linguagem apropriada para o fim dos tempos é evidente no Pai-nosso (Lc 11,2): "que o teu reino venha". À objeção de que o malfeitor crucificado fala do reino de Jesus, não de Deus, pode-se indicar Lc 22,29, onde o Pai designou um reino a Jesus (também Lc 1,33), e Mt 16,28, que se refere à parusia como "o Filho do Homem vindo em seu reino".

Nem todos os que defendem a leitura *en* situam-na em uma distante vinda futura de Jesus, na parusia, para estabelecer seu reino na terra. Há quem pense em Jesus vindo depois da morte deste malfeitor para levá-lo para o céu, mais ou menos no sentido de Jo 14,3: "E quando eu for preparar um lugar para vós, virei

---

[63] "Relato", p. 272-284: ele cita exemplos da LXX e de Lc 1,17c; 4,1; 9,46.

[64] Deixando de fora o "segundo" elemento, Sl 72,12-14 descreve o papel do futuro rei desejado ardentemente: "Ele libertará o povo [...] de fraude e violência ele os redimirá". O dia da vinda do Senhor não era sempre um dia de ira esperada (como é em Ap 6,17).

[65] Esta argumentação está no nível de compreensão do leitor nos anos 80. Mas, considerando Lc 23,43 um dito nos lábios do Jesus histórico, ele pode ter pensado que voltaria na parusia imediatamente depois de sua morte. Parece que Lc 22,16 antecipa o cumprimento no Reino de Deus logo depois da Última Ceia.

novamente e vos tomarei para mim, para que onde eu estiver estejais também". Essa interpretação aproxima-se da imagem na leitura *eis*, pois ambas entendem que o destino final é o céu. A principal diferença restante é se, depois de morrer, Jesus leva o homem com ele diretamente da cruz para o céu, a fim de entrar no reino, ou se, depois de morrer, Jesus vai para o céu e depois volta com poder régio para levar o homem de volta com ele para o céu.

De modo geral, julgo que a resposta de Jesus em Lc 23,43, que examinaremos agora, exclui a parusia com seu enfático "hoje". Admite a segunda forma da interpretação *en* que acabamos de examinar e também a interpretação *eis*. A ideia de Jesus subindo da cruz para (*eis*) o reino parece-me a mais plausível. No temível julgamento de Deus a respeito do qual ele advertiu o malfeitor blasfemador, o "outro" malfeitor espera que Jesus seja justificado e alcance seu reino; ele pede para ser lembrado nesse momento.

Resposta de Jesus ao outro malfeitor (Lc 23,43). O sinal dos discípulos é estarem espontaneamente dispostos a responder ao convite de Jesus para segui--lo (Lc 5,11.27-28; 9,23.57-61; 18,22.28). Ao pedir para ser lembrado por Jesus, esse malfeitor antecipou o convite e já expressou o desejo de seguir Jesus. Jesus responde com um dito de "Amém". Ao examinar a origem desta cena, mencionei a possibilidade de, em vez de ser criação inteiramente lucana, ou inteiramente um empréstimo tomado da tradição pré-lucana, a cena ter sido criada com base em um dito tradicional, a saber, este pronunciamento de Amém de bênção futura, com seu uso peculiar de "paraíso". No início da NP, Marcos-Mateus colocaram seu dito final de "Amém" quando Jesus predisse as três negações de Pedro. (Comparável é o dito "Amém, amém" em Jo 13,38.) Lucas não tem nenhum dito de "Amém" ali, de modo que seu único uso desse estilo na NP, que é também seu uso final dele,[66] consiste nas últimas palavras ditas a um ser humano por Jesus em sua vida pré--ressurreição. Em § 5, mencionei sucintamente várias teorias a respeito do sentido de um dito de "Amém" e salientei que o único aspecto que não pode ser debatido é a atmosfera de solenidade projetada pelo "Amém". Essas últimas palavras do Jesus lucano revelam a misericórdia divina além de toda expectativa, inclusive a

---

[66] Lucas evita palavras semíticas (omitindo *Abba*, *Hosanna*, *Rabbi*); assim, é surpreendente que inclua *Amen* 6 vezes (palavra que fica sem ser traduzida cerca de 8 vezes na LXX). Contudo, essa frequência em Lucas é a mais baixa entre os Evangelhos (13 vezes em Marcos, 31 em Mateus, 25 vezes em João [no formato duplo: *Amém, Amém*]). Ver a análise geral em O'Neil, "Six", p. 1-6. Dois dos usos lucanos têm referência ao reino; este é o único dirigido a um indivíduo.

do malfeitor crucificado que suplicou a Jesus. Em Lc 11,9, Jesus prometeu: "Pedi e vos será dado"; aqui, é dado mais abundantemente. O fato de Lucas prefixar um "Amém" ao cumprimento nos diz muito a respeito da concepção lucana do Jesus misericordioso.

Embora em grego "este dia" venha imediatamente depois de "digo", não se refere ao tempo de estar com Jesus no paraíso; "este dia" responde ao "logo que" no pedido do malfeitor.[67] Por um lado, "este dia" tem um tom escatológico, de modo que E. E. Ellis[68] está correto ao dizer que por si só a frase não significa necessariamente o dia da crucificação, mas se refere a um período de salvação inaugurado pela morte de Jesus. Contudo, o contexto, no qual a resposta transcende o pedido, favorece o sentido literal de "este mesmo dia" (que, de qualquer modo, é escatológico), não algum futuro indefinido no plano de Deus. Lucas informa isso pelas referências que se seguem imediatamente (Lc 23,44) à sexta hora (meio-dia) e à nona hora (3 horas da tarde), isto é, horas daquele mesmo dia que agora está chegando ao fim. Em Lc 2,11; 4,21 e 19,9, Lucas usa "este dia"[69] a respeito de um dia cronológico que é também um momento escatológico de salvação.

O malfeitor pediu para ser lembrado por Jesus; mais é concedido em termos de estar *com* Jesus; de fato, a resposta dada por Jesus inclui não só libertação, mas também intimidade. Ao reconhecer a espontaneidade semelhante à de um discípulo manifestada pelo malfeitor, Jesus lhe atribui o papel de discípulo. Em Lc 22,28-30, o Jesus lucano disse aos Doze: "Agora vós sois os que ficaram *com*igo em minhas provações", e como recompensa deu-lhes de comer e beber à sua mesa no reino. Nessa analogia, a promessa de Jesus ao malfeitor, de que estaria *com* ele, inclui mais do que estar em sua companhia no paraíso: inclui compartilhar sua vitória (Plummer, *Luke*, p. 535).[70] O uso lucano de "comigo" talvez não alcance o

---

[67] Assim Blathwayt, "Penitent". Os escribas aproximaram a ligação do "este dia" com o que precede. Em OS[sin], o malfeitor malevolente diz em Lc 23,39: "Não és tu o Salvador? Salva-te a ti mesmo vivo *hoje* e também a nós". No Códice de Beza o malfeitor benevolente pede a Jesus para ser lembrado "no *dia* de tua vinda" e Jesus começa sua resposta dizendo: "Tem coragem".

[68] NTS 12, 1956-1957, p. 37. Ver "o dia do Senhor" em profecias veterotestamentárias (Is 2,11; Jr 30,3 etc.). Hb 13,8 descreve Jesus Cristo como "o mesmo ontem, *hoje* e para sempre".

[69] *Semeron* ocorre em Lucas-Atos um total de 20 vezes, em comparação a 8 em Mateus e 1 em Marcos.

[70] No *Evangelho árabe da infância*, o Menino Jesus encontra no Egito os dois futuros malfeitores que seriam crucificados com ele; Jesus diz a sua mãe que Tito (o malfeitor benevolente) "*me precederá* no paraíso" (*Evangelho árabe da infância* 23,2).

misticismo do uso paulino; mas em Lucas, como em Paulo (1Ts 4,17; Fl 1,23; 2Cor 4,17), estar com Cristo descreve uma sina após a morte.

"Paraíso", o destino designado no dito do "Amém", é um termo muito discutido. Representa o céu, isto é, o mais alto céu no qual Jesus está eternamente à direita de Deus, ou algum estado celestial inferior ou temporário? Em hebraico, *pardes* é estrangeirismo persa (*pairi*, "sobre"; *daêza*, "muro": um recinto ou parque murado) e três vezes no AT claramente descreve um jardim (Ne 2,8; Ecl 2,5; Ct 4,13). Na LXX, o grego *paradeisos* reproduz o hebraico *pardes* e *gan/gannâ* ("jardim", como no jardim do Éden).[71]

Os que afirmam não ser "paraíso" em Lc 23,43 o mais alto céu da presença plena de Deus, e assim o destino final, incluem Calvino, Maldonatus, Jeremias, Leloir, O'Neill etc. Eles apresentam diversos argumentos: a) Muitos usos de "paraíso" subentendem uma forma inferior de proximidade a Deus, por exemplo, o paraíso de Gn 2,15; 3,8, onde Deus caminhou com Adão e Eva; o paraíso de 2Cor 12,3-4, onde ele é igual ao terceiro de sete céus (2Cor 12,2), um lugar para onde Paulo foi arrebatado em visão mística. Paraíso é também o terceiro céu em *2 Henoc* 8, o lugar onde o justo espera o juízo final; ver também *Vida de Adão e Eva* (*Apocalipse de Moisés*) 37,5. b) Não pode haver salvação ou redenção plena enquanto Jesus não ressuscitar dos mortos.[72] Assim, o malfeitor não teria sido levado definitivamente à presença de Deus já na Sexta-Feira Santa. Como paralelo, pode-se mencionar o relato mateano dos acontecimentos que tiveram lugar quando Jesus morreu (Mt 27,52-53): os túmulos se abriram e muitos corpos dos santos que tinham adormecido ressuscitaram; eles saíram de seus túmulos e, depois da ressurreição de Jesus, eles entraram na cidade santa — um tipo de salvação em dois passos, com o segundo passo seguindo a ressurreição de Jesus no domingo de Páscoa. c) O malfeitor não pode ir ao mais alto céu, pois não expressou arrependimento de maneira clara. (De la Calle, "Hoy", p. 299, traça um paralelo entre paraíso e purgatório.) Ver, entretanto, sob "O outro malfeitor fala a seu companheiro blasfemador", acima, onde relaciono

---

[71] Ver Weisengoff, "Paradise", p. 163-166; também J. Jeremias, TDNT, v. 5, p. 766-768. Nos primeiros séculos do Judaísmo depois do exílio, referências ao paraíso tornaram-se razoavelmente frequentes, como atestado pelos apócrifos; mas há menos uso na literatura rabínica primitiva — proporção de frequência que sugere estarmos lidando com a terminologia da expectativa popular.

[72] Bertram ("Himmelfahrt", p. 202) relata que de acordo com Crisóstomo, os maniqueus usavam "Este dia comigo estarás no paraíso" (bem como "Pai, em tuas mãos coloco meu espírito") para provar que a ressurreição dos mortos não era realmente necessária.

exemplos da teologia lucana de perdão divino antes mesmo de o arrependimento ser expresso. Um Jesus que era conhecido como amigo de pecadores (Lc 7,34), que recebia pecadores e comia com eles (Lc 15,2), pode não ter sido escrupuloso para levar um pecador ao mais alto céu, depois que esse pecador pediu para segui-lo.

Entendido como o mais alto céu ou derradeira bem-aventurança, "Paraíso" tem um número ainda maior de proponentes (Ambrósio,[73] Cornelius a Lapide, Fitzmyer [aparentemente], J. Knabenbauer, MacRae etc.) e é defendido por argumentos impressionantes:[74] a) No Judaísmo primitivo, paraíso e Éden assumiram o significado de felicidade absoluta. Em Is 51,3, a glória futura de Sião é comparada ao Éden, o jardim do Senhor. Grelot ("Aujourd'hui", p. 198-200) menciona fragmentos aramaicos de *1 Henoc* para o "paraíso de justiça", isto é, o lugar aonde os santos vão. Em *Salmos de Salomão* 14,3, os santos do Senhor vivem para sempre no jardim do Senhor.[75] Em *2 Henoc* 65,10, o paraíso é uma residência eterna. Ver também *Testamento de Dã* 5,12; *Testamento de Levi* 18,10-16. Lápides judaicas mencionam o jardim do Éden, com certeza significando uma existência celestial plena (Nestle, "Luke xxiii"). b) Esse sentido corresponde melhor ao pedido do malfeitor para ser lembrado no reino de Jesus. Ele certamente não espera uma posição celeste inferior. 2Tm 4,18 mostra que o reino celeste é o estado derradeiro. c) Parece inconcebível que, depois da morte, Jesus só foi para um céu inferior. d) "Estar comigo" (*met' emou*) deve ter sentido próximo às expressões de suprema bem-aventurança "com o Senhor" em 1Ts 4,17 (*syn Kyrio*) e 2Cor 5,8 (*pros ton Kyrion*). e) A parábola do rico e Lázaro (Lc 16,19-31) mostra dois lugares no outro mundo: o Hades, que é uma situação de tormento, e o seio de Abraão; e a divisão entre eles é permanente. Não há nenhuma razão para pensar no seio de Abraão como provisório e fazer distinção entre ele e o céu. Ver também a parábola do rico construtor de celeiros em Lc 12,16-20. f) Não há nada estranho na ideia de um ato de misericórdia completo (em vez de parcial) de Deus para com os moribundos.

---

[73] Uma interpretação famosa é dada por Ambrósio, *Expositio Evang. secundum Lucam* 10,121 (*CC* 14,379: "Vida é estar com Cristo; pois onde Cristo está, lá está o reino".

[74] Além dos argumentos que vou relacionar, há quem acrescente outro argumento de apoio à ideia de que Jesus levou o malfeitor da cruz diretamente à suprema bem-aventurança, a saber, que isso é consistente com o fato de Lucas tirar a ênfase da parusia. Ao interpretar o pensamento lucano, acho esse ato de tirar a ênfase exagerado e não há nada nesta cena para apoiá-lo.

[75] Fitzmyer (*Luke*, v. 2, p. 1507) imprime arriscadamente "no Paraíso", como se fosse citação de *Salmos de Salomão* 14,3.

TalBab *'Aboda Zara* 18a reflete uma perspectiva judaica (mais tardia) em situação semelhante. O carrasco romano de um rabino santo perguntou se teria vida no mundo futuro se fizesse alguma coisa que tornasse a morte do rabino menos torturante. O rabino respondeu afirmativamente; e quando ele morreu, uma voz do céu afirmou que o rabino e o carrasco teriam vida no mundo futuro. Assim, pode-se alcançar a vida eterna em um único momento. g) "O paraíso de Deus" em Ap 2,7 é paralelo a essas outras descrições: nenhuma "segunda morte" (Ap 2,11); poder sobre as nações (Ap 2,26); ter o nome no livro da vida (Ap 3,5); e, em especial, sentar-se com Cristo em seu trono (Ap 3,21). Ap 22,2 usa metáforas do paraíso para o estado de bem-aventurança perfeita e duradoura com Deus. Ao levar esse malfeitor consigo para o paraíso, Jesus desfaz os resultados do pecado de Adão que bloqueou o acesso à árvore da vida (Gn 3,24).[76]

Assim, o segundo entendimento do paraíso em Lc 23,43, a saber, estar com Cristo na presença plena de Deus, tem probabilidade muito alta. Qual, então, seria a lição da ação de Jesus? Para responder, há quem recorra a simbolismo, por exemplo, esse malfeitor era gentio ou representava os gentios; por isso, a história indica a conversão dos gentios no último dia do mundo. Outros buscam antecedentes históricos e encontram nesse malfeitor um zelota que foi atraído pela reivindicação de Jesus à realeza (Hope, "King's Garden"). Alguns Padres da Igreja contrastaram esse corajoso malfeitor com os apóstolos que tinham fugido. Entretanto, essa comparação representa uma miscelânea dos Evangelhos, pois em Lucas eles não fogem. O único contraste claramente pretendido por Lucas é com o primeiro malfeitor, que permanece hostil para com a reivindicação de realeza por Jesus. Ainda outros estudiosos acham que Lucas quer ensinar os leitores a receber o sofrimento com paciência e a fazer dele ocasião para conquistar a graça de Jesus. A opinião mais frequente é a mais óbvia: esta narrativa ensina a misericórdia imotivada de Deus exercida por Jesus e nele. A ação implícita em Lc 23,43 é consistente com a atividade do Jesus lucano que, durante seu ministério público, perdoou pecados (Lc 5,20; 7,48) e trouxe a salvação (Lc 19,9). O fato de Jesus falar com tanta autoridade a respeito da sina do malfeitor mostra que ele tem o poder de julgamento de Deus, que ele exerce misericordiosamente.[77]

---

[76] Garrett ("Meaning", p. 16) lembra que, na descrição lucana da morte de Jesus, há metáforas de Adão e metáforas de Moisés (Lc 9,30-31: "seu êxodo").

[77] Neyrey (*Passion*, p. 139-140) descreve este versículo como pronunciamento judicial por alguém que At 10,42 descreve como "ordenado por Deus para ser juiz dos vivos e dos mortos".

Contudo, há quem quase despreze essa apresentação lucana, comparando-a com a soteriologia paulina pela qual a morte de Jesus é o fator que causa o perdão. É feita a observação de que, em Lucas, Jesus não morre pelo pecador, mas une o pecador a si na salvação. Variações dessa perspectiva são defendidas por Conzelmann, Talbert e Untergassmair, para citar alguns. Entretanto, o perdão concedido aqui é certamente em vista da morte de Jesus, pois somente depois da morte Jesus leva o malfeitor consigo para o paraíso. Deve-se também insistir que, para Paulo, era importante não apenas o fato cruel da morte pela crucificação, mas também a intenção clemente de Jesus. Rm 5,6-8 fala do amor de Cristo por nós como parte de sua morte salvífica. Assim, um perdão carinhoso concedido por Jesus crucificado a um malfeitor não está realmente tão longe da noção paulina de que Cristo morreu por nós enquanto ainda éramos pecadores. O Jesus que fala aqui continua o padrão geral de misericórdia mostrado anteriormente na NP lucana, quando Jesus curou a orelha do servo na cena da prisão, quando Jesus expressou preocupação quanto ao destino futuro das filhas de Jerusalém no caminho para o lugar de execução e quando Jesus rezou pelo perdão para os que o crucificaram. Muitas vezes chamado episódio do "bom ladrão",[78] este é antes outro aspecto do bom Jesus.

Amigos e discípulos perto da cruz (Jo 19,25-27)

Nos Evangelhos sinóticos, vimos um padrão de três escárnios de Jesus pelos que estavam perto da cruz. Em Marcos/Mateus, havia só agentes hostis (transeuntes, chefes dos sacerdotes com escribas/anciãos e criminosos crucificados), enquanto Lucas imaginou os três agentes hostis (governantes, soldados e um malfeitor crucificado) com o povo formado por observadores neutros e o outro malfeitor como solidário. João também tem um padrão de três grupos de agentes na cruz – padrão evidentemente estabelecido no início da tradição narrativa da crucificação –, embora um episódio joanino independente seja construído ao redor de cada um deles. Em Jo 19,19-22, os chefes dos sacerdotes dos judeus queixaram-se de maneira hostil do título "o Rei dos Judeus" (tema que aparece no segundo escárnio lucano). Em Jo 19,23-24, os soldados trataram Jesus como criminoso e dividiram suas roupas.

---

[78] A tocante e charmosa observação de que no final ele também roubou o céu é consistente com a designação de "bom ladrão". Infelizmente, não há nada na descrição dos dois cocrucificados em nenhum Evangelho que sugira serem eles ladrões. A designação *lestes* ("bandido") em Marcos/Mateus não se refere a um ladrão.

Agora, em um movimento que transcende Lucas, um terceiro grupo joanino de participantes consiste em amigos e discípulos de Jesus. Quando se analisa a ação, Jesus triunfou sobre o primeiro grupo, pois Pilatos resistiu ao pedido deles; involuntariamente, por suas ações, o segundo grupo cumpriu a Escritura pertinente a Jesus; Jesus reorganiza os membros principais do terceiro grupo, a mãe e o discípulo amado, como uma família no discipulado. Assim, de certa maneira, Jesus é o agente supremo em todos os três episódios e realiza o plano dado a ele pelo Pai.

Os que estavam de pé perto da cruz (Jo 19,25). A sentença inicial deste episódio proporciona um duplo contraste. Uma construção *men [...] de* oferece um contraste no mínimo moderado entre as mulheres que estavam de pé (mais-que-perfeito de *histanai* usado com o sentido de imperfeito) perto (*para*) da cruz e os soldados que "fizeram essas coisas" (Jo 19,24). O outro contraste é implícito: essas mulheres estão "de pé perto da cruz" antes de Jesus morrer, enquanto um grupo de mulheres parcialmente comparável é mencionado em Mc 15,40, depois da morte de Jesus, "observando de longe". (Nessa situação, Lc 23,49 torna o contraste mais nítido ao colocar essas mulheres entre os que "*estavam de pé* de longe".[79]) Até que ponto esse último contraste é real e intencional? Estão envolvidas as mesmas mulheres? Estavam elas perto da cruz, longe ou as duas coisas?[80] Há uma tradição fundamental que se desenvolveu de maneiras diferentes nos Evangelhos sinóticos e no joanino? Para estudar isso mais detalhadamente, precisamos reconhecer que João tem dois componentes em seu grupo perto da cruz: primeiro, mulheres que estão ali, mas não se envolvem no diálogo; segundo, a mãe de Jesus e o discípulo amado, a quem Jesus se dirige. O primeiro componente é descrito no v. 25, com a figura sobreposta da mãe de Jesus, que é introduzida ali, e o segundo componente é descrito nos vv. 26-27. Comparemos o primeiro componente com as listas sinóticas dos que olham de longe.

Como se pontuam "sua mãe e a irmã de sua mãe, Maria de Clopas,[81] e Maria Madalena"? Refere-se Jo 19,25 a duas, três ou quatro mulheres? Se duas mulheres

---

[79] Na cena presente, Lc 23,35 relatou que "o povo estava de pé ali observando", de modo que funcionalmente Jo 19,25 quase combina dois versículos lucanos.

[80] A harmonização padrão é que, tendo ficado de pé perto da cruz antes da morte de Jesus (João), depois da morte elas se afastaram um pouco para observar (sinóticos).

[81] A designação "de Clopas" apresenta quatro possibilidades, como indica Bishop em "Mary Clopas": 1) Irmã de Clopas: é a hipótese menos provável, pois não há indícios de uma mulher identificada por intermédio do irmão; 2) Mãe de Clopas: em árabe, às vezes a mulher é identificada por intermédio do nome do filho;

estivessem envolvidas, haveria dupla aposição: sua mãe = Maria de Clopas; a irmã de sua mãe = Maria Madalena. Essa interpretação tem sérias improbabilidades: por exemplo, que a mãe de Jesus, Maria, esposa de José, fosse citada como Maria de Clopas. Outra improbabilidade é que Maria de Mágdala fosse irmã de Maria de Nazaré, de modo que os pais deram às duas filhas o nome de Miriam. Nenhuma outra referência evangélica a Maria Madalena sugere ser ela parente próxima de Jesus (sua tia). Se *três mulheres* estivessem envolvidas,[82] haveria apenas uma aposição, a saber, a irmã de sua mãe = Maria de Clopas — o nome pessoal seria parentético à designação "irmã". Essa solução ainda deixa o problema de as duas irmãs serem chamadas Miriam. Sendo assim, é bastante provável que devamos pensar em quatro mulheres, como entenderam Taciano e a Peshitta Siríaca, que inserem "e" entre a segunda e a terceira designações.[83] A razão de não ser dado o nome pessoal da mãe de Jesus talvez seja o fato de, como o discípulo que Jesus amava (também nunca citado pelo nome), ela ter um papel predominantemente simbólico. Mas por que, então, não é citado o nome da irmã da mãe de Jesus? Era ela também tão conhecida que era desnecessário citar seu nome, ou este não foi preservado na tradição? Não temos meios de saber.

Tendo decidido pelo número quatro, podemos agora comparar a lista joanina de mulheres perto da cruz com duas listas sinóticas da NP: uma de mulheres mencionadas depois da morte de Jesus de pé ou observando de longe e outra de mulheres na cena do sepultamento, que observaram Jesus sendo colocado no túmulo

---

3) Mulher de Clopas (Moffatt; [mais tarde] Phillips; RSV; NEB; NAB): designação menos provável depois que a mulher se torna mãe; 4) Filha de Clopas (Jerônimo; versões arábicas primitivas; Goodspeed e traduções Phillips [primitivas]; Bacon ["Exegetical", p. 423]): especificamente, a mulher não casada podia ser identificada por intermédio do pai. Bishop acha que a escolha está entre 3 e 4 e defende 4, a favor do qual seu artigo mais tardio, "Mary (of) Clopas", cita o Diatessarão. De modo imaginoso, Bishop propõe que mais tarde ela se tornou mãe de Tiago e Joset, e foi com seu pai Clopas (= abreviação de Cleopater) a Emaús, em Lc 24,18. Entretanto, na verdade o nome Clopas não se encontra em outra passagem do NT; e não é o mesmo que o nome Cléofas de Lc 24,18. Nunca é associado no NT com Maria, a mãe de Jesus, apesar de tentativas patrísticas de fazê-lo seu parente (consanguíneo ou pelo casamento).

[82] *Evangelho de Filipe* #28; II 59,6-11: "Havia três mulheres que sempre caminhavam com o Senhor: Maria, sua mãe e sua [?] irmã e Madalena (a que era chamada sua companheira). Sua irmã e sua mãe e sua companheira eram cada uma delas uma Maria". Ver Klauck, "Dreifache". É tentador especular que Maria (mulher de) Clopas era irmã de Jesus (ver Mc 6,3) e, portanto, todas as mulheres perto da cruz, exceto Madalena, eram parentes de Jesus. Como a maioria das tentações, é melhor resistir a ela.

[83] Entretanto, não há necessidade de proclamar que João quer pôr em contraste as quatro mulheres com os quatro soldados do episódio precedente, pois em nenhum dos casos João aplica o termo "quatro" diretamente aos indivíduos.

por José de Arimateia. Ao elaborar o Quadro 8 para facilitar esta comparação, vou também incluir (em destaque) uma terceira lista que consiste nas mulheres que nos quatro Evangelhos vieram ao túmulo vazio na Páscoa. Com variada intensidade, há uma inferência de que as mulheres que assistiram no Gólgota à morte de Jesus e também observaram seu sepultamento no túmulo antes do sábado vieram ao mesmo túmulo depois do sábado. Consequentemente, as listas da Páscoa são úteis para decidir a ambiguidade quanto a quem os evangelistas se referiam em suas descrições anteriores. Embora possa parecer que o Quadro 8 das três cenas (I: morte; II: sepultamento; III: Páscoa) seja complicado, pois precisa incluir tantas listas dos seguidores agrupados de Jesus, o exame será facilitado se os leitores prestarem atenção às letras maiúsculas na extremidade esquerda como um meio de comparar as respectivas personagens: a linha horizontal A tem a personagem que ocorre com mais frequência quando todas as cenas são consideradas; B tem a segunda personagem mais frequente etc. Ao ler verticalmente, o numeral ao lado de um nome indica a ordem na qual a pessoa aparece na cena indicada no topo da coluna. Assim, na primeira coluna vertical (Cena I, em exame aqui), a ordem da lista de nomes no texto joanino é: 1) a mãe de Jesus; 2) a irmã de sua mãe; 3) Maria de Clopas; 4) Maria Madalena; 5) o discípulo que Jesus amava. João não tem mulheres no sepultamento (II).

Há notável consistência de certos nomes nos diversos relatos evangélicos das Cenas I, II e III. A *linha A* horizontal mostra que Maria Madalena é a citada com mais frequência e aparece em nove das onze listas verticais e, assim, só não é citada nas duas cenas lucanas que se referem a mulheres galileias sem usar nomes pessoais.

Outra mulher chamada Maria (através da *linha B* no quadro) aparece com alta consistência, embora a designação dada a ela varie. Duas vezes em Mateus ela é simplesmente chamada "a outra Maria". Quando é mais identificada nos sinóticos, é por intermédio dos filhos Tiago e Joset/José.[84] É boa a probabilidade de ser esta Maria a mesma pessoa que João conhece como Maria de Clopas (seu marido ou pai).

---

[84] A variante onde "Joset" é usado em Marcos e "José" em Mateus também ocorre nos nomes dos "irmãos" de Jesus em Mc 6,3 e Mt 13,55. Como Tiago é também o nome de um "irmão" de Jesus, muitos identificam os filhos da mulher perto da cruz com "os irmãos" de Jesus. Quando aceita, essa identificação produz as mais diversas explicações: a) Maria, a mãe de Tiago e Joset/José não é a mesma Maria, mãe de Jesus. Consequentemente, esses homens não são irmãos consanguíneos de Jesus, mas sim parentes mais distantes, talvez primos, porque esta outra Maria era a mulher do irmão de José, Clopas. A respeito de Clopas, ver Hegesipo (c. 150 d.C.), em Eusébio, HE III,xi e III,xxxii,1-6. b) As duas Marias são a mesma pessoa; mas, como Maria, a mãe de Jesus, não acreditava (Mc 3,21.31-35; 6,4), Marcos prefere

QUADRO 8. AS MULHERES E OUTROS NA *SEXTA-FEIRA* (I) ANTES OU DEPOIS DA MORTE DE JESUS; (II) NO SEPULTAMENTO; E NA *PÁSCOA* (III), NO TÚMULO VAZIO

	I	III	I	II	III	I	II	III	I	II	III
	Jo 19,25 antes da morte	João 20,1.2 *Páscoa*	Mc 15,40-41 depois da morte	Mc 15,47 sepultamento	Mc 16,1 *Páscoa*	Mt 27,55-56 depois da morte	Mt 27,61 sepultamento	Mt 28,1 *Páscoa*	Lc 23,49 depois da morte	Lc 23,55 sepultamento	Lc 24,10 *Páscoa*
A	4. *Maria Madalena*	**1. *Maria Madalena***	1. *Maria Madalena*	1. *Maria Madalena*	**1. *Maria Madalena***	2. *Maria Madalena*	1. *Maria Madalena*	**1. *Maria Madalena***			**1. *Maria Madalena***
B	3. *Maria de Clopas*		2. *Maria, mãe de Tiago, o Menor, e de Joset*	2. *Maria de Joset*	**2. *Maria de Tiago***	3. *Maria, mãe de Tiago e de José*	2. *a outra Maria*	**2. *a outra Maria***			**3. *Maria de Tiago***
C	2. *a irmã de sua mãe*		3. *Salomé*		**3. *Salomé***	4. *mãe dos filhos de Zebedeu*					**2. *Joana***
D		2. "Nós"	4. *muitas outras mulheres que tinham subido com ele a Jerusalém*			1. *muitas mulheres que tinham seguido Jesus da Galileia*			2. *as mulheres que estavam seguindo com ele da Galileia* (ver Lc 8,1-3)	1. *as mulheres que tinham vindo com ele da Galileia*	**4. *as outras mulheres***
E	1. *sua mãe* 5. *o discípulo que Jesus amava*								1. *todos os conhecidos dele*		

Ocasionalmente, mais uma mulher é lembrada pelo nome (*linha C* no Quadro 8), mas aqui a identificação varia bastante. Para Marcos, nas cenas I e III, Salomé é a terceira mulher. (Em uma imitação do Diatessarão de Taciano preservada em médio persa, encontrada entre os fragmentos de Turfan no deserto de Gobi, Salomé é a segunda mulher, ao lado de Maria, na cena III, e a terceira mulher é Arsênia — ver W. L. Peterson, em TTK, p. 187-192, esp. p. 189.) É a "mãe dos filhos de Zebedeu" mateana (alhures, apenas em Mt 20,20), identificação bem informada da mulher chamada Salomé em Marcos? Mesmo se fosse para sugerir isso, não há razão para equiparar nenhuma dessas com a Joana conhecida somente de Lucas, que em outra passagem (Lc 8,3) ele descreve como a mulher de Cuza, intendente de Herodes. O perigo de tentar identificar Salomé, a mãe dos filhos de Zebedeu, ou Joana, com a mulher que João chama de "irmã de sua mãe" (isto é, irmã de Maria de Nazaré) é óbvio; contudo, dessa identificação dúbia depende a tese que faz os filhos de Zebedeu serem primos de Jesus. Há nomes variados para candidatos nas listas dos Doze; do mesmo modo, também várias mulheres que estavam ligadas a Jesus foram lembradas; e por razões que não podemos determinar, mulheres diferentes foram preservadas em tradições de diferentes Evangelhos.

A *linha D* do quadro mostra que os evangelistas estavam cientes de que um grupo de mulheres estava envolvido nos vários eventos que estamos examinando e que a generalização deve nos tornar cautelosos quando tentamos igualar indivíduos das listas.

A *linha E* do quadro tem registros tão peculiares a um Evangelho que aparentemente não têm paralelos nas listas, mas têm considerável importância teológica para os respectivos evangelistas. Aqui, estamos interessados principalmente em "sua mãe" e "o discípulo que Jesus amava", que são os protagonistas em Jo 19,26-27. A expressão "Todos os conhecidos dele" em Lucas será examinada completamente em sua sequência apropriada em § 44, depois da morte de Jesus. Quero mencionar aqui apenas que "todos" foi entendido literalmente por alguns biblistas para incluir os Doze (sem Judas?), em harmonia com o louvor que recebem em Lc 22,28 por

---

designá-la pelos seus outros filhos (irmãos de Jesus), e não como Maria, a mãe de Jesus. (Ver o estudo em Crossan, "Mark", p. 105-110.) Essa é uma interpretação dúbia da perspectiva geral de Maria por parte de Marcos; além disso, tem de supor que os outros três evangelistas foram em direção oposta, pois atribuíram a Maria um papel favorecido na memória cristã. É inacreditável que, se Lucas entendeu que a Maria a quem ele se refere em Lc 24,10 como "Maria de Tiago" era a mãe de Jesus, ele a teria designado assim.

terem permanecido com Jesus em suas provações. Contudo, esse adjetivo inclusivo sugere a presença (a certa distância da cruz) de outros discípulos homens além dos Doze (cf. Lc 10,1). Vimos outro indício disso no relato marcano (Mc 14,51-52) de um suposto discípulo que, depois de os Doze terem fugido (Mc 14,50), permaneceu, e depois ele mesmo fugiu nu. A imagem joanina de "o discípulo que Jesus amava" se enquadra nessa tradição, com o entendimento de que *uma vaga lembrança geral do envolvimento na NP de discípulos homens além dos Doze foi usada pelos evangelistas individualmente para exemplificar suas teologias da Paixão?* Marcos a teria usado para fortalecer sua tese de fraqueza e fracasso humanos durante a Paixão; Lucas, para fortalecer uma descrição otimista de fidelidade (pelo menos parcial) pelos que tinham seguido Jesus; João, para concretizar simbolicamente um discipulado que jamais titubeava. Mesmo por esse padrão de paralelos remotos na tradição, não há nos sinóticos nenhum indício que apoie a imagem joanina da mãe de Jesus presente na cena da cruz.[85] Lucas, que mais adiante menciona sua presença em Jerusalém antes de Pentecostes (At 1,14), provavelmente a citaria entre as mulheres galileias, se soubesse que ela estava presente na crucificação. Como veremos, para João ela serve de exemplo de discipulado e temos de nos contentar em lidar com os versículos seguintes em nível teológico, sem sermos capazes de ir além na solução das questões da antiguidade pré-evangélica da imagem da mãe e do discípulo perto da cruz e sua historicidade.

Mas antes de voltar-me para os versículos que tratam dessas duas personagens, como eu usaria o Quadro 8 para avaliar a outra parte da imagem que João dá no v. 25, onde ele cita os nomes das três mulheres presentes com a mãe de Jesus, mas não lhes atribui nenhuma parte ativa no que se segue? Das três cenas nas quais mulheres são citadas na NP (com respeito à crucificação, observando o sepultamento, indo ao túmulo vazio na Páscoa), aquela sobre a qual os evangelistas mais concordam inclui Maria Madalena (explícita ou implicitamente com companheiras) vindo ao túmulo na Páscoa e encontrando-o vazio. As mulheres estão ausentes da cena joanina do sepultamento e há discordância entre João e os sinóticos quanto à hora e ao lugar de sua presença na crucificação: Jo 19,25 menciona a irmã da mãe de Jesus, Maria de Clopas e Maria Madalena (ao lado da mãe de Jesus e do discípulo que ele amava) de pé *perto da cruz, antes de Jesus morrer*, enquanto Mc

---

[85] Na nota 84, julguei desfavoravelmente a tese de que "sua mãe" deve ser identificada com a "Maria, mãe de Tiago e Joset/José".

15,40 menciona Maria Madalena, Maria, mãe de Tiago, o Menor, e de Joset, e Salomé, observando *de longe depois que Jesus morreu*. Agora, neste contexto de crucificação, João está primordialmente interessado nas outras personagens, a mãe de Jesus e o discípulo que ele amava, que João precisa colocar perto da cruz antes da morte, pois Jesus lhes fala. Ao que tudo indica, a fim de agrupar na cena da morte os previamente envolvidos com Jesus, João tomou uma forma da tradição de Maria Madalena/outra Maria/outra mulher e ligou-a a sua cena específica; e ao fazer isso, ele revela o fato de estar a tradição das três mulheres bem estabelecida a respeito da crucificação. (Certamente, o modo joanino de relacionar as mulheres não é derivação regressiva de sua menção a Maria Madalena no túmulo vazio; quanto à origem da lista sinótica das mulheres depois da crucificação, ver § 44 A adiante.) Digo "uma forma" da tradição das mulheres porque as listas em Marcos e João são com certeza relacionadas (duas das três mulheres podem bem ser as mesmas) e, contudo, João tem os nomes em ordem diferente, designa a segunda Maria de modo diferente e identifica uma terceira mulher diferente. Isso torna improvável que João tenha copiado de Marcos; é plausível que os dois evangelistas recorressem a uma tradição pré-evangélica mais antiga. O fato de em João as três mulheres só serem mencionadas e não lhes ser dirigida a palavra sugere que a localização delas perto da cruz é secundária e que a apresentação marcana delas depois da morte observando a certa distância está mais próxima da tradição antiga. Além de ter a conveniência da consolidação, a relocação joanina mostra que o Filho do Homem elevado na cruz começa a atrair todos para si (Jo 12,32-34). Ao colocar as três mulheres na companhia da mãe de Jesus e do discípulo que Jesus amava (que Jesus está prestes a reconstituir como família de discípulos), João é mais positivo para com elas que qualquer Evangelho sinótico, embora até agora ele nunca as tenha mencionado no seguimento de Jesus, nem indicado que elas estavam entre "os seus" na Última Ceia (Jo 13,1) ou presentes durante a Paixão.

A mãe de Jesus e o discípulo amado (Jo 19,26-27). Embora "sua mãe" seja mencionada em Jo 19,25 com as outras mulheres de pé perto da cruz, ela só se torna protagonista em Jo 19,26, onde é unida ao discípulo amado. Um verbo composto de *para* e *histanai* é usado para esses dois no v. 26, do mesmo modo que *histanai* ("estar de pé") e *para* ("perto de") foram usados para as quatro mulheres no v. 25 — tem-se a impressão de que duas tradições estão sendo reunidas. Ouvimos falar desse outro discípulo em Jo 18,15-16, onde, não tendo fugido com os demais, ele seguiu Jesus até o pátio do sumo sacerdote e conseguiu fazer Pedro entrar. Agora, depois que Pedro negou Jesus, esse discípulo é o único homem fiel a seguir Jesus até a cruz. Sua presença aqui é exclusiva de João e, na verdade, muitos biblistas críticos atribuem-na ao evangelista, não à tradição joanina pré-evangélica. Contudo, o próprio Evangelho, em sua segunda referência a ele na crucificação (Jo 19,35), faz dele a testemunha ocular e presumivelmente o portador da tradição que garante a cena. Ao examinar o v. 25, apresentei alguns paralelos sinóticos que dão plausibilidade à tese de que o discípulo já foi mencionado de modo incoativo na história pré-joanina da crucificação, apesar de ser o evangelista quem elaborou e sistematizou a importância teológica do discípulo como o discípulo preeminentemente amado. Embora a linguagem e a caracterização desse episódio que envolve a mãe e o discípulo sejam totalmente joaninos, veremos abaixo que, funcionalmente, o episódio tem um paralelo sinótico.

Jesus começa a falar ao *ver* sua mãe e o discípulo. (Nos sinóticos, as mulheres veem [verbo diferente] Jesus de longe; aqui, ele vê as duas personagens de perto.) A mãe é a primeira mencionada no par, e Jesus fala primeiro com ela; a prioridade sugere que ela é a principal consideração do episódio. O discípulo é mais importante na imagem evangélica total, e o interesse de Jesus em seu papel é previsível; mas não dá para prever o papel da mãe de Jesus pelo que foi narrado até aqui e precisa ser esclarecido. A última vez que ouvimos falar dela foi em Caná (Jo 2,1-12), onde sua preocupação inicial era satisfazer as necessidades da festa de casamento com um pedido implícito para Jesus agir. Ele se desassociou das preocupações dela, identificando primeiro a hora designada para ele pelo Pai. Somente a solicitação dela, "Fazei tudo que ele vos disser", e o fato de Jesus conceder-lhe o pedido no final eram favoráveis a ela ter uma relação futura positiva com Jesus. O fato de os irmãos de Jesus, mencionados em companhia dela em Jo 2,12, serem severamente julgados em Jo 7,3-7 por nunca terem acreditado nele deixa o leitor em dúvida quanto ao papel da mãe de Jesus, embora ela nunca seja julgada assim. Essa ambiguidade é resolvida aqui, pois a mãe está de pé com as outras mulheres (na verdade, a primeira entre elas) que estão claramente ligadas a Jesus até sua morte; e ela está prestes a ser posta em estreita relação com o discípulo ideal.

A ligação deste episódio com o de Caná é clara. São as duas únicas passagens joaninas nas quais a mãe de Jesus aparece; essa mesma designação é usada para ela nos dois casos (sem nenhum nome pessoal); em ambos, ele se dirige a ela como "Mulher", palavra perfeitamente apropriada para um homem dirigir-se a uma mulher, mas nunca encontrada no tratamento de um filho à mãe;[86] e, embora o episódio de Caná ocorresse antes que a hora chegasse (Jo 2,4), este episódio ocorre depois que a hora chegou (Jo 13,1). As palavras de Jesus a sua mãe em Jo 2,4 significavam que ele e ela não tinham nenhuma preocupação em comum; suas palavras a ela aqui têm significado oposto. Chamam a atenção e *revelam* um papel que a põe em íntima relação com o discípulo ideal, pois "Olha: teu filho" é outro exemplo de uso revelador de "Olha"[87] descoberto por de Goedt ("Schème"; ver BGJ, v. 1, p. 58). Do mesmo modo, "Olha: tua mãe" é revelação para o discípulo amado. A atmosfera é testamentária, visto que o Jesus moribundo dispõe das duas personagens sem nome que são conhecidas apenas por intermédio de sua relação com ele (*sua* mãe, o discípulo que *ele* ama). A importância do que é feito é realçada no v. 28, onde lemos: "Depois disso, Jesus tendo sabido que já tudo estava consumado...". Assim, o que Jesus faz em relação a sua mãe e ao discípulo é seu último ato voluntário e é um ato de fortalecimento que revela e faz acontecer um novo relacionamento. Somos lembrados de Sl 2,7, "Tu és meu filho; hoje eu te gerei", que também envolve uma autorização reveladora.

Qual é o novo relacionamento que não existia antes? Qual é a importância de instruir a mãe de Jesus para ser a mãe do discípulo amado e instruí-lo para ser o filho dela? Uma linha de interpretação que se estende de Agostinho, passando por Tomás de Aquino, a Lagrange encontra neste episódio uma manifestação de devoção filial: o filho moribundo preocupa-se com o futuro da mãe e deixa-a com seu amigo mais íntimo, para que ele cuide dela. O discípulo deve tratá-la como trataria sua própria mãe.[88] Não vejo nada no pensamento joanino que recomende essa interpretação. Os discípulos joaninos não são deste mundo (Jo 17,14) e o que lhes acontecerá em termos de bem-estar material até eles morrerem é uma questão que o Jesus joanino considera irrelevante (Jo 21,22). Interpretar o relacionamento

---

[86] Ver BGJ, v. 1, p. 99. Esse modo de tratar pode não ter parecido muito reverente aos escribas de um período mais tardio, que tinham uma sensibilidade mariológica mais desenvolvida, o que explica a tendência a omitir "Mulher" de Jo 19,26 (alguns manuscritos coptas e um da OL).

[87] *Ide* ("olha, olhai", usado em Jo 19,4.14) é encontrado nos melhores testemunhos textuais, mas existe apoio respeitável para *idou* ("vê, vede"). Barrett (*John*, p. 552) e outros acham semelhança com uma fórmula de adoção; ver Tb 7,12 (Sinaítico): "Doravante, tu és seu irmão e ela é tua irmã". Contudo, não há nenhum paralelo preciso onde é à mãe que se fala primeiro; e é na teologia de Paulo, não na de João, que a filiação adotiva tem um papel.

[88] Schürmann ("Jesu", p. 15) afirma que a tarefa *não* é mútua: Mãe, cuida do teu filho; Filho, cuida da tua mãe. Significa antes: Mãe, vê o filho que cuidará de ti; Filho, vê a mãe de quem cuidarás.

entre o Jesus joanino e sua mãe em termos de desvelo filial é reduzir o pensamento joanino ao nível da carne e também ignorar o distanciamento das preocupações da família natural que teve lugar em Caná em Jo 2,4.[89]

Muito mais intérpretes de João passaram para um nível teológico a fim de entender a cena. Na maior parte do tempo, isso significa examinar o simbolismo das duas personagens a quem Jesus se dirige. Já em um período primitivo da exegese cristã, a que é chamada "Mulher" aqui foi comparada com Eva, a mulher de Gn 2-4. Do mesmo modo que a velha Eva foi a mãe de todos os viventes (Gn 3,20), esta nova Eva torna-se a mãe dos discípulos de Jesus, isto é, os dotados de vida eterna. O discípulo amado era considerado um filho dado a Maria para substituir Jesus que foi crucificado, do mesmo jeito que a velha Eva disse: "Deus me deu um filho para substituir Abel que Caim matou" (Gn 4,25; ver 4,1: "Com a ajuda do Senhor, concebi um homem").[90] Esse simbolismo é fortalecido por um apelo a Ap 12 (quase sempre com a pressuposição de que esse livro relaciona-se com João), onde a mulher que luta com o dragão (Ap 12,9 = a antiga serpente de Gn 3) é a mãe do Messias (Ap 12,5), mas depois que ele é elevado para Deus e para seu trono, ela tem outros filhos (Ap 12,17: "Os que guardam os mandamentos de Deus") que se levantam com ela na guerra travada contra ela por Satanás.

Trabalhando com Ap 12,2, onde a mulher em dores de parto está grávida do Messias, outros apelam à imagem de Maria na narrativa lucana da infância e identificam a mãe joanina de Jesus com a Senhora de Sião que dá à luz um novo povo com alegria.[91] Se o discípulo amado representa o cristão,[92] Maria é considerada personagem da Igreja (Ambrósio, Efrém), que é mãe para os cristãos, dando-lhes vida no batismo. Nos séculos IX-XI, a interpretação passou da Maria simbólica para Maria como pessoa que exerce a maternidade espiritual a partir do céu.[93] Ao

---

[89] Não quero dizer, decerto, que historicamente Jesus não era um filho amoroso para sua mãe. Se ela estava em Jerusalém para a Páscoa, seu filho estaria preocupado com ela. Mas o nunca especificado "sua mãe" de João foi elevado ao nível de alcance teológico e as questões são as do espírito, não da carne.

[90] Ver uma exposição completa em Feuillet, "Adieux", p. 474-477.

[91] Is 49,20-22; 54,1; 66,7-11; Feuillet, "Adieux", p. 474-4480; "Heure", p. 361-380. Ver um estudo quanto à validade desta metáfora para a narrativa lucana da infância em BNM, p. 380-391.

[92] Orígenes, *In Jo* 1,4(6); GCS x,9: "Todo homem que se torna perfeito já não vive sua vida, mas Cristo vive nele. E porque Cristo vive nele, foi dito a Maria a respeito dele: 'Eis teu filho, Cristo'".

[93] A respeito de tudo isso, ver BGJ, v. 2, p. 924-925, e a literatura ali citada, esp. Koehler, Langkammer. Este último ("Christ's", p. 103-106) afirma (contra C. A. Kneller) que a ideia da maternidade espiritual

defender essas interpretações simbólicas, alguns biblistas não fazem distinção entre o que o evangelista pode ter pretendido em um ambiente do século I e o uso feito da passagem para satisfazer as necessidades da Igreja subsequente. A interpretação simbólica continua na exegese moderna. R. H. Strachan (*The Fourth Gospel*, 3. ed., London, SCM, 1941, p. 319) acha que a mãe representa a herança de Israel sendo agora confiada aos cristãos (discípulo amado). Bultmann (*John*, p. 673) identifica a mãe com judeu-cristãos e o discípulo com cristãos gentios, e faz a primeira encontrar um lar com o segundo.[94] Essa interpretação esquece a completa falta de interesse por parte de João na distinção entre judeu e gentio, falta de interesse assinalada não só pelo silêncio a respeito do assunto, mas também pelo princípio de que pais humanos geram apenas carne, enquanto o Espírito vem da criação divina (Jo 3,3-6). Talvez a dificuldade exegética mais séria a respeito dessas abordagens tenha sido indicada por Schürmann ("Jesu", p. 20). A cena não diz respeito primordialmente às duas personagens em si, mas ao novo relacionamento que existe entre elas. Antes de apresentar uma interpretação teológica desse relacionamento, quero comentar a última parte de Jo 19,27.

"A partir daquela hora, o discípulo tomou-a como sua" tem sido assunto de muita discussão, um bom exemplo da qual vê-se nas posições opostas assumidas em animadas controvérsias por Neirynck ("*Eis*") e de la Potterie ("Parole" e "Et à partir"), dois importantes biblistas católicos romanos. Neirynck, famoso por suas tentativas de estabelecer a dependência joanina de Marcos, com base no uso grego, argumenta vigorosamente que "tomou" (*lambanein eis*) é verbo de movimento, como em Jo 6,21, e que *ta idia* ("como sua") significa "para sua casa", exatamente como em Jo 16,32. De la Potterie afirma que, antes do século XVI, ninguém entendia essas palavras no sentido material,[95] e que a frase deve significar que o discípulo

---

de Maria não se encontrava em Ambrósio, mas pertencia ao escolasticismo e à Idade Média. O que se encontra em Ambrósio é a descrição de Jo 19,26-27 como a "última vontade" pública e privada de Jesus — legado particular ao discípulo amado (João, filho de Zebedeu) e um legado público a todos os cristãos.

[94] Meyer ("Sinn") reconhece corretamente que o discípulo amado torna-se irmão de Jesus nesta cena; mas ele afirma que os irmãos naturais não mencionados de Jesus representam o Cristianismo judaico que estava sendo substituído. Ele acha que o sentido simbólico da figura de mulher é irrelevante.

[95] Certamente havia interpretações primitivas de que o discípulo amado levou Maria para sua casa. Na verdade, isso era entendido tão literalmente que em Panaya Kapulu, na Turquia moderna (a cerca de oito quilômetros da antiga Éfeso), é mostrada uma casa onde se supõe que Maria residiu com João (= o discípulo amado) quando ele se mudou para Éfeso. Entretanto, de la Potterie remonta isso a Jo 19,26-27a, o relacionamento mãe e filho, não à frase "como sua". Um fator que torna o debate com Neirynck

aceitou-a em um tipo de intimidade espiritual.[96] Em "Et à partir", p. 120, ele fala de "espaço interior e espiritual". Sb 8,18 mostra expressão similar para tomar a própria Sabedoria para si. "A partir daquela hora" significa um começo (aoristo incoativo: ele começou a tomar); e há uma dimensão escatológica, pois a mulher representa o povo escatológico. De la Potterie ("Et à partir", p. 125) termina sua interpretação criticando o método crítico histórico que não entra no sentido do texto.

Assumo uma posição entre essas duas. Por meio de paralelos gramaticais e de vocabulário, Neirynck mostra o que o texto significa se a teologia joanina for ignorada. Mas acho absolutamente inacreditável que uma cena dramática tão reveladora, que envolve a mãe de Jesus em um novo relacionamento com o discípulo amado, conclua simplesmente com ele levando-a para sua casa. Rejeito não só os aspectos extravagantes dessa interpretação, por exemplo, que eles saíram naquele momento e não estavam presentes na morte (apesar de Jo 19,35, onde o discípulo está pertinho depois da morte de Jesus), ou que podemos concluir disso que o discípulo era um indivíduo da Judeia que tinha uma casa ali perto. A interpretação é invalidada mais profundamente porque presume que o evangelista estava interessado em onde essas duas personagens foram morar. Essa é uma questão desta terra, da esfera cá em baixo, e não tem lugar no pensamento joanino (Jo 3,31). Na descrição de Jo 6,42, os que estão interessados nas origens terrenas de Jesus são judeus descrentes; os interessados no *habitat* terreno da mãe de Jesus não devem ser considerados muito melhor. A ideia de proporcionar uma casa para a mãe de Jesus não leva bem para Jo 19,28: "Depois disso, Jesus tendo sabido que já tudo estava consumado..."), como se proporcionar acomodações fosse o propósito fundamental da vida de Jesus.

Por outro lado, parte da crítica histórica que de la Potterie ataca permite-nos distinguir entre o misticismo mariológico mais tardio que tempera sua interpretação e o tipo de questão teológica na qual um evangelista do século I estava interessado. Não é preciso invocar "espaço interior e espiritual" para entender "como sua". O

---

um pouco mais acerbo do que é necessário ser é o hábito que de la Potterie tem de referir-se ao que ele "mostra" (*montrer*) em escritos anteriores, por exemplo, "Et à partir" (p. 84, 98-99, 101), quando ele quer dizer o que defendeu. Um argumento não substitui uma demonstração!

[96] Ver também "Parole", p. 31, onde de la Potterie fala do espaço espiritual no qual o discípulo amado vive como sua compreensão de Jesus. Acho difícil traduzir sua versão favorita de "o discípulo tomou-a como sua", a saber, "Le Disciple l'accueillit dans son intimité". De la Potterie combina essa interpretação com o valor representativo de Maria como a Nova Sião e personagem da Igreja ("Parole", p. 38-39) — ver nota 98 adiante.

que é próprio do discípulo amado, o que é "sua", não é sua casa, nem seu espaço espiritual, mas o fato de ser ele o discípulo por excelência. "Como sua" é o discipulado especial que Jesus ama.[97] O fato de agora a mãe de Jesus ser a mãe do discípulo e de ele a ter tomado como sua é um modo simbólico de descrever como alguém ligado a Jesus pela carne (sua mãe, que faz parte de sua família natural) torna-se ligado a ele pelo Espírito (um membro do discipulado ideal). Os que harmonizam os Evangelhos alegam que Lc 1,38 mostra que Maria já é discípula na Anunciação, pois ela diz: "Eis aqui a serva do Senhor! Faça-se em mim segundo a tua palavra". Mas não há razão para pensar que os leitores joaninos conheciam essa cena lucana — advertência manifestada por meio da crítica histórica.

Observei acima que concordo com Schürmann que a importância deste episódio está no novo relacionamento entre a mãe de Jesus e o discípulo amado, não no simbolismo ligado a Maria pela história da interpretação.[98] Minha asserção de que esse novo relacionamento envolve a questão de como a família natural de Jesus relacionava-se com uma família criada pelo discipulado (em linguagem joanina, por meio de nascimento do alto) ganha apoio pelo fato de que essa foi precisamente uma questão com a qual os evangelistas sinóticos se debateram. Na tradição sinótica, Maria aparece ativamente só uma vez, durante o ministério público, quando ela e os irmãos de Jesus vêm procurar Jesus (Mc 3,31-35; Mt 12,46-50; Lc 8,19-21). Em Marcos, seguido por Mateus, seu pedido para ver Jesus não é tratado

---

[97] Em Jo 16,32, Jesus predisse que os outros discípulos se dispersariam cada um para *o seu lado* — o deles não era o discipulado especial que lhes possibilitaria ficar com Jesus. O "como sua" do discípulo amado é exatamente o contrário.

[98] Nova Eva, a Igreja, a mãe de todo cristão que deve ser um discípulo amado, a mãe da Igreja ou do povo escatológico, ou a sempre virgem que não tinha filhos próprios (além de Jesus) a quem ela pudesse ser confiada — embora alguns desses títulos sejam válidos para questões teológicas mais tardias. A meu ver, A. Kerrigan ("Jn. 19.25-27 in the Light of Johanine Theology and the Old Testament", em *Antonianum* 35, 1960, p. 369-416), ao argumentar que Jesus conferiu diretamente a Maria uma maternidade universal, confunde a teologia joanina com a da Igreja mais tardia. Mais possível (mas ainda muito incerta) é a tese de Zerwick ("Hour") de que o contexto "messiânico" em João, criado pelas citações da Escritura nos episódios circundantes, torna provável que João pensava em Eva e sua posteridade e considerava Maria a mãe da Igreja (p. 1192-1194). Entretanto, embora não negligencie outras ovelhas que não são deste aprisco, o Evangelho de João preocupava-se primordialmente com a comunidade do discípulo amado. Quando o Evangelho foi incluído no cânon, o escopo da maternidade foi ampliado. M.-E. Boismard (RB 61, 1954, p. 295-296) é bastante cauteloso ao relacionar a atividade messiânica e Gn 3,15 a esta cena, e ao insistir que os católicos não devem buscar todos os privilégios maternais de Maria no sentido deste texto. No outro extremo do espectro, parece que Preisker ("Joh") é quase polêmico ao questionar o culto mariano de mãe e rainha aqui; para ele, Maria se torna simplesmente um membro da comunidade na terra. Contudo, ter sido feita mãe do discípulo amado constitui uma posição única!

favoravelmente,[99] pois Jesus tem um programa diferente, que diz respeito à vontade de seu Pai. Apontando para os discípulos, ele os identifica como sua família: "Quem faz a vontade de Deus é irmão e irmã e mãe para mim" (Mc 3,35). Mateus deixa o leitor com a impressão de que a família natural é independente da família de discipulado. (Vimos que, para João, Caná representava uma rejeição por Jesus das preocupações de sua mãe pelas necessidades da festa de casamento em favor de um programa estabelecido pela "hora" [determinada pelo Pai].) A reinterpretação lucana (Lc 8,19-21) da cena marcana básica dá uma imagem muito diferente da família natural. Ao omitir todo contraste entre a família natural e a família pelo discipulado, Lucas faz a mãe e os irmãos discípulos modelares, que ouvem a palavra e a guardam, exemplificando desse modo a semente plantada em solo bom, conforme explica a parábola imediatamente anterior (Lc 8,15). Segunda cena joanina que envolve a mãe de Jesus, esta cena perto da cruz realiza, em relação à primeira cena em Caná, o que a reinterpretação lucana realiza em relação à cena marcana — coloca a família (a mãe de Jesus) no relacionamento de discipulado, fazendo-a mãe do discípulo amado, que a toma em sua esfera de discipulado. A mulher cuja intervenção em Caná a favor de necessidades terrenas foi rejeitada porque a hora ainda não chegara recebe agora um papel na esfera gerada do alto depois que a hora chegou.[100] Resta um toque de semelhança com Marcos no fato de os "irmãos" não se tornarem discípulos (Jo 7,3-7), mas serem substituídos pelo discípulo amado, que, ao se tornar o filho da mãe de Jesus, se torna irmão de Jesus.

Lucas modificou o desalento da imagem marcana das reações hostis a Jesus na cruz usando um malfeitor que foi recompensado com um lugar no paraíso (céu). O exemplo joanino positivo não olha para o céu, mas para a continuação terrena do discipulado amado. Para João, não há descontinuidade entre o ministério de Jesus e o período pós-ressurreição em relação a esse discipulado inigualável. O discípulo amado não veio a existir depois da ressurreição, mas já estava ali, durante a própria crucificação. Como veremos adiante (§ 42), o dom do Espírito, associado

---

[99] Só Marcos (Mc 3,21) associa esta busca em Cafarnaum ao fato de "os seus" (= família em Nazaré) pensarem que ele está fora de si e partirem para agarrá-lo.

[100] Mesmo que esse papel não seja tão avançado quanto os papéis designados à mãe de Jesus na mariologia mais tardia (ver nota 98), ser constituída a mãe do discípulo amado pelo desejo moribundo de Jesus é papel privilegiado no discipulado. O não reconhecimento da importância disso faz com que H. M. Buck ("Fourth", p. 175-176) entenda completamente mal a cena: Jesus já não é filho de sua mãe; ele é inteiramente o filho do Pai. "Ao dar a ela um novo filho, João exclui a Mãe de participar da obra de Cristo".

ao que podemos chamar de fundação da Igreja, tem lugar para esse discipulado já na cruz (Jo 19,30).[101] Ao relacionar sua mãe (família natural) ao discípulo amado, Jesus amplia o discipulado de maneira significativa como sinal de que crescerá e abrangerá muitos indivíduos de origens diversas. Essa interpretação do episódio de Jo 19,25-27 torna inteligível o fato de no versículo seguinte (Jo 19,28) se dizer que Jesus sabe que tudo está agora consumado.

Análise

A quantidade de material que teve de ser o assunto de comentário nesta parte da cena da crucificação, que intitulo "Atividades perto da cruz", tentou-me fortemente a fazer uma seção separada de Jo 19,25-27. Contudo, fiquei cada vez mais convencido de que a passagem joanina tinha de ser tratada ao lado do episódio sinótico de escárnio, para podermos apreciar as relações estruturais e funcionais, e traçar o desenvolvimento da reflexão cristã na crucificação. Muitos dos pontos importantes a respeito de estrutura e teologia já foram examinados no COMENTÁRIO, de modo que o tratamento analítico será bastante sucinto. É preciso fazer algumas observações adicionais quanto à historicidade e teologia.

A. Historicidade

A crucificação destinava-se a ser um evento público que produzia um efeito de castigo nos observadores; assim, estamos certos de que havia pessoas ao redor da cruz de Jesus. No elenco de personagens envolvidas nos relatos evangélicos, as que é mais certo terem estado presentes historicamente são os soldados. Na crucificação antes da morte de Jesus, em Marcos os soldados constituem o "eles" que realizam todas as atividades descritas entre Mc 15,16 e Mc 15,27; mas não lhes é atribuído nenhum papel no escárnio marcano de Jesus na cruz. Mateus segue Marcos, mas explica o óbvio contando-nos que os soldados montam guarda a Jesus (Mt 27,36).

---

[101] Se para João esse discipulado inigualável e a comunidade que produziu constituem a "Igreja" (embora o Evangelho não empregue esse termo), o aspecto eclesiástico deste episódio em Jo 19,25-27 pode se relacionar com a interpretação de unidade do episódio anterior (Jo 19,23-24), onde a túnica não foi rasgada (§ 40, #4, acima). Chevallier ("Foundation", p. 343) reclama que seus companheiros protestantes negligenciam o simbolismo eclesiástico de Maria, embora Calvino não o tenha negligenciado. Ele vê em Jo 19,25-27 a formação de uma Igreja com dois tipos diferentes de ovelhas — uma nova família com Maria representando Israel histórico e o discípulo amado representando um novo tipo de discipulado (p. 348).

Jo 19,23-24 é um relato expandido da divisão das roupas de Jesus pelos soldados (tratamento normal de um criminoso). Só Lc 23,36-38 atribui aos soldados um papel no escárnio de Jesus na cruz. Embora não seja improvável que os soldados tomassem parte nos insultos a um criminoso crucificado arrogante, sem dúvida essa é a forma lucana do escárnio de Jesus pelos soldados romanos que é relatada durante e depois do julgamento por Pilatos nos outros Evangelhos. A historicidade desse escárnio lucano deve ser relacionada com a historicidade daquele outro escárnio (ver § 36 B, itens 1 e 4).

Certamente, também havia transeuntes (Marcos/Mateus) e espectadores (Lucas), isto é, os "muitos dos judeus" joaninos, pois o lugar de crucificação foi escolhido pela facilidade de acesso e devia ser ao lado de uma estrada que levava a uma porta da cidade (Jo 19,20: "perto da cidade"). Não é implausível que alguns dos presentes observassem de maneira neutra (Lucas) e alguns gratuitamente expressassem desprezo (Marcos/Mateus). Contudo, a linguagem que descreve esta última reação é tão reminiscente de passagens veterotestamentárias que descrevem o escárnio do justo,[102] que torna impossível decidir se uma lembrança específica do Gólgota estava na raiz da cena de Marcos/Mateus.

A presença de alguns dos membros do sinédrio que tinham incentivado a morte de Jesus não é, de modo algum, implausível: é possível especular que eles gostariam de ver o desenlace do que haviam iniciado.[103] O salto da verossimilhança para o fato histórico está assegurado se for aceita a historicidade do papel de José de Arimateia (§ 46). Embora nem todos os membros do sinédrio fossem escrupulosamente religiosos, é plausível que os chefes dos sacerdotes e muitos dos escribas e anciãos estivessem na cena da morte de um criminoso crucificado na Páscoa? JEWJ, p. 74-79, tenta mostrar que as atividades ao redor da crucificação descritas pelos sinóticos eram possíveis no dia da festa. Mas, seja como for, vou seguir minha prática costumeira de insistir que, depois da Última Ceia, os sinóticos não mencionam a Páscoa, nem demonstram ter consciência de descreverem o próprio dia da festa. Portanto, o único problema histórico que se origina *do texto dos Evangelhos*

---

[102] Além das passagens citadas no COMENTÁRIO, vale a pena mencionar que o verbo *empaizein* ("escarnecer") aparece na florescente tradição dos mártires (1Mc 9,26; 2Mc 7,7.10) que, como Surkau e outros mostram, contribuiu para a imagem cristã da morte de Jesus.

[103] Contudo, havia o perigo de estarem presentes no lugar de execução quando Jesus ou um de seus companheiros morresse e o contato com um cadáver os tornar ritualmente impuros para celebrar a festa.

é se os chefes dos sacerdotes estariam ativos na cena da crucificação na véspera da Páscoa (Jo 19,31). Em Jo 19,21, é descrita a atividade dos chefes dos sacerdotes; contudo, seria de se esperar que estivessem no Templo, abatendo cordeiros para a refeição da Páscoa que teria lugar ao anoitecer do dia da crucificação. Se, à primeira vista, parece que esse envolvimento sacerdotal no Gólgota é implausível, devemos admitir incerteza quanto às regras que governam a atividade dos sacerdotes saduceus na véspera da Páscoa. Mas talvez estejamos fazendo perguntas inadequadas, considerando a intenção dos evangelistas. O fato de Mc 15,31 juntar os escribas aos chefes dos sacerdotes, e Mt 27,41 sentir-se à vontade para acrescentar os anciãos, deve nos advertir que os Evangelhos descrevem livremente a contínua atividade do sinédrio sem lembranças precisas, e a função dramática e teológica do escárnio de Jesus pelos que Lucas chama englobadamente de "os governantes" torna impossível um julgamento histórico preciso.

Quando nos voltamos para a historicidade do escárnio de Jesus pelos cocrucificados, também encontramos problemas. Não há razão convincente para rejeitar a asserção dos quatro evangelistas de que havia outros crucificados com Jesus, e não é impossível que rudes criminosos expressassem desprezo pelas pretensões religiosas de Jesus. Contudo, Marcos/Mateus não atribuem palavras diretas a esse insulto a Jesus e Lc 23,39 faz um dos malfeitores suspensos usar praticamente as mesmas palavras que apareceram no primeiro e segundo escárnios. Certamente, então, não havia lembrança precisa desse insulto a Jesus, e o interesse dominante era mostrar o justo maltratado pelo injusto. O episódio lucano peculiar, onde o outro malfeitor é solidário com Jesus e lhe fala, desafia o julgamento histórico. Não há meio de mostrar que esse episódio não podia ter acontecido, mas é preciso explicar por que nenhum outro evangelista canônico está ciente dele. Acima, nesta mesma seção, sob "A salvação do outro malfeitor", sugeri que o elemento tradicional da cena lucana é o dito do "Amém" (Lc 23,43) pelo qual Jesus promete o paraíso a um pecador. Talvez Lucas tenha adaptado esse dito (que poderia ter sido pronunciado em outra ocasião) ao cenário da crucificação e feito um dos cocrucificados marcanos o objeto do perdão.

O elemento mais difícil de verificar historicamente entre as atividades perto da cruz é a presença dos amigos de Jesus, inclusive sua mãe e o discípulo que ele amava, conforme descrito em Jo 19,25-27. A harmonia dessa imagem com a teologia joanina de uma comunidade (igreja) de fiéis já existente antes de Jesus morrer é um fato que não comprova automaticamente que João inventou a cena. Veremos em § 44 que a presença de amigos ou companheiros de Jesus, *a distância*, conforme relatado nos Evangelhos sinóticos, corresponde a um tema bíblico (Sl 38,12; 88,9); assim, é muito difícil decidir, com base na teologia, que uma imagem é mais histórica que a outra, ou que uma delas é necessariamente histórica. Nada nos outros Evangelhos corrobora a presença da mãe de Jesus no Gólgota, mas há alguns indícios de que discípulos que não faziam parte dos Doze[104] estavam envolvidos na NP. Quanto ao costume romano, há quem apele para indícios rabínicos mais tardios de que não raro o crucificado era cercado por parentes e amigos (e inimigos) durante as longas horas de agonia.[105] Contudo, no reinado de terror que se seguiu à queda de Sejano em 31 d.C., "Os parentes [dos condenados à morte] foram proibidos de ficar de luto" (Suetônio, *Tibério* lxi,2; ver também Tácito, *Anais* vi,19). Sob vários imperadores desse período, os parentes não tinham permissão para se aproximar do cadáver de seu crucificado (§ 46). Assim, não podemos ter certeza de que soldados romanos permitiriam o contato com Jesus descrito em Jo 19,25-27.[106]

B. Algumas notas teológicas adicionais

Já comentei (ver início do Comentário a esta seção) que, nas reações das pessoas perto da cruz, um padrão de três (originário de uma tradição mais antiga) se encontra em todos os Evangelhos, embora em João o padrão surja como três episódios distintos (Jo 19,19-22; 19,23-24; 19,25-27).[107] Está claro que o fato de em *Marcos (seguido por Mateus)* as três reações de Jesus na cruz serem todas escárnios hostis harmoniza-se com a teologia marcana da NP, onde Jesus é inteiramente

---

[104] Dentro do próprio quarto Evangelho, não há razão para pensar que o discípulo que Jesus amava fazia parte dos Doze.

[105] Stauffer (*Jesus*, p. 111, 179¹) cita TalJer *Gittin* 7,1. A passagem essencial nas duas obras parece ser Tosepta *Gittin* 5,1 a respeito de um homem que foi crucificado e, enquanto ainda respirava, entregou uma intimação de divórcio a sua mulher. Se entendo a lógica, a suposição é de que a mulher e a família estavam perto da cruz para testemunhar isso.

[106] No COMENTÁRIO, mencionei a probabilidade de uma tradição muito primitiva que envolvesse Maria em uma cena que pusesse em contraste a família natural e a família constituída pelo discipulado. Entretanto, os sinóticos têm a cena durante o ministério público e, assim, pode ser que João a adaptasse e a pusesse em um novo cenário perto da cruz.

[107] Como não há indícios de que João tirou seus três episódios dos três escárnios marcanos, é interessante o fato de já existir na narrativa pré-evangélica da crucificação o padrão de três. Vimos em § 27 que um padrão de três negações por Pedro existia desde a época mais antiga a que podemos remontar a história. A antiguidade identificável da narrativa, decerto, não deve ser confundida com a historicidade.

desertado por amigos e maltratado por inimigos. Há uma progressão dramática nos escarnecedores, que são, desde transeuntes casuais, passando por membros do sinédrio, até mesmo criminosos companheiros de condenação. O conteúdo dos escárnios tem diversas dimensões teológicas. Por um lado, os escárnios pegam os temas do julgamento de Jesus pelo sinédrio (destruir o santuário, alegar ser o Messias [+ Filho de Deus, em Mateus]), quando Jesus foi ridicularizado como falso profeta; assim, eles são transicionais para o que acontecerá quando Jesus morrer na cruz e cumprir sua profecia, quando o véu do santuário se rasga e ele é confessado como o Filho de Deus. Por outro lado, os escárnios explicam a natureza fortemente religiosa do verdadeiro conflito entre Jesus e seus adversários judaicos. Se Pilatos interrogou Jesus em relação à acusação de ser "o Rei dos Judeus", e depois os soldados romanos escarneceram dele sob esse título, essa questão desaparece em Marcos/Mateus no que diz respeito aos escarnecedores judeus de Jesus na cruz.[108]

A imagem *lucana* é mais complicada. Sua construção dos três escárnios hostis, com um prefácio neutro (o povo que observa) e uma conclusão benevolente (o malfeitor solidário), harmoniza-se por completo com a aversão lucana por uma imagem totalmente negativa. Em geral (mas ver nota 14 acima), na NP ele distingue entre alguns governantes judaicos que se opõem com força a Jesus e o povo judeu que não se opõe. Como ressaltei (sob "A resposta de Jesus ao outro malfeitor"), a salvação de um dos malfeitores por Jesus é típica da visão lucana de que a misericórdia divina já está ativa na NP. Contudo, ao reorganizar os três escárnios hostis dentro dessa estrutura, a sequência lucana de governantes judaicos, soldados romanos e um malfeitor não preserva o objetivo teológico da progressão marcana. A concentração já não é unicamente nas questões religiosas judaicas que se originam da investigação do sinédrio, pois agora há entremisturada a acusação de "o Rei dos Judeus" que se origina do julgamento romano e é lançada pelos soldados romanos. Como o tema mais consistente nos três escárnios hostis é o desafio para *salvar*, esses escárnios se transformam em preâmbulo ao que é o aspecto mais importante nesta cena lucana: a aceitação desse desafio por Jesus, que salva o malfeitor solidário no fim do episódio.

A organização *joanina* de atividades na cruz nos três episódios resulta em um padrão teologicamente dramático. O Jesus soberano que reina da cruz é

---

[108] Em Mc 15,32, "o Rei de Israel" tem um tom messiânico sem a sutileza política de "o Rei dos Judeus".

vitorioso ou realiza o propósito divino nas três atividades (ver acima, sob "Amigos e discípulos perto da cruz"). Entre os que estão envolvidos nos episódios, há uma progressão da hostilidade desde os chefes dos sacerdotes que consideram Jesus um rei fraudulento, passando pela insensibilidade dos soldados que tratam Jesus como criminoso, até a fidelidade da família e dos amigos que são constituídos em uma nova posição por um ato de amor por Jesus. Este último episódio é o ponto culminante do ministério de Jesus, que termina em uma nota positiva de sucesso. Se sua gente não o aceitou, há uma nova gente "sua" que o aceita e, assim, recebe o poder de se tornar "filhos de Deus" em um novo relacionamento com o Filho de Deus (Jo 1,11-13).

(A bibliografia para este episódio encontra-se em § 37, Partes V e VI.)

§ 42. Jesus crucificado, terceira parte: Últimos acontecimentos, morte (Mc 15,33-37; Mt 27,45-50; Lc 23,44-46; Jo 19,28-30)

Tradução

Mc 15,33-37: ³³E a sexta hora tendo chegado, a escuridão cobriu a terra inteira até a nona hora. ³⁴E na nona hora, Jesus vociferou com um forte grito: "*Eloi, Eloi, lama sabachthani?*", que se traduz: "Meu Deus, meu Deus, por que razão me abandonaste?". ³⁵E alguns dos circunstantes, tendo ouvido, estavam dizendo: "Olhai, ele está gritando para Elias". ³⁶Mas alguém, correndo, tendo enchido uma esponja com vinho avinagrado, tendo-a posto em um caniço, estava lhe dando para beber, dizendo: "Deixai (estar). Vejamos se Elias vem descê-lo". ³⁷Mas Jesus, tendo soltado um forte grito, expirou.

Mt 27,45-50: ⁴⁵Mas desde a sexta hora, a escuridão cobriu toda a terra até a nona hora. ⁴⁶Mas por volta da nona hora, Jesus bradou com um forte grito, dizendo: "*Eli, Eli, lema sabachthani?*" — isto é: "Meu Deus, meu Deus, com que propósito me abandonaste?". ⁴⁷Mas alguns dos que estavam de pé ali, tendo ouvido, estavam dizendo que "Este sujeito está gritando para Elias". ⁴⁸E imediatamente um deles, correndo e tomando uma esponja cheia de vinho avinagrado e tendo-a posto em um caniço, estava dando-lhe de beber. ⁴⁹Mas os restantes disseram: "Deixai (estar). Vejamos se Elias vem salvá-lo". ⁵⁰Mas Jesus, novamente tendo berrado com um forte grito, soltou o espírito.

[Lc 23,36: Além disso, também os soldados escarneciam, vindo para a frente, trazendo para a frente para ele vinho avinagrado.]

Lc 23,44-46: ⁴⁴E já era cerca da sexta hora e a escuridão cobriu a terra inteira até a nona hora, ⁴⁵o sol tendo se eclipsado. O véu do Templo rasgou-se pelo meio. ⁴⁶E tendo clamado com um forte grito, Jesus disse: "Pai, em tuas mãos eu coloco meu espírito". Mas tendo dito isso, ele expirou.

Jo 19,28-30: ²⁸Depois disso, Jesus tendo conhecido que já tudo estava consumado, a fim de que a Escritura se completasse, diz: "Tenho sede". ²⁹Uma jarra estava ali cheia de vinho avinagrado. Assim, pondo em hissopo uma esponja ensopada com o vinho avinagrado, eles a trouxeram para a frente até sua boca. ³⁰Assim, quando ele tomou o vinho avinagrado, Jesus disse: "Está consumado"; e tendo inclinado a cabeça, ele entregou o espírito.

EvPd 5,15-19: ¹⁵Mas era meio-dia e a escuridão logo tomou conta de toda a Judeia; e eles estavam aflitos e ansiosos, temendo que o sol se tivesse posto, pois ele ainda estava vivo. [Pois] está escrito para eles: "Que o sol não se ponha sobre um executado". ¹⁶E alguém dentre eles disse: "Dai-lhe a beber fel com vinho avinagrado". E tendo feito uma mistura, deram a beber. ¹⁷E eles cumpriram todas as coisas e completaram os (seus) pecados em sua cabeça. ¹⁸Mas muitos circularam com lâmpadas, pensando que era noite e eles caíram. ¹⁹E o Senhor deu um grito, dizendo: "Meu poder, Ó poder, tu me abandonaste". E tendo dito isso, ele foi elevado.

Comentário

Em § 38, apresentei uma visão geral da organização do último Ato das NPs evangélicas, que consiste na crucificação/morte de Jesus. Entretanto, restam dificuldades para determinar a demarcação de seções individuais e nesta seção, não é fácil decidir qual a melhor maneira de fazer justiça à fluência da narrativa de Marcos/Mateus. Em Marcos, vimos a importância de um horário que chama a atenção para quase todo período de três horas. Embora fosse tentador dividir o relato marcano com base nessas designações de tempo, nenhuma subdivisão proporcional em duração ou conteúdo surgiria aqui, pois o versículo inicial desta seção (Mc 15,33) tem dentro de si duas notações de três horas (sexta e nona horas).

Uma base mais plausível para subdividir esta seção marcana é recorrer à menção de uma escuridão sobre toda a terra antes da morte de Jesus (Mc 15,33) e à menção de um rasgamento do véu do santuário do Templo depois da morte de Jesus (Mc 15,38). Isso nos dá dois sinais escatológicos dados por Deus que formam uma inclusão de cada lado da agonia da morte de Jesus.[1] Contudo, de outro ponto de vista, o véu do santuário rasgado é parte integral da sequência pós-crucificação que constitui as cenas seguintes (§§ 43–44); de fato, o centurião que reage a ela é paralelo às mulheres que olham de longe — as duas cenas exemplificam respostas

---

[1] Como veremos na ANÁLISE, diversos biblistas interpretam essa inclusão como estrutura marcana colocada pelo evangelista em torno de material pré-marcano.

à mudança de situação produzida pela morte de Jesus e a intervenção divina. Assim, não está claro se esta seção deve ser Mc 15,33-38 (sendo os vv. 33 e 38 uma inclusão) ou 15,33-37 (com o v. 38 começando a seção seguinte: Mc 15,38-41).

Reconhecendo que nenhum método para subdividir Marcos é perfeito, neste comentário que compara NPs escolhi o segundo porque a organização mateana do material o favorece. Ao rasgamento do véu do santuário que tirou de Mc 15,38, Mateus acrescentou uma série de sinais cosmológicos (Mt 27,51-53: terremoto, túmulos abertos, ressurreição dos mortos) que não se associam com facilidade aos últimos acontecimentos que precedem a morte na cruz.

Lucas e João têm arranjos do material anterior à morte que são fáceis de identificar. Em Lc 23,44, o *kai* ("e") inicial, acompanhado pela primeira indicação de tempo dada no relato da crucificação desse evangelista, sinaliza uma nova subdivisão, como faz a mudança para descrição indireta da fala direta que precedeu. Em Lc 23,44-45, *antes de* Jesus morrer, Lucas associa a escuridão sobre a terra inteira com o rasgamento do véu do santuário — dois sinais que Marcos tinha colocado de maneira inclusiva em cada um dos lados da morte. Por meio desse rearranjo, as duas ameaçadoras intervenções divinas constituem um esboço ao qual Jesus reage por um ato de confiança na amorosa solicitude divina (Lc 23,46).[2] Assim, Lucas é capaz de tornar positiva toda a cena depois da morte de Jesus, com o trio do centurião, as multidões e as mulheres galileias espectadoras, todos favoráveis a Jesus (Lc 23,47-49), do mesmo modo que havia um trio formado por Simão, a aglomeração e as mulheres de Jerusalém favoráveis a Jesus antes de ele ser crucificado (Lc 23,26-31). No padrão quiástico complicado de João (§ 38 C, Quadro 7), Jo 19,28-30 constitui o Episódio 4, facilmente distinguível dos dois episódios subsequentes posteriores à morte em Jo 19,31-42 (a serem estudados em §§ 44, 46–47).

---

[2] Matera ("Death", p. 475) acha que, ao mudar o rasgamento do véu do santuário para antes da morte de Jesus, Lucas tenta evitar a impressão de que essa morte marca o fim do Templo e seu culto. O esforço de Lucas se harmoniza com seu plano de em Atos narrar cenas onde os apóstolos e Paulo vão ao Templo. Concordo que Lucas reduz a proximidade do fim do culto no Templo, mas Deus rasgar o véu imediatamente antes da morte de Jesus é sinal de que o fim é inevitável em harmonia com palavras ditas às "filhas de Jerusalém" a respeito da destruição de Jerusalém na próxima geração (Lc 23,28-31).

Este comentário tratará dos incidentes desta seção na ordem relacionada a seguir; aqui, o *EvPd* apócrifo tem uma quantidade incomum de material paralelo a Marcos/Mateus.

- Escuridão na sexta hora (sinóticos; *EvPd*)
- Grito de morte de Jesus, Elias e a oferta de vinho avinagrado em Marcos/Mateus (*EvPd*)
- Grito de morte de Jesus em Lucas
- Últimas palavras de Jesus e a oferta de vinho avinagrado em João
- Morte de Jesus (todos)

O segundo dos incidentes acima requer o estudo mais longo, porque há um complicado mal-entendido a respeito da vinda de Elias, que ocorre apenas em Marcos/Mateus.

Escuridão na sexta hora (Mc 15,33; Mt 27,45; Lc 23,44-45a; EvPd 5,15.18)

Quando se lê a assustadora descrição de escuridão que cobre a terra inteira do meio-dia às 3 horas da tarde (da sexta à nona hora), vêm à mente diversas interpretações possíveis. Poderia ser um relato real envolvendo um fenômeno natural (eclipse, tempestade etc.) ou um milagre totalmente sem paralelo.[3] Ou poderia ser uma descrição puramente figurativa, refletindo ou linguagem escatológica veterotestamentária ou metáfora helenística associada à morte de homens famosos, ou ambas. Embora todas essas possibilidades tenham de ser estudadas, esse estudo estará subordinado a nosso interesse primordial, a saber, o uso que cada evangelista atribui ao tema da escuridão.

Escuridão em Marcos/Mateus. Não há um jeito de saber se os evangelistas Marcos e Mateus pensavam ter havido escuridão física ao meio-dia no Gólgota — é mais que provável que pensassem, pois eles a ligam a uma especificação de "hora" semelhante às que ligam a acontecimentos que pressupõem serem reais — mas o foco dominante nos dois Evangelhos é simbólico e teológico.

---

[3] Ao resumir a história de interpretar a escuridão, Grández ("Tinieblas", p. 183) chama a atenção para a influência do Pseudo-Areopagita (c. 500 d.C.), que mencionou a analogia da grande intervenção milagrosa de Deus no AT, especialmente no êxodo.

Marcos: As três horas intervenientes desde que os soldados crucificaram Jesus às 9 da manhã (Mc 15,25) são preenchidas com o escárnio de Jesus na cruz pelos transeuntes, pelos chefes dos sacerdotes e pelos cocrucificados. Nenhum ser humano demonstrou misericórdia para o Filho de Deus e agora, ao meio-dia, no reino da natureza, a terra inteira se cobre de escuridão. Embora alguns intérpretes afirmem que em Marcos a escuridão termina antes que Jesus morra, Marcos não declara isso; o que ele enfatiza é que a escuridão estendeu-se até o exato momento (hora) em que Jesus morreu, a saber, a nona hora, quando Jesus deu seu grito de abandono e expirou (Mc 15,34.37; 3 horas da tarde). Então, mesmo no nível mais óbvio de simbolismo, a escuridão incrementa a melancólica descrição marcana da crucificação que é o clímax da NP.

Entretanto, há um nível mais profundo de referência. Os escárnios anteriores de Jesus imitavam descrições veterotestamentárias do justo, especialmente Sl 22,8. O grito mortal de Jesus introduzido pela escuridão cita o verso inicial do mesmo Salmo (Sl 22,2). A reação a esse grito por alguém que corre para dar a Jesus vinho avinagrado preenche Sl 69,22. Assim, o contexto compele os leitores a pensar em uma origem veterotestamentária para essa escuridão incomum empregada dramaticamente por Deus. A escuridão caótica precedeu a criação por Deus da luz em Gn 1,2-3. Uma das pragas do êxodo foi durante três dias a escuridão "sobre toda a terra", invocada por Moisés como castigo para os egípcios (Ex 10,21-23).[4] O (primeiro) contexto pascal dessa praga faz dela um provável paralelo com a escuridão na Páscoa da morte de Jesus.[5] Quanto à escuridão que simboliza a cólera divina, em amarga censura a Jerusalém Deus proclama: "Seu sol se põe ao meio-dia; ela está envergonhada e desgraçada" (Jr 15,9). Em Sb 5,6, os que escarneceram do justo, duvidando que ele seja um "filho de Deus", são levados a exclamar: "Nós nos extraviamos do caminho da verdade e a luz da justiça não brilhou para nós e o sol não nasceu para nós". Em Jr 33,19-21 (ausente da LXX), se o dia e a noite já não seguem a sequência normal, é sinal de que Deus está rompendo a aliança.

---

[4] Há quem ressalte que a escuridão egípcia durou *três dias* e a escuridão do Gólgota durou *três horas*; entretanto, Marcos não menciona "três horas", mas a sexta e a nona horas. Grayston ("Darkness") leva o mau simbolismo da escuridão adiante e inclui a morte (Sl 88,11-13 e Jó 38,19: parte dos horrores do outro mundo).

[5] O paralelo sugerido por Irineu (*Contra as heresias* IV,x,1) que envolve o sacrifício do cordeiro pascal antes do pôr do sol (Dt 16,5-6) combina com a menção lucana (Lc 23,45a) do sol tendo eclipsado (ou desaparecido).

Talvez o melhor paralelo veterotestamentário se encontre na escuridão que indica "o dia do Senhor", concebido como dia de julgamento e castigo: "um dia de cólera [...] um dia de escuridão e de tristeza" (Sf 1,15). Jl 2,2 adverte: "Está próximo, um dia de escuridão e de tristeza" (ver também Jl 2,10); e Jl 3,4 (RSV 2,31) prediz: "O sol se transformará em escuridão [...] na vinda do grande e terrível dia do Senhor". Em especial, Am 8,9-10 parece pertinente, embora o vocabulário seja diferente do de Marcos: "E nesse dia, diz o Senhor Deus, o sol se porá ao meio-dia e a luz escurecerá na terra durante o dia [...]. Farei com que lamentem um filho único e darei a seu dia um fim amargo". Contra esse pano de fundo, é possível dar a Marcos o significado de que, enquanto os escarnecedores exigiam de Jesus na cruz um sinal (isto é, que ele descesse da cruz), Deus lhes dá um sinal como parte de um julgamento do mundo, a saber, uma advertência de castigo que agora se iniciava. Embora em toda a NP marcana Deus não tenha estado visivelmente ativo, agora que Jesus bebe todo o cálice que seu Pai lhe deu, a intervenção divina começa a ser percebida.

Como o substantivo *ge* significa "terra" e "território", é discutível se Marcos descreve a escuridão sobre a terra inteira ou apenas sobre o território (da Judeia, como *EvPd* 5,15 a entendeu).[6] Há quem prefira a segunda hipótese como menos embaraçosa para explicar, pois escuridão sobre a terra inteira durante três horas no tempo da morte de Jesus teria sido mencionada em registros históricos ou astronômicos antigos e não o foi. Entretanto, tal objeção histórica não deve influenciar nossa interpretação de uma cena que primordialmente tem importância teológica. Embora o alvo dos oráculos de julgamentos veterotestamentários no dia do Senhor fosse em geral Israel ou a Judeia, os profetas certamente não restringiam os sinais apocalípticos a um pequeno canto da terra. No contexto marcano, logo será trazido à cena um centurião romano que pronunciará uma retumbante justificação de Jesus (Mc 15,39); certamente, então, Marcos considera esse um dia de clímax para todos os povos e a terra inteira.

---

[6] Entre os que preferem "território" estão Erasmo, Lutero, Billerbeck, Ewald, Klostermann, Knabenbauer, Olhausen e Plummer. Entre os que preferem "terra" estão Gnilka, Grayston e Lohse, com Loisy afirmando que nos Evangelhos a expressão "sobre a *ge* inteira" ou "sobre toda a *ge*" nunca tem sentido restrito a "território" (Grández, "Tinieblas", p. 204 — não tenho essa certeza quanto a Lc 4,25). Não é convincente o argumento de que, em relação a Moisés, Ex 10,22-23 tem a praga "sobre todo o território do Egito"; por isso, aqui, por analogia, o castigo divino deveria vir sobre todo o território da Judeia. Não deveria a praga divinamente enviada ser maior em relação a Jesus, Filho de Deus e, assim, "sobre a terra inteira"?

Mateus: Em Mt 27,45, ele segue Marcos de perto, se bem que em um grego mais homogêneo.[7] Entretanto, aspectos do contexto mateano servem para fortalecer a mensagem simbólica e escatológica marcana. Somente em Mateus (Mt 27,25) "todo o povo (judeu)" aceitou a responsabilidade diante de Pilatos por condenar Jesus à morte pela crucificação; então, não é inesperado que Deus envie a escuridão como advertência de julgamento iminente. Em Mateus (Mt 27,51-53), à morte de Jesus se seguirão sinais escatológicos (terremoto, abertura de túmulos, ressurreição dos mortos) ainda mais dramáticos que o rasgamento do véu do santuário em Marcos. Com certeza, então, a escuridão é mais do mesmo. A forte ênfase mateana em "todo o povo (judeu)" significa que seu "toda a *ge*", que é uma substituição do "a *ge* inteira" marcano, refere-se ao território da Judeia, e não a toda a terra? Provavelmente não — embora a explicação para Mateus mudar Marcos aqui não seja puramente uma de preferência estilística, pois em outras passagens Mateus usa "inteira" (*holos*) para expansão geográfica. "Sobre toda a *ge*" é uso muito comum na LXX e realça a origem veterotestamentária para a escuridão. Aparece, em especial, em Ex 10,22, uma das passagens citadas acima para esclarecer o sentido mateano.

A escuridão no *EvPd*. Embora descreva o mesmo acontecimento que Mc 15,33 e Mt 27,45, *EvPd* 5,15 o faz com um vocabulário quase totalmente diverso (exceto pela palavra básica "escuridão"). Se supusermos que *EvPd* recorreu aos Evangelhos canônicos (pelo menos por intermédio da lembrança de ter ouvido um Evangelho oralmente), algumas das mudanças talvez sejam intencionais, em vez de casuais. A interpretação pelo *EvPd* de *ge* como a Judeia está de acordo com o feroz antijudaísmo desse Evangelho apócrifo, no qual até aqui o rei judeu Herodes dominou a morte de Jesus (*EvPd* 1,2) e o *povo judeu* arrasta o "Filho de Deus", agora que eles têm poder sobre ele (*EvPd* 3,6) e escarnecem do Senhor, cospem nele e o agridem e açoitam (*EvPd* 3,9), para finalmente crucificá-lo, dividindo suas roupas (*EvPd* 4,10.12). Proíbem que quebrem os ossos do malfeitor cocrucificado que demonstrou solidariedade com o Senhor, para que ele morra atormentado (*EvPd* 4,14).

---

[7] Como antes Mateus não tinha nenhum aviso de terceira hora comparável ao de Marcos, sua mudança de "a sexta hora tendo chegado" em Marcos para "desde a sexta hora" é apenas um ajuste cronológico. Ele usa o padrão de *apo [...] heos* ("de [...] até") dez vezes para descrever um período de tempo (SPNM, p. 292).

Outro tema influenciou o vocabulário da descrição do *EvPd*: "Mas era *meio-dia* e [...] o *sol se tivesse posto*". As palavras em itálico fazem eco à descrição do dia do Senhor em (na LXX de) Am 8,9 que, como já sugerimos, talvez tenha dado origem ao simbolismo em Marcos.[8] Caracteristicamente, o *EvPd* torna mais explícitos temas bíblicos encontrados nos Evangelhos canônicos. Ênfase adicional nas Escrituras é vista na citação direta no *EvPd* do que está escrito: "Que o sol não se ponha sobre um executado". Embora o *EvPd* tenha usado antes a mesma citação literalmente, e na verdade tenha especificado que estava "na lei" (*EvPd* 2,5), a citação não tem contrapartida exata no Pentateuco, nem em nenhuma passagem do AT. O mais próximo que se chega é Dt 24,15 (LXX 24,17), ao insistir que os salários do dia devem ser pagos antes de o sol se pôr. Esse refrão a respeito do pôr do sol[9] foi combinado com a ideia (mas não o vocabulário) de Dt 21,22-23, segundo a qual um cadáver suspenso não deve permanecer na árvore durante a noite. Essa injunção bíblica geral talvez estivesse por trás dos relatos dos Evangelhos canônicos, pois todos eles descrevem um sepultamento antes do sábado, que começava ao pôr do sol, mas só o *EvPd* cita a Escritura nesse ponto. Seria porque os leitores do *EvPd* eram gentios que não entenderiam a mentalidade judaica quanto a esse ponto, se fosse deixado implícito? É mais provável que (e talvez além disso) represente uma inferência antijudaica de hipocrisia: os que crucificaram Jesus foram extremamente cuidadosos a respeito dessas minúcias quanto à hora exata do pôr do sol, mas não hesitaram em escarnecer do Filho de Deus (*EvPd* 3,9).[10] Ainda mais um eco da literatura sagrada pode ser percebido, se o autor de *EvPd* conhecia *2 Henoc* 67,1-3.[11] Ali, a escuridão cobre a terra quando Henoc fala e é levado ao céu.[12] Esse paralelo realça a sutileza apocalíptica dos fenômenos que ocorreram enquanto Jesus estava na cruz.

---

[8] Esta passagem mostra-me a impossibilidade de considerar o *EvPd* a NP original da qual Marcos e Mateus eram dependentes. Por que um ou os dois deles teriam rejeitado a redação bíblica "meio-dia" usada pelo *EvPd* em favor de "a sexta hora", não atribuível a nenhuma das passagens veterotestamentárias que são os antecedentes para a escuridão?

[9] Vê-lo em Ef 4,26: "Não deixeis o sol se pôr sobre vossa ira".

[10] Ao interpretar os Evangelhos canônicos, é preciso levar em conta a percepção pelos evangelistas de que os que fizeram mal a Jesus não conheciam sua verdadeira identidade divina. Entretanto, no *EvPd*, os perpetradores sabem que agiram mal (*EvPd* 7,25; 8,28; 11,48).

[11] É bastante difícil datar este pseudepígrafo preservado em eslavônico e nunca atestado antes do século XIV d.C., mas muitos o atribuem a por volta do século II d.C., quando o *EvPd* também estava sendo escrito.

[12] A passagem continua: Quando o povo viu isso, deram glória a Deus e foram para casa — cf. Lc 23,48. Ver a influência de *2 Henoc* em Clarke, "St. Luke".

Para além do aspecto bíblico, o tratamento da escuridão em *EvPd* mostra a faceta popular de contar história deste apócrifo. Em *EvPd* 5,18, nos é dito que muitos circularam com lâmpadas porque pensaram que a noite talvez tivesse chegado, e ainda assim eles caíram. Essa descrição enfatiza vivamente que a escuridão era intensa e, como sinal vindo de Deus, tinha o poder de paralisar os inimigos de Jesus. Ao que tudo indica, esses adversários judeus tinham domínio sobre ele, mas Deus agora começa a atacar seus pecados em suas cabeças (*EvPd* 5,17). Em Dt 28,29, Deus amaldiçoa o povo quando eles são desobedientes: "Mesmo ao meio-dia, andarás tateando como um cego no escuro, incapaz de achares teu caminho".

A escuridão em Lucas. Como em Marcos, a escuridão chega por volta da sexta hora até a nona hora, mas entre a escuridão e o grito mortal de Jesus interpõe-se o rasgamento do véu do santuário, que está associado ao eclipse do sol. Além dessa descontinuação da ligação marcana entre a escuridão e a morte, Lc 23,44-45 leva ao ponto crítico outros problemas a respeito da escuridão, pois junta antes da morte de Jesus dois sinais tirados de Mc 15,33 (escuridão antes da morte de Jesus) e de Mc 15,38 (rasgamento do véu do santuário depois da morte de Jesus). Esse rearranjo é, sem dúvida, reflexo da propensão lucana para um relato (logicamente) mais ordenado (Lc 1,3) e mostra um entendimento de que os dois sinais são de origem semelhante, refletindo a cólera divina. Lucas queria concentrar os elementos negativos antes do momento em que Jesus confiaria seu espírito às mãos de seu Pai (Lc 23,46). Em Lucas, tudo que se seguir a esse ato de confiança será positivo, reconhecendo a benevolência de Deus.

Se o registro lucano é razoavelmente inteligível, a redação lucana é um problema maior. Lc 23,44 é tomado por empréstimo de Mc 15,33 (como quase todos reconhecem), pois doze de suas dezesseis palavras encontram-se em Marcos.[13] Contudo, há alguns improvisos interessantes: Marcos é que costuma exagerar o uso de "e"; mas aqui, em Lc 23,44b, Lucas acrescenta um segundo "e", criando coordenação. Mais importante é a adição lucana de "já" (*ede*), da qual pode-se inferir que Jesus tinha estado na cruz antes do meio-dia (sexta hora), e assim encontrar uma implícita harmonização com o horário marcano. Contudo, devemos também mencionar a adição de "cerca de" (*hosei*) que, com uma expressão de tempo, é uso lucano comum (Lc 9,28; 22,59; At 10,3). Feldkämper (*Betende*, p. 273) observa

---

[13] Várias das palavras não estão no estilo lucano normal, por exemplo, de Marcos Lucas toma "sobre a terra inteira", enquanto em outras passagens (Lc 4,25; 21,35) ele prefere "toda a terra".

que desse modo Lucas demonstra uma avaliação da impossibilidade de atribuir uma hora exata a um sinal escatológico como a escuridão do meio-dia.

Questão importante é o esclarecimento que Lucas dá em Lc 23,45a, que parece ser independente de Marcos.[14] É evidente que os escribas antigos também ficaram confusos com esse esclarecimento, pois os mss. atestam basicamente duas interpretações diferentes:

• *tou heliou eklipontos*: aoristo (ou de vez em quando presente: *ekleipontos*) genitivo absoluto: P[75], Códices Vaticano, Sinaítico, Efrém rescrito, alguns testemunhos saídicos.

Tradução a): o sol tendo se eclipsado

Tradução b): o sol tendo desaparecido

• *kai eskotisthe ho helios*: oração principal coordenada: Códices Alexandrino, de Beza, Koridethi; Marcião; testemunhos latinos e siríacos; tradição *koiné*.

Tradução c): e o sol foi escurecido/obscurecido

Como veremos, há um grande problema astronômico quanto a pressupor um eclipse do sol na hora da morte de Jesus; por isso, a segunda interpretação é muito mais fácil (do mesmo modo que a tradução b da primeira interpretação) e, por essa razão, pode ter sido preferida por escribas ansiosos para melhorar a aceitabilidade da passagem. A primeira interpretação grega tem apoio textual mais impressivo e deve ter preferência sob a regra de escolher como original a interpretação mais difícil.[15]

Resta o problema de como deve ser traduzida a primeira interpretação. A tradução b é possível, pois "desaparecer, extinguir-se, acabar" é tradução normal de *ekleipein*,[16] e muitos biblistas lucanos modernos, de Lagrange a Marshall e Fitzmyer, a preferem. Apesar de ser explicação banal da escuridão, essa tradução evita o constrangimento de atribuir um erro a Lucas, pois um eclipse do sol não

---

[14] É muito difícil derivar o grego lucano (as duas interpretações dadas acima) de Marcos, apesar da tentativa de Buckler ("Eli", p. 378) de relacioná-lo com o *Eloi* (textos variantes *Eli*) e *egkatelipes* de Mc 15,34.

[15] Por causa da influência de Orígenes (ver adiante), comentaristas mais antigos preferiam a segunda interpretação; mas, com a chegada de Tischendorf no século XIX e uma percepção mais nítida de crítica textual, a primeira interpretação ganhou a preferência geral. Grández ("Tinieblas") apresenta um registro de opiniões quanto a este ponto.

[16] Exemplo interessante está na LXX de Eclo 22,9(11), que descreve uma pessoa morta como alguém que perdeu (*ekleipein*) a luz ou cuja luz acabou.

pode ter lugar durante o período de lua cheia que inicia a Páscoa.[17] Parece também que a máxima duração atestada de um eclipse solar completo é de sete minutos e quarenta segundos (Driver, "Two", p. 333), consideravelmente menos que as três horas pressupostas pelos Evangelhos sinóticos. Qualquer sugestão de que Deus suspendeu as possibilidades naturais e provocou um eclipse extraordinariamente longo sobre a terra inteira em uma ocasião em que nenhum podia acontecer choca-se com o silêncio de autores antigos contemporâneos do suposto acontecimento, como Sêneca e Plínio, que normalmente teriam mencionado um prodígio tão extraordinário. Se não houve nenhum eclipse do sol por ocasião da morte de Jesus,[18] que outro fenômeno conhecido provocaria a escuridão ou a obscuridade da luz solar? Muitas explicações têm sido oferecidas: manchas solares, tempestades solares, os *hamsin* ou ventos sirocos que trazem uma tempestade de areia,[19] um temporal com trovoadas e raios, a consequência de uma erupção vulcânica na Arábia ou na Síria etc. Entretanto, a passagem lucana não faz alusão a ventos ou tempestades (comparar At 2,2). Além disso, algumas dessas sugestões originam-se de pessoas que viveram na Palestina e conheceram os fenômenos climáticos locais,[20] mas Lucas não revela esse tipo de conhecimento.

Por outro lado, há um padrão lucano que favorece a tradução a): "O sol tendo se eclipsado", mesmo que essa tradução signifique que a descrição lucana

---

[17] Este problema já era visto por Orígenes (*Commentariorum Series* 134; In Matt 27:45, GCS 38, p. 271-741), que preferia a interpretação de que o sol ficou escurecido. Alhures, Orígenes insinuou que a ideia de um eclipse foi introduzida por anticristãos para desacreditar os Evangelhos. (Lembramos que ele pensava o mesmo da interpretação de Mt 27,16-17 que dava "Jesus" como nome próprio de Barrabás.) Ver B. M. Metzger, "Explicit references in the Works of Origen to Variant Readings in the New Testament Manuscripts", em J. N. Birdsall & R. W. Thomson, orgs., *Biblical and Patristic Studies*, New York, Herder, 1963, p. 78-95, esp. 87 (Memory of R. P. Casey). Júlio Africano, que nasceu em Jerusalém e conheceu Orígenes, escreveu *Chronikon* em 221 d.C.; em 5,50 (ed. Rowth 2,297), ele relatou que Talos (historiador do início do século I d.C.?) chamou essa escuridão de eclipse do sol, mas tal designação era sem fundamento.

[18] No passado, J. J. Scaliger (1598), A. Calmet (1725) e outros pensaram em um eclipse lunar, às vezes combinado com um eclipse solar! Apelando a At 2,20, "O sol se transformará em trevas e a lua em sangue", Humphreys & Waddington ("Dating") sugerem que Lucas combinou uma tempestade de areia com um eclipse lunar parcial, que aconteceu em 3 de abril de 33 d.C.

[19] Isso é mencionado ou defendido por biblistas ilustres, por exemplo, Lagrange, Benoit, Fitzmyer. Driver ("Two") afirma que como o Templo estava aberto do lado oriental (Mixná, *Middot* 2,4), o vento que trouxe a areia poderia ter rasgado o véu do santuário!

[20] O que certamente é verdade a respeito da sugestão por Lagrange de um siroco; e já, ao escrever *c. 396*, Jerônimo, que ali vivia, menciona uma escuridão incomum que teve lugar por volta de Pentecostes (*Contra Ioannem Hierosolymitanum* 42, PL 23,393C).

não é cientificamente exata.[21] Em sua narrativa da infância, Lucas relatou que "um edito foi promulgado por César Augusto para que se realizasse um recenseamento de toda a terra" (Lc 2,1). Até onde indicam os indícios conhecidos, nunca houve esse recenseamento universal sob Augusto, apesar das engenhosas tentativas de intérpretes para defender a exatidão lucana (ver BNM, p. 470-472, 651-662). Houve muitos editos de Augusto e muitos recenseamentos regionais; e Lucas, por confusão ou licença artística, recorreu a eles a fim de criar um ambiente para o nascimento de Jesus em Belém. Do mesmo modo, Lc 2,2 descreve esse recenseamento como "o primeiro recenseamento sob Quirino como governador da Síria" e nos diz que ele fez os pais de Jesus irem da Galileia a Belém. Houve um recenseamento (mas da Judeia, não da Galileia) sob Quirino como governador da Síria; contudo, foi realizado mais de dez anos depois da data mais plausível para o nascimento de Jesus, que parece ter acontecido durante o reinado de Herodes, o Grande. Lucas tomou um acontecimento conhecido (que era associado ao filho de Herodes) e por confusão associou-o ao tempo do nascimento de Jesus.[22] À luz desses procedimentos na narrativa da infância, não é implausível que, tendo lido em Marcos a respeito de escuridão ao meio-dia, Lucas a associasse a um bem conhecido eclipse do período geral em que Jesus morreu e fizesse deste último a causa da primeira.[23] A verossimilhança dessa associação, inclusive a exagerada duração da escuridão, é evidente quando se leem algumas das não raro exageradas descrições literárias de um eclipse solar. Por exemplo, Plutarco (*Pelópidas* xxxi,2) assim descreve um eclipse solar em 364 a.C.: "A escuridão tomou conta da cidade durante o dia". Sawyer ("Why", p. 128) relata a descrição de um eclipse solar em Antioquia em 1176 que durou

---

[21] O fato de Orígenes argumentar contra a interpretação de eclipse mostra que ela tinha apoio em seu tempo; e havia escritores religiosos famosos (Crisóstomo, Cirilo de Alexandria) que a aceitavam, embora pressupusessem um ato especial de Deus para produzi-lo. G. B. Caird, Danker e Sawyer defendem a tradução do eclipse e ela se encontra na NAB, *Jerusalem Bible* e NEB.

[22] Neste caso, opto por confusão em vez de licença artística, porque Lucas demonstra confusão a respeito desse recenseamento em At 5,36-37. Ali ele atribui ao famoso Gamaliel um discurso (ao que tudo indica proferido no fim da década de 30) que menciona o levante de Teudas (que ocorreu uma década mais tarde!) e, *depois* desse levante, menciona o recenseamento associado ao levante de Judas, o Galileu (= recenseamento sob Quirino em 6 d.C.). Na verdade, a associação de Gamaliel com esse discurso pode ser outro exemplo de Lucas incluir na narrativa acontecimentos e pessoas conhecidas em lugares e papéis apropriados, mas de modo algum exatos.

[23] É provável que Lucas não soubesse que não poderia ter havido um eclipse na Páscoa. Killerman ("Finsternis") lembra que, apesar de ter habilidades científicas, Alberto, o Grande, talvez não soubesse que a Páscoa ocorria na lua cheia. Contudo, Tucídides (*História* ii,28) fala de um eclipse do sol na lua nova como aparentemente a única vez em que tal ocorrência teve lugar.

três minutos e vinte segundos: "O sol ficou totalmente obscurecido; a noite caiu e as estrelas apareceram [...] a escuridão durou duas horas; depois a luz voltou".

Houve um eclipse *mencionado* nessa região, dentro de um ano ou dois da morte de Jesus (30 ou 33 d.C.), a respeito do qual Lucas poderia ter ouvido ou lido? Um eclipse solar, com a duração de 1 minuto e meio, ocorreu em partes da Grécia, Ásia Menor e Síria em 24 de novembro de 29 d.C.[24] Há possíveis referências pertinentes a ele nos autores antigos, mas a data que eles designam varia. A respeito de um eclipse que aconteceu no reinado de Tibério (14-37 d.C.), Orígenes (*Contra Celso* II,33) relata que Flégon fez um registro desse eclipse juntamente com o de um terremoto "no décimo terceiro ou décimo quarto livro, creio eu, de suas *Crônicas* [*Olympiades*]".[25] (Flégon, grego do sudoeste da Ásia Menor, era historiador e viveu no reinado de Adriano, 117-135 d.C.). Em sua *Crônica* para o 18º-19º ano do reinado de Tibério, Eusébio (GCS, 2. ed., xlvii,174-175)[26] relata que, segundo Flégon, no quarto ano da 202ª Olimpíada, houve um grande eclipse do sol, que superou todos os que o precederam. Ao meio-dia, parecia noite. O ano especificado teria sido de 1º de julho de 32 d.C. a 30 de junho de 33 d.C.[27] Eusébio continua e liga esse eclipse a um terremoto na Bitínia que fez edifícios caírem em Niceia e teve sinais no Templo de Jerusalém relatados por Josefo; ele constrói claramente uma trama que combina com os relatos evangélicos. Há quem tenha apelado a registros astronômicos chineses para corroborar a escuridão (ver Grández, "Tinieblas", p. 198).

Se, por confusão ou por arte, Lucas ligou uma vaga lembrança desse eclipse solar (que efetivamente ocorreu vários meses ou anos antes da morte de Jesus) com a tradição marcana de escuridão no dia da morte de Jesus, não devemos pensar que ele estava dando uma explicação puramente naturalista para essa última. Lucas presumiu que o eclipse era controlado por Deus, que o empregou para assinalar a

---

[24] Refletindo a opinião de que Lucas era antioqueno, Sawyer ("Why", p. 127) sugere que ele conhecera esse eclipse quando jovem. Entretanto, a hipótese complica o problema da exatidão lucana, pois ele deveria ter se lembrado de que o eclipse ocorreu no outono, não na primavera, quando Jesus foi crucificado.

[25] Contudo, ao comentar Mateus (nota 17 acima), Orígenes toma o cuidado de mencionar que Flégon não disse que o eclipse ocorreu na lua cheia.

[26] Tibério reinou de 14 a 37; estaria Eusébio pensando em 31-32 d.C.? Holzmeister ("Finsternis") levanta o problema de uma possível confusão entre um eclipse lunar em 3 de abril de 33 d.C. e o eclipse solar em 24 de novembro de 29 d.C.

[27] Alguns, como Maier ("Sejanus"), usam esses indícios para defender a morte de Jesus em abril de 33, mas tal raciocínio não elimina a impossibilidade de um eclipse solar na Páscoa.

morte do Filho. Não menos que Marcos, Lucas considerou essa escuridão resultante do eclipse um dos sinais escatológicos dos últimos tempos mencionados no AT.[28] Na narrativa lucana da infância, Jesus foi saudado como "aparecendo aos que estavam na escuridão e na sombra da morte" (Lc 1,78-79). Na verdade, entre os evangelistas, só Lucas mencionou previamente a escuridão na NP; de fato, quando estava sendo preso, Jesus exclamou que esta era a "hora" de seus inimigos "e o poder das trevas" (Lc 22,53). O simbolismo da volta da escuridão quando Jesus morreu era evidente para os leitores de Lucas.

Entretanto, talvez haja na comunicação lucana outra dimensão que transcende a origem veterotestamentária e os temas escatológicos manifestos em Marcos/Mateus. A ligação entre um eclipse mencionado e a escuridão ao meio-dia, antes da morte de Jesus, talvez tenha servido para salientar o impacto dessa morte no Império Romano (que, como "os confins da terra" em At 1,8, é o que Lucas quis dizer com "a terra inteira" em Lc 23,44). Lucas demonstrou interesse no efeito universal do nascimento de Jesus ao ligá-lo em Lc 21,1 ao edito de "César Augusto para que se realizasse um recenseamento de toda a terra", e ele talvez esteja demonstrando um interesse paralelo na morte de Jesus, que percebemos ao considerar como os leitores de Lucas no mundo helenístico sem conhecimento da metáfora veterotestamentária do "dia do Senhor" entenderam a escuridão, o eclipse e o rasgamento do véu do santuário descritos em Lc 23,44-45. Há abundantes indícios greco-romanos de que comumente se acreditava que sinais extraordinários acompanhavam a morte de grandes homens ou figuras semidivinas.[29] Se nos restringirmos a autores que escreveram 100 anos antes ou depois da morte de Jesus, descobriremos que Plutarco (*Rômulo* xxvii,6) relata que, na morte ou partida de Rômulo, "a luz do sol se eclipsou". Do mesmo modo, Ovídio (*Os fastos*, v. 2, p. 493) usa a expressão "o sol fugiu" e Cícero (*De republica* vi,22), "pareceu que o sol [...] se extinguiu". Quando Júlio César foi assassinado, Plutarco (*César* lxix,4) fala de um obscurecimento do sol e Josefo (*Ant.* XIV,xii,3; #309) descreve-o como ocasião em que "o sol se afastou".[30] Na verdade, Plínio (*História Natural* ii,30; #97) menciona essa morte

---

[28] A atitude de Lucas é evidente em At 2,17-21, quando em Pentecostes Pedro cita de Jl 3,1-5 sinais (inclusive o escurecimento do sol), mostrando que o que aconteceu a Jesus assinala "os últimos dias".

[29] Grández ("Tinieblas", p. 199-200) relaciona cerca de trinta passagens de vinte e cinco autores helenísticos pertinentes a isso, dos quais farei uma seleção. De um período mais tardio, há também alguns paralelos rabínicos (St-B 1,1040-1042).

[30] Do mesmo modo, Ovídio (*Metamorfoses* xv,785) descreve "a triste face do sol" e Virgílio (*Geórgicas* i,467)

para exemplificar uma ampla expectativa: "eclipses do sol portentosos e longos, como quando César, o ditador, foi assassinado".

Marcos/Mateus relatam o rasgamento do véu do santuário depois da morte de Jesus, por isso deixaremos para § 43 o exame desse fenômeno, embora Lucas o mencione em Lc 23,45b. Traduzi esse versículo como sentença separada para evitar ter de traduzir *de*. Se essa partícula é conjuntiva, a escuridão/o eclipse e o rasgamento do véu estão unidos como sinais negativos no céu e na terra. Se é adversativa, estabelecendo um contraste com a escuridão negativa,[31] então o rasgamento (talvez entendido como abertura de um caminho através do véu para o santuário da casa do Pai) está ligado ao forte grito de Jesus quando ele coloca seu espírito nas mãos do Pai.

O grito mortal de Jesus; Elias; oferta de vinho avinagrado (Mc 15,34-36; Mt 27,46-49; EvPd 5,19.16)

As últimas palavras na cruz (suas únicas palavras em Marcos/Mateus) aparecem de três formas diferentes em Marcos/Mateus, Lucas e João, respectivamente; e nós teremos de dedicar uma subseção a cada uma das três. O exame da forma de Marcos/Mateus será feito sob três subtítulos: sentido do grito mortal,[32] sua redação e o mal-entendido a respeito de Elias combinado com a oferta de vinho avinagrado.

Sentido do grito mortal de Jesus. Às 3 horas da tarde, depois de três horas de escuridão sobre a terra inteira, Jesus crucificado fala pela primeira e única vez. (Embora muitas vezes se diga que, em Marcos, Jesus morre a essa hora, a "nona hora" está afixada ao grito com voz forte de Jesus, não a sua morte, embora possamos presumir que ele expirou logo depois — em especial se o "forte grito" do v. 37 for simplesmente um recomeço do "forte grito" do v. 34.) "Fala" não é exato, pois Marcos usa o verbo *boan* e Mateus usa *anaboan*; além disso, os dois referem-se

---

relata que o sol "velou sua cabeça brilhante".

[31] Com mais frequência, a partícula é ligeiramente adversativa; outras vezes, é realmente conjuntiva, tendo a força de "também" depois de um *kai* ("e") precedente. Há também uma terceira possibilidade, a saber, que é simplesmente transicional, significando "agora" ou "então". Parece-me que a conotação favorece juntar o rasgamento à escuridão, mas Sylva ("Temple", p. 243) usa-a de outra maneira, traduzindo assim: "Então, a cortina do Templo rasgou-se pelo meio e Jesus, gritando com voz forte, disse...".

[32] Embora eu reconheça a dificuldade resultante, procurei ser consistente ao traduzir *phonein*, *phone* como "gritar"; *krazein* como "berrar"; *kraugazein* como "clamor, bradar"; e *boan* ou *anaboan* como "vociferar". Ver também § 35.

ao que sai de sua boca como *phone megale* ("um forte grito" que se repete dois ou três versículos adiante, quando Jesus morre). O âmbito de *boan* e *anaboan* inclui proclamação solene, a aclamação ou o brado da multidão e um grito desesperado por socorro.[33] Em Lc 9,38; 18,38, *boan* é usado para descrever um homem que grita em voz alta ou insistente para Jesus e, em Lc 18,7, para vozes que clamam a Deus por ajuda. Em Marcos/Mateus, Jesus fala em semítico as palavras de Sl 22,2a: "Meu Deus, meu Deus, por que razão me abandonaste?". A segunda parte desse versículo (Sl 22,2b) em hebraico refere-se a Deus que está longe das "palavras do meu grito". Claramente, então, a vociferação e o forte grito atribuem uma urgência desesperada à súplica de Jesus. Além disso, aos familiarizados com a crucificação, tal grito não pareceria incomum. Blinzler (*Trial*, p. 261) descreve como parte do que fazia a crucificação particularmente horrível "as vociferações de raiva e dor, as maldições veementes e as explosões de desespero inominável das infelizes vítimas". Contudo, não foi com raiva, mas em oração, que Jesus vociferou seu forte grito, do mesmo modo que, em Ap 6,10, os mártires gritaram com voz forte sua oração para Deus intervir. Na verdade, orações feitas em voz alta são relativamente comuns na história bíblica.[34]

Nos Evangelhos, porém, há ainda outra dimensão. A vociferação, o clamor e o forte grito de Mc 15,34; Mt 27,46; Lc 23,46 e *EvPd* 5,19, bem como o forte grito, o berro e o ato de soltar o sopro/espírito de Mc 15,37; Mt 27,50,[35] constituem um sinal apocalíptico semelhante aos elementos escatológicos de escuridão, véu do santuário rasgado, terremoto e mortos ressuscitados que acompanham a morte de Jesus nos vários Evangelhos. Em Jo 5,28, o *grito* do Filho do Homem faz todos os que estão nos túmulos ouvirem; e em Jo 11,43, o *clamor* e o *grito forte* de Jesus ajudam a chamar Lázaro do túmulo. Em 1Ts 4,16, o *grito* do arcanjo acompanha a vinda do Senhor para ressuscitar os mortos, enquanto em *4 Esdras* 13,12-13 o Ho-

---

[33] Ver nos quatro Evangelhos o tratamento da proclamação de João Batista no deserto; também At 17,6; 25,24.

[34] Lc 17,15; 19,37-38; 1Rs 8,25; Ez 11,13; Ne 9,4 etc. Midraxe *Sifre* sobre Dt 3,23 (Pisqa 26) diz que a oração tem dez nomes e o primeiro que ele relaciona é "grito". Se Marcos esperava ou não que os leitores soubessem que a nona hora quando Jesus pronunciou sua oração era a hora do ritual judaico para a oração da tarde (ver Pesch, *Markus*, v. 2, p. 494), depende em parte de a organização de tempo marcana refletir ou não um ritual de oração da Igreja em comemoração do dia da morte do Senhor.

[35] Pode bem ser que, com esses fenômenos, Marcos (seguido por Mateus) pretenda fazer uma inclusão com seu uso de alguns dos mesmos termos no início do Evangelho: por exemplo, Mc 1,2 cita Malaquias, a base da expectativa de Elias; Mc 1,3 usa *phone* e *boan* a respeito de João Batista no deserto; Mc 1,10-11 faz o *pneuma* descer sobre Jesus enquanto um *phone* vem do céu.

mem do Mar *chama* a multidão para si. Em julgamento, o Senhor *fala, ruge* e *clama* às vezes produzindo terremotos, em Am 1,2; Jl 4,16; Jr 25,30 e Sl 46,7, do mesmo modo que em Ap 10,3 o anjo *berra* com voz forte quando revela os sete trovões.[36]

Aspecto escatológico especial é a batalha final com o mal.[37] Em linguagem que repete Is 11,4 segundo 2Ts 2,8, o Senhor Jesus mata o Ímpio (*anomos*) com o sopro/espírito (*pneuma*) de sua boca. At 8,7 emprega *boan* e *phone megale* para descrever o grito agudo dos espíritos impuros quando, derrotados, eles saem dos possessos.[38] (Observemos que, na cruz, quatro versículos depois de Mt 27,46, Jesus soltará o *espírito*.) A descrição violenta do clamor de Jesus sugere que, em sua luta mortal com o mal, ele se sente à beira da derrota, a ponto de precisar perguntar por que Deus não o está ajudando? Em todo bom drama, as últimas palavras da personagem principal são especialmente significativas. É importante para nós, então, perguntar se devemos entender literalmente "Meu Deus, meu Deus, por que razão me abandonaste?" (Sl 22,2).

Há muita coisa para nos encorajar a entendê-lo literalmente no nível da descrição que o evangelista faz de Jesus. (A questão da historicidade, isto é, se Sl 22,2 representa como Jesus realmente se sentiu no momento da morte, será tratada na ANÁLISE.[39]) No trágico drama da NP de Marcos/Mateus, Jesus foi abandonado por seus discípulos e escarnecido por todos os que vieram até a cruz. A escuridão cobre a terra, não há nada que mostre Deus agindo do lado de Jesus. É natural que

---

[36] Em cerca de doze passagens do Apocalipse, um "forte grito" acompanha a revelação ao vidente.

[37] A. Fridrichsen, J. M. Robinson e Schreiber estão entre os muitos que consideram a Paixão marcana um clímax do conflito com os demônios. Embora às vezes esse tema possa ser exagerado, defendo-o contra Best (*Temptation*), que insiste que a vitória de Jesus sobre Satanás na tentação foi total e que, consequentemente, Marcos não traz na Paixão nenhuma luta com o demoníaco, nem vitória sobre ele. Como argumentei (§ 6), a referência sinótica no Getsêmani a *peirasmos* (Mc 14,38) continua uma luta com Satanás ou o diabo iniciada com o *peirazein* de Mc 1,13.

[38] Até agora, só os demônios sabem que Jesus é o Filho de Deus. Danker ("Demonic") explica que, quando em Mc 15,37 Jesus expulsa o demônio (solta o espírito) com um grande grito, o centurião que viu a expulsão do demônio pode agora confessar Jesus como o Filho de Deus (p. 67-68). Na página 48, ele cita com aprovação a opinião de Best, segundo a qual o grito de abandono reflete o fato de o próprio Jesus ter se tornado o objeto da ira de Deus. Embora eu veja um aspecto da luta com o demoníaco na crucificação, acho que essas opiniões ultrapassam a intenção marcana perceptível. Jesus nunca é mostrado como tendo um elemento demoníaco interior; nenhum espírito demoníaco sai ou é expulso de Jesus em Mc 15,37; e Jesus não é objeto da ira de Deus.

[39] Braumann ("Wozu", p. 158) distingue quatro etapas de interpretação: 1. O que Jesus quis dizer com o Salmo, se ele o disse? 2. O que o Salmo significava em um nível pré-marcano? 3. O que Marcos quer dizer com ele? 4. O que os leitores de Marcos entenderam?

Jesus se sinta abandonado. Seu "Por quê?" é o de alguém que sondou as profundezas do abismo e se sente envolvido pelo poder da escuridão. Jesus não questiona a existência de Deus ou o poder de Deus para fazer alguma coisa a respeito do que está acontecendo; ele questiona o silêncio daquele a quem chama de "Meu Deus".[40] Se prestarmos atenção à estrutura geral da NP de Marcos/Mateus, essa forma de se dirigir à divindade é por si só significativa, pois em nenhum lugar antes Jesus rezou a Deus como "Deus". Marcos/Mateus iniciaram a NP com uma oração na qual a divindade foi chamada por Jesus de "Pai", a forma comum de tratamento usada por Jesus e que captou sua confiança familiar de que Deus não faria o Filho passar pela "hora", nem beber o cálice (Mc 14,35-36; Mt 26,39). Contudo, essa oração filial, reiterada três vezes, não foi visível ou audivelmente respondida e agora, depois de suportar a agonia aparentemente interminável da "hora" e beber todo o cálice, Jesus grita uma última oração que é uma inclusão com a primeira oração. Sentindo-se tão abandonado como se não estivesse sendo ouvido, ele já não mais se atreve a chamar intimamente o Todo-poderoso de "Pai", mas emprega a saudação comum a todos os seres humanos, "Meu Deus".[41] (O fato de Jesus usar linguagem de Salmo — fato ao qual Marcos não chama nossa atenção — não torna menos notável o emprego dessa terminologia incomum nos lábios de Jesus.) Marcos chama nossa atenção para esse contraste entre as duas orações e torna-o mais comovente ao relatar a saudação em cada oração na língua de Jesus: *"Abba"* e *"Eloi"*, dando assim a impressão de palavras que vêm genuinamente do coração de Jesus, distintas do restante de suas palavras que foram preservadas em uma

---

[40] Lacan ("Mon Dieu", esp. p. 37, 53) tem reflexões intrigantes neste ponto. Embora o sofrimento humano nos faça pensar que Deus está ausente, talvez isso seja porque moldamos Deus a nossa imagem e semelhança. A cruz nos ensina que a autorrevelação do verdadeiro Deus, para quem a humildade é poder, tem lugar na fraqueza humana. O silêncio confirma que existe um Deus. Afirmações teológicas poéticas vigorosas a respeito da Palavra sucumbindo em um brado pelo Deus perdido marcam a cristologia de H. U. von Balthasar, para quem a citação de Sl 22,2 é fator importante; ver Zilonka, *Mark*, p. 207-221.

[41] Eissfeldt ("Mein Gott") descobre seis tons diferentes de sentido para essa expressão no AT, que vão da referência a um ídolo doméstico a um meio de descrever o Deus da aliança com Israel (Dt 4,5). Nos Salmos, em especial, expressa proximidade, envolvendo Deus nos altos e baixos da vida do suplicante (p. 10-15). Muitas vezes, como aqui nos lábios de Jesus, subentende uma associação interiorizada calorosa. Gerhardson ("Jésus", p. 222) adverte que a oração de Jesus em Marcos/Mateus não é, a saber: grito radical em um universo que parece vazio de Deus, nem piedoso derramamento por alguém que não sabe o que está dizendo, ou dito pronunciado apenas a fim de cumprir as Escrituras. Ao contrário, aquele que fala não sente nenhum consolo, mas não perdeu o sentimento da vontade de Deus expressa na palavra bíblica.

língua estrangeira (grego). Quando enfrenta a agonia da morte,[42] na descrição de Marcos Jesus recorre a sua língua materna.

Há uma indicação externa que também favorece o entendimento literal do patos pessimista das últimas palavras de Jesus. Ao examinar a oração inicial *"Abba"* da NP marcana, chamei a atenção para uma descrição paralela na Epístola aos Hebreus (Hb 4,14-16; 5,7-10) à oração de Jesus Àquele que tinha o poder de salvá--lo da morte. Embora muitos aspectos da passagem de Hebreus tivessem ecos na oração do Getsêmani em Marcos/Mateus, há outros aspectos que têm semelhanças com a oração na cruz (§ 11, B2). É na cruz que Jesus aprende ainda mais plenamente "a obediência por aquilo que ele sofreu". É aqui que ele faz "forte clamor" e é aqui que ele será "ouvido do medo [ansioso]" e feito perfeito. Esses paralelos em Hebreus nos encorajam a entender literalmente a passagem do Salmo na qual Marcos/Mateus expressam o "desespero" de Jesus.[43]

Embora eu ache essa interpretação de Marcos convincente, é justo mencionar que, desde os Padres da Igreja primitiva[44] até os biblistas e pregadores contemporâneos, muitos resistem à importância superficial que teria o fato de Jesus expressar o sentimento de ser abandonado por Deus. Com muita frequência, nessa oposição é feita a suposição de que o Salmo foi historicamente citado por Jesus e não é feita nenhuma distinção entre o que Marcos/Mateus subentenderam e o que o próprio Jesus sentiu. Zilonka (Mark, p.8-94) mostra como a interpretação literal "abandonado" foi rejeitada por biblistas católicos romanos como um todo durante a rejeição pela Igreja da crítica histórica no período antimodernista, c. 1910.

Há quem negue o sentido óbvio das palavras, por exemplo, Sagne ("Cry") vale-se do livro de Jó para explicar: "O grito de Jesus na cruz não é acusação contra Deus, mas a explosão de sofrimento no amor"! Outra forma de rejeitar a ideia de que Jesus foi abandonado reconhece que citar Sl 22,2 subentende desespero,

---

[42] Braumann ("Wozu", p. 161-162) insiste que Jesus se sentir abandonado não se refere simplesmente ao sofrimento, mas à morte. Léon-Dufour ("Dernier", p. 669) comenta que Jesus não entrou na morte com todas as respostas tiradas da visão beatífica, mas com um "Por quê?".

[43] Read ("Cry") encontra mais apoio para o tom resoluto de Marcos nas fórmulas de 2Cor 5,21 ("fê-lo ser pecado por nós") e Fl 2,8 ("humilhou-se, fazendo-se obediente até a morte, mesmo a morte na cruz").

[44] Hasenzahl (*Gottverlassenheit*) combina sua abordagem curiosamente discrepante da "última palavra" de Jesus em Marcos/Mateus com reflexões no entendimento cristológico do saltério grego, combinação que nos adverte quanto à dificuldade de passar da reflexão cristã mais tardia para aquilo que Marcos pretendia.

mas faz Jesus expressar isso não em seu nome, mas no nome de pecadores ou dos judeus.[45] Outros mudam o sentido de desespero para entrega amorosa, harmonizando Marcos/Mateus com Lucas ou João, de modo que, por exemplo, o "Pai, em tuas mãos eu coloco meu espírito" lucano se torna a interpretação correta de "Meu Deus, meu Deus, por que razão me abandonaste?". Ou eles suavizam a importância dos verbos aramaicos ou gregos usados por Marcos/Mateus. (De fato, esses verbos têm vários tons de sentido e veremos que essa iniciativa foi compartilhada por copistas antigos.) Buckler ("Eli", p. 384) lembra que os verbos semíticos (*sbq* e '*zb*) significam não só "deixar, abandonar", mas também "deixar uma herança, entregar para" ('*zb* em Sl 10,14; 49,11), e por meio de exegese complicada, faz Jesus recusar um papel régio em relação ao povo de Deus. Tem sido sugerido até que a transliteração semítica dada por Marcos/Mateus constitui uma leitura errada daquilo que Jesus realmente disse.[46]

Em bases teológicas, outros contestam mais diretamente uma interpretação literal de Marcos/Mateus. É feita a acusação de que entender literalmente a expressão a respeito de Deus desertar ou abandonar Jesus seria negar a divindade de Jesus.[47] Marcos certamente não subentendeu tal negação, pois imediatamente

---

[45] Assim, por exemplo, C. M. Macleroy (ExpTim 53, 1941-1942, p. 326): No amor, Jesus se identifica conosco e com nossos pecados; ele sentiu a separação de Deus que nossos pecados trazem a nossa vida. Is 53,6 registra essa perspectiva: "O S<small>ENHOR</small> fez cair sobre ele a iniquidade de todos nós". Kenneally ("Eli", p. 132) atribui variações de perspectiva a Orígenes, Atanásio, Agostinho e Cirilo de Alexandria. Fator complicador para os Padres da Igreja e biblistas católicos romanos mais tardios era a tradução da segunda parte de Sl 22,2 na LXX e na Vulgata: "Longe de minha salvação estão as palavras [isto é, o relato] de meus pecados" (lendo *s'gh* [*se aga*], "grito", como *sg'h* [*segî'â*], "pecado"). Esse sentimento não podia ser atribuído literalmente ao Jesus sem pecado! Por outro lado, Wilkinson ("Seven", p. 75-76) cita com aprovação a perspectiva de Schmiedel, que relaciona essa passagem ao fato de Jesus suportar o pecado do mundo: O horror desse pecado obscurece a proximidade de sua comunhão com o Pai. P. Rogers ("Desolation", p. 57), que relaciona várias perspectivas de tempos passados, atribui a Lutero a tese de que Jesus na cruz era ao mesmo tempo supremamente bom e supremamente pecador.

[46] Sidersky ("Passage") mostra como a transliteração *sabachthani* ("me abandonaste"), aparentemente do aramaico *sbq*, representava uma forma de *skh* (hebraico-aramaico): "Por que me abandonaste?" — pergunta que aparece em Sl 42,10. Em artigo posterior ("Parole"), ele se refere a outra possibilidade: o original era uma forma de *zbh* (hebraico): "Por que me sacrificaste?". Cohn-Sherbok ("Jesus' Cry") pensa no original como pergunta retórica que incluía o aramaico *sbh*: "Por que me louvaste?", e considera isso um grito de vitória que anuncia o reino messiânico — o que leva as pessoas a perguntarem onde está Elias. Tais sugestões, evidentemente, invalidam a interpretação pelo evangelista do que significa a expressão semítica.

[47] Baker ("Cry") acha aceitável Jesus ser "desamparado" (retirada da luz e da alegria da presença de Deus), mas de modo algum "abandonado" (quebra da unidade entre Pai e Filho); contudo, essa precisão de pensamento não é transmitida com transferência pelos verbos respectivos das línguas ocidentais. Kenneally

depois da oração de Jesus em Mc 15,34 encontramos o que constitui um clímax, a confissão de Jesus como Filho de Deus (Mc 15,39). Ainda outra objeção encontra desespero sendo atribuído a Jesus em uma interpretação literal da oração. Desespero entendido como a perda de esperança em Deus ou de salvação é considerado pecado grave, e o NT afirma que Jesus não cometeu nenhum pecado.[48] Entretanto, essa objeção é um tanto fora de propósito, pois nada na passagem marcana sugere um sentido de perda de salvação ou perdão (ou mesmo a necessidade disso). Jesus está rezando, e desse modo não pode ter perdido a esperança; chamar Deus de "Meu Deus" subentende confiança. Porque viu como Jesus morreu, o centurião marcano confessa que Jesus era Filho de Deus; Marcos não poderia ter querido dizer que o desespero de Jesus estimulou esse reconhecimento. Assim, desespero no sentido estrito não é conjeturado.[49] Mais exatamente, a questão é se a luta contra o mal levará ou não à vitória; e Jesus é descrito como profundamente desanimado no fim de sua longa batalha, porque Deus, a cuja vontade Jesus se entregou no início da Paixão (Mc 14,36; Mt 26,39.42), não interveio na luta e aparentemente deixou Jesus sem apoio. (Que isso não é verdade ficará evidente no segundo em que Jesus morre, pois então Deus rasgará o véu do santuário e trará um pagão para reconhecer publicamente a filiação divina de Jesus.) Jesus grita, na esperança de que Deus transponha a alienação que ele sente.

Outros fatores entram na rejeição do significado literal da oração de Jesus. Parece que esse significado contradiz a tranquila comunhão com Deus expressa por Jesus em outras passagens. O Jesus joanino diz: "Nunca estou só, porque o Pai está comigo [...]. Eu venci o mundo" (Jo 16,32-33). O Jesus crucificado lucano acabou de expressar a convicção de que este dia ele estaria no paraíso. Mas essas declarações estão em outros Evangelhos que têm cristologias diferentes da

---

("Eli", p. 130-131) acha erradas todas as sugestões de que a união hipostática foi rompida, de que Deus retirou a graça verdadeira e Jesus perdeu a visão beatífica. Esses temores são expressos na linguagem da teologia mais tardia e abrangem ideias que certamente não estavam na mente de Marcos, nem de seus leitores. Uma questão mais realista é que apologistas não cristãos dos primeiros séculos podiam bem ter encontrado uma contradição entre Jesus ser divino e contudo pronunciar tão desesperançada oração de fraqueza.

[48] 2Cor 5,21; Hb 4,15; 1Pd 2,22; Jo 8,46; 1Jo 3,5.

[49] Reimarus usou este versículo para afirmar que Jesus morreu revolucionário frustrado e derrotado. Tem havido tentativas romanescas de fazer do desespero a última tentação de Jesus; mas isso também aparece em Leonardo Boff, *Via-sacra para quem quer viver*: "A esperança absoluta de Jesus só é compreensível à luz de seu desespero absoluto".

de Marcos/Mateus.[50] Para Lucas e João, Deus está manifestamente com Jesus na Paixão, de modo que Jesus dá voz respectivamente a certeza e vitória na cruz antes de morrer. Para Marcos/Mateus, apesar de uma confiança de longo alcance de que Deus fará vitorioso o Filho de Deus, Jesus chega a um momento de desânimo perto da morte; e Deus exerce um poder irresistível só depois que Jesus morre. De fato, o argumento comparativo pode ser usado para favorecer a interpretação literal da oração de Marcos/Mateus como verdadeiramente agoniada, por exemplo, o tom de desalento é provavelmente o que fez Lucas não copiar de Mateus esta oração de Salmo e substituir por outra oração de Salmo muito mais positiva: "Pai, em tuas mãos eu coloco meu espírito". Do mesmo modo, João, cujo Jesus diz "O Pai e eu somos um", acharia estranha uma tradição onde ele grita: "Meu Deus, meu Deus, por que razão me abandonaste?".

Talvez o argumento apresentado com mais frequência para suavizar o triste significado do grito mortal em Marcos/Mateus baseie-se no contexto geral de Sl 22. Jesus cita o versículo inicial de um Salmo que continua por mais trinta versículos. No final, o salmista adotará um ponto de vista positivo: alegrando-se, ele proclama que sobreviveu ao perigo e que, afinal de contas, Deus não o rejeitou nem "ocultou sua face" (Sl 22,25).[51] Consequentemente, alguns biblistas invocam o princípio hermenêutico de que a citação neotestamentária de uma passagem veterotestamentária específica supõe que os leitores estejam familiarizados com o contexto dessa passagem e, portanto, entendam referências subentendidas a esse contexto. Às vezes, esse princípio tem validade, mas não é universalmente verdadeiro. Aplicado aqui, significa que Marcos esperava que seus leitores reconhecessem que um Salmo estava sendo citado, conhecessem o Salmo inteiro e percebessem por uma

---

[50] Naturalmente, muitos dos que formulam a objeção de uma falta de harmonia com outras palavras de Jesus supõem que todas as "sete últimas palavras na cruz" eram históricas e que, portanto, o fato de aparecerem em Evangelhos diferentes é irrelevante — as palavras têm de concordar porque todas se originaram do mesmo Jesus. Lofthouse ("Cry") relaciona esse e outros argumentos não críticos contra atribuir a Mc 15,34 a sensação de Jesus se sentir abandonado.

[51] Burchard ("Markus") e Trudinger ("Eli") defendem firmemente a importância positiva do Salmo inteiro para interpretar a citação de Jesus. Trudinger (p. 253-256) chega a apelar para o título onde, diz ele, *Imnsh* não significa "Ao maestro musical", mas sim "Àquele que traz a vitória", isto é, fazendo vitorioso o justo sofredor. Por outro lado, Léon-Dufour ("Dernier", p. 672) relaciona argumentos contra esse tipo de interpretação: a situação de alguém perto da morte na cruz não subentende uma longa oração que consiste em um Salmo inteiro, e não há ênfase no fato de um Salmo estar sendo citado.

referência ao angustiante versículo inicial o destino triunfante daquele que reza — em suma, entender o sentido quase oposto daquilo que se descreve Jesus dizendo! Em outras passagens, ao citar Salmos,[52] Marcos/Mateus mostram a habilidade de citar um Salmo com exata pertinência ao ponto a ser considerado, e não há razão suficiente para pensar que eles não seguiram o mesmo procedimento aqui. Se se desejar recorrer ao contexto do Salmo inteiro sem pressupor esse extraordinário uso *contresens* de Sl 22,2, é possível suplementar o sentido literal desse versículo citado com duas observações. Primeiro, o final positivo do Salmo ajuda a mostrar que, ao atribuir a Jesus esse sentimento de abandono, Marcos não pensou que Jesus fosse culpado de desespero ou tivesse perdido a esperança. Marcos sabia que a Paixão culminou em vitória, embora sondasse as profundezas do sofrimento solitário; por essa razão, era apropriado que ele retratasse Jesus em seu momento mais deprimido na Paixão pronunciando o mais trágico versículo[53] de um Salmo que termina com uma nota triunfante. Segundo, o interlocutor no Salmo é alguém que foi entregue a Deus desde o nascimento (Sl 22,10-11) e constantemente confiou em Deus (Sl 22,9). Isso torna particularmente enternecedora a difícil situação presente, onde pela primeira vez Deus não responde e aparentemente abandona o suplicante. É óbvio que essa situação geral é muito apropriada para Jesus na cruz.[54]

De modo geral, então, não encontro nenhum argumento persuasivo contra atribuir ao Jesus de Marcos/Mateus o sentimento literal de sentir-se abandonado expresso na citação do Salmo. A interpretação dessa oração no final da NP deve

---

[52] Possíveis citações do Sl 22 ou alusões a ele na NP marcana encontram-se em Mc 15,24.29.30.31. Ver no APÊNDICE VII mais detalhes sobre a citação de Salmos.

[53] A importância do versículo aumenta quando consideramos o levantamento de Caza ("Relief", p. 181) mostrando que o saltério como um todo ressalta que Deus *não* abandona os que buscam ajuda (Sl 9,11; 16,10; 37,25.28; 94,14). Ela descreve esse como o único caso em que Deus abandona o justo. Entretanto, fora do saltério, ouvimos em 2Cr 32,31 que, diante dos emissários babilônicos, "Deus abandonou-o [o rei Ezequias] para testá-lo, para conhecer tudo o que estava em seu coração". Além disso, o Jesus mateano mostra uma percepção de que a confiança errada na ajuda divina é ilusão. Nas tentações no início do Evangelho, o diabo citou Sl 91,11-12, querendo dizer que, se Jesus era Filho de Deus, Deus ordenaria aos anjos que o segurassem e não o deixassem tropeçar em uma pedra. Ali Jesus respondeu que o Senhor Deus não seria posto à prova.

[54] A meu ver, nada disso justifica interpretar Mc 15,34 em termos de Jesus suportar a ira de Deus. Em seu levantamento de interpretações, P. Rogers ("Desolation", p. 57) atribui a Anselmo de Canterbury, em *Cur Deus Homo?*, a tese de que Jesus foi abandonado para satisfazer a zangada justiça de Deus. Os defensores modernos não raro defendem-na em continuidade com o entendimento de que "o cálice" de Mc 14,36 é "o cálice da ira". Mas o tema da oração de Jesus na cruz é a omissão de Deus para agir, sem qualquer sugestão quanto a por quê. Nada no Evangelho sugere a ira de Deus contra Jesus como explicação.

seguir o mesmo caminho que a interpretação da oração inicial da NP em Mc 14,35-36 e Mt 26,39. Ali, muitos rejeitam o sentido literal de que Jesus realmente queria que a hora passasse dele e não estava ansioso para beber o cálice do sofrimento. Não podiam atribuir a Jesus tal angústia em face da morte. Ao se aceitar literalmente essa angústia no momento inicial em que Jesus ainda chamava Deus de *"Abba*, Pai", deve-se do mesmo modo aceitar literalmente esse protesto gritado contra o abandono, arrancado de um Jesus totalmente desamparado, que agora está tão isolado e alheado a ponto de não mais usar a linguagem de "Pai", mas sim falar como o mais humilde dos servos.

Redação do grito mortal de Jesus. Em Marcos/Mateus, há duas redações de Sl 22,2. A primeira é transliteração do semítico em caracteres gregos; a segunda é tradução do significado desse versículo em grego. A transliteração semítica precisa ser comparada às formas hebraica (TM) e aramaica do versículo do Salmo; a tradução grega precisa ser comparada à tradução do versículo do Salmo pela LXX. As seguintes traduções semíticas de Sl 22,2 são pertinentes a nosso estudo:

Hebraico (MT): *'Elî, 'Elî, lamâ 'azabtanî*

Aramaico: *'Elahî, 'Elahî, lema' sebaqtanî*[55]

Marcos: *Eloi, Eloi, lama sabachthani*

Mateus: *Eli, Eli, lema sabachthani*[56]

Códice de Beza: *Elei, Elei, lama zaphthani*[57]

As pequenas diferenças entre Marcos e Mateus têm sido objeto de muita discussão, quanto à língua que cada um transcreve (aramaico ou hebraico) e também quanto à originalidade.[58] Claramente, *sabachthani* em Marcos/Mateus se parece com

---

[55] Esta é uma reconstrução gentilmente verificada para mim por J. A. Fitzmyer; o aramaico do século I permitia *'Elî* ou *'Elahî*. O targum mais tardio (c. 450) sobre os Salmos (Lagarde, org.) lê: *'Elî, 'Elî, mittûl mâ sebaqtanî*, empregando um interrogativo (mtwl mh) não atestado no aramaico do século I. Ver a transliteração de Mateus no Códice de Washington: Eli, Eli ma sabachthanei.

[56] Leituras variantes de mss. harmonizam a forma do nome de Deus em Marcos/Mateus para se ler em ambos *Eloi* ou *Eli*. Do mesmo modo, há tentativas de harmonizar a diferença de lama e lema, e testemunhos da tradição koiné leem lima em Marcos. O exótico *sabachthani* é escrito *sabaktanei* no Códice Vaticano de Mateus, *sabapthanei* no Vaticano de Marcos e *sabachtanei* no Sinaítico de Mateus, *sibakthanei* no Alexandrino de Marcos.

[57] Assim em Marcos e Mateus; *Elei* é variante sem importância de Eli.

[58] Embora, em harmonia com a teoria de prioridade marcana, haja muitos defensores da forma de Marcos como mais original, biblistas em um número surpreendente apoiam a originalidade mateana: Allen, Dalman, Hauck, Huby, Jeremias, Klostermann, Rehm, Taylor, Zahn etc.

o verbo no aramaico, não no hebraico do Salmo; consequentemente, muitos biblistas concordam que o Salmo está sendo citado em aramaico. Contudo, aparentemente, os dois Evangelhos usam formas mistas: o *Eloi* de Marcos está próximo do aramaico, enquanto o *Eli* de Mateus repete o hebraico; o *lama* de Marcos lembra o hebraico, enquanto o *lema* de Mateus assemelha-se ao aramaico. Embora não seja impossível que a tradição registrasse uma citação mista em hebraico-aramaico,[59] essa não é uma conclusão necessária. Primeiro, havia dialetos de hebraico e também de aramaico onde formas divergiam daquilo que podia ser chamado de padrões mais clássicos das duas línguas, por exemplo, aramaico galileu, uma forma da qual é provável que Jesus tenha falado. Especificamente, Rehm ("Eli") afirma que o *Eli* de Mateus não é hebraico, mas aramaico falado, enquanto o *Eloi* de Marcos representa o aramaico tradicional. Mesmo sem essa distinção, 'El e 'Elah para "Deus" estão atestados em documentos aramaicos.[60] Segundo, a transliteração de vogais e consoantes semíticas não era um procedimento exato. (A transcrição padronizada do TM usada acima não traduz exatamente a pronúncia hebraica no tempo de Jesus.) Rehm afirma que a *shewa* (vogal "e" breve) no aramaico *lema'* podia ser transcrita como e ou a, de modo que o *lama* de Marcos não é realmente um eco do hebraico. Alguns biblistas afirmam até que o *sabachthani* de Marcos/Mateus não transcreve o aramaico *sebaqtanî*.[61] Entretanto, em bases puramente linguísticas, é perfeitamente possível afirmar que a transliteração marcana representa o aramaico ou um dialeto aramaico, não uma mistura de hebraico-aramaico. Isso está em harmonia com a tendência marcana em outras passagens de apresentar aramaico transliterado, não hebraico.[62] Enquanto a transliteração mateana também podia representar aramaico, não é improvável que o evangelista mais literário tenha harmonizado pelo menos

---

[59] É uma perspectiva partilhada com variações por muitos biblistas (Gundry, Lagrange, Stendahl, Strecker etc.), alguns dos quais afirmam que Jesus falou essa mistura. Entre os que afirmam que, na tradição, Sl 22,2 era originalmente citado em aramaico estão Cadoux e McNeile; os que defendem a citação original em hebraico incluem Dalman, Gnilka, Kilpatrick, Taylor e Wellhausen.

[60] Por exemplo, Targum Onqelos; ver na nota 55, acima, o Targum sobre os Salmos.

[61] Normalmente, *ch* translitera o *h*, não o *q* semítico (geralmente traduzido por *k*). Contudo, na transliteração é preciso levar em conta a influência do *th* na consoante que o precede, de modo que a tradução *k* do *q* semítico foi mudada para *ch* (Rehm, "Eli", p. 275). Ver a nota 46, acima.

[62] Ver *talitha koun* (Mc 5,41); *ephphatha* (Mc 7,34); *hosanna* (Mc 11,9.10); *abba* (Mc 14,36); *Golgotha* (Mc 15,22). *Korban* (Mc 7,11) tem sido muitas vezes considerada reflexo do hebraico (da Mixná), mas *qrbn* (*qorban*) está agora atestado na inscrição de um ossário aramaico descoberto perto de Jerusalém na década de 1950 (FESBNT, p. 93-100).

o nome de Deus à forma usada em oração na linguagem hebraica sagrada.[63] Geralmente se concorda que, no Pai-nosso, Mateus (Mt 6,9) muda a saudação mais antiga "Pai" (Lc 11,2, que representa o *'Abba'* do aramaico) para "Pai nosso (que estás) no céu", em conformidade com o uso tradicional da sinagoga. O mesmo tipo de influência pode ter estado em atividade aqui. A transliteração de Marcos no Códice de Beza é interessante, pois ali vemos mais um passo pelo escriba que harmonizou totalmente a passagem com o hebraico.[64]

A solução que acabou de ser proposta para as variantes nas transliterações de Marcos/Mateus e de Beza é rejeitada por outros na suposição de que estes são os *ipsissima verba* de Jesus e que ele recitou o Salmo em hebraico. Além da improvável suposição de historicidade (ver ANÁLISE), essa abordagem pressupõe outras incertezas, por exemplo, que Jesus sabia ler[65] e que ele conhecia as Escrituras em hebraico. A partir da descoberta em Qumrã do targum de Jó (11Q), temos indícios claros de que as traduções aramaicas de alguns livros bíblicos já existiam vários séculos antes do tempo de Jesus. Se ele usou essas palavras, não há nenhuma razão convincente para não tê-las dito em aramaico; e não importa que língua usou, havendo boa razão para pensar que uma comunidade cristã primitiva de língua aramaica as preservou em aramaico. A afirmação de que a forma hebraizada no Códice de Beza representava o acesso do escriba a uma tradição pré-marcana não é plausível.

---

[63] Teremos de voltar à razão de Mateus para mudar a interpretação marcana quando examinarmos a interpretação errônea das palavras de Jesus com o significado de que ele era Elias (ver adiante, sob "Elias e a oferta de vinho avinagrado").

[64] Aqui concordo com Rehm ("Eli", p. 275), embora outros biblistas contestem a derivação do *zaphthani* de Beza do hebraico *'azabtani*. (Admitidamente, a transliteração é esquisita; primeiro, perdeu-se o *ayin* inicial, e então a transliteração normal *b* tornou-se *ph* sob a influência do *th* seguinte.) Nestle ("Mark xv") e Gnilka ("Mein Gott") derivam *zaphthani* não da raiz *'zb* (abandonar), mas da raiz *z'p* (enraivecer-se contra). Eles afirmam que Beza traduz o *zapthani* transliterado por uma forma de *oneidizein* ("Por que me injuriaste?") e que *oneidizein* não é usado na LXX para traduzir *'zb*. Contudo, também não traduz *z'p*; e nas traduções gregas de Símaco e Luciano, traduz *'zb*.

[65] Para isso, Lc 4,16-21 é o único indício. Fitzmyer (*Luke*, v. 1, p. 526-527) relata o debate entre biblistas em relação ao fato de essa ser criação lucana livre, baseada em Mc 6,1-6a, ou representar uma tradição independente. Ele considera Lc 4,17-21 "mais bem atribuído à pena de Lucas", porque revela uma preocupação lucana característica. Contudo, é provável que Meyer (*Marginal*, v. 1, p. 266-276 [trad. brasileira, Imago]) deva ser seguido ao afirmar que Jesus aprendeu a ler e a explicar as Escrituras hebraicas.

§ 42. Jesus crucificado, terceira parte: Últimos acontecimentos, morte

Passemos agora da transliteração do semítico das palavras de Jesus em Marcos/Mateus para a tradução[66] dessas palavras em grego. A lista a seguir compara o texto evangélico com a tradução de Sl 22,2 na LXX:

LXX: *ho theos, ho theos mou, prosches moi hina ti egkatelipes me*

Marcos: *ho theos mou, ho theos mou, eis ti egkatelipes me*[67]

Mateus: *thee mou, thee mou, hinati me egkatelipes*

Códice de Beza: *ho theos mou, ho theos mou, eis ti oneidisas me*[68]

EvPd: *he dynamis mou, he dynamis, kateleipsas me*

Do fato de uma tradução ser dada, pode-se julgar que já não se esperava que a audiência entendesse a redação semítica (e, na verdade, o *EvPd* já não a repete). Ao examinar a oração inicial da NP em Marcos (§ 7,), vimos que a presença do aramaico transliterado e da tradução grega (Mc 14,36: *Abba ho Pater*) talvez representasse uma história da oração sendo recitada em aramaico primeiro; depois (em uma comunidade mista), nas duas línguas; finalmente, só em grego. É tentador pressupor uma história semelhante para a oração marcana final de Jesus; mas obviamente as circunstâncias nas quais os cristãos rezavam essa oração como Jesus a rezava teria de ser restrita, por exemplo, em tempos de martírio ou sofrimento extremo. Quanto à redação, a LXX ("Deus, Meu Deus, atende-me, com que propósito tu me abandonaste?") representa a tradução literal do hebraico do TM, exceto pela omissão do primeiro pronome possessivo e a inserção de uma frase implorando atenção (*prosches moi*).[69] Embora usassem a redação da LXX, Marcos/Mateus ficaram mais próximos do hebraico ao evitarem as peculiaridades da LXX. (Biblistas como Black, Gundry e Stendahl [SPNM, p. 297] consideram o *hinati* de Mateus ["com que propósito"] melhora estilística do *eis ti* ["para/por que razão"]; contudo, em Mt 26,8, Mateus seguiu Mc 14,4 ao usar *eis ti*. É mais provável

---

[66] Marcos usa *methermeneuein* ("interpretar") como fez com referência ao Gólgota em Mc 15,22. Mateus (Mt 27,33) evitou-o ali, do mesmo modo que o mudou aqui. SPNM, p. 296, sugere que ele o achou muito desajeitado; contudo Mateus o usou em Mt 1,23.

[67] Códice Vaticano omite o segundo *ho theos mou*.

[68] Esta interpretação só está em Marcos.

[69] Há quem atribua essas mudanças da LXX a uma interpretação errônea de uma das palavras *Elî* no hebraico como a preposição *'elî*, "para mim".

que Mateus esteja se adaptando ao grego da LXX.[70]) Há quem especule que eles conheciam uma forma mais sucinta do versículo do Salmo na LXX diferente da do século IV que conhecemos; outros pensam que Marcos/Mateus adaptaram a LXX à redação hebraica[71] ou à tradição semítica das palavras de Jesus. Qualquer das duas soluções torna improvável que a tradição evangélica mais primitiva das palavras de Jesus tivesse só o grego (como no *EvPd*) e que a transliteração semítica fosse acrescentada mais tarde para dar verossimilhança.

Códice de Beza. Como na transliteração semítica, aqui também, para Marcos, este códice tem uma tradução notável em *oneidisas*: "Por que tens me insultado?". A leitura ocidental repercute no *exprobasti* de um testemunho em latim antigo, no *maledixisti* do Códice Bobiensis (Burkitt, "On St. Mark") e no *in opprobrium dedist* de Porfírio. Harnack ("Probleme", p. 261-264) defende a aceitação do verbo grego de Beza como original, com o resultado de que o padrão de Marcos *egkatelipes* ("abandonado") teria sido mais tarde harmonizado com a LXX. Ousou o escriba de Beza mudar o *egkatelipes* marcano, se o encontrou, considerando o apoio de Mateus e da LXX para essa leitura? Com mais frequência, argumenta-se que o escriba de Beza mudou realmente Marcos porque achou a ideia do abandono de Jesus por Deus teologicamente ofensiva. Entretanto, essa solução não deixa de ter problemas: por que, então, ele não mudou Mateus também? Deus insultar Jesus é menos ofensivo que Deus abandoná-lo? É provável que não haja nenhuma interpretação totalmente satisfatória da originalidade de Beza, mas alguns fatores são interessantes. Embora Harnack ache que *oneidisas* não pode ter sido uma tradução da transliteração semítica *zaphthani* de Beza, o verbo *oneidizein* é usado por Símaco e Luciano para traduzir '*zb* (nota 64); assim, o escriba pode não ter julgado seu *oneidizein* muito ousado diante da tradução *egkataleipein*. Talvez para ele fosse uma questão de grego mais bem conhecido — talvez um grego teológico mais usual, pois palavras relacionadas com *oneidizein* descrevem os sofrimentos de Cristo em Rm 15,3 e Hb 13,13 (ver também Hb 10,33; 11,26). A passagem de Romanos cita Sl 69,10 e, portanto, a ideia de que Jesus foi insultado pode ter-se fixado na memória

---

[70] Braumann ("Wozu", p. 159-611) e Burchard ("Markus", p. 81) insistem que o *eis ti* marcano significa "para que fim", não "por que". É mais difícil explicar a substituição mateana do nominativo *ho theos*, usado em Marcos (e na LXX) como vocativo, pelo raro vocativo clássico *thee* (BDF 147). Contudo, o mesmo tipo de substituição ocorreu na oração inicial na NP ao Pai, em Mt 26,39, em contraste com Mc 14,36.

[71] É presumível que seja isso que Áquila fez, pois sua tradução grega não tinha o *prosches moi*.

cristã. Marcos usou esse verbo para descrever o terceiro escárnio de Jesus na cruz: "Mesmo os que tinham sido crucificados junto com ele o estavam insultando" (Mc 15,32b; Mt 27,44). É Deus agora suspeito de apresentar mais um escárnio na série ou há uma possibilidade de ter o escriba de Beza entendido que Jesus estava perguntando "Meu Deus, Meu Deus, por que me escarneceste (permitiste que eles me escarnecessem)?". Nesse caso, haveria menos problema para saber por que Beza permitiu ler em Mateus: "Por que me abandonaste?". As duas perguntas teriam o sentido de perguntar por que Deus permitiu que essas coisas fossem feitas a Jesus.

Há um corolário menor, mas fascinante, dessa leitura ocidental mencionado por Skehan ("St. Patrick"). Relata-se que o apóstolo da Irlanda tinha, c. 400 d.C., um jeito peculiar de rezar em latim: "Quando eu gritar 'Heliam (Heliam)' com minha força, vede, o esplendor desse sol descerá sobre mim". Ao invocar o sol, Patrício usa uma forma transliterada do grego *Helios* (talvez recorrendo em parte a uma imagem de Elias [latim *Elias*] que subiu para lá em seu carro de fogo [2Rs 2,11]), mas ao mesmo tempo faz eco à oração de Jesus. O Códice Bobiensis, do Norte da África, nos dá uma indicação de onde ele conseguiu sua redação:[72] nele, em Mc 15,34-36, Jesus reza "Heli, Helianm" (= grego *Eli, Eli, "Meu Deus"*) e os circunstantes referem-se a "Helion [...] Helias" (= grego *Elian [...] Elias*: "Elias"). Houve um momento na interpretação latina ocidental da oração de Jesus em que se julgou ter ele dirigido uma censura ao sol por tê-lo abandonado ou insultado? Isso faria sentido perfeito imediatamente depois do versículo a respeito da escuridão que cobriu a terra inteira!

A tradução em *EvPd* 5,19. Sem o acompanhamento de nenhuma transliteração do semítico, o *EvPd* relata as últimas palavras de Jesus como: "Meu poder, Ó poder, tu me abandonaste", claramente mais próximo de Marcos/Mateus que de Lucas ou de João. Três possibilidades (com variações) surgem imediatamente: 1) o *EvPd* representa uma tradição original que foi secundariamente modificada por Marcos/Mateus; 2) o *EvPd* é secundário e representa uma modificação de Marcos/Mateus; 3) Tanto o *EvPd* como Marcos/Mateus derivam de uma tradição original. Em um período mais primitivo na pesquisa do *EvPd*, essa questão foi provavelmente resolvida com base em uma análise teológica do documento como obra docética na qual Jesus era simplesmente um arcabouço humano habitado por um poder divino.

---

[72] Isso representa a tradição africana do latim antigo e os bispos britânicos que assistiram a um concílio da Igreja no Norte da África poderiam ter difundido esse tipo de tradução.

A base para essa opinião encontrava-se em *EvPd* 4,10, onde "o Senhor" não sentiu dor quando foi crucificado. Quase sempre, então, essa passagem era interpretada como se refletisse a teologia atribuída a Cerinto (Irineu, *Contra as heresias* I,xxvi,1), pela qual o ser divino (Cristo) que desceu sobre Jesus no batismo se retirou dele antes que ele morresse. Essa análise tornou difícil para muitos biblistas atribuir originalidade ou prioridade à redação do grito mortal em *EvPd*. Hoje, entretanto, essa interpretação docética do *EvPd* está, em grande parte, abandonada.[73] A descrição de que Jesus não sentiu nenhuma dor é considerada um toque martirológico que mostra a bravura daquele que está prestes a morrer e se reconhece que a interpretação do grito mortal por Cerinto é muito improvável, pois está claro que Jesus permanece divino depois que o "poder" o deixou (ver *EvPd* 6,21; 10,40). Consequentemente, a decisão a respeito das três possibilidades relacionadas acima tem de ser feita em outras bases.

Ao considerarmos as possibilidades individualmente, precisamos não esquecer o relacionamento geral que já vimos entre o *EvPd* e os Evangelhos canônicos. Essa experiência passada torna uma aceitação simples demais da possibilidade 1) bastante improvável, pois até agora não encontramos nada para nos fazer pensar que Marcou ou Mateus recorreram ao *EvPd*. Realmente, uma passagem específica, ela mesma citação da Escritura, talvez estabeleça uma exceção. Todavia, mesmo nessa base limitada é difícil entender como Marcos/Mateus poderiam ter tirado sua forma do último grito de Jesus do grito que está no *EvPd*. Seria preciso pensar que, em um período mais tardio da evolução dos Evangelhos, foi por eles ou por um deles[74] introduzida uma redação aramaica não encontrada em sua fonte. Além disso, eles teriam modificado a redação para favorecer uma cristologia mais baixa, pois teriam introduzido a ideia de Deus abandonando Jesus — ideia mais ofensiva teologicamente que a do poder de Jesus desertando-o.

A possibilidade 2) parece provável em outros casos, pelo menos no sentido de que talvez o autor de *EvPd* tenha ouvido uma leitura de Mateus ou de Marcos e escrito de memória a partir dessa comunicação oral, e não a partir de uma cópia escrita. Aqui, como sinal provável da influência de Marcos/Mateus no *EvPd*, notamos que essas palavras de Jesus vêm depois de uma referência à escuridão que

---

[73] Brown, "Gospel of Peter", p. 325, 340; ver APÊNDICE I.
[74] Mateus está mais próximo que Marcos do *EvPd* — assim, talvez seja preciso supor que, neste caso, Mateus tomou emprestado do *EvPd* e Marcos tomou emprestado de Mateus!

dominou fortemente toda a Judeia (*EvPd* 5,15a), isto é, em grande parte a mesma sequência de Marcos/Mateus, embora o *EvPd* contenha uma descrição muito mais dramatizada (*EvPd* 5,15b-18) que a encontrada em Marcos/Mateus e a oferta de vinho avinagrado venha antes das palavras de Jesus, e não depois delas. *EvPd* 5,19 relata que o Senhor "bradou, dizendo" com o emprego do mesmo grego de Mt 27,46 (mas sem "um forte grito"). Na citação das palavras de Jesus, o *EvPd* permanece próximo de Marcos/Mateus e/ou da LXX na escolha do verbo *kataleipein*, que não difere em sentido de seu *egkataleipein*. Os dois pontos que precisam ser explicados quando se supõe a dependência do *EvPd* de Marcos/Mateus são as mudanças, no *EvPd*, de pergunta para declaração[75] e de "Meu Deus, meu Deus" para "Meu poder, Ó poder". Como a pergunta em Marcos/Mateus já subentende que um abandono aconteceu, a mudança para "tu me abandonaste" no *EvPd* não é muito significativa, exceto na medida em que uma atitude mais indefinida para com a citação exata da Escritura (Sl 22,2) é uma pergunta no TM e na LXX. A mudança deliberada de "Deus" para "poder" é a verdadeira questão. A cristologia do *EvPd* é extremamente alta (por exemplo, nunca se refere a "Jesus", mas sempre a "o Senhor"; pensando na figura de Jesus ressuscitado com a cabeça mais alta que os céus [*EvPd* 10,40]); assim, o autor talvez achasse ofensiva a ideia de que Deus abandonou Jesus. Entretanto, essa mesma explicação choca-se com uma explicação frequente da razão pela qual o *EvPd* se lembrou de "poder" como substituto de "Deus", a saber, que era um título para Deus, como em Mc 14,62 e Mt 26,64, onde Jesus fala do Filho do Homem sentado à direita "do Poder" (Lc 22,69: "do poder de Deus").[76] Ao se considerar o uso de "poder" como alteração deliberada de Marcos/Mateus e da LXX, a fim de fazer o fato de Jesus ser abandonado menos ofensivo, é preciso interpretar o termo literalmente.

A possibilidade 3) para as palavras de Jesus (combinada com 2] para o contexto) apresenta menos obstáculos no sentido de ser possível prescindir de supor a eliminação intencional de "Deus" com base em uma postura teológica. Se Sl 22,2 foi associado ao grito mortal de Jesus e várias interpretações desse versículo do Salmo floresceram lado a lado, o autor do *EvPd* talvez tenha escolhido a que ele conhecia da tradição oral, sem rejeição deliberada daquela na LXX seguida por Marcos/

---

[75] Na verdade, é possível ler a forma verbal no *EvPd* como pergunta, mas não há razão gramatical para fazê-lo, como há em Marcos/Mateus.

[76] Deve ser mencionado que "meu Poder" como referência a Deus é mais desajeito que "o Poder".

Mateus. Há indícios de outra tradução do Sl 22 que poderia ter sido conhecida do autor do *EvPd*. A palavra hebraica para Deus, *'El*, originou-se da raiz verbal *'wl* (*'yl*), que também deu origem a muitas palavras que envolvem força. O substantivo constructo *'el* aparece na expressão "a força das mãos" em Pr 3,27; Ne 5,5; Mq 2,1. Assim, o *'eli* de Sl 22,2 poderia ser entendido com o significado de algo como "Meu forte" ou "Minha força". No século II d.C., contemporâneo do *EvPd* como parte de uma tentativa judaica de produzir uma tradução grega mais fiel ao hebraico, Áquila traduziu Sl 22,2 como: "Meu forte [*ischyre*], meu forte", tradução que Eusébio julgou poder ser traduzida mais eloquentemente: "Minha força" (*Demonstratio evangelica* X,viii,30; GCS 23, p. 476). Se o autor de *EvPd* ouvira Mateus lido oralmente e se lembrava de que o Jesus moribundo citou o Salmo, não poderia ter registrado isso com a tradução do Salmo que ele conhecia — tradução menos ofensiva teologicamente e que fazia sentido perfeito? Ele poderia ter querido dizer que Jesus sentiu que sua força física o deixara, sentimento que não tinha de ser expresso em uma pergunta retórica como em Marcos/Mateus. Ou o autor do *EvPd* poderia ir mais além e, como a palavra *dynamis* foi usada para o poder milagroso de Jesus (Mc 5,30), insinuar que agora Jesus não podia libertar a si mesmo porque perdera o poder de fazer milagres — poder sempre delimitado pelo propósito, já que Jesus jamais o usou para vantagem própria? Ou o autor poderia ter pretendido ir ainda mais além, na direção de Fl 2,7 e da ideia de Jesus esvaziar-se a si mesmo, não de sua divindade,[77] mas em termos de experimentar a impotência humana como a de um escravo? Não muito depois de o *EvPd* ser escrito, Taciano especulou que a divindade deve ter estado oculta daquele que foi morto na cruz, pois, se tivesse sido revelada, o que ia ser morto não temeria, e os assassinos não conseguiriam matar.[78] Em tudo isso, o *EvPd* seria testemunha de como a tradição do grito mortal de Jesus estava sendo reinterpretada e entendida em círculos populares do século II.

Elias e a oferta de vinho avinagrado. Pouco antes da morte de Jesus, Mc 15,35-36 e Mt 27,47-49 combinam esses dois elementos em uma sequência bastante desajeitada. O elemento de Elias encontra-se apenas em Marcos/Mateus,

---

[77] Em meados do século II, Justino talvez estivesse polemizando contra um entendimento errôneo da perda de *dynamis* quando escreveu que Jesus já tinha o poder quando nasceu (*Diálogo* lxxxviii,2) e que algum poder oculto de Deus lhe pertencia em sua crucificação (*Diálogo* xlix,8).

[78] Relatado por T. Baarda, "A Syriac Fragment of Mar Ephraem's Commentary on the Diatessaron", em NTS 8, 1961-1962, p. 287-300, esp. 290.

enquanto o *oxos* ou vinho avinagrado[79] é elemento universalmente comum na NP, sendo mencionado em todos os Evangelhos canônicos e no *EvPd*. Algumas observações gerais a respeito dessa situação são úteis antes de tentarmos desemaranhar o difícil relato de Marcos/Mateus.

Fator importante na oferta de vinho avinagrado a Jesus na cruz é o eco de Sl 69,22, que descreve como o justo é escarnecido pelos inimigos:

E para meu pão eles deram fel,
e para minha sede deram-me vinagre para beber.

Com certeza, Mateus e o *EvPd* tinham em mente este Salmo, pois ambos mencionam fel,[80] o outro componente do Salmo além do vinho avinagrado. É plausível também que o Salmo seja o que Jo 19,28-30 tem em mente: ali, o "Tenho sede" de Jesus está explicitamente colocado no contexto da conclusão da Escritura; e depois de beber o vinho, ele diz: "Está consumado". Embora Marcos seja muito menos específico, o contexto todo de Mc 15,36 faz eco a passagens das Escrituras, inclusive Sl 22,2. Somente a descrição lucana da oferta de vinho avinagrado não dá ao leitor nenhuma indicação de que o Salmo está sendo cumprido: em Lc 23,36, em meio aos três escárnios de Jesus na cruz, o vinho avinagrado lhe é oferecido pelos soldados (romanos). (A dificuldade de relacionar Marcos e Lucas a Sl 69,22 sugere que a cena não foi inventada por meio de reflexão nesse Salmo.) Ao mudar de lugar a ação que em Marcos estava colocada imediatamente antes da morte de Jesus, Lucas desiste de alguns de seus simbolismos manifestos.

Outro aspecto da oferta de vinho avinagrado que é comum à maioria das narrativas é o escárnio. Isso não é surpreendente, pois em Sl 69,22, fel e vinagre funcionam como pilhéria deliberada. Até Lucas, que obscureceu o pano de fundo do Salmo, conserva o elemento de escárnio. Curiosamente, embora Jo 19,28-30 manifeste um forte componente bíblico, João é o único a não descrever nenhum

---

[79] *Oxos* era vinho tinto amargo ou vinagre barato, diferente do *oinos* oferecido anteriormente, que fora misturado com mirra ou fel, e mencionado respectivamente (e só) em Mc 15,23 e Mt 27,34. Ver § 40, #2, acima. É difícil decidir traduzir *oxos* como "vinagre" ou como "vinho". A escolha depende de o elemento principal ser escárnio ou bebida. Em Sl 69,22, usei "vinagre" porque o escárnio é o tema principal; decidi não criar parcialidade para com a situação dos Evangelhos e usei "vinho avinagrado" do princípio ao fim.

[80] Mt 27,34 (misturado com *oinos*); *EvPd* 5,16; ver as diferenças em § 40, #3.

escárnio visível. Talvez isso aconteça porque João é o que melhor mistura a oferta de vinho ao tema, e consequentemente sacrifica um dos aspectos originais do gesto.

A partir dessas observações, podemos construir o roteiro seguinte: em uma primeira etapa da tradição da crucificação, a referência a uma oferta de vinho foi preservada ou introduzida porque mostrava como, pouco antes de morrer, Jesus foi escarnecido exatamente como o foi o justo sofredor em Sl 69,22. Percebe-se que este item teve uma história independente dos outros fenômenos de morte pelos Hinos de Qumrã, onde os mentirosos que perseguem os justos matam a sede dos inimigos com vinho avinagrado (1QH 4,10-11). Estranhamente, a tradição pré-marcana (ou, menos provável, Marcos) combinou esta oferta de vinho com uma referência a Elias — tão estranhamente que é muito difícil analisar o tema. Digo "menos provável, Marcos", porque a falta de jeito da combinação[81] sugere que Marcos não criou nenhum componente, pois nesse caso ele adaptaria um ao outro para fazer uma trama mais suave. Seria mais fácil explicar a falta de jeito se Marcos juntasse duas tradições já formadas.[82] Na verdade, talvez Marcos não entendesse muito bem a inter-relação delas. Enquanto Mateus seguiu Marcos nisso, modificando parte da falta de jeito, Lucas eliminou o componente de Elias e mudou a oferta de vinho avinagrado para um ponto anterior da narrativa, isto é, na tradição dos três escárnios de Jesus na cruz (§ 41). O autor do *EvPd* manteve o contexto de morte de Marcos/Mateus eliminando ou esquecendo o componente de Elias. De modo independente de Marcos (presumivelmente), João recorreu à tradição do vinho avinagrado combinada com últimas palavras, mas tornou a combinação mais inteligível fornecendo uma referência bíblica para a sede de Jesus, de modo que as últimas palavras de Jesus se referissem à conclusão da Escritura. Ou ele não conhecia, ou rejeitou a tradição de Elias. Comecemos agora a testar esse cenário estudando a sequência de Marcos/Mateus.

Se, imediatamente depois de Jesus gritar as palavras de Sl 22,2, Marcos tivesse incorporado a seu relato da morte de Jesus esta afirmação: "Alguém, correndo,

---

[81] Não está claro como o grito a Elias (Mc 15,35) origina-se de ouvir Jesus citar Sl 22,2 (Mc 15,34) ou por que (erroneamente) ouvir um grito a Elias faria alguém oferecer vinho avinagrado a Jesus (Mc 15,36a) ou se e por que essa oferta está envolvida em ver se Elias vem ou não descer Jesus.

[82] Não acho persuasiva a tese de Matera (*Kingship*, p. 29-32), segundo a qual havia três tradições independentes (citação de Salmo, oferta de vinho, Elias). Em Marcos/Mateus, *EvPd* e João (assim, em quatro de cinco de nossos testemunhos), uma citação de Salmo de morte (com redação variante) está relacionada à oferta de vinho avinagrado e essa conjunção pode bem representar a mais antiga tradição identificável.

tendo enchido uma esponja com vinho avinagrado, tendo-a posto em um caniço, estava lhe dando para beber" (isto é, o que agora está em Mc 15,36a), não haveria problema. Concluir-se-ia que essa era uma referência discreta a Sl 69,22, dando base bíblica ao escárnio do justo pelos inimigos. Os problemas são causados pelo que Mc 15,35 realmente relata imediatamente depois de Jesus bradar as palavras de Sl 22,2, a saber: "E alguns dos circunstantes, tendo ouvido, estavam dizendo: 'Olhai, ele está gritando para Elias'". Esse equívoco é reiterado em Mc 15,36b: "Vejamos se Elias vem descê-lo". O primeiro problema é por que o *"Eloi, Eloi, lama sabachthani"* de Jesus leva os circunstantes a concluírem que ele clamava por Elias. O segundo problema é como o equívoco deles se relaciona com alguém correndo e pegando vinho avinagrado para oferecer.

PRIMEIRO, os nomes *Eloi* e *Eli* e *Elias* (Elias). Este problema é um ótimo teste do enfoque hermenêutico adotado para o relato marcano. Biblistas que sabem semítico se perguntam a respeito da verossimilhança (ou mesmo historicidade) de um momento em que as pessoas de fala semítica ouviam o aramaico *'Elahî* (transcrito por Marcos como *Eloi*) e o entendiam erroneamente como o nome do profeta *'Elîyahû*, às vezes abreviado *'Elîyâ*. (Pergunta-se com menos frequência como essas pessoas de fala semítica ouviam *lema' sebaqtanî* [que Marcos transcreve *lama sabachthani* e traduz "Por que me abandonaste?"] e entendiam-no como apelo para Elias vir descer Jesus.) Tem havido tentativas engenhosas e às vezes desesperadas para encontrar uma pronúncia dialetal do nome de Deus ou do nome de Elias que explique de modo mais plausível como os circunstantes judeus confundiram um com o outro.[83]

Mateus, que ao que tudo indica sabia aramaico e também hebraico, talvez já percebesse o problema; de fato, o *Eli* que ele usa ao transcrever o nome de Deus, além de introduzir nas palavras aramaicas de Jesus uma designação de Deus hebraica mais tradicional (ver acima, sob "Redação do grito mortal de Jesus"), proporciona uma forma de tratamento que é mais plausível os circunstantes terem entendido erroneamente como o nome do profeta *'Elîyâ*.[84] A esse respeito, alguns

---

[83] Rehm ("Eli", p. 276-277) argumenta, baseado na analogia de outros nomes próprios abreviados, que o já abreviado *'Elîya* poderia ter sido mais abreviado para *'Elî*. Ver a opinião de Kutscher na nota a seguir.

[84] Guillaume ("Mt. xxvii") leva isso mais adiante quando argumenta que o sufixo possessivo da primeira pessoa em "meu Deus", embora escrito *iy* (transcrito *î*), era na verdade pronunciado *iya*, como o sufixo semítico antigo escrito dessa maneira. Essa perspectiva é contestada por E. Kutscher, *The Language and Linguistic Background of the Isaiah Scroll* (1Q Isaᵃ), em Studies on Texts of the Desert of Judah 6,

biblistas defendem a originalidade da transliteração semítica (hebraica) mateana do nome de Deus, em vez da forma marcana (Mc 15,34), mas essa solução enfrenta sérias objeções.[85]

A meu ver, o enfoque para entender Marcos descrito acima é problemático e talvez reaja a um falso problema. Em parte, supõe que, além de preservar algumas palavras aramaicas, Marcos descreve uma cena que faria sentido se os leitores entendessem a linguagem semítica subjacente. Entretanto, com toda probabilidade, Marcos escrevia para leitores que não sabiam semítico. Afinal de contas, ele traduzia regularmente palavras aramaicas para eles e, em Mc 7,3-4, sentiu-se compelido a explicar alguns costumes judaicos elementares. Quando se permanece no nível do grego, os leitores não têm problema para entender a cena de Marcos (assim também Schenke e Brower). Depois de ouvirem em aramaico exótico as palavras de Jesus, "*Eloi* ...", e depois de lhes ter sido contado que isso foi entendido mal por circunstantes judeus como apelo a *Elias* (transcrição grega para "Elias"), eles teriam presumido que o semítico que fundamentava a forma grega do nome do profeta estava próximo do aramaico transliterado *Eloi* que Jesus usou. É o que os ouvintes do Evangelho de Marcos que não conhecem aramaico fazem desde então.

Não sabemos se o próprio Marcos sabia ou não que a forma semítica do nome do profeta não era igual ao aramaico de Jesus para "Meu Deus", pois não está claro se Marcos sabia ler ou entendia aramaico e hebraico.[86] Portanto, talvez Marcos não tenha percebido que, para qualquer leitor que soubesse semítico, sua

---

Leiden, Brill, 1964, p. 181-182. A explicação que Kutscher dá do texto mateano é que o nome de Elias era pronunciado '*Elî, como em inscrições judaicas em Roma*.

[85] Por exemplo, como, então, se explica a redação de Marcos? É preciso supor que alguém (Marcos ou um copista mais tardio) mudou *Eli*, a transliteração hebraica que era mais original (quer a tenha encontrado em Mateus, quer em uma tradição pré-marcana) e fazia mais sentido como base para o equívoco de Elias, para a transliteração aramaica que agora se encontra em Marcos, a saber, *Eloi*. Por quê? Foi com base no princípio de que Marcos sempre usa transliterações aramaicas? Acho tal abordagem implausível. Alguém (Marcos ou um copista) que conhecia esse tanto de semítico teria sido bastante perceptivo para saber que estava produzindo uma confusão a respeito do equívoco de Elias.

[86] O fato de Marcos ter preservado algumas palavras aramaicas não responde a essa pergunta. Uma de suas seis transliterações aramaicas (nota 62, acima) é topônimo; duas são fórmulas de cura que foram memorizadas em aramaico por cristãos de língua grega (já que eram consideradas possuidoras de poder de cura como palavras exóticas); duas outras são fórmulas de oração. Para dar um exemplo de como uma pessoa pode imitar fórmulas de outra língua que não fala nem lê, quando a missa era celebrada em latim, católicos romanos das mais variadas línguas usavam e entendiam *Dominus vobiscum* sem saber latim. Do mesmo modo, muitos dos judeus de hoje sabem algumas fórmulas de oração hebraica sem ter a capacidade para falar ou ler hebraico.

transliteração de *Eloi* não se confundia com *Elias*, o nome do profeta. É provável que Mateus, que ao que tudo indica conhecia realmente as línguas semíticas, tenha percebido o problema, e é por isso que mudou o nome da divindade para o hebraico (transliterado) *Eli*, que não seria confundido facilmente.

Se o chamado para a vinda de Elias não se originou no nível semítico da tradição de um equívoco genuíno do nome de Deus, como esse elemento surgiu e que função ele teve como componente separado na narrativa da morte? Fator importante é que a expectativa da vinda de Elias encaixa-se na série marcana de acontecimentos que cercam a morte de Jesus, a saber, o grito forte, escuridão sobre a terra inteira, rasgamento do véu do santuário do Templo. (A lista é mais longa em Mateus: terremoto[s], abertura de túmulos, ressurreição dos mortos santos.) Elias era muito proeminente nas expectativas populares do fim dos tempos, como taumaturgo em tempo de crise moral, como precursor da vinda de Deus, como ungidor do Messias.[87] (É provável que todos esses se relacionassem com a última predição nos livros proféticos: "Eis que eu vos envio o profeta Elias, antes que chegue o dia do Senhor, o dia grandioso e terrível" [Ml 3,23, ou 4,5 na RSV].) Entretanto, pode-se protestar que a vinda de Elias não pode ser associada aos outros sinais apocalípticos que cercam a morte de Jesus, porque os outros são descritos como acontecendo, enquanto a expectativa de Elias é um mal-entendido. Contudo, lembramos que a expectativa de Elias foi apresentada antes como mal-entendido, precisamente em relação ao sofrimento do Filho do Homem e da ressurreição dos mortos (Mc 9,9-13; Mt 17,9-13): "Por que os escribas dizem que Elias precisa vir primeiro?", ao que Jesus respondeu: "Eu vos digo que Elias veio". (Mateus acrescenta que eles não o conheceram — assim também o Filho do Homem sofrerá nas mãos deles.) Na cruz, quando o Filho do Homem está finalmente sofrendo sua sina, Marcos/Mateus mostram uma série de sinais pressagiados pelos profetas para o fim dos tempos, mas a única reação dos circunstantes é repetir o mal-entendido a respeito de Elias (ao passo que, como Brower, em "Elijah", insiste, os leitores sabem que Elias veio como João Batista). Embora tenham visto a escuridão e ouvido o forte grito de Jesus, eles entendem que ele chama Elias.[88] Transformam a esperada vinda de Elias em

---

[87] Ver Cohn-Sherbok, "Jesus' Cry"; Gnilka, "Mein Gott". Uma *baraita* ou tradição mais antiga em TalBab *Baba Qamma* 60b diz: "Quando cães uivam, o anjo da morte chega à cidade; se os cães fazem travessuras, Elias, o profeta, vem à cidade". TalBab *Aboda Zara* 17b e 18b ligam Elias e a libertação do jugo dos romanos.

[88] O substantivo *phone* é usado para descrever o grito de Jesus em Mc 15,34; o verbo *phonein* é usado em Mc 15,35: "Ele está *gritando* para Elias". Embora haja quem entendesse que isso significa "Ele está chamando por Elias", isso normalmente exigiria *prosphonein*.

escárnio de Jesus: "Vejamos se Elias vem descê-lo" (Mc 15,36b), do mesmo modo que algumas horas antes eles tinham zombado de Jesus: "desça da cruz" (Mc 15,32; ver Mc 15,31). Mateus aumenta a hostilidade do escárnio fazendo alguns dos que ali estão de pé empregar o desdenhoso *houtos* com referência a Jesus: "Este sujeito está gritando para Elias" (Mt 27,47). As palavras que usam para lançar dúvida sobre Jesus são: "Vejamos se Elias vem salvá-lo" (Mt 27,49), que fazem eco a um escárnio anterior dirigido a Jesus: "Salva-te a ti mesmo, se tu és Filho de Deus" (Mt 27,40; também Mt 27,42: "A si mesmo ele não pode salvar"). Ironicamente, embora Elias não intervenha a favor de Jesus, logo Deus o fará, e de forma muito visível, que todos verão.

Segundo, a oferta de vinho avinagrado. Já examinamos a oferta de vinho avinagrado (*oxos*) como um eco de Sl 69,22; mas agora precisamos tratar do tema em Mc 15,36; Mt 27,48-49 e *EvPd* 5,16-17. Todos os relatos supõem que havia vinho avinagrado à mão (Jo 19,29 deixa isso explícito: "Uma jarra estava ali cheia de vinho avinagrado"). Isso não é implausível, pois *oxos* é o grego para o *posca*, ou vinho tinto rústico bebido pelos soldados romanos (MM, p. 452-453). Por si só, a oferta de *oxos* a Jesus não precisa ter sido hostil, pois o vinho avinagrado é implicitamente uma bebida desejável em Nm 6,3 e Rt 2,14. Em sua biografia de Catão, o Antigo (i,7), Plutarco diz: "Água era o que ele bebia em campanhas, mas ocasionalmente, com uma sede devastadora, ele pedia vinho avinagrado".[89] Contudo, em Marcos o contexto torna provável que a oferta de vinho não foi um gesto amigável. Se faz eco ao uso de *oxos* em Sl 69,22, Marcos lembra como o justo recebeu alimento amargo dos inimigos. O ceticismo sarcástico associado a respeito de esperar para ver se Elias viria descer Jesus (Mt 15,36b) sugere escárnio. Mas a cena é muito complicada. Quem é o "alguém" que corre para pegar o vinho avinagrado? O fato de ser esse vinho bebida de soldado e de, em Lucas, serem explicitamente soldados que oferecem o vinho faz muitos comentaristas suporem que Marcos tem em mira um soldado romano,[90] só para indicar como seria improvável um soldado romano saber a respeito de Elias. Essa identificação pode ser uma pista falsa, pois a lógica mais profunda da narrativa marcana sugere que o "alguém" é um dos circunstantes mencionados no versículo anterior. A objeção de que os soldados romanos que

---

[89] Ver outras referências em Colin, "Soldato", p. 105.
[90] Veale ("Merciful") baseia essa suposição na combinação de Marcos e João. Metzger ("Names", p. 95) relata que, no Códice Egberti (século X), o que ofereceu o vinho recebe o nome de Stephaton.

normalmente guardavam os crucificados e afastavam os simpatizantes não teriam permitido esse gesto supõe o que não está claro, a saber, que o gesto era compassivo. Ainda assim, é complicado quando esse mesmo "alguém" fala e diz: "*Aphete*. Vejamos se Elias vem descê-lo".[91] Qual é a ligação entre a ação do "alguém" de oferecer vinho e o que ele diz? *Parece que o interlocutor apresenta uma razão para dar a Jesus uma bebida.* A força de *aphete* normalmente seria "Deixai-o estar" ou "Deixai-o em paz"; mas quem o "alguém" estaria detendo, já que ele é o único a agir? Devemos supor algum movimento hostil não mencionado por parte dos outros circunstantes que o "alguém" está impedindo ao oferecer *oxos*? Nesse caso, a oferta tem o propósito de reanimar Jesus para que ele não morra cedo demais, antes que eles tenham a oportunidade de ver se Elias virá. (O vinho avinagrado com certeza reanimava; de fato, como Colin ["Soldato", p. 128] menciona, o odor acre do vinagre sob o nariz do condenado tinha aquele efeito.) Ou é o "alguém" que está embaraçado por ser visto fazendo uma coisa boa para Jesus, tentando fingir que está do lado dos céticos circunstantes? Isso, entretanto, talvez seja construir uma trama complicada demais. *Aphete* é às vezes simplesmente um intensivo forte, que serve praticamente como verbo auxiliar para um imperativo, como em Mc 10,14: "Deixai as crianças virem a mim". Aqui, então, o sentido é: "*Realmente* vermos… …",[92] e talvez não seja de se esperar ter de insistir na questão de como a bebida de vinho alcançaria o objetivo do interlocutor. Deixei a tradução de 15,36b literal para mostrar o problema.

Aqui, mais uma vez, Mateus, que mudou o *Eloi* marcano para *Eli*, talvez porque reconhecesse que *Eli* não seria facilmente confundido com o nome do profeta Elias, procura endireitar o tema que encontrou em Marcos. Em Mt 27,48, ele deixa claro que quem corre para pegar o vinho é um dos que estão de pé ali, que pensou estar Jesus gritando por Elias (e assim, consciente ou inconscientemente, impede a interpretação dos soldados romanos). O corredor já não é quem fala; mais exatamente, "os restantes disseram". *Os interlocutores apresentam uma*

---

[91] Lee ("Two", p. 36) faz os circunstantes falarem, supondo (de maneira implausível) que Marcos foi composto em semítico e que o *waw* final da forma plural '*mrw* se perdeu por haplografia, ao ser confundido com a inicial *nun* do subjacente "Sair" jussivo. Esses aperfeiçoamentos eruditos de Marcos remontam à Antiguidade, pois as versões siríacas de Mc 15,36 leem um plural para "dizendo", em vez do bem atestado singular.

[92] MGNTG, v. 1, p. 175. Taylor (*Mark*, p. 595) opta por isso e a tradução de Moffatt é parecida: "Vamos, vejamos".

razão para não dar algo de beber a Jesus. Consequentemente, agora *aphete* pode ser traduzido literalmente: "Deixai-o [= Jesus] em paz". Os outros observadores (judaicos) pensam que o oferecedor voluntário de vinho está, de forma perturbadora, interferindo ou mesmo fazendo alguma coisa hostil a Jesus (fazendo eco à atmosfera hostil de Sl 69,22, que a menção de fel em Mt 27,34 mostra estar na lembrança do evangelista) e talvez tentando apressar a morte de Jesus.[93] Eles querem que Jesus seja deixado em paz para ele sobreviver o suficiente para eles verem se a oração a Elias é respondida.

EvPd 5,16 está mais próximo de Mateus ao apresentar um tema homogêneo. Um dos judeus responsáveis pela crucificação de Jesus (nenhum soldado romano é mencionado) propõe maltratar Jesus dando-lhe fel com vinho avinagrado para beber. Não há ambiguidade a respeito do objetivo malévolo do *oxos*, já que fel é o primeiro elemento mencionado. Os próprios judeus fazem essa mistura, claramente evocativa de Sl 69,22. Consequentemente, *EvPd* 5,17 pronuncia uma sentença condenatória contra eles: "E eles cumpriram todas as coisas [isto é, as Escrituras, a respeito de maltratar o justo] e completaram os (seus) pecados na cabeça". É outro exemplo do sentimento antijudaico que é muito mais proeminente no *EvPd* que nos Evangelhos canônicos.

Antes de nos afastarmos da discussão de Marcos/Mateus, devemos mencionar *uma linha adicional no final de Mt 27,49* encontrada em alguns testemunhos textuais importantes (Códices Vaticano e Sinaítico, a família irlandesa-britânica de manuscritos latinos, Harclean Siríaco e Crisóstomo): "Mas outro, tendo pegado uma lança, trespassou seu lado e saiu água e sangue". Pennells ("Spear") defende a autenticidade desse texto. Levaria a Mt 27,50, onde Jesus berra com um forte grito e expira. Pennells acha que o constrangimento pela imagem de Jesus berrando quando foi trespassado e morrendo de um ferimento por lança levou à supressão da passagem ou sua transferência para depois da morte de Jesus, como em Jo 19,34. Entretanto, muitos críticos textuais julgam-na uma adição alexandrina erudita a Mateus copiada de Jo 19,34 (com o qual ele partilha dez de treze palavras): "Um dos soldados trespassou-lhe o lado com uma lança e imediatamente saiu sangue e água". É de se presumir que a passagem joanina tenha sido copiada à margem de um ms. de Mateus e então, subsequentemente, introduzida no texto, embora não esteja

---

[93] Taylor (*Mark*, p. 596) chama a atenção para os indícios dados por Goguel de uma crença de que a morte de um crucificado era apressada fazendo-o beber.

totalmente claro por que, ao introduzir em Mateus um esboço joanino, o copista mudaria esse episódio de depois da morte de Jesus, onde João o colocou, para antes da morte.[94] Entretanto, a situação pode ter sido mais complexa. No início do século XIV (Concílio de Viena, papa Clemente V), por causa da importância da água e do sangue como símbolos para o batismo e a Eucaristia, houve uma controvérsia quanto a eles terem vindo de Cristo antes ou depois de sua morte. Os franciscanos espirituais apoiaram a ordem mateana anterior à morte, com Ubertino de Casale citando um ms. latino que pelo visto estava em Paris e era independente da família irlandesa-britânica. Burkitt encontra indícios da leitura mateana em uma epístola de Jerônimo ao papa Dâmaso. Um Evangelho minúsculo (72) do século XI no Museu Britânico (Harley 5647) tem uma anotação alegando que Taciano a apoiava — o que levaria o adendo mateano de volta ao século II, antes da probabilidade da melhoria alexandrina. Há uma disputa erudita quanto a Taciano ter introduzido o golpe de lança de Jo 19,34 em sua harmonia consecutiva antes da morte de Jesus (embora esse posicionamento contradiga a explícita indicação joanina de que Jesus estava morto e não seja apoiado por um de nossos principais guias para a harmonia de Taciano, isto é, o comentário de Efrém) e, assim, ter sido responsável pela ideia que deu origem ao adendo mateano. A respeito de tudo isso, ver os artigos em § 37, Parte 8, por Burkitt ("Ubertino"), Pennells, Vogels e van Kasteren; este último pensa que o adendo mateano antecedeu Taciano. Embora não haja possibilidade de originalmente o adendo fazer parte de Mateus, sua própria existência em mss. de Mateus é testemunho de como os cristãos primitivos harmonizavam os relatos evangélicos da Paixão.

O grito mortal de Jesus em Lc 23,46

Das complicações que cercaram o grito mortal em Marcos/Mateus, passamos para o relato lucano mais simples. A oferta de vinho avinagrado é antecipada (Lc 23,36), Elias não é mencionado[95] e só o grito mortal em si é relatado: "Pai, em tuas mãos eu coloco meu espírito".

---

[94] Outra diferença secundária é que João menciona "sangue e água", enquanto o adendo mateano traz "água e sangue". Foi essa mudança efetuada em Mateus sob a influência de 1Jo 5,6: "Jesus Cristo veio [...] por água e sangue"?

[95] Büchele (*Tod*, p. 52-53) argumenta que Lucas eliminou o chamado por Elias porque, para Lucas, o próprio Jesus tinha o papel de Elias (assim também Bornkamm, Conzelmann, Schreiber). Isso não está tão claro; afinal de contas, uma referência lucana à vinda de Elias aqui teria sido uma inclusão com o papel

Embora o grito lucano tenha redação completamente diferente do grito marcano, há boa razão para pensar que Lucas está modificando o relato marcano. Antes da morte de Jesus, Lucas agrupa a escuridão sobre a terra inteira e o rasgamento do véu do santuário (ver acima, sob "A escuridão em Lucas"). Esses dois sinais apocalípticos negativos, adotados por Lucas a partir de Marcos, simbolizam o julgamento por Deus dos que escarnecem de Jesus em Lc 23,35b-39. As últimas palavras de Jesus (Lc 23,46) estão ligadas a esses sinais por um "e" — em reação a eles, então, ele grita ao Pai suas palavras de confiança e morre sem temor. Do mesmo modo que no início da NP Lucas omitiu a passagem onde o Jesus marcano começou a ficar muito perturbado e confuso, expressando-se na linguagem adaptada de Sl 42,6 ("Minha alma está muito triste até a morte"), no final da NP Lucas remove o grito desesperado de abandono do Jesus marcano originário de Sl 22,2. O motivo lucano dessa remoção é primordialmente teológico; ele está também sendo consistente com o padrão de suas normas editoriais ao não relatar as palavras aramaicas marcanas de Sl 22,2 e ao ter só um forte grito, em contraste com os dois de Marcos (do mesmo modo que teve só um canto do galo, em contraste com os dois de Marcos.[96]

Quanto à redação, o abrandamento da descrição marcana já começa com a preferência lucana pelo verbo "clamar" (*phonein*) ao "vociferar" (*boan*) marcano. Este último é uma ação violenta demais para ser atribuída ao Jesus lucano.[97] Lucas segue o exemplo marcano ao fazer o Jesus moribundo rezar na linguagem do saltério, mas prefere Sl 31,6 a Sl 22,2. A redação lucana é idêntica à da LXX do Salmo ("Em tuas mãos colocarei meu espírito"), exceto que a forma do verbo (*paratithenai*) foi mudada do futuro para o presente e "Pai" passou a fazer parte da citação.[98] No Sl

---

de João Batista como Elias no início do Evangelho (Lc 1,17). Parece que a tese de que Lucas suprimiu o episódio de Elias porque não se encaixava em sua descrição de Jesus como mártir (W. Robinson, Schneider) depende de interpretar o episódio positivamente, como se os participantes quisessem que Elias ajudasse Jesus. Se eles fizeram a referência a Elias em escárnio, o episódio se adapta muito bem a uma apresentação de mártir. Mais simplesmente, Lucas pode ter omitido a referência porque não entendia como Marcos podia extrair um chamado a Elias da citação do Salmo por Jesus.

[96] Mesmo um "forte grito" (*phone megale*) é ousado para Lucas. Jesus, que reza com frequência, nunca rezou antes com tanta veemência, pois até agora, um "forte grito" é a marca de exclamações por demônios, um leproso, a multidão dos discípulos e os inimigos de Jesus. Contudo, palavras da raiz *phon-* não são estranhas à NP lucana (Lc 22,60.61; 23,20.21.23) e maior ênfase é apropriada para a última palavra de Jesus.

[97] A combinação cognata "clamar com um forte grito" ocorre também em At 16,28, com referência a Paulo.

[98] O verbo *paratithenai* significa "colocar voltado para, colocar ao lado de, entregar". Abramowski e Goodman

31, o salmista reza para ser libertado dos inimigos e suas armadilhas — rezando com convicção, pois o versículo citado continua: "Tu me redimes, Ó Senhor". A libertação de inimigos hostis é também o tema no Sl 22 citado pelo Jesus marcano; mas Marcos atribui a Jesus o versículo mais desesperado desse Salmo, enquanto Lucas atribui-lhe um versículo confiante. Ouvimos em Lucas a respeito dos escribas e chefes dos sacerdotes que procuram pôr as "mãos" em Jesus (Lc 20,19; ver Lc 22,53) e Jesus predisse que o Filho do Homem seria "entregue" (*paradidonai*) nas "mãos" de homens pecadores (Lc 9,44; ver Lc 24,7); mas o desenlace da NP acontece quando Jesus proclama que é nas "mãos" do próprio Pai que ele "coloca" (*paratithenai*) seu espírito, isto é, tudo o que ele é e tem. "Espírito" não é simplesmente um componente parcial do ser humano (como em "alma" e corpo); é a pessoa viva, ou poder de vida que transcende a morte. No caso de Jesus, entretanto, "espírito" transcende as definições antropológicas usuais, pois ele foi concebido pelo Espírito que desceu sobre Maria (Lc 1,35) e em seu batismo, o Espírito Santo desceu sobre ele em forma corpórea (Lc 3,22), de modo que ele estava cheio do Espírito Santo (Lc 4,1) e se movimentou pela Palestina no poder do Espírito (Lc 4,14). Quando "entrega" seu espírito ao Pai, Jesus leva de volta ao lugar de origem sua vida e missão.[99] Se Lucas dramaticamente mudou o tom teológico da cena da morte ao preferir Sl 31,6 para as últimas palavras de Jesus, em vez da escolha marcana de Sl 22,2, outra mudança significativa é visível quando comparamos a saudação do Jesus marcano ("Meu Deus") a "Pai" do Jesus lucano (também Lc 10,21; 11,2), saudação pela qual a citação do Salmo é personalizada. Em parte, a escolha lucana de "Pai" aqui é por meio de inclusão com as primeiras palavras de Jesus em Lc 2,49: "Não sabíeis que devo estar na casa de meu *Pai*". Entretanto, por comparação com a NP marcana, há outra inclusão. O movimento na oração do Jesus marcano, desde a cena inicial no Getsêmani, onde ele usou "Pai" (Mc 14,36), até a cena da morte, onde ele usa "Meu Deus" (Mc 15,34), é de crescente alienação. Mas o Jesus lucano é de uma consistência total em toda a NP, rezando ao "Pai" no início, no Monte das Oliveiras (Lc 22,42), e ao "Pai" no fim, no lugar da crucificação chamado Caveira. Na verdade, dentro do relato lucano da crucificação,

---

("Luke xxiii") descrevem discussões entre pessoas de língua siríaca (nestorianos, Efrém) a respeito de como traduzi-lo, preferindo, por razões dogmáticas, "recomendar" a "estabelecer". Quanto a "Pai", a inclusão de um discurso direto pode ter sido catalisada por "Ó Senhor" no segundo verso do versículo do Salmo.

[99] Feldkämper (*Betende*, p. 277-279) é muito útil nesses pontos.

há ainda outra inclusão: no exato momento em que está sendo crucificado, Jesus rezou "Pai" (Lc 23,34) exatamente como faz no momento em que morre naquela cruz — duas orações peculiares ao Jesus lucano.

Lucas toma grande cuidado ao descrever a morte de Jesus, de modo que essa imagem ficará gravada nas mentes dos leitores que são seguidores de Jesus. Na hora da morte, seus sentimentos devem imitar os sentimentos do Mestre quando ele enfrentou a morte. Em At 7,59-60, Estêvão, o primeiro mártir cristão, é descrito berrando (*krazein*) com um "forte grito", tendo dito: "Senhor Jesus, recebe meu espírito". A eficácia da lição lucana é vista meio século depois ou mais, em Justino (*Diálogo* 105): "Por isso, Deus também nos ensina por Seu Filho que devemos lutar [*agonizesthai*; ver *agonia* em Lc 22,44] por todos os meios para sermos justos e, na hora de nossa saída [*exodus*; Lc 9,31] pedir que nossas almas não caiam sob nenhuma potência [má] semelhante. De fato, quando Cristo estava entregando [*apodidonai*] seu espírito na cruz, ele disse: 'Pai em tuas mãos coloco meu espírito'. Isso também aprendi das memórias".

Há quem veja outro simbolismo aqui recorrendo ao costume judaico atestado mais tarde de recitar Sl 31,6 na oração da noite.[100] Presumindo que esse costume já estava na moda, Hendrickx (*Passion*, p. 123) escreve com imaginação: "Jesus, que morreu na nona hora (três horas da tarde), no momento em que as trombetas soaram para a oração da noite, recitou esta oração com precisamente este final: 'Em tuas mãos entrego meu espírito'. Juntando-se ao povo na oração da noite, Jesus expressou confiança e certeza de que sua morte era apenas um ato de 'ir dormir' e, portanto, o início da vida com o Pai". Duvido disso: a data em que o Salmo começou a ser usado como oração da noite é incerta; a descrição lucana de Jesus clamando com um forte grito certamente não sugere oração da noite; e mesmo em Lucas há sinais apocalípticos que impedem de pensar na morte de Jesus como apenas um ato de "ir dormir". Afinal de contas, o Jesus lucano proclamou este período inteiro como a hora de seus inimigos e do "poder das trevas" (Lc 22,53). A oração de Jesus na hora da morte proclama com confiança que o poder das trevas não é capaz de separá-lo de seu Pai. Quando é visto novamente depois da morte, ele fala com clareza do reino de seu Pai: "Eu envio sobre vós a promessa de meu Pai" (Lc

---

[100] Ver referências em St-B, v. 2, p. 269. TalBab *Berakot* 5a relata a máxima de Abaye segundo a qual, na hora de dormir, mesmo o erudito deve recitar um versículo de súplica, por exemplo: "Em tuas mãos coloco meu espírito; tu me redimiste, Ó Senhor, Deus da verdade".

24,49; At 1,4; ver At 1,7). E quando voltar como o Filho do Homem no final, ele virá "na glória do Pai" (Lc 9,26).

As últimas palavras de Jesus e a oferta de vinho em Jo 19,28-30a

O relato joanino (Episódio 4 no esboço estrutural em § 38 C, acima) é mais longo que o de Lucas, mas mais curto que o de Marcos/Mateus. Embora haja nele obscuridades por causa da dupla referência a tudo estar consumado, ele tem uma narrativa direta quando comparada às obscuridades de Marcos/Mateus. À guisa de simplificação, João não tem os indicadores de tempo da crucificação dos sinóticos (sexta e nona horas) e elementos apocalípticos (escuridão, forte grito, rasgamento do véu do santuário, terremoto); no lado positivo, João integra estreitamente a oferta de vinho avinagrado ao eco de um Salmo. A perspectiva teológica, como veremos, é tipicamente joanina.

Antes de comentarmos cada versículo em detalhe, é útil dar uma olhada no arranjo geral do episódio. Este episódio começa em Jo 19,28a com a certeza de que "já tudo estava consumado [*tetelestai*, de *telein*]". Então, (Jo 19,28b) depois de uma declaração de sede feita por Jesus "a fim de que a Escritura se completasse [*teleiothe*, de *teleioun*]", há em Jo 19,29 uma oferta de vinho avinagrado. Em Jo 19,30a, quando Jesus o toma, ele afirma: "Está consumado [*tetelestai*]". Parece ilógico ter três indicadores separados que envolvem consumar, completar e consumar; mas o que acontece aqui está correlacionado, e João quer insistir maciçamente em como Jesus morre só depois de terminar o que veio fazer.

"Depois disso, Jesus tendo conhecido que já tudo estava consumado" (Jo 19,28a). O episódio se inicia com uma frase joanina estereotipada: "Depois disso", que indica sequência lógica e às vezes cronológica (BGJ, v. 1, p. 112). A frase "Jesus tendo conhecido" é um pouquinho desajeitada;[101] e se é tentado a traduzi-la como "tendo percebido" ou "tendo ficado ciente", de modo que um determinado incidente ou ação possa ser identificado como levando Jesus a essa percepção. Contudo, é duvidoso que João quisesse apresentar Jesus aprendendo qualquer coisa, pois o que quer que o Jesus joanino faça ou diga flui daquilo que

---

[101] Há variada ordem de palavras nos melhores testemunhos textuais que apoiam *eidos*, "tendo conhecido", em vez de *idon*, "tendo visto", da tradição *koiné*. No que se segue, "já" está ausente de alguns testemunhos e aparece em sequência variada em outros. Evidentemente, os copistas primitivos viram algumas das dificuldades explicadas acima.

ele viu com o Pai antes de sua encarnação e, na verdade, antes do começo do mundo (Jo 5,19; 8,28; 17,5). João deixa o leitor saber o que Jesus já sabia.

Na verdade, a atemporalidade do conhecimento de Jesus (que serve de chave para entender o sentido daquilo que ele conhece, isto é, "que já tudo estava consumado") é esclarecida por outras duas passagens em João, com as quais essa passagem forma uma inclusão. Jesus ser elevado na cruz é a ideia fundamental da segunda parte de João, que muitos chamam "O Livro da Glória" (BGJ v. 1, p. cxxxviii; v. 2, p. 541-542). Esse livro começa em Jo 13,1: "Antes da festa da Páscoa, Jesus, tendo conhecido que tinha chegado a hora de passar deste mundo para o Pai...". Jo 13,1 e Jo 19,28a têm uma referência temporal que leva ao "Jesus tendo conhecido"; o que é conhecido em cada caso tem uma finalidade; contudo, cerca de seis capítulos de atividade os separam. Parte da solução é que o início da Última Ceia e a morte de Jesus na cruz fazem parte da mesma "hora". Intermédio entre eles é Jo 18,4, versículo de transição da ceia para a Paixão-crucificação: "Assim Jesus, tendo conhecido tudo o que estava para lhe acontecer...". O "Assim" é implicitamente uma referência temporal, pois é consequente a Jesus ter saído da ceia para o jardim do outro lado do Cedron e a Judas ter trazido forças reunidas contra ele. Mais uma vez, Jesus conhece isso e tudo o que se seguirá — descrição perfeitamente em harmonia com o *leitmotiv* da Paixão joanina, em que Jesus está no controle: "Eu dou minha vida [...] eu a dou por vontade própria" (Jo 10,17-18). Nos três exemplos, o particípio "tendo conhecido" chega em um momento crucial do progresso da ação onde o leitor talvez precise de certeza de que Jesus estava no controle. O particípio está expresso em termos do que aconteceu, mas leva a algo significativo que está prestes a acontecer.

Se existe progresso temporal, em João ele está não no conhecimento de Jesus, mas sim no que ocorreu ou está ocorrendo para permitir o relato "já tudo estava consumado". O "tudo" (*panta*) é plural neutro e (pelo menos em parte[102]) tem de se referir a tudo o que Deus deu para Jesus fazer: "O Pai ama o Filho e entregou tudo [*panta*] em suas mãos" (Jo 3,35; também Jo 5,17.20; 6,37.39). Consideradas juntas, as frases iniciais de Jo 19,28a ("Depois disso [...] já tudo estava consumado") precisam incluir uma referência ao episódio anterior onde Jesus constitui sua mãe e o discípulo que ele amava em um novo relacionamento familiar (§ 41, acima, sob

---

[102] O "em parte" leva em conta a disputa erudita sobre o objeto no fim estar no plano cristológico (Becker) ou no plano bíblico, ou nos dois planos. Ver o exame cuidadoso em Bergmeier, "*TETELESTAI*".

"A mãe de Jesus e o discípulo amado") e fez deles "seus" que estavam habilitados a se tornar filhos de Deus — desse modo cumprindo o propósito declarado no Prólogo para a Palavra que se tornou carne (Jo 1,12).[103]

Contudo, casos anteriores da expressão "Jesus tendo conhecido" levam ao que se segue. E, assim, precisamos admitir a probabilidade de "tudo estava consumado" (Jo 19,28a) transcender a ação de Jesus no episódio precedente e incluir a conclusão da Escritura prestes a ser narrada em Jo 19,28b-29. O segundo uso de "consumado" em Jo 19,30a aumenta essa probabilidade, formando uma inclusão que abrange o que ocorre no meio. Realmente, o verbo "consumar" (*telein*) ocorre só aqui (Jo 19,28a.30a) em João; assim, não há nenhum precedente joanino para ele incluir o cumprimento da Escritura. Contudo, *telein* é usado em outras passagens do NT para a morte de Jesus como cumprimento dos profetas (Lc 18,31; 22,37; At 13,29) e certamente em João a crucificação de Jesus faz eco a temas da Escritura. Jo 3,14 afirmou que, como Moisés levantou a serpente no deserto, assim também é preciso levantar o Filho do Homem. Essa imagem de "levantar", aplicada mais duas vezes ao Filho do Homem em João (Jo 8,28; 12,32-34, com esta última referindo-se especificamente ao tipo de morte que Jesus iria ter), é a linguagem usada para a sina do servo sofredor em Is 52,13. Pode-se também afirmar que a linguagem joanina para Jesus dar sua vida (*psyche*) em Jo 10,11.15.17-18 origina-se de Is 53,10, com sua referência ao servo que dá a vida (*psyche*) como oferenda pelo pecado.[104] Em suma, não há grandes obstáculos para dar a "tudo estava consumado" um conteúdo duplo, que reporta ao episódio anterior em que Jesus, elevado, começou a atrair discípulos para si, como prometera (Jo 12,32), e refere-se à conclusão da Escritura que está prestes a acontecer.

"A fim de que a Escritura se completasse, (ele) diz: "Tenho sede" (Jo 19,28b). A interpretação que acabou de ser apresentada põe esta oração de propósito em estreita relação com a primeira metade do versículo como parte do que estava consumado.[105] O verbo "completar" é *teleioun*, aplicado à Escritura apenas

---

[103] Em Ex 40,33, na conclusão da construção do tabernáculo, lemos: "Moisés acabou [*syntelein*] todas as obras"; assim, há precedente bíblico para o instrumento escolhido de Deus "acabar" a obra que Deus lhe deu para fazer.

[104] Em Mc 10,45, o Filho do Homem dá a vida (*psyche*) em resgate por muitos e assim é provável que esse emprego da linguagem de Isaías tenha origens pré-evangélicas.

[105] Contudo, porque acho que a oração de propósito também aponta para o que se segue, não concordo com uma tradução que relacione "consumado" com "a fim de que" tão estreitamente, como faz O. M. Norlie

aqui em João, que normalmente emprega *pleroun* ("cumprir") para a Escritura, como em Jo 12,38; 13,18; 15,25; 17,12; 19,24. Consequentemente, Bergmeier (*"TETELESTAI"*, p. 284) e outros perguntam se *teleioun* não chegou a João de uma fonte pré-evangélica. Mas julgo que o uso do verbo aqui é deliberadamente joanino. Primeiro, *teleioun* vem da mesma raiz de *telein* e, assim, lexicograficamente ajuda a mostrar que a conclusão da Escritura faz parte da consumação de todas as coisas por Jesus. Segundo, *teleioun* foi usado antes em João, quando Jesus completa a obra que Deus lhe deu para fazer (Jo 4,34; 5,36; 17,4) e assim deixa claro que o fato de consumar todas as coisas também inclui sua tarefa cristológica. Terceiro, *teleioun* é mais apropriado que *pleroun* para esta referência específica à Escritura, porque este é o cumprimento final, o *telos*, o fim. [106]

Nessa interpretação, a frase *hina* ("a fim de que"), como é de se esperar na gramática grega, é regida pela(s) forma(s) verbal(is) precedente(s) ("tendo conhecido [...] estava consumado"). Resta a questão de relacionamento dessa oração com o que vem em seguida. Gramáticas importantes (BDF, § 478; MGNTG, v. 3, p. 344) citam isso como exemplo de onde a oração final precede a oração principal, de modo que o cumprimento da Escritura relaciona-se com Jesus dizer "Tenho sede". Essa relação adicional, onde *hina* aponta para a frente e também para trás, é favorecida pela percepção de que o sujeito "Jesus" e o verbo principal, "diz", abrangem entre eles todas as orações que examinamos. A principal objeção a que a oração *hina* aponte para a frente é que o que Jesus diz não é citação explícita da Escritura. É citação implícita? Como a resposta imediata a ela é a oferta de vinho avinagrado, muitos pensam em Sl 66,22: "Para *minha sede*, eles deram-me vinagre para beber". Isso significa que, apesar da expressão "a fim de que a Escritura se completasse, (Jesus) diz: 'Tenho sede'", o elemento bíblico não está nas palavras de Jesus, mas na resposta que elas provocam. Entretanto, veremos abaixo dúvidas de que João apresenta essa oferta como escárnio. Consequentemente, embora uma referência ao Sl 69 possa ter existido em nível pré-evangélico para a oferta de vinho e possa ainda estar discretamente presente na *reação* ao "Tenho sede" de Jesus, precisamos

---

(*Simplified New Testament*, Grand Rapids, Zondervan, 1961): "Jesus, conhecendo que tudo havia sido feito [*tetelestai*] para cumprir as Escrituras, disse...".

[106] *Telos* ocorre em Jo 13,1, que já mencionamos como paralelo inclusivo a Jo 19,28a: "Ele agora mostrou seu amor por eles até o *fim*".

discutir mais se não há também (ou, na verdade, primordialmente) um elemento bíblico na própria sede expressa por Jesus.[107]

Que passagem da Escritura João tinha em mente no "Tenho sede"? Digna de consideração é a possibilidade de João estar familiarizado com a tradição de que Jesus moribundo rezou na linguagem de Sl 22,2 ("Meu Deus, meu Deus, por que razão me abandonaste?"), tradição da qual Marcos se apropriou em seu Evangelho. Parece que, no início da NP, João conheceu a tradição da oração também apropriada por Marcos, na qual Jesus pediu ao Pai "que, se é possível, a hora passasse dele" (Mc 14,35). A atribuição desse sentimento a Jesus era irreconciliável com a cristologia joanina; e, assim, em outra passagem do quarto Evangelho, encontramos uma cena que constitui um comentário sobre esse sentimento fazendo Jesus recusar-se a rezar essa oração e substituí-la por outra: "E o que devo dizer? Pai, salva-me desta hora? Mas para isto (com este propósito) cheguei a esta hora. Pai, glorifica teu nome" (Jo 12,27-28). Do mesmo modo aqui, o tema de Sl 22,2 onde Jesus é abandonado por Deus é irreconciliável com a cristologia joanina. (Encontramos praticamente um comentário corretivo sobre ele em outra passagem do quarto Evangelho: "Nunca estou sozinho, porque o Pai está comigo" [Jo 16,32].) João o teria substituído apelando a outro versículo de Sl 22, a saber, "Seca como argila cozida está minha força [ou garganta]; minha língua penetra em minha garganta; tu me derrubaste na poeira da morte" (Sl 22,16)? Embora sede não seja mencionada no versículo, está claro que o sofredor a sente a ponto de morte.

Por que João não citou Sl 22,16 literalmente, se era isso que ele pretendia? Uma resposta possível é que o relutante salmista acusa Deus de tê-lo levado a essa situação, enquanto João considera Jesus o Senhor de seu destino. Talvez Jesus declarar "Tenho sede" pouco antes de morrer signifique que ele está deliberadamente cumprindo a situação imaginada no Salmo, impressão harmoniosa com sua afirmação em Jo 10,17-8, segundo a qual ele dá sua vida e ninguém a tira dele. Faz também Jesus responsável pela reação em termos da oferta de vinho avinagrado e qualquer cumprimento da Escritura nessa ação (talvez Sl 69,22 e, além disso, o tema do cordeiro pascal — ver adiante). Essa proposta de Sl 22,16 como ponto de

---

[107] Jesus na cruz podia na verdade ter sede, mas com certeza João não descreve desinteressadamente uma sede real. Ao buscar simbolismo, há quem encontre uma conexão com as palavras que Jesus disse à Samaritana em um meio-dia anterior: "Dá-me de beber" (Jo 4,6-7). A meu ver, a relação é obscura demais para ser proveitosa.

referência de Jo 19,28b é conjectural, mas está em harmonia com os padrões e o pensamento joaninos. Outros candidatos são sugeridos;[108] mas uma referência primordial ao Sl 22, seguida de uma possível referência secundária ao Sl 69, significa que João adaptou a sua cristologia os Salmos nos quais sabemos que outros cristãos e evangelistas estavam pensando. Ao pano de fundo bíblico, devemos acrescentar outra nota da cristologia joanina. No início da NP, em vez de Jesus rezar para que o Pai tire dele o cálice do sofrimento (como em Mc 14,36), João descreveu Jesus repreendendo Pedro por puxar a espada para resistir ao grupo aprisionador: "O cálice que o Pai me deu — não vou bebê-lo?" (Jo 18,11). "Tenho sede", em Jo 19,28b, mostra essa mesma determinação de beber o cálice.

Oferta de vinho avinagrado em hissopo (Jo 19,29). O esboço joanino desta ação difere dos relatos sinóticos[109] em alguns aspectos significativos. Em Marcos/Mateus (com clarezas de estilo variadas), um circunstante judeu enche a esponja de vinho avinagrado e oferece-a a Jesus em um caniço, escárnio de certa forma ligado a Jesus chamar Elias. Não ficamos sabendo como ele obteve o vinho que não raro era associado a soldados romanos, nem como ele tinha um caniço apropriado à mão. Em Lucas (antes, e não como parte da cena da morte), soldados romanos vieram para a frente e ofereceram o vinho como escárnio do Rei dos Judeus.[110] Os soldados tinham o vinho e também uma lança para erguer aos lábios de Jesus a esponja cheia dele, mas Lucas se cala a respeito de tudo isso. João se dá ao trabalho de explicar que estava ali uma jarra cheia de vinho avinagrado. Não são especificados os "eles" que enchem uma esponja com esse vinho. As últimas *dramatis personae* mencionadas foram a mãe de Jesus e o discípulo amado, mas

---

[108] Bornhäuser (*Death*, p. 153), Hoskyns (*John*, p. 531, Beutler ("Psalm", p. 54-56) e Witkamp ("Jesus") sugerem Sl 42,3: "Minha alma [isto é, eu] tem sede de Deus, do Deus vivo". Outro candidato é Sl 63,2: "Ó Deus (tu és) meu Deus, que eu procuro; por ti minha carne anela e *minha alma tem sede*". Não é possível excluir essas possibilidades, principalmente porque João pode ter tido um senso coletivo de completar a Escritura. Bampfylde ("John") argumenta que a Escritura é Zc 14,8 (em combinação com Ez 47), que reforça Jo 7,38: "Como a Escritura diz: 'De dentro dele correrão rios de água viva'" (ver BGJ, v. 1, p. 320-323). Há grande probabilidade de alguma forma desta última proposta ser aplicável a Jo 19,34 (embora seja discutível que Escritura precisamente fundamenta Jo 7,38), mas muito menor probabilidade do que é apropriado aqui.

[109] O paralelo está claramente entre João e a segunda oferta em Marcos/Mateus que consistia em *oxos*. Ver minha avaliação da estranha opinião de Freed, segundo a qual João apresenta uma interpretação da primeira oferta de Marcos em BGJ, v. 2, p. 928.

[110] É interessante que, embora divergindo de muitas maneiras ao descrever sua única oferta de vinho (*oxos*), Lucas e João usam o verbo *prospherein* ("trazer para a frente") para descrever a ação.

parece que Jo 19,27 encerra o envolvimento da mãe na cena. Consequentemente, quase todos os comentaristas presumem que os leitores devam pensar nos soldados romanos que estavam ativos em Jo 19,23-24 e que tinham acesso ao vinho e a Jesus. Obviamente, só um dos soldados levou o vinho aos lábios de Jesus, de modo que "eles" inclui os que sugeriram a ideia e ajudaram. Esses militares eram capazes de escárnio, pois no meio do julgamento, diante de Pilatos, soldados romanos escarneceram de Jesus (Jo 19,2-3). Entretanto, na cena mais recente (Jo 19,23-24), eles estavam simplesmente pondo em prática o tratamento costumeiro do criminoso sem nenhuma brutalidade excepcional. Em Jo 19,29, nada sugere escárnio; mais exatamente, parece que os soldados respondem espontaneamente ao pedido de Jesus de alguma coisa para beber. (Ver acima, sob "Elias e a oferta de vinho avinagrado", *oxos*, "vinho avinagrado", como bebida para matar a sede.) Em Jo 19,23-24, João relatou que os soldados dividiram as roupas de Jesus da maneira como o fizeram "a fim de que a Escritura fosse cumprida" — indicação de que, embora talvez não soubessem, eles estavam sob a direção de Jesus, que estava organizando a Paixão como parte de dar a vida. A reação deles a sua declaração de sede está sob a mesma organização, como veremos.

O item verdadeiramente enigmático na imagem joanina é a indicação de que a esponja embebida de vinho é posta em hissopo. Marcos/Mateus mencionam um caniço, presumivelmente uma haste comprida e forte. Lucas e o *EvPd* mencionam um instrumento para alcançar a boca de Jesus.[111] O que João quer dizer com "hissopo"? Em uma escala mais ampla, não é fácil ter certeza do que a Bíblia quer dizer com "hissopo".[112] Hissopo é planta da família labiada, relacionada com hortelã e tomilho; mas o hissopo "verdadeiro", conhecido dos europeus (*Hyssopus officinalis L.*), não cresce na Palestina. As descrições bíblicas do hissopo (hebr. *'ezob*; gr. *hyssopos*) talvez nem sempre se refiram à mesma planta, por exemplo, é descrita como pequena planta cerrada que cresce em rachaduras das paredes, planta que 1Rs 5,13 subentende ser o mais humilde dos arbustos. Quanto ao hissopo associado com a Páscoa e a aspersão, muitos pensam em *Origanum Maru L.*, ou

---

[111] Parte da diferença entre esses escritos origina-se de uma imagem diferente da altura da cruz. A *crux humilis* tinha pouco mais de dois metros de altura. Será que João está pensando na *crux sublimis*, mais alta?

[112] Já os rabinos discutiam o que a Mixná queria dizer com hissopo; em TalBab *Sabbat* 109b, os dois candidatos propostos são artemísia e manjerona, com preferência pela última.

manjerona síria,[113] um arbusto que alcança quase um metro de altura, com caule relativamente grande e ramos com folhas e flores que são altamente absorventes e, portanto, apropriadas para aspersão (Lv 14,4-7; Nm 19,18). Nada nos relatos bíblicos sugere que esse hissopo podia aguentar o peso de uma esponja encharcada. De diversas maneiras, os biblistas procuram evitar essa dificuldade e justificar a exatidão do relato joanino.[114]

Influenciados por Mt 27,34 ("vinho [*oinos*] misturado com fel"), alguns escribas e escritores religiosos (Eusébio, Hilário, Nonos e Crisóstomo) entendem que Jo 19,29 significa que o hissopo estava misturado ao vinho.[115] Outra tentativa antiga de evitar a dificuldade atrai muito mais atenção: um ms. cursivo (476) lê *hyssos* ("dardo") em vez de *hyssopos*. (Isso se relaciona com *pertica*, "mastro, vareta, cajado longo", encontrado em alguns mss. da OL.) Sem conhecer esse ms. grego, J. Camerarius (morto em 1574) sugeriu essa emenda; e uma leitura de dardo foi aceita por Tischendorf, Blass, Lagrange, Bernard e (com equivalentes) por algumas tradições (Moffatt, Goodspeed, NEB). Mas há muitas objeções: Galbiati ("Issopo", p. 395) afirma que *hyssos* traduz o latim *pilum*, arma dos legionários romanos, não das tropas de coortes à disposição de Pilatos. Quando fala de uma arma semelhante a lança (Jo 19,34), João usa *logche*, não *hyssos*. Embora "dardo" faça mais sentido que "hissopo", MTC (p. 253) menciona corretamente que *hyssos* resultou do fato de um copista suprimir uma sílaba por causa das letras que iniciam a palavra seguinte.[116]

---

[113] Alguns autores (Galbiati, "Issopo", p. 393) diferenciam duas espécies, sendo a manjerona (*Origanum majorana*) uma variedade menor da planta, de jardim.

[114] Há quem afirme que, depois de algum tempo, o talo da manjerona fica lenhoso; Nestle ("Zum Ysop") argumenta que havia uma haste alta de hissopo perto da cruz e menciona uma aldeia da Transjordânia com o nome de "Casa de Hissopo" (Josefo, *Guerra* VI,iii, 4; #201). Ainda assim, muitos duvidam de que ela fosse suficientemente firme. Milligan ("St. John's", p. 29) levanta a possibilidade de, tanto nas referências veterotestamentárias como aqui, um feixe de hissopo ser amarrado a uma vara; contudo, dificilmente haveria esse instrumento preparado no lugar da crucificação e a espontaneidade da ação não admite a preparação de um. Outros sugerem que, neste caso, "hissopo" se refere a *Sorgum vulgare L.*, que alcança o comprimento de quase dois metros, e argumentam que esse é o caniço de Marcos/Mateus. Esta é apenas uma de cerca de dezessete outras plantas que foram propostas (ver Wilkinson, "Seven", p. 77).

[115] Nestle ("Zum Ysop", p. 265) lembra que o hissopo servia de remédio e componente alimentar. Plínio (*História Natural* xiv,19; #109) descreve uma bebida feita jogando três onças de hissopo da Cilícia em um galão e meio de vinho. Galbiati ("Issopo", p. 397-400) afirma que o grego original de João tinha hissopo e caniço (*kalamos*), com o hissopo usado para amarrar a esponja ao caniço. Depois, o hissopo foi entendido erroneamente como condimento.

[116] Por haplografia, *hyssopoperithentes* tornou-se *hyssoperithentes*. Acho improvável a sugestão de G. Schwarz ("*Hissopo*"), de que um aramaico raro e só mais tarde atestado '*ez* ('*izza*'), "vareta" (= Marcos/Mateus, "caniço"), foi interpretado erroneamente em João como '*ezôb*, "hissopo".

Solução muito melhor é aceitar o fato de João se referir ao hissopo bíblico, apesar da implausibilidade física causada pela fragilidade dessa planta. Ao tratar das ofertas de vinho a Jesus na cruz em Marcos/Mateus, vimos que, na primeira oferta de vinho, Mateus realçou o componente bíblico (possivelmente implícito em Marcos), mudando o "vinho com mirra", de Mt 15,23, para "vinho misturado com fel" (Mt 27,34), apesar da implausibilidade disso, a fim de fazê-lo combinar com o primeiro verso de Sl 69,22, onde os inimigos dão fel para o justo. Apesar da implausibilidade do hissopo como apoio para a esponja, talvez João esteja efetuando essa mudança na oferta de vinho com o mesmo propósito de fazer eco à Escritura.[117] A mais famosa referência a hissopo está em Ex 12,22, que especifica que hissopo deve ser usado para aspergir o sangue do cordeiro pascal nas molduras das portas das casas dos israelitas. Isso é evocado por Hb 9,18-20 para descrever como a morte de Jesus ratificou uma nova aliança, lembrando àqueles a quem a carta era dirigida que Moisés usou hissopo para aspergir o sangue de animais a fim de selar a antiga aliança. Teria João introduzido hissopo na oferta de vinho para mostrar Jesus cumprindo o papel bíblico do cordeiro pascal? Outras passagens que sugerem um papel de cordeiro para Jesus na NP joanina são Jo 19,14, onde Jesus é julgado ao meio-dia, a mesma hora em que começava na área do Templo (§ 35, Episódio 7) a matança de cordeiros para a Páscoa; e Jo 19,33.36, onde o fato de não serem quebrados os ossos de Jesus cumpre a Escritura que se refere a não quebrar os ossos do cordeiro pascal (Ex 12,10; § 44, adiante).[118] É plausível que a referência a hissopo em Jo 19,29 tenha o propósito de alertar os leitores para uma inclusão com a descrição inicial de Jesus por João Batista no Evangelho: "Vede o Cordeiro de Deus que tira o pecado do mundo" (Jo 1,29). Nesse caso, o fato de Jesus ter causado aquela oferta de vinho com seu "Tenho sede" concluiria a obra que o Pai lhe dera para fazer e também completaria as Escrituras.

"Assim, quando ele tomou o vinho avinagrado, Jesus disse: 'Está consumado'" (Jo 19,30a). A sugestão acima, de que João tinha um entendimento positivo da oferta de vinho avinagrado no hissopo, explica não só que Jesus

---

[117] A leitura de escribas mencionada acima, na qual o vinho avinagrado é *misturado* com hissopo, é reconhecimento implícito disso.

[118] Milligan ("St. John's", p. 25-26) acrescenta outro aspecto da Páscoa. Ele tenta afirmar que não era vinagre nem vinho o que foi oferecido a Jesus, e que vinagre era usado no ritual da Páscoa. Na narrativa joanina, seria possível pensar que os soldados teriam vinagre durante seu período de guarda aos crucificados? A ligação do vinagre com a Páscoa é altamente duvidosa.

provocou essa oferta ao dizer "Tenho sede", mas também que ele tomou o vinho ofertado quando o estenderam até sua boca — o que é mencionado só em João. Em Jo 18,11, Jesus disse que queria beber o cálice que o Pai lhe dera; quando bebe o vinho oferecido, Jesus completa esse compromisso feito no início da NP. Quando bebe o vinho da esponja posta em *hissopo*, Jesus simbolicamente desempenha o papel bíblico do cordeiro pascal profetizado no início de seu ministério, e assim termina o compromisso feito quando a Palavra se fez carne.

Em Jo 19,28a, ouvimos acerca de "Jesus tendo conhecido que já tudo estava consumado"; agora, em Jo 19,30a, Jesus exprime isso diretamente: "Está consumado".[119] Essas duas passagens de *telestai* cercam o dito de Jesus: "Tenho sede". Existe um padrão paralelo com o forte grito em Mc 15,34 e 15,37 que cerca o dito de Jesus: "Meu Deus, meu Deus, por que razão me abandonaste?". De outro ponto de vista, embora em Marcos/Mateus e em Lucas as últimas palavras de Jesus sejam uma citação salmódica, em João o eco salmódico "Tenho sede" é o antepenúltimo dito de Jesus, enquanto "Está consumado" constitui exatamente as últimas palavras. Como "Tenho sede" vem sob a rubrica de "tudo estando consumado", podemos pensar nele e em "Está consumado" como funcionalmente constituindo um só dito.

Assim consideradas, as últimas palavras joaninas de Jesus na cruz fazem um contraste interessante com as relatadas por Marcos/Mateus e por Lucas. Em *Marcos/Mateus*, a citação de Sl 22,2 expressa a forte consciência que Jesus tem de ter sido abandonado por Deus, que não o assistiu de maneira visível durante a NP. Sl 22 termina com uma nota de vitória, mas Marcos só deixa isso aparecer depois da morte de Jesus — a morte na cruz é o ponto baixo antes de um triunfo que há de vir. Embora haja quem pense que Mateus muda o clímax para vitória,[120] não encontro nada no texto que justifique isso. A teologia mateana da morte de Jesus não difere significativamente da marcana. Em *Lucas*, a citação de Sl 31,6 expressa a inabalável confiança de Jesus em Deus, que é sempre um Pai amoroso para ele. Em toda a NP, até quando maltratado, Jesus age de maneira consistente com seu

---

[119] Acho duvidosa a tentativa de Robbins ("Crucifixion", p. 39) de encontrar antecedentes bíblicos para este uso de *telein* no duplo *syntelein* de Jó 19,25-27; o sentido das duas passagens é muito diferente.

[120] A respeito do Jesus mateano, Senior (*Passion* [...] *Matthew*, p. 141) escreve: "E com o grito, um último ato de integridade: o sagrado sopro de vida do Filho de Deus é devolvido em confiança ao Deus que o tinha dado". Para mim, essa é teologia lucana, não mateana, da morte.

comportamento em vida, curando, perdoando e estendendo a mão aos sofredores. As primeiras palavras dos lábios de Jesus que Lucas registrou (Lc 2,49) expressaram espanto pelo fato de os pais não saberem que ele estava "na casa de meu Pai", e em todo o ministério, Jesus rezou com grande frequência. É apropriado que as últimas palavras registradas sejam uma oração indicando que ele será tomado pelas mãos do Pai.

Em *João*, Jesus, que veio de Deus, completou a missão que o Pai lhe deu, de modo que sua morte é uma decisão deliberada de que agora tudo esteja consumado, tomada por alguém que está no controle. Seu "Tenho sede", que faz eco a Sl 22,16, provoca a oferta de vinho avinagrado no hissopo, cumprindo não só Sl 69,22, mas também o tema do êxodo de aspergir o sangue do cordeiro. Jesus disse que o testemunho dado em seu nome pelo Pai (Jo 5,37) estava em harmonia com as Escrituras, que também dão testemunho dele (Jo 5,39). Consequentemente, seu "Está consumado" refere-se à obra que o Pai lhe deu para fazer e ao cumprimento da Escritura. Como "Cordeiro de Deus", ele tirou o pecado do mundo, desse modo preenchendo e completando o papel do cordeiro pascal na teologia veterotestamentária.

A morte de Jesus em todos os Evangelhos

Nos Evangelhos, as notícias da morte são extremamente lacônicas:

Mc 15,37: Mas Jesus, tendo soltado [*aphienai*] um forte grito, expirou [*ekpnein*].

Mt 27,50: Mas Jesus, novamente tendo berrado [*krazein*] com um forte grito, soltou [*aphienai*] o espírito.

Lc 23,46: Mas tendo dito isso, ele expirou.

Jo 19,30b: E tendo inclinado a cabeça, ele entregou o espírito.

EvPd 5,19b: E tendo dito isso, ele foi elevado [*analambanein*].

Cada notícia da morte consiste em duas partes: primeira, uma oração participial introdutória, em quatro dos cinco testemunhos, envolvendo fala; segunda, um verbo principal descrevendo a morte.

A oração introdutória. Marcos/Mateus têm a emissão de um forte grito, a segunda vez em cada Evangelho que essa frase foi empregada. Já mencionei que o "consumado" joanino, também empregado duas vezes (a segunda pelo próprio Jesus), é funcionalmente paralelo à duplicação em Marcos/Mateus. Lucas e (provavelmente de maneira independente) o *EvPd* decidem-se por uma referência neutra às palavras anteriores de Jesus.

O "forte grito" marcano sem palavras antes da morte tem sido assunto de muita especulação. Críticos das fontes se perguntam se essa não seria a reminiscência mais antiga, de modo que todas as últimas palavras (citações de Salmos) atribuídas a Jesus foram adições subsequentes. Médicos discutem se isso é compatível com asfixia como causa fisiológica da morte de Jesus (Ver esses dois pontos na ANÁLISE abaixo.) Entretanto, há sérias dificuldades ao se apelar à expressão marcana para decidir essas questões. Vimos acima (sob "Sentido do grito mortal de Jesus") que "forte grito" é um dos aspectos escatológicos que cercam a morte de Jesus e, portanto, não é apenas uma reminiscência concreta.[121] A dupla referência a um "forte grito" em Mc 15,34.37, que são também os dois versículos onde aparece o nome de Jesus, reflete a predileção marcana por duplicação que já encontramos (cf. as duas referências a "eles crucificam" em Mc 15,24.27). Na verdade, é apropriado perguntar se, com seu particípio aoristo "tendo soltado um forte grito", Marcos imagina um grito independente daquele que ele expressou em Mc 15,34 (com "Meu Deus, meu Deus, por que razão me abandonaste?"). Ou se depois de uma interrupção (a oferta de vinho e o equívoco com Elias), Marcos não está simplesmente resumindo assim: "Mas Jesus, tendo soltado *aquele* forte grito [em Mc 15,34], expirou". Vimos em Mc 15,1 um particípio aoristo marcano, "tendo feito sua consulta", que provavelmente era apenas continuação das deliberações jurídicas em Mc 14,53-64 depois da interrupção proporcionada pelas negações de Pedro em Mc 14,66-72. Se para Marcos não houve nenhum segundo forte grito, mas só uma referência ao primeiro, prescindimos da teorização quanto ao caráter pré-marcano do grito sem palavras emitido por Jesus antes de morrer.

Mateus (Mt 27,50) acrescenta um *palin* ("novamente") ao que ele toma de Marcos[122] e, portanto, entendeu claramente que houve um segundo grito. Acho duvidosa a interpretação disso por Senior em SPNM, p. 304-305. Apesar da redação pertinente a ser abandonado em Sl 22,2, ele enfatiza a nota de confiança no

---

[121] Naturalmente, um estertor pode ter vindo dos lábios de Jesus antes que ele morresse, mas o "forte grito" marcano não é simples relato disso.

[122] Procedimento incomum, *palin* ocorre dezessete vezes em Mateus, vinte e oito em Marcos.

Salmo. Quando clama novamente antes de morrer, Jesus expressa sua "fé confiante e triunfante". A introdução mateana de *krazein* ("berrar") faz eco a sentimentos como os de Sl 22,6 ("A ti gritaram e foram salvos") e Sl 22,25 ("Mas quando ele gritou para Ele, Ele o ouviu"). Não só discordo dessa interpretação positiva do significado fundamental do uso de Sl 22,2 pelo Jesus mateano, mas afirmo que, se *krazein* vem a Mateus do Salmo, é preciso derivá-lo do versículo imediatamente depois de Sl 22,2: "Eu chamo de dia e tu não respondes" (Sl 22,3). A meu ver, Bieder (*Vorstellung*, p. 52) está mais próximo da verdade quando interpreta esse grito mateano como semelhante ao grito marcano, emergindo não da vitória, mas do abismo de se sentir abandonado.

Embora esteja seguindo Marcos, Lucas muda "tendo soltado um forte grito" para "tendo dito isso". Como Lucas já usou a expressão "forte grito", o fato de não reproduzi-lo uma segunda vez não se origina de aversão por ele. Se, como Mateus, Lucas interpretou Marcos (provavelmente de maneira errada) com o significado de um segundo forte grito, talvez ele esteja mais uma vez evitando, de maneira característica, a duplicação marcana. Ou Lucas pode ter reconhecido que Marcos apenas se referia ao primeiro grito retomado depois de uma interrupção e achou a continuação confusa e desnecessária. Como Lucas não tinha vinho nem a interrupção com Elias, ele se referiu a esse grito mais simplesmente: "tendo dito isso".

Já examinamos o dito joanino de continuação: "Está consumado". Em certo sentido, é o equivalente das orações introdutórias de ditos nos sinóticos que acabamos de examinar. Mas João também tem uma oração participial: "tendo inclinado a cabeça". Por si só, poderia ser simplesmente uma imagem de exaustão, mas isso seria irreconciliável com a insistência joanina em um Jesus que é Senhor de seu destino. Afinal de contas, esse é um Jesus que não precisou da ajuda de Simão Cireneu, mas carregou a cruz sozinho até o Gólgota (Jo 19,17). Alguns comentaristas joaninos (Braun, Loisy) afirmam que inclinar a cabeça é o ato de um homem que vai dormir e, certamente em João, o sono é imagem possível para a morte (Jo 11,11-14). Contudo, o sono não se ajusta à imagem dinâmica de Jesus na NP joanina. Esse é o único Evangelho que mostra de pé, perto da cruz de Jesus, um grupo de seguidores aos quais ele fala (Jo 19,25-27). "Inclinando a cabeça" participial modifica a ação principal de entregar o espírito. Não indicaria a direção da entrega, a saber, aos que estavam de pé perto da cruz?

Descrição da morte. Nenhum dos evangelistas usa os verbos comuns para morrer: *apothneskein* ou *teleutan*.[123] Marcos e Lucas têm a descrição mais simples e empregam *ekpnein* ("expirou"). À luz de sua teoria (que julgo exagerada) de expulsão de demônios na morte de Jesus, Danker ("Demonic", p. 67-68) acredita que *ekpnein* significa que Jesus "expulsou o *pneuma* [espírito demoníaco]" e associa o forte grito com a saída do demônio. Com certeza Lucas, que aqui repete a redação de Marcos, não entendeu isso. O Jesus lucano, que foi concebido em Maria pela vinda do Espírito Santo (Lc 1,35), não poderia jamais ter sido habitado por um demônio; foi em Judas que Satanás entrou (Lc 22,3). De maneira menos imaginativa, Taylor (*Mark*, p. 596) encontra em *ekpnein* a sugestão de morte violenta repentina, presumivelmente porque o interpreta com o significado de forte sopro, em seguida a um forte grito. Novamente duvido que Lucas, que usa esse verbo, atribua morte violenta a Jesus. Mais simplesmente, como *ekpnein* é eufemismo para "morrer" em Sófocles, Plutarco e Josefo (BAGD, p. 244), do mesmo modo que minha tradução literal "expirar", Marcos e Lucas talvez tenham usado o verbo como descrição neutra.

À primeira vista, a redação de Mateus parece enfatizar que Jesus voluntariamente "soltou o espírito". Provavelmente, Mateus tomou *aphienai* ("soltar") do "soltou um forte grito" marcano (Mc 15,37), onde o verbo reflete uma ação mais atormentada que voluntária. Mateus pode ter tirado *pneuma* ("espírito") de uma análise do *ekpnein* marcano. Na verdade, *aphienai* (com *psyche*, "alma, vida") é usado de maneira neutra para morrer na LXX (Gn 35,18; *3 Esdras* 4,21), como é o êxodo ou a saída do espírito (Eclo 38,23; Sb 16,14). Assim, tudo que Mateus está dizendo é que Jesus soltou a força vital ou o último suspiro, ato resignado que consistia em não oferecer outra resistência, embora a morte revelada não fosse exatamente voluntária.

Embora siga de perto a forma mateana desses últimos acontecimentos antes da morte de Jesus, o *EvPd* afasta-se significativamente dos Evangelhos canônicos no verbo usado para descrever a morte: "ele foi elevado" (*analambanein*, verbo associado com a ascensão em Atos 1,2.11.22; 1Tm 3,16; Mc 16,19). Aqui, não há nenhuma negativa da ressurreição (pois isso será descrito nitidamente em *EvPd* 9,35–10,42) e nenhum docetismo, como se o verdadeiro Jesus que era apenas

---

[123] Por si só isso não basta para mostrar que todos os evangelistas queriam enfatizar o aspecto voluntário da morte de Jesus. Taylor (*Mark*, p. 596) encontra um elemento voluntário em Mateus e João, mas não em Marcos.

espiritual fosse embora, deixando a aparência de um corpo (pois, em *EvPd* 6,21-24, o corpo de Jesus ainda tem o poder de fazer a terra tremer). Há dois entendimentos possíveis. O primeiro é que ser "elevado" reflete a teologia cristã primitiva de que a entrada de Jesus no céu foi diretamente da cruz, embora os que mantivessem esse ponto de vista também descrevessem Jesus ressuscitando dos mortos e, subsequentemente, subindo ao céu — teologia que atesta o entendimento sutil de que, depois da morte, Jesus saíra do tempo. Como vimos em Lc 23,43, Lucas subentende que Jesus foi ao paraíso no dia de sua morte, mas ainda descreve subsequentemente uma ressurreição e duas ascensões (Lc 24,51; At 1,11)! Precisamente porque essa teologia origina-se do período cristão mais primitivo[124] e, em séculos posteriores, uma sequência cronológica foi entendida muito mais literalmente. Duvido que o *EvPd* seja tão sutil com seu *analambanein* em *EvPd* 5,19b. Uma segunda explicação é que, no século II, o verbo "levado" era apenas eufemismo para morrer, assim como hoje relatamos carinhosamente a morte de pessoas idosas aos netos dizendo que foram levadas ao céu. Vaganay (*Évangile*, p. 257) dá exemplos de Ireneu, Orígenes e OS[sin] de "levar para o alto, receber" como equivalente a "morrer". Na opção por essa segunda explicação, o EvPd, como Mateus, simplesmente encontrou um modo mais gracioso de relatar que Jesus morreu.

O "ele entregou [*paradidonai*] o espírito" joanino é não raro interpretado à luz do "Pai, em tuas mãos eu coloco [todo o: *paratithenai*] meu espírito". Sem dúvida, em teoria essa interpretação é possível. Jesus vai para o Pai; e há certa conveniência em ter a longa série dos que entregam Jesus (§ 10) chegar ao fim com Jesus se entregando. Contudo, este é o Jesus joanino que já é um com o Pai — ele pode ir para o Pai, mas pode entregar o espírito para o Pai? Lembrando o que dissemos a respeito de "inclinado a cabeça", não teremos uma sequência se, enquanto vai para o Pai, Jesus dá seu espírito aos que estão de pé perto da cruz? Em Jo 7,37-39, Jesus prometeu que, quando fosse glorificado, os que creram nele receberiam o Espírito. O que seria mais adequado do que os fiéis que não foram embora quando Jesus foi preso (Jo 18,8), mas se reuniram perto da cruz, serem os primeiros a recebê-lo? Isso significaria que, embora os outros evangelistas descrevessem Jesus como exalando ou entregando o espírito ou a força vital, João repensou a tradição e equiparou "espírito" ao Espírito Santo. Intérpretes joaninos sérios, como Bernard

---

[124] Outro testemunho é Hebreus. Em Hb 9,11ss, parece que Jesus passa da cruz diretamente para o lugar santo celeste com seu sangue; mas Hb 13,29 refere-se à ressurreição.

Bultmann e Lagrance, rejeitam isso. Importante objeção é que, alhures no pensamento neotestamentário, somente o Cristo *ressuscitado* concede o Espírito Santo. Entretanto, embora não ressuscitado dos mortos, o Jesus de João está elevado na cruz e já passando deste mundo para o Pai (Jo 13,1; 17,11). Ele já usufrui a mesma posição que nos outros Evangelhos e chega quando ele ressuscita dos mortos. Outra objeção é que o ato de conceder o Espírito Santo é explicitamente colocado ao anoitecer do domingo de Páscoa em Jo 20,22. Contudo, é preciso reconhecer o jeito joanino de combinar apresentações cristãs comumente conhecidas com as peculiares à memória de sua comunidade. Na cena do domingo de Páscoa em Jo 20,19-23, ele preserva a tradição, compartilhada por outros Evangelhos, de que o Jesus ressuscitado apareceu aos Doze (ver Jo 20,24), os ancestrais da Igreja maior. Nessa tradição da Igreja maior, nada é relatado a respeito de seguidores especiais de Jesus que não eram membros dos Doze, mas estavam de pé perto da cruz — alguns deles (em especial o discípulo amado) foram os ancestrais da comunidade joanina. É bem do estilo joanino que, embora sem rejeitar os Doze (em especial Pedro), João dê prioridade ao discípulo que Jesus amava. De maneira plausível, então, João quer dizer que, quando inclinou a cabeça para os que estavam perto da cruz, isto é, fiéis que eram lembrados como antepassados da comunidade joanina, Jesus entregou-lhes o Espírito Santo. Eles foram os primeiros a serem feitos filhos de Deus pelo Jesus vitorioso, quando ele estava elevado na cruz, mas antes de ressuscitar dos mortos.

Análise

Quatro assuntos serão examinados aqui: A. Composição desta seção em Marcos; B. A tradição e/ou historicidade das últimas palavras de Jesus; C. A causa fisiológica da morte de Jesus; e D. Reescrita imaginosa dos relatos evangélicos de modo a anular ou negar a crucificação.

A. Teorias de como Mc 15,33-37 foi composto

Conforme mencionei no COMENTÁRIO, há muitas características marcanas nesta seção, o que resulta na série costumeira de teorias de composição, dependendo de se supor ou não que uma característica marcana subentende criação marcana. Boismard (*Synopse*, v. 2, p. 426) acha que o texto mais primitivo era muito mais sucinto: na nona hora, Jesus, tendo soltado um forte grito, expirou (Mc 15,34a.37). Como alhures, Pesch (*Markus*, v. 2, p. 491) atribui a íntegra de Mc 15,33-39 à NP pré-marcana, e a divide (como sempre) em três subseções (33, 34-36, 37-39). Para Bultmann (BHST, p. 273-274), a seção toda é secundária e "fortemente adulterada pela lenda", com a possível exceção do v. 37. Taylor (*Mark*, p. 651) considera os vv. 34-37 parte da narrativa original (A), com o v. 33 como matéria B. Muitos biblistas consideram os vv. 34 e 37 (Jesus falando ou agindo com um forte grito) duplicata, só um dos quais é original, ou talvez como moldura marcana para cercar material mais primitivo nos vv. 35-36. Matera (*Kingship*, p. 57) considera os vv. 35-36, parênteses cercados pelos vv. 34 e 37, o terceiro escárnio relatado em Marcos, em seguida aos feitos pelos soldados romanos no pretório (Mc 15,16-20a) e pelos três grupos que vieram ao Gólgota (vv. 27-32). (Tenho de comentar que o escárnio em Mc 15,36 é de intensidade muito menor que os dois escárnios precedentes, e não completamente paralelo.) Dentro de Mc 15,35-36, Matera encontra outros parênteses pela referência a Elias nos dois versículos. (Novamente comento que a primeira referência a Elias está no fim do v. 35 e, portanto, certamente não lidamos com um início/conclusão. Além disso, as referências a Elias não são repetitivas, como o são as referências a "forte grito", mas estão em uma descrição progressiva. São erroneamente descritas como parênteses.) Embora eu ache a estrutura de Matera forçada, acho-o mais plausível quando sugere que Marcos encontrou o uso do Sl 22 já em voga,[125] e elaborou esse uso em uma narrativa coerente. Parece que Lührmann (*Markus*, p. 263) considera antiga grande parte do material na passagem, embora fosse Marcos quem estabeleceu a relação entre Elias e o resto.

Aqui, como anteriormente, duvido que tenhamos metodologia adequada para discernir com precisão fontes pré-marcanas reescritas por Marcos a partir de sua própria criação. Já no COMENTÁRIO sugeri um roteiro mais plausível que envolvia todos os Evangelhos e, por conveniência, vou agora resumi-lo.

Duas tradições independentes – a saber, a) o último grito de Jesus, combinado com a oferta de vinho avinagrado; b) escárnio a respeito de Elias – foram unidas por Marcos, ou na tradição pré-marcana, para nos dar a cena que agora existe em *Marcos/Mateus* — união que produziu narrativa um tanto confusa, na

---

[125] Contudo, na p. 60 ele fala do uso primitivo do Salmo na "apologética" da Paixão. Mais plausível seria que o uso primitivo refletisse uma tentativa pelos cristãos de reconciliar suas crenças com as expectativas que a Escritura lhes ensinou — não, a princípio, apologética contra os outros, mas para a autocompreensão.

qual o tema de Elias é estranhamente relacionado ao grito de Jesus e ao vinho. A cena de Marcos/Mateus está cheia de reminiscências bíblicas: as palavras do grito de Jesus são citação de Sl 22,2, onde o justo dirigiu seu lamento a Deus; "vinho avinagrado" é a mesma palavra (*oxos*) que Sl 69,22 usou para a bebida de vinagre oferecida pelos inimigos ao justo para escarnecer dele; a vinda de Elias é expectativa escatológica que amplia as palavras do último dos profetas em Ml 3,23. O autor do *EvPd* conhecia a tradição que afirmava ter Jesus citado Sl 22,2, mas apresenta uma tradução diferente do nome divino. Como não parece que a tradução do *EvPd* é correção teológica de Mateus ou de Marcos (pois o sentido não é muito diferente), talvez ela represente outra forma da tradição primitiva à qual Marcos também recorreu.

Parece que, em *Lucas*, o relato é uma tentativa de aperfeiçoar o relato marcano, eliminando o elemento de Elias, mudando a escarnecedora oferta de vinho avinagrado para o cenário dos três escárnios de Jesus na cruz narrados antes (§ 41), pondo a redação do grito de Jesus em harmonia com a teologia lucana da Paixão. Consequentemente, o Jesus lucano não usa a linguagem de ser abandonado por Deus, da LXX de Sl 22,2, e sim a linguagem de se entregar às mãos de Deus da LXX de Sl 31,6. *João* não demonstra nenhum conhecimento do tema de Elias, mas talvez conhecesse a tradição de Sl 22,2, mais a do vinho avinagrado (em uma forma pré-marcana?) — parece que seu relato onde Jesus disse "Eu nunca estou sozinho, porque o Pai está sempre comigo" (Jo 16,32) é um comentário discordante a respeito do tema de Jesus se sentir abandonado por Deus. João faz eco a Sl 22,16; 69,22 e Ex 12,22 na manifestação de sede por Jesus e na reação a seu lamento com a oferta de vinho avinagrado. (De todos os relatos evangélicos, esta é a narrativa mais suave.) Consequentemente, as últimas palavras de Jesus, "Está consumado", além de manifestar a entrega plenamente controlada de sua vida, assinalam o completo cumprimento da Escritura. Esse episódio altamente aprimorado demonstra ser composição joanina.

B. As últimas palavras de Jesus: tradição mais antiga e/ou historicidade

Há três relatos evangélicos diferentes das últimas palavras de Jesus (Marcos/Mateus, Lucas, João); desses, quando muito só um representa a mais antiga tradição discernível. Parece que todos os evangelistas sabiam da citação de Jesus de Sl 22,2 (embora dois não a tenham reproduzido) e a forma aramaica transliterada em Marcos é defendida como mais antiga que a forma em Mateus. Não raro, então, afirma-se que *"Eloi, Eloi, lama sabachthani?"* de Marcos é a mais antiga tradição cristã reconhecível do último grito de Jesus e até que Jesus o pronunciou. Não se pode ter por certa nenhuma dessas duas afirmações, por isso a questão precisa ser examinada. Embora eu vá trabalhar com a hipótese de desenvolvimento evangélico resumida nos dois parágrafos anteriores, muitos dos pontos a serem examinados abaixo têm validade, mesmo que a hipótese seja rejeitada.

A citação de Sl 22,2 pode ser a mais antiga tradição relatada nos Evangelhos; mas foi essa citação produto da reflexão cristã sobre a crucificação ou se originou do próprio Jesus? Não é inconcebível que, historicamente, um Jesus torturado pelos sofrimentos expressasse seu desespero usando a oração de um Salmo que descrevia a condição desesperançada de um justo sofredor. Como a oração citada por Jesus era o verso inicial do Salmo (Sl 22,2), os cristãos seguiram a orientação de Jesus procurando passagens do Salmo que interpretassem os outros acontecimentos da crucificação (ver APÊNDICE VII, B2).

Vejamos os argumentos favoráveis e contrários à historicidade.[126] É comum julgar que o fato de ser a oração lembrada em aramaico mostra que ela se origina de Jesus, do mesmo jeito que *Abba* é quase sempre tratado como *ipsissimum verbum* de Jesus. Contudo, uma comunidade cristã de fala aramaica realmente compôs orações em aramaico, por exemplo, *Maranatha* (1Cor 16,22). Há quem rejeite essa observação, alegando que não há indícios de que o NT atribuiu a Jesus essas orações criadas por cristãos. Todavia, a esse respeito, At 2,27 justifica o estudo. Embora apareça em um sermão por Pedro, a citação de Sl 16,10 está expressa na primeira pessoa, linguagem essa que subentende ser Jesus quem fala: "Não abandonarás [*egkataleipein*, como em Sl 22,2] minha alma ao Hades, nem permitirás que teu santo conheça a decomposição". O pessimismo de "Meu Deus, meu Deus, por que razão me abandonaste?" é apresentado como outro argumento pela historicidade. Nenhum cristão ousaria pôr um grito tão desesperado nos lábios do Salvador! Entretanto, esse grito não é expressão de desespero no sentido estrito (ver "Sentido do grito mortal de Jesus") e os cristãos primitivos certamente não julgariam irreverente

---

[126] Zilonka (*Mark*, p. 46-47) relaciona seis argumentos que apoiam a historicidade da citação de Sl 22,2 em Mc 15,34 como palavras reais de Jesus, argumentos propostos por biblistas católicos romanos do início do século XX; mais adiante (p. 169), ele lembra que, na década de 1970, nenhum dos seis sobrevivera ao impacto da crítica histórica moderna.

ou indigno descrever Jesus rezando um Salmo. O argumento de que os sentimentos de Sl 22,2 fazem sentido quando Jesus enfrenta a morte apoia a possibilidade de Jesus ter citado o Salmo; entretanto, só raramente os evangelistas descrevem os sentimentos íntimos de Jesus.[127]

Se a tradição original a respeito das últimas palavras de Jesus não tinha Sl 22,2, o que teria feito Marcos ou um cristão pré-marcano escolher essa passagem para ser inserida? Se Marcos a inseriu, é possível apresentar como razão a concordância dessa citação do Salmo com a visão marcana pessimista da Paixão, pois Sl 22,2 constitui um comentário perceptivo do fato de Deus não ter interferido para salvar da morte o que lhe era fiel. Se um cristão pré-marcano a inseriu, como desde o começo era preceito que Jesus morreu "conforme as Escrituras" (1Cor 15,3), é possível sugerir que o Sl 22 inteiro foi uma das primeiras Escrituras a se unir a aspectos da Paixão; então, o uso de Sl 22,2 seria simplesmente mais um passo.[128] Um argumento contra atribuir a citação de Sl 22,2 ao próprio Jesus é o fato de outros evangelistas (Lucas e João) sentirem-se à vontade para mudar as últimas palavras de Jesus (que deviam ter tido solenidade especial) para outras citações ou alusões a Salmos. Essa substituição seria mais fácil se fosse reconhecido que a citação de Sl 22,2 se originou da reflexão cristã sobre a Paixão, comparada a qual a citação de outro Salmo teria o mesmo direito de ser considerada apropriada. Quando os argumentos favoráveis e contrários são pesados, ninguém pode dizer que o caso pró *"Eloi, Eloi, lama sabachthani?"* está comprovado como as *ipsissima verba* de Jesus.

Se é possível que a citação de Sl 22,2 se originasse da reflexão cristã sobre a morte de Jesus, que outras possibilidades existem para as últimas palavras de Jesus via tradição mais antiga e/ou historicidade? Logicamente, parece haver três: 1. Jesus permaneceu calado; 2. Jesus soltou um forte grito sem palavras; 3. Jesus pronunciou algumas palavras básicas. Examinemos essas possibilidades uma por uma.

---

[127] Floris ("Abandon", p. 284) afirma que o Salmo 22 reflete não a crise de Jesus quando ele enfrentou a morte, mas a crise de seus discípulos quando procuraram entender como ele poderia ter tido tal morte no plano de Deus.

[128] Tem sido chamada a atenção para Midraxe *Tehillim* sobre Sl 22,2 (seção 6). Ele declara que nos três dias do jejum decretado em Est 4,16 (jejum que Midraxe *Rabbah* sobre a passagem de Ester associa com a Páscoa), devia-se dizer no primeiro dia: "Meu Deus", no segundo dia: "Meu Deus," e no terceiro dia: " Por que me abandonaste?". Mas esse é um testemunho tardio demais para nos permitir apelar a esse costume a fim de explicar por que um cristão primitivo colocaria Sl 22,2 nos lábios de Jesus.

1. Silêncio. Em Marcos/Mateus, desde a hora em que foi crucificado até agora, Jesus não disse nada. Claramente, então, não é inconcebível que ele morresse sem dizer nada. (Na verdade, ao não falar, Jesus poderia se ver como cumpridor da descrição do servo sofredor em Is 53,7, que não abriu a boca enquanto era levado para a matança.) Nesse caso, os três relatos evangélicos das últimas palavras de Jesus representam o uso pelos cristãos dos Salmos, quando eles refletiam sobre qual devia ter sido a atitude de Jesus. Embora não ilógica, essa proposição não tem apoio direto nos textos evangélicos, pois Jesus fala em voz alta em todos eles.

2. Grito sem palavras. Que Jesus soltou um forte grito está atestado de várias maneiras pelos três sinóticos e o *EvPd*. Em todos esses testemunhos, palavras são então produzidas para o grito; mas, em Mc 15,37 e Mt 27,50, há uma segunda referência (em continuação?) a um "forte grito", desta vez sem palavras. É um grito sem palavras a memória mais antiga, de modo que as palavras do Salmo relatadas nos Evangelhos representam suplementação cristã mais tardia? Entre os que defendem uma forma dessa possibilidade estão Bacon, Bertram, Boman, Bultmann, Hauck, Loisy, Pallis, Strathmann, Wansbrough e J. Weiss. Ao contrário de 1 acima, aqui uma subsequente produção de palavras estaria em harmonia com o que se julga ter sido original, não contra a direção dele. Encontra-se apoio para a proposição em Hb 5,7 de que faz Jesus proferir "forte clamor [...] àquele que tem o poder de salvá-lo da morte", mas não relata nenhuma palavra nesse clamor. Rejeito a afirmação de que um homem crucificado agonizante não teria forças para pronunciar palavras, mesmo que pudesse emitir um estertor ou arquejo — argumento às vezes usado para apoiar essa proposição.[129] Ocasionalmente, veem-se outros que alegam ser a atribuição de um berro ou grito mortal a Jesus menos teológica que fazê-lo recitar uma passagem de Salmo e, portanto, talvez seja mais histórica. Isso deixa passar o fato relatado no comentário, segundo o qual "um forte grito" tem tom apocalíptico e, assim, podia ser um dos sinais dos últimos tempos (como escuridão, rasgamento do véu do santuário, terremoto, túmulos abertos) pelos quais os cristãos expunham a significância da morte de Jesus (Schützeichel, "Todesschrei").

3. Palavra(s) básica(s). Trabalhando a partir das palavras de Jesus relatadas nos Evangelhos, biblistas formularam hipóteses de um dito ou grito mais básico. A

---

[129] Contudo, o fato de crucificados conseguirem falar e falarem antes de morrer (sob "Sentido do grito mortal de Jesus", acima) nada faz para apoiar sugestões extravagantes na direção contrária, por exemplo, que Jesus na cruz recitou todo o Salmo 22! (Holst, "Cry", p. 287).

tese de Sahlin ("Verständnis") atraiu atenção considerável, por exemplo, Boman, Léon-Dufour. Ele sugeriu que Jesus disse em hebraico: "'*Elî 'atta*'" ("Tu és meu Deus"), encontrado quatro vezes no saltério (Sl 22,11; 63,2; 118,28; 140,7; também Is 44,17).[130] Os circunstantes pensaram que ele estava falando aramaico, "'*Elîya' ta*'" ("Elias, vem"). Palavras usadas para reproduzir e traduzir o hebraico falado foram confundidas nas traduções gregas subsequentes, o que levou à citação de Sl 22,2.[131] Uma lembrança do original é vista no fato de Marcos/Mateus escolherem o versículo de um Salmo no qual "'*Eli 'atta*'" aparecia.[132] Sahlin prossegue e teoriza que o próprio Jesus estava pensando em Sl 118,28: "Tu és meu Deus e eu te darei graças", isto é, a conclusão dos Salmos de Hallel iniciada na Última Ceia (Mc 14,26).[133] Sem as complexidades envolvidas nas ideias de Sahlin, há quem imagine Jesus simplesmente gritando em voz alta "'*Elî*" ("Meu Deus"), em hebraico, de modo que daí se originaram a expansão para Sl 22,2 e também o equívoco de Elias (ver Boman, "Letzte", p. 112). A mudança de "'*Elî 'atta*'" para Sl 22,2 pode ter sido facilitada por uma relação comprovada do tema; de fato, o midraxe *Mekilta* a respeito de Ex 15,2 (*Shirata* 3), midraxe escrito relativamente cedo na era cristã, diz que '*Elî*, "Meu Deus", denota a regra de compaixão ou misericórdia e cita Sl 22,2 ("Meu Deus, meu Deus, com que propósito me abandonaste?"). A vantagem de ambas as formas da proposição é que elas remontam a Jesus ou à tradição evangélica mais antiga. Além disso, a proposição concorda com todos os Evangelhos ao fazer Jesus dizer palavras antes de morrer. Se não se aceita que o próprio Jesus citou Sl 22,2 antes de morrer (possibilidade que não deve ser desprezada), essa proposição parece a melhor alternativa. Mais que isso não se pode reivindicar.

---

[130] Que essa oração não seria inapropriada ao enfrentar a morte é afirmado por Léon-Dufour ("Dernier", p. 678), que chama a atenção para a invocação do nome de Deus na Shema, a confissão piedosa judaica recitada com mais frequência ("Ouvi, Ó Israel, o Senhor nosso Deus ['*Elohênû*], o Senhor é único"), e para a tradição mais tardia de que, quando morreu, Aqiba disse: "O Senhor é único".

[131] Uma transliteração marcana (ou pré-marcana) primitiva para o grego dizia *Êli atha*, traduzida para o grego como *theos mou ei sy* ("Tu és meu Deus") — o que se reflete na presença de só um *theos mou* no Códice Vaticano. O *ei sy* se tornou *eis ti*, e o enigmático "Meu Deus, por que razão" foi interpretado como parte de Sl 22,2 e completado na linguagem desse Salmo.

[132] Alguns biblistas afirmam que João também fez isso, pois ligam "Tenho sede" com Sl 63,2: "Ó Deus, meu Deus [...] de ti minha alma tem sede".

[133] Ver em § 5, dúvidas quanto ao uso na ceia da Páscoa dos Salmos de Hallel no início do século I, quando Jesus morreu e/ou se Marcos esperava ou não que os leitores estivessem a par de tal costume.

C. A causa fisiológica da morte de Jesus

A crucificação não perfura nenhum órgão vital, de modo que é inevitável especular que fator físico ou orgânico fez com que Jesus morresse. As descrições evangélicas extremamente sumárias da morte de Jesus pouco ajudam a responder essa pergunta. Marcos e Lucas dizem evasivamente que ele expirou; é provável que Mateus não queira dizer mais nada. João enfatiza o controle de Jesus sobre sua morte quando ele entrega o espírito. O *EvPd* realça a intervenção de Deus, pois a voz passiva ("Jesus foi elevado") é uma circunlocução para a atividade divina — ambas são claramente descrições teológicas. No início de § 18, mencionei que os especialistas na lei (advogados, professores de direito etc.) produziram muitos estudos do julgamento de Jesus com a pressuposição de que, a partir de sua profissão, podiam lançar luz sobre a legalidade dos procedimentos. Quase sempre escreveram sem consciência de que os relatos neotestamentários não podiam ser tratados como se fossem registros minuciosos do tribunal. Não nos surpreende que muitos dos especialistas em medicina (médicos, professores de anatomia etc.) tenham escrito para explicar a causa da morte de Jesus, usando os relatos evangélicos como se os detalhes ali preservados fossem observações minuciosas que possibilitavam um diagnóstico. Por exemplo, eles observaram que Jesus pôde soltar um ou mais fortes gritos (Marcos/Mateus, Lucas, *EvPd*), que ele teve sede (João), que morreu surpreendentemente logo (Mc 15,44-45; Jo 19,33) e que depois da morte, sangue e água jorraram de um ferimento com lança em seu lado. Muitas vezes, os escritores médicos expressaram suas conclusões sem reconhecer que todos ou alguns desses aspectos representam um simbolismo teológico, não uma descrição histórica.[134]

Os escritores cristãos primitivos nem sempre se preocuparam em especular a respeito de uma causa física, porque consideravam a morte milagrosa e completamente sob o controle de Jesus, que não tinha de morrer. Tertuliano (*Apologia* xxi,19; CC 1,126) explica que Jesus, "com uma palavra que expressava sua vontade,

---

[134] No artigo "Autopsy", que tem o subtítulo "Biblical Illiteracy Among Medical Doctors", D. E. Smith critica de maneira devastadora Edwards et alli (um pastor metodista e dois profissionais da Clínica Mayo) pela falta de crítica manifestada no artigo que escreveram em 1986: "On the Physical Death of Jesus". Ele pergunta (p. 14) como uma publicação científica, o *Journal of the American Medical Association* pôde publicar um trabalho que a imensa maioria de biblistas avaliaria imediatamente como "não científico" e "pseudointelectual". Smith é severo, mas expõe um problema real; ver as notas 138, 139 e 141. Contudo, as diretrizes de Smith (p. 4-5) quanto ao que é histórico (as decisões do Seminário de Jesus e a crítica de P. Winter de que o que está descrito nos Evangelhos a respeito dos procedimentos legais judaicos não corresponde ao "procedimento judaico normal") precisam de mais profissionalismo do lado bíblico.

dispensou seu espírito, antecipando o trabalho dos algozes". Recentemente, já no século XX, na maioria das vezes as explicações fisiológicas têm sido combinadas com fatores cristológicos e espirituais.

Um levantamento de explicações médicas por Wilkinson ("Incident", p. 154) relata que a primeira discussão da morte de Jesus como questão fisiológica foi a de F. Grunner, em 1805. Em 1847, J. C. Stroud, M.D., em *The Physical Cause of the Death of Christ* (ed. rev. 1871), sugeriu o que se tornou tese clássica, isto é, a ruptura violenta do coração de Jesus, dando aos pregadores a oportunidade de ressaltar que, literalmente, o Senhor morreu de coração partido, causado por sua visão da ingratidão humana, do pecado etc. Sem depreciar a morte pelo consentimento de Jesus, Stroud teorizou que, depois de uma hemorragia ocorrer através da parede do coração para dentro do saco pericárdico, houve uma coagulação sanguínea que o separou do soro. A estocada da lança abriu o saco pericárdico, soltando as duas substâncias que apareceram como sangue e água. A tese de Stroud foi apoiada pelo Dr. W. Hanna, *The Last Days of Our Lord's Passion*, 1868, e ainda era defendida por A. R. Simpson ("Broken") em 1911. Entretanto, gradativamente, novas experiências médicas revelaram que rupturas cardíacas não ocorrem espontaneamente nem sob pressão de agonia mental, mas são o resultado de um estado anteriormente precário do músculo cardíaco. Além disso, a coagulação de sangue no pericárdio teria exigido mais tempo depois da morte do que o relatório evangélico adota. Os artigos de Merrins e Sharpe representam refutações médicas da tese de coração partido defendida por Stroud, embora a seu modo eles preservem o elemento do sobrenatural e volitivo.[135] A tese seguinte que se tornou clássica identificou a causa da morte como sufocação. Seu proponente mais famoso foi o cirurgião francês P. Barbet.[136] Seu estudo da crucificação realizado em 1950 apoiou-se em sua pesquisa na década de 1930 e na pesquisa anterior, na década de 1920, pelo Dr. LeBec; mas ele também se apoiou fortemente no Santo Sudário como representação exata do cadáver do Cristo crucificado. Havia sido feito experimento em soldados austro-alemães da Primeira Grande Guerra que foram pendurados vivos

---

[135] As respostas de Young a Sharpe e de Southerland a Sharpe e Young mostram a intensidade do debate no início da década de 1930. Vê-se uma discussão médica rejeitada porque o médico não fez justiça à declaração joanina de que Jesus entregou seu espírito.

[136] Muito antes, S. Haughton, que era ministro e médico, afirmou (em F. C. Cook, org., *The Speaker's Commentary on the New Testament*, London, Murray, 1881, v. 4, p. 349-350) que Jesus morreu de asfixia e também da ruptura do coração (Stroud).

pelas duas mãos em um poste. Caso fossem traduzidos os resultados horripilantes da crucificação, o quadro a seguir seria plausível. Presa à cruz pelos pulsos e os tornozelos, a vítima mudaria o peso dos braços para as pernas.[137] Se não houvesse apoio para as nádegas e nenhum suporte para os pés, o peso morto do corpo logo faria o crucificado pender exausto. Os músculos intercostais que facilitam o ato de inalar ficariam fracos demais para funcionar, de modo que os pulmões, incapazes de se esvaziar, ficariam cheios de dióxido de carbono. A morte resultaria de asfixia. Barbet (*Doctor*, p. 119-120) afirmou que, após a morte, uma lança horizontal espetada do lado direito penetrou em Jesus acima da quinta costela e perfurou o quinto espaço intercostal, penetrando na aurícula direita do coração (que sempre tem sangue) e no pericárdio (cujo soro parecia-se com água). Aspectos da teoria de asfixia foram considerados confirmados pelo experimento nazista em Dachau e o enfoque foi reiterado na década de 1960 por outro médico francês, J. Bréhant. Uma variação do mesmo enfoque foi defendida em 1986 pelo Dr. W. D. Edwards, da clínica Mayo: o principal efeito fisiopatológico da crucificação era a interferência na respiração e, por conseguinte, a asfixia.[138] Gilly (*Passion*, p. 120-121) atribuiu a morte de Jesus à sufocação progressiva quando, sob o efeito de todo o sofrimento precedente, os músculos respiratórios foram tetanizados.[139]

Contudo, foram feitas muitas outras proposições.[140] Quanto à lança espetada, Primrose ("Surgeon") argumentou que o açoitamento frontal prejudicava o abdômen, de modo que, quando o estômago foi espetado, saíram sangue e água. Lossen ("Blur") argumentou que a lança atingiu não só as artérias de Jesus entre as costelas da terceira área intercostal (produzindo sangue), mas também o pulmão (do qual saiu o soro de aparência aquosa). Em uma série de artigos (especialmen-

---

[137] Nessa teoria, quebrar as pernas apressava a morte, porque então elas não podiam ser usadas para erguer o peso do corpo.

[138] Edwards (p. 1461) não exclui a desidratação e a parada cardíaca congestiva como possíveis fatores colaboradores e na p. 1463, ele diz: "Continua pendente se Jesus morreu de ruptura cardíaca ou de insuficiência cardiorrespiratória". É provável que a água que fluiu da ferida feita pela lança correspondesse a fluido seroso pleural e pericárdico (p. 1463). Assim, de algumas maneiras, apesar de sua tendência principal para a asfixia, o artigo combina muitas das soluções do último século, inclusive algumas que muitos consideravam felizmente descartadas.

[139] A. M. Dubarle (EspVie 96, #5, Jan. 30, 1986, p. 60-62), em crítica mordaz, tem esperança de que, em seu exercício da medicina, Gilly não cometa os numerosos erros que manifesta em todas as outras áreas desse livro.

[140] Resumos dessas proposições encontram-se em Wilkinson ("Physical") e Blinzler (*Prozess*, p. 381-384).

te "Wound", 1957), Sava, médico do Brooklyn, afirmou que os experimentos de Barbet foram invalidados porque ele trabalhou com cadáveres que estavam mortos havia mais de vinte e quatro horas. O fluido pericárdico teria de passar através do pulmão para chegar à superfície do tórax, e um cadáver recente não teria exibido o túnel vazio imaginado por Barbet para essa passagem. Além do mais, no pericárdio só caberiam seis ou sete centímetros cúbicos de fluido. Na teoria do próprio Sava ("Wounds", 1954), o açoitamento provocava uma hemorragia na cavidade pleural entre as costelas e os pulmões que produzia fluido que acabava por se dividir em partes serosas claras e partes vermelho-escuras.

Quanto à causa da morte, Edwards combinou asfixia e choque hipovolêmico;[141] na verdade, a insuficiência de sangue nas diversas partes do corpo entra em várias teorias complexas, por exemplo, Marcozzi ("Osservazioni") propôs sufocação relacionada com insuficiência circulatória. Às vezes sugerem que o choque provocou dilatação aguda do estômago, de modo que ele continha fluido aquoso escuro. Razões psicológicas e físicas teriam produzido esse choque, por exemplo, a agonia espiritual no Getsêmani, exposição durante três a seis horas na cruz e a perda de sangue no açoitamento.[142] Na suposição de que os relatos evangélicos dão história detalhada, há quem tenha tentado refutar essa sugestão, indicando o vigor de Jesus antes de morrer e seu forte grito. Contudo, E. Sons (*Benedictine Monthly* 33, 1957, p. 101-106) responde que um tipo de choque visto na Segunda Grande Guerra, resultante de castigo físico severo, deixava plena consciência até a morte. Foi proposto um coágulo resultante do dano aos vasos sanguíneos durante o açoitamento.

A meu ver, o principal defeito da maioria dos estudos que relatei até aqui é eles terem sido escritos por médicos que não se ativeram a sua profissão e deixaram um entendimento literalístico dos relatos evangélicos influenciar suas opiniões a respeito da causa física da morte de Jesus. Não há indícios de que os evangelistas sabiam alguma coisa sobre o assunto, e a discussão da causa da morte poderia ser mais bem conduzida simplesmente empregando o melhor do conhecimento médico

---

[141] Seu artigo ("On the Physical"), escrito em associação com outros, dá com grande convicção, mas notável falta de senso crítico, uma combinação de detalhes dos relatos bíblicos, a partir do Santo Sudário e de manuais que tratam de práticas de crucificação. Seria preciso fazer advertências em quase todas as direções.

[142] Wilkinson ("Physical", p. 104-105) explica isso muito bem. Ball & Leese ("Physical", p. 8) afirmam: "A agonia mental, associada a choque oligoêmico produzido por lesão, poderia ter sido combinação letal, produzindo a morte repentina de Cristo por síncope cardíaca".

para determinar como é provável que qualquer pessoa crucificada morresse (e não citando um único detalhe bíblico como confirmação). O estudo recente por Zugibe ("Two"), examinador médico e patologista, aproxima-se dessa meta. Ele contesta a teoria de asfixia de LeBec, Barbet e outros, afirmando que os experimentos aos quais eles recorreram consistiam em homens pendurados com as mãos quase diretamente acima da cabeça. Ele conduziu experimentos com voluntários cujos braços, em crucificação simulada, foram estendidos em um ângulo de 60° ou 70° em comparação ao tronco do corpo, o que não resultou nenhuma asfixia. Ele afirma que o choque causado pela desidratação e pela perda de sangue é a única explicação médica plausível para a morte de Jesus crucificado. Obviamente, os diversos comentaristas médicos não chegaram a nenhuma certeza e, embora experimentos em crucificação real talvez sejam o único meio de alcançar uma probabilidade mais alta, acreditamos que esse barbarismo esteja agora seguramente restrito ao passado.

D. Reescrito imaginoso que anula a crucificação

Apesar das imperfeições, os estudos médicos descritos acima levam a sério o testemunho evangélico unânime de que Jesus morreu na cruz. Hesitante, mas com esperança de que seja de ajuda, decidi apresentar um levantamento sucinto de teorias que reescrevem a apresentação evangélica em uma hipótese radicalmente diferente. É uma compreensão embaraçosa da natureza humana que, quanto mais fantástica a hipótese, mais sensacional é o estímulo que recebe e mais intenso o interesse passageiro que atrai. Pessoas que jamais se dariam ao trabalho de ler uma análise responsável das tradições a respeito de como Jesus foi crucificado, foi sepultado e ressuscitou dos mortos ficam fascinadas pelo relato de alguma "nova compreensão" no sentido de que ele não foi crucificado nem morreu, em especial se seu modo de vida subsequente incluir fugir com Maria Madalena para a Índia. Alimentadas ou não por um racionalismo que busca desmascarar o milagroso ou pela fascinação do que é insólito, muitas vezes tais ideias modernas reproduzem antigas explicações que rejeitam a morte de Jesus na cruz, modificando-a por meio de confusão ou de uma trama.

1. CONFUSÃO. No século II, circulavam algumas sugestões de que alguém que não era Jesus foi crucificado no Gólgota. Segundo Irineu (*Contra as heresias* I,xxiv,4), o gnóstico Basílides afirmou que Jesus não sofreu. "Em vez disso, certo Simão de Cirene foi obrigado a carregar a cruz para ele [...] e, por ignorância e

erro, foi ele que crucificaram". Se circulava no século I, essa opinião pode ter sido uma das razões de João ignorar a tradição de Simão e insistir que Jesus carregou a cruz sozinho (§ 39).

Tomé, cujo nome João explica três vezes como "Gêmeo" (Jo 11,16; 20,24; 21,2), era confusamente identificado no Cristianismo de língua siríaca, em especial da região de Edessa, com Judas, um dos quatro "irmãos" de Jesus mencionados em Mc 6,3 e Mt 13,55. Assim, foi criada a figura de Judas Tomé, irmão gêmeo de Jesus, imagem popular em círculos gnósticos.[143] A ideia de Jesus ter um sósia talvez fosse um dos fatores que levaram à tese de que alguém que se parecia com Jesus foi crucificado em lugar dele. Uma forma gnóstica disso é a alegação de que a aparência física de Jesus foi crucificada, mas o verdadeiro Jesus (que era puramente espiritual) não foi.[144] Cerinto fez a distinção em termos do Jesus terreno e do Cristo celeste, pois Irineu (*Contra as heresias* I,xxvi,1) relata a opinião de Cerinto de que Cristo desceu sobre Jesus no batismo e "no fim, Cristo retirou-se novamente de Jesus — Jesus sofreu e ressuscitou, enquanto Cristo permaneceu impassível, visto que era um ser espiritual". No *Apocalipse de Pedro* de Nag Hammadi (VII,81,7-25), lemos que Pedro viu duas figuras envolvidas na crucificação: algozes estavam golpeando as mãos e os pés de uma; a outra estava em cima de uma árvore rindo do que acontecia. "O Salvador me disse: 'O que viste na árvore, alegre e rindo, é o Jesus vivo; mas aquele em cujas mãos e pés eles pregam o cravo é sua porção carnal. É o substituto sendo envergonhado, o que veio a existir à sua semelhança'". O *Segundo Tratado do Grande Set* VII,51,20–52,3 afirma: "Visitei uma habitação corpórea, primeiro joguei fora o que estava nela e entrei [...]. Ele era um homem terreno; mas eu, eu sou do alto dos céus." A confusão que isso provocou entre os ignorantes durante a Paixão é descrita pitorescamente: "Foi outro, o pai deles, que bebeu o fel e o vinagre; não fui eu [...]. Foi outro, Simão, que carregou a cruz sobre os ombros" (*Segundo Tratado do Grande Set* VII,56,6-11).

---

[143] Está atestado em escritos como *O Livro de Tomé* (II,138,2.4); *O Evangelho de Tomé* (II,32,11); *Atos de Tomé* I.

[144] O ponto de vista de Taciano era, de maneira ambígua, próximo de uma perspectiva gnóstica. Baarda (nota 78, acima), ao escrever sobre a então recentemente disponível versão siríaca do comentário de Efrém a respeito do Diatessarão de Taciano, encontra ali a tese de que a divindade foi separada do morto e oculta dele por uma força/um poder (ver *EvPd* 5,19). A. d'Alès (RechSR 21, 1931, p. 200-201) relata que alguns autores dos séculos IV e V julgavam que a divindade saiu do corpo de Jesus acompanhando sua alma.

§ 42. Jesus crucificado, terceira parte: Últimos acontecimentos, morte

O Corão (4,156-157) critica os judeus por "dizerem: 'Matamos o Messias, Jesus, o filho de Maria, o mensageiro de Alá', quando não o mataram nem crucificaram;[145] mas ele foi falsificado [ou: substituído por um sósia] diante de seus olhos...[146] E certamente eles não o mataram". Apologistas islâmicos afirmam que Maomé não teria dificuldade para aceitar a crucificação de Jesus; portanto, o fato de não tê-la aceitado mostra que recebeu revelação de Deus sobre o assunto. Mas não sabemos se Maomé conhecia bem o Cristianismo ortodoxo; é provável que o Cristianismo árabe que ele conhecia viesse da Síria, fosse heterodoxo e trouxesse consigo as opiniões gnósticas de substituição descritas acima. (Tröger ["Jesus", p. 217] afirma que certamente os comentaristas islâmicos do Corão estavam familiarizados com textos gnósticos.) A sugestão de uma fraude leva-nos a outro aspecto dos enfoques que negam a Jesus a morte por crucificação.

2. TRAMA. A ideia da crucificação como trapaça circulava na Antiguidade. Em 1966, foi chamada a atenção para uma defesa do Islã escrita c. 1000 por 'Abd al-Jabbar.[147] A parte dirigida contra o Cristianismo deduziu o conhecimento deste último não só dos Evangelhos canônicos, mas também de escritos siríacos traduzidos, originários do século V; parece que esses escritos representam as composições de uma seita judeu-cristã primitiva que não considerava Jesus divino (século II, nazarenos?). Segundo o relato básico, Judas concordou em apontar Jesus, o Nazareno, aos judeus e assim, em meio a uma grande multidão reunida para a Páscoa, "Judas Iscariotes tomou a mão de um homem e beijou-a", fugindo depois disso. Os judeus agarraram o homem que havia sido apontado e levaram-no diante de Pilatos, mas o homem soluçou e chorou, e negou que alguma vez tivesse proclamado ser o

---

[145] Se a ênfase está no "não" ou no "o" é incerto. A última hipótese facilita uma interpretação de substituição. Tröger ("Jesus", p. 215) relata que todas as interpretações islâmicas giram em torno de uma substituição. A interpretação mais comum pressupõe que outra pessoa foi crucificada: um discípulo, um Sérgio bem conhecido, ou alguém (por exemplo, Judas) que foi mudado para se parecer com Jesus. Alguns teólogos xiitas modernos afirmam que, embora o corpo de Jesus tenha morrido, seu espírito foi levado ao céu. Tröger (p. 218) afirma que o próprio Maomé "não queria, de modo algum, negar a crucificação e morte de Jesus como fato histórico". É provável que ele quisesse dizer que, na realidade, o verdadeiro profeta vive porque não pode ser morto.

[146] A sentença bastante obscura que omiti parece dizer que os próprios judeus estão incertos a respeito disso.

[147] S. Pines, *The Jewish Christians of the Early Centuries of Christianity According to a New Source*, Jerusalem, Central Press, 1966, esp. p. 54, 56 (Proceedings of the Israel Academy of Sciences and Humanities 2,13). S. M. Stern, "Quotations from Apocryphal Gospels in 'Abd al-Jabbar", em JTS NS 18, 1967, p. 34-57, esp. 44-45.

Messias. Al-Jabbar, interpretando que isso significava haver Judas deliberadamente apontado o homem errado, usa-o para provar que Maomé estava certo. O escrito do século V referia-se à trapaça por Judas, ou ela está sendo interpretada no documento à luz do Corão? Se a intenção era a trapaça, ela remontava às etapas mais antigas do grupo judeu-cristão ou o entendimento que eles tinham da crucificação se corrompeu entre os séculos II e V? De qualquer modo, no ano 1000 Judas já entrara em teorias de trama como o responsável por uma hipótese muito diferente do relato padrão da morte de Jesus na cruz.[148]

Às vezes, o próprio Jesus era considerado o trapaceiro. Acima, registramos o relato por Irineu da tese de Basílides de que Simão de Cirene foi crucificado em vez de Jesus. Simão podia ser confundido com Jesus porque "por sua vez, Jesus assumiu a forma de Simão e ficou perto, rindo".

Uma forma especial da tese de trama é que uma das bebidas de vinho oferecidas a Jesus — entre os Evangelhos, só em Jo 19,30 Jesus toma o vinho — era um narcótico que o entorpeceu de modo que ele parecia morto, mas pôde ser reanimado depois que os algozes partiram. Heppner ("Vermorderte") relata a respeito de uma variante sugerida por G. B. Wiener (1848) e ressuscitada na década de 1920, segundo a qual deram a Jesus vinho de morrião, também chamado vinho de morte. *Morios* era uma planta usada para fazer filtros, um tipo de beladona que provocava o sono, às vezes identificada com a planta da mandrágora. Plínio (*História Natural* xxi,105; #180) fala dela como veneno que mata mais depressa que o ópio e, quando misturado ao vinho, produz desmaio. Heppner (p. 664-665) fala de uma obra apócrifa que descreve a irmã de Judas dando-o a Jesus porque ela viu quantos problemas ele causara. Thiering (*Qumran*, p. 217-219) afirma que o sumo sacerdote Jônatas bondosamente ofereceu a Jesus vinho misturado com veneno (*chole*, "fel") para que ele não sofresse mais. Depois de prová-lo, Jesus perdeu a consciência e pareceu morrer. Simão Mago (médico), que havia sido crucificado com Jesus e que teve as pernas quebradas, foi colocado no túmulo da gruta com ele (ao lado de Judas). Ela nos assegura: "Dentro do túmulo, Simão Mago trabalhou depressa, apesar das pernas quebradas. Espremeu o sumo dos aloés e despejou-o com mirra

---

[148] Variantes da teoria de trama de Judas encontram-se em APÊNDICE IV; em muitas delas, ele não queria que Jesus morresse e supôs que Jesus seria libertado, mas foi tomado pelo remorso quando Jesus foi realmente morto.

pela garganta de Jesus. O veneno, que ainda não fora absorvido, foi expelido e, às 3 da manhã, soube-se que ele sobreviveria".

Em 1965, H. J. Schonfield criou uma sensação com o livro *The Passover Plot*, que sugeria uma vasta conspiração. Jesus preparou o terreno para sua entrada em Jerusalém e intencionalmente forçou Judas a traí-lo. Escolheu a véspera da Páscoa para o dia de sua morte, para que o corpo fosse descido da cruz rapidamente. A bebida dada a Jesus foi adulterada para produzir inconsciência, permitindo, assim, que ele fosse reanimado quando José de Arimateia reclamou seu corpo. Seu plano deu errado por causa do ferimento da lança, de modo que Jesus morreu realmente logo depois, mas não da crucificação. Sem dúvida, muitos dos que se apressaram a comprar o livro pensaram estar adquirindo a mais recente obra de erudição. O levantamento acima mostra que não é provável haver muita coisa nova sob o sol nesses exercícios da imaginação. Essas teorias demonstram que, em relação à Paixão de Jesus, apesar da máxima popular, a ficção é mais estranha que o fato — e muitas vezes, intencionalmente ou não, mais lucrativa.

(*A bibliografia para este episódio encontra-se em § 37, Partes VII, VIII e IX.*)

§ 43. Jesus crucificado, quarta parte: Acontecimentos posteriores à morte de Jesus – a. Efeitos externos (Mc 15,38; Mt 27,51-53; [Lc 23,45b])

Tradução

Mc 15,38: E o véu do santuário foi rasgado em dois, de alto a baixo.

Mt 27,51-53: [51]E vede, o véu do santuário foi rasgado de alto a baixo, em dois. E a terra foi sacudida e as rochas foram partidas, [52]e os túmulos foram abertos e muitos corpos dos santos adormecidos foram ressuscitados. [53]E tendo saído dos túmulos depois da ressurreição dele, eles entraram na cidade santa; e eles foram feitos visíveis a muitos.

[Lc 23,45b: ([44]E já era cerca da sexta hora, e a escuridão cobriu a terra inteira até a nona hora, [45]ao sol tendo sido eclipsado.) [45b]O véu do santuário foi rasgado pelo meio. ([46]E tendo clamado com um forte grito, Jesus disse: "Pai, em tuas mãos eu coloco meu espírito").]

EvPd 5,20–6,22: [5,20]E na mesma hora [meio-dia], o véu do santuário de Jerusalém foi despedaçado em dois. [6,21]E então eles arrancaram os cravos das mãos do Senhor e o colocaram no chão; e toda a terra foi sacudida e houve um grande medo. [22]Então o sol brilhou e descobriu-se ser a nona hora.

EvPd 10,41-42: (Os presentes no alvorecer de domingo ouviam uma voz dos céus dirigida à gigantesca figura do Senhor que foi tirado do sepulcro): [41]"Fizeste proclamação para os adormecidos?". [42]E em obediência, foi ouvido vindo da cruz: "Sim".

Comentário

Entre a morte de Jesus (§ 42) e o sepultamento por José de Arimateia (§§ 46– 47), há dois conjuntos de acontecimentos ou reações à morte. a) Efeitos externos, não raro físicos, de natureza extraordinária (Mc 15,38; Mt 27,51-53; *EvPd* 5,20–6,22). Esses efeitos físicos vão ser examinados nesta seção (§ 43), a saber: rasgamento do véu do santuário, tremor da terra, as rochas que foram partidas, abertura dos túmulos, ressurreição dos corpos dos santos adormecidos, a entrada deles na cidade santa e o fato de ficarem visíveis a muitos. Nenhum desses efeitos são relatados depois da morte de Jesus por João,[1] nem por Lucas, embora neste último o rasgamento do véu do santuário preceda a morte de Jesus (Lc 23,45b). b) Reações de pessoas que estavam presentes (Mc 15,39-41; Mt 27,54-56; Lc 23,47-49; Jo 19,31-37; *EvPd* 7,25–8,29[2]). Os que reagem incluem o centurião, os que montavam guarda a Jesus, as multidões reunidas, as mulheres, os "judeus" hostis e os soldados que vieram buscar os corpos. Embora suas reações quase sempre estejam estreitamente relacionadas com os acontecimentos físicos (por exemplo, o centurião reage ao rasgamento do véu do santuário), o exame delas será reservado à próxima seção (§ 44).

Em a), encontramos um padrão óbvio para subdivisão. O rasgamento do véu do santuário encontrado em Marcos, Mateus, Lucas e *EvPd* será examinado primeiro. Cerca de seis fenômenos especiais relatados apenas por Mateus entre os Evangelhos canônicos (um ou dois deles encontram eco no *EvPd*) vão constituir a segunda subdivisão. Comentaristas do período neotestamentário em diante mostram grande engenhosidade para interpretar esses eventos, e considerável discussão será necessária em meu COMENTÁRIO para manter a extravagante abundância de tais interpretações (embora elas sejam interessantes) separada daquilo que cada evangelista quis transmitir pelo acontecimento que descreveu e daquilo que de maneira plausível foi entendido por seus ouvintes/leitores do século I.

O véu do santuário foi rasgado (Mc 15,38; Mt 27,51; Lc 23,45b; EvPd 5,20)

A interpretação daquilo que os Evangelhos narram aqui é, a meu ver, relativamente simples. As complicações originam-se da introdução de uma interpretação

---

[1] O mais próximo que João chega de alguma coisa exterior e física é o fluxo de sangue e água do lado de Jesus perfurado (Jo 19,34).

[2] De fato, o *EvPd* mistura os dois conjuntos de reações. Em meio a efeitos externos em *EvPd* 5,20–6,22 (véu rasgado, terra sacudida, sol voltando), encontramos "houve um grande medo"; mas muitas das reações pessoais (dos judeus, de Pedro e seus companheiros) acontecem depois. Ver em § 43 A, adiante, uma análise do que o *EvPd* fez.

do véu encontrada em Hebreus e de tentativas de discernir que véu do Templo histórico é indicado e que importância isso acrescentaria. A existência de uma tradição diferente que inclui o rompimento do lintel do Templo também entra na discussão. Essas questões serão examinadas uma por uma.

O papel deste fenômeno nas narrativas evangélicas. A linguagem usada para descrever o rasgamento do véu (*katapetasma*) é notavelmente estável:

Marcos: E o véu do santuário foi rasgado em dois, de alto a baixo.

Mateus: E vede, o véu do santuário foi rasgado de alto a baixo, em dois.

Lucas: O véu do santuário foi rasgado pelo meio.

EvPd: O véu do santuário de Jerusalém foi despedaçado em dois.

Doze das treze palavras gregas em Marcos/Mateus são idênticas; a única diferença está no início. O simples *kai* ("e") marcano será usado por Mateus para introduzir seis fenômenos adicionais que ele acrescentará em Mt 27,51b-53; mas ele decide realçar este primeiro fenômeno, o único que ele tira de Marcos, pelo *kai idou* ("E vede"), que ele usa em outras passagens cerca de uma dúzia de vezes,[3] mas que nunca é empregado por Marcos. Além de mudar o rasgamento do véu para antes da crucificação, Lucas simplifica a duplicação marcana ("de alto a baixo" e "em dois") em uma única expressão: "pelo meio",[4] que significa "no ou ao meio". Reconhecendo a tendência do *EvPd* a um vocabulário diferente, é notável encontrar apenas uma diferença significativa, *diaregnynai* ("despedaçar [se]") em vez de *schizein* ("rasgar"). Aqui, talvez o *EvPd* tenha sido influenciado pelo uso de *diaregnynai* em Marcos/Mateus para o sumo sacerdote que rasga as roupas, despedaçando-as, por causa da blasfêmia de Jesus durante o julgamento pelo sinédrio.[5] Aparentemente, o EvPd era dirigido a uma audiência sem conhecimento da Palestina e, assim, talvez fosse útil especificar "o santuário de Jerusalém". Considerando esse vocabulário semelhante, passemos agora a interpretar cada Evangelho.

---

[3] A frequência do padrão faz-me questionar a tentativa de Witherup ("Death", p. 577) de tornar essa expressão no v. 51a parte da sequência de tempo do capítulo 27 (v. 46: nona hora; v. 48: imediatamente; v. 57: entardecer).

[4] Lucas usa *mesos* mais que Marcos/Mateus juntos. Se essa mudança também tem ou não importância teológica, será discutido adiante.

[5] Infelizmente, não temos esse julgamento preservado na cópia ainda existente do *EvPd* (que começa com o julgamento por Herodes/Pilatos); talvez seguisse a forma mateana (Mt 26,65 [Mc 14,63]).

Marcos. Duas vezes antes, ambas na NP, Marcos fala de *naos*, "o santuário".[6] Diante dos chefes dos sacerdotes e do sinédrio inteiro, foi dado falso testemunho contra Jesus, a saber, que ouviram-no dizer: "eu destruirei este santuário feito por mão humana e dentro de três dias, outro não feito por mão humana eu construirei" (Mc 14,58). Enquanto Jesus pendia da cruz, os que passavam por ali blasfemavam contra ele: "Ah! Ó, aquele destruindo o santuário e construindo-o em três dias..." (Mc 15,29). Parte da importância da narrativa presente, que constitui uma terceira referência ao santuário, deve ser que Jesus é justificado: rasgar o véu do santuário destrói, de um modo ou de outro, aquele Lugar Santo. (Outra sequência quase idêntica de três passagens trata do problema de Jesus alegar ser o Messias, o Filho de Deus — Mc 14,61; 15,32; 15,39; no sinédrio, na cruz, depois da morte —, e ali também a última justifica Jesus.) Contudo, Marcos não explica exatamente como rasgar seu véu destrói o santuário e, assim, precisamos analisar a imagem quanto ao rasgamento e ao véu do santuário.

1) O rasgamento. Claramente, a passiva "foi rasgado" faz de Deus o agente.[7] No início do ministério de Jesus, os céus foram "rasgados", para Deus poder falar a partir deles e declarar a respeito de Jesus: "Tu és meu Filho amado" (Mc 1,10-11); agora, do céu, Deus intervém novamente, rasgando o véu do santuário de modo que no versículo seguinte o centurião será levado a confessar: "Verdadeiramente, este era Filho de Deus".[8] Em Mc 15,34, Jesus externou com um forte grito sua sensação de ser abandonado por Deus e foi escarnecido pelos que estavam de pé ali. Pelo violento rasgamento (*schizein*), Deus responde com vigor, não só para justificar Jesus, a quem Deus *não* abandonou, mas também para expressar cólera contra os chefes dos sacerdotes e o sinédrio que decretou essa morte para o Filho de Deus. Diversos testemunhos cristãos primitivos confirmam essa interpretação do rasgamento como ato colérico. Em *Testamento de Levi* 10,3, quando Deus já não mais suporta Jerusalém por causa da iniquidade dos sacerdotes, o véu do Templo

---

[6] Embora o que Jesus diga a respeito do "Templo" (*to hieron*) ou nele não deixe de ter relação com sua atitude para com "o santuário", é mais provável que a evocação imediata seja de passagens que empregam o mesmo vocabulário.

[7] Tradições mais tardias atribuem o rasgamento ao próprio Templo, ou aos anjos, mas em ambos os casos a ação fundamental é de Deus.

[8] Motyer ("Rending") usa esse paralelismo de forma exagerada, na tentativa de encontrar nesta cena um Pentecostes marcano: houve uma descida do Espírito (Mc 1,10: *pneuma*) quando os céus foram rasgados no início de Marcos, por isso a mesma coisa acontece no final, no rasgamento do véu, como é insinuado quando Jesus expira (Mc 15,37: *ekpnein*).

é rasgado para que a vergonha deles não seja mais disfarçada.[9] No *EvPd*, os sinais que cercam a morte de Jesus, incluindo o rasgamento do santuário em dois (*EvPd* 5,20), mostram que ele é justo (*EvPd* 8,28) e levam os judeus, os anciãos e os sacerdotes a dizer: "Ai de nossos pecados. O julgamento se aproxima e o fim de Jerusalém" (*EvPd* 7,25). Na verdade, esse mesmo Evangelho, ao usar o verbo "despedaçar" (como observado acima), sugere uma ligação entre o sumo sacerdote *despedaçar* as roupas diante do sinédrio, enquanto exigia a morte de Jesus (Mc 14,63), e Deus *rasgar* o véu na morte de Jesus, sendo este último ato uma resposta colérica ao primeiro.[10] Afinal de contas, naquele exato momento no julgamento do sinédrio, Jesus advertiu ao sumo sacerdote que ele e os colegas juízes veriam o Filho do Homem vindo (Mc 14,62) — uma vinda em julgamento que começou na cruz.

Se a cólera é o simbolismo dominante no rasgamento em Mc 15,38, há também um elemento de tristeza pelo que aconteceu a Jesus e/ou pelo que acontece ao santuário e a Jerusalém? O Códice de Beza e a OL mudam o "rasgado em dois" marcano para "duas partes". Estaria o escriba que iniciou a adição pensando em 2Rs 2,12, onde Eliseu, inconsolável com a partida de Elias, rasga sua túnica em dois pedaços (palavra grega diferente)? A ligação poderia ter sido sugerida pelas referências a Elias em Mc 15,35-36 quando Jesus morreu. Daube ("Veil", p. 24) usa isso para defender o tema de tristeza e aponta também para TalBab *Mo'ed Qatan* 25b, que relaciona as ocasiões tristes onde se rasgam as próprias roupas, para não serem costuradas novamente: uma delas é a destruição do Templo e de Jerusalém, isto é, primeiro pelo Templo e depois um rasgamento ampliado por Jerusalém.[11] Referindo-se ao rasgamento do véu do santuário como obra de um anjo (ver nota 52, adiante), a homilia de Melitão *Sobre a Páscoa* 98 diz que, embora o povo não tenha rasgado as roupas por ocasião da morte de Jesus, um anjo rasgou as dele. A prova não é conclusiva, mas não se deve desprezar o tema adicional de tristeza.

---

[9] Em uma série de artigos, M. de Jonge examina a exegese cristã primitiva do rasgamento do véu, usando os *Testamentos dos Patriarcas* como exemplo principal. Quer se pense nessa obra como judaica, glosada por cristãos, quer como composição cristã, houve um cristão em atividade nas passagens que citarei aqui.

[10] Essa ligação, feita na Antiguidade pelo *EvPd*, é mais plausível que a tentativa de Bailey ("Fall", p. 104) de tornar paralelos o ato de "desvelar" Jesus (Mc 15,24: "eles repartem suas roupas") e o ato de "desvelar" o santuário — paralelo proposto que não envolve nenhum vocabulário e pouca semelhança simbólica.

[11] Como parte da ligação entre o rasgamento do véu do santuário e o rasgamento de roupas, Daube indica o aramaico/hebraico *pargod*, que significa "cortina" e também "túnica".

2) O véu do santuário. A função geral desse véu era separar o Lugar Santo do profano, e o rasgamento do véu significava a destruição do caráter especial ou santidade que fazia do lugar um santuário. Contra o pano de fundo do santuário como lugar de morada divina — ideia compartilhada igualmente por pagãos e judeus —, rasgar o véu significava que a divindade ou a presença da divindade partira. Segundo Ez 10, a glória de Deus saiu do Templo irada com as idolatrias ali praticadas, pouco antes de Deus empregar os babilônios como instrumentos na destruição do Templo. Em *2 Baruc*, apócrifo judaico que descreve a destruição de Jerusalém pelos romanos (descritos como babilônios), um anjo retira o véu e outros equipamentos do Santo dos Santos (*2 Baruc* 6,7) antes de ser ouvida a voz que convida: "Entrai inimigos e vinde adversários, pois o que guardava a casa abandonou-a" (*2 Baruc* 8,2). Uma forma cristã dessa imagem encontra-se em Tertuliano (*Adv. Iudaeos* xiii,15; CC 2,1388), que relata que um espírito santo (isto é, anjo) costumava habitar no Templo antes do advento de Cristo, que é o Templo; também *Didascalia Apostolorum* VI,v,7 (Funk, org., p. 312): "Ele desertou o Templo, [deixando-o] desolado, rasgando o véu e retirando dele o espírito santo". Aqui, o amor marcano por duplicação tem forte efeito literário: o véu é rasgado "de alto a baixo" e "em dois", por isso não é restaurável. Assim, para Marcos, o rasgamento do véu do santuário significa que, com a morte de Jesus, o santuário como tal deixou de existir; o edifício que continuou de pé ali não é mais Lugar Santo. Contudo, além de indicar simbolicamente o que já acontecera, o rasgamento do véu do santuário mantinha valor como sinal do que ainda estava por vir, e como advertência ameaçadora de um julgamento que não voltaria atrás. (Os que liam Marcos quando ou depois que os romanos destruíram fisicamente o santuário do Templo de Jerusalém devem ter visto nisso o cumprimento do que foi expresso antes pelo rasgamento do véu. Afinal de contas, o Jesus marcano lhes dissera para ficarem à espreita dos sinais nos recintos sagrados [Mc 13,14]: "Quando virdes a abominação desoladora de pé onde não deve [...] então que os que estiverem na Judeia fujam para as montanhas".) Como sinal negativo depois da morte, o rasgamento é paralelo à escuridão antes da morte de Jesus. O dia do Senhor com seu ônus de julgamento estava sendo anunciado.

Mateus. Aqui, por um lado, o sinistro caráter apocalíptico do que já foi realizado por intermédio da morte de Jesus é intensificado. Os leitores de Mateus ouviram Jesus castigar Jerusalém por matar os profetas, predizendo: "Vede, vossa casa está abandonada e deserta" (Mt 23,37-38). Quanto mais cólera divina haveria por matarem o Filho (Mt 21,33-41)! Para esclarecer isso, o rasgamento do véu do santuário é acompanhado pelo tremor da terra e as rochas que se partem, e que são (como veremos na próxima subseção) portentos apocalípticos conhecidos dos últimos tempos descritos no AT e nos escritos judaicos primitivos. Por outro lado, a abertura dos túmulos, o ressuscitamento dos muitos corpos dos santos adormecidos e o fato de ficarem visíveis a muitas pessoas de Jerusalém, embora também façam parte do contexto apocalíptico esperado, são sinais positivos. Mateus mostra que o julgamento divino começa com os sinais negativos e os positivos.

Lucas. Embora o rasgamento do véu do santuário nesse Evangelho, narrado em Lc 23,45b, ocorra imediatamente antes da morte de Jesus (ver § 42), mencionei que deixaria o exame do fenômeno para esta subseção. O adiamento não foi porque pretendo interpretar Lucas por meio de Marcos, mas porque a mudança por Lucas do véu rasgado para uma posição entre a escuridão sobre a terra inteira e as últimas palavras de Jesus cria uma ambiguidade que é mais bem avaliada agora que examinamos o simbolismo desse portento em Marcos/Mateus. Caso tenha achado insatisfatória a localização marcana, talvez de algum modo Lucas interprete o véu rasgado de maneira diferente. Depois da transferência lucana, são possíveis duas linhas de interpretação do rasgamento: a) ele retém parte da força negativa e está ligado à escuridão que o precede como duplo sinal de desprazer divino; b) adquiriu força positiva e está ligado às últimas palavras de Jesus como reação positiva em contraste com a escuridão. Mencionei em § 42 (ver parágrafo da nota 31) que, deliberadamente, não traduzi a partícula *de* em Lc 23,45b porque, em bases puramente gramaticais, não é possível decidir se o *de* tem sentido conjuntivo, dando um "E (também)" introdutório que favorece a interpretação a), ou um sentido adversativo, dando um "Mas", que favorece a interpretação b). (Em minha tradução, procurei refletir a existência de *de* sem prejudicar a exegese, separando o v. 45b como sentença independente.)[12] Vamos agora avaliar cada interpretação.

a) Ligando o rasgamento do véu com a escuridão. Lc 23,47-49 (passagem a ser examinada em § 44, adiante) apresentará, depois da morte de Jesus, três tipos de pessoas que reagem compassivamente e, assim, afirmam a importância salvífica da morte. Considero esse agrupamento uma construção lucana para fazer par com

---

[12] Sylva ("Temple", p. 242) trata a sentença independente na NEB como se significasse que o rasgamento do véu "pode não ter par, sem ser estreitamente ligado ao que o precede ou segue". Esse não é meu entendimento do fenômeno; ele deve estar relacionado com um ou com o outro.

as três reações favoráveis a Jesus antes que ele fosse crucificado, agrupamento também característico de Lucas (Lc 23,26-32). Nesse contexto otimista depois da morte de Jesus, Lucas não podia permitir a permanência do sinistro rasgamento do véu que ele encontrou em Marcos, por isso ele o mudou para onde já havia um contexto sinistro, colocando-o antes da morte para formar uma unidade com a escuridão que cobriu a terra inteira desde a sexta hora até a nona hora, enquanto Jesus sofria na cruz (Mc 23,44-45). Combinado com a escuridão/o eclipse, o véu rasgado do santuário apresenta um padrão de portentos horríveis nos céus e na terra. Esse arranjo adequava-se à teologia lucana de outra maneira.[13] No julgamento lucano pelo sinédrio, não houve nenhuma predição de que Jesus destruiria o santuário e, assim, na cruz não havia necessidade de descrever um cumprimento dessa predição depois da morte de Jesus. Na perspectiva lucana, o Templo não perdeu o valor sagrado por nada que aconteceu no tempo de Jesus, pois a narrativa dessa vida começou e terminou com uma cena no conjunto do Templo (Lc 1,9 [*naos*]; 24,53 [*hieron*]). Na verdade, nos primeiros dias da vida cristã em Jerusalém, os que acreditavam em Jesus iam diariamente ao Templo para rezar (At 2,46; 3,1). Somente com Estêvão ouvimos que o Altíssimo não habita a casa construída pelas mãos de Salomão (At 7,48-49), e Estêvão é aquele condenado diante das autoridades por falar contra o Lugar Santo, dizendo: "Este Jesus, o Nazareu, destruirá este lugar".[14] Ao mudar a imagem marcana onde o rasgamento do véu era violenta reação divina à morte de Jesus, Lucas evita dessacralizar o santuário judaico na hora da morte. O rasgamento do véu do santuário antes da morte de Jesus é advertência de que a rejeição continuada de Jesus resultará na destruição do Lugar Santo, principalmente quando a rejeição chegar ao ponto de matar os que (como Estêvão) o proclamam.[15] Para Marcos, o rasgamento do véu depois da morte de Jesus refletia a destruição presente da santidade do santuário e também servia como sinal de uma destruição

---

[13] Para o que se segue, ver as proveitosas observações de F. Weinert, CBQ 44, 1982, p. 69-70.

[14] Isso é caracterizado como falso testemunho em At 6,13-14. Não porque o dito não seja verdadeiro, mas porque a atividade é entendida mal: o próprio Jesus nada faz para destruir o Lugar Santo, mas a atitude dos governantes e, em especial, dos sacerdotes para com ele e seus seguidores é a ocasião de um julgamento divino que tira do Lugar Santo sua santidade. Estêvão, que é martirizado, assinala um momento decisivo na atitude cristã para com o Templo. Embora, mais adiante nos Atos, Paulo vá ao Templo (At 21,26), ele já declarou (At 17,24) que o Senhor do céu e da terra não habita em santuários (*naos*) feitos pelo homem.

[15] Green ("Death") encontra uma ênfase um pouco diferente: "O tempo do Templo não terminou [...]. Mas ele já não é o centro ao redor do qual a vida se orienta. Em vez de servir como ponto de reunião para todos os povos sob Iahweh, ele agora se tornou o ponto de partida da missão para todos os povos".

futura, menos simbólica. Para Lucas, o rasgamento do véu, agora colocado antes da morte de Jesus, permanece no nível de um sinal sinistro, que aponta para o futuro (que ele narra nos Atos).

b) Ligando o rasgamento do véu com as últimas palavras de Jesus. Esta abordagem foi exposta por Pelletier e, de maneira comovente, por Sylva. Embora parte da argumentação corroborante inclua o papel do véu em Hebreus (que examinarei adiante), quero apresentar o caso aqui em bases puramente lucanas. Se se der um sentido adversativo ao *de* do v. 45b ("Mas o véu do santuário foi rasgado pelo meio"), é possível interpretar esse fenômeno como reação à escuridão sobre a terra inteira. O véu foi rasgado para que Jesus possa ir da escuridão circundante para o Pai, a fim de colocar seu espírito nas mãos do Pai, como ele próprio diz imediatamente depois de o véu ser rasgado. Diversos fatores favorecem essa interpretação. O véu já não é mais rasgado "em dois de alto a baixo" como em Marcos — imagem mais violenta —, mas rasgado "pelo meio", como se alguém passasse por ele. No início desse Evangelho (Lc 1,35), a vinda do Espírito sobre Maria causou a concepção do Filho de Deus; no início do ministério (Lc 3,21-22), o céu "se abriu" e o Espírito Santo desceu sobre Jesus, enquanto uma voz do céu declarou: "Tu és meu Filho amado". Agora, em suas últimas palavras, o Filho brada ao Pai, ao devolver esse espírito às mãos de Deus. Mas por que pelo véu rasgado do santuário? Lembramo-nos de que, pouco depois do nascimento, Jesus foi apresentado ao Senhor no Templo de Jerusalém (Lc 2,22-27). Aos doze anos, ele foi encontrado pelos pais no Templo e, quando censurado, respondeu que precisava estar na casa de seu Pai. Lucas, então, descreve o Templo, "uma casa de oração" (Lc 19,46) como o lugar da presença divina e, assim, Jesus é mostrado agora (ele mesmo ou seu espírito) passando através do véu rasgado para o santuário celeste que continha essa presença. Hebreus nos ensina que alguns cristãos primitivos pensavam realmente dessa maneira (ver adiante). Um argumento adicional vem da morte de Estêvão em At 7,55-59: Ele vê o céu aberto e o Filho do Homem de pé, à direita de Deus; e quando morre, diz: "Senhor Jesus, recebe meu espírito." Estava oferecendo seu espírito através dos céus abertos a Jesus, que agora estava no céu aonde fora antes (At 1,11), do mesmo modo que Jesus ofereceu seu espírito através do véu rasgado a seu Pai no santuário. Lucas mudou as últimas palavras de Jesus do grito marcano de abandono para devota afirmação de confiança; por que não mudaria o véu rasgado marcano de um sinal negativo de destruição do santuário para um sinal positivo de acesso a Deus?

Essa interpretação é possível, mas não a acho correta,[16] porque não dá atenção suficiente às palavras exatas que Lucas usou, a saber: "rasgado" (*schizein*) e "santuário" (*naos*). No início do ministério de Jesus e também por ocasião da morte de Estêvão, quando descreve a abertura dos céus como passagem para o espírito (descer sobre Jesus ou subir de Estêvão), Lucas usa um verbo para abertura. De fato, no batismo (Lc 3,21), ele muda a expressão marcana (Mc 1,10) "os céus rasgarem-se [*schizein*]" para o menos violento "abrir". O único outro uso evangélico de *schizein* por Lucas além desta passagem do véu do santuário mostra como ele entende sua força; em Lc 5,36, ele introduz esse verbo na parábola de rasgar um pedaço de uma veste nova (Mc 2,21 tinha *airein*). Os dois únicos usos nos Atos (At 14,2; 23,7) mostram uma multidão rasgada em duas partes, dividida entre favoráveis e desfavoráveis a Jesus. Assim, Lucas nunca usa *schizein* para uma abertura pela qual se passa, e sua preservação aqui desse verbo que ele encontrou em Marcos (contrário a sua prática em Lc 3,21) sugere que ele manteve sua força negativa. Além disso, é preciso ter cuidado ao generalizar a partir das declarações de Lucas a respeito do Templo (*hieron*) para seu uso, aqui, do santuário (*naos*), copiado de Marcos.[17] Seu único outro uso evangélico de "santuário" (em Lc 1,9.21.22, para o lugar onde Zacarias desempenha seus deveres sacerdotais) sugere uma percepção da distinção entre os dois. Não há prova de que Lucas pensasse em Jesus em termos sacerdotais e, portanto, seria bastante incomum ter o Jesus lucano passando (ele mesmo ou seu espírito) pelo santuário, aonde só sacerdotes vão. Lucas tinha uma atitude positiva para com o Templo (também pressuposta na interpretação a] acima); mas ele preserva um sinal da destruição do santuário, isto é, o lugar onde sacerdotes e, em especial, o sumo sacerdote ministravam para a presença de Deus, pois sabe que os sacerdotes e, em especial, o sumo sacerdote continuarão hostis a Jesus, perseguindo Pedro, João, Estêvão, Paulo e outros cristãos (At 4,6; 5,17; 7,1; 9,1-2.21; 22,30; 23,14; 24,1; 25,2).

---

[16] Em outras bases que não as que proponho, Green ("Death", p. 550-552) também discorda de Sylva e enfatiza que, como ela acontece antes do rasgamento do véu, a escuridão negativa deve interpretar esse rasgamento.

[17] Não posso deixar de mencionar o título do artigo de Sylva: "The *Temple* Curtain and Jesus' Death in the Gospel of Luke [A cortina do *Templo* e a morte de Jesus no Evangelho de Lucas]" (itálicos meus).

Em suma, então, sem desprezar totalmente essa segunda interpretação (b) de Lucas, definitivamente prefiro a primeira interpretação (a), onde o rasgamento do véu do santuário (como a escuridão) é indicador negativo da cólera divina, embora para Lucas essa cólera não seja imediatamente destrutiva como é em Marcos. Por haver um elemento de ignorância entre os que executam Jesus (Lc 23,34; At 3,17), um período de graça é concedido antes de se tornar verdade cristã que Deus não mora em casas feitas por mãos humanas e que Jesus de Nazaré destruiu esse lugar santo (At 7,48-49; 6,13-14).

Depois de comentar os três relatos sinóticos do rasgamento do véu do santuário, normalmente eu passaria a expor os outros fenômenos narrados somente por Mateus (Mt 27,51b-53). Entretanto, não posso passar tão facilmente de minha interpretação do véu do santuário rasgado como portento negativo que parece claro em Marcos/Mateus (e mais provável em Lucas), sem comentar várias questões complementares que fazem alguns biblistas lhe darem outra interpretação. Como já examinei diversas interpretações de Lucas (exame forçado pela mudança lucana da localização marcana), no que se segue preocupo-me primordialmente com uma interpretação diferente do véu rasgado em Marcos.

O véu em Hebreus. Esta epístola jamais emprega as palavras *naos* ("santuário"), *hieron* ("Templo") ou *schizein* ("rasgar"); mas, ao usar a metáfora da tenda ou tabernáculo pré-Templo, pinta um retrato notável de Jesus como sumo sacerdote da Nova Aliança que se comporta como fez o sumo sacerdote veterotestamentário no dia da expiação (Yon Kippur). Nessa descrição, ocorrem as únicas outras referências neotestamentárias (três) ao *katapetasma* ("véu") do qual falam as três cenas sinóticas. Em Hb 6,19-20, Jesus, sumo sacerdote eterno segundo a ordem de Melquisedec, é descrito como precursor que entrou "no lugar interior do véu" (santuário interior separado do exterior por um véu). Em Hb 9,2-3, a descrição do tabernáculo israelita inclui a (seção) exterior da tenda chamada de Lugar Santo e "atrás do segundo véu está a (seção da) tenda chamada Santo dos Santos".[18] Em Hb 10,19-20, é assegurado aos leitores: "Temos a segurança da entrada nos santos pelo sangue de Jesus, entrada que ele inaugurou para nós como caminho novo e vivo através do véu, isto é, sua carne".[19]

---

[18] A descrição presume, mas não descreve, um primeiro véu na entrada do Lugar Santo.

[19] A partir da analogia do sumo sacerdote israelita, temos de presumir que, como o véu, a carne era uma coisa pela qual Jesus tinha de passar (a encarnação do Filho de Deus?) para chegar ao céu.

Para nossos propósitos, não é necessário entrar nas disputas a respeito de como interpretar essa metáfora. A hipótese a seguir é plausível. Uma vez por ano, o sumo sacerdote judaico passava através do *katapetasma* ou véu que separava o Lugar Santo do Santo dos Santos interior; neste último, ele incensava a tampa de ouro (*kapporet*) da Arca da Aliança[20] e a aspergia com o sangue de um bezerro e um bode previamente sacrificados (Lv 16,11-19). Do mesmo modo, segundo Hebreus, o sumo sacerdote Cristo passou através do *katapetasma*, que é sua carne, para o Santo dos Santos que é o mais alto dos céus, levando o próprio sangue a fim de consumar ali o sacrifício iniciado na cruz. Assim fazendo, ele abriu o caminho para os fiéis entrarem no santuário celeste. É Ef 2,13 ("Vós que outrora estáveis longe ficastes perto pelo *sangue* de Cristo") forma independente da mesma ideia?

Ao refletir sobre o relato por Marcos/Mateus das orações de Jesus no Getsêmani e na cruz, encontramos um paralelo em Hb 4,14-16; 5,7-10 quando Jesus, sumo sacerdote provado como somos, "dirigiu preces e súplicas com forte clamor e lágrimas àquele que tinha o poder de salvá-lo da morte". Esse paralelismo foi mais bem explicado pressupondo uma tradição muito antiga de Jesus rezando a Deus antes de morrer, tradição que foi criada pelo uso de Salmos em uma narrativa de Marcos e, *independentemente*, em um hino em Hebreus. No caso presente, então, não é improvável que houvesse um discernimento teológico primitivo de que a morte de Jesus redefiniu a presença de Deus entre o povo escolhido, presença até agora encontrada no santuário velado (Santo dos Santos) da prática litúrgica israelita. Na linha de desenvolvimento que levou à apresentação marcana, esse discernimento foi combinado com as ameaças de Jesus ao santuário de Jerusalém, profetizando destruição a menos que sua proclamação do Reino de Deus fosse observada. A rejeição dessa proclamação, por meio da crucificação daquele que a proclamava, causou a destruição do santuário, simbolizada pelo irreparável rasgamento do véu que marcava sua distinção como o lugar da presença divina. Essa destruição simbólica, grave como era, prenunciou a destruição física final do Templo pelos romanos. Na linha independente de desenvolvimento que levou a Hebreus, esse discernimento foi combinado com a teologia de Cristo como o sumo sacerdote da Nova Aliança. Mais uma vez (implicitamente), o santuário perdera toda importância,

---

[20] Isso existia nos santuários pré-exílicos, mas não no Templo do tempo de Jesus e, juntamente com o fato de não ser a construção do Templo ordenada por Deus como foi a edificação do tabernáculo, explica por que Hebreus tirou sua metáfora deste último.

mas não pela destruição; agora, a presença divina no santuário celeste é descrita como aberta a todos os que seguem Jesus através do véu.

Esse entendimento da relação das passagens do *katapetasma* em Hebreus e em Mc 15,38 não apresenta grande problema para a interpretação de Marcos já dada acima. Essas obras neotestamentárias apresentam tendências independentes de uma tradição primitiva[21] nas quais a metáfora final que surge é muito diferente: em Marcos, um rasgamento destrutivo do véu, fazendo o santuário perder sua santidade; e em Hebreus, uma abertura positiva do véu à presença divina em um Santo dos Santos celeste. Entretanto, surgem problemas quando a perspectiva positiva de Hebreus é introduzida na explicação de Mc 15,38, de modo que a passagem marcana surge com a) só uma interpretação positiva, por exemplo, o véu foi rasgado para que Jesus levasse outros ao santuário, ou b) uma interpretação negativa e também uma positiva.[22] Como devem ser avaliadas essas sugestões?

Julgo a) impossível. Reconhecemos que seria agradável ver uma imagem marcana inteiramente positiva surgir da morte de Jesus (como a imagem lucana em Lc 23,47-49), e assim eliminar as implicações antijudaicas de um julgamento divino destrutivo quanto ao santuário de Jerusalém. Mas a interpretação a) negligencia ilegitimamente a relação entre o *naos* usado em Mc 15,38 com as duas passagens marcanas anteriores com *naos*, ambas na NP e ambas referindo-se à destruição

---

[21] Embora dois autores pudessem ter notado de maneira independente a mudança no local da presença de Deus, sua descoberta do símbolo principal do *katapetasma* em relação à morte de Jesus sem a influência de uma tradição comum é menos provável. Além disso, como minha citação de literatura judaica deixará claro, descrições do castigo divino de Jerusalém incluíam tradicionalmente o Santo dos Santos e seu equipamento; e é evidente que a tradição cristã primitiva se voltava para esse mesmo simbolismo. Além das passagens do véu (interior), há Rm 3,25, com sua referência ao *hilasterion* (*kapporet*).

[22] Muitas vezes, os comentaristas não distinguem entre a) e b); eles também discordam (como será explicado) se o véu exterior foi rasgado para permitir acesso ao Lugar Santo ou se o véu interior foi rasgado para permitir acesso ao Santo dos Santos. Contudo, entre os que, de um modo ou de outro, atribuem uma interpretação positiva ao rasgamento do véu em um ou outro Evangelho sinótico, estão Bartsch, Benoit, Caird, Ellis, Gnilka, Linnemann, Motyer, Pelletier, Sabbe, Schneider, Taylor, Vögtle e Yates. Lindeskog ("Veil", p. 134) defende, como eu, uma tradição comum por trás dos sinóticos e de Hebreus, mas acha que a consequência dessa tradição primitiva foi positiva. Nem todas as interpretações positivas são iguais à apresentada por Hebreus. Por exemplo, em *Testamento de Benjamim* 9,4, a cortina (*kaploma*) do santuário é rasgada, com o resultado de que o Espírito de Deus se derrama sobre todos os gentios como fogo. Efrém (*Comentário sobre o Diatessarão* xxi,4-6; SC 121,376-378) relaciona algumas atividades desse Espírito, por exemplo, usar o véu rasgado para vestir de maneira honrosa o corpo nu de Jesus na cruz. Jerônimo (Epístola 120, *Ad Hedybiam* 8; CSEL 55,490) e outros Padres da Igreja têm mistérios celestes revelados quando o véu foi rasgado, e nesse contexto às vezes citam 1Cor 13,12 e 2Cor 3,16-18. Uma interpretação gnóstica nesse sentido encontra-se no *Evangelho de Filipe* II,3; 85,5-21.

do *naos* por Jesus. Também não faz justiça a um elemento de violência subentendido pelo rasgamento (*schizein*). É injustificável negligenciar completamente esses fatores com base na metáfora de Hebreus que jamais menciona *naos* nem *schizein*.

À primeira vista, a interpretação b) merece mais atenção, pois respeita o sentido negativo exigido pela sequência marcana.[23] Contudo, é preciso provar que Mc 15,38 sofre da explicação positiva encontrada em Hebreus. Dois argumentos básicos são apresentados pelos que respondem afirmativamente. Primeiro, eles observam que, na primeira referência a *naos* em Mc 14,58, há sentido negativo e também positivo: não só a destruição do *naos* feito por mão humana, mas a construção de outro *naos*, não feito por mão humana. (Geralmente, eles ignoram o fato de que a segunda referência a *naos* em 15,29 tem só a parte negativa, ênfase que sugere que, quando a narrativa continua, a preocupação primordial de Marcos é mostrar a destruição do *naos*.) Entretanto, a dedução de que, portanto, deveria haver cumprimento negativo e positivo no rasgamento do véu em Mc 15,38 (Vögtle, "Markinische", p. 374-375) é fraca, pois o elemento positivo (se precisar estar presente) pode estar na confissão de Jesus como Filho de Deus pelo centurião em Mc 15,39, e não ter nada a ver com o véu. Essa confissão em Mc 15,39 é o centro do segundo argumento apresentado por proponentes da interpretação b). Veremos em § 44 que o centurião que declara a verdadeira identidade de Jesus representa os gentios prontos a reconhecer o que os judeus negaram. Mas há quem leve isso mais adiante e afirme que Jesus, tendo ido através do véu rasgado para o santuário celeste, começa a levar outros através desse véu.[24] Ao avaliar isso, a pessoa se sente perturbada pela total falta de linguagem de entrada em Mc 15,38-39 e até mesmo de uma referência subentendida ao céu. (A metáfora marcana não é, em absoluto, como a da cena lucana onde Jesus promete que um malfeitor estará com ele neste dia no paraíso [Lc 23,40-43].) Se voltarmos a Mc 14,58, a imagem positiva da *construção* por Jesus de outro santuário não feito por mão humana não nos fará pensar em um santuário celeste, pois certamente esse existe eternamente. É mais provável Marcos estar descrevendo a substituição por um santuário que consista em fiéis, como em outras passagens neotestamentárias que imaginam um Templo

---

[23] Teoricamente é possível debater se o rasgamento do véu pode ser negativo e positivo ao mesmo tempo, mas símbolos são notoriamente resistentes à lei da não contradição.

[24] Apelam a At 7,55-56, onde Estêvão levanta os olhos para o céu: "Vede, percebo os céus abertos e o Filho do Homem de pé à direita de Deus".

de pedras vivas (§ 20). Nessa interpretação, Mc 15,39 mostra o primeiro novo fiel depois da morte de Jesus e, assim, o começo da construção de outro santuário. Essa exegese de Mc 15,39 nada faz para apoiar uma leitura positiva do véu rasgado do santuário em Mc 15,38. De modo geral, então, não vejo nenhuma razão sólida para transferir de Hebreus uma interpretação positiva de Mc 15,38[25] pela qual o véu foi rasgado para permitir a Jesus entrar no santuário celeste, levando outros atrás dele.

Os véus no Templo do tempo de Jesus. Interpretações diferentes da que defendo para Mc 15,38 têm sido apresentadas com base no significado especial que o véu tinha no Templo herodiano. Esse argumento baseia-se nas suposições de que os evangelistas conheciam esse significado e de que somos capazes de recuperá-lo; consequentemente, alguns artigos eruditos foram dedicados a uma investigação histórica da questão. Antes de terminar este exame, farei uma contestação hermenêutica à abordagem inteira; mas, no momento, quero expor os fatos disponíveis. Fitzmyer (*Luke*, v. 2, p. 1518) conta treze cortinas ou véus no Templo, mas a questão pode ser ainda mais complicada. Muitas declarações quanto aos véus baseiam-se em descrições no Pentateuco da organização do tabernáculo. Como o tabernáculo ou tenda das andanças no deserto não era construído rigidamente, mas transportável, cortinas, em vez de divisórias permanentes, desempenhavam papel importante. Mas as descrições do tabernáculo no Pentateuco estão cobertas de lembranças de uma edificação mais permanente em Silo, construída quando os israelitas conquistaram o controle das regiões montanhosas da Judeia e Samaria. Quanto ao Templo, temos algumas descrições detalhadas do Templo de Salomão, menos detalhes do Templo de Zorobabel e para o Templo herodiano que existia no tempo de Jesus, algumas passagens em Josefo e Fílon (bem como lembranças muito mais tardias na Mixná e no Talmude, muitas vezes influenciadas pelo idealismo).[26] As descrições de um Templo mais primitivo são quase sempre influenciadas pela experiência, por parte do autor, do Templo agora de pé e são ainda mais complicadas pelo desejo de mostrar que o Templo, que era essencialmente um empreendimento (régio) humano, seguiu em suas estruturas as diretrizes que, por intermédio de Moisés, Deus dera para

---

[25] Os que adotam ou preferem uma interpretação negativa (com matiz multiforme e com referência a um ou outro Evangelho) incluem Danker, Dormeyer, Grundmann, Juel, Lohmeyer, Lührmann, Marshall, Maurer, Schenke, Schmid, Schreiber e Zahn.

[26] Quero deixar de lado a complicação de que o Templo herodiano não foi terminado no tempo de Jesus e, assim, mesmo o uso das descrições de Josefo quanto ao Templo concluído é anacrônico. Ver em Légasse ("Voiles") as complicações das diversas descrições dos véus.

o tabernáculo. Claramente portas eram usadas no Templo como divisórias; mas nem sempre podemos decidir se a menção de cortinas e véus é anacronismo, ou divisórias de pano eram mantidas em muitas entradas e saídas do Templo, mesmo que agora ociosas, por amor à tradição. Por exemplo, 1Rs 6,31-34 fala de portas, enquanto 2Cr 3,14 fala de um véu que levava ao Santo dos Santos. Josefo (*Ant.* VIII,iii,3; ##71-75) descreve portas com véus ou cortinas entrelaçadas; e *Aristeias* 7,86 descreve o véu exterior (*katapetasma*) concebido para combinar com as portas, que evidentemente eram deixadas abertas, pois ventos moviam e tornavam bojudo o véu. De modo geral, precisamos ser cautelosos quando lemos as descrições por biblistas dos véus do santuário que existiam no tempo de Jesus e verificar se elas se baseiam em descrições contemporâneas do Templo herodiano ou consistem em uma miscelânea de descrições mais primitivas de aplicabilidade incerta.

Para o exame presente, dois ou três véus são importantes. Dentro do pátio interior da área do Templo herodiano, ficava o Templo sagrado em si, dividido em duas salas. O portal levava ao Lugar Santo (*Hêkal*) e na extremidade dessa sala, ficava a entrada para outro aposento menor, o Santo dos Santos (*Debîr*; ver em NJBC 76,42 desenho do Templo salomônico, que estabeleceu o padrão). Os dois véus que nos interessam são os que pendiam na entrada do pátio exterior que dava para o Lugar Santo (o véu exterior) e na entrada do Lugar Santo para o Santo dos Santos (o véu interior).[27] Um terceiro véu entra no exame porque no tabernáculo havia um véu (que chamarei de véu do recinto) na entrada para todo o recinto ou conjunto sagrado; e as descrições bíblicas nem sempre são claras quanto a que entrada (para o conjunto ou estrutura) está envolvida e também se o indicado é o véu do recinto ou o véu exterior. (Légasse ["Voiles", p. 568-571] nega que houvesse um véu no recinto dos Templos salomônico e de Zorobabel.) Qual desses véus é indicado nos relatos sinóticos que falam do rasgamento do *katapetasma*? O vocabulário veterotestamentário para os véus exteriores e interiores não é rigorosamente consistente: *katapetasma* é usado tanto para o véu exterior como para o interior,[28] porém, com mais frequência para o véu interior, enquanto *kalymna* é usado para o véu exterior (e o véu do recinto), mas, até onde entendo, não para o véu interior.[29] O vocabulário,

---

[27] Mixná *Yoma* 5,1 descreve uma cortina dupla, com espaço no meio, mas Légasse ("Voiles", p. 580-581) julga essa descrição fictícia.

[28] Mas, no meu entender, não é usado para o véu do recinto, a menos que Nm 3,26 refira-se a ele.

[29] Não tento fazer estas relações completas: 1) Descrições do véu do recinto encontram-se em Ex 27,16; 35,17; 38,18; 39,40; 40,8.33; Nm 4,26, que usam *mesek* em hebraico e *kalymma* ("cortina") no grego

então, favorece ligeiramente a interpretação da referência sinótica ao *katapetasma* como tendo em mente o véu interior (na hipótese de se pretender a especificidade). O fato de *katapetasma* em Hebreus referir-se claramente ao véu interior que cobria a entrada para o Santo dos Santos também aponta nessa direção.[30] Contudo, muitos afirmam que os sinóticos referiam-se ao véu exterior que assinalava a entrada do pátio externo para o Lugar Santo.[31] O véu exterior, não o interior, era visível à distância. Consequentemente, aqueles para quem Mc 15,39 (que o centurião viu que assim Jesus expirou) significa que ele também viu literalmente o rasgamento do véu (Mt 27,54: viu "estes acontecimentos")[32] afirmam que o véu exterior deve ter estado envolvido. Que diferença faz? Isso depende de o véu exterior ter ou não um significado especial. Pelletier ("Grand") descreve o véu exterior como uma enorme cortina em um pórtico de entrada que tinha quase trinta metros de altura (daí a importância de "de alto a baixo"). Segundo Josefo (*Guerra* V,v,4; ##213-214), a cortina tinha quatro cores diferentes que simbolizavam os elementos do universo (fogo, terra, ar, água) e representavam o panorama dos céus.[33] (Entretanto, Fílon

---

    da LXX. Fílon *(De vita Mosis* ii,19; #93) fala de um *hyphasma* ou peça tecida. 2) Encontram-se descrições do véu exterior em Ex 26,36-37; 35,15; 39,38; 40,5.28; Nm 3,25.31; 4,25, que usam *mesek* em hebraico e *kalymma, katakalymma, kalymma kapetasmatos* e *epispastron* ("cortina de puxar") no grego da LXX. Fílon a chama de *kalymma* em *De vita Mosis* 2,21; #101, mas *katapetasma* (modificando-a uma vez como "o primeiro" véu) em *De specialibus legibus* 1,171.231.274. Aparentemente, o véu exterior é citado em Lv 21,23 e Nm 18,7, que usam *paroket* em hebraico e *katapetasma* em grego. 3) Encontram-se descrições do véu interior em Ex 26,31-33; 30,6; 35,12; 39,34; 40,21; Nm 4,5, que usam *paroket* em hebraico e *katapetasma* no grego da LXX (e Fílon). É digno de nota que, embora a descrição hebraica dos véus exterior e interior em Ex 36,35-37 os diferencie como *mesek* e *patroket*, a LXX (Ex 37,3-5) usa *katapetasma* para ambos.

[30] Os Padres da Igreja e estudiosos subsequentes que julgam estarem Marcos/Mateus referindo-se ao véu interior incluem Crisóstomo, Teodoreto, Cirilo de Alexandria e Tomás de Aquino; e Billerbeck, Hauck, Lindeskog, Plummer, Schneider, Senior, Swete, Taylor e Turner.

[31] Estes incluem Orígenes e Jerônimo; e Bartsch, Benoit, Driver, Ernst, Fitzmyer, Huby, Lagrange, Lohmeyer, McNeile, Pelletier e Vincent. Yates ("Velum", p. 232) acredita que Mateus e Lucas se referiam ao véu exterior, mas acha Marcos obscuro.

[32] Ver em § 40, #1, acima, a teoria de E. L. Martin. No mesmo estilo, D. Brown ("Veil") lembra que, se o véu interior fosse rasgado, os únicos a saber seriam os sacerdotes, pois só eles tinham permissão para entrar no Lugar Santo; e segundo os relatos sinóticos nesse momento, eles estavam no Gólgota. De qualquer modo, seria provável que eles anunciassem tal acontecimento se ele tivesse lugar na hora da morte de Jesus? Ocasionalmente, os que insistem na questão histórica afirmam que os sacerdotes que revelaram o rasgamento do véu interior foram os que se tornaram seguidores de Jesus (At 6,7)!

[33] Em apoio ao simbolismo celeste, Pelletier ("Veil", p. 171) também aponta para Eclo 50,5-7, onde Simão, o sumo sacerdote, sai do *katapetasma* e é comparado a uma estrela, ao sol, à lua e a um arco-íris. Em "Voile", ele chama a atenção para o *parapetasma*, um véu de lã semelhante, enorme, colorido, que pendia

[De Vita Mosis ii,17-18; ##84-88], que também fala do simbolismo dos quatro elementos, descreve cortinas à volta toda do tabernáculo e, assim, tem-se a impressão de que o simbolismo não se restringia ao véu exterior.) Lindeskog ("Veil", p. 136) consegue estabelecer parte do mesmo simbolismo a partir do que estava por trás do véu interior, agora não mais a Arca da Aliança, mas uma pedra especial designada como fundamental — pedra que esteve envolvida na criação do mundo, a porta para o inferno e o céu (Mixná *Yoma* 5,2; TalBab *Yoma* 54b). Por tudo isso, argumenta-se que o rasgamento do véu do santuário tinha significado cósmico interpretado pelos fenômenos extras em Mt 27,51b-53 (terra sacudida, rochas partidas, túmulos abertos)[34] ou tinha importância salvífica para todos, pois envolvia um rasgamento dos céus que ofereciam acesso à presença de Deus. Ulansey ("Heavenly") emprega a ideia de simbolismo celeste para o véu realçar a inclusão entre o rasgamento do véu e o rasgamento dos céus no início de Marcos.

Apesar da enorme quantidade de pesquisa dedicada à questão do véu exterior/interior e ao simbolismo esotérico dos véus respectivos, rejeito, ao lado de Dormeyer e Lamarche, o valor da especulação toda em relação à descrição evangélica. Quando muito, pode-se atribuir possibilidade às decisões eruditas quanto a que véu os evangelistas tinham em mente (se é que os três tinham em mente o mesmo véu). Quanta confiança podemos ter no fato de que a descrição geral "o véu do santuário" usada pelos três evangelistas transmitiu alguma precisão a respeito de exterior/interior? Mais radicalmente, que prova temos de que os evangelistas sabiam o número de véus ou detalhes a respeito deles e seu simbolismo? Nenhum deles tinha sequer estado dentro do Lugar Santo. Algum deles já tinha estado em Jerusalém e visto o véu exterior à distância?[35] Eram as interpretações esotéricas dos véus amplamente conhecidas? Ainda mais radicalmente, há alguma probabilidade de que os leitores do Evangelho soubessem a respeito de tudo isso? Marcos (Mc 7,3-5) teve de explicar a seus leitores costumes de pureza judaicos elementares.

---

do portal do Templo de Olímpia, na Grécia, descrito por Pausânias (*Descriptio* Graecae V,xxii,4) como tendo sido doado pelo rei sírio Antíoco (IV?). Segundo 1Mc 1,22 e Josefo (*Ant.* XII,v,4; #250), Antíoco IV tirou o véu do Templo de Jerusalém c. 169 a.C.

[34] Está claro que se julgava ter a morte de Jesus significado cósmico e interpreto os fenômenos mateanos especiais como simbolizando isso. É outra questão se o rasgamento do véu tinha esse significado.

[35] Em Lc 1,5-10.21-22 e At 3,2.11, Lucas demonstra conhecimento de costumes sacerdotais e de detalhes da planta do Templo, mas era esse conhecimento pessoal ou simplesmente fazia parte da tradição que recebeu? Ele nada acrescenta locativo à imagem marcana do véu.

Podemos seriamente pensar que ele esperava que eles interpretassem o rasgamento do véu contra um pano de fundo não fornecido dos arranjos de cortina no edifício herodiano e do modo como eles eram pintados? Desde o início deste comentário, afirmei que a compreensibilidade perceptível para uma audiência do século I é guia importante (embora não suficiente) para interpretação. Uma coisa é pressupor que os cristãos (judeus e gentios) naquela audiência conheciam os temas básicos das Escrituras judaicas pertinentes a Jesus; outra coisa é pressupor que eles entendiam detalhes de simbolismo cósmico que não estão contidos nas descrições bíblicas do Templo. Com base nesse princípio, afirmo que não devemos introduzir na exegese de Mc 15,38 e par. informações esotéricas a respeito dos véus históricos no Templo de Jerusalém.

Fenômenos que marcam a destruição do Templo (principalmente em Josefo e Jerônimo). Sob esse título um tanto embaraçoso, vou tratar de material que realmente esclarece como o relato do rasgamento do véu do santuário se encaixa no entendimento do povo do século I e como era interpretado pelos cristãos primitivos.[36]

Na Antiguidade, era amplamente entendido que quase sempre Deus ou os deuses davam sinais na morte de pessoas nobres ou importantes. O sangue de um mártir macabeu extinguiu o fogo aceso pelos torturadores para queimá-lo (*4 Macabeus* 9,20) e houve um eclipse da lua na noite em que Herodes, o Grande, executou Matias, que havia incitado os jovens a purificar o Templo removendo uma águia que Herodes ali colocara (Josefo, *Ant.* XVII,vi,4; #167). Às vezes, no caso de mártires judeus que morriam com devoção, ouvia-se uma voz do céu proclamando o destino abençoado deles no mundo que há de vir (TalBab *Berakot* 61b; *'Aboda Zara* 18a). Quanto à atitude greco-romana em relação à escuridão que cobriu a terra ao meio-dia antes de Jesus morrer, citei (§ 42, trecho relacionado à nota 30) eclipses que se pensou assinalarem a morte de Rômulo e de Júlio César. Além disso, Virgílio (*Geórgicas* i,472-490) acrescenta prodígios terrestres e celestiais por ocasião da morte de César: o Etna despejando rochas derretidas; estrépitos de armas nos céus alemães; os Alpes estremecendo; uma voz apavorante falando nas florestas; espectros pálidos na noite escura; os marfins do Templo chorando e os bronzes suando; relâmpagos frequentes em um sol sem nuvens; e cometas.

---

[36] Muito proveitosos no que se segue são os estudos por de Jonge, McCasland, Montefiore, Nestle e Zahn relacionados em § 37, Parte X. Ver também Lange na Parte XI.

Díon Cássio (*História* LX,xxxv,1) relata portentos por ocasião da morte de Cláudio, inclusive um cometa visto por longo tempo, um aguaceiro de sangue, um raio que atingiu os estandartes dos soldados, a abertura sozinha do Templo de Júpiter Víctor.

Díon Cássio associa sinais semelhantes à queda de Alexandria para Otaviano em 30 a.C. (LI,xvii,4-5), de modo que, além da morte de homens, a "morte" de lugares e instituições de renome era marcada pelos deuses. Um dos mais famosos desses casos é importante para nosso exame.

Josefo (*Guerra* VI,v,3; ##288-309) fala de cerca de oito prodígios que ocorreram entre 60 e 70 d.C. e serviram de sinistros presságios enviados por Deus da futura devastação do Templo de Jerusalém pelos romanos, embora muitos judeus tolamente os entendessem como sinais positivos. Nos CÉUS, apareceu um astro com forma de sabre; um *cometa*[37] persistiu em brilhar por um ano; às 3 da manhã, uma luz tão intensa quanto o dia brilhou ao redor do altar e do santuário; carros e *exércitos vistos em todo o país nas nuvens* antes do pôr do sol (dito com ênfase especial que isso não é uma fábula). Na área do TEMPLO, houve muitos sinais: uma vaca pariu um cordeiro; a *porta* oriental de bronze maciço do pátio interior abriu-se sozinha à meia-noite, embora vinte homens tivessem dificuldade para movê-la; *em Pentecostes*, os sacerdotes do pátio interior ouviram uma voz coletiva: "*Estamos partindo daqui*" (isto é, do santuário[38]); anos de desgraças contra Jerusalém e o santuário pressagiados por Jesus, filho de Ananias, que as autoridades de Jerusalém agarraram, espancaram e entregaram aos romanos para ser executado, mas foi considerado louco e solto pelo governador. Tácito, que estava em Roma durante os últimos anos em que Josefo ali viveu, escreveu (*História* v,13), com referência à destruição do Templo de Jerusalém por Tito, que houve sinais agourentos que os judeus tolamente consideraram favoráveis. Incluíam exércitos lutando nos céus; fogo iluminando o Templo; portas do Lugar Santo abrindo-se abruptamente; uma voz sobre-humana declarando que os deuses o estavam abandonando e, ao mesmo tempo, um grande movimento dos que partiam.[39]

---

[37] Ponho em itálico temas que vão entrar no estudo subsequente.

[38] Em muitas referências nas páginas que se seguem, presume-se a presença de um anjo ou anjos (espírito ou espíritos) no Santo dos Santos. Às vezes, eles podem ser os anjos que adoram a divina presença (como em Is 6,2-3) ou que guardam o santuário; outras vezes, como o anjo do Senhor, talvez representem uma descrição antropomórfica de Deus.

[39] Embora Montefiore ("Josephus", p. 152) julgue Tácito uma testemunha independente, talvez a opinião de McCasland ("Portents", p. 330-311) de que Tácito recorreu a Josefo esteja correta.

Os parágrafos precedentes devem ter deixado claro que, no século I, os leitores dos Evangelhos, quer judeus, quer gentios, não tinham um grande problema com o rasgamento do véu do santuário (ou os fenômenos adicionais em Mt 27,51b-53) que os Evangelhos associavam com a morte de Jesus em 30/33 d.C. Na era posterior a 70, os cristãos logo se tornaram conscientes dos presságios que os judeus associavam com a destruição do Templo de Jerusalém pelos romanos.[40] Por causa do tema comum da destruição do Lugar Sagrado de Jerusalém, eles facilmente misturaram as duas tradições de sinistros sinais divinos. Vamos examinar alguns traços dessa mistura e de como ela atuava interpretativamente.

Abaixo (sob "Os quatro fenômenos terrestres em Mt 27,51bc.52ab como reações à morte de Jesus"), vou citar um fragmento poético de Melitão de Sardes (c. 70 d.C.), que descreve o que aconteceu quando Jesus morreu. A terra tremeu, os céus temeram, o anjo rasgou as roupas, o Senhor trovejou do céu e o Altíssimo deu um grito. Embora a lista de Melitão esteja relacionada com os fenômenos acrescentados em Mt 27,51b-53, a metáfora tem algumas semelhanças com os portentos de Josefo antes da destruição do Templo. De modo semelhante e simultaneamente, *As ascensões de Tiago* (Pseudoclementinas I,xli,3) relata que o mundo inteiro sofreu com Jesus. O sol escureceu; os astros foram perturbados, o mar ficou agitado; as montanhas se moveram; as sepulturas se abriram; e o véu do Templo rasgou-se como se lamentasse a destruição que pairava sobre o lugar. Tertuliano (*Adv. Marcion* IV,xlii,5; CC 1,660) liga o rasgamento do véu do Templo à saída de um anjo que abandona a filha de Sião.[41] Eusébio (HE III,viii,1-9) cita

---

[40] Além da lista de Josefo, temos outras tradições. *2 Barnabé* 6–8 relata que, antes da destruição do Templo pelos babilônios (= romanos), anjos vieram e tiraram a mobília do Santo dos Santos, inclusive o véu, o efod, *kapporet*, o altar e as vestes sacerdotais. Só então uma voz veio do meio do Templo e permitiu a entrada dos adversários, porque o guardião tinha saído da casa. TalJer *Yoma* 6,43c diz que, entre os presságios, *quarenta anos antes da destruição do Templo* (ver § 18, D1, acima), suas portas se abriram espontaneamente. Rabbi Johanan ben Zakkai repreendeu o Templo por se dar a esse trabalho, pois Zc 11,1 já havia profetizado: "Abre tuas portas, ó Líbano, para que o fogo devore teus cedros". (Lembramos que o Templo salomônico era construído de cedro do Líbano.) TalBab *Yoma* 39b relata que, naquele tempo, sortes sagradas eram malsucedidas, a faixa rubra sobre a entrada do Templo permaneceu vermelha, em vez de se tornar branca no Dia da Expiação, e uma das lâmpadas do candelabro de sete braços apagou-se. TalBab *Gittin* 56b narra que Tito entrou no Santo dos Santos, rasgou o véu com a espada e sangue jorrou. Apesar do estrato cristão final, muitos julgam que *Lives of the Prophets* contém antigas tradições judaicas. Ali (ed. Torrey, p. 44), Habacuc diz: "O véu do santuário interior será rasgado em pedaços e os capitéis das duas colunas serão retirados". A respeito de "capitéis", ver nota 45 a seguir.

[41] Em *Transitus Mariae* (difícil de datar) 10 (JANT, p. 195), as mulheres que ministravam no Templo fogem para o Santo dos Santos durante a escuridão na crucificação. Ali elas veem um anjo descer com uma

a passagem inteira de Josefo a respeito dos portentos da destruição do Templo; alhures (*Demonstratio Evangelica* VIII,ii,121-124; GCS xxiii,389-390), ele diz que o portento de Pentecostes relatado por Josefo aconteceu depois da morte do Salvador e então chama a atenção para uma cena que ocorreu durante o governo de Pilatos, deixando um confuso indicador do espaço de tempo dos acontecimentos narrados. Em sua *Crônica* (ver § 42, nota 26 e parágrafo relacionado), Eusébio liga ao período geral da morte de Jesus o eclipse relatado por Flégon (relacionado com Lc 23,45a), um terremoto na Bitínia (relacionado com Mt 27,51b) e os portentos de Pentecostes relatados por Josefo (relacionados com o véu)! O obscurecimento da diferença de tempo entre o que aconteceu a Jesus em 30/33 d.C. e o que aconteceu perto da destruição do Templo em 70 d.C. (espaço de tempo de uma geração de quarenta anos) é característico de outros escritores cristãos. Entre os diversos autores e suas tradições, a mistura aconteceu por causa de: a) referências judaicas a certas ocorrências quarenta anos antes da destruição; e/ou b) uma teologia que considerava a morte de Jesus o motivo da destruição (posterior) do Templo; e/ou c) o reconhecimento de que o rasgamento do véu do santuário era sinal que antecipava a destruição do Templo inteiro, conforme Jesus previu.

Jerônimo tem papel muito importante no desenvolvimento da tradição do véu, não só por causa de seu uso do material de Josefo, mas também por causa de seu acesso a testemunhos cristãos apócrifos primitivos. Significativas são meia dúzia de referências, que abrangem um espaço de quase trinta anos (entre 380 e 409), mas nem sempre são consistentes e talvez reflitam uma tradição crescente na mente do próprio Jerônimo.[42] Vou tratá-las em ordem cronológica, na medida em que as datas podem ser verificadas. Na Epístola 18a (*Ad Damasum Papam* 9; CSEL 54,86), Jerônimo comenta a visão que Isaías teve (Is 6,4) do trono do Senhor no Templo, onde os serafins cantam louvores à santidade de Deus: "E o lintel [sobre a moldura da porta] foi sacudido pela voz com que eles gritavam e a casa encheu-se de fumaça". Jerônimo cita um Padre grego (Gregório de Nazianzo?) para quem isso se cumpre na destruição (romana) do Templo e no incêndio de Jerusalém. Contudo, outros afirmam que o lintel do Templo foi erguido quando o véu do Templo foi

---

espada para rasgar o véu em dois e ouvem uma voz forte prenunciando uma desgraça contra Jerusalém por matar os profetas. Quando veem o anjo do altar voar para o dossel do altar com o anjo da espada, elas sabem "que Deus abandonou Seu povo". Ver também *Gospel (Questions) of Bartholomeu* 24–27 (HSNTA 1,491; ed. rev., 1 v., p. 542-543).

[42] Ver Zahn, "Zerrissene", p. 733, 740, 751 e 753.

rasgado e a casa toda de Israel foi desorganizada por uma nuvem de erros. Era a esse mesmo período que Josefo se referia quando escreveu a respeito dos sacerdotes que ouviram as vozes das hostes celestes vindo da parte mais íntima do Templo: "Saiamos destas moradas". Na Epístola 46 (*Paulae et Eustochii ad Marcellam* 4; CSEL 54,333), Jerônimo associa o rasgamento do véu do Templo com o cerco de Jerusalém por um exército e o fim da proteção angelical. Ele cita novamente Josefo, mas agora de modo tal que Josefo parece dizer que as vozes das hostes celestes irromperam "na ocasião em que o Senhor foi crucificado". Em seu *Commentarium in Matt.* 4 (a respeito de Mt 27,51; SC 259,298) Jerônimo faz referência a um Evangelho, que ele menciona com frequência (isto é, o Evangelho escrito em caracteres hebraicos, embora fosse, na verdade, em aramaico, usado pelos nazareus da região de Bereia ou Alepo).[43] Nesse Evangelho, diz ele: "Lemos que o lintel de tamanho infinito do Templo foi despedaçado e fragmentado". Depois, ele repete a referência de Josefo a respeito do clamor das hostes angélicas. Na Epístola 120 (*Ad Hedybiam* 8; CSEL 55,489-490), Jerônimo mais uma vez cita Josefo e também se refere ao Evangelho escrito em letras hebraicas, onde "Lemos, não que o véu do Templo foi rasgado, mas que o lintel de grande tamanho do Templo foi erguido". Em seu *Commentarium in Isaiam* 3 (CC 73,87), mais uma vez em referência a Is 6,4, ele fala do lintel do Templo sendo erguido e todos os gonzos quebrados, cumprindo a ameaça do Senhor, em Mt 23,38, de que a casa ficaria deserta.[44] Mais adiante no mesmo escrito (18; CC 73A,775), ao comentar a balbúrdia na cidade e no Templo (Is 66,6) que faz parte do som do Senhor retribuindo aos inimigos, Jerônimo vê uma referência indubitável ao período em que Jerusalém foi cercada por exércitos romanos. Mais uma vez, ele cita a passagem de Josefo a respeito do clamor das hostes angélicas que presidiam o Templo.

Examinei isso em detalhes porque esclarece de modo interessante os fatores que entraram na interpretação cristã. Obviamente, a tradição judaica a respeito dos fenômenos pressagiosos que cercaram a destruição do Templo (neste caso, expressa por Josefo) influenciou o entendimento dos fenômenos que acompanharam a morte

---

[43] Ver M. J. Lagrange, RB 31, 1922, p. 161-181, 321-344. De maneira confusa, às vezes Jerônimo trata este *Evangelho dos Nazareus* como se fosse o original semítico por trás do Mateus grego. (Não é o mesmo que o *Evangelho dos Hebreus* conhecido dos Padres Alexandrinos, que é independente do Mateus grego.) Ele alega tê-lo traduzido para o grego (e o latim?), mas nem sempre temos certeza se ele cita-o diretamente ou de citações em outros, ou de memória.

[44] Ele especifica que, quarenta e dois anos depois da Paixão, o Templo foi destruído.

de Jesus. Os dois conjuntos de ações expressam a cólera de Deus, e os de 30/33 prenunciam a destruição maior em 70; na verdade, a linha entre os dois é indistinta. O rasgamento do véu do santuário que atuava em um nível simbólico acaba por se tornar a sacudidela ou sublevação do lintel do Templo, como ocorreu na destruição do edifício pelos romanos. Um catalisador na ligação das apresentações cristãs de 30/33 e 70 é a profecia veterotestamentária que se refere a acontecimentos no Templo sempre que a redação, independente do que significava originalmente (Is 6,4 era positivo!), se aplicava a um ou outro conjunto de fenômenos. Quando se segue o fluxo cronológico das passagens de Jerônimo, nota-se que ele menciona primeiro a ruptura do lintel do Templo na interpretação de Is 6,4 e então, mais tarde, menciona que encontrou isso (em vez do rasgamento do véu) no Evangelho apócrifo. Com certeza, então, Jerônimo viu uma relação entre a interpretação daquele Evangelho e a exegese de Isaías. Os fenômenos que cercam a morte de Jesus em Mc 15,33.38 fazem eco a passagens veterotestamentárias (principalmente às que dão os sinais do dia do Senhor). O mesmo fazem outros fenômenos que surgiram em círculos populares e dos quais temos conhecimento por intermédio dos Padres e dos escritos apócrifos; mas ali entra em jogo um conjunto diferente de passagens veterotestamentárias.[45] Estas observações servem de introdução salutar para o primeiro conjunto atestado de outros fenômenos que ocorreram depois da morte de Jesus e que eram usados para suplementar o rasgamento marcano do véu do santuário, a saber, os relacionados em Mateus.

---

[45] A respeito do lintel em lugar do véu, dois artigos de Nestle ("Sonnenfinsternis" e "Matt 27,51") são fascinantes. No contexto de descrever o dia do Senhor quando chega o fim para o povo de Deus, Israel, o hebraico de Am 8,3 fala dos "cânticos" (*sîrôt*) do Lugar Santo sendo transformados em gemidos. A LXX refere-se aos "painéis do teto" (*phatnomata*) do santuário, enquanto a Vulgata de Jerônimo tem "dobradiças da porta". Áquila traz os pinos da porta [*strophigges*], ao que tudo indica lendo *sîr* por *shîr*.) No grego clássico, a palavra que a LXX usa para "gemido" (*ololyzein*) não raro refere-se ao grito de deusas e a coisas sagradas. O TM de Am 9,1 traz o Senhor de pé perto do altar dizendo: "Bate nos capitéis das colunas e as soleiras tremerão". A LXX (ao que tudo indica lendo as consoantes *kprt* por *kptr* do TM) traz a tampa da Arca da Aliança golpeada e os pilones do pórtico sacudidos, enquanto a Vulgata de Jerônimo tem as dobradiças da porta golpeadas e os lintéis sacudidos. Se se juntar a LXX e a Vulgata destas passagens, tem-se referências a painéis do teto, gritos estranhos na área do santuário e lintéis sacudidos — parcialmente os ingredientes da combinação por Jerônimo do lintel rasgado e dos fenômenos descritos por Josefo. Algumas das combinações eram anteriores a Jerônimo. Ao descrever o martírio *no altar* do sacerdote Zacarias, pai de João Batista, *Protoevangelho de Tiago* 24,3 diz: "*Os painéis do teto do santuário gemeram* e eles [isto é, os sacerdotes ou (variante) os painéis] *rasgaram as roupas de alto a baixo*". Isso combina Am 9,1; 8,3 e Mc 15,38 ou Mt 27,51a.

§ 43. Jesus crucificado, quarta parte: Acontecimentos posteriores à morte de Jesus – a. Efeitos externos

Fenômenos especiais em Mt 27,51-53 (e EvPd)

Cenas anteriores da NP também têm material exclusivo de Mateus, a saber, a morte de Judas e as trinta moedas de prata, o sonho da mulher de Pilatos, Pilatos lavando as mãos e "seu sangue sobre nós e sobre nossos filhos" — material que sugeri ter se originado de animados contos da Paixão. Aqui, só Mateus entre os Evangelhos canônicos tem uma lista adicional de fenômenos aterradores que choraram a morte de Jesus.[46] Embora, como o rasgamento do véu do santuário, eles reflitam a escatologia apocalíptica, esses fenômenos são ainda mais imaginosos. O *EvPd*, que fez eco a material mateano especial na cena de Pilatos lavando as mãos, faz eco a pelo menos um desses fenômenos (o tremor da terra).[47]

A fim de estudar atentamente a passagem mateana, é útil apresentar os versículos em uma estrutura de verso por verso:

Mt 51a: E vede, o véu do santuário foi rasgado de alto a baixo em dois.

b: *E a terra foi sacudida,*

c: *e as rochas foram partidas;*

52a: *e os túmulos foram abertos,*

b: *e muitos corpos dos santos adormecidos foram ressuscitados.*

53a: E tendo saído dos túmulos

b: depois da ressurreição dele

c: eles entraram na cidade santa;

d: e eles foram feitos visíveis a muitos.

Pus em itálico quatro versos (Mt 51bc, 52ab) para que os leitores percebam a semelhança de uns com os outros (quatro sentenças simples coordenadas ou orações principais, que começam com *kai*, nas quais o verbo é um passivo aorístico) e também suas diferenças do mais complicado Mt 51a (que Mateus tirou de Marcos) e de Mt 53.[48] É quase como se o padrão passivo aorístico de Mt 51a que

---

[46] Entre os Padres da Igreja e também entre os biblistas modernos (ver § 37, Parte XI), esses fenômenos têm sido assunto de uma quantidade extraordinária de discussões. Bons levantamentos de opiniões encontram-se em Aguirre Monasterio e Maisch.

[47] Esse fato fortalece minha opinião de que, em parte, o *EvPd* é um Evangelho folclórico.

[48] Embora o v. 51a também tenha um passivo aorístico, a ação básica é modificada por uma longa frase descritiva. O v. 53 começa com uma construção participial mais uma frase e o primeiro verbo principal

indica ação divina fosse assumido para construir um pequeno quarteto poético que consiste em dois dísticos (Mt 51b e c são inter-relacionados, do mesmo modo que Mt 52a e b) com o terremoto de Mt 51bc levando aos resultados descritos em Mt 52ab. O v. 53 tem a aparência de uma reflexão obtida dos acontecimentos de Mt 52ab.[49] Refrãos poéticos quase sempre fazem parte da apresentação popular de um acontecimento e são atestados em referências neotestamentárias às consequências da morte de Jesus.[50] Um paralelo poético muito próximo encontra-se em *Sobre a Páscoa* de Melitão de Sardes, composto c. 170 d.C. No contexto da descrição da morte do Senhor e da escuridão que a acompanhou, Melitão (98; SC 123,118) escreve quatro dísticos nos quais, enquanto os primeiros versos censuram a insensibilidade dos judeus, os segundos versos descrevem os fenômenos terrestres ou celestes correspondentes desta maneira:

A terra estava tremendo...

Os céus temeram[51]...

O anjo rasgou as vestes[52]...

é ativo, não passivo. A tese anteriormente defendida por Schenk (*Passionsbericht*), segundo a qual um hino apocalíptico judaico de sete versos descrevendo a ressurreição dos mortos estava por trás dos vv. 51b-53d, é insatisfatória a muitos respeitos. Para obter sete versos começando com *kai* ("e"), ele teve de apagar o v. 53b e acrescentar um *kai* no início do v. 53c. Além disso, ele teve de mudar o particípio no v. 53a para um verbo finito e ignorar a mudança de passivo para ativo. A atribuição desse hino a fontes judaicas esquece-se da força temporal do aoristo: essas ações apocalípticas aconteceram (em Jesus, como creem os cristãos) e não são apenas previstas no futuro. A mesma objeção resiste à tentativa de fazer os hinos da narrativa lucana da infância judeus, em vez de composições (judeu-)cristãs; ver BNM, p. 418. Ver a rejeição da tese de Schenk por Senior, "Death of Jesus", p. 318-319; Aguirre Monasterio, *Exégesis*, p. 69-71. Senior ("Matthew's Special Material", p. 278) relata que Schenk abandonou essa teoria.

[49] Não pontuei Mt 53abc de propósito para mostrar o problema de 53b ter de ser lido com 53a ou 53c.

[50] 1Pd 3,18-19, que consiste em cinco ou seis versos poéticos, tem tom escatológico: o que morreu na carne e recebeu vida no espírito vai pregar aos espíritos na prisão. Ef 4,8, que consiste em três versos, retrata Cristo subindo às alturas, levando um grande número de cativos. Talvez a passagem neotestamentária análoga de forma mais próxima a Mt 27,51b-52b seja 1Tm 3,16, composto de seis versos (orações principais curtas) em um padrão de três dísticos: Cristo é o sujeito inominado e todos os verbos estão na passiva aorística. Em frequentes interpretações, este poema vai da encarnação à ascensão, mas o conjunto poderia referir-se à morte de Jesus e suas consequências. Ver (acima, sob "Josefo") os *Reconhecimentos Pseudoclementinos* I,xli,3, que têm padrão estilizado; não está claro se isso se origina de Mateus ou de outra tradição independente de sinais que acompanharam a morte de Jesus.

[51] Provável referência à escuridão que cobriu toda a terra.

[52] Isso se refere ao rasgamento do véu do santuário. Tertuliano (*Adv. Marcion* IV,xlii,5; CC 1,660): "O véu do Templo foi rasgado por um anjo que deixou a Filha de Sião". Ver Bonner, "Two", p. 183-185.

O Senhor clamou do céu,

e o Altíssimo deu um grito.

Notemos que a referência contextual à escuridão é seguida de alusões a um terremoto e a um forte grito.

Com essas observações gerais quanto ao formato, volto-me agora a uma consideração mais rigorosa dos fenômenos em si. (Embora eu prefira a opinião de que o quarteto nos vv. 51b-52b é pré-mateano e que o v. 53 é criação mateana fora do quarteto, vou deixar essa questão de lado até termos examinado o conteúdo.)

Os quatro fenômenos terrestres em Mt 27,51bc.52ab como reações à morte de Jesus. Anteriormente, ouvimos falar da escuridão sobre toda a terra ao meio-dia e do rasgamento do véu do santuário. Se acrescentarmos esses dois aos quatro fenômenos relatados nos vv. 51b-52b, há em Mateus um total de seis sinais apocalípticos associados à morte de Jesus.[53] (Mais dois serão associados à ressurreição de Jesus no v. 53, totalizando oito.) Alguns anos mais tarde, Inácio (*Tralianos* 9,1) escreveu que Jesus "foi verdadeiramente crucificado e morreu, à vista dos que estavam no céu e na terra e sob a terra".[54] Talvez não seja romântico demais, então, ver em Mt 27,51b uma progressão de sinais nos céus (escuridão) para sinais na terra (véu do santuário rasgado, terra sacudida, rochas partidas), para sinais sob a terra (abertura dos túmulos e ressurreição dos mortos). Os que cercavam a cruz de modo escarnecedor exigiam um sinal do céu na vinda de Elias (Mt 27,49); Deus, que recusou esse sinal, agora respondeu amplamente, de maneira majestosamente apropriada ao poder divino.

A questão da realidade histórica desses sinais está certamente além de nossa estimativa, mas, mesmo no nível superficial da narrativa evangélica, eles são, por natureza, de visibilidade variada. Só algumas pessoas poderiam ter visto o rasgamento do véu do santuário e a ressurreição dos corpos dos santos mortos. Apesar do generalizado "muitos" mateano, apenas alguns hierosolimitas poderiam ter visto esses santos quando eles se tornaram visíveis na cidade santa. A escuridão de três horas sobre toda a terra ao meio-dia, entretanto, e o tremor da terra

---

[53] *Didaqué* 16,6 fala de três sinais dos últimos dias: "Primeiro, o sinal de uma abertura no céu; depois, o sinal do toque da trombeta; e, em terceiro lugar, a ressurreição [*anastasis*] dos mortos".

[54] Inácio (*Efésios* 19), com suas referências à concepção virginal, uma estrela e formas de mágica (cf. magos) demonstra conhecimento do tipo de material popular que Mt 2 incorporou à narrativa do nascimento; talvez ele também conhecesse o material popular incorporado à NP mateana.

(e provavelmente as rochas que foram partidas ao mesmo tempo) devem ter sido visíveis a todos na área, pelo menos. Talvez Mateus reconheça isso, pois, em Mt 27,54, quando relata que "o centurião e os que com ele guardavam (montavam guarda sobre) Jesus" viram todos "estes acontecimentos" e ficaram muito assustados, ele destaca o tremor (da terra) como exemplo. Essa especificação proveitosamente reconhece que o terremoto é o fator principal em Mt 27,51b-53, influenciando os outros três fenômenos. (É o único dos quatro preservado claramente no *EvPd*.) O terremoto faz com que as rochas se partam (Mateus repete o *schizein* usado para o rasgamento do véu do santuário) e os túmulos se abram. Por si mesmos, esses três primeiros dos quatro fenômenos poderiam ter sido ocorrências naturais, pois a Palestina é propensa a sofrer terremotos; contudo, como com a escuridão sobre toda a terra (descrita por Lucas como resultado de um eclipse), a regulagem do tempo mostra que um passivo divino está sendo empregado nos verbos e que Deus está ativo em tudo isso. O quarto fenômeno, a ressurreição dos santos mortos,[55] torna isso indubitável. É preciso examinar os quatro um por um, para perceber seu significado escatológico.

A terra sacudida (Mt 27,51b).[56] Só em Mateus uma estrela saudou o nascimento do "Rei dos Judeus" (Mt 2,2.9); portanto, não é surpreendente, à guisa de inclusão, que na morte, além de a escuridão cobrir toda a terra (Mt 27,45), a própria terra seja sacudida. Em § 42, vimos que, ao descrever o eclipse relatado por Flégon, Orígenes e Eusébio fizeram referência a um forte terremoto. Provavelmente, a referência mateana a um tremor da terra, combinada com Is 6,4, explica a mudança na metáfora da tradição cristã mais tardia do rasgamento do véu do santuário na morte de Jesus para a ruptura e viravolta do lintel do Templo (ver acima, sob "Jerônimo"). Há numerosos exemplos veterotestamentários de tremores da terra

---

[55] Precisamos rejeitar, então, quaisquer tentativas de tratar os quatro fenômenos de maneira diferente. Se pelos padrões modernos os primeiros são menos sobrenaturais e mais fáceis de aceitar que os últimos, a estrutura e também o significado da cena mateana colocam todos eles no mesmo nível da intervenção divina.

[56] Embora, em geral, Riebl (*Auferstehung*) prefira um antecedente semítico pré-mateano para a descrição dos fenômenos, nas páginas 49-50 ela reconhece que o vocabulário de "E a terra foi sacudida [*seiein*]" é bem mateano. Um substantivo relacionado, *seismos* ("sacudida, tremor"), é usado para o segundo terremoto associado com a abertura do túmulo de Jesus em Mt 28,2, enquanto o verbo *seiein* é mantido para a sacudida ou o tremor dos guardas (Mt 28,4) em resposta. Anteriormente, o verbo foi usado para a agitação de Jerusalém quando Jesus entrou (Mt 21,10). A meu ver, Witherup ("Death", p. 580) força demais quando considera "sacudida" carregada de significado, embora a palavra realmente represente reação a acontecimentos referentes a Jesus.

como sinal de julgamento divino ou dos últimos tempos, por exemplo, Jz 5,4; Is 5,25; 24,18; Ez 38,19. No contexto da cólera ardente de Deus, manifestada contra o povo de Deus que é tão mau, Jr 4,23-24 relata: "Olhei para a terra e ela estava deserta e vazia; para os céus e sua luz se extinguira; olhei para as montanhas e elas trepidavam e todas as colinas se moviam". A combinação de escuridão e terremoto como parte do julgamento encontra-se também na descrição do dia do Senhor em Jl 2,10: "Diante deles, a terra treme e os céus balançam; o sol e a lua escurecem e as estrelas retiram seu brilho".[57] *Testamento de Levi* 3,9 estende a reação às regiões inferiores: "E os céus e a terra e os abismos são movidos diante da face de Sua grande majestade". Em *1 Henoc* 1,3-8, como parte do grande tremor da terra que saúda a vinda de Deus do céu para julgar o mundo, até as sentinelas celestes tremem — detalhe interessante para comparar com o segundo terremoto mateano (Mt 28,2-4), quando um anjo do Senhor abre o túmulo de Jesus e os guardas tremem de medo. Quando o Senhor vem em resposta ao grito do justo no dia de sua aflição, lemos em Sl 77,19: "A terra tremeu e se abalou" (também 2Sm 22,7-8). Em Mt 24,7-8 (Mc 13,8), terremotos marcam o início das dores dos últimos tempos. Assim, se estavam familiarizados com parte dessa origem, os leitores de Mateus não teriam dificuldade para reconhecer no tremor da terra que acompanhou o rasgamento do véu do santuário um sinal apocalíptico do julgamento evocado pela morte cruel à qual sujeitou-se o Filho de Deus. Quanto aos leitores de origem primordialmente greco-romana, Virgílio relatou que os Alpes estremeceram por ocasião do assassinato de César (ver acima, sob "Fenômenos que marcam a destruição do Templo"). Na verdade, quando quer parodiar a morte de um homem famoso, Luciano combina um terremoto com um abutre falante que voa para o céu como sinais que saúdam sua partida (*De morte Peregrini* 39).

Rochas partidas (Mt 27,51c).[58] Este pode ser considerado exemplo de paralelismo poético, que usa outros verbos para dizer a mesma coisa, como "a terra foi sacudida". Contudo, muitas vezes, o poder de Deus ao espedaçar as rochas sólidas é item especial ao descrever julgamento. A frase "o despedaçamento das rochas"

---

[57] Também Jl 4,15-16 [RSV 3,15-16]; Is 13,9-13; Ag 2,6.21; Ap 6,12; *Assunção [Testamento] de Moisés* 10,4-5.

[58] Embora *petra* ("rocha, pedra") seja mais frequente em Mateus (cinco vezes) que nos outros Evangelhos, o verbo *schizein* é usado em outras passagens de Mateus apenas para o rasgamento do véu do santuário dois versos antes, onde ele tomou-o emprestado de Marcos. Este último usa-o não só aqui, mas também no batismo, para o rasgamento dos céus (Mc 1,10).

ocorre na LXX de Is 2,19 na descrição de onde os que fogem no dia do Senhor vão esconder seus ídolos. Em 1Rs 19,11-12, como parte do que pode ser esperado em uma teofania, ouvimos falar de um vento forte que divide as montanhas e esmaga as rochas, e depois disso acontece um terremoto. Zc 14,4 descreve o juízo final com Deus vindo ficar no Monte das Oliveiras e "rasgando-o" pelo meio; Na 1,5-6 relata que, quando a cólera de Deus se desencadeia, as montanhas são sacudidas e as rochas são despedaçadas em direções diferentes. Em *Testamento de Levi* 4,1, passagem poética com um formato parecido com o de Mt 27,51b-52b, quando Deus julga os seres humanos, "as rochas se partem e o sol escurece".

Túmulos abertos (Mt 27,52a).[59] Para Mateus, a ação de Deus de abrir as entranhas da terra depois da morte de Jesus é uma inclusão com a abertura dos céus por Deus no início do ministério, no batismo de Jesus (Mt 3,16).[60] A ligação da abertura dos túmulos com o despedaçamento das rochas anterior está esplendidamente visível nas pinturas das paredes da sinagoga de Dura-Europos, que retratam a ressurreição dos mortos como parte da recuperação da vida pelos ossos ressequidos de Ez 37 — um quadro do século III[61] que é muito útil para entender como Mateus e/ou seus leitores imaginavam a cena que ele narra.[62] Ali, na montanha coberta de árvores que se parte (quase com certeza o Monte das Oliveiras partido por um terremoto),[63] rochas são partidas, desse modo abrindo túmulos escavados nas encostas da montanha e expondo corpos dos mortos e suas partes. É descrita uma figura que talvez seja o Messias davídico (ver Ez 37,24-25) que causa

---

[59] Quando eu examinar o sepultamento de Jesus, darei estatísticas sobre as várias palavras para túmulo e sepulcro; aqui, é empregado *mnemeion*, termo que Mateus usa três vezes para o túmulo de Jesus.

[60] Em contraste, Mc 1,10 e 15,38 fazem a inclusão entre o *rasgamento* dos céus e do véu do santuário.

[61] A sinagoga de Dura foi construída c. 200 d.C. As pinturas, inclusive a pintura de Ezequiel na parede norte, originam-se do período que se seguiu à ampliação em 244 d.C.

[62] H. Riesenfeld, *The Resurrection in Ezekiel xxxvii and the Dura-Europos Paintings*, Uppsala, Lundequistska Bokhandeln, 1948; R. Wischnitzer-Bernstein, "The Conception of the Resurrection in the Ezekiel Panel of the Dura Synagogue", em JBL 60, 1941, p. 43-55, esp. p. 49; U. Schubert, "Jüdische", p. 3-4; A. Grabar, "Le thème religieux des fresques de la synagogue de Doura (245-256 après J.C.)", em RHR 123, 1941, p. 143-192. Aguirre Monasterio (Exégesis, p. 84-97) relaciona aos afrescos de Dura várias reflexões litúrgicas targumínicas e judaicas a respeito de Ez 37. Nenhuma parte desse material é um guia totalmente confiável ao entendimento folclórico da ressurreição dos mortos, mas ele pode bem estar mais perto desse entendimento que a exegese moderna de textos veterotestamentários relativos ao assunto.

[63] Ver Zc 14,4, onde Deus vem a exercer julgamento no Monte das Oliveiras. A insistência mateana, no versículo seguinte (Mt 27,53), no fato de que eles entraram na cidade santa (de Jerusalém) pode ter sido influenciada pelo local do julgamento em Zacarias.

essa ressurreição dos mortos. Anterior e contemporâneo ao escrito de Mateus, há testemunho da importância que Ez 37 tinha para os justos que morriam por suas convicções a respeito de Deus. Em Massada, onde zelotas judeus fizeram sua última resistência contra os exércitos romanos em 73 d.C., no piso da sinagoga foram encontrados fragmentos de um rolo no qual estava escrito o relato por Ezequiel de sua visão da ressurreição dos ossos mortos. Consequentemente, mesmo à parte das pinturas de Dura-Europos, Ez 37,12-13 pode ser a passagem explicativa por trás da descrição mateana neste verso e no que se segue, pois apresenta a única abertura de túmulos (distinta da simples ressurreição dos mortos) descrita no AT.[64] O povo de Deus está convencido de que virá a conhecer o Senhor porque: "Abrirei vossos túmulos [mnema] e vos farei sair de vossos túmulos e vos conduzirei para a terra de Israel". Anteriormente, cada descrição de um fenômeno isolado na lista mateana de quatro em Mt 27,51b-52b, embora repetisse parcialmente em paralelismo o que precedeu (o tremor da terra partiu as rochas e assim abriu os túmulos), também proporcionou uma nova perspectiva. Isso é verdade aqui também, pois o sinal moveu-se dos céus (escuridão) e da terra (véu do santuário rasgado, terra sacudida, rochas partidas) para debaixo da terra. Que túmulos foram abertos? A resposta a isso está envolvida com a identidade dos "santos" no quarto fenômeno.

Muitos santos adormecidos ressuscitaram (Mt 27,52b).[65] "Adormecido" é frequente eufemismo neotestamentário para os mortos (1Ts 4,13; 1Cor 15,20; Jo 11,11; 2Pd 3,4). No contexto de julgamento, *1 Henoc* 91,10 imagina que "os justos se levantarão de seu sono" (também *4 Esdras* 7,32); e *2 Baruc (Siríaco)* 21,24 considera Abraão, Isaac e Jacó adormecidos na terra. (Alguns Padres da Igreja, como Agostinho e Crisóstomo, imaginaram que Mateus quis dizer que esses corpos foram despertados de seu sono da morte pelo brado e pelo forte grito de Jesus quando ele morreu [Mt 27,46.50].) Alhures no NT, os "santos" ou "sem pecado" são os que creem em Jesus (1Cor 14,23; Rm 1,7; At 9,13; Hb 13,24), do mesmo

---

[64] Notemos que Ez 37,7 menciona um terremoto (ver Grassi, "Ezekiel"). Contudo, sinto-me incrédulo quanto a uma ligação entre Ez 37,6 ("Eu darei meu espírito para vós e vós vivereis") e Mt 27,50, onde Jesus "soltou o espírito". A metáfora das duas passagens é diferente. Os santos adormecidos são ressuscitados quando a terra é sacudida no momento da morte de Jesus; não entendo que Mateus quer dizer que eles receberam o espírito solto de Jesus. Aguirre Monasterio (*Exégesis*, p. 184) afirma que Mateus usa uma expressão altamente incomum para morrer; mas, então, pode-se perguntar: se Mateus pretendia fazer um paralelo com Ez 37,6, por que não escolheu um verbo que facilitaria isso?

[65] *Egeirein ("elevar, ressuscitar")* é usado trinta e seis vezes em Mateus, treze das quais se referem à ressurreição dos mortos.

modo que, às vezes, no AT, eles são o povo de Israel (Is 4,3; Dn 7,21; 8,25). Nesta passagem, eles devem ser judeus que morreram depois de uma vida santa.[66] *1 Henoc* 61,12 coloca em paralelismo "todos os santos que estão no céu" e "todos os eleitos que moram no jardim da vida". *Testamento de Levi* 18,10-11 prevê que o sumo sacerdote ungido dos últimos dias "abrirá as portas do paraíso [...] e dará aos santos para comer da árvore da vida". Ao notar que Mateus fala dos "corpos" dos santos, em vez de simplesmente dos "santos", há quem tente distinguir entre esta ressurreição e a da pessoa integral, como se esta fosse uma ressurreição intermediária antes da ressurreição final. Entretanto, nenhuma distinção desse tipo é feita pelo uso de "corpo", pois a ressurreição dos corpos mortos dos túmulos é apenas metáfora estabelecida.[67] Até este ponto, os sinais apocalípticos foram negativos (escuridão, véu do santuário rasgado, terremoto), mas este sinal mostra o lado positivo do julgamento divino centralizado na morte do Filho de Deus: os bons são recompensados e os maus castigados.

Judeus que acreditavam na ressurreição corporal esperavam que todos os santos (justos) fossem ressuscitados e recebessem o reino (Dn 7,22; Lc 14,14), ou mesmo que todos os seres humanos devessem ser ressuscitados e recebessem de Deus destinos diferentes (Dn 12,2; Jo 5,28-29). Uma ressurreição seletiva como aqui é bastante peculiar e leva à especulação:[68] que túmulos foram abertos e que santos foram ressuscitados? O contexto mateano (Mt 27,53-54) no qual a abertura dos túmulos faz parte dos fenômenos visíveis para o centurião e outros guardas no Gólgota, e no qual os ressuscitados ficam visíveis na cidade santa, indica que Mateus pensa em túmulos de santos na área de Jerusalém próxima ao lugar onde

---

[66] Eles são os que, em outras passagens (Mt 13,17; 23,29), Mateus associa com profetas antigos, sob o título "os justos [*dikaioi*]" — mudança de vocabulário que talvez indique a origem não mateana dessa parte. (Syr^sin e Efrém leram "justos" em lugar de "santos" nessa passagem.) Embora alguns Padres da Igreja incluam gentios, o contexto em Mateus indica claramente que ele pensa em judeus — por que gentios iriam para a "cidade santa"? Sb 5,5 assim escreve sobre o destino do judeu piedoso morto: "Vede como ele é considerado entre os filhos de Deus [anjos], como compartilha a sorte dos santos [também anjos, ou humanos virtuosos mortos?]".

[67] Ver, em Is 26,19, os mortos revivendo e os que estão nos túmulos sendo levantados. Em *Diatessarão*, Taciano reconheceu a equivalência dessa terminologia ao ler "os mortos" em lugar de "muitos corpos dos santos adormecidos"; ver W. L. Petersen, NTS 29, 1983, p. 494-507.

[68] Mateus usa "muitos" com frequência e, por si só, o uso é necessariamente partitivo (ver Mt 9,10; 13,17; 24,11). "Muitos corpos dos santos adormecidos" contém um genitivo epexegético (os "muitos corpos" são "os santos adormecidos"), mas o contexto deixa claro que nem todos os justos de todo tempo e lugar foram ressuscitados.

Jesus morreu.[69] Embora alguns comentaristas sugiram que Mateus descreve a libertação das grandes figuras conhecidas da história veterotestamentária para quem a recompensa foi adiada até a redenção trazida por Jesus,[70] supõe-se que relativamente poucas delas foram sepultadas na área de Jerusalém. Devido à especulação que liga "lugar da Caveira" ao crânio de Adão (§ 40, nota 9), esse patriarca foi sugerido (Epifânio). E porque, em At 2,29, Pedro menciona que o túmulo de Davi está "conosco até hoje" em Jerusalém, aquele rei santo é outro candidato (Agostinho). Houve quem recorresse a Mt 23,37, com sua acusação de que Jerusalém matou os profetas, sugerindo a possibilidade de terem sido sepultados ali. Outros comentaristas pensaram em santos mais próximos do tempo de Jesus ou envolvidos com ele, apesar de só existir lenda quanto ao lugar onde foram sepultados. Na Antiguidade, João Batista foi citado como um dos corpos ressuscitados, embora isso fosse posto em dúvida por comentaristas mais tardios (Cornelius a Lapide), com base no fato de diversas igrejas (Roma, Amiens) alegarem ter relíquias de sua cabeça preservada. O *Evangelho de Nicodemos (Atos de Pilatos)* 17,1 diz que Jesus ressuscitou Simeão, o idoso que tomou o menino Jesus nos braços (Lc 2,25-28), bem como os dois filhos de Simeão que haviam morrido recentemente. Na verdade, seus túmulos ainda podiam ser vistos abertos e essas pessoas ilustres ressuscitadas estavam vivas e moravam em Arimateia!

Tal especulação é desnecessária, pois essa poética descrição popular é deliberadamente vaga — seu ponto forte é atmosfera, não detalhes. Observemos que os aspectos de medo, falta de reconhecimento, dúvida e prova exigida que acompanham a ressurreição e as aparições de Jesus *não* se encontram em Mt 27,52-53. A identidade do Jesus ressuscitado como o mesmo de quem a crucificação e morte tinham sido testemunhadas era importante para os autores neotestamentários; mas, aqui, a questão é o poder espantoso da ação divina, não a identidade do ressuscitado. A vinda do Reino de Deus no ministério de Jesus foi entendida não como a manifestação final do reino (isto é, a culminância onde o Filho do Homem reunirá

---

[69] Outros túmulos encontram-se adjacentes ao Calvário e ao túmulo de Jesus na igreja do Santo Sepulcro em Jerusalém e os relatos evangélicos do sepultamento de Jesus presumem a presença de uma área de sepultamento perto dali.

[70] Depois de tratar das façanhas de muitas grandes figuras veterotestamentárias, Hb 11,39-40 diz: "E todos eles, embora provados pela fé, não receberam a promessa [...], para não serem feitos perfeitos sem nós". A respeito dos profetas veterotestamentários, Inácio (*Magnésios* 9,2) escreve: "Quando chegou aquele por quem eles justamente esperavam, ele os ressuscitou dos mortos". Ver mais especificamente *Martírio (Ascensão) de Isaías* 9,17-18 (ver adiante, sob "'A cidade santa' [Mt 27,53c]").

diante dele todas as nações, designando as que devem herdar o reino preparado para elas desde a fundação do mundo, como em Mt 25,31-34), mas como uma incursão que o inaugura e antecipa. Do mesmo modo, esta ressurreição de "muitos corpos" quando Jesus morre não é a ressurreição final universal, mas uma incursão do poder de Deus significando que os últimos tempos começaram e o julgamento foi inaugurado (ver D. Hill, "Matthew", p. 80-82). No julgamento pelo sinédrio, Jesus advertiu o sumo sacerdote e as autoridades que o julgavam: "De agora em diante, vereis o Filho do Homem sentado à direita do Poder e vindo sobre as nuvens do céu" (Mt 26,64). A escuridão, o véu do santuário rasgado, a terra sacudida, as rochas partidas, os túmulos abertos e os corpos ressuscitados dos santos formam o aspecto exterior apocalíptico que esclarece o cumprimento parcial do julgamento divino subentendido naquela advertência profética, quando o Todo-poderoso reage à morte do Filho do Homem que é o Filho de Deus.

Quando se aprecia o caráter apocalíptico simbólico, poético e popular dos quatro versos de Mt 27,51b-52b com os fenômenos que descrevem, eles não apresentam nenhum grande problema. Eles estão claramente ligados à morte de Jesus na tarde de sexta-feira,[71] daí o tom sinistro de julgamento que precede a ressurreição dos santos. Mas a situação foi complicada por tentativas teológicas cristãs de entender cronologicamente os vários aspectos da morte de Jesus e de sua ida ao Pai. Uma tentativa, refletida alhures no NT e em escritos da Igreja primitiva, preenche o interstício entre a morte na sexta-feira e a descoberta do túmulo vazio no domingo cedo, fazendo Jesus descer ao inferno; e examinaremos isso no parágrafo seguinte. Outra tentativa faz toda vitória fluir da ressurreição de Jesus, e estudaremos isso em relação ao versículo seguinte (Mt 27,53).

A DESCIDA AO INFERNO. Onde ficou Jesus desde a hora em que morreu e foi sepultado até aparecer na Páscoa? Uma resposta cristã primitiva, já examinada acima (§ 41), em relação a "Este dia comigo vais estar no paraíso" (Lc 23,43), era

---

[71] Veremos que o v. 53 muda o enfoque para a Páscoa. Hutton ("Ressurrection"), recorrendo ao *EvPd* 10,41, onde os "adormecidos" são mencionados depois da ressurreição de Jesus, considera todos esses fenômenos originários de um relato transposto da ressurreição. Além da tese extremamente duvidosa de que o *EvPd* é mais original que Mateus, os elementos de julgamento colérico no v. 51bc estão ligados à escuridão sobre toda a terra ao meio-dia e ao véu rasgado do santuário, e não à ressurreição, se podemos julgar pelos relatos canônicos. Contra a defesa por Hutton da prioridade do relato do *EvPd*, ver Aguirre Monasterio, *Exégesis*, p. 115, 151; e Maisch, "Österliche", p. 102-103 — também Senior ("Death of Jesus", p. 314-318), que menciona que até a aparição de anjos na ressurreição, em Mt 28,2-4, funciona de modo diferente da aparição angelical em *EvPd* 10,39.

que ele foi para Deus ou estava no céu. Esse, afirmo, era o entendimento histórico original dos poéticos versículos mateanos que examinamos — sexta-feira era o tempo de vitória e a própria cruz era o local de julgamento, de modo que, *funcionalmente*, a ressurreição dos santos adormecidos por ocasião da morte de Jesus tem a mesma importância que o Jesus lucano levar ao paraíso o malfeitor que fora crucificado com ele no mesmo dia em que ambos morreram. Entretanto, outra perspectiva era que Jesus não só entrou no céu depois da ressurreição que aconteceu na Páscoa: e, às vezes, nesse cenário, o tempo intermediário foi ocupado com uma descida ao reino dos mortos.[72] Ali, julgava-se que ele esmagou os maus espíritos ou libertou da reclusão os santos mortos (ou, pelo menos, os arrependidos) que esperavam (na prisão ou em um tipo de limbo chamado inferno) pela redenção ou pelo acesso ao céu.[73] Essa especulação deve ter começado logo, pois parece que foi pressuposta em uma série de passagens neotestamentárias (admitidamente obscuras),[74] embora muitas vezes haja falta de especificidade quanto a quando a descida ocorreu. 1Pd 3,18-19 fala de Cristo ter sido executado na carne, mas ter recebido vida no espírito, no qual, "tendo ido, fez proclamação [*keryssein*] aos espíritos na prisão". Depois de uma referência ao que está pronto para julgar os vivos e os mortos, 1Pd 4,6 diz: "Pois é por isso que o Evangelho foi pregado até para os mortos, a fim de que, embora julgados na carne segundo seres humanos, possam viver segundo Deus no espírito". Ef 4,8-10 indica que houve uma descida para as partes inferiores da terra antes de Cristo subir às alturas levando um grande número de cativos (ver também Rm 10,6-7; Fl 2,9).

---

[72] A frase do credo "Desceu ao inferno" aparece nos Credos Oriental (fórmula de Sirmium) e Ocidental (Credo Romano Antigo, usado em Aquileia) no século IV, embora não haja unanimidade quanto ao que significa, em parte por causa de debates a respeito da posição de Orígenes de que as almas dos maus podiam ser convertidas depois da morte. Sobre tudo isso, ver W. J. Dalton, *Christ's Proclamation to the Spirits*, AnBib, Rome, PBL, 1965; 2. ed. 1989.

[73] As imagens mentais judaicas primitivas do que se seguia à morte não eram uniformes e, na verdade, muitas vezes tinham mudado drasticamente desde os tempos bíblicos (pré-exílicos), quando o Xeol não era mais que um túmulo, um lugar de escuridão e sombra (Jó 10,21) onde os corpos de todos os mortos estavam inertes, sem esperança (Jó 17,13.15). Ver N. J. Tromp, *Primitive Conceptions of Death and the Nether World in the Old Testament*, Rome, PBI, 1969. Mais próximo dos pontos de vista descritos no texto acima está *4 Esdras* 4,35-42, onde as almas dos justos perguntam quanto tempo têm de permanecer em seus compartimentos, e um arcanjo explica: no Hades, os compartimentos são como o útero, pois, quando o número pré-mensurado das idades e dos tempos estiver completo, esses lugares devolverão os que lhes foram entregues desde o começo.

[74] Muitas delas são poéticas e consistem em diversos versos (talvez de um poema maior), do mesmo modo como mencionei que Mt 27,51b-52 é poético.

Parece que nada do que está acima, a respeito da descida ao inferno, tem alguma coisa a ver com a imagem em Mt 27,52, com seus túmulos abertos e a ressurreição dos santos adormecidos por ocasião da morte de Jesus, mas temos indícios de que as duas imagens foram entrelaçadas no início do século II, senão antes.[75] Além de referências à escuridão envolvendo toda a Judeia e o ato de rasgar o véu do santuário, *EvPd* 6,21 relata que "toda a terra foi sacudida", o que revela conhecimento de um dos fenômenos caracteristicamente mateanos. Depois, em *EvPd* 10,41-42, quando o Senhor é levado do sepulcro, uma voz do céu fala: "Fizeste proclamação [*keryssein*] aos adormecidos?"; e da cruz há uma resposta obediente: "Sim". Obviamente, essa proclamação (linguagem de 1Pd 3,19) aos adormecidos (linguagem semelhante à de Mateus) tinha de ter acontecido entre a hora em que Jesus morreu e a hora em que ressuscitou. A combinação de linguagem mateana com a da descida é ainda mais óbvia em Justino (*Diálogo* 72–74), quando ele alega o cumprimento de uma citação espúria de Jeremias:[76] "O Senhor Deus de Israel lembrou-se de Seus mortos, os adormecidos na terra da sepultura; e Ele desceu até eles para pregar-lhes a Boa-nova [*euaggelizein*] de Sua salvação".[77] Justino (*Apologia* 1,xxxv e 1,xviii) faz referência a documentos (autos) do julgamento de Jesus diante de Pilatos, e conhecemos esse mesmo tipo de material lendário em forma mais tardia nos *Atos de Pilatos (Evangelho de Nicodemos)*. Ali (*Atos de Pilatos* 17ss), os ressuscitados Simeão e seus filhos, de quem os túmulos abertos ainda podem ser vistos (claramente, um eco dos fenômenos mateanos) são trazidos de Arimateia, onde agora vivem, para dar uma declaração juramentada, escrita, às autoridades judaicas a respeito dos milagres que Jesus fez no Hades, ao derrotar o Hades e Satanás, e levar ao paraíso todas as figuras famosas do AT e João Batista. Quando examinamos as tradições populares de Judas, que Mt 27,3-10 assumiu e moldou em uma narrativa a respeito do preço do sangue inocente, indicamos outras transformações desse material da morte de Judas nos Atos e em Pápias. Não é surpreendente encontrar a mesma situação aqui em tradições populares diversas a respeito dos sinais apocalípticos que acompanharam a morte de Jesus. Mesmo se autores mais

---

[75] Essa abordagem ainda é defendida por alguns, por exemplo, Bousset, R. C. Fuller, Gschwind, Neile, Pesch e Schniewind.

[76] A passagem de Jeremias, com interpretação semelhante, também se encontra em Irineu, *Contra as heresias* IV,xxii,1.

[77] Mais tarde, Eusébio (HE I,xii,20) cita uma carta apócrifa de Abgar de Edessa: "Ele foi crucificado, desceu ao Hades [...] ressuscitou os mortos; e, embora descesse sozinho, subiu ao Pai com grande multidão". O *Apocalipse de Esdras* 7,1-2 grego relata: "Fui deixado em uma sepultura e ressuscitei meus eleitos e chamei Adão do Hades".

tardios ligaram essas tradições, no relato mateano que mostra imaginosamente como a ressurreição de Jesus destruiu o poder da morte, nada sugere que o próprio autor sabia a respeito da descida ao inferno/Hades (ver Fascher, *Auferweckung*, p. 38; Aguirre Monasterio, *Exégesis*, p. 153-171).

Saída dos túmulos, entrada na cidade santa e aparições (Mt 27,53).
Já mencionei que o estilo de escrita muda notavelmente quando passamos dos breves versos coordenados da quadra (Mt 27,51b-52b), expressos no passivo aorístico, para a complexa expressão ativa participial (muito mais próxima do estilo mateano normal) em Mt 27,53. O momento que é o foco de interesse teológico também muda. Não é Jesus "primícias dos que adormeceram" (1Cor 15,20), "o primogênito dentre os mortos" (Cl 1,18)? Não dá o escrito cristão mais antigo sobre o assunto (1Ts 4,14) a ordem correta: "Jesus morreu e ressuscitou; assim, por meio de Jesus, Deus levará com ele os que adormeceram"? Como, então, podem os muitos corpos dos santos adormecidos ter sido ressuscitados (Mt 27,52b) antes de o próprio Jesus ser ressuscitado? Encontramos essa dificuldade ao examinar Lc 23,42-43, onde está subentendido que Jesus iria a seu reino na mesma sexta-feira de sua morte e levaria ao paraíso o malfeitor suspenso com ele. Ao que parece, consternados com essa perspectiva que parecia negligenciar a ressurreição e a Páscoa, escribas mudaram o "para teu reino" lucano para "em teu reino", mudando a referência para a parusia; e comentaristas explicaram que paraíso não era realmente o mais alto dos céus, para onde Jesus e seu companheiro iriam somente depois da ressurreição. Manobra semelhante está em ação em Mt 27,53, concentrada na frase em Mt 53b sobre a ressurreição, na referência terrena ou celeste da "cidade santa" em 53c e nos tipos de corpos que foram feitos visíveis em 53d.

"Depois da ressurreição dele" (Mt 27,53b).[78] Normalmente, em relação à ressurreição de Jesus, o verbo *egeirein* é traduzido transitivamente por "levantar [ressuscitar]" e *anistanai*, intransitivamente, por "levantar-se [ressuscitar]",[79] com o substantivo *anastasis* (quarenta e duas vezes no NT) traduzido como "elevação,

---

[78] É a frase mais difícil de Mt 27,51-53, mas devemos rejeitar tentativas de removê-la ou neutralizá-la, quer antigas (Códice 243; Siríaco Palestinense), quer modernas (Klostermann). Embora se possa julgar que essa frase é adição editorial ao v. 53, essa adição teria sido feita na ocasião em que o Evangelho apareceu pela primeira vez e, assim, deve ser tratada como parte de Mateus. Ver nota 106.

[79] Não desejo entrar aqui na complicada questão do agente da ressurreição, Deus ou Jesus; ver NJBC 81,133. A distinção levantar/levantar-se dada acima é simples demais, em especial para *egeirein*, pois o sentido do verbo muda conforme a perspectiva dos autores neotestamentários específicos e a passiva significa tanto "ser ressuscitado, ser levantado", como "ressuscitar, levantar".

ressurreição". Mas aqui temos a única ocorrência neotestamentária de *egersis*, "elevar, ressuscitar". Devemos entendê-lo intransitivamente, de modo que o "dele [Jesus]" que se segue é possessivo, equivalente a "depois que Jesus ressuscitou"?[80] Ou devemos dar-lhe uma força transitiva (mais esperada), de modo que o "dele" é acusativo, isto é, "depois da ressurreição de Jesus"? Como essas duas possibilidades têm a mesma conotação (e colocam Mt 27,53 no todo ou em parte em um contexto pascal), a decisão entre elas não tem importância. Mais crucial é uma terceira interpretação, que trata egersis como transitivo, com um objeto subentendido: "depois que ele os [isto é, os corpos dos santos adormecidos] ressuscitou".[81] Essa é a tradução que apresenta menos problemas interpretativos, pois não muda o enfoque da morte de Jesus na sexta-feira que ocupou a atenção nos versículos precedentes. Contudo, a própria facilidade dessa interpretação deixa-nos desconfiados de estarmos lidando com um aperfeiçoamento erudito. Além do mais, gramaticalmente isso envolve um genitivo objetivo duplo, a saber, "a ressurreição dele [deles]". Então, é mais prudente lidar com uma das duas primeiras interpretações que fazem 53b se referir à ressurreição de Jesus e, assim, a um contexto pascal.

Se traduzirmos 53b com o significado de "depois de sua [de Jesus] ressurreição", como pontuamos a oração principal em 53abc? Alguns biblistas atribuem toda a ação do v. 53 ao período pascal depois da ressurreição de Jesus (Binzler, R. C. Fuller, Sickenberger, Wenham), com o efeito gramatical de tratar 53b como aparte parentético que modifica o todo. Embora produza uma imagem atraentemente simples, isso não faz justiça ao fato de "depois da ressurreição dele" não aparecer primeiro na sentença, onde poderia modificar tudo o que se seguia. Além disso, se toda a ação do v. 53 fosse pós-ressurreição, teria sido narrada, de modo mais lógico, no capítulo seguinte de Mateus que começa na Páscoa.[82] Com mais respeito pela gramática, poderíamos pôr uma vírgula depois de 53b, de modo a juntá-lo a 53a: "Depois de ter saído dos túmulos depois da ressurreição de Jesus [no domingo

---

[80] Um bom paralelo é a LXX de Sl 139,2: "Conheceis minha *egersis*", isto é, minha elevação; similarmente Sf 3,8: "o dia de minha *anastasis*".

[81] Alguns mss. gregos minúsculos e a versão etiópica deixaram isso explícito ao ler "a elevação [ressurreição] deles", em vez de "a elevação [ressurreição] dele".

[82] Alguns biblistas (Hutton, Resch, Seidensteker, Trilling, Zeller) afirmam que este versículo, ou toda a passagem de Mt 27,51b-53, faz parte do relato no capítulo 28 e foi erroneamente colocado aqui.

ou depois dele[83]], eles...". Isso significaria que, embora eles fossem ressuscitados na sexta-feira, os santos esperaram dentro de seus túmulos até o domingo, quando Jesus ressuscitara dos mortos — cortesia extraordinária! Perspectiva menos ilógica origina-se da colocação de uma vírgula depois de 53a e, assim, juntando 53b a 53c (assim A. Schlatter, T. Zahn): "E tendo saído de seus túmulos [na sexta-feira], depois da ressurreição de Jesus [domingo], eles entraram na cidade santa; e eles [...]". Isso tiraria da sexta-feira da morte de Jesus (quando os outros fenômenos de Mt 27,51b--52b ocorreram) só uma cena composta, que consiste em dois fenômenos: a entrada na cidade santa e a aparição de 53d. Embora eu prefira esta última interpretação do v. 53, a questão importante é que este versículo muda para a Páscoa da sexta--feira dos vv. 51-52 no mínimo a consequência da saída dos túmulos, a saber, as aparições, e assim produz um ambiente que dá prioridade à ressurreição de Jesus. O *meta* ("depois") de Mt 27,53b tem tom causativo: a ressurreição de Jesus tornou possível a entrada dos santos ressuscitados na cidade santa e suas aparições ali.[84]

"A cidade santa" (Mt 27,53c). A difícil questão temporal que acabamos de examinar tem de subentender que os mortos ressuscitados passaram dias em algum lugar; e assim, é importante determinar o que Mateus imagina ao relatar que os corpos dos santos adormecidos entraram na "cidade santa". (Uma resposta a isso será, em parte, influenciada pelo fato de serem mortais ou imortais os mortos ressuscitados, questão a ser discutida em relação à oração seguinte [53d] em Mateus.) O uso dessa designação para Jerusalém em passagens como Is 48,2; 52,1; Ap 11,2, bem como antes, em Mateus (Mt 4,5-6), elimina todos os outros candidatos terrenos.[85] Contudo, não poucos intérpretes rejeitam a ideia de muitos mortos ressuscitados conhecidos serem vistos em Jerusalém — esse fenômeno em

---

[83] Estou sendo cauteloso porque os relatos evangélicos da ressurreição não dizem que Jesus ressuscitou dos mortos no domingo (embora isso seja subentendido alhures em algumas das fórmulas do "terceiro dia"). Eles indicam que ele estava ressuscitado no domingo, pois nesse dia o túmulo foi encontrado vazio.

[84] SPNM 317. Observemos o pensamento de Inácio (*Magnésios* 9,1), que escreveu não muito depois de Mateus: "o dia do Senhor, no qual também nossa vida se levantou por meio dele e de sua morte". O propósito dos santos ressuscitados não é testemunhar contra Jerusalém, pois não há nada negativo nesta cena de aparições e Mateus certamente não usaria "cidade santa" para Jerusalém em uma cena de condenação pelos "santos". Os seletos videntes da cidade santa compartilham a santidade dos que são vistos. No verbo *emphanizein*, há um elemento de revelação, de deixar claro: os santos ressuscitados são um testemunho da vitória de Jesus sobre a morte.

[85] Por que Mateus usa a designação "a cidade santa" [*hagios*], em vez de falar diretamente de Jerusalém? Está tirando proveito de uma designação comprovada que contém a mesma palavra que ele acabou de usar para os "santos" (*hagioi*) em 52b?

grande escala teria deixado alguns vestígios na história judaica e/ou secular! Consequentemente, apelam para o uso de "cidade santa" para uma nova Jerusalém celeste em Ap 21,2.10; 22,19 ("a cidade que está para vir" de Hb 13,14) e interpretam Mt 27,53c com o significado de que os mortos ressuscitados entraram no céu depois da ressurreição de Jesus.[86] Certamente, isso concorda com descrições onde o Jesus ressuscitado leva uma hoste ao céu (por exemplo, Ef 4,8). O *Martírio (Ascensão) de Isaías* 9,7-18 descreve como os justos do tempo de Adão em diante tiveram de esperar até a encarnação de Cristo para receber suas coroas; ele defraudou o anjo da morte ressuscitando dos mortos, e quando ascendeu ao sétimo céu, eles ascenderam com ele. *Testamento de Daniel* 5,12 traz "os santos" revigorando-se no Éden e os justos alegrando-se na Nova Jerusalém. Contudo, há uma imperfeição fatal na interpretação desta "cidade santa" celeste de Mt 27,53c: "Eles foram feitos visíveis a muitos" em 53d certamente não pode se aplicar ao céu! Nem se refere a aparições terrenas depois de uma ida não mencionada ao céu (ver Winklhofer, *"Corpora"*, p. 41-43), pois Mateus não demonstra nenhum interesse no tempo intermediário. Com certeza, o propósito é referir-se a aparições na Jerusalém terrena.

"Eles foram feitos visíveis a muitos" (Mt 27,53d). Considerada sozinha, a referência poética à ressurreição dos santos adormecidos em Mt 27,52ab seria, sem dúvida, interpretada como ressurreição para a vida eterna.[87] O que é acrescentado em Mt 53d a respeito de aparições em Jerusalém não contesta necessariamente essa interpretação. Afinal de contas, foram atribuídas aparições em Jerusalém a Jesus, que certamente gozava da vida eterna.[88] A ideia de que os corpos dos santos adormecidos foram feitos visíveis (passiva de *emphanizein*, indicando que Deus foi

---

[86] Ver Gschwind, *Niederfahrt*, p. 192. Eusébio (*Demonstratio evangelica* IV,xxii,4; GCS 23,169), usando terminologia mateana, relata que, depois da ressurreição, muitos corpos dos santos adormecidos levantaram-se (*anistanai*) e foram levados com ele para a cidade santa e *verdadeiramente celeste* (também X,viii,64; GCS 23,483).

[87] Que a vida eterna esteja envolvida é afirmado por muitos Padres da Igreja, por exemplo, os alexandrinos (Clemente, Orígenes, Cirilo), Epifânio, Eusébio, Gregório de Nissa e Anselmo.

[88] Essas aparições de Jesus são narradas por Lucas e João: Mateus tem uma aparição perto do túmulo a Maria Madalena e à outra Maria (Mt 28,1.9-10), mas nenhuma aparição de Jesus na cidade. Tem sido sugerido que a aparição desses muitos mortos ressuscitados na cidade santa compensa por essa falta em Mateus.

o agente[89]) a muitos na cidade santa, mas implicitamente não a todos, corresponde ao que Pedro declara em Jerusalém em At 10,40-41: "Deus ressuscitou Jesus no terceiro dia e concedeu-lhe tornar-se visível [*emphanes*] não a todo o povo, mas a nós". Entretanto, há diferenças importantes. Os autores neotestamentários lembram-se da identidade daqueles aos quais o Jesus ressuscitado foi feito visível e colocam um ponto final nessas aparições, exatamente quando descrevem a partida de Jesus ao ser elevado ao céu (1Cor 15,5-8; Lc 24,51; At 1,3.9; Mc 16,19). Não há nenhuma outra memória dos santos ressuscitados mateanos; as pessoas da cidade santa às quais eles apareceram não são identificadas e não somos informados a respeito de quando, ou se, eles foram para o céu. Consequentemente, no pensamento cristão primitivo surgiu outro entendimento dos santos ressuscitados: eles não foram elevados à vida eterna, mas (como os ressuscitados por Jesus durante seu ministério) foram apenas ressuscitados para a vida normal. Foi realizado um milagre, mas não o milagre de uma ressurreição como a de Jesus. Eles foram "feitos visíveis" em seus corpos usuais e morreriam novamente.[90] Essa concepção está por trás da já mencionada afirmação, no *Evangelho de Nicodemos*, de que os ressuscitados incluíam Simeão e seus dois filhos, que haviam morrido recentemente (e assim, é de se presumir que não estavam decompostos — lembremo-nos de que os ressuscitados por Jesus durante o ministério haviam acabado de morrer). O caráter comum de sua existência renovada confirma-se pelo relato de que moravam em Arimateia. Eusébio (HE IV,iii,2) cita o apologista Quadrato, que viveu durante o reinado de Adriano (117-138), a respeito dos que ressuscitaram dos mortos: "Depois da partida de Jesus, eles existiram por longo tempo e alguns deles chegaram até os nossos dias". Embora repita em parte o caráter popular dos fenômenos intensos associados à morte de Jesus,[91] esse folclore é bastante impróprio para o impulso apocalíptico

---

[89] Como observa Witherup ("Death", p. 581), este verbo (*emphanizein*) na passiva tem sentido ativo ("aparecer"); mas, no caso dos mortos ressuscitados, só Deus pode fazê-los aparecer. Contudo, a observação de Witherup demonstra que esse não é o mesmo tipo de passiva encontrado antes nos quatro verbos da quadra (Mt 27,51b-52b).

[90] Sustentado por Crisóstomo, este ponto de vista teve sólido seguimento no Ocidente: Tertuliano, Ambrósio, Agostinho, Tomás de Aquino (*Suma teológica* IIIa, q. 53, a. 3) e Suarez; e ainda tem defensores: Cullmann, Fascher, Lagrange, Vosté e Witherup. Uma terceira e menos conhecida interpretação pressupõe que corpos aparentes estavam envolvidos: nem mortais, nem imortais (Lucas de Bruges, 1606 d.C.).

[91] Citei anteriormente paralelos em descrições greco-romanas da morte de pessoas famosas ou instituições para mostrar que os fenômenos evangélicos eram inteligíveis para leitores daquelas origens,

daqueles fenômenos. Se nos lembrarmos de que o critério de interpretação precisa ser o que Mateus queria dizer com sua narrativa (não o que achamos que aconteceu), a concatenação de sinais nos céus, na terra e sob a terra certamente não nos permite pensar que a culminância foi a ressuscitação para a vida normal. Os que foram ressuscitados por Jesus durante o ministério não tinham de aparecer nem ser feitos visíveis a alguns; essa descrição só faz sentido a respeito dos que são elevados a outra esfera, do mesmo modo que Jesus foi elevado e apareceu.

De modo geral, então, parece que a melhor interpretação de Mt 27,53 é a seguinte: aos vv. 51b-52b, fragmento poético que descreve quatro fenômenos escatológicos associados com a morte de Jesus, Mateus acrescentou outros dois fenômenos escatológicos associados com a ressurreição de Jesus, a saber, saírem dos túmulos para entrarem em Jerusalém e serem feitos visíveis para muitos. Assim, os que foram elevados à vida eterna por ocasião da morte de Jesus fizeram suas aparições depois da ressurreição dele. Esses santos entraram em Jerusalém, a cidade santa, perto da qual Deus julgará todos no fim dos tempos; e suas aparições atestaram que Jesus conquistara a morte e prometera que, no fim, todos os santos ressuscitariam. Mateus não relata o que lhes aconteceu depois das aparições em Jerusalém, do mesmo modo que não relata o que aconteceu a Jesus depois de sua última aparição (Mt 28,16-20). É de se supor estar manifesto que tanto ele como eles, tendo sido libertados da morte, doravante habitam com Deus.[92] Deixarei para a ANÁLISE a seguir a questão do motivo de Mateus expandir a tradição.

---

   independentemente do valor teológico que pudessem atribuir a esses prodígios. Díon Cássio (*História*, LI,xvii,5) relata que, na queda de Alexandria para os romanos, "os espíritos desencarnados [*eidolon*] dos mortos foram feitos visíveis".

[92] Epifânio (*Panarion* LXXV,vii,6-7; GCS 37,339) fala dos santos ressuscitados que vão junto com Jesus à cidade santa, isto é, na Jerusalém terrena para aparecer e na Jerusalém celeste para estar com Deus. Bieder (*Vorstellung*, p. 54) relata a tese de Diodoro de Tarso, segundo a qual eles foram levados para o alto como Elias.

Análise

Todos os fenômenos que examinamos nesta seção representam uma interpretação teológica da consequência da morte de Jesus, interpretação na linguagem e metáforas do apocalíptico. Indiquei no COMENTÁRIO que fazer de sua historicidade literal uma grande preocupação é deixar de entender sua natureza como símbolos e o gênero literário no qual são apresentados.[93] Exemplo comparável seria os leitores de c. 4000 d.C. debaterem a historicidade literal do livro de George Orwell, *1984*: Orwell foi um intérprete extremamente perceptivo das forças destrutivas à solta durante sua vida, mas sua visão era discriminativa, não uma história do que realmente aconteceu em um ano específico. (Ou para dar um exemplo dos tempos neotestamentários, certamente não podemos pressupor a historicidade literal dos sinais apocalípticos que Pedro vê cumpridos em Pentecostes em At 2,19-20, por exemplo, a lua transformar-se em sangue.[94]) Admitindo que, para a fé cristã, a entrega voluntária do Filho de Deus mudou as relações humanas com Deus e assim transformou o cosmos, a metáfora apocalíptica era, de muitas maneiras, um meio mais eficiente para comunicar as verdades que ultrapassam a experiência comum do que seria a dissertação discursiva. Com todas as suas imagens vigorosas, os apocalipticistas ainda escrevem dentro da esfera limitadora da aproximação humana; eles demonstram uma percepção de que não exauriram a riqueza do que é do outro mundo — percepção que uma exposição mais precisa e prosaica às vezes obscurece.

---

[93] A questão da historicidade literal da abertura dos túmulos, da ressurreição dos corpos dos santos adormecidos e suas aparições a muitos na cidade santa (Mt 27,52-53) não é a mesma que a questão de o corpo de Jesus ter apodrecido no túmulo e ele ter sido visto por muitos. Ver, acima (sob "*Eles foram feitos visíveis a muitos*"), a atmosfera muito diferente nos relatos desses dois acontecimentos.

[94] Para alguns, não afirmar a historicidade do rasgamento do véu do santuário, ou do terremoto, ou das aparições dos mortos ressuscitados, todos narrados em relação à morte de Jesus, é negar uma diretriz ou inspiração dos relatos evangélicos. Estranhamente, esse julgamento deprecia o poder singular de Deus que busca proteger. Se os seres humanos pudessem fazer uma rica exposição do significado da morte de Jesus em linguagem e gênero diferentes da história, em que bases se negaria a liberdade de Deus para proporcionar orientação a essa expressão?

A. As teologias dos evangelistas ao relatar o rasgamento do véu do santuário

Embora os três sinóticos o relatem, não há dúvida (mesmo se julgarmos simplesmente pelo vocabulário) de que um relato básico foi copiado para os outros dois Evangelhos e, por analogia com o que vimos em outras passagens, não há nada que nos faça duvidar de que o relato básico era o de Marcos. Marcos usa e até exprime esse fenômeno para corresponder a sua organização da narrativa evangélica e seu propósito teológico. Na macroescala do Evangelho inteiro, o rasgamento dos céus em Mc 1,10-11 marcou o início da misericordiosa intervenção de Deus quando o Espírito desceu sobre Jesus e a voz celeste declarou: "Tu és o meu Filho amado"; e o rasgamento do véu do santuário, no final do Evangelho, marca a cólera divina para com as autoridades de Jerusalém que, tendo escarnecido daquela identificação, crucificaram o mesmo Filho. O versículo seguinte mostrará que Deus agora se voltará para estranhos que reconhecem o que os líderes do povo de Jesus não reconheceram: "Verdadeiramente, este homem era Filho de Deus". Na microescala da NP, o escárnio, durante o julgamento do sinédrio e na cruz (Mc 14,58; 15,29), da afirmação de Jesus de que ele destruiria este "santuário" foi agora respondido, e mostra que Jesus falou a verdade: o véu que demarcava o santuário como espaço santo foi rasgado de alto a baixo, em dois — não há mais verdadeiramente um santuário no Templo de Jerusalém, pois Deus já não está presente ali.[95] Embora Marcos ligasse esse julgamento colérico ao momento da morte de Jesus, se ele e seus leitores vivessem quando as legiões romanas sob Tito incendiaram o Templo de Jerusalém, teriam considerado o rasgamento do véu do santuário como presságio dessa destruição mais material que estava para vir.

Entretanto, o uso e até a reformulação marcanas não comprovam a criação marcana. No COMENTÁRIO, ao comparar o simbolismo marcano do véu rasgado com o simbolismo da passagem de Jesus pelo véu em Hebreus (acima, nesta mesma seção, sob "O véu em Hebreus"), achei boa razão para sugerir que, em um estágio pré-marcano, os cristãos perceberam que a morte de Jesus redefiniu a presença

---

[95] A palavra "santuário" é o instrumento primordial de Marcos para ligar os textos que envolvem a afirmação de Jesus no julgamento do sinédrio e seu cumprimento no momento de sua morte. Ver acima (no início desta seção, sob "O papel deste fenômeno nas narrativas evangélicas") a possibilidade de existir uma ligação secundária entre o ato do sumo sacerdote de *despedaçar* suas vestes ao ouvir a blasfêmia na afirmação de Jesus, diante do sinédrio, de que era o Filho do Bendito e o ato de Deus rasgar o véu do santuário, área acessível exclusivamente a sacerdotes, a fim de mostrar que a blasfêmia foi contra o Filho de Deus.

divina entre o povo escolhido para ser de Deus. Mesmo quando a literatura judaica primitiva descrevia o julgamento divino corretivo concentrando-se na devastação do lugar sagrado de Jerusalém (cuja santidade Deus parou de proteger), daí a reflexão cristã sobre o simbolismo nesse lugar sagrado do véu, que demarcava a santa presença de Deus. (Afirmei não ser preciso decidir se, originalmente, a referência era ao véu exterior ou interior: não há nada nas narrativas evangélicas que especifique isso, e os leitores dos Evangelhos talvez nem conhecessem essa diferença, embora os leitores de Hebreus fossem orientados para o véu interior.) É provável que a tradição pré-marcana já considerasse o rasgamento do véu hostil, e Marcos intensificou isso fazendo o véu rasgado "do santuário" confirmar as referências anteriores da NP à destruição do santuário por Jesus. O autor de Hebreus viu possibilidades positivas no véu: Jesus passou pelo véu carregando sangue para oferecer um sacrifício eterno no lugar sagrado celeste e, como precursor, levou outros a segui-lo. Nas duas interpretações (a de Marcos e a de Hebreus) o santuário terreno, aquele construído por mãos humanas, já não tinha sentido.

Lucas e Mateus combinaram o rasgamento do véu do santuário, que tomaram de Marcos, com outros sinais apocalípticos. Sem acrescentar novos sinais, *Lucas* fez isso mudando o rasgamento para antes da morte de Jesus e unindo-o à escuridão. Ao meio-dia, Deus espalhou a escuridão sobre a terra inteira (Lc 23,44-45a), encolerizado pela morte próxima na cruz de um Jesus a quem, anos antes, no recinto do Templo, Simeão havia saudado como "luz para ser uma revelação para os gentios e ser uma glória para teu povo Israel" (Lc 2,32). Do mesmo modo, encolerizado,[96] Deus rasgou o véu desse santuário, onde anos antes o sacerdote Zacarias ouvira o anjo Gabriel proclamar o início da volta de muitos filhos de Israel ao Senhor seu Deus (Lc 1,8-23, esp. 1,16). Por meio da relocalização lucana, a destrutibilidade do rasgamento, que Marcos enfatizou em seu padrão de cumprimento de profecias, deu preferência a seu outro papel (secundário em Marcos) como sinal de destruição futura. Para Lucas, há um período de graça para o arrependimento (At 3,17-21), mas de maneira essencial e inevitável estão próximos os dias em que os hierosolimitas dirão às montanhas: "Caí sobre nós" (Lc 23,30). Recorrendo à tradição popular, *Mateus* relaciona o ato de Deus rasgar o véu do santuário a outros sinais

---

[96] No COMENTÁRIO, expliquei por que não aceitei a ligação do véu rasgado com a oração final, de confiança, de Jesus, de modo a ele se tornar sinal positivo dos céus abertos.

apocalípticos, dados por Deus, que intensificam o julgamento provocado pela morte na cruz do Filho de Deus.

Mas, antes de analisarmos os sinais mateanos adicionais, devemos considerar o *EvPd*, que exemplifica outras circunstâncias que refletem a imaginação popular. Como na descrição sinótica comum, *EvPd* 5,15 colocou a escuridão que "tomou conta de toda a Judeia" ao meio-dia, antes que o Senhor fosse "levado para o alto" (*EvPd* 5,19), mas não sem dramatizar o efeito da escuridão: "Muitos circularam com lâmpadas, pensando que era noite, e eles caíram" (*EvPd* 5,18). Depois de relatar a partida do Senhor, mas "na mesma hora [meio-dia]",[97] *EvPd* 5,20 relata o rasgamento do véu do santuário de Jerusalém; e só em *EvPd* 6,22 ficamos sabendo: "Então o sol brilhou e descobriu-se ser a nona hora". Em outras palavras, a ambiguidade sinótica a respeito de quando a escuridão terminou (§ 42, sob "Escuridão na sexta hora") é utilizada para fazer as três horas de ausência do sol envolverem a cena da morte e sua consequência imediata.[98] Dentro dessa estrutura, surge o tremor da terra, mas não como parte de uma quadra poética expressando um julgamento apocalíptico por Deus, como em Mateus. A terra treme quando o corpo do Senhor é colocado sobre ela, efeito que produz "grande medo"[99] (*EvPd* 6,21b). Pouco antes de ser elevado, o Senhor gritou: "Meu poder, Ó poder, tu me abandonaste" (*EvPd* 5,19); mas esse exercício de discernimento teológico adapta o terremoto para mostrar que o corpo morto retém o poder divino,[100] um corpo que

---

[97] Notemos a indicação de que Jesus morreu ao meio-dia. A sexta hora ou meio-dia é a única menção de tempo encontrada nos quatro relatos canônicos da crucificação, embora o que acontece ao meio-dia varie: condenação por Pilatos (João); escuridão depois de uma crucificação às 9 da manhã (Marcos); escuridão sem indicar que a crucificação tivera lugar muito antes (Mateus, Lucas).

[98] Assim, a combinação no *EvPd* do véu despedaçado com a escuridão difere da combinação lucana que acabamos de examinar. O fato de *EvPd* 6,22 relatar que "o sol brilhou" depois da notícia de que Jesus "foi levado para o alto" (*EvPd* 5,19) deixa claro que a lei duas vezes mencionada a respeito de o sol não se pôr sobre alguém que morreu (*EvPd* 2,5; 5,15) não foi transgredida.

[99] Em minha abordagem ao *EvPd*, pressupus que esporadicamente a tradição popular pré-mateana à qual Mateus recorreu continuou sua evolução e foi essa etapa de evolução mais tardia que o *EvPd* recorreu. Contudo, o EvPd também recorreu a uma lembrança do conteúdo de Mateus. No caso presente, diante de pelo menos duas possíveis derivações, creio que o *EvPd* se explica melhor como dependente de Mateus. Entretanto, no caso da tradição relacionada de que, entre a morte e a ressurreição, o Senhor fizera uma proclamação aos adormecidos (*EvPd* 10,41), creio que o *EvPd* estava recorrendo a outros desdobramentos da tradição popular, pois não encontro nenhuma prova de que Mateus sabia da "descida ao inferno" (acima, sob "A descida ao inferno").

[100] Embora isso possa ser desvalorizado como perspectiva mágica, também pode ser uma apreciação, expressa com simplicidade, da encarnação e seus resultados duradouros.

EvPd 10,40 descreve como tão gigantesco que a cabeça se esticava além dos céus. *EvPd* nos dá uma confirmação antecipada do fascínio em formação pelos fenômenos da morte que vimos (acima, sob "Josefo" e "Jerônimo") em plena florescência no período patrístico.

B. A teologia de Mateus ao relatar os fenômenos especiais

Mateus herdou de Marcos dois fenômenos escatológicos (escuridão sobre toda a terra ao meio-dia e o véu rasgado do santuário) como sinais do julgamento divino em reação à morte do Messias, o Filho de Deus. A eles, Mateus acrescentou outros seis fenômenos, também sinais escatológicos ou mesmo apocalípticos por natureza. Quatro deles encontram-se em Mt 27,51b-52b, em uma quadra poética de orações principais paratácticas subdivisíveis em dois dísticos, um ameaçador (terra sacudida, rochas partidas), o outro encorajador (túmulos abertos, corpos dos santos ressuscitados). O COMENTÁRIO mostrou até onde os quatro sinais faziam eco à Escritura. Como os fenômenos tomados por empréstimo de Marcos, os fenômenos na quadra apresentavam uma forma dramática na qual pessoas comuns, familiarizadas com o pensamento veterotestamentário, entendiam que a morte de Jesus na cruz apresentara o dia do Senhor com todos os seus aspectos, negativos (cólera e julgamento divinos) e positivos (conquista da morte, ressurreição para a vida eterna).[101] A quadra representava uma forma de pensamento cristão (muitas vezes primitivo) que ligava a resposta divina a um dos momentos usados para descrever a passagem de Jesus além do tempo, sem explicar a resposta cronologicamente, atribuindo resultados diferentes aos passos individuais, em uma sequência de crucificação, ressurreição, ascensão e dom do Espírito. Tentativas primitivas de identificar o tremor da terra com um terremoto também conhecido do fim dos anos 20, e de identificar quais os mortos que foram ressuscitados, mesmo que elas tenham objetivos teológicos próprios, mostram incompetência para preservar o caráter simbólico da linguagem bíblica estabelecida de apocalíptica.

---

[101] O significado dos fenômenos é escatológico, não cristológico, pois Deus é o agente, não Jesus. Entretanto, o fato de Deus fazer isso por causa da morte de Jesus tem consequências para a identidade de Jesus, e isso é reconhecido pela confissão dele como Filho de Deus, feita pelo centurião e os guardas que estavam com ele em Mt 27,54. Quanto à soteriologia, aqui a morte de Jesus não ressuscita os mortos. Deus os ressuscita na ocasião dessa morte.

O estilo da quadra em Mt 27,51b-52b não é tipicamente mateano, e o caráter imaginativo e dramático dos fenômenos sugere um fragmento poético pré-mateano que circulava em círculos populares.[102] (Na nota 50, acima, indiquei outros poemas ou hinos breves que tratavam do evento morte-ressurreição-ascensão.) Afirmei que o véu do lugar sagrado era um símbolo associado com a morte de Jesus em nível pré-marcano, pois aparece de outra maneira em Hebreus. Talvez já a frase passiva aorística "o véu foi rasgado", preservada nos três Evangelhos canônicos e só ligeiramente adaptada no *EvPd*, também fosse pré-marcana.[103] A imitação do padrão podia ter dado origem a uma quadra no mesmo estilo passivo aorístico, amontoando, uns sobre os outros, presságios apocalípticos que interpretavam a morte de Jesus. Essa quadra pode ter chegado até Mateus proveniente dos mesmos círculos que forneceram algum material sobre a narrativa da infância (em especial a história dos magos, a estrela e o rei cruel do capítulo 2) e o relato da morte de Judas, perseguido pelo medo do sangue inocente.[104] Esse material é quase totalmente composto de ecos entrelaçados da Escritura e, em um grau não atestado em outras passagens de Mateus, dá rédeas à imaginação quanto a símbolos. O fato de Jerusalém estar envolvida em todas essas cenas sugere que, aqui, embora muito modificadas por Mateus, ouvimos elaborações da história de Jesus que se originou entre os cristãos

---

[102] Os que pressupõem uma unidade pré-mateana (por trás da quadra ou do conjunto de Mt 27,51b-53) incluem Aguirre Monasterio, Bartsch, Bieder, Fischer, Haenchen, Hauck, Hirsch, Plummer e Riebl. Na questão de vocabulário e estilo pré-mateano, ver Aguirre Monasterio, *Exégesis*, p. 29-56.

[103] Marcos, então, ao acrescentar "santuário", levou essa frase para uma sequência pela qual ela cumpriu duas passagens anteriores que prediziam a destruição do santuário.

[104] Consistente com sua costumeira aversão a pressupor qualquer tradição pré-mateana claramente definida (que não Marcos ou Q), Senior ("Death of Jesus", p. 320; "Matthew's Special Material", p. 282-285) defende a composição mateana da quadra. Ele alega que o principal argumento para a posição pré-mateana é a parataxe dos quatro versos, e apresenta um exemplo de parataxe formado por Mateus nos quatro versos de Mt 7,25. A fraqueza desse argumento aparece se traduzirmos o último versículo literalmente: "E caiu a chuva, e vieram os rios, e sopraram os ventos, e bateu contra aquela casa". Primeiro, essa estrutura quádrupla é menos regular que a de Mt 27,51b-52b, como veremos na mudança do padrão de sujeito na última oração. Segundo, a ordem das palavras é diferente, e é precisamente a ordem das palavras nos vv. 51b-52b (com o verbo por último) que sugere a Riebl (*Auferstehung*, p. 58-60) um antecedente semítico (escrito). Terceiro, apesar do padrão de quatro versos, a descrição do que acontece em Mt 7,25 é concreta (isto é, os fenômenos são os da experiência comum), enquanto o conteúdo de Mt 27,51b-52b é altamente imaginativo e faz eco à Escritura, do mesmo modo que o outro material popular característico de Mateus mencionado acima. A alegação de que, de vez em quando, Mateus sozinho de repente surgia criando tal material é muito menos verossímil que a alegação de que ele incorporou material popular que surgiu em torno do nascimento e da morte de Jesus. Quarto, se Mateus criou a quadra nos vv. 51b-52b e mencionou mais fenômenos no v. 53, por que ele mudou o estilo tão bruscamente de uma das passagens para outra?

de Jerusalém. A objeção de que, apesar de aspectos semitizantes, a quadra pré-mateana perceptível existia em grego (não em semítico) não refuta as origens em Jerusalém. Os hinos lucanos da infância, que também podem ter sido de origem cristã hierosolimita, são conhecidos apenas em grego semitizado, apesar de tentativas (não convincentes) de reconstruir os originais semíticos (BNM, p. 418-423).

Aos quatro fenômenos da quadra, Mt 27,53 acrescentou mais dois (entrada dos santos ressuscitados na cidade santa, sendo feitos visíveis a muitos) em um versículo de construção notadamente diferente de Mt 51b-52b e mais próximo do estilo próprio de Mateus. Há quem afirme que temos aqui outro fragmento de tradição pré-mateana, mas é mais provável que Mateus tenha suplementado a quadra com um comentário próprio.[105] Por quê? É possível sugerir dois motivos prováveis.

O primeiro motivo mateano implicava estender o simbolismo escatológico à Páscoa e ligá-lo à ressurreição de Jesus. Mateus agiu sob a influência de uma tendência do pensamento cristão que caracterizava Jesus como o primogênito ou as primícias dos mortos (acima, sob "Saída dos túmulos, entrada na cidade santa e aparições") — aspecto aparentemente negligenciado ao localizar a ressurreição dos santos adormecidos na sexta-feira antes da ressurreição de Jesus. Sem mudar essa apresentação, Mateus faz mais justiça à prioridade de Jesus, ao relatar que os santos que foram ressuscitados na sexta-feira entraram na cidade santa e foram feitos visíveis a muitos só "depois da ressurreição dele".[106] A liberdade dos cristãos primitivos para ligar o simbolismo escatológico a qualquer um dos acontecimentos da sequência morte-ressurreição-ascensão-dom do Espírito (que são, do ponto de vista divino, apenas aspectos diferentes de um momento intemporal) está exemplificada também em At 2,16-20. Essa passagem vê cumprido em Pentecostes o que foi profetizado por Joel: antes da chegada do dia do Senhor, prodígios no céu, em cima,

---

[105] Há duas objeções, originárias do vocabulário, a atribuir o v. 53 a Mateus. Em outras passagens, ele não usa *emphanizein* ("fazer visível"); mas o adjetivo *emphanes* é usado em At 10,40 em relação ao Jesus ressuscitado e, assim, talvez estejamos lidando com linguagem de ressurreição-aparição. Alhures, Mateus não usa *egersis* ("elevação"), mas provavelmente quer continuar a partir de *egeirein*, no v. 52b: os santos foram elevados antes e, agora, Mateus concentra-se na elevação de Jesus. Positivamente para a composição mateana: entre os Evangelhos, só Mateus usa "cidade santa" para Jerusalém, a saber, quando o diabo levou Jesus até ali para tentá-lo e questionar se ele era realmente o Filho de Deus (Mt 4,5-6; cf. 5,35). O caso presente de entrar na "cidade santa" é seguido por uma confissão de Jesus como o Filho de Deus.

[106] Considero esta frase a chave para a perspectiva teológica de Mateus, por isso rejeito a sugestão (ver Riebl, *Auferstehung*, p. 54-56) de que ela representa reorganização pós-mateana.

e sinais na terra, embaixo (sangue, fogo, nuvem de fumaça, sol transformado em escuridão, lua transformada em sangue). A passagem dos Atos, ao enfatizar sinais apocalípticos, é o equivalente lucano de Mt 51b-53. Além de revelar flexibilidade quanto ao acontecimento salvífico aos quais os sinais podiam ser ligados, lança luz sobre a interpretação de Mateus de duas outras formas. Primeiro, adverte contra historicizar com demasiada facilidade o simbolismo. Como mencionei no início da ANÁLISE, tem havido algumas tentativas de afirmar que, em Pentecostes, a lua realmente se transformou em sangue, enquanto tem havido muitas tentativas de tratar os sinais escatológicos mateanos como históricos. Além disso, a passagem dos Atos é explicitamente uma citação da Escritura, e essa observação leva-nos mais adiante em nossa busca para determinar por que Mateus se sentiu impelido a suplementar a quadra dos vv. 51b-52b que ele recebeu da tradição popular.

O segundo motivo mateano para acrescentar o v. 53 foi o cumprimento da Escritura. Acima, mencionei o quanto Ez 37, com sua descrição criativa da animação dos ossos secos, influenciou a imaginação judaica na descrição da ressurreição dos mortos. É provável que a primeira parte de Ez 37,12-13, "Eu abrirei vossos túmulos", tenha moldado o terceiro verso da quadra de Mt 27,51b-52b, "e os túmulos foram abertos". Mas a passagem de Ezequiel continua: "E vos farei sair de vossos túmulos e vos conduzirei para a terra de Israel. Então sabereis que eu sou o Senhor". Do mesmo modo que em outras passagens Mateus realça a origem e a natureza de materiais tirados de Marcos, também aqui, biblicamente, ele transcende a quadra ao apresentar, em Mt 27,53, o cumprimento do restante da passagem de Ezequiel: "E tendo saído dos túmulos [...], eles entraram na cidade santa [de Jerusalém]". Outra passagem bíblica pode ter moldado a adição mateana, em especial a última oração, "e eles foram feitos visíveis a muitos", isto é, Is 26,19 (LXX): "Os que estão nos túmulos serão ressuscitados e os que estão no território [na terra] se rejubilarão". Assim, no que ele acrescenta a Marcos (a quadra tirada da tradição popular e seu comentário a respeito dela), Mateus aperfeiçoou o discernimento teológico. Em linguagem e metáforas apocalípticas tomadas por empréstimo da Escritura, ele ensina que a morte de Jesus e sua ressurreição ("elevação") marcaram o início dos últimos tempos[107] e do julgamento divino, sacudindo a terra como um acompa-

---

[107] De certa maneira, para Mateus os últimos tempos começaram com o nascimento do Messias; mas havia diferentes aspectos dos últimos tempos e, aqui, chegamos ao momento escatológico de castigo e recompensa.

nhamento à escuridão ameaçadora que se espalhou sobre ela e elevando os santos a uma nova vida. Esses santos são judeus; na parte seguinte da cena, para a qual nos voltaremos agora, Mateus apresentará gentios (o centurião e os guardas que estavam com ele) e sua confissão de fé. Desde o nascimento de Jesus (que incluiu José e os magos) até sua morte, Mateus está interessado em mostrar que Jesus trouxe salvação aos judeus e igualmente aos gentios.[108] Assim, na linguagem de Ezequiel, por meio do Filho de Deus eles vêm a saber "que eu sou o Senhor".

(A bibliografia para este episódio encontra-se em § 37, Partes X e XI.)

---

[108] Entretanto, talvez valha a pena salientar que os aspectos salvíficos positivos desta imagem concentram--se na elevação (ressurreição) dos mortos e na confissão pelo centurião, não no rasgamento do véu do santuário.

§ 44. Jesus crucificado, quarta parte: Acontecimentos posteriores à morte de Jesus – b. Reações dos presentes (Mc 15,39-41; Mt 27,54-56; Lc 23,47-49; Jo 19,31-37)

Tradução

Mc 15,39-41: ³⁹Mas o centurião que tinha estado de pé ali na frente dele, tendo visto que ele assim expirou, disse: "Verdadeiramente, este homem era Filho de Deus". ⁴⁰Mas havia também mulheres observando de longe, e entre elas Maria Madalena e Maria, mãe de Tiago Menor e de Joset, e Salomé ⁴¹(que, quando ele estava na Galileia, costumavam segui-lo e servi-lo), e muitas outras que tinham subido com ele a Jerusalém.

Mt 27,54-56: ⁵⁴Mas o centurião e os que com ele estavam guardando (montando guarda sobre) Jesus, tendo visto o tremor (de terra) e estes acontecimentos, temeram excessivamente, dizendo: "Verdadeiramente, este era Filho de Deus". ⁵⁵Mas havia ali muitas mulheres observando de longe, as que tinham seguido Jesus desde a Galileia, servindo-o, ⁵⁶entre elas estavam Maria Madalena e Maria, mãe de Tiago e de José, e a mãe dos filhos de Zebedeu.

Lc 23,47-49: ⁴⁷Mas o centurião, tendo visto esse acontecimento, estava glorificando a Deus, dizendo: "Certamente este homem era justo". ⁴⁸E todas as multidões que estavam reunidas para a observação disso, tendo observado esses acontecimentos, voltaram batendo no peito. ⁴⁹Mas todos os conhecidos dele estavam de pé a certa distância, e as mulheres que o acompanhavam desde a Galileia, vendo essas coisas.

Jo 19,31-37: ³¹Então os judeus, como era dia de preparação, a fim de que os corpos não ficassem na cruz no sábado, pois esse sábado era um grande dia, pediram a Pilatos que suas pernas fossem quebradas e eles fossem retirados.

³²Assim, os soldados vieram e quebraram as pernas de um e do outro que tinham sido crucificados com ele; ³³mas, tendo vindo a Jesus, quando viram-no já morto, eles não quebraram suas pernas. ³⁴Entretanto, um dos soldados trespassou seu lado com uma lança e imediatamente saíram sangue e água. ³⁵E aquele que viu dá testemunho e verdadeiro é seu testemunho e esse um sabe que ele fala o que é verdade, a fim de que vós também acrediteis. ³⁶Pois essas coisas aconteceram a fim de que a Escritura pudesse ser cumprida: "Seu (do animal, ou seu, da pessoa) osso não será quebrado". ³⁷E por sua vez, uma outra Escritura diz: "Eles vão ver quem eles perfuraram".

EvPd 4,14 (depois de EvPd 4,13, onde um dos malfeitores crucificados insultou os judeus por fazerem o Salvador sofrer injustamente): E tendo ficado irritados com ele, eles ordenaram que não houvesse nenhuma perna quebrada, a fim de que ele morresse atormentado.

EvPd 6,21: E então eles arrancaram os cravos das mãos do Senhor e o colocaram no chão; e toda a terra foi sacudida e houve um grande medo.

EvPd 7,25–8,29: ⁷,²⁵Então os judeus e os anciãos e os sacerdotes, tendo vindo a saber quanto mal eles tinham feito a si mesmos, começaram a bater em si mesmos e dizer: "Ai de nossos pecados. O julgamento se aproxima e o fim de Jerusalém". ²⁶Mas eu com os companheiros fiquei triste; e tendo sido feridos em espírito, ficamos escondidos, pois éramos procurados por eles como malfeitores desejosos de incendiar o santuário. ²⁷Além de todas essas coisas, estávamos jejuando; e ficamos sentados lamentando e chorando noite e dia até o sábado. ⁸,²⁸Mas os escribas e fariseus e anciãos, tendo se reunido uns com os outros, tendo ouvido que todo o povo estava murmurando e batendo no peito, dizendo que "Se em sua morte esses sinais muito grandes aconteceram, vede como ele era justo", ²⁹temeram (especialmente os anciãos) e...

Comentário

Dividirei meus comentários aqui sob quatro cabeçalhos: Marcos/Mateus, Lucas, João e *EvPd*. Embora os sinóticos tenham em comum duas reações, a saber, a do centurião (Mateus inclui medo) e das galileias, Lucas tem a primeira reação de forma diferente, mais uma reação extra (das multidões arrependidas) intercalada entre elas, desse modo garantindo tratamento especial. João tem uma apresentação diferente, na qual "os judeus" reagem querendo que os corpos sejam retirados — pedido que muda a atenção para o corpo morto de Jesus que se torna a fonte de sangue e água, conforme testemunho do discípulo amado. O *EvPd* tem quatro reações em um padrão disperso e de natureza variada: medo, como em

Mateus; judeus arrependidos, como em Lucas; discípulos que lamentam e autoridades judaicas ameaçadas.

Reações dos presentes, segundo Marcos/Mateus

Depois das ações divinas escatológicas que precederam, um *de* ("Mas") inicial muda a cena para reações humanas. Não há nenhuma hostilidade em nenhuma das duas que são relatadas (do centurião, das mulheres), mas os biblistas discordam drasticamente quanto ao tom de cada uma.

Reação do centurião (Mc 15,39; Mt 27,54). Esta pessoa louva espontaneamente Jesus como Filho de Deus. Anteriormente, Mc 15,16-24 e Mt 27,27-35 nos falaram de soldados romanos que escarneceram de Jesus no pretório e levaram-no embora para o Gólgota; ali, deram-lhe vinho, crucificaram-no e repartiram suas roupas. (Mt 27,36 acrescentou que eles então se sentaram e montaram guarda sobre ele.) Nenhum dos dois Evangelhos menciona a presença de um oficial do posto de centurião.[1] Contudo, agora Marcos nos faz saber que ele tinha estado de pé ali bem na frente de Jesus, em posição para observar o que se passava,[2] e, é de se presumir, encarregado da execução. (Este último ponto será confirmado em Mc 15,44, quando Pilatos chama o centurião para perguntar se Jesus está morto.) Somente a reação dele é descrita, como se os outros soldados já não estivessem presentes: evidentemente, para Marcos, é mais eficiente fazer um único porta-voz avaliar Jesus. Mateus preenche a cena acrescentando aos avaliadores de Jesus os soldados que estavam sentados, "guardando (montando guarda sobre) ele". Como Mt 27,36 preparou para essa adição, a fluência da narrativa mateana é um progresso sobre a inesperada introdução marcana de uma pessoa que o tempo todo tinha estado "de pé ali, na frente dele". E o que é mais importante, desse modo Mateus estabelece a justeza legal de "Verdadeiramente, este era Filho de Deus"; agora, é confissão não por um homem, mas por uma pluralidade de testemunhas (que estão

---

[1] No NT, somente Marcos, com sua predileção por latinismos, usa (3 vezes) o empréstimo *kentyrion*, do latim *centurion*, relacionado com *centum* (cem), palavra encontrada também na literatura grega (por exemplo, Políbio, *História* VI,xxiv,5). Mateus e Lucas preferem a palavra mais propriamente grega, *hekatontarches* (variante *hekatontarchos*, relacionada com *hekaton*, "cem") que aparece 20 vezes no NT (4 em Mateus, 16 em Lucas-Atos).

[2] Em 2Rs 2,15 e Eclo 37,9 a frase *ex enantias* ("na frente de, diante de") é usada com *idein* ("para ver").

à altura da pluralidade das testemunhas do julgamento pelo sinédrio chamadas a juízo contra a dignidade exaltada de Jesus).

O que o centurião viu. Mc 15,39 relata que a reação do centurião seguiu-se a ele ter visto "que ele assim expirou". O que isso significa? Dois versículos antes (Mc 15,37), Marcos escreveu: "Mas Jesus, tendo soltado um forte grito, expirou". Consequentemente, pode-se equiparar o "assim" do v. 39 com soltar um forte grito no v. 37. Os Códices de Beza, Freeriano e Alexandrino, embora divirjam na redação grega, apresentam todos o centurião como tendo-o visto *gritando* e expirando. A fim de explicar como "ver" um grito levou à elevadíssima avaliação cristológica por parte do centurião, alguns comentaristas imaginosamente conjeturam a respeito do conteúdo não mencionado do grito. Stock ("Bekenntnis", p. 292) indica passagens veterotestamentárias onde um grito acompanhava a ação divina (acima, § 42, sob "Sentido do grito mortal de Jesus") e levanta a possibilidade de o grito sem palavras de Jesus ter sido revelador. Mas, na narrativa, é plausível que o centurião romano (ou os leitores de Marcos) reconhecessem isso? Danker ("Demonic", p. 69) afirma que um mau espírito saiu de Jesus com um forte grito quando ele morreu e foi a visão dele que impressionou o centurião. Em § 42, nota 38, expliquei por que não achei convincente a interpretação que Danker dá para Jesus expirar com um forte grito; contudo, mesmo que se devesse aceitar sua teoria, essa derrota das forças do mal poderia fazer o centurião exclamar que Jesus era bom ou inocente, mas por que o levaria a dar a Jesus a mais alta avaliação cristológica no Evangelho? Durante o ministério de Jesus, por meio de seu poder dado por Deus, demônios saíam dos possessos com um forte grito (Mc 1,26; cf. 3,11; 5,13); se agora, por meio desse poder, a mesma coisa aconteceu a Jesus, por que o centurião seria tão facilmente movido a confessar a singular relação filial de Jesus com Deus? Outros retroagem mais a área abrangida pelo "assim expirou" de Mc 15,39 para incluir Mc 15,34-36, isto é, o grito articulado de Jesus "Meu Deus, meu Deus, por que razão me abandonaste?" e o escárnio continuado pelos circunstantes até Jesus expirar ("Vejamos se Elias vem descê-lo".) Essa extensão é proveitosa porque, ali, "Meu Deus" é invocado e a confissão do centurião inclui a relação de Jesus com Deus.[3] Contudo, essa extensão não explica realmente o conteúdo exaltado da confissão do

---

[3] Ao estudar a relação do forte grito expresso em Mc 15,34 e o forte grito não expresso de Mc 15,37, achei mais provável que Marcos não tivesse pensado em dois gritos, mas, em Mc 15,37, estivesse simplesmente retomando a narrativa (depois de uma interrupção em Mc 15,35-36) recordando o forte grito que mencionara em Mc 15,34.

centurião, pois nada nesses versículos mostra que de fato Deus não abandonara Jesus e, certamente, Deus não interveio para salvá-lo da morte.

Muito mais plausível é que "tendo visto que ele assim expirou", em Mc 15,39, tivesse o propósito de incluir não só a morte em Mc 15,37 (e o que a precedeu imediatamente em Mc 15,34-36),[4] mas principalmente Mc 13,38 e o que se seguiu à morte: o rasgamento do véu do santuário. A objeção de que esse acontecimento dificilmente pode ser considerado parte de "assim *expirou*" não dá força suficiente ao "assim" que Marcos colocou em posição enfática. Na visão do centurião, Jesus, que tinha clamado "Meu Deus" pouco antes de expirar, era verdadeiramente Filho de Deus porque Deus respondera de maneira dramática e, assim, mostrara que Jesus não fora abandonado — resposta divina que, ao mesmo tempo, ironicamente concedia o pedido dos que com escárnio pediram uma intervenção celeste. Mas poderia o centurião ter *visto* isso? Há quem expresse a objeção de que o véu do santuário interior que levava ao Santo dos Santos era visto somente pelos sacerdotes do Templo e o véu exterior, apenas do lado leste (o Monte das Oliveiras), e não da colina em forma de caveira do Gólgota, ao norte. Rejeito a própria aplicabilidade dessa objeção. Se é expressa no nível da história, confusamente interpreta mal um sinal apocalíptico como ocorrência concreta (§ 43, ANÁLISE). Se é expressa no nível de fluência narrativa, supõe que Marcos e seus leitores conheciam a planta arquitetônica e geográfica do Templo em relação ao Gólgota, suposição que contestei acima (§ 43, sob "Os véus no Templo do tempo de Jesus") ao discutir os véus. Não há razão para pensar que a antiga audiência marcana (não mais que muita gente hoje) teria tido problema com o rasgamento do véu ser visto pelo centurião. E, para eles, fez sentido que esse tremendo sinal o tenha levado a entender que Jesus não só era inocente, mas na verdade era tão estreitamente relacionado com Deus que a divindade começara a destruir o santuário do povo que ousara escarnecê-lo.

O primeiro intérprete conhecido de Marcos entendeu que a cena incluía o que aconteceu *depois* da morte de Jesus, pois, em Mt 27,54, o centurião e os que montavam guarda veem "o tremor (de terra) e estes acontecimentos"[5] — em outras

---

[4] Eu preferiria empurrar o "*assim expirou*" para Mc 15,33 e a escuridão que cobriu a terra inteira a partir da sexta hora. É com certeza o que o centurião teria visto. Em tudo isso e do princípio ao fim desta seção, penso no nível do fluxo narrativo, não no nível da historicidade.

[5] Os códices Vaticano e de Beza leem o particípio presente *ta ginomena*, enquanto a tradição *koiné* lê o particípio aoristo *ta genomena*, "essas coisas que tinham acontecido".

palavras, muitos dos sinais apocalípticos operados por Deus para interpretar a morte de Jesus: a terra sacudida, as rochas partidas, os túmulos abertos, os corpos dos santos adormecidos ressuscitados.[6] Mateus enfatiza o terremoto em parte porque sua causa se relaciona com alguns dos outros sinais e em parte porque teria sido o sinal mais claramente visível. Essa mudança de ênfase do véu rasgado (o centro subentendido da atenção marcana) levanta a possibilidade de Mateus estar ciente dos problemas topográficos a respeito de ver o véu. Entretanto, seja ou não seja isso verdade, os sinais de Mateus não devem ser mais historicizados que os de Marcos; e a visão que o centurião tem "desses acontecimentos" não deve ser contestada com base em implausibilidades geográficas — quantos túmulos podiam ser vistos do Gólgota? É compreensível que Mateus relate que a visão da terra tremendo e dos outros acontecimentos provocasse temor excessivo,[7] além de uma exclamação (tirada quase literalmente de Marcos) que dá voz à admiração: "Verdadeiramente, este era Filho de Deus".

O que significa "Filho de Deus"? Traduzi literalmente a expressão *huios theou* em Marcos e *theou huios* em Mateus para tornar inteligível o problema que os intérpretes têm com ela. É não articular, isto é, não tem o artigo definido antes de nenhum dos dois substantivos, ao contrário da designação articular (isto é, com o artigo definido) na pergunta do sumo sacerdote no julgamento do sinédrio: "És tu [...] *o* Filho do Bendito/Deus?" (*ho huios tou eulogetou*, em Marcos; *ho huios tou theou*, em Mateus). Muitos biblistas afirmam que esse predicado na confissão de Jesus pelo centurião significa algo menos que "o Filho de Deus".[8] Vou relacionar seus três importantes argumentos e explicar por que discordo.

---

[6] Os sinais que relacionei refletem a probabilidade de que "o tremor e estes acontecimentos" devam ser entendidos sequencialmente, isto é os "acontecimentos" são o que Mateus relacionou depois do terremoto. Ao interpretar Mateus, não há razão adequada para incluir como Jesus morreu (com a devida vênia a Vanni, "Passione", p. 88). Estou indeciso quanto ao rasgamento do véu, pois esse é o mesmo tipo de sinal escatológico que os outros. Como expliquei em § 43, é plausível que Mt 27,53 signifique que, embora os mortos tenham saído dos túmulos na sexta-feira, eles entraram em Jerusalém e apareceram no domingo ou mais tarde, depois da ressurreição de Jesus. Ao descrever o que o centurião viu na sexta-feira, Mateus pula esse versículo (que ele acrescentara) e volta aos acontecimentos da sexta-feira.

[7] *Sphodra* ("excessivamente") ocorre 7 vezes em Mateus, 1 em Marcos e 1 em Lucas. O tremor da terra e o temor entre os guardas reaparecem como tema mateano em Mt 28,2-4, quando o anjo do Senhor remove a pedra do túmulo de Jesus.

[8] RSV (1ª edição), NEB, Phillips e Moffat traduzem-no como "um filho de Deus". Em § 37, Parte XII, ver o predicado menos que completo em Harner, Johnson; também em C. Mann, ExpTim 20, 1908-1909, p. 563-564. Ver "o Filho de Deus" integralmente valorizado em P. H. Bligh, Bratcher, Glasson, Goodwin, Guy, Michaels, Stock.

1. Há quem argumente que Marcos, que até aqui nunca fez um ser humano confessar Jesus como "o Filho de Deus", não permitiria isso aqui. Entretanto, é possível raciocinar em outra direção: Marcos faz, na verdade, os possuídos pelo demônio reconhecerem que Jesus é "(o) Filho do Deus (Altíssimo)" (Mc 3,11; 5,7; cf. 1,24);[9] ele faria o centurião confessar menos em resposta à ação impressionante de Deus no momento da morte de Jesus? Que tal confissão não tenha sido feita antes não é obstáculo, pois o pleno entendimento da identidade de Jesus não era possível antes que o Filho do Homem sofresse (ver Mc 9,30-32). Além disso, Marcos proporciona uma inclusão que estrutura o Evangelho: no início, Deus disse: "Tu és meu Filho amado" (não articular, Mc 1,11); no fim, um ser humano reconhece de modo irrevogável essa verdade.[10] Dentro da NP, a confissão com certeza destina-se a retomar a questão levantada no julgamento pelo sinédrio, onde Jesus respondeu "Eu sou" ao lhe ser perguntado se era o Filho do Bendito. Por que Marcos teria agora menos que isso confessado pelo centurião? Quanto a Mateus, este primeiro argumento não se aplica, pois ele faz os discípulos confessarem Jesus como "Filho de Deus" (não articular, Mt 14,33) depois da caminhada sobre a água, e por Simão, filho de Jonas, como "o Filho do Deus vivo" (articular, Mt 16,16) em Cesareia de Filipe. A confissão pelo centurião e os guardas é continuação da confissão dos fiéis.

2) Gramaticalmente, há quem argumente que o predicado não articular deve ter menos força que o articular e é indefinido, equiparando-se a "um filho de Deus", classificação compartilhada por outros seres humanos. Entretanto, essa alegação a respeito da significação indefinida está longe de ser certa. Acabei de mencionar que, nos capítulos 14 e 16, Mateus usou os títulos não articulares e articulares alternativamente;[11] ele faz isso novamente em Mt 26,63 (articular) e em Mt 27,40.43 (não articular). Em Lc 1,32.35, ao revelar a Maria como Jesus será chamado, o anjo Gabriel usa "Filho do Altíssimo" e "Filho de Deus", sem o artigo, e ninguém duvida

---

[9] Como, em Mc 1,11, Deus revelou que Jesus era o Filho, muitos concordam que essa confissão por endemoninhados não deve ser considerada falsa. Os demônios sabem de modo sobrenatural o que os seres humanos só sabem corretamente quando entendem o papel da cruz como componente da identidade de Jesus (sua humanidade sofredora) — componente que também faz parte da identidade dos que querem ser seus discípulos.

[10] Pode haver outra inclusão, se "Filho de Deus" em Mc 1,1 (que falta em alguns mss.) for genuíno.

[11] Pode-se afirmar que há uma progressão da confissão não articular dos discípulos para a confissão articular mais solene por Simão Pedro; mas certamente Mateus não estava fazendo os discípulos confessarem "Tu és um filho de Deus" (como outros seres humanos) depois que Jesus caminhou sobre a água e acalmou a tempestade.

de que ele tem em mente a mais alta cristologia. Quanto ao uso do título com o verbo de ligação, há casos onde a designação "Filho de Deus" em sentido exclusivo é não articular, quando, no todo, em parte ela precede o verbo, como acontece na confissão do centurião, por exemplo, Mt 4,3.6 (= Lc 4,3.9); Mt 27,40; Jo 10,36. Na verdade, depois de um famoso estudo por E. C. Colwell, mais precisão entrou na avaliação do predicado não articular. A regra de Colwell, a saber, substantivos predicativos definidos que precedem o verbo geralmente não têm o artigo,[12] fez com que ele (p. 21) achasse em Mc 15,39 uma confissão de "o Filho de Deus". Harner ("Qualitative", p. 75) busca refinar a imagem gramatical argumentando que substantivos predicativos não articulares que precedem o verbo de ligação atuam primordialmente para expressar a *natureza ou o caráter do sujeito*. O centurião marcano, então, não quer dizer que Jesus era *um* filho de Deus, pois nesse caso a designação teria seguido o verbo. Mas nem o centurião quer dizer que Jesus era o único Filho de Deus em sentido cristológico pleno, pois então o predicado seria articular. Mais exatamente, ele quer dizer que Jesus era o tipo de Filho de Deus que é marcado por (e, portanto, é conhecido por meio de) sofrimento e morte. Embora pelo jeito as distinções gramaticais de Harner sejam refinadas demais, ele corretamente subentende que "Verdadeiramente [...] Filho de Deus" inclui uma rejeição marcana de toda noção falsa de filiação divina (em especial uma que exclua sofrimento) em circulação entre os cristãos. Mas a avaliação de Harner deve ter estendido a qualificação do "tipo de Filho de Deus" a todo o contexto da NP. Na lógica da narrativa marcana, o centurião deve estar remontando à pergunta sobre "o Filho do Bendito" no julgamento pelo sinédrio, pois essa é a única outra vez que a filiação divina é assunto da NP marcana.[13] Jesus é, de fato, o tipo de Filho de Deus sobre quem os líderes judaicos fizeram perguntas, e cuja afirmação eles consideravam blasfema. É esse o significado de "Verdadeiramente", a primeira palavra na confissão do centurião: na questão que levou à morte de Jesus, a verdade estava do lado de Jesus.[14]

---

[12] "A Definite Rule for the Use of the Article in the Greek New Testament", em JBL 52, 1933, p. 12-21. E. S. Johnson ("Is Mark", p. 4), em seu exame de 112 casos de substantivos predicativos que precedem o verbo, descobriu que 15 tinham o artigo e 97 não tinham.

[13] No escárnio perto da cruz que o centurião pode ter ouvido, os chefes dos sacerdotes e os escribas contestaram o fato de Jesus ser "o Messias, o rei de Israel", sem mencionar o Filho de Deus. Mais uma vez, a narrativa mateana é um progresso, pois em Mt 27,40.43, os transeuntes e os chefes dos sacerdotes escarneceram da alegação que Jesus fez de ser o Filho de Deus.

[14] Stock ("Bekenntnis", p. 104) lembra que *alethes* teve essa força de solucionar uma disputa em seu único uso marcano anterior (Mc 14,70b), onde os circunstantes afirmam a Pedro: "Verdadeiramente, tu és um deles, pois de fato és galileu".

3) Com frequência, argumentam que um soldado romano[15] pagão não teria a formação religiosa para confessar Jesus como o Filho único do Deus verdadeiro. Ele poderia ter reconhecido que Jesus era um homem bom ou santo, e um filho de Deus nesse sentido ou, quando muito, um herói divino digno de ser cultuado.[16] Mais uma vez, esse é o tipo errado de historicização. Não devemos perguntar o que um soldado quis dizer no Gólgota no ano 30/33; é impossível descobrir isso. (Se a cena é histórica e ele disse essa sentença, ele falou latim, onde não há artigo definido [*filius Dei*], ou grego? Neste último caso, será que conhecia as sutilezas da gramática grega [regra de Colwell]? Ver Guy, "Son".) Devemos perguntar o que esta cena significava para os leitores marcanos no fim dos anos 60 ou 70. Para eles, o centurião tinha valor representativo como gentio e como oficial romano com responsabilidade que não reagiria por pura piedade ou credulidade.[17] Enquanto Jesus pendia da cruz, os chefes dos sacerdotes com os escribas diziam: "Que o Messias,

---

[15] As tropas sob o controle do prefeito da Judeia muitas vezes não eram etnicamente romanas, nem italianas (§31, nota 64), e o posto de centurião não exigia cidadania romana. Contudo, esse centurião vem com seus soldados do pretório do prefeito romano (Mc 15,16.20) e será chamado por Pilatos para relatar a morte de Jesus (Mc 15,44). Portanto, os leitores devem ter pensado nele como representante romano de Pilatos. Isso foi entendido logo: *EvPd* 8,31 dá ao centurião, que, com os soldados, foi enviado por Pilatos para guardar o túmulo de Jesus, o nome de Petrônio, que era o nome de um legado romano da Síria, c. 40 d.C. *Atos de Pilatos* 16,7 dá ao centurião o nome de Longino, nome usado por romanos da gens Cassia (C. Schneider, "Hauptmann", p. 5). Metzger ("Names", p. 95) relata que uma imagem do Códice Egberti, do século X, chama de Estefato o homem que pôs o vinho avinagrado na esponja para oferecer a Jesus.

[16] Quanto a declarar Jesus bom, em Mt 27,19 a mulher de Pilatos reconhece que Jesus é justo e, em Mt 27,23-24; Lc 23,14 e Jo 19,6, Pilatos declara Jesus inocente. Há quem apele para a forma lucana da confissão do centurião (Lc 23,47: "Certamente este homem era justo") como prova de que Marcos queria dizer isso, mas abaixo vou argumentar que Lucas muda, não traduz Marcos. Quanto a declarar Jesus herói divino, P. H. Bligh ("Note") lembra que um pagão estaria familiarizado com a designação *sebastos* ("digno de ser cultuado"), ligada a Augusto, ou mesmo o *huius sebastos* ligado a Tibério.

[17] Manus ("Centurion's", p. 269): "Em um mundo onde o exército era usado para expandir o império e conseguir hegemonia sobre nações fracas, o posto e posição de um centurião eram respeitáveis". Johnson ("Is Mark") apresenta proveitosos dados sociológicos, por exemplo, uma audiência helenística teria visto um centurião como alguém com capacidade que lhe possibilitara avançar para uma respeitável posição de oficial. (Observemos a admirável integridade e atitude solidária do tribuno em At 23,16ss e do centurião em At 27,43.) Mas então Johnson prossegue e aplica mal informações históricas, a fim de negar que o centurião confessou a filiação singular de Jesus. Sem dúvida, Johnson está certo ao dizer que muitos soldados romanos que serviam na Judeia tinham desprezo por criminosos crucificados, eram antijudaicos e desdenhavam as crenças judaicas como superstição. Mas Johnson não pergunta se a audiência de Marcos teria notado isso. Não teria ela considerado mais convincente que alguém sem nenhuma razão para ser favorável a Jesus tivesse reconhecido a verdade a respeito dele? Mais tarde, o centurião Longino foi considerado santo cristão (comemorado em 15 de março), cujas relíquias foram preservadas em Mântua.

o Rei de Israel, desça agora da cruz, a fim de podermos *ver* e *crer*" (Mc 15,32). Agora, um gentio vê o que Deus fez e crê. A tradição Q sabe de um centurião que no mesmo instante mostrou tal fé quanto a Jesus ter prometido a muitos do Oriente e do Ocidente lugares à mesa com Abraão, Isaac e Jacó, enquanto os filhos do reino seriam lançados fora, nas trevas (Mt 8,5-13; Lc 7,1-10). Esse centurião no local da cruz é o equivalente marcano. No fim das aparições do Jesus ressuscitado nos outros Evangelhos, há uma diretriz para proclamar o Evangelho de Jesus, além dos confins do Judaísmo, para o mundo gentio (Mt 28,19-20; Lc 24,47; [At 1,8]; Jo 20,21 [por inferência]; apêndice marcano Mc 16,15). Para Marcos, que não relata aparições do Jesus ressuscitado, esse centurião serve como símbolo para o cumprimento incipiente da promessa de Jesus em Mc 13,10, segundo a qual o Evangelho de Jesus seria pregado a todas as nações. Há também um eco veterotestamentário? Admitindo-se o emprego do Sl 22 na NP (APÊNDICE VII), em especial nas últimas palavras de Jesus alguns versículos antes (Mc 15,34), Marcos pensava em Sl 22,28 ("Todos os confins da terra recordarão e se voltarão para o Senhor e todas as famílias das nações se prostrarão diante Dele")? Também é importante que a confissão seja feita por um soldado romano. Ao narrar a atividade dos soldados na crucificação, Mc 15,26 relatou uma inscrição que trazia a acusação contra Jesus: "O Rei dos Judeus", que fazia eco à acusação no julgamento diante de Pilatos (Mc 15,2). Agora, o chefe dos soldados tacitamente ignora essa falsa questão política e volta de maneira afirmativa à acusação no julgamento do sinédrio: "o Filho de Deus [o Bendito]".[18]

Quanto à verossimilhança,[19] os leitores de Marcos não precisariam achar estranha essa afirmação de fé por um centurião romano envolvido na crucificação de Jesus. At 10 relata como outro centurião, Cornélio, veio espontaneamente a ter fé em Jesus,[20] e At 16,25-34 fala do guarda da cadeia onde Paulo estava, na colônia romana de Filipos, que foi instantaneamente convertido pelo fato de Paulo

---

[18] O contexto precedente exige que essa confissão seja interpretada em contraste com a negação. Creio que Bligh ("Note", p. 53) historiciza erroneamente quando entende que isso é contrário ao compromisso de fidelidade ao imperador: "Este homem, não César, é o Filho de Deus". Não vejo nada que sugira que a audiência marcana pensaria nesse contraste.

[19] Petrônio (*Satyricon*, p. 111) menciona um soldado que ficou vigiando a cruz temendo que alguém levasse o corpo para sepultamento.

[20] Realmente, At 10,1-2 relata que ele já era devotado temente a Deus, mas o verdadeiro significado da história é o inesperado da fé vir a esse centurião gentio (ver At 11,18; 15,7).

não tentar escapar. Nas narrativas judaicas de martírio, a intervenção divina a favor do mártir e/ou o modo como o mártir estava disposto a sofrer pela verdade às vezes convertiam os captores ou perseguidores,[21] e essa se tornou também uma característica das narrativas cristãs de martírio. Certamente, a aceitação das origens celestes de Jesus por um centurião romano depois de um sinal divino não tem grau de verossimilhança menor que o reconhecimento em Lc 23,42 do reino celeste de Jesus por um malfeitor crucificado, sem nenhum sinal divino. Nenhuma das duas pessoas tinha a formação religiosa das autoridades judaicas; ambas viram a verdade.

À guisa de resumo, então, não há nenhuma objeção convincente à tese de que o predicado na confissão do centurião marcano significava "o Filho de Deus" no sentido pleno do termo. Preferi lidar com as várias objeções porque alguns se deixaram convencer por elas. Eu preferiria ter respondido à pergunta básica da mesma maneira como lidei com a questão do que o sumo sacerdote queria dizer quando perguntou a Jesus: "És tu [...] o Filho do Bendito/de Deus?". Não há nenhuma probabilidade de que a audiência marcana fizesse uma distinção entre o que sua declaração de credo (Jesus é o Filho de Deus) significava c. 70 e o que o sumo sacerdote e o centurião queriam dizer quando usaram "Filho de Deus" em uma narrativa situada em 30/33. A audiência ouviu uma das duas pessoas zombando daquilo em que eles acreditavam e a outra afirmando-o.

Voltando-nos brevemente para Mateus, não vejo razão para pensar que "Filho de Deus" na forma mateana da confissão pelo centurião signifique alguma coisa diferente do uso marcano do termo. O particípio "dizendo", que introduz a confissão mateana, é dependente de "temeram excessivamente". Em outras palavras, o temor religioso gerado pelos sinais escatológicos é o contexto no qual Jesus é aclamado como Filho de Deus. O "Verdadeiramente", que é a primeira palavra da confissão, foi usado antes, no reconhecimento da filiação divina de Jesus pelos discípulos em Mt 14,33. Vimos que Ez 37 influenciou muito a referência mateana às rochas sendo partidas, os túmulos sendo abertos e os corpos sendo ressuscitados. Agora que esses fenômenos ocorreram, o centurião e os guardas que os viram reconhecem quem Jesus é, cumprindo Ez 37,13 (LXX): "Então sabereis que eu sou o Senhor, quando eu abrir vossos sepulcros para conduzir meu povo para fora dos

---

[21] Dn 3,28; 6,24; *3 Macabeus* 6,20-29; ver Pobee, "Cry". Depois que o mártir Eleazar sofreu morte horrível, o autor de *4 Macabeus* 7,6-15 reconhece a importância extraordinária dessa nobre figura por uma série de títulos laudatórios.

sepulcros". O contraste entre uma confissão romana e a rejeição judaica é ainda mais forte em Mateus do que o foi em Marcos. A rejeição judaica daquilo que o romano afirmou é realçada pelo fato de, no julgamento mateano pelo sinédrio, o sumo sacerdote usar esse mesmo título "o Filho de Deus" (Mt 26,63: *ho huios tou theou*) e, enquanto Jesus pendia da cruz, alguns dos transeuntes (judeus), chefes dos sacerdotes, escribas e anciãos escarnecerem de sua alegação de ser "Filho de Deus" (Mt 27,40.43: *huios tou theou; theou huios*; ver Vanni, "Passione", p. 89). A aceitação gentia é realçada pelo fato de, depois da morte de Jesus, Mateus ter vários confessores de "Filho de Deus" (centurião, os que montavam guarda), desse modo formando uma inclusão com o período depois do nascimento de Jesus, quando os magos gentios vieram adorar "o Rei dos Judeus", enquanto o rei judeu Herodes e "todos os chefes dos sacerdotes e escribas do povo" eram hostis.[22]

"*Verdadeiramente*, ESTE HOMEM era Filho de Deus". O predicado é o aspecto mais discutido da confissão do centurião em Marcos/Mateus e ao tratar dele acima, vimos a importância de "Verdadeiramente". Contudo, não faríamos justiça à teologia marcana se menosprezássemos o sujeito gramatical e o verbo da dramática declaração. Todas as outras confissões evangélicas de Jesus estão no tempo presente; assim, o uso do tempo imperfeito, "era", nesta confissão final, é único e também significativo. Marcos/Mateus não querem dizer que a filiação divina de Jesus é uma coisa restrita ao passado, mas o verbo mostra que a confissão é uma avaliação do passado.[23] Jesus foi Filho de Deus do princípio ao fim de um ministério que começou quando Deus afirmou essa verdade (Mc 1,11), embora até este ponto nenhum ser humano a tenha reconhecido. O sujeito gramatical em Marcos, "este homem", é descrição de Jesus raramente encontrada. Marcos usou-a anteriormente só em Mc 14,71, quando Pedro declarou: "Eu não conheço esse homem" — a negação pelo principal discípulo compartilhou a redação da confissão de um novo discípulo! (O versículo anterior na negação [Mc 14,70] foi o último uso marcano de "Verdadeiramente", que reaparece aqui.) "Este" colocado primeiro na confissão tem parcialmente força locativa, chamando a atenção para aquele na frente de cujo corpo crucificado o centurião está de pé. (Notemos como os bandidos crucificados de cada lado de Jesus [Mc 15,27] são ignorados.) Entretanto, em maior grau, o

---

[22] Mt 2,4.20; este último contém um plural: "aqueles que queriam matar o menino", mostrando que todos os grupos de Mt 2,4 estavam envolvidos.

[23] A respeito de muitas das observações feitas aqui, ver Stock, "Bekenntnis", p. 296-297.

"este" é designador: este que morreu desta maneira. Combinado com "era", o demonstrativo serve à teologia marcana de que a revelação do Filho de Deus teve lugar na cruz. Quanto ao sujeito nominal, "homem [*anthropos*]",[24] Marcos contrasta muitas vezes "homem" [= ser humano] e "Deus" (Mc 7,8; 8,33; 10,9.27; 11,30; 12,14) como alternativas opostas. Nessas passagens, os valores humanos são tão diferentes dos de Deus a ponto de distorcer a verdade religiosa. Jesus agia e falava com poder/autoridade (*exousia*: Mc 1,22.27; 11,28), mas os escribas o acusaram de blasfemar alegando fazer coisas que só Deus podia fazer (Mc 2,7: notemos que eles também veem origem humana e divina como alternativas opostas). Ao leitor, é dito que a razão de Jesus não ser blasfemo é que, nele, o antagonismo entre o humano e o divino não existe. Ele é o Filho do Homem cujos valores são os de Deus e não os dos seres humanos: o Filho do Homem, que veio para servir, não para ser servido (Mc 10,45), e que reconhece que seu papel é sofrer na cruz (Mc 8,31; 9,31; 10,33). Diante do sinédrio, Jesus respondeu afirmativamente à pergunta do sumo sacerdote a respeito de ser ele o Filho do Bendito (Deus) em termos de ver o Filho do Homem (Mc 14,61-62); agora, o centurião romano vê "este homem" e o identifica como o Filho de Deus.[25] Manus ("Centurion's", p. 264) expressa bem a totalidade da imagem em Mc 15,39: "Marcos faz o centurião romano um *representante* fiel do Cristianismo gentio que viu a significância de Jesus como o Filho de Deus revelado por excelência no drama da cruz". Ele é o primeiro daquela comunidade de fiéis que, na linguagem de Mc 14,58, constitui outro santuário não feito por mãos humanas, que substitui o santuário de Jerusalém feito por mãos humanas, cujo véu acabou de ser rasgado em dois, de alto a baixo.

Mt 27,54 tem um significado ligeiramente diferente, pois omite "homem" do sujeito gramatical, que agora é simplesmente "este" e é transferido para o final, na ordem grega de palavras: "Verdadeiramente Filho de Deus era este".[26] Contudo,

---

[24] Davis ("Mark's") é especialmente útil neste ponto.

[25] A ordem gramatical da confissão de Mc 15,39 é apropriada ("este homem" como sujeito; "Filho de Deus" como predicado); de fato, do princípio ao fim dos Evangelhos, "Filho do Homem", como Jesus se autodenomina, é normalmente sujeito, enquanto "o Filho de Deus", dito por outros a respeito dele, é geralmente predicado. A confissão do centurião foi saudada como "o" clímax do Evangelho de Marcos. A crítica dessa posição por Stockklausner e Hole ("Mc 15,39") é, a meu ver, um pouco exagerada. Contudo, eles estão certos em insistir que a ressurreição é também importante para Marcos, de modo que Mc 15,39 é mais bem caracterizado como clímax.

[26] Na terceira das negações de Pedro, onde Mc 14,71 trazia "Não conheço esse homem", Mt 26,74 preferiu a alternativa de eliminar "esse": "Não conheço o homem". É o fato de Mateus por duas vezes evitar o

a referência ao Jesus crucificado é mantida. Enquanto ele pendia da cruz, outros pronunciavam um escárnio equivalente a "Este era Filho de Deus?" como pergunta ridícula que expressava incredulidade (ver Mt 27,40.43). O centurião mateano responde com seu "Verdadeiramente" introdutório.

Reação das mulheres (Mc 15,40-41; Mt 27,55-56). A segunda reação à morte de Jesus é descrita com o dobro de extensão da primeira; contudo, nada é dito pelos descritos, de modo que sua presença tem de falar por si só — fator que produz discordância entre os intérpretes e que abre a possibilidade de que a presença signifique coisas diferentes em Evangelhos diferentes.[27]

A identificação das mulheres. Segundo Marcos, entre as "mulheres observando de longe" estavam: i) Maria Madalena, isto é, Maria de Mágdala, na margem noroeste do Mar da Galileia; ii) "Maria, de Tiago Menor e de Joset, a mãe"; iii) Salomé — estas "costumavam segui-lo e servi-lo" quando ele estava na Galileia[28] — e iv) muitas outras que tinham subido com ele a Jerusalém. Nunca antes Marcos mencionou que mulheres tinham seguido Jesus durante todo o seu ministério público; assim, ao citar três delas, ele tem de fornecer algumas informações biográficas. Infelizmente, o que ele fornece é expresso de maneira confusa, e menciona um grupo plural no início e também no fim de Mc 15,40-41. Tem-se a impressão de que nenhuma das mulheres que observavam a certa distância era natural de Jerusalém. Das três, é dito especificamente que, quando ele estava na Galileia, elas costumavam segui-lo e servi-lo.[29] Outras mulheres das quais não se

---

"esse homem" marcano na NP acidental ou, aos olhos de Mateus, a designação, que poderia ser entendida como "esse sujeito", é referência indigna a Jesus?

[27] No esforço para descobrir uma nova estrutura no fim de Mateus, Heil ("Narrative", p. 420) tenta juntar a reação das mulheres (Mt 27,55-56) ao relato do sepultamento e ressurreição, de modo que Mt 27,55–28,20 forma uma unidade. Acho isso errado, por três razões: a) como vou argumentar (§ 48 A), a descoberta por Heil de três partes desiguais (cada uma com três subseções) representa um excesso de estruturação estranho a Mateus; b) essa análise choca-se com a narrativa bem delineada que associa Mt 27,55-56 primordialmente com o que precedeu na crucificação, e não com o sepultamento e ressurreição que se segue; e c) a análise ignora o paralelo inclusivo entre Mt 27,57–28,20 (observemos o início, com Mt 27,57) e Mt 1,18–2,23, a ser indicado adiante (Quadro 9; § 48 A).

[28] Esses verbos no imperfeito têm força de mais-que-perfeito. Qualquer tentativa (ver Schottroff, "Maria") de fazer os verbos incoativos com a ideia de que Marcos quer dizer que essas mulheres ainda estão seguindo e servindo Jesus nesta cena de crucificação não faz justiça à especificação marcana de que isso teve lugar na Galileia. Somente em Mc 16,1 o evangelista nos informará que as mulheres ainda desejam prestar serviços ao Jesus morto.

[29] É provável que, aqui, *Diakonein* ("servir, ministrar para") signifique tomar conta de necessidades materiais, em especial comida e bebida (ver Mc 1,13.31).

diz que fizeram isso (embora Marcos talvez tenha indicado que o fizeram) subiram com (*synanabainein*) Jesus a Jerusalém, isto é, presumivelmente vindo da Galileia, na subida (*anabainein*) descrita em Mc 10,32-33, onde Jesus advertiu aos companheiros que ele sofreria. Ficamos imaginando se Marcos queria dizer que as três mulheres citadas também tinham subido com ele na mesma viagem.[30]

Mateus simplifica a imagem fazendo uma única menção de um grupo combinando os aspectos da dupla referência marcana:[31] i) as "*muitas* mulheres observando de longe" são as que "tinham seguido Jesus desde a Galileia, servindo-o" — aqui, todas são galileias, todas o servem; todas o seguiram a Jerusalém. Entre elas, estão ii) Maria Madalena; iii) "Maria, de Tiago e de José, a mãe"; iv) a mãe dos filhos de Zebedeu.

A fim de comparar os nomes das mulheres identificadas individualmente, consultar o Quadro 8 (§ 41), apresentado em relação à história joanina das mulheres de pé perto da cruz. Esse quadro relaciona as mulheres mencionadas em três cenas inter-relacionadas: na sexta-feira, nos arredores da cruz, e outra vez, no sepultamento; na Páscoa, perto do túmulo vazio. Na linha D do quadro, aponto para uma tradição (expressa de maneira diferente pelos diversos Evangelhos) de um grupo maior de mulheres galileias associadas com Jesus que estavam presentes em Jerusalém, tendo talvez vindo para a festa da Páscoa. Das mulheres identificadas pelo nome,[32] a linha A mostra Maria Madalena como a lembrada com maior frequência e, aqui, Marcos/Mateus citam-na em primeiro lugar. A linha B mostra a alta frequência de outra mulher chamada Maria, quase sempre identificada por intermédio dos filhos Tiago e Joset/José.[33] Entretanto, nesta linha, Marcos apresenta

---

[30] Turner ("Marcan" 26,240) acha que não, que elas vieram mais tarde, exatamente no tempo da Páscoa, na esperança de encontrar Jesus em Jerusalém. Pesch (*Markus*, v. 2, p. 508) reconhece que a gramática literal de Marcos favorece distinções no grau da adesão das mulheres; Schottroff ("Maria", p. 13) rejeita isso.

[31] Este é um caso claro da implausibilidade da tese de que Marcos recorreu a Mateus e Lucas. Ambos fazem uma descrição simples, de modo que Marcos teria tido de introduzir confusão.

[32] Hengel ("Maria", p. 248) menciona uma tendência nas três cenas de relacionar três mulheres pelo nome, semelhante à tendência de relacionar três dos Doze: Pedro, Tiago e João. É provável que essa relação reflita a importância relativa dos três dentro do grupo maior e o primeiro designado em cada lista pode ser respectivamente o primeiro a quem foi concedida uma aparição do Jesus ressuscitado (1Cor 15,5, para Cefas/Pedro).

[33] Expliquei a probabilidade de ser ela a mulher a quem João chama de Maria de Clopas (marido ou pai dela). Quanto às variantes "Joset", em Marcos, e "José", em Mateus, e a variação semelhante nos nomes dos irmãos de Jesus, ver § 41, nota 84.

confusamente três designações para Maria: a certa distância da cruz, "Maria, de Tiago Menor e de Joset, a mãe"; no sepultamento, "Maria de Joset"; e no túmulo vazio, "Maria de Tiago". Têm sido apresentadas muitas teorias para explicar como surgiram essas diversidades;[34] mas, felizmente, uma decisão nesse ponto não tem importância para nosso estudo aqui.

A linha C do quadro mostra que há demasiada variação entre os Evangelhos a respeito das outras mulheres citadas para permitir identificações comparativas. Só Marcos menciona uma Salomé (aqui e em Mc 16,1 — na Palestina desse período, Salomé era nome comum). Ela aparece também no segundo fragmento do *Evangelho secreto de Marcos* (*ESM* 3,15-16), no momento em que Jesus vem a Jericó (Mc 10,46a): "Presentes ali estavam a irmã do jovem que Jesus amava e sua mãe, e Salomé; e Jesus não as recebeu". Bauckham ("Salome", p. 257ss) menciona que ela é subsequentemente lembrada, em especial em obras gnósticas, como uma das (quatro) discípulas citadas de Jesus (por exemplo, *Primeiro Apocalipse de Tiago* V,40,25-26). Deve ela ser mantida separada da Salomé do *Protoevangelho de Tiago* 19,3, que pode ter sido filha de José em um casamento anterior (ver *Protoevangelho*

---

[34] Para mostrar a engenhosidade erudita, quero relacionar algumas das propostas com algumas indagações: a) A primeira designação mais longa desta Maria era original e a segunda e terceira foram encurtadas a partir da primeira. Talvez essa seja a opinião mais geral. Mas então por que não foi a ordem dos filhos na primeira (Tiago antes de Joset) seguida? b) A segunda e a terceira designações de Maria eram originais e a primeira era uma composição delas (R. Mahoney, Matera, Schenke). Isso se relaciona com a tese de que a presença das mulheres no túmulo era mais original que a posição delas (longe ou perto) na cena da cruz. Com que base, então, o autor da primeira designação de Maria, operando a partir da segunda e da terceira, mudou a ordem dos nomes e acrescentou "Menor" ao nome de Tiago? c) Somente a terceira referência a Maria era original, pois a primeira e a segunda listas dos nomes das mulheres são facilmente omitidas. Por que então a redação da primeira e da segunda referências a Maria difere da terceira? d) O Códice Vaticano tem dois artigos definidos: "A Maria de Tiago Menor e a mãe de Joset". Pesch e Schottroff entendem isso como designação de duas mulheres, de modo que a segunda e a terceira referências são respectivamente a uma e à outra delas. Entretanto, Mateus entende que Marcos quer dizer uma só mulher: "a outra Maria" (Mt 27,61; 28,1). e) A referência é a uma só mulher, mas sua designação deve ser entendida como: "Maria, a mulher de Tiago Menor e mãe de Joset" (Finegan, Lohmeyer). Entretanto, essa dupla designação de uma só pessoa é bastante incomum. f) Crossan ("Mark") afirma que o nível pré-marcano falava de "Maria de Tiago" na primeira e na terceira referências. Marcos acrescentou "Joset" à primeira e criou a segunda ("Maria de Joset") porque Tiago e Joset estavam relacionados juntos entre os irmãos de Jesus (Mc 6,3). (Entretanto, mais tarde, em PMK, p. 146, Crossan afirma que a terceira referência às mulheres, em Mc 16,1, foi criada com base na primeira, em Mc 15,40). g) Esta Maria era Maria, a mãe de Jesus (como em Jo 19,25-27); mas Marcos, que denegriu a importância de relações familiares para Jesus (Mc 3,31-35), preferiu designá-la pelos outros filhos (Mc 6,3). Não se tem outro exemplo dessa maneira de se referir a Maria, a mãe de Jesus, e, aparentemente, nem Mateus nem Lucas descobriram-na sob essa alcunha. Embora este levantamento de opiniões, que considero deficiente, seja realista, ouso fazer uma sugestão própria em § 47 B, a diante.

de Tiago 9,2) e, assim, uma "irmã" de Jesus (mesmo pai legal)?[35] Ou (quer historicamente, quer por idealização subsequente) uma irmã de Jesus tornou-se uma das galileias que o seguiam?

Na linha C, Mateus menciona a mãe dos filhos de Zebedeu, mulher citada no NT apenas por ele. É ela identificação mateana da Salomé marcana? Ou, à distância da cruz (ele não cita nenhuma terceira mulher nas cenas do sepultamento e do túmulo vazio), Mateus substitui Salomé (figura nunca mencionada por ele) por outra mulher mais significativa? Anteriormente, Mateus muda duas vezes o que recebeu de Marcos de um jeito que poderia dar à designação "a mãe dos filhos de Zebedeu" significância evocativa aqui. Na questão de obter primeiros lugares no reino de Jesus, em lugar dos filhos (Mc 10,35), Mt 20,20 teve o pedido feito pela "mãe dos filhos de Zebedeu". Ao mudar "Pedro e Tiago e João" de Mc 14,33, Mt 26,37 fez Jesus levar com ele ao Getsêmani "Pedro e os dois filhos de Zebedeu". Será que, depois dessas referências redolentes de fracasso, Mateus reintroduz à distância da cruz "a mãe dos filhos de Zebedeu" como promessa de um papel futuro para ela e também para seus filhos no seguimento de Jesus?

Na ANÁLISE, vou examinar a questão da presença das mulheres nas três cenas (a cruz, o sepultamento, o túmulo vazio) para determinar qual pode ter sido a localização mais original. Aqui, vamos nos concentrar no papel que as mulheres desempenham na narrativa preservada de Marcos/Mateus da consequência da morte de Jesus. Duas questões são tema de debate erudito: seu discipulado e a importância de estarem "observando".

Eram as mulheres que observavam de longe discípulas? Em nível de terminologia, Mateus usa *mathetes* para os adeptos de Jesus cerca de sessenta e cinco vezes (dois terços das vezes, independentemente de Marcos e de Q). Embora ele imagine a extensão do discipulado a todas as nações (Mt 28,19) e queira que os leitores sejam discípulos segundo o modelo dos que descreve, não fica claro se ele usa o termo durante o ministério de Jesus para se referir a outros além dos Doze, que eram todos homens. (Ver Mt 10,1: "seus doze discípulos".) A primeira menção marcana de que Jesus tem discípulos (Mc 2,15) tem a oração explanativa "pois havia muitos que o seguiam". Em Mc 3,14, fica-se com a impressão de que

---

[35] Mc 6,3 refere-se às irmãs de Jesus. Epifânio (*Panarion* LXXVIII,viii,1; LXXVIII,ix,6; GCS 37, p. 458.460) cita nessa categoria Maria e Salomé, que eram filhas de José. Ver § 41, nota 82.

foi desse grupo maior de discípulos que ele designou os Doze. Tendo chamado para si a multidão com seus discípulos (Mc 8,34), Jesus ressaltou a importância da cruz em seu seguimento e, em Mc 9,35, falou aos Doze sobre a necessidade de serem servos de todos. A indicação em Mc 15,41, de que as três mulheres citadas "costumavam segui-lo e servi-lo" na Galileia, significa, então, que, na opinião de Marcos, elas podiam ser chamadas "discípulas", embora sua presença com Jesus nunca tenha sido mencionada antes? Schottroff ("Maria") diz que sim. Gerhardsson ("Mark", p. 219-20), depois de descrever de modo muito positivo tudo o que as mulheres fizeram, declara: "Mas elas não estão descritas como verdadeiros discípulos, e menos ainda como futuros apóstolos".[36] Precisamos reconhecer que talvez estejamos perguntando uma coisa que Marcos nunca perguntou a si mesmo e que duas perguntas são apropriadas para compreender essa situação. Se lhe perguntassem, Marcos consideraria essas mulheres discípulos? (Desconfio que sim). Marcos pensava nelas quando, ao descrever o ministério, escreveu a palavra "discípulos"? (Talvez não.)

Não importa como se responde a tais perguntas (se elas puderem ser respondidas a partir dos indícios disponíveis) e fora do nível terminológico, a questão do discipulado influi na interpretação da cena presente de modo especial. Como parte de sua tese de que essas mulheres eram discípulas, Schottroff alega que elas estavam na Última Ceia, foram ao Getsêmani, estavam entre "todos" que fugiram e agora bravamente voltaram. Não vejo nada em Marcos que apoie essa alegação. Mc 14,17 diz que Jesus veio à ceia com os Doze e não dá nenhuma indicação nessa cena de que tinha mais alguém em vista.[37] Em Mc 14,26, os que estavam na ceia eram os que foram para o Monte das Oliveiras; e em Mc 14,40, cumprindo a profecia que lhes fora feita em Mc 14,27, eram eles "todos" que fugiram. No capítulo 14,

---

[36] Também E. Schweizer, EvT NS 42, 1982, p. 294-300, discordando de Schottroff.

[37] Que deve ter havido outros na ceia (cozinheiros, garçons) é irrelevante para determinar a importância da narrativa evangélica, pois só personagens mencionadas atuam nesse nível. A presença de mulheres (discípulas) na ceia tem às vezes entrado em debates atuais a respeito da ordenação de mulheres para o sacerdócio. Para que ninguém pense que, ao negar a intenção de Marcos de incluir na ceia as observadoras que ele mencionou pela primeira vez na crucificação, estou, de forma velada, comentando a questão da ordenação, quero observar que declarei muitas vezes que a questão de deverem as mulheres ser celebrantes eucarísticos não pode ser decidida, positiva ou (como é feito com maior frequência) negativamente, com base naquelas que os evangelistas descrevem como presentes na Última Ceia. A descrição da ceia pelos evangelistas corresponde a questões com as quais eles lidavam; é com grande perigo aplicada a problemas mais tardios da Igreja, que nunca lhes passaram pela cabeça.

Marcos está interessado pedagogicamente em mostrar o fracasso dos Doze, não de mulheres que ele nunca menciona aos leitores. "Todos" que fugiram do Getsêmani nunca mais estão presentes na NP marcana ou, na verdade, no Evangelho de Marcos. Em Mc 14,28, Jesus disse que, depois de sua ressurreição, iria à frente deles para a Galileia; e é em relação a eles como uma audiência ausente que, na Páscoa, as mulheres são instruídas pelo jovem (angelical): "Ide contar aos discípulos e a Pedro: 'Ele vai à vossa frente para a Galileia'" (Mc 16,7). Com certeza, as mulheres que devem levar a mensagem não fazem parte desses discípulos; é por isso que elas têm de ser apresentadas aos leitores em Mc 15,40-41.

Como era para os leitores avaliar o ato de as mulheres observarem de longe? Têm sido propostas algumas avaliações errôneas. Sentimentalmente, há quem imagine que a presença delas deve ter confortado Jesus, o que é totalmente implausível: elas só são apresentadas depois da morte dele; são colocadas à distância, o que não incentiva os leitores a pensar que ele as vira; o grito de Jesus em Mc 15,34 descreve um homem que não foi consolado. Outra sugestão é que elas estavam sendo apontadas como exemplos de bravura, porque ousaram vir ao Gólgota. Schottroff ("Maria") ressalta que os que simpatizavam com líderes de movimentos revolucionários eram passíveis de castigo, o que também é implausível. Certamente, não é para os leitores de Marcos lembrarem espontaneamente esse panorama revolucionário, devido ao fato de Jesus nunca ter sido apresentado como líder de um movimento revolucionário, e não é relatada nenhuma tentativa da polícia judaica ou dos soldados romanos para prender seus seguidores. Observando "à distância" certamente não é descrição inicial destinada a fazer os leitores pensarem em bravura. Na verdade, a última pessoa a quem se aplicou a frase foi Pedro que, em Mc 14,54, estava seguindo o Jesus preso "de longe"[38] — as três negações indicam que ele não queria ser identificado como seguidor de Jesus. Pelo desejo compreensível de descobrir alguns dos aspectos não relatados dos papéis de mulheres nos inícios cristãos, outros propõem que essas observadoras devem ser postas em contraste com os discípulos homens de Jesus. Covardemente, os homens fugiram; as nobres mulheres ficaram. Quando se faz essa comparação, "observando de longe", mesmo se não for uma descrição destinada a levar espontaneamente à ideia de comportamento nobre, é melhor do que "eles todos fugiram" (Mc 14,50). Entretanto, que indício existe de que a narrativa marcana incentivou os leitores a comparar os discípulos

---

[38] É o único outro uso marcano na NP de *apo makrothen* e o único outro uso em todo o Evangelho de Mateus.

homens, cuja fuga foi mencionada cerca de sessenta versículos antes, com estas mulheres de quem não se diz que *ficaram* (precisamente porque não nos foi dito nada quanto a sua presença anterior)?

O contraste óbvio que Marcos dá aos leitores em versículos adjacentes, distinto dos impostos a seu texto, é entre o centurião que está de pé ali na frente de Jesus e as mulheres que estavam observando de longe. Por ter visto como Jesus expirou, o centurião, que presumivelmente antes não conhecia Jesus, é levado a confessá-lo como Filho de Deus. Pelo fato de terem observado de longe, essas mulheres que seguiram e serviram Jesus estão silenciosas e não transmitem nenhuma avaliação dele. Quando nos lembramos de que Marcos não poupa as inadequabilidades das pessoas ligadas a Jesus (família, discípulos), é consistente Marcos apresentar o papel dessas seguidoras como inadequado. Na verdade, sua descrição delas faz eco ao Sl 38, onde um sofredor descreve como seus inimigos armam laços contra sua vida e não consegue ajuda dos que lhe são próximos: "Os que me eram próximos ficaram *de longe*" (Sl 38,12).

Para testar a tese de que Marcos não descreve o papel dessas observadoras tão positivamente quanto muitos supõem, olhemos adiante, para as outras duas cenas marcanas nas quais elas reaparecem (três cenas em quinze versículos). Em Mc 15,42-47, José de Arimateia, alguém que procurava o Reino de Deus e teve a coragem de pedir o corpo de Jesus a Pilatos, vai colocá-lo em um túmulo. As mulheres vão observar onde ele foi colocado, sem qualquer intervenção de ajuda por palavras ou ações. A única intervenção a favor de Jesus que Marcos lhes atribui será em Mc 16,1, quando, depois do sábado, as três comprarão especiarias para ungir Jesus.[39] Que pena! A iniciativa resultará em fracasso. Quando, em Mc 16,5-8, o jovem (angelical) informa às três que Jesus ressuscitou e que elas devem ir dizer a Pedro que ele vai à frente deles para a Galileia, elas não têm a coragem de obedecer. Não dizem nada a ninguém, pois estão com medo. Quando viu como Jesus expirou, o centurião imediatamente confessou em voz alta a identidade divina de Jesus. As três mulheres não são movidas a proclamar Jesus nem mesmo quando são orientadas a fazê-lo por intervenção divina![40] A descrição marcana dos

---

[39] Suponho que os leitores de Marcos acharam esse ato favorável, a não ser que fosse para eles o considerarem tolamente supérfluo depois de Mc 14,3-8, onde uma mulher derramara unguento de nardo puro sobre a cabeça de Jesus, ungindo-lhe antecipadamente o corpo para o sepultamento.

[40] Ver a tese de que as mulheres fracassam no túmulo vazio em A. T. Lincoln, JBL, p. 108, 1989, p. 283-300.

discípulos homens de Jesus mostrou que, apesar de seguir Jesus de perto durante o ministério, eles fracassaram porque não tiveram a força de permanecer com ele enquanto ele suportou a cruz. Pelo jeito, Marcos agora usa as seguidoras de Jesus para mostrar que observar o crucificado compreensivamente, mas de longe, era insuficiente para garantir a fidelidade exigida de discípulos; na verdade, nem mesmo a notícia da ressurreição em si realizou isso. Nenhum dos dois grupos exemplifica tomar a cruz para seguir Jesus – e isso é absolutamente necessário.[41] Os dois grupos tinham o propósito de instruir os leitores de Marcos. Os leitores que tinham sido perseguidos e fracassaram fugindo ou negando Jesus identificavam-se com os discípulos homens e, ao mesmo tempo, obtinham esperança deles que, afinal de contas, receberam a promessa de que veriam Jesus na Galileia e que (como todos sabiam), posteriormente, se tornaram fiéis proclamadores do Evangelho e acabaram se mostrando dispostos a carregar a cruz. Os que tinham escapado da perseguição e se orgulhavam de não ter fracassado estão talvez sendo advertidos de que o não envolvimento e a relutância para confessar publicamente o Jesus ressuscitado eram repreensíveis. Mas também eles não seriam deixados sem esperança: o fato de serem lembrados na tradição os nomes dessas mulheres sugere que, no final, o Jesus ressuscitado deu-lhes força para proclamá-lo — como afirma o autor do apêndice marcano (Mc 16,9-10).

De modo geral, do princípio ao fim do ministério, Mateus trata os parentes e discípulos de Jesus com muito menos pessimismo do que Marcos os tratou.[42] Mateus também dá um tratamento mais favorável a essas seguidoras galileias? Nada na cena presente ou na cena do sepultamento (Mt 27,61) indica diferença considerável de Marcos; e, em Mt 28,1, em vez de fazer as mulheres intervirem depois do sábado comprando especiarias a fim de ir ungir Jesus (Mc 16,1), Mateus

---

[41] Apesar de uma série de tentativas eruditas de descrever as mulheres em Marcos como modelos de fidelidade, o Evangelho trata homens e mulheres com relativa imparcialidade: ocasionalmente, homens e mulheres são eficientes em sua reação a Jesus (Mc 9,38-39; 14,9), mas os seguidores costumeiros de Jesus, homens e mulheres, fracassam em momentos cruciais. Ver E. S. Malbon, *Semeia* 28, 1983, p. 29-48; também C. C. Black, *Disciples*, p. 278, n. 37.

[42] Quanto à *família*, Mateus não incluiu o pejorativo Mc 3,20-21, embora tenha copiado o que o precedia (Mt 10,2-4 = Mc 3,22-27). Também Mt 13,57 omitiu a frase negativa a respeito dos parentes de Jesus em Mc 6,4. Quanto a *discípulos*, por exemplo, em Mt 14,38 os discípulos confessam a filiação divina de Jesus, ao passo que em Mc 5,52 seus corações estavam endurecidos. Mt 8,25; 9,32 evitaram a grosseria para com Jesus por parte dos discípulos, relatada em Mc 4,38; 5,30-31.

atribui-lhes o motivo menos esclarecedor de desejarem ver o sepulcro.[43] Entretanto, no túmulo propriamente dito, a apresentação mateana das mulheres (Mt 28,8-10) é dramaticamente o oposto da marcana. As mulheres ainda têm medo, mas obedecem ao anjo e correm com grande alegria para transmitir aos discípulos a mensagem do anjo. Quando o próprio Jesus lhes aparece, elas abraçam seus pés e *o adoram* (a mesma redação que em Mt 2,11). Os leitores mateanos, então, tendo ficado com a impressão de que essas espectadoras da crucificação e do sepultamento não reagiram imediatamente tão bem quanto o centurião ou José de Arimateia, descobrem que no fim elas demonstraram a fidelidade de verdadeiras seguidoras de Jesus. Em Mateus, como em Marcos, as mulheres estão paralelas aos discípulos homens (os Doze), não formam contraste com eles; mas, agora, o paralelismo é muito mais positivo. Embora tivessem fugido do Getsêmani, depois que a mensagem do anjo (repetida pelo Jesus ressuscitado) lhes foi retransmitida, os discípulos obedeceram e foram para a Galileia. Quando Jesus lhes apareceu, apesar da contínua dúvida de alguns, eles o adoraram e foram feitos apóstolos (Mt 28,16-20).

Reações dos presentes segundo Lucas

Lc 23,47-49 difere de Marcos/Mateus por ter três reações depois da morte de Jesus na cruz, em vez de duas, e esse arranjo é claramente uma construção artística lucana. Antes de Jesus ser colocado na cruz, quando estava sendo conduzido ao lugar chamado Caveira, Lc 23,26-31 também descreveu três reações. Assim, Lucas coloca a crucificação em um tríptico com três respondentes agrupados benevolamente em cada lado da cruz. (Dentro da cena da crucificação [Lc 23,35-43], ele preservou o padrão de três escárnios negativos que encontrou em Marcos, embora antes e depois ele os tenha emoldurado com o "povo" neutro e o malfeitor de boa vontade.) A caminho da crucificação, os reatores foram: i) Simão Cireneu, que trouxe a cruz atrás de Jesus, isto é, na opinião de Lucas, um indivíduo que se tornou discípulo tomando ou carregando a cruz (como se fosse sua) e seguindo atrás de Jesus (Lc 9,23; 14,27); ii) uma grande aglomeração das pessoas que seguiram Jesus ao lugar de execução, evidentemente compassivas, mas sem revelar sua opinião por palavras ou atos; iii) mulheres, saudadas como "filhas de Jerusalém" que batiam no peito

---

[43] Em parte, a mudança de Marcos é ditada pela presença de guardas hostis no sepulcro, de modo que as mulheres não teriam permissão para se aproximar do corpo. Contudo, Mateus também reconheceu ser supérflua a intervenção marcana, pois Jesus já havia sido preparado para o sepultamento (Mt 26,12).

e lamentavam por ele. Na cena presente, os reatores são também um indivíduo e o povo, e as mulheres: 1) o centurião que, com base no que viu acontecer, glorifica a Deus e afirma que Jesus era justo; ii) todas as multidões que, depois de observar, voltaram para casa batendo no peito; iii) todos os conhecidos dele de pé, à distância, e as seguidoras desde a Galileia, olhando essas coisas, evidentemente com compaixão, mas sem revelar sua opinião por palavras ou atos. A primeira e a terceira dessas reações foram adaptadas de Marcos; a segunda é contribuição lucana que corresponde à atitude mais favorável desse Evangelho para com o povo judeu. Consideremos as três reações uma por uma.

Reação do centurião (Lc 23,47). Tendo visto *esse acontecimento*, ele *estava glorificando a Deus* e afirmando que Jesus era *justo*. As expressões postas em itálico representam diferenças do relato marcano do centurião. Tais diferenças fizeram Creed, Fitzmyer, Taylor e outros afirmarem que, aqui, Lucas recorreu a outra fonte que não Marcos,[44] fonte muitas vezes considerada mais original porque a confissão lucana parece mais apropriada nos lábios de um gentio romano que o "Filho de Deus" marcano. A meu ver, nada disso é necessário: com adaptações que se ajustam a sua perspectiva teológica, Lucas recorreu totalmente a Marcos, e não a outra fonte. Argumento básico para a dependência lucana de Marcos pode ser tirado de dois conjuntos de palavras, a saber, a descrição introdutória do centurião e sua confissão. As palavras introdutórias "Mas o centurião, tendo visto" são as mesmas em Marcos e Lucas, com exceção da substituição por Lucas do *kentyrion* latinizado (relacionado com *centum*, "cento"), usado só por Marcos, pelo grego (apropriado para "centurião") *hekatontarches* (relacionado com *hekaton*, "cento") que, com a variante *hekatontarchos*, é usado dezesseis vezes em Lucas-Atos, e nunca em Marcos.[45] Quanto à confissão do centurião, a ordem das palavras lucanas está muito próxima à de Marcos, embora a palavra-chave do predicado seja diferente:

---

[44] Hanson ("Does", p. 77-78) afirma que a forma lucana é adaptação de Marcos, mas argumenta contra Kilpatrick que a hipótese Proto-lucana (isto é, havia uma combinação de Q e uma fonte especial lucana na qual Lucas introduziu material marcano) não é refutada por esta cena. Manus ("Centurion's", p. 268) concorda com B. S. Easton que o *dikaios* lucano é original e sugere que representa "um entendimento original da personalidade de Jesus que talvez fosse corrente na comunidade Q primitiva, principalmente na região siro-palestina".

[45] Como vimos, Marcos não apresentou nenhuma preparação para o aparecimento do centurião de pé ali na frente de Jesus, embora tenha descrito toda uma coorte romana reunida para escarnecer de Jesus no pretório de Pilatos (Mc 15,16). Lucas apresentou menos preparação, pois só durante o escárnio de Jesus na cruz (Lc 23,36) os leitores foram alertados de que soldados romanos estavam envolvidos.

Mc 15,39:   *alethos*   *houtos ho anthropos*   *huios theou en*

Lc 23,47:   *ontos*   *ho anthropos houtos*   *dikaios en*

Os dois evangelistas colocam o advérbio em posição enfática no início;[46] e os dois usam o tempo imperfeito do verbo, tão incomum em uma confissão. Se tais semelhanças indicam o uso lucano de Marcos, como justificamos as diferenças postas em itálico na sentença inicial acima?

Três diferenças de Marcos. A PRIMEIRA DIFERENÇA está no que o centurião viu: a saber, em Marcos: "que ele assim expirou"; e em Lucas: "esse acontecimento".[47] Para Marcos, "assim expirou" incluiu Jesus dando um grito de abandono, a resposta escarnecedora dos circunstantes (vinho avinagrado, chacota a respeito de Elias), novamente o forte grito, Jesus expirando e o véu do santuário sendo rasgado por Deus. Lucas apresenta uma sequência diferente: as advertências escatológicas da escuridão e do véu rasgado foram incorporadas (Lc 23,44-45) antes da morte de Jesus; e em contraste, Jesus clamou uma oração de confiança, expirando depois de dizer: "Pai, em tuas mãos eu coloco meu espírito" (Lc 23,46). O violento conteúdo apocalíptico do "assim" marcano não precede imediatamente a descrição lucana do centurião "tendo visto esse acontecimento", nem a precede nada parecido com a lista mateana de acontecimentos extraordinários.[48] O centurião lucano viu a compostura de Jesus diante da morte, um Jesus cujo relacionamento de confiança com Deus não foi interrompido nem mesmo pela morte.[49]

A SEGUNDA DIFERENÇA é que o centurião lucano, "tendo visto" o acontecimento, respondeu "glorificando a Deus". Depois da morte de Jesus, Lucas assim conclui uma inclusão com o início do Evangelho, onde depois do nascimento de Jesus os

---

[46] O *alethos* de Marcos é praticamente sinônimo do *ontos* ("realmente, certamente") de Lucas, mas este último é superficial ou autoenganoso, pois subentende que o que flui do próprio ser da pessoa é apropriado para a confissão de que Jesus é justo, já que, do princípio ao fim do Evangelho (Lc 10,29; 16,15; 18,9; 20,20), Lucas contesta os que têm justiça ou integridade.

[47] *To genomenon*, o particípio aoristo singular de *ginesthai* ("acontecer, suceder"), que significa: "o que aconteceu". A forma plural *ta genomena* ("esses acontecimentos") será usada no versículo seguinte. Em Mt 27,54, o centurião e os guardas veem *ta ginomena*, o particípio presente neutro plural (nota 5 acima).

[48] Naquela lista, Mateus mostrou como a morte de Jesus produziu a ressurreição dos santos adormecidos; a crença em um efeito semelhante na vida após a morte é vista em Lucas: "Este dia, comigo vais estar no paraíso" (Lc 23,43). É para pensarmos que o centurião ouviu isso?

[49] Há quem volte para trás "este acontecimento" que o centurião viu, para incluir a oração de perdão para seus algozes rezada por Jesus (Lc 23,34).

pastores voltaram (aos campos) "glorificando a Deus por tudo que tinham [...] visto" (Lc 2,20). Na verdade, durante o relato lucano do ministério, "glorificando a Deus" é reação comum quando se vê Jesus manifestar poder divino.[50] Certamente, os leitores lucanos não pararam para se perguntar, como fazem alguns comentaristas modernos, se é plausível que um soldado gentio louvasse tão facilmente o Deus de Israel. Eles perceberam que, do começo ao fim da vida de Jesus, os que tinham olhos para ver louvavam consistentemente a Deus. Além disso, eles consideravam apropriado que a glorificação final viesse de um gentio, antecipando desse modo a recepção do Evangelho pelos confins da terra, a ser narrada no livro dos Atos (onde, em At 13,48, gentios glorificam a Palavra de Deus). O tema de "glorificar a Deus", então, é claramente adição de Lucas ao que ele recebeu de Marcos a respeito do centurião, e não há necessidade de supor uma fonte especial.

A terceira diferença é o que afirma a confissão do centurião em Lucas, isto é, que esse homem (Jesus) era "justo",[51] em contraste com "Filho de Deus" em Marcos. Por que, sem a sanção de uma fonte, Lucas passaria da fórmula marcana cristológica para uma apreciação "inferior" de Jesus? Alguns biblistas negam que uma mudança esteja envolvida, afirmando que *dikaios* representa o entendimento lucano do *huios theou* marcano sem artigo. Na verdade, eles usam Lucas como argumento para traduzir Marcos com o significado de "um filho de Deus" (ver acima, sob "*O que significa "Filho de Deus"?*"). Na Antiguidade, Agostinho (*De consensu evangelistarum* iii,20; CSEL 43,346) escreveu: "Talvez o centurião não tivesse entendido Jesus como o único gerado igual ao Pai, mas tivesse falado dele como o Filho de Deus porque acreditava que ele era justo, assim como se diz que muitos justos são filhos de Deus". Nos tempos modernos, Plummer (*Luke*, p. 539) interpreta as confissões marcana e lucana com o mesmo sentido: Jesus "era um homem bom e estava certo em chamar Deus de Seu Pai". Esse tipo de interpretação confunde o que pode ter se passado historicamente na mente do centurião[52] com o que Lucas fê-lo dizer e querer dizer em nível narrativo. Afirmei que o centurião marcano confessou Jesus como o Filho de Deus em sentido pleno, e não vejo possi-

---

[50] Lc 5,25-26; 7,16; 13,13; 17,15 (por um samaritano); 18,43. *Doxazein* ("glorificar") com *theos* ("Deus") como objeto ocorre 1 vez em Marcos, 2 em Mateus, 1 em João, 11 em Lucas-Atos.

[51] Embora *dikaios* possa ser predicado nominal ("o justo") sem o artigo, por estar colocado antes do verbo copulativo (nota 12, acima), não há razão para não aceitar a costumeira tradução adjetival.

[52] Goodwin ("Theou", p. 129) representa uma erudição mais antiga para a qual o centurião poderia ter dito as duas coisas.

bilidade de Lucas ter entendido mal Marcos. (Ao relatar o que aconteceu diante do sinédrio, Lc 22,70 falou em "o Filho de Deus" interpretando corretamente "o Filho do Bendito" marcano; devemos pensar que Lucas não reconheceu a continuação marcana desse tema aqui?) Para afirmar que Lucas é dependente de Marcos nesta cena, é preciso lidar com a mudança deliberada de Marcos por Lucas e sua preferência por uma designação de Jesus que era mais apropriada para seus propósitos.

O sentido da confissão do centurião lucano. Os biblistas debatem a conotação de *dikaios* aqui usado como predicado. Com frequência, é traduzido por "inocente".[53] Este homem não era culpado da acusação pela qual foi executado, o que, obviamente, no contexto da crucificação, um observador sem preconceitos poderia concluir, mesmo sem ter nenhuma compreensão religiosa especial. O bem pesquisado *Greek-English Lexicon* (Liddell & Scott, 9ª edição) não dá "inocente" como tradução de *dikaios*, mas BAGD (196,3) dá, embora apenas com referência a este versículo.[54] Certamente, essa não é uma tradução indefensável; e, embora eu prefira "justo", o âmbito semântico de "justo" inclui inocência. Ressalto isso porque alguns dos opositores da tradução "inocente" (Hanson, Karris) escrevem quase como se "inocente" e "justo" fossem ideias totalmente diferentes.[55] A tradução competidora de *dikaios* como "justo, probo, reto" tem apoio igual, ou mesmo maior, entre biblistas e traduções.[56] A favor dela, Beck ("Imitatio", p. 42) afirma que nenhum outro uso de *dikaios* em Lucas-Atos é redutível simplesmente a "inocente", isto é, não culpado.[57] Para Lucas, o adjetivo tem amplo leque de sentido positivo,

---

[53] Danker, Fitzmyer, Kilpatrick, Klostermann, Marshall; e as traduções do NT por Fenton, Goodspeed, Moffatt, Wymouth, RSV, NRSV, NAB, NAB (rev.) e NEB.

[54] Na LXX, ocasionalmente *dikaios* traduz *naqî*, "puro, sem culpa", em especial em frases fixas como "sangue inocente"; Gn 20,5; Pr 6,17; Jl 4,19 etc. No NT, "inocente" é um possível entendimento de *dikaios* aplicado a Jesus no contexto de sua morte em Mt 27,19; 1Pd 3,18.

[55] Por exemplo, Karris ("Luke 23,47", p. 68-70), que se preocupa porque descobrir elementos de martírio na apresentação lucana da morte de Jesus favorece a tradução como "inocente", menospreza desnecessariamente o pano de fundo martirológico. Eram os mártires tão identificados como criminosos a ponto de "justo" não poder se aplicar a eles tanto quanto "inocente"? Brawley (*Luke-Acts*, p. 141, n. 24) contesta a asserção de Karris (p. 65), segundo a qual "dikaios não significa inocente, mas significa reto, probo", e pergunta se é possível fundamentar uma diferenciação tão bem definida do grego.

[56] Beck, Dechent, Hanson, Karris, Lagrange, C. Schneider e as traduções neotestamentárias de Wycliff, Coverdale, Rheims, KJ, *New Jerusalem Bible*. Como "reto" evoca as ideias paulinas de "retidão, justiça", prefiro "justo", que também faz os leitores se lembrarem de "justiça", qualidade fundamental do rei no AT. O centurião está comentando a respeito de "O Rei dos Judeus".

[57] Entretanto, Epp ("Ignorance", p. 61-62) lembra que, no Códice de Beza de At 16,39, há uma adição que desculpa os funcionários romanos que não sabiam que Paulo e Silas eram *dikaioi*, isto é, inocentes.

sendo usado para descrever os santos (Isabel e Zacarias, em Lc 1,6, e Simeão, em Lc 2,25), até mesmo os santos mortos (Lc 14,14-15). Procurando responder a diversas perguntas, examinemos seu sentido para Lucas na confissão do centurião.

Por que Lucas preferiu não apresentar a confissão marcana cristológica plena de "Filho de Deus"? Ao traduzir *dikaios* como "inocente", alguns comentaristas afirmam que Lucas achou essa afirmação mais apropriada a um espectador pagão. (O argumento é menos apropriado se significar "justo", pois essa designação, como veremos, tinha origem veterotestamentária.) Outros atribuem a Lucas motivo apologético: confirmação romana de que Jesus era inocente e não politicamente subversivo. C. Schneider ("Hauptmann") afirma que Lucas temia uma leitura sincretista da confissão de "Filho de Deus": os leitores lucanos poderiam considerar aceitável o que um porta-voz pagão queria dizer ao espontaneamente confessar Jesus sob esse título, visto que Lucas insistia no reconhecimento da filiação divina única e, assim, em seu Evangelho, restringiu a proclamação do título a cristãos comprometidos. A meu ver, esses motivos, se é que estão presentes, não influenciaram a preferência lucana por *dikaios*. (Ver Beck, "Imitatio", p. 41, que os rejeita.)

A chave para a mudança do "Filho de Deus" marcano está na importância que *dikaios* tinha na narrativa lucana para a teologia de Lucas. Em Marcos, essa avaliação muito alta de Jesus foi estimulada pela surpreendente intervenção divina depois da morte de Jesus (rasgando o véu do santuário). Mas em Lucas, o que precede a confissão é a confiante oração de Jesus a seu Pai, com menos probabilidade de levar a um pleno reconhecimento da divindade de Jesus.[58] Além disso, em termos de ter uma confissão gentia, Lucas foi mais flexível que Marcos/Mateus por causa do leque apresentado por seu livro dos Atos. Se os dois primeiros evangelistas queriam ter no final de sua história um gentio que chegou à fé plena em Jesus (antecipando o destino da missão cristã), esta cena antes do sepultamento foi sua última oportunidade. (Aparições depois da ressurreição, que em teoria ofereceriam outra oportunidade, estavam arraigadas na tradição [por exemplo, 1Cor 15,5-8] e nenhuma parte da tradição preservada alude a um gentio.) Entretanto, Lucas tinha todo um segundo livro, grande parte do qual seria dedicada à difusão da fé entre os

---

[58] Por outro lado, há quem argumente que, como o Jesus lucano dirige-se a Deus como "Pai", é apropriado para o centurião lucano reconhecê-lo como "Filho de Deus". Esse raciocínio seria válido se Lucas entendesse a expressão com o significado de *"um filho de Deus"*. Mas, na narrativa, um soldado pagão não entenderia facilmente a partir de uma oração a Deus como Pai que Jesus era o *único* Filho de Deus.

gentios; e, historicamente, esse era um contexto mais apropriado para descrever uma conversão que levasse a uma confissão de Jesus na linguagem religiosa de "Filho de Deus".[59] De fato, os Atos dedicam um capítulo inteiro (cap. 10, em especial At 10,34-48) ao relato de como um centurião romano veio a crer. Essa flexibilidade permitiu a Lucas aqui adaptar a confissão do centurião, que ele tirou de Marcos, a outra mensagem teológica.

Por que, conforme seus padrões de pensamento, Lucas escolheu *dikaios* para expressar sua mensagem? Há diversas razões plausíveis, e vou dedicar um parágrafo a cada uma, pois elas não se excluem mutuamente. *Primeiro*, o Jesus lucano rezara: "Pai, em tuas mãos eu coloco meu espírito", fazendo eco a Sl 31,6. No mesmo Salmo (v. 19), lemos: "Emudeçam os lábios mentirosos que falam contra o justo [*dikaios*] com insolência, soberba e desprezo".[60] A oração do Jesus lucano também faz eco a Sb 3,1: "As almas dos justos estão na *mão* de Deus"; e no contexto ali, a começar em Sb 2,12, está a trama de adversários ímpios para destruir um *dikaios* que professa ter conhecimento de Deus chamando a si mesmo de "filho" (*pais*) de Deus, dizendo que Deus é seu pai (Sb 2,13.16). Os adversários dizem: "Se o justo [*dikaios*] é o filho de Deus [*huios theou*], Ele o ajudará" (Sb 2,18). Em § 41 (sob "O desafio para salvar-se a si mesmo ou ser libertado"), acima, vimos que Mt 27,43 recorreu a essa passagem e, assim, é provável que ela fosse amplamente conhecida dos cristãos primitivos. As ideias combinadas de que o justo entregou-se à mão de Deus (como Jesus fez em oração na hora da morte) e de que o justo era filho de Deus explicam por que Lucas considerou *dikaios* alternativa intercambiável para o *huios theou* marcano na reação do centurião à oração de Jesus na hora da morte. Antes, em Lucas, a revelação divina direta está associada à identificação de Jesus como Filho de Deus (Lc 1,35; 3,22; 9,35). Não há nenhuma indicação dessa intervenção divina na imagem lucana do centurião e, assim, a alternativa de *dikaios* era mais lógica.

Um *segundo* fator contribuinte foi o uso de *dikaios* como título cristológico na Igreja primitiva, recorrendo à prática veterotestamentária. Na idealização do esperado rei davídico, ele é descrito como *dikaios* em Jr 23,5; Zc 9,9; *Salmos*

---

[59] Assim Büchele, *Tod*, p. 54; Walaskay, "Trial", p. 93.
[60] O justo *dikaios*, especialmente perseguido sem justificativa por acusadores (observemos a combinação de "justo" e "inocente"), é figura comum no saltério: Sl 5,13; 7,10; 11,3.5; 34,16.18.20.22; 37,12.21.25.29.32 etc.

de Salomão 17,32,⁶¹ como é o servo sofredor em Is 53,11. Em um contexto onde condenam Jesus como o Rei dos Judeus e o fazem sofrer morte ignominiosa, Lucas considerou apropriados esses ecos bíblicos de *dikaios*. Ao usar "justo" a respeito de Jesus, o centurião estava preparando os leitores de Lucas para as referências a Jesus como "o justo" em At 3,14 e 7,52, título dado a ele em relação ao fato de ter sido executado. Outros usos em At 22,14; Tg 5,6; 1Pd 3,18 e 1Jo 2,1 mostram que a declaração solene do centurião, "Certamente este homem era justo!", tinha um pouco do tom de confessar Jesus como "o justo".⁶²

Um *terceiro* fator, talvez o principal, por trás da escolha lucana de *dikaios*, foi seu desejo de fazer a confissão do centurião encaixar-se em uma cadeia de reações que passam pela apresentação lucana dos procedimentos romanos contra Jesus. Que Jesus não era culpado das acusações lançadas contra ele é preocupação lucana do princípio ao fim.⁶³ Ele mostrou Pilatos repetidamente afirmando isso (Lc 23,4.14.22), chegando a citar Herodes como apoio (Lc 23,15) e, em duas dessas referências (Lc 23,4.14), Pilatos falou em "este homem", como faz o centurião. Manifestamente, a confissão do centurião aumenta o testemunho. Ao julgar Jesus, ele não tem a autoridade de Pilatos; contudo, seu testemunho de Jesus é convincente contra o pano de fundo de conversão subentendida. Até este ponto, a única informação da NP a respeito de soldados romanos dada por Lucas (Lc 23,36-38) é que eles escarneciam de Jesus, aproximando-se (como se em deferência?) trazendo-lhe vinho avinagrado e dizendo: "Se és o Rei dos Judeus, salva-te a ti mesmo". Quando agora, de repente, o chefe entre eles confessa ser Jesus realmente "justo", termo tradicionalmente usado para o rei davídico, tem-se de pensar que ele foi persuadido, apesar de sua forte inclinação para o contrário. Elemento importante na persuasão é a visão de Jesus aceitando a morte com uma oração que demonstrou sua alegação de ser próximo de Deus. Assim inspirado, o centurião transcende o "não culpado" de Pilatos, para afirmar que Jesus era o que alegava ser. Essa inesperada conversão à verdade a respeito de Jesus coloca o centurião em outra cadeia de reações a Jesus, mais profunda que as de Pilatos e de Herodes. Como Lc 23,26

---

[61] A justiça é, com frequência, relacionada como elemento fundamental na realeza divina e humana, por exemplo, Sl 72,1-2; 97,1-2; Is 9,6.

[62] A respeito da predicação adjetival e nominal de *dikaios*, ver a nota 51 acima.

[63] Será que isso reflete a apologética (que responde a acusações romanas reais ou temidas de que o "fundador" desse grupo cristão era um usurpador régio condenado) ou simplesmente a convicção cristã não sem implicações para o empenho missionário?

descreveu, Simão Cireneu nada sabia previamente de Jesus e estaria inclinado desfavoravelmente em relação a Jesus depois que os crucificadores o pegaram para impor a cruz de Jesus. Contudo, Simão é (simbolicamente) descrito como sendo convertido instantaneamente, levando a cruz atrás de Jesus na posição de seguidor. Do mesmo modo, os malfeitores cocrucificados (Lc 23,39-43) não simpatizariam com esse pretendente régio e, na verdade, um deles blasfemou contra Jesus: "Não és tu o Messias? Salva-te a ti mesmo e a nós". Contudo, o outro, apesar do passado criminoso, converteu-se para reconhecer não só que Jesus não fizera nada ilegal, mas também que ele tinha um reino e era próximo de Deus o bastante para poder conceder uma participação nesse reino. Quando antepomos essas duas figuras ao centurião, descobrimos que antes, durante e depois da agonia da crucificação de Jesus, uma pessoa improvável (um estranho arrastado à força, um malfeitor condenado e um soldado antes escarnecedor) instantaneamente reconheceu a verdade a respeito daquele que estava sendo crucificado. Nenhum deles confessa a identidade de Jesus em uma fórmula fixa tão conhecida como "o Filho de Deus", mas sim na cristologia subentendida de ligação pessoal. Essa sequência de "conversões" servia de desafio e também de incentivo aos leitores de Lucas. Além dessa cadeia de reações no interior da NP, o centurião faz parte de mais uma sequência. O primeiro a ver Jesus em Jerusalém foi Simeão, que louvou a Deus e disse: "Meus olhos viram esta salvação que preparaste diante dos olhos de todos os povos: uma luz para ser uma revelação para as nações" (Lc 2,28-32). O primeiro a ver Jesus em Jerusalém depois de sua morte é o centurião, que glorifica a Deus e, ao confessar Jesus, torna-se um exemplo da salvação trazida aos gentios.

Reação das multidões (Lc 23,48). Só Lucas registra isso; mas é tão típico de seu arranjo, redação e teologia que não é necessário supor nenhuma fonte especial. Estruturalmente, esta reação é estreitamente paralela à do centurião:[64]

| centurião | tendo visto | acontecimento | estava glorificando | dizendo |
| multidões | tendo observado | acontecimentos | voltaram | batendo no peito |

Implicitamente, o centurião e as multidões estão no mesmo lugar de "observação" perto da cruz, reservado por Lucas para os que antes não estavam

---

[64] Feldkämper, *Betende*, p. 280. O paralelismo é ampliado por uma glosa (a ser examinada abaixo), onde as multidões dizem palavras.

comprometidos com Jesus, distinto do lugar à distância onde os conhecidos e as seguidoras de Jesus estão de pé no versículo seguinte. Essas "multidões" representam o "povo" que Lucas menciona antes e durante a crucifixão, como se vê quando olhamos para as palavras-chave nas três passagens:[65]

Lc 23,27: Havia seguindo-o [Jesus] uma grande aglomeração do *povo*

Lc 23,35: E o *povo* estava de pé ali OBSERVANDO

Lc 23,48: Todas as multidões que estavam reunidas para a OBSERVAÇÃO

(Na primeira e na terceira passagens, há uma referência subsequente a mulheres, Jerusalém e Galileia, respectivamente.) Antes, no julgamento romano (Lc 23,13-18), o povo, bem como os chefes dos sacerdotes e os governantes, foram hostis a Jesus, pedindo sua morte (também a "multidão" hostil em Lc 22,47). Entretanto, nas três passagens da crucificação, eles passam do seguimento compreensivo e da observação para o arrependimento. Como o centurião, o que os leva a mudar é ter observado "acontecimentos". Há quem considere o plural aqui variante inexpressiva do "acontecimento" presenciado pelo centurião,[66] abrangendo apenas a morte piedosa de Jesus. Contudo, talvez Lucas quisesse acrescentar a esse "acontecimento" a confissão do centurião, de modo que as multidões ficaram comovidas ao observar não só a morte, mas também a reação do centurião a ela. (Em Lc 5,25-26, há um arranjo em série: o paralítico curado que vai para casa glorificando a Deus faz parte daquilo que faz todos ficarem admirados e glorificarem a Deus.) As multidões que batem no peito depois da morte crucificada de Jesus são paralelas às mulheres de Jerusalém que, antes da crucificação, bateram em si mesmas[67] e lamentaram por Jesus (Lc 23,27-28). Nesse momento anterior, havia um elemento de tristeza por alguém prestes a morrer, mas aqui as multidões expressam arrependimento.[68]

---

[65] Untergassmair, *Kreuzweg*, p. 92.

[66] Uma sugestão é que um sujeito plural levou a um objeto plural. Lucas usa o singular "acontecimento" em Lc 8,34-35; 24,12 e o plural, "acontecimentos", em Lc 9,7.

[67] Em Lc 23,48, Lucas usa o verbo transitivo *ryptein* ("golpear, bater") usado anteriormente no escárnio romano de Jesus (Mc 15,19; Mt 27,30), quando os soldados estavam golpeando a cabeça de Jesus. Em Lc 23,27, Lucas usou o reflexivo de *koptein* ("bater"), o mesmo verbo que é usado depois da morte de Jesus em EvPd 7,25 (reflexivamente) e em EvPd 8,28 (transitivamente). Logo depois de Zc 12,10 (a passagem a respeito de olhar para aquele que eles trespassaram, citada por Jo 19,37), Zc 12,12 usa *koptein* para descrever o lamento das famílias davídicas em Jerusalém.

[68] A necessidade de arrependimento é forte tema lucano: Lc 10,13; 11,32; 13,3.5; 15,7.10; 16,30; 17,3-4.

Sua tristeza não é apenas pelo passamento de uma vida humana, mas pela injusta execução de alguém que visivelmente era próximo de Deus.

O arrependimento das multidões não é uma conversão no nível da do centurião, pois elas nem glorificam a Deus, nem confessam Jesus. At 2,38 mostra que, para Lucas, o arrependimento não é suficiente, a menos que seja seguido pela confissão do nome de Jesus. As multidões "voltam" (presumivelmente, para o lugar de onde vieram[69]), o que deixa seu futuro obscuro. As palavras de Jesus, ditas antes da crucificação para as filhas de Jerusalém que acompanhavam a grande aglomeração do povo, apresentaram o castigo divino como inevitável para elas e seus filhos (Lc 23,27-31); contudo, o castigo não torna impossível o perdão, pois depois Jesus rezou ao Pai para perdoar até os que o crucificaram (Lc 23,34). De muitas maneiras, esta cena faz eco à parábola tipicamente lucana do fariseu e do publicano (Lc 18,9-14). Durante o julgamento por Pilatos, as autoridades (chefes dos sacerdotes, governantes) e também o povo bradaram pela condenação. As autoridades não mostram sinais de pesar depois da morte de Jesus, pois, como o fariseu da parábola, acreditam que são justos. As multidões do povo veem o centurião proclamar que certamente Jesus era justo e, como o publicano, batem no peito, implicitamente querendo dizer: "sê misericordioso conosco, pecadores".

Os copistas não se contentaram em deixar implícito o que as multidões disseram. Uma adição do século II encontra-se na OS^{sin,cur} e na OL (St. Germain, ms. g). Em formas variantes, aparecem nos lábios das multidões palavras como estas: "Ai de nós! O que nos aconteceu por causa de nossos pecados? (O julgamento e) O fim de Jerusalém está próximo". Dito semelhante encontra-se em *Comentário sobre o Diatessarão* de Efrém (xx,28; SC 121,362) e em EvPd 7,25.[70] As palavras acrescentadas completam o paralelismo entre o centurião e as multidões, pois agora ambos falam: o soldado gentio, em uma confissão de fé; as multidões judaicas, em autocrítica.[71]

---

[69] Ver em Lc 2,20.43; 8,37.40; At 8,28 o uso absoluto de *hypostrephein*, sem um destino.

[70] Ver em MTC, p. 182, redações precisas. Harris ("Origin", p. 9) chama a atenção para uma versão siríaca de 1 Macabeus (encontrada em um relato de martírio datado do século V d.C.), onde Matatias diz: "Ai de nós! O que nos aconteceu? Para ver a miséria de nosso povo e as ruínas da cidade santa!" (ver 1Mc 2,7.) Ele sugere que isso deu origem à glosa da OS, que por sua vez influenciou o *Diatessarão*, o *EvPd* e a OL. Entretanto, Harnack (*Bruchstücke*, p. 57) afirma que essa e outras glosas evangélicas foram tiradas do EvPd.

[71] Em direção contrária, um testemunho do século IX nos diz que o *Evangelho dos Nazareus* (24, HSNTA,

Reação dos que estavam à distância (Lc 23,49). Com adaptações, Lucas tirou de Marcos que havia galileias observando a certa distância — nove de dezoito palavras deste versículo encontram-se em Mc 15,40-41. Lucas apresenta essas mulheres (e todos os conhecidos de Jesus) "estando de pé de longe", expressão composta do verbo "estar de pé", verbo que Mc 15,39 usou em forma composta para o centurião, e a frase "de longe", que Mc 15,40 usou para as mulheres que observavam.[72] Como Lucas já utilizara "observar" (*theorein*) para as multidões cuja presença ele introduziu entre o centurião e as mulheres, aqui ele exemplifica alternação estilística voltando a "ver" (*horan*) o verbo que ele usou para o centurião.[73] Lucas não dá os nomes das mulheres nem aqui, nem no sepultamento (Lc 23,55-56), mas só em referência ao túmulo vazio (Lc 24,10; talvez confirmação indireta de que a localização do túmulo era novidade para todas ou algumas delas [§ 41, acima]). Entretanto, para a compreensão dos leitores, a ausência de nomes neste episódio lucano não é significativa, pois, nesse Evangelho (somente), "as mulheres que o acompanhavam desde a Galileia" foram introduzidas no decorrer do ministério galileu.[74] Em Lc 8,1-3, foi-nos dito como, enquanto Jesus percorria cidades e povoados proclamando e anunciando a Boa-nova do Reino de Deus, os Doze estavam *com* ele, "e algumas mulheres que tinham sido curadas de espíritos maus e enfermidades: Maria, chamada Madalena, de quem saíram sete demônios; Joana, mulher do *epitropos* ["administrador"? "companheiro"?"] de Herodes, e Susana e muitas outras que os serviam [*diakonein*] com seus bens". Quando finalmente, no túmulo vazio, em sua terceira referência na NP a essas mulheres, Lucas

---

v. 1, p. 150; ed. rev., v. 1, p. 162) relatou: "A essa palavra do Senhor [Lc 23,34?], muitos milhares de judeus que estavam de pé ao redor da cruz creram".

[72] Lucas emprega a expressão *makrothen* ("à distância") duas vezes sozinha e duas vezes com *apo* ("de"). Enquanto Marcos/Mateus usaram *apo makrothen* para o seguimento por Pedro de Jesus até o pátio do sumo sacerdote, Lc 22,54 omitiu *apo*. "De pé de longe" é péssima linguagem, mas preserva a distinção.

[73] O particípio *horosai* em Lc 23,49 é feminino por atração, mas certamente tem o propósito de se referir também a "todos os conhecidos dele". Fitzmyer (*Luke*, v. 2, p. 1521) distingue entre um "olhar" mais atento e o "encarar" das multidões ociosas como um espetáculo no versículo anterior, mas Untergassmair (*Kreuzweg*, p. 105) deve ser seguido por não ver nenhuma diferença real entre os dois verbos. As multidões certamente não são descritas como ociosas e a transformação para o arrependimento pela qual elas passam por *observação* e *observando* (substantivo e verbo) é significativa. A respeito dos dois verbos, ver BGJ, v. 1, p. 502-503.

[74] Talvez para enfatizar a ligação entre as mulheres aqui e as apresentadas anteriormente, a tradição *koiné* traz o particípio no aoristo ("tinham seguido"), em vez do tempo presente. O *synakolouthein* lucano quase combina os dois verbos em Mc 15,41, *akolouthein* e *synanabainein* ("subir com"), e assim simplifica Marcos do mesmo modo que Mateus fez.

identifica aqueles de quem ele falou na cruz e no sepultamento, ele mistura Maria Madalena e Maria, mãe de Tiago, da lista de Marcos (Mc 16,1; ver o Quadro 8 em § 41), com sua tradição dos nomes das galileias e assim, surge com a lista: "Maria Madalena, e Joana, e Maria de Tiago, e o resto (das mulheres) com eles" (Lc 24,10).

Ao apresentar as mulheres em Lc 8,3, Lucas usou *diakonei*, o mesmo verbo que Marcos (Mc 15,41) usa aqui, mas acrescentou seu tom pessoal. Em Marcos, as mulheres cuidam de necessidades materiais como comida e bebida (nota 29 acima), mas Lucas especificou isso como sendo feito "com seus bens". Elas não apenas distribuíam, mas proviam. Nesse ponto, Lucas antecipou a ação das mulheres da Igreja primitiva, tais como Lídia, cuja hospitalidade para Paulo ele descreve em At 16,14-15 (ver também Lc 10,7; 24,29). Isso, mais o fato de Lucas nos ter contado que essas mulheres foram curadas por Jesus, fazia os leitores de Lucas pensarem nelas como discípulas dedicadas,[75] quando liam que elas estavam de pé a certa distância na cena da crucificação, embora, não mais que Marcos, Lucas as faça antes ativas na NP ou reativas aqui por palavras ou atos. O fato de mulheres serem descritas como "estando de pé" ali, sem ter "voltado" ou ido embora como fizeram as multidões do versículo anterior, prepara os leitores para a participação que ainda está para vir. Na verdade, nas duas cenas seguintes nas quais as mulheres reaparecem, Lucas transcende a descrição de Marcos (onde elas permanecem inativas durante o sepultamento e desobedientes no túmulo vazio). No sepultamento, as mulheres lucanas não só veem onde Jesus é sepultado, mas vão imediatamente preparar especiarias e bálsamos, para, assim que o descanso prescrito para o sábado terminar, partirem para o túmulo com as especiarias (Lc 23,56; 24,1). Na cena seguinte, ao saírem do túmulo vazio, elas transmitem a mensagem dos anjos a respeito do Senhor vivo aos Onze e a todo o resto (Lc 24,9). Realmente, ao contrário de Mateus, Lucas não narra nenhuma aparição de Jesus para as mulheres no túmulo; mas sua redação em At 13,31 deixa em aberto a possibilidade de ter havido uma aparição subsequente para elas: "Ele apareceu aos que vieram com ele da Galileia".[76] Assim, a imagem lucana toda das mulheres da Galileia na NP é

---

[75] Rosalie Ryan ("Women", p. 56-57) menciona que algumas biblistas (E. Tetlow, E. Schüssler Fiorenza) acusam Lucas de atitude patriarcal para com as mulheres que as restringia a tarefas do lar ou "em casa". Ryan argumenta de modo convincente que Lc 8,1-3 descreve essas mulheres e os Doze similarmente como estando "com" Jesus (quase um elemento técnico de discipulado) e proclamando a Boa-nova do reino.

[76] Atos usa *synanabainein*, a palavra que Mc 15,41 usou para as mulheres. Para elas, Lucas usa *synakolouthein* (Lc 23,49: "seguir com") e *synerchesthai* (Lc 23,55: "ir/vir com").

positiva: ao contrário das filhas de Jerusalém (o grupo paralelo antes da crucificação) que, com os filhos, não são poupadas do julgamento colérico de Deus sobre a cidade, estas mulheres se reunirão em Jerusalém com os Onze e a mãe e os irmãos de Jesus, dedicando-se à oração e, assim, preparando-se para a vinda do Espírito em Pentecostes (At 1,13-14).

Conhecidos homens. A principal mudança lucana de Mc 15,40-41 em termos dos que estão a certa distância da cruz observando/vendo é que Lucas faz outro grupo preceder as mulheres galileias: "Todos os conhecidos [*gnostoi*, masc.] dele [Jesus]".[77] O "todos" é hipérbole lucana, como no versículo precedente: "todas as multidões". O masculino em si seria normalmente entendido como genérico, isto é, "os conhecidos" consistiriam em homens, mas poderiam também incluir mulheres. Todavia, como é seguido de uma referência explícita a mulheres, os intérpretes, em sua maioria, concentram-se em quem eram esses *homens* "conhecidos" de Jesus (por exemplo, Ketter, "Ehrenrettung").

Há quem conjeture se Lucas tinha em mente algum grupo específico de indivíduos. Passagens de Salmos que tratam do justo sofredor poderiam ter sugerido o uso, por exemplo, de Sl 38,12: "Meus amigos e vizinhos se aproximaram em frente a mim e ficaram ali, e *os que eram próximos a mim ficaram a certa distância*"; Sl 88,9: "*Afastaste de mim meus conhecidos*; eles me tornaram uma abominação para eles". Acima, citei passagens negativas de Salmos desse tipo como pano de fundo para o relato marcano que não apresenta imagem favorável da participação das mulheres da Galileia. Estou hesitante quanto a sua aplicabilidade aqui, reconhecendo a descrição positiva de Lucas das reações depois da morte de Jesus. Naturalmente, ele poderia ter tomado o pano de fundo e mudado o sentido. Mais provável ainda, o uso pelo Salmo de *gnostoi* poderia ter ficado em sua mente e influenciado o que ele escreveu. Em qualquer dos casos, o eco de um Salmo no último versículo do relato lucano da crucificação é um lembrete de que Jesus morreu segundo as Escrituras (1Cor 15,3).

Se Lucas tinha mesmo um grupo específico em mente, que homens ele imaginou (no nível de narrativa, deixando o nível de história para a ANÁLISE abaixo)? *Gnostos/oi* ocorre uma dúzia de vezes em Lucas/Atos, mas quase sempre em uma

---

[77] Os melhores textos leem *auto* ("dele"); a tradição *koiné* lê *autou* ("seus"). Uma tradução frequente abrange as duas possibilidades: "todos os seus conhecidos".

expressão estabelecida a respeito de alguma coisa ser conhecida; consequentemente, o termo em si não tem referência consistente. Muitos pensam que Lucas tinha em mira ou incluiu os Onze (os Doze menos Judas). Ao contrário dos outros Evangelhos, Lucas não disse aos leitores que os Onze (apóstolos, discípulos) fugiram ou tiveram permissão para ir embora na ocasião da prisão de Jesus (embora ele nunca mencione a presença deles na NP depois disso e mostre Pedro como o único a tentar seguir Jesus até o pátio do sumo sacerdote). Se, aqui, os *gnostoi* estão associados com as mulheres da Galileia, os Doze foram associados com elas em Lc 8,1-3. Em Lc 24,9, voltando do túmulo vazio, as mulheres vão relatar aos "Onze e todo o resto"; e antes de Pentecostes, em At 1,13-14, as mulheres são novamente associadas aos Onze. Mas Lucas, que com tanta frequência menciona os Doze ou Onze pelo título, se referiria a eles nesta cena crucial de modo tão vago, a única vez que o faz em Lucas-Atos?[78] Talvez seja possível responder que Lucas estava ciente da tradição comum de que os Onze não estavam presentes no lugar da Caveira e, por isso, não ousou mencioná-los pelo nome. O fato de referir-se a eles somente depois da morte de Jesus e colocá-los a certa distância pode ter sido parte da mesma sensibilidade delicada. Contudo, o que essa obscura referência indireta realiza, já que muitos leitores deixariam facilmente de entender a aplicação aos Doze?

Outra sugestão é que *gnostoi* inclui os parentes de Jesus, homens e mulheres, e que esta passagem é parcialmente paralela à inclusão joanina (Jo 19,25-27) da mãe de Jesus junto à cruz. At 1,14 associa em uma única frase "as mulheres e Maria, a mãe de Jesus, e os irmãos dele", do mesmo modo que o versículo presente associa os *gnostoi* e as mulheres. Contribuindo para essa interpretação está o outro único uso verdadeiramente paralelo de *gnostoi* (com referência a um grupo de pessoas) em Lucas, a saber, no início do Evangelho em Lc 2,43-44. Ali, quando Jesus estava perdido, tendo sido deixado para trás no Templo, os pais o procuraram "entre parentes e *gnostoi*". Embora não identifique os dois grupos, a passagem realmente os associa. Contudo, esse argumento pode não dar certo, pois 2Rs 10,11 e Ne 5,10 também associam *gnostoi* com parentes sem identificar os dois grupos, de modo que se pode perguntar se *gnostoi* seria usado para parentes próximos. Além disso,

---

[78] Há quem, lembrando que Lucas usa *mathetes* ("discípulo") menos que os outros Evangelhos, sugira que *gnostoi* substitui isso aqui. Mas em nenhuma outra passagem acontece a mesma coisa.

Lucas não faz referência aos "irmãos" de Jesus na NP,[79] nem nas aparições da ressurreição no domingo de Páscoa, referência que contaria aos leitores que essas pessoas, que não seguiram Jesus durante o ministério, tinham vindo a Jerusalém para a Páscoa na qual ele morreu. (At 1,14 situa-se em outra ocasião de festa, uns cinquenta dias mais tarde.)

Uma terceira sugestão, e a que me parece ser a mais plausível, é que Lucas usa essa vaga descrição para designar outros discípulos e/ou amigos de Jesus (além dos Doze). Lembramos que, entre os Evangelhos, só Lucas especifica que além dos Doze há setenta (e dois) outros que Jesus enviou em missão evangelizadora durante o ministério galileu (Lc 10,1.17). Não é implausível que esses galileus sejam associados aqui com as mulheres galileias. Quando voltam do túmulo vazio, as galileias transmitem a mensagem dos anjos "aos Onze e *todo o resto*", o que indica a presença em Jerusalém naqueles dias de um grupo maior de seguidores de Jesus além das mulheres e dos Doze. Imediatamente depois desse relato, Lc 24,13 fala de dois deles que vão a Emaús e, mais tarde no mesmo dia, voltam a Jerusalém para relatar aos Onze o que acontecera (Lc 24,33). Mais tarde, At 1,13-15, depois de relacionar os Doze, as mulheres e a mãe e os irmãos de Jesus, refere-se a um grupo de 120. Lucas usa termos vagos para descrever o grupo maior ("outros", "todo o resto"), e é plausível que esta passagem seja outro exemplo ("todos os conhecidos dele"). Se essa interpretação está correta, Lucas indiretamente concorda com Jo 19,26-27, que coloca perto da cruz o discípulo sem nome que Jesus amava (e talvez com Mc 14,41-52, que descreve certo jovem que segue Jesus desde o Getsêmani).

Em todo caso, não se deve deixar a especulação erudita a respeito desses espectadores eclipsar o interesse primordial de Lucas no v. 49, isto é, as mulheres que fazem parte de seu paralelismo com as outras mulheres antes da crucificação.

Reações dos presentes segundo João

Começamos aqui o Episódio 5 na estrutura quiástica do relato joanino da crucificação e do sepultamento (§ 38 C). Devido à sensibilidade de João à continuidade narrativa, não nos surpreende que, aqui, ele não relacione simplesmente

---

[79] Realmente, a palavra *adelphoi* ocorre na Última Ceia, em Lc 22,32, quando é dito a Simão Pedro para amparar seus irmãos, mas o contexto em Lc 22,28-32 deixa claro que a referência é aos outros membros dos Doze.

duas ou três reações, mas as entrelace em uma narrativa consecutiva. O fato de a "reação" que vem de Jesus (sangue e água) eclipsar as reações dos outros a sua morte é característico da preocupação cristológica joanina. O relato joanino é singular ao misturar com essas reações um pedido para que os corpos fossem retirados — pedido que os outros Evangelhos (e novamente João) descrevem na cena do sepultamento (§ 46) em relação a José de Arimateia. Farei um exame detalhado de como os corpos dos crucificados eram sepultados até esta cena (que trata do sepultamento de Jesus), e aqui trato apenas de alguns detalhes do sepultamento indispensáveis para tornar inteligível o relato joanino.

O pedido feito a Pilatos (Jo 19,31). Nesse versículo, João tem elementos similares ao início da cena de sepultamento em Mc 15,42-45. As duas passagens têm a oração, "como era dia de preparação [*paraskeue*]",[80] em ligação com o sábado próximo. Antes, Jo 19,14 falou desta sexta-feira como "dia de preparação para a Páscoa" (fazendo eco a uma fórmula hebraica *'ereb pesah*); ali, ele estava interessado na sexta hora (meio-dia) no dia de preparação, aparentemente porque era a hora do início do abate dos cordeiros pascais. Agora, depois da morte de Jesus, João está interessado nessa sexta-feira como o dia antes do sábado. (Lembro aos leitores que, embora *paraskeue* signifique "preparação", o hebraico fundamental *'ereb* significa "anoitecer, vigília".) O fato aparentemente mais importante de ser o dia seguinte Páscoa tem eco apenas na declaração "esse sábado era um grande dia".[81] A Páscoa perdeu seu significado para permanecer apenas "uma festa dos judeus", agora que o Cordeiro de Deus foi imolado? De qualquer modo, as duas referências joaninas a "dia de preparação" em Jo 19,14 e aqui formam um tipo de inclusão em torno da

---

[80] Parte desta oração encontra-se também em Lc 23,54. Há quem use o fato de Marcos e João compartilharem três palavras gregas idênticas (mas não na mesma ordem) para afirmar a dependência joanina de Marcos. Uma expressão de tempo convencional que podia ter sido usada extensamente na tradição não é indicação decisiva.

[81] Que é esse o significado de "grande sábado" é apenas suposição, pois nenhuma designação igual ocorre na literatura judaica primitiva (I. Abrahams, *Studies in Pharisaism and the Gospels*, New York, reimpressão Ktav, 1968, v. 2, p. 68). Jo 7,37 usou "o grande dia" para designar um dia especial (o último) durante a Festa das Tendas. Alguns (Bultmann, Leroy) acham indícios aqui de que João tinha antes interpretado mal a cronologia ao indicar que sexta-feira (de dia) era o dia antes daquele no qual a refeição pascal seria consumida (anoitecer de sexta-feira, sábado), pois agora João juntou a datação sinótica na qual o anoitecer de sexta-feira/sábado era o dia depois que a refeição pascal tinha sido consumida (anoitecer de quinta-feira) e "grande" porque a oferenda de feixes tinha lugar naquele dia (Lv 23,6-14; ver APÊNDICE II). Essa crítica de que o autor joanino era culpado de declarações contraditórias no espaço de algumas linhas é suspeita, em especial quando a questão envolvida (datação de festas) é uma questão sobre a qual João anteriormente demonstrou cuidado.

crucificação, a primeira ocorrendo quando Jesus foi sentenciado à morte, a outra logo depois dessa morte.

É interessante que Marcos (implicitamente), João (explicitamente) e o *EvPd* relacionem a urgência de sepultar Jesus ao fato de ser sábado o dia seguinte. Com efeito, a lei por trás do desejo dos judeus de "que os corpos não ficassem na cruz no sábado" (João — lei expressa em *EvPd* 2,5 como: "O sol não deve se pôr sobre alguém executado") é Dt 21,22-23, que insiste que, em *qualquer dia* (não apenas no sábado), os cadáveres de criminosos suspensos não devem permanecer durante a noite na árvore.[82] Contudo, é provável que Marcos, João e o *EvPd* reflitam um fato prático, a saber, que em dias especiais havia maior pressão para a observância. Em termos de comportamento romano, Fílon (*In Flaccum* x,83) indica uma expectativa de que, nas festas, as autoridades permitissem que os corpos fossem descidos e, em termos de sensibilidades judaicas, a profanação de dias santos especiais seria uma preocupação maior. Pode bem ter havido pressão extra para tirar Jesus da cruz antes do sábado na semana da Páscoa.

Como veremos no primeiro episódio relativo ao sepultamento (§ 46), os Evangelhos são unânimes em afirmar que José de Arimateia solicitou a Pilatos o corpo de Jesus e, por fim, recebeu-o para sepultar. Embora diferindo em detalhes, Marcos, João e o *EvPd* concordam que a maneira na qual o pedido e a concessão se realizaram envolveu complicações. Em *EvPd* 2,3-5, como parte de seu retrato (não histórico) de Herodes juridicamente supremo em Jerusalém, José requer a Pilatos e este, por sua vez, solicita o corpo a Herodes. Em Mc 15,44-45, depois de José fazer o pedido, Pilatos fica espantado por Jesus já ter morrido e chama o centurião para confirmar a morte — obviamente, o centurião que, ficamos sabendo em Mc 15,39, estivera "de pé ali, na frente" de Jesus e que tinha "visto que ele assim expirou". Em João, antes de José entrar em cena, "os judeus" pedem a Pilatos que as pernas sejam quebradas e os corpos retirados. (Crurifrágio tinha o efeito de um golpe de misericórdia [Harrison, "Cicero", p. 454].) Durante essa ação, os soldados veem que Jesus está morto. Assim, Marcos e João concordam que a morte de Jesus foi verificada por militares romanos antes de seu sepultamento, mas em Marcos isso é feito a pedido específico de Pilatos. Talvez a apologética tenha influenciado a imagem marcana (§ 46); a meta de João é primordialmente teológica, como veremos agora.

---

[82] Quanto à aplicabilidade desta lei aos crucificados, ver § 23 A-B.

Nem em Jo 19,21 nem em Jo 19,31 é dito que "os judeus" vêm/vão a Pilatos e, embora nos sinóticos (também em *EvPd* 2,3), José venha/vá a Pilatos, Jo 19,38 não diz que ele faz isso. Consequentemente, há quem afirme que João erroneamente imagina que Pilatos em pessoa estivesse presente no Calvário. Na cena do julgamento romano, entretanto, João meticulosamente situou Pilatos dentro e fora do pretório porque convinha a sua dramatização do papel de Pilatos; e assim, em vez de supor erro histórico, podemos supor que, aqui, João acha mais dramático manter as personagens próximas do centro da cena onde se ergue a cruz de Jesus. Vemos um paralelo no tratamento joanino das seguidoras de Jesus, não à distância, como nos sinóticos, mas "perto da cruz" (Jo 19,25).

Embora, ao pedir a Pilatos para agir, "os judeus" almejem cumprir a lei, eles também demonstram hostilidade,[83] como a hostilidade sugerida no Episódio 1 paralelo (Quadro 7, § 38 C), quando, no início da crucificação, *seus* chefes dos sacerdotes exigiram que Pilatos mudasse o título sobre a cruz de Jesus (Jo 19,21). Agora, eles pedem primeiro que as pernas sejam quebradas e só então que os corpos sejam retirados.[84] É possível afirmar que "os judeus" pediam simplesmente que o castigo da crucificação terminasse; contudo, quebrar as pernas não era parte tão integral da crucificação que tivesse de ser incluída.[85] Quando Jo 19,38a descreve favoravelmente o pedido de José para "retirar" (mesmo verbo: *airein*), nada é dito a respeito de quebrar pernas. Se *EvPd* 4,14 pode ser considerado uma interpretação primitiva da tradição de quebrar as pernas encontrada em João, ali a ação está definitivamente em um ambiente de hostilidade por parte dos judeus, embora a lógica do *EvPd* do que eles querem seja diferente.[86] Tudo isso torna possível que,

---

[83] Legalidade e hostilidade também se combinaram em Jo 19,7: "Nós temos uma lei e segundo a lei ele deve morrer".

[84] A gramática joanina descuidada em Jo 19,31 fá-los pedir literalmente "que suas pernas fossem quebradas e retiradas". Não há necessidade de agravar a hostilidade de "os judeus", supondo que eles sabiam que Jesus já estava morto. Em crurifrágio (nome talvez cunhado por Plauto, *Poenulus* 4,2; #886), às vezes outros ossos eram quebrados além dos ossos das pernas.

[85] Apesar de relatos primitivos em contrário, Zias e Sekeles ("Crucified") declaram, com referência ao crucificado Yehohanan ben *hgqwl* (§ 40, #3, acima), que foi aproximadamente contemporâneo de Jesus: "Os indícios não apoiam a afirmação de que a vítima recebeu um golpe de misericórdia que quebrou os ossos dos membros inferiores". A partir do uso feito por Cícero, Harrison ("Cicero") mostra que o crurifrágio tinha a conotação de ser castigo brutal merecido por tipos inferiores (por exemplo, piratas).

[86] Eles não querem as pernas quebradas (pernas de Jesus ou pernas do malfeitor que tomou o partido de Jesus?), para que o tormento dure mais. O *EvPd* usa *skelokopein*, enquanto João usa *katagnynai ta skele*. No *EvPd*, o incidente de quebrar as pernas ocorre antes da morte de Jesus e está ligado a um paralelo com o relato lucano de um dos cocrucificados, que se solidarizou com Jesus.

em João, "os judeus", como parte de seu pedido para que os corpos dos crucificados sejam removidos, pedem que seja imposto um ato final de sofrimento.[87] O fato de, em João, o plano de "os judeus" para que as pernas sejam quebradas não ter sucesso no caso de Jesus será apresentado como triunfo do plano de Deus previsto nas Escrituras (Jo 19,36).

A ação dos soldados (Jo 19,32-34a). João não nos diz explicitamente que Pilatos concedeu o pedido que "os judeus" fizeram; mas isso está subentendido no "Assim" do início do v. 32, e no fato de se porem os soldados a fazer o que foi pedido. Por que os soldados lidam primeiro com os dois cocrucificados de cada lado de Jesus, deixando-o, o que estava no meio (Jo 19,18), para o fim? A resposta não é que perceberam que Jesus já estava morto, pois essa observação só aparece no v. 33, depois de terem quebrado as pernas dos cocrucificados. Antes, o arranjo é ditado pelo objetivo dramático de lidarem com Jesus por último. Na narrativa, a observação da morte faz os soldados rejeitarem o pedido de "os judeus", não quebrando as pernas de Jesus. Segundo a estrutura do relato joanino da crucificação e sepultamento (§ 38 C), este Episódio 5, antes da Conclusão, é paralelo aos Episódios 1 e 2, depois da Introdução. No Episódio 1, como já mencionei, os chefes dos sacerdotes de "os judeus" peticionaram a Pilatos quanto a mudar a redação do título na cruz, do mesmo modo que, aqui, "os judeus" peticionam a ele a respeito da quebra de pernas e remoção. Nos dois casos, a reação romana frustra o propósito maldoso. No Episódio 2, os soldados decidiram não rasgar a túnica de Jesus, cumprindo, desse modo, as Escrituras (Sl 22,19); aqui, eles decidem não quebrar os ossos de Jesus, cumprindo, desse modo, a Escritura (talvez Sl 34,21 — ver nosso exame de Jo 19,36).

Com seu relato de que os soldados viram Jesus "já morto" (Jo 19,33), João afirma o que Mc 15,44 vai declarar mais diretamente quando Pilatos se admirou de que Jesus "já tivesse morrido".[88] Esse forte testemunho da morte de Jesus em

---

[87] DNTRJ, p. 325-329, menciona que, no pensamento judaico, a desfiguração era obstáculo para a ressurreição, mas duvido que João atribua a "os judeus" a tentativa de impedir a ressurreição de Jesus. Não temos certeza nem mesmo da atitude dos judeus do século I a esse respeito. Certamente, entre os fariseus, havia uma crescente sensibilidade quanto a manter os corpos inteiros e não permitir que fossem mutilados, mas será que pensavam que membros quebrados impediam a ressurreição? Afinal de contas, havia quebra quando os ossos eram reunidos e colocados em ossuários.

[88] A tradição primitiva de uma rápida morte para Jesus (considerando que, não raro, os crucificados sobreviviam durante dias) alimenta a especulação médica a respeito do estado de saúde de Jesus e a verdadeira causa médica de sua morte (já que a crucificação não perfurou nenhum órgão vital); ver § 42 B-C.

João não foi por motivos apologéticos (para provar que Jesus ressuscitou *dos mortos*), mas pela cristologia. Mesmo de seu corpo morto saem elementos vivificantes (simbolizados por sangue e água). Uma ação especial por "um dos soldados" leva a esse desdobramento, do mesmo modo que, no paralelo funcional em Mc 15,39; Mt 27,54, o centurião é o agente para a confissão cristológica. "Verdadeiramente, este (homem) era Filho de Deus". Não nos surpreende que harmonizadores identifiquem os dois, usando a lança (*logche*) do soldado joanino para dar o nome Longino ao centurião mateano.[89] A harmonização com a cena joanina é representada também pela glosa em Mt 27,49 (§ 42, acima), onde, antes de Jesus morrer, enquanto alguns dos circunstantes diziam que Jesus bradava por Elias, um deles pôs em um caniço uma esponja cheia de vinho avinagrado, dando para Jesus beber: "Mas outro, tendo pegado *uma lança, trespassou seu lado e saíram água e sangue*". (As palavras em itálico são compartilhadas pela glosa mateana e por João.[90]) É evidente que perfurar o crucificado dava certeza de sua morte: "Quanto aos que morrem na cruz, o algoz não proíbe o sepultamento dos que foram perfurados [*percussos*]" (Quintiliano, *Declamationes maiores* vi,9). A ação pelo soldado em Jo 19,34 tem a falta de lógica da vida comum: como os outros soldados, ele vê que Jesus está morto, contudo, para se certificar, ele sonda o corpo para obter uma reação reveladora, trespassando o lado de Jesus. Acho que é esse o significado, não um ato de misericórdia com o objetivo de perfurar o coração (com a devida vênia a Lagrange, *Jean*, p. 499), embora o verbo *nyssein* ("picar, enfiar") abranja cutucar (como para despertar um homem adormecido) e mergulhar profundamente.[91] João usa *pleura* ("lado") no singular, embora em grego, normalmente se use o plural. Isso levou

---

[89] A recensão mais primitiva (A) de *Atos de Pilatos* 16,7 tem o nome, enquanto a recensão mais tardia (B) de *Atos de Pilatos* 11,1 traz: "Mas Longino, o centurião [*hekatontarchos*, como em Mateus, não *kentyrion*, como em Marcos] de pé ali, disse: 'Verdadeiramente, este era Filho de Deus' [como em Mateus]".

[90] Michaels ("Centurion's") vê uma sequência progressiva que envolve passagens dos *Atos de Pilatos* na nota precedente e na glosa.

[91] *Nyssein* é usado no Códice de Beza de At 12,7 para cutucar o lado de Pedro a fim de acordá-lo, e em Eclo 22,19, para cutucar o olho e provocar lágrimas; mas por Josefo (*Guerra* III,vii,35; #335), para trespassar um soldado romano e matá-lo. Observemos que é usada a lança leve (*lancea, logche*), não a lança pesada (*pilum, hyssos*). Discordo de Wilkinson ("Incident", p. 150), para quem o desejo de Tomé de pôr a mão no lado de Jesus (Jo 20,25.27) mostra que João imaginava uma ferida larga e profunda. Tomé, que não viu Jesus, usa linguagem exagerada para demonstrar o desejo de prova física grosseira. A Vulgata e a Peshitta usaram o verbo "aberto", que talvez reflita uma leitura errada (*enoixen* por *enyxen*), facilitando uma interpretação na qual os sacramentos e até a Igreja originaram-se do lado de Jesus (ver BGJ, v. 2, p. 949-952). Agostinho declara (*In Jo* cxx,2; CC 36,662): "Ele não disse 'golpeado' nem 'ferido', nem outra coisa, mas sim 'aberto'".

alguns a sugerir que João recorda Gn 2,21-22, onde Deus tira uma *pleura* de Adão e dela cria a mulher.[92] A versão etiópica e os *Atos de Pilatos* (recensão B, 11,2) especificam o lado direito; a arte e também a medicina (buscando a causa da morte de Jesus) utilizam essa indicação. Se entendida historicamente, ela contraria a teoria do golpe de misericórdia, pois um golpe no coração apontaria para o lado esquerdo; mas Barbet (*Doctor*, p. 120) afirma que os soldados romanos eram treinados para atacar o coração pelo lado direito porque o lado esquerdo do adversário era protegido por um escudo. À luz da mentalidade antiga, é mais plausível haver uma origem bíblica para esse detalhe imaginoso, por exemplo, Ez 47,1: "E água corria do lado direito". Interpretações simbólicas do lado e da ferida servem de boa introdução a um exame do fluxo de sangue e água produzido pela lança — um dos símbolos dramáticos mais bem lembrados, embora não facilmente entendidos, em João.

"**Imediatamente saíram sangue e água**" (**Jo 19,34b**).[93] Em seguida à morte de Jesus, Marcos/Mateus tinham sinais escatológicos que levaram à confissão pelo centurião romano. João tem esse sinal provocado por um soldado romano. Deixo as questões históricas e de composição para a ANÁLISE e concentro-me aqui naquilo que o texto, como ele se encontra agora, tinha o propósito de transmitir. Portanto, não haverá tentativa de distinguir o que o episódio queria dizer na fonte e o que ele queria dizer para o evangelista, como faz Schnackenburg (*John*, v. 3, p. 289: não simbólico na fonte); ou, a *fortiori*, no que queria dizer para o redator final, se foi ele quem acrescentou o "sangue e água" de Jo 19,34 ou o testemunho de Jo 19,35. Também não vou examinar a evolução incrivelmente rica em reflexões subsequentes pelos Padres da Igreja e teólogos a respeito do lado trespassado (ou

---

[92] A. Loisy, A. Feuillet; ver em BGJ, v. 2, p. 949, o tema da nova Eva.

[93] A posição de "imediatamente" varia nas testemunhas textuais e algumas, interpretativas e patrísticas, mais a glosa a Mt 27,49, leem "água e sangue". Talvez seja uma harmonização com 1Jo 5,6.8; mas M.-E. Boismard (RB 60, 1953, p. 348-350) argumenta que pode ser original e os escribas a adaptaram (em todos, exceto um ms. grego!) à expressão mais normal "sangue e água". B. Kraft (BZ 13, 1915, p. 354-355), ao escrever a respeito da ordem "água e sangue" em um fragmento copta de Ireneu publicado por P. de Lagarde em 1886, mostra que essa não era a interpretação de Ireneu no século II, mas se origina do copista mais tardio influenciado por uma versão copta que ele tinha diante de si. A. Barberis (*Sindon* 10, #11, 1967, p. 31-33), influenciado pela insistência de Crisóstomo de que primeiro saiu água, depois sangue, argumenta que houve dois fluxos: sangue e água, do golpe de lança, e depois mais sangue, durante a remoção da cruz e o sepultamento, como prova o Santo Sudário — assim, as duas leituras textuais podem ser confirmadas pela sequência sangue-água-sangue!

mesmo, coração trespassado[94]) como fonte simbólica de salvação, do amor divino e dos sacramentos.[95]

Uma quantidade considerável de literatura moderna dedicada ao sangue e água é de caráter médico. Quando se supõe que João descreve um acontecimento real, que causa fisiológica teria feito um cadáver expelir sangue e um fluido que se parece com água? A ANÁLISE de § 42 dedicou a subseção C a "A causa fisiológica da morte de Jesus" e sintetizou a discussão pertinente. Evidentemente, nenhuma parte dessa discussão dedicada a descobrir a causa natural do fenômeno de sangue e água é condizente com o propósito de João ao relatá-lo, pois ele apresenta o fluxo de sangue e água do Jesus morto como uma coisa tão maravilhosa que precisa assegurar aos leitores que, por trás dele, está o testemunho garantido de uma testemunha ocular. Embora esse testemunho refira-se primordialmente ao significado teológico do sangue e água, ele com certeza não teria sido invocado se o que é descrito fosse normal ou fácil de explicar. Contra Richter ("Blut"), para quem o fluxo de sangue e água indicava simplesmente uma morte verdadeiramente humana, Minear ("Diversity", p. 164) está correto ao salientar que a linguagem de ver e dar testemunho em Jo 19,35 é consistentemente usada em João (Jo 1,34; 3,11.32-33), para testemunho celeste. Embora se possa tergiversar quanto à aplicabilidade de "milagre", se esse termo é definido estreitamente demais como fora dos poderes da natureza, uma longa tradição[96] que avaliou esse fluxo como milagroso está mais perto da intenção de João do que a moderna análise médica póstuma.[97]

---

[94] Lavergne ("Coup", p. 7) usa "coração" no título de seu artigo; e, no resumo, aparece esta declaração: "Nesta palavra 'coração', em lugar da palavra mais comum 'peito', está contido o verdadeiro significado deste trabalho [isto é, artigo]".

[95] A literatura é considerável, mas é possível apresentar proveitosamente uma amostra: J. Heer, "The Soteriological Significance of the Johannine Image of the Pierced Savior", em L. Scheffczyk, org., *Faith in Christ and the Worship of Christ*, San Francisco, Ignatius, 1986, p. 33-46; A. A. Maguire, *Blood and Water. The Wounded Side of Christ in Early Christian Literature*, Washington Catholic Univ., 1958 (Studies in Sacred Theology), que vai até o século IV; e S. P. Brock, "'One of the Soldiers Pierced ...'. The Mysteries Hidden in the Side of Christ", em *Christian Orient* 9, 1988, p. 49-59, que abrange os teólogos da Igreja siríaca.

[96] Representada por Orígenes, Tomás de Aquino, Cajetan, Cornélio a Lapide e Lagrange, para citar alguns.

[97] O conhecimento médico antigo também foi trazido à discussão. O pensamento grego, de Heráclito a Galeno, ressaltava que proporções adequadas de sangue e água no corpo humano garantiam a saúde. *4 Macabeus* 9,20 descreve a morte de um mártir em termos de seu sangue lambuzado em uma roda e o fluido de seu corpo extinguindo as brasas ardentes. Midraxe *Leviticus Rabbah* 15,2, a respeito de Lv 13,2ss, diz: "O ser humano é uniformemente equilibrado: metade água e a outra metade sangue".

Reconhecendo que a intenção de João ao falar de sangue e água é teológica, os biblistas se dividem quanto à precisa mensagem pretendida. João usou simbolismo helenístico para descrever Jesus como divino? Havia uma antiga lenda homérica de que os deuses tinham nas veias um tipo de sangue misturado com água, por exemplo, Afrodite derramou sangue linfático misturado com água.[98] Orígenes (*Contra Celso* II, 36) relata a pergunta escarnecedora de Jesus ter nas veias o líquido divino que era o sangue dos deuses. Não se pode jamais ter certeza do que era entendido pelos leitores de João, que tinham origem helenística pagã, mas como em nenhuma outra parte João depende dessa metáfora obviamente pagã para explicar Jesus, não vejo razão para supor que ela fosse fator importante aqui.

João usou o sangue e água com intenção antignóstica? Sabemos que no século II havia gnósticos docetistas que negavam ter Jesus realmente morrido na cruz (§ 42, ANÁLISE D) e os *Atos de João* 101 representam Jesus negando que saiu realmente sangue de seu corpo. C. 180, Irineu usou Jo 19,34b contra os docetas (*Adv. haer.* III,xxii,2; IV,xxxiii,2). No século I, entretanto, quando João escreveu, existia esse gnosticismo docético entre os que afirmavam crer em Jesus?[99] Realmente, o fluxo de sangue e água (se esta última era entendida como equivalente a *ichor*, fluido da ferida) transmitia a ideia de que Jesus estava mesmo morto. Contudo, Hultkvist (*What*) usa essa emanação para afirmar que Jesus não estava morto, mas apenas em coma resultante de grave hemorragia. De qualquer modo, a morte de Jesus já não estava comprovada pelo soldado que viu que ele estava morto e também perfurou--lhe o corpo? O versículo seguinte, com seu "a fim de que vós também acrediteis", sugere que o objetivo principal era a profundidade da fé, não a correção de um erro.

João pensava aqui em Jesus como o cordeiro pascal ou, de modo mais geral, como vítima sacrifical, e tentava mostrar que ele preenchia o requisito de que o sangue da vítima devia fluir no momento da morte para poder ser espargido?[100]

---

[98] P. Haupt, *American Journal of Philology* 45, 1924, p. 53-55; E. Schweizer, EvT NS 12, 1952-1953, p. 350-351. Alexandre Magno, atingido por uma flecha e com muita dor, citou Homero (*Ilíada* v, 340): "O que flui aqui, meus amigos, é sangue e não 'soro' [*ichor*], como o que flui das veias dos deuses benditos" (Plutarco, *Alexandre*, xxviii,3).

[99] Richter e outros pensam no gnosticismo como importante adversário no Evangelho. Em BGJ e BEJ, afirmei que havia uma preocupação muito mais clara a respeito do gnosticismo incipiente na época mais tardia, quando as Epístolas joaninas foram escritas, e isso é visível na referência a água e sangue em 1Jo 5,6.

[100] Mixná, *Pesahim* 5,3,5. Assim Miguens ("Salió", p. 13-16) e Ford ("Mingled"). Miguens (p. 17-20) aponta para a semelhança entre o soldado trespassar o lado de Jesus com uma lança e a insistência da lei judaica para que o sacerdote rasgasse o coração da vítima e fizesse o sangue fluir (Mixná, *Tamid*

Mas, então, por que o fluxo de água? A citação da Escritura em Jo 19,36 mostra que João pode bem ter em mente a metáfora do cordeiro pascal, mas essa imagem está ligada aos ossos que não foram quebrados, não ao fluxo de sangue.

Há quem sugira que João primordialmente chama a atenção para a origem veterotestamentária (ver em Lefèvre, "Seitenwunde", uma rica variedade). Acima (nota 92 e trecho a ela ligado), mencionei a tese de que Gn 2,21-22 (Eva, a partir do lado de Adão) estava por trás da cena toda.[101] Outros pensam no servo sofredor *derramando* sua alma (vida) em Is 53,12 (se é isso que o *hiphil* de '*rh* significa). Outro conjunto de passagens proposto inclui a metáfora do êxodo de Moisés, que faz água fluir da rocha, e a imagem em Ez 47 de água que flui de Jerusalém — ligação facilitada quando Jo 19,34 é lido à luz de Jo 7,38, onde água viva flui do interior de Jesus. Esta última proposta acrescenta significância como base para a explicação mais adotada, a saber, de que aqui João continua e desenvolve um simbolismo que usou antes.

Em Jo 7,37-38, Jesus citou uma passagem bíblica aparentemente com referência a si mesmo: "Do interior *dele* correrão rios de água viva".[102] Ali, o evangelista interrompeu para explicar que Jesus se referia ao Espírito que os que acreditavam nele haveriam de receber, pois ainda não havia o Espírito, já que Jesus não fora glorificado. Na morte de Jesus, temos agora a hora de sua glorificação quando ele foi elevado na cruz, de volta para o Pai (Jo 12,23-24.28-32; 13,1; 17,1.10-11). Essa morte é expressa pelo sangue, e o Espírito prometido que flui do interior dele é expresso pela água.[103] Essa interpretação não é contrária à ideia de que Jesus

---

4,2). Wilkinson ("Incident", p. 150) rejeita a tese de Ford, segundo a qual o sangue deve fluir a fim de poder ser espargido — no nível da história, isso não interessaria ao soldado; no nível da narrativa, não interessaria ao autor.

[101] Brock ("One") mostra que essa metáfora era popular na Igreja de língua siríaca, juntamente com o simbolismo de que a perfuração com a espada abriu o jardim da árvore da vida, que ficou protegido por uma espada depois do pecado de Adão (Gn 3,24). Ver também R. Murray, *Orientalia Christiana Periodica* 39, 1973, p. 224-234, 491.

[102] Outros entendem que o "dele" se refere ao fiel (BGJ, v. 1, p. 320-321). A Escritura é não raro identificada como Nm 20,11, onde Moisés golpeia a rocha e as águas jorram. Em Midraxe *Exodus Rabbah* 3,13, a respeito de Ex 4,9, é dito que Moisés golpeou a rocha duas vezes, porque ele primeiro fez brotar sangue e depois água, mas não sabemos se esta exegese estava em circulação no século I.

[103] Assim também Vellanickal, "Blood". Em uma combinação de excesso de simplificação e excesso de sutileza, de la Potterie ("Symbolisme", p. 208, 214-215) opõe-se a considerar a morte (sangue) histórica e a água (Espírito) simbólica; ele prefere distinguir entre o sangue como "sinal" de morte e como "símbolo" de vida. Entretanto, João nunca faz uma distinção linguística entre sinal e símbolo. Na minha

entregou o Espírito aos que estavam perto da cruz em Jo 19,30, mas é outro aspecto da multifacetada entrega do Espírito pela morte, ressurreição e ascensão de Jesus. (Observemos que, em cada caso, o Espírito vem de Jesus e, assim, é o Espírito de Jesus.) Perto da cruz, sua mãe e o discípulo que ele amava representavam os antepassados da comunidade joanina — uma comunidade dos especialmente amados, que já existiam antes que ele morresse e foram os primeiros a receber o Espírito. Agora que ele foi elevado na morte, ele atrai *todos* para si (Jo 12,32) e todos os que creem nele receberão o Espírito (Jo 7,39). As mesmas passagens veterotestamentárias que foram a base para o fluxo de água viva de seu interior em Jo 7,38 (Nm 20,11; Sl 78,15-16; Ez 47,1; ver BGJ, v. 1, p. 321-323) foram influentes em Jo 19,34b. E, reconhecida a importância de Zc 9–14 na NP, pode-se destacar Zc 13,1 ("Naquele dia, uma fonte estará à disposição da casa de Davi e dos habitantes de Jerusalém, para a remoção do pecado e da impureza") e Zc 12,10 ("Derramarei sobre a casa de Davi e sobre os habitantes de Jerusalém um espírito de piedade e compaixão") – ver abaixo, sob Jo 19,37, outros usos dessa passagem.[104]

Comecei este exame do fluxo de sangue e água indicando a equivalência funcional de Jo 19,34 e Mc 15,39 no fato de cada um apresentar um soldado romano no episódio que interpreta a morte de Jesus. Podemos acrescentar que cada uma das passagens evangélicas alude ao amplo efeito salvífico dessa morte: Marcos, ao fazer um *gentio* confessar Jesus, e João, ao cumprir a promessa de Jesus de atrair todos para si por meio do derramamento do Espírito a todos os fiéis. Contudo, o centurião marcano comentou a morte cristologicamente, enquanto o soldado de João se mantém calado. O equivalente funcional do centurião marcano como intérprete é a testemunha ocular joanina no versículo seguinte, para o qual nos voltamos agora.[105]

---

interpretação, o sangue simboliza a morte *como João entende esse acontecimento histórico*, isto é, teologicamente: morte glorificada e vivificante na cruz que eleva. Orígenes (*Contra Celso* ii,69) observa bem que este é um tipo diferente de morto, que "mesmo como cadáver mostrou sinais de vida na água e no sangue". A potencialidade de a água simbolizar o Espírito foi reconhecida logo (ver Ireneu, *Contra as heresias* IV,xiv,2).

[104] Ver a relação de 1Jo 5,6-8 com essa interpretação de "sangue e água" em Jo 19,34b e também com o papel do testemunho em Jo 19,35 em BEJ, p. 577-580. Além da interpretação de "sangue e água" como o Espírito que flui da morte glorificada de Jesus, há também a possibilidade de um simbolismo sacramental *secundário*, quer os dois elementos simbolizem o batismo, quer o sangue simbolize a Eucaristia e a água, o batismo. As duas interpretações sacramentais estavam em voga no fim do século II e início do século III (BGJ, v. 2, p. 951), e a ideia de que os sacramentos brotaram da morte de Jesus não seria impossível para o próprio João. Contudo, é difícil provar esse simbolismo.

[105] O equivalente é fortalecido pela tese a ser mencionada (embora defendida por muito poucos) de que o "aquele que viu dá testemunho" joanino era o soldado que perfurou o lado de Jesus.

O verdadeiro testemunho daquele que viu (Jo 19,35). Um comentário parentético[106] realça a importância do que precedeu. Do mesmo modo que o centurião marcano, tendo "visto que ele assim expirou" (um "assim" que inclui a intervenção escatológica de Deus no rasgamento do véu do santuário), interpretou essa visão cristológica e salvificamente, agora João tem "o que viu", sinal profético que se seguiu à morte de Jesus e dá verdadeiro testemunho, "a fim de que vós também acrediteis". O que esse vidente joanino viu foi primordialmente o lado de Jesus ser trespassado e dele saírem sangue e água (Jo 19,34), mas o ato de ver coloca essa ação no contexto todo de Jo 19,31-33. Quem era o vidente? O estilo joanino extremamente indireto aqui torna incerta a resposta a isso; em parte, depende de ele se referir a duas pessoas diferentes em Jo 19,35a e 35b, respectivamente.

Quanto a Jo 19,35a ("E o que viu dá testemunho e verdadeiro é seu testemunho"), há dois homens destacados perto da cruz aos quais isso pode se aplicar. O antecedente mais próximo é o soldado (Minear, "Diversity", p. 163-164); mas, dentro de uma estrutura joanina, parece estranho que essa afirmação solene lhe seja atribuída sem nenhuma indicação de que ele passou a crer. A importância do testemunho adapta-se melhor ao discípulo que Jesus amava, mencionado alguns versículos antes (Jo 19,26-27) de pé perto da cruz. Que a referência é a ele confirma-se em Jo 21,24, que fala do discípulo amado (citado em Jo 21,20-23): "Este é o discípulo que dá testemunho destas coisas e que escreveu estas coisas, e sabemos que seu testemunho é verdadeiro".[107]

---

[106] Alguns testemunhos latinos omitem o versículo e Nonos subentende uma interpretação um tanto diferente; Blass ("Über") argumenta, com base na crítica textual, que o versículo é tão duvidoso que nada pode depender dele — opinião repetida em BDF 291⁶, onde Blass foi importante colaborador. Entretanto, esta opinião não tem seguidores entre os comentaristas.

[107] Há considerável debate sobre a hipótese de o autor indicar que o testemunho dado (*martyrein, martyria*) pelo discípulo amado em Jo 19,35a inclui o testemunho exemplificado no Evangelho escrito ou simplesmente o da tradição básica por trás do Evangelho. A favor de uma indicação de que o discípulo escreveu o Evangelho, é invocada a oração "que escreveu estas coisas", de Jo 21,24; contudo, talvez isso não signifique nada mais que "fez estas coisas serem escritas", como em Jo 19,19, onde "Pilatos também escreveu um letreiro e o pôs sobre a cruz". Lavergne ("Coup", p. 11) relata que pesquisou os noventa e nove usos de palavras com *martyr-* em Platão e que este parece empregar *martyria* (oito vezes) somente no caso de testemunho escrito. Chase ("Two") argumenta que, em Jo 19,35, não há nada para indicar que o discípulo escreveu, pois um relato escrito não aumentaria sua credibilidade. Este é, antes, um comentário quase verbal do que preside a leitura do Evangelho em voz alta a um grupo de discípulos, exatamente como um comentário é feito por "nós" em Jo 21,24 ou, na verdade, por "eu" em Jo 21,25.

É mais difícil identificar a figura mencionada em Jo 19,35b: "e esse um [*ekeinos*] sabe que ele fala o que é verdade, a fim de que vós também acrediteis". (É provável que a oração de propósito modifique a sentença toda, inclusive o ato de dar testemunho no v. 35a, em vez de apenas "fala".) O emprego de *ekeinos* sugere a muitos um novo sujeito que sabe que a testemunha ocular ("ele" = o discípulo amado) fala o que é verdade (ver detalhes em BGJ, v. 2, p. 936-937). Há quem pense que *ekeinos* é Deus ou Jesus (mencionado em Jo 19,33),[108] ambos ocasionalmente identificados por João como *ekeinos* (mas só quando o contexto está claro), ou mesmo o Paráclito (o Espírito simbolizado pela água) que é a testemunha por excelência (Jo 15,26).[109] A verdadeira objeção aos dois é que o contexto altamente evasivo não nos prepara para o respectivo agente.[110] O autor joanino também tem sido sugerido como o *ekeinos*: o autor sabe que a testemunha ocular (o discípulo amado) fala a verdade. Algo semelhante encontra-se em Jo 21,24: "sabemos que seu testemunho [o do discípulo amado] é verdadeiro". Entretanto, uma referência a si mesmo como *ekeinos* é mais constrangedora que o emprego de "nós"; consequentemente, muitos atribuem Jo 19,35 a um redator que, como terceiro, declara que o evangelista (*ekeinos*) sabe que a testemunha ocular fala a verdade.[111]

Outros, antigos e modernos (Nonos de Panópolis, Bacon, Bultmann, Schnackenburg etc.), contestam a ideia de que *ekeinos* muda o sujeito. Pode-se mencionar o uso anafórico do pronome como "ele" (BDF 291[6]; MGNTG, v. 3, p. 46) e nesse padrão, a referência é ao próprio discípulo amado, o instrumento escolhido do Espírito-Paráclito. Essa última identificação faz o melhor sentido dentro da estrutura

---

[108] A favor desse ponto de vista, Nestle ("John xix") relaciona Abbott, Sanday, Strachan e Zahn, e relata que ele remonta a Erasmo. Lavergne ("Coup", p. 9-10) acha que *ekeinos* (aparentemente = Deus, até Jesus ressuscitar) dá confirmação divina à veracidade do testemunho humano de Jo 19,35a. Há uma cadeia de testemunhos em Jo 5,31-38 que culmina no Pai.

[109] Kempthorne ("As God") argumenta que Deus é a testemunha, não Deus olhando do céu, mas na pessoa do Espírito; e em apoio, ele cita 1Jo 5,6, que fala de Jesus ter vindo pela água e pelo sangue, e então declara: "e o Espírito é que dá testemunho, porque o Espírito é a verdade". Contudo, não se pode ir adiante? Como João indica, o Espírito dá testemunho por meio de outros (Jo 15,26-27); assim, ao se argumentar que o discípulo amado é o *ekeinos* de Jo 19,35b, a razão pela qual ele dá testemunho é a personificação do Espírito-Paráclito.

[110] Entre eles, a identificação como "Jesus" tem o maior seguimento, pois Jesus é mencionado pelo nome nesta cena. Mas seria estranho fazer Jesus, que morreu, atestar a verdade do testemunho do que aconteceu depois de sua morte.

[111] Eles consideram o redator responsável pelo capítulo 21, em especial Jo 21,24. Ver, na ANÁLISE B, a tese contrária de que esse redator copiou de Jo 19,35, que era uma reflexão do evangelista.

da teologia joanina. O discípulo amado, que em Jo 19,35a vê e dá testemunho, é quem fala em Jo 19,35b "a fim de que vós também acrediteis".[112] Sem dúvida, o se deve crer é a significância cristológica e salvífica da morte de Jesus do modo como o evangelista escreve este Evangelho: "para que creiais que Jesus é o Messias, o Filho de Deus, e para que, crendo, tenhais a vida em seu nome" (Jo 20,31). No início da narrativa joanina do ministério terreno de Jesus, João Batista foi quem *viu* e *deu testemunho* de que Jesus é o Filho de Deus (Jo 1,34); por meio de inclusão no fim desse ministério, o discípulo amado viu e deu testemunho da mesma verdade.[113] O discípulo amado é mais perceptivo que qualquer outro seguidor de Jesus e, de certo modo aqui, ele antecipa a fé na ressurreição. Realmente, ele próprio só acreditará no Jesus ressuscitado quando vir as vestes no túmulo vazio (Jo 20,8); mas sua percepção de que o Jesus que morreu na cruz é vivificante ajudará as pessoas a crerem, do mesmo modo que a visão do Jesus ressuscitado nas outras obras neotestamentárias leva as pessoas à fé. (É observação feita por Harder, "Bleibenden", quando ele compara 1Cor 15,6 e Jo 19,35.)

Cumprimento da Escritura (Jo 19,36-37). Alguns versículos antes, ouvimos sobre a Escritura sendo "cumprida" (Jo 19,24: *pleroun*) ou "se completasse" (Jo 19,28: *teleioun*) a respeito dos acontecimentos que precederam a morte de Jesus.[114] A introdução no v. 36 relaciona a Escritura a "essas coisas" que aconteceram. Logicamente, o plural refere-se a pelo menos dois itens: que as pernas de Jesus não foram quebradas (Jo 19,33) e que seu lado foi trespassado por uma lança (Jo 19,34a), pois a citação no v. 36 refere-se ao primeiro e a citação no v. 37, ao último. (É comum alegarem que não há citação referente ao fluxo de sangue e água [Jo 19,34b], que é abrangida pelo v. 35, mas voltaremos a essa questão mais adiante.)

A PRIMEIRA CITAÇÃO (Jo 19,36) é: "Seu [de pessoa ou animal: *autou*] osso não será quebrado [*syntribesetai*]". A ambiguidade do *autou* está preservada em minha tradução, pois muita discussão se concentra na possibilidade de a referência

---

[112] Aqui, o presente do subjuntivo é textualmente preferível ao aoristo. Um problema ainda mais grave de decidir entre os dois tempos ocorre na oração paralela de Jo 20,31 (BGJ, v. 2, p. 1056).

[113] Com base nesse discernimento transformado pela tese de que o discípulo amado era João, filho de Zebedeu, tornou-se convenção pintar a crucificação como um tríptico com os dois Joãos testemunhas nos painéis laterais.

[114] De outro modo, nos acontecimentos da NP joanina, as palavras de Jesus é que foram "cumpridas" (Jo 18,9.32). Em Mateus, a Escritura é cumprida em relação à prisão de Jesus sem resistência (Mt 26,54.56) e em relação a Judas (Mt 27,9-10).

primordial ser o cordeiro pascal ("seu" [do animal]) ou o salmista perseguido ("seu"). Esta passagem constitui um exemplo de como não devemos fácil ou univocamente supor que passagens veterotestamentárias dão origem, de modo criativo, a acontecimentos evangélicos. A descrição joanina em Jo 19,33 usou *skelos* ("perna") e *katagnynai* ("quebrar"; EvPd 4,14 usou *skelokopein*), enquanto a citação em Jo 19,36 usa *osteon* (*ostoun*: "osso") e *syntribein* ("quebrar, despedaçar"). É mais que provável ter a aplicação da Escritura pelo evangelista vindo depois de a descrição básica do episódio joanino ter sido estabelecida (ANÁLISE B, abaixo). Há diversas passagens bíblicas que empregam *osteon* e *syntribein* propostas como candidatas para "aquele que" João tinha em mente, e precisamos examiná-las.

a) Uma passagem do Pentateuco, que expressa a lei concernente ao cordeiro pascal:[115]

- Ex 12,10 (LXX); 12,46: "Não quebrareis" [*syntripsete*] osso algum dele [*ap' autou*].
- Nm 9,12: "Eles não quebrarão [*syntripsousin*] osso algum dele.

Em apoio a ser essa a referência primordial, recorde-se a descrição joanina de Jesus como o Cordeiro de Deus (Jo 1,29.36), tempo fixado algumas horas antes da refeição da Páscoa e possíveis referências implícitas ao cordeiro pascal em Jo 19,14 (meio-dia: a hora em que se iniciava o abate dos cordeiros pascais no Templo) e Jo 19,29 (hissopo: usado para aspergir o sangue do cordeiro).[116] A imagem de Jesus morrendo como cordeiro pascal ou sacrifício cujo sangue purifica do pecado tinha ampla circulação entre os cristãos primitivos (1Jo 1,7; 1Cor 5,7; 1Pd 1,19; Ap 5,8-9). Contra a tese de que João se referia a uma passagem de cordeiro pascal, há o fato de não ser o passivo singular do verbo usado por Jo 19,36 encontrado nos exemplos acima, que têm formas ativas plurais do verbo. Há quem pressuponha mudança deliberada pelo evangelista, por exemplo, para fazer os textos veterotestamentários soarem mais como profecia. Outros pressupõem que ele usou uma tradução grega

---

[115] É de se presumir que a aversão a ter um osso fraturado origine-se do desejo de que o que se oferece a Deus seja perfeito. A partir de um levantamento religioso comparativo, Henninger ("Neuere") mostra que os ossos não eram quebrados porque osso e medula tinham de ser mantidos intactos para a reanimação, mas admite que não há indícios dessa tese na percepção que Israel tinha do cordeiro.

[116] Há quem acrescente Jo 19,31 ("a fim de que os corpos não ficassem na cruz") à luz de Ex 12,10, segundo o qual, quando chega o dia seguinte, nada deve restar do cordeiro abatido ao anoitecer. Ver também APÊNDICE VI a respeito de paralelos (esp. #12) entre a morte de Jesus e o sacrifício de Isaac.

diferente da encontrada na LXX.[117] Das várias passagens bíblicas que a NP cita ou às quais alude claramente, esta seria a única do Pentateuco.

b) A descrição do justo sofredor em Sl 34,21:

O Senhor preserva todos os ossos deles,
e nenhum deles [*ex auton*] será quebrado [*syntribesetai*]

O verbo passivo joanino é encontrado aqui, mas não o sujeito joanino ("o osso dele"). Outras citações bíblicas formais na NP joanina são dos Salmos.[118] Embora o Sl 34 nunca seja citado no NT em relação à Paixão de Jesus,[119] o tema desse Salmo (Deus responde ao chamado do aflito e liberta o justo: Sl 34,7.20) adapta-se bem à cena joanina: a Providência Divina impediu os soldados de quebrarem as pernas de Jesus, ao contrário do pedido de seus inimigos. Alguns biblistas (Dodd, Haenchen, Seynaeve, Torrey, B. Weiss) defendem essa como a passagem aludida por João. Com Hemelsoet, Rehm e outros, acho que os indícios favorecem a imagem do cordeiro pascal como a referência primordial; mas não vejo razão para João não ter pretendido também fazer eco ao Salmo.[120] Depois de um estudo detalhado da linguagem, Menken conclui: "A melhor explicação para a forma peculiar da citação em Jo 19,36 parece ser que, aqui, elementos de Sl 34,21 combinam-se com elementos dos textos do Pentateuco".[121] Além disso, cordeiro e salmista perseguido adaptam-se à teologia joanina.

---

[117] Tem-se recorrido à forma de Ex 12,10 na LXX do Códice Vaticano, onde se lê *syntripsetai*, futuro médio singular com sentido passivo: "Um osso dele não será fraturado". Contudo, o "dele" (*ap' autou*) não é o mesmo que o *autou* joanino, e o verbo ainda não é o mesmo que o futuro passivo singular (*syntribesetai*). De fato, Merken ("Old", p. 2104) talvez esteja correto ao argumentar que o *syntripsetai* do Códice Vaticano não é nada mais que outro modo de escrever a forma plural da LXX mais amplamente atestada do verbo em Ex 12,10, *syntripsete*, pois nessa época *ai* e *e* tinham a mesma pronúncia.

[118] Jo 19,24 citou Sl 22,19; aparentemente, Jo 19,28-29 citou Sl 22,16 e Sl 69,22.

[119] É citado em 1Pd 2,3; 3,10-12 (ver também *1 Clemente* 22,1-7; Barnabé 9,2).

[120] Bultmann, Schnackenburg e outros acham que a fonte joanina citava o Salmo, mas o evangelista viu uma referência ao cordeiro pascal. Como não creio ser possível reconstruir essa fonte, prefiro ver a possibilidade de João ter usado um desses textos bíblicos antes do outro.

[121] "Old", p. 2106. Na verdade, nas páginas 2114-2116, ele observa de modo interessante que, já em *Jubileus* 49,13 (a versão etiópica, não a latina), encontramos ecos das passagens do Pentateuco pertinentes ao cordeiro combinadas com Sl 34,21: "Não há nenhuma fratura de osso a partir do meio dele [o cordeiro pascal], nem um único, porque nem um único osso dos filhos de Israel será fraturado".

A SEGUNDA CITAÇÃO (Jo 19,37) é: "Eles vão ver [*opsontai eis*] quem eles perfuraram [*ekkentein*]" (Zc 12,10).[122] Como em Jo 19,36, há uma diversidade de vocabulário entre a descrição no episódio (Jo 19,34a: *nyssein*, "trespassar") e a citação em Jo 19,37, e no episódio não está dito que nenhum grupo vê Jesus depois do golpe de lança. Mais uma vez, então, a citação não dá origem ao episódio, mas foi acrescentada para revelar a profundidade teológica de um relato existente. Embora Zc 12,10 seja claramente citado, a redação dada por João à citação não concorda literalmente (ver itálicos) nem com o TM ("Eles vão *olhar para mim* a quem eles perfuraram"),[123] nem com a LXX padrão, Códice Vaticano ("Eles vão *olhar para* [*epiblepsontai*] mim porque dançaram *de modo insultante*").[124] Com muita frequência, com referência à parusia e às vezes em combinação com Dn 7,13, a forma grega da passagem de Zc 12,10 citada em João com seus *opsontai* e *ekkentein* encontra-se em Ap 1,7 e fez eco em *Barnabé* 7,9 e Justino, *Apologia* I,lii,12 (cf. *Diálogo* lxiv,7). Como, na maior parte, essas obras certamente não são dependentes de João, não podemos pensar que João simplesmente mudou a leitura da LXX padrão, adaptando-a ao TM. Ao contrário, ele e as outras testemunhas citaram outra forma grega primitiva de Zc 12,10.[125] João cita apenas uma linha de

---

[122] Isso é introduzido por: "E por sua vez [*palin*], uma outra Escritura diz". Lavergne ("Coup", p. 13-14) recorre a um sentido mais antigo de *palin* como "atrás, para trás" e argumenta que se deve traduzir: "E, em sentido inverso, outra Escritura diz". A primeira passagem bíblica proibia que fosse feito dano, enquanto a segunda fala sobre ele ser perfurado. Há um contraste no conteúdo, mesmo sem a tradução de Lavergne. É o único uso joanino de *heteros*, "uma outra"; seu equivalente aparece como fórmula com variantes na literatura rabínica primitiva para juntar citações aplicáveis, por exemplo, Midraxe *Mekilta* (*Beshallah* 2,84) a respeito de Ex 14,4. Um *eis* ("em") segue "ver", talvez com a alusão de penetrar para o sentido da ferida provocada pela lança. Como parte de sua tendência a entender as preposições joaninas literalmente, De la Potterie ("Volgeranno", p. 113) traduz "no interior de".

[123] No contexto, o "mim" no hebraico é Iahweh, leitura tão difícil que muitos consideram o texto deturpado. Cerca de quarenta e cinco mss. hebraicos (cotejados por Kennicott e de Rossi) têm "ele", mas isso talvez represente a tentativa de melhoramento por parte de copistas. O verbo *opsontai* (de *horan*), empregado por João, não é empregado no grego da LXX para traduzir o *hiphil* de *nbt* usado pelo TM.

[124] É provável que a LXX tenha se enganado na leitura do hebraico *dqr* ("perfurar") como *rqd* ("pular"). A derivação da raiz de "insultar" reconstituída por meio do latim inclui dançar ou saltar derrisoriamente ao redor de alguém.

[125] O Códice de Viena (L), dos séculos V e VI, preserva uma leitura grega mais próxima de João e do TM: "Eles olharão para mim a quem perfuraram". O falecido P. W. Skehan, eminente especialista na LXX, escreveu-me em correspondência pessoal: "Não tenho nenhuma dúvida de que a interpretação do Códice de Viena é pré-hexaplar (antes de Orígenes) e proto-Luciano [ver NJBC 68,69: uma revisão palestinense da LXX do século II ou I a.C. que a aproxima do hebraico], e que fundamenta João". Ainda é preciso pressupor que o *epiblepsontai* ("olhar para") desta interpretação foi mudado para o *opsontai* ("ver") das interpretações cristãs e, por essa razão, Menken ("Textual", p. 504) prefere supor que, fundamentando João, há uma tradução grega do hebraico que era independente da LXX.

um longo versículo de Zacarias. As palavras de Zc 12,10 que precedem o verso citado falam de Deus que derrama um espírito de compaixão sobre a casa de Davi e os habitantes de Jerusalém. As palavras em Zc 12,10 que se seguem à linha citada relatam o lamento sobre ele como primogênito amado. Como essas outras palavras do versículo seriam significativas para João? Relatei, no início desta subseção que trata das citações bíblicas, que convencionalmente considera-se essa segunda citação joanina (v. 37) referente ao lado de Jesus trespassado com uma lança (v. 34a), mas não ao fluxo de sangue e água (v. 34b), nem ao testemunho daquele que viu (v. 35). Mas por que, então, não foram as citações da Escritura colocadas depois dos vv. 33-34a, em vez de depois dos vv. 34b-35, aos quais eles não tinham nenhuma referência? Por que "essas coisas", que introduz a citação no v. 36, não se refere ao que aconteceu nos versículos imediatamente anteriores, em especial ao surpreendente fluxo de sangue e água do lado de Jesus? Além disso, a citação no v. 37 fala de "*ver* quem eles perfuraram" e o único "ato de ver" que tem lugar depois que o lado de Jesus é trespassado ocorre no v. 35, com referência ao discípulo amado que dá testemunho do fluxo de sangue e água. É muito mais lógico, então, pensar que a citação no v. 36 (osso não quebrado) refere-se aos vv. 32-33, e a citação no v. 37 (ver quem eles perfuraram) refere-se aos vv. 34-35.

Nessa trama, Zc 12,10 fazia integralmente parte da perspectiva joanina (assim também Hemelsoet, Venetz). As palavras iniciais de Zc 12,10, onde Deus derrama um espírito de compaixão em ligação com a casa de Davi, relacionam-se à água (= Espírito) que sai do lado de Jesus (v. 34b). O ato de ver o que foi perfurado em Zc 12,10 por um sujeito plural ("eles") é realizado pelo único soldado do v. 34a que, tendo visto que Jesus já estava morto, trespassou o lado de Jesus e assim provocou o fluxo e pelo discípulo amado que viu tudo isso.[126] O lamento sobre o que foi perfurado como "primogênito amado" mencionado no final de Zc 12,10 poderia se relacionar com o v. 35b, onde *ekeinos* "fala o que é verdade a fim de que vós também acrediteis". Acreditar o quê? Jo 20,31 preenche o objeto: "para que creiais que Jesus é o Messias, o Filho de Deus". Ap 1,7 associa Zc 12,10 à vinda nas nuvens do céu, tema não raro associado ao Filho do Homem vindo para julgar. Entretanto, na escatologia percebida de João, o julgamento já acontece, pois o perfurado que

---

[126] Menken ("Textual", p. 504) argumenta que, apesar da redação de Zc 12,10, onde parece que "eles" que olham são os mesmos que "eles" que perfuraram, há base na interpretação judaica para não igualar os dois grupos. Em João, ao cumprir o pedido dos judeus e a ordem de Pilatos, o soldado romano faz a perfuração, enquanto ele e o discípulo amado são os que veem.

pende da cruz é o Filho do Homem que foi elevado (Jo 3,14; 8,28; 12,32-34). Além disso, como Jo 3,18-21 deixa claro, há sempre um aspecto duplo, positivo e negativo, no julgamento constituído por ver e encontrar Jesus; e isso divide também os que encontram o que foi perfurado. Os que aceitam o testemunho do discípulo amado veem e creem, e assim recebem o Espírito que mana do Jesus glorificado, o Filho de Deus. Mas, para "os judeus" que provocaram a perfuração com a exigência de que as pernas de Jesus fossem quebradas, aquele que foi perfurado é, no pensamento joanino, sinal de julgamento punitivo.[127]

Reações dos presentes segundo o EvPd

Neste comentário sobre as NPs canônicas, meu interesse no *EvPd* é ver como linhas de desenvolvimento visíveis nos (ou mesmo antes dos) Evangelhos neotestamentários continuaram no século II. O ato de quebrar as pernas relatado em Jo 19,31-33 aparece em *EvPd* 4,14 em outro vocabulário *antes* da morte de Jesus e está combinado com a imagem lucana de um dos malfeitores crucificados que é solidário com Jesus. Na narrativa combinada, a malevolência judaica é intensificada pela malevolência implícita no pedido de Jo 19,31. No *EvPd*, não há nada a respeito do ferimento da lança no lado de Jesus,[128] nem do fluxo de sangue e água.

Em Marcos/Mateus, as reações das pessoas vêm depois dos fenômenos exteriores que manifestam a reação divina à morte do Filho (véu do santuário rasgado, terra sacudida), de modo que o povo responde aos fenômenos e também à morte. O *EvPd* mistura os fenômenos e as reações. Em *EvPd* 6,21, é compreensível que o tremor da terra, que tem lugar ao ser colocado sobre ela o corpo de Jesus, produza medo entre os judeus. (Observemos que, agora, o poder que produz o tremor já não é simplesmente a intervenção divina, como foi subentendido pela voz passiva em Mt 27,51, mas está no corpo de Jesus morto, do mesmo modo que, em João, o corpo morto é a fonte de um fluxo vivificante.) Entre os Evangelhos canônicos,

---

[127] Ver BGJ, v. 2, p. 954-955; de la Potterie, "Volgeranno", p. 116. Menken ("Textual", p. 511) reconhece que existe uma diferença no ato de ver o Jesus perfurado por crentes e descrentes, mas, estranhamente (p. 505, notas 43, 44), ele afirma que João não diz que "os judeus" ou os soldados romanos olharam para o Jesus perfurado. Creio ser uma distinção sem sentido porque, na verdade, João também não diz que a testemunha (o discípulo amado) olhou para o Jesus perfurado. O julgamento toca os que são as *dramatis personae* da cena toda.

[128] Em *EvPd* 6,21 (que partilha com Jo 20,25 uma referência a cravos), só são indicados ferimentos nas mãos.

o medo é uma reação à morte de Jesus só em Mt 27,54, onde ele também segue uma referência ao tremor de terra. Em Mateus, foram os soldados romanos que "temeram excessivamente"; no *EvPd*, como a crucifixão é feita pelos judeus, estes são o sujeito de "um grande medo".

Um fenômeno mencionado pelos sinóticos *antes* da morte de Jesus foi a escuridão sobre a terra inteira. Mais dramaticamente ainda, *EvPd* 5,15-18 descreve esse acontecimento também antes da morte, mas só o *EvPd* especifica que o fim da escuridão aconteceu depois da morte de Jesus (*EvPd* 6,22, seguindo *EvPd* 5,19): "Então o sol brilhou e descobriu-se ser a nona hora". Isso fez os judeus regozijarem-se e dar a José o corpo de Jesus para sepultamento (*EvPd* 6,23). Assim, no *EvPd*, os fenômenos extraordinários produzem medo e também regozijo.

Mais reações de pessoas encontram-se em *EvPd* 7,25–8,29. Ao examiná-las, é preciso lembrar que elas acontecem depois do *sepultamento* de Jesus, não só depois de sua morte, como nos Evangelhos canônicos. Em sequência, o *EvPd* descreve quatro grupos: a) "os judeus e os anciãos e os sacerdotes", em *EvPd* 7,25; b) Pedro e seus companheiros, em *EvPd* 7,26-27; c) "os escribas e fariseus e anciãos", em *EvPd* 8,28a, continuado por *EvPd* 8,29-30; d) "todo o povo", em *EvPd* 8,28b. Como a) e d) batem em si mesmos ou no peito, são eles relacionados? Como conciliar o fato de que os anciãos entre os judeus e os sacerdotes em a) demonstram arrependimento, enquanto os anciãos entre os escribas em c) não demonstram? Parte da confusão origina-se do fato de, nesses versículos, o *EvPd* fundir reações à morte de Jesus (como nos sinóticos) e uma narrativa de como as autoridades judaicas conseguiram soldados de Pilatos para vigiar o lugar do sepultamento de Jesus (como em Mt 27,62ss). Contudo, *EvPd* 7,25–8,29 apresenta uma interessante visão da atitude do autor para com os judeus que (deixando os romanos completamente fora da execução) ele descreve como responsáveis pela crucificação e morte de Jesus. Tem-se a impressão de que, de modo geral, o *EvPd* imagina dois grupos judaicos, um não arrependido e o outro arrependido. Ao descrever "escribas e fariseus e anciãos" *não arrependidos* (*EvPd* 8,28a) que falarão com Pilatos a respeito do sepulcro de Jesus (*EvPd* 8,29ss), o *EvPd* aproxima-se do espírito de João, onde "judeus" malévolos pedem que as pernas sejam quebradas, e no tema se aproxima ainda mais de Mateus, que em Mt 27,62ss traz "os chefes dos sacerdotes e fariseus" que acabarão pagando as pessoas para mentir, abordam Pilatos a respeito do sepulcro de Jesus — nos dois casos, a intenção é impedir a ressurreição. Os "escribas e fariseus e anciãos" do *EvPd* temem porque ouviram a reação do povo a Jesus (*EvPd* 8,28-29); isso faz eco ao início da Paixão em Mc 14,1-2; Mt 26,3-5; e Lc 22,1-2, onde os chefes dos sacerdotes e escribas ou anciãos buscam agarrar e matar Jesus furtivamente, para não haver perturbação entre o povo, pois, como Lucas explica, "eles temiam o povo". Quanto a judeus *arrependidos*, tem-se a impressão de que o *EvPd* diferencia entre "os judeus e os anciãos e os sacerdotes", que batem em si mesmos em *EvPd* 7,25, e "todo o povo", que bate no peito em *EvPd* 8,28b. Os primeiros o fazem porque, pelos pecados, tornaram inevitáveis o julgamento colérico de Deus e o fim de Jerusalém, e assim fizeram mal a si mesmos. Os últimos o fazem, depois de murmurar contra as autoridades, porque os grandes sinais mostraram-lhes como Jesus era justo. Ao fazer essa diferenciação, o *EvPd* aproxima-se da dupla imagem lucana de reações a Jesus antes da crucificação e depois de sua morte, como se vê nas palavras em itálico no que se segue. Segundo Lc 23,27-32, quando Jesus foi levado para fora para ser crucificado com dois malfeitores,[129] havia uma grande aglomeração *do povo* e das filhas de Jerusalém que estavam *batendo em si mesmas* e lamentando, mas Jesus os advertiu da destruição apocalíptica que estava para vir. Depois da morte de Jesus em Lc 23,48, "todas as multidões" *bateram no peito*.[130] Em suas imagens dos líderes judeus e o povo não arrependidos, e de vários tipos de arrependidos, o *EvPd* continuou descrições encontradas nos Evangelhos canônicos, mas escureceu o pano de fundo hostil.

Uma novidade intrigante entre as reações do *EvPd* (*EvPd* 7,26-27) é a de Pedro e seus companheiros (*hetairoi*, aparentemente os Doze, com base em *EvPd* 14,59) depois da morte e sepultamento, e antes da ressurreição.[131] Tendo deixado os Doze e Pedro no Getsêmani ou no pátio do sumo sacerdote, os Evangelhos canônicos só retomam a história deles na Páscoa, depois da descoberta do túmulo vazio. Ao mencioná-los, o *EvPd* preserva a convenção evangélica canônica de não tê-los presentes na crucificação; na verdade, explica sua ausência relatando que eles se

---

[129] Observemos que, em *EvPd* 7,25, os judeus maltrataram a si mesmos.

[130] Ver acima, sob "Reação das multidões (Lc 23,48)", variantes textuais em Lc 23,48 que estão muito próximas do que se encontra no *EvPd*. Vaganay (*Évangile*, p. 269-270) examina a relação entre essas variantes e o *EvPd*, e opta por uma fonte comum, enquanto Harnack argumenta que as variantes dependem do *EvPd*.

[131] Que Pedro relata essa reação como "eu" e inclui os companheiros como "nós" é inaudito nos Evangelhos canônicos. Vaganay (*Évangile*, p. 271) cita isso como sinal claro de que o *EvPd* pertence ao gênero de Evangelhos apócrifos pseudepígrafos. Observemos também no *EvPd* as emoções dramáticas nessa reação "feridos em espírito" (cf. 2Mc 3,16); "lamentando e chorando" (Apêndice marcano 16,10).

esconderam porque os judeus os procuravam como malfeitores. Nenhum Evangelho canônico relata uma tentativa de prender os seguidores de Jesus juntamente com ele, e o mais próximo que se chega do *EvPd* nesse ponto está em Jo 20,19, onde os discípulos fecham as portas do lugar "por medo dos judeus". A acusação específica contra os discípulos no *EvPd* é que eles desejavam incendiar o santuário do Templo. Mais perto disso está At 6,12-14, onde Estêvão é trazido perante o sinédrio acusado de dizer que Jesus de Nazaré destruiria esse lugar (santo). O *EvPd* descreve Pedro e os companheiros tristes e feridos em espírito, lamentando e chorando, o que é um toque dramático compreensível. O mais significativo é mostrá-los jejuando "noite e dia, até o sábado". Nos três sinóticos (Mc 2,20 par.), Jesus diz a respeito dos discípulos que, quando o noivo lhes fosse tirado, eles jejuariam, e no tempo do *EvPd* havia certo costume de jejuar em relação à ocasião da morte de Jesus.[132] A frase "noite e dia" parece indicar um padrão judaico de o dia começar ao anoitecer. "Até o sábado" é confuso porque, em *EvPd* 2,5, Jesus é crucificado na véspera do sábado. Essa curiosidade ajuda a reforçar uma imagem do autor do *EvPd* como especializado em drama popular, mas fraco em detalhes quanto à vida judaica no século I.

Análise

Como de costume, há duas questões básicas a serem examinadas: historicidade e composição, com a última aplicável principalmente a João.

A. A historicidade dos que reagiram e de suas reações

Depois da morte de Jesus, os Evangelhos canônicos descrevem três grupos que estão presentes e reagem por ações, palavras ou observações: 1) Soldado(s) e/ou centurião romanos (todos); 2) Multidões e/ou autoridades judaicas (Lucas, João, *EvPd*); 3) Seguidores de Jesus (todos, *EvPd*). Ao avaliar a historicidade desses indivíduos e suas reações, somos atormentados por um grande problema. Com raras exceções, o que é descrito não é implausível, de modo que se pode falar

---

[132] Tertuliano, *De ieiunio* 2,2; CC 2,1258; *Constituições Apostólicas* v,18 (Funk, org., p. 289); *Didascalia Apostolorum* siríaca xxi,13 (Connolly, org., p. 180, 183). Em *Evangelho dos Hebreus* 7 (HSNTA, v. 1, p. 165; ed. rev., v. 1, p. 178), os irmãos do Senhor jejuam de pão, depois da Última Ceia até Jesus lhes aparecer.

de verossimilhança geral. Contudo, o que é descrito adapta-se rigorosamente aos interesses dos evangelistas; de outro modo, eles não o incluiriam. A conformidade com a teologia e a organização dramática de um Evangelho não comprova a criação pelo evangelista, mas torna extremamente difícil provar a historicidade.

1. Soldados romanos. Que eles estavam presentes é certo; e se era desejada a verificação da morte de Jesus (Marcos, João), eles a teriam realizado. A questão da historicidade torna-se mais complicada quando o enfoque é no papel de um soldado (João) ou oficial (centurião sinótico) em especial. Como em palavras ou ações (diferentemente do significado teológico funcional), o soldado joanino não tem nenhuma semelhança exterior com o centurião marcano, não há razão suficiente para pensar que João recorreu a Marcos. Razoavelmente, é possível afirmar que a tradição antiga falava de um soldado depois da morte de Jesus e que Marcos e João representam diferentes evoluções dessa tradição. Por exemplo, era do conhecimento comum que, entre o grupo de quatro encarregados de realizar a execução, um único soldado ficaria no comando e, de maneira independente, em lugares diferentes a narração poderia ter dramatizado o papel desse soldado em relação à morte de Jesus. À guisa de contraste com os judeus hostis, uma tendência natural tinha de apresentar os romanos como imparciais ou favoráveis.

Não há um meio de estabelecer a historicidade daquilo que o centurião diz de verdade nos sinóticos, pois certamente não é por acaso que o que ele afirma se adapta bem aos propósitos teológicos de cada um dos evangelistas. Em Marcos, uma voz celeste identifica Jesus como Filho de Deus no início do Evangelho (Mc 1,11); é apropriado, então, que no final, depois da morte de Jesus, um ser humano (gentio) reconheça que: "Verdadeiramente, este homem era Filho de Deus" (Mc 15,39). Mateus, que fez magos gentios reconhecerem Jesus no início do Evangelho, faz, por inclusão, gentios (o centurião e os que estão com ele) reconhecerem Jesus no final do Evangelho, reconhecimento como "Filho de Deus", título que ele usa na NP com mais frequência que qualquer outro evangelista (Mt 26,63; 27,40.43). No COMENTÁRIO, procurei mostrar que a forma lucana da confissão pelo centurião – "Certamente este homem era justo" (Lc 23,47) – foi uma adaptação da forma marcana da confissão e, assim, nem independente nem original. Servia aos propósitos teológicos lucanos fazer estranhos reconhecerem que Jesus era justo, na verdade, *o justo*, antes e também depois da morte de Jesus na cruz.

A historicidade do relato joanino é complicada por Jo 19,35, que ressalta a presença e a veracidade de uma testemunha ocular, aparentemente o discípulo amado. Muitos biblistas duvidam da historicidade dessa figura, mas afirmo ser plausível que, por trás da comunidade joanina e sua tradição, houvesse um discípulo de Jesus, não uma figura importante por padrões exteriores (por exemplo, não um dos Doze), mas alguém com um papel subsequente na vida joanina que mostrou que ele era especialmente amado por Jesus. Mesmo se houvesse uma testemunha ocular, é histórico tudo o que João atribui ao soldado, já que o enfoque do testemunho do discípulo amado seria de significado teológico? O soldado não quebrar as pernas de Jesus e, em vez disso, trespassar-lhe o lado com uma lança para se certificar de que ele estava morto não é implausível. Contudo, a dificuldade de confirmar as informações joaninas é exemplificada pelo fato de nenhuma outra obra cristã escrita nos primeiros cem anos depois da morte de Jesus mencionar a ferida do lado.[133] Mais complicada ainda é a historicidade do fluxo de sangue e água produzido pelo golpe de lança. Barrett, Dodd e outros consideram improvável a simples invenção; e é possível defender a historicidade desse fenômeno físico peculiar[134] que, originalmente (em nível pré-evangélico), não fazia mais que confirmar a morte de Jesus. Naturalmente, como insisti no COMENTÁRIO, o evangelista não apresenta o fluxo dessa maneira; para ele, é sinal revelador celeste de grande significado teológico, que cumpre uma profecia de Jesus.

2. Multidões e/ou autoridades judaicas. Era de se esperar a presença de espectadores em uma crucificação. Histórias de perseguição injusta e martírio tendem a pressupor tal grupo, por exemplo, *3 Macabeus* 5,24 (que com certeza não é histórico) descreve multidões reunidas para o espetáculo da execução de judeus. A probabilidade da presença de sacerdotes e outras autoridades (pressuposta pelo *EvPd* e provavelmente por João [cf. Jo 19,31, com 19,20-21]) é complicada por perguntas irrespondíveis relacionadas à festa. Não tinham os sacerdotes deveres no Templo, isto é, abater os cordeiros, já que era véspera do dia em que a refeição

---

[133] Lc 24,39 menciona mãos e pés; *EvPd* 6,21 menciona as mãos.

[134] A situação médica foi examinada em § 42, ANÁLISE C. De um ponto de vista, corpos mortos não sangram porque o coração cessa de bombear sangue através das artérias. Contudo, no período logo depois da morte, especialmente quando a gravidade favorece um fluxo (por exemplo, um corpo mantido ereto) o sangue pode escoar de uma abertura feita nas veias ou aurículas do coração, pois em vasos incólumes ele não coagulou. O que é descrito como água misturada ao sangue pode ter sido algum tipo de fluido corporal acumulado. Poucos médicos inclinam-se a dizer que o que João descreve é impossível.

da Páscoa seria consumida ao anoitecer? Não se tornariam ritualmente impuros ao ficarem perto de mortos crucificados? Quanto à historicidade das reações atribuídas a eles, não é improvável que alguns dos seus compatriotas judeus fossem hostis a Jesus na morte, como foram na vida. Contudo, o papel atribuído a "os judeus" em Jo 19,31 é marcadamente hostil e seu pedido a Pilatos no fim da cena da crucificação é paralelo inclusivo ao pedido que lhe fazem no início (Jo 19,21). Lc 23,48 descreve o arrependimento das multidões judaicas e historicamente não é improvável que alguns dos espectadores locais pensassem que Jesus foi tratado injustamente pelos romanos ou pelas autoridades judaicas ou por ambos. Contudo, a descrição lucana das multidões (como componente em um padrão de três reações) depois da morte de Jesus encaixa-se perfeitamente em sua descrição em geral mais compreensiva do populacho de Jerusalém durante a NP, e constitui uma inclusão artística com a menção da compreensiva aglomeração do povo (como componente em um padrão de três reações) antes da morte de Jesus.

3. Seguidores de Jesus. Só João (Jo 19,25) coloca-os perto da cruz de Jesus antes de sua morte e, em § 41 (ANÁLISE A), adverti que não era comum os romanos permitirem a parentes e simpatizantes essa proximidade. Quanto à presença a certa distância depois da morte (sinóticos), em alguns períodos de intenso medo romano de conspiração ou de revoltas recorrentes, era imprudente demonstrar simpatia pelos condenados.[135] Mas, como mencionei em § 31 (A e B), não há registro de revoltas na Judeia durante o governo de Pilatos; ele não era um governador ferozmente cruel (com a devida vênia a Fílon); nem existe prova verdadeira de que havia planos para prender os seguidores de Jesus, como se ele fosse o líder de um movimento perigoso. Consequentemente, *a priori*, não há nada implausível na imagem sinótica de mulheres seguidoras (galileias, talvez nem mesmo conhecidas em Jerusalém) observando de longe, sem expressar, de modo algum, sua atitude para com a crucificação.[136] (No comentário, expressei discordância da tese de que o evangelista considerou a presença delas um ato de bravura.)

---

[135] Tácito (*Anais* vi,19) e Suetônio (*Tibério* 61) indicam a hipersensibilidade sob Tibério, depois da queda de Sejano em 31 d.C. Ver também Fílon, *In Flaccum* 9; #72; Josefo, *Guerra* II,xiii,3; #253 a respeito de períodos mais tardios.

[136] Em Lucas, homens conhecidos de Jesus também estão de pé à distância; em João, o discípulo amado é testemunha ocular. Mais uma vez, isso não é implausível (assim Gerhardsson, "Mark", p. 222); e nenhum dos dois evangelistas menciona a presença de membros dos Doze, cuja fuga e ausência têm toda probabilidade de ser histórica.

O que complica a questão da historicidade é a presença interligada dessas mulheres nas três cenas da crucificação, do sepultamento e do túmulo vazio (Quadro 8, § 41). A mais sólida confirmação evangélica é que, na manhã de Páscoa, Maria Madalena e algumas outras mulheres encontraram o túmulo de Jesus. Apesar de significativa discordância acadêmica, a prova evangélica e a opinião erudita favorecem a historicidade do túmulo vazio e, na verdade, de Madalena como a primeira testemunha do fato de o corpo de Jesus não estar mais ali.[137] Há muito foi observado que, se houvesse invenção ficcional envolvida (com propósitos apologéticos para apoiar a realidade da ressurreição), da descoberta do túmulo por homens, não mulheres, o resultado seria mais provável, considerando-se as limitações na validade do testemunho feminino.[138] Entretanto, ironicamente, a historicidade das mulheres galileias no túmulo na manhã de Páscoa é usada para lançar dúvidas sobre a presença delas no Gólgota na sexta-feira, quer depois da morte na cruz quer no sepultamento. Os evangelistas ou seus antepassados simplesmente adivinharam que, se as mulheres encontraram o túmulo na Páscoa, elas deveriam ter visto onde Jesus foi enterrado na sexta-feira e que, se as mulheres estavam ali para o enterro do corpo, elas deveriam ter observado a morte? (A tendência primitiva de relacionar morte, sepultamento e ressurreição está atestada em 1Cor 15,3-4.) Contudo, "adivinhar" pode ser pejorativamente tendencioso, pois a inter-relação pressuposta nessa pergunta revela respeitável lógica: para encontrar o túmulo de Jesus, os cristãos tinham de saber onde ele foi enterrado e não há nenhum relato de que as mulheres que encontraram o túmulo tiveram de perguntar a outros onde ele ficava.

De qualquer modo, julgo a inter-relação mais complicada. Como afirmei acima (§ 41), parece que, em Jo 19,25-27, João combina sua cena envolvendo a mãe de Jesus e o discípulo amado com outra tradição de três galileias na crucificação, e desse modo atesta indiretamente a antiguidade da última. Sua forma e ordem

---

[137] A descoberta do túmulo vazio por Madalena (todos os Evangelhos; *EvPd*) é uma questão diferente da questão de ser ela a primeira pessoa a ver o Jesus ressuscitado (Mateus, João, Mc 16,9). A mistura dos dois talvez seja responsável por certa ambiguidade a respeito de haver ou não outras mulheres com ela quando descobriu o túmulo. É provável que, na lembrança mais antiga, só ela visse o Senhor ressuscitado (João, Mc 16,9); mas ela e outras mulheres foram ao túmulo vazio, de modo que, por simplificação em Mt 28,9-10, Jesus lhes aparece. Em toda essa investigação da tradição mais antiga, refiro-me simplesmente a encontrar o túmulo vazio, não à narrativa de aparições angelicais no túmulo, na qual é feita a revelação de que Jesus ressuscitou e que, assim, explica por que o túmulo está vazio. Ver NJBC 81,124.

[138] Josefo, *Ant.* IV,viii,15; #219; Mixná *Ros Hassana* 1,8; TalBab *Sebu'ot* 30a. Ver Gerhardsson, "Mark", p. 218.

dos nomes das mulheres (a mãe de Jesus e a irmã de sua mãe, Maria de Clopas, e Maria Madalena) não parecem ter sido tomadas por empréstimo da enumeração marcana (Maria Madalena e Maria, mãe de Tiago Menor e de Joset e Salomé). Uma explicação plausível é que havia uma tradição pré-evangélica a respeito de mulheres galileias que observaram a crucificação de longe (João mudou-as para perto da cruz por causa da combinação que ele faz com sua cena da mãe e do discípulo amado com quem Jesus fala). De acordo com o padrão narrativo de três, estava arraigada uma referência a três, das quais foram citados os nomes de duas: Maria Madalena e outra Maria.[139] Inevitavelmente, a presença de três mulheres na tradição da crucificação influenciou a narrativa do encontro do túmulo vazio por Maria Madalena e outras, de modo que as outras presentes na cena da manhã de Páscoa começaram a ser identificadas de maneira harmoniosa com as mulheres na crucificação — mais uma vez uma suposição não ilógica. Em § 47, vou explicar por que acho que a especificação das mulheres no sepultamento (ausente de João) é uma derivação regressiva da tradição expandida da descoberta do túmulo vazio pelas mulheres.

B. A composição dos relatos sinóticos e joanino

Em termos da composição da cena SINÓTICA, preciso apenas resumir o que já foi exposto em vários lugares do COMENTÁRIO. A meu ver, Mateus e Lucas baseiam-se claramente em Marcos. *Mateus* acrescentou persuasão à confissão romana de Jesus como Filho de Deus, fazendo-a vir dos outros guardas além do centurião. *Lucas* expandiu as duas reações marcanas para três, a fim de unir os três grupos que reagem a Jesus a caminho do lugar de execução (Lc 23,26-31). Em cada conjunto de três, há um indivíduo (Simão, centurião), uma aglomeração ou multidão e um grupo de mulheres (hierosolimitas, galileias). O arranjo de Marcos não é sem talento artístico: um centurião gentio está de pé perto, em frente a Jesus, enquanto as seguidoras galileias observam de longe. A reação positiva em Mc 15,39 é colocada nos lábios de um gentio cuja confissão de Jesus como Filho de Deus reverte a negação pelo sumo sacerdote judaico no julgamento (Mc 14,61) e, perto do fim do Evangelho, apresenta o reconhecimento humano daquilo que a voz celeste proclamou

---

[139] Na medida em que as mulheres foram incluídas em cada Evangelho, o nome da terceira foi especificado de várias maneiras: Salomé (Marcos), mãe dos filhos de Zebedeu (Mateus), Joana (ver Lc 24,10) e irmã da mãe de Jesus (João), o que provocou incerteza por haver quatro candidatas diferentes.

no batismo, quando o Evangelho começou (Mc 1,11). O papel das mulheres em Mc 15,40-41 é passivo e faz a transição para a cena seguinte (§ 46).[140]

O relato de JOÃO precisa de mais discussão porque, no COMENTÁRIO, abstive-me de abordar a maioria dos problemas de composição. Haenchen (*John*, v. 2, p. 202) afirma que, aqui, João serve-se de uma tradição diferente da de Marcos, contudo, apontei muitos paralelos funcionais. A meu ver, essa cena é curta demais para permitir um julgamento quanto a Marcos e João representarem duas formações totalmente separadas ou duas evoluções independentes do mesmo pequeno núcleo pré-evangélico (Michaels). O que considero probabilidade extremamente improvável é que, aqui, João só conhecesse Marcos e tenha a ele recorrido criativamente.

Quanto às questões de fonte, contribuição do evangelista e redação, como de costume, não há nenhum acordo erudito. Quero exemplificar os problemas apresentando a tese de Bultmann com minhas observações *parentéticas* baseadas no estudo realizado no COMENTÁRIO. Bultmann afirma que Jo 19,31-34a.36-37 chegaram ao evangelista moldados pela comunidade e, comparada aos sinóticos, essa é uma formação relativamente tardia concentrada no cumprimento da Escritura. (Por causa de nítidas diferenças de vocabulário entre as citações bíblicas nos vv. 36-37 e nos episódios nos vv. 32-34a, afirmei que os primeiros não deram origem aos últimos e foram acrescentados aos episódios depois que eles já estavam formados.) Bultmann propôs que Jo 19,34b (fluxo de sangue e água) e Jo 19,35 (testemunho é verdadeiro) foram acrescentados ao Evangelho completo do evangelista pelo Redator Eclesiástico[141] como referência a sacramentos, uma das preocupações características da teologia do Redator. (Afirmei que a possível significância sacramental do sangue e água é secundária; o principal sentido está relacionado com Jo 7,38-39, isto é, o fluxo da água viva do Espírito de um Jesus glorificado na morte, e assim está em perfeita harmonia com o simbolismo encontrado no corpo do Evangelho.) Bultmann aplica as citações bíblicas em Jo 19,36-37 aos vv. 32-34a, mas não aos vv. 32-33, inseridos mais tarde. (Afirmei que a citação bíblica em Jo 19,36 refere-se claramente aos vv. 32-33 e a citação em Jo 19,37 de Zc 12,10 só faz realmente

---

[140] Assim Matera (*Kingship*, p. 50-51), que fala desses versículos como criação marcana. Creio ser mais prudente falar da formação marcana de uma tradição mais antiga a respeito das mulheres, como expliquei acima, sob historicidade.

[141] Se falamos simplesmente de um redator (deixando de lado a atitude que Bultmann atribui ao Redator Eclesiástico), esta teoria é antiga. Como Belser antes dele, Haensler ("Zu Jo") afirma que isso foi acrescentado ao Evangelho na lista de Pápias dos presbíteros (HE III,xxxix,4.7).

sentido se for referente a todo o conjunto dos vv. 34-35. De modo geral, então, tomo o partido de Venetz, "Zeuge", e outros que julgam ser Jo 19,34b-35 obra do evangelista, não do redator.)

Reconhecendo que a descoberta de etapas na formação de Jo 19,31-37 está longe de ser incontestável, nossos indícios apontam para Jo 19,31-34 como tradição narrativa que chegou até o evangelista.[142] Durante sua inclusão no Evangelho, ele a reescreveu e acrescentou o comentário parentético de Jo 19,35, bem como as citações bíblicas de Jo 19,36-37, a fim de apresentar perspectivas teológicas adicionais. Prefiro falar de tradição pré-joanina, em vez de reconstruir uma fonte com exatidão. As etapas pré-evangélicas da tradição joanina e também o Evangelho foram moldados na comunidade joanina e refletem uma continuidade com novos entendimentos baseados em entendimentos mais primitivos. Portanto, sou cético quando dizem existir uma diferença de sentido entre a suposta fonte e o Evangelho. Se, como no caso da citação bíblica de Jo 19,36, duas imagens simbólicas diferentes podem ter sido combinadas, fazemos mais justiça ao estado de nosso conhecimento para justificar as duas interpretações no nível evangélico. É por essa razão que, no COMENTÁRIO, não fiz nenhuma parte de minha interpretação depender do que o nível pré-evangélico significava.

(A bibliografia para este episódio encontra-se em § 37, Partes XII e XIII.)

---

[142] Ao examinar a historicidade, mencionei ser possível que essa tradição pré-evangélica contivesse o ato de quebrar as pernas, uma perfuração por lança e o fluxo de sangue e água como sinal de morte.

Sumário do quarto ato, cena dois

CENA DOIS: Jesus é sepultado (Mc 15,42-47; Mt 27,57-66; Lc 23,50-56; Jo 19,38-42)

§ 45. Bibliografia da seção: O sepultamento de Jesus (§§ 46–48)

    Parte I: Bibliografia geral a respeito do sepultamento de Jesus (§§ 46–47)

    Parte II: A guarda no sepulcro em Mt 27,62-66 (§ 48)

§ 46. O sepultamento de Jesus, primeira parte: O pedido do corpo por José
(Mc 15,42-45; Mt 27,57-58; Lc 23,50-52; Jo 19,38a)

    COMENTÁRIO

- Atitudes romanas em relação aos corpos dos crucificados
- Atitudes judaicas em relação aos corpos dos crucificados
- O pedido para o sepultamento segundo Mc 15,42-45
- O pedido para o sepultamento segundo Mt 27,57-58
- O pedido para o sepultamento segundo Lc 23,50-52
- Pedindo o sepultamento segundo Jo 19,38a
- O pedido para o sepultamento segundo o *EvPd* e o crescimento das lendas de José

    ANÁLISE

    A. Estrutura interna dos relatos do sepultamento

    B. Relação externa com os relatos da crucificação e ressurreição

    C. Tradição pré-evangélica do sepultamento

§ 47. O sepultamento de Jesus, segunda parte: Colocação do corpo no túmulo
(Mc 15,46-47; Mt 27,59-61; Lc 23,53-56a; Jo 19,38b-42)

    COMENTÁRIO

- Sepultamento de JESUS SEGUNDO Mc 15,46-47
- Sepultamento DE JESUS SEGUNDO Mt 27,59-61
- Sepultamento DE JESUS SEGUNDO Lc 23,53-56A
- Sepultamento DE JESUS SEGUNDO Jo 19,38B-42

    ANÁLISE

    A. Preparação e sepultamento do corpo

    B. Presença e atividade de outras *dramatis personae* além de José

C. A igreja do Santo Sepulcro em Jerusalém

§ 48. O sepultamento de Jesus, terceira parte: No sábado, a guarda no sepulcro (Mt 27,62-66; Lc 23,56b)

COMENTÁRIO

- O pedido feito a Pilatos (Mt 27,62-64)
- Pilatos concede o pedido (Mt 27,65-66)
- Conclusão da história da guarda na narrativa da ressurreição (Mt 28,2-4.11-15)

ANÁLISE

A. Estrutura da narrativa mateana do sepultamento e origens da história da guarda no sepulcro

B. Historicidade da narrativa mateana da guarda no sepulcro

§ 45. Bibliografia da seção para a cena dois do quarto ato: O sepultamento de Jesus (§§ 46–48)

A Parte I trata do sepultamento em geral (§§ 46–47), enquanto a Parte II concentra-se na cena mateana especial dos guardas no sepulcro (§ 48). Para escritos a respeito do sepultamento e da igreja do Santo Sepulcro, ver, acima, BIBLIOGRAFIA SECCIONAL § 37, Parte II.

Parte I: Bibliografia geral a respeito do sepultamento de Jesus (§§ 46–47)

BAKHUISEN VAN DER BRINK, J. N. Eine Paradosis zu der Leidensgeschichte. ZNW 26, 1927, p. 213-219.

BARRICK, W. B. The Rich Man from Arimathea (Matthew 27:57-60) and 1QIsa. JBL 96, 1977, p. 235-239.

BARTINA, S. *Othonia* ex papirorum testimoniis linteamina. *Studia Papyrologica* 4, 1965, p. 27-38.

BENDER, A. P. Beliefs, Rites and Customs of the Jews, connected with Death, Burial and Mourning. JQR 6, 1894, p. 317-347, 664-671; 7, 1985, p. 101-118, 259-269.

BLINZLER, J. Die Grablegung Jesu in historischer Sicht. In: DHANIS, É., org. *Resurrexit*. Vaticano, Editrice Vaticana, 1974, p. 56-107.

_____. *Othonia* und andere Stoffbezeichnungen im "Wäschekatalog" des Aegypters Theophanes und im Neuen Testament. *Philologus* 99, 1955, p. 158-166 (com referência a Jo 20,5).

_____. *Prozess*, p. 385-415 (ausente em seu *Trial*).

_____. Zur Auslegung der Evangelienberichte über Jesu Begräbnis. MTZ 3, 1952, p. 403-414 (reação à forma alemã de Bulst, "Novae").

BORNHÄUSER, K. Die Kreuzesabnahme und das Begräbnis Jesu. NKZ 42, 1931, p. 137-168.

BRAUN, F.-M. La sépulture de Jésus. RB 45, 1936, p. 34-52, 184-200, 346-363. Compilado em forma de livro em 1937.

BROER, I. *Die Urgemeinde und das Grab Jesu*. Münch, Kösel, 1972 (SANT 31).

BROWN, R. E. The Burial of Jesus (Mark 15:42-47). CBQ 50, 1988, p. 233-245.

BÜCHLER, A. L'enterrement des criminels d'après le Talmud et le Midrasch. REJ 46, 1903, p. 74-88.

BULST, W. Novae in sepulturam Jesu inquisitiones. VD 31, 1953, p. 257-274, 352-359 (a respeito do Santo Sudário). Forma alemã em MTZ 3, 1952, p. 244-255.

BURKIT, F. C. Note on Lk. xxiii 51 in the Dura Fragment. JTS 36, 1935, p. 258-259.

CALLERI DAMONTE, G. Aloe officinalis o aquilaria agallocha? *Sindon* 22, #29, 1980, P. 48-56.

CHARBEL, A. A Sepultura de Jesus como Resulta dos Evangelhos. São Paulo, *Revista de Cultura Bíblica*, 2, 1978, P. 351-362.

COUSIN, H. Sépulture criminelle et sépulture prophétique. RB 81, 1974, p. 375-393.

CRAIG, W. L. *Assessing the New Testament Evidence for the Historicity of the Resurrection of Jesus*. Lewiston, NY, Mellen, 1989, p. 163-196.

CURTIS, K. P. G. Three Points of Contact between Matthew and John in the Burial and Resurrection Narratives. JTS ns 23, 1972, p. 440-444.

DAUBE, D. The Anointing at Bethany and Jesus' Burial. ATR 32, 1950, p. 186-199. Reimpresso em DNTRJ, p. 310-324.

DE JONGE, M. Nicodemus and Jesus: Some Observations on Misunderstanding and Understanding in the Fourth Gospel. BJRL 53, 1970-1971, p. 337-359. Citado como reimpresso em seu *Jesus Stranger from Heaven and Son of God* (SBLSBS 11, Missoula, Scholars Press, 1977, p. 29-47).

DE KRUIJF, T. C. "More than half a hundredweight" of Spices (John 19,39 NEB). Abundance and Symbolism in the Gospel of John. *Bijdragen* 43, 1982, p. 234-239.

DHANIS, É. L'ensevelissement de Jésus et la visite au tombeau dans l'évangile de saint Marc (xv,40–xvi,8). *Gregorianum* 39, 1958, p. 367-410. Reimpresso em Dhanis, É., org. *Christus Victor Mortis*. Roma, Gregorian, 1958, p. 167-210.

DUCATILLON, J. Le linceul de Jésus d'après saint Jean. RThom 91, 1991, p. 421-424.

FOGUERAS, P. Jewish Ossuaries and Second Burial: Their Significance for Early Christianity. *Immanuel* 19, 1984-1985, p. 41-57.

GAECHTER, P. Zum Begräbnis Jesu. ZKT 75, 1953, p. 220-225.

GARCÍA GARCÍA, L. "Lienzos", no "vendas" en la sepultura de Jesús. Burgene 32, 1991, p. 557-567.

GHIBERTI, G. *La Sepoltura di Gesù. I Vangeli e la Sindone*. Roma, P. Marietti, 1982.

GIBLIN, C. H. Structural and Thematic Correlations in the Matthean Burial-Resurrection Narrative (Matt. xxvii.57–xxviii.20). NTS 21, 1974-1975, p. 406-420.

HACHLILI, R. & KILLEBREW, A. Jewish Funerary Customs during the Second Temple Period, in the Light of the Excavations at the Jericho Necropolis. PEQ 115, 1983, p. 115-126.

HEIL, J. P. The Narrative Structure of Matthew 27:55–28:20. JBL 110, 1991, p. 419-438.

HEMELSOET, B. L'ensevelissement selon Saint Jean. *Studies in John*. Leiden, Brill, 1970, p. 47-65 sobre Jo 19,31-42 (J. N. Sevenster Festschrift; NovTSup 24).

HEPPER, F. N. The Identity and Origin of Classical Bitter Aloes (Aloe). PEQ 120, 1988, p. 146-148.

HOLTZMANN, O. Das Begräbnis Jesu. ZNW 30, 1931, p. 311-313.

JACKSON, C. Joseph of Arimathea. *Journal of Religion* 16, 1936, P. 332-340.

JEREMIAS, J. *Heiligengräber in Jesu Umwelt*. Göttingen, Vandenhoeck & Ruprecht, 1958.

JOÜON, P. Matthieu xxvii,59: *sindon kathara*, "un drap d'un blanc pur". RechSR 24, 1934, p. 93-95.

KENNARD, J. S., Jr. The Burial of Jesus. JBL 74, 1955, p. 227-238.

KLEIN, S. *Tod und Begräbnis in Palästina zur Zeit des Tannaiten*. Berlin, H. Itzkowski, 1908.

KRASS, S. La double inhumation chez les Juifs. REL 97, 1934, p. 1-34.

LAI, P. Production du sens par la foi... Analyse structurale de Matthieu 27,57–28,20. RechSR 61, 1973, p. 65-96.

LIEBERMAN, S. Some Aspects of Afterlife in Early Rabbinic Literature. *H. A. Wolfson Jubilee Volume*. 2 v. Jerusalem, Central Press, 1965, v. 2, p. 495-532. Reimpresso em seu *Texts and Studies*. New York, Ktav, 1974, p. 235-273.

LIEBOWITZ, H. Jewish Burial Practices in the Roman Period. *The Mankind Quarterly* 22, 1981-1982, p. 107-117.

MAHONEY, R. *Two Disciples at the Tomb*. Bern, Lang, 1974, p. 121-140 sobre Jo 19,31-42.

MASSON, C. L'ensevelissement de Jésus (Marc xv,42–47). RTP ns 31, 1943, p. 193-203. Reimpresso em seu *Vers les sources de l'eau vive*. Lausanne, Payot, 1961, p. 102-113.

MERCURIO, R. A Baptismal Motif in the Gospel Narratives of the |Burial. CBQ 21, 1959, p. 39-54.

MEYERS, E. M. Secondary Burials in Palestine. BA 33, 1970, p. 2-29.

MURPHY-O'CONNOR, J. Recension: *Die Urgemeinde*... par I. Broer. RB 81, 1974, p. 266-269 sobre José de Arimateia.

O'RAHILLY, A. The Burial of Christ. IER 58, 1941, p. 302-316, 493-503; 59, 1942, p. 150-171.

_____. Jewish Burial. IER 58, p. 123-135.

PESCH, R. Der Schluss der vormarkischen Passionsgeschichte und des Markusevangeliums: Mk 15,42–16,8. In: SABBE, M., ORG. *L'Évangile selon Marc, Tradition et rédaction.* Gembloux, Duculot, 1974, p. 365-409 (BETL 34).

PRETE, B. "E lo legarano con bende" (Giov. 19,40). BeO 10, 1968, p. 189-196.

PRICE, R. M. Jesus' Burial in a Garden: The Strange Growth of the Tradition. *Religious Traditions* 12, 1989, P. 17-30.

PUECH, É. Les nécropoles juives palestiniennes au tournant de notre ère. In: *Dieu l'a ressuscité d'entre les morts.* Les quatres fleuves 15-16. Paris, Beauchesne, 1982, p. 35-55.

SCHOLZ, G. "Joseph von Arimathäa" und "Barabbas". LB 57, 1985, p. 81-94.

SCHREIBER, J. Die Bestattung Jesu. Redaktionsgeschichtliche Beobachtungen zu Mk 15,42-47. ZNW 72, 1981, p. 141-77.

SENIOR, D. Matthew's Account of the Burial of Jesus (Mt 27,57-61). FGN, v. 2, p. 1433-1448.

SHEA, G. W. On the Burial of Jesus in Mark 15:42-47. *Faith & Reason* 17, 1991, p. 87-108.

SYLVA, D. D. Nicodemus and his Spices (John 19,39). NTS 34, 1988, p. 148-151.

TURIOT, C. Sémiotique et lisibilité du texte évangélique. RechSR 73, 1985, p. 161-175 sobre Mt 27,57–28,15.

VACCARI, A. "*edesan auto othoniois*" (Ioh. 19,40). In: Díaz, R. M., org. *Miscellanea Biblica B. Ubach.* Montserrat, 1953, p. 375-386.

VANDER HEEREN, A. In narrationem evangelicam de sepultura Christi. ColB 19, 1914, p. 435-439.

VON DOBSCHÜTZ, E. Joseph vom Arimathea. *Zeitschrift für Kirchengeschichte* 23, 1902, p. 1-17.

Parte II: A guarda no sepulcro em Mt 27,62-66 (§ 48)

(ver também a bibliografia de APÊNDICE I a respeito do *EvPd*)

CRAIG, W. L. The Guard at the Tomb. NTS 30, 1984, p. 273-281.

DE ZULUETA, F. Violation of Sepulture in Palestine at the Beginning of the Christian Era. JRS 22, 1932, p. 184-197.

KRATZ, R. *Auferweckung als Befreiung. Eine Studie zur Oassions-und der Auferstehungstheologie des Mattäus (besonders Mt 27,62–28,15).* Stuttgart, KBW, 1973 (SBS 65).

LEE, G. M. The Guard at the Tomb. *Theology* 72, 1969, p. 169-175.

METZGER, B. M. The Nazareth Inscription Once Again. *New Testament Studies.* Leiden, Brill, 1980, p. 75-92. Originalmente publicado em ELLIS, E. E. & GRÄSSER, E., orgs.

Jesus und Paulus. Göttingen, Vandenhoeck & Ruprecht, 1975, p. 221-238 (W. G. Kümmel Festschrift).

Pesch, R. Eine alttestamentliche Ausführungsformel in Matthäus-Evangelium. BZ ns 11, 1967, p. 79-95, esp. 91-95 sobre Mt 28,11-15.

Schmitt, J. Nazareth (Inscription dite de). DBSup 6, 1958, p. 334-363.

Smyth, K. The Guard on the Tomb. HeyJ 2, 1961, p. 157-159.

Walker, N. "After three days" [Matt 27:63]. NovT 4, 1960, p. 261-262.

Walter, N. Eine vormatthäische Schilderung der Auferstehung Jesu. NTS 19, 1972-1973, p. 415-429 (sobre Mt 28,2-4).

§ 46. O sepultamento de Jesus, primeira parte: O pedido do corpo por José (Mc 15,42-45; Mt 27,57-58; Lc 23,50-52; Jo 19,38a)

Tradução

Mc 15,42-45: ⁴²E, sendo já o entardecer, como era dia de preparação, isto é, o dia antes do sábado, ⁴³José de Arimateia tendo vindo (um respeitado membro do conselho que estava também ele próprio esperando o Reino de Deus), tendo tomado coragem, veio diante de Pilatos e solicitou o corpo de Jesus. ⁴⁴Mas Pilatos ficou espantado de que ele já tivesse morrido; e tendo chamado o centurião, interrogou-o se ele estava morto havia algum tempo. ⁴⁵E tendo vindo a saber do centurião, ele concedeu o cadáver a José.

Mt 27,57-58: ⁵⁷Mas, sendo o entardecer, veio um homem rico de Arimateia cujo nome era José, que tinha também ele próprio sido discípulo de Jesus. ⁵⁸Esse homem, tendo vindo diante de Pilatos, solicitou o corpo de Jesus. Então Pilatos ordenou que (ele) fosse entregue.

Lc 23,50-52: ⁵⁰E vede um homem chamado José, sendo membro do conselho, homem bom e justo — ⁵¹ele não estava de acordo com a decisão e o modo de agir deles — de Arimateia, uma cidade dos judeus, que estava esperando o Reino de Deus. ⁵²Esse homem, tendo vindo diante de Pilatos, solicitou o corpo de Jesus.

Jo 19,38a: ³⁸ᵃMas, depois dessas coisas, José de Arimateia, sendo discípulo de Jesus mas secreto por medo dos judeus, pediu a Pilatos se podia retirar o corpo de Jesus e Pilatos (o) permitiu.

EvPd 2,3-5: ³Mas José, o amigo de Pilatos e do Senhor, tinha estado de pé ali; e sabendo que estavam prestes a crucificá-lo, ele veio diante de Pilatos e solicitou o corpo do Senhor para sepultamento. ⁴E Pilatos, tendo mandado recado para Herodes, solicitou seu corpo. ⁵E Herodes disse: "Irmão Pilatos, mesmo se ninguém o tivesse pedido, nós o teríamos sepultado, já que na verdade o sábado está raiando. Pois na lei está escrito: 'O sol não deve se pôr sobre alguém executado'".

⁵ᶜE ele entregou-o [Jesus] ao povo antes do primeiro dia de sua festa dos Pães sem fermento.

EvPd 6,23: E os judeus regozijaram-se e deram seu corpo a José para que ele pudesse sepultá-lo, pois ele era alguém que tinha visto quantas coisas boas ele fez.

Comentário

O estudo do sepultamento de Jesus será dividido em três seções. A primeira seção (§ 46) concentra-se no pedido pelo corpo feito por José a Pilatos. O exame desse pedido exigirá um estudo das atitudes romanas e judaicas em relação ao sepultamento dos crucificados e um entendimento dos motivos de José de Arimateia. A segunda seção (§ 47) tratará da colocação do corpo de Jesus no túmulo, enquanto algumas pessoas que conheciam Jesus observam o sepultamento (as mulheres) e outras tomam parte nele (Nicodemos). Aqui, haverá reflexão sobre os costumes do sepultamento judaico que distinguem o sepultamento honroso do desonroso. A terceira seção (§ 48), que constitui um epílogo e chega até o relato da ressurreição, será dedicada à narrativa mateana da guarda colocada no sepulcro.

Em tudo isso, a clara e unânime apresentação evangélica é que Jesus recebeu sepultamento honroso em um lugar que podia ser lembrado. Seu sepultamento não foi o tipo de sepultamento comum, no qual os cadáveres ficavam em desordem;[1] nem foi ele sepultado e depois sepultado de novo, de modo que as mulheres foram ao túmulo errado na Páscoa e foi por isso que o encontraram vazio.[2] Essas duas

---

[1] Precisamos tomar o cuidado de reconhecer limitações em nosso conhecimento de práticas de sepultamento no tempo em que Jesus viveu. Mesmo antes da recente sensibilidade quanto à limitada aplicabilidade da Mixná ao tempo de Jesus e, portanto, a respeito de regras mixnaicas para sepultar os corpos dos condenados, Büchler ("Enterrement", p. 74-75) reconheceu que as referências a sepultamento em Josefo indicavam, no século I, uma situação diferente da descrita por informações mais tardias.

[2] Seguindo as pegadas de G. Baldensperger (*Le tombeau vide* [Études d'histoire et de philosophie religieuses, Univ. de Strasbourg, p. 30], Paris, F. Alcan, 1935), Kennard ("Burial", p. 233) faz o túmulo de José distinto do túmulo em que as mulheres viram Jesus ser colocado e faz de José o que voltou a sepultar Jesus, sem o conhecimento das mulheres. A resposta a esses voos da imaginação faz parte das seções do "túmulo vazio" de livros sobre a ressurreição. Ver P. De Haes, *La résurrection de Jésus dans l'apologétique des cinquante dernières années*, Analecta Gregoriana 59, Roma, Univ. Gregoriana, 1953, esp. p. 215-233; Craig, *Assessing*, p. 163-196. Um tipo diferente de duplo sepultamento é defendido por

últimas sugestões, típicas de tentativas racionalistas para refutar a realidade da ressurreição, não encontram apoio no texto evangélico, nem na tradição cristã primitiva.[3] Passagens como Rm 6,4 e Cl 2,12 tratam o sepultamento de Jesus como base aceita para conclusões teológicas, e a tradição pré-paulina (originária dos anos 30?) em 1Cor 15,3-5 fixa o sepultamento de Jesus em uma cadeia estabelecida: Cristo morreu, foi sepultado, ressuscitou e apareceu. Como essa memória cristã de um sepultamento honroso se adapta à que conhecemos de atitudes romanas e judaicas em relação aos corpos dos executados por crucificação? (Marcos não dá nenhuma indicação de que houvesse alguma coisa extraordinária no fato de Jesus ser sepultado e, por isso, é de se presumir que são pertinentes informações quanto a atitudes comuns em relação a essa questão.) Examinemos essa questão antes de tratarmos dos relatos evangélicos do pedido feito a Pilatos por José de Arimateia.

Atitudes romanas em relação aos corpos dos crucificados

Ao examinarmos leis ou costumes romanos que lidam com o sepultamento de criminosos crucificados, encontramos alguma orientação em DJ 48,24,[4] que dá as opiniões clementes de Ulpiano e de Júlio Paulo, do período de c. 200 d.C. Os corpos dos que sofrem a pena capital não devem ser recusados aos parentes (Ulpiano), nem àqueles que os buscam para sepultamento (Paulo). Ulpiano remonta sua atitude a Augusto no Livro 10 de *Vita Sua*, mas reconhece que a generosa entrega de corpos pode ter de ser recusada se a condenação foi por traição (*maiestas*). A exceção verificou-se alguns anos antes de Ulpiano no tratamento dado aos mártires de Lião, relatado em Eusébio (HE V,i,61-62): Os corpos dos cristãos crucificados foram expostos durante seis dias e, depois, queimados para que as cinzas pudessem ser espalhadas no Ródano. Os outros discípulos cristãos reclamaram: "Não pudemos enterrar os corpos na terra [...] nem dinheiro nem orações os comoveram, pois de

---

Bulst ("Novae"), a fim de fazer a prova evangélica adaptar-se à imagem do Santo Sudário; sua teoria é vigorosamente criticada por Blinzler ("Zur Auslegung").

[3] A primeira passagem cristã que a meu ver pode dar algum apoio a qualquer dessas hipóteses é a estranha inscrição do arcebispo Hipácio de Éfeso, do ano de 536. Com referência à auto-humilhação de Jesus, a inscrição observa que ele não só se humilhou em uma cruz, mas depois da morte, "como indica a tradição do evangelista, ele foi lançado para fora [*aporiptein*] nu e sem sepultamento; então na propriedade de José foi ele sepultado, depositado no túmulo desse homem". Bakhuizen van der Brink ("Paradosis", p. 217) sugere que a origem dessa "tradição" está na parábola de Mc 12,8 a respeito do filho do dono da vinha: "Agarrando-o, eles o mataram e o lançaram para fora [*ekballein*]".

[4] Também T. Mommsen, *Römisches*, p. 987-990.

toda maneira possível eles montaram guarda, como se impedir o sepultamento lhes desse grande vantagem".

Se remontarmos a antes do século II, qual era a atitude romana no tempo de Jesus para com os corpos dos criminosos crucificados? Apesar do que Ulpiano nos diz a respeito de Augusto, ele nem sempre era tão clemente. Suetônio (*Augusto* xiii,1-2) relata, com a óbvia desaprovação de percepção tardia do século II, que Augusto recusou-se a permitir sepultamento decente para os corpos dos que lutaram por Bruto: "Esse assunto deve ser resolvido com os corvos". Como Augusto considerava Bruto traidor, o paralelo à pergunta do que aconteceria com os condenados por traição (*maiestas*) é significativo. No reinado de terror que se seguiu à queda de Sejano (31 d.C.), Tácito relata as ações de Tibério: "Os sentenciados à morte perdiam os bens e era proibido sepultá-los" (*Anais* VI,29). Além dessa vingança imperial, Petrônio (*Satyricon*, p. 111-112) supõe ser normal a inclemência, pois no tempo de Nero ele escreve a história de um soldado em Éfeso que negligenciou o dever de impedir que os corpos de criminosos mortos fossem retirados da cruz. Enquanto ele estava ausente à noite tendo um encontro amoroso com uma viúva, os pais vieram furtivamente, desceram o corpo e o queimaram, o que fez o soldado temer o mais severo castigo. Evidentemente, era quase proverbial que os que pendiam da cruz alimentassem os corvos com seus corpos (Horácio, *Epístola* I,xvi,48).

É difícil discernir a prática legal romana para uma província como a Judeia. A lei citada acima (DJ) era *juxta ordinem*, isto é, lei consuetudinária em Roma para lidar com cidadãos romanos. Decisões nas províncias para lidar com não cidadãos eram quase sempre *extra ordinem*, de modo que um assunto como o fim dado a corpos de crucificados teria sido deixado para o magistrado local. Antes do tempo de Jesus, Cícero (*In Verren* II,v,45; #119) relata que na Sicília, muito mais perto de Roma, um governador corrupto fazia os pais pagarem pela permissão para sepultar os filhos. Fílon (*In Flaccum* x,83-84) nos conta que no Egito, na véspera de um feriado romano, era costume "descer os que foram crucificados e entregar os corpos aos parentes, porque se achava bom dar-lhes sepultamento e permitir-lhes os ritos comuns". Mas o prefeito Flaco (dentro de uma década da morte de Jesus) "não deu nenhuma ordem para descer os que tinham morrido na cruz", nem mesmo na véspera de uma festa. Na verdade, ele crucificou outros, depois de maltratá-los com o chicote. Ao olhar o quadro total, o que dizer da atitude provável de Pilatos ao lidar com Jesus, que foi crucificado pela acusação de ser "o Rei dos Judeus" no tempo de Tibério? Afirmei em § 31 B que Pilatos não era excessivamente brutal e, como governador romano, não era provável que ele castigasse desnecessariamente a família de um criminoso. Mas, em acusações de traição, os governadores romanos ansiavam que o criminoso condenado não fosse considerado um herói a ser imitado. É discutível se o caso de Jesus devia ou não ser considerado exemplo de *maiestas* (§ 31 D); mas, se o foi, na verdade seria pequena a probabilidade de que o prefeito da Judeia entregasse o corpo desse pretenso rei crucificado a seus seguidores para sepultamento.[5] Realmente, mesmo de acordo com Marcos (que não faz Pilatos afirmar a inocência de Jesus, como fazem os outros evangelistas), Pilatos desconfia que a acusação contra Jesus é por motivos diferentes dos declarados (Mc 15,10). Contudo, na lógica da narrativa, tendo se comprometido com uma ação pública, Pilatos teria de ficar apreensivo quanto à possível veneração de Jesus por seus seguidores e quanto à severidade do imperador em assuntos relativos a *maiestas*.

Atitudes judaicas em relação aos corpos dos crucificados

Como vimos (§ 23 A), há sólidos indícios de que, na época de Jesus, a crucificação incluía-se nas leis e costumes judaicos que controlavam o enforcement e, em especial, sob Dt 21,22-23: "Quando alguém tiver cometido um crime de pena capital e for executado e suspenso na árvore, o cadáver não ficará a noite toda na árvore; mas deverás sepultá-lo no mesmo dia, pois o que foi suspenso é maldição de Deus". O conflito entre atitudes romanas e judaicas é expresso assim por S. Lieberman: "A prática romana de privar criminosos executados do rito de sepultamento e expor os cadáveres na cruz por muitos dias [...] horrorizava os judeus".[6] Na Primeira Revolta Judaica, os idumeus jogavam fora os cadáveres sem sepultamento. Ao comentar isso com repulsa, José declara: "Os judeus são tão cuidadosos a respeito de ritos funerais que mesmo os que são crucificados porque foram condenados são descidos e sepultados antes do pôr do sol".[7]

---

[5] Se o governador quisesse ser compassivo, seria mais provável ele dar o corpo à família do crucificado. É interessante que nenhum Evangelho formula essa possibilidade, embora, decerto, só em João há membros da família presentes na crucificação (Jo 19,25-27: a mãe de Jesus e a irmã dela).

[6] "Some", v. 2, p. 517. Evidentemente, quando as autoridades se recusavam a entregar o corpo para sepultamento, os judeus agiam por conta própria e roubavam o corpo; o *Semahot ('Ebel Rabbati)* rabínico 2,11 mais tardio proíbe isso.

[7] *Guerra* IV,v,2; #317. Essa prática aplicava-se até a suicidas e aos corpos dos inimigos (*Guerra* III,viii,5; #377) e a todos os que fossem condenados pela lei judaica a serem executados (*Ant.* IV,viii,24; ##264-265).

Entretanto, a questão crucial no Judaísmo era o tipo de sepultamento. A pessoa suspensa era maldita principalmente porque, com muita frequência na prática legal judaica, esse castigo era conferido aos já executados de outra maneira, por exemplo, por apedrejamento.[8] No AT, vemos a tendência a recusar aos ímpios o sepultamento *honroso* em um pedaço de terra ancestral (1Rs 13,21-22). Até um rei como Joaquim, apesar de sua posição, tendo sido condenado pelo Senhor por iniquidade, fez com que Jeremias dissesse estas palavras a seu respeito (Jr 22,19): "Será sepultado como um jumento, arrastado e jogado lá fora, longe das portas de Jerusalém". Jr 26,23 refere-se a um profeta, condenado (injustamente) e morto pelo rei, que foi jogado "na vala comum" (ver também 2Rs 23,6). *1 Henoc* 98,13 exclui das sepulturas preparadas os ímpios que se alegram com a morte dos justos e, em Josefo (*Ant.* V,i,14; #44), Acar recebe ao cair da noite "o sepultamento ignominioso apropriado aos condenados" (ver também *Ant.* IV,viii,24; #264). O relato da morte de Judas em Mt 27,5-8 mostra que os judeus do tempo de Jesus[9] pensavam em uma vala comum para os desprezados, não em um túmulo familiar. Na época da Mixná (*Sanhedrin* 6,5), há uma referência a dois lugares de sepultamento que "eram mantidos preparados pelo tribunal, um para os que eram decapitados ou estrangulados e o outro para os que eram apedrejados ou queimados". Tosepta *Sanhedrin* 9,8 declara: "Mesmo que o criminoso seja rei dos reis, ele não pode ser enterrado no sepulcro de seus pais, mas apenas nos sepulcros preparados pelo tribunal". (Houve quem pensasse que a redação dessa passagem estava expressa de maneira polêmica contra os cristãos.) Depois que a carne do morto se decompunha, os ossos podiam ser reunidos e sepultados no sepulcro ancestral (Mixná *Sanhedrin* 6,6). (Obviamente, a vala comum proporcionada pelo tribunal não é considerada uma sepultura ou ossuário comum indistinguível, onde cadáveres podiam ser confundidos, pois os ossos tinham de ser passíveis de recuperação.) Alguns aspectos da prática eram certamente ideais ou refletiam uma situação pós-NT (ver nota 1); mas os ossos do crucificado Yehohanan ben *hgqwl*, encontrados em um sepulcro do século I em Giv'at ha-Mivtar em 1968 (§ 40, #3), estavam em um ossuário[10] adjacente ao ossuário de

---

[8] Ver o debate em Mixná *Sanhedrin* 6,4: "Todos os que eram apedrejados eram depois enforcados, segundo o rabino Eliezer, mas os Sábios dizem: 'Ninguém é enforcado, exceto o blasfemador e o idólatra'".

[9] Quer seja fato, quer seja lenda, está claro que a narrativa mateana tomou forma entre cristãos judeus da Palestina.

[10] A respeito de *ossilegium*, ver Meyers, "Secondary"; Figueras, "Jewish".

Simão, o construtor do Templo, de modo que o segundo sepultamento honroso do crucificado não era prática tão tardia como se pensava outrora.

Como essa atitude de que criminosos deviam receber (a princípio) um sepultamento indigno aplicava-se aos crucificados por gentios? Na Bíblia e na Mixná, há uma pressuposição de que a pessoa condenada era punível com a morte sob a lei judaica, que é a lei de Deus. Entretanto, em uma situação política onde a pena de morte era imposta por gentios, o contrário podia ser verdade: um judeu inocente ou nobre podia ser crucificado por uma coisa que não estava sob a lei de Deus, ou na verdade por guardar a lei divina. Encontramos essa questão formulada em TalBab *Sanhedrin* 47a-47b, onde Abaye se queixa: "Compararias os que são mortos por um governo [gentio] com os que são executados pelo Beth Din? Os primeiros, como sua morte não está de acordo com a lei [judaica], obtêm o perdão; mas os segundos, cuja morte foi justamente merecida, não são [assim] perdoados". Essa distinção teve de ser feita muito antes, ou não teria havido nenhuma tradição de sepultamento honroso para os mártires macabeus.[11] Assim, não descartamos a possibilidade de um honroso primeiro sepultamento para alguém crucificado pelos romanos.

Qual foi a atitude judaica para com o Jesus crucificado? O desejo de tirar seu corpo da cruz antes do pôr do sol está implícito no apelo de José a Pilatos, nos sinóticos, e explícito em Jo 19,31; *EvPd* 2,5; 5,15. Contudo, a tendência seria dar a Jesus um sepultamento honroso ou desonroso? Segundo Marcos/Mateus, o sinédrio achou-o merecedor de morte pela acusação de blasfêmia e, segundo Josefo (*Ant.* IV,viii,6; #202), o blasfemador era apedrejado, suspenso "e sepultado ignominiosamente e na obscuridade". Em *Martírio de Policarpo* 17,2, os judeus instigam a oposição para que o corpo de Policarpo não seja entregue a seus adeptos para sepultamento honroso. Por outro lado, Jesus foi executado pelos romanos, não por blasfêmia, mas sob a acusação de ser o Rei dos Judeus. Teria essa sido considerada morte não de acordo com a lei judaica e, assim, não necessariamente sujeitando o crucificado a sepultamento desonroso?

Com esse pano de fundo, estamos agora prontos para procurar entender as narrativas evangélicas do pedido de José a Pilatos.

---

[11] M. Hadas, *The Third and Fourth Books of the Maccabees*, New York, Harper, 1953, p. 104-113.

O pedido para o sepultamento segundo Mc 15,42-45

Durante toda a cena do sepultamento, Marcos é o relato fundamental entre os sinóticos, pois não existe razão sólida para pensar que Mateus ou Lucas conheciam alguma coisa além daquilo que Marcos lhes forneceu. Nesta primeira seção, também João está muito próximo da imagem marcana; e, se João é independente de Marcos, essa semelhança nos faz pensar que, aqui, Marcos não se afastou muito da tradição pré-evangélica comum. O exame cuidadoso e detalhado de Marcos, então, parece poupar tempo no exame dos outros Evangelhos.

Indicação de tempo (Mc 15,42). Marcos dá duas indicações de tempo, mais uma explicação da segunda. A primeira é: "sendo já o entardecer [*opsia*]".[12] Precisamente que hora do dia está indicada? Segundo a última especificação de tempo dada (Mc 15,34.37), Jesus gritou na nona hora (3 da tarde) e então expirou. A lei judaica ordenava que o crucificado fosse descido e sepultado antes do pôr do sol, que assinalava o início de outro dia. Então, pela fluência narrativa, a cena se passa em algum ponto entre 3 da tarde e o pôr do sol. Por si só, *opsia* não transmite informações precisas a respeito da relação com o início do dia seguinte.[13] O "já" e o "como" marcanos seguintes são os únicos indícios de que José estava cônscio da pressão temporal e deve ter se apressado. As ações prestes a serem descritas agora (ir diante de Pilatos, que chamaria o centurião, comprar um pano de linho, descer o corpo, amarrá-lo e pô-lo em um lugar de sepultamento) não levariam muito menos de duas horas. Consequentemente, pela lógica, antes que por simples tradução, os intérpretes pressupõem que Marcos tem em mente o fim da tarde, não antes de 4h30min. O que deve ser enfatizado é que *opsia* adapta-se a uma série de referências de tempo que Marcos nos faz em relação à morte de Jesus (Mc 15,1.25.33.34; cedo, 3a, 6a, 9a horas), de modo que a intenção é mais sequência que precisão.[14]

---

[12] *Ginesthai*, no genitivo absoluto, como jeito de indicar o tempo que já "estava presente" é formulação que Marcos usa nove vezes.

[13] Exemplo de sua imprecisão encontra-se em Mt 14,15.23b, onde "sendo o entardecer" precede e segue a multiplicação dos pães, como se a ação não tivesse tomado tempo. Em passagens como Mt 14,15 e 20,8, "entardecer" parece ser o fim da tarde, enquanto em Mt 16,2, parece que o sol já se pôs. Quanto ao uso marcano, exemplos anteriores de *opsia* eram acompanhados de precisões que estabeleciam o tempo. Em Mc 1,32, *opsia* foi aprimorado por: "depois do pôr do sol"; em Mc 14,17, quando *opsia* chegou, Jesus e os Doze vieram sentar-se para a ceia de Páscoa, refeição que só podia ser feita quando o dia seguinte tivesse começado.

[14] O "já" (*ede*) de Mc 15,42, colocado antes de *opsia*, está relacionado com a indicação de tempo anterior da 9ª hora, embora indiretamente sugira urgência.

Na verdade, se tivéssemos decidido começar o exame da NP com a Última Ceia, a referência ao "entardecer" em Mc 14,17, que iniciou o relato da Última Ceia, poderia formar uma inclusão com o "entardecer" aqui para marcar o início e o fim.

A segunda indicação marcana de tempo, "como era dia de preparação [*paraskeue*]", além de mostrar que ainda era sexta-feira e que o dia seguinte não começara, torna mais inteligível por que Marcos se deu ao trabalho de nos contar que já era *o entardecer*. Enquanto examinava *paraskeue* em Jo 19,14 (§ 35), indiquei que ele traduzia o hebraico *'ereb* ("vigília, dia anterior"), mas acrescentava o tom de aprontar para um dia seguinte importante. A fim de explicar esse conceito para seus leitores (gentios), Marcos acrescenta uma versão que é mais que tradução literal, "isto é, o dia antes do sábado". Marcos usou o *ho estin* inicial ("isto é") oito vezes antes; e, em Mc 3,17; 5,41; 7,11.34; 15,22.34, assinalou a tradução de palavras aramaicas em grego para inteligibilidade. É evidente, então, que Marcos não julgava o grego *paraskeue* por si só suficientemente esclarecedor para os leitores; ele o traduziu em relação ao sábado, pois mesmo os gentios sabiam que os judeus consideravam o sábado santo e não trabalhavam nesse dia.[15] (Na verdade, se *paraskeue* era pré-marcano [adiante, sob "José e Pilatos (Lc 23,52)"], Marcos talvez o esclarecesse com frases explanatórias tanto antes ["sendo já o entardecer"] como depois.) Em § 44 (sob "Reações dos presentes segundo João"), ao tratar do quase idêntico "como era dia de preparação", achei improvável que um dos dois evangelistas pensassem que a necessidade de tirar os crucificados da árvore (cruz) ocorresse somente na véspera de um sábado (ou de um dia de festa). Mais exatamente, sua mútua ênfase no sábado que estava próximo reflete a sensação intensificada de ultraje judaico, porque um dia sagrado seria profanado,[16] e também a maior possibilidade de que, para evitar contratempos, os romanos consentissem na descida dos corpos. É digno de nota que *EvPd* 2,5 concorda que era o dia antes (do amanhecer) do próximo sábado e "antes do primeiro dia de sua festa dos Pães sem fermento" (isto é, semelhante a Jo 19,14, que o explica como o dia antes da

---

[15] É interessante que quando Josefo usa *paraskeue* (*Ant.* XVI,vi,2; #163) ele também explica-o como sendo antes do sábado.

[16] Nos tempos rabínicos mais tardios, a necessidade de respeitar o sábado em termos de sepultamento é demonstrada pela lenda de que, por ocasião da morte do rabino Judá ha-Nasi na véspera do sábado, todos os habitantes de Israel reuniram-se para prantear e, por providência divina, o dia foi milagrosamente alongado até cada israelita conseguir chegar em casa e acender a luz do sábado (*Midrash Rabbah* sobre Ecl 7,12; #1).

Páscoa), embora este versículo do *EvPd* cite a indicação de tempo do sábado em relação ao sepultamento antes do pôr do sol.

A descrição marcana de José de Arimateia (Mc 15,43). O fato de todos os Evangelhos mencionarem José de Arimateia aqui pela primeira vez, de Arimateia (local não galileu)[17] ser seu lugar de origem ou residência identificado, e de José ser descrito como tendo "vindo" em cena depois da morte de Jesus, deixa claro que nenhum dos evangelistas considera este homem um galileu seguidor de Jesus, ou alguém que até agora tivesse estado envolvido na NP. Nesses dois aspectos, ele difere dos Doze[18] e das mulheres (e dos conhecidos dele em Lucas) que observaram a morte de Jesus de longe. Talvez por causa disso, Marcos fornece mais que as informações costumeiras a respeito dele, mas infelizmente em uma sentença enrolada ao extremo.[19]

"Um respeitado membro do conselho" (*euschemon bouleutes*) é o primeiro item de informação. Os leitores gentios de Marcos entendiam isso: em sua região, eles deviam ter um conselho (*boule*) de cidade ou vilarejo, e em inscrições que homenageiam administradores públicos, *euschemon* ocorre com frequência.[20] A

---

[17] Mateus e o *EvPd* (por interpretação intuitiva da tradição e provavelmente não com base em informações históricas confidenciais) nos contam que o túmulo perto do Gólgota, onde Jesus foi sepultado, era o túmulo de José. Entretanto, como muitos judeus queriam ser sepultados na área de Jerusalém perto do Templo, a localização em Jerusalém do túmulo de José não nos diz necessariamente que José morava na área de Jerusalém. Lucas chama Arimateia de "uma cidade dos judeus" (Lc 23,51), querendo dizer que ela ficava na Judeia. Muitos a identificam com Ramataim-sofim, de 1Sm 1,1. Em seu *Onomasticon*, Eusébio sugeriu Rempthis ou Rentis, 15 km a nordeste de Lida. (1Mc 11,34 associa Lida e Ramataim como distritos.) Contudo, W. F. Albright (*Annual of the American Schools of Oriental Research* 4, 1922-1923, p. 112-123) rejeita a identificação com Rentis e propõe Ramalá. Outra sugestão é Beit Rimeh, 8 km a leste de Rentis e cerca de 20 km a noroeste de Betel. Nenhum desses lugares está na Galileia.

[18] *EvPd* 6,23 e 7,26 realçam a diferença: José está presente no sepultamento, enquanto os Doze estão escondidos.

[19] Gnilka (*Markus*, v. 2, p. 331) aponta a gramática difícil, por exemplo, os verbos duplicados: "tendo vindo [*erchesthai*] [...] veio diante [*eiserchesthai pros*]". Embora Marcos queira dizer que José era originário de Arimateia, é possível interpretar que ele veio de Arimateia para ir diante de Pilatos.

[20] Usado só aqui em Marcos, *euschemon* significa "influente, honrado, ilustre". Em At 13,50, os judeus incitam os cidadãos "influentes" contra Paulo e Barnabé; em At 17,12, "influentes" mulheres gregas e também homens abraçam a fé em Jesus. Em 1Cor 7,35; 12,24 e no único exemplo da LXX (Pr 11,25), o sentido é "digno, honrado". A tentativa de Schreiber ("Bestattung", p. 143, nota 4) de ligar a descrição de José como *euschemon* às pessoas ricas que põem grandes somas no tesouro (Mc 12,41-44) e aos ricos ímpios de Is 22,16 que escavam túmulos para si e "moradas no rochedo" é implausível. Não há nenhuma ligação de vocabulário, e Marcos não diz que ele é rico ou o dono do túmulo. A descrição marcana é claramente positiva.

impressão dada é que José era membro ilustre do conselho da cidade que governava Jerusalém. Usando *synedrion* ("sinédrio"), Marcos refere-se duas vezes na NP (Mc 14,55; 15,1) ao organismo respeitado de Jerusalém que condenou Jesus, um organismo que consistia em "todos os chefes dos sacerdotes, e os anciãos, e os escribas" (Mc 14,53). Como mostrei (§ 18, B2), no decorrer da história esse organismo foi citado em grego com certa permutabilidade, como *boule* e também como *synedrion*; e Josefo (*Guerra* II,xvii,1; #405) usa *bouleutes* para membros do conselho associados às autoridades governantes de Jerusalém. Com toda a probabilidade, então, Marcos queria que os leitores soubessem que José era membro ilustre do sinédrio,[21] embora, antes, Marcos descresse *todos* os membros do sinédrio como tendo procurado testemunho contra Jesus, a fim de executá-lo (Mc 14,55: "o sinédrio inteiro"), como tendo-o julgado culpado, punível com a morte (Mc 14,64), e como tendo-o entregado a Pilatos (Mc 15,1: "o sinédrio inteiro"). "Todos" e "inteiro" podem bem ser uma hipérbole marcana, mas seu uso cria uma atitude entre os leitores quanto à oposição do sinédrio a Jesus. Assim, não há nada no primeiro item de informação marcana a respeito de José para fazer os leitores pensarem nele como seguidor ou partidário de Jesus.

"Que estava também ele próprio esperando [*prosdechesthai*:[22] procurando] o Reino de Deus" é o segundo item de informação marcana a respeito de José. O "ele

---

[21] Manifestamente, é desse jeito que Lucas (Lc 23,50-51) entendeu Marcos. Os que se opõem a essa conclusão perguntam por que, tendo empregado *synedrion* duas vezes, Marcos muda para *bouleutes* a fim de descrever um membro do sinédrio. Além da maior inteligibilidade de *boule* para os leitores gregos mencionados acima, é digno de nota que nenhum autor neotestamentário jamais use a denominação de *synedrion* para descrever um membro do sinédrio, por exemplo, *synedros* ou *synedriakos*. Poderia Marcos na prática ter pensado em *bouleutes* como o termo comum para essa personagem? A sugestão de Winter ("Marginal", p. 244), segundo a qual José não era membro do grande sinédrio, mas do Beth Din, ou tribunal inferior que tinha o dever de verificar que os executados recebessem sepultamento decente, é duplamente defectiva. Não só o grego marcano não dá razão para pensar em um organismo distinto, mas também não há nenhum indício sólido de que essa diversidade de organismos existia na Jerusalém do tempo de Jesus (ver § 18, B2). Ainda mais irrefletida é a conclusão de Shea ("Burial", p. 89-90), para quem José era membro do consistório ou gabinete do sumo sacerdote que consistia em sacerdotes e leigos — conclusão que ignora nossa falta de conhecimento preciso quanto à formação de um sinédrio no tempo de Jesus (§ 18, C1).

[22] Nunca encontrado em Mateus ou João, mas sete vezes em Lucas-Atos. É construção perifrástica que dá força ao verbo. Schreiber ("Bestattung", p. 143-145) interpreta *prosdechesthai* à luz de Mc 4,12: "vendo, mas não percebendo", de modo que José passa a ser um legalista piedoso que ignora Ex 23,1.7, a respeito de matar o inocente, mas preocupa-se com o corpo! Como alguém pode considerar essa descrição negativa desafia a imaginação. Dado o eminente valor atribuído a "o Reino de Deus" em Marcos, os leitores com certeza interpretaram "aguardando o Reino de Deus" positivamente. Se Marcos estava descrevendo

próprio" talvez signifique um elemento do inesperado, considerando as informações anteriores. "Também" indica estar ele sendo comparado a outros que estavam esperando o Reino. Antes da morte de Jesus, Marcos descreveu os que escarneceram dele como rei (e assim não aguardavam o Reino), e depois da morte de Jesus, os que eram de várias maneiras solidários a ele. Em Mc 15,39-41, imediatamente antes, esses últimos consistiam no centurião que, embora antes não fosse seguidor de Jesus, foi movido a confessá-lo e nas mulheres que o seguiram na Galileia. José era "também" desse tipo, mas Marcos não deixa claro se a semelhança é com as mulheres (que já eram seguidoras) ou com o centurião (nesse momento, não um seguidor, mas acessível a se tornar um). É o único uso marcano de *prosdechesthai* e, assim, temos de examinar outras expressões sinônimas relacionadas com o Reino para entender o que os leitores de Marcos ou de Mateus entenderam por "esperando o Reino de Deus".

Certamente essa frase abrangia os discípulos de Jesus, especificamente os Doze, já que a eles foi dado "o mistério do Reino de Deus" (Mc 4,10-11). Portanto, desde os tempos primitivos até o século XX, muitos intérpretes entenderam que Marcos afirmou ser José discípulo.[23] Se foi isso que Marcos quis dizer, por que adotou um meio tão indireto e obscuro para dizê-lo?[24] Ele não demonstrou essa dissimulação ao relatar o sepultamento de João Batista (Mc 6,29): "Seus *discípulos* [...] vieram e pegaram seu cadáver e o puseram em um túmulo". Na verdade, "esperando o Reino de Deus" descreve uma expectativa judaica comum, que abrangia muitos outros além dos discípulos de Jesus. Em 1QS^b 5,21, há uma bênção para o Príncipe da

---

uma trama legalista, como afirma Schreiber, então Mateus e Lucas independentemente entenderam mal Marcos ao considerarem José personagem positivo.

[23] Mt 27,57 descreve José como discípulo de Jesus (e o mesmo faz Jo 19,38a). Mas Mateus interpreta o sentido de Marcos ou muda-o? Lucas não viu esse sentido em Marcos.

[24] Uma resposta propõe obscuridade deliberada da parte de Marcos porque ele achou difícil apresentar um membro do sinédrio que ao mesmo tempo era discípulo de Jesus. Não é solução satisfatória, considerando que Marcos poderia ter evitado essa dificuldade não escrevendo que "o sinédrio inteiro" condenou Jesus. Shea ("Burial", p. 91), seguindo Blinzler ("Grablegung", p. 69), argumenta que Marcos não chamou José de discípulo porque limitou essa palavra aos que acompanharam Jesus em suas viagens. É uma apreciação estreita demais daquilo que discipulado significava para Marcos. E. Best (*Following Jesus: Discipleship in the Gospel of Mark*, JSNTSup 4, Sheffield Univ., 1981, p. 39) deixa claro que seguir Jesus, que é a característica do discípulo em Marcos, envolve a imitação de Cristo; é primordialmente um seguimento espiritual, não geográfico. "Os discípulos estão em uma viagem, ou peregrinação, na qual viajam atrás de Jesus buscando uma dedicação como a sua..." (p. 246). Se, para Marcos, José (que estava aguardando o Reino de Deus) acreditava em Jesus, não há nada nessa descrição que impeça Marcos de descrevê-lo como discípulo.

Congregação: "que ele estabeleça o Reino de Seu povo [de Deus] para sempre". O kadish, oração judaica primitiva, pede: "Que Ele estabeleça Seu Reino em vossos dias". Mesmo em Marcos (Mc 12,34) houve um escriba que perguntou a Jesus sobre os mandamentos e admirou o conhecimento que Jesus tinha da lei, mas que não o seguiu especificamente — foi dito que o escriba não estava "longe do Reino de Deus". Assim, para Marcos, os que aguardavam o Reino incluíam discípulos e piedosos observadores da lei que estavam fora do discipulado. Estava esta última categoria fechada a José por ele ser um dos membros do sinédrio que "procuravam depoimento contra Jesus a fim de lhe dar a morte" (Mc 14,55)? É digno de nota que Marcos não diz, como faz Mt 26,59: "procuravam falso depoimento contra Jesus...". Para Marcos, está claro que os chefes dos sacerdotes e os escribas agiram traiçoeiramente (Mc 14,1); e os chefes dos sacerdotes eram invejosos e maliciosos (15,10.31). Mas havia outros membros do sinédrio que tiveram de ser guiados pelo sumo sacerdote para dizer que Jesus era culpado de blasfêmia (Mc 14,63-64) e, por isso, devia ser punido com a morte. Se o José marcano estava entre esses membros do sinédrio, ele pode ser descrito como judeu piedoso que aguardava o Reino de Deus no sentido de que procurava apenas obedecer aos mandamentos, como fazia o escriba de Mc 12,28.[25]

Tudo o que Marcos relatou até aqui, então, mostra haver uma possibilidade e até probabilidade de Marcos não estar descrevendo José como discípulo de Jesus. Agora, temos de perguntar se essa interpretação é refutada pelas duas orações seguintes em Mc 15,43, a saber, que ele precisou de coragem para vir diante de Pilatos e que ele requisitou o corpo de Jesus. A lógica de minha resposta será mais fácil de entender se eu tratar das duas orações em ordem inversa.

O fim de Mc 15,43 nos diz que José "veio diante de Pilatos e solicitou o corpo de Jesus".[26] Pode-se entender um discípulo de Jesus solicitando seu corpo para sepultamento; mas por que um piedoso membro do sinédrio, cumpridor da

---

[25] Um dos que consentiram na execução de Estêvão foi Saulo de Tarso (At 8,1), claramente uma pessoa que aguardava o Reino de Deus — não discípulo de Jesus, mas acessível a se tornar um, quando esclarecido. A tese de que José era um piedoso membro do sinédrio que só a tradição cristã em desenvolvimento julgava ter sido discípulo na época do sepultamento foi impressivamente apresentada por Masson, "Ensevelissement"; desenvolvi-a mais em meu artigo "Burial".

[26] Os três sinóticos usam o verbo *aitein* ("solicitar") aqui, o mesmo verbo que Marcos usou em Mc 15,8 quando a multidão subiu a Pilatos e "começou a solicitar (que ele fizesse) como ele costumava fazer para eles", isto é, soltar na festa um prisioneiro que eles solicitassem.

lei, que não era discípulo de Jesus, ia querer sepultar o corpo de um blasfemador crucificado? Era uma questão de obedecer à vontade divina, pois a lei deuteronômica exigia que mesmo o corpo de um criminoso não fosse deixado na cruz depois do pôr do sol, situação ainda mais obrigatória porque o dia seguinte era o sábado. Às vezes levanta-se a objeção de que, se a solicitação de José fosse concedida, o contato com o cadáver o teria tornado impuro, situação que um judeu piedoso ia querer evitar. Como veremos a seguir, é provável que ele não fizesse o sepultamento sozinho e tivesse servos para ajudá-lo; mas não vamos recorrer a essa explicação, pois a narrativa não menciona servos. Os que escreveram a lei deuteronômica o fizeram sabendo que quem tocasse em um cadáver se tornaria impuro;[27] o sepultamento era claramente visto como bem necessário que eclipsava a impureza que o acompanhava. Acima, ao tratar de atitudes judaicas, mostrei como o sepultamento de cadáveres era levado a sério no tempo de Jesus. Exemplo mais tardio da Mixná (*Nazir* 7,1) debate se o próprio sumo sacerdote, ao encontrar um cadáver extraviado, teria de sepultá-lo, mesmo à custa de ficar contaminado. Assim, a preocupação de José para sepultar Jesus era perfeitamente consistente com a piedade judaica.[28] Objeção escrupulosa foi formulada quanto a saber se essa piedade permitiria a José sepultar um criminoso crucificado no dia da Páscoa. Entretanto, como vimos, Marcos só menciona a Páscoa com referência à refeição de Jesus na noite de quinta-feira e, então, aparentemente ignora o cenário da Páscoa durante o dia ao descrever toda a atividade subsequente do sinédrio e da crucificação. Em fidelidade ao que Marcos enfatiza, não há razão para incluir a Páscoa em nossa procura por inteligibilidade na cena do sepultamento, do mesmo modo que não precisamos incluir essa datação na cena do julgamento.

    Por que, se José não era discípulo de Jesus, foi preciso coragem da parte dele para se aproximar de Pilatos?[29] O Pilatos marcano, que percebera que Jesus lhe

---

[27] Ver em Mixná *Oholot* um estudo detalhado sobre esse assunto.

[28] Por que José não solicitou os corpos dos criminosos crucificados em cada lado de Jesus? Temos de pressupor que, nos sinóticos, o enfoque da narrativa ficou restrito a Jesus, ignorando os outros dois que já não tinham importância teológica ou dramática. Craig (*Assessing*, p. 176) levanta a possibilidade de José ser delegado do sinédrio e também discípulo secreto, e ter obtido os três corpos, mas ter dado destino aos corpos dos criminosos em uma sepultura comum.

[29] O *tolmesas* de Mc 15,43 continuou difícil, mesmo que se pensasse que ele era discípulo ou, pelo menos, favorável a Jesus, pois foi omitido por Mateus (para quem José era discípulo) e por Lucas (para quem José não concordou com a decisão do sinédrio contra Jesus). Em um artigo que cultiva constante harmonização e presume que todo detalhe é histórico, Shea ("Burial", p. 95) explica que a coragem de José (discípulo

fora entregue pelo sinédrio por inveja/zelo (Mc 5,10: *phthonos*) compreensivelmente teria desconfiado se um membro do sinédrio o perturbasse novamente. Ou José tinha medo de, ao solicitar o corpo de Jesus, o confundirem com um simpatizante da causa do "Rei dos Judeus" e, assim, ser manchado por *maiestas*, crime levado muito a sério aos olhos romanos? Cícero (*Philipic* i,9; #23) admitiu que, embora originalmente desaprovasse a *Lex Iulia de maiestate* (§ 31, D3, acima), essa lei devia ser escrupulosamente observada, por amor à paz. Suetônio (*Tibério* 58) nos conta: "Um pretor perguntou a Tibério se, em sua opinião, tribunais deviam ser convocados para julgar casos de traição [*maiestas*]. Tibério respondeu que a lei devia ser imposta e, na verdade, ele a impunha de maneira muitíssimo feroz". Tácito (*Anais* vi,8) menciona a suspeita absurda de Tibério a respeito de todos os que tivessem sido cordiais com Sejano, que era culpado de traição. Se nesse contexto foi preciso coragem para José vir diante de Pilatos solicitar o corpo de um criminoso crucificado como pretenso rei, o que o salvaria era o fato de ser membro respeitado do sinédrio que havia entregado esse criminoso para perseguição. Incidentalmente, à luz de atitudes romanas explicadas no início desta seção, o relato marcano é muito mais plausível que os relatos mateano e lucano. Não era provável que um prefeito desse o corpo a um discípulo de Jesus (Mateus), nem a um membro do sinédrio que tinha argumentado a favor da inocência de Jesus (Lucas).[30]

Por que, se não era discípulo de Jesus, José deu a Jesus um sepultamento digno? Essa objeção, a meu ver, baseia-se em premissa falsa. Pressupõe que o *sindon*, ou "pano de linho" que Mc 15,46 descreve como sendo comprado e usado por José para amarrar e sepultar Jesus, era material fino ou caro (assim Shea, "Burial", p. 96-97). Isso está longe de ser passível de verificação, considerando a ampla série dos

---

de Jesus) de vir "diante" de Pilatos foi revelada na ignorância da impureza ritual que Jo 18,29 (ele quer dizer Jo 18,28b) diz que ocorreria se "os judeus" entrassem no pretório. Já que Marcos nunca menciona essa impureza, como os leitores marcanos pensariam nessa possibilidade? Quanto a João, ele não diz que José veio diante de Pilatos.

[30] Scholz ("José", p. 82-84) recorre ao uso marcano de *paradidonai* ("entregar") e vê Pilatos dar Jesus a José como ação positiva para um sepultamento digno — embora nenhum Evangelho use o verbo *paradidonai* para essa ação! Ver o estudo no parágrafo relativo às notas 52-54, abaixo. O argumento de que Pilatos podia simplesmente ter decidido ser indulgente para com José, o discípulo de Jesus, não se encaixa no que Marcos nos conta a respeito do cínico comportamento de Pilatos no julgamento (Mc 15,10.15), nem com o relato de Pilatos por Josefo, nem com os costumes romanos de crucificação. Quando se supõe que José era discípulo de Jesus, o comportamento do Pilatos marcano só faz sentido se Pilatos não conhecia esse fato oculto; mas então se elimina grande parte da ousadia que fez pressupor o discipulado em primeiro lugar.

usos de *sindon* para vestes de diferentes formas, tamanho e usos. Na verdade, para deixar claro que o discípulo José tratou o corpo de Jesus apropriadamente, Mateus (Mt 27,59) tem de acrescentar que o "pano de linho" era "limpo". Argumentarei em § 47 que Marcos descreve o tipo mais modesto de sepultamento, marcado pela pressa e sem comodidades.

A afirmação de que Marcos apresentou José como piedoso membro do sinédrio, mas não como discípulo de Jesus, dá sentido a um detalhe que é o calcanhar de Aquiles da interpretação como discípulo. Nenhum Evangelho canônico mostra colaboração entre José e as seguidoras de Jesus que são descritas como presentes ao sepultamento, observando onde Jesus foi posto (Mc 15,47 e par.).[31] A falta de cooperação no sepultamento entre dois grupos de discípulos de Jesus não é facilmente compreensível, em especial quando a rapidez era necessária. Por que as mulheres não ajudaram José, se ele era um colega discípulo, em vez de planejar voltar depois do sábado quando ele não estaria lá?[32] A falta de cooperação entre as seguidoras de Jesus e um membro do sinédrio responsável pela morte de Jesus cujo único desejo era que o corpo do criminoso fosse sepultado é bastante compreensível. Ele não teria permitido a proximidade delas precisamente porque eram seguidoras de Jesus. *EvPd* 12,50 dramatiza o que Marcos subentende, especificando que (no dia da morte) os judeus tinham impedido Maria Madalena de prestar no túmulo os serviços costumeiros de sepultamento para os entes queridos.

Essa interpretação de Marcos também faz sentido de outras notícias a respeito do sepultamento de Jesus que talvez representem a tradição antiga. (Com esforço, tudo que se segue pode ser explicado de outro jeito, mas sua redação favorece o sepultamento de Jesus por judeus que condenavam Jesus, não por seus discípulos.)

---

[31] Este exame busca fazer sentido da narrativa presente onde José e as mulheres galileias aparecem na mesma cena. Ao se argumentar que as mulheres estavam ausentes da narrativa pré-marcana de sepultamento (§ 47 B, adiante), a tese de que José era discípulo apresenta um problema a respeito do motivo pelo qual elas ficaram afastadas. Afirmo que havia uma tradição pré-evangélica segundo a qual três galileias (uma delas era Maria Madalena) observaram de longe a morte de Jesus na cruz. Há uma tradição muito forte de que Maria Madalena foi ao túmulo na manhã da Páscoa. Se o José que desceu o corpo de Jesus da cruz era discípulo, por que ela não veio ao sepultamento e o ajudou quando a pressa era importante?

[32] Shea ("Burial", p. 105) explica a falta de cooperação sob alegação de que as mulheres não deviam falar com homens em público, principalmente com estranhos (José é estranho porque ele era um discípulo de Jesus da Judeia e elas eram discípulas galileias!), e os sexos eram segregados em funerais. Em que passagem dos Evangelhos (exceto em Jo 4, onde Jesus fala a uma samaritana) há algum problema quanto a mulheres falarem com homens? Quanto a costumes de funerais, João (Jo 20,14-15) não tem dificuldade a respeito de Madalena dirigir-se no túmulo a um homem quando pensa ser ele um jardineiro.

Um sermão em At 13,27-29 declara: "Os habitantes de Jerusalém e seus governantes [...] solicitaram a Pilatos que ele fosse morto; e depois de realizarem tudo o que foi escrito dele, *eles* o desceram do madeiro da cruz e o colocaram em um túmulo".[33] Jo 19,31 nos diz que os judeus pediram a Pilatos que mandasse quebrar as pernas dos crucificados e retirá-los. Uma leitura diferente no fim de Jo 19,38 continua a narrativa: "Então, *eles* vieram e retiraram seu corpo".[34] Do mesmo modo, em *EvPd* 6,21, lemos: "E então eles [os judeus] arrancaram os cravos das mãos do Senhor e o colocaram no chão".[35] Justino (*Diálogo* xcvii,1) assim exprime o sepultamento: "Pois o Senhor também permaneceu na árvore até quase o entardecer [*hespera*] e pelo entardecer *eles* o sepultaram" — em um capítulo onde o contexto sugere que "eles" sejam os adversários judaicos de Jesus, em vez de seus discípulos. O plural pode ser apenas uma generalização da lembrança de José que era um dentre "os judeus", isto é, não discípulo de Jesus nesse momento, mas piedoso membro do sinédrio responsável por sentenciar Jesus e que agiu com fidelidade à lei deuteronômica de sepultar antes do pôr do sol os suspensos (crucificados) em uma árvore. Passemos agora à forma como foi respondida a solicitação desse membro do sinédrio.

A reação de Pilatos à solicitação de José (Mc 15,44-45). Uma alegação comum[36] é que um redator acrescentou a Marcos esses versículos no todo ou em parte, com propósitos apologéticos, isto é, para provar pelo duplo testemunho de Pilatos e do centurião que Jesus estava verdadeiramente morto, de modo que sua ressurreição não foi apenas a ressuscitação de um coma. O principal

---

[33] R. H. Fuller (*The Formation of the Resurrection Narratives*, New York, Macmillan, 1971, p. 54-55) reconhece a antiguidade da tradição, mas interpreta o sepultamento, de maneira hostil, como o "último ato do crime". Isso não está realmente claro nos Atos e pode ter estado ausente por completo da tradição fundamental.

[34] Para Boismard (*Jean*, p. 444), os judeus são o sujeito nessa forma mais primitiva da tradição joanina. Murphy-O'Connor ("Recension") rejeita os judeus como sujeito, pois eles haviam de querer evitar a impureza ritual. (Ele deixa de levar em conta a grave responsabilidade dos judeus piedosos para sepultar esse corpo mesmo a custa da impureza.) Para ele, "eles" são os discípulos anônimos do Evangelho de João (apesar de nenhum grupo anônimo ser mencionado no contexto), de modo que o papel de José no sepultamento (Jo 19,38) é interpolação mais tardia. Se "eles" é original, a identificação de Boismard é muito mais plausível.

[35] Na continuação da narrativa (*EvPd* 6,23), eles "dão seu corpo a José, para que ele possa sepultá-lo" — aparentemente uma combinação de duas tradições. *Atos de Pilatos* 12 relata que, quando ouviram que José havia pedido o corpo de Jesus, os judeus se tornaram tão hostis a ponto de prender José; é outro desdobramento da descrição evangélica mais tardia de José como discípulo de Jesus ou solidário a ele.

[36] Klostermann, Lohmeyer, Loisy etc.; ver BHST, p. 274.

argumento para essa sugestão é sinótico: o espanto de Pilatos e a confirmação da morte pelo centurião não são relatados nem por Mateus nem por Lucas; por isso, muitos concluem que esse relato deve ter estado ausente da forma de Marcos que eles conheceram. Alguns (Gnilka, Schenk) sustentam que, mesmo se Mc 15,44 fosse redacional, Mc 15,45b ("ele concedeu o cadáver a José") teria de estar no Marcos original, porque a solicitação de José a Pilatos do corpo de Jesus precisava de uma resposta e também porque Mateus relata uma resposta. Se posso começar com essa exceção proposta, não vejo nada que a recomende. A solicitação de José só precisa de uma resposta implícita, que é tudo o que recebe em Lucas. Mateus tem uma resposta por Pilatos (Mt 27,58b: "Então Pilatos ordenou que [ele] fosse entregue"), mas sua redação difere totalmente da de Mc 15,45b, de modo que a dependência mateana desse último é duvidosa.

Consideremos Mc 15,44-45 como uma unidade, então. Além da ausência dessa unidade em Mateus e Lucas, que argumentos corroboram ou contestam a tese de que essa passagem foi acrescentada a Marcos por um redator mais tardio?[37] Primeiro, até que ponto são o estilo e o vocabulário característicos de Marcos? A introdução no v. 44 do prefeito romano mencionado anteriormente, "Mas Pilatos" (*ho de Pilatos*), é exatamente a mesma introdução no v. 47 da Madalena mencionada anteriormente: "Mas Maria" (*he de Maria*). Quando confrontou Jesus pela primeira vez, o Pilatos marcano ficou espantado (Mc 15,5: *thaumazein*) por Jesus se recusar a lhe responder; aqui, no último confronto de Pilatos com o problema de Jesus, ele fica novamente espantado.[38] No grego popular desse período, o verbo muitas vezes rege uma sentença com "que" (*hoti*), mas aqui, o mais clássico "se" (*ei*: condicional ou integrante) é empregado em uma pergunta indireta (BDF 4541; ZAGNT, v. 2, p. 164). A redação das duas perguntas marcanas indiretas a respeito da morte de Jesus nos vv. 44 e 45 chama a atenção dos comentaristas: "espantado que ele já tivesse morrido [*ei ede tethneken*]" e "perguntou se ele estava morto havia algum tempo [*ei palai apethanen*]". O primeiro com *ede* não apresenta nenhuma dificuldade como

---

[37] Isto é, alguém que subsequentemente acrescentou os versículos a um Evangelho completo — o Evangelho que já tinha sido usado por Mateus e Lucas — suficientemente cedo para o versículo aparecer em todas as cópias conhecidas. Pessoalmente, duvido que haja indícios suficientes no resto de Marcos para pressupor tal figura.

[38] Para Gnilka (*Markus*, v. 2., p. 333), este verbo indica a presença da divindade. Contudo, além da crença marcana geral de que Jesus é maravilhoso, não vejo nada na narrativa dos dois usos por Pilatos que sugira espanto religioso. Por que a morte rápida faria Jesus mais divinamente misterioso?

estilo marcano, mas em nenhuma outra passagem Marcos usa *palai*.[39] Contudo, na tese do redator, o redator teria escrito as duas perguntas e presumivelmente teria variado a redação da segunda para evitar repetição. A mesma explicação seria aplicável se Marcos escrevesse esses versículos. Ao descrever como Pilatos convoca o centurião, o v. 44 usa *proskaleisthai* ("chamar/procurar" usado mais por Marcos [9 vezes] que por Mateus e Lucas), *kentyrion* (somente Marcos, 3 vezes) e *eperoton* (25 vezes em Marcos, tanto quanto em Mateus e Lucas juntos); o último verbo foi usado antes a respeito de Pilatos, em Mc 15,2.4, e do sumo sacerdote em Mc 14,60.61. No v. 45, "tendo vindo a saber" representa a única passagem do NT onde *apo* ("de") é usado com *ginoskein*. Em grego, "Ele concedeu o cadáver [*edoresato to ptoma*] a José" tem paralelismo auditivo com "José [...] solicitou o corpo [*etesato to soma*]". Essa é a única vez que Marcos usa *doresthai*, mas este verbo "conceder" é muito apropriado para um ato de clemência (ver 2Pd 1,3-4). A palavra mais precisa para um corpo morto, *ptoma*, usada por Marcos para expressar os resultados da investigação de Pilatos (Jesus é agora um cadáver)[40] foi empregada antes por Marcos (Mc 6,29) para descrever o sepultamento do cadáver de João Batista. O paralelo entre a sina do precursor e a de Jesus continua em Mc 15,46 (que sem dúvida é marcano), pois a expressão "colocou-o em um lugar de sepultamento/túmulo" é usada a respeito dos dois sepultamentos. Um último argumento estilístico pertinente à identidade do autor dos vv. 44-45 é que o particípio que inicia o versículo seguinte (Mc 15,46: "E tendo comprado") logicamente modifica José, mas o último sujeito em Mc 15,45 foi Pilatos. Se Mc 15,44-45 foram acrescentados por um redator, de modo que originalmente o v. 46 continuava o v. 43, o sujeito ali era José. Acho que esse argumento com certeza não é convincente, pois a última *palavra* no v. 45 foi "José" e, por isso, o início do v. 46 simplesmente retoma-a como sujeito. *Ad sensum*, tal construção não é incomum. Além disso, Mc 15,46 não continua perfeitamente a narrativa do v. 43 porque, nessa sequência, não é dito que Pilatos concedeu a solicitação de José. De modo geral, então, Blinzler está correto ("Grablegung", p. 59) ao argumentar que não se pode decidir a questão redacional recorrendo a estilo ou vocabulário. Há diversos toques que podem ser considerados não marcanos,

---

[39] É textualmente dúbio em Mc 6,47, corroborado pelo Códice de Beza e P[45.]
[40] Daube ("Annointing", p. 195) argumenta que *ptoma* (há quem a considere grosseira) era particularmente adequada para um corpo morto mutilado, uma desgraça aos olhos dos rabinos (Mixná *Sanhedrin* 9,3). Craig (*Assessing*, p. 177) vê aqui a possibilidade de um latinismo que reflete a linguagem oficial da ordem do governador: *donavit cadaver*.

mas são ultrapassados em número por palavras e padrões distintamente marcanos. De modo geral, parece mais lógico supor que Marcos escreveu a passagem do que introduzir um redator que imitou Marcos tão acuradamente.

Outro argumento que entrou na discussão da autoria de Mc 15,44-45 envolve a plausibilidade. Vou examinar a questão, mas francamente não entendo o que a plausibilidade do conteúdo ou a falta dela nos diz quanto a quem escreveu essa passagem. Quando muito, pode-se argumentar que, se a ação descrita nesses versículos fosse considerada completamente implausível por esse motivo, Mateus e Lucas poderiam independentemente ter decidido eliminá-la, apesar de a encontrarem em Marcos. (De fato, poucos argumentam dessa maneira, pois a ação não é totalmente implausível.) A primeira pergunta é se seria provável que Pilatos averiguasse a morte de um criminoso. Pouco sabemos a respeito da prática de governadores romanos relativa a essa questão,[41] mas Jo 19,32-34 mostra que outro evangelista não achava implausível um soldado romano verificar se Jesus estava morto. A plausibilidade marcana tem de ser determinada em termos da questão prática: foi o tempo que Jesus ficou suspenso na cruz tão curto que sua morte poderia ter deixado uma autoridade espantada? Em Mc 15,25, Jesus foi crucificado na terceira hora, de modo que Jesus ficou na cruz cerca de seis horas antes de morrer (Mc 15,34.37). Sêneca (*Epístola* ci,10-13) pressupõe que o crucificado podia durar muito tempo e Orígenes relata que não era raro o crucificado sobreviver a noite toda e o dia seguinte.[42] Com certeza, então, Jesus realmente morreu antes que a maioria (e segundo Jo 19,32-33, antes que os companheiros crucificados). Esse fator pode ter deixado o governador espantado, fazendo-o desconfiar que uma trapaça estivesse sendo praticada. Por outro lado, é plausível que Jesus tenha morrido tão rapidamente? De fato, os crucificados duravam tempos diferentes, dependendo de seu estado de saúde,[43] da severidade da tortura pré-crucificação a eles infligida (por exemplo, flagelação) e da forma como eram crucificados (cravos, apoios). Josefo (*Vida* 75; ##420-421) nos fala de ver três de seus amigos suspensos na cruz; foi contar a Tito, que deu ordens

---

[41] Mixná *Yebamot* 16,3 mostra como os rabinos eram cautelosos: mesmo que alguém fosse crucificado publicamente, a comprovação da morte só podia ser apresentada depois de um intervalo para a alma sair do corpo.

[42] Assim Barbet (*Doctor*, p. 68, sem suprir a referência). Do mesmo modo, Barbet indica um texto árabe que afirma que, em 1247, um homem crucificado resistiu até o segundo dia.

[43] C. F. Nesbitt (*Journal of Religion* 22, 1942, p. 302-313) indica a prevalência da malária no Vale do Jordão e em torno de Tiberíades, e especula que Jesus não estava bem nem era forte!

para que fossem descidos; dois deles morreram durante o tratamento por médicos e o terceiro sobreviveu. (Observemos como o oficial romano chefe responde a uma solicitação quanto ao crucificado.) De modo geral, então, não era impossível que Jesus morresse relativamente depressa e não há nada notoriamente improvável a respeito da reação de Pilatos ao comunicado da morte de Jesus em Mc 15,44-45.

À luz dessa discussão, há uma única objeção importante à afirmação de que Marcos escreveu Mc 15,44-45. Como Mateus e Lucas poderiam ser levados independentemente a omitir a passagem? Ao tratar de Mt 14,51-52, outra passagem de dois versículos que descreve a fuga nu do jovem que queria seguir Jesus, vimos que essa omissão independente ocorria de vez em quando. Ao que parece, os dois evangelistas acharam a cena uma descrição escandalosa demais de um discípulo para ser mantida. Aqui, como foi mencionado, quase sempre se afirma que a reação de Pilatos em Mc 15,44-45 foi incluída com propósitos apologéticos, para mostrar que Jesus estava verdadeiramente morto.[44] Pensaram os evangelistas mais tardios que a apologética tinha tido um efeito contrário, chegando a pôr em dúvida a verdade da morte de Jesus e mostrando que um governador romano duvidou dela? Que independentemente essa reação poderia ter feito com que os dois evangelistas omitissem essa passagem de Marcos não é uma solução perfeita, mas, a meu ver, é mais provável que a teoria de um redator imaginário (de outro modo não bem comprovado) ter acrescentado os versículos a Marcos cedo o bastante para aparecerem em todas as cópias conhecidas, mas depois de Mateus e Lucas recorrerem ao Evangelho.

O pedido para o sepultamento segundo Mt 27,57-58

Este relato tem menos da metade da extensão do de Marcos e, a meu ver, depende por completo dele. Consequentemente, temos de prestar atenção não só ao que Mateus inclui e adapta, mas também ao que ele omite.

Indicação de tempo (Mt 27,57a). Ao observar como Mateus reduz toda uma sentença marcana a uma frase, lembramos que Mc 15,42, em estranha justaposição, tinha duas indicações de tempo, mais uma explicação da segunda: "E,

---

[44] Propostas alternativas compreendem o antidocetismo (Klostermann) ou o embelezamento narrativo puramente decorativo (Blinzler). O propósito anterior aplica-se, creio eu, só se os versículos forem redacionais e tardios.

sendo já o entardecer, como era dia de preparação, isto é, o dia antes do sábado". Como seria de se esperar, Mateus elimina a estranheza quando habilidosamente reutiliza os três elementos marcanos para abranger os três dias, desde o sepultamento ao entardecer de sexta-feira, até o túmulo vazio no domingo de manhã. (Para demonstrar a reutilização, ao dar a redação mateana, vou pôr em itálico o que ele tirou de Marcos.) A primeira indicação marcana de tempo é reutilizada por Mateus aqui, para apresentar José e a solicitação do corpo na sexta-feira: "Mas *sendo o entardecer*".[45] Mateus vai usar a segunda notícia marcana de tempo em Mt 27,62 para introduzir o material especial que relatará a respeito dos fariseus e da guarda no túmulo no sábado: "no dia seguinte, *isto é*, depois do *dia de preparação*". Mateus vai usar o elemento marcano final, a frase explanatória a respeito do sábado,[46] em Mt 28,1, para introduzir sua narrativa do túmulo vazio no domingo: "Mas no fim [*opse*] *do sábado*, ao amanhecer [= início] do primeiro dia da semana". (A respeito de como o tempo era calculado para os dias da semana, ver Apêndice II, B1, adiante.)

A descrição mateana de José de Arimateia (Mt 27,57b). Passamos páginas examinando o que Mc 15,43 quis dizer com "um respeitado membro do conselho que estava também ele próprio esperando o Reino de Deus". A interpretação mais plausível foi que, embora José rejeitasse Jesus, como outros membros do sinédrio, ele era homem piedoso que desejava cumprir a lei, daí desejar que o corpo de Jesus fosse sepultado antes do pôr do sol. Ao rejeitar a tese de que Marcos apresentou José como discípulo de Jesus, perguntei por que ele expressaria essa informação de modo tão ambíguo em termos de estar "esperando o Reino de Deus". Mas eu poderia também ter feito a pergunta inversa: se Marcos não quis dizer que José era discípulo, por que ele o descreve como "esperando o Reino de Deus", já que essa linguagem aplicava-se a discípulos de Jesus? A resposta a essa pergunta e à descrição mateana de José está na grande probabilidade de José, depois da ressurreição, ter se tornado cristão, e é por isso que seu nome foi lembrado em todos os relatos evangélicos. Sabendo disso, mas também pensando que José não era discípulo antes do sepultamento, Marcos deliberadamente descreveu-o em linguagem própria de um judeu praticante e também de um (futuro) discípulo de

---

[45] Embora não preserve todas as indicações marcanas de tempo na NP, Mateus mantém a inclusão pela qual "o entardecer" assinala o início da Última Ceia (Mt 26,20) e o fim da crucificação pelo sepultamento.

[46] Mc 16,1, que inicia a narrativa do túmulo vazio, tem outra referência ao sábado: "E quando o sábado acabou". Mateus evita a duplicação.

§ 46. O sepultamento de Jesus, primeira parte: O pedido do corpo por José

Jesus. Mateus, julgando que sutilezas são pedagogicamente perigosas, porque de fato os leitores não as entendem, elimina a história de José anterior à Páscoa no sinédrio[47] e antecipa seu futuro, posterior à Páscoa, como cristão: "Veio um homem rico *de Arimateia*, cujo nome era *José, que tinha também ele próprio* sido discípulo[48] de Jesus". (Mais uma vez, os elementos de Marcos estão em itálico.) A narrativa consecutiva em Mateus é importante: as mulheres que tinham seguido Jesus desde a Galileia estavam observando a crucificação a certa distância (Mt 27,55-56); agora, vem um homem rico que também ele próprio tinha sido discípulo de Jesus — dois tipos de adesão. Além disso, ao contrário dos mais famosos discípulos homens de Jesus (os Doze) que tinham fugido, Mateus apresenta um *discípulo* homem que permanece com Jesus até a morte. Na descrição mateana, informações mais primitivas se perderam, mas José, como cristão modelo, foi esclarecido.

Em suas omissões de material marcano, Mateus elimina não só "membro do conselho", mas também "respeitado", a posição especial que na narrativa marcana ajudava a tornar inteligível o motivo de Pilatos conceder a solicitação. Em seu lugar, Mateus apresenta "um homem rico". José ser rico relaciona-se com o fato de ter um túmulo novo (Mt 26,60),[49] propriedade que, no tempo em que Mateus escreveu, se

---

[47] Será que Mateus julgava isso impossível? É mais provável que ele julgasse impróprio repeti-lo.

[48] Literalmente um verbo: "tinha sido discípulo de Jesus". Antecipar a situação pós-ressurreição é importante característica do Evangelho de Mateus em sua cristologia e em seu tratamento dos seguidores de Jesus, por exemplo, ao acrescentar confissões do Filho de Deus (Mt 14,33; 16,16, comparados a Mc 6,52; 8,29). Que ultraconservadores tenham entendido isso mal é visível na introdução editorial a "Burial", trabalho póstumo de O'Shea. A tese de que, ao chamar José de discípulo, Mateus antecipa a situação pós-ressurreição do homem é tratada como contestação da veracidade de Mateus. Essas intuições pós--ressurreição antecipadas *são* a verdade para Mateus.

[49] Uma base bíblica para o túmulo de um homem rico mateano é encontrada por alguns na descrição do servo sofredor. O TM de Is 53,9 diz: "E ele deu [isto é, colocou] com os ímpios sua sepultura, *e com o rico em suas mortes*". Muitos suspeitam de alteração na última sentença e sugerem emendas hebraicas que produzem um melhor paralelismo sinônimo: "e com os fazedores do mal seu túmulo". As emendas claramente nada fazem para apoiar o uso mateano desse versículo, que é dependente de "homem rico"; além disso, para Mateus, Jesus foi sepultado no túmulo novo de José, discípulo de Jesus, e assim, nem com os ímpios, nem com eles. O targum mais tardio ("E ele jogará os ímpios na Geena, e os que são ricos de posses que obtiveram pela violência, na morte de destruição"), embora mantenha "ricos", não está mais próximo de Mateus em sentido. Nem o está a LXX ("Darei o ímpio no lugar de [*anti*] seu sepultamento e os ricos no lugar de sua morte"), que presumivelmente se refere à execução divina punitiva do ímpio adversário do servo sofredor, em lugar dele. Barrick ("Rich") apela leitura de 1Qs[a], que para ele significa: "E eles fizeram a sepultura dele com os ímpios, mas seu corpo (deitado) com um (homem) rico". Essa interpretação requer interpretar os manuscritos *bwmtw* não como seu "monumento de sepultura", mas como "suas costas", isto é, "corpo". Ela corretamente reconhece que só por paralelismo antitético o versículo pode funcionar em Mateus, mas ainda não explica como Mateus teria visto a primeira parte

tornara tradição cristã a respeito do lugar onde Jesus fora sepultado (por exemplo, *EvPd* 6,24: "chamado o Jardim de José"). Como o fato de José ser rico afetou seu papel de discípulo cristão modelo? Quando leu o "esperando o Reino de Deus" marcano, Mateus pensou nas palavras de Jesus que ele registrara antes, em Mt 19,23-24 ("Um rico entrará no Reino do Céu com dificuldade [...], é mais fácil um camelo passar pelo buraco de uma agulha que um rico entrar no Reino de Deus")? Nesse caso, Mateus pode ter decidido descrever nesta cena depois da morte de Jesus um rico que enfrentou o desafio de "Vem, segue-me", ao contrário do jovem afastado por suas muitas posses (Mt 19,21-22). Mateus nunca relata a maldição que Lc 6,24 atribui a Jesus: "Ai de vós, ricos, porque já recebestes vossa consolação".[50] Mateus não tem nenhuma advertência para não convidar vizinhos ricos ao banquete (Lc 14,12), nenhuma parábola do rico que tolamente constrói grandes celeiros (Lc 12,16-21), nenhuma parábola do rico posto em contraste com Lázaro (Lc 16,1-13). Ao contrário de Simão Pedro, Tiago e João (em Lc 5,11) que deixam "tudo" para seguir Jesus, esses ilustres em Mt 4,20.22 deixam coisas específicas (rede, barco, pai). Senior (*Passion [...] Matthew*, p. 151) lembra que Mateus se refere a uma série muito mais ampla de moedas que Marcos e usa termos como "ouro", "prata" e "talento" cerca de 28 vezes, em comparação com 1 vez em Marcos e 4 em Lucas. Pode-se suspeitar, então, que no meio da comunidade mateana havia ricos, e José servia-lhes de discípulo modelo.

José e Pilatos (Mt 27,58). Já examinamos o problema da omissão por Mateus do conteúdo de Mc 15,44-45.[51] Portanto, o que Mateus nos dá aqui é uma forma resumida de Mc 15,43b (e, alguns diriam, uma nova redação de Mc 15,45b). Na sentença "tendo vindo diante [*proserchesthai*] de Pilatos", Mateus preserva o uso por Marcos de um segundo verbo "vir" para descrever José, mas simplifica o redundante *eiserchesthai pros* ("vir diante de") marcano. Em "*solicitou o corpo de Jesus*", Mateus preserva também o *aitein* marcano que usou anteriormente, em Mt 27,20, quando as multidões solicitaram de Pilatos Barrabás em lugar de Jesus, que

---

do versículo cumprida. Como vimos, em casos de citação bíblica, Mateus gosta de todos os detalhes cumpridos. Pode-se, então, duvidar que Mateus tivesse essa passagem de Isaías em mente.

[50] A bem-aventurança mateana pertinente (Mt 5,3) é: "Felizes os pobres *de espírito*, pois deles é o Reino dos Céus" — bem-aventurança que inclui os ricos, ao contrário da bem-aventurança lucana (Lc 6,20): "Felizes, vós, os pobres".

[51] Argumentei ser mais provável que a versão de Marcos usada por Mateus tivesse esses versículos, mas Mateus os omitiu porque tornar conhecido que o governador romano manifestou dúvida quanto a Jesus estar realmente morto não ajudava a apresentação cristã da ressurreição.

queriam destruído. Agora, em contraste, a solicitação é dirigida a Pilatos por um discípulo que queria salvar o corpo de Jesus da destruição.

Em Mt 27,58b ("Então Pilatos ordenou que (ele) fosse entregue"), Mateus tem a mesma ideia que Mc 15,45b ("ele concedeu o cadáver a José"), mas expressou-a em vocabulário muito diferente.[52] O Pilatos mateano aquiesce sem expressar nenhuma hesitação e sem interrogar José, embora este seja discípulo de Jesus. Dois fatores devem ser considerados no reconhecimento de que essa aquiescência não é implausível, considerando a narrativa mateana. Primeiro, há uma diferença entre a descrição de Pilatos marcana e a mateana. Durante o julgamento de Jesus, o Pilatos marcano era um juiz cínico que não se esforçou muito em benefício de Jesus: embora reconhecesse o preconceito dos inimigos de Jesus, entregou Jesus e soltou Barrabás para satisfazer a multidão (Mc 15,10.15). Argumentei acima que esse Pilatos não assumiria o risco de soltar o corpo do "Rei dos Judeus" a um discípulo conhecido daquele rei. Mas, durante o julgamento, o Pilatos mateano ouviu de sua mulher que Jesus era justo e ele lavou as mãos em público para permanecer inocente do sangue de Jesus (Mt 27,19.24). Esse Pilatos bem-disposto podia continuar a mostrar sua convicção de que Jesus fora tratado injustamente, ordenando que seu corpo fosse entregue a um discípulo precisamente porque reconheceu que Jesus não tinha nenhum seguimento político. Segundo, ao contrário do marcano, o José mateano era um homem rico (e, ao que tudo indica, influente) a quem um governador não ia querer ofender negando sua solicitação. A resposta afirmativa de Pilatos subentende a ação de soldados romanos, pois seriam eles que entregariam o corpo. *Apodidonai* ("entregar/devolver") é verbo mateano (18 vezes, em comparação a 1 em Marcos, 8 em Lucas); e, além do sentido de entregar o corpo, pode ter a conotação de devolvê-lo aos adeptos de Jesus, já que José é discípulo.[53] (Será que Mateus queria que pensássemos que Pilatos sabia disso a respeito de José? Do princípio ao fim da NP, vemos Jesus "entregue, abandonado" (*paradidonai*) de um ator hostil para outro, em uma corrente que leva à cruz.[54] Agora, finalmente ele não é entregue de novo, mas devolvido a alguém que o ama.

---

[52] Se a forma de Marcos que Mateus usou tinha os vv. 44-45, então Mateus decidiu parafrasear a última oração desses versículos.

[53] O verbo aparece em Fílon (*In Flaccum 83*), em uma passagem a respeito de corpos sendo descidos da cruz e entregues a parentes para receber ritos fúnebres.

[54] *Paradidonai*, com referência a Judas antes da NP (Mt 26,2.15.16.21.23.24.25); também Mt 26,45.48; 27,2.3.4.18.26.

O pedido para o sepultamento segundo Lc 23,50-52

Alguns biblistas pressupõem uma fonte especial para Lucas nesta seção da narrativa do sepultamento (Grundmann, Schneider, B. Weiss); mas eu não vejo nenhuma razão convincente para pensar que Lucas tinha alguma fonte escrita além de Marcos aqui (assim também Büchele, Taylor), embora, como de costume na NP, no que ele assumiu, Lucas exercesse uma liberdade maior em relação a Marcos que Mateus. Lucas começa o relato do sepultamento com um "E" (*kai*) inicial, exatamente como começou os relatos do julgamento romano (Lc 23,1) e da crucificação (Lc 23,26). Antes de tratarmos do que Lucas registra no sepultamento, devemos mencionar sua omissão inicial das duas indicações de tempo e da frase explanatória que iniciou o relato marcano (Mc 15,42). A omissão do *opsia* ("entardecer") marcano não é surpreendente, pois Lucas-Atos nunca usa *opsia* (5 vezes em Marcos, 7 em Mateus, 2 em João). Quanto ao marcano "era dia de preparação, isto é, o dia antes do sábado", Lucas vai reutilizar essas frases na segunda parte da cena do sepultamento (§ 47 adiante); de fato, *depois* do efetivo sepultamento, Lucas (Lc 23,54) declara: "E era dia de preparação e o sábado estava raiando". Colocado ali, mostra implicitamente o sucesso de José para cumprir a lei de sepultar corpos crucificados antes do pôr do sol e também a lei do descanso no sábado.[55] No início do Evangelho, Lucas descreveu alguns judeus piedosos, zelosos praticantes da lei, e ainda assim receptivos para participar do acontecimento de Jesus (Zacarias, Isabel, Simeão, Ana: Lc 1,5-6; 2,25.36-37). À guisa de inclusão no fim do Evangelho, ele apresenta José como o mesmo tipo de judeu.

A descrição lucana de José de Arimateia. O emprego de um *kai idou* ("E vede") inicial em Lc 23,50 é estilo lucano comum.[56] Embora dependa de Marcos aqui, Lucas reorganiza o material, suplementa-o com inferências e, assim, faz uma apresentação de José mais longa que a encontrada em qualquer outro

---

[55] Lc 23,56ab mostra-nos explicitamente que esta última lei (que os leitores gentios conheciam) era importante, pois, depois do sepultamento, as mulheres voltaram para onde estavam hospedadas, a fim de preparar especiarias e mirra. "E então, no sábado, elas descansaram, de acordo com o mandamento".

[56] Ocorre vinte e seis vezes em Lucas; ver Fitzmyer, *Luke*, v. 1, p. 121. Feldkämper (Betende) começa com Lc 23,49 e, assim, à guisa de inclusão, tem as mulheres galileias no início e no fim (Lc 23,55-56) da cena do sepultamento. Contudo, no v. 49, as mulheres estão de pé a certa distância, vendo as coisas que aconteceram *quando Jesus morreu*. A melhor interpretação é que a estrutura lucana tem as duas cenas, uma de morte e a outra de sepultamento, ambas terminando com as mulheres galileias observando ou olhando.

Evangelho. "Um homem chamado [*onomati*] José" inclui uma fórmula de identificação de nomes usada 27 vezes em Lucas-Atos (1 em Marcos, 1 em Mateus, 0 em João); na verdade, o Evangelho iniciou-se em Lc 1,5 com: "um sacerdote chamado Zacarias". Na frase "sendo [*hyparchon*] membro do conselho", Lucas insere seu estilo (*hyparchein* ocorre 40 vezes em Lucas-Atos, 3 em Mateus, 0 em Marcos e João), mas preserva *bouleutes* de Marcos, que ele obviamente entende significar um membro do sinédrio responsável pela morte de Jesus (v. 51). Mas Lucas adia o "esperando o Reino de Deus" marcano até depois de afirmar, em linguagem clara, o caráter desse membro do sinédrio como "homem bom e justo [*dikaios*]",[57] descrição que substitui o "respeitado" marcano e dá mais atenção ao caráter moral de José que a sua posição no sinédrio. Essa descrição encaixa o José lucano em um padrão de judeus piedosos descritos no início do Evangelho: Zacarias, mencionado acima, e sua mulher Isabel eram "justos diante de Deus" (Lc 1,6). Simeão não só era "justo", mas também "esperava a consolação de Israel", do mesmo modo que o José lucano é "justo" e está "esperando o Reino de Deus".[58] Assim, ao contrário de Mateus, que faz de José um discípulo, Lucas preserva a sutileza marcana de descrever um piedoso judeu praticante da lei — uma pessoa que, na ocasião do sepultamento, não era discípulo de Jesus, mas tinha qualificações morais para se tornar um quando reconhecesse que o esperado chegara. Marcos nunca explicou como alguém que esperava "o Reino de Deus" podia fazer parte de um sinédrio que julgou Jesus culpado de blasfêmia e merecedor da morte; mas Lucas resolve o problema: José "não estava de acordo [*sygkatatithesthai*] com a decisão e o modo de agir deles".[59] Em sua análise, Lucas faz eco a importante linguagem bíblica, pois os usos veterotestamentários de *sygkatatithesthai* em Êxodo advertiram Israel: "Não ficarás de acordo com os ímpios como testemunha injusta [*adikos*]" (Ex 23,1)

---

[57] Das muitas traduções possíveis de *dikaios* ("direito, reto, santo"), parece que, aqui, "justo" é apropriado, em oposição à injustiça do sinédrio.

[58] Em Lc 1,27, a Virgem Maria foi desposada "por um homem cujo nome era José". Nesse arranjo arquitetônico onde no fim da história Lucas faz José de Arimateia parecer-se com judeus piedosos do começo da história, tem ele também a intenção de nos lembrar de seu homônimo, ou é acidental a semelhança de nome?

[59] A intenção é certamente fazer o trocadilho de que o *bouleutes* não concordava com o *boule* (9 vezes em Lucas-Atos; 0 em Marcos, Mateus e João). É inferência por Lucas na tentativa de dar sentido à informação marcana e dificilmente uma coisa a respeito da qual ele tinha informação particular. Se essa última hipótese fosse verdade, teríamos esperado que Lucas nos preparasse para essa exceção em seu relato dos procedimentos do sinédrio. De fato, como menciono no texto acima, Lucas descreve as ações do sinédrio contra Jesus com a mesma universalidade encontrada em Mc 14,53.55.64; 15,1 ("todos, inteiro").

e "Não ficarás de acordo com eles [os habitantes pagãos da terra] e seus deuses" (Ex 23,32).[60] Em Lc 22,66.70, todos os membros do sinédrio interrogam Jesus e, em Lc 23,1, "toda a aglomeração deles" leva Jesus a Pilatos. Contudo, eis um membro do sinédrio que não transgrediu as ordens divinas de advertência a Israel ao concordar com juízes injustos do sinédrio ou com os romanos contra Jesus.[61]

No v. 51b, Lucas volta a copiar de Marcos informações básicas a respeito de José. À notícia marcana de que José era de Arimateia, Lucas acrescenta em benefício dos leitores gentios "uma cidade dos judeus", querendo dizer que ela estava na Judeia, do mesmo modo que falara de "Cafarnaum, uma cidade da Galileia" (Lc 4,31). Deseja Lucas que os leitores também notem que, embora Jesus tenha sido condenado e escarnecido como "o Rei dos Judeus" (Lc 23,3.37), houve um homem bom e justo de "uma cidade dos judeus" que o sepultou? Mencionarei em § 47 que Lucas desenvolve o papel das mulheres observadoras mais do que Marcos/Mateus: José, de uma cidade da Judeia, e as mulheres da Galileia fazem par na narrativa lucana do sepultamento. Somente no fim da descrição de José Lucas acrescenta de Marcos "que estava esperando o Reino de Deus" (do mesmo modo que Lc 2,25 manteve "esperando a consolação de Israel" até o fim da descrição de Simeão). De fato, Lucas interpreta essa oração do princípio ao fim da descrição, mas agora, por fim, os leitores a entendem plenamente da maneira como Lucas quer que ela seja entendida.[62]

José e Pilatos (Lc 23,52). "Este homem, tendo vindo diante de Pilatos, solicitou o corpo de Jesus" representa um exemplo de Lucas e Mateus (Mt 27,58) em exata concordância verbal em nove palavras. Esse e outro caso de concordância na seção seguinte (§ 47) levam alguns biblistas, por exemplo, F.-M. Braun ("Sépulture"), a pressupor que Mateus e Lucas têm uma fonte independente de Marcos. Outros, como Büchele, pressupõem a influência da tradição oral sobre os

---

[60] O único outro uso veterotestamentário está na história de Susana, em Dn 13,20, onde os lascivos anciãos querem que ela "concorde" com eles.

[61] Não há necessidade de harmonizar historicamente os "todos" ou "inteiro" com esta exceção, supondo que José não estava presente no sinédrio quando a votação foi feita. Essa sugestão vai contra a intenção literária de Lucas; ele deseja claramente descrever José como homem de coragem para divergir.

[62] Burkin ("Note") menciona que um pequeno fragmento uncial do século II do *Diatessarão* em Dura Europos contém o grego de Lc 23,51 e claramente não é uma tradução da OS daquele versículo. Isso ajuda a mostrar que, para sua harmonia, Taciano recorreu a textos gregos dos Evangelhos não diferentes dos que conhecemos.

dois evangelistas. Em geral, sou mais favorável à segunda solução, mas, ao que tudo indica, neste caso é desnecessário recorrer a ela. As cinco últimas palavras gregas (= "solicitou o corpo de Jesus") são literalmente de Marcos; de fato, a concordância mútua de Mateus e Lucas *contra* Marcos consiste apenas em duas palavras. A primeira, *Houtos* ("Este um/homem"), que certamente não é significativa, origina-se da necessidade de fornecer um sujeito depois de ter dividido o complicado Mc 15,43 em segmentos mais viáveis, processo simplificador que é normal tanto para Mateus como para Lucas. A segunda concordância é o uso do particípio *proselthon (proserchesthai)* com o dativo, em vez do finito marcano *eiselthen (eiserchesthai)* com *pros*. Empregar um particípio faz parte da remodelação gramatical com propósitos de sentido. Reduzir o acúmulo tautológico marcano de preposições (*eis-* como parte do verbo, mais *pros*) para *pros-* como parte do verbo é melhoramento óbvio que poderia ter ocorrido a cada evangelista de forma independente, em especial porque ambos usam o verbo *proserchesthai* com muito mais frequência que Marcos (Mateus, 52 vezes; Lucas-Atos, 20; Marcos, 5).

Como Mateus, mas presumivelmente de forma independente, Lucas omite o material de Mc 15,44-45 a respeito do espanto de Pilatos por Jesus já estar morto e seu interrogatório do centurião para saber a verdade. De fato, mais radicalmente ainda que Mateus, Lucas não tem nada que corresponda, nem mesmo em pensamento, a Mc 15,45b: "Ele concedeu o cadáver a José". (Entretanto, o fato de José solicitar o corpo a Pilatos confirma minha asserção acima [§ 36 B], onde afirmei ser intenção de Lucas fazer os leitores pensarem que coube aos romanos a execução física.) Somente no início do versículo seguinte em Lucas (Lc 23,53: "E tendo descido"; ver § 47), os leitores ficam sabendo que o Pilatos lucano aceitou a solicitação de José.

Pedindo[63] o sepultamento segundo Jo 19,38a

Na cena joanina anterior, a fim de que os corpos não ficassem na cruz no sábado, "os judeus [...] pediram [*erotan*] a Pilatos que suas pernas fossem quebradas e eles fossem retirados [*airein*]" (Jo 19,31). João indicou implicitamente que Pilatos cedeu à primeira parte dessa petição, pois os soldados vieram e começaram a quebrar as pernas dos crucificados com Jesus (Jo 19,32). Contudo, não nos é dito

---

[63] Todos os sinóticos usaram *altein* ("solicitar"); João usa duas vezes (Jo 19,31.30) *erotan* ("questionar, pedir, solicitar").

nada quanto à aprovação da segunda parte da petição: "que eles fossem retirados". Parece que isso é retomado agora em Jo 19,38a: José "pediu [*erotan*] a Pilatos se podia retirar [*airein*] o corpo de Jesus".⁶⁴ Os leitores vão reconhecer a rivalidade entre as duas petições para retirar o corpo, pois João explica que José era um discípulo secreto de Jesus que temia "os judeus". Se Pilatos sabia disso, então, ao concordar com a petição de José, ele ao mesmo tempo estava negando a segunda parte da petição de "os judeus" em Jo 19,31, pois com certeza eles não queriam que Jesus tivesse um sepultamento respeitável. Essa independência de ação estava de acordo com o desdém anterior de Pilatos pelas iniciativas de "os judeus" contra Jesus (Jo 18,31; 19,15.21-22). Ou devemos pensar que Pilatos não conhecia as simpatias ocultas de José e considerou sua petição apenas um lembrete de que a petição que "os judeus" fizeram tinha duas partes? Nesse caso, ao ceder a José, Pilatos julgou ceder a "os judeus".

Não há nenhum jeito de saber ao certo como João pretendia que entendêssemos a atitude de Pilatos; entretanto, a obscuridade talvez indique que, em uma etapa pré-evangélica da tradição joanina, José (ainda) não era discípulo de Jesus, mas porta-voz de "os judeus" que apresentaram a petição de Jo 19,31: "pediram a Pilatos que suas pernas fossem quebradas e eles fossem retirados" e que as duas partes da petição lhe fossem concedidas. Mais tarde, quando José passou a ser diferenciado dos judeus hostis (porque acreditou e assim se tornou um discípulo), uma segunda petição, que reutilizou a linguagem da primeira (*eretan* e *aiten* nas duas), foi formada para José.⁶⁵ Essa hipótese significa que o material de Jo 19,31-37 (que não tem paralelos sinóticos) e pelo menos parte do que está em Jo 19,38-42 (que tem paralelos sinóticos, exceto para o papel de Nicodemos) constituíam uma

---

⁶⁴ Notemos que não é dito que "os judeus" ou José vieram a Pilatos, ação pressuposta nos três sinóticos e no *EvPd*. A respeito de João pensar ou não que Pilatos estava presente no lugar da crucificação, ver § 44, sob "Reações dos presentes segundo João", acima. O "depois dessas coisas", em Jo 19,38a, é um vago conectivo joanino e claramente editorial.

⁶⁵ Acima (ver parágrafo referente à nota 34), mencionei uma leitura alternativa em Jo 19,38b (Códice Sinaítico, Taciano, OL, alguns Saídicos) com um sujeito plural: "Então *eles* vieram e retiraram seu corpo". Essa leitura, apoiada por Boismard e Bultmann como original, talvez faça eco a essa etapa mais primitiva da tradição joanina onde José trabalhou junto com os outros judeus que apresentaram a petição em Jo 19,31. Ou pode simplesmente ser o melhoramento de um escriba, a fim de preparar o caminho para o aparecimento de Nicodemos em Jo 19,39-40; dele, juntamente com José, se dirá: "Então eles pegaram o corpo de Jesus".

história consecutiva; é contrário a qualquer simples hipótese que, em Jo 19,31-42, João tenha unido duas coletâneas de material distintas.

A descrição joanina de José de Arimateia. Seja tudo isso como for, em sua forma atual, como os sinóticos mais tardios, Jo 19,38a representa uma etapa da tradição a respeito de José onde sua vocação subsequente como cristão tem sido transferida para sua situação antes do sepultamento de Jesus. Vimos que, confrontado com a difícil descrição marcana de um piedoso membro do sinédrio que, por inferência, deve ter votado contra Jesus, Mateus simplificou, omitindo o membro do sinédrio e fazendo de José um discípulo antes do sepultamento, enquanto Lucas deixou-o membro do sinédrio, mas que não estava de acordo com a decisão dos outros. A descrição joanina tem alguma coisa dessas duas abordagens. Primeiro, como em Mateus, José é discípulo de Jesus.[66] Segundo e mais próximo de Lucas, ele era discípulo secreto por medo de "os judeus". É fascinante que, na parte seguinte da cena joanina (§ 47), José seja associado no sepultamento com Nicodemos, mestre dos judeus (Jo 3,1 = membro do sinédrio) que é solidário com Jesus e discorda do julgamento de seus colegas, as autoridades judaicas (Jo 7,50-52). Quando pomos o José e o Nicodemos joaninos juntos, eles representam as visões diferentes de José em Mateus e Lucas! Na verdade, a declaração de que até agora o José joanino era dominado pelo "medo dos judeus" cria certa semelhança com o que é relatado a respeito de José somente por Marcos (Mc 15,43), a saber, que ele precisou de coragem para ir até Pilatos.

José e Pilatos. Já examinamos como o fato de José pedir a Pilatos para retirar o corpo de Jesus reproduziu a solicitação de "os judeus" em Jo 19,31. Com redação diferente tanto do "concedeu o cadáver" de Marcos como do "ordenou que (ele) fosse entregue" de Mateus, João relata a aquiescência: "Pilatos permitiu [*epitrepein*[67]]". Neste Evangelho que dá a Pilatos um papel maior que qualquer outro, sua ação final é a favor de um discípulo secreto de Jesus. O fato de não sabermos dizer se Pilatos estava ou não a par disso não é inadequado a um Pilatos que João dramatiza como o homem entre dois fogos e que nunca quer se decidir — o homem

---

[66] Para Curtis ("Three", p. 442-443), aqui João depende de Mateus, embora o vocabulário tenha diferenças significativas. (João usa o substantivo, enquanto Mt 27,57 usa o verbo *matheteuein*, mateano em três de suas quatro ocorrências veterotestamentárias.) A atitude para com José em todos os Evangelhos subentende que ele se tornou cristão e facilmente isso poderia ter levado dois autores a independentemente falar dele na linguagem de discipulado.

[67] Esse é o único emprego joanino do verbo (Marcos, 2 vezes; Mateus, 2; Lucas-Atos, 9).

que perguntou "O que é a verdade?" (Jo 18,38), em resposta quando aquele que é a verdade (Jo 14,6) estava de pé diante dele, fazendo o convite desafiador: "Todo aquele que é da verdade ouve minha voz" (Jo 18,37). Não sabemos, nem no fim, mesmo indistintamente, se Pilatos ouviu.

O pedido para o sepultamento segundo o EvPd e o crescimento das lendas de José

Vimos nos Evangelhos canônicos uma linha de desenvolvimento que mudou José de piedoso membro do sinédrio cumpridor da lei de sepultar os crucificados para uma posição mais santificada como discípulo modelo de Jesus. O *EvPd* dá-nos um lampejo de outros desenvolvimentos adicionais no século II. Aqui nos é dito, antes mesmo do julgamento, que José era amigo do Senhor (*EvPd* 2,3), na verdade, talvez um que viajava com ele, pois vira as muitas coisas boas que Jesus fizera (*EvPd* 6,23). Na parte preservada do *EvPd*, não há nenhuma indicação de que ele era membro do sinédrio, embora seja descrito como "de pé ali" durante os procedimentos contra Jesus sob Herodes e saiba que eles estão prestes a crucificá-lo.[68] Na verdade, ele não é identificado como sendo "de Arimateia" e é amigo de Pilatos, por isso os leitores do fragmento preservado do *EvPd* nem saberiam que ele era judeu, a menos que reconhecessem "José" como nome caracteristicamente judaico.

Em "ele veio diante de Pilatos e solicitou o corpo do Senhor para sepultamento", *EvPd* 2,3 não se desvia de Mt 27,58. Observemos que, agora, não há necessidade de coragem (Mc 15,43), porque José é amigo de Pilatos. O *EvPd* difere nitidamente dos Evangelhos canônicos ao datar a visita de José ao romano antes de Jesus ser crucificado e ao descrever Pilatos como incapaz de conceder a solicitação. Em uma cena elucidativa da ignorância do autor quanto às realidades políticas da Judeia do século I, Pilatos, por sua vez, precisa solicitar de Herodes o corpo de Jesus — Herodes é o supremo juiz e governante. Enquanto em Lc 23,12 Herodes e Pilatos tinham sido inimigos antes de porem Jesus em julgamento, o Herodes do *EvPd* dirige-se ao "Irmão Pilatos" (*EvPd* 2,5);[69] e, falando como judeu observante (!), ele dá ao romano uma breve instrução a respeito das minúcias da lei judaica pertinente ao sepultamento antes do sábado.[70] Essa instrução nos diz que o *EvPd*

---

[68] É preciso cautela para julgar essa informação em *EvPd* 2,3, pois a maneira como José é mencionado sugere que ele apareceu antes, na parte perdida da narrativa.

[69] Os dois nunca conversam nos Evangelhos canônicos. A fórmula de "Irmão" poderia ser protocolar entre soberanos (Josefo, *Ant*. XIII,ii,2; #45); mas era também usada nos cumprimentos de cartas comuns.

[70] Como em Mc 15,42, Lc 23,54 e Jo 19,31, a urgência quanto ao sepultamento é porque o dia seguinte

situa o julgamento e a morte de Jesus na sexta-feira e só subsequentemente, em *EvPd* 2,5c, ficamos sabendo que esse é (também) o dia "antes do primeiro dia de sua festa dos Pães sem fermento" (em concordância parcial com João [Jo 19,14], para quem este é o "dia de preparação para a Páscoa"). Outra instrução cita em paráfrase a lei específica que fundamenta a urgência para Jesus ser sepultado, lei tacitamente pressuposta nos Evangelhos canônicos: "O sol não deve se pôr sobre alguém executado" (ver Dt 21,22-23).

Em resposta à solicitação transmitida por Pilatos, Herodes nunca diz diretamente que o corpo será concedido a José; mas isso acontece, embora com rodeios. Em *EvPd* 6,21, os judeus que executaram Jesus arrancam os cravos das mãos do Senhor e o colocam no chão. Quando toda a terra treme, há entre eles um grande medo. Só depois de a longa escuridão que domina toda a Judeia (*EvPd* 5,15) terminar, quando o sol brilha (*EvPd* 6,22) os judeus regozijam-se e dão o corpo a José, para que ele o sepulte. Em uma etapa mais primitiva da tradição (como a reconstruo), os judeus (um dos quais era José) obtiveram o corpo de Jesus; mas, agora, eles o dão a José (que, ao que parece, não é um deles), "pois ele era alguém que tinha visto quantas coisas boas ele [o Senhor] fez" (*EvPd* 6,23). Não está claro o que "pois" (*epeide*) significa: os judeus deram o corpo a José pois ele era alguém que simpatizava com Jesus por causa do que havia visto — interpretação que tornaria os judeus solícitos — ou, em uma *constructio ad sensum*, a oração com "pois" dá a razão pela qual José solicitou o corpo?

O *EvPd* representa apenas o início de uma rebuscada lenda de José. Em *Atos de Pilatos (Evangelho de Nicodemos)* 12, os judeus prendem e encarceram José porque ele sepultou o corpo de Jesus. Em *EvPd* 15–16, José defende-se diante dos chefes dos sacerdotes contando como Jesus lhe apareceu durante esse encarceramento. Então, em *EvPd* 17, José narra que Jesus desceu ao inferno e ressuscitou os mortos; José leva os chefes dos sacerdotes a Arimateia, para ver os ressuscitados Simeão e seus filhos. Mas a evolução mais espantosa da lenda vem do período medieval, nas histórias eclesiásticas de Glastonbury, na Inglaterra, e de seus mosteiros.[71] Tendo sido companheiro de Filipe, o apóstolo, na Gália, José

é o sábado. Já comentei que *EvPd* 7,27 mostra esquecimento ou confusão quando, depois da morte de Jesus, mostra Pedro e os outros membros dos Doze (ver *EvPd* 14,59), "lamentando e chorando noite e dia até o sábado".

[71] A respeito de tudo isso, ver J. Armitage Robinson, *Two Glastonbury Legends*, Cambridge Univ., 1926; R. F. Trebarne, *The Glastonbury Legends*, London, Cresset, 1967.

atravessou para a Inglaterra, onde lhe foi dada uma ilha (Glastonbury, também Avalon, de fama arturiana) no pântano. Cerca de 31 anos depois da morte de Jesus, e 15 anos depois da assunção de Maria, ele construiu uma igreja de pau-a-pique em honra de Maria. Por volta de 1400, afirmou-se que José trouxe o Santo Gral para a Inglaterra, ou na verdade um receptáculo contendo o sangue de Jesus. Isso deu à Grã-Bretanha *status* por ter uma Igreja fundada nos tempos apostólicos, igualando as reivindicações da Espanha, de ter sido evangelizada por Tiago, o irmão de João (tradição do século VII, mais tarde localizada em Compostela), e da França, de ter sido visitada por Maria (Madalena), Lázaro e Marta (século XI, em especial na região de Marselha). José entrou para as lendas arturianas, tornando-se parte da visão de Galaaz do Santo Gral em *Morte d'Arthur* (século XV) de T. Malory. Em um último toque da lenda de José, ele é um mercador, tio de Jesus, que levou o menino Jesus consigo em uma viagem até a Grã-Bretanha.[72] A venerada especulação de W. Blake a respeito da visita de Jesus está no magnífico poema "Jerusalém", que por sua vez se tornou um hino comovente:

> E no tempo antigo caminharam esses pés
> Sobre a relva das montanhas inglesas?
> E foi o sagrado Cordeiro de Deus
> Visto nas aprazíveis pastagens inglesas?
> E resplandeceu o Semblante Divino
> Sobre nossas colinas enevoadas?
> E foi Jerusalém construída aqui
> Entre estes moinhos infernais?

Quem poderia prever tal êxito (na literatura, mas – ai! – não de fato) para alguém que começou simplesmente como "respeitado membro do conselho que estava também ele próprio esperando o Reino de Deus"?

Análise

Com § 46, começamos três seções que tratam do sepultamento de Jesus. A terceira seção (§ 48) trata do que aconteceu no dia de sábado depois do sepultamento, em termos das mulheres que descansaram e dos fariseus que organizaram uma guarda no túmulo. Consequentemente, somente as duas primeiras seções (46 e

---

[72] E. Jung e M.-L. von Franz, *The Grail Legend*, Boston, Sigo, 1986, p. 344.

47) tratam do sepultamento em si. Minha organização delas como Primeira Parte e Segunda Parte é puramente pela conveniência de apresentar meus COMENTÁRIOS em unidades de tamanho viável. Do ponto de vista dos evangelistas, essas duas partes estão unidas e formam um relato unificado relativamente breve do sepultamento de Jesus. Para determinar como esse relato evoluiu, é vantajoso estudar a estrutura interna e também a relação externa com os relatos da crucificação e da ressurreição.

A. Estrutura interna dos relatos do sepultamento

Apesar de sua relativa concisão e da história unificada que narram, parece que os relatos são de origem complexa. O que José de Arimateia faz é fator importante em todos eles, mas, em um nível secundário, há a presença e a ação de outra figura ou figuras. Em Marcos/Mateus, a presença secundária consiste nas duas Marias, que são descritas em um só versículo e têm as funções pequeniníssimas de observar (Marcos) ou de sentar-se em frente ao sepulcro (Mateus). Em Lucas, a descrição das mulheres é mais extensa: elas seguiram (José quando ele desceu Jesus e colocou-o no túmulo); depois de ver, elas voltaram (ao lugar onde estavam hospedadas) e deixaram preparadas especiarias e mirra. A atenção que Lucas presta a essas mulheres dá-lhes quase equivalência com José na história do sepultamento. Em João, as mulheres estão ausentes, mas a outra figura é Nicodemos. Embora ele e José trabalhem juntos para preparar o corpo e colocar Jesus no túmulo, Nicodemos inicia o processo de sepultamento trazendo mirra e aloés; assim, torna-se a figura dominante. No *EvPd*, os elementos da história do sepultamento estão espalhados: antes da crucificação, a solicitação do corpo de Jesus (*EvPd* 2,3-5); depois da morte de Jesus, a escuridão, o terremoto e o transporte do corpo para o sepulcro (*EvPd* 6,21-24); e, depois de os fariseus terem pedido a Pilatos uma guarda para vigiar o sepulcro, a pedra rolada contra a entrada do túmulo (*EvPd* 8,32). Aqui, além de José, judeus ou autoridades judaicas desempenham papel importante na concessão do pedido e no fechamento do túmulo.

O equilíbrio entre José e as outras figuras nos relatos do sepultamento não raro revela o interesse teológico dos evangelistas. O sepultamento por José em si não faz nada mais que concluir a crucificação, mas a presença de outras figuras secundárias permite outras funções. As mulheres que estão presentes nos sinóticos indicam a Páscoa e sua descoberta do túmulo vazio. Na verdade, em Lucas, essa orientação torna-se o interesse dominante em um sepultamento que conclui com as mulheres preparando especiarias e mirra que planejam usar na Páscoa. Como veremos em § 47, a presença de Nicodemos ajuda João a descrever o sepultamento como triunfo, apresentação apropriada em um Evangelho que mostra ser a crucificação uma exaltação vitoriosa. O papel exagerado dos judeus no sepultamento no *EvPd* (Herodes concede o corpo solicitado; os fariseus, anciãos e escribas tomam parte na ação de rolar a pedra contra a entrada do túmulo) não é surpreendente, considerando o fato de, nesse Evangelho, *eles* julgarem, condenarem e crucificarem Jesus. Anteriormente, vimos o forte preconceito antijudaico do *EvPd* e, aqui, a atividade contínua deles ajuda a mostrar que a malevolência das autoridades judaicas para com o Filho de Deus não cessou com sua morte.

Essas observações a respeito da estrutura interna dos relatos do sepultamento são complementadas quando estudamos a relação externa desses relatos com as narrativas que os precedem e seguem imediatamente.

B. Relação externa com os relatos da crucificação e ressurreição[73]

Alguns biblistas afirmam que as aparições do Jesus ressuscitado foram outrora proclamadas separadamente da NP, que terminava com a crucificação ou o sepultamento de Jesus. Teoricamente, isso é possível, mas não há prova preservada para sustentar a tese. Se deixarmos de lado obras gnósticas do século II e mais tardias (às vezes denominadas "Evangelhos"), que se apresentam como revelações do Jesus ressuscitado sem uma narrativa anterior do ministério terreno de Jesus, os Evangelhos canônicos e o *EvPd* juntam material das aparições à crucificação e sepultamento. As predições de Jesus a respeito do destino do Filho do Homem (APÊNDICE VIII, A2), que em seu esboço básico são independentes das NPs canônicas, juntam a ressurreição à morte. A tradição pré-paulina primitiva em 1Cor 15,3-5 junta que Cristo morreu, foi sepultado, ressuscitou e apareceu. A passiva de *thaptein* usada ali também aparece em um discurso em At 2,29 que compara Davi com Cristo; e At 13,29 afirma: "Tendo-o descido do madeiro da cruz, eles o colocaram no túmulo".

Embora essa prova seja contrária a separar crucificação, sepultamento e ressurreição como se fossem tradições completamente distintas, ela não resolve

---

[73] Aqui estou primordialmente interessado no que esse relacionamento nos diz a respeito da composição do relato do sepultamento. Entretanto, no último parágrafo desta subseção B, darei atenção a como o relato do sepultamento funciona entre a crucificação e a ressurreição nos respectivos Evangelhos.

realmente o problema da antiguidade e do relacionamento de *narrativas* de sepultamento e ressurreição.[74] Reconhecemos que os cristãos primitivos afirmavam que Jesus foi sepultado depois de morrer na cruz, mas a prova neotestamentária de fora dos Evangelhos e dos Atos não registra onde Jesus foi sepultado, o que foi feito no sepultamento e por quem. Para esclarecer o problema, lembramos que, embora em sua maioria os biblistas reconheçam a antiguidade dos registros das aparições do Jesus ressuscitado, muitos pensam que as narrativas das mulheres no túmulo vazio são de origem relativamente tardia no século I. (E distinguimos mais além entre o conhecimento do fato de Maria Madalena encontrar o túmulo vazio e uma narrativa de desenvolvimento mais tardio a respeito de como anjos revelaram o sentido do túmulo vazio.) Deve a *narrativa* do sepultamento no túmulo e da presença das mulheres ali ser datada no mesmo período formativo que as narrativas do túmulo vazio, como um tipo de formação retroativa a partir delas? Por exemplo, o relato de que, na Páscoa, as mulheres sabiam onde o túmulo estava e como ele foi lacrado leva à suposição de que elas observaram o sepultamento? Contudo, a teoria de formação retroativa não explica a substância da narrativa do sepultamento concentrada em José de Arimateia. À luz de nosso estudo acima, a respeito da estrutura interna dos relatos do sepultamento, é possível responder a essa objeção teorizando que uma narrativa básica do sepultamento por José pertencia à história da crucificação e só a menção das mulheres em Marcos (seguido por Mateus e Lucas) foi formada retroativamente a partir da história do túmulo vazio. Se João era independente de Marcos, a presença de uma breve referência à retirada do corpo por José em Jo 19,38 e a ausência de mulheres no sepultamento dão apoio a essa teoria.[75] Falei de uma "narrativa básica do sepultamento" porque as diferenças entre a primeira apresentação marcana de José como piedoso membro do sinédrio e a posterior

---

[74] Dhanis ("Ensevelissement", p. 375) estuda a opinião de biblistas que acham que a NP pré-marcana continha uma narrativa do sepultamento refletida no todo ou em parte por Mc 15,42-47 (por exemplo, Cerfaux, Michaelis, Taylor [provavelmente], Vaganay). Alguns deles (por exemplo, Taylor) não pensavam que ela contivesse uma narrativa do túmulo vazio. Mastera (*Kingship*, p. 50-51) junta-se a Broer e Schenke para argumentar que a narrativa do sepultamento em Mc 15,42-47 e a do túmulo vazio em Mc 16,1-8 eram originalmente separadas. Vou falar de um relato pré-evangélico do sepultamento e de uma tradição pré-evangélica da descoberta por Madalena de que o túmulo estava vazio, mas reitero minha convicção de que não podemos delinear exatamente uma NP pré-marcana inteira (§ 2, C2). Nem estou certo de que, no nível pré-evangélico, havia uma *narrativa* desenvolvida a respeito do túmulo vazio.

[75] Vou deixar para a ANÁLISE de § 47 o estudo da origem do papel de Nicodemos, encontrado somente em João. Muitos aspectos do *EvPd* são criações polêmicas de histórias populares, por exemplo, Pilatos pedir o corpo a Herodes e fariseus, anciãos e escribas trabalharem no sábado ao rolarem uma grande pedra na entrada do túmulo.

descrição marcana de José já discípulo de Jesus ou membro do sinédrio que não concordou com a decisão dos outros contra Jesus deixam claro outro desenvolvimento no decorrer da redação dos Evangelhos.

Abaixo, vou trabalhar com essa teoria para ver o que identificamos como sendo o material mais antigo na história do sepultamento por José. Mas, antes de fazer isso, quero comentar brevemente a respeito da maneira de cada evangelista encaixar a cena do sepultamento na estrutura de sua NP. O que foi sugerido a respeito da composição do relato do sepultamento nos dá a chave para o uso marcano: o sepultamento é um conectivo entre a morte de Jesus e a narrativa do túmulo deixado vazio pela ressurreição de Jesus, com José apontando para o que aconteceu e as mulheres apontando para o que vai acontecer. Aqui, Lucas segue Marcos de perto e, na verdade, ao ampliar o papel das mulheres, Lucas equilibra a interferência. Há também um toque estrutural lucano no paralelismo realçado entre Lc 23,47-49 e Lc 23,50-56a: cada um deles termina com as mulheres da Galileia que observam o que acontece. (Ao variar os nomes das mulheres, Marcos e Mateus não facilitam o paralelismo.) Mateus e João fazem uso estrutural singular da narrativa do sepultamento em relação à crucificação e ressurreição. A cena mateana do sepultamento (Mt 27,57-61) não é simplesmente continuação da história da crucificação. Antes, junto com o episódio caracteristicamente mateano da guarda no túmulo (Mt 27,62-66), ela está unida aos três episódios da ressurreição (Mt 28,1-10.11-15.16-20) para constituir um final do Evangelho com cinco episódios que fazem par com os cinco episódios iniciais da narrativa da infância (Mt 1,18-25; 2,1-12.13-15.16-18.19-23). Essa análise de estrutura (que prefiro) e abordagens equivalentes da estrutura mateana será examinada em detalhe na subseção A da ANÁLISE de § 48 (em especial no Quadro 9), quando considerarmos a guarda no túmulo e a continuação desse tema da guarda na narrativa da ressurreição. Se estruturalmente a cena mateana do sepultamento aponta com força para a frente, a cena joanina do sepultamento (Jo 19,38-42) aponta para trás. É o Episódio 6 no relato joanino quiasticamente estruturado da crucificação (Quadro 7, § 38 C) estreitamente unido ao Episódio 5 (Jo 19,31-37) como os dois episódios finais que parcialmente combinam com os dois iniciais (Jo 19,19-22.23-24). No COMENTÁRIO de § 47, os leitores verão a importância desse padrão estrutural para estabelecer o papel de Nicodemos no sepultamento como ato positivo de louvor. Entretanto, aqui, vamos nos concentrar em determinar o material pré-evangélico que fundamenta os relatos do sepultamento como eles estão agora.

C. Tradição pré-evangélica do sepultamento

Examinaremos três elementos: a indicação de tempo, a descrição de José de Arimateia e o sepultamento que ele deu a Jesus.

1. INDICAÇÃO DE TEMPO. Uma referência ao dia no qual o sepultamento teve lugar como *paraskeue*, "dia de preparação", encontra-se em todos os relatos canônicos;[76] e ela contém a inferência de que o sepultamento tinha de estar terminado antes que o sábado começasse.[77] Diversos fatores sugerem que essa indicação de tempo era pré-marcana. Primeiro, ela traduz o hebraico *'ereb* ("véspera, dia anterior"); assim, reflete uma etapa de fala semítica na formação dos Evangelhos. Segundo, Marcos apresenta duas especificações de *paraskeue*: "sendo já o entardecer" e "isto é, o dia antes do sábado". Certamente, ele não criou um termo que teria de explicar dessa maneira; ao contrário, ele o usa porque é tradicional. Terceiro, João (que alhures achamos independente de Marcos) usa o termo três vezes, uma com referência ao momento de Pilatos sentenciar Jesus (Jo 19,14) e duas vezes com referência ao sepultamento (Jo 19,31.42). Se João tivesse inventado o termo, seria lógico esperarmos que ele lhe desse o mesmo sentido do princípio ao fim. Ao contrário, ele usa sua ambiguidade a fim de fazê-lo a preparação para a Páscoa em Jo 19,14, mas concorda com Marcos (Mateus e Lucas) ao fazer dele a preparação para o sábado nas duas referências da narrativa do sepultamento. Uma explicação plausível é que o sentido pré-sábado aqui era tradicional demais para mudar.

2. DESCRIÇÃO DE JOSÉ DE ARIMATEIA. Em todos os relatos do sepultamento, sente-se a necessidade de identificar esta figura e isso subentende que José não havia antes representado um papel conhecido na história de Jesus.[78] No COMENTÁRIO a respeito de Mc 15,43, sugeri que "um respeitado membro do conselho que estava também ele próprio esperando o Reino de Deus"[79] significava ser José um membro

---

[76] Em Mateus (Mt 27,62), a frase "depois do dia de preparação" introduz o episódio (§ 48) a respeito da guarda no sepulcro.

[77] Logicamente, o dia para o qual estava sendo feita a preparação tinha de ser importante. Nos sinóticos, ao contrário de João, esse dia (que começaria ao entardecer) não podia ser aquele no qual a refeição pascal seria consumida.

[78] Mesmo os Evangelhos mais tardios, que relatam ter José sido discípulo ou bem-intencionado membro do sinédrio, não indicam nenhuma cena anterior na qual sua presença tenha sido mencionada. Quanto ao *EvPd*, ver nota 68, acima.

[79] Braun ("Sépulture", p. 37) argumenta ser essa a informação original a respeito de José e tudo o mais que os Evangelhos relatam representa o retoque cristão do retrato.

do sinédrio religiosamente piedoso que, apesar da condenação de Jesus pelo sinédrio, sentiu ter a obrigação sob a lei de sepultar antes do pôr do sol esse criminoso crucificado. É muito improvável que Marcos tenha criado essa identificação, pois ela está em oposição a suas generalizações hostis, que jogam a culpa em todos os membros do sinédrio pela injustiça de sentenciar Jesus à morte (Mc 14,55.64; 15,1). Quanto a João, ao tratar do relacionamento entre Jo 19,31 e Jo 19,38a, sugeri que, em uma etapa mais primitiva do pensamento joanino, José era associado com "os judeus" que pediram que os corpos fossem retirados — e assim, com o grupo que tinha exigido a morte de Jesus (Jo 19,7).[80] Somente por causa de seu discipulado pós-ressurreição, sua solicitação do corpo de Jesus veio a ser considerada uma solicitação oposta à que "os judeus" fizeram.[81] Essa sugestão significa que, em linguagem muito diferente, as tradições pré-evangélicas por trás de Marcos e por trás de João estavam em harmonia quanto a sua visão de José, visão que não se adaptou à perspectiva de nenhum dos dois evangelistas.

3. RÁPIDO E PEQUENINÍSSIMO SEPULTAMENTO POR JOSÉ.[82] Pelo pouco que narram a respeito das ações de José, os evangelistas (mesmo aqueles que o fazem discípulo de Jesus) dão a impressão de um sepultamento eficiente, sem afetação.[83] José solicita a Pilatos o corpo de Jesus; a solicitação é concedida; José toma o corpo, envolve-o em panos e o coloca em um túmulo (ali perto?). Não é feita nenhuma menção de lavar o corpo ou ungi-lo imediatamente antes do sepultamento.[84] Somente quando o

---

[80] Essa não é a solução costumeira, pois muitos biblistas consideram a solicitação pelos judeus em Jo 19,31ss e a solicitação por José duas tradições concorrentes incorporadas a João. Por exemplo, Boismard (*Jean*, p. 444-445) identifica cada tradição, com suas adições subsequentes, até a metade do versículo. Em outra construção complicada, Loisy (*Jean*, p. 496) sugere que a tradição que se iniciou em Jo 19,31 foi continuada por Jo 19,40a.41-42, de modo que "eles" que sepultaram Jesus eram "os judeus". A isso foram acrescentados os temas independentes do sepultamento por José (Jo 19,38) dos sinóticos e do sepultamento por Nicodemos.

[81] Por uma percepção tardia, era possível ver que, embora a intenção da solicitação judaica fosse hostil depois que ela foi concedida, o fato de José realizar o sepultamento deu certo. Essa sutileza podia ser percebida apresentando a solicitação duas vezes, uma com hostilidade e outra com melhor intenção.

[82] Ao dividir o sepultamento em duas partes, a fim de obter unidades de extensão conveniente para comentário, coloquei o sepultamento real na segunda parte (§ 47). Aqui, faço apenas um simples esboço e deixo os detalhes para a segunda parte.

[83] João traz um sepultamento mais elaborado, conforme o costume judaico, mas pela iniciativa de Nicodemos. O relato joanino inicial das ações de José (Jo 19,38ab) não difere em essência do relato marcano.

[84] Têm sido feitas tentativas de harmonizar a afirmação de José ser discípulo com o sepultamento pobre que ele deu a Jesus, por exemplo: a de que ele ofereceu muitas das amenidades, mas os evangelistas não acharam necessário mencioná-las (Blinzler — mas por que então os evangelistas mais tardios mencionam

relato básico é modificado nos Evangelhos mais tardios sob o impacto do crescente enobrecimento de José é declarado que o pano era alvíssimo, que o corpo foi lavado (*EvPd*), que havia especiarias (João: mas mesmo então, nenhuma unção) e que o túmulo era novo e até de José. Embora a necessidade de pressa fosse certamente motivo para a parcimônia do sepultamento no relato básico, esse sepultamento também combina com a descrição que o relato faz de José: alguém que foi motivado pelo preceito (reino) de Deus expresso na lei segundo a qual os crucificados devem ser retirados e sepultados antes do pôr do sol, mas alguém que a essa altura não tinha nenhuma razão para homenagear o criminoso condenado.

Esbocei um relato pré-evangélico perceptível do sepultamento de Jesus por José. (Se a presença de outras *dramatis personae* constitui ou não tradição antiga, juntamente com detalhes a respeito do túmulo, será examinado na ANÁLISE de § 47.) Quanto disso é história? Que Jesus foi sepultado é historicamente certo. Que a sensibilidade judaica queria que isso fosse feito antes do próximo sábado (que também pode ter sido um dia de festa) também é certo, e nossos registros não nos dão nenhuma razão para pensar que essa sensibilidade não foi respeitada. Que o sepultamento foi feito por José de Arimateia é muito provável, pois uma criação ficcional cristã (a partir do nada) de um membro do sinédrio judaico que faz o que é certo é quase inexplicável, considerando a hostilidade nos escritos cristãos primitivos para com as autoridades judaicas responsáveis pela morte de Jesus. Além disso, a designação fixa dessa personagem como "de Arimateia", cidade muito difícil de identificar e que não recorda nenhum simbolismo bíblico, torna uma tese de invenção mais implausível ainda.[85] O próprio fato de os Evangelhos mais

---

algumas amenidades, mas não as mais esperadas?); a de que, por respeito pela significação do sangue, eles não lavaram o cadáver ensanguentado (Bulst e entusiastas do Santo Sudário); a de que José tentou comprar especiarias, mas elas estavam em falta nas lojas (Gaechter, Shea). O caráter desesperado de algumas dessas propostas é óbvio; é mais censurável que interpretem os Evangelhos pelo que *não é* narrado pelos evangelistas porque, basicamente (mesmo que inconscientemente), os que as propõem discordam do que é narrado.

[85] R. Mahoney (*Two*, p. 112) não crê que os relatos evangélicos sejam tão persuasivos na comprovação da historicidade de José e seu papel no sepultamento. A conhecida ausência dos discípulos de Jesus no sepultamento, alega ele, poderia ter sido motivo para inventar um judeu proeminente de credenciais irrepreensíveis. Mas por que inventar um membro do sinédrio, considerando a tendência cristã de universalizar a culpa do sinédrio visível em Mc 14,53 ("todos"); Mc 14,55 ("inteiro"); Mc 14,64 ("todos")? Outra possibilidade que ele sugere é que um túmulo vazio fora de Jerusalém — suponho que ele se refira ao associado ao sepultamento de Jesus — era ligado a essa figura de outro modo desconhecida. Contudo, o fato de ser o túmulo de José só aparece nas camadas mais tardias do desenvolvimento evangélico; a tradição muito antiga não identifica o túmulo. Se Marcos e João dão testemunho de uma tradição

tardios não terem de enobrecer José e aumentar a reverência do sepultamento dado a Jesus mostra que os instintos cristãos não formaram livremente o que pressupus ser o relato básico. Embora alta probabilidade não seja certeza, não há nada no relato pré-evangélico básico do sepultamento de Jesus por José que não possa ser plausivelmente considerado histórico.[86]

(A bibliografia para este episódio encontra-se em § 45, Parte I.)

---

pré-evangélica a respeito de José, tão antiga que sua identidade já está sendo modificada, essa tradição tem de remontar à primeira ou segunda décadas do Cristianismo, o que é um pouco cedo para criação etiológica.

[86] Bultmann (BHST, p. 274) caracteriza Mc 15,42-47: "É um relato histórico que não dá nenhuma impressão de ser lenda, exceto pelas mulheres que aparecem novamente como testemunhas no v. 47 e nos vv. 44-45, que com toda a probabilidade não estavam no Marcos que Mateus e Lucas leram". Taylor (*Mark*, p. 599) julga essa citação uma simplificação, mas concorda a respeito das mulheres. Na próxima seção, vou concluir também que a presença das mulheres aqui é provavelmente uma derivação regressiva de sua presença na tradição do túmulo vazio.

§ 47. O sepultamento de Jesus, segunda parte: Colocação do corpo no túmulo (Mc 15,46-47; Mt 27,59-61; Lc 23,53-56a; Jo 19,38b-42)

Tradução

Mc 15,46-47: ⁴⁶E, tendo comprado um pano de linho, tendo-o descido, com o pano de linho ele o amarrou e pôs em um lugar de sepultamento que foi escavado na rocha; e rolou uma pedra contra a entrada do túmulo. ⁴⁷Mas Maria Madalena e Maria de Joset estavam observando onde ele foi colocado.

Mt 27,59-61: ⁵⁹E tendo tomado o corpo, José o envolveu em um pano de linho branco limpo ⁶⁰e colocou-o em seu túmulo novo, que ele tinha escavado na rocha; e tendo rolado uma grande pedra na entrada do túmulo, ele foi embora. ⁶¹Mas Maria Madalena estava ali, e a outra Maria, sentadas em frente ao sepulcro.

Lc 23,53-56a: ⁵³E tendo(-o) descido, ele o envolveu em um pano de linho e colocou-o em um lugar de sepultamento escavado na rocha, onde ninguém tinha sido depositado ainda. ⁵⁴E era dia de preparação e o sábado estava raiando. ⁵⁵Mas as mulheres que tinham vindo com ele da Galileia, tendo seguido atrás, olharam para o túmulo e como seu corpo foi colocado. ⁵⁶ᵃMas, tendo retornado, prepararam especiarias e mirra.

Jo 19,38b-42: ³⁸ᵇEntão ele veio e retirou o corpo. ³⁹Mas veio também Nicodemos, o que primeiro viera até ele à noite, trazendo uma mistura de mirra e aloés, aproximadamente cem libras. ⁴⁰Então eles pegaram o corpo de Jesus; e eles ataram-no com panos junto com especiarias, como é o costume entre os judeus para sepultar. ⁴¹Mas havia no lugar onde ele foi crucificado um jardim e no jardim, um túmulo novo no qual ninguém havia sido colocado ainda. ⁴²Então, ali, por ser dia de preparação dos judeus, porque o túmulo estava perto, eles colocaram Jesus.

EvPd 6,24: E tendo pegado o Senhor, ele o lavou e amarrou com um pano de linho e o levou a seu próprio sepulcro, chamado o Jardim de José.

EvPd 8,32: E tendo rolado uma grande pedra, todos os que estavam ali, junto com o centurião e os soldados, colocaram(-na) contra a entrada do lugar de sepultamento.

Comentário

Ao tratar do tipo de sepultamento dado a Jesus por José, descobrimos que, enquanto os sinóticos diferem uns dos outros em detalhes, a diferença entre Marcos e João é bastante nítida. A questão tem mais importância como teste para a hipótese, antecipada na seção anterior (§ 46), de que, em uma forma primitiva da tradição (representada por Marcos e talvez pela camada pré-joanina), José não era discípulo de Jesus antes do sepultamento, mas piedoso membro do sinédrio interessado em cumprir a lei de ter os corpos dos crucificados sepultados antes do pôr do sol. Como foi explicado ali (§ 46, sob "Atitudes judaicas em relação aos corpos dos crucificados"), desde os profetas até a Mixná havia a insistência para que alguém condenado segundo a lei israelita ou pelos tribunais judaicos não recebesse sepultamento honroso. Um sepultamento honroso não seria dado a Jesus por um membro do sinédrio que votara para que ele fosse condenado à morte por motivo de blasfêmia. Entretanto, ao examinar a questão, somos parcialmente tolhidos pela incerteza quanto ao que constituía um sepultamento honroso no tempo de Jesus. A Mixná (*Sabbat* 23,5) menciona costumes de sepultamento, tais como lavar e ungir o cadáver, vesti-lo e atar-lhe o queixo e fechar os olhos. Detalhes de um sepultamento honroso são revelados na literatura narrativa judaica: aparar o cabelo, vestir o cadáver com cuidado, cobrir a cabeça com um véu, talvez atar as mãos e os pés, em vista de carregar o cadáver. Mas quantas dessas práticas eram costumeiras no tempo de Jesus? Não há certeza, em especial porque é relatado que uma mudança no estilo de sepultamento foi introduzida entre essa época e a Mixná.[1] Quanto aos costumes mencionados no NT, em um sepultamento honroso, Tabita (At 9,37) é lavada e vestida em sua casa, enquanto em um sepultamento desonroso não é mencionado que Safira e Ananias foram lavados (At 5,6.10). Nenhum Evangelho canônico menciona que o corpo de Jesus foi lavado (embora *EvPd* 6,24 o faça) e é bem possível que esse fosse o serviço mais básico que poderia ser prestado a

---

[1] Rabban Gamaliel II (c. 110 d.C.) deve ter optado por costumes de sepultamento mais simples (TalBab *Mo'ed Qatan* 27b).

alguém que morrera na cruz e estava coberto de sangue. (Mixná *Oholot* 2,2 especifica que sangue em um cadáver é impuro.) Unção e especiarias eram certamente aspectos de um sepultamento honroso. Não são mencionados nos relatos sinóticos do sepultamento honroso, mas Jo 19,40 relata: "Então eles pegaram o corpo de Jesus; e eles ataram-no com panos junto com especiarias, como é o costume entre os judeus para sepultar". At 8,2 relata que os homens devotos que sepultaram Estêvão fizeram grandes lamentações por ele, mas não é mencionada nenhuma lamentação por Jesus da parte de José ou mesmo das mulheres galileias.[2] Assim, faltam singularmente no relato marcano elementos que sugiram um sepultamento honroso para Jesus, enquanto o relato joanino claramente concebe um sepultamento costumeiro e, portanto, honroso. Com isso em mente, vamos estudar cada relato em detalhe.

Sepultamento de Jesus segundo Mc 15,46-47

O primeiro desses dois versículos descreve o sepultamento corporal de Jesus; o segundo relaciona as observadoras.

Comprando um pano de linho, descendo o corpo, amarrando-o com o pano e enterrando-o (Mc 15,46a). Depois de Pilatos conceder o cadáver (*ptoma*) a José, ele[3] é descrito comprando um *sindon*, palavra que indica o tipo de pano e/ou o que era feito dele. Primordialmente, *sindon* indica material de linho de boa qualidade[4] e secundariamente, algo como uma túnica, cortina, véu

---

[2] Acho fraca a explicação para essa diferença com base no fato de Jesus ser condenado pelo sinédrio e Estêvão não. Estêvão foi conduzido ao sinédrio e foi dado falso testemunho contra ele, e ele foi interrogado pelo sumo sacerdote (At 6,12-14; 7,1), de modo que os membros do sinédrio podem bem ser "eles" que se enfureceram contra ele, arrastaram-no para fora da cidade e o apedrejaram.

[3] O sujeito do v. 45 era Pilatos, mas "José" foi a última palavra do versículo e, assim, se torna o sujeito do particípio com o qual Marcos começa o v. 46.

[4] Assim Blinzler, "Othonia", p. 160; Gaechter, "Zum Begräbnis", p. 220; Joüon, "Mathieu xxvii", p. 59. Entretanto, não se justifica afirmar que esse *sindon* era de tal qualidade que os leitores tinham de reconhecer o sepultamento como honroso. (*Byssos* é o linho realmente de boa qualidade). Para especificar que o *sindon* que ele tomou de Marcos condizia com um sepultamento feito para Jesus por um discípulo, Mateus (Mt 27,59) acrescenta "branco limpo" (*katharos*). O argumento de Shea ("Burial", p. 98), segundo o qual, se José não fosse um discípulo de Jesus e estivesse apenas sepultando um criminoso, ele teria envolvido o corpo em lençóis torcidos sujos, rasgados e em frangalhos, não faz sentido por dois motivos. Primeiro, esse é um gesto apressado, improvisado de José. Devemos supor que ele iria para casa (em Arimateia?) ou à cidade, em casa de amigos, pedir-lhes panos sujos? Ao contrário, ele foi comprar o que estava prontamente disponível e, com certeza, as lojas não vendiam panos rasgados para enterrar criminosos. Segundo, um pano de qualidade ao menos durável seria necessário para descer e carregar um corpo manchado de sangue sem se rasgar, pois é assim que imaginamos ter sido transportado o cadáver

ou lençol desse material. A partir desse uso geral, não é fácil ser preciso quanto ao tamanho e forma do *sindon* concebido aqui, e tudo o que ele pode significar é que José comprou uma peça de linho. Embora os três sinóticos usem o termo no sepultamento, o único outro caso neotestamentário da palavra está em Mc 14,51-52, onde um *sindon* envolveu o jovem de tal maneira que ficou nas mãos dos que o agarraram quando fugiu nu. Nessa analogia, muitos imaginam que o *sindon* do sepultamento de Jesus tinha forma semelhante a um lençol ou uma toalha grande. Entretanto, Blinzler ("Grablegung", p. 80) insiste que *sindon* se refere a diversos pedaços de pano que correspondem na Mixná ao plural consistente de *takrik* para vestes de sepultamento, e[5] ao uso no grego *Vida de Adão e Eva* 40 (fim do século I?), onde Deus instrui Miguel para ir ao paraíso e "me trazer três panos de linho e seda [...] e estendê-los sobre Adão [...]. E eles trouxeram outros panos de linho e prepararam também Abel". Contudo, nada no relato sinótico faz alguém pensar em mais que um pano;[6] e certamente a literatura talmúdica atesta o uso, no sepultamento, de um *sadîn*[7] ou pano de linho único, por exemplo, o rabino Judá ha-Nasi foi sepultado em um só (TalJer *Kil'ayim* 9,3 [32b]).

Há quem pondere se José teve tempo suficiente para ir comprar esse pano, pois Mc 15,42 nos diz que era "já o entardecer".[8] Parece ser inútil perguntar "Havia tempo suficiente?", questões de uma narrativa que dá deliberadamente a impressão geral de pressa, intercalada com indicações de tempo que não são precisas. Contudo, tentativas de responder não deixam de ser interessantes. Blinzler ("Grablegung", p. 61) afirma que José não tocou ele mesmo o corpo para não se tornar impuro (ver Nm 19,11); em vez disso, mandou outros realizarem essa tarefa. Portanto, é preci-

---

de Jesus. Lc 7,12.14 descreve um corpo sendo carregado em um esquife, em um sepultamento honroso. Büchler ("Enterrement", p. 78-79, 83) relata que, nos tempos da Mixná, um esquife (ou cama) era usado se o sepultamento era perto, e um caixão se o sepultamento era longe; usar uma coisa tosca como um esquife de cordas era o tipo de tratamento dado ao cadáver de um criminoso.

[5] Por exemplo, *Kil'ayim* 9,4; *Sabbat* 23,4; *Sanhedrin* 6,5.

[6] Se os leitores soubessem que deveria haver vestes de sepultamento no plural, a menção de apenas uma transmitiria o caráter mínimo do sepultamento. Mas não vejo razão para achar que os leitores de Marcos tinham tal conhecimento. O *Evangelho dos Hebreus* (fragmento 7; HSNTA, v. 1, p. 165; ed. rev., v. 1, p. 178), que parece ser independente dos Evangelhos sinóticos, fala de um *sindon*.

[7] *Sindon* ocorre só quatro vezes em todo o AT grego, e essa é a palavra que ele traduz. Para obter o sentido plural, o plural de cada um é usado nessas ocasiões.

[8] Existe um problema adicional para os que pensam que para Marcos Jesus morreu no dia que começou com a refeição da Páscoa. Seria possível comprar pano nesse dia de festa? JEWJ 77 afirma, como sempre, que era possível, com base em Mixná *Sabbat* 23,4.

so entender os verbos que descrevem sua ação de modo causal: "tendo mandado comprar um pano de linho" — cooperação que apressou o processo. Do mesmo modo, embora pareça que Marcos faz o próprio José "descer"[9] Jesus, José fez outros descerem-no. Às vezes, a confirmação disso encontra-se nas palavras ditas no túmulo vazio em Mc 16,6: "Vede o lugar onde *eles* o puseram".

A única preliminar do sepultamento relatada por Marcos é que José "amarrou"[10] o corpo de Jesus no material de linho, isto é, o mínimo que alguém poderia fazer pelos mortos. Essa moderação deixa perplexos muitos que consideram o José marcano discípulo de Jesus. (Midraxe *Sipre* a respeito de Dt § 221 indica que é melhor deixar o corpo exposto a noite toda que enterrá-lo sem a preparação apropriada, embora seja discutível se essa permissividade se aplicaria em Jerusalém, a cidade santa.) Há quem pressuponha que o relato evangélico é condensado e que certamente os leitores sabiam que José devia ter lavado o sangue. Nenhuma dessas suposições (§ 46, nota 84) é necessária se José não era discípulo e não sentia nenhuma obrigação de cuidar do crucificado além de enterrá-lo. Em Betânia, Mc 14,8 faz o corpo de Jesus ser ungido por uma mulher antes do sepultamento e isso era proléptico, precisamente porque Marcos não tinha nenhuma tradição de unção (ou de outros atos bondosos) realizada para o corpo de Jesus depois de sua morte.[11] A unção em Betânia, antes da Paixão, foi o único item apropriado a um sepultamento honroso que se diz ter o Jesus marcano recebido; e seria de se esperar que a audiência de Marcos se lembrasse dela, pois "Onde for anunciado o Evangelho, no mundo inteiro, o que ela fez será mencionado em memória dela".

Para descrever o sepultamento de um cadáver, o verbo *katatithenai* ("depositar, pôr"), encontrado no texto *koiné* de Marcos, é raro no NT, e nos Evangelhos ocorre só aqui. Nestle-Aland (26ª edição) prefere ler, com os Códices Sinaítico e

---

[9] O verbo *kathairein* usado por Marcos é a expressão técnica para retirar alguém da cruz (Josefo, *Guerra* IV,v,2; #317; Fílon, *In Flaccum* 83).

[10] *Eneilein* significa confinar uma coisa ou pessoa dentro de algo, por exemplo, um prisioneiro em grilhões, ou uma criança em faixas; para Ghiberti (*Sepoltura*, p. 49), significa que o corpo foi envolvido firmemente. É de se presumir, então, que o material de linho não só cobriu Jesus, mas também o envolveu.

[11] Assim Daube, "Anoiting". Ele sugere que uma narrativa onde originalmente uma mulher ungia os pés de Jesus (Lc 7,38 — ou talvez chorava sobre eles?) foi colocada imediatamente antes da NP em Marcos/Mateus e, como o corpo de Jesus não foi ungido antes do sepultamento, a ação dessa mulher veio gradualmente a ser entendida como unção antecipada do *corpo* de Jesus (Mc 14,8; Mt 26,12) em preparação para a morte e o sepultamento. No final da trajetória, Mateus elimina a unção pós-sepultamento pretendida pelas mulheres (Mc 16,1; Lc 23,56a), desse modo fazendo a ação da mulher a única unção de Jesus.

Vaticano, *tithenai*, o verbo usado por Mateus e Lucas (e Jo 19,42). Entretanto, é difícil imaginar um escriba mudando um *tithenai* original para um *katatithenai* incomum, e quebrando a harmonia evangélica comparativa, enquanto a mudança do *katatithenai* marcano para *tithenai*, a fim de harmonizar com Mateus e Lucas, é procedimento bastante compreensível dos escribas. Uma variedade de palavras gregas sinônimas[12] é usada nos Evangelhos para designar o lugar onde Jesus foi sepultado e é útil identificar as diversas traduções que uso para distinguir as respectivas palavras gregas e apresentar estatísticas de uso:[13]

mnema ("lugar de sepultamento"): Marcos 2; Lucas 2; *EvPd* 6.

mnemeion ("túmulo"): Marcos 5; Mateus 3; Lucas-Atos 7; João 9; *EvPd* 3.

taphos ("sepulcro"): Mateus 4; *EvPd* 7 (*entaphiazein*, "colocar em um sepulcro": Mateus 1, João 1; *thaptein*, "sepultar": 1Cor 15,4; At 2,29).

Marcos relata que o lugar de sepultamento foi escavado na rocha, prática atestada em Is 22,16 e frequente nos tempos neotestamentários, com pedreiras muitas vezes servindo de locais apropriados para essas escavações. Como mencionamos em § 40, #1, o Gólgota era, ao que tudo indica, uma colina arredondada que se elevava do chão de uma pedreira, protuberância rochosa que não servia para extrair pedras, mas conveniente para talhar túmulos.

Rolando uma pedra contra a entrada do túmulo (Mc 15,46b). A descrição encontrada aqui levanta a questão de Marcos (e/ou os outros evangelistas) terem concebido um túmulo talhado na rocha vertical ou horizontalmente, pois foram encontrados os dois tipos de túmulos judaicos, com aberturas verticais mais comuns para sepultamento particular. Duas indicações são pertinentes. A primeira é que José "rolou uma pedra contra a entrada [*thyra*] do túmulo". A "pedra" é mencionada em todos os Evangelhos (não aqui, mas depois da Páscoa em Lc 24,2

---

[12] Deve-se rejeitar como tentativas de hipercrítica (por exemplo, E. Hirsch) usá-las para detectar diferentes fontes marcanas; com efeito, em Mc 5,2.3.5, do mesmo modo que aqui, *mnema* e *mnemeion* são intercambiáveis. Igualmente implausível é a tentativa de Bornhäuser (Death, p. 185) de distinguir *taphos* como a depressão (na qual Jesus foi colocado) dentro da câmara mortuária na qual Jesus foi depositado (*mnemeion*).

[13] As estatísticas abrangem o uso nos relatos da Paixão e da Páscoa *em relação ao corpo de Jesus*, não o uso neotestamentário geral. Os dois primeiros substantivos da lista relacionam-se entre si e sua raiz significa "memorial". A melhor leitura no início de Mc 15,46b é *mnema*, com os Códices Sinaítico e Vaticano; mas Nestle-Aland (26. ed.) aceita *mnemeion* do *koiné*, que, a meu ver, foi harmonizado com o *mnemeion* no final do versículo.

e Jo 20,1). Mateus e o *EvPd* especificam que a pedra era grande, enquanto Mc 16,4 explica que ela era "muito grande". Os três sinóticos usam uma forma ou formas do verbo "rolar" (*proskyliein, apokyliein, anakyliein*; o *EvPd* usa o simples *kyliein*). Em Marcos/Mateus, José rola a pedra; Lucas e João não identificam o agente; em *EvPd* 8,32, a pedra é rolada e colocada contra a entrada do túmulo por todos os que estavam lá junto com o centurião e os soldados. Embora seja possível cobrir com uma pedra o buraco que serve de entrada para uma abertura vertical, a linguagem de rolar uma pedra contra a entrada não condiz com esse tipo de túmulo.[14] A segunda indicação é que o "outro discípulo" em Jo 20,5 se inclinou para olhar dentro do túmulo, mas não entrou. Essas duas indicações encaixam-se bem em um túmulo talhado na encosta de uma configuração rochosa e no qual se entra por uma pequena abertura, semelhante a uma janela no nível do solo, com no máximo um metro de altura, de modo que adultos teriam de se curvar para olhar ou engatinhar para dentro. (Hoje, os "Túmulos dos Reis", a aproximadamente 800 metros ao norte da muralha da cidade velha em Jerusalém, em uma pedreira, oferecem excelente exemplo desse tipo de lugar de sepultamento.[15]) Essa abertura era fechada por uma grande pedra lisa rolada contra ela; ou para túmulos mais elaborados havia uma placa de pedra com formato de roda que podia ser rolada em um trilho de um lado a outro da entrada, com o efeito prático de uma porta deslizante. Parece que Mt 28,2 supõe[16] uma grande pedra lisa, pois o anjo que removeu a pedra senta-se sobre ela — uma pedra em forma de roda teria mais probabilidade de ser rolada de volta em uma reentrância ou parte plana da rocha, do lado de fora do túmulo, e assim não estaria disponível para sentar.

---

[14] Jo 20,1 usa o verbo *airein* para descrever a pedra removida, mas não é preciso traduzir "tirar", como se João imaginasse um túmulo de abertura vertical com a pedra em cima. O verbo ali significa "retirar", do mesmo jeito que no versículo seguinte, com referência ao corpo de Jesus. O propósito normal da colocação dessa pedra era evitar que animais entrassem, em especial os que comeriam os corpos. Entretanto, na imagem marcana, onde José era membro do sinédrio (e não, de maneira discernível, discípulo de Jesus), fechar o túmulo talvez tivesse o propósito de impedir a entrada das mulheres seguidoras de Jesus que estavam observando onde Jesus era colocado. Ouvem-se ecos disso na insistência de que a pedra era (muito) grande, de que na Páscoa as mulheres estavam preocupadas a respeito de quem removeria a pedra para elas (Mc 16,3), e de que os guardas lacraram a pedra (Mt 27,66; EvPd 8,33).

[15] Os túmulos do sinédrio nessa mesma região também estão em uma pedreira. Ver excelentes ilustrações e explicações de túmulos em FANT, p. 181-219.

[16] Devemos nos lembrar de que não há prova de algum dos evangelistas canônicos, que não foram eles mesmos testemunhas oculares e escreveram trinta a quarenta anos depois do acontecimento, ter visto o túmulo de Jesus. Sob a influência de túmulos que eles tinham realmente visto, cada um descreve o que supôs ter sido o túmulo de Jesus (assim Ghiberti, *Sepoltura*, p. 63).

Como era o túmulo de Jesus por dentro? Quase sempre, os túmulos nos quais se entrava por uma abertura horizontal tinham vários cômodos semelhantes a grutas, com altura suficiente para adultos ficarem de pé,[17] e ligados por túneis. (Um túmulo desses podia começar com um cômodo para sepultamento e se expandir para outros, conforme surja a necessidade; ao descrever o túmulo de Jesus, deve ser lembrada neste contexto a afirmação de que era um túmulo novo.) Nesses túmulos, havia diversas maneiras de providenciar o sepultamento, às vezes aparecendo em combinação, mesmo que nem sempre esteja claro se sepulcros de estilos diferentes estavam em uso na mesma época. Populares, especialmente na área de Jerusalém, desde os tempos helenísticos, eram os *kokîm*, isto é, lóculos (ou seja, compartimentos grandes e fundos), com cerca de 30 ou 60 cm de largura e altura, escavados horizontalmente na parede rochosa da gruta, a uma profundidade de 1,5 a 2 metros, podendo cada um receber um cadáver, a cabeça primeiro. Outro plano compreendia um banco de pedra escavado ao redor de três lados dos cômodos, sobre o qual eram colocados corpos (ou com mais frequência ossuários). Ainda outro plano compreendia um arcossólio ou nicho semicircular a mais ou menos um metro do chão, formado escavando-se as paredes laterais da gruta a uma profundidade de aproximadamente sessenta centímetros. O nicho, com o formato de meia-lua, tinha no fundo uma saliência plana sobre a qual era depositado um cadáver ou, às vezes, um recipiente no qual o corpo era colocado.[18] Nenhum relato evangélico nos diz que tipo de sepultamento foi imaginado; mas a história das mulheres no túmulo vazio em Marcos (Mc 16,5 talvez pressuponha uma antessala com um banco, pois descreve um jovem sentado dentro, à direita. Sepulturas judaicas a no máximo vinte metros do túmulo tradicional de Jesus (o Santo Sepulcro) eram do tipo *kokîm*,

---

[17] A altura era quase sempre conseguida cavando-se buracos no chão. Especialmente útil para entender esses túmulos é Puech, "Nécropoles". Ver em Liebowitz, "Jewish", p. 108-111, uma série de tipos de túmulos descobertos na arqueologia recente e também especificações da Mixná.

[18] Já a partir do século I d.C., as câmaras de sepultamento dos ricos podiam ter grandes sarcófagos, escavados na rocha (evolução dos arcossólios cavados) ou, o que era mais raro, soltos e independentes. Essa forma de sepultamento tornou-se mais popular no século II d.C. Além de esquifes e caixões de madeira usados para transportar corpos, a arqueologia mostra que o primeiro sepultamento em um túmulo era na madeira (requisito na Mixná, *Mo'ed Qatan* 1,6) até terminar o tempo de decomposição e o ressepultamento ser possível. Ossuários de calcário mole ou caixas de ossos eram para o o ressepultamento e muitos foram recuperados do período imediatamente anterior a 70 d.C. Em parte, isso acontecia por razões práticas (a coleta dos ossos permitia a reutilização dos túmulos), mas, o que era mais importante, por razões religiosas (crença na ressurreição e na vida após a morte); ver Figueras, "Jewish". Às vezes os ossos de mais de um cadáver eram colocados no mesmo ossuário.

enquanto na área próxima um túmulo de família da época de Jesus consistia em uma câmara com sepulturas em saliências de arcossólios dos dois lados. Jo 20,12 talvez pressuponha que o corpo de Jesus foi colocado sobre um banco ou sobre a saliência de um arcossólio, pois há dois anjos, um sentado à cabeceira e o outro aos pés do lugar onde Jesus ficara. Reconstruções do túmulo de Jesus baseadas no conhecimento do lugar venerado na igreja do Santo Sepulcro indicam um arcossólio.[19] Embora muito se tenha aprendido recentemente a respeito da história arquitetural desse local (como vou relatar na subseção C da ANÁLISE), não se pode esperar um conhecimento mais detalhado dessa fonte.

Marcos nada nos diz a respeito de quem era dono do local de sepultamento, nem por que José tinha permissão para usá-lo. Duas respostas propostas para essas questões refletem-se na questão discutida em § 46, a saber, se Marcos descreve um José que ainda não era seguidor de Jesus. A *primeira* das duas busca fazer sentido do silêncio de Marcos a respeito de elementos que tornariam honroso o sepultamento de Jesus — silêncio que subentende ter sido Jesus sepultado como alguém que fora crucificado depois de ser condenado por um sinédrio. Fora dos muros de Jerusalém,[20] adjacente ao lugar da crucificação, pode bem ter havido lugares de sepultamento para criminosos condenados, isto é, buracos escavados na parede rochosa da colina usada para execução. Nos dias em que os romanos deixavam os corpos serem descidos da cruz, lugares de sepultamento perto eram uma necessidade, já que os corpos deviam ser recolhidos antes do pôr do sol. Distinto membro do sinédrio, José talvez tivesse acesso aos túmulos que serviam para os que o sinédrio condenava. Então, em um desses túmulos perto da cruz,[21] o José marcano, agindo coerentemente como judeu piedoso observante da lei, poderia ter colocado o cadáver de Jesus. As objeções a essa proposta baseiam-se nos outros Evangelhos (por exemplo, a afirmação mateana de que o túmulo era de José) e em indícios arqueológicos. Na igreja do Santo Sepulcro, em Jerusalém, há algumas ru-

---

[19] O'Rahilly, "Burial", p. 152; Puech, "Nécropoles", p. 54; Bahat, "Does", p. 32.

[20] Nos tempos tanaíticos (c. século II d.C.), passou a ser costume o cemitério para criminosos ser longe (Klein, *Tod*, p. 64-99). Nos tempos neotestamentários, parece que o sepultamento deles fora da cidade era suficiente (Mc 12,8; At 14,19).

[21] O "perto" está nos Evangelhos sinóticos por dedução, pois nenhum deles menciona carregar o corpo de Jesus para o lugar de sepultamento, ação que não podia ter percorrido qualquer distância devido à hora e ao sábado que se aproximava. (Carregar um corpo no sábado violaria a lei; ver Jo 5,10; Mixná, *Sabbat* 10,5.) Jo 19,41-42 faz explícita a proximidade do túmulo do local da crucificação.

ínas do que tem sido tradicionalmente identificado como o túmulo de Jesus. Parece que, se é genuíno, o túmulo indica um lugar de sepultamento mais elaborado que os que eram fornecidos para o sepultamento de criminosos.[22]

A *segunda* resposta recorre a Mt 27,60, onde José usa seu próprio túmulo. Essa resposta tem o atrativo de apresentar uma explicação simples da razão do lugar de sepultamento estar à disposição de José para um sepultamento tão extemporâneo. Há muitas objeções a ela e também alguns indícios corroborantes. À guisa de objeções, no NT a informação só é fornecida por Mateus[23] e faz parte da expansão mateana do papel de José. Se, transcendendo Marcos, ele fez José discípulo de Jesus, será que Mateus identificou o lugar de sepultamento como túmulo de José precisamente porque isso explicaria por que ele estava disponível para uso no sepultamento de Jesus? Contudo, em outra passagem, Mateus tem acesso a uma tradição popular a respeito de Jerusalém (Mt 27,6-8: o "Campo de Sangue", comprado com as moedas de prata de Judas para ser cemitério de forasteiros); e, talvez, aqui também ele tivesse acesso a uma antiga tradição a respeito do túmulo. O uso por José de seu túmulo harmoniza-se com a tese de que ele ainda não era discípulo de Jesus, supondo-se que, em sua ansiedade para ter Jesus sepultado antes do pôr do sol, ele estava disposto a deixar seu túmulo servir de receptáculo temporário para o corpo do crucificado até o sábado terminar.[24] (Entretanto, não há nada no relato marcano que sugira ser esse um sepultamento temporário.) Qual a probabilidade de um influente membro do sinédrio ter seu túmulo particular tão próximo a um lugar de execução? Blinzler ("Grablegung", p. 85) tenta evitar o problema alegando que não temos certeza de se o Gólgota era um lugar usual para execução pública. Ou devemos pensar que escolher um lugar de sepultamento bem

---

[22] Se Mc 16,5 subentende que o túmulo tinha uma antecâmara, isso também sugere uma estrutura elaborada. Entretanto, o uso marcano de *mnema* e *mnemein* (a raiz significa "memorial"; nota 13 acima) para o lugar de sepultamento ou túmulo de Jesus dificilmente prova alguma coisa. Como indica BAGD 524, essas palavras são termos genéricos para "sepultura" ou "túmulo". Em At 13,29, o sepultamento de Jesus em um *mnemeion* é ação hostil, ao que parece pelos inimigos judeus de Jesus. Além do mais, se a opção for pela conotação de "memorial", isso reflete a veneração cristã do local.

[23] Nenhum outro Evangelho canônico declara que o túmulo pertencia a José. Isso é afirmado por *EvPd* 6,24, mas quase com certeza na dependência de Mateus.

[24] Essa possibilidade aumentará se a informação de que esse era um túmulo novo, jamais usado antes (Mt 27,60; Lc 23,53; Jo 19,41), for histórica, pois então José não contaminaria membros mortos da família colocando entre eles o cadáver de um criminoso.

perto da cidade santa[25] era mais importante para os piedosos que a indesejabilidade do Gólgota adjacente? (Externamente, túmulos magníficos do século I ainda estão de pé no Vale do Cedron paralelo à ponta meridional das muralhas de Jerusalém, lugar excelente, apesar de ser perto da indesejável Geena.)

Embora a primeira resposta tenha a vantagem metodológica de não depender de informações de fora, a escolha de uma em vez da outra representa pouco mais que uma conjetura, pois há outras possibilidades das quais não temos nenhuma prova, por exemplo, o uso por José do túmulo de um amigo. É provável que Marcos jamais esperasse que os leitores perguntassem a respeito da disponibilidade do túmulo.

As duas Marias (Mc 15,47). Tendo terminado a história de José quando ele fecha o túmulo, Marcos volta nossa atenção para duas outras figuras da história do sepultamento. Os leitores devem consultar o Quadro 8 (§ 41), que compara essas galileias (e a forma como elas são identificadas) em três cenas marcanas inter-relacionadas: observando de longe quando Jesus morreu (Mc 15,40-41: três mulheres com os nomes citados); aqui (duas mulheres com os nomes citados); e indo ao túmulo na Páscoa para ungir o corpo de Jesus (Mc 16,1: três mulheres com os nomes citados). As duas primeiras das três mulheres descritas na cena inicial ("Maria Madalena e Maria mãe de Tiago Menor e de Joset") são mencionadas aqui no sepultamento,[26] mas a segunda, de forma abreviada: "Maria de Joset".[27] Essas duas (mais Salomé) também vão estar na cena da Páscoa: elas observaram Jesus morrer; aqui, elas observam seu sepultamento nesse túmulo; elas vão encontrar esse mesmo túmulo vazio. Notemos que, em Marcos, elas não se envolvem no sepultamento,[28] nem lamentam, como as mulheres da época estavam acostumadas a fazer, nem mesmo expressam compaixão; Marcos está interessado apenas no ato

---

[25] Mixná *Baba Batra* 2,9 insiste que as sepulturas sejam mantidas a cinquenta côvados (cerca de trinta metros) distantes da cidade.

[26] Alguns biblistas acham que Marcos cita duas mulheres a fim de cumprir o requisito da lei (Dt 19,15: "Somente com a prova de duas ou três testemunhas uma acusação será admitida"), mas isso não explica por que ele não manteve as três mulheres. Além do mais, havia limitações para as mulheres como testemunhas (§ 44 A, acima).

[27] Ver em § 44, nota 34, teorias que explicam as formas longa e curta da designação dessa Maria. Há muitas leituras variantes do(s) nome(s) do filho aqui, mas "Maria de Joset" é a mais bem atestada (Códice Vaticano e alguns testemunhos *koiné*).

[28] Em minha interpretação onde o José marcano não é discípulo amigável de Jesus, as discípulas mulheres não têm permissão para participar. Contudo, a impressão básica na narrativa preservada é a de não envolvimento.

de elas observarem. O tempo imperfeito ("estavam observando") significa que as mulheres ficaram ali algum tempo e, assim, provavelmente durante todo o curto processo de sepultamento. Esse tempo não deve ser enfraquecido e transformado em imperfeito conativo (B. Weiss), "estavam tentando/querendo observar", em especial se isso levar à dedução de que elas, de fato, não observaram. (Por que, então, Marcos as teria mencionado? Ele descreve uma sucessão de testemunhas para ligar o local do sepultamento e o da ressurreição.) A oração com o tempo perfeito de *tithenai* ("onde ele foi/tinha sido colocado") dá proeminência ao "onde", precisamente porque essas mulheres virão ao mesmo lugar na Páscoa. Contudo, não se deve forçar para isso significar que as mulheres observaram apenas o lugar, e não a colocação (Mc 15,46: *katatithenai*) do corpo. (Por que, então, Marcos usaria o imperfeito "estavam observando"?) Reparemos que Lc 23,55, que revela conhecimento de Mc 15,47, se refere às mulheres vendo não só onde, mas também como o corpo foi colocado.

Sepultamento de Jesus segundo Mt 27,59-61

Em relação a Marcos, esse relato foi influenciado pela descrição mateana de José como discípulo de Jesus antes do sepultamento, de modo que ele está claramente sepultando o mestre, não um criminoso condenado. Pilatos ordena que o corpo seja devolvido a José, presumivelmente pelos soldados romanos (Mt 27,58). Por conseguinte, José precisa apenas tomar (*lambanein*) o corpo deles, não descê-lo da cruz, como em Mc 15,46 (*kathairein*). A apressada improvisação de comprar material de linho de última hora é omitida; é de se presumir que o rico José mateano estava preparado para uma resposta afirmativa de Pilatos e tinha o material à mão. O emprego mateano indireto da informação marcana de que o pano de linho foi comprado há um instante atrás encontra-se em sua especificação de que o *sindon* era *katharos*. Normalmente, isso significava "limpo" e mantive esse sentido na tradução, como sinal de atitude reverente no sepultamento. O elemento adicional de "branco" origina-se do estudo meticuloso por Joüon ("Matthieu xxvii"), segundo quem o adjetivo refere-se ao caráter fortemente alvejado do linho e sua genuína brancura.[29] Além disso, de modo mais reverente, Mateus descreve o que foi feito ao corpo de Jesus (não a "ele", como em Marcos). O uso de *entylissein* ("envolver") por Mateus é uma das famosas concordâncias com Lucas (Lc 23,53), ao contrário

---

[29] Ver Ap 15,6; 19,8.14; o verbo relacionado, *katharizein*, é usado em Sl 51,9, em paralelismo com lavar e produzir um estado mais branco que a neve.

do *enelein* marcano. O verbo *entylissein* também se encontra em Jo 20,7; assim, na última parte do século I, tornara-se parte da linguagem padrão pertinente ao sepultamento. Independente um do outro, Mateus e Lucas preferiram-no ao prosaico "amarrar" marcano. Mateus e Lucas (e Jo 19,42) também concordam no uso de *tithenai* normal, em vez do raro *katatithenai* marcano; será que eles acharam um tom pejorativo nesse verbo, do qual uma das conotações é livrar-se de um fardo?

Em Mateus, a principal inovação a respeito do lugar de sepultamento é que o túmulo pertence a José e é novo. O primeiro item, que se adapta à imagem de um discípulo sendo generoso no sepultamento do mestre, reflete uma dedução por Mateus: se José tinha liberdade para usar o túmulo e era rico, com certeza o túmulo era seu.[30] Ou essa era uma lembrança concreta? (Acima, ao estudar que tipo de túmulo Marcos imaginou, vimos os pontos fortes e fracos dessa afirmação.) Ou, depois de se tornar cristão, esse judeu abastado comprou o túmulo no qual tinha sepultado Jesus? A resposta à origem da propriedade de José talvez esteja em ainda outra direção. *EvPd* 6,24 mostra a evolução de um topônimo, "o Jardim de José". Nessa analogia, na época de Mateus, foi o túmulo associado à atividade de José ao sepultar Jesus indicado como "túmulo de José" e foi isso simplificado para o túmulo que José possuía?[31]

Quanto ao túmulo ser novo, Jo 19,41 está de acordo com Mateus: "Havia [...] no jardim um túmulo novo no qual ninguém havia sido colocado ainda". Mais uma vez, Curtis ("Three", p. 443) usa isso como prova da dependência joanina de Mateus. Julgo-o antes sinal de que os dois evangelistas foram influenciados por uma tradição de José em expansão,[32] pois a mesma ideia é transmitida por Lc 23,53 e Jo 19,41, na linguagem de um lugar ou túmulo no qual ninguém já tinha sido depositado/colocado. Em todos os Evangelhos, o relato do sepultamento e do túmulo foi influenciado pelo relato subsequente da descoberta do túmulo vazio e da proclamação de que Jesus ressuscitou. Exatamente como nos Evangelhos mais tardios, o relato do túmulo vazio mostra a influência da apologética que se opõe aos argumentos dos adversários contra a ressurreição, e também ao relato do se-

---

[30] Ver em § 46, nota 2, o uso imaginoso desse túmulo como diferente daquele no qual as mulheres viram Jesus ser colocado; ver em § 46, nota 49, a sugestão da origem em Is 53,9.

[31] Ver a probabilidade de ser o túmulo de Jesus lembrado e venerado em C, na ANÁLISE abaixo.

[32] Do mesmo modo, parece que os dois foram influenciados independentemente pela tradição de uma aparição pós-ressurreição de Jesus a Maria Madalena.

pultamento. O corpo de Jesus não poderia ter sido confundido com outro corpo no túmulo e depois perdido, pois o túmulo era novo.[33]

A descrição mateana do fechamento do túmulo não é muito diferente da de Marcos. Mateus usa o *lithos* marcano para a "pedra" que fecha o túmulo e que será rolada para trás por um anjo em ligação com o grande terremoto no domingo de manhã (Mt 28,2), não a *petra* que ele usou ao descrever o terremoto e as "rochas" que se partiram, e que levaram à ressurreição dos santos quando Jesus morreu (Mt 27,51-52) — material que veio da fonte não marcana popular disponível para Mateus. Ao relato marcano, Mateus acrescenta aqui o detalhe de que a pedra era grande (informação que Marcos retém até descrever o túmulo aberto em Mc 16,4).[34] É compreensível que o túmulo de um rico fosse de um padrão que exigia uma pedra grande para fechamento. Mateus também acrescenta que José "foi embora" depois de fechar o túmulo, de modo que as mulheres que são mencionadas em seguida implicitamente permanecem ali sozinhas.[35] Exatamente como para Marcos, também para Mateus os leitores devem rever o Quadro 8 em § 41, a fim de perceber a ligação entre as três cenas nas quais as galileias aparecem: na morte de Jesus, observando de longe (Mt 27,55-56, onde três mulheres têm o nome mencionado); aqui, no sepultamento (duas mulheres têm o nome mencionado); e indo ver o sepulcro na

---

[33] Shea ("Burial", p. 102) não percebe o fator apologético e tenta usar o fato de ser o túmulo novo historicamente como prova de que Jesus foi sepultado em um túmulo dispendioso. Não há nada nos relatos evangélicos que apoie a sugestão de Bultmann (*John*, p. 680), segundo a qual o fato de ser novo mostra que o túmulo ainda não foi profanado e, assim, é adequado para a santidade do corpo de Jesus. Como mencionado na nota 24 acima, há quem relacione o túmulo novo com a preocupação judaica de que restos mortais de parentes antepassados venerados seriam contaminados se o corpo de um criminoso crucificado fosse introduzido em um túmulo já usado. Entretanto, os dois Evangelhos (Mateus, João) que chamam o túmulo de "novo" apresentam José como discípulo de Jesus; e, nessa situação, o corpo do venerado mestre de José certamente não traria desonra a um túmulo de família já em uso.

[34] R. H. Fuller (*Formation*, p. 54) atribui a retirada dessa pedra à forma mais primitiva da tradição da ressurreição. Contudo, isso não justifica as tentativas de outros biblistas de usar o tamanho da pedra como informação histórica que constitui outra prova de que o túmulo de Jesus era luxuoso. É má metodologia ignorar o propósito com o qual os evangelistas narram detalhes e usar esses detalhes para criar uma imagem histórica que os evangelistas talvez nunca tenham imaginado. A razão para mencionar o tamanho da pedra é aumentar o elemento milagroso no fato de estar a pedra removida quando as mulheres visitam o túmulo no domingo.

[35] Que a função de "foi embora" é transferir a atenção para as mulheres é muito mais plausível que a tese de Schreiber ("Bestattung", p. 160), segundo a qual Mateus contrasta a partida de José para observar o sábado com a ação contínua das autoridades judaicas que gastam tempo no sábado para conseguir que uma guarda seja colocada no túmulo de Jesus (Mt 27,62-66). Na verdade, Mateus não menciona "sábado" com nenhuma dessas duas ações.

Páscoa (Mt 28,1: as mesmas duas têm o nome mencionado). Seguindo o exemplo de Marcos, Mateus só cita no sepultamento as duas primeiras mulheres que mencionou na cena inicial (Mt 27,56: "Maria Madalena e Maria, mãe de Tiago e de José"), e abrevia a designação da segunda mulher para "a outra Maria". O que é diferente é Mateus não dizer, como fez Marcos, que as mulheres estavam observando onde Jesus era colocado. Isso acontece por Mateus ter um senso judaico de como o valor legal do testemunho delas era limitado? Ou os leitores presumiriam que, como as mulheres "estavam" (imperfeito) ali sentadas bem em frente ao sepulcro, naturalmente observaram o sepultamento? De qualquer modo, parece que as mulheres tinham ido embora no dia seguinte, quando (em uma cena tipicamente mateana) uma guarda de soldados protege o sepulcro e lacra a pedra em sua entrada (Mt 27,65). É digno de nota que, em referência às mulheres, Mt 27,61 introduz a palavra *taphos* ("sepulcro") em vez de *mnemeion* ("túmulo"), que ele usou com referência a José; esse novo termo passa do relato da guarda (Mt 27,64.66) para a visita das mulheres na manhã de Páscoa (Mt 28,1).

Sepultamento de Jesus segundo Lc 23,53-56a

O relato lucano desta cena divide-se quase igualmente entre o sepultamento por José e o que as mulheres estavam fazendo, pois Lucas dá a estas últimas mais atenção do que Marcos/Mateus.

O sepultamento por José (Lc 23,53-54). Ao contrário de Mateus, Lucas não fez José discípulo de Jesus antes do sepultamento; contudo, o José lucano não concordou com a decisão do sinédrio contra Jesus. Portanto, o motivo de José para sepultar Jesus, além de realizar um ato piedoso (visão de Marcos), incluía respeito e pena. Como Mateus, Lucas omite a primeira oração marcana, "tendo comprado um pano de linho", presumivelmente por uma razão semelhante: sabendo que uma injustiça estava sendo cometida, José já começara a fazer reparação preparando o sepultamento. Ao contrário de Mateus (onde os que estão sob as ordens de Pilatos entregam o corpo de Jesus), mas como Marcos, em Lucas José desce o corpo. Como foi explicado em relação a Mateus, Lucas também prefere o que se tornou o verbo mais comum, *entylissein* ("envolver"), ao *eneilein* marcano ("amarrar") para descrever como o corpo de Jesus foi envolvido em um *sindon*. Outra vez com Mateus, ele prefere o *tithenai* mais usual ao *katatithenai* marcano ("pôr, depositar") para *colocar* o corpo de Jesus na sepultura. Contudo, com Marcos, Lucas usa *mnema* ("lugar de sepultamento"), em vez do *mnemeion* ("túmulo") mateano, modificando-o, porém, com o elegante e raro adjetivo "escavado na rocha". Ao contrário de Mateus, Lucas não chama o lugar de sepultamento de "novo", mas alcança o mesmo efeito por meio da oração "onde ninguém tinha sido depositado ainda", que se parece com Jo 19,41: "no qual ninguém havia sido colocado ainda".[36] Há quem remonte essa oração que conclui Lc 23,53 à fonte lucana especial (ver Fitzmyer, *Luke*, v. 2, p. 1523), mas eu considero o número incomum de concordâncias secundárias características (Mateus e João, Lucas e João, Mateus e Lucas, todas em contraste com Marcos) nesta seção sinal de que o uso apologético da narrativa do sepultamento catalisara o desenvolvimento de uma descrição comumente usada, e que isso influenciou os evangelistas quando eles escreveram a respeito do sepultamento. (No caso de Mateus e Lucas, fê-los substituir independentemente o que Marcos escrevera.) Além da apologética, talvez Lucas preferisse esta expressão específica "onde ninguém tinha sido depositado ainda" como eco da sentença que usara para descrever a entrada de Jesus como rei em Jerusalém em um jumentinho, "no qual ninguém montou ainda" (Lc 19,30.38). Adiante, vou sugerir que havia um caráter régio no sepultamento em João; e talvez Senior (*Passion [...] Luke*, p. 151-152) não esteja errado ao achar um aspecto semelhante em Lucas, quando "o Rei dos Judeus" é colocado em um túmulo.

Lucas omite a informação marcana de que José fechou o túmulo rolando uma pedra contra a entrada e só menciona a pedra na cena da manhã de Páscoa (Lc 24,2) quando as mulheres vêm e acham-na removida. Em vez disso, Lucas coloca aqui, depois do sepultamento, uma parte da indicação de tempo[37] que Mc 15,42b ("como era dia de preparação, isto é, o dia antes do sábado") colocou antes do sepultamento. Em Marcos, essa indicação, combinada com "sendo já o entardecer", explicou a urgência para tirar o corpo de Jesus da cruz e colocá-lo no túmulo. A colocação lucana da indicação de tempo ("era dia de preparação e o sábado estava raiando") tem efeito duplo. Primeiro, assegura ao leitor que a lei foi seguida, pois

---

[36] O "depositado" lucano vem de *keishai* (Lucas, 6 vezes; Marcos, 0; Mateus, 3; João, 7); o "colocado" joanino é *tithenai*.

[37] Jo 19,42 também tem uma indicação de tempo ("por ser dia de preparação dos judeus") no fim do relatório do sepultamento. Mas João relata isso imediatamente antes de dizer que colocaram Jesus no túmulo, ao passo que Lucas faz sua referência ao dia de preparação imediatamente *depois* de Jesus ser colocado no lugar do sepultamento. Além disso, de modo muito diferente de Lucas, João tem uma indicação anterior de tempo em Jo 19,31 (dia de preparação antes do sábado) antes da descida da cruz. Nesse detalhe, João estava mais próximo de Marcos.

o sepultamento de Jesus terminou antes do sábado. Também ajuda a explicar por que as mulheres que Lucas está prestes a mencionar não ficaram perto do túmulo, mas foram embora para aprontar especiarias e mirra. Elas tinham de obedecer ao descanso do sábado que ia começar (Lc 23,56b). Lucas emprega *epiphoskein* no imperfeito: "o sábado estava raiando", verbo que inclui *phos* ("luz") e reflete a disposição onde os dias começam de manhã, quando o sol começa a brilhar. Esse verbo parece estranho no contexto do calendário judaico onde o dia começa depois do pôr do sol e, assim, com o início da escuridão. Apesar de esforços para explicar o uso em termos de outras luzes que brilham à noite,[38] com certeza ele apenas reflete uma expressão idiomática costumeira descuidada, que nem sempre é exata (Mt 28,1 emprega o mesmo verbo para o "despontar" do primeiro dia da semana: não domingo de manhã cedo, mas sábado à noite, que é o início do domingo no calendário judaico).

O que as mulheres viram e fizeram (Lc 23,55-56a). Como com os outros Evangelhos sinóticos, os leitores devem mais uma vez consultar o Quadro 8 em § 41 para entender a inter-relação das três cenas nas quais as galileias aparecem: primeiro, estando de pé a certa distância e vendo as coisas que aconteciam na morte de Jesus (Lc 23,49: ninguém citado[39]); aqui (ninguém citado) e indo ao túmulo com especiarias na manhã de Páscoa (Lc 24,1, com três nomes citados em Lc 24,10). Na cena presente, ao falar das "mulheres que tinham vindo com ele da Galileia", Lucas repete quase literalmente a designação que usou na primeira cena,[40] lembrando-nos de que as mulheres fizeram com Jesus a grande viagem da Galileia para Jerusalém que começou em Lc 9,51. Enquanto Marcos/Mateus simplesmente identificam as mulheres como galileias, a repetição lucana ultrapassa isso, assegurando a continuidade dessas cenas de morte, sepultamento e ressurreição com o ministério de Jesus na Galileia (desse modo Talbert, *Reading*, p. 225), e assim, a consistência de toda a sua missão. É interessante que os homens conhecidos de

---

[38] Fitzmyer (*Luke*, v. 2, p. 1529) relaciona estas: a luz inicial da primeira estrela, ou do planeta Vênus, ou do círio do sábado.

[39] Ao examinar Lc 23,49, expliquei que não era necessário Lucas citar "as mulheres que o acompanhavam desde a Galileia" porque (só ele entre os Evangelhos), durante o ministério galileu, Lucas apresentara mulheres como Maria Madalena e Joana que, neste contexto, ele só citará em Lc 24,10, no final das atividades delas.

[40] Apesar de Lc 23,55 repetir a descrição das mulheres de Lc 23,49, Taylor (*Passion*, p. 93, 102-103), que reconhece uma dependência de Marcos em Lc 23,49, atribui Lc 23,55 e também Lc 23,56a à fonte lucana especial.

Jesus, que só Lucas (Lc 23,49) mencionou na cena da morte como estando "de pé de [*apo*] longe", agora desapareceram completamente da narrativa. Entretanto, a ligação das mulheres com as duas cenas é realçada: elas não só estão em ambas, mas também seguiram atrás (Lc 23,55), isto é, provavelmente atrás de José, quando ele desceu o corpo e o colocou no lugar de sepultamento (Lc 23,53).[41] No v. 55, Lucas é também mais específico que Marcos a respeito do que as mulheres viram:[42] não só o local do túmulo, mas também como o corpo de Jesus foi colocado ali. Esta última observação significa que o viram ser envolvido em um pano de linho (Lc 23,53), mas não ungido; é por isso que elas não ficaram no túmulo, mas retornaram a fim de fazer as preparações para ungi-lo.[43]

Para onde elas retornaram? É de se presumir que para onde elas estavam hospedadas em Jerusalém, lugar onde havia especiarias e mirra que podiam preparar, pois, ao contrário de Mc 16,1, Lucas não relata que elas tiveram de comprar esses produtos. (Na verdade, com o raiar do sábado, não haveria tempo para fazer a compra.) São inúteis as engenhosas tentativas de harmonizar Lucas, onde as mulheres tinham as especiarias antes de o sábado começar, com Marcos, onde as mulheres só compraram as especiarias depois de o sábado acabar.[44] Tendo lido Marcos, Lucas deliberadamente mudou a sequência como parte de sua intenção de escrever um relato mais "ordenado" (Lc 1,3). Lucas supostamente queria que os leitores pensassem que, em sua previdência, essas mulheres já tinham adquirido o que seria necessário. Ao introduzi-las em Lc 8,2-3, Lucas descreveu-as como

---

[41] *Katakolouthein* significa literalmente "seguir para baixo", mas Lucas com certeza não quer dizer para baixo nas ladeiras do Lugar da Caveira; em At 16,17, o termo é usado para o seguimento de Paulo.

[42] Lucas usa *theasthai* ("olharam para"), não o *theorein* ("estavam observando") de Mc 15,47.

[43] A construção participial que inicia Lc 23,56a liga-o estreitamente a Lc 23,55, de modo que a gramática confirma a ligação lógica entre o que elas viram e o que elas fizeram. O verbo "retornar", *hypostrephein*, é bem lucano, e ocorre trinta e duas vezes em Lucas-Atos, mas nunca nos outros Evangelhos.

[44] Por exemplo, a tese de que o que elas tinham na sexta-feira não era suficiente, por isso tiveram de comprar mais no domingo (Marcos) — Lc 24,1 é específico, afirmando que as especiarias levadas pelas mulheres ao lugar do sepultamento na manhã de domingo eram as que elas tinham preparado (na sexta-feira) e, assim, não algumas compradas recentemente. Nem é admissível argumentar que a construção "*de* [Lc 23,56a: 'Mas'] ... *men* [Lc 23,56b: 'então']" não é para ser considerada temporalmente sequencial, de modo que Lucas pode ser lido de forma invertida: elas guardaram o sábado (Lc 23,56b) e então prepararam especiarias (Lc 23,56a). A razão para essa suposta inversão é que Lucas queria terminar de narrar o sepultamento antes de se voltar para a sequência do túmulo vazio (Vander Heeren, "In narrationem"). Entretanto, Lucas liga a preparação das especiarias à volta do lugar de sepultamento; essa inversão teria de pressupor que elas ficaram no túmulo o sábado todo e "retornaram" para onde estavam hospedadas só no domingo!

provendo-lhe a subsistência ou "servindo" (*diakonein*) Jesus em seu ministério público "com seus bens". Elas o servem na morte, não menos que em vida.

O que as mulheres prepararam está descrito no versículo 56a pela forma plural das palavras gregas *aroma* e *myron* ("especiarias e mirra"). O plural de *aroma* aparece no relato joanino do sepultamento (Jo 19,40), como também *smyrnon* (Jo 19,39), outra palavra para mirra. Deixo para meu exame do relato joanino do sepultamento um exame detalhado desses materiais fragrantes porque existe o problema de saber se João se refere a especiarias pulverizadas ou a óleo perfumado com elas. Como a *myron* lucana virtualmente sempre subentende líquido, não há razão para duvidar que ele se refere a óleo e/ou unguento perfumados que serão aplicados (derramando?) sobre o cadáver. Lucas leu em Mc 16,1 que o propósito das mulheres indo ao túmulo na manhã de Páscoa era levar especiarias (*aroma*) para ungir (*alleiphein*) Jesus; e, embora Lucas não seja tão específico em Lc 24,1, ele certamente quer que os leitores entendam o mesmo propósito.

Alguns biblistas, duvidando que as mulheres pudessem aprontar as especiarias e a mirra (Lc 23,56a) antes do pôr do sol, especulam se Lucas estava confuso quanto ao cálculo de tempo judaico e pensou que o entardecer de sexta-feira fazia parte do dia de preparação, e não do sábado. (Essa tese dá às mulheres até a meia-noite de sábado para terminar de aprontar as especiarias antes do início do sábado.) Mas Lc 22,13-14 sugere o entendimento de que a hora da refeição do entardecer marcava o dia seguinte (o dia posterior àquele em que o cordeiro pascal tinha sido sacrificado: Lc 22,7). A própria menção do sábado que estava "raiando" em Lc 23,54 exige um ambiente de pressa, não de calma; assim, quer os biblistas modernos pensem que havia, quer pensem que não havia tempo suficiente antes do sábado para aprontar especiarias, Lucas queria que os leitores pensassem que sim. Da direção oposta vem outra objeção ao relato lucano das especiarias. Por que as mulheres tinham de realizar a tarefa antes do sábado, à luz da Mixná *Sabbat* 23,5, que diz que no sábado "Eles podem preparar todos os requisitos necessários para um cadáver, ungi-lo e lavá-lo, contanto que não movam nenhum dos membros do corpo"? Além da possibilidade de haver uma exigência mais rígida nos tempos neotestamentários, essa regra da Mixná não se aplicava ao corpo de Jesus, pois supõe uma situação na qual não foi possível sepultar o corpo antes do sábado, de modo que os que vão sepultá-lo ainda estão de posse dele. Uma regra mais aplicável da Mixná é *Sabbat* 8,1, que proíbe tirar no sábado óleo "suficiente para ungir o menor dos membros".

Sepultamento de Jesus segundo Jo 19,38b-42

Bem no início desta seção, mencionei que o relato joanino era muito diferente do marcano, pois, em João, Jesus recebe um sepultamento honroso. Mateus (porque modificara a imagem marcana, de modo que José se tornou discípulo de Jesus) já mudara para uma descrição menos rígida do sepultamento: o linho era "branco limpo" e o túmulo "novo". Entretanto, nenhum sinótico sugere o uso de especiarias no cadáver de Jesus entre a morte e o sepultamento, como faz João, onde são trazidas aproximadamente cem libras. Ao mesmo tempo, João respeita a tradição a respeito de José, pois *só* em Jo 19,38b ele não faz mais do que faz em Marcos. Depois da permissão de Pilatos em Jo 19,38a, o José joanino "veio [*erchesthai*, como em Mc 15,43a] e retirou [*airein*, enquanto Mc 15,46 tem *kathairein*] o corpo".

O que faz a diferença no relato joanino que começa no v. 39 é a presença de Nicodemos. Foi ele que veio "trazendo uma mistura de mirra e aloés, aproximadamente cem libras". Na verdade, sua presença torna a ação de José mais positiva, se o *lambanein* da ação combinada ("eles pegaram o corpo") em Jo 19,40 tem um tom mais favorável que o *airein* da ação solitária de José (ele "retirou o corpo") em Jo 19,38b.[45] João não especifica como José e Nicodemos colaboraram, a não ser no próprio ato do sepultamento. Nicodemos comprou a grande quantidade de especiarias em cima da hora, no momento em que soube da morte de Jesus, ou já as tinha,[46] prevendo que Jesus não seria poupado pelos romanos? Lagrange (*Jean*, p. 503) supõe que José e Nicodemos haviam concordado em uma divisão de trabalho: José foi a Pilatos, enquanto Nicodemos foi à loja de especiarias. Gaechter ("Zum Begräbnis", p. 221-223), com sua costumeira harmonização, propõe que ambos

---

[45] Assim Hemelsoet ("Ensevelissement", p. 54-55), que menciona Jo 1,12, onde todos os que "recebem" (*lambanein*) Jesus se tornam filhos de Deus.

[46] Alguns testemunhos textuais, inclusive o Códice Sinaítico, leem "tendo" uma mistura de mirra e aloés, em vez de "trazendo". O fato de já haver uma mistura (*migma*) sugere preparação? A variante *heligma*, encontrada nos Códices Sinaítico* e Vaticano (e considerada original por Barrett), significa "rolo" ou "pacote"; não esclarece esta questão, pois provavelmente representa o esforço de um escriba para entender como as especiarias foram transportadas. Outra variante secundária é *smigma*, forma de *smegma* ("unguento"), palpite de escribas quanto à natureza das especiarias. Bernard (John, v. 2, p. 653) explica *heligma* como alteração de *smigma*.

foram à loja: José comprou o pano de linho (Mc 15,46) e Nicodemos comprou as especiarias. Toda essa especulação choca-se com a intenção joanina: "Mas veio também Nicodemos" é espontâneo e inesperado. Os efeitos da morte de Jesus encontram expressão independente nas reações de várias pessoas: em José, que até este ponto tinha sido apenas um discípulo oculto por medo dos judeus, e agora em Nicodemos, "que primeiro viera até ele à noite". O fato de, como a respeito de José em todos os Evangelhos, ser dito que Nicodemos "veio" (ao local de execução, depois da morte de Jesus) significa que ele não estava presente durante a Paixão. Como o José marcano, Nicodemos era membro do sinédrio, "mestre de Israel" (Lc 3,10); contudo, embora estivesse interessado no Reino (Lc 3,1-5), ele só teve coragem para vir a Jesus à noite, como João lembra aos leitores. Como o José lucano, Nicodemos discordou dos colegas do sinédrio quanto ao julgamento deles contra Jesus; contudo, ele o fez não professando a inocência de Jesus, mas formulando uma tecnicalidade da lei (Jo 7,50-52). Implicitamente, ele era rico, como o José mateano, pois tinha os meios para trazer grande quantidade de especiarias. E, finalmente, como o próprio José joanino, ele faz por Jesus um ato público que demonstra mais coragem do que até então fora revelada.

Entretanto, nosso estudo precisa entrar em mais detalhes, pois o relato joanino levanta muitas questões. Como devemos entender o simbolismo das cem libras (ou trinta quilos)? O que significa "mirra e aloés" — pedacinhos de incenso, ou um líquido, e, no caso deste último, houve unção? O que João quer dizer com os "panos" que atam o corpo de Jesus juntamente com as especiarias? Como João quer que julguemos o gesto de Nicodemos? Vamos tratar dessas questões uma de cada vez.

"Aproximadamente cem libras" (Jo 19,39b). A *litra* ou libra romana equivalia aproximadamente a doze onças e, assim, a quantidade devia ser aproximadamente trinta quilos,[47] o que ainda é uma quantidade extraordinária. Se a referência era a especiarias pulverizadas ou fragmentadas, esse peso ocupava espaço considerável no túmulo e ocultaria o cadáver sob um monte. A perplexidade a respeito de onde essa quantidade foi obtida em cima da hora e como foi trazida faz os biblistas procurarem modificar a quantidade. Por exemplo, A. N. Jannaris (ExpTim 14, 1902-1931, p. 460) propõe que se leia *hekaston* por *hekaton*, o que dá: "mirra e aloés, aproximadamente uma libra de cada". De Kruijf ("More", p. 236-

---

[47] Josefo (*Ant.* XIV,vii,1; #106) dá um peso menor para a libra, o que faria a quantidade equivaler a cerca de 23 libras atuais.

238) entende *litra* como medida não de peso, mas de volume; e, em analogia com Jo 12,3, onde *litra myrou* inclui líquido em um frasco de alabastro, argumenta que isso representa de seis a dez onças fluidas (aproximadamente 1/3 a 1/2 quartilho). O resultado seria mais ou menos quatro galões de óleo perfumado.[48] De Kruijf afirma que essa interpretação elimina parte da extravagância irreal da quantidade. Uma grande dificuldade é que, aqui, João não usa *myron*, palavra que subentende óleo, mas, como veremos, termos que têm maior probabilidade de subentender pó. Outros (por exemplo, Lagrange, *Jean*, p. 503) aceitam o significado "libra", mas especulam se não houve erro dos copistas a respeito do número (erro que não deixou nenhum indício nas cópias textuais!). Em vez disso, é melhor reconhecer que números grandes são empregados em várias cenas joaninas como sugestão simbólica de abundância messiânica, por exemplo, em Jo 2,6, as seis talhas de água, cada uma contendo duas ou três medidas (todas totalizavam de 120 a 180 galões), e em Jo 21,11, os 153 peixes. Especificamente, o que estava simbolizado aqui? De Kruijf ("More", p. 239) pensa em fé reverente. Outros apontam para grandes quantidades de especiarias em sepultamentos régios. Foram necessários quinhentos servos para carregar as especiarias (pl. de *aroma*) no sepultamento de Herodes, o Grande (Josefo, *Guerra* I,xxxiii,9; #673; *Ant.* XVII,viii,3; #199). Fontes rabínicas mais tardias (TalBab 'Aboda Zara 11a; *Semahot* ['Ebel Rabbati] 8,6 [47a]) falam de setenta ou oitenta minas sendo queimadas por ocasião da morte (c. 50 d.C.?) de Rabban Gamaliel, o Velho, que "valia mais que cem reis inúteis". O antecedente bíblico é Jr 34,5, onde o Senhor prometeu ao rei Sedecias, prestes a ser exilado, que "como especiarias foram queimadas por teus antepassados, os antigos reis antes de ti, do mesmo modo especiarias serão queimadas por ti". A ideia de que Jesus recebeu sepultamento digno de um rei corresponde bem à solene proclamação de que na cruz ele foi verdadeiramente "o Rei dos Judeus" (Jo 19,19-20) e à afirmação de que foi sepultado em um jardim (Jo 19,41; ver adiante). Quando Maria, irmã de Marta, usou uma libra de mirra (*myron*) para ungir os pés de Jesus, Judas Iscariotes, "um dos discípulos" de Jesus, queixou-se do desperdício de dinheiro (Jo 12,3-5); ironicamente, agora, Nicodemos, que acaba de surgir como discípulo de Jesus, usa cem libras de mirra (*smyrna*) no corpo de Jesus.

"Uma mistura de mirra [*smyrna*] e aloés [*aloe*]... junto com especiarias [pl. de *aroma*], como é o costume entre os judeus para sepultar"

---

[48] Utilizando medidas presentes na Mixná, O'Rahilly ("Burial", p. 310) calcula cerca de três galões.

(Jo 1,39b-40).[49] Os judeus não evisceravam o cadáver, como faziam os egípcios na mumificação. Até onde sabemos a respeito desse período (ver início do COMENTÁRIO, acima) um sepultamento honroso costumeiro incluía lavar o corpo, untá-lo com óleo e/ou colocar especiarias dentro do envoltório do corpo,[50] e vesti-lo. Será que João quer dizer que o corpo de Jesus foi ungido por José e Nicodemos? Ele não usa um verbo para ungir (*aleiphein*), como fez em Jo 12,3, onde descreveu a ação de Maria de Betânia que foi de certo modo associada à morte e sepultamento de Jesus (Jo 12,7), ação que Marcos/Mateus julgavam ser a única unção pré-sepultamento de Jesus (Mc 14,8 [*myrisein*]; Mt 26,12).[51] Em parte, a resposta à questão de João subentender ou não uma unção aqui depende do sentido de aroma, sempre empregado no plural nos relatos do sepultamento de Jesus. Significa "especiarias", isto é, pós secos e pedacinhos; ou significa "óleo feito de especiarias fragrantes"?[52] Em Mc 16,1, *aroma* é claramente trazido para ungir e, assim, compreende óleo. (Isso talvez seja verdade também em Lc 23,56a; 24,1.) Entretanto, no sepultamento, especiarias secas também podiam ser borrifadas ao redor do cadáver e onde ele era depositado, para contrabalançar o odor da decomposição. Talvez fosse isso que se queria dizer na descrição do sepultamento do rei Asa II (2Cr 16,14): "Depositaram-no em um leito e (o) encheram de especiarias e espécies de mirra". (Ver também Pr 7,17, onde diversas partículas fragrantes, não óleo, são borrifadas em uma cama.) A descrição em Jo 19,40, onde o corpo de Jesus é atado "com panos junto com especiarias" não parece prefigurar um líquido despejado sobre os panos. Mas não resolvemos a questão antes de examinarmos a relação entre o plural de aroma e a mistura de "mirra e aloés" mencionada no versículo anterior. (Mirra e aloés talvez fossem combinação frequente; ocorrem em Ct 4,14.) É esse aroma uma terceira substância ao lado delas ou um nome para resumi-las? No segundo caso, são partículas secas ou óleo? Infelizmente, as respostas a essas perguntas, que vou agora tentar conseguir, envolvem considerável complexidade.

---

[49] Enquanto entre as NPs canônicas apenas Mateus usa *taphos* ("sepulcro"), o verbo joanino para "sepultar" é *entaphiazein* ("pôr em um sepulcro"; também Mt 26,12), que se estende à preparação para o sepultamento.

[50] Assim Liebowitz, "Jewish", p. 108. Ungir consistia necessariamente em esfregar o óleo no cadáver, pois podia ser gotejado de um recipiente sobre o corpo, da cabeça aos pés. O propósito das especiarias era em parte neutralizar o fedor da decomposição e, talvez, até mesmo retardá-la.

[51] Em Mc 16,1, as mulheres compram especiarias (plural de *aroma*) para irem ungir (*aleiphein*) Jesus.

[52] Ver O'Rahilly, "Jewish", p. 128-132. Uma fórmula de óleo para unção feito com a mistura de especiarias e azeite de oliva é dada em Ex 30,23-25.

SMYRNA. Há, na Bíblia grega, duas palavras para "mirra": *myron* e *smyrna*; ambas são usadas nos relatos do sepultamento de Jesus, a primeira, por Lucas, e a segunda, por João.[53] A LXX quase sempre traduz por *myron* o hebraico *semen* ("óleo") e *myrizein* aparece em Josefo (Ant. XIX,ix,1; #358) para ser perfumado com unguento.[54] Unguento ou óleo vegetal misturado a uma substância fragrante era usado com propósitos de culto, cosméticos e sepultamento. Não se encontra um claro exemplo bíblico de *myron* empregado para a especiaria pulverizada. É o substantivo usado para mirra na cena em Betânia (Mc 14,3-8; Mt 26,6-12; Jo 11,2; 12,3-5; também Lc 7,37-38), onde se imagina óleo perfumado. É usado na cena lucana de sepultamento em Lc 23,56, em combinação com *aroma*, e contribui para pensarmos que Lucas se referia a líquido.

Por *smyrna* (a palavra que João usa aqui), a LXX traduz o hebraico *mor* (relacionado com a raiz *mrr*, "amargo").[55] Essa mirra é um pó seco, feito pela pulverização da resina viscosa que exsuda da baixa e troncuda *commiphora abyssinica*, arbusto da família balsâmica que cresce no Sul da Arábia e no Norte da Somália. Além de ter propriedades medicinais, porque emite forte perfume, era usada para incenso (associada com olíbano em Mt 2,11), cosméticos e perfume (ver o verbo *smyrzein* para vinho perfumado em Mc 15,23; ver § 40, #2, acima). O uso em sepultamentos era para contrabalançar odores desagradáveis. Podia ser amontoado como pó (Ct 4,6: "montes de mirra" e "colinas de incenso") ou gotejado em forma líquida (Ct 5,5).

ALOE. Os botânicos modernos nem sempre concordam quanto à classificação e/ou o lugar de origem dos candidatos muitas vezes sugeridos para as referências bíblicas a "aloés", de modo que parte das informações oferecidas por enciclopédias e dicionários bíblicos é contestada.[56] As tentativas para discernir o que João queria dizer vão em duas direções diferentes. O primeiro candidato, às vezes chamado

---

[53] Aqui, são úteis os verbetes em TDNT por W. Michaelis, "*myron, myrizo*" (v. 4, p. 800-801), e "*smyrna, smyrnizo*" (v. 7, p. 457-459). Também G. W. Van Beck, "Frankincense and Myrrh", em BA 23, 1960, p. 70-95.

[54] *Semen* é também traduzido por *elaion* ("azeite de oliva, unguento oleaginoso"). *Myrizein* (poético *smyrizein*) relaciona-se com a raiz indo-europeia *smur* (inglês "smear", português "untar"); *aleiphein* é sinônimo.

[55] A forma grega pode ter sido assimilada a *Smyrne*, o nome da cidade de "Esmirna". Não se relaciona etimologicamente com *myron*.

[56] Ver Hepper, "Identity". Há cerca de 360 espécies diferentes do gênero aloés; algumas eram cultivadas na Antiguidade e transportadas por mercadores e, assim, transplantadas para novas áreas.

aloés de madeira (do latim *lignum*, "lenho, madeira"), é a madeira pulverizada, fortemente aromática, do cerne da *aquilaria agallocha*, árvore nativa do Sudeste da Ásia e semelhante ao sândalo; foi importada para terras bíblicas e usada em incenso e perfume. Referências veterotestamentárias (Sl 45,9; Pr 7,17; Ct 4,14)[57]57 associam "aloés" a substâncias fragrantes como cássia, cinamomo e nardo, do mesmo modo que João os associa a mirra. Dessa maneira, muitos optam por isso como referência joanina, embora em literatura fora da Bíblia, e ainda na maioria das referências de hoje, isso não seja o que se quer dizer com "aloés". O segundo candidato é o aloés genuíno ou medicinal, a saber, o líquido insípido de um gênero de plantas suculentas na família dos lírios chamado *aloe officinalis* ou *aloe vera* L, do qual há muitas espécies. *Aloe succotrina* aparece frequentemente como a possível espécie, pois o nome reflete origem na ilha de Socotorá, no Mar Vermelho, na costa do Iêmen, localizada nas rotas comerciais para a Palestina.[58] O suco insípido dessa planta, às vezes citada como aloés amargo, fornecia um remédio picante, de cheiro desagradável,[59] que também era usado para embalsamar. Contudo, naturalmente, Jesus não foi embalsamado. Protestando que a planta é rara em Socotorá e nunca foi amplamente cultivada, Hepper propõe uma espécie diferente, *aloe vera (L.) Burm f.*, genuína planta de aloés que cresce no Sudoeste da Arábia. Dela derivam dois produtos: um gel mucilaginoso e uma exsudação amarela amarga, sendo que as duas podem ser transformadas em sólido e pulverizadas, uma com propósitos medicinais como curativo dermatológico, a outra oferecendo a possibilidade de ser usada em sepultamentos.

Nenhuma certeza é possível, mas a ligação com *smyrna* torna provável que João esteja pensando em duas substâncias fragrantes.[60] Além disso, como a maioria das alusões bíblicas ao aloés fragrante dá a impressão de imaginar uma substância

---

[57] A árvores que produz aloés fragrantes não cresce na Palestina; assim, Nm 24,6 apresenta um problema, pois (a menos que haja erro textual, como frequentemente se pressupõe) parece que a árvore dessa passagem é cultivada no Vale do Jordão. Calleri Damonte ("Aloe", p. 51-52) mostra como esse aloés de madeira era amplamente conhecido na Antiguidade.

[58] Omã e Socotorá são mencionadas na Antiguidade como fontes tradicionais de aloés. Contudo, Hepper ("Identity") afirma que a planta em questão está com o nome errado, pois o que é corretamente chamado *aloe succotrina Lam* é de origem sul-africana. O nome correto, afirma ele, é *aloe perryi Baker*.

[59] Plínio (*História Natural* xxvii,5; #14-20) discorre sobre o uso medicinal do aloés como adstringente, laxante e remédio para dores de cabeça, hemorragias e hemorroidas.

[60] Vardan, escritor armênio do século XII, cita Pápias: "Aloés é um tipo de incenso" (F. X. Funk, *Patres Apostolici*, 2 v., Tübingen, Laupp, 1901, p. 1375).

pulverizada, a combinação aumenta a probabilidade de "mirra e aloés" joanino em Jo 19,39 não ser referência a óleo ou unguento, mas a especiarias secas.[61] Consequentemente, traduzi *aroma* (pl.) de Jo 19,40 como "especiarias" — não uma terceira substância, mas uma referência genérica à "mirra" e ao "aloés" fragrantes e pulverizados, mencionados anteriormente, que seriam borrifados com e/ou sobre o envoltório de sepultamento ao redor de Jesus. Assim, embora João divirja dos sinóticos ao dar um sepultamento mais elaborado a Jesus, nenhum dos Evangelhos pressupõe que Jesus foi ungido com óleo entre a morte e o sepultamento.[62] Entretanto, essa conclusão não tem utilidade para harmonizar os relatos. Admitindo-se que Jesus não foi ungido na sexta-feira, se cem libras de especiarias (mirra e aloés) foram sepultadas com ele, não haveria razão para as mulheres comprarem nem prepararem mais especiarias para usar na Páscoa, como fazem em Marcos e Lucas.[63]

"**Ataram-no** [*dein*] **com panos** [pl. de *othonion*]" **(Jo 19,40)**. Mais uma vez, é difícil determinar exatamente o que João deseja transmitir. *Dein* foi usado em Jo 11,44 para mãos e pés amarrados firmemente, amarração que deve ter envolvido faixas passadas várias vezes ao redor dos membros para prendê-los bem. É a referência aqui também a essa amarração múltipla e apertada?[64] O *eneilein* ("amarrou") marcano e o *entylissein* ("envolveu") mateano/lucano permitiram a imagem de uma única peça de pano de linho (*sindon*) cobrindo o corpo de Jesus e, portanto, talvez um cadáver amarrado de modo não tão apertado. Vimos que não havia nada na descrição sinótica que sugerisse uma pluralidade de roupas de

---

[61] Plínio (*História Natural* xiii,3; #19) dá o grego *diapasma* como nome técnico de uma mistura de arômatas, e *magma* como nome de unguento consistente. Ver Calleri Damonte ("Aloe", p. 49.55): sepultamentos judaicos em Roma mostram o uso de substâncias aromáticas. Ele acha que o pó aromático era posto no fundo e nos lados do lugar destinado a receber o corpo e que, depois de o corpo envolto ser baixado a esse lugar, mais especiarias em pó eram espalhadas sobre ele, de cima.

[62] Assim, não da maneira na qual ele fora ungido antes da Páscoa (Mc 14,3; Mt 26,7; Jo 12,3). Em parte por causa do tema batismal na primeira apresentação de Nicodemos (Jo 3,5), Mercurio ("Baptismal", p. 50-54) descobriu um elemento batismal nas especiarias para ungir no relato joanino do sepultamento. Essa tese imaginosa perde toda plausibilidade, se nenhuma unção era pretendida.

[63] Acima, rejeitei a tese de que, em Marcos, as mulheres só observaram o lugar onde Jesus foi depositado, não os procedimentos do sepultamento — tese usada em Lagrange e outros para harmonizar Marcos e João, com o pretexto de que as mulheres não viram as especiarias de Nicodemos. A harmonização com Lc 23,55 é ainda mais inacreditável, pois ali elas olharam "como seu corpo foi colocado".

[64] Ghiberto (*Sepoltura*, p. 50-52) lembra que, nos papiros, *dein* tem o sentido de movimento iminente. Pode-se responder a Feuillet e Lavergne que lhe atribuir um sentido simbólico (um prisioneiro amarrado que será libertado pela ressurreição — também Prete, "E lo legarano", p. 192) não significa que não tenha nenhum sentido literal.

sepultamento. O que João pretende com sua forma plural *othonia*? (Mais que isso, João escreve de outra veste separada na história do túmulo vazio de Jo 20,7, um *soudarion* que tinha estado na cabeça de Jesus.[65]) Embora alguns (por exemplo, Bulst) pensem em faixas de pano da largura de ataduras ou ataduras semelhantes a envoltórios de múmias, não sabemos se os judeus desse período envolviam faixas ao redor de cadáveres da maneira imaginada. Quando quis descrever faixas de linho que atavam as mãos e os pés de um cadáver (Jo 11,44), João usou o plural de *keiria*, não de *othonion*. Além disso, o significado "faixas" não é tradicional.[66] O plural de *othonion* designa categoria ou tamanho (BDF 141), não o número de peças, por exemplo, um papiro do século IV (Catálogo Rylands, vol. 4, #627, p. 117-122) indica *othonion* como categoria geral e *sindonion* (veste feita do material de *sindon*) como espécie. Vaccari ("*edesan*") aceita essa relação entre *othonia* genérico e *sindon* específico como aplicável aos Evangelhos; mas Blinzler ("Othonia") acha que *sindon* é o material genérico do qual são feitos *othonia* ou peças. No Códice Vaticano grego de Jz 14,12-12, o plural de *sindon* e o plural de *othonion* são designações intercambiáveis para as mesmas trinta vestes; e García García ("Lienzos") acha que o *othonia* joanino refere-se ao *sindon* marcano. (Em uma variante, Ducatillon ["Linceul"] acha que *othonia* inclui não só o *sindon*, mas também o *soudarion*, ou cobertura de cabeça, que será mencionado no túmulo depois da ressurreição e as *keiriai* ou faixas para amarrar que estão subentendidas.) Essas interpretações, que variam quanto a conteúdo e plausibilidade, pelo menos advertem que não devemos com demasiada facilidade descrever como contraditórios o termo marcano (e sinótico geral) e o termo joanino para a veste de sepultamento de Jesus.[67] Entretanto, no nível

---

[65] No túmulo vazio, ele se enrola sozinho. Em grego, essa palavra é estrangeirismo do latim *sudarium*, relacionado etimologicamente com *sudor* ("suor"), que servia para secar. É de se presumir que fosse um tipo de guardanapo ou lenço. Lázaro tinha o rosto coberto ou envolto por um (Jo 11,44) e há quem julgue que a função era impedir o queixo de cair, como descrito em Mixná *Sabbat* 23,5. Em Lc 19,20, um servo embrulha uma soma de dinheiro em um *soudarion*; em At 19,12, um desses panos toca a pele de Paulo e é aplicado sobre os doentes.

[66] Somente a partir da década de 1870, "faixas de linho" e "ataduras" apareceram em Bíblias vernáculas como traduções de *othonia*, em lugar do tradicional "panos de linho". Em parte, essa nova tradução depende de se considerar *othonion* diminutivo no significado, bem como forma de *othoné* ("pano de linho, lençol"; At 10,11; 11,5). Mas a vaga conotação de formas diminutivas nesse período (BDF 1113) pode significar que não há diferença entre *othone* e *othonion*; além disso, a primeira palavra designa o material e a segunda um artigo feito dela. Ver detalhes em Bartina, "*Othonia*"; Blinzler, "*Othonia*"; e Vaccari, "*edesan*".

[67] Não vejo razão para pensar que João conhecia o *sindon* marcano e mudou-o para *othonia*, pois não há nenhum significado teológico no último vocábulo. A diferença talvez reflita tradições diferentes por trás

das impressões que provocam nos leitores, parece que os sinóticos descrevem um único pano de sepultamento, enquanto João fala de diversos envoltórios de pano. Não é possível decidir se a imagem joanina de pluralidade realça a impressão de um sepultamento honorífico. A fim de visualizar e descrever como Jesus foi sepultado, em vez de recorrer à tradição histórica, cada autor talvez tenha empregado apenas a roupa de sepultamento com a qual estava familiarizado.

Como avaliar o gesto de Nicodemos? Sua história passada é importante. Primeiro, ele viera a Jesus, *à noite*. Apesar da atração que sentia por Jesus como mestre da parte de Deus (Jo 3,2), ele não estava disposto a revelar publicamente (de dia) seu interesse. No nível de simbolismo joanino, ele ainda fazia parte do reino das trevas quando veio à luz do mundo (Jo 8,12; 9,5). Mais tarde, ele protestou quanto à ilegalidade do procedimento das autoridades suas companheiras (sinédrio) contra Jesus (Jo 7,50-51). Foi um passo à frente, pois ele já não era fingido, mas ainda não avisou os adversários de Jesus que o respeitava como mestre. Essas ações durante o ministério não colocavam Nicodemos significativamente mais alto que as autoridades que Jo 12,42-43 criticou. Eles acreditavam em Jesus, mas, de medo dos fariseus e para não serem expulsos da sinagoga, não o confessavam publicamente. "Eles amavam a glória [= louvor] dos homens mais que a glória de Deus". Para João, essa fé pusilânime equivalia à falta de fé; pois, como Jesus diz em Jo 5,44: "Como podem pessoas como vós acreditar, quando aceitais glória [louvor] uns dos outros, mas não buscais a glória que vem do Deus Único".

A questão controversa é se o comportamento de Nicodemos no sepultamento é outro exemplo negativo de fracasso, de fé insuficiente e de falta de entendimento, ou representa mudança positiva para a expressão de fé mais adequada. Essa discussão é de grande importância, pois dela depende todo o tema do sepultamento em João. A posição positiva é a opinião da maioria,[68] e eu compartilho dela; mas,

---

de Marcos e João. Quer Lc 24,12 (a respeito do qual há um problema textual) tenha sido escrito por Lucas, quer tenha sido acrescentado por um escriba mais tardio, seu autor não percebeu nenhuma contradição em fazer Paulo ver apenas othonia no túmulo onde Lc 23,53 colocou Jesus envolvido em um *sindon*; e, com certeza, Lc 24,12 veio de outra fonte que não Marcos, de onde Lc 23,53 tirou *sindon*.

[68] Além dos comentários típicos, ver o episódio de Nicodemos em: K. Stasiak, "The Man Who Came by Night", em TBT 20, 1982, p. 84-89; J. N. Suggit, "Nicodemus — the True Jew", em *Neotestamentica* 14, 1981, p. 90-110. Quanto à opinião negativa, além dele mesmo e de De Jonge, Sylva relaciona como defensores apenas P. W. Meyer e G. Nicholson. Pode-se acrescentar W. A. Meeks (JBL 91, 1972, p. 54-55).

para esclarecer a questão, é necessário um exame da posição negativa defendida por Sylva e por de Jonge. Sylva ("Nicodemus") afirma que levar especiarias em tal quantidade assinala a falta de entendimento quanto ao fato de que Jesus vive além da morte, como também fazem o verbo *dein* ("atar", usado também para Lázaro em Jo 11,44) e o emprego de vestes de sepultamento que o Jesus ressuscitado teria de descartar (Jo 20,6-7). De Jonge ("Nicodemus", p. 34) descreve que José e também Nicodemos "chegaram a um beco sem saída", pois consideram o sepultamento definitivo e não conseguem ver além do túmulo. João quer que comparemos esses homens aos quais faltam entendimento e fé com o discípulo amado cujo testemunho (Jo 19,35) promove a crença dos cristãos em um período além da sepultura.

Contestando essas teses, afirmo que essa visão negativa das ações de Nicodemos representa uma confusão quanto a tipos de fé. Em João, é inevitável que, quando o discípulo amado aparece ao lado de outra figura na mesma cena, o discípulo amado manifesta uma fé mais perceptiva; mas isso não significa que a outra figura não creia, como demonstram as muitas vezes que o discípulo amado e Simão Pedro são unidos em contraste implícito. Vimos que o testemunho dado pelo discípulo amado quando sangue e água saíram do lado de Jesus (Jo 19,34-35) constituiu certa analogia com o testemunho que os apóstolos deram do Cristo ressuscitado (At 10,40-42), embora claramente a fé do discípulo ainda não fosse crença plena no Jesus ressuscitado (que surgiu depois de Jo 20,8). A fé de Nicodemos não está nesse nível, pois ele não dá testemunho e não sabemos o que Nicodemos esperava para o futuro em termos de ressurreição — lembramos que, em João, a ressurreição de Jesus não é claramente prenunciada como nas narrativas sinóticas. Na cena de Nicodemos, João não está preocupado com preparar para a ressurreição (ele não tem testemunhas mulheres aqui), mas com a culminância do triunfo da crucificação. Não há nada negativo a respeito do ato de sepultar Jesus, pois, depois que morreu, ele tinha de ser sepultado. A convicção joanina de que Jesus é "a ressurreição e a vida" (Jo 11,25) não tornou o sepultamento desnecessário; antes, tornou o sepultamento insignificante. A questão é se João pretendia que se entendesse que o modo como Nicodemos enterrou Jesus era algo positivo que glorificava Jesus ou algo negativo, que o descrevia enganosamente. O fato de parte do vocabulário usado para sepultar Lázaro ser reutilizado aqui não tem conotação negativa, pois João (Jo 19,40) indica que descreve o que era costume.[69]

---

[69] O fato de ser isso costume "entre os judeus" não sugere despeito, mas apenas indica que Nicodemos fez

Antes, no Evangelho de João, fiéis que eram adeptos de Jesus e se identificavam como seus discípulos foram postos em contraste com os que acreditavam, mas tinham medo de ser conhecidos como seus discípulos. Nesta "hora" da morte e sepultamento de Jesus, o discípulo amado em Jo 19,31-37 é o exemplo por excelência do primeiro grupo de fiéis. Até este ponto, José e Nicodemos em Jo 19,38-42 fizeram parte do segundo grupo; mas, agora, são apresentados como transformados por intermédio da vitória de Jesus na cruz, de modo que eles saem do último grupo para constituir uma nova categoria, não mais posta em contraste com o primeiro grupo, mas complementar a eles. Ficamos com a expectativa de que a ação pública de José e Nicodemos os leve a dar testemunho de Jesus depois da ressurreição. Se a falha anterior de José, mencionada por João, é que, embora discípulo, ele se escondeu por medo de "os judeus", nesta narrativa isso já não é mais verdade. Seu pedido para "retirar o corpo de Jesus" (Jo 19,38a) é apresentado como o oposto do pedido que "os judeus" fizeram para fazer exatamente a mesma coisa (Jo 19,31), e ele os venceu. Com certeza, ele já não se mostra acovardado pelo medo de "os judeus". Se a falha anterior de Nicodemos, mencionada por João, é que ele viera a Jesus à noite e, assim, por inferência, em particular, agora ele vem antes do pôr do sol e, assim, publicamente. Se até agora ele era uma das autoridades que punham a glória dos homens antes da glória de Deus, ele mudou sua prioridade. A quantidade de especiarias que ele traz faria honra a um rei e, como diz Bacon ("Exegetical", p. 424), testemunha a sinceridade dessa reverência atrasada. Não há uma palavra no relato que sugira ter um desses homens considerado o fim definitivo de Jesus. Na verdade, embora saiba que uma pedra está diante da entrada do túmulo (Jo 20,1), João não põe José e Nicodemos perto, nem lacra o túmulo. Além disso, é violação de todo o fluxo da narrativa joanina de crucificação-sepultamento sugerir que o último episódio não é mais que "um beco sem saída". João transformou a crucificação no triunfo de Jesus; assim, também transformou o sepultamento em um triunfo. Alguém que reinou como rei na cruz recebe um sepultamento digno de sua posição.

É importante recordar a estrutura desta narrativa esboçada em § 38 C. Os dois primeiros episódios mostraram como os inimigos de Jesus inadvertidamente

---

o que se esperava. Do ponto de vista da linguagem, pode ser mais significativo que, em vez de apenas retirar o corpo de Jesus, como os judeus pediram (Jo 19,31) e como José fez (Jo 19,38b — ver § 46, nota 65), quando Nicodemos vem, ele e José "tomam" ou "aceitam" (*lambanein*) *o corpo de Jesus*.

contribuíram para sua vitória na cruz. Em Jo 19,19-22, a exigência feita a Pilatos pelos chefes dos sacerdotes judaicos fez Pilatos proclamar solenemente que Jesus era verdadeiramente "o Rei dos Judeus"; e, em Jo 19,23-24, os soldados romanos cumpriram o que foi escrito de Jesus nas Escrituras. Os dois últimos episódios mostram como tipos diferentes de fiéis glorificam Jesus trazendo à tona as consequências de sua morte. Em Jo 19,31-37, o discípulo amado, a quem o Espírito foi entregue quando Jesus morreu (Jo 19,30), dá testemunho do fato de que uma exigência feita a Pilatos pelos judeus fez com que os soldados romanos causassem o cumprimento da promessa de Jesus de água viva (bem como o cumprimento das Escrituras quanto a outros detalhes a respeito da morte de Jesus). O propósito é fazer outros acreditarem. Em Jo 19,38-42, José e Nicodemos ganharam coragem para glorificar a Jesus publicamente com um régio presente de especiarias e com o lugar em que o sepultam. É o cumprimento das palavras de Jesus: "Quando eu for elevado da terra, *atrairei todos a mim*" (Jo 12,31-34). José e Nicodemos são os dois primeiros atraídos dentre os que até então tinham apoiado Jesus não publicamente, como os fiéis precisam fazer. O propósito é incentivar outros dentro da sinagoga a seguir o mesmo caminho.

"Um jardim e, no jardim, um túmulo novo, no qual ninguém havia sido colocado ainda. Então ali, por ser dia de preparação dos judeus, porque o túmulo estava perto, eles colocaram Jesus" (Jo 19,41-42).[70] Embora João compartilhe eventos da tradição do sepultamento encontrados em Mateus (Mt 27,60: "túmulo novo") e em Lucas (Lc 23,53: "onde ninguém tinha sido depositado ainda"), ele também tem eventos não atestados em outras passagens. Que o sepultamento foi perto do lugar onde Jesus foi crucificado representa provavelmente uma dedução comparável à que foi subentendida pelos outros Evangelhos (nota 21, acima).[71] Mais significativo e exclusivo de João entre os Evangelhos canônicos é estar o túmulo em um jardim (*kepos*),[72] tradição que aparece, talvez

---

[70] Desta vez, João não indica se o dia de preparação é para a Páscoa (Jo 19,14) ou para o sábado (Jo 19,31). Taciano e alguns mss. optaram pela segunda alternativa e acrescentaram: "porque o sábado começara".

[71] Acho forçada a tentativa (por exemplo, A. Loisy) de ver aqui um eco do tema do cordeiro pascal de Ex 12,46, que especifica que o cordeiro deve ser comido no lugar e nenhuma parte da carne levada embora. Mais forçada ainda é a tentativa (Price, "Jesus", p. 17) de relacionar "túmulo novo, no qual ninguém havia sido colocado ainda" com 1Sm 6,7, onde a Arca da Aliança é carregada por vacas "nas quais ainda não havia sido posta uma canga".

[72] Em Jo 18,1, esse termo foi aplicado a um local no Monte das Oliveiras e talvez signifique pomar. O tema do jardim é retomado em Jo 20,15 com a suposição por Maria Madalena de que Jesus é o "jardineiro"

de modo independente, em *EvPd* 6,24 como "o Jardim de José".[73] Para o *EvPd*, o nome explica-se por que o sepulcro pertencia a José. Entretanto, João demonstra ignorar esse título de propriedade — a razão que ele apresenta para o sepultamento de Jesus nesse túmulo em especial é sua proximidade do lugar onde ele foi crucificado. Se, mais tarde, o local veio a ser conhecido popularmente como "o Jardim de José", a base joanina está na tradição de que José usou um túmulo nesse jardim para sepultar Jesus. Vamos examinar primeiro a possibilidade ou verossimilhança desse sepultamento no jardim e, depois, sua significância no pensamento joanino.

Possibilidade/verossimilhança. Os sepultamentos judaicos eram feitos fora da cidade e isso significa fora das portas da cidade. É muito provável que Jesus tenha sido crucificado e sepultado ao norte de Jerusalém. Importante junção na muralha setentrional da cidade (onde sua seção oriental pendia mais ao norte para incluir a área da fortaleza Antônia) chamava-se Gennath (Josefo, *Guerra* V,iv,2; #146), nome ligado à Porta do Jardim (hebraico *gan*, aramaico *ganna'*= "jardim"), uma das quatro portas na muralha setentrional. Na verdade, o caminho do local provável do pretório de Pilatos (o palácio herodiano; § 31, C2) ao local mais provável do Gólgota levaria Jesus rumo leste, ao longo do lado urbano da muralha setentrional, para sair da cidade pela Porta do Jardim. Uma razão inteligível para essa designação da porta era a existência de jardins nessa área setentrional. Certamente, houve sepultamentos importantes ao norte das muralhas, por exemplo, os dos sumos sacerdotes João Hircano e Alexandre Janeu (*Guerra* V,vi,2 e V,vii,3; ##259, 304). Krauss ("Double", p. 8) indica que não era incomum os judeus porem seus mortos para descansar em

---

(*kepouros*) que tirara o corpo de Jesus do túmulo. *No Evangelho Secreto de Marcos* 2,26, o túmulo do irmão da mulher sem nome ficava em um jardim; é bem possível que isso reflita uma combinação dos relatos joaninos dos sepultamentos de Lázaro e de Jesus (§ 15, acima).

[73] Como Price ("Jesus") mostra, a tradição do jardim teve uma rica história subsequente. Tertuliano (*De Spectaculis* 30 [CC 1,253]) relata uma asserção polêmica judaica, segundo a qual o jardineiro desse pedaço de terra tirou o corpo de Jesus do túmulo para que as multidões de visitantes não estragassem seus pés de alface ou couve. *O Livro da Ressurreição de Cristo pelo Apóstolo Bartolomeu* 1,6-7 (copta, séculos V a VII; JANT 183) nos conta que o nome do jardineiro era Filógenes e Jesus curara seu filho. Ele ofereceu um túmulo perto de sua horta aos judeus que procuravam um lugar para sepultar Jesus, o tempo todo planejando tirar o corpo e sepultá-lo honrosamente. Mas, quando voltou à meia-noite, encontrou o túmulo cercado por anjos e viu o Pai ressuscitar Jesus. O apologista anticristão muçulmano 'Abd al-Jabbar, ao escrever c. 1000 (§ 42 D, acima), relata que Jesus foi crucificado em um campo de melões e vegetais — tema que talvez ele tenha tirado de ataques judaicos ao culto de Jesus crucificado como idólatra, expresso na linguagem de Jr 10,3-5 (um ídolo de madeira montado como espantalho em um campo de pepinos; Price, "Jesus", p. 24). Na polêmica de *Toledoth Yeshu*, Judas sepultou Jesus em um jardim sob um riacho (Ibid., p. 27).

campos ou jardins (em especial quando planejavam coletar posteriormente os ossos para "novo sepultamento" em um ossuário); e TalBab *Yebamot* 86b menciona um jardim e cemitério nas proximidades.[74] C. 350 d.C., Cirilo de Jerusalém (*Catequese* 14,5; PG 33,829B) relatou que os restos de um jardim que existira anteriormente ainda eram visíveis adjacentes à Basílica do Martírio, que Constantino construíra recentemente para homenagear o local do túmulo de Jesus (subseção C na ANÁLISE abaixo). Assim, não há nada implausível na história joanina segundo a qual havia um jardim na área setentrional de Jerusalém onde Jesus foi crucificado e ele foi sepultado em um túmulo nesse jardim.

Significância. Planeja João uma inclusão, ao fazer a NP começar em Jo 18,1 com Jesus saindo para o outro lado do Cedron com os que eram seus discípulos, para onde havia um jardim (*kepos*), e terminando a NP em um jardim onde Jesus é sepultado por dois homens que acabam de tornar público o fato de serem discípulos? Com certeza isso é uma possibilidade. Alguns estudiosos também tentaram encontrar um paralelo entre o jardim do outro lado do Cedron e o paraíso (*paradeisos*) de Gn 2,8, onde Deus colocou o primeiro ser humano, e onde o pecado foi cometido pela primeira vez. Por causa da dessemelhança de vocabulário, não achei essa proposta convincente; nem aceito esse paralelo aqui, apesar da tentativa de reforçá-lo por intermédio do paralelismo de Adão que Paulo percebeu na morte de Cristo (Rm 5,12-21) e/ou pela tese de que o Gólgota recebeu esse nome por causa da caveira de Adão (§ 40, nota 9).

Mencionei anteriormente que quantidades enormes de especiarias eram usadas em sepultamentos régios. É o fato de serem os reis de Judá sepultados em túmulos de jardins (2Rs 21,18.26) parte da mesma imagem? Pela LXX de Ne 3,16, ficamos sabendo que o sepulcro do rei Davi ficava em um jardim e At 2,29 mostra que o túmulo de Davi era popularmente conhecido na época neotestamentária. Era o sepultamento de Jesus no jardim lembrado por ser considerado simbolicamente apropriado para o Filho de Davi? Foi a tradição recordada por João em particular por causa da ênfase em Jesus de Nazaré na cruz ter sido triunfalmente proclamado "o Rei dos Judeus"? Os indícios para essa tese não são suficientes para estabelecer prova, mas esse simbolismo seria uma conclusão apropriadíssima para a NP joanina.

---

[74] Parece que o sepultamento em jardins também foi costume grego; assim M. Smith, *Clement*, p. 105.

Análise

Como ressaltei, minha divisão do estudo do sepultamento de Jesus em duas partes (§ 46 e 47) é somente por conveniência para comentar, pois, de fato, os relatos evangélicos são relativamente breves e unificados. Na ANÁLISE de § 46, já examinei a composição dos relatos e reconstruí uma tradição pré-evangélica do sepultamento por José que pode ter sido compartilhada por Marcos (que influenciou Mateus e Lucas) e João. Com base nesse exame geral, vou me concentrar aqui na preparação e no sepultamento do corpo (a última parte da cerimônia de sepultamento por José) e na atividade de outras *dramatis personae* (o adendo ao sepultamento por José). A análise se encerrará com um resumo do que se conhece da história da igreja do Santo Sepulcro e do local onde ela está — resumo que representa o que a tradição cristã em Jerusalém nos relata a respeito do lugar de sepultamento.

A. Preparação e sepultamento do corpo

A descrição marcana do final do sepultamento por José é lacônica: José desceu o corpo, amarrou-o em um pano de linho e o pôs em um lugar de sepultamento escavado na rocha. (Em harmonia com o enobrecimento de José, Mateus e Lucas enfeitam a descrição do pano e/ou do túmulo.) Depois do sepultamento, Marcos nos diz que José rolou (*proskyliein*) uma pedra contra a porta do túmulo. (Mateus acrescenta que ele foi embora.) O relato joanino complica-se pela intervenção de Nicodemos, que ajudou José e, assim, mudou o estilo do sepultamento para um sepultamento realizado segundo os costumes judaicos. Contudo, se nos limitarmos ao que João atribui só a José em Jo 19,38b, e saltarmos o papel de Nicodemos e suas especiarias na ação conjunta de Jo 19,40-42, o final da história das atividades de sepultamento em João fica assim: José veio e retirou o corpo; ele atou-o (eles ataram-no) com panos; ele colocou-o (eles colocaram-no) em um túmulo em um jardim próximo, *um túmulo novo, no qual ninguém ainda havia sido colocado*. A oração em itálico no fim de meu resumo do final representa um embelezamento do túmulo quase idêntico ao embelezamento que Mateus e Lucas acrescentam a Marcos e, por isso, pode ser considerada uma etapa mais tardia da composição joanina. A parte do resumo que não foi posta em itálico mostra como João está próximo de Marcos. Portanto, com base na concordância entre Marcos e João, sugeri em § 46 C a existência de uma tradição pré-evangélica do final do sepultamento por José, onde José pegava (descia) o corpo, envolvia-o em panos e o colocava em um túmulo (implicitamente próximo). Marcos e João incorporaram essa tradição em um vocabulário bem diferente.[75] Essa diferença não só ajuda a confirmar que João não copiou de Marcos, mas também sugere que a tradição comum se concretizou na etapa de fala semítica da formação pré-evangélica, de modo que já havia formulações diferentes na etapa grega da tradição pré-marcana e pré-joanina. Embora em si não prove historicidade, essa percepção de origem primitiva contribuiu para meu entendimento, no final da ANÁLISE de § 46, de que "não há nada no relato pré-evangélico básico do sepultamento de Jesus por José que não possa ser plausivelmente considerado histórico".

Mas, agora, com base em algumas diferenças entre Marcos e João em suas descrições do final do sepultamento, quero formular perguntas a respeito de outros detalhes que possam ter existido no relato pré-evangélico do sepultamento por José.

NO RELATO PRÉ-EVANGÉLICO, JOSÉ DESCEU JESUS DA CRUZ? Os Evangelhos concordam que José precisava da permissão de Pilatos, mas discordam se os soldados de Pilatos desceram o corpo e o entregaram a José (Mateus implicitamente, João talvez; no *EvPd*, os judeus descem o corpo e o entregam a José), ou se o próprio José o desceu (Marcos, Lucas). Ajudaria a resolver a questão se soubéssemos como os romanos costumavam agir depois de fazerem a concessão de permitir um sepultamento individual. Mostravam ter o domínio da situação, não deixando ninguém tocar o corpo até realmente o entregarem, ou se poupavam do trabalho extra e desdenhosamente faziam o solicitante realizar o trabalho braçal de desprender o cadáver da cruz? Não vejo nenhum jeito de decidir, embora a primeira hipótese pareça um pouquinho mais provável, especialmente quando haveria diferentes remoções dos corpos dos crucificados, de modo que os próprios romanos teriam de descer da cruz pelo menos alguns.

---

[75] Marcos: *kathairein* ("retirar"), *eneilein* ("amarrar"), *sindon* ("pano de linho"), *katatithenai* ("pôr"). João: *lambanein* ("tomar"), *dein* ("atar"), *othonion* (plural: "panos"), *tithenai* ("colocar"). É complicado teorizar que João copiou de Marcos o breve centro da ação, mas mudou quase todas as palavras-chave. Por quê? É preciso pressupor ou que João é independente de Marcos (com os dois recorrendo à mesma tradição pré-evangélica) ou uma remota dependência, baseada em ter ouvido ou lido Marcos no passado. Esta última sugestão tropeça no fato de os detalhes marcanos mais brilhantes que as pessoas tendem a lembrar não estarem preservados em João, por exemplo, que o túmulo foi escavado na rocha ou que a pedra foi rolada contra a entrada do túmulo. Lucas e Mateus, que são dependentes de Marcos (entretanto, não por memória do passado, mas por uso direto do Marcos escrito), preservam o primeiro desses aspectos e Mateus preserva o segundo.

QUE DETALHES A RESPEITO DO TÚMULO FORAM INCLUÍDOS NO RELATO PRÉ-EVANGÉLICO DO SEPULTAMENTO? Marcos (seguido por Mateus e Lucas, com vocabulário um pouco diferente) especifica que o túmulo foi escavado na rocha. João não; em vez disso, ele declara que o túmulo ficava em um jardim perto do local da crucificação. A meu ver, esses detalhes a respeito do túmulo não estão no mesmo nível das indicações de que ele era novo (Mateus, João), de que ninguém fora depositado/colocado nele antes (Lucas, João) e de que pertencia a José (Mateus, *EvPd*). Essas últimas indicações originam-se ou de interesses apologéticos associados ao túmulo vazio, ou do enobrecimento de José; assim, é mais provável que representem uma etapa formativa mais tardia. (O fato de ser tardia não exclui todas as possibilidades de ser real.) Mencionei no COMENTÁRIO que túmulos escavados na rocha eram comuns na área ao norte de Jerusalém que é o local mais plausível para o Gólgota e que havia uma Porta do Jardim que conduzia para essa área, presumivelmente assim chamada porque ali havia jardins ou pomares.[76] Se os cristãos guardaram a memória do túmulo de Jesus (e isso é plausível), esses detalhes, bem como a indicação de que esse era um túmulo de acesso horizontal com a porta bloqueada por uma rocha, podem ser reais. Isso não significa necessariamente que faziam parte da tradição pré-evangélica primitiva do sepultamento por José; ainda podem ter sido acrescentados em uma etapa mais tardia (quer pré-marcana, quer marcana, pré-joanina ou joanina), à medida que se formavam. Ou podem refletir verossimilhança, por exemplo, túmulos escavados na rocha, fechados por pedras roladas, eram frequentes na área ajardinada ao norte de Jerusalém e, assim, é de se supor que Jesus foi depositado em um túmulo como esse. Comentários semelhantes podem ser feitos a respeito da indicação (explícita em João, implícita nos outros) de que o túmulo era perto de onde Jesus foi crucificado. Um José que não era discípulo não teria se dado ao trabalho, nem teria tido tempo antes do sábado, de levar para longe o corpo do criminoso crucificado; consequentemente, o túmulo ficava (real ou plausivelmente) perto do Gólgota. Mais uma vez, não vejo jeito de resolver essa questão. Por não pensar que os cristãos se lembravam do túmulo onde Jesus foi sepultado, inclino-me a preferir a realidade à verossimilhança para explicar a origem

---

[76] Realmente, João pode perfeitamente dar um significado teológico ao cenário de jardim do sepultamento (acima, penúltimo parágrafo antes desta ANÁLISE); assim, é possível argumentar que esse detalhe não é sem motivação e deve ser juntado aos outros que foram trazidos ao quadro do sepultamento por razões apologéticas ou teológicas. Entretanto, a significação teológica neste caso não está tão clara a ponto de se pensar que deu origem à menção de um jardim; é mais provável que as possibilidades teológicas tenham se originado do fato de um jardim ser mencionado no relato do sepultamento.

desses detalhes. Contudo, o fato de Marcos e João não compartilharem nenhum deles torna menos provável que eles se encontrassem na tradição pré-evangélica perceptível que fundamenta os dois Evangelhos.

NO RELATO PRÉ-EVANGÉLICO, JOSÉ FECHOU O TÚMULO COM UMA PEDRA? Em Marcos, seguido por Mateus (que torna a pedra grande), o próprio José rola a pedra contra a porta do túmulo. Nem Lucas nem João especificam quem foi o responsável pela pedra estar ali. No *EvPd*, os interessados em guardar o túmulo, isto é, os soldados romanos e as autoridades judaicas, rolam uma grande pedra até a porta do túmulo. Na hora da manhã de Páscoa em que as mulheres chegam ao túmulo, as cinco obras concordam que a pedra foi ou é removida.[77] Há razões para julgar, então, que a tradição pré-evangélica da descoberta do túmulo vazio por Maria Madalena fazia referência ao túmulo já aberto porque a pedra que o fechava tinha sido rolada/movida para trás.[78] Não seria impulso nem grande nem ilógico presumir que a pessoa que sepultou Jesus pôs a pedra na entrada do túmulo e, portanto, pode bem ser que o fechamento do túmulo por José fosse entendido na história do sepultamento como derivação retroativa da tradição do túmulo vazio. Tal derivação regressiva não significa necessariamente que essa ação por José não fosse historicamente real — o que logicamente se supõe ter acontecido com mais frequência do que realmente aconteceu —, não mais que a aceitação da realidade das ações de José significa que o fechamento do túmulo estava incluído na tradição pré-evangélica do sepultamento. A tradição independente a respeito de José não menciona a pedra no relato do sepultamento, mas apenas na narrativa do túmulo vazio; esse fato sugere que não havia fechamento do túmulo na narrativa pré-evangélica do sepultamento por José e apoia a teoria da derivação retroativa. Contudo, é preciso admitir a possibilidade de João ter omitido o fechamento do túmulo por razões teológicas, já que, quanto mais forte a identificação de José como discípulo antes do sepultamento, menos

---

[77] Marcos: *apokyliein, anakyliein*; Mateus e Lucas: *apokyliein*; João *airein*; EvPd: *kyliein*. Não tenho certeza de até que ponto a pedra de sepultamento removida repercute em 1Pd 2,4, que convida as pessoas a virem "até ele, pedra viva, rejeitada pelos seres humanos, mas diante de Deus escolhida e valiosa". Mercurio ("Baptismal", p. 48-49) menciona esse como um dos temas batismais nas descrições evangélicas do sepultamento, juntamente com a água que flui do lado de Jesus, o pano de linho e o jardim (do paraíso!).

[78] A especulação quanto a como ele foi aberto faz parte de uma grande etapa da evolução da história, com a introdução do(s) anjo(s), para interpretar o propósito do túmulo vazio, de modo que a história se transforma em meio eficaz para proclamar o Senhor ressuscitado. Quanto ao agente da remoção, Marcos, Lucas e talvez João subentendem que o(s) anjo(s) que aparecem no/perto do túmulo a removeram. Mateus descreve um anjo que desceu do céu e rolou a pedra para trás; em *EvPd*, a pedra rola sozinha.

provável é a tendência de tê-lo perto do túmulo com certeza, como se ele não estivesse aberto à ressurreição. É por isso que o fechamento do túmulo se torna uma ação dos adversários de Jesus no *EvPd*, como o ato de lacrar o túmulo em Mt 27,66.

Foram mencionadas especiarias no relato pré-evangélico do sepultamento? A questão das especiarias é mais complicada. Em relação a Nicodemos, João menciona mirra (*smyrna*), aloés e especiarias como parte do sepultamento no qual José colabora. Lucas menciona especiarias e mirra (*myron*) sendo preparadas pelas mulheres depois do sepultamento, ao entardecer da sexta-feira, antes do início do sábado. Em Marcos (Mc 16,1), as mulheres compram especiarias na manhã de Páscoa depois de o sábado terminar, antes de irem até o túmulo. O fato de nenhum dos três Evangelhos que se referem a "especiarias" (pl. de *aroma*)[79] associá-las à ação pessoal de José torna duvidoso que houvesse menção a especiarias na tradição pré-evangélica de um sepultamento por José. O uso de especiarias fazia parte da tradição pré-evangélica do túmulo vazio e foi interpretado retroativamente no sepultamento? Ou havia outras tradições de sepultamento, além do sepultamento por José que estivemos examinando? Essa pergunta nos leva a um exame do segundo assunto nesta ANÁLISE: o fato de todos os Evangelhos terem em seus relatos do sepultamento outros atores além de José.

B. Presença e atividade de outras dramatis personae além de José

Os Evangelhos sinóticos têm em comum a presença de mulheres galileias no túmulo; e usando Lc 24,10 para esclarecer Lc 23,55, vemos que implicitamente eles concordam que duas dessas mulheres eram Maria Madalena e Maria, mãe de Tiago e Joset/José. Nicodemos age somente em João. Em *EvPd*, 6,21.23, os judeus "arrancaram os cravos das mãos do Senhor e o colocaram no chão [...] e deram seu corpo a José para que ele pudesse sepultá-lo"; e em *EvPd* 8,32, soldados romanos e escribas, fariseus e anciãos, "tendo rolado uma grande pedra [...], colocaram(-na) contra a entrada do lugar de sepultamento". (A narrativa do *EvPd* continua para que esses últimos agentes lacrem o lugar de sepultamento e ali montem guarda.) Se, como especulei, José de Arimateia era originalmente um membro do sinédrio que não estava do lado de Jesus, não é surpreendente que a tradição cristã a respeito

---

[79] Talvez eles não interpretem as especiarias da mesma maneira. Afirmei no COMENTÁRIO que João pensa em mirra seca e aloés pulverizados, enquanto Marcos (claramente) e Lucas (provavelmente — *myron* é, em geral, óleo) pensam em um óleo ou unguento líquidos para ungir.

do sepultamento quisesse acrescentar a ele figuras mais favoráveis a Jesus, como as mulheres e Nicodemos.[80] Por outro lado, depois de se imaginar que José era cristão antes do sepultamento e se acreditar que Jesus ressuscitado rompeu os laços com o túmulo, parte do caráter negativo do processo de sepultamento (tentar livrar-se de Jesus) foi rapidamente atribuído a seus inimigos. Foram outras tradições pré-evangélicas que atribuíram um papel a essas *dramatis personae* adicionais no sepultamento de Jesus trazidas aos Evangelhos por meio da combinação delas com a narrativa de José? Ou a presença dessas *dramatis personae* foi produto de dedução das narrativas de ressurreição do túmulo vazio e/ou de criação teológica, e/ou, no caso de inimigos, de apologética? Tenham ou não aparecido nas tradições pré-evangélicas, sua presença era histórica? São perguntas com as quais precisamos lidar agora, quando tratamos separadamente das origens do papel das mulheres galileias e de Nicodemos nos relatos do sepultamento. A [origem do papel] dos judeus no fechamento do túmulo vai ser deixada para a seção seguinte (§ 48), onde examinaremos o relato mateano do pedido dos chefes dos sacerdotes e fariseus para guardar o túmulo, juntamente com seu paralelo no *EvPd*.

1. AS MULHERES GALILEIAS. Os leitores devem refrescar a memória que têm do estudo concentrado no Quadro 8 de § 41. Foi mencionado que, das três aparições dessas mulheres na NP (longe da cruz, observando o sepultamento, vindo ao túmulo vazio na Páscoa), aquela com a qual os evangelistas mais concordam envolvia Maria Madalena (explícita ou implicitamente com companheiras) vindo ao túmulo na Páscoa e encontrando-o vazio. Essa e outra tradição primitiva em que a Maria Madalena foi concedida a primeira aparição do Senhor ressuscitado em Jerusalém foram o fator primordial para preservar a memória das mulheres galileias.[81] O que significa a discordância entre os evangelistas, em especial entre Marcos e João, quanto à presença dessas mulheres nas cenas anteriores da NP? Em § 41 e § 44 A, acima, examinei a presença delas na crucificação e argumentei que Jo 19,25 e Mc 15,40 indicavam a probabilidade de uma tradição pré-evangélica segundo a qual três mulheres estavam presentes na cena (a certa distância) da cruz. Maria Madalena, uma outra Maria (identificada variadamente) e uma terceira mulher.

---

[80] Outra reação, como vimos, foi transformar José em alguém mais favorável a Jesus.
[81] A atividade subsequente de Maria Madalena tornou-se assunto de criação lendária floreada, não diferente das lendas que se difundiram em torno de José de Arimateia. Entretanto, o fato de primordialmente ela ser uma figura dos relatos da ressurreição faz o relato dessas lendas parecer deslocado em um livro a respeito da NP.

É mais difícil defender uma tradição primitiva comum que incluía a presença delas no sepultamento. Sinais negativos são que elas estão ausentes de João, que em Marcos (o relato sinótico básico) elas não têm participação ativa no sepultamento e que elas observam o sepultamento no túmulo de modo a poder voltar a ele na Páscoa e reparar o que ficou faltando no sepultamento. A tese de derivação retroativa, então, é muito atraente: a saber, que do papel de Maria Madalena e suas companheiras na tradição do túmulo vazio e da tradição primitiva da presença de três mulheres galileias na crucificação foi logo deduzido que elas estavam no sepultamento. Elas foram incluídas na narrativa marcana do sepultamento (seguida por Mateus e Lucas) a fim de tornar a história do sepultamento mais claramente uma ligação entre a crucificação e a ressurreição. A ação de José foi primordialmente a culminância do relato da Paixão e crucificação; e a observação pelas mulheres preparou para a ressurreição a partir do túmulo. (Claramente, o relato joanino do sepultamento, que não menciona as mulheres, encerra a crucificação; serve como Episódio 6 da narrativa da crucificação em um padrão quiástico [§ 38 C], mas nada faz para preparar a visita de Maria Madalena a um túmulo vazio.) Entretanto, na imagem marcana maior, com sua presença na crucificação, no sepultamento e no túmulo vazio, as mulheres inter-relacionam as três cenas.

Em § 44, nota 34, examinei tentativas engenhosas de usar variações nos nomes das mulheres (em especial das outras Marias) para determinar a cena na qual eles eram mais originais. Não causa surpresa que essa técnica tenha sido usada aqui também, por exemplo, Gnilka (*Markus*, v. 2, p. 331) afirma que, embora a lista marcana de nomes na narrativa do túmulo vazio (Mc 16,1) seja secundária e tirada da lista na crucificação (Mc 15,40), a lista de nomes aqui no sepultamento é tradição mais antiga, pois só duas são mencionadas. Blinzler ("Grablegung", p. 61) considera original a lista aqui e também no túmulo vazio. Embora eu considere esta abordagem baseada em nomes, na melhor das hipóteses, complementar a outra argumentação, sugeri que as duas mais antigas tradições dos nomes tinham três mulheres na crucificação (Maria Madalena, outra Maria, uma terceira mulher[82]), e Maria Madalena (e vagamente outras mulheres) no túmulo vazio. Mais tarde, os nomes das mulheres no túmulo vazio foram harmonizados com os nomes dados às

---

[82] Duvido que a terceira mulher fosse identificada na tradição pré-evangélica, pois cada Evangelho lhe atribui um nome diferente; ver § 44, nota 139.

mulheres perto da cruz, mas em forma abreviada, pois já haviam sido mencionadas.[83] Assim, se examinarmos mais uma vez o Quadro 8, "Maria Madalena e Maria, mãe de Tiago Menor e de Joset e Salomé", em Mc 15,40, se transformaram em "Maria Madalena, a Maria de Tiago e Salomé", em Mc 16,1.[84] Segundo a tese de que a referência às mulheres no sepultamento é derivação retroativa da presença delas no túmulo vazio, a abreviação continua: somente "Maria Madalena e Maria de Joset", com a decisão de citar aqui o outro filho de Mc 15,40, que foi omitido do outro uso em Mc 16,1.[85] Mateus foi além na simplificação e usou no sepultamento (Mt 27,61) a mesma forma abreviada (Maria Madalena e a outra Maria) que vai usar no túmulo (Mt 28,1). Entretanto, essas sugestões quanto ao procedimento dos evangelistas neste assunto complexo continuam altamente especulativas.

2. NICODEMOS. Esta personagem adicional no sepultamento encontra-se somente em João, onde apareceu em duas cenas anteriores (Jo 3,1ss; 7,50-52). Para explicar sua presença aqui (quando está totalmente ausente do relato sinótico do sepultamento), um número extraordinário de sugestões têm sido feitas pelos biblistas. Muito simplesmente, alguns pensam ter havido um Nicodemos histórico que fez exatamente o que João descreveu, mas foi esquecido na tradição da Igreja maior. (Mais que os outros evangelistas, João demonstra um conhecimento de Jerusalém e dos seguidores de Jesus ali.) Vimos a probabilidade de, à medida que a tradição crescia, José ter se transformado de piedoso membro do sinédrio observante da lei, que antes do sepultamento não era seguidor de Jesus, em discípulo ou simpatizante de Jesus. Era a imagem original mais complexa, com diversos membros do sinédrio judaico ansiosos para que Jesus fosse enterrado antes do pôr do sol, inclusive José, que não era discípulo, e Nicodemos, que foi simpatizante de Jesus durante todo o ministério público; e foram os dois unificados em José em pregações simplificadas

---

[83] Essa harmonização não aconteceu em João que, ao citar pelo nome apenas Maria Madalena (que fala como "nós") no túmulo, preserva a situação mais antiga.

[84] Se compararmos os respectivos textos mateanos, descobriremos que "Maria Madalena e Maria, mãe de Tiago e de José, e a mãe dos filhos de Zebedeu", em Mt 27,56, se transformaram em "Maria Madalena e a outra Maria", em Mt 28,1. Com seu senso de ordem, depois de designar as mulheres galileias pelo nome no decorrer do ministério em Lc 8,1-3, na crucificação e no sepultamento Lucas simplesmente refere-se a elas de modo geral, citando-lhes os nomes mais uma vez (de forma abreviada) apenas quando termina a história do túmulo vazio (Lc 24,10).

[85] Este último passo estava no nível literário; os passos anteriores estavam no todo ou em parte na formação oral das tradições evangélicas. A explicação que apresentei responde a muitas das objeções que levantei contra outras teorias a respeito dos nomes em § 44, nota 34.

que deixaram consequências nos relatos sinóticos? A principal dificuldade com essas sugestões históricas é que, em Marcos, o sepultamento por José é apressado e mínimo; em João, a presença de Nicodemos e suas especiarias torna o sepultamento comum e honroso — quando se afirma que a tradição sinótica se esqueceu de Nicodemos, ela também esqueceu a própria natureza do sepultamento. Outra tese é que, embora Nicodemos fosse autêntico nas cenas joaninas do ministério de Jesus, ele foi acrescentado aqui com propósitos simbólicos. Por exemplo, com o lembrete de que antes Nicodemos viera à noite (Jo 19,39, fazendo eco a Jo 3,1-2), será que João queria que os leitores recordassem o diálogo inicial entre Jesus e Nicodemos a respeito de "água e espírito" (Jo 3,5), quando refletiam no sentido da água que saiu do lado de Jesus em Jo 19,34? Ainda outra tese é que Nicodemos era inteiramente criação joanina imaginativa. É mencionado que ele era muito parecido com José. Os dois eram membros do sinédrio, os dois sentiam atração por Jesus; os dois mantinham oculta sua simpatia por ele. Era José uma figura por demais confirmada na tradição para permitir dramatização, de modo que João moldou uma réplica que podia funcionar em outro lugar além do sepultamento?[86] Ou, ao lado de José, que durante a vida de Jesus foi discípulo oculto por medo dos judeus, João quis colocar uma figura como Nicodemos, que personificasse os líderes da sinagoga que, em um período mais tardio, eram conhecidos dos cristãos joaninos, e demonstrasse publicamente simpatia por Jesus somente depois de um momento de grande provação (e, assim, finalmente rompendo o padrão de segredo de Jo 12,42)?

Nenhuma dessas teses pode reivindicar grande probabilidade. De fato, os dois episódios incluídos no sepultamento, Jo 19,31-37 e Jo 19,38-42, estão entre os mais difíceis do Evangelho para discernir a história da composição joanina. Contudo, algumas observações podem ser feitas com certeza (embora não permitam uma decisão): o papel de Nicodemos estava ausente do relato pré-evangélico do sepultamento por José; ao ser acrescentado, ele mudou o estilo do sepultamento de mínimo para comum; o papel de Nicodemos é bem joanino na orientação triunfal que dá ao sepultamento como culminância da crucificação entronizante. Então, neste episódio e também no precedente, como o testemunho ocular de Jo 19,35 (isto é, o

---

[86] Uma objeção à suposta incapacidade de dramatizar a imagem de José é constituída pelo que acontece a José no *EvPd*, onde ele fica amigo de Pilatos (*EvPd* 2,3), "que tinha visto quantas coisas boas ele [Jesus] fez" (*EvPd* 6,23). Ali, José é como "muitos dos judeus" no ministério do Jesus joanino — "tendo visto o que Jesus fizera, eles creram nele" (Jo 11,45, em contraste com Jo 12,37).

discípulo amado de Jo 19,26-27), temos presente uma personagem essencial e bem joanina, não conhecida dos sinóticos, que estabelece o simbolismo teológico da cena.

Como muitos outros comentaristas a respeito de João (Barrett, Dodd, Schnackenburg etc.), reconheço que não se deve chegar apressadamente à conclusão de que personagens exclusivamente joaninas não são históricas porque seu papel se harmoniza com a teologia do Evangelho. Afinal de contas, João faz uso teológico semelhante de personagens cuja existência é confirmada pelos outros Evangelhos, por exemplo, Simão Pedro. Quanto às personagens caracteristicamente joaninas, afirmo que João não inventou simplesmente o discípulo que em sua descrição era amado por Jesus. Considero-o um discípulo relativamente pequeno quando comparado aos citados na tradição comum, por exemplo, os Doze, mas um que alcançou grande importância dentro dos limites da tradição joanina, onde sua constante proximidade de Jesus foi percebida como modelo para o comportamento da comunidade. Não vejo razão para negar a Nicodemos uma possível historicidade; mas essa opinião não garante que realmente ele apareceu em todas as cenas em que é descrito. Uma decisão nesse ponto precisa ter a ajuda de outros fatores, por exemplo, não só se a personagem joanina está ou não ausente do paralelo sinótico (o que por si só não é muito decisivo[87]), mas se a presença da figura joanina está ou não em conflito com a apresentação sinótica. A situação presente é próxima disso.

C. A igreja do Santo Sepulcro em Jerusalém

Quero encerrar esta análise do que pode ser antigo na narrativa do sepultamento com a luz lançada sobre o túmulo de Jesus pelo que conhecemos do local tradicional no qual o Gólgota e o túmulo eram venerados em Jerusalém e da série de igrejas ali construídas.[88] Certamente, o local possui verossimilhança, pois já vimos que está localizado apropriadamente para o que os Evangelhos nos relatam a respeito do lugar da execução e do sepultamento de Jesus. Ficava ao norte da Segunda Muralha Norte do tempo de Jesus, perto da Porta do Jardim; escavações

---

[87] Não é verdadeiramente significativo que Lc 24,12 (se autêntico) só mencione Pedro correndo para o túmulo enquanto em Jo 20,2-4 o discípulo amado está ao lado de Simão Pedro (embora essa combinação seja puramente joanina e bastante simbólica). Como Lc 24,24 mostra, foi na tradição lucana que "alguns dos que estavam conosco [assim, mais de um] foram ao túmulo".

[88] Na BIBLIOGRAFIA DA SEÇÃO de § 37, sob a Parte II (Geografia), ver em especial os artigos de Bahat, Kretschmar, Ross e Wilkinson ("Church"), que refletem os estudos fundamentais de Coüasnon e Corbo. Devo a Bahat e Wilkinson grande parte do que resumo nesta seção.

mostram que havia uma pedreira no local que havia começado a ser tapada, de modo que servia de jardim para grãos e árvores (figueiras, alfarrobeiras, oliveiras) e para sepultamentos, principalmente do tipo *kokîm* (ver COMENTÁRIO acima). Mas, além da verossimilhança, que se aplica a diversos locais, por que este candidato, a igreja do Santo Sepulcro, surgiu primeiro em sua afirmação de que, dentro de suas paredes, estão o Gólgota e o túmulo? (Aparentemente, no primeiro milênio, nenhum local era dentro da basílica erigida nesse ponto: o local da crucificação estava em um pátio e o do túmulo, em uma rotunda separada da igreja por um jardim.) O próprio nome atual da igreja sugere que a afirmação principal se centraliza no túmulo e, aqui, vou me concentrar nisso.

Começamos com reflexões sobre a probabilidade de que os cristãos se lembravam corretamente de qual era o túmulo de Jesus, embora nesse período primitivo haja poucos indícios de que preservaram uma lembrança precisa dos locais de outros fenômenos associados a ele. Nos Evangelhos, há sinais claros de interesse teológico no túmulo. Ao reconhecer a existência de uma antiga tradição segundo a qual, na manhã de Páscoa, Maria Madalena encontrou vazio o túmulo onde Jesus fora sepultado, muitos biblistas pressupõem um desenvolvimento constante em narrativas completas com a presença de um anjo ou anjos que servia para interpretar a importância do túmulo vazio como indicador da ressurreição. Entretanto, o interesse no simbolismo do túmulo não era necessariamente acompanhado pelo conhecimento do local exato. A informação que Marcos dá, a saber, que ele foi escavado na rocha, dificilmente ajuda a tornar o local identificável; só o relato joanino de que o túmulo ficava em um jardim perto do Gólgota e a indicação mateana (por suposição?) de que era o túmulo de José servem para esse propósito. Contudo, temos de nos voltar para indícios fora dos Evangelhos, a fim de estabelecer a probabilidade de um ponto lembrado.

Havia nesse período uma crescente veneração judaica dos túmulos dos mártires e profetas.[89] Os supostos túmulos dos macabeus passaram a ser venerados desde que foram considerados mártires do culto do verdadeiro Deus (acima, § 46, sob "Atitudes judaicas em relação aos corpos dos crucificados"). Na verdade, no século IV, os cristãos de Antioquia assumiram esses túmulos dos judeus como lugares de oração e peregrinação.[90] *As Vidas dos Profetas*, obra com história com-

---

[89] Ver Jeremias, *Heiligengräber*, esp. p. 145.
[90] Crisóstomo, *De Maccabeis* 1,1 (PG 50,617); Homilia 11, De *Eleazaro* 1,1 (PG 63,523-524).

plicada, mas que talvez tenha raízes no Judaísmo do século I d.C., tem o cuidado de, na maioria dos relatos, nos contar onde o profeta foi sepultado. De interesse especial é *As Vidas dos Profetas* 1,9, que nos diz que o túmulo de Isaías em Jerusalém ficava "perto do túmulo dos reis, a oeste do túmulo dos sacerdotes, na parte meridional da cidade" (= o Vale do Cedron). Quanto ao túmulo de Ageu (*As Vidas dos Profetas* 14,2): "Quando morreu, foi sepultado perto do túmulo dos sacerdotes, com grandes honras, do mesmo modo que eles". Zacarias, que era o filho martirizado de um sacerdote, foi tomado pelos sacerdotes e sepultado com seu pai (*As Vidas dos Profetas* 23,1). O Vale do Cedron e a área ao norte de Jerusalém estão pontilhados de túmulos monumentais desse período, que comemoram (com e sem exatidão) a memória de profetas, homens veneráveis, sábios, sacerdotes e membros da realeza. Já mencionei os "Túmulos dos Reis" (na realidade, o conjunto de túmulos da rainha Helena de Adiabena, que morreu cerca de vinte e cinco anos depois de Jesus), que apresentam excelente paralelo em muitos aspectos para estudar o tipo de lugar onde talvez Jesus tenha sido sepultado (escavado em uma pedreira; contendo sepultamentos *kokîm* e em arcossólios; fechado por uma pedra rolada). Uma razão especial para lembrar o túmulo de Jesus está na fé cristã de que o túmulo foi desocupado por sua ressurreição dos mortos. Sendo possível recorrer a atitudes mais tardias da Mixná, *Berakot* 9,1 incentiva a pensar que os seguidores judaicos de Jesus não esqueceram o local desse tremendo acontecimento: "Quando é mostrado um lugar onde aconteceram prodígios em Israel, dizei: 'Bendito Aquele que operou prodígios para nossos antepassados neste lugar'". Infelizmente, o *EvPd* não demonstra nenhum conhecimento seguro da Palestina do século I; de outro modo, seria possível recorrer a *EvPd* 6,24, que dá um topônimo, "o Jardim de José", como prova de que os cristãos podiam indicar o local do túmulo.

Alguns fatores históricos podem ter influenciado a lembrança do local. Um parente próximo de Jesus, Tiago, "o irmão do Senhor", ficou sendo figura importante na comunidade cristã de Jerusalém (Gl 2,9), logo depois da ressurreição de Jesus (1Cor 15,7: "apareceu a Tiago") até 62 d.C., quando foi executado pelo sumo sacerdote Anás II (Josefo, *Ant.* XX,ix,1; #200). Nesse período, ele pode muito bem ter tido um interesse de família no túmulo, interesse que seria uma tradição viva entre os parentes de Jesus que deviam ter sido proeminentes no Cristianismo palestino do século II (Eusébio, HE iii,19-20). Os sepultamentos no jardim da pedreira, que marcou o local tradicional, foram interrompidos quinze anos depois da morte de

Jesus, pois o jardim foi incorporado a Jerusalém quando Herodes Agripa I (41-44 d.C.) empurrou os muros da cidade mais para o norte. Ainda mais difícil seria a retenção da lembrança do local durante a grande mudança que ocorreu depois da Segunda Revolta Judaica, quando Adriano reconstruiu Jerusalém como a cidade romana de Aélia Capitolina. Não era permitida a presença de judeus nessa nova cidade, mas a comunidade cristã pôde continuar, porque o bispado agora passou para as mãos de cristãos gentios (HE IV,vi,3-4). Em 135, na área geral do local do túmulo, foi construída uma imensa plataforma — uma área retangular fechada, sobre a qual os romanos construíram um Templo a Afrodite (embora alguns estudiosos, recorrendo a Jerônimo, falem de um Templo a Júpiter). A escolha de erguer um Templo pagão bem em cima do túmulo de Jesus pode ter sido acidental e não uma afronta deliberada à que, afinal de contas, era apenas uma seita pequena.[91] Contudo, pode também ter servido para marcar o local agora enterrado pelos duzentos anos seguintes (Kretschmar, "Kreuz", p. 424). Quanto ao Gólgota, segundo Jerônimo, projetava-se acima da plataforma e constituía a base para uma estátua de Afrodite. Na última parte do século II, o local do túmulo enterrado foi mostrado a Melitão de Sardes quando este foi a Jerusalém, e ele o descreveu como estando no meio das ruas largas da cidade romana (§ 39, acima).

Em 325, segundo Eusébio e Cirilo de Jerusalém, que foram contemporâneos do acontecimento, a tradição a respeito do local da crucificação e sepultamento orientou os construtores encarregados pelo imperador Constantino, que queria descobrir os lugares sagrados e homenageá-los com uma igreja (ver L. E. C. Evans, "Holy", p. 123). Quando demoliram as estruturas de Adriano e cavaram o aterro, encontraram o túmulo da gruta, descoberta descrita por Eusébio em *De vita Constantini* iii,30-32 (GCS vii,91-93 — ver S. Heid, *Römische Quartalschrift* 87, 1992, p. 1-28). Cirilo de Jerusalém, que pregou na basílica de Constantino c. 350, também fala do túmulo como sendo uma gruta ou caverna.[92] Além de construir uma

---

[91] L. D. Sporty (BA 54, 1991, p. 28-35) pensa antes em uma afronta ao Judaísmo. Olhando, do Monte das Oliveiras, ao longo de uma linha leste-oeste daquilo que era a Porta Áurea do conjunto do Templo, através do local do Santo dos Santos, para onde o Templo de Afrodite foi construído, o Templo pagão ficava em um ponto dominantemente mais alto, no extremo ocidental da linha que se elevava acima das ruínas religiosas judaicas — sinal visível do triunfo romano sobre o Judaísmo. A decisão dos arquitetos de Constantino de construir a igreja deles no local do Templo de Afrodite, que destruíram, e assim, na mesma linha leste-oeste, mostrou o triunfo do Cristianismo sobre as religiões romana e judaica.

[92] *Catechesis* 14,9 (PG 33,833B); em 14,22 (PG 33,853A), ele afirma que a pedra que fechava o túmulo ainda estava lá.

basílica comprida no sentido leste-oeste chamada Martyrion (terminada em 336), os arquitetos de Constantino trabalharam na gruta do sepultamento e no Gólgota e, assim, criaram um conjunto sagrado com três locais importantes. Quanto à gruta sagrada, a câmara interior do túmulo com o nicho de sepultamento foi deixada intacta; mas os construtores cortaram grande parte da antecâmara exterior da gruta, bem como a face rochosa externa, até restar apenas a estrutura de um bloco no nível da superfície. Em seguida, eles adornaram o exterior com uma edícula que tinha pequenas colunas de mármore e telhado de ouro, transformando-a, desse modo, em um sacrário. Mais tarde, isso se tornou o centro de uma rotunda com colunatas, intitulada Anastasis (Ressurreição),[93] engastada em um pátio ajardinado a oeste da basílica Martyrion. O Gólgota ou outeiro do Calvário ficava no canto meridional do pátio, tocando o extremo ocidental da basílica.

Os invasores persas de 614 arrancaram algumas das preciosas ornamentações da edícula, mas não se interessaram pelo túmulo rochoso subjacente que, felizmente, não foi danificado pelo incêndio que acompanhou a depredação. Nem outro grande incêndio no século X parece ter danificado o túmulo em si. A catástrofe aconteceu em 1009, quando o califa fatimida do Cairo, Hakim, como parte de sua tentativa de abolir o Cristianismo, destruiu todo o conjunto e praticamente arrasou o túmulo, deixando traços das paredes rochosas originais apenas no norte e no sul (o que, felizmente, bastou para permitir a investigadores mais tardios descobrirem a planta da edícula). Em uma reconstrução quarenta anos mais tarde, foi erigida uma réplica do túmulo e a rotunda da Anastasis foi parcialmente restaurada, mas a basílica de Constantino não foi reconstruída.

Quando os cruzados chegaram, em 1099, começaram a construir uma igreja para alojar a Anastasis e o Calvário; e ela foi terminada em 1149. Tendo a forma geral que ainda está de pé, ela exibia os arcos ogivais e outros traços que começavam a aparecer nas igrejas europeias da época. O Gólgota recebeu forma retangular e um revestimento de mármore foi colocado sobre ele (embora a rocha original do outeiro ainda seja visível na parte posterior); desse modo, ele agora se erguia dentro da igreja como uma alta capela em forma de caixa, não longe da

---

[93] Bahat ("Does", p. 40) faz a interessante sugestão de que a rotunda imitava a forma do Templo de Afrodite, que existira acima do local do fórum da Aelia Capitolina de Adriano; na verdade, é provável que algumas das colunas desse Templo tenham sido usadas. Ele aponta para Templos de Afrodite com forma de rotunda em outros lugares, inclusive Roma.

edícula que cobria o túmulo reconstruído. Mais uma vez, a área do Santo Sepulcro se tornou um local de sepultamento, desta vez para os reis cruzados do Reino Latino de Jerusalém. Os cruzados foram expulsos em 1187. Através dos séculos, terremotos e incêndios danificaram a grande igreja deles e a enfraqueceram; e tentativas de escorá-la deixaram uma feia confusão de traves de apoio e vigas de madeira. Foi só com a reconstrução iniciada em 1959 que a longa história de estruturas situadas embaixo se tornou visível. E debaixo de 1.700 anos de esforços arquitetônicos, não perceptíveis aos olhos do peregrino, que vê uma cobertura de mármore, existem ainda os restos muito escassos das paredes de uma gruta que mais tem direito a reivindicar ter sido o lugar de sepultamento escavado na rocha no qual um piedoso membro do sinédrio colocou o cadáver de Jesus crucificado.

(A bibliografia para este episódio encontra-se em § 45, Parte I.)

§ 48. O sepultamento de Jesus, terceira parte: No sábado, a guarda no sepulcro (Mt 27,62-66; Lc 23,56b)

Tradução

Lc 23,56b: ⁵⁶ᵇE então, no sábado, elas descansaram segundo o mandamento.

Mt 27,62-66: ⁶²Mas, no dia seguinte, que é depois do dia de preparação, reuniram-se os chefes dos sacerdotes e os fariseus diante de Pilatos, ⁶³dizendo: "Senhor, lembramo-nos de que aquele impostor disse quando ainda estava vivo: 'Depois de três dias, vou ressuscitar (serei ressuscitado)'. ⁶⁴Portanto, ordena que o sepulcro seja tornado seguro até o terceiro dia, para que, tendo vindo, os discípulos não o roubem e digam ao povo: 'Ele foi ressuscitado dos mortos', e a última impostura será pior que a primeira". ⁶⁵Pilatos disse a eles: "Vós (podeis ter) tendes uma guarda custodial. Ide tornar seguro como sabeis". ⁶⁶Tendo ido, eles fizeram o sepulcro seguro com a guarda custodial, tendo lacrado a pedra.

[Mt 28,2-4 (depois do sábado, no sepulcro): ²E vede, houve um grande terremoto, pois um anjo do Senhor, tendo descido do céu e tendo avançado, removeu a pedra e estava sentado nela. ³Ora, sua aparência era como um relâmpago e suas vestes brancas como a neve. ⁴Mas, por medo dele, os que montavam guarda tremeram e ficaram como mortos.]

[Mt 28,11-15 (depois que as mulheres encontram o Jesus ressuscitado que lhes diz para irem a seus irmãos, os discípulos): ¹¹Mas, quando estavam indo, vede, alguns dos guardas custodiais, tendo entrado na cidade, anunciaram aos chefes dos sacerdotes todas as coisas que tinham acontecido. ¹²E, tendo se reunido com os anciãos e tendo tomado uma decisão, eles deram muitas moedas de prata aos soldados, ¹³dizendo: "Dizei que 'os discípulos dele, tendo vindo à noite, o roubaram, enquanto estávamos dormindo'. ¹⁴E se isso for ouvido pelo governador, nós (o) persuadiremos e vos livraremos de preocupação". ¹⁵Ora, tendo pegado as moedas de prata, eles fizeram como foram instruídos. E esta palavra tem sido divulgada entre os judeus até este dia.]

EvPd 8,28-9,34: [8,28]Mas os escribas e fariseus e anciãos, tendo se reunido uns com os outros, tendo ouvido que todo o povo estava murmurando e batendo no peito, dizendo que "Se na sua morte estes sinais muito grandes aconteceram, vede como ele era justo", [29]ficaram com medo (especialmente os anciãos) e vieram diante de Pilatos, suplicando-lhe e dizendo: [30]"Entrega-nos soldados a fim de podermos salvaguardar seu lugar de sepultamento por três dias, para que, tendo vindo, seus discípulos não o roubem e o povo aceite que ele ressuscitou dos mortos, e eles nos façam mal". [31]Mas Pilatos lhes entregou Petrônio, o centurião, com soldados, para salvaguardar o sepulcro. E com esses, os anciãos e escribas vieram ao lugar de sepultamento. [32]E, tendo rolado uma grande pedra, todos os que estavam ali, junto com o centurião e os soldados, colocaram(-na) contra a entrada do lugar de sepultamento. [33]E eles marcaram(-no) com sete lacres de cera e, tendo armado uma tenda ali, eles (o) salvaguardaram. [9,34]Mas, cedo, quando o sábado estava raiando, uma multidão veio de Jerusalém e da área circundante, a fim de poderem ver o túmulo lacrado.

[*EvPd* 9,35-11,49: [9,35]Mas, na noite em que o Dia do Senhor raiou, quando os soldados (o) estavam salvaguardando, dois a dois em cada período, houve uma voz forte no céu; [36]e eles viram que os céus se abriram e dois homens que tinham muito esplendor desceram de lá e vieram perto do sepulcro. [37]Mas aquela pedra que tinha sido empurrada contra a entrada, tendo rolado sozinha, foi para o lado, a certa distância; e o sepulcro se abriu e os dois jovens entraram. [10,38]E então, aqueles soldados, tendo visto, acordaram o centurião e os anciãos (pois eles também estavam presentes, salvaguardando). [39]E, enquanto relatavam o que tinham visto, novamente eles viram três homens que saíram do sepulcro, com os dois apoiando o outro e uma cruz seguindo-os, [40]e a cabeça dos dois alcançando o céu, mas a do que era conduzido pela mão por eles ultrapassando os céus. [41]E eles estavam ouvindo uma voz dos céus dizendo: "Fizestes a proclamação para os adormecidos?". [42]E uma homenagem foi ouvida da cruz: "Sim". [11,43]E então, aquelas pessoas estavam procurando uma perspectiva comum para sair e deixar essas coisas claras a Pilatos; [44]e, enquanto ainda estavam ponderando sobre isso, aparecem novamente os céus abertos e um certo homem, tendo descido e entrado no lugar de sepultamento. [45]Tendo visto essas coisas, os que estavam ao redor do centurião apressaram-se à noite diante de Pilatos (tendo deixado o sepulcro que estavam salvaguardando) e descreveram todas as coisas que na verdade tinham visto, agonizando grandemente e dizendo: "Verdadeiramente, ele era o Filho de Deus". [46]Em resposta, Pilatos disse: "Estou limpo do sangue do Filho de Deus, mas foi para vós que isto parecia (a coisa a fazer)". [47]Então, todos, tendo avançado, estavam suplicando e exortando-o a mandar o centurião e os soldados não dizerem a ninguém o que tinham visto.

⁴⁸"Pois", disseram, "é melhor para nós ter o débito do maior pecado à vista de Deus que cair nas mãos do povo judeu e ser apedrejados". ⁴⁹E, então, Pilatos mandou o centurião e os soldados não dizerem nada.]

Comentário

Nesta última seção de meu comentário da NP, coloquei juntos meio versículo de Lucas e uma cena de Mateus. Embora nada tenham em comum quanto ao conteúdo, essas duas unidades têm função semelhante. Nenhuma atividade foi narrada por Marcos entre o sepultamento de Jesus na presença de Maria Madalena e Maria de Joset, quando já era o entardecer do dia antes do sábado (Mc 15,42), e a vinda de Maria Madalena e Maria de Tiago e Salomé ao lugar de sepultamento quando o sábado passara (Mc 16,1-2). Os dois evangelistas que recorreram a Marcos completam mencionando o que aconteceu no sábado interposto entre as duas referências marcanas.[1]

O esforço de Lucas é sucinto e simples. Em sua interpretação, o silêncio marcano a respeito das mulheres no sábado significa que elas descansaram nesse dia. Ao especificar isso e relacioná-lo com a observância do "mandamento",[2] isto é, "Lembra-te de santificar o dia do sábado [...] nele não farás trabalho algum" (Ex 20,8-10), Lucas descreve as mulheres como cuidadosas observantes da lei. Assim, no fim do Evangelho, a imagem lucana do sepultamento e da ressurreição de Jesus em Jerusalém apresenta personagens piedosas e obedientes à lei, do mesmo tipo que havia sido descrito no início, durante as visitas de Jesus a Jerusalém, no tempo de sua infância e meninice (Lc 2,22-24.25.37.41-42). Por inclusão, Lucas

---

[1] Nenhum teólogo se interessa mais pela significância do que aconteceu nesse sábado santo que Hans Urs von Balthasar; contudo, suas reflexões (guiadas pelas experiências místicas de Adrienne von Speyr) não se concentram no que os evangelistas canônicos atribuem a esse dia. Para von Balthasar (*Mysterium Paschale*, Edinburgh, Clark, 1990; original alemão 1969), o crucificado, condenado como pecador e completamente abandonado por Deus, desceu entre os mortos no sábado, a fim de mostrar solidariedade com os que tinham abandonado Deus em pecado, um "sim" divino que destrói as portas do inferno ao abraçar o "não" de pecadores mortos impenitentes e dar esperança para a salvação de todos. Conceito grandioso, mas com uma diferença paradoxal do interesse mateano de mostrar que o pecado continuou no sábado. É o EvPd, não Mateus, que declara que entre o ato de lacrar o túmulo, no amanhecer do sábado (*EvPd 9,33-34*), e a saída do Senhor do túmulo, na madrugada do dia do Senhor (*EvPd 9,35; 10,39-40*), o crucificado fez a proclamação para os adormecidos (*EvPd 10,41*). Mt 27,52 colocou a ressurreição dos santos adormecidos na tarde da sexta-feira antes do sepultamento de Jesus.

[2] A frase lucana "segundo o mandamento" é omitida pelo Códice de Beza, talvez para evitar dar a impressão de que os que acreditavam em Jesus estavam presos ao ritual do sábado.

expressa sua teologia de que toda a vida de Jesus, do começo ao fim, foi marcada pelo respeito da lei e que ele atraía seguidores dessa inclinação entre os judeus.

Mateus também acrescenta o sábado de uma forma inclusiva, que faz o fim do Evangelho combinar com o começo; com efeito, na ANÁLISE, subseção A, adiante, mostrarei que ele organiza cinco episódios, de Mt 27,57 a 28,20, de modo a torná-los paralelos à estrutura de sua narrativa da infância. A história da guarda no sepulcro, que começa no sábado, é elemento essencial na organização dos cinco episódios. O COMENTÁRIO todo será dedicado a interpretar essa história da guarda em Mateus, e talvez os leitores achem útil conhecer antecipadamente algumas das conclusões a que chegarei na ANÁLISE pertinente aos contornos básicos. Uma história consecutiva a respeito da guarda do sepulcro chegou a Mateus proveniente da mesma coleção de tradição popular a que ele recorreu para adições anteriores que ele acrescentou à NP marcana, tais como: o suicídio de Judas e o dinheiro de sangue (Mt 27,3-10); o sonho da mulher de Pilatos (Mt 27,19); Pilatos lavando as mãos do sangue de Jesus, enquanto o povo aceitava a responsabilidade por ele (Mt 27,24-25); os fenômenos extraordinários na terra e no céu quando Jesus morreu (Mt 27,51b-53). Vou afirmar que o autor do *EvPd* recorreu não só a Mateus, mas também a uma forma independente da história da guarda do sepulcro, e em *EvPd* 8,28–11,49, a história básica ainda se encontra consecutivamente (embora detalhes da história sejam modificados por fatos mais tardios). Entretanto, Mateus dividiu a história da guarda para constituir o segundo episódio (Mt 27,62-66, antes da ressurreição) e o quarto episódio (Mt 28,11-15, depois da ressurreição) na narrativa do sepultamento e da ressurreição,[3] exatamente como a história de Herodes foi dividida para constituir o segundo e o quarto episódios da narrativa da infância. A história da guarda no sepulcro, quando contada como uma unidade em círculos populares, não tinha de ser relacionada com a outra história do túmulo vazio (as mulheres vêm ao túmulo) que encontramos em Marcos; mas Marcos e o *EvPd* inter-relacionam as duas histórias: Mateus mistura-as e o *EvPd* narra-as uma depois da outra (ver em *EvPd* 12,50–13,57 a história das mulheres). Como a relação dos fenômenos extraordinários em Mt 27,51b-53, o foco primordial da história da guarda era a milagrosa confirmação divina da vitória de Jesus, de modo que a formação do elemento

---

[3] Um pequeno segmento está entrelaçado no terceiro episódio (Mt 28,2-4, como parte de Mt 28,1-10); fenômeno semelhante ocorre na narrativa da infância, onde Herodes é mencionado no terceiro episódio.

apologético (que o corpo não foi roubado) surgiu lógica e temporalmente (com toda a probabilidade) mais tarde. Questões a respeito da historicidade e/ou a respeito dos elementos mais antigos da história da guarda também ficarão para a ANÁLISE.

Voltemo-nos agora para um comentário detalhado da *primeira parte* da história mateana da guarda, isto é, a parte que integra a narrativa do sepultamento, que vou dividir em duas subseções: primeiro, o pedido feito a Pilatos; segundo, a concessão e execução do pedido. Uma terceira subseção apenas examinará a segunda parte da história da guarda quando ela continua na narrativa mateana da ressurreição. A narrativa muito mais longa do *EvPd* não será objeto de comentário detalhado, mas será introduzida para suplementar observações a respeito de Mateus.[4]

O pedido feito a Pilatos (Mt 27,62-64)

Indicação de tempo. Como o pedido diz respeito a guardar o sepulcro para que não tentem forçá-lo, logicamente ele tinha de ser feito antes de o túmulo ser (encontrado) aberto na manhã de domingo depois do sábado.[5] O *EvPd* prefere apresentá-lo antes do raiar de sábado (ver *EvPd* 9,34). Se o autor estava calculando o tempo pelos padrões judaicos, ele quer dizer que o pedido foi feito no fim da tarde de sexta-feira; do contrário, talvez ele queira dizer que foi feito nas primeiras horas de sábado, antes do amanhecer. Entretanto, não se pode concluir nada quanto a esse ponto, devido às indicações confusas a respeito do sábado no *EvPd*.[6] Mateus prefere apresentar o pedido no próprio sábado. A variação de tempo entre o *EvPd* e Mateus sugere que pode não ter havido nenhuma indicação precisa de tempo na história da guarda, ausência que permitiu a cada autor encaixá-la onde achou melhor no interstício entre sexta-feira e domingo. Na verdade, a indicação de tempo em Mt 27,62 ("depois do dia de preparação" — um jeito bastante indireto de referir-se ao sábado) revela a mão organizada de Mateus. Ao examinar os elementos de indicação

---

[4] Esta decisão é imposta pela natureza do volume como comentário dos Evangelhos *canônicos*. Às vezes, não hesito em acrescentar uma subseção a respeito de um breve segmento no *EvPd*, mas os vinte e dois versículos da história da guarda constituem mais de um terço do que foi preservado do *EvPd*.

[5] Nas narrativas canônicas do sepultamento de Jesus, só Mateus usa *taphos* ("sepulcro") e dois de seus quatro usos estão na história da guarda, com o quarto em Mt 28,1, que liga a história ao relato das mulheres vindo na Páscoa. No relato da Páscoa, *mnemeion* ("túmulo") é a palavra canônica mais frequentemente usada (Marcos: 4; Mateus: 1; Lucas: 5; João: 7) — Marcos e Lucas usam *mnema* uma vez cada um.

[6] Por exemplo, em *EvPd* 7,27, depois da morte e do sepultamento de Jesus, o autor nos diz que os discípulos ficaram "sentados lamentando e chorando noite e dia até o sábado", embora já tivesse escrito "o sábado está raiando", quando Jesus foi condenado à morte (*EvPd* 2,5)!

de tempo para a história do sepultamento em Mc 15,42 (já o entardecer, dia de preparação, o dia antes do sábado), mencionei que, na passagem correspondente (Mt 27,57), Mateus usou apenas uma das indicações marcanas (entardecer) e que ele reservou as outras para mais tarde, a saber, "dia de preparação" para esta cena (Mt 27,62) e "sábado" para a cena seguinte no túmulo vazio (Mt 28,1, onde ele economiza nas menções de "sábado" em Mc 15,42 e 16,1).

Os envolvidos. Mt 27,62 relata que "reuniram-se os chefes dos sacerdotes e os fariseus".[7] *Synagein* ("reunir-se") faz eco a outras passagens da NP mateana (Mt 26,3.57; 27,17.27), onde os que eram ou seriam adversários de Jesus se reuniram. (O relato do *EvPd* da história da guarda usa o mesmo verbo [*EvPd* 8,28] — indicação de que, se o autor recorreu a uma forma independente da história da guarda, ele também tinha ouvido Mateus e foi influenciado por expressões mateanas conhecidas.) Se combinarmos "os chefes dos sacerdotes" aqui com seu reaparecimento em Mt 28,11-12, onde são associados aos "anciãos", reconheceremos estar lidando com os adversários tradicionais de Jesus na NP mateana, onde a designação "chefes dos sacerdotes" aparece outras quinze vezes e "anciãos", outras sete vezes. Gnilka (*Matthäus*, v. 2, p. 487) está correto ao ver aqui os componentes do sinédrio. A surpreendente exceção é a referência a "os fariseus", que só aparecem aqui na NP mateana.[8] Em outras palavras, esta história a respeito da guarda no sepulcro transgride a lembrança tradicional (e até histórica) de que os fariseus não atuaram na morte de Jesus. O fato de os fariseus só aparecerem aqui no *EvPd* (*EvPd* 8,28: independentemente ou recorrendo a Mateus?) sugere que não podemos traçar uma forma da história da guarda que não os tenha. Kratz (*Auferweckung*, p. 57-59) não vê nenhum significado especial na presença dos fariseus aqui, mas, para outros, ela sugere que a história da guarda no sepulcro foi expressa em um período em que os fariseus haviam se tornado os principais adversários dos cristãos (depois de 70?), quer a história tenha, quer não tenha antecedentes mais primitivos.[9]

---

[7] A passagem correspondente em *EvPd* 8,28 tem: "os escribas e fariseus e anciãos [...] reunidos" contra Jesus. Mais adiante, Mt 28,12 introduz "os anciãos" em sua história, do mesmo modo que *EvPd* 8,29 vai reiterar que "os anciãos" estavam presentes.

[8] Alhures nas NPs canônicas, só em Jo 18,3. Em Mateus, "os chefes dos sacerdotes e os fariseus" foram associados pela última vez em Mt 21,45-46, quando procuraram prender Jesus porque suas parábolas os ameaçavam.

[9] Contudo, precisamos observar que, depois de serem mencionados no início de Mateus e do *EvPd*, os fariseus nunca mais são citados; os chefes dos sacerdotes e os anciãos, em Mateus, e os anciãos e escribas, no *EvPd*, são figuras hostis na história toda.

Há quem se pergunte se uma reunião dos chefes dos sacerdotes e dos fariseus diante de Pilatos não teria sido uma transgressão do sábado. Certamente, Mateus não chama a atenção a essa transgressão, pois sua circunlocução "no dia seguinte, que é depois do dia de preparação" evita menção do sábado.[10] Um comportamento verdadeiramente implausível encontra-se no que o *EvPd* faz acontecer no período "quando o sábado estava raiando" (*EvPd* 9,34). Depois que se juntaram para lacrar o túmulo, os anciãos e escribas armaram uma tenda ali e, ao lado dos soldados, salvaguardaram o túmulo durante todo o sábado até a noite, quando o dia do Senhor (domingo) raiou (*EvPd* 8,33–10,38). No sábado, juntou-se a eles uma multidão que saiu para ver o túmulo lacrado (*EvPd* 9,34). A imagem de tantos judeus praticantes que passam o sábado em um túmulo é outro fator (juntamente com a confusão cronológica a respeito do calendário judaico) que nos faz duvidar que o *EvPd* tenha sido escrito por um judeu-cristão culto.

Recordação de Jesus e do que ele disse. Em Mt 27,63, as autoridades judaicas chamam o prefeito de "Senhor", cortesia jamais atestada em encontros na NP. Eles lhe falam de Jesus como o "impostor" (*planos*) e do que é provável que os discípulos afirmem a respeito de sua ressurreição como uma "impostura" (Mt 27,64: *plane*). Nenhuma dessas palavras é usada em outras passagens por Mateus e o verbo correspondente, "enganar" (*planan*), jamais é usado em nenhuma NP sinótica. Entre os Evangelhos, o verbo é aplicado a Jesus somente em Jo 7,12.47. Em § 24 B, acima, mencionei que a polêmica judaica que identificava Jesus como o falso profeta de Dt 13,2-6; 18,20, atestada no Talmude e em outras obras da literatura judaica, aparentemente não faz parte dos estratos pré-70 do NT. Assim, temos outro indicador de que a formulação da história da guarda talvez seja relativamente tardia.[11]

Em Mt 27,63, os adversários citam para Pilatos as palavras de Jesus: "Depois de três dias, vou ressuscitar (serei ressuscitado)". Em nenhuma passagem de Mateus (ou em qualquer outro Evangelho), Jesus diz realmente essas palavras. Nas três predições da Paixão de Mt 16,21; 17,22-23 e 20,18-19 (ver APÊNDICE VIII),

---

[10] Que esse dia fazia parte do período festivo dos Pães sem fermento, que começava com a refeição pascal na noite de quinta-feira/sexta-feira, embora dedução lógica das indicações cronológicas mateanas mais primitivas, está ainda mais longe da imagem mateana aqui.

[11] Digna de nota é a ausência de qualquer referência às proclamações na forma da história da guarda no *EvPd*. Talvez na psicologia da narrativa do *EvPd*, onde o povo diz como Jesus era justo (*EvPd* 8,28), devamos imaginar que seus adversários julgavam sensato não atacá-lo diretamente.

ele falou de o *Filho do Homem* ser ressuscitado *no terceiro dia*. A expressão "três dias" ocorreu realmente na passagem do sinal de Jonas (Mt 12,40: "o Filho do Homem estará no seio da terra três dias e três noites"), sinal dirigido aos escribas e fariseus (Mt 12,38),[12] e na afirmação da destruição do santuário atribuída a Jesus no julgamento judaico e na cruz (Mt 26,61; 27,40: "dentro de três dias (o) construirei"). Contudo, mesmo aí não encontramos "depois de três dias", o que subentende ressurreição na segunda-feira, o quarto dia.[13] Mas talvez não devamos pressionar com rigor a questão de redação rigorosa;[14] de fato, a indicação de tempo é do ponto de vista da narrativa total, não de um momento histórico no sábado, quando as autoridades judaicas estavam falando. Na sequência de sepultamento-ressurreição, Mt 27,57.62 e 28,1 indicam dias distintos, com o último sendo o "amanhecer do primeiro dia da semana" — depois desses três dias indicados, Jesus terá ressuscitado. Na verdade, Mt 28,6 ("Pois ressuscitou exatamente como disse") empenha-se em indicar a verdade de uma predição que, em Mt 27,63, as autoridades judaicas caracterizaram como vindo de um impostor! O que realmente nos surpreende nesta cena diante de Pilatos é que os chefes dos sacerdotes e os fariseus não só conhecem a essência do dito de Jesus, mas o entendem corretamente como referindo-se a sua ressurreição. Embora na narrativa os discípulos de Jesus tenham ouvido muito mais predições da ressurreição de Jesus do que os chefes dos sacerdotes e os fariseus, nenhum dos Evangelhos lhes atribui esse discernimento antes da ressurreição ou, às vezes, até mesmo depois de encontrarem o Jesus ressuscitado![15] Está claro que a história foi formulada em um contexto onde os cristãos proclamam a ressurreição e seus adversários entendem o que eles proclamam.

---

[12] Giblin ("Structural", p. 414-419) defende longamente a passagem de Jonas como antecedente do dito de Jesus que os chefes dos sacerdotes e os fariseus relatam a Pilatos. Nela o Filho do Homem está "no seio da terra" e é ali que as autoridades judaicas querem manter Jesus em resposta a sua audaciosa advertência a eles no julgamento (Mt 26,64: "Vereis o Filho do Homem sentado à direita do Poder e vindo sobre as nuvens do céu".

[13] Walker ("After") lembra que as autoridades judaicas estão citando isso no sábado e, nesse dia, pedem que tornem o sepulcro seguro "até o terceiro dia", o que significaria a segunda-feira. Ele sugere que algumas das expressões tradicionais referentes a três dias são calculadas a partir da quinta-feira.

[14] Em outras passagens dos Evangelhos, mesmo quando Jesus cita suas próprias palavras, a citação não é necessariamente literal (ver Jo 18,9).

[15] É aqui que tentativas literalistas de historicidade tropeçam. Lee ("Guard", p. 63) afirma que as palavras de Jesus, inclusive uma declaração a respeito da destruição do santuário do Templo dentro de três dias, foram denunciadas aos chefes dos sacerdotes por Judas. Isso pressupõe que Judas alcançou um entendimento desse ou dos outros ditos como referência à ressurreição.

Um pedido formulado por causa do medo quanto aos discípulos de Jesus. Mt 27,64 começa com o pedido das autoridades judaicas a Pilatos para que emita uma ordem que dure até o terceiro dia. O verbo *keleuein* ("ordenar") foi usado por Mateus alguns versículos antes (Mt 27,58) em lugar do *doreisthai* marcano (Mc 15,45: "conceder") para explicar a concessão por Pilatos do corpo de Jesus a José. Tendo expedido uma ordem que favorecia o discípulo de Jesus, Pilatos agora recebe um pedido hostil aos discípulos. A limitação de tempo no pedido, embora determinada pela predição de Jesus, tem o efeito psicológico de facilitar uma resposta afirmativa: um governador romano não comprometeria forças por tempo indeterminado. Quando se trata do que foi pedido a Pilatos e por quê, Mt 27,64 e *EvPd* 8,30 concordam de modo geral. A essência, mas não a redação do pedido, é a mesma: é pedida ajuda a Pilatos (*EvPd*, especificamente "soldados") para assegurar ou salvaguardar (Mateus: *asphalein*; *EvPd*: *phylassein*) o sepulcro/lugar de sepultamento (Mateus: *taphos*; *EvPd*: *mnema*). A redação do raciocínio por trás do pedido é praticamente idêntica: "para que, tendo vindo, os/seus discípulos não o roubem".[16] Mais uma vez, há variação de vocabulário, mas não de essência no entendimento de que, tendo roubado o corpo, os discípulos usariam isso para induzir "o povo" (*ho laos* em ambos) a acreditar na ressurreição de Jesus (passiva de *egeirein* em Mateus; ativa de *anistanai* no *EvPd*). Mateus termina o pedido com uma declaração gnômica: "E a última impostura será pior que a primeira" (expressa na linguagem usada anteriormente em Mt 12,45: "E o último estado desse homem torna-se pior que o primeiro"). Sarcasticamente, isso subentende que o ministério todo de Jesus era falso, mas ironicamente deixa o problema lógico de saber por que as autoridades judaicas levam tão a sério a afirmação feita por tal impostor. O *EvPd* termina o pedido em tom diferente; consistente com sua imagem de "todo o povo" murmurar na morte de Jesus e professar que ele era justo (*EvPd* 8,28). No

---

[16] O *EvPd* traz "seus discípulos" e também a tradição textual *koiné* de Mateus (provavelmente por contato com Mt 28,13, onde a mentira diz que "seus discípulos" roubaram o corpo); a expressão está ausente dos Códices Vaticano e Sinaítico. (A tradição *koiné* de Mateus também acrescenta "à noite", mas novamente em imitação de Mt 28,13.) Embora eu creia que o autor do *EvPd* estivesse familiarizado com a redação mateana, não se deve deduzir demais quanto à dependência literária dessa oração, que é a concordância literária literal mais extensa entre o *EvPd* e um Evangelho canônico. Que os discípulos vieram e roubaram Jesus (descrição repetida em Mt 28,13; ver Jo 20,2.15) tornou-se acusação confirmada em discussões polêmicas, como atesta Mt 28,15 (também Justino, Diálogo cviii,2); e a redação fixa dessa acusação poderia ser conhecida do autor do *EvPd* sem dependência direta de Mateus. Contudo, a maior parte do vocabulário está bastante ambientada em Mateus e o "tendo vindo" mais um verbo de movimento é muito mateano (vinte e sete vezes).

EvPd, as autoridades temem que o povo possa lhes "fazer mal" (*poein kaka*). Aqui, a linguagem é irônica; de fato, *EvPd* 4,10 (e Lucas) mostraram Jesus crucificado entre os *kakourgoi* ou "malfeitores".

Embora eu reserve as questões de historicidade para a ANÁLISE, vale a pena examinar aqui a verossimilhança. Essa história parece plausível ao relatar o temor de que o corpo de Jesus fosse roubado? E se podemos antecipar, é plausível que Pilatos se movimentasse para impedir essa depredação? A violação de túmulos não era incomum na Antiguidade, em geral em busca de tesouros; mas o caso presente envolve a transferência de um cadáver, o que era feito ocasionalmente por razões honestas (mudar os mortos recentes para um túmulo melhor) ou desonestas (para feitiçaria ou magia), e a motivação sugerida para os discípulos (impostura) na acusação diante de Pilatos cai nessa segunda categoria. Percebe-se que era plausível pedir a ajuda de Pilatos para impedir a violação de túmulos destinada a criar uma devoção supersticiosa em uma inscrição que tem uma história fascinante, inscrição que alguns julgam ter sido provocada pelo que aconteceu ao túmulo no qual Jesus foi sepultado.

No século XIX, entre algumas antiguidades adquiridas em Nazaré (mas não necessariamente originárias dali), estava uma placa de mármore de cerca de 5 cm por 3 cm que continha 22 linhas de uma inscrição grega. Foi enviada à Bibliothèque Nationale de Paris em 1878, e publicada por F. Cumont em *Revue d'Histoire* 163, 1930, p. 241-266. Traz o título *Diatagma Kaisaros*. Não é designação comum de um pronunciamento imperial e os biblistas ficaram intrigados para saber que tipo de pronunciamento era e o César que o fez.[17] Em geral, se sugere ser tradução do latim, mas não há concordância quanto a se classificar como uma das declarações jurídicas rigorosamente definidas, conhecidas a partir de tempos imperiais mais tardios: *edictum, rescriptum, decretum, mandatum*. Talvez tenhamos o fragmento de um edito que foi emitido só para uma seção do império,[18] e não há meios para determinar se era resposta a uma pergunta apresentada a Roma. Quanto ao "César", como Metzger ("Nazareth", p. 86-87) menciona, a série de sugestões vai de

---

[17] A inscrição tem sido objeto de enorme bibliografia. Na ocasião em que Schmitt escreveu, em 1958 ("Nazareth", v. 6, p. 361-363), já havia cerca de setenta registros, e a contagem subira para noventa em 1975, na época do artigo de Metzger ("Nazareth", p. 91-92).

[18] De Zulueta ("Violation", p. 193-194) menciona que, embora punida com multas, a *violatio sepulchri* só foi tratada como problema criminal em todo o império no século II d.C.

Augusto, que se tornou imperador em 30 a.C., a Septímio Severo, que morreu em 241 d.C. Contudo, a imprecisão do título *Diatagma Kaisaros* sugere um período antes da fixação do estilo imperial e a paleografia favorece o período de 50 a.C. a 50 d.C. Consequentemente, os primeiros imperadores, Augusto, Tibério e Cláudio, são propostos com mais frequência.[19] Augusto quase sempre designava a si mesmo "César"; e, se não fosse pelo desejo de ver aqui uma aplicação a Jesus (o que exigiria um imperador mais tardio que Augusto), sua candidatura teria apoio convincente.

O objetivo da inscrição[20] é que sepulcros e sepulturas permaneçam em paz para sempre. Os que infringem o caráter íntegro do sepultamento devem ser julgados e punidos. Tais criminosos incluem todo aquele que tira corpos que foram sepultados em um túmulo e/ou quem "com impostura maldosa transfere-os para outros lugares". O princípio dominante é: "Será especificamente obrigatório honrar os que foram sepultados. Que ninguém os remova por nenhuma razão". É possível entender por que o fato de ser a inscrição conhecida primeiro em Nazaré e advertir contra mover corpos leva alguns a pensar que essa foi a resposta do imperador ao relato de Pilatos, segundo o qual a descoberta do túmulo de Jesus vazio provocou disputas entre os seguidores de Jesus e judeus que não acreditavam em Jesus, de modo que eles debatiam a razão de estar o túmulo vazio. O fato de, c. 49 (?), Cláudio ter "expulsado os judeus de Roma por causa de seus tumultos constantes incitados por Cresto" (Suetônio, *Claudius* xxv,4) é não raro interpretado como tentativa daquele imperador de resolver a briga nas sinagogas de Roma entre os judeus que acreditavam e os que não acreditavam ser Jesus o Cristo. A "inscrição de Nazaré" tem sido considerada outro desses envolvimentos imperiais, talvez novamente por Cláudio. Essa sugestão é forçada e reflete mais imaginação que indícios. Não há indícios sérios de que Pilatos tenha feito esse relatório, nem de que Roma estivesse interessada no problema ou esse debate tenha ocorrido logo depois da ressurreição de Jesus. Contudo, a inscrição realmente se encaixa no contexto da história da guarda no túmulo. Por um lado, mostra que a violação de túmulos era muito grave e que o governador romano poderia ter cedido soldados quando havia razões para prever o roubo do corpo daquele que tivera morte notória. Por outro lado, o conhecimento comum de que os que roubassem um corpo seriam seriamente castigados

---

[19] Se a inscrição foi copiada durante os reinados de Augusto ou Tibério, não foi originalmente apresentada em Nazaré, pois a Galileia não estava sob o domínio romano direto naquele período.

[20] Ver transcrição e tradução em de Zulueta ("Violation", p. 185) e Metzger ("Nazareth", p. 76-77).

pelos romanos podia fazer os leitores perceberem o ridículo da afirmação judaica de que os discípulos que fugiram quando Jesus foi preso agora ganharam coragem para roubar o corpo de Jesus.

Pilatos concede o pedido (Mt 27,65-66)

Em *EvPd* 8,30, as autoridades judaicas pediram a Pilatos: "Entrega-nos soldados, a fim de podermos salvaguardar seu lugar de sepultamento". Esse vocabulário volta a ser usado para descrever a reação do prefeito: "Pilatos lhes entregou [*paradidonai*] Petrônio, o centurião, com soldados, para salvaguardar o sepulcro" (*EvPd* 8,31). O verbo *paradidonai*, usado com tanta frequência na NP para a entrega de Jesus, é agora usado de modo diferente e, talvez, com ironia. Como no *EvPd* os judeus crucificam Jesus, é essa a primeira menção de soldados romanos. Não é surpreendente que aqui apareça o centurião romano (*kentyrion*, como em Mc 15,39, não *hekatontarches*, como em Mt 27,54) que foi apresentado nas narrativas sinóticas da crucificação. Entretanto, ele é apenas uma lembrança transferida, pois, apesar de ter o nome pessoal de Petrônio[21] e ser mencionado cinco vezes na história da guarda (*EvPd* 8,31.32; 9,38; 11,45.47), o centurião não faz nem diz nada sozinho.

Em Mt 27,65, Pilatos responde em discurso direto: "*Echete koustodian*. Ide tornar seguro como sabeis". Deixei as duas primeiras palavras em grego por causa de seu sentido duvidoso. Na maioria das vezes, entende-se que querem dizer "Vós tendes uma guarda custodial própria" — em outras palavras, Pilatos recusa-se a ajudar e diz aos chefes dos sacerdotes e aos fariseus que eles têm tropas próprias que podem usar para tornar o sepulcro seguro. Inúmeros argumentos de peso variado operam contra essa interpretação na qual os que guardavam o túmulo seriam tropas judaicas reunidas pelas autoridades judaicas: 1) Em *EvPd* 8,31, entende-se claramente que Pilatos dá soldados romanos para salvaguardar o local de sepultamento. 2) Se as autoridades judaicas tinham tropas próprias para vigiar o sepulcro, por que precisavam da ajuda de Pilatos, em primeiro lugar? 3) Mateus

---

[21] Ver § 44, nota 15. É nome romano conhecido, por exemplo, um Petrônio foi governador da Síria em 39-42 d.C.; mas há quem o considere um jogo com o nome do autor do *EvPd*, a saber, o Petros de *EvPd* 14,60, do mesmo modo que uma filha chamada Petronilha foi atribuída ao primeiro dos Doze. Metzger ("Names", p. 95) relata que o Livro dos Bês, obra siríaca do século XIII, apresenta nomes para todos os soldados enviados para vigiar o túmulo: "Eram [em número de] cinco e eis seus nomes: Issacar, Gad, Matias, Barnabé e Simão; mas outros dizem que eram quinze, três centuriões e seus soldados romanos e judeus".

usa o termo *koustodia* para se referir às tropas que guardavam o sepulcro: um empréstimo latino em grego que, na literatura cristã primitiva, só aparece nesta história (Mt 27,65; 28,11). Esse latinismo se enquadra bem na imagem de um prefeito romano que designa tropas romanas.[22] 4) Mt 28,12 chama os que guardavam o sepulcro de "soldados", usando o plural de *stratiotes*, enquanto Mt 28,14 refere-se a Pilatos como o *hegemon* ("governador"). Anteriormente (Mt 27,27), Mateus usou esses dois termos gregos para se referir a "os soldados do governador" e, com certeza, aqui ele está pensando nos mesmos soldados romanos. Em 22 dos 26 usos neotestamentários de *stratiotes*, a referência é a soldados romanos; em outros 3 (At 12,4.6.18), a soldados sob o comando do rei Herodes Agripa I — a referência nunca é a soldados controlados pelas autoridades judaicas de Jerusalém. 5) Se os envolvidos fossem soldados judaicos sob o controle de autoridades judaicas, por que seriam responsáveis perante o governador romano por cair no sono e não montar guarda, como Mt 28,14 subentende?[23]

É muito mais provável que Mateus queira dizer que Pilatos deu às autoridades judaicas soldados romanos para ajudar a tornar o sepulcro seguro.[24] Então, a palavra-chave *echete* tem de ser traduzida não como "Vós tendes uma guarda custodial", mas como "Vós (podeis) ter uma guarda custodial", ou "É-vos concedida uma guarda custodial", ou "Tomai uma guarda custodial". O verbo *echein* está sendo usado no sentido convencional de resposta afirmativa a um pedido: "Vós a

---

[22] Lee ("Guard", p. 173) afirma romanticamente que Caifás ouviu *custodia* dos lábios de Pilatos, quando ele falou com o sumo sacerdote em latim! No aramaico talmúdico, *qûstôdya*' aparece como empréstimo do latim; isso enfraquecerá o argumento usado aqui, se for eco de uso aramaico mais primitivo.

[23] Craig ("Guard", p. 274) afirma que a referência é a uma guarda judaica porque, em Mt 28,11, os soldados se apresentam aos sumos sacerdotes — se tropas romanas estivessem envolvidas, como no *EvPd*, elas se apresentariam a Pilatos. Com dois fundamentos, acho esse argumento nada convincente. Primeiro, as tropas romanas cedidas pelo Pilatos mateano foram postas sob as diretrizes dos chefes dos sacerdotes e dos fariseus em Mt 27,65 ("Vós [podeis ter] tendes uma guarda custodial. Ide tornar seguro como sabeis"), então, naturalmente, as tropas relatam aos chefes dos sacerdotes o que aconteceu. Os chefes dos sacerdotes reafirmam-lhes que, se cooperarem com a mentira quanto a dormir, não serão bodes expiatórios, com os chefes dos sacerdotes dizendo a Pilatos que os soldados que ele lhes deu não eram confiáveis. Segundo, no *EvPd*, onde tropas romanas estão claramente envolvidas, eles *primeiro* conferenciam com os anciãos judaicos, que eles acordam (*EvPd* 10,38; 11,43), a respeito de como comunicar a Pilatos antes de irem *juntos* fazer um relato a Pilatos (*EvPd* 11,45) — sensibilidade quanto à responsabilidade perante as autoridades judaicas.

[24] Há uma interessante adição interpretativa a Mt 27,65 no Códice 1424 minúsculo: "E ele lhes entregou homens armados, a fim de que se sentassem em frente à gruta e a vigiassem dia e noite".

tendes".²⁵ Assim, em Mateus e também no *EvPd*, Pilatos dá soldados romanos às autoridades judaicas para possibilitar a estas tornar o sepulcro seguro da melhor maneira que elas sabiam. Simbolicamente, isso é importante, pois, quando a ressurreição frustra essa segurança, os leitores devem reconhecer que Deus frustrou o poder romano e também o judaico.

Mateus e o *EvPd* concordam que o sepulcro ou lugar de sepultamento foi tornado seguro pondo-se lacres na pedra que foi usada para fechar a entrada. Em Mateus (Mt 27,60), antes de o sábado começar, José de Arimateia rolara uma grande pedra para a entrada do túmulo e foi essa pedra que "eles" lacraram.²⁶ Não está claro se as autoridades faziam parte do "eles" e, assim, estavam trabalhando no sábado, ou se os soldados romanos foram os agentes que puseram o lacre sob a orientação deles. Antes de o sábado amanhecer, em *EvPd* 8,31-33 os anciãos e escribas vêm ao lugar de sepultamento e, juntos, com o centurião e os soldados (romanos) e todos os que ali estavam, rolam uma grande pedra contra a entrada do lugar de sepultamento e a lacram. Em Mateus e também no *EvPd*, a implicação é que foi posto lacre na pedra, de tal maneira que abrir o túmulo quebraria o lacre e, nesse lacre, foi feita a impressão de um selo. Um elemento especial no *EvPd* é que havia sete selos. O número sete costuma ser simbólico na Bíblia, mas é difícil ter certeza se aqui o sete apenas faz parte da imaginação folclórica ou tem simbolismo especial.²⁷ Pode-se apelar para Ap 5,1-5, que tem um rolo lacrado com sete selos que não podem ser abertos por ninguém no céu ou na terra, exceto pelo leão da tribo de Judá, o rebento de Davi que triunfou — o que reforça o sentido óbvio do *EvPd* de que tudo foi feito para dificultar a abertura do túmulo (mas o poder de Deus rompe todas as precauções humanas).

---

[25] Ver BAGD, p. 33, I, 7b; também Smyth, "Guard", p. 157-158. Os dois citam o papiro de Oxirinco (v. 1, papiro 33, col. 3, linha 4), onde o magistrado Apiano pede um favor especial e o imperador (Marco Aurélio?) responde *eche*, isto é, "toma-o" ou "Tu o tens". Também se pode apontar para *Acts of the Scillitan Martyrs*, p. 13, onde o procônsul Saturnino faz uma concessão a Esperado: "*Moram [...] habete*": "Tu tens um adiamento" (MACM, p. 88).

[26] O grego de Mt 27,66 é desajeitadamente abreviado; escribas da tradição textual ocidental tentaram melhorá-lo: "com a guarda custodial" (*meta tes de koustodias*), mudando-o para "com os guardas" (meta ton phylakon).

[27] Foram feitas diversas sugestões. Como os chefes dos sacerdotes estão envolvidos, há quem cite Zc 3,9; 4,10, onde é colocada diante do sumo sacerdote Josué uma pedra especial com sete faces, representando os olhos do Senhor que percorrem a terra toda. Como o túmulo está na terra, também se faz referência a *4 Baruc* 3,10, onde Deus lacra a terra com sete selos em sete períodos.

Conclusão da história da guarda na narrativa da ressurreição (Mt 28,2-4.11-15)

O *EvPd* preserva a história da guarda como uma unidade, de modo que a seção da ressurreição nesta história (*EvPd* 9,35–11,49) segue-se imediatamente à colocação do lacre no túmulo; e a história toda precede o clássico relato das mulheres que vêm ao túmulo na manhã de Páscoa (*EvPd* 12,50–14,60). Mateus prefere unir as duas em um padrão alternativo (ver ANÁLISE). Nenhuma das duas soluções encobre o fato de serem a guarda no túmulo e as mulheres que vêm ao túmulo dois relatos diferentes. Para descobrir o que faz parte da história da guarda do túmulo em Mateus, precisamos olhar para o que ele acrescentou ao relato marcano da vinda das mulheres ao túmulo. Em Marcos, Maria Madalena e as outras mulheres vêm muito cedo no primeiro dia da semana e encontram a grande pedra removida, o túmulo aberto e um jovem (anjo) sentado lá dentro. Em Mateus, as mulheres vêm no sábado à noite ("quando o primeiro dia da semana estava amanhecendo", isto é, começando); quando chegam ao sepulcro, há um grande terremoto; um anjo do Senhor desce e remove a pedra — um anjo com a aparência de relâmpago.[28] Essas ocorrências extraordinárias fazem os que montam guarda (*terein*, como em Mt 27,36) tremerem e ficarem como mortos. Aqui, há uma ironia desvirtuada. O tremor de terra que acompanhou a vinda do anjo faz os guardas tremerem; aqueles cuja presença é assegurar que Jesus fique morto tornam-se eles próprios como mortos. Quanto ao tempo, a cena correspondente em *EvPd* 9,35-37 também tem lugar na noite que termina o sábado e inicia o "dia do Senhor".[29] Uma voz forte soa nos céus, que se abrem (comparável ao terremoto de Mateus); e dois homens (anjos têm atributos masculinos no pensamento judaico) descem dali e se aproximam do sepulcro. A pedra rola sozinha para o lado e os dois entram no sepulcro. Os soldados de guarda acordam o centurião e os anciãos para relatar o que viram. Então, o *EvPd* tem uma sequência que não tem paralelo em Mateus. Os dois homens angelicais, com cabeças que alcançam da terra ao céu, trazem para fora do sepulcro Cristo, que é ainda mais alto, e eles são seguidos por uma cruz falante, que assegura aos céus que foi feita a proclamação aos que adormeceram (ver Mt 27,52).[30]

---

[28] Na história das mulheres que vêm ao túmulo, em Mc 16,5 o jovem está vestido com um manto branco; em Lc 24,4, os dois homens (anjos: ver Lc 24,23) estão com vestes resplandecentes. Isso corresponde à segunda parte da descrição mateana (Mt 28,3b) das vestes angelicais brancas como a neve. A parte do "relâmpago" na descrição de Mt 28,3a pertence à história da guarda no túmulo.

[29] Quando o *EvPd* foi escrito, o primeiro dia da semana (Mateus) se tornara o dia do Senhor.

[30] Declarei que não é meu propósito escrever um comentário do *EvPd*; contudo, como a cruz falante pode

No importante segmento seguinte da história em Mateus (Mt 28,11-15), alguns dos guardas custodiais entram em Jerusalém para anunciar (*apaggellein*) aos chefes dos sacerdotes todas as coisas que aconteceram (*ta genomena*). Mais uma vez, isso é ironia desvirtuada: *Apaggellein* foi usado em Mt 28,8.10 para anunciar a Boa-Nova da ressurreição e o centurião ver "esses acontecimentos" (*ta ginomena*) produziu uma confissão de fé no Filho de Deus (Mt 27,54). Os chefes dos sacerdotes reúnem-se (*synagein*) com os anciãos e tomam a decisão (*symboulion lambanein*) de dar dinheiro (plural *argyrion*) para os soldados mentirem. Aqui, Mateus usa uma linguagem que cria inclusões com ações anteriores na NP. Em Mt 26,3, os chefes dos sacerdotes e os anciãos reuniram-se (*synagein*) e o resultado do encontro foi que deram dinheiro (plural *argyrion*) para Judas entregar Jesus. Em Mt 27,1 os chefes dos sacerdotes e os anciãos tomaram uma decisão (*symboulion lambanein*) contra Jesus, segundo a qual deviam executá-lo, decisão que fez Judas devolver o dinheiro (Mt 27,3), mas ele foi tratado desumanamente pelas autoridades. Assim, para Mateus, as autoridades judaicas permanecem consistentes em sua identidade e maneira de proceder.

A mentira que os soldados devem contar está expressa nos termos estabelecidos pelas autoridades judaicas quando abordaram primeiro Pilatos para tornar o túmulo seguro (Mt 27,64): os discípulos de Jesus vieram e o roubaram — à noite, enquanto os soldados dormiam. E, se Pilatos ouvir falar dessa imaginária negligência do dever, as autoridades estão preparadas para desviar sua ira (presumivelmente com outra mentira). Os leitores mateanos não se surpreenderiam com esse recurso se recordassem Mt 26,59: "Os chefes dos sacerdotes e o sinédrio inteiro procuravam falso depoimento contra Jesus, para que pudessem lhe dar a morte". Na imagem polêmica sendo descrita, foram usadas mentiras para executar Jesus e mentiras serão usadas para matar sua lembrança. Os soldados pegam o dinheiro, do mesmo modo que fez Judas em Mt 26,15, e seguem as instruções,[31] de modo que a falsa

---

parecer ridícula aos leitores modernos, devo chamar a atenção para outras dramatizações primitivas da cruz como sinal do Filho do Homem (Mt 24,30), ou como sinal cósmico e árvore da vida, por exemplo, *Epístola Apostolorum* 16; *Apocalipse de Pedro* 1; homilia anônima *On the Pasch* 51,9-10 (SC 27, p. 177-179); ver Mara, *Évangile*, p. 188-189; Schmidt, *Kanonische*, p. 71.

[31] Pesch ("Alttestamentliche", p. 95) chama a atenção para um padrão mateano estabelecido de cumprir ordens; ver Mt 1,24-25; 21,6-7; 28,15; e 28,19-20. Mateus reutiliza o verbo *didaskein* de Mt 28,15 na ordem de Jesus aos onze discípulos: "Indo, portanto, fazei discípulos de todas as nações [...] ensinando-as a observar tudo o que vos tenho ordenado" (Mt 28,19-20). As autoridades judaicas ensinam os soldados a mentir; Jesus faz os discípulos ensinarem as pessoas a guardar os mandamentos. Para Mateus, não há dúvida sobre quem realmente observa a lei.

"palavra tem sido divulgada entre os judeus até este dia" (Mt 28,15) — um tipo de antievangelho. Nos Evangelhos sinóticos, esse é um dos poucos exemplos de "os judeus" usado dessa maneira, para designar um grupo estranho e hostil (cf. Mc 7,3), que reflete uma época em que os seguidores de Jesus (mesmo se nascidos judeus) já não se consideravam judeus.

Novamente, o relato de *EvPd* (*EvPd* 11,43-49) é mais elaborado. Em resposta à milagrosa abertura do túmulo pelos anjos e ao ato em que eles trazem Jesus para fora do túmulo, acompanhados pela cruz falante, os que observam (que incluem os soldados e os anciãos) tentam conseguir uma perspectiva ou um jeito de ver o fenômeno (*syskeptesthai*) de modo a poderem sair e deixar estas coisas claras (*emphanizein*) a Pilatos. Mas então eles veem os céus abertos e outro ser celestial[32] descer e entrar no lugar de sepultamento. Esse segundo fenômeno firma sua decisão: embora seja noite, eles vão a Pilatos e lhe contam o que viram, inclusive sua interpretação de que isso mostra que Jesus era o Filho de Deus. (Notemos que, enquanto em Mateus o centurião e os que estavam com ele guardando [montando guarda a] Jesus confessam isso, no *EvPd* a confissão é feita pelos guardas e também pelas autoridades judaicas.[33] A reação de Pilatos ("Estou limpo do sangue do Filho de Deus, mas foi para vós que isto parecia [a coisa a fazer]") aceita o entendimento que professam ter de Jesus, mas lembra que, primordialmente, foram eles os responsáveis pela morte (pelo "sangue") daquele de quem, agora com relutância, eles reconhecem a posição. Entretanto, esse mesmo fato leva as autoridades judaicas a enfatizar seu medo angustiado de serem apedrejadas se o povo judeu ouvir a verdade. (Observemos que no *EvPd* essas autoridades admitem implicitamente que a blasfêmia que merecia apedrejamento não foi dita por Jesus, mas por elas.) E assim, Pilatos, apesar de reconhecer que Jesus era o Filho de Deus, ordena ao centurião e aos soldados que permaneçam calados. Se para Mateus uma mentira foi difundida entre os judeus, para o *EvPd* o fato de tanto os romanos como os líderes judaicos não contarem a verdade iludiu o povo.

---

[32] Em *EvPd* 11,44, um *anthropos*, enquanto *EvPd* 9,36 e 10,39 usaram *aner*. A seção seguinte se referirá a este ser celestial como *neaniskos* ou "jovem" (*EvPd* 13,55).

[33] A forma da confissão do centurião em Lc 23,47 ("Certamente este homem era justo") tem paralelo na reação do povo em *EvPd* 8,28: "Vede como ele era justo".

Análise

Já que a contribuição de Lucas a este episódio consiste em apenas meio versículo que ajuda a transição para a narrativa do túmulo vazio ou da ressurreição, podemos nos concentrar aqui em Mateus (e nas passagens correspondentes no *EvPd*). Em § 46 (ANÁLISE A), examinei a estrutura da narrativa do sepultamento nesse Evangelho, mas alertei aos leitores que o complicado problema da estrutura mateana ficaria adiado até aqui, pois a história da guarda no sepulcro é segmento importante da narrativa mateana do sepultamento. Depois de tratar da estrutura e composição mateanas do sepultamento, vou concluir com a questão da historicidade da narrativa da guarda.

A. Estrutura da narrativa mateana do sepultamento e origens da história da guarda no sepulcro

ALGUMAS TEORIAS A RESPEITO DE ESTRUTURA. Como vimos, as narrativas marcana e lucana do sepultamento consistiam em dois segmentos: um que tratava de José de Arimateia e concluía a história da crucificação, e o outro que tratava das mulheres galileias e servia de transição para a história do túmulo vazio e da ressurreição.[34] Mt 27,57-61 tem os mesmos dois segmentos e segue Marcos de perto. Consequentemente, um autor como Sênior, que raramente reconhece outra fonte para Mateus além de Marcos, considera o que se segue a respeito da guarda no túmulo (Mt 27,62-66) simplesmente um complemento criativo mateano ao sepultamento. Assim, em "Matthew's Account" [Relato de Mateus], v. 2, p. 1446-1448, ele propõe uma estrutura que consiste em um relato bipartido do sepultamento (Mt 27,57-61 e 27,62-66) e um relato bipartido do túmulo vazio (Mt 28,1-10 e 28,11-15). A principal dificuldade dessa estrutura é que ela separa e deixa sozinha a aparição de Jesus na Galileia depois da ressurreição (Mt 28,16-20), embora ela esteja prenunciada no primeiro segmento do relato do túmulo vazio (Mt 28,7).

Uma proposta muito mais elaborada foi feita por Heil, primeiro em "Narrative", artigo dedicado a Mt 27,55–28,20, e depois em um livro (*Death*) que trata do conjunto de Mt 26–28, com reflexões sobre a estrutura do Evangelho mateano em

---

[34] João não tem o segmento das mulheres e toda a sua narrativa do sepultamento (inclusive Nicodemos) conclui a história da crucificação mostrando o triunfo de Jesus. Faz parte da estrutura quiástica da crucificação resumida em § 38 C.

geral. Usando sua forma de crítica narrativa, ele descobre uma estrutura literária extremamente complicada, baseada em "um padrão de alternância ou 'intercâmbio', na qual cada cena enquadra e é por sua vez enquadrada por cenas contrastantes" ("Narrative", p. 419-420). Ele divide o sepultamento/ressurreição em três partes de comprimento desigual: 1) Mt 27,55-61; 2) Mt 27,62–28,4; 3) Mt 28,5-20, cada uma delas subdividida em três subseções (assim, nove segmentos ao todo). Um exemplo do enquadramento na primeira parte é haver uma subseção sobre as mulheres da Galileia em Mt 27,55-56 e outra em Mt 27,61 que serve de estrutura para a ação de José, o discípulo, em Mt 27,57-60. Contudo, como já mencionamos em § 44, nota 27: para criar essa estrutura, Heil tem de ignorar o fluxo narrativo, já que, em Mt 27,55-56, as mulheres estão relacionadas à crucificação, não ao sepultamento, pois é dito que elas observam especificamente a morte de Jesus e suas consequências. Em uma escala maior, acho as divisões de Heil muito artificiais; e, embora descubram alguns padrões mateanos, elas com frequência sacrificam outras questões maiores. Em uma crítica inédita de Heil proferida na reunião da Associação Bíblica Católica em Los Angeles, J. R. Donahue lembrou que a divisão de Heil não respeita os gêneros de elementos diferentes nas narrativas do sepultamento/ressurreição. Em crítica incisiva, Senior ("Matthew's Account", em especial v. 2, p. 1439-1440) fala da "natureza quase mecânica" do padrão literário de Heil; e, como o livro de Heil estende esse padrão por Mateus todo, muitos compartilham a dúvida de Sênior de que o evangelista fosse capaz de formular um plano tão elaborado. Senior desconfia que Heil esteja inconscientemente adaptando "o texto ao leito procrustiano do padrão alegado". Para mim, essa suspeita aplicada aos nove segmentos de Heil em Mt 27,55–28,20 aumenta com sua descoberta subsequente de nove segmentos em Mc 14,53–16,8 (*Biblica* 73, 1992, p. 331-358).

O que proponho abaixo vai em outra direção, mais simples. Discordei de Sênior por ele separar a aparição da ressurreição em Mt 28,16-20 da estrutura do sepultamento e do túmulo vazio. Discordei de Heil por ele incluir em seu plano a passagem da crucificação, Mt 26,55-56. Minha interpretação de estrutura abrangerá o sepultamento, o túmulo vazio e a ressurreição, sem adições nem exclusões, assim, Mt 27,57–28,20. (São também os limites da unidade mateana aceitos pelos estudos estruturais independentes de Giblin, Lai e Turiot.) Essa interpretação tentará fazer justiça à maneira como Mateus combinou material tirado de Marcos e material de outras fontes (história da guarda no túmulo e aparição da ressurreição — que ele não criou). Quero usar a origem da história da guarda no túmulo como entrada no plano estrutural mateano.

ORIGINALMENTE, UMA HISTÓRIA CONSECUTIVA. Dois fatos facilmente perceptíveis indicam que antigamente havia uma história consecutiva a respeito da guarda, não entrelaçada com a história das mulheres no túmulo (como agora está em Mateus). Primeiro, existe uma história consecutiva no *EvPd* e é muito difícil supor que o autor do *EvPd* selecionou elementos do relato entrelaçado de Mateus, redigiu uma história consecutiva (*EvPd* 8,28–11,49) e depois acrescentou-a no início da história remanescente das mulheres no túmulo (*EvPd* 12,50–13,57).[35] Segundo, extrair de Mateus qualquer coisa referente ao túmulo que não esteja em Marcos nos dá a história da guarda de modo que o entrelaçamento das duas histórias em Mateus não produz uma sequência estreitamente integrada que tenha marcas de originalidade.

Este último ponto nos leva a uma análise da estrutura mateana que, a meu ver, mostra que sem dúvida o próprio Mateus entrelaçou dois relatos. Em BNM, p. 62-63, apoiei os que reconheceram que, depois de uma genealogia introdutória, a narrativa mateana da infância tem uma estrutura de cinco passagens, cada uma com uma citação formal da Escritura. Estão estabelecidas em um padrão alternado com os que são favoráveis a Jesus, a saber, José e a mãe, realçados na primeira, terceira e quinta passagens, enquanto os inimigos de Jesus, em especial Herodes, estão realçados na segunda e quarta passagens. Se usarmos A para designar as passagens favoráveis e B para designar as passagens hostis, podemos esquematizar o padrão como na Primeira Parte do Quadro 9. A Segunda Parte mostra um padrão alternado na narrativa mateana do sepultamento/ressurreição.[36] Ali, o tema

---

[35] O autor de *EvPd* pode perfeitamente ter conhecido o relato mateano da guarda (opinião baseada em seu uso de vocabulário mateano), mas uma estrutura plausível é que ele também conhecia uma forma bem concatenada da história e lhe deu preferência. A fim de juntá-la à história das mulheres no túmulo, o autor do *EvPd* teve de fazer uma adaptação: a segunda desajeitada descida angelical do céu em *EvPd* 11,44. Os dois homens angelicais da primeira descida (*EvPd* 9,36) faziam parte da história da guarda, mas eles saíram do túmulo apoiando Jesus. Como nos ensinam todos os Evangelhos canônicos, a história das mulheres que o autor do *EvPd* estava prestes a narrar exigia a presença angelical no túmulo vazio quando as mulheres chegaram (ver *EvPd* 13,55); e assim, ele teve de fazer outro homem angelical descer.

[36] Este paralelo estrutural entre as duas narrativas, que defendo em BNM, p. 125-126, foi sugerido antes por J. C. Fenton, "Inclusio and Chiasmus in Matthew", em StEv I, p. 174-179. De outro ponto de vista, Giblin ("Structural") afirma corretamente que a narrativa mateana da ressurreição não começa com Mt 28,1, mas com Mt 27,57. Ele indica uma inclusão entre *matheteuein* ("sido discípulo") em Mt 27,57, no começo, e esse verbo ("fazer discípulos") em Mt 28,19, no fim.

discípulos/mulheres atravessa as passagens A e o tema chefes dos sacerdotes/Pilatos/guardas atravessa as passagens B.

QUADRO 9. COMPARAÇÃO DOS RELATOS MATEANOS DO NASCIMENTO E DO SEPULTAMENTO/RESSURREIÇÃO

Primeira parte: O relato do nascimento			
A¹	Mt 1,18-25	(Is 7,14)	Primeiro sonho-revelação angelical a José sobre o menino que nasceria de Maria como o Messias.
B¹	Mt 2,1-12	(Mq 5,1)	Os magos vêm a **Herodes**, os chefes dos sacerdotes e os escribas, que dão informações, mas na verdade tramam com hostilidade contra Jesus; os magos encontram o menino e a mãe em Belém e o adoram; eles voltam por outro caminho.
A²	Mt 2,13-15	(Os 11,1)	Segundo sonho-revelação angelical a José para levar o menino e sua mãe para o Egito.
B²	Mt 2,16-18	(Jr 31,15)	**Herodes** mata as crianças do sexo masculino de Belém, na tentativa malograda de matar Jesus.
A³	Mt 2,19-23	(Is 4,3?)	Terceiro sonho-revelação angelical a José: os que queriam matar o menino estão mortos; ele deve levar o menino e sua mãe do Egito para Nazaré.
Segunda parte: O relato do sepultamento/ressurreição			
A¹	Mt 27,57-61		Sepultamento por José, um DISCÍPULO, com as SEGUIDORAS observando.
B¹	Mt 27,62-66		**Chefes dos sacerdotes** e fariseus obtêm de Pilatos **guarda custodial** para assegurar o sepulcro contra a pretensão de Jesus a ressuscitar.
A²	Mt 28,1-10		SEGUIDORAS vão ao sepulcro; terremoto; anjo vem do céu e remove a pedra; guardas tremem e ficam como mortos; anjo revela às mulheres que devem contar aos DISCÍPULOS; as mulheres veem Jesus
B²	Mt 28,11-15		A **guarda custodial** anuncia todas essas coisas aos **chefes dos sacerdotes**, que com os anciãos a subornam com dinheiro para mentir que os discípulos roubaram o corpo.
A³	Mt 28,16-20		Em uma montanha na Galileia, Jesus aparece aos onze DISCÍPULOS e lhes dá a missão de irem a todas as nações.

Nos dois casos, está claro que uma história hostil e uma amistosa foram entrelaçadas em um padrão positivo-negativo-positivo-negativo. Em cada caso, há uma passagem onde as duas histórias se unem: perto do fim de B¹, na narrativa da infância, e no início de A2, na narrativa do sepulcro/ressurreição.[37] Realmente,

---

[37] A natureza complexa deste episódio intermediário recebe tratamento especial de Giblin, "Structural", p. 409-411.

nesta última não há nenhuma diretriz tão segura quanto às cinco citações formais na narrativa da infância;[38] mas vale a pena mencionar que cada uma de suas cinco passagens tem um verbo de movimento no início e as três primeiras têm indicações de tempo.[39] Essa inclusão estrutural entre o início e o fim do Evangelho todo é, a meu ver, indício de que este arranjo entrelaçado da história mateana da guarda no sepulcro não representa o fluxo original dessa história (que outrora foi consecutiva). O novo arranjo entrelaçado na narrativa mateana do sepulcro/ressurreição também significa que Mateus se afasta de Marcos, que usou o sepultamento primordialmente como ligação entre os relatos da crucificação e da ressurreição.[40] Embora haja ecos contínuos da crucificação, em Mateus o sepultamento é primordialmente a parte inicial de uma estrutura que aponta para as passagens da ressurreição. Finalmente, a estrutura de cinco partes alerta-nos de que o elemento negativo da rejeição judaica da ressurreição (dominante nas passagens B, a primeira das quais é, por acaso, a que estamos comentando) não é primordial. Maior ênfase é dada às passagens A e ao que Deus fez; o negativo está presente como contraste para mostrar que Deus sai vitorioso. Apesar de sua intenção homicida contra o recém-nascido Rei dos judeus, Herodes, os chefes dos sacerdotes e os escribas (Mt 2,20: "aqueles que queriam matar o menino") foram frustrados e o menino foi trazido de volta do exílio no Egito em segurança. Apesar da tentativa de manter o Rei dos Judeus no sepulcro, Pilatos, os chefes dos sacerdotes e os anciãos são impedidos; e o Senhor é trazido de volta do reino dos mortos em segurança.

UMA HISTÓRIA DO MESMO CONJUNTO DE MATERIAL POPULAR DO QUAL MATEUS TIROU OUTROS PROJETOS DA NP. Do princípio ao fim da NP mateana, afirmei que Mateus ocasionalmente suplementou o material marcano que tinha disponível com histórias que traziam o selo da reflexão imaginativa popular nos acontecimentos

---

[38] A narrativa do sepulcro/ressurreição está mais interessada no cumprimento da palavra de Jesus de que ele ressuscitaria depois de três dias do que no cumprimento dos profetas. Naturalmente, essa palavra, na forma em que as autoridades judaicas a recordam, foi provavelmente pronunciada em comentário sobre o profeta veterotestamentário Jonas, que ficou três dias e três noites na barriga da baleia.

[39] Mt 27,57: *erchesthai*; Mt 27,62: *synagein*; Mt 28,1: *erchestha*i; Mt 28,11: *poreuesthai* e *erchestha*i; Mt 28,16: *poreuesthai* — todos os cinco versículos iniciais têm um *de* ("Mas") pospositivo. Quanto ao tempo: Mt 27,57: "sendo o entardecer"; Mt 27,62: "no dia seguinte, que é depois do dia de preparação"; Mt 28,1: "no fim do sábado, ao amanhecer [isto é, início] do primeiro dia da semana".

[40] Além disso, se a cena marcana do sepultamento tinha um elemento apologético destinado a mostrar que Jesus estava verdadeiramente morto (a investigação de Pilatos) e isso foi omitido por Mateus, a história mateana da guarda, que é adendo à cena do sepultamento, tem objetivo apologético compensador para mostrar que Jesus saiu verdadeiramente do sepulcro.

que cercaram a morte de Jesus[41] — histórias marcadas por metáforas expressivas (sangue, sonhos), por fenômenos celestiais extraordinários (terremoto, ressurreição dos mortos) e – ai! – por extrema hostilidade para com os judeus. Há elementos de estilo mateano nessas histórias,[42] de modo que o evangelista as reescreveu e reformulou; mas há elementos peculiares a elas em número suficiente para me fazer pensar que Mateus não as criou.

Entre essas histórias, mencionei *a passagem de Judas se enforcando* (Mt 27,3-10), com suas trinta moedas de prata, a insensibilidade dos chefes dos sacerdotes e dos anciãos que são escrupulosos quanto a dinheiro de sangue, mas não se importam com a culpa envolvida em entregar um inocente à morte, e a alusão ao "Campo de Sangue" até os dias de hoje; *o incidente do sonho da mulher de Pilatos* a respeito de um justo (Mt 27,19); *a descrição de Pilatos lavando as mãos* do sangue de um inocente, enquanto todo o povo diz: "Seu sangue sobre nós e sobre nossos filhos" (Mt 27,24-25); e, depois da morte de Jesus, *a poética quadra* onde rochas se partiram, túmulos se abriram e os muitos corpos dos santos adormecidos ressuscitaram (Mt 27,51b-53). Encontro sinais claros de que a história da guarda no sepulcro tem o mesmo caráter de um brilhante material popular. Há um forte sentimento antijudaico quando os chefes dos sacerdotes, os fariseus e os anciãos são mostrados como patifes sem princípios; uma dramatização de Pilatos; um terremoto; uma oferta de moedas de prata para comprar comportamento desprezível;[43] uma tradição que dura até hoje. Os paralelos ao material mateano suplementar aumentam se examinarmos a forma da história da guarda no *EvPd*.[44] Ali, Pilatos diz: "Estou

---

[41] Lembro aos leitores que uso o termo "popular" para abranger uma transmissão de outro material sobre Jesus que não seja pela transmissão querigmática, de pregação que marcou grande parte do material sinótico ou pelo arranjo de provas do julgamento na sinagoga que formou o material joanino. Não tenho em mente nada pejorativo histórica, teológica ou intelectualmente na designação. Na verdade, nas histórias populares detectáveis em Mateus, questões teológicas perceptíveis são levantadas e a qualidade da linguagem é muitas vezes bastante notável. Observemos, por exemplo, o uso quase técnico de *echete koustodian* ("Vós [podeis ter] tendes uma guarda custodial") nesta história mateana da guarda (Smyth. "Guard", p. 157).

[42] Pesch ("Alttestamentliche") é insistente neste ponto (entretanto, infelizmente ele não distingue de forma adequada entre reformulação mateana e criação mateana).

[43] A passagem de Judas e as moedas de prata vieram após Mt 27,1 quando "todos os chefes dos sacerdotes e os anciãos do povo tomaram uma decisão [*symboulion lambanein*] contra Jesus, segundo a qual eles deviam executá-lo". Na história mateana da guarda no sepulcro (Mt 28,11-12), os chefes dos sacerdotes reúnem-se com os anciãos e, "tendo tomado uma decisão", dão dinheiro aos soldados.

[44] Naturalmente, Mateus não foi o único autor influenciado pela reflexão imaginativa popular em

limpo do sangue do Filho de Deus, mas foi para vós que isto parecia (a coisa a fazer)" (*EvPd* 11,46), do mesmo modo que em Mt 27,24, ele disse: "sou inocente do sangue deste homem. Vós haveis de ver isso". A proclamação aos "adormecidos" depois da morte de Jesus é um tema em *EvPd* 10,41-42, comparável à ressurreição dos "adormecidos" em Mt 27,52.[45] O paralelo estrutural das cinco passagens entre a narrativa mateana do sepulcro/ressurreição e a narrativa mateana da infância também apoia a tese de que material popular foi a fonte para a história da guarda, pois a narrativa da infância tem o mesmo tipo de material popular. Continha revelação por intermédio de sonhos e anjos e, na verdade, na passagem dos magos, uma comunicação celestial a gentios do que autoridades judaicas hostis não podiam ver (do mesmo modo que houve revelação à mulher de Pilatos). A estrela que parou sobre o lugar onde o menino Jesus se encontrava faz parte do mesmo contexto onde os mortos que se erguem dos túmulos e vêm à cidade santa e são vistos por muitos na ocasião da ressurreição de Jesus.[46]

Ao ressaltar que Mateus tomou e fragmentou uma história popular a fim de combiná-la com material que ele tomou de Marcos a respeito do sepultamento e da ressurreição, não sugiro que ele simplesmente copiou a história conforme a ouviu ou leu. No COMENTÁRIO, vimos que o relato existente tem construções e vocabulário mateanos. O evangelista não usou um método simples de composição; ele repensou e reformulou material de que se apossou para dar uma unidade de propósito e estilo. Ao estudar a narrativa da infância, encontrei o mesmo fenômeno no relato mateano da história dos magos (ver BNM, p. 227-228).

UMA HISTÓRIA QUE ESTÁ PRESERVADA EM MATEUS EM UMA FORMA MENOS DESENVOLVIDA QUE NO *EvPd*. Afirmei que Mateus fragmentou uma história consecutiva

---

acontecimentos cristãos. Kratz (*Auferweckung*, p. 33-35) lembra que diversas histórias neotestamentárias têm o tema de guardas frustrados que não conseguem impedir o santo que eles vigiam de escapar, por exemplo, At 5,19-23 (história que envolve a libertação da prisão por um anjo do Senhor); At 12,4-11 (que também envolve um anjo do Senhor, um portão que se abre sozinho e um rei pecador); At 16,23-34 (um terremoto, com portas de prisão que se abrem sozinhas e correntes que se soltam).

[45] Ver APÊNDICE I, nota 18. Pode-se acrescentar também que os fenômenos extraordinários da forma da história no *EvPd* (a pedra que rola sozinha; o tamanho gigantesco dos anjos e o tamanho mais gigantesco ainda do Senhor ressuscitado; a cruz falante) combinam com a afinidade pelo espetacular no material mateano especial.

[46] A comparação da narrativa mateana da infância com a lucana, por exemplo, comparando os magos com os pastores, ou a fuga para o Egito com a volta pacífica através de Jerusalém para Nazaré, mostra que, seja a narrativa lucana histórica ou não, a mateana é mais folclórica.

da guarda no sepulcro para entrelaçá-la com a história das mulheres no túmulo, enquanto o *EvPd* preservou a forma consecutiva original da história da guarda.[47] Entretanto, isso não significa que a história do *EvPd* seja mais original. É bem possível que no século II, quando o *EvPd* foi escrito (e assim, depois da época em que Mateus havia recorrido a sua fonte), a história da guarda no sepulcro tivesse continuado a evoluir em narração extraevangélica e se tornado uma composição mais longa e mais elaborada. Embora eu discorde totalmente da alegação de Crossan, segundo a qual grande parte do relato da Paixão no *EvPd* era anterior aos relatos canônicos da Paixão e foi uma das principais fontes deles (ver APÊNDICE I), concordo com ele que a relação não deve ser tratada simplesmente em termos de dependência literária do *EvPd* dos Evangelhos canônicos. A meu ver, neste caso especial, o que se encontra no *EvPd* explica-se melhor em termos do conhecimento que o autor possuía dos Evangelhos canônicos (talvez pela lembrança de tê-los ouvido outrora), em especial Mateus, bem como uma forma independente da história da guarda no sepulcro e de sua atividade para combinar essas duas fotes de material.[48] Vamos examinar os vários elementos dessa explicação.

Com comparações detalhadas, afirmarei no APÊNDICE I que o autor do *EvPd* ouviu ou leu Mateus e conhecia tradições de origem lucana e joanina. Aqui, vou somente expor alguns casos de possíveis ecos de Mateus no longo relato da guarda no túmulo (*EvPd* 8,29–11,49).[49] O "Verdadeiramente ele era o Filho de Deus" no *EvPd* está mais próximo do "Verdadeiramente, este era Filho de Deus" mateano que do "Este homem era Filho de Deus" marcano. Mateus fala dos anciãos 7 vezes na NP, em comparação com 3 em Marcos, 1 em Lucas (João, 0); o *EvPd* tem 3 referências a eles na história da guarda no sepulcro. É provável que também no relato do *EvPd* tenha havido elementos entrelaçados tomados por empréstimo da

---

[47] Isso foi proposto por B. A. Johnson e Walter, e aceito por muitos outros. Os proponentes dividem-se a respeito de a forma pré-*EvPd* parar em *EvPd* 11,49 (de modo que, como penso, o autor do *EvPd* juntou--a à história separada das mulheres no túmulo) ou continuar até *EvPd* 13,57. A forma da história das mulheres no *EvPd* tem muitas semelhanças com as formas canônicas e talvez represente simplesmente uma nova narração de lembranças delas.

[48] Em um estudo da intertextualidade no *Protoevangelho* de Tiago, W. S. Vorster (TTK, p. 262-275) afirma que o autor desse apócrifo do século II combinou criativamente material canônico com outra tradição.

[49] Há também ecos de material caracteristicamente lucano (o povo batendo no peito; dois homens angelicais [*aner*]). Se a busca se estendesse à história subsequente das mulheres no túmulo em *EvPd* 12,50–13,57, ali seriam encontrados mais ecos de Lucas (ao alvorecer [*orthrou*]), bem como de João ("com medo por causa dos judeus"; inclinando-se para ver dentro do sepulcro).

forma mateana do material popular relacionado acima. (Entretanto, isso é muito mais difícil de demonstrar, pois também este material poderia ter viajado independentemente depois de Mateus recorrer a ele.[50]) Por exemplo, Mt 27,52 menciona o destino dos "adormecidos" em uma quadra poética que tem boa possibilidade de ser mais original que a dramatização dela em *EvPd* 10,41. O fato de Herodes e os judeus dirigirem o julgamento e também a crucificação no *EvPd* significava que a cena mateana de Pilatos lavando as mãos e se declarando inocente do sangue de Jesus não podia ficar dentro do julgamento; ao que tudo indica, o *EvPd* fragmentou o incidente, pondo o ato de lavar as mãos antes (ver *EvPd* 1,1) e a declaração de estar limpo do sangue de Jesus depois da abertura do sepulcro. (Quando digo "fragmentar", não imagino isso como o ato de embaralhar de novo uma história mateana que o autor do *EvPd* tinha em um manuscrito a sua frente; penso antes que ele ouviu Mateus lido no passado e dessa audição tinha imagens na mente que inconscientemente voltou a embaralhar sob o impacto de outras histórias da Paixão que ouviu, tais como a da guarda no sepulcro.)

Contudo, há muitos elementos na longa história do *EvPd* que não se encontram em Mateus. O próprio autor poderia tê-los acrescentado a uma história que tirou de Mateus, pois esse é um Evangelho folclórico e popular, e é provável que o autor tenha afinidade com o dramático e o extraordinário. Contudo, essa solução não explica fatos importantes. O papel de Pilatos na história do sepulcro no *EvPd* é dramaticamente diferente do papel que ele desempenhou em *EvPd* 2,4-5: ali, ele teve de pedir a Herodes o corpo do Senhor para sepultamento; aqui, ele tem completa autoridade sobre o sepulcro. Além disso, quando se compara o relato mateano da guarda no sepulcro, que tem cerca de dez versículos, com o relato de vinte e dois versículos no *EvPd* (mais de um terço do total da NP no *EvPd*!), nota-se que nenhuma outra parte do relato da Paixão ou da ressurreição no *EvPd* foi expandida tão extensivamente em comparação com uma cena canônica correspondente. Portanto, na suposição de que o autor do *EvPd* agiu com certa consistência, temos o direito de desconfiar que aqui ele teve outra fonte além de Mateus, a saber, um relato mais desenvolvido da guarda no sepulcro. (Esse ponto é também apoiado pelo fato de a

---

[50] Mateus e o *EvPd* mencionam os fariseus no início da história e somente ali (e em nenhuma outra passagem da NP); em Mateus (Mt 28,1-2) e no *EvPd* (EvPd 9,35-36), há descida angelical do céu em ligação com a abertura do sepulcro ao "amanhecer" de domingo (*epiphoskein*: único uso mateano). Desconfio que esses são elementos que Mateus encontrou na história original da guarda no sepulcro e que, portanto, o autor do *EvPd* também poderia tê-los encontrado ali sem depender de Mateus.

história ser consecutiva no *EvPd*.) O fornecimento do nome do centurião, os sete selos, a pedra que rola sozinha, o relato da ressurreição com as figuras gigantescas, a cruz falante, a confissão de Jesus como Filho de Deus pelas autoridades judaicas e o medo que elas sentem do povo — é plausível que todos esses elementos estivessem na forma mais desenvolvida da história conhecida pelo autor do *EvPd* e ausente da forma conhecida por Mateus. (Realmente, Mateus não precisava relatar a história inteira; mas por que ele teria omitido muitos desses itens?)

A probabilidade de o autor do *EvPd* ter disponíveis duas formas da história da guarda no sepulcro, a mateana e outra, aumenta com os indícios de mais uma forma de parte do material. O Códice Bobbiensis de Mc 16,3/4 tem uma adição latina: "De repente, na terceira hora do dia a escuridão chegou à terra inteira e anjos desceram do céu; e erguendo-se no brilho resplendente do Deus vivo, eles subiram [ascenderam] com ele; e imediatamente a luz surgiu".[51] Essa história está colocada imediatamente antes de as mulheres virem ao túmulo vazio. É claramente paralela a *EvPd* 9,36; 10,39-40, que está colocada no mesmo contexto; mas é muito mais simples. D. W. Palmer (JTS NS 27, 1976, p. 113-122) sugeriu que, originalmente, essa história Bobbiensis estava ligada à hora da morte de Jesus quando a escuridão cobriu a terra inteira, e que anjos desceram para tirar Jesus da cruz. (Deve-se lembrar que *EvPd* 6,22 menciona que, depois de o corpo de Jesus ser tirado da cruz, o sol brilhou e pôs fim à escuridão.) Se esse fosse o caso, a história independente que fundamenta o *EvPd* poderia ter sido multifacetada, já combinando os fenômenos que tiveram lugar perto da cruz (ver § 43, sob "Fenômenos especiais em Mt 27,51-53 [e *EvPd*]") com os pertinentes aos guardas no sepulcro, combinação não encontrada na forma da história do sepulcro conhecida de Mateus.

Além de elementos tirados de Mateus e de uma forma independente da história da guarda, outros elementos no *EvPd* refletem a reorganização pelo autor daquilo que ele recebeu; por exemplo, a expressão "o dia do Senhor" e a confusa estrutura temporal concentrada ao redor do sábado.[52] E certos elementos podem

---

[51] Esse códice dos séculos IV/V copia de um arquétipo do século II ou III. A gramática do latim é obscura e com toda a probabilidade foi adulterada ao ser copiada. Entretanto, outros testemunhos de formas independentes desse material podem ser sugeridos, por exemplo, não está claro que esta seção da *Ascensão de Tiago* (meados do século II?) dos *Reconhecimentos Pseudoclementinos* (latinos 1,42,4) seja dependente de Mateus: "Pois alguns dos que estavam guardando o lugar com diligência chamaram-no de mágico quando não conseguiram impedi-lo de se levantar; outros fingiram que ele foi roubado".

[52] O fato de toda a primeira parte de Mateus que trata do pedido a Pilatos ter lugar no sábado, enquanto no

ter sido combinação. Por exemplo, por um lado, o uso de "os judeus" no fim da história da guarda por Mateus em Mt 28,15 é incomum e pode ter sido original na forma que ele conhecia dessa história. O aparecimento de *Ioudaios* no final do relato, em *EvPd* 11,48, talvez signifique que também era original na forma da história que o autor do *EvPd* conhecia, de modo que ele não precisou tomá-la por empréstimo de Mateus. Por outro lado, *EvPd* usa o termo seis vezes e, assim, fazia parte também do estilo do autor. Alguns estudiosos do *EvPd* afirmam que a interação que sugeri de dependência de Mateus (e outros Evangelhos) lembrada oralmente, de dependência de uma forma separada, mais desenvolvida da história da guarda transmitida em círculos populares e de adições pessoais, constitui um esquema complicado demais para explicar o que aparece no *EvPd*. Ao contrário, no caso de um conto tão imaginoso, acho esse esquema plausível em um mundo antigo onde a repetição de histórias oralmente e reminiscências de tê-las ouvido eram mais comuns que ler essas histórias. É um esquema com certeza mais crível que imaginar que o autor do *EvPd* trabalhava em uma escrivaninha com cópias dos diversos Evangelhos canônicos apoiadas a sua frente, cuidadosamente fazendo mudanças a fim de compor o conto de uma cruz falante.

O OBJETIVO BÁSICO DA HISTÓRIA DA GUARDA. Três metas entram na discussão: polêmica, apologética e escatologia apocalíptica. O final do relato mateano tem inclinação polêmica: refuta uma história que circulava entre os judeus, a saber, que os discípulos de Jesus roubaram seu corpo e depois, de modo fraudulento, proclamaram a ressurreição.[53] Mas certamente não é esse o objetivo primordial

---

EvPd acontece antes do alvorecer do sábado, indica que a história original não tinha nenhuma indicação precisa de tempo. Em outras passagens, o autor do *EvPd* demonstra ignorância da cronologia judaica (nota 6, acima) e aqui, o fato de pôr os anciãos e o povo judeus para vigiarem o túmulo no sábado é bastante implausível.

[53] Há quem afirme que, como prova apologética, a história mateana é fraca, pois a guarda só foi colocada no sábado e, assim, o corpo poderia ter sido roubado entre o sepultamento, no fim da tarde de sexta-feira, e a colocação do lacre no sábado. Eles mencionam que esse "buraco" na história foi tampado no *EvPd*, onde o lugar de sepultamento é fechado com uma pedra e vigiado antes de o sábado começar. Nenhuma dessas observações me convence. A história mateana é sucinta e popular; cabe a nós pressupor que as autoridades judaicas tomaram a precaução elementar de examinar o sepulcro para verificar se o corpo ainda estava ali antes de o lacrarem no sábado. Isso fazia parte de assegurá-lo como elas sabiam (Mt 27,65). Se as autoridades eram espertas o bastante para recordar e entender uma declaração de Jesus a respeito da ressurreição feita havia muito tempo, dificilmente seriam tão ingênuas a ponto de vigiar um túmulo vazio. Quanto ao *EvPd* com sua sequência de tempo muito confusa, duvido que uma apologética melhor fizesse o autor mudar para a tarde de sexta-feira a história do lacre. Essa datação relaciona-se com outro motivo para lacrar o túmulo, a saber, uma reação ao que o povo estava dizendo em resposta à morte de Jesus que acabara de acontecer (*EvPd* 8,28-29). Como o *EvPd* descreve o corpo de Jesus

da história básica. Se fosse excluído o tema de pagar aos soldados para difundir uma mentira (tema ausente da forma da história da guarda no *EvPd*), a colocação de uma guarda no túmulo e o fracasso dessa precaução para impedir o túmulo de ser aberto pela intervenção divina ainda teria sentido. O elemento polêmico representa a última etapa ou a etapa final do uso da história da guarda desenvolvida no período em que a polêmica judaica começara a descrever Jesus como "impostor" (Mt 27,63: *planos*) e quando, na área mateana, houve uma luta constante entre missionários cristãos e mestres judaicos de crença farisaica (Mt 27,62: fariseus) para persuadir o povo (Mt 27,64: "digam ao povo").[54] Deixando de lado a polêmica, ainda encontramos um forte tom apologético: essa história prova que Jesus cumpriu a palavra que havia dito: "Depois de três dias vou ressuscitar (serei ressuscitado)"; não há dúvida, então, a respeito da verdade da Boa-Nova que seria proclamada pelos discípulos a todas as nações até o fim dos tempos (Mt 28,19-20). Contudo, mais uma vez a profecia de Jesus está ausente da forma da história da guarda no *EvPd*[55] e a apologética não explica todos os elementos. Consequentemente, muitos foram levados a pensar que o elemento mais antigo e mais básico da história que fundamenta Mateus e o *EvPd* pode ser mensagem escatológica expressa em metáforas apocalípticas. A mensagem é que Deus faz o Filho divino triunfar sobre os inimigos mesmo quando eles consistem no aparentemente todo-poderoso governante e nas autoridades religiosas supremas — a mesma mensagem encontrada na história da tentativa de Herodes de matar o menino, conforme narra o início do Evangelho. As coisas espantosas que acontecem (em Mateus, o terremoto e um anjo que desce e remove a pedra; no *EvPd*, muito mais) são uma dramatização do grande poder de Deus comparado a obstáculos humanos insignificantes.[56] No início do Evangelho,

---

saindo do túmulo, o autor com certeza não precisava de um lacre anterior no lugar de sepultamento para provar que o corpo ainda estava lá.

[54] Gnilka (*Matthäus*, v. 2, p. 488) nega a origem missionária, mas não apresenta nenhuma argumentação.

[55] Na narrativa do *EvPd*, o desejo de salvaguardar o lugar de sepultamento "por três dias" (*EvPd* 8,30) precisa subentender apenas que, depois desse período, o impostor com certeza estaria morto.

[56] Reconhecendo que esse era o significado original da história da guarda, Kratz (*Auferweckung*, p. 74) vê em uma segunda etapa da narração um aumento definido de um tema apologético, que só estava ali ligeiramente no início, e depois, em uma terceira etapa, o desenvolvimento do caráter de uma epifania da história (visível especialmente na abertura do túmulo e na intervenção angelical). Quanto ao *EvPd* como um todo, é preciso reconhecer que em material expandido de memórias evangélicas canônicas, há menos coisas espantosas que em material proveniente de uma fonte independente. Consequentemente, há ênfases heterogêneas na forma final da NP no *EvPd* (ver o artigo de D. F. Wright, "Apologetic and Apocalyptic", com um título que capta a diversidade.

Mateus incluiu uma história que descreve como o menino, que é Emanuel ("Deus conosco"), encontraria perigosa oposição em sua tarefa predestinada de salvar seu povo de seus pecados (Mt 1,21) e precisaria de intervenção divina. No fim do Evangelho, ele descreve no túmulo a antecipação da luta escatológica e adverte aos leitores que o Jesus ressuscitado que diz "Estou convosco todos os dias, até o fim dos tempos" (Mt 28,20) ainda enfrentará perigosa oposição que o poder de Deus, agora manifestamente dado a ele (Mt 28,18), terá de superar.

B. Historicidade da narrativa mateana da guarda no sepulcro

São necessários alguns prolegômenos a esta discussão. O foco principal será o relato mateano, não o relato do *EvPd*, que considero forma mais tardia, mais desenvolvida. Em princípio, há quem rejeite qualquer possibilidade de que o relato mateano seja histórico, porque contém o sobrenatural, a saber, um anjo que desce do céu para remover a pedra. Não considero metodologicamente correto deixar essa rejeição *a priori* do sobrenatural determinar a historicidade e, na verdade, esse princípio eliminaria a discussão de qualquer narrativa da ressurreição. A meu ver, a possibilidade ou plausibilidade dessa história precisa ser discutida na mesma base que a de qualquer outra história evangélica. Outros princípios *a priori* são invocados para negar a historicidade. Por exemplo, a observação de que essa é uma história tardia e popular (encontrada somente em Mateus, não em Marcos), ou de que tem inclinação apologética, faz muitos rejeitá-la sem demora como invencionice. Afirmei acima que a apologética não é o objetivo primordial e, mesmo se fosse, por que são a apologética e a historicidade incompatíveis? Afinal de contas, pode ter sido apresentado contra os adversários judeus do Cristianismo um argumento baseado em alguma coisa que realmente aconteceu. Quanto ao aparecimento tardio da história na tradição evangélica, há, além da criação ficcional, outras razões possíveis que poderiam fornecer uma explicação (por exemplo, a presença da guarda não tinha importância antes de os inimigos espalharem a mentira de que o corpo fora roubado).[57] Do mesmo modo, a difusão em círculos populares, e não na pregação pública, nem sempre aponta para a não historicidade.

---

[57] Lee ("Guard", p. 171) sugere que um servo do sumo sacerdote, aquele a quem o Jesus ressuscitado deu seu pano de linho do sepultamento segundo o *Evangelho dos Hebreus* 7 (HSNTA v.1, p. 165; ed. rev., v. 1, p. 178), mais tarde tornou-se cristão, e que só então a história se tornou conhecida. Além do dúbio expediente de combinar informações tão diversas, esse argumento não leva em consideração que, embora a mentira pudesse ter sido secreta, a designação da guarda era conhecida publicamente. Além disso,

Tendo me recusado a tratar dessa questão nessas bases *a priori*, nem sempre me impressiono com a força de argumentos *a posteriori* contra a historicidade. Por exemplo, a mentira que os soldados são subornados para espalhar ("Os discípulos dele, tendo vindo à noite, o roubaram, enquanto estávamos dormindo") é às vezes menosprezada como absurda. Alega-se que dormir em serviço era crime punido com a morte no exército romano; por isso, os soldados saberiam que estavam contribuindo para a própria morte, apesar da promessa de que os chefes dos sacerdotes persuadiriam o governador e, assim, eliminariam suas preocupações. Entretanto, no nível narrativo, como indiquei, os chefes dos sacerdotes são corruptos; e a intenção é que os leitores presumam que eles mentiriam para Pilatos e, com toda a probabilidade, o subornariam para não punir os soldados. No nível de fatos circunstanciais, não está claro que dormir em serviço fosse sempre punido com a morte. Tácito (*Histórias* v,22) fala de sentinelas descuidadas que, ao dormirem em serviço, quase permitiram ao inimigo pegar seu general; mas parece que usaram o comportamento escandaloso do general (ele estava longe do dever, dormindo com uma mulher) para se proteger da falta. Em outras palavras, era possível chegar a um acordo; e não é implausível que Pilatos não fosse tão rigoroso quanto ao comportamento das tropas temporariamente postas a serviço das autoridades judaicas, se essas autoridades preferissem não pressionar por castigo.

Contudo, há um argumento importante contra a historicidade que é realmente forte. Não só os outros Evangelhos não mencionam a guarda no sepulcro, mas a presença da guarda ali torna o que eles narram a respeito do túmulo quase ininteligível. Nos outros três Evangelhos canônicos, as mulheres vêm ao túmulo na Páscoa e o único obstáculo mencionado que impede sua entrada é a pedra. Com certeza, os evangelistas teriam tido de explicar como as mulheres esperavam entrar no túmulo se houvesse uma guarda postada ali precisamente para impedir a entrada.[58] Nos outros Evangelhos, a pedra já está removida quando as mulheres chegam ali. Como conciliar isso com o relato mateano onde, enquanto as mulheres estão no sepulcro, um anjo desce do céu e remove a pedra? Há outras improbabilidades internas no relato de Mateus (por exemplo, que as autoridades judaicas conheciam as palavras

---

talvez subentenda (erroneamente) que a guarda consistia em policiais do Templo judaico, entre os quais estava o servo do sumo sacerdote.

[58] Lee ("Guard", p. 171) sugere que os guardas tinham fugido do túmulo antes da chegada das mulheres ali, mas não é isso que Mateus relata.

de Jesus a respeito da ressurreição e as entenderam, quando os discípulos não as entenderam; que os guardas podiam mentir com sucesso a respeito da espantosa intervenção celestial); mas eles tocam nos detalhes secundários da história. A falta de harmonia com os outros Evangelhos toca no cerne da história, isto é, a própria existência de uma guarda. É possível salvar a historicidade voltando a uma situação pré-evangélica e afirmando que o membro do sinédrio judeu que enterrou Jesus, José de Arimateia, tomou precauções para proteger o sepulcro e que isso evoluiu para a história que Mateus agora conta? Entretanto, essa é uma sugestão bastante hipotética; de fato, nem Mateus nem o *EvPd* ligam a guarda a José, e até alguma pequena precaução teria deixado uma pista nos outros Evangelhos como obstáculo para as mulheres na Páscoa. Declarações negativas absolutas (por exemplo, o relato não tem base histórica) transcendem na maioria das vezes o tipo de indícios disponíveis para os estudiosos biblistas. Mais exata é a observação de que, como acontece com outro material mateano (por exemplo, a matança das crianças por Herodes, em Belém, e a fuga para o Egito — história com paralelos funcionais com esta narrativa), não há indícios nem internos nem externos que nos façam afirmar a historicidade.[59]

Evidentemente, isso não significa que a história não tenha valor.[60] Sugeri que as funções polêmica e apologética eram, ao que tudo indica, secundárias e que o objetivo fundamental era uma dramatização escatológica apocalíptica do poder de Deus para tornar a causa do Filho bem-sucedida contra toda oposição humana, mesmo que poderosa. João tem uma dramatização parcialmente parecida em Jo

---

[59] O mesmo pode ser dito da ressurreição dos santos e seu aparecimento a muitos em Jerusalém (Mt 27,52-53). É notável que Blinzler (*Prozess*, p. 415), que tende a ser extremamente conservador quanto à historicidade, reconheça a dificuldade para proclamá-la em relação à história da guarda. Quero lembrar que, se algum material popular que Mateus usa para suplementar a NP e lhe dar mais vida deve ser considerado não histórico, não temos meios de saber se o evangelista estava cônscio disso. Ele incluiu um conjunto de material, mas estava ele em posição de avaliar o valor histórico de cada episódio?

[60] W. L. Craig escreveu de forma muito perceptiva a respeito da ressurreição de Jesus e reduziu algumas das pressuposições que fundamentam argumentos descuidadamente repetidos contra sua realidade. Em sua tentativa (sem sucesso, a meu ver) de defender a historicidade da narrativa da guarda, é desapontador que ele pareça ver a lenda sem valor como alternativa a um relato histórico ("Guard", p. 274). A Bíblia é uma coletânea de literaturas de muitos gêneros diferentes e nós a desvalorizamos quando enfatizamos a história de modo a degradar outros tipos de literatura bíblica. Jonas é um livro veterotestamentário de valor extraordinário, mesmo se nenhum homem com esse nome jamais foi engolido por um grande peixe ou pôs o pé em Nínive. Gnilka (*Matthäus*, v. 2, p. 488-489), para quem Mateus pôs essa história (que ele tinha encontrado) na narrativa da Páscoa a fim de refutar os ataques dos fariseus à ressurreição, acha esse um meio duvidoso para defender o Evangelho. Mas era a defesa seu propósito principal?

18,6, onde, no jardim do outro lado do Cedron, uma coorte de soldados romanos sob um tribuno e guardas judeus caem por terra diante de Jesus quando ele diz: "Eu sou". A verdade transmitida por drama é às vezes incutida mais eficazmente na mente das pessoas que a verdade transmitida pela história.

O exame da história da guarda no túmulo encerra meu comentário consecutivo da NP nos Evangelhos. O entrelaçamento mateano dessa história com sua descrição da ressurreição lembra-nos de que a NP não é o fim do relato evangélico de Jesus — nenhum dos Evangelhos canônicos termina sem um relato adicional que dá a certeza (de várias maneiras) de que ele ressuscitou dos mortos. A última linha da história mateana da guarda reflete uma situação trágica de polêmica e contrapolêmica que acompanhou a proclamação cristã do Senhor ressuscitado: "E esta [falsa] palavra ficou divulgada entre os judeus até este dia" (Mt 28,15). Entretanto, essa mordaz acusação não é a conclusão do Evangelho de Mateus, que acontece cinco versículos mais adiante, quando o Jesus ressuscitado diz: "Eis que estou convosco todos os dias, até o fim dos tempos" (Mt 28,20). A verdadeira preocupação de Mateus é difundir essa última e verdadeira palavra entre os cristãos até hoje.

(A bibliografia para este episódio encontra-se em § 45, Parte II.)

APÊNDICES

I. *O Evangelho de Pedro* — narrativa não canônica da Paixão
II. Data da crucificação (dia, mês, ano)
III. Passagens pertinentes difíceis de traduzir
   (Mc 14,41; Hb 5,7-8; Mt 26,50; Jo 19,13)
IV. Perspectiva geral de Judas Iscariotes
V. Autoridades e grupos judaicos mencionados nas narrativas da Paixão
VI. O sacrifício de Isaac e a Paixão
VII. Os antecedentes veterotestamentários das narrativas da Paixão
VIII. As predições de Jesus a respeito de sua Paixão e morte
IX. A questão da narrativa pré-marcana da Paixão, por *Marion L. Soards*

Apêndice I: *O Evangelho de Pedro* – narrativa não canônica da Paixão

Cerca de 400 quilômetros ao sul do Cairo e 100 quilômetros ao longo do Nilo, ao norte de Nag Hammadi,[1] está Akhmîm (antiga Chemmis egípcia e Panópolis helenística), local, na Antiguidade, de um mosteiro de Pacômio e, a partir do século V, de uma necrópole. Em 1886-1887, uma expedição arqueológica francesa encontrou em uma das sepulturas dos monges um pequeno códice (14 cm x 11 cm). Em suas 33 folhas de pergaminho de duas faces, quatro textos gregos fragmentários[2] foram copiados por mãos diferentes entre os séculos IV e IX. Depois de uma página retroinicial com uma cruz copta e uma impressão das letras do alfa ao ômega, as páginas 2 a 10, originárias dos séculos VII-IX,[3] são dedicadas a uma obra que começa no meio de uma frase com um relato do julgamento de Jesus e termina no meio de uma frase no mar, onde (presumivelmente) o Jesus ressuscitado aparecerá a Simão Pedro, André e Levi. Ao que tudo indica, esse segmento incompleto era tudo que o copista tinha da obra. Como nele Simão Pedro fala na primeira pessoa

---

[1] Este é o sítio onde, em dezembro de 1945, pastores egípcios encontraram dentro de um jarro uma coleção de treze códices (livros) coptas que tinham sido enterrados por volta de 400 d.C. — esses códices continham cinquenta e dois tratados distintos, provavelmente de um dos mosteiros do século IV associados a São Pacômio (292-348) que ficava dentro do raio de oito quilômetros do local da descoberta (Chenoboskion, onde Pacômio começou sua vida de eremita, e Pabau, que era o mosteiro central). Esses tratados constituem a Biblioteca de Nag Hammadi.

[2] Além do *Evangelho de Pedro*, que vem primeiro, os outros três, em ordem, são o *Apocalipse de Pedro*, *1 Henoc* 1,1–32,6 e, em uma (34a) página grudada na capa de trás, os *Atos (Martírio) de São Juliano*. Ver a distribuição das páginas em Crossan, Cross, p. 4-5. A publicação original foi em U. Bouriant, org., *Mémoires publiés par les membres de la Mission archéologique française au Caire*, vol. 9, Paris, Leroux. O fascículo 1 (1892, p. 91-147) descreve os fragmentos, com as páginas 137-142 apresentando uma transcrição grega e uma tradução francesa do *Evangelho de Pedro*; o fascículo 3 (1893, p. 217-235) fornece um estudo e transcrições com anotações críticas do *Evangelho de Pedro*, por A. Lods, e as Gravuras II-VI reproduzem um fac-símile do grego.

[3] As páginas têm 17-19 linhas cada uma (14 na 10ª página, com 3 linhas deixadas em branco no final). J. Armitage Robinson dividiu o texto em 14 capítulos; Harnack, em 60 versículos. Agora, é comum usar *os dois* sistemas de referência simultaneamente, por exemplo, o v. 14, que termina o capítulo 4 (= EvPd 4,14), é seguido pelo v. 15, que inicia o capítulo 5 (= EvPd 5,15).

(14,60; cf. 7,26), os biblistas imaginaram que fazia parte do *Evangelho de Pedro* mencionado por diversos autores da Igreja primitiva, um apócrifo que se sabia ter estado em circulação na área de Antioquia antes de 200 d.C.[4] Na década de 1970, verificou-se que dois pequenos fragmentos do papiro de Oxirinco 2949 (com 16 palavras discerníveis de cerca de 20 linhas parciais) concordavam parcialmente com *EvPd* 2,3-5 da cópia de Akhmîm,[5] provando que esta última transcrevera uma obra que era conhecida no Egito do século II e ajudando a confirmar a identificação. Por conseguinte, do começo ao fim deste comentário, uso a designação *EvPd* para me referir ao texto de Akhmîm com a pressuposição de que esse texto realmente reproduz uma parte desse antigo *Evangelho de Pedro*.

O conteúdo deste APÊNDICE é o seguinte:

A. Tradução literal do *EvPd*

B. Sequência e conteúdo do *EvPd*

   1. Quadro sequencial (comparando o *EvPd* aos Evangelhos canônicos)

   2. Comparação entre o conteúdo do *EvPd* e o dos Evangelhos canônicos

   3. Proposta geral a respeito da composição baseada em sequência e conteúdo

C. Aspectos da teologia do *EvPd*

   1. O debate antigo sobre o docetismo do *EvPd*

   2. Aspectos teológicos discerníveis no *EvPd*

D. Quando e onde foi composto o *EvPd*?

Bibliografia[6]

---

[4] Até onde sabemos, este foi o único Evangelho atribuído a Pedro na Antiguidade. Entretanto, não há nenhuma citação preservada de quaisquer palavras dele, que possamos comparar com o texto de Akhmîm. Há quem duvide que o Evangelho petrino mencionado por Orígenes, com referência a material da narrativa da infância (adiante, sob C), seja a mesma obra da qual encontramos a Narrativa da Paixão no *Evangelho de Pedro*. Resposta afirmativa é sugerida por fragmentos latinos preservados do *Comentário sobre Mateus*, de Orígenes, que mostra semelhanças com o modo de pensar do *Evangelho de Pedro* a respeito da Paixão, por exemplo, 125 diz que Jesus não sofreu nada (GCS 38,262, linha 26; cf. *Evangelho de Pedro* 4,10); em 140, Jesus é "recebido" depois da morte (*receptus*; GCS 38,290, linha 22; cf. *Evangelho de Pedro* 5,19: *anelephthe*).

[5] Ver Coles e Lührmann na BIBLIOGRAFIA da Seção.

[6] As obras da BIBLIOGRAFIA DA SEÇÃO que acho mais úteis são as de Swete, Vaganay, Beyschlag e Mara.

A. Tradução literal do EvPd[7]

[1,1]Mas nenhum dos judeus lavou as mãos, nem Herodes, nem um só de seus juízes. E como eles não desejavam lavar, Pilatos levantou-se. [1,2]E então Herodes, o rei, ordena que o Senhor seja levado [enviado?], tendo dito a eles: "O que ordenei que fizésseis a ele, fazei".
[2,3]Mas José, o amigo de Pilatos e do Senhor, tinha estado de pé ali; e, sabendo que estavam prestes a crucificá-lo, ele veio diante de Pilatos e solicitou o corpo do Senhor para sepultamento. [2,4]E Pilatos, tendo mandado recado para Herodes, solicitou seu corpo. [2,5]E Herodes disse: "Irmão Pilatos, mesmo se ninguém o tivesse pedido, nós o teríamos sepultado, já que na verdade o sábado está raiando. Pois, na lei está escrito: 'O sol não deve se pôr sobre alguém executado'".
[2,5c]E ele entregou-o ao povo antes do primeiro dia de sua festa dos Pães sem fermento.
[3,6]Mas, tendo tomado o Senhor, correndo, eles o estavam empurrando e dizendo: "Vamos arrastar o Filho de Deus agora que temos poder sobre ele".
[3,7]E eles o vestiram com púrpura e o sentaram no tribunal, dizendo: "Julga imparcialmente, Rei de Israel". [3,8]E um certo indivíduo dentre eles, tendo trazido uma coroa espinhosa, a pôs na cabeça do Senhor. [3,9]E outros que estavam de pé ali cuspiam em sua face e outros estapeavam suas bochechas. Outros o espetavam com um caniço; e alguns o açoitavam dizendo: "Com esta honra, honremos o Filho de Deus".

---

[7] Esta tradução baseia-se no texto grego fornecido por Maria Mara, com uma única mudança significativa, isto é, preferindo *par[ale]mphthenai*, não *par[ape]mphthenai* em *Evangelho de Pedro* 1,2. Neirynck imprime esse texto grego no fim de "Apocryphal", p. 171-175.

4,10E eles trouxeram dois malfeitores e crucificaram o Senhor no meio deles. Mas ele estava calado, como não tendo nenhuma dor. 4,11E quando colocaram a cruz de pé, eles escreveram que "Este é o Rei de Israel". 4,12E tendo posto suas vestes diante dele, eles as repartiram e lançaram a sorte por elas. 4,13Mas um certo indivíduo daqueles malfeitores insultou-os, dizendo: "Foi-nos feito sofrer deste modo, por causa do mal que fizemos; mas este, tendo se tornado Salvador dos homens, que injustiça ele vos fez?". 4,14E tendo ficado irritados com ele, eles ordenaram que não houvesse nenhuma perna quebrada, a fim de que ele morresse atormentado.

5,15Mas era meio-dia e a escuridão logo tomou conta de toda a Judeia; e eles estavam aflitos e ansiosos, temendo que o sol se tivesse posto, pois ele ainda estava vivo. [Pois] está escrito para eles: "Que o sol não se ponha sobre um executado". 5,16E alguém dentre eles disse: "Dai-lhe a beber fel com vinho avinagrado". E, tendo feito uma mistura, deram a beber. 5,17E eles cumpriram todas as coisas e completaram os (seus) pecados em sua cabeça. 5,18Mas muitos circularam com lâmpadas, pensando que era noite e eles caíram. 5,19E o Senhor deu um grito, dizendo: "Meu poder, Ó poder, tu me abandonaste". E, tendo dito isso, ele foi elevado.

5,20E na mesma hora [meio-dia], o véu do santuário de Jerusalém foi despedaçado em dois.

6,21E então eles arrancaram os cravos das mãos do Senhor e o colocaram no chão; e toda a terra foi sacudida e houve um grande medo. 6,22Então, o sol brilhou e descobriu-se ser a nona hora. 6,23E

os judeus regozijaram-se e deram seu corpo a José
para que ele pudesse sepultá-lo, pois ele era alguém
que tinha visto quantas coisas boas ele fez.
6,24E, tendo pegado o Senhor, ele o lavou e amarrou
com um pano de linho e o levou a seu próprio
sepulcro, chamado o Jardim de José.
7,25Então, os judeus e os anciãos e os
sacerdotes, tendo vindo a saber quanto mal eles
tinham feito a si mesmos, começaram a bater em si
mesmos e dizer: "Ai de nossos pecados. O
julgamento se aproxima e o fim de Jerusalém".
7,26Mas eu, com os companheiros, fiquei triste; e,
tendo sido feridos em espírito, ficamos
escondidos, pois éramos procurados por eles como
malfeitores desejosos de incendiar o santuário. 7,27Além de
todas essas coisas, estávamos jejuando;
e ficamos sentados lamentando e chorando noite e
dia até o sábado.
8,28Mas os escribas e fariseus e anciãos,
tendo se reunido uns com os outros, tendo ouvido
que todo o povo estava murmurando e batendo no
peito, dizendo que "Se em sua morte esses sinais
muito grandes aconteceram, vede como ele era
justo", 8,29temeram (especialmente os anciãos)
e vieram diante de Pilatos, suplicando-lhe e
dizendo: 8,30"Entrega-nos soldados a fim de
podermos salvaguardar seu lugar de sepultamento
por três dias, a fim de não acontecer que, tendo
vindo, seus discípulos o roubem e o povo aceite
que ele ressuscitou dos mortos e eles nos façam
mal". 8,31Mas Pilatos lhes entregou Petrônio,
o centurião, com soldados, para salvaguardar o
sepulcro. E, com esses, os anciãos e escribas
vieram ao lugar de sepultamento. 8,32E, tendo
rolado uma grande pedra, todos os que estavam

ali, junto com o centurião e os soldados, colocaram(-na) contra a entrada do lugar de sepultamento. [8,33]E eles marcaram(-no) com sete lacres de cera e, tendo armado uma tenda ali, eles (o) salvaguardaram. [9,34]Mas, cedo, quando o sábado estava raiando, uma multidão veio de Jerusalém e da área circundante, a fim de poderem ver o túmulo lacrado.

[9,35]Mas, na noite em que o Dia do Senhor raiou, quando os soldados (o) estavam salvaguardando dois a dois em cada período, houve uma voz forte no céu; [9,36]e eles viram que os céus se abriram e dois homens que tinham muito esplendor desceram de lá e vieram perto do sepulcro. [9,37]Mas aquela pedra que tinha sido empurrada contra a entrada, tendo rolado sozinha, foi para o lado, a certa distância; e o sepulcro se abriu e os dois jovens entraram. [10,38]E então, aqueles soldados, tendo visto, acordaram o centurião e os anciãos (pois eles também estavam presentes, salvaguardando). [10,39]E, enquanto relatavam o que tinham visto, novamente eles viram três homens que saíram do sepulcro, com os dois apoiando o outro e uma cruz seguindo-os, [10,40]e a cabeça dos dois alcançando o céu, mas a do que era conduzido pela mão por eles ultrapassando os céus. [10,41]E eles estavam ouvindo uma voz dos céus dizendo: "Fizestes a proclamação para os adormecidos?". [10,42]E uma homenagem foi ouvida da cruz: "Sim". [11,43]E então, aquelas pessoas procuravam uma perspectiva comum para sair e deixar essas coisas claras a Pilatos; [11,44]e enquanto ainda estavam ponderando sobre isso, aparecem novamente os céus abertos e um certo homem,

tendo descido e entrado no lugar de
sepultamento. [11,45]Tendo visto essas coisas,
os que estavam ao redor do centurião
apressaram-se à noite diante de Pilatos (tendo
deixado o sepulcro que estavam salvaguardando) e
descreveram todas as coisas que na verdade tinham visto, agonizando grandemente e dizendo:
"Verdadeiramente, ele era o Filho de Deus".
[11,46]Em resposta, Pilatos disse: "Estou limpo do
sangue do Filho de Deus, mas foi para vós que
isto parecia (a coisa a fazer)". [11,47]Então,
todos, tendo avançado, estavam suplicando e
exortando-o a mandar o centurião e os soldados
não dizerem a ninguém o que tinham visto.
[11,48]"Pois", disseram, "é melhor para nós ter
o débito do maior pecado à vista de Deus que
cair nas mãos do povo judeu e ser apedrejado".
[11,49]E então, Pilatos mandou o centurião e os
soldados não dizerem nada.
[12,50]Ora, ao amanhecer do dia do Senhor,
Maria Madalena, discípula do Senhor (que,
amedrontada por causa dos judeus, já que eles
estavam ardentes de cólera, não fizera no
túmulo do Senhor o que as mulheres estavam
acostumadas a fazer pelos seus mortos queridos),
[12,51]tendo tomado consigo amigas, dirigiu-se ao
túmulo onde ele tinha sido colocado. [12,52]E elas
estavam com medo que os judeus as vissem e diziam: "Se,
na verdade, naquele dia em que ele foi crucificado
não pudemos chorar e bater em nós mesmas, agora
em seu túmulo podemos fazer essas coisas.
[12,53]Mas quem removerá para nós até a pedra
colocada contra a entrada do túmulo a fim de que,
tendo entrado, possamos sentar ao lado dele e
fazer as coisas esperadas?

¹²،⁵⁴Pois a pedra era grande e temos medo de que
alguém nos veja. E se formos incapazes, vamos ao
menos atirar contra a entrada o que trazemos em
memória dele; vamos chorar e bater em nós mesmas,
até chegarmos em casa".
¹³،⁵⁵E tendo ido, elas encontraram o sepulcro
aberto. E tendo se aproximado, elas se inclinaram
ali e viram ali certo jovem sentado no meio do
sepulcro, belo e vestido com um manto esplêndido,
que disse a elas: ¹³،⁵⁶"Por que viestes? A quem
procurais? Não aquele que foi crucificado? Ele
ressuscitou e foi embora. Mas, se não acreditais,
inclinai-vos e olhai o lugar onde ele jazia,
porque ele não está aqui. Pois ele ressuscitou e
foi embora para o lugar de onde foi enviado".
¹³،⁵⁷Então as mulheres fugiram atemorizadas.
¹⁴،⁵⁸Ora, era o último dia dos Pães sem fermento e muitos
saíram, voltando para casa, pois a festa
acabara. ¹⁴،⁵⁹Mas nós, doze discípulos do Senhor,
estávamos chorando e entristecidos; e cada um,
entristecido por causa do que se passara, partiu para sua casa.
¹⁴،⁶⁰Mas eu, Simão Pedro, e meu irmão André, tendo tomado
nossas redes, saímos para o mar. E estava conosco Levi de
Alfeu, a quem o Senhor...

B. Sequência e conteúdo do *EvPd*

Para estudar o relacionamento do *EvPd* com os Evangelhos canônicos, é importante entender seu conteúdo e a sequência em que é apresentado. A seguir, vou apresentar: 1) um quadro para ajudar com a sequência; 2) algumas listas que comparam o *EvPd* com cada um dos Evangelhos canônicos; e 3) um plano geral da composição do *EvPd* baseado em 1 e 2. Em tudo o que diz respeito a essa comparação de sequência ou redação, um fator deve ser considerado com firmeza. O

Códice de Akhmîm nos dá uma cópia feita cerca de seiscentos anos depois que o *EvPd* original foi escrito; e podemos ter certeza de que os copistas fizeram mudanças nesse longo tempo de transcrição[8] — ao que tudo indica, ainda mais livremente porque, além de ser considerada bastante heterodoxa, esta obra circulava privadamente e não era lida em público, ao contrário dos Evangelhos canônicos, onde se exercia maior supervisão e mudanças teriam sido notadas. Quando o vocabulário, ou mesmo a sequência do *EvPd*, está de acordo com os Evangelhos canônicos, há sempre o perigo de algum copista ter substituído o que estava originalmente ali pela redação ou padronização canônica mais conhecida.

1. Quadro sequencial

O Quadro 10 (a seguir) segue a sequência do *EvPd*; na primeira coluna, o que estiver duplamente grifado encontra-se apenas no *EvPd*. Embora eu não veja nada que recomende a teoria composicional de D. Crossan, teremos de examiná-la adiante, nesta subseção, sob B3. Portanto, penso que pode ser útil aos leitores pôr linhas pontilhadas ao redor de episódios na primeira coluna que Crossan considera revisão ou redação secundária no *EvPd*;[9] em sua teoria, todo o restante existia antes

---

[8] Mencionei acima que a forma deste Evangelho no papiro de Oxirinco 2949, do século II, que só contém dezesseis palavras, tem diferenças discerníveis da passagem do *EvPd* comparável.

[9] Para Crossan, há dois tipos de adições: 1) *inserções*, ou cenas formadas de material dos Evangelhos canônicos e introduzidas no Evangelho da Cruz, embora praticamente contradigam o que já estava ali; 2) passagens de *redação* criadas para preparar e facilitar as *inserções* e, assim, remover as visíveis contradições. Como ele tem análises diferentes em (a) *Four*, p. 134, e mais tarde, em (b) *Cross*, p. 21, apresento os dois aqui, em colunas paralelas:

a) REDAÇÃO para	INSERÇÃO	b) REDAÇÃO para	INSERÇÃO
EvPd 2,3-5ab →	6,23-24	2,3-5ab →	6,23-24
EvPd 7,26-27 →	14,58-60	7,26-27; 14,58-59 →	14,60
9,37; 11,43-44 →	12,50–13,57	11,43-44 →	12,50–13,57

No Quadro 10, adiante, consegui indicar, cercando com linhas pontilhadas, todas essas adições, exceto *EvPd* 11,43-44 (e *EvPd* 9,37 de [a], que, pelo jeito, Crossan já não considera adição). Notemos que, na teoria de Crossan, a colocação da preparação redacional não tem nada a ver com onde a inserção aparecerá (na verdade, a segunda e terceira colunas horizontais pressupõem um ponto de vista muito peculiar, quando se analisa a sequência dos versículos). Além disso, a classificação das inserções como canônicas é atribuição um tanto indefinida. *EvPd* 14,60 tem semelhança com Jo 21,1-2 e com um nome em Mc 2,14, mas será que devemos pensar que o autor final do *EvPd* realmente reuniu esse material desconexo de um ms. de Marcos e um ms. de João para criar *EvPd* 14,60? (Koester, KACG, p. 220, apesar de uma preferência geral pela abordagem de Crossan, faz objeção a seu tratamento de *EvPd* 14,60.) A

que os evangelistas canônicos escrevessem e era conhecido por eles. Não há coluna para Marcos porque a sequência marcana básica é a mesma que a de Mateus e o *EvPd* não tem nenhuma cena exclusiva de Marcos.

O *EvPd* segue a fluência clássica do julgamento, passando pela crucificação, até o sepultamento e o túmulo, seguindo-se, presumivelmente, aparições pós-ressurreição. Entretanto, a sequência no *EvPd* de episódios individuais não é a mesma de nenhum Evangelho canônico, como se vê nas seções I, IV e V do quadro. Contudo, em algumas sequências breves, o *EvPd* está mais próximo de Marcos/Mateus que dos outros Evangelhos. Por exemplo, em II, embora o *EvPd* coloque o caminho da cruz antes do escárnio e da flagelação (o oposto da ordem de Marcos/Mateus), está claramente mais próximo desses dois Evangelhos que de Lucas, que omite o escárnio aqui (e a flagelação completamente), ou de João, que mudou o escárnio e a flagelação para o meio do julgamento romano. Por sua vez, na última parte de III, a sequência do *EvPd* da escuridão, da bebida do vinho avinagrado, do grito de Jesus "Meu poder" e do véu rasgado do santuário aproxima-se da de Marcos/Mateus, que têm as mesmas quatro informações, mas com o grito e a bebida de vinho invertidos.

Quando se olha a sequência geral dos vinte e três itens que relacionei no Quadro 10, é preciso muita imaginação para conceber o autor do *EvPd* estudando Mateus com atenção, mudando o lugar de episódios e acrescentando cópias de episódios de Lucas e João para produzir a sequência atual. Nas NPs dos Evangelhos canônicos, o exemplo é de Mateus trabalhando conservadoramente e Lucas trabalhando mais livremente com o esboço marcano, e de cada um acrescentando material; mas nenhum dos dois criou um produto final tão radicalmente diferente de Marcos quanto o *EvPd* é diferente de Mateus. Alguns biblistas pensam que o autor do Longo Final de Marcos conhecia Mateus e Lucas; seja como for, ele produziu uma sequência de aparições da ressurreição que está perceptivelmente mais próxima da sequência em Lucas do que a sequência do *EvPd* está de qualquer um dos quatro Evangelhos. A hipótese contrária de que os quatro evangelistas canônicos recorreram completamente ou em parte ao *EvPd* é ainda mais inacreditável, em respeito à sequência. Devemos acreditar que quatro autores diferentes usaram o *EvPd* como fonte principal e nenhum preservou a sequência do *EvPd* por mais de

---

atribuição por Crossan de *EvPd* 2,3 à etapa mais tardia da composição do *EvPd* não recebe ajuda do fato de esta passagem aparecer na cópia mais antiga conhecida, o papiro de Oxirinco 2949.

dois ou três dos vinte e três episódios que relacionei no quadro?[10] A dificuldade de hipóteses de cuidadosa dependência literária em qualquer direção vai se tornar mais evidente no que se segue.

QUADRO 10. SEQUÊNCIA NO EVANGELHO DE PEDRO E NOS EVANGELHOS CANÔNICOS

EvPd	Mateus	Lucas	João
I. 1,1–2,5: Julgamento diante de Herodes (com Pilatos presente)	27,11-26: Só Pilatos	23,2-25: Pilatos e Herodes	18,28–19,16a: só Pilatos
1,1: Herodes recusou-se a lavar as mãos	27,24 (Pilatos)		
1,2: Herodes ordenou que o Senhor fosse levado			
2,3-5b: Solicitação do corpo do Senhor: José → Pilatos → Herodes	27,57-58: José → Pilatos	23,50-52: José → Pilatos	19,38a: José → Pilatos
2,5c: Herodes entregou o Senhor ao ao povo	27,26: Pilatos aos soldados deles	23,25 Pilatos à vontade deles	19,16a: Pilatos a eles
II. 3,6-9: Caminho da cruz; escárnio; flagelação	**27,27-32**	**23,26-32**	**19,2-3.16b--17a**
3,6: Eles (os judeus) empurraram e arrastaram o Filho de Deus	27,31b: Soldados romanos levaram	23,26: Eles levaram consigo	19,16b: Eles tomaram
3,7-9: Veste de púrpura, sentado no tribunal, Rei de Israel escarnecido, cruz espinhosa, cuspido, esbofeteado, espetado com caniço, Filho de Deus escarnecido	27,27-31a: todos os itens, exceto bofetada; Rei dos Judeus (ver 27,19 [tribunal]; também 27,39-43 na cruz)	(ver 23,35-37, na cruz)	19,2-3: coroa de espinhos, manto púrpura, Rei dos de Judeus, bofetadas

---

[10] Não vejo maior indício na tese de Crossan, segundo a qual os evangelistas canônicos recorreram somente a parte do *EvPd*. Todos os itens de *EvPd* 2,5c até *EvPd* 6,22 estariam na parte que, na opinião dele, eles usaram, e a diversidade de sequência entre o *EvPd* e os Evangelhos canônicos é bastante nítida em grande parte dessa área.

III. 4,10–6,22: Crucificação	27,33-56	23,33-49	19,17b-37
4,10: Crucificado entre malfeitores; silencioso, nenhuma dor	27,38: entre bandidos	23,33: entre malfeitores	19,18: entre outros
4,11: Título na cruz: Rei de Israel	27,37: Jesus, Rei dos Judeus	23,38: Rei dos Judeus	19,19: Jesus, o Nazareu, Rei dos Judeus
4,12: Vestes divididas	27,35	23,34b	19,23-24
4,13: Malfeitor penitente		23,40-43	
4,14: Nenhuma quebra de pernas			19,31-33
5,15: Escuridão ao meio-dia; ansiedade de que o sol se tivesse posto	27,45a (sexta-nona horas)	23,44-45a (sexta- nona horas)	
5,16-18: Bebida: fel com vinho avinagrado; eles cumpriram todas as coisas; pecado em sua cabeça; pensaram que era noite	27,34.48: Duas bebidas: vinho (doce) com fel e vinho avinagrado	23,36: Bebida: vinho avinagrado	19,28-30: vinho avinagrado; ele consumou todas as coisas
5,19: O Senhor gritou: "Meu poder"; ele foi levado para o alto	27,46: "Meu Deus"		
5,20: Véu do santuário rasgado	27,51a	23,45b	
6,21: Arrancaram os cravos; colocaram-no no chão; terra sacudida; medo	27,51b.54		
6,22: O sol brilhou; nona hora	27,46 (nona hora)	23,44 (nona hora)	
IV. 6,23–11,49: Sepultamento	27,57-66	23,50-56	19,38-42
6,23-24: Os judeus deram o corpo a José; ele o lavou; pano de linho; "seu próprio" sepulcro; jardim	27,58b-60 (nenhum jardim); seu túmulo	23,53-54 (nenhum "seu próprio"; nenhum jardim)	19,38b-42 (nenhum pano de linho; nenhum "seu próprio")
7,25: Tristeza dos judeus; batem em si mesmos		23,48: multidões batem no peito	

7,26-27: Pedro e companheiros; tristeza, jejum			
8,28–11,48: Guardas no túmulo; abertura angelical; saíram com o Senhor gigantesco e a cruz falante; guardas silenciaram	27,62-66; 28,2-4.11-15		
V. As mulheres no túmulo vazio; Aparições do Senhor			
12,50–13-57: As mulheres no túmulo vazio	28,1.5-10	24,1-11.22-23	20,1-2.11-18
14,58-60: Depois da festa, os 12 vão para casa; Pedro e outros no mar			21,1-23: Pedro e outros no mar veem o Senhor

2. Comparação entre o conteúdo do EvPd e o dos Evangelhos canônicos

Vou agora apresentar algumas listas para realizar esse propósito.[11] Alguns avisos gerais: na maior parte do tempo, refiro-me a "Jesus", mas os leitores devem se lembrar que o *EvPd* nunca usa o nome pessoal; sua alternativa mais frequente é "o Senhor". Exceto onde são apresentadas palavras gregas específicas, o que está sendo comparado são informações ou episódios, não a redação. Mesmo quando descreve um incidente também encontrado em um Evangelho canônico, o *EvPd* usa vocabulário com diferenças extraordinárias. É muito raro concordar com algum dos Evangelhos em mais de duas ou três palavras consecutivas.

a) Informações compartilhadas pelo *EvPd* e mais de um dos Evangelhos canônicos (um asterisco indica que a informação respectiva está ausente de João e, portanto, é característica sinótica):[12]

- Uso do termo generalizado "os judeus" (Mateus, João)
- O papel de Pilatos na morte de Jesus não é tão importante quanto o das autoridades judaicas

---

[11] Swete (*Euaggelion*, p. xvi-xx) apresenta listas que conferi com as minhas; obviamente, há opiniões divergentes quanto ao que tem importância suficiente para ser incluído.

[12] Vou começar com o julgamento romano canônico de Jesus e seu paralelo no julgamento herodiano no *EvPd*, mas com o lembrete de que não temos a totalidade deste último. Vou dar relativamente pouca atenção para comparar aparições pós-ressurreição no fim da lista, pois o *EvPd* é interrompido ali e não sabemos o que teria sido relatado.

- José tem contatos com Pilatos a respeito do sepultamento do corpo de Jesus
- José era amigo/discípulo de Jesus ou não votou contra ele
- A remoção do corpo da cruz é relacionada com a proximidade do sábado
- Jesus escarnecido como rei com traje púrpura/escarlate, coroa de espinhos, flagelação, cuspidas, agressões
- Cadeira/assento no tribunal, com relação a Jesus ou a Pilatos (Mateus, João)
- Crucificação de Jesus entre dois criminosos
- Na cruz, inscrição de que Jesus era Rei dos Judeus/de Israel
- Sorte lançada para dividir suas roupas/vestes
- Menção da sexta hora e *escuridão sobre a terra/Judeia
- É oferecida uma bebida de vinho avinagrado
- Palavras finais de Jesus como "Meu poder/meu Deus" (Marcos/Mateus)[13]
- *Véu do santuário rasgado/fendido
- José sepulta Jesus em um túmulo, *em um pano de linho
- Uma (*grande) pedra tapa a entrada do túmulo; acaba sendo rolada/removida
- No domingo, Maria Madalena (e outras) vão ao túmulo
- Ali, são abordadas por figuras, explícita ou implicitamente angelicais, que explicam a ausência do corpo de Jesus

b) Informações compartilhadas por diversos Evangelhos canônicos, mas ausentes do *EvPd* (um asterisco indica que a respectiva informação também está ausente de João e, portanto, é característica sinótica):

---

[13] Das sete "Palavras" de Jesus na cruz, o *EvPd* não tem nada que se pareça com as três em Lucas ou as três (diferentes) em João; sua única "palavra" é só em parte semelhante à única "palavra" em Marcos/Mateus.

- O papel principal de Pilatos no julgamento de Jesus e sua conclusão de que Jesus é inocente
- Barrabás e os gritos da multidão para crucificar Jesus
- A cruz carregada por Jesus e/ou *Simão de Cirene
- *Diversos escárnios a Jesus pregado na cruz
- *Confissão de Jesus (Filho de Deus, justo) pelo centurião imediatamente depois da morte[14]
- Mulheres no local da cruz ou assistindo de longe; *mulheres no sepultamento
- Jesus aparece a Maria Madalena no túmulo (Mateus, João)
- Jesus aparece aos discípulos/Doze em Jerusalém (Lucas, João)

Embora essas informações não sejam tão numerosas quanto as de a), várias delas (Barrabás, escarnecedores na cruz, algumas das narrativas de aparição) são componentes importantes nos relatos canônicos da Paixão e da ressurreição.

c) Informações características do *EvPd* e de Marcos. No âmbito da narrativa abrangida pelo *EvPd*, Marcos tem três importantes informações ausentes dos outros Evangelhos canônicos: uma referência da crucificação na terceira hora, a pergunta de Pilatos se Jesus já tinha morrido (Mc 15,44-45) e, depois da mensagem angelical no túmulo, traduzindo literalmente, as mulheres "não disseram nada a ninguém". Nenhuma das três está no *EvPd*. Na NP propriamente dita, a característica mais notável compartilhada por Marcos e pelo *EvPd* é o uso de *kentyrion* para "centurião".[15] Só na história das mulheres no túmulo, no "Dia do Senhor", o *EvPd* aproxima-se das características de vocabulário em Marcos. Em *EvPd* 12,53, as mulheres fazem a pergunta retórica: "Quem removerá para nós até a pedra colocada contra a entrada do túmulo?"; em Mc 16,3, elas perguntam: "Quem removerá para nós a pedra da entrada do túmulo?". As duas obras têm a sentença "Pois a

---

[14] Essas confissões da identidade de Jesus acontecem mais tarde e em outras circunstâncias no *EvPd* (*EvPd* 8,28; 11,45).

[15] *EvPd* 7,27 tem os verbos combinados *penthein* e *klaiein* ("lamentar e chorar") para descrever a reação de Pedro e seus companheiros à morte do Senhor. No material que examinamos aqui, só no Longo Final de Marcos (Mc 16,10) aparece essa combinação e, novamente, é para descrever a reação dos que tinham estado com Jesus.

pedra era grande", embora a ordem das palavras seja diferente e só Marcos tenha o advérbio *sphodra* ("muito"). As duas obras descrevem o ser (celestial) dentro do sepulcro/túmulo como *neaniskos* ("jovem"). As duas obras combinam os verbos *phobeisthai* e *pheugein* para descrever a *fuga atemorizada* das mulheres do túmulo (*EvPd* 13,57; Mc 16,8), mas outra vez em ordem diferente. Só em *EvPd* 14,60 e Mc 2,14 ouvimos falar em Levi de Alfeu. Essas poucas semelhanças (diversas das quais também contêm diferenças) são insuficientes para mostrar que o *EvPd* foi uma fonte escrita primordial para o evangelista marcano (tese de Crossan) ou, por outro lado, que o autor do *EvPd* tinha Marcos diante de si enquanto escrevia.

Preciso acrescentar mais a respeito deste último ponto, por causa da obra de Neirynck, que tem forte pendor para relacionar a Marcos quase todo o material canônico pertinente às mulheres no túmulo — tese da qual discordo. Em "Apocryphal", p. 144-148, ele examina em detalhe a relação da história das mulheres no túmulo, em *EvPd* 12,50–13,57, com Mc 16,1-8.[16] Há três grandes dificuldades para pressupor dependência de Marcos: 1) Até Neirynck ("Apocryphal", p. 144) tem de declarar que essa é a seção mais "marcana" do *EvPd*, concessão que não alerta suficientemente os leitores para o pouco distintivamente marcano encontrado no restante do *EvPd*. Como Gardner-Smith observou com mordacidade (ver "Gospel", p. 264-270), se o autor do *EvPd* lera Marcos, ele com certeza esquecera os detalhes. A menos que os indícios da dependência de Marcos na história do túmulo sejam realmente convincentes,[17] creio ser lógico evitar inconsistência e rejeitar Marcos como fonte do *EvPd*; 2) Ao julgar a concordância entre o *EvPd* e Marcos na história do túmulo, notamos muitas diferenças na sequência interna e na ordem das palavras. Essas diferenças não devem ser menosprezadas no estudo da comparação que

---

[16] Não há dúvida de que, ao formar *EvPd* 12,50–13,57, o autor do *EvPd* foi influenciado por material evangélico canônico (até Crossan admite isso); há, nesta história, ecos de Lucas e de João, e de passagens onde Marcos e Mateus concordam, combinadas com muitos aspectos que são característicos do *EvPd* (que Madalena era discípula, que os judeus ardentes de cólera tinham anteriormente impedido as mulheres de fazer o que elas estavam acostumadas a fazer, que elas queriam chorar e bater em si mesmas, que o jovem dentro do túmulo era belo). Mas há indícios de que o autor do *EvPd* usou Marcos?

[17] O que relacionei no parágrafo anterior acima é realmente tudo que há de paralelo nessa história. Neirynck aumenta a base da dependência por pura hipótese. "Ele ressuscitou e foi embora para o lugar de onde foi enviado", em *EvPd* 13,56 é substituição de "Ide dizer a seus discípulos e a Pedro que ele vai à vossa frente para a Galileia; lá o vereis, como ele vos disse" (Mc 16,7). Mc 16,7 está em Mt 28,7. A ausência desta diretriz para ir à Galileia em uma sequência do *EvPd* onde, de fato, os discípulos vão para o mar pescar (*EvPd* 14,60) é para mim forte indicação que o autor não tinha diante de si nem mesmo o Mateus escrito.

Neirynck faz entre as duas: ele teve de fazer mudanças na sequência marcana de versículos, a fim de chamar a atenção para os paralelos; 3) Quando se deixam de lado diferenças de ordem e sequência, e se compara apenas o vocabulário, vê-se que há cerca de 200 palavras gregas na passagem do *EvPd* concernentes às mulheres no túmulo, e cerca de 140 na passagem marcana. Quando se é generoso e se ignoram diferenças de finais de caso e tempos de verbo, minha conta é que *EvPd* e o texto de Marcos por Nestle compartilham cerca de 30 palavras. Deixando de lado outros pontos da história onde Mateus ou Lucas está mais próximo que Marcos do *EvPd* em vocabulário, *dessas 30 palavras*, Mateus tem cerca de 14 e Lucas, cerca de 17; e como esses números nem sempre se sobrepõem, a estatística significa que o autor do *EvPd* poderia ter obtido de Mateus ou de Lucas dois terços do vocabulário que partilha com Marcos. Quanto às relativamente poucas palavras que o *EvPd* partilha somente com Marcos (entre os Evangelhos canônicos), precisamos não nos esquecer da possibilidade de origem não canônica. Por exemplo, o *neaniskos* da história do túmulo encontra-se só no *EvPd* e em Marcos; mas o ESM também descreve um *neaniskos* em um túmulo e, assim, a imagem do jovem circulou realmente na tradição apócrifa. A meu ver, então, as semelhanças da história do túmulo deixam uma base muito insuficiente para se pressupor a dependência do *EvPd* de Marcos.

d) Informações características do *EvPd* e de Mateus. Aqui, a lista, apresentada na sequência do *EvPd*, é bem longa e tem uma diferença dramática da relação entre o *EvPd* e Marcos (observemos que só perto do fim a sequência mateana destas características começa a se diferenciar da do *EvPd*):

- O ato de lavar as mãos em relação à inocência de Jesus (*EvPd* 1,1; Mt 27,24)
- Fel como parte da bebida de vinho dada a Jesus (*EvPd* 5,16; Mt 27,34)
- *Anaboan* (*EvPd* 5,19; Mt 27,46: "bradar, dar um grito") para as últimas palavras de Jesus
- Um tremor de terra em relação à morte de Jesus (*EvPd* 6,21; Mt 27,51)
- O sepulcro/túmulo no qual Jesus é sepultado é de José (*EvPd* 6,24; Mt 27,60)
- "Reunião" de autoridades judaicas, inclusive fariseus (*EvPd* 8,28; Mt 27,62)

- Solicitação das autoridades judaicas a Pilatos para proteger a sepultura "para, tendo vindo, seus/os discípulos não o roubarem"; Pilatos concede soldados (*EvPd* 8,30-31; Mt 27,64-65)
- O uso de *taphos* ("sepulcro"), particularmente nessa história
- Lacrar a pedra que fechava a entrada do túmulo (*EvPd* 8,33; Mt 27,66)
- A aparição vinda do céu de "homens" ou um anjo envolvidos com a remoção da pedra da entrada do túmulo
- Tratamento dos "adormecidos" depois da morte de Jesus (*EvPd* 10,41; Mt 27,52)[18]
- O pavor da guarda; a reunião com as autoridades judaicas; acordo de que os guardas se manteriam em silêncio ou mentiriam
- Declaração de Pilatos segundo a qual ele estava limpo/era inocente do sangue de Jesus (*EvPd* 11,46; Mt 27,24)

No outro lado da imagem, há muitas informações características de Mateus não encontradas no *EvPd*: o sonho da mulher de Pilatos, "Seu sangue sobre nós e sobre nossos filhos", rochas partidas, túmulos abertos, muitos dos santos adormecidos ressuscitados e tornados visíveis aos hierosolimitas, a aparição de Jesus às mulheres no túmulo. Quando esses elementos são acrescentados aos relacionados sob b), onde Mateus é com maior frequência um componente dos "diversos Evangelhos canônicos", e às diferenças gerais de vocabulário, reconhecemos como é difícil imaginar uma relação na qual um dos autores tinha diante de si um ms. escrito pelo outro, do qual ele copiou.

e) Informações características do *EvPd* e de Lucas:

- Herodes desempenhou um papel no julgamento de Jesus[19]

---

[18] Denker (*Theologiegeschichtliche*, p. 93-95) afirma que a ressurreição mateana dos adormecidos difere da proclamação aos adormecidos no EvPd, porque este último não muda a sina dos mortos. Como se sabe isso? Harnack (*Bruchstücke*, p. 69) observa corretamente que a proclamação não era de julgamento: são os adormecidos que, por essa designação, podem ser despertados. *Odes de Salomão* 42,3-20 descreve a abertura das portas do Xeol pelo Filho de Deus, e a saída salvífica dos que estavam nas trevas (ver Crossan, *Cross*, p. 365-368).

[19] Aqui, sigo a probabilidade superficial de que Herodes, o rei da NP em *EvPd* 1,1–2,5c, seja o Herodes que atua somente em referências lucanas à Paixão (Lc 23,6-12.15; At 4,25-28), Herodes Antipas, o tetrarca da Galileia. Admito, entretanto, que ele pode ser Herodes, o Grande, da história mateana dos magos, que tentou matar o menino Jesus, pois desconfio que o autor do *EvPd* e/ou sua audiência não distinguiam entre os perversos Herodes da memória cristã. Ver Brown, "Gospel of Peter", p. 337.

- Relações amistosas entre Herodes e Pilatos (*EvPd* 2,5; Lc 23,12)
- Jesus entregue aos judeus depois do julgamento; soldados romanos só mencionados mais tarde
- Cocrucificados são "malfeitores"; um deles é favorável a Jesus
- Morte de Jesus relacionada com o fim próximo de Jerusalém (*EvPd* 7,25; Lc 23,28-31)
- Lamento do povo judeu, batendo em si mesmo/no peito (*EvPd* 7,25; Lc 23,27.48)
- Jesus reconhecido como "justo" (*dikaios*: *EvPd* 8,28; Lc 23,27.47)
- "Raiar" do sábado (*EvPd* 9,34; Lc 23,54)
- Muitos/multidões voltaram para casa (*hypostrephein*: *EvPd* 14,58; Lc 23,48)

A lista não é tão longa quanto a lista mateana e, nessas poucas informações compartilhadas, há diferenças importantes no *EvPd*: o papel de Herodes no julgamento é maior que o de Pilatos; Herodes já tem relações amistosas com Pilatos; da cruz, o malfeitor favorável fala aos judeus, não a seu companheiro. Além disso, há informações notáveis, características de Lucas, que estão ausentes do *EvPd*: a fala de Jesus às filhas de Jerusalém; as três "palavras" (ditos) lucanas de Jesus na cruz; eclipse; o preparo de especiarias e mirra pelas mulheres; o descanso no sábado; a pergunta retórica pelos homens angelicais no túmulo e os lembretes do que Jesus disse na Galileia; todas as aparições pós-ressurreição do Jesus lucano. Quando essas diferenças são acrescentadas ao fato do *EvPd* não seguir os padrões excepcionais da sequência lucana, fica claro que, em conteúdo e sequência, a relação do *EvPd* com Lucas está mais distante que a relação do *EvPd* com Mateus.

f) Informações características do *EvPd* e de João:

- É a véspera do primeiro dia dos Pães sem fermento/Páscoa
- Sua festa; uma festa dos judeus
- A questão de não quebrar os ossos de Jesus (um tanto obscura em *EvPd* 4,14)
- Os judeus estão com lâmpadas/lanternas (*EvPd* 5,18; Jo 18,3)

- Cravos nas mãos (*EvPd* 6,21; Jo 20,25; só implícito em Lc 24,39)
- Sepulcro/túmulo no jardim
- Os judeus falam a Pilatos de Jesus como Filho de Deus (*EvPd* 11,45; Jo 19,7)
- As mulheres ou os discípulos têm medo dos judeus depois da morte de Jesus
- As mulheres ou os discípulos inclinam-se para olhar dentro do sepulcro/túmulo
- Simão Pedro e outros no mar (local de uma aparição)

Acima, dei várias vezes o capítulo e o versículo joaninos porque o lugar da informação paralela era muito diferente; e, na verdade, essas são realmente *informações*, pois não há nenhuma história consecutiva compartilhada pelas duas obras (a menos que haja uma na aparição a Simão Pedro onde o *EvPd* está inacabado, no fim[20]). O julgamento de Pilatos em Jo 18,28–19,16a, com seu padrão dentro-fora do pretório, é um conjunto cuidadosamente elaborado e nada disso aparece no relato do julgamento no *EvPd*. Do mesmo modo, há um discernível arranjo quiástico dos episódios no relato joanino da crucificação e do sepultamento que está ausente por completo do *EvPd*. Embora partilhe com João informações como o título na cruz, a divisão das vestes e o vinho avinagrado, o *EvPd* não contém nada da dramatização joanina dessas informações em episódios distintos, e não apresenta nenhum eco dos outros episódios: a mãe e o discípulo amado ao pé da cruz; a lança que trespassa o lado de Jesus, de onde saíram sangue e água; Nicodemos e as cem libras de mirra e aloés. É praticamente inconcebível que o autor do *EvPd* tivesse João diante de si e copiasse tão pouca coisa distintamente joanina; e é certamente menos concebível que o autor de João tivesse o *EvPd* como fonte principal para escrever sua NP.

g) Informações características do *EvPd*, não encontradas em nenhum Evangelho canônico:

- Herodes como juiz principal a quem Pilatos precisa pedir o corpo

---

[20] O início da história interrompida soa promissor, mas observemos que os outros discípulos citados em *EvPd 14,60* (André, Levi de Alfeu) são diferentes dos outros em Jo 21,2 (Tomé, Natanael, os filhos de Zebedeu e outros dois discípulos).

- Passagem legal específica citada a respeito de o céu não se pôr sobre alguém executado
- Os judeus, não os romanos, desempenharam todos os atos da crucificação, desde a coroa de espinhos e a flagelação até a descida da cruz
- Quando crucificado, o Senhor ficou silencioso, como se não sentisse dor
- A escuridão ao meio-dia fez muitos precisarem de lâmpadas, achando que era noite, e caírem
- Pedro e companheiros escondidos, procurados como malfeitores que incendiariam o templo
- Petrônio, o centurião que salvaguardava o sepulcro; sete selos de cera
- A pedra rolando sozinha; a altura extravagante dos homens celestiais; descrição da ressurreição do Senhor; ele ter pregado aos adormecidos; a cruz falante
- Admissão de pecado pelas autoridades judaicas; seu medo de serem apedrejadas pelo povo judeu
- As mulheres que vieram ao túmulo temiam que os judeus as vissem
- No último dia dos Pães sem fermento, eles voltaram para casa
- Presença de André e Levi de Alfeu no mar

Tendo apresentado essa série de listas que mostram várias maneiras de refletir sobre a relação do *EvPd* com os Evangelhos canônicos, passo agora a avaliar os indícios para ver que sugestão faz mais justiça a eles.

3. Proposta geral a respeito da composição baseada em sequência e conteúdo

Já faz mais de um século que o *EvPd* está acessível e, durante esse tempo, os biblistas se dividiram quanto ao fato de o autor ter recorrido aos Evangelhos canônicos (algum deles ou todos),[21] ou ter escrito com base em uma tradição indepen-

---

[21] Esse é o ponto de vista da maioria, por exemplo, Beyschlag, Burkitt, Doo, Finegan, Harris, M. R. James, Lührmann, Mara, Maurer, Meier, Moffatt, J. Armitage Robinson, Swete, Turner, Vaganay, Wright, Zahn. Embora alguns (por exemplo, Mara) pensassem que o autor ouviu os Evangelhos canônicos, muitos presumiram que ele trabalhou com cópias escritas. Se somente alguns Evangelhos eram especificados como fontes, na maioria das vezes eles eram Mateus e Marcos.

dente.[22] Combinações de dependência e independência também têm sido propostas, e a elas é preciso agora acrescentar a tese de Crossan, segundo a qual os quatro evangelistas canônicos recorreram a uma forma primitiva do *EvPd* (que ele chama de "Evangelho da Cruz"; ver *EvPd* 10,42)[23] e, posteriormente, foram feitas adições para produzir a forma atual do *EvPd* — adições que aumentaram a concordância entre o *EvPd* e os Evangelhos canônicos (ver nota 9, acima). Em "Gospel of Peter", escrevi uma refutação detalhada da tese de Crossan,[24] e do princípio ao fim do comentário a respeito de cenas individuais, mostrei por que eu não acreditava que o *EvPd* apresenta uma forma mais original da NP que os Evangelhos canônicos. *Primeiro*, se os quatro evangelistas canônicos usaram o Evangelho da Cruz como fonte principal, por que nenhum deles seguiu o vocabulário e a ordem das palavras por mais que duas ou três palavras? (A exceção óbvia é um segmento de oito palavras: "para, tendo vindo, seus discípulos não o roubarem", compartilhado por *EvPd* 8,30 e Mt 27,64.[25]) Segundo Crossan, Mateus e Lucas trabalharam também com Marcos — por que, então, eles trabalharam de modo tão diferente para preservar um resíduo muito maior de vocabulário e ordem de palavras marcanos? *Segundo*, se os evangelistas canônicos copiaram informações do *EvPd*, por que deixaram de fora as informações relacionadas em g), acima, que incluem alguns dos elementos mais atraentes do *EvPd*,[26] em especial quando essas informações estavam em

---

[22] Assim, em maior ou menor grau (alguns admitem o conhecimento de Marcos), Cameron, Crossan, Denker, A. J. Dewey, Gardner-Smith, Harnack, Hilgenfeld, Koester, Moulton, Völter, von Soden e Walter. Propostas variadas têm sido feitas a respeito da tradição independente fundamental: por exemplo, histórias distintas formadas por reminiscências veterotestamentárias, ou mesmo uma NP pré-evangélica contínua, à qual os evangelistas canônicos também recorreram. A independência tem sido defendida com diversas sugestões a respeito de quando o *EvPd* foi escrito, por exemplo, antes de alguns ou todos os Evangelhos canônicos, ou na mesma época.

[23] O Evangelho da Cruz consistia nas três unidades de *EvPd* 1,1-2 + 2,5c–6,22; 7,25 + 8,28–9,34; 9,35–10,42 + 11,45-49 (Crossan, *Cross*, p. 16). Quanto à dependência do Evangelho da Cruz pelos Evangelhos canônicos, ele esquematiza essa teoria (p. 18): a principal fonte marcana era o Evangelho da Cruz; Mateus usou o Evangelho da Cruz e Marcos, e o mesmo fez Lucas; João usou o Evangelho da Cruz, Mateus, Marcos e Lucas. A. J. Dewey ("Time"), que rejeita a teoria de Crossan, propõe três etapas diferentes na composição do *EvPd*, com a última concluída depois da queda de Jerusalém em 70, mas não explica a relação dos Evangelhos canônicos com essa NP primitiva.

[24] Ver também as reações negativas de Neirynck ("Apocryphal"), Green ("Gospel") e D. F. Wright ("Four"). Este último (p. 60) formula a objeção interessante de que, aparentemente, o Evangelho da Cruz e as inserções compartilham o mesmo vocabulário e o mesmo estilo.

[25] Ver a variante secundária de "os" em Mateus *versus* "seus", do *EvPd*, em § 48, nota 16.

[26] Menos de um terço delas faz parte de material que Crossan exclui da forma original do *EvPd* e, assim, dois terços delas teriam sido conhecidas pelos evangelistas canônicos quando eles usaram o *EvPd*.

linhas adjacentes à que os evangelistas copiaram? Se Marcos copiou o centurião (*kentyrion*) do *EvPd*, por que não copiou o nome do centurião, Petrônio? Por que Mateus copiaria do *EvPd* o fato de lacrarem o sepulcro e omitiria que havia sete selos? Terceiro, por que, se Mateus, Lucas e João recorreram a material não marcano do *EvPd*, eles nunca estão de acordo, em oposição a Marcos, no que acrescentaram? Ver, nas listas d), e) e f), acima, as diversas informações nas quais cada Evangelho concorda com o *EvPd*.[27] Quando recorreram a material não marcano em Q, Mateus e Lucas produziram uma enorme quantidade de concordância — só raramente temos de reconhecer em um Evangelho material de Q que não está no outro. Como eles lidariam de modo tão diferente com o *EvPd*? Devemos pensar que Lucas e João leram *EvPd* 4,13-14 e que Lucas extraiu e desenvolveu o elemento de um malfeitor penitente, enquanto João extraiu e desenvolveu o elemento de nenhuma quebra de pernas, sem nenhum deles dar a mínima indicação de estar a par do outro elemento nessa passagem de dois versículos? — um silêncio ainda mais incompreensível na teoria de Crossan, onde João conhecia Lucas tão bem quanto o *EvPd*!

Obviamente, no caso da segunda e terceira objeções contra a teoria de Crossan, é muito mais fácil teorizar que o autor do *EvPd* conhecia os Evangelhos canônicos, tornou o material que tomou emprestado mais expressivo com adições imaginosas e pegou de cada Evangelho várias informações não encontradas no outro. Entretanto, uma dependência literária de todos ou três Evangelhos canônicos por parte do *EvPd* realmente não explica a primeira objeção quanto ao vocabulário, nem a falta de concordância em sequência, nem relaciona b) e g). Se tinha os quatro Evangelhos diante de si, por que o autor do *EvPd* teria omitido Barrabás, Simão de Cirene, as mulheres na crucificação e no sepultamento, e as aparições de Jesus no túmulo ou em Jerusalém, em especial quando diversos Evangelhos tinham essas informações? E onde ele conseguiu tantas informações não encontradas em nenhum Evangelho? E como explicar a grande "manobra" de detalhes no *EvPd*, comparada a detalhes semelhantes nos Evangelhos canônicos? Por exemplo, João 19,38 descreve José de Arimateia como discípulo de Jesus, enquanto em *EvPd*

---

[27] Crossan (*Cross*, p. 19) julga ter encontrado uma exceção onde dois Evangelhos concordam com o *EvPd* em oposição a Marcos: Lc 24,4 e Jo 20,12 têm dois indivíduos no túmulo vazio em concordância com *EvPd* 9,36, versus um em Mc 16,5. Mas ele pressupõe que João conhecia Lucas; portanto, como sabe que João não copiou esse detalhe de Lucas, e não do *EvPd*? (Parece que, na página 361, ele reconhece essa possibilidade.) Como os dois homens lucanos e os dois anjos joaninos não estão no mesmo cenário ou posição em que estão os dois homens do *EvPd*, considero essa única exceção inteiramente duvidosa.

12,50 Maria Madalena é que é discípula do Senhor. Em Lc 23,6-12, Pilatos envia Jesus a Herodes, de modo que Herodes e Pilatos ficam amigos; em *EvPd* 2,3-4, onde Pilatos manda recado a Herodes, é José de Arimateia que é amigo de Pilatos. Enquanto, em Mt 27,19 e Jo 19,13, Pilatos senta-se no *bema* para julgar Jesus, *EvPd* 3,7 apresenta, de modo escarnecedor, Jesus sentado na *kathedra* convidado a julgar imparcialmente. Jo 19,33 nos diz que os romanos não quebraram os ossos de Jesus, porque ele já estava morto; em *EvPd* 4,14, os judeus ordenam que os ossos do crucificado (Jesus) não sejam quebrados, presumivelmente para ele viver e sofrer mais tempo. Outras dessas "mudanças" podem ser citadas (ver Brown, "Gospel of Peter", p. 335). É possível explicar algumas como preferências redacionais pelo autor do *EvPd* ao mudar deliberadamente os Evangelhos escritos que tinha diante de si, mas não tal multiplicidade.

Uma última objeção à tese de que o autor do *EvPd* compôs usando os Evangelhos canônicos escritos é que temos o exemplo de um biblista do século II que trabalhou com cópias dos quatro Evangelhos e as combinou para fazer uma NP consecutiva, a saber, o *Diatessarão* de Taciano. O produto final é claramente reconhecível, em vocabulário e sequência, como harmonização, e não mostra nenhuma das variações aberrantes visíveis no *EvPd*.[28]

Depois de trabalhar com o quadro e as listas acima (e a vasta diferença de vocabulário), estou convencido de que uma explicação faz mais sentido que qualquer outra quanto à relação entre o *EvPd* e os Evangelhos canônicos.[29] Duvido que o autor do *EvPd* tivesse algum Evangelho escrito diante de si, embora estivesse familiarizado

---

[28] Já Swete (*Euaggelion*, p. xxii-xxv), que colocou o *EvPd* depois dos Evangelhos canônicos, reconheceu o problema de diferença de Taciano; e, pelo menos para ele, isso significava que não era possível explicar o *EvPd* em termos de o autor ter usado o *Diatessarão*. Ele formula a possibilidade de dependência de uma harmonia pré-Taciano da história da Paixão de um tipo mais indefinido. Em vez de pressupor esse intermediário, cuja existência não podemos provar, é mais econômico afirmar que, ao contrário da harmonização literal que Taciano fez dos Evangelhos escritos, o *EvPd* é ele mesmo uma harmonização livre de memórias e tradições evangélicas canônicas.

[29] Não alego mais que isso. Pessoalmente, não sei reconstruir a história exata da composição de um longo volume de comentário que eu mesmo escrevi há vinte e cinco anos. O que eu sabia antes de começar e onde o obtive? Enquanto escrevia, quantas novas ideias consegui lendo outros autores (diferentes de suas visões confirmadoras e estimulantes que eu já tinha)? Quantas vezes me beneficiei de dissertações que li? Reconheço quando cito outros diretamente, mas não sei determinar sua influência indireta em frases que usei e na forma como organizei o material. Como posso ter esperança de descobrir a composição exata de uma seção do *Evangelho de Pedro* copiada cerca de 600 anos depois que o original foi escrito, em especial quando esse original, composto há cerca de 1.850 anos, está agora perdido?

com Mateus, por tê-lo lido atentamente no passado e/ou ouvido sua leitura diversas vezes no culto comunitário do dia do Senhor – por isso esse Evangelho deu a forma dominante a seu pensamento. Com toda a probabilidade, ele ouvira pessoas que estavam familiarizadas com os Evangelhos de Lucas e João — talvez pregadores itinerantes que reformulavam histórias notáveis — e, assim, conhecia parte de seu conteúdo, mas não tinha ideia de sua estrutura. A origem falada do *EvPd* repercute no fato de cerca de um terço de seus versículos estarem em discurso direto. Sob c), relatei que não vejo nenhuma razão estimulante para pensar que o autor do *EvPd* foi diretamente influenciado por Marcos. (Precisamos nos lembrar de que, antes de 150 d.C., muito poucas igrejas tinham cópias de vários Evangelhos canônicos para ler em público e uma cópia escrita de qualquer Evangelho era acessível a muito poucos indivíduos. Na verdade, nesse período, a categoria de "mais conhecido" ou "mais famoso" seria mais apropriada que "canônico". Misturados na mente do autor do *EvPd* estavam também contos populares a respeito de incidentes na Paixão, o mesmo tipo de material popular que Mateus tinha utilizado ao escrever seu Evangelho em um período mais primitivo. Tudo isso entrou em sua composição do *EvPd*, Evangelho que não se destinava a ser lido na liturgia, mas a ajudar as pessoas a visualizar imaginosamente a missão de Jesus.[30] O *Diatessarão* de Taciano mostra que, no século II, havia tendência a se criar uma história consecutiva (embora em nível literário e erudito) e o *Protoevangelho de Tiago* traz imaginosa remodelação da narrativa da infância a partir de imitações de Mateus e Lucas combinadas com criações populares também imaginosas.[31] Portanto, a obra que proponho não seria uma excentricidade nos tempos primitivos do Cristianismo.

Entretanto, fora dos tempos primitivos, afirmo que ela não é uma excentricidade em nenhum tempo; e quero apresentar uma comparação contemporânea,

---

[30] Adiante, sob C1, vou narrar a história do bispo Serapião e o problema causado em Rossos, quando algumas pessoas começaram a ler em público o *Evangelho segundo Pedro*.

[31] Em termos de classificação literária, considero o *Protoevangelho* como primo do *EvPd*, da mesma espécie que os Evangelhos apócrifos. Os instintos composicionais são bastante parecidos, mas o autor do *Protoevangelho de Tiago* tinha acesso a cópias escritas de Lucas e Mateus. Por um lado, ele tem uma expansão mais elaborada dos Evangelhos canônicos que o *EvPd*; por outro lado, quando os cita, ele o faz com maior preservação do vocabulário correto. Dramaticamente, as duas obras descrevem acontecimentos escatológicos que os Evangelhos canônicos contentaram-se em deixar envoltos em silêncio: o verdadeiro nascimento de Jesus em *Protoevangelho de Tiago* 19 e a verdadeira ressurreição em *EvPd* 10,39-41. Teologicamente, essas descrições brilhantes deixaram as duas obras abertas a interpretações heréticas: respectivamente encratismo e docetismo.

na esperança de tornar mais inteligível aos leitores minha teoria de composição. (Embora eu tente descrever o que se segue de modo a que todos reconheçam sua possibilidade, permitam-me declarar minha certeza de que as pessoas que descrevo existiram em grande número no Catolicismo romano pré-Vaticano II.) Deixem-me supor que selecionamos em nosso século alguns cristãos que leram ou estudaram Mateus na escola dominical ou em aulas de catecismo há anos, mas nesse ínterim não leram o NT. Contudo, ouviram as narrativas canônicas da Paixão lidas em liturgias religiosas. Além disso, viram uma peça ou dramatização da Paixão no cinema, na tevê ou no palco, ou ouviram uma no rádio; e assistiram a um serviço religioso onde os pregadores usaram a imaginação para preencher lacunas da NP e combinaram diversas passagens evangélicas, por exemplo, um serviço de três horas da Sexta-feira Santa ou das Sete Últimas Palavras. Se pedíssemos a esse seleto grupo de cristãos para relatar a Paixão, tenho certeza de que eles teriam uma ideia do esboço geral, mas não seriam necessariamente capazes de lembrar a sequência apropriada de nenhum Evangelho em especial. Certamente, eles não reteriam na memória as complicadas estruturas quiásticas joaninas. Eles se lembrariam de algumas frases repetidas com frequência (por exemplo, moedas de prata, canto do galo, "Ele ressuscitou"), mas, quanto ao mais, reformulariam em grande parte a história em suas próprias palavras, talvez elevadas acima do nível da conversa normal, por causa da solenidade da ocasião — palavras quase sempre de um ligeiro eco bíblico tradicional, mas não exatamente as mesmas dos Evangelhos escritos. É possível que os mais tradicionais entre esses narradores selecionados não se referissem à personagem principal como "Jesus", mas sim como "Cristo" ou "nosso Senhor". Eles se lembrariam de um ou dois de seus ditos ("palavras") na cruz, talvez os que apreciavam mais, porém, com certeza, não de todos eles. Eles recordariam os episódios bíblicos mais expressivos (Judas se enforcando, Pilatos lavando as mãos; o bom ladrão [embora Lucas nunca o chame assim]; João e Maria ao pé da cruz [embora o Evangelho de João não mencione esses nomes]), sem muita capacidade para dizer em que Evangelho esses episódios apareceram. Eles compreenderiam que o túmulo fora aberto por intervenção divina, mas dramatizariam a pedra retirada de maneiras diferentes. Eles se lembrariam de personagens como Pilatos, Herodes e o sumo sacerdote, mas não seriam realmente exatos a respeito da forma como se envolveram no julgamento e na crucificação, ou de onde estavam em determinado momento. Inclinar-se-iam a descrever com mais hostilidade os inimigos de Jesus (em especial os adversários judaicos, devido à notável resistência do antissemitismo) e lhes atribuiriam motivos maldosos. E, em meio às lembranças da Paixão dos

Evangelhos, haveria uma adição de detalhes e episódios ausentes dos Evangelhos, por exemplo, seriam apresentados os motivos de Judas; talvez o arrependimento de Pedro; parte dos antecedentes do bom ladrão e seu nome (Dídimo); uma abordagem pormenorizada do papel do centurião e, talvez, o nome Longino. Em outras palavras, de nosso grupo de teste de cristãos, obteríamos paralelos modernos do *EvPd*, que, como afirmei do princípio ao fim deste comentário, não foi produzido, em uma escrivaninha, por alguém com fontes escritas diante de si, mas por alguém com memória do que lera e ouvira (canônico e não canônico), à qual contribuiu com imaginação e um sentimento de drama.

Até aqui, examinei a questão somente do ponto de vista de sequência e conteúdo. Quero acrescentar algumas observações a respeito da perspectiva teológica do *EvPd* antes de examinar quando e onde esse Evangelho poderia ter sido escrito.

C. Aspectos da teologia do EvPd

No *EvPd*, temos apenas uma seção do *Evangelho de Pedro* original e, por isso, precisamos ser muito cuidadosos quanto a julgar a teologia e a perspectiva do autor original, em especial quando seu silêncio a respeito de alguma coisa entra no julgamento, por exemplo, o fato de não mencionar Barrabás ou Simão de Cirene. O "autor do *EvPd*" realmente se refere à pessoa responsável pelo fragmento de Akhmîm. Orígenes (*In Matt.* x,17, a respeito de Mt 13,55; GCS 40,21) relatou que, conforme o *Evangelho de Pedro*, José, esposo de Maria, tinha filhos de um casamento anterior.[32] Para conhecer perfeitamente o pensamento desse apócrifo que abrangeu todo o ministério de Jesus, seria preciso mais do que foi preservado na seção do relato da Paixão-ressurreição que temos no *EvPd*.

1. O debate antigo sobre o docetismo do EvPd

Podemos começar com o único exame extenso da obra na Antiguidade. Eusébio (HE VI,xii,2-6) nos conta que Serapião, bispo de Antioquia, c. 190,[33]

---

[32] Esse ponto de vista encontra-se claramente no *Protoevangelho de Tiago*, que Orígenes citou ao lado do *EvPd* como fonte. É evidente que esses apócrifos do século II compartilharam material. Harnack (*Bruchstücke*, p. 90) atribui ao *EvPd* histórias e ditos não canônicos do ministério de Jesus encontrados em escritos cristãos que parece terem tido conhecimento da NP do *EvPd* (Justino, *Didascalia* etc.; ver D, adiante). Esse critério é muito incerto.

[33] HE v,22 data-o do décimo ano do reinado de Cômodo (180-192).

escreveu um livro, *Sobre o que é conhecido como o Evangelho segundo Pedro (Peri tou legomenou kata Petron euaggelion)*, para refutar as mentiras contidas nesse Evangelho, que tinham levado à heterodoxia alguns fiéis da comunidade de Rossos (cidade na costa mediterrânea, cerca de 50 quilômetros a noroeste de Antioquia através das montanhas). Depois dessa análise sucinta, Eusébio cita uma passagem do livro de Serapião.[34] Em princípio, o bispo rejeitava livros que falsamente usassem o nome de um apóstolo; mas ele veio a Rossos pressupondo a ortodoxia da congregação, por isso, sem um exame cuidadoso, deu permissão para que continuassem a leitura do Evangelho atribuído a Pedro, embora tivesse havido uma controvérsia a respeito da obra (quanto à autoria petrina?). Subsequentemente, Serapião foi alertado para o perigo de heresia em relação à obra; por isso, agora ele alertava a comunidade de Rossos para esperar que ele voltasse logo. (A heresia tinha alguma coisa a ver com certo Marcanos, de outra forma desconhecido, que se presume fosse uma personagem local que não era consistente em seu pensamento.) Tendo aprendido com estudantes docetistas desse Evangelho, Serapião o analisara. Descobriu que a maior parte dele estava de acordo com o verdadeiro ensinamento do Salvador, mas haviam sido acrescentadas algumas coisas (que ele ia relacionar).

Ficou a impressão de que Serapião classificara o Evangelho atribuído a Pedro como docético; por isso, quando foi descoberto o *EvPd*, muitos intérpretes inclinaram-se a ler como docéticas diversas passagens ambíguas dessa obra (assim L. A. Robinson, Zahn, J. R. Harris, Turner, Moulton, Swete etc.). Agora, a tendência mudou e, em sua maioria, os autores recentes não encontram docetismo no *EvPd* (assim Schmidt, Mara, Denker, McCant, Crossan, Head).[35] Podemos mencionar que Serapião (embora não deixasse muito claro) nunca disse que o Evangelho encontrado por ele era docético; ele disse, mais exatamente, que os docetas usavam-no, e apontou passagens nele que podiam ser lidas doceticamente — com o benefício da diretriz delas, Serapião percebia adições, mas ainda achava que a maior parte do apócrifo era bastante ortodoxa. As passagens citadas como docéticas no *EvPd* são

---

[34] Parte da lembrança do próprio Eusébio entra na análise; é presumível que a citação represente exatamente o ponto de vista de Serapião quase 150 anos antes.

[35] Embora apoie esses biblistas, não posso simplesmente afirmar que o Evangelho do século II lido por Serapião não tinha uma teologia docética. Eu precisaria ver a obra inteira, da qual o *EvPd* nos dá apenas uma seção. Se o Evangelho atribuído a Pedro tinha uma narrativa da infância, como afirma Orígenes, a perspectiva ali teria sido essencial para determinar tendências docéticas. Se o evangelista petrino não foi consistente, talvez ele exibisse docetismo nessa área, embora não no relato da crucificação.

passíveis de interpretação não docética. Para resumir o que escrevi no comentário, não é plausível que *EvPd* 5,19 ("Meu poder, Ó poder, tu me abandonaste") seja indicação de que a divindade saiu do corpo de Jesus antes da morte,[36] porque o corpo do Jesus morto ainda tem poder milagroso para provocar um terremoto (*EvPd* 6,21) e aquele que sai do túmulo é sobrenatural e prega aos que adormeceram entre sua morte e ressurreição (*EvPd* 10,40-42). A declaração em *EvPd* 4,10, de que o Senhor na cruz "estava calado, como não tendo nenhuma dor", não precisa ser afirmação de impassibilidade docética, pois a descrição de um mártir cristão subentende bravura e assistência divina (*Martírio de Policarpo* 8,3).[37]

2. Aspectos teológicos discerníveis no EvPd

Se for deixada de lado a questão docética, quais são alguns dos aspectos teológicos do *EvPd*?

a) Manifesta uma cristologia muito alta. O nome pessoal Jesus nunca é usado, nem mesmo "Cristo". "Senhor" é a designação mais consistente (14 vezes); também "Filho de Deus" (4 vezes). Os que açoitam Jesus se referem a ele como o Filho de Deus (*EvPd* 3.9); um malfeitor cocrucificado reconhece que ele é o "Salvador dos homens" (*EvPd* 4,12); todo o povo judeu reconhece que ele era justo (*EvPd* 8,28). Soldados romanos e anciãos judeus que tentavam salvaguardar o túmulo têm de reconhecer que Jesus é o Filho de Deus (*EvPd* 10,38; 11,45), como faz Pilatos (*EvPd* 11,46). O poder divino é tão inerente a Jesus que, quando seu corpo morto toca a terra, ela treme (*EvPd* 6,21); e seu corpo ressuscitado estende-se da terra até acima dos céus, ultrapassando os anjos (*EvPd* 10,40).

b) Há forte animosidade antijudaica, em especial contra as autoridades religiosas. Entre as NPs canônicas, só João equipara-se ao *EvPd* na frequência (seis vezes) de seu uso inamistoso de "os judeus" como outro grupo quase sempre hostil. Embora haja casos de arrependimento judaico (*EvPd* 7,25; 8,28), Herodes e os

---

[36] Wright ("Apologetic", p. 405-406) concorda com esse julgamento, mas apresenta uma explicação complicada de *EvPd* 5,19a: o dito que o poder saiu (não abandonou) o Senhor deve ser entendido como equivalente a *EvPd* 5,19b: "E tendo dito isso, ele foi levado para o alto". Se entendi Wright, o poder divino é o fator identificador do Senhor que é elevado para Deus. Não creio que isso faça justiça a "*me deixaste*".

[37] Wright ("Apologetic", p. 402-403) afirma que, embora a expressão do *EvPd* não subentenda impassibilidade docética, subentende sim impassibilidade divina, isto é, não que o Senhor não era humano, mas que ele era verdadeiramente divino.

judeus não lavam as mãos (do sangue de Jesus: *EvPd* 1,1); são eles que o condenam, escarnecem dele e cospem nele, estapeando-lhe as bochechas (*EvPd* 2,5c–3,9). Eles completam seus pecados na própria cabeça (*EvPd* 5,17). Escribas, fariseus e anciãos vigiam seu túmulo até no sábado, na tentativa de evitar a ressurreição (*EvPd* 8,28.32-33; 10,38). Embora tenham visto Jesus ressuscitado e saibam ser ele o Filho de Deus, eles persuadem Pilatos a guardar segredo, reconhecendo que o que fazem é "o maior pecado à vista de Deus" (*EvPd* 10,38–11,49).

c) Há conhecimento da Escritura, principalmente implícito.[38] A única citação bíblica explícita está em *EvPd* 2,5, repetida em *EvPd* 5,15: "Na lei, está escrito: 'O sol não deve se pôr sobre alguém executado'". Na verdade, essa passagem não se encontra no Pentateuco (nem em nenhum livro bíblico), mas é uma paráfrase de Dt 21,22-23, combinado com parte da fraseologia de Dt 24,15 (LXX 24,17). *EvPd* 5,16 ("Dai-lhe a beber fel com vinho avinagrado") repete Sl 69,22 ("E deram-me como alimento fel e para minha sede, deram-me para beber vinho avinagrado"). Desta vez, a citação não está explícita e, mais uma vez, não é exata. Como mencionei acima (§ 40, #2), a combinação de *chole* e *oxos* está tão estabelecida nos escritos cristãos do início do século II que não há um meio de se ter certeza de que o *EvPd* usou a LXX desse versículo. A descrição da escuridão em *EvPd* 5,15, diferente da dos Evangelhos sinóticos, repete em frases fundamentais ("Era meio-dia [...] temendo que o sol se tivesse posto") a LXX de Am 8,9. Por um lado, as palavras do *EvPd* concernentes às vestes de Jesus em *EvPd* 4,12 ("Tendo posto suas vestes diante dele, eles as repartiram e lançaram a sorte por elas") não estão próximas da redação da LXX de Sl 22,19 ("Eles dividiram entre si minhas roupas e por minha túnica lançaram a sorte"), apenas com os verbos *diamerizein* e *ballein* iguais. O grito do Senhor em *EvPd* 5,19 ("Meu poder, Ó poder, tu me abandonaste") está ainda mais longe da LXX de Sl 22,2 do que estão Marcos/Mateus, e o autor do *EvPd* não nos dá uma transcrição semítica, como fazem esses Evangelhos. Está ele fazendo sua

---

[38] Swete (*Euaggelion*, p. xxvii) apresenta uma lista de passagens veterotestamentárias usadas no *EvPd* e em outros escritos cristãos primitivos. O grande interesse no uso veterotestamentário do *EvPd* origina-se de Dibelius ("Alttestamentlichen") que, apesar de julgar o *EvPd* dependente dos sinóticos, achava seu uso da Escritura mais original que o de João e, na verdade, exemplificativo de um processo que deu origem aos Evangelhos. (Ver minha indecisão quanto a isso em § 40, #2, acima.) Seguindo os passos de Dibelius, Denker (*Theologiegeschichtliche*, p. 77) menciona um uso importante de Isaías e dos Salmos, mas grande parte de suas opiniões nesse estudo baseiam-se em alusões muito discutíveis. Em parte, a alta avaliação do emprego alusivo ou implícito da Escritura origina-se da tese de que ele era mais primitivo que o apelo ao cumprimento de passagens citadas. Entretanto, não raro a preferência por estilos diferentes de citação veterotestamentária pode ter sido uma questão de ambiente, em vez de antiguidade: o ambiente popular *versus* o ambiente erudito e apologético.

própria tradução do hebraico? Ou está repetindo outra tradução grega em circulação na época (§ 42, acima)? Se não vejo um meio de se ter certeza de que o autor do *EvPd* usou as Escrituras da LXX, como fizeram os evangelistas canônicos, também não sei se ele lia hebraico, embora tenha sido proposto um movimento hebraico ocasional por trás de seu grego.[39] Na verdade, o uso das Escrituras pelo autor não nos diz o quanto ele *leu* o AT, o que é diferente de ter ouvido falar a respeito dele ou referências feitas a ele em grego, como parte de sua formação religiosa. Lemos em sua obra o eco de certos textos veterotestamentários ou alusões já intimamente associadas aos acontecimentos da Paixão que ele estava narrando, em vez dos frutos de sua consulta real de uma coleção de livros bíblicos?[40]

d) Parece haver confusão quanto a festas judaicas. O autor sabe do "primeiro dia de *sua* festa dos Pães sem fermento" (*EvPd* 2,5c), com o que ele se refere à festa do povo (judeu), uma festa que, como cristão, ele não consideraria sua. Esse primeiro dia seria logicamente o sábado, que está despontando em *EvPd* 2,5, o dia depois da morte de Jesus. Contudo, quando Jesus realmente morre, ele relata (*EvPd* 7,27) que os discípulos do Senhor estavam jejuando e sentados, lamentando e chorando "noite e dia até o sábado". Ao que tudo indica, ele não é sensível à observância do sábado; de fato, ele relata que, na manhã de sábado, uma multidão (obviamente de judeus) veio de Jerusalém e dos arredores para ver o túmulo lacrado de Jesus, e que os escribas, fariseus e anciãos passaram a noite inteira, entre o entardecer da sexta-feira e o alvorecer de sábado, em uma tenda, salvaguardando o túmulo, e ficaram ali até que os anjos descerem no dia do Senhor (ver *EvPd* 8,33–10,38). A sequência de *EvPd* 12,50–13,56 a *EvPd* 14,58 dá aos leitores a impressão de que o dia do Senhor (domingo) era o último dia dos Pães sem fermento, embora o sábado tivesse sido o primeiro dia — assim, pelo jeito, uma festa de dois dias, não a festa de sete dias conhecida na Bíblia (Lv 23,6 etc.). Poderia ser apenas descuido ao escrever, mas a impressão mais óbvia é que o autor pouco sabia a respeito da prática judaica.

---

[39] O *chole* ("fel") de Sl 69,22 traduz o hebraico *ro's*, palavra com diversos significados, o mais frequente dos quais é "cabeça". Estaria *EvPd* 5,16-17 jogando com os dois sentidos do hebraico fundamental: "Dai-lhe a beber *fel* [...] completaram os (seus) pecados em sua *cabeça*"?

[40] Parece que Dt 2,22-23, empregado como pano de fundo pelo *EvPd*, foi usado por Aristo de Péla (c 140), em uma apologética antijudaica em seu "Diálogo entre Jasão e Papisco", conforme citado pelo Livro 2 do *Comentário sobre Gálatas* (sobre 3,14; PL 26,361-362). Cambe ("Récits") argumenta que o *EvPd* pode ser como muitas outras obras do século II ao usar Testimonia ou coletâneas de passagens percebidas como aplicáveis a Jesus; neste caso, a sua Paixão, morte e ressurreição.

e) Há indícios de padrões cultuais cristãos já estabelecidos. O domingo é conhecido como "o dia do Senhor" (*EvPd* 9,35; 12,50). Um jejum no sábado, que na história relaciona-se com o tempo entre a morte de Jesus e sua ressurreição, pode muito bem refletir a prática na época do autor.

D. Quando e onde foi composto o *EvPd*?

A história do bispo Serapião e a existência dos fragmentos de Oxirinco mostram que, antes de 200, uma forma do *EvPd* era conhecida na Síria e também no Egito. Na verdade, Serapião indica que a obra estava em circulação havia algum tempo, pois ele procurou orientação a respeito do docetismo na obra "com os sucessores dos que primeiro a usaram". Paralelos no *EvPd* com tradições a respeito da Paixão apresentadas pela *Epístola a Barnabé*,[41] por Justino,[42] e pela *Ascensão de Isaías*[43] confirmam que é improvável a composição depois de 150.

Se nos voltamos disso como de um terminal (a data antes da qual) para o outro terminal (a data depois da qual), uma certeza virtual é que o *EvPd* não poderia ter sido composto na Palestina no século I. Em um escrito que envolve um cenário histórico, quer esse escrito seja 90 por cento fato, quer 90 por cento ficção, espera-se pelo menos um mínimo de plausibilidade quanto a circunstâncias com as quais todos estariam familiarizados. Os que hoje tentam escrever mais histórias de Sherlock Holmes escrevem ficção, do mesmo jeito que A. Conan Doyle; mas, vivendo muito mais tarde e fora da Inglaterra, podem facilmente cometer erros a respeito da Londres do final do século XIX que ele nunca cometeria. Contudo, nenhum deles cometeria o grande erro de descrever a Inglaterra daquele período

---

[41] *EvPd* 5,16: "Dai-lhe a beber fel com vinho avinagrado"; *Epístola a Barnabé* 7,5: "Para dar-me fel com vinho avinagrado".

[42] Em *EvPd* 3,7 e Apologia I,35, Jesus está sentado no tribunal. *EvPd* 4,12 e *Diálogo* XCVII usam a expressão esquisita *lachmon ballein* ("lançar a sorte") em referência às vestes de Jesus. Em *EvPd* 10,41, é feita a proclamação aos adormecidos entre morte de Jesus e a ressurreição. Em *Diálogo* CXXII,4, Deus se lembra dos adormecidos na terra do túmulo: "Ele desceu até eles para evangelizá-los a respeito de sua salvação". É debatido se Justino recorreu ao *EvPd* e se este era a obra "Memórias [*Apomnemoneumata*] de Pedro" que ele menciona (*Diálogo* CVI,3); recentemente, Pilhofer ("Justin") argumentou afirmativamente para ambos.

[43] *Martírio e Ascensão de Isaías* é obra complexa. Em *Martírio e Ascensão de Isaías* 3,15-17, dois anjos abrem a sepultura de Jesus no terceiro dia e trazem-no para fora sobre os ombros, cena comparável a *EvPd* 10,39-40. Essa passagem faz parte da seção do "Testamento de Ezequias" do apócrifo de Isaías, que às vezes data de c. 100 ou um pouco depois (ver M. A. Knibb, OTP, v. 2, p. 149).

como uma república governada por um presidente, pois todos com probabilidade de escrever ou ler tal história saberiam que a Inglaterra era monarquia. Certamente não é concebível que um palestino do século I d.C. imaginasse que Herodes era o governante supremo em Jerusalém e que o governador romano Pilatos era subordinado a ele. As prefeituras romanas de 6-40, 45-66 d.C. e a Revolta Judaica teriam tornado o assunto de governança inesquecível pelo menos antes de 100. Desconfio que até os judeus fora da Palestina estavam a par da governança da Judeia naquele século, de modo que, ao desejar pressupor que o *EvPd* foi escrito no século I, seria preciso afirmar ter ele sido escrito fora da Palestina,[44] por um não judeu com um bom conhecimento das Escrituras e de Jesus.[45] Entretanto, há razões sólidas para colocar esse autor no século II, e não no I. A primeira é a probabilidade, explicada acima, de ter o autor usado ecos dos Evangelhos canônicos de Mateus, Lucas e João (todos compostos por volta do ano 100), um uso que subentende ter o *EvPd* sido composto, com toda a probabilidade, depois do ano 100.[46]

Além disso, o espaço de tempo entre 100 e 150 enquadra-se nos aspectos teológicos que acabamos de discernir. Segundo a opinião geral, o desenvolvimento comparativo é sempre um aferidor incerto para datar obras, pois teologias mais antigas são muitas vezes contemporâneas em ângulos diferentes do Cristianismo. Contudo, há diversas obras do início do século II que compartilham pontos de

---

[44] Mara (*Évangile*, p. 31) está bastante correta quando escreve: "L'auteur est complètement dépaysé". Aos leitores, é dito que isso acontece na Judeia (*EvPd* 5,15), mas o *EvPd* não tem nenhum dos topônimos que aparecem nas NPs canônicas. A única referência local que ele contém (*EvPd* 5,20), não encontrada nos Evangelhos sinóticos, "o véu do santuário de *Jerusalém*", é informação para leitores que de outra forma poderiam não saber que santuário estava envolvido. O *EvPd* silencia quanto à ida dos doze discípulos *para a Galileia* depois da ressurreição: eles vão para casa e Simão Pedro e André de repente estão no mar. Será que o autor tem alguma ideia precisa de onde ficam a Galileia e o mar, ou de distâncias de Jerusalém?

[45] A meu ver, isso mostra a total implausibilidade da tese de Crossan, segundo a qual o *EvPd* expressa a mais antiga NP cristã, pois então, mais tarde, os evangelistas canônicos que tinham um conhecimento muito melhor do ambiente e da história da Palestina que o manifestado no *EvPd* teriam, contudo, respeitado o EvPd o bastante para fazer dele sua fonte principal! Naturalmente, quem aceita o ponto de vista que Crossan apresenta em *Cross* (p. 405: "Parece-me muito provável que os mais próximos de Jesus não sabiam quase nada quanto aos detalhes do acontecimento [a Paixão]") afasta a maioria dos controles externos para julgar a datação.

[46] Marcado por aspectos clássicos ocasionais (aticismos, optativos), o grego do *EvPd* às vezes tem sido usado para datá-lo. F. Weissengruber (em Fuchs, *Petrusevangelium*, p. 117-120) alega que essa combinação de estilo narrativo e classicismo renovado está particularmente aclimatada na primeira metade do século II, mas muitos duvidam que tal precisão, em contraste com o grego do século I, seja possível.

vista teológicos do *EvPd* que transcendem qualquer coisa encontrada na maior parte do NT, que foi escrito no século I. Mencionei que o *EvPd* compartilha com o *Protoevangelho de Tiago* (geralmente datado de c. 150) a tendência de dramatizar de maneira óbvia a divindade de Jesus (*Protoevangelho de Tiago*, ao descrever o nascimento; *EvPd*, ao descrever a ressurreição do túmulo), dramatização ausente das descrições canônicas desses momentos da vida de Jesus. A preferência por "o Senhor", em lugar de "Jesus", como um jeito de se referir ao Nazareu tem prenúncio evangélico canônico em Lucas, mas é abrangente no *EvPd*; é visível também em *Didaqué* 8,2; 9,5; 11,2; 12,1 etc. A designação de domingo como "o dia do Senhor" (*EvPd* 9,35; 12,50), que aparece em um dos últimos livros neotestamentários (Ap 1,10), estava se difundindo no início do século II (*Didaqué* 14,1; Inácio, *Magnésios*, 9,1).[47] O período de jejum ligado ao dia da morte de Jesus (*EvPd* 7,27) tem paralelo na atitude de *Didaqué* 8,1, que incute o jejum na quarta e na sexta-feira.[48] A *Epístola de Barnabé* e Melitão de Sardes manifestam um antijudaísmo comparável à animosidade demonstrada nas páginas do *EvPd*. (Perler, "Évangile", afirma com convicção a dependência literária de Melitão do *EvPd*.) Beyschlag, então, está justificado ao perceber no *EvPd* a atmosfera da primeira metade do século II.[49]

Quanto ao lugar de composição, embora Mara (*Évangile*, p. 217-218) tenha sugerido a Ásia Menor e os fragmentos de Oxirinco levantem a possibilidade do Egito (indicado antes por D. Völter), a Síria é sugerida com mais frequência. A. F. J. Klijn[50] afirma que, antes de 150, havia na Síria um texto dos Evangelhos e dos Atos que apresentava concordância com o *Diatessarão*, a *Epistula Apostolorum* e o *EvPd*. A história de Serapião demonstra que o *EvPd* era conhecido em Rossos e Antioquia, e, pelo menos em alguns círculos, era conhecido havia muito tempo. Orígenes menciona o *EvPd* depois de visitar Antioquia. A *Didascalia Apostolorum* foi escrita por um bispo na Síria, c. 200-225; a forma siríaca (em especial o capítulo 21

---

[47] Há alguma controvérsia quanto a essas passagens se referirem apenas ao domingo de Páscoa ou ao domingo em geral (W. Stott, NTS 12, 1965-1966, p. 70-75).

[48] Parece que na década de 120 em Roma, sob Sixto (I) e/ou Telésforo, o jejum nos dias anteriores à Páscoa começara a ser introduzido. Ver *Decretales Pseudo-Isidorianae*, P. Hinschius, org., 1883; reimpressão: Aalen, Scientia, 1963, p. 109-110.

[49] *Verborgene* 46; essa é a datação mais comum por investigadores no passado e foi continuada por Denker (entre as duas guerras judaicas), Johnson e Mara. Ver também Head, "Christology".

[50] *A Survey of the Researches into the Western Text of the Gospels and Acts: Part II, 1949-69*, Leiden, Brill, 1969, p. 25 (NovTSup 21).

= 5 latino) demonstra conhecimento do *EvPd* (diretamente ou por intermédio de um florilégio de passagens evangélicas?). Paralelos com a *Didaqué* (muito provavelmente composta na Síria) e a alta cristologia de Inácio de Antioquia também podem ser citados. Paralelos em estilo e conteúdo entre o *EvPd* e o *Protoevangelho de Tiago* foram mencionados; e H. R. Smid acha que este último "foi possivelmente escrito na Síria".[51] O autor do *EvPd* foi fortemente influenciado por Mateus, Evangelho com toda a probabilidade escrito nos arredores de Antioquia.[52] Um conhecimento de elementos da NP lucana e joanina também estaria em harmonia com essa área.[53] Quer fosse quer não fosse o autor de Lucas natural de Antioquia (assim Fitzmyer, *Luke*, v. 1, p. 47), os Atos com certeza mostram conhecimento da comunidade cristã de Antioquia. Prefiro a tradição antiga que associa a composição final de João com Éfeso, em vez da opinião de alguns biblistas modernos (baseada quase inteiramente em paralelos de ideias) que se fixa em Antioquia. Contudo, o vocabulário teológico atestado apenas em João entre os Evangelhos aparece nos escritos de Inácio, de modo que, com toda a probabilidade, alguém da área de Antioquia no início do século II poderia ter conhecido alguns dos aspectos peculiares da NP joanina. Finalmente, a atribuição deste Evangelho a Pedro é esclarecedora. Está muito claro que Pedro atuou com proeminência na Igreja de Antioquia, pois, nos anos 40, ali ocorreu o desacordo entre Pedro e Paulo descrito em Gl 2,11-14. Como Meier menciona (*Antioch*, p. 24), apesar da retórica de Paulo, foi ele quem saiu de Antioquia, ali retornando raramente; Barnabé passou para o lado de Pedro; e o Evangelho da área de Antioquia, Mateus (Mt 16,18), indica Pedro como a pedra fundamental da Igreja de Cristo. Assim, um escritor daquela área, ao dramatizar a Paixão de Jesus, podia muito bem ter escolhido Pedro como porta-voz.[54]

---

[51] *Protoevangelium Jacobi*, Assen, Van Gorcum, 1965, p. 22.

[52] J. P. Méier, na obra que escreveu com R. E. Brown (*Antioch and Rome*, New York, Paulist, 1983, p. 45-84), considera Mateus representante do ponto de vista da Igreja antioquena de 70-100 e Inácio e a *Didaqué* representantes dessa Igreja depois de 100.

[53] Prefiro essa expressão cautelosa. Nosso conhecimento limitado força-nos a procurar uma *área* onde esses Evangelhos poderiam ter sido conhecidos; entretanto, devemos levar em conta a possibilidade contrária de ter a composição sido escrita em uma área "atrasada", por um autor cujas viagens o puseram em contato com diversas apresentações cristãs de Jesus.

[54] O caráter pseudonímico do *EvPd* foi muitas vezes mal compreendido ou desvirtuado na erudição mais primitiva. No desejo de defender o valor dos Evangelhos canônicos contra essa nova descoberta, houve quem desprezasse o autor como forjador, por exemplo, o costume censurável de Vaganay de referir-se ao autor como "le faussaire", em um comentário que, sob outros aspectos, deu importante contribuição. No século II, houve aumento de tradições que identificavam os apóstolos Mateus e João como autores de

Além do local geral, que tipo de formação cristã o *EvPd* reflete? Teoricamente, é possível que o autor viesse de uma cultura, por exemplo, judeu-cristã, e dirigisse suas palavras a uma outra, cristã gentia; mas com tão poucos indícios disponíveis, precisamos deixar de lado essa complicação e olhar para o *EvPd* como se o autor e seus destinatários fossem do mesmo ambiente. Por causa da influência da Escritura sobre o *EvPd*, alguns (por exemplo, Denker, *Theologiegeschichtliche*, p. 78) sugerem um ambiente judeu-cristão. Contudo, desde os tempos mais primitivos, obras que empregavam a Escritura foram dirigidas a audiências gentias (Gálatas) e, por volta do século II, o uso da Escritura era língua franca entre os cristãos. A *Epístola de Barnabé* está cheia de citações e alusões bíblicas; contudo, o autor de importante comentário a respeito dela sugere ter ela sido escrita para cristãos gentios da área siro-palestina, ao que tudo indica por um gentio.[55] Como mencionei sob C, acima, o autor do *EvPd* parece confuso quanto aos costumes judaicos e claramente considera os Pães sem fermento uma festa dos judeus, grupo hostil do qual ele não faz parte.[56] Se o sábado é mencionado em relação aos judeus (mas sem muito conhecimento daquilo que eles não podiam fazer nesse dia), o domingo passa a ser o dia do Senhor. É quase como se o autor e sua audiência estivessem espiritualmente relacionados com os descritos por Inácio de Antioquia (*Magnésios* 9,1) como os que "já não observam mais o sábado, mas vivem de acordo com o dia do Senhor". Talvez estejamos naquele momento do desenvolvimento cristão quando já não importava muito se a linhagem da pessoa era judaica ou gentia; os das duas origens que acreditavam em Jesus consideravam-se cristãos, enquanto os "judeus" eram um grupo específico de não cristãos. Havia conflito contínuo com esses judeus? A presença de polêmica contra judeus no *EvPd* e de apologética implícita não prova necessariamente isso. A herança de sentimento de ódio em relação a outro grupo

---

Evangelhos que, quase com certeza, eles não escreveram; essas atribuições acabaram sendo prefixadas aos respectivos Evangelhos. O autor do *EvPd* foi mais adiante ao integrar sua atribuição dentro do texto que estava escrevendo, do mesmo modo que fez o autor do *Protoevangelho de Tiago* (25,1). O desejo de apoio apostólico e plausibilidade dramática são motivos prováveis que podemos atribuir ao autor do *EvPd*; não há absolutamente nada que mostre que ele queria enganar. Vale a pena acrescentar que as atitudes desdenhosas para com o autor do *EvPd* não se restringiram a biblistas que o julgavam um usuário secundário dos Evangelhos canônicos; Gardner-Smith ("Date", p. 407) considerou-o "crédulo, confuso, incompetente".

[55] P. Prigent, *Épître de Barnabé*, SC 172, p. 22-24, 28-29.

[56] Entretanto, novamente é necessário ter cautela; creio que o quarto evangelista nasceu judeu, mas não se considerava judeu, porque as sinagogas que ele conhecia tinham expulsado crentes em Jesus e, assim, tinham prática ou realmente dito a eles que já não eram mais judeus (Jo 9,28.34).

religioso é transmitida por gerações, mesmo quando já não há mais contato com esse grupo. Contudo, precisamos admitir que algumas referências aos judeus no *EvPd* têm um tom de legítima defesa, como se eles fossem um inimigo constante: Pedro e seus companheiros esconderam-se depois da morte de Jesus, pois estavam sendo caçados como malfeitores que incendiariam o santuário (do Templo; *EvPd* 7,26); Maria Madalena não pôde fazer nada pelo corpo de Jesus no dia do sepultamento porque os judeus estavam ardentes de cólera (*EvPd* 12,50). A questão se complica por outras passagens que mostram os judeus agindo como penitentes (*EvPd* 7,25; 8,28). Consequentemente, as opiniões quanto ao relacionamento com os judeus no ambiente do *EvPd* continuam altamente especulativas.

Passando para outro aspecto, considero o etos do *EvPd* mais tardio, mas não muito afastado do etos que Mateus utilizou, nos anos 80 e 90, para o que chamei de material popular (§ 48, nota 42) que ele usou para suplementar a NP marcana: as histórias do suicídio de Judas e das moedas de prata contaminadas por sangue inocente, do sonho da mulher de Pilatos, de Pilatos lavando as mãos do sangue desse homem enquanto todo o povo assumia a responsabilidade, dos fenômenos que acompanharam a morte de Jesus (tremor de terra, abertura de túmulos, aparecimento dos santos adormecidos) e da guarda no sepulcro amedrontada pela descida de um anjo e um terremoto — bem como a história dos magos e da estrela, e da matança dos meninos de Belém pelo Herodes malvado na narrativa da infância. No comentário acima, quando tratei dos episódios característicos da NP mateana, indiquei os paralelos do *EvPd* a muitas delas; e, em especial, argumentei que o autor do *EvPd* não só ouvira a forma mateana fortemente modificada da história da guarda no sepulcro, mas também teve acesso a uma forma mais tardia, mais desenvolvida da história que ainda preservava a continuidade do original. Afirmo, então, que o *EvPd* é um Evangelho que reflete o Cristianismo popular, isto é, o Cristianismo do povo comum, não no importante centro de Antioquia, onde leituras e pregações públicas exercem maior controle, mas nas cidades menores da Síria, não diferentes de Rossos, onde Serapião familiarizou-se com ele.[57] O *EvPd* não era heterodoxo,

---

[57] Harnack (*Bruchstücke*, p. 37) imaginou que o *EvPd* pertencia a um grupo fora da Igreja, no sentido de não se sentir preso a tradições e rituais da Igreja maior. Não é isso que quero dizer: cristãos de todos os períodos que se julgavam leais à Igreja maior tinham opiniões teológicas que não eram as mesmas dos mestres oficiais (embora eles nem sempre tivessem consciência de ser esse o caso), não porque fossem desobedientes, mas por causa da piedade e da imaginação populares. Os de Rossos que estavam começando a ler trechos do *EvPd* publicamente ainda estavam dentro da Igreja maior, ou não teriam pedido a opinião do bispo de Antioquia a respeito do assunto.

mas combinava muitos elementos imaginosos que transcendiam os Evangelhos canônicos e os escritos de bispos como Inácio. Durante muitos séculos, inclusive no século XX, a opinião cristã de Jesus tem divergido consideravelmente daquilo que foi proclamado do púlpito como baseado na Escritura. Elementos de piedade e imaginação populares serviram para completar a descrição com um colorido que não se poderia justificar intelectualmente a partir dos Evangelhos escritos, mas que, à sua maneira, foi um enriquecimento extraordinário.[58] Até hoje, a imagem do nascimento de Jesus que muitos cristãos têm está muito mais próxima daquilo que é descrito por incontáveis manjedouras ou presépios de Natal (que, em última instância, devem sua inspiração a Francisco de Assis) do que daquilo que é descrito em Mateus ou Lucas. Assim também a imagem da Paixão e morte de Jesus que muitos cristãos têm a partir do século I transcende o que se encontra em qualquer Evangelho canônico ou em todos eles reunidos.

Uma objeção fundamental ao *EvPd* desde sua descoberta há mais de um século é o fato de não ser histórico, objeção muitas vezes feita pelos que pressupõem erroneamente que tudo o que for pertinente à Paixão nos Evangelhos canônicos é histórico. As NPs canônicas são o produto de uma evolução que envolve considerável dramatização, de modo que a história exata não é uma categoria aplicável a eles.[59] Contudo, não tenho dúvida de que a NP marcana tem um componente histórico maior do que tem a NP do *EvPd*,[60] em parte porque representava uma coisa semelhante a uma pregação comum que era associada à tradição apostólica — linha de origem que exercia controle sobre fatos básicos, apesar de reorganizações e simplificação. É por isso que ele recebeu reconhecimento da Igreja oficial (posição canônica) e foi considerado parte do desígnio divino para o povo cristão (reconhecido como

---

[58] O popular desempenhou um papel especial não só porque o *EvPd* estava fora do processo de pregação que formou o cânon, mas também por causa de seu colorido apocalíptico. Ver J. H. Chaslesworth, "Folk Traditions in Jewish Apolaptic Literature", em J. J. Collins & J. H. Charlesworth, orgs., *Mysteries and Revelations*, Sheffield, Academic, 1991, p. 91-113 (*Journal for the Study of Pseudepigrapha*, Supl. 9).

[59] Peço licença para mencionar que essa não é necessariamente uma opinião liberal, por exemplo, foi adotada com referência aos relatos evangélicos do ministério todo de Jesus tanto pela Pontifícia Comissão Bíblica Católica Romana quanto pelo Segundo Concílio Vaticano (NJBC 72,35.15).

[60] Mara (*Évangile*, p. 30) diz que o autor do *EvPd* não parece ter sido dominado pela verdade dos fatos que relata, mas foi contido pela verdade de sua interpretação. Entretanto, isso pode subtender que o autor do *EvPd* diferenciava se o que relatava era ou não história.

inspirado). Narrativas evangélicas como as do *EvPd*,[61] compostas em círculos mais populares, não estavam sob as mesmas influências controladoras, e era permitido dar rédeas à imaginação. Contudo, às vezes eles atuavam muito apropriadamente para possibilitar aos cristãos imaginar a Paixão. Duas grandes dificuldades podem provocar má atuação. Se voos da imaginação chegassem ao ponto de se tornar heterodoxos (e o século II era precisamente a época em que os limites entre heterodoxia e ortodoxia estavam sendo traçados com nitidez), as autoridades religiosas inclinavam-se a banir as histórias que apoiavam tais ideias aberrantes. No tempo de Serapião, alguns usavam o *EvPd* para propaganda docetista, talvez nos moldes segundo os quais um Jesus agonizante que, por assim dizer, não sentia dor não era realmente humano, nem morria realmente.[62] Mas era uma segunda dificuldade que inicialmente levou o *EvPd* a ser questionado. Se estou correto em afirmar que o *EvPd* surgiu como produção popular, não concebida no seio da pregação da Igreja, ele nunca foi destinado a se tornar proclamação oficial, mais do que uma peça sobre a Paixão. Mas, nesse momento, os cristãos de Rossos começavam a ler o *EvPd* publicamente e, assim, a lhe dar uma posição ao lado dos Evangelhos canônicos, coisa que Serapião jamais encontrara no importante centro de Antioquia. (Embora alguns ali soubessem da existência do *EvPd*, ele, o bispo, não sabia.) A própria natureza do cânon — a coletânea de livros pelos quais a Igreja se comprometeu a viver como norma — sempre fará objeção a tal inovação.

O que é uma reação equilibrada ao *EvPd* hoje? Critiquei uma atitude condenatória preponderante entre alguns comentaristas mais primitivos, para os quais o autor do *EvPd* era herético ou alguém hostil à Igreja maior (com seu cânon

---

[61] Em minhas observações, tenho em mente Evangelhos apócrifos narrativos, como o *EvPd*, o *Protoevangelho* e o *Evangelho da Infância de Tomé*. Podem-se visualizar diferentemente coletâneas de ditos atribuídos a Jesus que muitas vezes tinham um foco planejado de maneira muito mais cerebral. Embora popularmente haja tendência a considerar os tratados encontrados na coleção de Nag Hammadi "Evangelhos" gnósticos, muito poucos deles alegam ser Evangelhos ou são, de algum modo, semelhantes aos Evangelhos canônicos.

[62] Tenho esperança de que hoje os cristãos reconheçam outra tendência heterodoxa no *EvPd*: suas descrições antijudaicas intensificadas. Há antijudaísmo no NT em resultado da polêmica entre os judeus que acreditavam em Jesus e os que não acreditavam, mas ele é mais moderado que o do *EvPd* e de *Barnabé*. Esse é um exemplo do que considero uma verdade maior: frequentemente, entre cristãos comuns havia (e há) mais hostilidade para com os judeus do que se percebe entre os porta-vozes oficiais — situação que é verdade, vice-versa, também no Judaísmo, se podemos julgar pela comparação entre a Mixná e talmudes mais oficiais com o popular *Toledoth Yeshu*. Diversas vezes citei peças da Paixão como exemplos da tendência de enriquecer a história da morte de Jesus com a imaginação *popular* e, muitas vezes, um forte antijudaísmo aparece nessas peças.

em desenvolvimento de apenas quatro Evangelhos), ou forjador tentando ganhar credibilidade com uma abordagem não histórica de Jesus. Por outro lado, expliquei que não vejo nenhuma razão sólida para saudá-lo como a NP mais antiga, nem sou solidário com uma tendência simplista a considerar obras extracanônicas a chave para o verdadeiro Cristianismo, em contraste com uma censura intolerante representada pelo NT canônico. Contudo, embora aprecie o dilema de Serapião e o senso de responsabilidade pastoral que o levou a finalmente reagir contra o *EvPd* e, assim, para todos os propósitos práticos, terminar sua difusão, creio podermos, ao mesmo tempo, ser gratos ao pranteador que enterrou com um monge do fim do período patrístico um estranho livrinho de leituras espirituais que tratava da vida após a morte e, assim, nos proporcionou com atraso uma visão fascinante do modo dramático com que alguns cristãos comuns do início do século II descreviam a morte do Messias. Sob o drama, a seu modo, o *EvPd* proclamou que Jesus era o Senhor divino, vitorioso sobre tudo o que seus inimigos lhe fizeram por meio da crucificação.

Bibliografia para o Apêndice I:
O Evangelho de Pedro

Esta é apenas uma bibliografia prática; bibliografias mais completas compostas em anos diferentes encontram-se em Vaganay, Mara, Fuchs e Crossan (*Cross*); concordâncias do vocabulário grego encontram-se em Fuchs e Vaganay.

BEYSCHLANG, K. *Die verborgene Überlieferung von Christus*. München, 1969, p. 27-64 (Siebenstern Taschenbuch 136).

BROWN, R. E. The *Gospel of Peter and Canonical Gospel Priority*. NTS 33, 1987, P. 321-343.

CAMBE, M. Les récits de la Passion en relation avec différents textes du IIe siècle. FV 81, 4, 1982, p. 12-24.

COLES, R. A. [Papyrus] 2949. Fragments of an Apocryphal Gospel (?). In: BROWNE, G. M. et alii, orgs. *The Oxyrhynchus Papyri Vol. 41*. London, British Academy, 1972, p. 15-16.

CROSSAN, J. D. *Four Other Gospels*. Minneapolis, Winston, 1985, esp. p. 124-181 a respeito do *EvPd*.

_____. *The Cross That Spoke. The Origins of the Passion Narrative*. San Francisco, Harper & Row, 1988.

_____. Thoughts on Two Extracanonical Gospels. *Semeia* 49, 1990, p. 155-168 a respeito do *EvPd* e do *Evangelho Secreto de Marcos*.

DENKER, J. *Die theologiegeschichtliche Stellung des Petrusevangeliums*. Bern/Frankfurt, Lang, 1975 (Europäische Hochsschulschriften, Series 23,36).

DEWEY, A. J. "Time to Murder and Create": Visions and Revisions in the *Gospel of Peter*. *Semeia* 49, 1990, p. 101-127.

DIBELIUS, M. Die alttestamentlichen Motives in der Leidensgeschichte des Petrus und Johannesevangelium. Beihefte zur ZAW 33, 1918, p. 125-150. Também em DBG, v. 1, p. 221-247.

FUCHS, J. *Das Petrusevangelium*. Studien zum Neuen Testament und seiner Umwelt B.2. Linz, 1978. Contém uma concordância.

GARDNER-SMITH, P. The Date of the Gospel of Peter. JTS 27, 1926, p. 401-407.

_____. The Gospel of Peter. JTZ 27, 1926, p. 255-271.

GREEN, J. B. The Gospel of Peter: Source for a Pre-Canonical Passion Narrative. ZNW 78, 1987, p. 293-301.

HARNACK, A. *Bruchstücke des Evangeliums under der Apokalypse des Petrus*. 2. ed. Leipzig, Hinrichs, 1893.

HEAD, P. M. On the Christology of the Gospel of Peter. VC 46, 1992, p. 209-224.

JOHNSON, B. A. *Empty Tomb Tradition and the Gospel of Peter*. Harvard Divinity School, 1966 (Dissertação de Doutoramento em Teologia).

_____. The Gospel of Peter: Between Apocalypse and Romance. *Studia Patristica* 16,2. Berlin, Akademic, 1985, p. 170-174 (7th Oxford Congress, 1975; TU 129).

KOESTER, H. Apocryphal and Canonical Gospels. HTR 73, 1980, p. 105-130, esp. 126-130 a respeito do *EvPd*.

LAMBIASI, F. I criteri d'autenticità storica dei vangeli applicati ad un apócrifo: il Vangelo di Pietro. BeO 18, 1976, p. 151-160.

LÜHRMANN, D. POx 2949: EvPt 3–5 in einer Handschritt des 2/3. Jahrunderts. ZNW 72, 1981, p. 216-226.

MCCANT, J. W. The Gospel of Peter. Docetism Reconsidered. NTS 30, 1984, p. 258-273.

MARA, M. G. *Évangile de Pierre*. Paris, Cerf, 1973 (SC 201).

NEIRYNCK, F. *The Apocryphal Gospels and the Gospel of Mark*. In: SEVRIN, J.-M., org. *The Testament in Early Christianity*. Leuven Univ., 1989, p. 123-175, esp. 140-157, 171-175 a respeito do *EvPd*. Reimpresso em NEv, v. 2, p. 715-772 (BETL 86).

PERLER, O. L'Évangile de Pierre et Méliton de Sardes. RB 71, 1964, p. 584-590.

PILHOFER, P. Justin und das Petrusevangelium. ZNW 81, 1990, p. 60-78.

RODRÍGUEZ Ruiz, M. El evangelio de Pedro. Un desafío a los evangelios canônicos? EstBib 46, 1988, p. 497-525.

SCHAEFFER, S. E. *The "Gospel of Peter", the Canonical Gospels, and Oral Tradition*. Union Theological Seminary, NYC, Dissertação de Ph.D, 1990; UMI Dissertation Service, 1991.

SCHMIDT, K. L. *Kanonische und Apokryphe Evangelien und Apostelgeschichten*. Basel, Majer, 1944, esp. p. 37-38 a respeito do *EvPd*.

STANTON, V. H. The "Gospel of Peter" and the Recognition in the Church of the Canonical Gospels. JTS 2, 1901, p. 1-25.

SWETE, H. B. *Euaggelion kata Petron: The Akhmîm Fragment of the Apocryphal Gospel of St Peter*. London, Macmillan, 1893.

TURNER, C. H. The Gospel of Peter. JTS 14, 1913, p. 161-195.

VAGANAY, L. *L'Évangile de Pierre*. 2. ed. Paris, Gabalda, 1930 (EBib).

VON SODEN, H. Das Petrusevangelium und die kanonischen Evangelien. ZTK 3, 1893, p. 52-92.

WRIGHT, D. F. Apologetic and Apocalyptic: the Miraculous in the *Gospel of Peter*. In: WENHAM, D. & BLOMBERG, C. *The Miracles of Jesus. Sheffield*, JSOT, 1986, p. 40-1-418 (Gospel Perspectives 6).

_____. *Four Other Gospels* [by J. D. Crossan]: Review Article. *Themelios* 12, 2 de jan. de 1987, p. 56-60, esp. 58-60.

ZAHN, T. Das Evangelium des Petrus. NKZ 4, 1983, p. 143-218. Reimpresso como livro.

Apêndice II:
Data da crucificação
(dia, mês, ano)

O exame desta questão só faz sentido se presumimos que os evangelistas merecem confiança pelas pouquíssimas referências cronológicas que todos (mais o *EvPd*) fornecem, a saber, que Jesus morreu em Jerusalém em um dia antes do sábado, no tempo da Páscoa, durante a administração de Pôncio Pilatos. Usaremos essas indicações temporais uma a uma, como chaves para determinar as informações a seguir a respeito da crucificação:

A. O dia da semana

B. A data no mês

    1. Esclarecimento de cinco questões preliminares

    2. Indícios evangélicos para datar a crucificação em relação à Páscoa judaica

    3. Tentativas para lidar com as discrepâncias

    4. Breve exame da opinião adotada neste comentário

C. O ano

Bibliografia

Embora seja técnica por natureza, a análise da cronologia sempre dá uma ideia de como os evangelistas trabalharam na opinião dos biblistas.

A. O dia da semana

Mc 15,42 identifica o dia em que Jesus morre como "o dia antes do sábado" (*prosabbaton*). Embora não mencione o sábado em relação à crucificação, Mateus indica claramente que o dia depois da morte de Jesus (Mt 27,62) é o sábado; de fato, quando ele chega ao fim, começa o primeiro dia da semana (Mt 28,1). Logo depois de Jesus ser enterrado, Lc 23,54 afirma que o sábado estava raiando. Jo 19,31 registra precauções sendo tomadas para os corpos não permanecerem na cruz no sábado que se aproximava. *EvPd* 2,5 indica que Jesus morreria e seria sepultado antes de o sábado raiar. Não é surpreendente, então, que, em grande maioria, os biblistas aceitem que o Jesus crucificado morreu na sexta-feira e, na verdade, em algum momento da tarde.[1]

Alguns dissidentes optam pela quinta-feira, ou mesmo a quarta-feira,[2] principalmente com base em Mt 12,40: "O Filho do Homem ficará três dias e três noites no seio da terra" (que repercute em Mt 27,63). Um cálculo retroativo da noite de sábado até a noite de sexta-feira pode levar à conclusão de que Jesus tinha de estar no túmulo na noite da quinta-feira para cumprir a profecia (ou mesmo na quarta-feira, à luz de Mt 28,1, onde as mulheres vão ao túmulo logo que o sábado acaba e o domingo começa, e assim, antes da noite de sábado). Mas essa palavra profética baseia-se especificamente no fato de Jonas ter ficado na barriga do peixe por três dias e três noites (Jn 2,1) e está subordinada a profecias do Filho do Homem sendo ressuscitado no terceiro dia (Mc 9,31; 10,34 etc.), o que torna a ressurreição no domingo conciliável com a morte e o sepultamento na sexta-feira. Portanto, a base de todo o estudo que se segue é a crucificação ter ocorrido sexta-feira, durante o dia.

B. A data no mês

Nenhuma data mensal é especificada pelos Evangelhos. Contudo, no contexto dos últimos dias de vida de Jesus, todos fazem referência à Páscoa judaica e os

---

[1] Indicações pertinentes específicas da hora incluem: nos sinóticos, Jesus está prestes a morrer na nona hora (3 horas da tarde: Mc 15,34; Mt 27,46; Lc 23,44); *EvPd* 5,15-20 coloca a morte de Jesus no contexto de meio-dia; em Jo 19,14, Jesus está diante do pretório de Pilatos na sexta hora (meio-dia).

[2] Hoehner ("Day", p. 241-249) relaciona B. F. Westcott, J. K. Aldrich e R. Rush favoráveis à quinta-feira, e W. G. Scroggie favorável à quarta-feira. Davison ("Crucifixion") defende a quarta-feira baseado no fato de que o sábado mencionado por todos os Evangelhos como seguindo-se ao dia da crucificação era um "sábado anual", não um sábado semanal. "Sábado anual" é usado por ele para designar os dias dentro de períodos festivos nos quais havia descanso do trabalho e uma assembleia sagrada. Ele encontra "dois sábados anuais" ligados à Páscoa ou à festa dos Pães sem fermento, a saber, o primeiro e o último do período de sete dias (Lv 23,7-8). O primeiro "sábado anual" da Páscoa no ano em que Jesus morreu foi a noite da quarta-feira/quinta-feira, e foi durante o dia da quarta-feira que precedeu imediatamente esse "sábado" que Jesus foi julgado e crucificado — um dia de quarta-feira que era 14 de nisan. Infelizmente, ele não apresenta provas disso.

sinóticos referem-se à festa dos Pães sem fermento. Convém, então, logo de início, recordar a história dessas duas festas.

Nos textos bíblicos antigos que descrevem a Páscoa judaica (Ex 12,1-20; Lv 23,5-8; Nm 28,16-25), sua data dependia do ato de avistar a lua nova que iniciava o mês de nisan,[3] pois a celebração da festa acontecia na lua cheia desse mês. No crepúsculo que terminava o 14 de nisan e iniciava o 15, o cordeiro (ou cabra) era abatido e seu sangue borrifado no batente da porta da casa. Durante a noite do dia 15 (a noite da lua cheia), o cordeiro era assado e comido com pães sem fermento e ervas amargas. Esse 15 de nisan também iniciava a semana da festa dos Pães sem fermento. Seiscentos anos antes de Jesus, essas festas tinham sido unidas como um período festivo combinado, que levava as pessoas ao templo de Jerusalém;[4] e, mais tarde, a imolação dos cordeiros foi considerada tarefa dos sacerdotes, assumindo assim as características de um sacrifício.

A relação cronológica entre a morte de Jesus e a data dessas duas festas complica-se pelo fato de, em seu significado manifesto, haver uma contradição entre os sinóticos e João. A refeição que Jesus comeu na noite de quinta-feira antes de ser preso, segundo os sinóticos, foi a refeição pascal (da Páscoa judaica), ao passo que, em Jo 18,28, na manhã de sexta-feira, quando Jesus estava sendo julgado diante de Pilatos, as autoridades judaicas e o povo recusaram-se a entrar "no pretório para não se contaminarem e a fim de poderem comer a (refeição da) Páscoa" — festa que, segundo Jo 19,14, ia começar no dia seguinte (isto é, sexta--feira ao anoitecer). Assim, a refeição pascal foi, para os sinóticos, ao anoitecer de

---

[3] Também chamado abib (Ex 13,4), nisan era o primeiro mês do ano, embora em outro cálculo calendar o Ano Novo fosse no sétimo mês (tishri).

[4] A Páscoa era a mais antiga das duas e se originara na cultura pastoral, quando Israel era seminômade, andando de um lado para outro com seus rebanhos para encontrar pastos. A festa dos Pães sem fermento, que marca o início da colheita da cevada, foi adotada mais tarde, durante fase agrícola depois da entrada em Canaã. Originalmente, a Páscoa não era uma festa (no AT, só Ex 34,25 chama-a de festa), na qual as pessoas tinham de peregrinar ao santuário central, pois o cordeiro era morto e comido em casa; somente quando unida aos Pães sem fermento ela se tornou uma das três festas de peregrinação. Ver a união dos temas das duas em Dt 16,2-3, que, depois de falar do animal escolhido para o sacrifício da Páscoa, diz: "Durante sete dias comerás pão sem fermento". Como veremos, no século I d.C., os nomes estavam se tornando permutáveis. No século seguinte, "Páscoa" passara a ser o nome para a festa toda, de modo que "a festa dos Pães sem fermento" jamais aparece na literatura tanaíta (Zeitlin, "Time", p. 46), por exemplo, Midraxe *Mekilta* (Pisha 7), a respeito de Ex 12,14, fala dos "Sete dias da festa da Páscoa"; e Mixná *Pesahim* 9,5 diz que, depois do Egito, "A Páscoa de todas as gerações subsequentes tinha de ser observada durante sete dias".

quinta-feira e Jesus morreu durante o dia depois dela; para João, foi ao anoitecer de sexta-feira e Jesus morreu durante o dia antes dela. Antes de tratar em detalhe das complexidades dessa aparente contradição, vamos revisar questões preliminares, das quais precisamos estar seguros.

1. Esclarecimento de cinco questões preliminares

a) Há controvérsia a respeito de como foram contadas as horas na NP, a saber, a terceira, a sexta e a nona hora em relação à condenação e crucificação. Estavam os evangelistas que mencionam um ou todas essas horas contando a partir de 6 horas da manhã (assim, 9 horas da manhã, meio-dia, 3 horas da tarde) ou estavam contando a partir da meia-noite (assim, 3, 6 e 9 da manhã)? Em sua maioria, os biblistas aceitam o ponto de partida às 6 horas da manhã. Entretanto, a fim de harmonizar dados evangélicos contrários, alguns (como Walker, "Dating", p. 294) apelam a dois sistemas, por exemplo, julgam que Jo 19,14 conta da meia-noite, por ter Jesus diante de Pilatos na sexta hora (= 6 horas da manhã); e que Mc 15,25 conta a partir da alvorada, por ter Jesus crucificado na terceira hora (= 9 horas da manhã.) No comentário, vimos que tais harmonizações são implausíveis e desnecessárias, de modo que o cálculo a partir das 6 horas da manhã deve ser completamente aceito, mesmo que isso deixe os relatos em conflito. Não é provável que nenhum evangelista tivesse conhecimento pessoal cronologicamente exato do que aconteceu. Com toda a probabilidade, eles encontraram na tradição uma indicação de tempo como "a sexta hora" (mencionada por todos) e a ligaram a momentos diferentes da Paixão, de acordo com seus interesses dramáticos e teológicos respectivos. Felizmente, essa questão de contar horas não tem muita importância para este nosso estudo.

b) Há também controvérsia a respeito do início do dia: quando falava do dia antes do sábado, o evangelista pensava em um dia que começava no pôr do sol da quinta-feira (e assim, incluía o entardecer da quinta-feira/o dia da sexta-feira) ou à meia-noite (que, em nosso cálculo moderno, termina a quinta-feira e começa a sexta-feira), ou mesmo no nascer do sol da sexta-feira?[5] Mais uma vez, na tentativa

---

[5] Ver informações em Zeitlin, "Beginning", com a advertência de que seu uso da Mixná para determinar o período pré-70 (d.C.) talvez precise de restrições. Parenteticamente, quero observar que, embora no calendário judaico o dia começasse ao anoitecer, o linguajar popular poderia ter sido influenciado por um modo de pensar em que o dia começava com o nascer do sol — o que ainda é verdade hoje quando, no calendário, o dia começa à meia-noite. Isso deixou sua marca no uso de "alvorecer" para o início de um domingo ao entardecer, em Mt 28,1 e *EvPd* 9,35: nenhum dos dois autores está pensando no

de harmonizar, há quem defenda sistemas diferentes (um judaico, um romano e um grego local), empregados por evangelistas diferentes. No comentário, rejeitei esse roteiro harmonizador para fugir de dificuldades. A questão que enfrentamos envolve uma festa judaica e não há dúvida de que, no calendário litúrgico, o dia começava ao entardecer. Além disso, o relato do sepultamento de Jesus na sexta-feira à tarde, com seu tom de pressa, não faz sentido, a menos que todos os evangelistas estivessem calculando que um dia estava prestes a começar. Quando for importante, para ajudar os leitores do estudo a seguir a se lembrarem do difícil conceito de um dia que começava ao entardecer, em vez de escrever quarta-feira, quinta-feira e sexta-feira, com referência às ações pertinentes à crucificação, escreverei "quarta-feira à noite/quinta-feira durante o dia" para abranger um dia que ia aproximadamente das 6 horas da tarde de quarta-feira às 6 horas da tarde da quinta-feira; do mesmo modo, "quinta-feira à noite/sexta-feira durante o dia" e "sexta-feira à noite/sábado durante o dia" — usando para eles as abreviações quarta/quinta-feira, quinta/sexta-feira, sexta-feira/sábado.

c) É comum encontrar-se a afirmação de que, embora em João Jesus morra no dia anterior à Páscoa, nos sinóticos Jesus morre exatamente na Páscoa. A última parte dessa afirmação não é clara. Nenhum Evangelho sinótico menciona a Páscoa ou os Pães sem fermento em seu relato das horas da prisão, dos julgamentos, da crucificação, da morte e do sepultamento de Jesus. Ao descrever o período em que Jesus morre, as referências à Páscoa nos sinóticos são as preparações para a Última Ceia ou comer a ceia.[6] Entre os sinóticos, as últimas referências evangélicas à "Páscoa" estão em Mc 14,16; Mt 26,19 e Lc 22,15, e as últimas referências aos "Pães sem fermento" estão em Mc 14,12; Mt 26,17 e Lc 22,7 — todas *antes* da seção que aqui consideramos ser a NP, que começa depois da Última Ceia. (Examinaremos mais adiante a importância de ser meticuloso neste ponto.) A expressão "festa" ocorre realmente nos limites da NP (Mc 15,6; Mt 27,15, e o espúrio Lc 23,17) pertinentes ao costume de soltar um prisioneiro "em uma/na festa". Contu-

---

domingo por volta das 5 horas da manhã; ambos estão pensando no sábado logo depois do pôr do sol. Observemos que Mateus omite "bem cedo" e "ao raiar do sol" de Mc 16,2; e, em *EvPd* 11,45, depois dos acontecimentos, ainda é noite.

[6] Parece que uma possível exceção é o aviso adiantado em Mc 14,1-2, a saber, que "a Páscoa e os Pães sem fermento iam (ser) depois de dois dias" e as autoridades não queriam agarrar e matar Jesus na festa (passagem que será examinada a seguir). Entretanto, na verdade essa passagem não nos incentiva a fixar a prisão e morte de Jesus na festa propriamente dita.

do, mesmo que isso se refira "à festa" da Páscoa (como eu creio), não é definitivo quanto a que dia se entende por antes ou durante o período festivo de oito dias da Páscoa/Pães sem fermento.

d) O hebraico *pesah* e o grego *pascha* são termos ambivalentes, e se referem não só a um dia de festa, mas também à imolação de um cordeiro ou cabra e à refeição subsequente. Por amor à clareza (só no que se segue nesta subseção B deste APÊNDICE), onde for proveitoso usarei "Páscoa" para o dia festivo e "páscoa/pascal" para a imolação sacrifical e a refeição. Em cinco usos marcanos de *pascha* no período dos últimos dias de Jesus, o emprego varia: Mc 14,1 nos diz que a festa da Páscoa judaica seria "depois de dois dias"; Mc 14,12 menciona primeiro o tempo em que sacrificavam o animal pascal e depois, os preparativos para comer a páscoa (refeição pascal); Mc 14,14 expressa o desejo de Jesus de "comer a páscoa com meus discípulos"; Mc 14,16 diz: "prepararam a páscoa/Páscoa judaica" (presumivelmente a refeição pascal, mas também com o sentido de celebrar a festa da Páscoa).

e) O reconhecimento dessa ambivalência leva-nos a uma verdadeira ambiguidade que, possivelmente, tem raízes na instrução de Ex 12,6 – que o cordeiro ou cabra pascal seja guardado até o dia 14 do mês (nisan, na nomenclatura mais tardia) e depois, imolado "entre os dois entardeceres". No período primitivo da história israelita, quando a imolação era feita pelo chefe de uma família, é de se presumir que isso significava que o animal era morto entre o crepúsculo (exatamente quando o sol se punha) e a escuridão. Portanto, a imolação era no fim de um dia (14) e a refeição, no início do seguinte (dia 15). Mais tarde, quando se desenvolveu a prática de fazer os sacerdotes imolarem como sacrifício os cordeiros nos limites do templo de Jerusalém, era necessário mais tempo para imolar milhares desses animais trazidos pelas famílias que pretendiam celebrar a festa. Consequentemente, a imolação começava no início da tarde do dia 14 (quando o sol começara a se pôr) e, às vezes, quase seis horas separavam a imolação no dia 14 de nisan e a refeição que tinha lugar ao entardecer que iniciava o dia 15. Assim, a questão de que dia era considerado Páscoa é irrelevante para nosso estudo do tempo de Jesus. (No Judaísmo moderno, onde já não há mais o sacrifício de um animal no santuário e a refeição apresenta o pão sem fermento, a Páscoa é no dia 15 de nisan, primeiro dia da festa dos Pães sem fermento, dia que começa ao entardecer, com essa refeição.) As referências no AT, no NT, em Josefo e em Fílon nem sempre são claras nesse ponto, em parte por causa da evolução histórica que acabamos de descrever e em parte porque *pesah* e *pascha* referem-se à festa, à imolação e à refeição, conforme foi explicado em d). Por um lado, Lv 23,5-6 declara com precisão: "A Páscoa do Senhor cai no dia 14 do primeiro mês, no crepúsculo do entardecer. O dia 15 desse mês é a festa do Senhor dos Pães sem fermento". Nm 28,16-17 também é claro: "A Páscoa do Senhor cai no dia 14 do primeiro mês e no dia 15 é a festa de peregrinação". Do mesmo modo, Josefo (*Ant.* III,x,5; ##248-249) afirma: "No dia 14 de nisan, oferecemos o sacrifício chamado *pascha* [...]. No dia 15, a Páscoa é seguida pela festa dos Pães sem fermento". Por sua vez, Fílon (*Sobre as leis especiais* II,xxvii-xxviii; ##145.149.150.155) fala que a Páscoa ocorria no dia 14 do mês e a festa dos Pães sem fermento começava no dia 15. Por outro lado, Josefo não faz distinções: "Por ocasião da festa dos Pães sem fermento, eles sacrificavam a *pascha*" (*Ant.* IX,xiii,3; #271);[7] e "Por ocasião dos Pães sem fermento, no dia 14 do mês" (*Guerra* V,iii,1; #99). Com toda a probabilidade, Mc 14,12 (copiado por Lc 22,7) faz parte dessa categoria imprecisa: "No primeiro dia dos Pães sem fermento, quando eles sacrificavam o cordeiro pascal", pois tecnicamente eles sacrificavam o cordeiro no dia 14 e o primeiro dia dos Pães sem fermento (quando *comiam* o cordeiro) era o dia 15.[8] É evidente que, no século I d.C., as duas festas tinham de tal maneira se unido que muitas vezes, na linguagem comum, não eram feitas distinções. De qualquer modo, este estudo adverte contra a afirmação de que, embora em João Jesus morra no dia anterior à Páscoa, nos sinóticos Jesus morre na Páscoa propriamente dita (declaração contra a qual argumentei por outro motivo em [c], acima). Se, de acordo com o calendário religioso, 14 de nisan, quando os cordeiros eram imolados, era tecnicamente a Páscoa, e a refeição pascal era consumida no início do dia 15, que era o primeiro dia dos Pães sem fermento, então, segundo João, Jesus morreu na Páscoa e segundo os sinóticos, ele morreu no dia seguinte à Páscoa, a saber, no primeiro dia dos Pães sem fermento! Entretanto, pelo menos nesta subseção, onde buscamos clareza, para evitar confusão provocada pelo problema de que dia era considerado Páscoa, falarei de uma forma que espero não ser censurável. Em João, Jesus morre na tarde do dia no qual os cordeiros estavam sendo imolados na área do Templo e antes da refeição pascal (e assim, no dia 14 de nisan), e nos sinóticos, Jesus morre durante o dia depois de uma refeição pascal ao entardecer, partilhada com os discípulos (e assim, no dia 15 de nisan).

---

[7] Também *Ant.* XVIII,ii,2; #29: "A festa dos Pães sem fermento que chamamos de Páscoa".

[8] Do mesmo modo, com essa distinção, Mt 26,17 seria impreciso, pois ali os discípulos perguntam no primeiro dia dos Pães sem fermento onde Jesus quer que seja preparada a refeição pascal.

2. Indícios evangélicos para datar a crucificação em relação à Páscoa judaica

Nos sinóticos e em João, há indicações antecipadas quanto à próxima Páscoa que servem de cenário para a Paixão de Jesus e depois, referências imprecisas que associam à Páscoa episódios especiais, desde a Última Ceia até a condenação de Jesus. Trataremos delas nesta ordem: a) indicações antecipadas sinóticas; b) referências imprecisas sinóticas; c) indicações antecipadas joaninas; d) referências imprecisas joaninas.

a) *Indicações antecipadas sinóticas.* Muitos biblistas iniciam a NP marcana com Mc 14,1-2: "Mas a Páscoa e os Pães sem fermento eram (iam ser) depois de dois dias; e os chefes dos sacerdotes e os escribas procuravam um meio para, depois de agarrá-lo à traição, matá-lo. Pois diziam: 'Não na festa,[9] para que não haja tumulto do povo'" (ver Mt 26,1-5; Lc 22,1-2). O indicador de tempo na primeira linha quase sempre tem importância não só por Marcos ser considerado o mais antigo dos Evangelhos, mas porque há quem julgue ser esse o começo da NP pré-marcana, que é mais antiga ainda. Contudo, há grandes dificuldades a respeito dele. Há mais quatro referências a *pascha* na sequência marcana da Paixão (Mc 14,12.14.16) e todas se referem ao sacrifício/refeição pascal. Essas quatro referências e esta referência à festa da Páscoa originam-se da mesma fonte? Se não, qual é a mais primitiva?

Há dois obstáculos para ligá-las. Primeiro, a notícia em Mc 14,1-2 é a primeira camada de um típico arranjo marcano tipo encaixe de três episódios que podem ser esquematizados desta maneira:

A. Uma ação incipiente ou desejada que exige tempo para ser completada.	→	B. Um episódio independente que preenche o tempo e complementa o tema de A.	→	A'. Retomada da ação de A.

Em Mc 14,1-11, a passagem onde se trama a morte de Jesus que examinamos (Mc 14,1-2) serve de A; é seguida pela cena B da mulher que derrama o unguento

---

[9] Há controvérsia se "a festa" significa Páscoa, Pães sem fermento, ou ambos. Como vimos, o uso clássico aplicava "festa" aos Pães sem fermento; mas, no século I d.C., o uso estava mudando, de modo que "festa" era usado com mais frequência (e logo com exclusividade) para a Páscoa, e não para os Pães sem fermento. Quando retoma o tema em Mc 14,12-16, Marcos menciona os Pães sem fermento mais uma vez e a Páscoa, mais quatro vezes; é duvidoso que ele percebesse uma distinção calendar entre elas, mas a Páscoa domina-lhe a mente.

na cabeça de Jesus em Betânia (Mc 14,3-9), que prevê a unção de seu corpo para o sepultamento (Mc 14,8); então, Mc 14,10-11 tem o papel de A', retomando a ação de A, quando Judas procura os chefes dos sacerdotes e oferece-se para entregar-lhes Jesus. Quem entende a sequência de três episódios literalmente pergunta quanto tempo dos dois dias que faltavam para a Páscoa foi ocupado por eles. Para quem reconhece que a sequência é puramente literária, a unção pela mulher passa a ser um episódio sem data,[10] colocado como "tapa-buraco" (donde a construção de encaixe) entre duas partes de um único episódio da trama contra Jesus pelas autoridades judaicas ajudadas por Judas, que continha o indicador de que a Páscoa seria "depois de dois dias". (Embora Mt 26,1-14 siga a sequência marcana tripartida, Lc 22,1-6 omite o episódio da unção pela mulher [ver Lc 7,36-50] e faz uma única seção da trama e da traição por Judas.)

Segundo, se "depois de dois dias antes da Páscoa e dos Pães sem fermento" estava ligada à trama, essa frase especificava a data em que os sacerdotes e escribas buscavam um meio de agarrar e matar Jesus ou a data em que Judas os procurou? E que data exata está sendo calculada por uma relação com "a Páscoa e os Pães sem fermento"? Marcos está pensando em dois dias até 14 de nisan, ou até 15 de nisan? (Veremos adiante o modo marcano impreciso de se referir a essas festas.) Retroagir um interstício de dois dias a partir dessas duas datas evidentemente fixa a data dada em Mc 14,1 como 12 ou 13 de nisan. Contudo, Holtzmann, Swete, Turner e outros afirmam que "depois de dois dias" não é calculado com tanta facilidade. Assim como "depois de três dias" (em Mc 8,31; 9,31) é cumprido com a ressurreição no terceiro dia, eles acham que "depois de dois dias" significa a Páscoa no segundo dia — raciocínio que fixa a data em Mc 14,1 como o dia 13. (Entretanto, a analogia com a ressurreição tem seus problemas.)

b) *Referências sinóticas à ceia da Páscoa.* Mc 14,12 prossegue a partir do que acabamos de examinar, para relatar: "E no primeiro dia dos Pães sem fermento, quando eles sacrificavam o cordeiro pascal, seus discípulos lhe disseram: 'Onde queres que, tendo ido embora, preparemos, a fim de poderes comer o cordeiro (/a refeição) pascal?'". Então, dois discípulos vão à cidade de Jerusalém e encontram uma sala de hospedagem para Jesus comer o cordeiro (/a refeição) pascal com os discípulos (Mc 14,16). "E ao anoitecer, Jesus vem com os Doze; e reclinando-se

---

[10] Em Jo 12,1, Maria unge os pés de Jesus em Betânia "seis dias antes da Páscoa".

com eles e comendo, ele disse…" (Mc 14,17-18). Acima, sob B1e, vimos que quase sempre havia imprecisão a respeito de datar a Páscoa quando ela se fundia com a festa dos Pães sem fermento. Lv 23,6 localiza "o primeiro dia dos Pães sem fermento" em 15 de nisan; na verdade, no AT, 14 de nisan nunca é chamado "o primeiro dia dos Pães sem fermento".[11] Contudo, o resto da descrição marcana corresponde ao que sabemos do dia 14 de nisan, por exemplo, a imolação dos cordeiros e os preparativos para a refeição pascal. A páscoa era comida em um momento depois de esse dia acabar e o dia quinze começar. (Os relatos mateano e lucano apontam na mesma direção; e em nenhum dos sinóticos a Páscoa volta a ser mencionada depois disso, como observamos em B1c, acima.) Assim, a refeição descrita (a Última Ceia) que Jesus comeu com os Doze deve ter sido a refeição pascal (e o é especificamente em Lc 22,15). Pela lógica da sequência no calendário — mas não pela afirmação evangélica sinótica —, o que se segue no restante da noite (ida ao Getsêmani, prisão, julgamento judaico) e durante o dia seguinte (julgamento romano, crucificação, morte, sepultamento) deve ter acontecido no mesmo dia: 15 de nisan, uma quinta/sexta-feira. (Muitos comentaristas acrescentam "na Páscoa", mas vimos acima que, tecnicamente nesse período, a Páscoa era no dia 14, o dia do sacrifício do cordeiro, não o dia de comê-lo. De forma menos controversa, o dia 15 era tecnicamente o primeiro dia dos Pães sem fermento.)

Muitos biblistas aceitam este dia 15 de nisan como a data mais plausível da crucificação, inclusive Baur, W. Bauer, Dalman, Edersheim, Jeremias, J. B. Lightfoot, Schlatter e Zahn. Quase sempre, pelo menos implicitamente, parte da lógica desses biblistas é que Marcos preserva a tradição mais antiga. A principal razão para duvidar dessa cronologia é o número de atividades que os sinóticos descrevem acontecendo no que deve ter sido um dia festivo solene: uma multidão saindo para o Getsêmani para prender Jesus; uma sessão do sinédrio para condenar Jesus à morte; autoridades do sinédrio e também multidões indo ver o governador romano; Simão de Cirene vindo dos campos (Mc 15,21); muitos transeuntes

---

[11] A respeito de passagens controversas, ver JEWJ, p. 17, n. 2. Há quem tente entender, em Mc 14,12, o grego *prote* ("primeiro") como *pro* ("o dia antes dos Pães sem fermento"), ou pressuponha um original aramaico mal compreendido, que deveria ter sido traduzido: "antes do primeiro dos Pães sem fermento" (ver *EvPd* 2,5c). Com toda a probabilidade, estamos lidando com escrito marcano descuidado, onde o que ele realmente queria dizer em Mc 14,12 é definido pela segunda frase, de modo que ele poderia ser parafraseado: "E no dia inicial dos Pães sem fermento/da Páscoa, quando eles estavam sacrificando o cordeiro".

no local da crucificação (Mc 15,29); a compra de um pano de linho (Mc 15,46). JEWJ, p. 74-79, afirma que é possível encontrar indicações na tradição judaica que permitem cada uma dessas ações em uma festa; mas, além de debates sobre os pontos individuais de Jeremias,[12] a aglomeração de tanta atividade em um dia de festa parece altamente implausível. Além disso, toda essa ação contra Jesus no dia festivo vai contra o desejo expresso dos chefes dos sacerdotes e dos escribas de que prender Jesus e matá-lo não deveria acontecer na festa para que não houvesse tumulto entre o povo (Mc 14,1-2).

c) *Indicações antecipadas joaninas.* Depois de relatar uma reunião do sinédrio que resultou em um plano para matar Jesus (Jo 11,45-53) e na fuga de Jesus para Efraim (Jo 11,54), João indica que "a Páscoa dos judeus estava próxima e muitos da região subiram a Jerusalém, antes da Páscoa, a fim de se purificarem" (Jo 11,55). Embora a situação seja semelhante à das indicações antecipadas sinóticas, examinadas em a), acima, o "estava próxima" de João é mais vago que o "depois de dois dias" de Mc 14,1. Essa proximidade da Páscoa faz muitas pessoas subirem a Jerusalém para a festa, a fim de se purificarem, mas João não dá nenhuma indicação de quanto tempo levaria — presumivelmente, não menos de sete dias.[13] Em seguida, nos é dito (Jo 12,1) que seis dias antes da Páscoa Jesus veio a Betânia, onde Maria ungiu-lhe os pés, unguento guardado para seu sepultamento.[14] Observemos que João torna sequenciais os mesmos episódios que, em Mc 14,1-11, estão misturados. Ali, Marcos colocou a unção em uma estrutura com a menção de que a Páscoa seria depois de dois dias; com que seriedade, então, devemos entender a datação joanina da cena de unção em seis dias antes da Páscoa? Tudo o que sabemos é que João (ao contrário do que pratica em Jo 1,29.35.43; 2,1) não explica uma sequência de dias antes de chegar à véspera da Páscoa; de fato, há apenas um dia interveniente

---

[12] Muitos dos textos judaicos citados são de bem depois do tempo de Jesus e, assim, são duvidosamente aplicáveis. Em especial, há quem tenha questionado a defesa por Jeremias de uma sessão do sinédrio em um dia de festa, para a qual ele recorre à necessidade imediata de livrar o povo de um falso profeta (JEWJ, p. 78-79).

[13] Ver o costume de ser purificado antes de celebrar uma festa em Nm 9,10-11; 2Cr 30,16-18; Josefo, *Guerra* I,xi,6; #229; At 21,24-27. Nm 19,11-12 exige um período de sete dias para purificar a impureza contraída no contato com um cadáver, com purificação de água no terceiro e sétimo dias. Em relação aos Pães sem fermento, é provável que isso acontecesse nos dias 10 e 14 de nisan.

[14] Será que isso pode ser comparado a uma purificação no primeiro dia do período de sete dias mencionado na nota anterior?

especificamente mencionado, a saber, o dia seguinte de Jo 12,12ss, no qual uma multidão saúda Jesus com ramos de palmeiras quando ele entra em Jerusalém.

d) *Referências joaninas à Páscoa que se aproxima*. João tem uma referência imprecisa à Páscoa judaica no contexto de Jesus comer com os discípulos, a saber, em Jo 13,1, "antes da festa da Páscoa" aparece no início de uma introdução geral à segunda parte do Evangelho que começa com uma refeição vespertina na noite anterior à morte de Jesus. Em discordância com as referências cronológicas sinóticas mais específicas à refeição, a redação joanina não sugere que Jesus come a refeição pascal com os discípulos. Mais exatamente, depois de parte da refeição terminar, Judas sai e assim faz alguns pensarem que Jesus lhe dissera para ir comprar o que era necessário para a festa (Jo 13,29). Como a única festa que João menciona é a Páscoa (não os Pães sem fermento) e a refeição é o fator principal na Páscoa, certamente isso é indicação de que a refeição pascal ainda está por acontecer. João se afasta ainda mais dos sinóticos ao continuar suas referências cronológicas durante o dia seguinte e aplicá-las fora do círculo de Jesus a "os judeus" em geral. Na manhã seguinte, diante do pretório de Pilatos, quando ele está prestes a iniciar o julgamento de Jesus, os judeus (líderes e povo; ver Jo 18,35.38) são descritos (Jo 18,28) evitando a impureza para poderem comer o cordeiro (/a refeição) pascal. E quando o julgamento está perto do fim,[15] quando Pilatos leva Jesus para fora e senta no tribunal, nos é dito que é dia de preparação para a Páscoa (Jo 19,14).[16] Não há dúvida, então, de que João apresenta toda a noite fatídica e o dia seguinte (que vimos ser quinta/sexta-feira) como 14 de nisan, o dia antes daquele em que a refeição pascal seria consumida.[17]

É provável que os biblistas que defendem a cronologia joanina contra a dos sinóticos constituam a maioria, por exemplo, Blinzler, Brooke, Burkitt, Cadoux,

---

[15] No meio do julgamento, Jo 18,39 fala do costume judaico de soltar um prisioneiro na Páscoa, mas, por essa referência, não dá para dizer se a Páscoa está prestes a começar ou já começou.

[16] C. C. Torrey (JBL 50, 1931, p. 227-241) tenta evitar a importância disso, argumentando que *paraskeue* ("dia de preparação") era simples equivalência do hebraico/aramaico '*erebi'arûba*' ("véspera"), especificamente a véspera do sábado, ou a sexta-feira. Portanto, João não se referia ao dia de preparação para a Páscoa, mas a uma sexta-feira na semana da Páscoa. S. Zeitlin (JBL 51, 1932, p. 263-271) mostra que isso não é justificável com base em indícios semíticos e afirmei acima, em § 35, que a conotação grega de "preparação" não deve ser descartada, nem mesmo em uma expressão estereotipada.

[17] Embora, pelos cálculos calendares mais antigos, 14 de nisan, quando os cordeiros eram sacrificados, possa ter sido considerado Páscoa (B1e, acima), para João, o dia 15, quando se fazia a refeição, era a Páscoa.

Dibelius, Hoskyns, T. W. Manson, C. G. Montefiore, G. Ogg, Peake, Rawlinson, Sanday, Strachan, Streeter e Taylor — apesar da tendência dos adversários deles de citar o princípio geral de que não se pode esperar um relato histórico de João. A meu ver, esse princípio é simplesmente tão inválido quanto a tese mais antiga de que o quarto Evangelho foi escrito pela mais íntima das testemunhas oculares (João, filho de Zebedeu) e, assim, é o mais histórico de todos os Evangelhos. Nenhum dos quatro Evangelhos canônicos é história pura; todos preservam tradições mais antigas transformadas pela reflexão teológica e reunidas com propósitos missionários ou pastorais. Quando discordam, nenhum princípio geral resolve a questão do mais plausível. A cronologia joanina é apoiada por *EvPd* 2,5c, onde Jesus é entregue para execução "antes do primeiro dia de sua festa dos Pães sem fermento", e por TalBab *Sanhedrin* 43a: "Na véspera da Páscoa Yeshu, foi pendurado". (Entretanto, essas duas referências podem ter sido influenciadas indiretamente por João.[18]) Com toda a probabilidade, o argumento mais persuasivo para os que aceitam a datação da crucificação é que, então, as muitas atividades descritas na quinta/sexta-feira não ocorrem em um dia festivo. Entretanto, talvez seja errado supor que 14 de nisan, o dia em que os cordeiros eram sacrificados na área do Templo, não era dia festivo. Mesmo que fosse considerado apenas o "dia de preparação para a Páscoa" (Jo 19,14), segundo a lei judaica mais tardia, como explicamos no comentário, algumas das atividades eram proibidas também na véspera de um dia de festa, por exemplo, o julgamento judaico por um crime capital. Entretanto, não temos certeza de quanto essa atitude altamente protetora para com legalidades estava em vigor no século I.[19]

3. Tentativas para lidar com as discrepâncias

Vimos que todos os Evangelhos fixam a morte de Jesus no dia anterior ao sábado: assim, uma quinta/sexta-feira. Também vimos que, por causa de suas

---

[18] Sabemos da existência, no Cristianismo do início do século II, dos "quartodecimanos" que afirmavam dever a Páscoa cristã ser sempre celebrada no dia 14 de nisan, não importando o dia da semana em que caísse. Para G. Ziener ("Johannesevangelium und urchristliche Passafeier", em BZ 2, 1958, p. 263-274), o quarto Evangelho se origina de uma celebração judaico-cristã primitiva, do tipo dos quartodecimanos — desse modo, a datação joanina pode ter tido apenas valor litúrgico. Entretanto, muitos veem a relação na direção oposta: a datação joanina contribuiu para a prática dos quartodecimanos.

[19] Sabemos que, a esse tempo, havia certo respeito por vésperas. Jt 8,6 não tem jejum na véspera do sábado e na véspera da lua nova, mas não menciona a véspera das grandes festas. Mixná *Pesahim* 4,5 relata que na Judeia era costume continuar com as ocupações na véspera da Páscoa até o meio-dia, mas na Galileia o costume era não fazer absolutamente nenhum trabalho.

indicações que apontam para a ceia que Jesus comeu com os discípulos como refeição pascal, os evangelistas sinóticos logicamente subentendem que essa quinta/sexta-feira era 15 de nisan. As passagens joaninas que se referem a acontecimentos na quinta-feira à noite e na sexta-feira durante o dia indicam que a quinta/sexta-feira era 14 de nisan, a véspera (dia de preparação) do dia 15, quando a refeição pascal seria consumida. Tentativas de lidar com essa discrepância entre os sinóticos e João vão desde afirmar que as duas cronologias estão certas, passando pela preferência de uma à outra, até a opinião de que nenhuma está certa. A solução mais fácil é aceitar uma das duas apresentações como mais plausível — julgamento que não resolve necessariamente a questão de historicidade, embora muitos comentaristas combinem a busca para encontrar o que o evangelista pretendia com o estudo do que aconteceu.[20] Entretanto, não raro, na duvidosa suposição de que os Evangelhos devem ser históricos, há o desejo de harmonizar as duas imagens. Examinemos algumas das proposições mais proeminentes.

a) Os sinóticos e João estão corretos e é possível harmonizá-los **reorganizando a sequência**. Quase sempre essa solução baseia-se na antiga tese de que o autor de João conhecia os sinóticos e escreveu para suplementá-los, presumindo que suas passagens seriam intercaladas com as deles (mas, que pena, esquecendo-se de fornecer uma chave para fazer isso). A forma arábica do *Diatessarão* de Taciano fixa Jo 13,1-20 (refeição datada antes da Páscoa) antes do relato sinótico da Última Ceia (a refeição pascal). Isso deixa de fora a referência em Jo 18,28, onde os judeus ainda não comeram a Páscoa. Para ser plausível, então, a reorganização tem de ser combinada com outras proposições: por exemplo, as autoridades judaicas adiaram a celebração da refeição pascal até se livrarem de Jesus, seu arqui-inimigo (tão antiga quanto Crisóstomo).[21] De modo geral, penso que essa solução pressupõe o interesse em uma sequência harmonizada totalmente estranha aos evangelistas e em algumas de suas combinações, presume um comportamento judaico implausível.

---

[20] Outra questão é se algum dos evangelistas tinha conhecimento pessoal do dia exato em que Jesus morreu. É possível duvidar disso sem descer ao niilismo de supor que nenhum autor conhecia nem se importava com o que aconteceu na Paixão de Jesus.

[21] Outra proposição é a de Heawood ("Time", p. 42-44), segundo a qual, em João, o relato de que os judeus evitaram a contaminação "a fim de poderem comer a Páscoa" é confuso e, na verdade, significa: a fim de poderem completar as purificações da festa dos Pães sem fermento — purificações que se seguiam à refeição da Páscoa no dia 15. Zeitlin ("Time", p. 46-47) está perfeitamente correto ao rejeitar essa introdução em João de "Pães sem fermento", nomenclatura que ele nunca emprega e que, quando João escreveu, estava saindo de uso como nome da festa (nota 4, acima).

b) Os sinóticos e João estão corretos porque **havia duas celebrações da Páscoa, com um dia de diferença**.[22] Há quem apoie essa possibilidade com base em um dispositivo da lei segundo o qual quem não conseguia celebrar no dia 14 de nisan podia celebrar no dia 14 do mês seguinte (Nm 9,10-11). Entretanto, na verdade, essa "cláusula de escape" se opõe à probabilidade de outro escape por meio de dias contíguos legalmente tolerados para a Páscoa no próprio mês de nisan. (Nm 9,13 é severo com os que não comem no tempo marcado precisamente porque uma alternativa está disponível.) Os que adotam a abordagem de duas Páscoas sempre mencionam que a Páscoa (a lua cheia) era calculada a partir da visão da lua nova no início de nisan, visão que variava em regiões diferentes. (Na verdade, os judeus antigos tinham um conhecimento exato de astronomia que pode ter ajudado o olho nu.) Outra alegação, bastante justificada, é que os vários relatos veterotestamentários que descrevem como celebrar as festas nem sempre eram consistentes, pois expressam práticas diferentes, que mudaram através dos séculos, e que havia dissensão entre os judeus a respeito de como interpretá-las. Certamente havia controvérsia quanto a alguns detalhes cronológicos pertinentes a Páscoa/Pães sem fermento e a respeito de quando celebrar a festa das Semanas.[23] Ao julgar as variantes dessa abordagem, é preciso reconhecer que os sinóticos ligam

---

[22] Alguns biblistas apresentam como analogia o fato de, na diáspora, os judeus celebrarem a festa das Semanas em um período de dois dias (para terem certeza de ser o dia certo), enquanto os de Jerusalém celebravam em um único dia. A analogia é fraca, pois a celebração da Páscoa por Jesus teve lugar em Jerusalém e ele não era judeu da diáspora. A referência em TalBab *Megilla* 31a a dois dias de Páscoa para levar em conta a diáspora na Babilônia faz parte de um nível redacional, talvez cerca de cinco séculos depois de Jesus.

[23] Mixná *Pesahim* 4,5 preserva a memória de uma controvérsia entre as escolas de Shamai e Hilel quanto ao fato de o trabalho antes da Páscoa ter de cessar na noite em que o 14 de nisan começava ou somente ao nascer do sol. Quanto à festa das Semanas, depois do primeiro dia da festa dos Pães sem fermento vinha o dia para fazer o gesto com o feixe das primícias da colheita da cevada. Lv 23,11 diz: "O sacerdote fará isso no dia seguinte ao sábado"; e Lv 23,15-16 calcula a festa das Semanas (Pentecostes) como o quinquagésimo dia de um período que começava depois do sábado. Havia controvérsia quanto ao fato de o "sábado" indicado ter de ser considerado equivalente ao dia santo de descanso, constituído pelo dia 15 de nisan, o que poria o gesto das primícias em 16 de nisan, independentemente do dia da semana em que este caísse (opinião associada aos fariseus; defendida por Josefo [*Ant.* III,x,5; #250] e Fílon [*De specialibus legibus* ii,30; #176] e implícita na LXX de Lv 23,11), ou como o primeiro sábado que ocorresse depois do dia 15, de modo que a cerimônia das primícias era sempre em um domingo (opinião associada aos saduceus: ver Tosepta *Ros Hassana* 1,15). De modo interessante, H. Montefiore ("When"), com base em 1Cor 15,20, onde Cristo ressuscitou dos mortos como primícias, afirma que o gesto com o feixe no dia 16 de nisan aconteceu, nesse ano, no domingo, quando o túmulo foi encontrado vazio; assim, sexta--sábado era o dia 15 e quinta/sexta-feira, o dia 14, como na cronologia joanina. Entretanto, segundo o outro cálculo, o gesto sempre acontecia em um domingo, independentemente da data em nisan.

referências de tempo à refeição particular de Jesus com os discípulos, ao passo que João descreve uma cronologia pública. Contudo, a celebração de uma verdadeira refeição pascal em Jerusalém tinha de depender de quando os sacerdotes matavam cordeiros no Templo, e assim os tornavam disponíveis para a refeição — fator público que contrariava decisões calendares particulares. As variantes da abordagem das duas Páscoas incluem as seguintes:

1) Talvez os galileus celebrassem a Páscoa um dia antes do que era costume em Jerusalém (todo ano? esse ano?).[24] Jesus e seus seguidores da Galileia teriam então celebrado a Páscoa como os sinóticos descrevem, enquanto o calendário público de Jerusalém estaria refletido em João. Mixná *Pesahim* 4,5 mostra que, no século II d.C., havia uma diferença entre a Galileia e a Judeia quanto a quando o trabalho devia parar na véspera da Páscoa, mas a existência de uma diferença no século I quanto ao dia de celebrar a Páscoa continua uma suposição pouco sólida.

2) Talvez os fariseus seguissem um cálculo (e Jesus estava mais próximo deles), enquanto os (sacerdotes) saduceus seguiam outro, que dirigia a vida pública (o indicado por João). Por exemplo, há uma teoria de que, quando o dia para comer a páscoa caía no sábado (como no cálculo joanino), as limitações quanto ao trabalho na véspera do sábado impediam os sacerdotes de imolar o número necessário de cordeiros; e assim, eles tinham de começar o sacrifício um dia antes, na quinta-feira à tarde. Do mesmo modo, Chenderlin ("Distributed", p. 392) afirma que as autoridades de Jerusalém podem ter tido de fazer uma provisão para dois dias de sacrifício em nisan porque não conseguiam matar em um único dia cordeiros suficientes para satisfazer as necessidades de centenas de milhares de peregrinos que chegavam. (Contudo, começar a imolação ao meio-dia do dia 14 já era uma concessão para abranger esses aspectos práticos.) Diante desse procedimento sacerdotal – a teoria continua – e obrigados pela lei segundo a qual nada do cordeiro imolado podia permanecer até a manhã seguinte, os fariseus e seus simpatizantes tinham de comer o cordeiro na noite do primeiro dia, embora esse não fosse o tempo regular (no ano da morte de Jesus, foi a noite de quinta/sexta-feira, no dia 14), enquanto os saduceus, menos legalistas, esperavam até a segunda noite

---

[24] Dockx ("Le 14 Nisan", p. 26-29), depois de examinar algumas das variantes harmonizadoras que vou apresentar, julga essa a única proposição realmente defensável. Ele sugere que os galileus não aceitavam como obrigatória a decisão de uma comissão de calendário que se reunia em Jerusalém no dia 29 de cada mês. Mixná *Ros Hassana* 1 é a fonte para os que imaginam como a lua nova que marcava um novo mês era calculada em Jerusalém; ver Shepherd, "Are Both", p. 127.

regular, que começava no dia 15 (sexta/sábado). Contra essa teorização está o fato de os saduceus realmente observarem a lei escrita, e não temos razão para pensar que eles seriam capazes de ignorar Ex 12,10. Além disso, é estranho colocar toda a responsabilidade de solucionar as discrepâncias evangélicas na disponibilidade de um cordeiro morto, quando nenhum Evangelho menciona que um cordeiro fazia parte da refeição. Certamente, Marcos não demonstra ter percepção de uma controvérsia calendar entre saduceus e fariseus, pois, em sua primeira menção da próxima Páscoa (Mc 14,1), os chefes dos sacerdotes cooperam com os escribas (um grupo que, em outras passagens, ele associa com os fariseus: Mc 2,16; 7,1.5), em uma trama contra Jesus que pressupõe o mesmo entendimento da festa.

3) Os cálculos cronológicos variavam em toda a diáspora, onde os judeus se espalhavam a mais de 1.600 quilômetros de Jerusalém, talvez por isso houvesse a estratégia de uma Páscoa de dois dias consecutivos, a fim de haver a certeza de abranger o dia correto. De modo mais específico, Shepherd ("Are Both") sugere que os judeus da diáspora utilizavam cálculos astronômicos fixos, segundo os quais quinta/sexta-feira era 15 de nisan, enquanto os palestinos ficavam na dependência de avistar a lua nova e sexta/sábado era o dia 15 para eles. Nessas explicações, sabendo que estaria morto no segundo dos dois dias, Jesus optou nesse ano pelo primeiro (embora ele não fosse um judeu da diáspora). Ele celebrou a refeição pascal no dia 14 de nisan, enquanto muitos outros judeus de seu tempo fizeram a refeição no dia 15 (sexta/sábado). Parece que essas teorias imaginam os sacerdotes cooperando com um cálculo calendar que eles não aceitavam, ao imolarem cordeiros no dia anterior a cada uma dessas Páscoas! *O problema com todas essas soluções é não termos nenhum indício para a celebração em Jerusalém de dois dias seguidos como Páscoa.* A solução foi inventada para sanar discrepâncias e não pode invocar o apoio de práticas judaicas comprovadas.

c) Os sinóticos e João estão corretos porque **os sinóticos não estavam descrevendo uma refeição pascal.**[25] Ao contrário, do mesmo modo que João,

---

[25] Com menos frequência, o argumento avança na direção oposta, a saber, que nos sinóticos e *em João* Jesus fez a refeição da Páscoa com seus seguidores; e quando, durante o dia seguinte, Jo 18,28 relata que os judeus não queriam se contaminar entrando no pretório, a fim de "poderem comer [*phagein*] o cordeiro/a refeição pascal", a referência é às refeições subsequentes do período festivo de sete dias. Chenderlin ("Distributed", p. 369-370) defende isso e menciona que o verbo para a Páscoa/páscoa propriamente dita era *thyein* ("sacrificar") ou *poiein* ("fazer"). Entretanto, dado que o AT mostra preocupação específica quanto à pureza preparatória para comer a refeição pascal (por exemplo, Nm 9,6-13, com Nm 9,11

estavam descrevendo uma refeição não pascal consumida por Jesus com os discípulos no dia 14 de nisan. Alguns biblistas julgam que, na noite antes de morrer, Jesus fez uma refeição abençoada de maneira especial,[26] ou uma refeição do tipo consumido por confederações religiosas (Haburoth).[27] Entretanto, além do fato de sabermos muito pouco a respeito da prática dessas refeições sugeridas no século I d.C. (o que seria um caso de explicar *obscurum per obscurius*), essas sugestões não fazem justiça aos dados sinóticos a respeito de preparar *para a páscoa*, nem a Lc 22,15: "Desejei comer convosco esta refeição pascal". Sendo assim, uma sugestão mais comum é que, na noite que terminou o dia 13 de nisan e começou o dia 14, segundo os sinóticos e também João, Jesus comeu uma refeição pré-pascal,[28] refeição essa que ele mesmo designou a fim de antecipar a refeição pascal habitual a ser consumida na noite seguinte (que ele sabia não poder comer porque estaria morto). Os indícios que JEWJ, p. 41-62, reuniu para provar que a Última Ceia foi uma refeição pascal[29] são muitas vezes citados na teoria da refeição pré-pascal: foi refeição pascal em tudo, exceto o cordeiro (que não pôde ser obtido porque só seria imolado na tarde seguinte); e é por isso que Jesus falou de comer esta páscoa

---

usando *phagein*), essa é uma interpretação forçada. Além disso, lida mal com Jo 19,14, que chama o dia em que Jesus foi julgado de "(dia de) preparação para a Páscoa" — claramente, essa linguagem envolve a preparação para um dia muito especial, não para qualquer dia em uma temporada festiva de uma semana. Por fim, a tese não faz justiça a Jo 13,29, o que é forte indicação de que a refeição que Jesus está comendo não é a refeição da festa (da Páscoa), para a qual ainda é preciso comprar as coisas.

[26] Não raro é feita referência a Qiddush (Kiddush), ou refeições de purificação, isto é, alimento consumido nas vésperas de sábado e de festas para santificar ritualmente aqueles dias (ver Walker, "Dating", p. 294). Taylor (*Jesus*, p. 115-116) relata que G. H. Box optou pela Qiddush de sábado, enquanto W. E. Oesterley e G. H. C. Macgregor preferiram a Qiddush da Páscoa. Taylor (também Geldenhuys, "Day", p. 651) rejeita essas proposições baseado no fato de ser essa refeição consumida na noite em que o sábado ou a Páscoa começava, assim, regularmente, na sexta para o sábado, e também em uma sexta nesse ano em particular, se seguirmos a cronologia joanina para a Páscoa. Não há indícios de que qualquer delas pudesse ser antecipada em um dia e consumida em uma quinta-feira à noite, como nos sinóticos. Ver debates rabínicos a respeito de várias ocasiões para recitar a Qiddush em TalBab *Pesahim* 105a ss.

[27] JJTJ, p. 333-355, estuda as *habûrâ*, tentando reconstruir a história dessas comunidades em Jerusalém no século I d.C.; mas, quase todos os indícios são rabínicos e é muito difícil saber quanta organização mais tardia foi retrojetada na imagem.

[28] Ver Blank, "Johannespassion", p. 151-152; Bornhäuser, *Death*, p. 63-64. Ocasionalmente, tenho a impressão de que os proponentes da refeição pré-pascal pensam em uma refeição que era costume aceito para a noite que terminava o dia 13 de nisan e começava o dia 14. Não conheço prova concreta da existência, nessa época, de tal refeição estabelecida.

[29] Consumida nos limites de Jerusalém, à noite, com um número apropriado (no mínimo dez); reclinado; com os presentes lavados e, assim, ritualmente puros; vinho; a sugestão de dar alguma coisa aos pobres; palavras interpretativas sobre o pão e o vinho.

com seus seguidores. Contudo, a fluência da narrativa sinótica não favorece essa antecipação particular da refeição pascal; (dois) discípulos são encarregados de ir à cidade procurar uma casa onde Jesus possa comer a páscoa com os discípulos (Mc 14,12-16 e par.). Essa preparação envolve contato público e certamente não supõe que, quando se reunirem à noite, eles vão comer um tipo de páscoa particular um dia antes de todas as outras pessoas. A meu ver, essa teoria é mais um exemplo de uma criação *ad hoc* com propósitos de harmonização. Se não tivéssemos João, os que agora se inclinam a encontrar uma refeição pré-pascal nos relatos sinóticos da Última Ceia nunca pensariam nessa tese e defenderiam uma refeição pascal.

Além disso, quer se pense em uma refeição pascal, quer em uma pré-pascal, os paralelos da Páscoa em JEWJ são um apoio fraco. Muitos deles são tirados de descrições mixnaicas da Páscoa que são duvidosamente aplicáveis ao tempo de Jesus, como lembrou Bokser ("Was"), que se especializou em tentar reconstruir a refeição festiva primitiva. Pessoalmente, acho bastante persuasiva sua tese[30] de que o *seder* da Páscoa, como o conhecemos de fontes judaicas, só surgiu depois de 70 d.C., quando o cordeiro já não podia ser morto sacrificalmente e a perda desse elemento principal da refeição fez com que maior ênfase simbólica fosse dada a outros elementos à guisa de compensação. Por outro lado, precisamos tomar cuidado ao aplicar os argumentos de Bokser a um exame dos relatos evangélicos da Última Ceia. Eles provam que não é possível demonstrar que historicamente Jesus comeu uma refeição pascal com os discípulos, como Jeremias e muitos outros procuraram fazer. Eles não nos dizem se os evangelistas que conheciam a situação judaica depois de 70 estavam distorcendo a descrição da última refeição de Jesus com imagens das refeições pascais "sem cordeiro" que começaram a ser celebradas a esse tempo. Os aspectos da Páscoa semelhantes ao *seder* desenvolveram-se logo depois de 70? Quando seus ecos entraram nas descrições cristãs da Última Ceia? Já havia um desenvolvimento incipiente de simbolismo *seder* na Páscoa "sem cordeiro" celebrada fora de Jerusalém, na diáspora, que teria facilitado os dois processos? Os leitores devem se lembrar dessas questões quando considerarem, na grande subseção a seguir (3), o ponto de vista que adotei neste comentário. Entretanto, antes de nos voltarmos para ela, é preciso mencionar outra tentativa para harmonizar os Evangelhos.

---

[30] B. M. Bokser, *The Origins of the Seder*, Berkeley, Univ. of California, 1984.

d) Os sinóticos e João estão corretos na medida em que preservam memórias da cronologia do **calendário de Qumrã** que Jesus seguiu em seus últimos dias. Embora muitos tenham teorizado que simultaneamente houve adesão a diversos calendários religiosos por judeus na Palestina no século I d.C., só tivemos nossa primeira prova concreta disso com a descoberta dos Manuscritos do Mar Morto, em Qumrã, em 1947. Claramente, os que produziram os Manuscritos (identificados pela maioria como essênios) aderiram ao calendário *solar* presumível no *Livro dos Jubileus*, antigo calendário que fora substituído no Templo de Jerusalém (provavelmente no século II a.C.) pelo que costumamos pensar ser o calendário lunar judaico comum. O calendário de Qumrã, baseado em um ano solar aproximado de 364 dias, com adições intercaladas, era permanente de maneira engenhosa, de modo que as festas caíam no mesmo dia da semana todos os anos. Por exemplo, na suposição de que os dias sejam contados a partir do entardecer, 15 de nisan (a data da refeição pascal) sempre começaria terça-feira à noite e continuaria durante o dia da quarta-feira. Com Jaubert e Ruckstuhl, como defensores, e muitos outros (Delorme, Skehan, Schwank, E. Vogt) expressando interesse ou apoio, uma organização harmoniosa de detalhes evangélicos foi proposta para mostrar como Jesus poderia ter seguido o calendário solar (essênio) de Qumrã. Nessa teoria, o calendário solar reflete-se nas referências de tempo nos sinóticos, enquanto as indicações joaninas foram influenciadas pelas datas correspondentes no calendário lunar oficial, seguido pelas autoridades de Jerusalém. Esquematizo os resultados no Quadro 11, a seguir.[31]

QUADRO 11. COMPARAÇÃO ENTRE O CALENDÁRIO SOLAR (DE QUMRÃ) E O CALENDÁRIO LUNAR PARA DATAR EVENTOS DA NARRATIVA DA PAIXÃO

Dia	Acontecimento evangélico	Data de nisan
terça-feira, durante o dia →	preparação para a refeição pascal (Mc 14,12-16)	14 solar 11 lunar

---

[31] As referências evangélicas que apresento ali supõem algum entendimento intuitivo pelos leitores: Mesmo que um evento ocorra em diversos ou todos os Evangelhos, por exemplo, as negações de Pedro, apresento a referência mais apropriada à sequência, por exemplo, só em Lucas essas negações são seguidas imediatamente por um escárnio de Jesus. Quem quiser realmente saber por que apresento uma referência em vez de outra deve consultar o estudo do episódio no comentário.

terça-feira, ao entardecer →	refeição pascal da Última Ceia (Mc 14,17-18; Lc 22,15) comida antes de 15 de nisan (lunar) (Jo 13,1)	15 solar (refeição pascal)
noite → (terça/quarta)	Getsêmani; prisão de Jesus Interrogatório diante de Anás (Mc 14,53a; Jo 18,13) Negações de Pedro; escárnio pelos criados (Lc 22,54-65) Enviado a Caifás (Jo 18,24); 1ª sessão do sinédrio (Lc 22,66-71)	12 lunar
quarta-feira durante o dia →	Escárnio de Jesus pelas autoridades (Mc 14,65)	
noite → (quarta/quinta-feira)	*(Jesus sob a guarda do sumo sacerdote)*	16 solar
quinta-feira de manhã →	2ª sessão do sinédrio (Mc 15,1a) Jesus levado a Pilatos (Mc 15,1b; Lc 23,1) Início do julgamento por Pilatos (Lc 23,2-5)	13 lunar
quinta à tarde →	Jesus levado a Herodes (Lc 23,6-12) Volta a Pilatos e retomada do julgamento (Lc 23,15ss); recesso	
noite → (quinta-sexta)	*(Jesus sob a guarda de Pilatos)* Sonho da mulher de Pilatos (Mt 27,19)	17 solar
sexta-feira de manhã →	Julgamento por Pilatos retomado; Barrabás Pilatos sentencia Jesus (Mc 15,15) meio-dia antes da Páscoa (Jo 19,14) (sacerdotes judeus imolam cordeiros no recinto do Templo) Crucificação, morte, sepultamento por José	14 lunar
sexta-feira ao entardecer → sábado de manhã →	Jesus no túmulo Os judeus comem sua refeição pascal (Jo 18,28b) Sacerdotes e fariseus pedem a Pilatos para guardar o sepulcro (Mt 27,62-64)	18 solar 15 lunar (refeição pascal)

Vou agora relacionar argumentos apresentados em defesa dessa ousada reconstrução e, ao mesmo tempo, dar-lhes uma resposta separada por travessões: i) Confere mais tempo para acontecimentos que parecem absurdamente amontoados nos Evangelhos — mas isso desfaz o motivo de pressa e atuação furtiva que os sinóticos atribuem às autoridades judaicas. ii) Satisfaz as demandas mixnaicas que exigiam julgamentos durante mais de um dia para crimes punidos com pena de morte, com um interstício antes da condenação — contudo (§ 18, C3, acima), não há nenhum indício real de que essas leis judaicas mais tardias estavam em vigor nessa época. iii) Possibilita que a unção de Jesus pela mulher em Betânia seja "seis dias antes da Páscoa" (Jo 12,1) e só dois ou três dias antes da Páscoa (Mc 14,1.3) — mas, só ao preço de ignorar como Marcos juntou Mc 14,1-16, conforme explicamos acima. iv) Há uma tradição cristã que corrobora uma lembrança da Última Ceia na noite de terça-feira, especialmente em *Didascalia Apostolorum* 21 (5,13; Connolly, org., p. 181) — mas, é essa uma reminiscência histórica de que Jesus seguia um calendário essênio, ou o desejo de cumprir a profecia de que Jesus ficou três dias e três noites no seio da terra (Mt 12,40), conforme explicamos sob A, acima?

Esse resumo de argumentos de apoio não faz justiça à quantidade de engenhosidade erudita dedicada à defesa da hipótese do calendário essênio. Contudo, junto-me resolutamente aos que, em artigos ou em críticas de livros, a rejeitam (Benoit, Blinzler, Gaechter, Jeremias, Ogg, Schubert, Trilling etc.). A harmonização dos acontecimentos apresentados no quadro põe tradições pré-evangélicas genuínas junto com revisões literárias pelos evangelistas que deveriam ser deixadas de fora de uma reconstrução histórica. No comentário, afirmei que a organização lucana (que é muito importante nesta teoria) origina-se de seu desejo de pôr em ordem mais lógica (Lc 1,3: *kathexes*) o que ele encontrou em Marcos e é totalmente secundária. A ideia de dois julgamentos em Marcos baseia-se em uma interpretação errônea de Mc 15,1. Não se deve tentar encaixar em uma cronologia claramente imaginosa histórias que Mateus tomou por empréstimo da tradição popular, por exemplo, o sonho da mulher de Pilatos. Além disso, que indício existe de que Jesus, em qualquer outra época da vida, seguiu uma coisa diferente do calendário oficial? A aderência ao calendário era questão de profunda identidade religiosa; nenhuma acusação contra Jesus por seus inimigos o recrimina por simpatias essênias ou irregularidades calendares. O que levaria Jesus e seus discípulos a se afastarem tão perigosamente do calendário oficial nesse caso? Onde eles conseguiram o cordeiro para a Páscoa, dias antes do tempo oficial para a imolação?[32] Em suma, essa solução tem base menos plausível que muitas outras harmonizações e só cria novas dificuldades.

---

[32] Ruckstuhl ("Zur Chronologie", p. 50-51) apela para Josefo (*Ant.* XVIII,i,5; #19), passagem obscura. É de se supor que os essênios enviassem oferendas ao Templo, mas observassem regras diferentes de

Ao concluir esta subseção, minha opinião é que as diversas tentativas de conciliar as discrepâncias cronológicas entre os sinóticos e João são implausíveis, desnecessárias e enganosas.[33] As duas tradições evangélicas nos transmitiram informações cronológicas irreconciliáveis. Pela lógica, então, nenhum ou apenas um conjunto de informações é histórico. No que se segue, vou ultrapassar essa opinião para sugerir por que os evangelistas produziram cronologias diferentes, sugestão que vai esclarecer a tradição histórica mais antiga.

4. Breve exame da opinião adotada neste comentário

A palavra "breve" aparece no título por duas razões: primeiro, ao refutar as muitas soluções harmonizadoras acima, expus para os leitores os fatos básicos com que é preciso lidar; segundo, o longo comentário sobre as NPs que é a essência deste livro preenche o que está apenas esboçado aqui.

Antes que os Evangelhos fossem escritos, Paulo relatou como tradição recebida (com toda a probabilidade remontando aos anos 30, quando se tornou seguidor de Jesus) que, na noite em que Jesus foi entregue, ele tomou o pão e disse: "Isto é o meu corpo", e depois da ceia: "Este cálice é a nova aliança no meu sangue" (1Cor 11,23-25). Em outras palavras, ele conhecia a tradição primitiva de uma Última Ceia antes da morte de Jesus (com palavras eucarísticas em uma forma mais próxima do que Lucas relata). Na mesma carta, Paulo desafia os leitores/ouvintes a jogar fora o velho fermento, visto que eles são sem fermento, "de fato, Cristo, nosso cordeiro pascal, foi imolado" (1Cor 5,7). Ele declara que Cristo ressuscitou dos mortos,

---

purificação e, por isso, fossem barrados do recinto do Templo frequentado por outros. O que é incerto é se Josefo quer dizer que, então, eles iam para outro lugar (em Jerusalém?) para oferecer sacrifícios em Jerusalém, sob suas regras, ou que cessaram completamente de oferecer sacrifícios em Jerusalém. Reconhecida a hostilidade dos sacerdotes de Jerusalém para com os sectários de Qumrã atestada nos Manuscritos do Mar Morto, é bastante duvidoso que os sacerdotes essênios de Qumrã tivessem permissão para sacrificar publicamente cordeiros pascais em Jerusalém, de modo que um não essênio como Jesus poderia obter um, se decidisse seguir o calendário solar. Ver Blinzler, *Prozess*, p. 118-120; HJPAJC, v. 2, p. 570, 582, 588.

[33] Infelizmente, muitos que têm interesses religiosos justificáveis nos Evangelhos sentem-se impelidos a harmonizá-los. Contudo, quando se crê que os Evangelhos são a Palavra inspirada de Deus, por que procurar melhorar o que eles oferecem, harmonizando suas diferenças, para apresentar aos outros uma imagem unificada que eles *não* mostram? Quando se crê que a Igreja cristã foi guiada no reconhecimento de que os Evangelhos são canônicos ou normativos, por que procurar produzir uma harmonia em lugar deles? No século II, Taciano fez isso, mas, no fim, a Igreja toda recusou-se a substituir por sua harmonia os quatro Evangelhos distintos.

"primícias dos que adormeceram" (1Cor 15,20). Parece claro que, para Paulo, a morte e a ressurreição de Jesus estavam associadas ao simbolismo dos primeiros dias da festa da Páscoa/dos Pães sem fermento. Como uma festa de peregrinação é a explicação mais plausível da razão de Jesus e seus discípulos galileus estarem juntos em Jerusalém, considero histórico o fato de a Última Ceia e a crucificação de Jesus terem lugar exatamente na Páscoa ou antes dela — fato que os cristãos bem depressa usaram teologicamente, relacionando sua morte ao sacrifício do cordeiro pascal. Paulo não é a única testemunha fora dos Evangelhos a fazer isso. Mais tarde, mas não em óbvia dependência dos Evangelhos, 1Pd 1,19 fala do "precioso sangue de Cristo, como de um cordeiro sem defeito e sem mancha", fazendo eco a Ex 12,5. Embora (talvez sob a influência de convenções apocalípticas) Ap 5,6-14 use uma palavra grega para cordeiro (*arnion*) que não é empregada pela LXX para o cordeiro pascal, tal identificação talvez esteja por trás da imagem de Cristo no livro do Apocalipse (em um contexto litúrgico de incenso, orações e hinos), de pé como cordeiro imolado que, com seu sangue, adquiria para Deus gente de todas as tribos. No comentário da Paixão, muitas vezes vimos que um antigo discernimento encontrou seu caminho *na narrativa* de modo diferente em Marcos e em João. Aqui, isso é verdade a respeito da identificação teológica pré-evangélica de Jesus como cordeiro pascal.

Em Mc 14, a Última Ceia de Jesus com os discípulos é apresentada como refeição pascal. Isso está claro em Mc 14,12-16, a preparação para a refeição; e, por isso, creio que Lucas (Lc 22,15) interpreta Marcos corretamente quando faz Jesus começar a ceia dizendo que desejou comer esta páscoa com os discípulos. Não sei se a identificação teológica foi completada a ponto de os leitores reconhecerem aspectos pascais em detalhes de como a refeição é comida e o cálice bebido.[34] Entretanto, é óbvio que, nesta ceia pascal, as palavras faladas com referência ao pão e vinho dão ao corpo e sangue de Jesus ("derramado por muitos") o lugar central

---

[34] Aliás, ninguém mais sabe, por causa de duas graves lacunas em nossas informações: com que rapidez foram introduzidas no ritual judaico da refeição pascal as adaptações do período pós-70, quando os cordeiros já não eram sacrificados (adaptações explicadas na Mixná escrita por volta de 200), e até que ponto estavam os futuros leitores cristãos dos anos 60-90 (quando os Evangelhos sinóticos foram escritos) familiarizados com a celebração da Páscoa judaica contemporânea? Do começo ao fim do comentário, afirmei que a explicação dada por Marcos em Mc 7,3-4 sugere que os leitores pouco sabiam a respeito do Judaísmo. Lucas tem um bom conhecimento teórico (LXX) do Judaísmo, mas há poucas indicações do que seus leitores conheciam. É bem possível que a seção judeu-cristã da comunidade mateana conhecesse bastante o Judaísmo contemporâneo, embora de maneira polêmica.

que normalmente seria atribuído ao cordeiro sacrificado no Templo, cordeiro que não é mencionado na Última Ceia. Em outras palavras, temos aqui um teologúmeno, a saber, a apresentação da Última Ceia como refeição pascal é dramatização da proclamação pré-evangélica de Jesus como o cordeiro pascal. Considerando que Marcos escreveu isso em forma narrativa,[35] foi ele o responsável pelo teologúmeno básico? Ou, antes de Marcos escrever, os cristãos já haviam começado a imaginar a "ceia do Senhor" (1Cor 11,20) consumida "na noite em que ele foi entregue" (1Cor 11,23) como refeição pascal? O dia que começou ao entardecer com a refeição pascal teria sido 15 de nisan e o primeiro dia da festa de uma semana dos Pães sem fermento.[36] Mencionamos que Marcos não faz eco à datação desse dia festivo em nenhum detalhe da Paixão de Jesus subsequente à ceia;[37] na verdade, sem manifestar nenhuma consciência de que precisa dar uma explicação, ele narra atividades que são extremamente difíceis de conciliar com o dia festivo. Além disso, com essa datação do dia festivo para a captura e crucificação, ele não modificou o conflito implícito na referência em Mc 14,2 à trama dos chefes dos sacerdotes e escribas para *não* agarrar e matar Jesus "na festa". Se Marcos tivesse criado a datação pascal para a refeição, seria de se esperar que ele cogitasse as implicações e desse maior consistência à narrativa. Parece mais provável que Marcos assumisse um entendimento da ceia como refeição pascal e não tentasse mudar a narrativa básica da Paixão à luz dela — e isso (talvez conscientemente) porque ele pensava na caracterização pascal da refeição como teologia litúrgica, e não como história.[38] A meu ver, então, embora os cristãos logo começassem a pensar na Última Ceia como refeição pascal, essa imagem não nos dá informações históricas de que Jesus morreu no dia 15 de nisan; e, na verdade, desconfio que Marcos tenha reconhecido

---

[35] Portanto, a presença de estilo marcano em Mc 14,12-16 não soluciona a questão de ser marcana ou pré-marcana a inspiração básica.

[36] Pelos cálculos de muitos, teria sido Páscoa. Entretanto, como foi explicado em B1e, acima, há inconsistência nas referências do século I quanto ao fato de a Páscoa ter sido no dia 14 ou no dia 15 e, por essa razão, evito o termo.

[37] Como lembrei, durante o julgamento por Pilatos, Mc 15,6 e Mt 27,15 falam do costume de soltar um prisioneiro "em uma/na festa". Contudo, essa referência não precisa significar mais que durante o período festivo de oito dias da Páscoa/dos Pães sem fermento e com certeza não ressalta o dia do julgamento como o dia de festa por excelência.

[38] Blank ("Joannespassion", p. 151-154) apela à teoria de Schille, segundo a qual Marcos reflete o ambiente cultual da Páscoa cristã anual, que era a ocasião para recitar a NP. Grappe ("Essai", p. 106-108) reúne esforços para usar o que é conhecido a respeito dos quartodecimanos (nota 18, acima) para reconstruir a prática da Páscoa judeu-cristã primitiva.

isso. Portanto, apesar de toda a tinta gasta com o assunto, em discussões cronológicas devemos tratar com extrema cautela (e talvez desistir dela) a chamada datação sinótica da crucificação em 15 de nisan (datação que, de fato, esses Evangelhos nunca aplicam a outra coisa além da Última Ceia[39]).

Em Jo 1,29 (Jo 1,36), o discernimento teológico de Jesus como cordeiro pascal encontra expressão direta quando João Batista o saúda como "o Cordeiro de Deus que tira o pecado do mundo".[40] O Evangelho não explica como Jesus, o cordeiro, tira o pecado do mundo; mas 1 João (que sempre recorda antigas tradições joaninas), em passagens relacionadas (1Jo 1,7; 2,2), diz: "O sangue de Jesus, Seu Filho, nos purifica de todo pecado" e "Ele próprio é uma expiação pelos nossos pecados e não só pelos nossos pecados, mas também pelo mundo inteiro". Essa indicação de que, pela sua morte, o Cordeiro de Deus é eficaz contra o pecado do mundo encontra reforço na incidência frequente de metáforas do cordeiro pascal na NP joanina. Os soldados não quebram os ossos de Jesus (Jo 19,33), cumprindo assim a descrição bíblica do cordeiro pascal: "Não quebrarão nenhum de seus ossos" (Jo 19,36: Ex 12,10.46; Nm 9,12; § 44, acima, sob "Cumprimento da Escritura [Jo 19,36-37]"). O hissopo é usado para erguer a esponja de vinho avinagrado aos lábios de Jesus, do mesmo modo como foi usado para espargir o sangue do cordeiro pascal nos batentes das portas dos lares israelitas (Ex 12,22). É provável também que, ao usar "a sexta hora" (o cálculo de "hora" comum aos quatro relatos da morte de Jesus) para o momento no "dia de preparação para a Páscoa" em que Pilatos condenou Jesus à morte, Jo 19,14 aluda a Jesus como o cordeiro pascal; de fato, isso aconteceu quando os sacerdotes começaram a imolar os cordeiros, em 14 de nisan, em preparação para a refeição pascal no dia 15.[41] Em outras palavras, como Marcos, em sua narrativa João entrelaçou o discernimento pré-evangélico de Jesus

---

[39] A única referência no contexto da Paixão não ligada à refeição está em Mc 14,1: "Mas a Páscoa e os Pães sem fermento eram (iam ser) depois de dois dias". Como expliquei, a natureza de encaixe do material que se segue em Mc 14,1-11 significa que, sem as referências à Páscoa preparatórias da próxima refeição em Mc 14,12-14, não poderíamos dizer com precisão, a partir de Marcos, a data do dia em que Jesus morreu (14 ou 15 de nisan). O mesmo pode ser dito de Mateus e Lucas, que aqui dependem muito de Marcos.

[40] BGJ (v. 1, p. 58-63) afirma que "Cordeiro de Deus" talvez seja símbolo polivalente, destinado a recordar não só o cordeiro pascal (sua referência mais plausível), mas também o tema do servo sofredor que vai para a morte como ovelha levada ao matadouro (Is 53,7), e até o cordeiro apocalíptico. Os problemas de vocabulário são discutidos ali.

[41] Ver o estudo em § 35, nota 47 e parágrafo referente. Mencionei que, ao retratar Jesus na festa dos Tabernáculos, assim como aqui, com referência à Páscoa, João esperava que os leitores percebessem alusões ao simbolismo da festa que evoluíra além do explicado no AT.

como o cordeiro pascal. Ao contrário de Marcos, ele não faz isso com referência à Última Ceia, pois no relato joanino não há nada manifesto que aponte para ela como refeição pascal e nenhuma referência ao corpo e sangue eucarísticos de Jesus que pudesse tomar o lugar do cordeiro ausente.[42]

Como essa análise afeta nossa avaliação da cronologia joanina? Usamos as sete referências joaninas à Páscoa (três em antecipação e quatro imprecisas, conforme examinamos sob B2cd, acima) para determinar que João retrata a quinta/sexta-feira da Última Ceia, do julgamento e da morte de Jesus como 14 de nisan, a véspera da Páscoa. Somente uma delas (Jo 19,14, examinada em último lugar no parágrafo anterior), a que fala especificamente do "dia de preparação para a Páscoa", relaciona-se com o fato de Jesus ser retratado como o cordeiro pascal e isso por uma alusão sutil. Assim, a disparidade não apoia ter João criado a cronologia para se ajustar a esse discernimento teológico.

Entretanto, essa observação não é suficiente para estabelecer a historicidade: a cronologia de 14 de nisan, mesmo que não se origine da dramatização teológica joanina, ainda pode ser produto da imaginação e uma suposição errada. Contudo, é praticamente impossível encontrar uma data alternativa plausível. Vimos a dúvida do 15 de nisan e não há nenhuma lembrança que sugira que a crucificação foi mais tarde que isso. Na verdade, conforme indicado na nota 23, acima, a cerimônia das primícias que não ocorre mais tarde no período festivo (dia 16 ou domingo) estava ligada à ressurreição de Jesus, de modo que ele deve ter morrido antes disso. Nem existe razão para pensar que Jesus morreu antes do dia 14. Não só não há nenhuma lembrança evangélica nesse sentido, mas também nenhum dia anterior como o dia 13 ou 12 fazia parte da festa da Páscoa judaica ou estava associado à morte do cordeiro pascal. Se Jesus foi executado em um desses dias, por que a lembrança mais primitiva preservada da Última Ceia na noite em que Jesus foi entregue à morte (1 Coríntios) coexiste com uma referência a ele como nosso cordeiro pascal que foi sacrificado? Suponho ser possível teorizar que, se Jesus morreu no ambiente geral da Páscoa, os cristãos poderiam ter começado a pensar nele como o cordeiro

---

[42] Jeremias, evidentemente, encontra referências implícitas à Páscoa; ver nota 34, acima, e a questão maior da duvidosa aplicabilidade ao século I do seder mixnaico da Páscoa. Se, em um período mais primitivo do desenvolvimento da tradição evangélica joanina, houve um tema da Páscoa na Última Ceia, ele relaciona-se em parte à aceitação da tese de que a passagem a respeito de comer a carne e beber o sangue de Jesus em Jo 6,51-58 outrora estava no contexto do capítulo 13 da ceia (ver BGJ, v. 1, p. 287-291).

pascal; mas a referência explícita à noite em que ele foi entregue faz parte de uma tradição que Paulo recebeu e assim nos leva de volta ao pensamento cristão dos dias bem primitivos.[43] Assim, há sólidas razões para julgar histórico o fato de Jesus ter morrido na quinta/sexta-feira de 14 de nisan, o dia em que os cordeiros pascais eram sacrificados e véspera de 15 de nisan,[44] quando a refeição pascal seria consumida.

C. O ano

Exceto pelos poucos românticos para os quais Jesus não morreu na cruz, mas acordou no túmulo e fugiu para a Índia com Maria Madalena, em sua maioria os biblistas aceitam o testemunho uniforme dos Evangelhos, segundo o qual Jesus morreu durante o governo da Judeia por Pôncio Pilatos, que é comumente datado entre 26 e 36 d.C.[45] O que fazer para estreitar o tempo? As narrativas da infância de Mateus e Lucas (que não são modelos de história objetiva) indicam que Jesus nasceu antes de Herodes, o Grande, morrer — morte controversa, mesmo que a grande maioria aceite 4 a.C.[46] Não sabemos quanto tempo antes dessa morte, mas muitos apelam ao testemunho de Mt 2,26, segundo o qual Herodes procurou matar os meninos "de dois anos para baixo" e assim optamos pela data do nascimento de Jesus em 6 a.C. Durante o relato joanino do ministério público de Jesus (Jo 8,57), "os judeus" lhe dizem: "Ainda não tens cinquenta anos" — quando se nota o tom hiperbólico dessa declaração e se conta a partir das indicações mateanas e lucanas do nascimento, ela sugere que Jesus estava ativo publicamente antes de 44 d.C. Lc 3,23 diz que, quando começou seu ministério, Jesus tinha cerca de trinta anos (assim, c. 24 d.C.?). Em Lc 3,1, João Batista recebe a Palavra de Deus no 15º ano do reinado de Tibério César, mas essa datação não é sem dificuldades. Fitzmyer (Luke, v. 1, p. 455) relaciona cinco fatores problemáticos no cálculo dessa data, mas

---

[43] Percebo, evidentemente, que a referência ao cordeiro pascal em 1Cor 5,7 não é necessariamente tão antiga quanto o material em 1Cor 11,23-25; mas as duas passagens se relacionam e não há nenhuma indicação de novidade na apresentação paulina da metáfora do cordeiro pascal (que com certeza não é um progresso da missão aos gentios), de modo que não podemos separá-los por um longo espaço de tempo.

[44] Ou, como Jo 19,14 o chama, o "dia de preparação para a Páscoa".

[45] Os evangelistas (exceto Marcos) mencionam o sumo sacerdócio de Caifás, mas isso não ajuda para datar a crucificação, pois Caifás foi sumo sacerdote antes e depois do governo de Pilatos, de 18 a 36/37. Uma datação excêntrica para a morte de Jesus é fornecida por R. Eisler (21 d.C.) e J. Steward (24 d.C.).

[46] Ver BNM, p. 196-197, 791-795, também R. E. Brown, *CBQ* 48, 1986, p. 482-483.

muitos optam por agosto/setembro de 28-29 d.C. Às vezes, o cálculo cronológico lucano não é exato (por exemplo, para o censo sob Quirino; ver BNM, p. 651-662). Além disso, não sabemos de quanto tempo foi o intervalo entre o recebimento da Palavra por João Batista e o início do ministério de Jesus: vários anos ou alguns meses? O fato de, depois de vinte versículos, Lucas voltar-se para Jesus tem levado muitos calculadores a optar pelo tempo menor e iniciar o ministério de Jesus no fim de 28; mas isso não é totalmente harmonioso com a ideia lucana de que Jesus tinha cerca de 30 anos. Em Jo 2,20, quando Jesus purifica o Templo e prediz a destruição do santuário, os adversários judaicos contestam que levou 46 anos para construir o santuário. Josefo (Ant. XV,xi,1; #380; e Guerra I,xxi,1; #401) dá duas datas diferentes para o início da reconstrução, a saber, 23/22 a.C. e 20/19 a.C., às quais a adição de 46 anos daria 24/25 e 27/28 d.C., respectivamente.[47] Embora haja problemas a respeito da colocação joanina dessa cena de purificação do Templo no início do ministério, quando os sinóticos a colocam nos últimos dias da vida de Jesus, muitos biblistas aceitam a última data como histórica e usam-na para confirmar a cronologia lucana que aponta para o ano de 28 d.C. como o início da atividade pública de Jesus.

Se Jesus começou seu ministério a esse tempo (e esse é um grande "se"), quanto tempo durou o ministério antes que ele fosse crucificado? Os Evangelhos sinóticos não apresentam um meio de calcular a duração do ministério e, da pouca extensão do relato marcano, é possível presumir que durou um tempo relativamente curto. Uma Páscoa é mencionada em Jo 2,13; outra em Jo 6,4 e uma terceira em relação à morte de Jesus (Jo 11,55 etc.). Devido à concentração joanina altamente teológica em temas pascais, são históricas essas referências a uma festa anual? Se a resposta for sim, são essas três Páscoas (que João *menciona* com propósitos próprios), as únicas Páscoas do ministério público? Se a resposta for sim, quanto tempo Jesus esteve em atividade antes da primeira Páscoa mencionada? A resposta talvez determine se devemos pensar em um ministério de dois anos ou de três anos. Se acrescentarmos dois ou três anos a 28/29, dependendo de que mês nesses anos Jesus começou a estar ativo, saímos com um limite entre 30 e 33 para a morte de Jesus. As incertezas que indiquei a respeito de cada etapa do raciocínio tornam tais

---

[47] Hoehner ("Year", p. 339) conta a partir do início da construção do *santuário* propriamente dito em 18/17 a.C. e surge com 30 d.C. — data que favorece a crucificação em 33.

cálculos bastante precários, para dizer o mínimo;[48] contudo, eles tiveram impacto. Blinzler (*Prozess*, p. 101-102) relaciona as opções de cerca de 100 biblistas para o ano da morte de Jesus. Nenhum dos que ele relaciona optou por 34 d.C. (na verdade, Zeitlin o fez), ou 35, enquanto entre um e três optaram respectivamente pelos anos 26, 27, 28, 31, 32 e 36.[49] Treze optaram por 29 d.C., cinquenta e três por 30, e vinte e quatro por 33[50] — assim, perto do limite que acabamos de mencionar.

A astronomia desempenha papel importante na redução dos anos possíveis para a crucificação de Jesus. Se Jesus morreu no dia 14 de nisan, em que anos durante o governo de Pilatos esse dia caiu em quinta/sexta-feira? Não é fácil responder a essa pergunta, embora a exatidão matemática da astronomia antiga fosse bem respeitável. Avistar a lua nova era essencial para determinar nisan e é preciso calcular quando essa visão era possível na *Palestina*. Mesmo então, más condições atmosféricas podiam interferir no ato de avistar e atrasar o que teria sido o começo do mês. O calendário judaico era um calendário lunar e para mantê-lo em sincronismo aproximado com o ano solar, era preciso acrescentar meses bissextos. JEWJ, p. 37, adverte que não temos registros históricos a respeito da adição de meses bissextos em 27-30 d.C. E uma tradução para nossos meses deve usar o calendário juliano, não o gregoriano, muito mais tardio. Não é surpreendente, então, que os astrônomos tenham surgido com resultados diferentes; na verdade, JEWJ, p. 39-41, apresenta um relato extraordinário de opiniões que mudavam de um lado para outro no período das décadas de 1920 a 1940. Não tendo nenhuma competência pessoal, quero relatar aqui pontos de concordância parcial entre os

---

[48] Alguns suplementam os cálculos dos Evangelhos com afirmações por autores da Igreja, como Tertuliano e Clemente de Alexandria, de que Jesus morreu no 15º ou 16º ano de Tibério. Essas afirmações não só derivam provavelmente direta ou indiretamente dos Evangelhos, mas também são problemáticas por si só, em especial com respeito a como o início do reinado de Tibério estava sendo calculado.

[49] A data da conversão de Paulo, muitas vezes calculada em 36 d.C. (com base em Gl 1,18–2,1), limita a escolha da extremidade superior da escala. Obviamente, Jesus tinha de morrer antes disso. Entretanto, Kokkinos ("Crucifixion") não se intimida e defende a morte de Jesus em 36, baseado no fato de que o ano de 33 foi o do casamento de Herodes Antipas com Herodíades (que ocorreu antes da morte de João Batista), que 33/34 foi o ano sabático que repercute em Lc 4,17-20 como parte do sermão de Jesus, e no nascimento de Jesus em 12 a.C., o que o faz ter quase cinquenta anos em 36 d.C. (Jo 8,57).

[50] É inútil relacionar alguns dos nomes. Entre as autoridades mais famosas ou cultas que optaram por 30 d.C. estão Benoit, Belser, Brandon, Conzelman, Dibelius, Flusser, Haenchen, Holtzmann, Jeremias, Leitzmann, Metzger, Olmstead, Schürer, Wikenhausen e Zahn. Entre os que optaram por 33 d.C. estão Bacon, Besnier, Hoehner, Husband, Gaechter, Maier, Ogg, Reicke, Renan e Turner.

estudos cuidadosos de Jeremias (JEWJ, p. 38) e os biblistas de Oxford, Humphreys & Waddington,[51] a saber, que o dia 14 de nisan:

- em 27 d.C., caiu na quarta/quinta-feira ou, com alguma probabilidade, na *quinta/sexta-feira*;

- em 30 d.C., caiu na *quinta/sexta-feira* ou, com menos probabilidade, na quarta/quinta-feira;

- em 33 d.C., caiu na *quinta/sexta-feira*.

Se excluirmos 27, não só como astronomicamente fraco, mas também como cedo demais para a morte de Jesus à luz de quase todas as indicações evangélicas relativas a sua vida e seu ministério relacionadas acima, restam duas probabilidades para o 14 de nisan em uma quinta/sexta-feira (traduzidas para o calendário juliano), a saber, *7 de abril de 30* ou *3 de abril de 33*.[52] Em geral, há uma tendência para rejeitar 33 por subentender um Jesus velho demais e um ministério longo demais, pois ele teria quase 40 anos quando morreu e teria exercido um ministério público de uns quatro anos. Se morreu em 30, teria uns 36 anos quando morreu e teria exercido um ministério de pouco menos de dois anos. Nenhuma dessas datas preenche todos os detalhes dos indícios evangélicos quanto ao nascimento e ministério de Jesus, mas como muitos desses detalhes têm propósito teológico e são imprecisos não vejo problema a respeito. De algumas maneiras, a situação política em 33 (depois da queda de Sejano em Roma, em outubro de 31) explicaria melhor a vulnerabilidade de Pilatos às pressões do populacho,[53] mas esse argumento é incerto demais para

---

[51] "Dating", p. 744; "Astronomy", p. 169; as datas em itálico são as que eles consideraram mais prováveis astronomicamente. O estudo desses dois biblistas tem valor especial porque foram feitos todos os esforços para levar em conta as variáveis. Entretanto, não diferentemente dos médicos que estudaram a morte de Jesus (§ 42, ANÁLISE C), esses cultos cientistas tendem a entender literalmente as várias declarações evangélicas, sem levantar os tipos de perguntas que propus no texto acima. Além disso, eles dão bastante atenção a descrições apocalípticas da lua aparecendo como sangue quando Jesus morreu (At 2,19-20; o apócrifo *Relatório [Anáfora] de Pilatos*, encontrado em JANT, p. 154), aparição que Humphreys & Waddington relacionam com um eclipse lunar em 3 de abril de 33 d.C. — uma das duas datas prováveis para a morte de Jesus.

[52] Ver uma voz contrária em Olmstead ("Chronology", p. 4, 6), que afirma que em 33 o dia 14 de nisan não caiu em uma quinta/sexta-feira: "O ano da crucificação só pode ser 30 d.C. [...] Sexta-feira, 7 de abril de 30 d.C., está estabelecida tão firmemente quanto qualquer data na história antiga".

[53] ver § 31,B1; esta tese é defendida por Maier ("Sejanus") e Hoehner ("Year"). Maier cita o terremoto e o eclipse relatados por Flégon e a datação por Eusébio da morte de Jesus no 19º ano de Tibério, sendo que os dois podem ser calculados como indício para 33 d.C.

criar preferência. Não vejo nenhuma possibilidade de chegar a uma decisão pela escolha de um dos dois anos.[54]

---

[54] É interessante que, em CKC, o cálculo astronômico bastante certo de Humphreys & Waddington ("Astronomy") é seguido imediatamente pelo artigo muito cético de Beckwith ("Cautionary"), que põe em dúvida quase todos os meios usados para calcular o ano da morte de Jesus.

Bibliografia para o Apêndice II: Para datar a crucificação

Os escritos a respeito deste assunto são muito numerosos; e como datar é questão tangencial para meu comentário, não procurei fazer com que esta bibliografia fosse completa.

Beckwith, R. T. Cautionary Notes on the Use of Calendars and Astronomy to Determine the Chronology of the Passion. CKC, p. 183-205.

Black, M. The Arrest and Trial of Jesus and the Date of the Last Supper. In: A. J. B. Higgins, org. *New Testament Essays*. Manchester Univ., 1959, p. 19-33 (T. W. Manson Memorial).

Blinzler, J. Qumran-Kalendar und Passionschronology. ZNW 49, 1958, p. 238-251.

Bokser, B. M. Was the Last Supper a Passover Seder? *Bible* Review 3, 2, 1987, p. 24-33.

Chenderlin, F. Distributed Observance of the Passover — A Hypothesis. *Biblica* 56, 1975, p. 369-393; 57, 1976, p. 1-24.

Davison, A. The Crucifixion, Burial and Resurrection of Jesus. *Palestine Exploration Fund* 38, 1906, p. 124-129.

Dockx, S. *Le 14 Nisan de l'an 30. Chronologies néotestamentaires et Vie de l'Église primitive*. Paris-Gembloux, Duculot, 1976, p. 21-29.

Doyle, A. D. Pilate's Career and the Crucifixion. JTS 42, 1941, p. 190-193.

France, R. T. La chronologie de la semaine sainte. *Hokhama* 9, 1978, p. 8-16.

Geldenhuys, N. The Day and Date of the Crucifixion. *Commentary on the Gospel of Luke*. Grand Rapids, Eerdmans, 1954, p. 649-670 (NICOT).

Grappe, C. Essai sur l'arrière-plan pascal des récits de la dernière nuit de Jésus. RHPR 65, 1985, p. 105-125.

Heawood, P. J. The Time of the Last Supper. JQR 42, 1951-1952, p. 37-44.

Hinz, W. Chronologie des Lebens Jesu. ZDMG 39, 1989, p. 301-308.

_____. Jesu Sterbedatum. ZDMG 142, 1992, p. 53-56.

Hoehner, H. W. The Day of Christ's Crucifixion. BSac 131, 1974, p. 241-264.

_____. The Year of Christ's Crucifixion. BSac 131, 1974, p. 332-348.

HUMPHREYS, C. J. & WADDINGTON, W. G. Astronomy and the Date of the Crucifixion. CKC, p. 165-181.

_____. Dating the Crucifixion. *Nature* 36, 1983, p. 743-746.

_____. The Jewish Calendar, a Lunar Eclipse and the Date of Christ's Crucifixion. *Tyndale Bulletin* 43, 1992, p. 331-351.

JAUBERT, A. *The Date of the Last Supper*. Sataten Island, NY, Alba, 1965. Original francês, 1957.

_____. Jésus et le calendrier de Qumrân. NTS 7, 1960-1961, p. 1-30.

KOKKINOS, N. Crucifixion in a.d. 36: The Keystone for Dating the Birth of Jesus. CKC, p. 133-163.

MAIER, P. L. Sejanus, Pilate and the Date of the Crucifixion. CH 37, 1968, p. 3-13.

MONTEFIORE, H. W. When did Jesus Die? ExpTim 72, 1960-1961, p. 53-54.

MULDER, H. John xviii 28 and the Date of the Crucifixion. In: BAARDA, T. et alii., orgs. *Miscellanea Neotestamentica II*. Leiden, Brill, 1978, p. 87-105 (NovTSupl 48).

OLMSTEAD, A. T. The Chronology of Jesus' Life. ATR 24, 1942, p. 1-26.

RUCKSTUHL, E. *Chronology of the Last Supper*. New York, Desclée, 1965.

_____. Zur Chronologie der Leidensgeschichte Jesu. *Studien zum Neuen Testament und seine Umwelt* 10, 1985, p. 27-61; 11, 1986, p. 97-129. Reimpresso em seu *Jesus im Horizont der Evangelien*. Stuttgart, KBW, 1988, p. 101-184.

SALDARINI, A. J. *Jesus and Passover*. New York, Paulist, 1984.

SHEPHERD, M. H. Are Both the Synoptics and John Correct about the Date of Jesus'Death?? JBL 80, 1961, p. 123-132.

SMITH, B. D. The Chronology of the Last Supper. *Westminster Theological Journal* 53, 1991, p. 29-45.

STEMBERGER, G. Pesachhaggada und Abendmahlsberichte des Neuen Testaments. *Kairos* 29, 1987, p. 147-158.

STORY, C. I. K. The Bearing of Old Testament Terminology on the Johannine Chronology of the Final Passover of Jesus. NovT 31, 1989, p. 316-324.

WALKER, N. The Dating of the Last Supper. JQR 47, 1956-1957, p. 293-295.

_____. Yet Another Look at the Passion Chronology. NovT 6, 1963, p. 286-289.

ZEITLIN, S. The Beginning of the Jewish Day during the Second Commonwealth. JQR 36, 1945-1946, p. 403-414.

_____. The Date of the Crucifixion According to the Fourth Gospel. JBL 51, 1932, p. 263-271.

_____. The Time of the Passover Meal. JQR 42, 1951-1952, p. 45-50.

Apêndice III:
Passagens pertinentes difíceis de traduzir

Do princípio ao fim do comentário, lutei com as dificuldades naturais de tradução e gramática. Entretanto, algumas passagens ou frases são tão difíceis que exigem exame prolongado. Fazer isso nos COMENTÁRIOS respectivos significaria extensas digressões, que desviariam a atenção da cadeia de pensamento. Sendo assim, passei essas graves dificuldades de tradução para este APÊNDICE. Elas incluem:

   A. Mc 14,41 (*apechei*)

   B. Hb 5,7-8 (*apo tes eulabeias*)

   C. Mt 26,50 (*eph ho parei*)

   D. Jo 19,13 (*ekathisen epi bematos*)

A. Tradução de Mc 14,41 (*apechei*: § 10)

As palavras de Jesus aos discípulos sonolentos em Mc 14,41 contêm algumas frases curtas que são difíceis de traduzir por causa de problemas de gramática e expressões idiomáticas. Traduzi várias delas (que também se encontram em Mt 26,45) como perguntas: "Continuais, então, dormindo e descansando?". Aqui, concentro-me na palavra isolada que se segue em Marcos (que Mateus omite, talvez por não entendê-la): *apechei*. Couchoud ("Notes", p. 129) diz que ela "resistiu a um batalhão de comentaristas".[1] Na verdade, a começar por J. M. S. Baljon (1898), alguns biblistas têm, sem rodeios, julgado *apechei* uma "leitura absurda" (K. W. Müller, "*Apechei*", p. 93). O verbo *apechein* consiste na preposição "de" e no verbo

---

[1] Ver na BIBLIOGRAFIA DA SEÇÃO (§ 4, Parte II), artigos por Anônimo (= Bornemann), Bernard ("St. Mark xiv"), Boobyer, de Zwaan, Hudson, Müller, Smisson e Zeydner; também Feldmeier, *Krisis*, p. 209-215.

"ter". Nos papiros que tratam de comércio, ele é usado para descrever receber integralmente uma quantia devida e dar recibo (LFAE, p. 110-112): é assim que a pessoa "tem do" favorecido. Esse sentido repercute no refrão de Mt 6,2.5.16: "Eles [os hipócritas] receberam sua recompensa [*misthos*]". O verbo também significa "estar distante de, abster-se de, manter-se afastado de".

As traduções apresentadas para *apechei* em Mc 14,41 dividem-se nas que entendem ter o verbo um sujeito que o tradutor preenche e as que entendem o verbo impessoalmente. Um fator qualificativo nas teorias é como *apechei* se relaciona com o que precede e, mais especificamente, com o que se segue (v. 41c: "chegou a hora; vede, o Filho do Homem é entregue às mãos dos pecadores"). Vou agora relacionar algumas interpretações sugeridas sem procurar ser completo. As traduções que esclarecem as várias proposições são minhas (não necessariamente as apresentadas pelos biblistas que defendem a interpretação), simplificadas a bem da comparação.

1) *Sujeito pessoal preenchido*. Muitos dão "Judas" como o sujeito não mencionado.[2] "Judas está recebendo [ou recebeu] o dinheiro" (de Zwaan, Smisson). Foi prometido dinheiro a Judas em Mc 14,11 e sua chegada é anunciada em Mc 14,42 (o versículo seguinte aqui). Uma variante é a sugestão de Boobyer: "Judas está tomando posse de mim". Outra variante é a de Anônimo (Bornemann): "Judas está longe". Eutímio Zigabeno (*In Matt.* 26,45; PG 129,685D) apresenta outros sujeitos: "O diabo obteve poder sobre mim" ou "O que me diz respeito [isto é, as Escrituras] foi cumprido" (cf. Lc 22,37). Dormeyer (*Passion*, p. 132) propõe: "O Pai [invocado em 14,36] recebeu minha oração" — contudo, lembramos que a oração era para que a hora passasse, não para chegar, como acontece em 14,41c. "Deus está longe" é proposto por Feldmeier (*Krisis*, p. 212-215). Uma pergunta fundamental pode ser feita a respeito de todas as sugestões que preenchem sujeitos: o leitor marcano comum teria reconhecido espontaneamente o sujeito proposto?

2) *A leitura no Códice de Beza*. Em vez de *apechei* seguido de *elthen he hora*, o Códice de Beza apresenta esta leitura: *apechei to telos kai he hora*.[3] Embora *telos* signifique "fim" e *hora* signifique "hora", o sentido de *apechei* com essa adição

---

[2] Anônimo ("Erklärung", p. 105) observa que Jesus reluta em mencionar o nome de Judas por causa de sua traição.

[3] Encontram-se variações nos Códices Washingtonense e Koridethi, família 13 de minúsculos. OL e OS^{sin}; ver a relação em de Zwaan, "Text", p. 460. *He hora* vem da oração seguinte no grego mais bem atestado de Mc 14,41: "Chegou a hora".

continua obscuro. O latim do Códice de Beza traz: *sufficit finis et hora* — ver a tradução de Jerônimo de *apechei* como "É o bastante" ou "Basta", sob 3), adiante. As traduções na OL incluem *consummatus est finis* e *adest finis*, "O fim se completou" ou "está próximo". BAA, p. 225, supõe que o Códice de Beza quer dizer: "Longe está o fim e a hora" que é exatamente o oposto do que está afirmado a respeito da "hora" no v. 41c nos melhores mss. Para Zeydner (*"Apechei"*, p. 440), *telos* pode ser traduzido como objeto: "Recebeu-se o fim". Uma tradução que combine leituras gregas (Códices de Beza e Vaticano) resulta em: "O fim está longe? Ora, a hora chegou" (Hudson, "Irony"). Taylor (*Mark*, p. 556), que prefere a leitura do Códice de Beza, apresenta como chave para o original: "O fim é urgente; (e) chegou a hora"; mas é difícil justificar "é urgente" para *apechei* sem recorrer às alternativas mencionadas em 5) e 6), abaixo. Outros (MTC, p. 114-115) sabiamente questionam se o Códice de Beza não representa mais que uma suposição antiga quanto ao significado de *apechei* (influenciado por *telos echei*, em Lc 22,37), em vez de acesso ao texto original de Marcos.

3) *Traduções impessoais*. Quero relacionar algumas propostas. "Está longe?", pergunta respondida imediatamente por "(Não), chegou a hora". (Obtém-se o mesmo sentido com a antecipação de *hora* como sujeito: "Está longe a hora? Ela chegou".) Lagrange e Gnilka apresentam "Está tudo acabado; chegou a hora". Outros propõem "Está liquidado" ou "Está pago" em referência à traição de Judas (cf. Boobyer. *"Apechei"*, p. 45). Bauer (BAGD, p. 85), retrocedendo do atestado *ouden apechei*, "Nada impede", menciona a tese de que *apechei* significa "Impede", isto é, o sono dos discípulos é um empecilho.

Muito importante é a tradução da Vulgata por Jerônimo: "Basta".[4] Essa tradução faz sentido, em especial depois de uma interpretação interrogativa ou exclamatória dos verbos precedentes: "Estais dormindo e descansando? Basta disso". Contudo, deu Jerônimo uma tradução de *apechei* que ele sabia ser justificada pelo grego? Ou, fortemente influenciado pela OL, achou essa palavra intrigante e usou *finis* (ver [2], acima) para moldar um significado que fizesse sentido? Ou achou e substituiu outro verbo grego que traduziu (ver [5], abaixo)? O simples fato é que não há praticamente nenhum indício em toda a literatura grega (independentemente de

---

[4] Encontra-se essa tradução em Agostinho e em muitas traduções mais tardias: Lutero, RSV, NAB, a alemã *Einheitsübersetzung* etc.

comentários a Mc 14,41) de que *apechei* signifique "Basta".[5] Consta que o léxico de Hesíquio apresentou *aporche* ou *exarchei* (que significam "basta") como sentidos de *apechei*; mas essa relação não é dada na edição crítica de K. Latte, *Hesychii Alexandrini Lexicon*, Copenhagen, Munksgaard, 1953, v. 1, linhas 6103-6116, 2 v. Em todo caso, Hesíquio (século VI?) era cristão e talvez fosse influenciado pela Vulgata ou uma tradição de mss. de Marcos, semelhante ao Códice de Beza. Ficamos, então, com dois exemplos pós-NT para o sentido proposto de "Basta" para *apechei*[6] e ambos têm problemas.[7] O primeiro está em uma das *Anacreonta* (16[15 ou 28],33); são odes do período pós-clássico no estilo de Anacreonte e esta ode específica talvez se origine do século II d.C. No contexto de um homem que recita para um pintor que faz um quadro da namorada do homem, encontramos *apechei* perto do fim, quando o homem pensa que quase vê a garota em pessoa. Embora possa significar "Basta", alternativamente pode expressar a ideia de que o pintor ganhou sua paga e deve parar. O segundo está no comentário de Cirilo de Alexandria a Ageu (2,9; PG 71,1048B), onde *apechei* aparece no contexto de uma declaração de que Deus não precisa de prata nem ouro. Em vez de "Basta", podia querer dizer que Deus já tem a posse dessas coisas. Assim, nesses dois casos, a tradução "Basta" talvez reflita uma ideia preconcebida (influenciada pelo conhecimento de Mt 14,41) de que *apechei* significa isso. Tal escassez de indícios põe em dúvida essa tradução e, na verdade, provoca perguntas quanto a esforços para traduzir *apechei* impessoalmente.[8]

4) *Adulteração textual.* Couchoud ("Notes", p. 130-131) sugere que o texto de Mc 14,41 era originalmente mais extenso e continha frases agora encontradas em Mc 14,42, por exemplo: "Vede, aquele que me entrega se aproxima". Atraído por palavras semelhantes, um escriba erroneamente trocou a posição das linhas. Quando o erro foi notado, a leitura correta foi posta na parte inferior da página já

---

[5] O papiro de Estrasburgo 4,19 (século VI d.C.) é citado às vezes, mas ali *apechei* é leitura errônea, segundo K. W. Müller ("*Apechei*", p. 85). A leitura no papiro do Museu Britânico 1343,38 (século VIII) também é vaga.

[6] Assim F. Field, *Notes on the Translation of the New Testament*, Cambridge Univ., 1899, p. 39; Müller, "*Apechei*", p. 84-85.

[7] Aqui, deixo de lado emendas perspicazes propostas por Couchoud ("Notes", p. 129); ele observa que na primeira passagem *apecho* e na segunda *apeche*, seriam uma leitura mais sensata que apechei.

[8] De Zwaan ("Text", p. 467-468) apresenta um quadro de mais de cinquenta usos de *apechein* em papiros; estão esmagadoramente no modo ativo, com o sentido de "ter recebido". Muitos estão na primeira pessoa do singular; nenhum dos que estão na terceira pessoa do singular (*apechei*) é impessoal.

copiada, com uma nota na margem próxima de Mc 14,41: *apechei to telos*, "O fim (desta linha) está mais adiante". Essa nota entrou no texto e foi confundida com uma declaração de Jesus, erro agravado quando outro copista abandonou *to telos* porque, lido assim, a declaração agora contradizia "Chegou a hora". Outras sugestões brilhantes poderiam ser relacionadas, mas não há um meio para estabelecer se esse erro realmente ocorreu.

5) *Tradução incorreta do semítico* (na suposição de que o Evangelho grego seja tradução literal de uma fonte ou original aramaico ou hebraico). C. C. Torrey,[9] ao pressupor que *apechei* significa "Basta", sugeriu que o autor grego interpretou erroneamente o aramaico *kaddu* ("já"), sob a influência do significado siríaco dessa palavra ("bastante"). Entretanto, Black (BAA, p. 225-226) afirma que, em aramaico e também em siríaco, *kaddu* significa "já", e esse erro não foi cometido. Antes, presumindo que a tradução de Beza (2, acima) é guia confiável para o grego marcano e que, no Códice de Beza, *apechei* significa "longe", Black sugere que o autor grego leu erroneamente *dhq* ("pressionar, insistir") como *rhq* ("estar longe"). O aramaico original de Marcos queria dizer: "O fim e a hora estão pressionando". Zeydner ("*Apechei*", p. 441-442) aponta para o papel de *slm*, que significa "consumar" e também "pagar uma dívida"; é de se presumir que foi entendido erroneamente no segundo sentido, embora fosse empregado no primeiro: "Está consumado" (ver Jo 19,30). A dificuldade básica mencionada no fim de 4), acima, agrava-se aqui: não só não temos certeza da existência de um aramaico subjacente, mas também não temos certeza quanto à prática do aramaico do tempo de Jesus.

6) *Substituição de outros verbos gregos* (na suposição de que *apechei* deve se originar de leitura errada de um copista, porque não faz sentido). a) *Epechei* de *epechein*, "segurar com firmeza, parar", de modo que a referência era ao fim da luta de Jesus em rezar para que a hora passasse. Essa leitura seria facilitada se houvesse uma indicação de discurso indireto: ele lhes disse (que) ele estava acabado. b) *Epeste* de *ephistanai*, "estar próximo". A. Pallis[10] acha que *epeste* foi primeiro lido erroneamente como *apeste*, depois como *apechei*. O original era uma declaração: "Está próximo", que igualava "Chegou a hora" e a chegada de Judas (Mc 14,43). c) *Eneste* de *enistanai*, "estar próximo". Esta sugestão e a precedente

---

[9] *Our Translated Gospels*, New York, Harper, 1936, p. 56-58.
[10] *A Few Notes on the Gospels according to St. Mark and St. Matthew*, Liverpool, Booksellers, 1903, p. 22-24.

são influenciadas pelo *adest finis* da OL.[11] d) *Arkei* de *arkein*, "bastar", que se julgava ser a base para o *sufficit* de Jerônimo. e) *Etelesthe* de *telein*, "estar concluído", apoiado pelo *consummatus est finis*, da OL. f) *Apechei*, não de *apechein*, mas como imperfeito gramaticalmente justificável de *apochein*, "derramar" (K. W. Müller, "*Apechei*", p. 95-99). Em Mc 14,35, Jesus rezou para que a hora passasse; em Mc 14,36, ele rezou para que o cálice (da cólera divina) fosse afastado; agora ele reconhece em ordem inversa que precisa sofrer ambos: "(Deus) derramou (sua cólera no cálice); chegou a hora".

Essa lista de possibilidades, nenhuma delas realmente convincente, é desalentadora até se perceber que a consequência de muitas delas é a mesma. *Apechei* diz uma coisa que coincide com "chegou a hora; vede, o Filho do Homem é entregue nas mãos dos pecadores". Isso é verdade para leituras como "Judas recebeu o dinheiro"; "O fim está pressionando/completou-se"; "está liquidado"; "Basta"; "Deus derramou-se em abundância". Em minha tradução, escolhi um bem atestado sentido de *apechein*: "O dinheiro foi pago", que se ajusta à promessa de pagar Judas em Mc 14,11. Não tenho certeza se está certo, mas realmente se ajusta à proximidade do que se segue. O grande *peirasmos* começou para Jesus; chegou a hora; ele é entregue aos pecadores.

B. Tradução de Hb 5,7-8 (§ 21 B1)

Hb 5 nos diz que Jesus rezou "[7][...] àquele que tinha o poder de salvá-lo da morte, e tendo sido ouvido de medo, [8]apesar de ser Filho, aprendeu a obediência pelas coisas que sofreu". A frase que termina o v. 7, "de medo" (*apo tes eulabeias*), é difícil de traduzir, de uma forma que faça justiça ao vocabulário e à gramática, e ainda se adapte à fluência do pensamento. *Apo* ("de") é normalmente usado no âmbito do sentido de uma coisa que sai de outra. Nesta passagem, muitos querem traduzi-lo como "devido a, por causa de" (BDF 210[1]), ou mesmo "depois" (Andriessen). *Eulabeia*, relacionado com *lambanein*, tem um sentido radical de "aceitação" que, em referência a Deus, vem a significar "medo de Deus, piedade, reverência". BAGD, p. 321, insiste que, no NT, seu provável significado é apenas "admiração reverente"; mas Bultmann (TDNT, v. 2, p. 751-753) menciona que, na literatura clássica, *eulabeia* se transformou em "ansiedade, medo ansioso", e ele atribui esse

---

[11] De Zwaan ("Text", p. 464) afirma que mesmo a leitura *epechei*, em a), se traduz *adest*.

sentido ao emprego em Hb 12,28.[12] Contudo, o fato de o significado "por causa de", de *apo*, e de o significado "medo (ansioso)", de *eulabeia*, serem bastante questionáveis deve ser lembrado ao julgar as traduções sugeridas a seguir:

- "tendo sido ouvido por causa de seu medo (reverente)". Isso exige que se entenda Jesus sendo salvo da morte como uma coisa diferente de não morrer; o que se segue no v. 8 torna-se comentário modificador: embora fosse ouvido, ainda tinha de aprender obediência. A Vulgata, os Padres gregos, Lutero e muitas traduções modernas adotam esta interpretação.

- "tendo sido ouvido (e libertado) do medo (ansioso)". Esta tradução, adotada por Dibelius, Héring, Manson etc. (mas rejeitada com firmeza por BDF 211), pressupõe uma elipse, mas tem a vantagem de tornar o versículo seguinte exemplo complementar da luta humana.

- "salvá-lo da [*ek*] morte e — tendo sido ouvido — de medo (ansioso)" (assim Brandenburger, "Texte", p. 216). Esta tem o mesmo impacto que a interpretação anterior, mas faz "salvar" reger orações com *ek* e *apo* quase apostas.

- "tendo sido ouvido. Exceto por seu medo (reverente) e apesar de ser Filho, aprendeu a obediência". Dois fatores que podiam tê-lo poupado de ter de aprender pelo sofrimento estão em aposição; contudo, então seria de se esperar "apesar de mostrar medo (reverente) e de ser Filho...". Ver em Mt 6,7 o uso absoluto de "ouvido".

- "morte. Tendo sido ouvido, de medo ansioso [*apo*] — apesar de ser Filho — das [*apo*] coisas que sofreu, aprendeu". Isso envolve uma aposição entre as duas frases com *apo* que em grego estão inconvenientemente separadas.

- "(não) tendo sido ouvido". Muitos aceitam a adição brilhante, não comprovada textualmente, da autoria de Harnack, de um negativo para explicar por que Jesus teve de aprender pelo sofrimento. Sua oração para ser salvo da morte não foi ouvida, o que faz Hebreus concordar com a cena no Getsêmani descrita por Marcos/Mateus.

---

[12] "Medo da morte", em Hb 2,15, que claramente significa ansiedade é importante paralelo, embora use *phobos*.

A meu ver, exceto pela última sugestão, que é uma emenda (sempre um recurso desesperado), o objetivo básico do conjunto não muda decisivamente, quer "de medo" enfatize a ansiedade dos sofrimentos de Jesus, quer, entendido como reverência, afete sua posição como Filho.[13]

C. Tradução de Mt 26,50 (*eph ho parei*: § 13)

Já em § 13, nota 22, relacionei os muitos autores que escreveram artigos a respeito deste versículo e muitos desses artigos concentraram-se nesta frase. (Os outros são a respeito do sentido de *hetairos*, que a precede.) *Parei*, de *parenai* ("estar presente"; menos provável de *parienai*, "vir aqui"), significa: "Estás aqui" ou "Estás aqui?". *Ho* é pronome relativo neutro ("que") e, precedido pela preposição *epi*, dá o sentido básico de "a que, para o qual". Abaixo, vou relacionar algumas tentativas de solucionar a ambiguidade de uma oração que diz literalmente: "Amigo, para que estás aqui". Ocasionalmente, vou usar itálicos em *minhas* traduções (não necessariamente as dos autores citados) para esclarecer uma questão gramatical.

1) O pronome entendido como relativo para o qual o tradutor precisa preencher um antecedente nominal subentendido. Do contexto da identificação de Jesus por Judas com um beijo, para que ele seja entregue ao grupo aprisionador, obtemos alguns dos antecedentes propostos. "Amigo (esse é um beijo de traição), para que estás aqui", ou: "Amigo, para isso (a traição) estás aqui". O Jesus mateano já sabe o que Judas está fazendo e, por isso, é mais provável que tal declaração indique seu conhecimento (indicativo), em vez de sua surpresa (exclamativo). Como em todas as sugestões (inclusive as que serão mencionadas abaixo) onde palavras devem ser supridas, uma dificuldade óbvia é Mateus não dar o antecedente ao qual ele se referia. At 10,21 exemplifica a facilidade e a clareza com que isso poderia ser feito: "Qual é o motivo [*tis he aitia*] pelo qual estás aqui?".

2) O pronome, entendido como relativo, no qual um demonstrativo está oculto (BAGD, p. 585, I 9), com o significado de "aquele que" ou "o que". Sob essa rubrica, muitos pressupõem uma aposiopese, isto é, uma frase interrompida emocionalmente, ou porque Judas o estava beijando e interferindo em sua fala, ou porque Jesus, dominado, não conseguiu continuar. "Amigo, aquilo para que estás

---

[13] Ver mais detalhes, além dos autores mencionados no início de § 11 B, em P. Andriessen e A. Lenglet, *Biblica* 51, 1970, p. 207-220, esp. 208-212; P. Andriessen, NRT 96, 1974, p. 282-292.

aqui...". A suposta emoção pode estar relacionada com a tese (duvidosa) de que "Rabi" e o beijo eram incomuns e, portanto, sinais hipócritas de respeito e amizade. Talvez aqui caiba o valor de *eph ho* proposto por Lee: "para esse propósito, para esse recado"; assim: "Amigo, para *isso* estás aqui".

3) O mesmo valor pronominal de 2), mas com um verbo auxiliar preenchido pelo tradutor. Klostermann sugere: "Amigo, (estás usando mal um beijo) para aquilo pelo qual estás aqui?". O demonstrativo relativo como objeto de um verbo preenchido muitas vezes torna-se pergunta indireta, como em uma possibilidade mencionada por Zorell: "Amigo, (eu sei) para que estás aqui". Às vezes, esse tipo de proposta se torna elaborada (por exemplo, Belser): "Amigo, (pensas que não sei) para que estás aqui?". Exemplo antigo é dado por um cristão que foi executado sob Marco Aurélio (MACM, p. 28-29): *Ego de eph' ho pareimi* ("Deixe-me fazer aquilo para que estou aqui" ou, menos provável, "Tenho aquilo para que estou aqui"). Uma complicada interpretação desse tipo é proposta por Wellhausen, em seu comentário de Mateus: "*Amigo*, beijas-me com o objetivo *para o qual* é evidente que *tu estás aqui?*". A objeção de que Mateus deveria ter fornecido um verbo se queria dizer alguma coisa como isso ganha força quando vemos a facilidade com que Josefo (*Guerra*, II,xxi,6; #615) o fez: "Ele realizou [*diepratteto*] aquilo para que estava ali".

Com muita frequência, o verbo preenchido é um imperativo: "Amigo, (faze) aquilo para que estás aqui". Isso tem a vantagem da concisão e põe Mateus em harmonia com as palavras de Jesus a Judas em Jo 13,27: "Faze [*poieson*] depressa aquilo que fazes".[14] Um imperativo adapta-se ao outro imperativo do contexto mateano: "Levantai-vos; vamos; vede, aproxima-se aquele que me entrega" (Mt 26,46). Benoit e a NAB aceitam a interpretação do imperativo "faze" e Eltester aproxima-se dela com seu "Amigo, aquilo para que estás aqui (que seja feito)". Alguém pode se perguntar por que Mateus, que oito versículos antes escreveu claramente "Que tua vontade seja feita [*genetheto*]", não usou um *genetheto* aqui, mas Eltester responde que esta é uma saudação, e saudações são quase sempre elípticas. Um tanto temerária é a sugestão de Blass, de uma adulteração textual onde o original não tinha *hetaire* ("Amigo"), mas sim *aire* ou *hetaire aire*: "Toma aquilo para que estás aqui".

---

[14] Não devemos ficar excessivamente impressionados porque um escriba do Códice Latino Armagh do século IX seguiu nessa direção: "Amice, *fac ad quod venisti*" — é provável que ele tenha sido influenciado pelo *fac* de João.

4) O relativo entendido como pronome interrogativo em uma pergunta direta: "Amigo, para que estás aqui?" — tradução preferida pela maioria dos Padres da Igreja. O uso interrogativo do pronome relativo *hos* é bem atestado em perguntas indiretas, por exemplo, Jo 13,7: "Não sabes agora o que estou fazendo". Mas os gramáticos não são unânimes quanto a encontrar esse uso em uma pergunta direta.[15] A leitura de Mateus como pergunta direta apresenta um paralelo com a pergunta lucana dirigida a Judas por Jesus (Lc 22,48); e lembramos que Eclo 37,2, que foi apresentado em § 13, acima, como pano de fundo plausível para o uso mateano de *hetairos*, é uma pergunta. Rehkopf defende com convicção o interrogativo, seguindo Deissmann, que rejeita os gramáticos como excessivamente influenciados pelo grego clássico (e alguns dos escribas como excessivamente influenciados pelo neoaticismo). Para ele, a pergunta que aparece na OL e na Vulgata é prova de que os tradutores antigos entendiam que o grego helenístico permitia essa construção.[16] Entretanto, não se tem certeza de quando os escribas antigos pararam de traduzir e se tornaram criativos ao lidar com frases difíceis. Além disso, Eltester ("Freund", p. 73) pergunta se alguém tem certeza de que a leitura latina "Amice ad quod venisti" é pergunta, e não apenas uma preservação latina da ambiguidade do grego; afinal de contas, parece que a Vulgata Clementina achou necessário esclarecer: "Amice, ad *quid* venisti". (Contudo, o OS[sin] e Orígenes entenderam realmente uma pergunta.)

O argumento favorito de Deissmann ("Friend", p. 493; LFAE, p. 125-131) origina-se de uma inscrição que consiste em duas frases separadas por um espaço em um recipiente para beber: *eph ho parei [...] euphrainou*, que ele traduz: "Para que estás aqui? Bebe!". Entretanto, como o copo é redondo, é possível com a mesma facilidade ler *euphrainou* antes do *eph ho parei*: "Bebe! É para isso que estás aqui". Owen, Klostermann, Spiegelberg, J. P. Wilson e BDF 300 optam pela segunda tradução e, assim, removem o exemplo proposto de uso interrogativo direto do relativo. Wilson ("Matthew") compara-o ao uso exclamatório em Menander, *Epitrepontes*, p. 363 (Loeb, p. 424): "Ó Hércules, o que fizeram [para mim]".

---

[15] "Dificilmente", diz BDF 300² a respeito de Mt 26,50; vagos são Lee ("Matthew", p. xxvi), Owen e Zorell; "Um exemplo não ambíguo dele ainda está para ser encontrado", diz BAGD, p. 584, I 9; uma questão em aberto, diz ZAGNT, v. 1, p. 89.

[16] Deissman, "Friend", p. 492. A Vulgata, lida como pergunta, influenciou muitas traduções: Wycliffe, Luther, Tyndale, KJ, RSV.

5) Uma frase coloquial estabelecida. Precisamente por causa do brinde com o copo de bebida, BDF 300² sugere que pode ter havido uma frase estabelecida *eph ho parei*, "É para isso que estás aqui". Entenderíamos, então, "Amigo (como se costuma dizer), é para isso que estás aqui" ser o modo irônico de Jesus para deixar Judas saber que seu plano foi percebido. Uma Gegengruss (Eltester) ou saudação em resposta, *hetaire, eph ho parei*, poderia ser apresentada por Jesus para se contrapor ao *chaire, rabbi*, de Judas. Mais complicada é a sugestão de F. W. Danker,[17] de que *eph ho* é erro de um copista para *eph hô*,[18] e que a última era expressão idiomática comercial estabelecida para a base contratual na qual as obrigações são cumpridas e alguma coisa é feita. Assim, "Esse é o trato", ou, interpretado interrogativamente aqui: "Amigo, que trato fizeste?".

Apesar da falta de clareza gramatical, as diversas interpretações abrangem um âmbito limitado de sentido. Independentemente do que a frase significava na tradição pré-mateana (se existia ali), ela não pode agora servir de pergunta em busca de informações — Jesus já sabe. Nem é provável que seja um relato de indignação. Ou expressa a tristeza e a dor de Jesus pela traição (e esse talvez seja o objetivo da pergunta em Lucas), ou mostra com ironia ou sarcasmo que Jesus sabe. Creio que o contexto mateano (especialmente Mt 26,25) favorece esta última. Acho atraente a sugestão no início de 5), acima (para a qual temos indícios concretos), segundo a qual essa era uma frase estabelecida, em geral em um contexto de alegria jovial, mas agora usada na situação oposta. As pessoas convidavam as outras a uma bebida de camaradagem: "Amigo, alegra-te. É para isso que estás aqui". À ironia de Judas vir com um beijo e dizer "Salve Rabi!", Jesus reage com a mesma ironia: "Amigo, é para isso que estás aqui".

D. Tradução de Jo 19,13 (*ekathisen epi bematos*: § 35)

Essas palavras[19] surgem perto do fim do julgamento romano de Jesus, quando Pilatos fracassou em diversas tentativas para Jesus ser solto e quando "os judeus" começam a chantageá-lo com a ameaça: "Se soltas este sujeito, não és amigo de

---

[17] BAGD, p. 583, 2ª col., baseada em NTS 14, 1967-1968, p. 424-439.
[18] Esta, com um subscrito de iota, é variante em alguns mss. e no *Textus Receptus*.
[19] Ver os artigos na BIBLIOGRAFIA DA SEÇÃO (§ 30, Parte III) por Balagué, Corssen, de la Potterie, Derwacter, Kurfess, O'Rourke, Robert, Roberts, Trebole Barrera e Zabala; também Excursus XVII, em Blinzler, *Prozess*, p. 346-356, e os diversos comentários de João.

César" (Jo 19,12). "Ora, Pilatos, tendo ouvido essas palavras, levou Jesus para fora e [...] no/para o lugar chamado Litóstroto". Devem as palavras gregas (dadas acima, no título da subseção) que se encaixam na lacuna ser traduzidas *intransitivamente*, por exemplo, "e sentou-se no tribunal" ou *transitivamente*, por exemplo, "e sentou-o [Jesus] no tribunal" (ou "em uma plataforma" que servia de lugar de julgamento)? No COMENTÁRIO de § 35, optei pela tradução intransitiva, mas deixei o exame detalhado para esta subseção.

O grego *bema*, que representa o latim *tribunal*, tem dois sentidos básicos pertinentes a este contexto. Refere-se ao *sella curulis*, ou "assento curul", no qual o juiz romano se sentava para presidir o julgamento de um crime grave. Josefo (*Guerra* II,xiv,8; #301) menciona o *bema* que Floro colocou na frente do palácio onde ele se hospedava em Jerusalém; é presumível que ficasse em uma elevação com degraus que levavam até ele. Mas, pelo costume de usar o nome da parte pelo todo, *bema* também se refere à plataforma, em geral semicircular e feita de pedra ou madeira, no centro da qual ficava o assento do magistrado. Está claro o que Mt 27,19 quer dizer com *bema*: Pilatos recebe o recado de sua mulher enquanto está sentado na cadeira do tribunal e fica-se com a impressão de que o julgamento todo foi presidido dessa cadeira.[20] O julgamento era realizado em uma de duas posições: uma *sessio de plano* (fora do tribunal, literalmente "ao rés do chão"), para crimes menores ou procedimentos mais informais, e uma *sessio pro tribunali* (sentado na cadeira do tribunal), por crimes graves; mas o juiz não mudava de uma posição para outra no meio de um julgamento. *Se o sentido intransitivo é seguido* em Jo 19,13, Pilatos toma assento no *bema* apenas no final do julgamento? Até este ponto, foi tudo informal, de modo que o julgamento começa em Jo 19,13? João, evidentemente, não age como repórter do tribunal, que descreve as técnicas; ele escreve como dramaturgo, com a complicada sinopse de Pilatos indo de um lado para outro, para dentro e para fora do pretório. Ele pode ter incluído um termo jurídico para dar a impressão de que chegara o momento mais solene e importante do julgamento. A meu ver, fazer Pilatos simplesmente sentar-se na plataforma, e não na cadeira do tribunal, não se harmoniza com o cuidado na localização (Litóstroto, Gábata) e na marcação da hora (ao meio-dia, antes da refeição pascal) que João dá a esse momento. *Quando se segue a tradução transitiva*, onde Pilatos faz Jesus sentar-se no *bema*, é maior a possibilidade de traduzi-lo como "plataforma".

---

[20] Ver também o julgamento de Paulo diante de Festo em At 25,6.17; e Josefo, *Guerra*, II,ix,3-4; ##172.175.

Entre os biblistas modernos, a tradução transitiva com Jesus no *bema* começou a avançar com uma dissertação de 1872 por J. Groenigen, em Utrecht, e tem muitos seguidores.[21] Outros comentaristas (com os quais concordo)[22] examinaram os argumentos favoráveis à interpretação transitiva e os consideraram insuficientes. Assim, traduzem Jo 19,13 intransitivamente, com Pilatos no *bema* (ou em primeiro lugar intransitivamente, já que alguns admitem um duplo sentido[23] — mas, normalmente, os duplos sentidos joaninos não admitem visões contraditórias). É óbvio que não se vai decidir a questão contando autoridades, por isso, voltemo-nos aos argumentos principais.

1) A forma verbal *ekathisen* pode ser transitiva (colocou [alguma coisa/alguém] em) ou intransitiva (sentou em).[24] Entretanto, na fluência da sentença, se fosse transitivo seria de se esperar um objeto pronominal que falta aqui: "Ele levou Jesus para fora e sentou-*o* no *bema*". De la Potterie tentou elaborar um argumento que no grego neotestamentário, onde o segundo verbo tem o mesmo objeto que o primeiro, não é necessário repetir o objeto. Porém, Blinzler (*Prozess*, p. 347) afirma que, em todos os exemplos dados por de la Potterie, nenhum pronome é necessário depois do segundo verbo, porque não há nenhuma ambiguidade, isto é, o segundo verbo não pode ser intransitivo. Por exemplo, em Ef 1,20 – "(Deus) tendo ressuscitado Cristo dos mortos e sentado(-o) a sua direita" –, embora nenhum objeto pronominal seja expresso em grego, o verbo precisa ser transitivo (sentado alguém, não sentou-se), porque Deus não pode sentar a sua própria direita. É interessante que alguns escribas da tradição *koiné* ainda acharam prudente acrescentar um objeto pronominal depois do verbo sentar em Ef 1,20, talvez para facilitar a leitura em público. (Nenhum escriba jamais acrescenta um pronome em Jo 19,13, e isso talvez

---

[21] Por exemplo, Beutler, Boismard, Bonsirven, F. M. Braun, Charbonneau, Corssen, de la Potterie, Fenton, Gardner-Smith, Guichou, Haenchen, Harnack, Kurfess, Lightfoot, Loisy, G. H. C. Macgregor, MacRae, Mader, Meeks, O'Rourke, Roberts e Schwank.

[22] Balagué, Barrett, W. Bauer, Benoit, Bernard, Blinzler, Bultmann, Bruce, Derwacter, Holtzmann, Hoskyns, Knabenbauer, Lagrange, Lightfoot, A. Richardson, Robert, Zabala e Zahn.

[23] Há quem julgue que João foi deliberadamente ambíguo à guisa de ironia teológica, por exemplo, J. Ashton, *Understanding the Fourth Gospel*, Oxford, Clarendon, 1991, p. 228, seguindo R. H. Lightfoot. Treboolle Barrera ("Possible") lembra que o hebraico *yib* é intransitivo no *qal* e transitivo no *hiphil*, e que, em algumas cenas de coroação (1Rs 4,20), os tradutores gregos ficaram divididos quanto a ele ter de ser traduzido intransitiva ou transitivamente. Para ele, João foi influenciado pelas possibilidades do hebraico.

[24] Derwacter ("Modern", p. 27) relata que 47 dos 50 usos neotestamentários de *kathizein* são intransitivos, e que os outros 4 usos neotestamentários com *bema* são intransitivos.

signifique que os escribas nunca pensaram em ler o verbo transitivamente; nenhum Padre grego leu-o transitivamente, e o mesmo pode-se dizer de todas as principais versões antigas.) Por outro lado, quando o sentido pretendido é transitivo e pode haver ambiguidade, o objeto costuma ser expresso, por exemplo, 2Rs 11,19; 2Cr 23,20; a LXX de Dn 4,37b(34). Balagué ("Y lo", p. 66), então, dá a regra contrária à apresentada por de la Potterie: a menos que o contexto esteja totalmente claro, quando *kathizein* não tem objeto expresso, ele é sempre intransitivo. É digno de nota que Josefo usa a mesma expressão que João (*kathizein epi bematos*) a respeito de Pilatos (*Guerra* II,ix,3; #172) e de Vespasiano (*Guerra* III,x,10; #532) e nos dois casos ele é intransitivo.

2) O sentido de *bema*. Como mencionei acima, há quem considere argumento importante contra o sentido intransitivo o fato de que, no meio de um julgamento, o juiz romano não se sentaria de repente na cadeira do tribunal. Porém, eu argumentei que João escreve para efeito dramático e, assim, com essa imagem de Pilatos se sentando, João só diz que chegara o momento mais solene. Na direção oposta, alguns, que entendem ser a cena histórica, não imaginam Pilatos profanando o símbolo sagrado da justiça romana, o *sella curulis*, sentando nele um criminoso por palhaçada, como o sentido transitivo dá a entender. Contudo, defensores do sentido transitivo também respondem que não estamos lidando com a história, mas com drama onde, por amor à ironia, talvez João tenha decidido fazer de Jesus o juiz sentado em uma cadeira do tribunal. Entretanto, pode-se questionar se a ironia joanina empregaria o intrinsecamente implausível para lograr o seu intento. Por sentirem a força desse argumento, alguns defensores do sentido transitivo (de la Potterie, "Jésus", p. 226-231) afirmam que o *bema* no qual Jesus foi colocado não era a cadeira do tribunal, mas a plataforma judicial ou a área em frente ao juiz romano. Supostamente, essa tese recebe apoio da falta de artigo definido antes de *bema* em Jo 19,13. Contudo, o artigo também está ausente nos dois exemplos, citados acima, tirados de Josefo, onde *bema* significa realmente cadeira do tribunal. Há sempre a possibilidade de *kathizein epi bematos* (nenhum artigo) ter sofrido influência do latim *sedere pro tribunali* (linguagem onde falta o artigo definido). Também por analogia, na LXX, "sentar-se no trono" (*kathizein epi [tou] thronou*) é empregado sem o artigo definido. Se não se pode tirar nenhum argumento da falta de artigo em Jo 19,13, Zabala ("Enigma", p. 21) está bastante correto ao argumentar contra

a interpretação transitiva de que *kathizein epi bematos* não significa "empossar como juiz".

3) De la Potterie tira um argumento a favor da interpretação transitiva da frase que se segue a *ekathisen epi bematos*, a saber, *eis topon*. Como parte de uma tese que defende há muitos anos, a saber, que em João as preposições são usadas com precisão, de la Potterie insiste que *eis* significa "para dentro do lugar chamado Litóstroto" e afirma que a frase toda modifica o primeiro verbo "levou", não o segundo, "sentou". A ideia básica, então, seria que Pilatos levou Jesus para fora, para o lugar chamado Litóstroto, e sentou-o na plataforma judicial. Há diversas dificuldades com essa opinião. O uso preciso de preposições por parte de João é duvidoso (ver BGJ, v. 1, p. 5); *eis* ("para dentro de") e *en* ("em") são quase sempre semanticamente indistinguíveis no grego desse período (BDF 205; 207[1]). *Kathizein eis*, depois de um verbo de movimento como "levou", tem o sentido de sentar-se ou descansar em um lugar, como em 1Sm 5,11, ou é o equivalente a "sentar-se ali", como em 2Sm 15,29. Ver também 2Ts 2,4, onde *eis [...] kathizein* é usado para "sentar-se no Templo de Deus". Em Jo 19,13, o que acompanha "levou Jesus" é "para fora"; "em [*eis*] um lugar chamado Litóstroto" acompanha Pilatos sentado em um tribunal. Robert ("Pilate", p. 281) afirma que *eis* é usado expressivamente com *kathizein*, com o significado de "ir sentar-se". O'Rourke ("Two") lembra que, em uma série de verbos, quando uma frase se segue ao segundo verbo, é em geral para ser construída com esse segundo verbo. Até Meeks, que defende o uso transitivo de *kathizein*, considera muito fraco esse argumento baseado em um sentido literal para *eis*.

4) A imagem de Pilatos fazendo Jesus sentar-se no *bema* é defendida como continuação do escárnio de Jesus em Jo 19,5: "Vede o homem", em Jo 19,5. Entretanto, é necessário ser exato. Depois do escárnio de Jesus como rei pelos soldados em Jo 19,2-3, o *Ecce homo* de Jo 19,5 pode ter tido a finalidade mais direta de mostrar como era tola a acusação contra ele. Quanto a "Olhai, vosso rei", em Jo 19,14, a intenção não era escarnecer de Jesus, mas fazer "os judeus" assumirem a responsabilidade por executar o próprio rei. Como o *bema* não é um trono, o escárnio de Jesus sentado no *bema* deveria ter sido expresso não simplesmente como "Olhai, vosso rei", mas como "Olhai, vosso juiz". Essa observação nos leva a examinar um argumento importante a favor da interpretação transitiva que alguns tirariam de

duas passagens mais primitivas, uma em *EvPd*, a outra em Justino, onde Jesus é descrito sentado e é escarnecido como juiz.

EvPd 3,7 tem como sujeito o povo judeu: "E eles o vestiram com púrpura e o sentaram em uma cadeira do tribunal, dizendo: 'Julga imparcialmente, Rei de Israel'". Este texto apoia realmente a leitura transitiva de Jo 19,13 se supusermos que o autor do *EvPd* conhecia ou ouvira essa passagem? Observemos as mudanças e suas implicações: no *EvPd*, o povo judeu, não Pilatos, é o sujeito; a clara referência a uma cadeira (*kathedra kriseos*) significa que *bema* não era entendido como plataforma; um contexto de escárnio que não está claro em João foi produzido com a adição de elementos do escárnio de Jesus pelos soldados romanos encontrado em Jo 19,2-3; embora Jesus seja chamado rei, dizem-lhe de modo escarnecedor para *julgar* imparcialmente (*dikaios*; ver Mt 27,19); e, o que é muito importante, a fim de tornar *kathizein* transitivo, um objeto pronominal (*auton*) é colocado depois dele — o elemento gramatical que está notavelmente ausente em João. Assim, isso é mais uma nova redação que uma exegese de Jo 19,13, que adapta o tema a um novo contexto dramático muito diferente do joanino. Como quase sempre em *EvPd*, o que motiva a nova redação é o desejo de pôr em relevo semelhanças com o AT. Aqui, a passagem em mente é Is 58,2, onde Deus reclama que os israelitas agem como se fossem uma nação justa (o que eles não são): "Eles me pedem julgamento justo [*dikaios*]". Não há nenhum eco desse texto em João.

Há pouca coisa a acrescentar a respeito da outra passagem, isto é, Justino, *Apologia* I,xxxv,6. Depois de citar Is 58,2, Justino refere-se a Jesus sendo crucificado pelos judeus, que, depois de contradizê-lo, negaram ser ele o Messias: "E como disse o profeta, levaram-no arrastando [*diasyrein*], sentaram-(no) em um/no *bema* e disseram: 'Julga-nos'". Justino está próximo de *EvPd* 3,6, onde o povo judeu diz: "Vamos arrastar o Filho de Deus agora que temos poder sobre ele". Muitas das observações feitas acima, a respeito de *EvPd*, aplicam-se aqui. Não há nenhum objeto pronominal que se siga a *kathizein*; mas isso exemplifica a regra segundo a qual o objeto pode ser omitido quando não há ambiguidade: os judeus como pluralidade não podem sentar-se no *bema*.

A meu ver, dessas duas passagens é possível extrair importante argumento a favor da leitura *intransitiva* de João. Sem o tipo de mudanças de cenário e detalhe que elas apresentam, não se pode ler transitivamente a frase sobre o *bema*. Em *EvPd* e Justino, somente dois lados estão envolvidos (os judeus e Jesus); em *EvPd*, depois que o povo senta Jesus na cadeira, falam *com ele*. Em Jo 19,13, estão envolvidos três lados: Pilatos, os judeus e Jesus. Depois de Pilatos levar Jesus para fora e ter lugar a ação envolvendo o *bema*, Pilatos fala aos judeus, não a Jesus. Se a ação fosse transitiva e Pilatos tivesse sentado Jesus no *bema*, deveria haver o mesmo dinamismo visto em *EvPd* e Justino: Pilatos teria falado a Jesus, não aos judeus, e o teria desafiado a agir como juiz. No comentário, afirmei que a atmosfera solene de tempo e lugar em Jo 19,13-14 nos incentiva a ler isso como momento culminante do julgamento, onde Pilatos senta-se no *sella curulis* para proferir sentença e uma condenação à morte. A fraqueza dos argumentos a favor da interpretação transitiva significa que não há motivo para mudar esse quadro.

Apêndice IV:
Perspectiva geral de Judas Iscariotes

Resumo:

A. A vida de Judas

    1. A existência de Judas

    2. Tentativas para engrandecer o papel de Judas

    3. Judas participou da Eucaristia?

    4. O que Judas traiu?

    5. Qual foi o motivo de Judas para entregar Jesus?

    6. Como Judas morreu? (Atos e Mateus; Pápias)

B. O nome Iscariotes

    1. Maneiras de escrever o nome

    2. Várias explicações

Bibliografia

O NT nos revela relativamente pouco a respeito de Judas; mas, como vimos em nosso comentário da NP (em especial em § 29), o que ele relata é altamente dramático. Trabalhando com os poucos detalhes apresentados e aplicando discernimento e imaginação: desde o princípio até o presente, autores aperfeiçoaram a imagem. Entre os autores importantes que escreveram a respeito de Judas nos últimos anos podemos citar Haugg, Halas, Gärtner, Vogler e Klauck. Portanto, parece que vale a pena dedicar um apêndice a Judas e reunir material pertinente a essa importante figura da NP e, assim, transcender o que foi apropriado ao comentário linha por linha.

A. A vida de Judas

Este Judas é mencionado 22 vezes no NT: Marcos, 3; Mateus, 5; Lucas-Atos, 6; João, 8. Se essa lista de obras neotestamentárias está correta cronologicamente, o interesse em Judas foi progressivo. Marcos menciona-o entre os Doze escolhidos em Mc 3,19, mas não volta a fazê-lo depois disso, até Judas começar o processo de entregar Jesus em Mc 14,10-11. Os Evangelhos mais tardios realçam a imagem, dando detalhes que talvez sejam relevantes ao motivo para Judas entregar Jesus. Vamos agora analisar esse material e conjeturas eruditas baseadas nele.

1. A existência de Judas

O nome de um dos doze filhos de Jacó-Israel, *Yehûdâ*, é traduzido como *Ioudas* na LXX. Os nomes dos patriarcas eram populares na época neotestamentária e diversas figuras do NT chamam-se Judas.[1] Assim, por si só, o nome desse homem não é suspeito. Contudo, "Judas" relaciona-se etimologicamente a "judeu" (*Yehûdî, Ioudaios*);[2] e, por isso, aquele que entregou Jesus podia ser considerado, pelos que eram hostis a ele, o perfeito judeu. Agostinho afirma que Pedro representa a Igreja e Judas representa os judeus (*Enarratio in Ps 108* 18,20; CC 40,1593.1596; *Sermão 152* 10; PL 38,824). Como documenta Lapide (*Wer*, p. 11-42, esp. 11-16), isso foi explorado como polêmica antijudaica na literatura dramática e na arte, por exemplo, ao descrever Judas com feições "semíticas" grosseiramente exageradas e generalizar seu amor por dinheiro. Em outra direção, o fato de as consoantes de seu nome (*Yhwdh*) expressarem em hebraico o valor numérico de trinta pode ter contribuído para a conta mateana de trinta moedas de prata. As possibilidades metafóricas do nome levaram alguns biblistas à tese de que Judas nunca existiu, mas era originalmente uma figura simbólica (J. M. Robinson, W. B. Smith, G. Volkmar — ver Schläger, "Ungeschichlichkeit"; Campbell, *Did*, p. 42). Os argumentos apresentados incluem estes: a escassez de dados neotestamentários referentes a ele; a afirmação de que o papel de Judas era primordialmente alegórico como advertência

---

[1] Em algumas línguas, às vezes o nome está disfarçado, para evitar confusão com o Iscariotes, por exemplo "Jude", em inglês. Um dos "irmãos" de Jesus chama-se Judas (Mc 6,3 — ao que tudo indica, o autor designado em Jd 1,1), como um discípulo que Jo 14,22 declara não ter sido o Iscariotes — talvez esse último seja o "Judas, filho de Tiago" das listas em Lc 6,16; At 1,13.

[2] A tribo de Judá era o principal componente do Reino do Sul, área que se tornou a província da Judeia sob os romanos.

aos fiéis sobre a possibilidade de traírem Jesus (Plath, "Warum", p. 181-182); a natureza teatral das cenas nas quais ele aparece (por exemplo, Mt 26,21-25, onde, um depois do outro, os discípulos perguntam: "Serei eu, Senhor?", com Judas vindo por último); a aparição de Judas em uma cena, em um Evangelho mais tardio, da qual ele estava ausente em um Evangelho mais primitivo (comparemos a unção em Betânia de Mc 14,4; Mt 26,8; Jo 12,4-5); as narrativas divergentes a respeito de sua morte; o silêncio a respeito dele em Paulo, na maioria dos Padres Apostólicos, em Aristides e em Justino. G. Volkmar sugeriu que a imagem de Judas foi criada a partir da experiência cristã primitiva de ser entregue às autoridades romanas pelos judeus, e Wrede ("Judas", p. 132) examina se isso não seria possível. Na edição de 1864 de seu *Leben Jesu*, Strauss chegou perto de uma explicação mítica de Judas, e muitos outros (por exemplo, Wrede, Heitmüller) consideram fictícia grande parte da história de Judas. Enslin ("How") considera as histórias das negações de Pedro e da traição de Judas criações marcanas a partir de 2Sm 15–17. J. B. Bauer ("Judas") afirma que o pensamento cristão primitivo de que Judas foi embora (At 1,25: "para ir ao lugar que lhe cabia") e histórias diferentes de sua morte preencheram a ignorância dos cristãos a respeito de seu destino. Jo 17,12 é citado como exemplo de que, na opinião cristã, Jesus o perdera.

Grande parte do argumento em favor da não historicidade total ou quase total resulta da interpretação do silêncio. É a invencionice de Judas um meio plausível para representar o que poderia ter sido facilmente declarado? O tema de Judas = o judeu nunca é sugerido no NT. A figura de Judas certamente não ajudou a imagem cristã; na verdade, um adversário como Celso apontou-o como escolha errônea por um Jesus supostamente divino (Orígenes, *Contra Celso* ii,11). Todas as diversas listas sinóticas dos Doze o mencionam, o que com certeza é tradição pré-evangélica. Judas está firmemente inserido nas NPs sinóticas e também na joanina. Se ele fosse criação fictícia, essa criação teria de ter acontecido na primeira década da tradição cristã! Quanto ao avanço gradual nos Evangelhos mais tardios, isso pode perfeitamente representar a imaginação preenchendo os espaços, mas não constitui nenhum argumento contra a historicidade básica da personagem.

Outra diferença sutil nesse debate diz respeito ao papel de Judas. Por exemplo, Grayston (*Dying*, p. 395-399) admite que Judas não foi inventado por Marcos e era um dos Doze, mas insinua a possibilidade/probabilidade de não ter ele desempenhado papel ativo na entrega de Jesus às autoridades judaicas. Grayston afirma que a tradição cristã mais primitiva alegava que Deus entregou Jesus (*paradidonai*) ou, em conflito com os judeus, que a hierarquia do Templo entregara Jesus. Somente em reação a perigos cristãos internos Judas recebeu um papel na NP como o que entregou Jesus à morte. Entendo os indícios quanto a *paradidonai* de maneira diferente. A série de indivíduos que constam como tendo entregado Jesus foi examinada em § 10. É perfeitamente possível que várias circunstâncias na pregação fizeram um indivíduo ou outro ser enfatizado, mas não há nenhum indício convincente de que a linguagem não fosse polivalente desde o início e de que um indivíduo como Judas fosse criado em um nível mais tardio. Dorn ("Judas") apresenta um estudo admiravelmente meticuloso da questão; ele afirma que, embora Judas certamente tenha existido como um dos Doze durante a vida de Jesus, não há probabilidade de, na tradição, ele ter sido incluído entre os Doze que deram testemunho do Jesus ressuscitado. Algum fato que contestou seu discipulado acontecera entre o ministério e a ressurreição. Se Judas fosse apenas o primeiro a fugir, isso daria razão suficiente para a tradição evangélica unânime de que ele entregou Jesus, para uma tradição antiga de que o círculo dos Doze teve de ser completado, como se a posição de Judas estivesse definitivamente vaga, e para a associação do destino abominável de Judas com o "Campo de Sangue"? Assim, a meu ver, a atenção a todos os indícios apoia a tese de que um dos Doze, chamado Judas, entregou Jesus às autoridades que planejavam sua morte. Na tradição, pouco mais que isso pode ser conhecido a respeito de Judas, exceto que ele teve morte repentina e violenta, e que seu nome ficou associado ao "Campo/Terreno de Sangue".

2. Tentativas para engrandecer o papel de Judas

Se alguns biblistas minimizam o papel de Judas a ponto de prescindir dele, outros vão na direção contrária e lhe dão mais importância do que o NT confirma. Por exemplo, os fatos de ser chamado filho de Simão (Jo 6,71), de estar presente à unção em Betânia, como estão Marta, Maria e Lázaro (Jo 12,2-4), e de Mc 14,3 localizar na casa de Simão, o leproso, a unção em Betânia levaram J. A. Sanders (NTS 1, 1954-1955, p. 29-41) a expor a teoria de que Judas era o irmão mais velho de Marta, Maria e Lázaro da família de Simão, o leproso, em Betânia — na verdade, "uma Marta masculina que fracassou" (p. 41)! Tem havido diversas tentativas de identificar Judas como o discípulo que Jesus amava no Evangelho de João e Hueter (*Matthew*) acha que Judas pode ter escrito aquele Evangelho. A. Wright

("Was Judas") afirma que o número cardinal *heis*, usado a respeito de Judas na frase "um dos Doze"[3] era coloquial para o ordinal (BDF[1]), de modo que Judas era o "primeiro dos Doze". Os argumentos apresentados para apoiar a prioridade de Judas incluem: sua posição na Última Ceia (Jo 13,26, perto o bastante para ser alcançado por Jesus); seu controle da bolsa comum (Jo 12,6); e a possibilidade sugerida por Wright de ser ele um sacerdote, o que lhe permitia entrar no Templo até o santuário no qual ele jogou as moedas de prata (Mt 27,5). Mas por que a comunidade cristã, que não suprimiu a memória da entrega de Jesus por Judas, suprimiria a memória de ser ele o primeiro entre os Doze? De fato não há nada que apóie a primazia de Judas. Todas as listas dos Doze põem Simão Pedro em primeiro lugar; Mt 10,2 usa o número ordinal *protos* para ele, que desempenha nos Evangelhos um papel muito maior que o de Judas. Na verdade, até João (irmão de Tiago) é mencionado mais vezes que Judas (30 vezes [mais 4 como filho de Zebedeu] comparado com 22). Quanto a guardar a bolsa (se isso for real) nada nos valores proclamados por Jesus torna esse papel primordial. Finalmente, segundo a tese de Wright, se *heis* aplicado a Judas em Jo 6,71 significa "primeiro dos Doze", o que significa quando aplicado a Tomé (Jo 20,24)?

3. Judas participou da Eucaristia?

Além das tentativas eruditas de minimizar e maximizar a vida de Judas, é dada atenção para apresentações divergentes nas poucas cenas em que Judas aparece, por exemplo, a Última Ceia. Bornhäuser (*Death*, p. 65-66) afirma que o modo indireto de Jesus indicar aos discípulos onde ele comeria a ceia (Mc 14,13-15 e par.) refletia seu desejo de esconder o local de Judas. Mas Judas estava na ceia. Estava Judas ainda lá quando Jesus distribuiu seu corpo e sangue aos discípulos

---

[3] Burn ("St. Mark") relata que Wright tinha o ilustre apoio de F. Field, mas que J. F. Isaacson contra-argumentou que no grego helenístico, em oposição ao ático, *ho eis* significa "um dos", porque há casos claros onde o artigo definido pode ser indefinido. A. T. Robertson (*Expositor* 8. Ser., 13, 1917, p. 278-286), rejeita a tese de Wright, mas observa corretamente que *ho heis ton dodeka* é a melhor leitura em uma passagem como Mc 14,10. Ele aceita a tentativa de H. B. Swete de fazer justiça ao artigo, dando este sentido: esse um, o único dos Doze a ir aos chefes dos sacerdotes para entregar Jesus. J. R. Harris (*Expositor* 8. Ser., 14, 1917, p. 1-16) também não aceita a tese de Wright — em algumas tradições primitivas Judas é o terceiro ou sexto entre os Doze — mas tem problemas com a opinião de Robson quanto a *ho heis*. Wright (*Expositor* 8. Ser., 14, 1917, p. 397-400, responde e se concentra especialmente na tentativa fantasiosa de Harris para relacionar Judas Iscariotes com Issacar em termos de onde cada um está colocado entre as doze tribos ou os doze apóstolos.

e aceitou essa dádiva embora tivesse decidido entregar Jesus? (Veja um estudo da intensa discussão a respeito em Halas, *Judas*, p. 104-136.) Os que afirmam a participação de Judas apontam para 1Cor 11,27-32, onde Paulo fala em forte condenação de quem come o pão ou bebe o cálice do Senhor indignamente: "Essa pessoa come e bebe sua própria condenação por não discernir o corpo. É por isso que [...] e alguns morreram". Eles perceberiam na advertência geral de Paulo uma lembrança de Judas que comeu indignamente e logo morreu. Nenhum relato evangélico descreve especificamente Judas recebendo o pão/corpo ou o vinho/sangue. João não descreve a eucaristia na ceia e portanto nada pode ser feito quanto ao bocado dado a Judas em Jo 13,26. Jesus servir-se do mesmo prato (de comida) que Judas em Mc 14,20; Mt 26,23 é descrito de maneira bem diferente da Eucaristia. Em Mc 14,18-21; Mt 26,21-25, a advertência de Jesus que prevê a traição por Judas (abertamente em Mateus) *precede* as palavras sobre o pão e o vinho (Mc 14,22-25; Mt 26,26-29). Nenhum dos dois evangelistas descreve a partida de Judas da refeição (mencionada apenas por Jo 13,30), apesar de Judas não estar entre os discípulos que vão com Jesus ao Getsêmani (porém ele chega mais tarde: Mc 14,43; Mt 26,47). Não há meios, então, de saber se na mente desses dois evangelistas Judas saiu depois da advertência (e antes da Eucaristia) ou depois da Eucaristia. O relato de Lucas causa o problema: ali a advertência de Jesus que prediz a traição (por Judas: Lc 22,21-23) *segue-se* às palavras sobre o pão e o vinho (Lc 22,17-20). Certamente é de se supor que Judas estivesse ali durante a advertência e as palavras eucarísticas. Contudo Lucas jamais menciona Judas pelo nome durante a ceia; e sua falta de preocupação com qualquer possível inexatidão subentendida na sequência que acabamos de descrever é evidente pela declaração do Jesus lucano aos discípulos depois da desgraça do traidor em Lc 22,22: "Vós sois aqueles que permaneceram comigo em minhas provações [...] vos sentareis em tronos para julgar as doze tribos de Israel" (Lc 22,28.30). Se é plausível pensar que Judas recebeu a Eucaristia e depois ouviu Jesus amaldiçoá-lo, teria ele saído depois da maldição e antes da promessa?

Tem havido as costumeiras tentativas de solucionar o problema reorganizando os textos. Hein ("Judas") pressupõe duas refeições: Judas estava em uma refeição anterior quando decidiu entregar Jesus, mas não estava na Última Ceia e por isso não recebeu a Eucaristia. Hein encontra indícios de duas refeições no *Comentário ao Diatessarão* 19,3-4 de Efrém (SC 121,332-333) e nas *Constituições Apostólicas*

(Funk, org., p. 271), que permitem a distinção entre a noite do lava-pés e a noite da Eucaristia — distinção que cresceu na liturgia, talvez? Preisker ("Verrat", p. 152-153) afirma que Mc 14,10-11 (Judas indo procurar os chefes dos sacerdotes e concordar em entregar Jesus) está fora da ordem cronológica (assim também E. Hirsch, Klostermann, Welhausen), pois originalmente essa passagem estava no fim da Última Ceia como em Jo 13,30. A (hipotética) ordem lucana original era Lc 22,25.28-30.21-23.3-6; e assim Judas entregou Jesus depois da Eucaristia. Tais rearranjos supõem que os escribas, escandalizados por encontrar Judas recebendo a Eucaristia com o plano já determinado de trair Jesus, tentaram suavizar o relato. Considero a maior parte disso hipótese improdutiva a respeito de um problema que pode ter sido bem estranho à preocupação dos evangelistas.

4. O que Judas traiu?

Em meu comentário (p. 274, vol. I), insisti que o verbo *paradidonai* aplicado a Judas significa "entregar", não "trair".[4] Judas entregou Jesus por meio de duas ações segundo os sinóticos: ele foi antes ou com o grupo que veio prendê-lo para mostrar-lhes onde e quando agarrar Jesus (em um lugar remoto no monte das Oliveiras, tarde da noite); e uma vez lá ele identificou quem era Jesus, diferenciando-o dos outros que ali estavam (os discípulos). Alguns biblistas julgam uma ou as duas dessas funções ilógicas e afirmam que Judas traiu Jesus de outra maneira. Vamos primeiro considerar a asserção de falta de lógica. Não seriam o paradeiro e a identidade de Jesus bem conhecidos das autoridades ou, pelo menos, não poderiam eles mandar a polícia seguir e prender Jesus sem a ajuda de Judas? A essa objeção é possível responder da seguinte maneira: havia massas de povo em Jerusalém para a festa, o que dificultava a supervisão; normalmente Jesus não ficava em Jerusalém, mas fora das muralhas (Mc 11,11; entre amigos em Jo 12,1-2); nos relatos sinóticos é a primeira vez que Jesus vem a Jerusalém e não fazia muito tempo que ele estava lá; mesmo em João, onde ele vinha a Jerusalém com frequência e podia ser bem conhecido, Jesus por diversas vezes escapou de ser preso e se escondeu (Jo 7,30.45-46; 8,59; 10,39-40; 11,54). Portanto, no nível de verossimilhança,

---

[4] O verbo clássico para trair é *prodidonai*. A única vez que uma palavra desse radical é aplicada a Judas no NT é Lc 6,16 (*prodotes*). A preferência esmagadora por *paradidonai* origina-se do emprego em Is 53,12 [LXX]: "Ele foi entregue por nossos pecados".

não é ilógico que as autoridades judaicas quisessem ajuda quanto a onde e quando prender Jesus sem tumulto.

Quando nos voltamos para as teorias dos que defendem a ideia de traição, a suposição inevidente é que Judas deu às autoridades judaicas informações secretas a respeito de Jesus que lhes permitiram mover uma ação contra ele. Quero relacionar alguns ditos ou atos de Jesus que Judas supostamente traiu: Jesus afirmou que destruiria o santuário (Goguel); Jesus afirmou ser o Filho de Deus (Grundmann) ou o Messias, desse modo rompendo o segredo messiânico (Bacon, Bornhäuser, A. Schweitzer, Seitz); Jesus esperava inaugurar o Reino de Deus com a Última Ceia ou imediatamente depois dela (Bacon, Preisker; ver Mc 14,25; Lc 22,28-30 [Sl 122,5]); Jesus tinha se deixado ungir (Bacon; ver Mc 14,3.8 [1Sm 16,13]); Jesus celebrou a Páscoa em hora ilegal ou de maneira ilegal (M. Black); Jesus aprovara o uso da espada (Stein-Schneider; ver Lc 22,36-38; Is 53,12). Todas essas sugestões são especulativas, baseadas principalmente em temas que aparecem direta ou indiretamente nos procedimentos judaicos contra Jesus. A objeção fatal a todas elas, a meu ver, é que se fossem verdade Judas teria comparecido como testemunha contra Jesus para tornar a acusação plausível.

Derrett ("Iscariot", com o aviso que aborda o NT com novos olhos e a abordagem correta) estuda Judas à luz do *mesîrâ*. A raiz hebraica e aramaica *msr* significa "entregar"; e como os judeus viviam sob domínio estrangeiro, palavras originárias dessa raiz eram usadas para descrever a entrega de judeus aos governantes *gentios*. No final do século II. d.C., Mixná *Terumot* 8,12 insiste que esse comportamento é indesculpável sob quaisquer circunstâncias. Mais primitiva e mais aplicável ao NT é a hostilidade do *Rolo do Templo* de Qumrã (11Q Miqdas 64,7-8): "Se alguém entregar seu povo a uma nação estrangeira [...] vós o pendurareis em uma árvore e ele morrerá".[5] Como isso se aplica a Judas? Ele percebeu, quando entregou Jesus às autoridades judaicas, que indiretamente o entregava a Pilatos? No nível de verossimilhança seria de se esperar que ele conhecesse o procedimento normal do sinédrio em crimes capitais. Por outro lado, segundo Mt 27,3, ao ver que as

---

[5] Entretanto, em geral em Qumrã a raiz *msr* aplica-se a entregar alguém, como em CD 19,10. Não está claro se CD 9,1 refere-se a esse mesmo assunto: "Todo aquele que jura levar alguém à destruição pelas leis dos gentios, será ele próprio destruído". Contraste P. Winter, RQ 6, 1967-1969, p. 131-136 e Rabinowitz, RQ 6, 1967-1969, p. 433-435.

autoridades judaicas iam entregar Jesus aos romanos, Judas mudou de ideia com remorso — quase como se ele não soubesse que o resultado seria esse.

É melhor aceitar o indício evangélico que a iniquidade de Judas foi entregar seu mestre e amigo às autoridades *judaicas*, mostrando-lhes como prender Jesus sem desordem pública. Elas já sabiam o bastante a respeito de Jesus para serem seriamente hostis com ele. Os Evangelhos concordam que na ocasião da Última Ceia Judas já se voltara contra Jesus. Quando ele começou a se inclinar nessa direção? Isso é incerto, pois, embora em Jo 6,70-71, no meio do ministério, Jesus refira-se a Judas como "um diabo", não está claro se essa designação significa que Judas já estava planejando entregar Jesus (Zehrer, "Judasproblem", p. 259).

5. Qual foi o motivo de Judas para entregar Jesus?

Marcos não dá nenhuma indicação do motivo de Judas fazer o que fez. Os Evangelhos mais tardios mencionam dois fatores que talvez constituam motivação. *Primeiro*, em Mt 26,14-15 Judas pergunta aos chefes dos sacerdotes: "Que me dareis se eu vos entregar Jesus?". Em Jo 12,4-6, onde Judas reclama que o unguento deveria ter sido vendido por dinheiro, em benefício dos pobres, o evangelista dá clara indicação de insinceridade: Judas "era ladrão: ele guardava a caixa de dinheiro e podia se servir do que nela se depositava". Esses dois episódios foram ligados na obra medieval de Jacó de Voragine, *Golden Legend*: as trintas moedas de prata especificadas em Mateus como o preço entregue pelos chefes dos sacerdotes foram consideradas a autorrecompensa de Judas como dízimo sobre os 300 denários pelos quais o unguento deveria ter sido vendido (Mc 14,5; Jo 12,5). Entretanto, não podemos ter certeza de que a descrição de Judas como avarento não seja uma difamação mais tardia de seu caráter conforme o princípio de que quem cometeu um ato tão maldoso deve ter personificado todo o mal.[6] Não há nada implausível na ideia em si de Judas ser o encarregado da caixa de dinheiro, apesar do argumento que seria mais provável Jesus dar essa tarefa a um ex-cobrador de impostos como Levi/Mateus.

---

[6] Bartnik ("Judas") aponta para o caráter teológico dado a Judas como o arquétipo do pecador. Klauck (*Judas*, p. 74) conjetura se Judas como ladrão não é uma retroprojeção do desagrado cristão primitivo por haveres (At 2,44-45; 4,32-35). Nesse caso, entretanto, seria de se esperar que Lucas-Atos enfatizassem a avareza de Judas. "O salário da maldade" em At 1,18 é geral demais para indicar avareza.

Lüthi ("Problem") acha que a acusação de que Judas era ladrão aludia ao diabólico, o que nos leva à *segunda* motivação apresentada nos Evangelhos. Lc 22,3 introduz a cena na qual Judas vai ter com as autoridades relatando: "Então Satanás entrou em Judas, chamado Iscariotes". Antes da Última Ceia, Jo 13,2 informa o leitor: "O diabo já tinha posto no coração de Judas, filho de Simão, o Iscariotes, entregar Jesus". Jo 13,27 ressalta que "depois do bocado de comida, Satanás entrou em Judas". Assim, Lucas e João apresentam Judas como instrumento de Satanás, o agente principal na entrega de Jesus (veja Billings, "Judas"). Para João, Judas deu ao Príncipe deste mundo entrada no círculo íntimo de Jesus. Outra indicação do diabólico é a designação de Judas como "o filho da perdição" (Jo 17,12, termo usado por 2Ts 2,3 para a figura do inimigo de Deus) e como diabo (Jo 6,70). Além disso, a ideia que Jesus conhecia Judas "desde o início" relaciona-se ao julgamento que o diabo era um assassino "desde o início" (Jo 6,64; 8,44). Naturalmente, esse é um julgamento teológico imaginado em retrospecto; não ajuda a determinar a perspectiva pessoal de Lucas.

Tema bem conhecido é que o que Judas fez serviu ao cumprimento da Escritura, conforme indicado em Mc 14,18-21 e par.; Mc 14,43-45.49 e par.; Jo 13,18; Mt 27,9. Contudo, essa é mais claramente ainda uma explicação teológica.

Os biblistas (e também romancistas e dramaturgos — ver Hughes, "Framing") não hesitam em compensar a reticência do NT, propondo motivos para o comportamento de Judas. Zehrer ("Judasproblem", p. 262) lembra que alguns fatores têm sido citados como motivo para deixar Judas escandalizado e o fazerem rejeitar Jesus: a afirmação de Jesus de ser o Messias; a afirmação mais blasfema de ser o Filho de Deus; a celebração ilegal da refeição pascal por Jesus em data antecipada; e seus ditos a respeito do Templo (o próprio Zehrer rejeita-os). Usando material neotestamentário, ao enfrentar a objeção de Celso que ao escolher Judas o Jesus supostamente divino cometera um erro, Orígenes afirmou que Judas começara como bom discípulo; avareza e falta de fé abriram caminho para o diabo (*Comentário a João* xxxii,14 sobre Jo 13,18; GCS 10 [Orígenes 4], p. 448; ver E. Laeuchli, CH 22, 1953, p. 253-268). Na outra direção, alguns (por exemplo, Stauffer) pensam que Judas talvez trabalhasse havia muito tempo com o sinédrio, ainda que os Evangelhos o descrevam tomando sua decisão na ocasião da Última Ceia.[7] Uma sugestão muito

---

[7] A tendência a considerar que Judas já era de natureza má aumentou. No *Evangelho arábico da infância* 35, Judas é possuído pelo diabo em criança e agride o menino Jesus. Na influente *Golden Legend* do século XIII pelo dominicano Jacó de Voragine (Festa de São Mateus, 24 de fevereiro) há uma advertência

popular é que Judas ficara impaciente por Jesus não inaugurar o Reino, impaciência nascida do zelo (os que pensam que Judas era ardente nacionalista) ou da ambição (os que reparam na sequência em Lc 22,21-24 onde a maldição contra o traidor é seguida por uma disputa quanto a qual dos discípulos é o maior). Contudo, a respeito dessa sugestão, Judas não desempenha nenhum papel nas diversas passagens neo-testamentárias que tratam da realeza para Jesus ou da ambição entre os discípulos (por exemplo, Jo 6,15; At 1,6; Mc 9,33-34; 10,37). Alguns, para os quais Judas ainda acreditava em Jesus, sugerem que Judas o entregou na expectativa de Jesus ser forçado a mostrar seu poder, dominar as autoridades e inaugurar os preceitos divinos (Cox, "Judas", p. 420-421). Como apoio, invocam Mt 27,3-5, onde Judas parece ficar aturdido quando as autoridades entregam Jesus a Pilatos. Uma versão específica disso é defendida por Stein-Schneider ("Recherche", p. 415-420): Judas, discípulo fiel, tinha esperança de acabar com uma revolta que as ações de Jesus tinham provocado e com dinheiro procurou fazer os chefes dos sacerdotes deixá-lo ir. Ainda mais idiossincrática é a tese de G. Schwarz (*Jesus*, p. 12-31) que Judas só estava obedecendo ordens de Jesus (Jo 13,27) para entregá-lo a Caifás, que era conhecido de Judas (o discípulo anônimo de Jo 18,15b). O bocado de pão que Jesus deu a Judas na ceia foi um gesto de gratidão e o beijo de Judas foi um gesto de despedida como em Rt 1,14. (A mistura que Schwarz faz de textos de vários Evangelhos, a nenhum deles dando o sentido que os evangelistas pretendiam, é cercada por sua retroversão de segmentos das NPs no aramaico original!) Outros opinam que Judas agora perdera a fé em Jesus e achava ser seu dever religioso deter o falso mestre.[8] Lc 22,6 emprega o verbo *exomologein* para descrever as negociações de Judas com os chefes dos sacerdotes. Quase sempre traduzido que Judas "consentiu", o verbo pode ter a conotação de "reconhecer, confessar" e assim alguns o entendem em termos dos sacerdotes forçando Judas a confessar sua cumplicidade no seguimento de Jesus antes de aceitarem seus serviços.

---

profética aos pais de Judas, na noite de sua concepção, que essa criança será má e ele o é a vida toda, em especial quando fica amigo de Pilatos.

[8] Pseudo-Tertuliano (*Adv. Omnes Haer*. 2,6; CC 2,1404) descreve os gnósticos para os quais Judas tentava desmascarar Jesus como pessoa má. Nas lendas judaicas medievais do *Toledoth Yeshu* o rabino Jehuda ish Bartola (Judas Iscariotes) ajuda o povo judeu a superar as defesas mágicas do perverso Jesus. Judas tirou o corpo de Jesus do túmulo; e quando foi feita a mentirosa alegação de ressurreição, Judas refutou-a mostrando o corpo.

Um grupo de gnósticos desenvolveu a estranha ideia de gratidão para com Judas já que ele forçou os poderes deste mundo a agirem contra Jesus e assim tornou possível a salvação (Pseudo-Tertuliano, *Adv. Omnes Haer.* 2,5; CC 2,14-4). De vez em quando essa ideia é invocada mais sutilmente nas discussões modernas (Lapide, "Verräter", p. 79), principalmente para remover qualquer ideia de atribuir culpa pela crucificação. Muitos cristãos foram na direção contrária de descrever Judas como figura odiosa. Judas passou pela história como homem marcado porque era culpado pelo sangue inocente de Jesus. Além de fazer dele um símbolo odiado dos judeus,[9] os cristãos o usaram para exemplificar o mal dos que entregavam os cristãos aos perseguidores romanos.[10] No século II, o *Martírio de Policarpo* 6,2 julga que os que entregaram aquele santo ao grupo que veio prendê-lo "deviam sofrer o mesmo castigo de Judas". Embora não haja nenhum ensinamento oficial da Igreja que uma pessoa específica tenha ido para o inferno, essa citação concorda com a sugestão em At 1,25 (Judas foi embora "para ir ao lugar que lhe cabia") que Judas foi condenado.[11] Do mesmo modo, Irineu (*Adv. haer.* V,xxxiii,3-4), depois de citar um fragmento de Pápias do início do século II no qual Jesus falou a respeito da abundância dos últimos tempos, diz que Judas expressou descrença e o Senhor deu a entender que ele não estaria entre os que veriam essa abundância.

6. Como Judas morreu? (Atos e Mateus; Pápias)

Em § 29, como parte do estudo de Mt 27,3-10, dei uma tradução da referência à morte de Judas em At 1,16-20.25. Pápias, do início do século II, faz um terceiro relato, que examinarei abaixo. Em § 29, comparei os relatos de Mateus e dos Atos principalmente a partir da tentativa de determinar uma forma mais primitiva da tradição; aqui nos ocuparemos da historicidade.

---

[9] Observe a combinação em uma maldição dos tempos patrísticos invocada sobre quem quer que perturbasse uma sepultura: Que ele tenha a maldição e dos que dizem: "Fora com ele [...] crucifica-o" (NDIEC 1,1976, #61, p. 100-1-1).

[10] O *Pastor de Hermas* (*Similitudes* IX,xix,1-3) declara que não há arrependimento possível para "os que entregam os servos de Deus". *Hermas* é mais indulgente com os que não têm fé.

[11] Isto está em harmonia com o julgamento em Mixná *Sanhedrin* 10,2 que Aquitofel (que se voltou contra Davi e se enforcou) não tem lugar no mundo que há de vir. Na direção oposta, a desconfiança de Orígenes do castigo eterno está exemplificada em sua opinião que o suicídio de Judas refletia uma alma exposta que confessava e suplicava misericórdia (*In Matt.* 117, a respeito de Mt 27,3 (GCS 38,245). Halas (Judas, p. 46) aponta para os *Atos de André e Paulo* onde, depois de devolver o dinheiro, Judas encontrou Jesus e foi mandado ao deserto para penitência; ali ele encontrou e adorou o demônio (JANT, p. 472).

a) *O relato dos Atos em relação a Mt 27,3-10*. Como se pode imaginar, em face de dois relatos da morte de Judas tão diferentes como os contados por Mateus e pelos Atos (e talvez mesmo um terceiro relato independente com mais diferenças ainda), os maldizentes tiveram um proveito maravilhoso, já visível em *Leben Jesu* por D. F. Strauss (1835). Biblistas conservadores altamente respeitáveis (por exemplo, Benoit) também foram levados a reconhecer que as descrições da morte de Judas foram completadas com exemplos veterotestamentários das mortes de homens iníquos. Também era inevitável haver tentativas conservadoras eruditas de defender a historicidade dos relatos de Mateus e dos Atos por meio de harmonização ou reinterpretação.

Na antiguidade, já entre os copistas do texto neotestamentário e entre os Padres da Igreja, houve tentativas, explícitas ou implícitas de solucionar as duas principais diferenças entre Mateus e os Atos, isto é, a forma da morte (enforcamento em Mateus; caindo prostrado e partindo-se ao meio nos Atos) e a compra do campo/terreno (pelos chefes dos sacerdotes depois da morte de Judas em Mateus; pelo próprio Judas nos Atos). Quanto à primeira diferença, a ideia que Judas não morreu quando se enforcou (por exemplo, a corda rompeu-se) e que os Atos descrevem a morte que ocorreu mais tarde já está implícita na OL de At 1,18: "Ele se amarrou pelo pescoço; e caindo de bruços ele se arrebentou ao meio". Do mesmo modo, a Vulgata traz: e tendo se pendurado, ele rebentou pelo meio". Essa harmonização ainda é proposta por biblistas modernos, mas quase sempre com mais sutileza. Há harmonização na teoria de Derrett ("Miscellanea") que recorre a uma referência de muitos séculos mais tarde em *Seder Rabba de Bereshith* 30 a alguém no inferno que tem a barriga arrebentada e (as vísceras) caem-lhe diante do rosto. Derrett imagina Judas dependurado de cabeça para baixo e explodindo!

A segunda diferença (a compra da terra) também continua a ser objeto de explicação engenhosa. Haugg (*Judas*, p. 180) entende que os Atos permitem uma interpretação na qual Judas deu o dinheiro e outros o usaram para comprar o campo. Sigwalt ("Eine andere"), Silva ("Cómo murió") e Sickenberger ("Judas") agarram-se em várias graduações ao fato de enquanto Mt 27,7 empregar *agorazein* para dizer que "eles compraram", At 1,18 empregar *ktasthai* para o que Judas fez e para este último atribuem um sentido mais indireto de adquirido ou de ter estado à venda. Sickenberger vai mais longe e sugere que quando se leva em conta o itacismo, a forma dos Atos *ektesato*, em vez de derivar de *ktasthai*, origina-se de *ktizein* ("criar, fazer; fundar"), de modo que Judas seria descrito como o fundador que possibilitou a compra (com referência a esse sentido do verbo em inscrições bizantinas posteriores ao ano 1000). A meu ver essa harmonização distorce o sentido óbvio do texto dos Atos, escrito em total ignorância da narrativa mateana.

Mais interessante é o efeito (às vezes independente de harmonização) para interpretar as quatro palavras gregas extremamente difíceis de At 1,18: *prenes genomenos elakesen mesos*, que traduzi: "prostrado, partiu-se ao meio". Literalmente, as primeiras palavras são "tornado prostrado" e há quem proponha "caiu prostrado", em parte para harmonizar com o relato mateano de enforcamento. Entre outros biblistas que querem emendar, A. D. Knox ("Death") lê: *mesos genomenos elakesen prenes*, "E chegando no meio dele [do terreno que comprara], caiu de cabeça para baixo". J. W. Cohoon (JBL 65, 1946, p. 404) argumenta que as quatro palavras gregas são traduções incorretas de supostos originais hebraicos e surge com: "ficando insano, ele enforcou-se em uma árvore" e assim consegue perfeita consonância com Mateus. Nas páginas seguintes de JBL (p. 405-406), E. J. Goodspeed refuta devastadoramente essa sugestão como produto de imaginação descontrolada e gramática ruim.

Grande parte do debate sério concentra-se em *prenes*, "prostrado, de cabeça para baixo, de bruços [latim *pronus*]". Em artigo famoso sobre *prenes*, Chase indicou verbos de som semelhante: *pimprasthai*, "queimar"; *prethein*, "inchar"; e embora *prenes* não seja atestado com um sentido relacionado a esses verbos, ele afirmou que seria uma formação natural para "inchado"[12] e que *ginesthai (genomenos)* era comum com termos médicos. A sugestão dada por Chase de traduzir *prenes genomenos* por "tendo inchado" produz uma leitura muito mais fácil: chegou a BAGD e ao dicionário grego de Liddell-Scott como possibilidade e foi aceita por biblistas da categoria de Harnack, Harris e Nestle. Estes pontos foram apresentados em apoio: a) Judas é descrito como inchado (*prestheis*) nas duas citações da narrativa de Pápias (veja abaixo).[13] b) No códice C do *Evangelho de Nicodemos* (*Atos de Pilatos* B; JANT, p. 116), depois do relato que quando o galo que a mulher de Judas estava cozinhando começou a cantar, Judas "imediatamente fez um laço de corda e enforcou-se", há uma adição marginal que tem *elakisen epristhe ebreme-*

---

[12] Desautels ("Mort", p. 236) afirma que o sentido de *prenes* depende de ser ou não derivado de uma raiz *pro-* (cair *para a frente*) ou uma raiz *pra-* (*inchar*).

[13] *Prestheis* reflete-se nas versões georgiana e armênia dos Atos.

sen — a ideia é que ele explodiu depois de inchar; e Chase considera *ebremesen* uma confusão de *errage mesos* "e espalhou-se ou derramou-se a partir do meio". c) O castigo da mulher infiel incluía uma maldição que faria seu ventre inchar (Nm 5,21-22.27).[14] d) A morte que Deus inflige em várias pessoas indignas é por inchaço.[15] Na avaliação deve-se notar que o argumento b) é muito especulativo e o d) é fraco, pois enquanto muitas figuras más são acometidas de intensas dores e vermes nos intestinos,[16] relativamente poucas constam como tendo inchado. Ao rejeitar a tradução de Chase, H. J. Cadbury (JBL 45, 1926, p. 192-193) afirma que em nenhum caso da literatura grega médica ou não médica *prenes* significada inchado (veja também A. D. Knox, Lake).

A meu ver, as duas traduções de At 1,18 ("e prostrado, partiu-se ao meio" ou "tendo inchado, partiu-se ao meio" não sugerem, nem de longe, que Lucas sabia que Judas se enforcara, conforme está relatado em Mateus. Muitos dos que lutam para harmonizar esses relatos o fazem por um princípio estranho à Bíblia em si, isto é, o que está narrado deve ser histórico; e assim, se há dois relatos diferentes, deve ser possível harmonizá-los. Não é possível harmonizar estes dois relatos; consequentemente, ambos não podem ser históricos e, de fato, talvez nenhum dos dois seja.

Na ANÁLISE do § 29 vimos até onde o AT (citado explicitamente ou pressuposto implicitamente) contribuiu para a narrativa mateana de Judas se enforcando, as trinta moedas de prata e sangue inocente. Em especial, a imagem de Aquitofel (2Sm 15-17), o conselheiro de confiança que tentou entregar Davi a Absalão e fracassou e enforcou-se, influenciou implicitamente a descrição mateana da morte de Judas.[17] Também nos Atos, a Escritura (citada explicitamente ou pressuposta implicitamente) molda a narrativa. Em At 1,20 duas citações de Salmos (Sl 60,26; 109,8) relacionam-se com o encargo (*episkope*) vago de Judas ou seu lugar entre os

---

[14] Também Josefo *Ant.* II,xi,6; #271); ver Eb. Nestle, "Fate". Mais distante, em Sl 109,18 a maldição deve penetrar as entranhas dos maus, como água.

[15] Na lenda de Aicar, segundo a versão siríaca (*Sabedoria de Aicar* 8,41) "Nadan inchou como um saco e morreu." Na versão arábica (*Sabedoria de Aicar* 8,38) e na armênia, ele incha e explode. ver também a descrição da morte do iníquo imperador Galério por Eusébio (HE VII,xvi,51). Em *Atos de Tomé* 33 a grande serpente má que havia posto Eva à prova incha, explode e morre, de modo que o veneno derramou-se em abundância.

[16] Ver a lista em n. 28 adiante.

[17] A citação formal explícita de Zc/Jr em Mt 27,9-10 relaciona-se com o destino do dinheiro pago por sangue inocente e a compra do campo mas não com a maneira em que Judas morreu.

Doze e com a escolha de outro para ocupar seu lugar. Também foram percebidas referências implícitas.[18] Para Wilcox e Manns há um reflexo da tradição preservada no Targum Neofiti de Gn 44,18 onde Judá (= Judas) adverte: se Simeão e Levi mataram pessoas para vingar o estupro de Dina (veja Gn 34,25), mulher que não se incluía entre as tribos dos irmãos e não tinha nenhuma parte da terra prometida, "quanto mais por causa de Benjamim, nosso irmão que faz parte do *número* das tribos e que tem uma *parte* [*holeq*] e herança na divisão da terra". Considera-se isso relacionado com a descrição de Judas em At 1,17: "Ele se incluía entre nós e foi incumbido de uma parte do ministério".[19] Julga-se que a referência a matar um irmão foi entrelaçada com a história de Caim em Gn 4, onde ele mata o irmão Abel em um campo (LXX *pedion*, "planície") e há ênfase no sangue.[20] A validade dessa base sugerida depende grandemente da antiguidade da composição de Targum Neofiti que biblistas como J. A. Fitzmyer datam de um período consideravelmente mais tardio que o NT. Também Dupont ("Douzième") contestou intensamente a abordagem que Wilcox faz a At 1,15-26.[21]

Quanto à forma da morte de Judas em At 1,18, Benoit ("Death", p. 194) invoca Sb 4,19, onde Deus pune os maus: "Ele os despedaçará [deixando-os] sem fala e prostrados [*preneis*]".[22] Mas ele também reconhece a influência da morte da figura do antiDeus, Antíoco IV Epífanes em 2Mc 9,5-10; ele também caiu e, subsequentemente, seu corpo decompôs-se. Assim, se o Judas mateano tem morte semelhante à do mau traidor Aquitofel, o Judas lucano morre de maneira semelhante

---

[18] Uma delas é Sl 16,5-6 (parte da herança).

[19] Parte da teoria é que *holeq* se relacionava com o *haqel* de *haqel dema'* (Hacéldama em At 1,19).

[20] Há quem julgue que esses textos também serviram de base para a narrativa mateana. Quando Deus pergunta de Abel a Caim, este não demonstra nenhum remorso: "Acaso sou o guarda de meu irmão?" Funcionalmente, isso se assemelha à reação dos chefes dos sacerdotes e anciãos em Mt 27,4: "O que é isso para nós?" Manns ("Midrash", p. 198) acha que os relatos da morte de Judas em Mateus e nos Atos foram transmitidos oralmente em aramaico, donde a semelhança com o aramaico do targum Neofiti.

[21] Nas p. 142-144, Dupont mostra que a maior parte do vocabulário no decisivo At 1,17 é completamente lucano e que a ideia de receber uma parte é completamente bíblica, de modo que não é preciso recorrer ao targum Neofiti. E. Richard (CBQ 42, 1980, p. 330-341) também rejeita a abordagem de Wilcox.

[22] Sb 2,13.18 descreve o justo escarnecido como filho de Deus, paralelo com o escárnio de Jesus na cruz (Mt 27,43). Betz ("Dichotomized"), em um argumento complicado, invoca a linguagem de Qumrã a respeito do membro da comunidade que continua seus maus modos (1QS 2,16-17): "Ele será eliminado do meio de todos os filhos da luz [...]. A parte a ele atribuída ficará no meio dos malditos para sempre". Entretanto, a ligação entre *elakesen mesos* em Atos e ser "eliminado do meio" é tênue.

à morte de outra figura má.²³ Antes de tirar alguma conclusão quanto à historicidade disso, examinemos brevemente um terceiro relato antigo da morte de Judas.

b) *O relato feito por Pápias*. No 4º livro do *Logion kyriakon exegeseis*, escrito bem antes de 150, Pápias descreveu a morte de Judas e, embora o livro não tenha sido preservado, a passagem pertinente foi citada por Apolinário de Laodiceia (século IV). Essa citação foi, por sua vez, preservada em séries ou coletâneas de passagens patrísticas a respeito das Escrituras. Lake ("Death", p. 23) dá o texto grego de duas versões da citação de Pápias por Apolinário tiradas da série de Cramer publicada em Oxford em 1844,²⁴ uma do comentário de Mt 27, a outra do comentário de At 1. O comentário dos Atos é traduzido com mais frequência. Ali, Apolinário, tendo declarado que Judas não morreu por enforcamento, mas foi descido e teve a morte descrita em At 1,18, assegura ao leitor que Pápias narra a história mais claramente:²⁵

> Judas viveu sua evolução neste mundo como enorme exemplo de impiedade. Sua carne estava tão inchada que onde um carro passaria facilmente ele não podia passar. Na verdade, nem mesmo sua gigantesca cabeça sozinha passaria. Dizem que suas pálpebras estavam tão intumescidas que ele já não conseguia ver a luz; nem com o instrumento de um ótico dava para perceber-lhe os olhos, de tanto que eles afundaram abaixo da superfície. Seu órgão íntimo era balofo e repulsivo ao olhar em um grau que ultrapassava a vergonha. Conduzidos por meio dele de todas as partes de seu corpo, fluíam juntos pus e vermes, para sua vergonha, mesmo quando ele urinava. Depois de tantas torturas e castigos, dizem que sua vida teve fim em seu terreno [*chorion*]; e por causa do cheiro esse terreno está até agora deserto e desabitado. Na verdade, até o dia de hoje ninguém passa por esse lugar sem tapar o nariz com a mão — tão grande foi a efusão de sua carne e tão espalhada sobre a terra.

O comentário de Mt 27 tem duas partes. A segunda parte (menos diretamente atribuída a Pápias) é quase igual ao comentário de Atos que acabamos de citar. A primeira parte, atribuída diretamente a Pápias, é muito mais sucinta.

---

[23] 2Mc foi escrito em grego. Os relatos nos Atos das mortes de Judas e de Herodes Agripa I (2Mc 12,23: "comido por vermes") foi entendido não só por judeus de língua grega, mas também pelos que conheciam os relatos greco-romanos de mortes ímpias (ver n. 28 adiante).

[24] Ver também J. Kürzinger, *Papias von Hierapolis*, Regensburg, Pustet, 1983, p. 104-105.

[25] Embora Apolinário saiba do enforcamento, nada do que ele cita sugere que Pápias sabia.

Judas viveu sua evolução neste mundo como enorme exemplo de impiedade. Sua carne estava tão inchada que ele não podia passar onde um carro passaria facilmente. Tendo sido esmagado por um carro, suas entranhas foram expelidas.

Harris ("Did Judas") defende a originalidade da forma mais longa, lembrando que, independente de Apolinário, Bar Salibi atribui a Pápias detalhes nela mencionados. Lake ("Death", p. 25) prefere a versão sucinta e acha que a versão mais longa surgiu do acúmulo de horrores das mortes horripilantes de homens sabidamente maus.

É o relato de Pápias (em qualquer das formas) independente do relato de Mateus e dos Atos? Com certeza não há nenhum sinal de dependência de Mateus.[26] Paralelos com Lucas são um pouco mais cabíveis. Judas está *prestheis* ("inchado") em Pápias e *prenes* ("prostrado") nos Atos.[27] Contudo Pápias jamais diz que Judas se arrebentou pelo meio, como acontece nos Atos. Se ambos falam de *chorion* ("terreno"), a aquisição dele por Judas está ausente de Pápias. Em At 1,25, "seu" modifica "lugar" (*topos*), não *chorion* como em Pápias. Um paralelo mais próximo envolve Sl 69,26, citado explicitamente em At 1,20 ("Fique deserta sua morada e não haja quem nela habite"). É repetida implicitamente no relato de Pápias perto do fim da forma longa onde o terreno de Judas está até agora deserto e desabitado. Às vezes julga-se que outra passagem do Sl 69 (Sl 69,24) influenciou o relato de Pápias: "Que seus olhos fiquem escuros e não enxerguem e que seus rins tremam continuamente". A segunda passagem dos Salmos citada em At 1,20 é Sl 109,8; e há quem, ache a influência de Sl 109,18 em Pápias: "Que a maldição entre em seu corpo como água e como óleo em seus ossos". Mencionei parte de Sb 4,19 em relação ao relato dos Atos ("Ele os despedaçará [deixando-os] sem fala e *prostrados*"; outros versos desse versículo são considerados semelhantes ao relato de Pápias ao descrever um cadáver desonrado e um escárnio incessante. A meu ver, essas relações são muito frágeis. Ao que tudo indica é melhor contentar-se em dizer que o relato de Pápias foi influenciado por relatos da morte de homens maus em narrativas bíblicas e talvez também não bíblicas.[28] Julgo (com Hilgenfeld, Lake, Nellessen,

---

[26] Observe a diferença de vocabulário entre Pápias (forma longa) "até o dia de hoje" (*mechri [tes] semeron*) e Mt 27,8: "até hoje" (*heos tes semeron*).

[27] A semelhança será muito mais próxima se Chase estiver certo ao afirmar que *prenes* pode significar "inchado". Klauck (*Judas*, p. 121) acha que Pápias está subordinado aos Atos.

[28] Ver Benoit, "Death", p. 194. A forma longa de Pápias está mais próxima do relato completo da morte de Antíoco Epífanes em 2Mc 9,5-10 (vermes, fedor insuportável) que At 1,18. A morte de Nadan na

Overbeck, Schweizer, van Unnik e outros) que o relato de Pápias, mesmo a forma longa, é com toda a probabilidade independente dos Atos e também de Mateus.

3. *Resumo.* No século II havia três ou quatro mortes diferentes atribuídas a Judas: suicídio por enforcamento (Mateus); ao se partir ao meio (Lucas); por inchaço e esmagamento por um carro de modo que as entranhas saíram para fora (Pápias, forma sucinta); e por sofrer de uma doença repugnante que lhe afetou todos os órgãos (Pápias, forma longa). É alguma delas histórica? A forma longa de Pápias é claramente lendária. O relato lucano é obscuramente sucinto e talvez descreva o que não é possível. Herber ("Mort", p. 47-49) relata estudos médicos na França quanto a ser possível uma pessoa partir-se ao meio sem um corte externo.[29] Muitos países têm a lenda de inchar e explodir porque o mal ou o espírito do mal está dentro. Lembramo-nos de que, em Lc 22,3, Satanás entrara em Judas; a morte em At 1,18 talvez reflita isso. Quanto à forma sucinta de Pápias, um acidente é com certeza possível; mas o inchaço imenso é melodramático. Naturalmente, o debate sobre que passagem de Pápias é a mais antiga influencia o valor das passagens para a história. O suicídio por enforcamento em Mateus é certamente possível, mas o paralelo quase exato com Aquitofel influencia a avaliação.

Embora seja decepcionante, a probabilidade histórica não pode ser atribuída a nenhuma das diversas mortes. Afirmei em § 29 que os cristãos primitivos tinham a tradição que Judas morreu de repente logo depois da morte de Jesus. Se é possível obter probabilidade do indício, esse comentário deve ser aplicado à ideia de que esses cristãos não conheciam os detalhes da morte de Judas. A morte repentina de Judas persuadiu os cristãos que essa morte era castigo de Deus e essa persuasão catalisou narrativas que evocavam outras mortes bíblicas que foram consideradas

---

forma arábica da lenda de Aicar (*Sabedoria de Aicar* 8,38) tem descrição muito ampliada do efeito do inchaço no corpo. Herodes Agripa é ferido e comido por vermes em At 12,23. Josefo (*Ant.* XVII,vi,5; ##168-169) inclui na morte de Herodes, o Grande, ulceração das entranhas, apodrecimento do órgão íntimo que produziu vermes, e mau-hálito. Além de ficar louco, o cruel governador de Cirene, Catulo, sofre a deterioração das entranhas ulceradas (Josefo, *Guerra* VII,xi,4; ##451-453). Segundo Heródoto (*História* iv,205), larvas de inseto e vermes saem do corpo da cruel rainha cireneia Feretime. O mesmo destino sofre Cassandra que age contra a família de Alexandre (Pausânias, *Graeca Descriptio* IX,vii,3-4). O hostil imperador Galério foi castigado com um abcesso no órgão íntimo, úlceras nas entranhas, uma profusão de vermes e um fedor insuportável (Eusébio, HE VIII,xvi,3-5).

[29] Não é na verdade relevante à questão de Judas Mixná *Sanhedrin* 9,5, onde um criminoso recalcitrante é alimentado à força com cevada até sua barriga explodir. TalBab *Shabbat* 151b cita como exemplo que três dias depois da morte a barriga explode e as entranhas saem.

castigo de Deus.[30] O antecedente comum dos quatro relatos não é, então, nenhuma forma de morte, mas sim a violência repentina da morte que precisava de interpretação pelas Escrituras.

B. O nome Iscariotes

Quase sempre a designação "Iscariotes" diferencia o Judas que entregou Jesus de outros chamados Judas no NT. O que essa designação significa? Ela nos diz alguma coisa a respeito da origem, do modo de vida, das atitudes ou da morte de Judas? Morin ("Deux") apresenta uma história interessante das muitas tentativas de explicar o nome, que começaram já com Orígenes (c. 254: *In Matt.* 78, a respeito de Mt 26,14; GCS 38, p. 187), que relatou o que ouvira. Antes de relacionar as muitas sugestões, algumas apenas conjeturas, quero primeiro mencionar as diversas formas nas quais a designação aparece em mss. neotestamentários.

1. Maneiras de escrever o nome

A designação "Iscariotes" para Judas aparece 10 vezes no NT (Marcos, 2; Mateus, 2; Lucas, 2; João, 4);[31] entretanto, nunca nos limites da NP (calculada do Getsêmani à sepultura). Há diversas maneiras diferentes de escrever o nome; todas as formas da lista abaixo aparecem precedidas por *Ioudas*:[32]

- *Iskarioth*: Mc 3,19; 14,10; Lc 6,16
- *(ho) Iskariotes*: Mt 10,4; 26,14; Jo 12,4
- *ho kaloumenos Iskariotes*: Lc 22,3
- *Simonos Iskariotou*: Jo 6,71; 13,26[33]
- *Simonos Iskariotes*: Jo 13,2

---

[30] Como indicado em n. 28, houve também modelos greco-romanos. A morte dos *theomachoi*, os competidores contra os deuses, era tema clássico. É possível comparar as palavras de Jesus a respeito de Judas: "Teria sido melhor para esse homem se ele não tivesse nascido" (Mc 14,21; Mt 26,24) com a declaração de Sófocles (relatada por Estobeu, *Florilegium* 121,9): "Não ter existido é melhor que sofrer grande mágoa".

[31] Dibelius ("Judas") julga isso suficientemente frequente para sugerir ser provável que o nome contenha um julgamento condenador.

[32] Nem todas as variantes menos importantes estão relacionadas. Úteis para entender essas variantes são: Halas, *Judas* p. 8-10; Haugg, *Judas* p. 72-78; e Torrey, "Name", p. 51.

[33] Somente João dá o nome do pai de Judas. Os mss. divergem nessas passagens a respeito da desinência causal em *Iskariot*; apresento a leitura mais bem atestada.

- *Skarioth*: Códice de Beza e latim de Mc 3,19
- *Skariotes*: Códice de Beza e latim de Mt 10,4; 26,14
- *apo Karyotou*: Códice de Beza de Jo 13,2.26; Sinaítico (autor original), Koridethi e Família 13 (minúsculos) de Jo 6,71
- *Simonos Skarioth*: Códice de Beza e OL de Jo 6,71

Dessas variações surgem três perguntas: a) *Qual é mais original*, Iskarioth ou Iskariotes? Como *Iskarioth* está mais próximo do estilo de nomes hebraicos e *Iskariotes* mais próximo do estilo grego (Klauck, *Judas*, p. 40), a última variação pode bem ter resultado da concordância com a desinência adjetiva gentílica, por exemplo, *Simon ho Kananites* (em alguns manuscritos de Mc 3,18 e Mt 10,4 adjacentemente ao nome de Judas), ou com uma desinência nominal grega para um papel ou profissão, por exemplo, *stratiotes*, "soldado". Contudo, Arbeitman ("Suffix") lembra que as palavras gregas terminadas em -*tes*, quando passadas para o hebraico/aramaico, aparecem com as duas desinências -*tys* e -*ot*, correspondentes às duas formas *Iskariotes*, *Iskarioth*.[34] b) *Qual é a importância das leituras alternativas no Códice de Beza* (dos tipos *apo Karyotou*, *Skarioth*)? São reflexos da designação semítica básica de Judas, ou tentativas dos copistas de interpretar o grego *Iskarioth*? O fato de só em João ocorrerem as leituras *apo Karyotou* sugere a segunda alternativa. Uma discussão entre Eb. Nestle e F. H. Chase (ExpTim 9, 1897-1898, p. 140, 189, 240, 185-286) levanta a possibilidade de ter essa interpretação surgido com uma tradução primitiva para o siríaco (ver o NT siro- haracleano) e dali ter passado por intermédio de um revisor para o Códice de Beza e os indícios latinos — tudo parte de uma antiga suposição de que *Iskarioth* continha uma designação geográfica. Do mesmo modo, as leituras *Skarioth/Skariotes* talvez sejam interpretações de copistas, mas pesam contra o entendimento geográfico de *Iskarioth* como homem de____, pois 'îs ("homem") não teria sido dispensado tão facilmente. c) *A leitura joanina (4ª na lista)* Ioudas Simonos Iskariotou *indica que Simão, pai de Judas, se chamava Iskariotes?* Dorn ("Judas", p. 48) responde afirmativamente, julgando que Iscariotes era sobrenome, derivado do lugar de onde se originavam seus portadores (ver adiante). Nesse caso, o nome nada nos diz quanto ao modo de vida de Judas. Embora os dois genitivos em grego favoreçam "Judas, filho de Simão Iscariotes", Ingholt ("Surname", p. 154) afirma que, no original semítico, um adjetivo que descreve o

---

[34] Ele afirma que o final *â* de uma forma como *saqqarâ* torna-se *ô*, daí a desinência -*ot(h)* no grego.

primeiro membro de tal série é colocado depois do segundo nome e possivelmente atraído para o caso do segundo nome, assim: "Judas, filho de Simão, Iscariotes". Embora esse argumento por si só não seja totalmente persuasivo, essa leitura, que só se encontra em duas passagens de João, não é base adequada para descartar o outro indício de que Judas é que era lembrado como Iscariotes.

A conclusão mais segura dessas três questões é que as variações nos relatos da designação em mss. não são de grande ajuda para discernir seu sentido original. Embora, ao que tudo indica, o nome do pai de Judas fosse Simão, o filho era conhecido como Iscariotes. Formas com *apo* são suposições eruditas primitivas de que *Karioth* designava o lugar de origem de Judas. Não há nenhuma diferença significativa entre *Iskarioth* e *Iskariotes*. Quando muito, as formas *Skarioth* e *Skariotes* refletem o valor limitado a ser atribuído à primeira sílaba em supostos originais (ver adiante).

Ao nos voltarmos para derivações propostas de "Iscariotes", talvez seja importante o fato de ser essa designação usada em todos os relatos do ministério de Jesus. Teorias que fazem o sentido do nome depender dos momentos finais da narrativa evangélica (por exemplo, sua entrega de Jesus, o modo como Judas morreu) têm de supor que o nome foi retroprojetado em descrições mais primitivas de Judas nos Evangelhos, inclusive a escolha dele como um dos Doze. Teorias que explicam a designação "Iscariotes" em termos da origem de Judas (família ou localidade), ocupação, aparência, perspectiva ou compromisso político não têm essa dificuldade — Judas tinha a alcunha quando foi chamado por Jesus para ser um discípulo.

2. Várias explicações

a) *Explicações secundárias*. Para maior concisão, relaciono aqui explicações antigas e modernas que tiveram ou têm seguimento limitado e, a meu ver, pouca probabilidade.[35] Associo a elas nomes de biblistas que as mencionaram ou defenderam. Orígenes mencionou uma teoria que relacionava "Iscariotes" ao fato de Judas ser enforcado ou estrangulado; muito mais tarde, J. B. Lightfoot também foi nessa direção: *'askera'*, da raiz *skr/sgr*, "obstruir". Jerônimo sugeriu *zeker Ya*, "memorial do Senhor", que, para ser fiel a Orígenes, podia significar lembrança

---

[35] Não dá para defender algumas das propostas antigas do ponto de vista de regras científicas que regulam a transcrição do hebraico para o grego.

da maneira como Judas foi castigado pelo Senhor na morte. Para alguns, as trinta moedas de prata indicam a raiz *skr* ("contratar, pagar"). Lightfoot sugeriu *scortea*, avental de couro usado por estafetas sobre a roupa, com a pressuposição de que a bolsa de Judas que guardava os fundos comuns (informação apenas em Jo 12,6) era costurada nesse avental ou talvez estivesse em uma caixa com tampa de couro. Ele chamou a atenção para um estrangeirismo de *scortea* atestado no aramaico talmúdico muito mais tardio *'isqôretîya'*. Derrett ("Iscariot", p. 9-10) deriva "Iscariotes" de *'isqa' re'ût*, "o que faz um negócio [dinheiro] por amizade", derivação associada com entregar Jesus por dinheiro. O substantivo aramaico *'eseq*, *'isqa'*, que significa "negócio", não é atestado em nenhum escrito aramaico antes de 100 d.C. (cortesia de J. A. Fitzmyer de seu material de dicionário). A palavra apresentada por Derrett para amizade, *re'ût*, é hebraica, não aramaica. Derrett não explica como um substantivo aramaico (de um período mais tardio) no estado enfático estaria em uma cadeia de construção com um substantivo hebraico. Como parte de sua discutível retroversão do grego neotestamentário para o aramaico original, G. Schwarz (*Jesus*, p. 231) afirma que a segunda parte do grego para "Iscariotes" representa esta cadeia de desenvolvimento semítico: *qrywt* = *qryt'* = *qrt'*, e que o *qrt'* nos targumim (pós-cristãos) refere-se a Jerusalém, de modo que Judas pode ser o homem de Jerusalém.

Algumas sugestões derivam "Iscariotes" de um nome próprio: de Issacar (*Yissakar*; Jerônimo); de Jericó (*Yerihô*); de Sicar, na Samaria (Jo 4,5 [ver BGJ, v. 1, p. 169]; Schulthess); de Carta, em Zabulon (*Qartâ*; Js 21,34; H. Ewald). Algumas dessas sugestões precisariam depender de redações neotestamentárias de "Iscariotes" sem a sílaba inicial *Is-*; também teriam de refletir uma desinência adjetiva anexada a um nome próprio.

b) *Homem de Cariot*. A explicação mais popular de "Iscariotes" recorre a uma suposta forma hebraica *'îs Qerîyôt*, sugerindo que Judas veio de uma cidade chamada Cariot. A forma do Códice de Beza *apo Karyotou* mostra que a ideia era antiga. Têm sido apresentadas sérias objeções: i) Por que *'îs* foi transliterado e não traduzido como "homem" ou mesmo como pronome relativo, por exemplo, "Filipe, o que era de Betsaida", em Jo 12,21? ii) Havia uma cidade de Cariot na Judeia ou na Galileia? Muitos recorrem a Js 15,25 para uma Cariot na parte meridional da Judeia (lembremo-nos de que Judas = Judá), entre Engadi e Bersabeia; na verdade, algumas análises de Judas e seus motivos baseiam-se no fato de ser ele o único dos

Doze originário da Judeia. O hebraico desse versículo tem *Qerîyôt Hesron* — que Jerônimo e o targum aramaico consideram duas cidades; mas *hoi poleis Aseron* da LXX entende o primeiro substantivo como plural de *qiryâ*, significando "as cidades [ou aldeias] de Hesron". Muitos comentaristas modernos consideram este último correto; e, se for assim, Cariot na Judeia desaparece. Uma cidade moabita chamada *Qerîyôt* é mencionada no hebraico de Am 2,2 (LXX *poleis* de novo) e de Jr 48,24.41 (LXX Jr 31,24.41: Kerioth). Entretanto, alguns sugerem que Judas veio da Transjordânia. Além disso, de qualquer modo, não há indícios de que cidades mencionadas de 1.200 a 600 anos antes ainda existiam no tempo de Judas. iii) A suposição de que *'îs* mais uma cidade chamada X significava "homem de X" é duvidosa. O jeito normal de expressar isso em hebraico é com um adjetivo gentílico, por exemplo, *'îs Qerîyôtî*, ou "certo homem de" (*'îs had min Qerîyôt*). Às vezes, defensores da abordagem *'îs Qerîyôt* apontam como justificativa para *'îs Tôb* em 2Sm 10,6.8, mas ali a expressão significa "homens de Tob". Outro exemplo proposto é cronologicamente problemático, pois é do hebraico mais tardio da Mixná; Jose b. Jo'ezer de Sereda é *'îs Seredâ* (ver *Sota* 9,9; *'Eduyyot* 8,4; *'Abot* 1,4). De modo geral, as objeções tornam muito duvidoso o entendimento de Iscariotes como "homem de Cariot".

c) *Sicário*. O termo grego *sikarios* aparece em At 21,38; relaciona-se com o grego *sikarion*, latim *sica*, "punhal"; Josefo usa-o para descrever revolucionários fanáticos que usavam punhais. Celada, Lapide, Schulthess e Wellhausen estão entre os muitos que derivam "Iscariotes" de uma forma desse termo. Cullmann ("Douzième", p. 139) acha que Judas Iscariotes (nas listas sinóticas dos Doze, Judas *Kananites* (variante saídica em Jo 14,22) e Judas, o *Zelotes* (contagiado por Simão, o *zelota*: Lc 6,15; At 1,13), são todos a mesma pessoa. Para Cullmann, *Sicarius* seria transliterado como *Iskarioth* e traduzido como *Zelotes*, enquanto o aramaico transliterado da raiz *qn'*, "ser zeloso", teria produzido *Kananites*. Muitos que aceitam essa derivação recorrem às formas *Skarioth* e *Skariotes* do nome de Judas (Códice de Beza e o latim de Mc 3,19; Mt 10,4; 26,14) para a dispensa da primeira sílaba de *Iskariotes* e para uma forma mais próxima de *sikarios*. Essa derivação está em harmonia com a suposição de que um entendimento político do reino tornou Judas, um revolucionário, impaciente com Jesus, e o levou a entregá-lo. Etimologicamente, há objeções. Devemos supor uma metátese nas duas primeiras sílabas da forma *sikarios* (*sika* para *iska*-)? Mas por quê, já que *sika* podia facilmente ter sido pronunciado? Ingholt ("Surname", p. 156) retorna a uma forma aramaica *'isqarya'a'* (ou *'iskarya'a'*, se o siríaco for um guia). Do ponto de vista da inteligibilidade, nada no modo de vida de Judas descrito no NT incentiva a ideia dele como revolucionário político merecedor desse título. Mais seriamente, o indício em Josefo (§ 31, A2f, acima) coloca a primeira existência dos *sicarii* e dos zelotas na Palestina duas ou três décadas depois da morte de Judas.

d) *Aquele que o entrega*. A raiz *sgr/skr* nas formas verbais intensivas (pi'el, hiph'il) significa "desistir, entregar, renunciar a" = LXX *paradidonai*). Há quem aponte para Is 9,4: "Eu entregarei [*sikkartî*] os egípcios", sugerindo que uma forma desse verbo para descrever Judas como aquele que entregou Jesus foi a origem do nome Iscariotes. Morin ("Deux", p. 353) acrescenta o indício de *sgr/skr* nesse sentido nas inscrições aramaicas de Sefire e no *Apócrifo do Gênesis* de Qumrã, afirmando ser esse um verbo padrão para entregar criminosos a autoridades. Em sua teoria, "Iscariotes" relacionava-se a uma forma verbal pa'el aramaica, com um objeto como "o, lhe" (*yesaggar/yesakkar yatêh* [que ele traduz *yotêh*]), ou a uma forma aph'el (*yaskar yatêh*). Surgem diversas objeções: a forma *sgr* é mais comum que a forma *skr*; e, embora *g* em semítico possa ser traduzido por um *k* em grego, é mais normal a tradução por *g*. Além disso, seria preciso pressupor que nenhum autor neotestamentário reconheceu que *Iskarioth* traduzia a ideia de entregar Jesus. Morin luta corajosamente para provar que Mc 3,19 (*Ioudan Iskarioth hos kai paredoken auton*) significa "Judas Iscariotes, que significa 'Aquele que o entregou'". Mas Marcos escreveu uma sentença com "significa" apenas dois versículos antes: *Boanerges ho estin huioi brontes* ("Boanerges, que significa filhos do trovão") – que é o jeito normal de escrever e, a meu ver, indica que Mc 3,19 deve ser traduzido conforme o significado manifesto do grego, não como "que significa", mas como "Judas Iscariotes *e foi ele* quem o entregou". Se dentro de trinta anos "Iscariotes" não foi reconhecido com o significado de "entregou", há grande possibilidade de que originalmente não significasse isso.

e) *O enganador*. Já em 1861, E. W. Hengstenberg propôs como origem *'îs seqarîm*, "homem de mentiras", da raiz *sqr* ("enganar"). "Mentira" seria *seqer* ou *siqra*'; "mentiroso" seria *saqqar*. Torrey ("Name", p. 59-61) defende *saqray*, "mentiroso", como base para "Iscariotes", desde que a palavra se torne explícita (*seqarya'* ou *'isqarya'*). Apesar de não preferir essa derivação, Ingholt ("Surname", p. 157) considera-a etimologicamente possível (ver também Gärtner, *Iscariot*, p. 7).

Contudo, a Peshitta siríaca não reconheceu essa raiz na transcrição de *Iskarioth*. Além do problema de derivação que teria sido verdade não de todo o modo de vida de Judas, mas apenas de seu fim, é possível conjeturar quanto a uma alcunha que não se parecia com o que Judas fez — em nenhum relato neotestamentário Judas mente a respeito de Jesus.

f) *O de rosto avermelhado*. A raiz *sqr* está associada a se ter cútis trigueira ou avermelhada.[36] Ingholt ("Surname", p. 158-162) prefere essa derivação e aponta para formas aramaicas como *saqray*, *seqara'* e *'isqara'*. Tésseras palmirenas têm nomes pessoais seguidos de *'sqr'* ou *'sqr'*; e o arábico tem *el Asqar*, que significa "aquele com cútis avermelhada". Descrições de Judas do século IX mostram-no com o cabelo vermelho. Em At 13,1, ouve-se falar de "Simeão, chamado o Negro"; assim, um apelido baseado na cor não é impossível. Ehrman ("Judas") acrescenta o indício em TalBab *Gittin* 56a de que o chefe dos *sicarii* ou do partido revolucionário da Judeia em 70 d.C. era Abba Saqqara, sobrinho de Yohanan ben Zakkai. Arbeitman ("Suffix") apoia essa derivação e sugere que *saqqarâ* produziu o *Iskar-* em Iscariotes. Apesar do apoio para essa teoria, é preciso entender que saber a cor do cabelo ou da cútis de Judas não é avanço significativo.

Há quase cem anos, G. Dalman (*Words*, p. 52) declarou: "É conjetura muito plausível que 'Iskarioth' já era ininteligível para o evangelista". Duvido que tenhamos ultrapassado muito essa opinião; e, se uma ou duas derivações de "Iscariotes" foram desenvolvidas desde então, mesmo que fossem verdade, não nos diriam muito a respeito de Judas.

---

[36] Da raiz *sqr*, Iscariotes foi relacionado com a ideia de "o tintureiro".

Bibliografia para o Apêndice IV: Judas Iscariotes

A bibliografia pertinente à morte de Judas em Mt 27,3-10 (às vezes incluindo comparações com At 1,15-26) encontra-se em § 25, Parte III.

Arbeitman, Y. The Suffix of Iscariot. JBL 99, 1980, p. 122-124.

Bacon, B. W. What Did Judas Betray? HibJ 19, 1920-1921, p. 466-493.

Bartnik, C. S. Judas l'Iscariote, histoire et théologie. *Collectanea Theologica* 58, 1988, p. 57-69.

Betz, O. The Dichotomized Servant and the End of Judas Iscariot (Light on the dark passages: Matthew 24,51 and parallels; Acts 1:18). RevQ 5, 1964-1966, p. 43-58.

Billings, J. S. Judas Iscariot in the Fourth Gospel. ExpTim 51, 1939-1940, p. 156-157.

Brownson, J. Neutralizing the Intimate Enemy: The Portrayal of Judas in the Fourth Gospel. SBLSP, 1992, p. 49-60.

Buchheit, G. *Judas Iscarioth: Legende, Geschichte, Deutung.* Gütersloh, Rufer, 1954.

Burn, J. H. St. Mark xiv.10. ExpTim 28, 1916-1917, p. 378-379 (resposta a A. Wright a respeito de Judas, primeiro dos Doze).

Chase, F. H. The Name of Judas Iscariot in the Fourth Gospel. ExpTim 9, 1897-1898, p. 285-286.

_____. On *prenes genomenos* in Acts i 18. JTS 13, 1911-1912, p. 278-285, 415.

Cox, W. A. Judas Iscariot. *The Interpreter* 3, 1906-1907, p. 414-422; 4, 1907-1908, p. 218-219.

Cullmann, O. Le douzième apôtre. RHPR 42, 1962, p. 133-140. Versão alemã em: Frölich, K., org. *Oscar Cullman: Vorträge und Aufsätze* 1925-62. Tübingen, Möhr, 1966, p. 214-22.

Derrett, J. D. M. The Iscariot, *Mesira*, and the Redemption. JSNT 8, 1980, p. 2-23. Reimpresso em DSNT, v. 3, p. 161-183.

_____. Miscellanea: a Pauline Pun and Judas' Punishment. ZNW 72, 1981. Reimpresso em DSNT, v. 4, p. 187-189.

Dorn, K. Judas Iskariot, einer der Zwölf. In: Wagner, *Judas Iskariot*, p. 39-89.

Dupont, J. La Destinée de Judas prophétisée par David, Actes 1:16-20. CBQ 23, 1961, p. 41-51. Reimpresso em seus *Études sur les Actes des Apôtres*. Paris, Cerf, 1967, p. 309-320 (LD 45).

_____. Le Douzième Apôtre (Actes 1:15-26). In: Weinrich, W. C., org. *The New Testament Age*. Macon, GA, Mercer, 1984, v. 1, p. 139-145 (em honra de B. Reicke; 2 v.). Resposta a Wilcox, Judas Tradition.

Ehrman, A. Judas Iscariot and Abba Saqqara. JBL 97, 1978, p. 572-573.

Enslin, M. S. How the Story Grew: Judas in Fact and Fiction. In: Barth, E. H. & Crocoft, R. E., orgs. *Festschrift to Honor F. Wilbur Gingrich*. Leiden, Brill, 1972, p. 123-141.

Gärtner, B. *Iscariot*. Philadelphia, Fortress, 1971 (Facet, Biblical Ser. 29). Original alemão, 1957

Goldschmidt, H. L. & Limbeck, M. *Heilvoller Verrat? Judas in Neuen Testament*. Stuttgart, KBW, 1976.

Halas, R. B. *Judas Iscariot*. Washington, D.C., Catholic Univ., 1946 (CUA Studies in Sacred Theology 96)

Harris, J. R. St. Luke's Version of the Death of Judas. AJT 18, 1914, p. 127-131.

Haugg, D. *Judas Iskarioth in den neutestamentlichen Berichten*. Freiburg, Herder, 1930.

Hein, K. Judas Iscariot: Key to the Last Supper Narratives? NTS 17, 1970-1971, p. 227-232.

Herber, J. La mort de Judas. RHR 129, 1945, p. 47-56 (sobre At 1,18).

Hueter, J. E. *Matthew, Mark, Luke, John [...] Now Judas and His Redemption (In Search of the Real Judas)*. Brookline, MA, Branden, 1983.

Hughes, K. T. Framing Judas. *Semeia* 54, 1991, p. 223-238.

Ingholt, H. The Surname of Judas Iscariot. *Studia orientalia Ioanni Pedersen Septuagenario*. Copenhagen, Munksgaard, 1953, p. 152-162.

Klauck, H.-J. *Judas — ein Jünger des Herrn*. Freiburg, Herder, 1987 (QD 111).

Knox, A. D. The Death of Judas. JTS 25, 1923-1924, p. 289-290 (sobre At 1,18).

Lapide, P. E. Verräter oder verraten? Judas in evangelischer und jüdischer Sicht. *Lütherische Monatshefte* 16, 1977, p. 75-79.

Lüthi, K. *Judas Iskarioth in der Geschichte der Auslegung von der Reformation bis zur Gegenwart*. Zurich, Zwingli, 1955.

_____. Das Problem des Judas Iskariot — neu untersucht. EvT ns 16, 1956, p. 98-114.

Manns, F. Un midrash chrétien: le récit de la mort de Judas. RevSR 54, 1980, p. 197-203.

Menoud, P. H. Les additions au groupe des douze apôtres, d'après le livre des Actes. RHPR 37, 1957, p. 71-80.

Morin, J. A. Les deux derniers des Douze: Simon le Zélote et Judas Iskariôth. RB 80, 1973, p. 332-358, esp. p. 349-358 sobre Judas.

Nellessen, E. Tradition und Schrift in der Perikope von der Erwählung des Matthias (Apg.1,15-26). BZ 19, 1975, p. 205-218, esp. 207-211 sobre Judas.

Nestle, Eb. Another Peculiarity of Codex Bezae. ExpTim 9, 1897-1898, p. 140.

_____. The Fate of the Traitor. ExpTim 23, 1911-1912, p. 331-332 sobre At 1,18. Alemão em ZNW 19, 1919-1920, p. 179-80, com pequena atualização.

Pfättisch, J. M. Der Besitzer des Blutackers. BZ 7, 1909, p. 303-311.

Plath, M. Warum hat dieurchristliche Gemeinde auf die Überliferung der Judaserzählungen Wert glegt? ZNW 17, 1916, p. 178-188.

Preisker, H. Der Verrat des Judas und das Abendmahl. ZNW 41, 1942, p. 151-155.

Roquefort, D. Judas: une figure de la perversion. ETR 58, 1983, p. 501-513.

Schick, C. Aceldama. PEFQS, 1982, p. 283-289.

Schläger, G. Die Ungeschichtlichkeit des Verräters Judas. ZNW 15, 1914, p. 50-59.

Schwarz, G. *Jesus und Judas. Aramaistische Untersuchungen zur Jesus-Judas Überlieferung der Evangelien und der Apostelgeschichte*. Stuttgart, Kohlhammer, 1988 (BWANT 123).

Sickenberger, J. Judas als Stifter des Blutackers; Apg. 1,18f. BZ 18, 1929, p. 69-71.

Sigwalt, C. Eine Andere Erläuterung von dem "Besitzer des Blutackers". BZ 9, 1911, p. 399. Reação a Pfättisch.

Silva, R. ¿Como murió Judas, el traidor? CB 24, 212, 1967, p. 35-40.

Stein-Schneider, H. À la recherche du Judas historique. ETR 60, 1985, p. 403-424.

Torrey, C. C. The Name "Iscariot". HTR 36, 1943, p. 51-62.

Vogler, W. *Judas Iskarioth*. Berlin, Evangelische Verlag, 1985 (Theologische Arbeiten 42; 2ª ed.).

Wagner, H., org. *Judas Iskarioth*. Frankfurt, Knecht, 1985.

Wilcox, M. The Judas-Tradition in Acts 1:15-26. NTS 19, 1972-1973, p. 438-452.

Wrede, W. Judas Ischarioth in der urchristlichen Ueberlieferung. *Vorträge und Studien*. Tübingen, Mohr, 1907, p. 127-146.

Wright, A. Was Judas Iscariot "The First of the Twelve"? *The Interpreter* 13, abril de 1917, 1916-1917, p. 18^2-25^2.

Zehrer, F. Zum Judasproblem. TPQ 121, 1973, p. 259-264.

Apêndice V:
Autoridades e grupos judaicos mencionados nas narrativas da Paixão

Resumo:

A. Grupos judaicos mencionados nas narrativas da Paixão

    1. Termos para esses grupos e seu respectivo tratamento evangélico

    2. Descrições evangélicas específicas

B. Autoridades judaicas descritas como hostis a Jesus

    1. Sumo sacerdote, chefes dos sacerdotes

    2. Escribas

    3. Anciãos

    4. Capitães do Templo

    5. Fariseus

    6. Governantes

Segundo Mc 14,43, acompanhando Judas e voltada contra Jesus, havia "uma multidão […] da parte dos chefes dos sacerdotes e dos escribas e dos anciãos". At 13,27-28 declara que "os habitantes de Jerusalém e seus governantes" pediram a Pilatos que Jesus fosse morto. Enquanto os Evangelhos canônicos atribuem a Pilatos e aos soldados romanos um papel direto na morte de Jesus, esses dois textos e outros também atribuem um papel hostil a um grupo judaico coletivo (multidão, povo, nação, judeus hierosolimitas, filhos de Israel) e a autoridades judaicas específicas (chefes dos sacerdotes, escribas, anciãos, capitães do Templo, fariseus, governantes). Este APÊNDICE destina-se a dar uma visão global do papel atribuído pelos Evangelhos ao grupo coletivo e às autoridades específicas.[1]

A. Grupos judaicos mencionados nas narrativas da Paixão

É fato histórico que, dos quatro a sete milhões de judeus contemporâneos de Jesus no Império Romano, só uma porcentagem infinitesimal ouviu falar dele enquanto ele vivia. Mesmo dos judeus que viviam na Judeia e na Galileia em 30/33 d.C., só uma porcentagem diminuta ficou diante do pretório de Pilatos para exigir a crucificação de Jesus ou escarneceu dele na cruz. Realmente, então, muitas declarações neotestamentárias são generalizações exageradas. Por exemplo, em Mt 27,25, *"todo* o povo" diz: "Seu sangue sobre nós e sobre nossos filhos", enquanto At 2,36 insiste: "Que *toda* a casa de Israel saiba com certeza que Deus constituiu Senhor e Messias esse mesmo Jesus que *vós* crucificastes". (Em § 18 F, examinei a questão do antijudaísmo nessas passagens e a malevolência para com os judeus que elas produziram nos séculos subsequentes.) A situação não recebeu ajuda da pregação popular que, de maneira confusa, misturou grupos que os Evangelhos mantêm separados, por exemplo, sugerindo que a mesma multidão que o acolheu quando Jesus entrou em Jerusalém voltou-se contra ele na Sexta-feira Santa. Consequentemente, será um exercício útil procurar a exatidão quanto aos grupos de judeus descritos pelos evangelistas e os papéis a eles atribuídos. Comecemos relacionando os termos usados pelos diversos Evangelhos e depois estudando o tom do tratamento em cada Evangelho.

1. Termos para os grupos judaicos e seu respectivo tratamento evangélico

Há estudos importantes de termos coletivos específicos empregados na NP (por exemplo, Crowe e Kodell, sobre *laos,* "povo"); mas, só quando levamos em conta a série de termos empregados pelos vários autores, obtemos a imagem inteira.

---

[1] Minha atenção primordial é no que cada autor nos diz quanto aos grupos e figuras hostis. Muito mais complicado é até que ponto esses relatos são históricos. Se Marcos utilizou fontes escritas, essas fontes concordavam quanto a personagens hostis? O próprio Marcos tinha conhecimento dessas diversas personagens ou apenas reorganizou o que recebeu das fontes ou da tradição? Que fatores contemporâneos dos evangelistas (distintos de fatores históricos do tempo de Jesus) fizeram com que especificassem, ampliassem e/ou omitissem certas personagens hostis? Embora eu não procure responder a essas perguntas aqui, no texto do comentário, onde possível, lidei com elas enquanto tratava de passagens específicas.

Relaciono abaixo termos usados para descrever grupos judaicos ativos durante a Paixão de Jesus, isto é, desde o momento em que ele saiu da ceia até quando foi colocado na sepultura. Apesar de nosso interesse principal ser o testemunho dos Evangelhos canônicos, acrescentarei os Atos[2] e o *EvPd*.

- Multidão (*ochlos*)[3]: Marcos, Mateus, Lucas, *EvPd*
- Nação (*ethnos*): Lucas,[4] João
- Povo (*laos*): Mateus, Lucas, Atos,[5] *EvPd*
- Os judeus: Mateus, João, Atos, *EvPd*
- Homens de Israel, filhos de Israel, nação de Israel: Mateus, Atos
- Habitantes de Jerusalém, filhas de Jerusalém, multidão de Jerusalém: Lucas, Atos, *EvPd*

2. Descrições evangélicas específicas

A lista acima é útil para mostrar que um grupo ou grupos judaicos desempenharam coletivamente um papel ou papéis importantes nas narrativas evangélicas da Paixão. Entretanto, um termo específico é passível de uso bem diferente, descrevendo, em um Evangelho, um grupo favorável a Jesus e, em outro Evangelho, um grupo hostil a ele, ou dentro do mesmo Evangelho descrevendo um grupo favorável durante o ministério na Galileia, mas hostil durante a Paixão em Jerusalém.

---

[2] Embora eu esteja primordialmente interessado nas referências à Paixão de Jesus nos Atos, o paralelismo que os Atos fazem entre a hostilidade a Paulo e a hostilidade a Jesus é digno de nota. Via ("According", p. 137) lembra: "Os que se opõem a Jesus são basicamente os mesmos que se opõem a Paulo". Nessa segunda condição estão os seguintes: "multidão(ões)" (7 vezes); "Gentios" (*ethnoi*, 3); "judeus" (*passim*); "chefes dos sacerdotes" (5); "anciãos" (3); "governantes" (2); "soldados" (1); o sinédrio (7). Na Palestina, Paulo foi julgado por dois procuradores romanos e um rei herodiano.

[3] James (*Trial*, v. 1, p. 246-247) distingue dois sentidos de *ochlos*: o populacho em geral (não necessariamente reunido) e uma multidão ou afluência de pessoas. Ele tenta argumentar que, no sentido de populacho, o *ochlos* era amistoso com Jesus, por exemplo, Mt 27,15, comparado com Mc 15,8. Isso é sutil demais: Mateus quer dizer o mesmo que Marcos, mas mudou a referência para a multidão para antes, a fim de criar uma leitura mais suave. A multidão é representante do populacho; é por isso que Mt 27,25 refere-se à multidão de Mt 27,24 como "todo o povo".

[4] Em At 4,25.27, *ethnos* é empregado no plural para gentios hostis a Jesus.

[5] Além de atribuir ao povo um papel na morte de Jesus, os Atos (At 6,12) mostram o povo de Jerusalém hostil a Estêvão.

Portanto, precisamos estudar cada Evangelho separadamente em suas descrições de uma coletividade hostil a Jesus durante a Paixão.

Marcos. Antes da NP, as multidões (*ochlos*) que encontram Jesus não lhe são hostis. Mesmo quando Jesus vem a Jerusalém, a multidão (ou cada multidão) fica admirada com seu ensinamento, ouve-o alegremente, de modo que a multidão causa medo entre as autoridades que buscam destruir Jesus (Mc 11,18.32; 12,12.37). Contudo, na NP, além de descrever o *ochlos* hostil que vem com Judas para prender Jesus, Marcos usa esse termo mais três vezes na NP (Mc 15,8.11.15) para descrever uma multidão que se torna cada vez mais hostil a Jesus quando ele está de pé diante de Pilatos. Em nível superficial de plausibilidade, pode-se questionar se a multidão que vem prender Jesus e a multidão que clama por sua crucificação consistem nas mesmas pessoas, mas, em nível narrativo, "a multidão" torna-se um dos atores no drama e, no final de Marcos, ela não é amiga de Jesus. Para descrever uma coletividade hostil a Jesus, na NP Marcos não usa "o povo",[6] nem "a nação", ou "os judeus".

Mateus. Em seu tratamento geral de "multidão", Mateus aproxima-se de Marcos. Antes da NP, as multidões não são hostis a Jesus. Na verdade, quando Jesus entra em Jerusalém, Mateus (Mt 21,8-9; nenhum paralelo marcano) mostra multidões que o saúdam entusiasticamente como o Filho de Davi e, como em Marcos, as autoridades que querem agir contra Jesus são impedidas pela multidão favorável a ele (Mt 21,26.46). Contudo, quando começa a NP, aparece na cena da prisão uma multidão(ões) hostil a Jesus e, no julgamento diante de Pilatos, há três referências a uma multidão(ões) judaica que opta pela crucificação de Jesus.[7] Com o emprego de outros termos, a NP mateana descreve, mais vigorosamente que a marcana, um antagonismo judaico coletivo para com Jesus; de fato, Mateus descreve como hostil "todo o povo"[8] (Mt 27,25), "os judeus" (Mt 28,15) e "os filhos de Israel" (Mt 27,9).

---

[6] Há uma referência marcana a "o povo" depois da chegada de Jesus a Jerusalém, e esse grupo é favorável a Jesus (Mc 14,2).

[7] Emprego "multidão(ões)" por causa de um fenômeno mateano característico. Em Mt 26,47, "numerosa multidão [sing.]" chega para prender Jesus, mas, em Mt 26,55, ele se dirige às "multidões [pl.]". Diante de Pilatos, "multidão" é singular em Mt 27,15, plural em Mt 27,20 e singular em Mt 27,24. Essa variação é simplesmente um modo de generalizar; não há nenhuma diferença específica de sentido ou indicação de fontes diferentes.

[8] O uso mateano de "o povo" (*laos*) é mais complicado que o marcano. Embora Mateus descreva em Jerusalém um "povo" favorável a Jesus (Mt 26,5, paralelo a Mc 14,2; ver nota 6, acima), a designação frequente "os anciãos do povo" pode ter o efeito de alinhar o povo com essas autoridades hostis. Entretanto, no

Lucas. Antes da Última Ceia, os chefes dos sacerdotes e os capitães (do Templo) concordam em dar dinheiro a Judas para que ele entregue Jesus "sem uma multidão estar presente" (Lc 22,6), passagem que talvez subentenda ser a multidão favorável a Jesus (também Lc 19,3). Das três presenças de *ochlos* na NP lucana, a multidão na cena da prisão com Judas (Lc 22,47) é hostil; a multidão à qual Pilatos se dirige em Lc 23,4 não é caracterizada e, em Lc 23,48, "todas as multidões que estavam reunidas" sentem pesar pelo que foi feito a Jesus. As "filhas de Jerusalém" em Lc 23,27 são mulheres que lamentam por Jesus. Mas a indicação mais importante do pensamento lucano quanto à relação de uma coletividade judaica com Jesus é o emprego de *laos*, "povo". De 141 exemplos neotestamentários, 84 ou sessenta por cento estão em Lucas/Atos (36 em Lucas; 48 em Atos). No início de Lucas (Lc 1,17), a primeira anunciação angelical (do nascimento de João Batista) representa o planejamento de um povo preparado para o Senhor e, na verdade, o que acontece no Evangelho pode ser descrito assim: "O Senhor Deus de Israel visitou e redimiu Seu povo" (Lc 1,68; ver também Lc 2,32). No que precede a Paixão, depois de Jesus purificar o recinto do Templo e ensinar ali (Lc 19,47-48), o esforço das autoridades para destruí-lo foi frustrado "porque todo o povo persistia em ouvi-lo falar" (também Lc 20,6.19.45; 21,38; 22,2). Gramaticalmente, "o povo" que aparece diante de Pilatos em Lc 23,13 faz parte dos ("eles") que clamam contra Jesus em Lc 23,18; mas, em Lc 23,35, consta que o povo estava ali de pé observando a crucificação, enquanto outros escarneciam de Jesus. Assim, no Evangelho lucano considerado sozinho, não se encontra ênfase em um grupo coletivo hostil a Jesus.

Entretanto, nos Atos os indícios são em contrário. Em At 2,22-23, a palavra é dirigida aos "homens [*andres*] de Israel", como àqueles que tomaram parte na crucificação e morte de Jesus. Ao povo ou aos homens de Israel abordados em At 3,12, é dito que eles (At 3,13-15) entregaram Jesus, rejeitaram-no diante de Pilatos, pediram um assassino em vez do Santo e, assim, mataram o autor da vida. At 4,27 descreve "os povos de Israel" unidos aos gentios contra Jesus. At 10,39 diz que "os judeus" executaram Jesus, suspendendo-o em uma árvore. Em At 13,27-28, os hierosolimitas e seus governantes levam a culpa pela morte de Jesus. O leitor

---

final da NP, os chefes dos sacerdotes e os fariseus temem que o anúncio da ressurreição pelos discípulos convença "o povo" (Mc 27,62-64).

da obra completa Lucas-Atos, então, fica com a forte sensação de que havia uma coletividade judaica muito hostil a Jesus.[9]

João. Nem "multidão", nem "povo" são usados para descrever os que agem contra Jesus na NP. Mas Jo 18,35 usa "nação" para os que, com os chefes dos sacerdotes, entregaram Jesus a Pilatos. A frase "os judeus" é usada pelo menos nove vezes na NP para descrever os que são hostis a Jesus e querem sua morte. Esse último emprego fortalece bastante a imagem joanina de intervenção coletiva.[10]

EvPd. Aqui, o envolvimento de um grupo coletivo judeu na crucificação de Jesus transcende o tratamento de "multidão" (*EvPd* 9,34), "povo" (hostil a Jesus em *EvPd* 2,5; potencialmente favorável em *EvPd* 8,28.30; 11,48) e "os judeus" (hostis a Jesus em *EvPd* 1,1; 6,23; 7,25; 12,50.52; favoráveis em *EvPd* 11,48). Não há, no *EvPd*, nenhum envolvimento romano hostil na crucificação, de modo que a responsabilidade é totalmente judaica: o rei judeu Herodes (*EvPd* 1,2; 2,5), as autoridades judaicas ("os escribas e fariseus e anciãos", em *EvPd* 8,28 [*EvPd* 8,31]) e os judeus ou povo judeu.

Logo, os indícios de que um grupo judeu – menos tendenciosamente identificado como multidão – colaborou com as autoridades judaicas na prisão e/ou aprovou a crucificação de Jesus são unânimes. Essa unanimidade não estabelece de maneira indubitável que tal hostilidade de um grupo de judeus para com Jesus seja histórica, mas mostra como é hipotética e sem indícios importantes a afirmação de Macoby ("Jesus", p. 55-56), segundo a qual a multidão judaica, historicamente, era favorável a Jesus, mas autores cristãos distorceram esse fato. Ao contrário, é surpreendente que, considerando a tendência cristã a generalizar a responsabilidade judaica, os Evangelhos apresentem de modo geral uma imagem mista onde, entre os judeus presentes, alguns eram pró e alguns eram contra Jesus — imagem que

---

[9] Às vezes os exames do papel do povo na NP lucana não levam muito em conta as declarações nos Atos e assim exageram o lado positivo da visão lucana geral. Compare escritos por Brawley (*Luke-Acts*, esp. 133ss.), Cassidy ("Trial"), p. 70.173-174), Rau ("Volk"), Rice ("Role") e Tyson (*Death*, p. 26-47).

[10] Infelizmente, o estudo de "os judeus" em João foi desviado pela identificação realizada por Bultmann, que tira da história "os judeus" e "o mundo". A abordagem de Bultmann a João ignora em grande parte as lutas com a sinagoga que moldaram o quarto Evangelho. (Granskou, "AntiJudaism", é um estudo particularmente inútil de "os judeus" nessa herança de Bultmann.) Ao usar "os judeus" para referir--se aos que eram hostis a Jesus, João identifica as autoridades da sinagoga e seus seguidores da última terça parte do século (conforme se encontra na história da comunidade joanina) como os herdeiros das autoridades e do populacho que foram hostis a Jesus na Judeia e na Galileia durante sua vida.

tem considerável plausibilidade. Além disso, onde uma multidão ou o povo são mostrados contra Jesus, na maior parte do tempo essa hostilidade não é descrita como espontânea, mas resultante da persuasão pelas autoridades religiosas.

B. Autoridades judaicas descritas como hostis a Jesus

Nos relatos da prisão, os Evangelhos mencionam como opostos a Jesus e como agentes da prisão os chefes dos sacerdotes, os escribas, os anciãos, os capitães do Templo e os fariseus. Um exame deles e da frequência com a qual os encontramos nas diferentes versões da NP é importante para avaliar o que nos é dito a respeito da principal força propulsora contra Jesus. Mesmo assim, esse exame precisa ser interpretado com sutileza. Marcos menciona os escribas mais que os anciãos; por isso, pode-se ficar com a impressão de que os escribas desempenharam um papel maior que os anciãos na condenação de Jesus — e com a impressão contrária em Mateus, onde as estatísticas são o inverso. Contudo, apesar das informações estatísticas que vou fornecer, recomendo cautela quando percebemos que os ouvintes/leitores dos diversos Evangelhos certamente não estavam cientes dessas estatísticas e tinham muito mais probabilidade de formar impressões abrangentes. O fato de estarem os fariseus ausentes da NP marcana não precisa significar que os ouvintes/leitores marcanos pensariam (ou mesmo que Marcos gostaria de transmitir a ideia) que os fariseus não tiveram nenhuma responsabilidade nessa morte. É provável que as doze referências a fariseus no relato marcano do ministério público, apresentando-os como insensíveis e hostis a Jesus, persistissem e influenciassem o julgamento dos ouvintes/leitores quanto a quais autoridades judaicas queriam a morte de Jesus.[11] Portanto, algumas observações baseadas em distinções meticulosas na verdade talvez não sejam pertinentes ao que o Evangelho significava para os que o receberam primeiro. Aqui, a conclusão de Kingsbury[12] é muito apropriada: "Dentro do mundo narrativo de Marcos, as autoridades religiosas — os escribas, fariseus, herodianos, chefes dos sacerdotes, anciãos e saduceus — formavam uma frente unida contrária a Jesus e, por esse motivo, constituíam literária e criticamente uma

---

[11] Van Tilborg (*Jewish*, p. 6) afirma que Mateus não queria criar nenhuma distinção entre vários grupos como os fariseus e os saduceus.

[12] "Religious", p. 63. Kingsbury deixa muito claro (da mesma forma que espero ter sido neste APÊNDICE) que não está lidando com história, mas com a impressão criada pela narrativa evangélica.

personagem única ou coletiva. Se Jesus é o protagonista, eles são os antagonistas". Peço aos leitores que se lembrem bem disso a seguir, quando introduzo precisões.

No que se segue, o número de "vezes" dado entre parênteses depois da respectiva designação grega das autoridades não se refere à ocorrência total dessas autoridades nos Evangelhos, mas nos capítulos pertinentes à trama letal das autoridades contra Jesus que precede diretamente a Última Ceia, a própria NP e a narrativa da guarda no túmulo, a saber, Mc 14–15; Mt 26–28; Lc 22–23; Jo 11–12.18–19.[13]

1. Sumo sacerdote, chefes dos sacerdotes

Archiereus, archiereis (sing. "sumo sacerdote"; pl. "chefes dos sacerdotes: Marcos, 17 vezes; Mateus, 19; Lucas, 9; João, 19 — inclusive 4 em Jo 11,47-53.57). Em todos os Evangelhos, os chefes dos sacerdotes são os mais ativos adversários de Jesus durante a NP. Nenhum dos Evangelhos menciona aqui os que eram simples sacerdotes.[14] Portanto, devemos pressupor que não é a atividade sacerdotal desses adversários que os torna hostis a Jesus, mas seu papel como *chefes* dos sacerdotes. Havia apenas um sumo sacerdote de cada vez no Judaísmo, com o titular teoricamente determinado pela linhagem hereditária de Aarão, por intermédio de Sadoc. De acordo com Nm 35,25, o sumo sacerdócio era vitalício: "até a morte do sumo sacerdote que foi ungido com o óleo santo" (também *4 Macabeus* 4,1). Mas, agora, a situação se complicara por cerca de duzentos anos, já que governantes estrangeiros não raro depunham sumos sacerdotes e os substituíam por outros, que não eram necessariamente da mesma família.[15] Parece que os judeus reagiram a essas mudanças segundo sua crença teológica, com alguns reverenciando o candidato *de jure* mesmo depois da deposição e outros aceitando o ocupante *de facto*.[16] TalBab

---

[13] Observemos que esse alcance transcende o que tenho considerado limites da NP, pois inclui a trama anterior à ceia.

[14] Isso é digno de nota, pois, em Jo 1,19, os sacerdotes são hostis a João Batista e em At 4,1-3, há sacerdotes envolvidos na prisão de Pedro e João.

[15] McLaren (*Power*, p. 202-203) afirma que os romanos adotaram a prática iniciada por Herodes, de mudar o sumo sacerdote incumbente quando consideravam essa mudança apropriada ou vantajosa. A crescente rotatividade de ocupantes do cargo resultou em ex-sumos sacerdotes, que eram um fenômeno do século I d.C. "Chefes dos sacerdotes" é linguagem desse século.

[16] E. P. Sanders (*Judaism*, p. 322-323) faz algumas observações excelentes a respeito da complexidade das atitudes em relação ao sumo sacerdote. A autoridade secular desejava que ele não deixasse as coisas

Yoma 8b relembra com amargura (e exagero) esse período: "Por dinheiro estar sendo pago com o propósito de obter a posição de sumo sacerdote, estes mudavam a cada doze meses". Durante os anos de 18 a 37 d.C. (uma detenção de cargo excepcionalmente extensa) e, portanto, na ocasião da morte de Jesus, o sumo sacerdote era Caifás, mencionado na NP por Mateus e João, embora João também se refira a Anás, sogro de Caifás, como sumo sacerdote. Essas duas figuras foram examinadas em detalhe no COMENTÁRIO de § 19. Quanto ao mais, na NP os Evangelhos têm o plural "chefes dos sacerdotes", tratamento por nós conhecido como também encontrado em Josefo (*Guerra* II,xii,6; #243; *Vida* 38; #193). Os Manuscritos do Mar Morto falam de "sacerdotes líderes" sob um sacerdote líder principal, junto com alguns membros das famílias sacerdotais dentre as quais era escolhido o sumo sacerdote e, com toda a probabilidade, alguém a quem foram confiados deveres sacerdotais especiais.[17] Em suma, o termo designa uma aristocracia sacerdotal de Jerusalém com posições de poder privilegiado sobre o Templo e seu tesouro.

Na imagem sinótica, Jesus não teve nenhum encontro com os chefes dos sacerdotes em seu ministério público até vir a Jerusalém pela primeira vez (Mc 11,1; Mt 21,1; Lc 19,28), de modo que, até esse momento, eles figuram apenas nas predições da Paixão (Mc 8,31; 10,33; e par.; ver APÊNDICE VII, A2). Jesus os irritou e eles começaram a procurar destruí-lo no mesmo dia em que ele chegou a Jerusalém (Mt 21,15), ou no dia seguinte (Mc 11,18), ou logo depois (Lc 19,47). A imagem joanina é mais complicada, pois Jesus vai a Jerusalém diversas vezes e, em algumas dessas ocasiões, os chefes dos sacerdotes são descritos tramando contra ele (Jo 7,32.45; 11,47-57; 12,10). Não nos são revelados todos os motivos deles, mas a presença pública e as declarações de Jesus no Templo são mencionadas como provocadoras de oposição. Além da questão quanto a Jesus ser o Messias, o que os chefes dos sacerdotes dizem a respeito de Jesus e Pilatos se encaixa bem com as apreensões de uma aristocracia sacerdotal endinheirada e poderosa, por exemplo: "Achamos este sujeito desencaminhando nossa nação, proibindo o pagamento de

---

saírem do controle e trocava os titulares até encontrar um satisfatório; contudo, o sumo sacerdote tinha interesses próprios (e os do povo) e podia agitar contra a autoridade a quem devia o cargo. Os piedosos queriam que o sumo sacerdote ficasse do lado deles; preferiam que ele fosse piedoso, mas ele tinha autoridade em virtude do cargo, mesmo quando defendia uma causa impopular e apesar de uma linhagem e conduta política duvidosas.

[17] Ver HJPAJC, v. 2, p. 232-236; Sanders, *Judaism*, p. 327-329. Em minha descrição, combinei duas teorias diferentes (famílias sacerdotais e deveres especiais) a respeito de quem eram "os chefes dos sacerdotes"; não vejo razão para ter de escolher entre eles.

tributos a César" (Lc 23,2); "Se o deixarmos (continuar) assim, todos acreditarão nele e os romanos virão tomar de nós o lugar [isto é, o Templo] e nossa nação" (Jo 11,48). Embora os chefes dos sacerdotes participem praticamente de todas as fases da NP, não devemos esquecer que nunca eles são mostrados agindo sozinhos, como lembra Via ("According", p. 126-133). Eles trabalhavam no sinédrio e por meio dele, daí a importância de considerar outras autoridades como escribas e anciãos.

2. Escribas

Grammateis (Marcos, 5 vezes; Mateus, 2; Lucas, 3; João, 0).[18] Já que os escribas jamais são mencionados em João, lidamos com uma descrição sinótica. Precisamos dividi-la em um ministério pré-Jerusalém e um ministério de Jerusalém. Ao contrário dos chefes dos sacerdotes, os escribas desempenham um papel na vida de Jesus antes de sua vinda a Jerusalém (Marcos, 10 vezes; Mateus, 10; Lucas, 6) e, em quase metade dessas ocasiões, eles estão unidos aos fariseus.[19] Na verdade, em Mc 2,16 ouvimos "os escribas dos fariseus" (também At 23,9), e em Lc 5,30, "os fariseus e seus escribas". Eles são descritos como mestres (Mc 1,22; 9,11) preocupados com questões religiosas; assim, eles questionam, quase sempre de maneira inamistosa, o comportamento de Jesus ou de seus discípulos (Mc 2,6-7.16; 7,1.5;

---

[18] Os Atos empregam esse plural de *grammateus* três vezes para autoridades judaicas hostis em Jerusalém. J. Jeremias (TDNT, v. 1, p. 741) lembra que, ao tratar de situações do século I, nem Fílon nem Josefo usam *grammateis* da forma como os Evangelhos e os Atos usam essa palavra para os instruídos na Lei (com exceção da referência a "escribas sagrados" em *Guerra* VI,v,3; #291).

[19] Essa situação complica-se bastante pelo fato de, depois de 70, rabinos que seguiam atitudes farisaicas para com a Lei oral serem fundamentais no Judaísmo conhecido pelos evangelistas e, por isso, nas descrições evangélicas do ministério de Jesus (que tinha tido lugar décadas antes) havia a tendência a dar aos fariseus uma proeminência semelhante — às vezes por razões polêmicas, às vezes por simples anacronismo. Portanto, é difícil discernir a relação histórica precisa entre os escribas e os fariseus no tempo de Jesus. Não há nenhuma consonância na perspectiva de cada um dos evangelistas, nem como chegaram até ela. Eis algumas teorias como exemplo: A. F. J. Klijn (NovT 3, 1959, p. 259-267) afirma que, apesar de quase sempre os escribas serem um grupo separado em Marcos, Mateus tende a substituí-los por fariseus e Lucas omite referências a escribas ou os combina com fariseus. Cook (*Mark's*) afirma que Marcos encontrou em três fontes diferentes referências a líderes hostis e não as entendeu. Em seu relato, ele as reorganizou (ver nota 1, acima); mas, de fato, escribas e fariseus eram idênticos, de modo que os escribas descritos na NP eram fariseus. Ao operar em um nível diferente de interpretação evangélica, D. Lührmann (ZNW 78, 1987, p. 169-185) pensa que Marcos presumiu que os leitores estavam informados quanto aos escribas e fariseus. Apresentados principalmente na Galileia, os fariseus discutiam com Jesus a respeito das aplicações da lei oral; os escribas, mais proeminentes em Jerusalém, contestavam a autoridade de Jesus para proclamar o Reino. Esta última era a questão que mais preocupava a comunidade marcana.

9,14). Os escribas "de Jerusalém" (Mc 3,22) são descritos ameaçadoramente hostis a Jesus durante seu ministério na Galileia. Já nas predições da Paixão (Mc 8,31; 10,33), o Jesus marcano começa a mencionar os escribas (em Jerusalém) que vão desempenhar um papel na morte do Filho do Homem.[20] Nos três sinóticos, quase desde o momento da chegada de Jesus a Jerusalém, os escribas estão associados aos chefes dos sacerdotes como adversários de Jesus (Mc 11,18.27; Mt 21,15; Lc 22,2). Mais que os outros evangelistas, Mateus (capítulo 23) faz uma ligação entre esses escribas de Jerusalém e os encontrados no ministério mais primitivo, fazendo Jesus em Jerusalém pronunciar oito "ais" para criticar os escribas *e os fariseus* (ver Lc 20,46). Em Mc 14,1 e Lc 22,2, os escribas estão associados aos chefes dos sacerdotes na trama que obterá a ajuda de Judas e as estatísticas iniciais dadas acima mostram que eles continuam ativos em toda a NP, especialmente em Marcos. Como, na perspectiva sinótica, as reuniões do sinédrio são constituídas de chefes dos sacerdotes, escribas e anciãos, é de se presumir que as referências a escribas de Jerusalém que querem Jesus morto descrevam escribas que faziam parte do sinédrio, esteja isso especificado ou não.

Para resumir, então, nos sinóticos encontramos dois tipos de escribas.[21] Há escribas de pendor farisaico que Jesus encontra principalmente na Galileia e que ele confunde, irrita e até enraivece por causa de sua atitude para com o que eles consideram prática religiosa estabelecida pela lei. Em Jerusalém, há também escribas que fazem parte do sinédrio; e, junto com os chefes dos sacerdotes, eles querem Jesus morto.[22] (Questões de comportamento contrário à lei, tão proeminentes no ministério, não são as acusações contra Jesus nos procedimentos judaicos.) Contudo, preciso perguntar se seria de se esperar que os leitores de Marcos notassem a distinção. Ou deviam eles pensar que os escribas que querem Jesus morto na NP eram os mesmos que os escribas com filiação farisaica encontrados antes? Acredito

---

[20] C. Weber (JBR 34, 1966, p. 214-222) acha que não havia continuidade histórica entre os adversários de Jesus na Galileia e em Jerusalém.

[21] Os escribas são menos mencionados na NP de Mateus que nas NPs de Marcos e Lucas. Talvez isso seja porque a Igreja mateana tinha escribas cristãos e, portanto, uma atitude positiva para com essa designação (ver Mt 13,52; R. D. Crossan, "Matthew", p. 176). Cook (*Mark's*) afirma que todas as referências lucanas a escribas foram tiradas de Marcos ou acrescentadas sob a influência de Marcos.

[22] D. R. Schwartz (*Studies*, p. 89-101) afirma que os escribas são representantes da lei sacerdotal e rivais dos fariseus. Poderia isso ser verdade, pelo menos quanto aos escribas de Jerusalém? Mas então os fariseus não teriam voz no sinédrio descrito pelos sinóticos.

nesta última hipótese. Em Mateus, isso é ainda mais provável por causa dos "ais" pronunciados em Jerusalém contra os escribas e os fariseus.

3. Anciãos

Presbyteroi (Marcos, 3 vezes; Mateus, 9; Lucas, 1; João, 0).[23] Em nosso exame, podemos deixar de lado *presbyteros* usado em diversos sentidos; mais velho em idade (Lc 15,25); autoridades da sinagoga que fazem parte da cena local (Lc 7,3); autoridades da Igreja cristã modeladas nas autoridades da sinagoga (At 14,23); e os antigos que são as fontes da tradição (Mc 7,3.5). Entretanto, é pertinente a nossa pesquisa o fato de, entre os que querem Jesus morto na NP, estarem "anciãos" ou muitas vezes, em Mateus, "anciãos do povo". (É essa designação precisamente para distingui-los de outros anciãos descritos acima?) Esses anciãos nunca aparecem durante o ministério público galileu de Jesus e, em Jerusalém, são mencionados apenas na companhia do(s) chefe(s) dos sacerdotes. Na verdade, em cinco das treze ocorrências de "anciãos" nas NPs, os escribas também são mencionados; por isso, mais uma vez lidamos com os elementos do sinédrio conforme concebidos pelos sinóticos.

Os Evangelhos jamais explicam quem eram os anciãos, nem seu papel específico em Jerusalém, mas a história de *zeqenîm* ("anciãos") no AT lança luz sobre eles. Os anciãos serviam de líderes das cidades (Jz 8,14), não só em assuntos de estratégias comunitárias, mas também na administração da justiça (Rt 4,2.9.11). Havia também "anciãos de Israel" (2Sm 3,17; 5,3), talvez representantes tirados de várias tribos ou regiões. No final da monarquia, encontramos anciãos como grupo poderoso em Jerusalém: na reunião que decidiria o destino de Jeremias, quando os príncipes e o povo falavam aos sacerdotes e profetas, "alguns dos anciãos do país" levantaram-se e comentaram (Jr 26,16-17). Uma carta de Jeremias (Jr 29,1)

---

[23] Antes da NP, Lucas faz três referências a *presbyteroi* como autoridades judaicas e Atos faz mais sete. Contudo, Gaston ("AntiJudaism", p. 141) afirma que o conhecimento lucano de "anciãos" vem apenas de Marcos e foi convencionalmente expandido a partir dali para os Atos. Josefo não usa *presbyteroi* para membros do sinédrio de Jerusalém (G. Bornkamm, TDNT, v. 6, p. 654). É preciso procurar sinônimos que descrevam os que atuam como "anciãos" neotestamentários, por exemplo, *hoi protoi*, "os primeiros homens"; *hoi en telei*, "os na posição de liderança"; *gnorismoi*, "notáveis"; *hoi dynatotatoi*, "os mais poderosos/influentes"; *hoi episemoi*, "os eminentes/ilustres"; *hoi prouchontes*, "os respeitados/estimados". Também *gerousia*, para *presbyterion*, "conselho de anciãos". (Ver McLaren, Power, p. 204-206, para as referências de Josefo.) Porém, alguns desses poderiam ser o mesmo que *archontes*, "governantes", a serem examinados na subseção 6, a seguir.

aos exilados aprisionados por Nabucodonosor foi endereçada "Aos que ficaram dos anciãos dos exilados, aos sacerdotes e aos profetas e a todo o povo". Jr 19,1 fala dos "anciãos do povo" (terminologia que reaparece em Mt 21,23; 26,3.47; ver nota 8, acima). Depois do exílio, a linhagem dos que voltaram era muito importante e as genealogias dos chefes de família foram preservadas (Esd 8,1-14). Além disso, encontramos na Judeia uma aristocracia de anciãos, considerados governantes em certos assuntos, por exemplo, a propriedade é confiscada por ordem dos dirigentes e dos anciãos em Esd 10,8. Vimos em § 18, B1 que nos documentos desse período pós-exílico aparecem referências (por exemplo, 1Mc 12,6, 2Mc 1,10) a uma gerúsia ou senado (que refletem respectivamente as palavras grega e latina para "velho", daí um conjunto de anciãos). A liderança pelo sumo sacerdote de uma gerúsia (mais tarde conhecida como sinédrio) era facilitada porque os nobres que atuavam como anciãos nas deliberações seguiam, na maior parte, a opinião dos saduceus. Josefo (*Ant.* XVIII,i,4; #17) nos relata que os saduceus não eram numerosos, mas incluíam em suas fileiras pessoas do maior prestígio. Em 66 d.C., Josefo (*Guerra* II,xvii,3; #411) mostra os homens de influência ou poder [*dynatoi*] deliberando com os chefes dos sacerdotes e os fariseus mais notáveis a respeito da atitude a tomar com Roma. Eles seriam semelhantes aos "anciãos" que aparecem na NP sinótica, seguindo a iniciativa dos sacerdotes contra Jesus. Os anciãos eram uma aristocracia não sacerdotal, uma nobreza por hereditariedade e fortuna, que eram consultados em assuntos importantes que afetavam o povo. Talvez José de Arimateia fosse um deles. É difícil perceber por que Mateus os menciona com mais frequência que os outros Evangelhos na NP e, às vezes, em lugar dos escribas marcanos.[24]

Antes de passarmos a outro grupo de autoridades, talvez valha a pena observar que a tríade de chefes dos sacerdotes, anciãos e escribas (é essa a ordem de precedência) é mencionada cinco vezes em Marcos (Mc 8,31; 11,27; 14,43.53; 15,1); duas vezes em Mateus (Mt 16,21; 27,41) e duas em Lucas (Lc 9,22; 20,1); nunca em João. Só Mc 11,27 não está em relação direta com a Paixão de Jesus.

---

[24] Doeve ("Gefangennahme", p. 465-466) acha que Mateus dá informações historicamente corretas de que só os saduceus (chefes dos sacerdotes e anciãos) estavam envolvidos na morte de Jesus, daí o menosprezo dos escribas. Mas, então, por que Mateus (Mt 27,62) faz a única referência das NPs sinóticas aos fariseus e por que ele junta (no capítulo 23) os "ais" de Jesus contra os escribas e fariseus em um ambiente de Jerusalém pouco antes da morte de Jesus?

4. Capitães do Templo

Strategoi (Marcos, 0; Mateus, 0; Lucas, 2; João, 0). Na trama das autoridades para agarrar Jesus furtivamente e matá-lo, em Mc 14,1 os chefes dos sacerdotes e os escribas conspiram; em Mt 26,3, os chefes dos sacerdotes e os anciãos do povo conspiram e, em Mc 14,10 e também em Mt 26,14, é com os chefes dos sacerdotes que Judas trata. Mas, em Lc 22,4, Judas conferencia com os chefes dos sacerdotes e os *strategoi*. Esse termo reflete o grego para liderar um exército (relacionado com o português "estratégia") e costuma ser traduzido por "capitães". Na prisão de Jesus, enquanto Mc 14,43 tem uma multidão que vem com Judas "da parte dos chefes dos sacerdotes e dos escribas e dos anciãos" (= membros do sinédrio), e Mt 26,47 tem a multidão "da parte dos chefes dos sacerdotes e dos anciãos do povo", Lc 22,52 tem presentes na cena "os chefes dos sacerdotes e capitães do Templo e anciãos". Isso dá a impressão de que esses capitães têm função militar ou policial em relação ao Templo e têm posição de membros do sinédrio. Eles aparecem mais três vezes nos Atos como autoridades de Jerusalém. Em At 4,1-3, "os sacerdotes e o capitão [sing.] do Templo e os saduceus" deparam com Pedro falando no pórtico de Salomão e o prendem, bem como a João. Em At 5,21-24, o sumo sacerdote e os que estão com ele convocam "o sinédrio e todo o senado [*Gerousia*] dos filhos de Israel", mas os guardas não apresentam Pedro, pois ele saiu da prisão. "Quando o capitão do Templo e os chefes dos sacerdotes ouvem essas palavras", ficam perplexos. Então (At 5,26), "o capitão sai com os guardas" e traz Pedro e João diante do sumo sacerdote. Embora confirmem a imagem evangélica, essas referências nos Atos dão preferência a uma única figura, o capitão, que parece capaz de comandar os guardas.

Em Josefo (*Guerra* VI,v,3; #294), quando a porta de bronze maciço do Templo abre-se sozinha, os vigias correm relatar o que aconteceu ao *strategos*. Em *Ant.* XX,vi,2; #131, o governador da Síria põe o sumo sacerdote Ananias e o *stratego* Anano em correntes e os envia para Roma (c. 50 d.C.). *Ant.* XX,ix,3; #208 fala do "escriba do capitão Eleazar; ele era filho do sumo sacerdote Ananias". Essa imagem foi depois preenchida a partir da Mixná, onde, na posição seguinte à do sumo sacerdote, há um *sagan* (termo hebraico que aparece no AT no plural para "prefeitos" e foi traduzido na LXX por *strategoi* ou *archontes*). Parece ser ele o sacerdote que tem a responsabilidade suprema da ordem no Templo e ao redor dele, servindo às vezes de substituto do sumo sacerdote (na verdade, talvez o filho e herdeiro do sumo sacerdote para o cargo — ver JJTJ, p. 225-228; HJPAJC, v.

2, p. 277-279). Sentimo-nos mais à vontade recorrendo a esse indício mixnaico, pois o muito mais primitivo Rolo da Guerra de Qumrã, contemporâneo do tempo de Jesus, fala do sumo sacerdote e de seu substituto (*misneh*) à testa de doze chefes dos sacerdotes (1QM 2,1-2).

A oscilação lucana entre um plural e um singular é confusa. Havia capitães subordinados ao capitão, ou o termo tornou-se generalizado para imitar "chefes dos sacerdotes" e "escribas"? Contudo, sua imagem geral é plausível. Próximo ao sumo sacerdote havia outro sacerdote que era membro proeminente do sinédrio com autoridade especial para policiar os negócios do Templo – daí a designação "capitão do Templo" – e com papel especial em prisões e julgamentos. Como parece que o capitão era um dos chefes dos sacerdotes, não havia necessidade de ampliar o entendimento sinótico dos três grupos que compunham o sinédrio: os chefes dos sacerdotes, os escribas e os anciãos. Tinha Lucas uma tradição especial a respeito do papel desse capitão (ou desses capitães) do Templo na prisão de Jesus ou essa figura, mencionada na história da prisão e do julgamento de Pedro, foi revivida dos Atos e, por analogia, aplicada à prisão de Jesus?

5. Fariseus

Pharisaioi (Marcos, 0; Mateus, 1; Lucas, 0; João, 1).[25] Apesar das frequentes referências a fariseus no ministério público de Jesus em todos os Evangelhos, na maior parte das vezes em postura inamistosa ou intensamente hostil a Jesus, e apesar da crítica severa que lhes é dirigida em Mt 23, é notável a ausência deles das três predições sinóticas da Paixão, da trama com Judas e, na verdade, de quase toda a NP! Antes da NP, Mateus os menciona depois que Jesus entra em Jerusalém tramando com os chefes dos sacerdotes para prendê-lo (Mt 21,45-46), mas os

---

[25] Os opostos normais dos fariseus seriam os saduceus, mas os *Saddoukaioi* (citados 14 vezes no NT [Mateus, 7; Marcos, 1; Lucas, 1; Atos, 5]) nunca são citados na NP, embora, segundo os três sinóticos (Mc 12,18; Mt 22,23.34; Lc 20,27), Jesus os tenha encontrado quando foi a Jerusalém. K. Müller ("Jesus [...] Sadduzäer", p. 9-12) insiste que Jesus foi ofensivo à teologia dos saduceus em outras questões além das bem conhecidas dos anjos e da ressurreição corporal, por exemplo, em suas atitudes independentes quanto à pureza (Mc 7,1-8), oferenda (Mc 7,9-13) e juramentos (Mt 23,16-22). No início deste APÊNDICE, indiquei que, entre outras personagens mencionadas na NP como hostis a Jesus, certamente todos ou muitos dos "chefes dos sacerdotes" e, com toda a probabilidade, "os anciãos", eram de concepção saduceia, mas a filiação dos "escribas" de Jerusalém é incerta. Sanders (*Judaism*, p. 318) apresenta pontos de apoio para sua asserção: "Nem todos os aristocratas eram saduceus, mas talvez todos os saduceus fossem aristocratas".

versículos paralelos em Marcos e Lucas omitem "os fariseus". Isso sugere estarmos lidando com a generalização mateana, não com a tradição antiga. Nas NPs dos três sinóticos, a única menção aos fariseus está na história exclusivamente mateana sobre a guarda no túmulo (Mt 27,62), história que também contém a única referência das NPs a "os judeus" (Mt 28,15). Sugeri em § 48 ser essa uma história popular que refletia a atitude e o vocabulário antijudaicos de muitos cristãos comuns do tempo de Mateus. No relato joanino do ministério, apesar de Jesus estar em Jerusalém, os fariseus juntam-se ao sumo sacerdote na tentativa de prender Jesus (Jo 7,32-49), na convocação do sinédrio para discuti-lo (Jo 11,47) e nas ordens quanto a sua prisão (Jo 11,57). Nessas cenas, por meio de pressão nos fariseus, talvez João torne a tradição a respeito da oposição sacerdotal a Jesus mais contemporânea nos anos 80 e 90, depois da perda de poder sacerdotal pela destruição do Templo, quando os fariseus surgiram como os principais adversários judaicos da comunidade joanina. Mas, mesmo depois dessas referências, é notável haver apenas uma única menção aos fariseus em toda a NP joanina (Jo 18,3); Judas leva guardas dos chefes dos sacerdotes e (dos) fariseus quando parte para prender Jesus.

    A conclusão tirada de todas as indicações é que não havia nenhuma memória cristã segura de que os fariseus como tais tenham desempenhado um papel na crucificação de Jesus.[26] Alguns dos escribas (e talvez até mesmo alguns dos sacerdotes) que foram convocados contra ele como parte do sinédrio podem ter sido fariseus, em vez de saduceus, na maneira como interpretavam a lei; mas sua participação na entrega de Jesus à morte não era associada na lembrança cristã com o fato de serem fariseus. Não nos surpreende então que as questões básicas da observância da lei descritas como objetos de disputa durante o ministério entre Jesus e os fariseus não apareçam no procedimento legal judaico contra Jesus.

    Contudo, os evangelistas esperavam que os leitores comuns dos Evangelhos fizessem uma ligação entre a oposição a Jesus pelos fariseus e escribas durante o ministério e a determinação pelos chefes dos sacerdotes, escribas e anciãos de executar Jesus quando ele fosse a Jerusalém — as autoridades judaicas opõem-se a Jesus do princípio ao fim. Historicamente, isso talvez signifique que relatos da

---

[26] Como indiquei na nota 19, acima, é muito difícil reconstruir historicamente o papel dos fariseus na vida de Jesus e em § 18, C2, concordei com os que afirmaram não serem os fariseus política ou liturgicamente uma força dominante em Jerusalém. Sanders (*Judaism*, p. 398) calcula que numericamente havia três vezes mais sacerdotes e levitas que fariseus.

oposição farisaica a Jesus ajudaram as autoridades do sinédrio em seu plano: elas sabiam que, se entregassem Jesus aos romanos com seu julgamento de que ele devia morrer, não enfrentariam protesto instigado pelos fariseus. Se um fariseu como Saulo (Paulo) perseguisse os seguidores de Jesus (Gl 1,13), precisaria de ajuda e autorização. At 9,1-2; 22,5; 26,12 mencionam o sumo sacerdote, os chefes dos sacerdotes e os anciãos como participantes da mesma perseguição. Se é histórica, essa colaboração nos adverte para não exagerar na divisão da oposição judaica a Jesus.

6. Governantes

Archontes (Marcos, 0; Mateus, 0; Lucas, 2; João, 0).[27] Esta designação para autoridades judaicas de Jerusalém hostis a Jesus só ocorre na NP em Lc 23,13.35; mas, como veremos, há outras referências joaninas e lucanas que esclarecem seu significado. Parte da dificuldade é que *archontes* abrange ampla série de governantes principescos, funcionários locais e homens de importância.[28] No entanto, vamos nos limitar a *archontes* em Jerusalém que lidam com Jesus, à medida que aparecem em João e em Lucas-Atos.[29]

Parece que os *archontes* joaninos operam com poderes e interesses que, em outras passagens dos Evangelhos, são atribuídos aos membros do sinédrio. Em Jo 3,1, Nicodemos, homem dos fariseus e *archon* dos judeus, vai se encontrar com Jesus à noite. Em Jo 7,26, quando Jesus fala publicamente, o povo pergunta: "Será que os *archontes* sabem que este é o Messias?". Mas, ao ouvirem essa conversa na multidão, os chefes dos sacerdotes e os fariseus enviam guardas para agarrar Jesus (Jo 7,32). Quando os guardas voltam de mãos vazias e meio que crendo nele, os fariseus respondem-lhes com desdém: "Alguns dos *archontes* dos fariseus

---

[27] Com frequência consideravelmente maior, *archontes*, não raro traduzido por "magistrados", aparece em Josefo como designação para autoridades de Jerusalém. McLaren (*Power*, p. 207) argumenta que eram administradores não envolvidos em tomadas de decisões.

[28] Nos Evangelhos e nos Atos, por exemplo, temos Beelzebu, *archon* de demônios, e o satânico "*archon* deste mundo"; *archontes* dos gentios que exercem autoridade (Mt 20,25); *archontes* nas cidades gentias (At 14,5; 16,19); Moisés é um *archon* (At 7,35); Jairo é o *archon* da sinagoga local (Lc 8,41); há um *archon* ou alto magistrado ao qual partes discordantes se apresentam e, então, ele as entrega ao juiz (Lc 12,58); e há referências a um *archon* local sem contexto especificador (Mt 9,18.23; Lc 14,1; 18,18).

[29] Tcherikover ("Was", p. 73-74) afirma de maneira persuasiva que os *archontes* de Jerusalém não se equiparam aos *archons* das cidades-estado gregas; mas, depois, ele argumenta que uma descrição delas abrange as indicações em Josefo e no NT, a saber, que eram membros das famílias sacerdotais. Duvido que o uso em João e Lucas permita tal precisão.

acreditou nele?" (Jo 7,48), mas Nicodemos lembra a injustiça desse julgamento (Jo 7,50). Em Jo 12,42, depois de relatar a opinião de Jesus a respeito da cegueira e da descrença, João comenta: "No entanto, muitos dos *archontes* creram nele; mas, por medo dos fariseus, não o confessaram, para não serem expulsos da sinagoga". As indicações são um pouco confusas quanto a até que ponto os *archontes* se igualam aos chefes dos sacerdotes e fariseus; além disso, alguns *archontes* são favoráveis a Jesus e alguns contra ele. As dificuldades originam-se do fato de João escrever, em terminologia geral, em um tempo mais tardio, para uma audiência que se presume não estar particularmente interessada nas subdivisões das autoridades judaicas, e por ele misturar à oposição a Jesus as táticas da oposição mais tardia da sinagoga aos cristãos joaninos.

Voltando-nos para os escritos lucanos, descobrimos que At 4,26-27 alinha contra Jesus os reis e os *archontes* de Jerusalém, e aparentemente identifica os primeiros com Herodes e os últimos com Pilatos. Mas essa tentativa muito literal de aplicar à Paixão uma passagem dos Salmos produz uma descrição que não é realmente característica da visão lucana de *archontes*. Em At 13,27-29, Paulo declara que "os habitantes de Jerusalém e seus *archontes*" condenaram Jesus (*krinei*) e pediram a Pilatos que ele fosse morto; no fim, eles o desceram da árvore e puseram em um túmulo.[30] Como essa descrição coincide com o que os membros do sinédrio fizeram na NP lucana, presume-se ser *archontes* um termo genérico para chefes dos sacerdotes, capitães do Templo, anciãos e escribas (Lc 22,52.66). Em Lc 23,35, os *archontes* zombam de Jesus na cruz e as passagens paralelas em Marcos/Mateus atribuem esse escárnio aos chefes dos sacerdotes e escribas. At 23,5 trata o sumo sacerdote como *archon* do povo. At 4,5-8 menciona os *archontes* ao lado dos anciãos, escribas e chefes dos sacerdotes. Do mesmo modo, em Lc 23,13, "os chefes dos sacerdotes e os *archontes*" são reunidos por Pilatos e Lc 24,20 faz esses dois grupos responsáveis por entregar Jesus para ser condenado à morte e por crucificá-lo.[31] As duas dificuldades mencionadas no fim do parágrafo anterior

---

[30] Seria essa uma referência a José de Arimateia, que Lc 23,50 descreve como *bouleutes*, isto é, membro do *boule*, "conselho", que se presume ser o sinédrio (§ 18, B2)?

[31] Os *archontes* talvez estejam presentes sob outra designação em Lc 19,47, onde, depois de Jesus ter purificado o Templo e ensinado ali, "os chefes dos sacerdotes e os escribas [...] e os notáveis [*protoi*] do povo" fizeram um esforço para destruí-lo – comparemos, imediatamente depois, Lc 20,1: "os chefes dos sacerdotes, e os escribas, com os anciãos". O *Testimonium Flavianum* (Josefo, *Ant.* XVIII,iii,3; #64; ver § 18, E1, acima) diz que Jesus veio diante de Pilatos pela "acusação dos homens mais notáveis [*protoi andres*] entre nós".

em relação a João também se aplicam aqui. Os Atos, escritos nos anos 80 ou 90, contemporizam e empregam um termo geral e impreciso para comunicarem-se com os leitores que não estão interessados nos títulos exatos das autoridades judaicas do tempo de Jesus. Além disso, esse termo permite aos Atos traçar um paralelo entre os que são hostis a Pedro e Paulo, e os que são hostis a Jesus. De modo geral, com referência à Paixão, para Lucas-Atos os *archontes* equivalem a elementos do sinédrio (em especial os escribas e anciãos) e são incansavelmente hostis a Jesus. O uso genérico do termo dá a impressão de poderes que estão contra ele.

Apêndice VI:
O sacrifício de Isaac e a Paixão

Resumo:

A. Teorias que relacionam a *Aqedah* à morte de Jesus

B. Elementos contributivos na elaboração da história do sacrifício de Isaac

    1. Na história de Abraão de Gn 22,1-19

    2. Na literatura judaica primitiva (antes de 100 d.C.)

    3. Na literatura mais tardia (targumim, midraxes, Mixná)

C. Sugestão de paralelos neotestamentários à história de Isaac

    1. Fora das narrativas da Paixão

    2. Nas narrativas da Paixão

Bibliografia

A boa vontade de Abraão para oferecer Isaac, seu filho amado, como sacrifício, se Deus o ordenasse (Gn 22,1-19), refletiu-se no Judaísmo de uma forma que fez de Isaac o centro de uma narrativa e uma teologia altamente desenvolvidas. O produto final da notícia a respeito do sacrifício de Isaac é identificado como a *Aqedah*, designação derivada da raiz "amarrar", que reflete a percepção de que Isaac foi amarrado da mesma forma que o cordeiro na oferenda diária do holocausto (o *tamîd*) era amarrado, conforme descrito em Mixná *Tamid* 4,1. P. R. Davies ("Passover", p. 59) assim descreve o tema da *Aqedah*: "A oferenda de Isaac [...] é um sacrifício realmente completo, no qual foi derramado sangue, que constitui um ato definitivamente expiatório e redentor para todo o Israel".[1] Obviamente há

---

[1] Swetnam (*Jesus*, p. 18) desaprova essa descrição porque implicitamente ela não iguala o termo *Aqedah* com a história de Abraão/Isaac de Gn 22, nem mesmo com algum pequeno embelezamento imaginoso

paralelos entre o sacrifício redentor de Jesus e a teologia da Aqedah do sacrifício redentor de Isaac, mas como aconteceram esses paralelos? Comecemos com um exame das sugestões.[2]

A. Teorias que relacionam a *Aqedah* à morte de Jesus

Em geral, é atribuído a A. Geiger o mérito de ter iniciado a discussão[3] com sua alegação de que a *Aqedah* expressava uma teologia estrangeira, trazida do Cristianismo sírio para o Judaísmo por autores judeus babilônios do período posterior a 200 d.C. Depois de algumas décadas, I. Lévi[4] protestou que se encontravam temas da *Aqedah* entre autores judaicos palestinos do mesmo período, que a teologia não era estrangeira e que a perspectiva básica sobre o sacrifício de Isaac já existia muito antes. Em meados do século XX, a tese de que a teologia da *Aqedah* era anterior ao Cristianismo conquistou um grande número de adeptos. Para muitos, isso significava que a avaliação da morte de Jesus no NT (e até sua ressurreição: Schoeps) foi influenciada pela avaliação do sacrifício de Isaac. Entretanto, Spiegel (*Last*, p. 116) achou que "as duas tradições a respeito do amarrado [Isaac] e do crucificado [Jesus] apontam, ao que parece, para uma fonte comum no mundo pagão antigo". Logo depois do livro de Spiegel, Dahl ("Atonement") argumentou com grande sutileza que as interpretações cristãs primitivas das tradições de Isaac e da *Aqedah* judaica eram desenvolvimentos paralelos, mas independentes de Gn 22.[5] Entretanto, no início da década de 1960, Le Déaut e Vermes recorreram a targumim palestinenses sobre o Pentateuco[6] como sinal da existência pré-cristã da teologia da *Aqedah* (opinião apoiada também por McNamara), principalmente como parte da liturgia da Páscoa judaica. A influência da *Aqedah* no NT foi defendida em vários graus por Wood e Daly (visão maximalista). No entanto, uma contestação

---

da figura de Isaac na história. Entretanto, creio que a precisão é bastante sensata, pois ajuda a impedir a interpretação de ideias e terminologia mais tardia retroativamente para um período mais primitivo da literatura no qual elas não estão atestadas.

[2] Uma proveitosa história sucinta das teorias sobre a *Aqedah* é apresentada por Swetnam, *Jesus*, p. 4-22.

[3] *Jüdische Zeitschrift für Wissenschaft und Leben* 10, 1872, p. 166-171.

[4] REJ 64, 1912, p. 161-184. Os dois biblistas associaram a *Aqedah* à liturgia do Ano Novo.

[5] Ainda outra possibilidade é que a teologia da *Aqedah* tenha surgido como contrapeso judaico à teologia cristã da morte sacrifical de Jesus (Geiger, Chilton, P. R. Davies).

[6] Essas são as extensas traduções aramaicas conhecidas como Neofiti, Pseudo-Jônatas e o Targum Fragmentário.

extremamente séria a essa datação primitiva dos targumim foi apresentada por Fitzmyer — contestação com a qual eu pessoalmente concordo. Uma contestação diferente encontra-se em Daniélou, enquanto P. R. Davies e Chilton rejeitam os argumentos tirados da liturgia da Páscoa judaica reconstruída com base nos targumim. Na verdade, pode-se perguntar o quanto se conhece de qualquer fonte a respeito dos detalhes da liturgia da Páscoa judaica no século I d.C. À luz de tais incertezas, a abordagem mais proveitosa, que seguirei abaixo, é ser rigorosamente descritivo quanto a que documentos contribuem, com quais informações.

B. Elementos contributivos na elaboração da história do sacrifício de Isaac

É inquestionável que, de Gn 22 para a imagem completa da *Aqedah*, houve um desenvolvimento durante séculos. Não se pode reconstruir esse desenvolvimento com segurança, mas é possível examinar a história de Abraão/Isaac em documentos de épocas diferentes e observar elementos multiformes na apresentação.

1. Elementos na história de Abraão de Gn 22,1-19

Antes de começar a relacionar os elementos, é preciso notar que a história é expressivamente de Abraão, não de Isaac; louva a obediência de Abraão a Deus e sua confiança nele. Aparentemente, Isaac é um menino pequeno, submetido àquilo que seu pai diz e faz, que desempenha um pequeno papel como objeto das ações de Abraão. Os elementos a seguir são pertinentes:

#1. Isaac é o muito amado filho único de Abraão (Gn 22,2.12.16: *yahîd, agapetos*).

#2. Deus disse a Abraão: "Toma teu filho [...] e dirige-te à terra de Moriá". Abraão tomou consigo (*paralambanein*) dois jovens servos e seu filho Isaac (Gn 22,2-3).

#3. Ao chegar, Abraão disse aos jovens servos: "Sentai-vos neste lugar [*kathisate autou*] com o jumento; eu e o menininho vamos adiante; e depois de adorarmos, voltaremos a vós" (Gn 22,5).

#4. Abraão tomou a lenha para a oferenda e a pôs sobre Isaac, seu filho (Gn 22,6)

#5. Isaac dirigiu-se a Abraão como "(Meu) Pai" (Gn 22,7: *'abî; pater*).

#6. Abraão amarrou (*'qd*) Isaac e o colocou sobre a madeira (Gn 22,9).

#7. Um anjo do Senhor gritou para Abraão e lhe disse para não estender a mão contra o menino (Gn 22,11-12).

#8. Depois de oferecer um carneiro como substituto, Abraão voltou aos jovens servos (Gn 22,19); não é dito nada quanto à volta de Isaac.[7]

2. Elementos na literatura judaica primitiva (antes de 100 d.C.)[8]

Sob esse título, vou incluir literatura deuterocanônica, como Eclo, Sb e 1Mc, que certamente foi escrita antes da era cristã, juntamente com as obras de Josefo compostas no século I d.C. Entre os apócrifos, *Jubileus* não data de muito depois de 150 a.C. e é bem possível que *4 Macabeus* date de pouco antes de 50 d.C. O maior problema é a datação das *Antiguidades Bíblicas de (Pseudo-)Fílon*: foram compostas pouco antes ou pouco depois de 70 d.C.; contudo, na suposição de que ideias encontradas nelas circulavam antes da composição, eu as incluo nesta seção de obras judaicas que podem ter influenciado o NT.[9]

#9. Muitas das referências na literatura deuterocanônica (e no NT) são a uma história a respeito de Abraão na qual ele manifesta sua coragem e lealdade a Deus (Eclo 44,20-21; Sb 10,5; 1Mc 2,52; Hb 11,17-20; Tg 2,21). Uma referência à virtude de Isaac aparece em *4 Macabeus* 16,20: "Ele não se acovardou".

#10. *Jubileus* 17,16-18 faz dessa a mais severa das dez provações de Abraão engendradas por Mastema (Satanás). Essa imagem está em harmonia com a teologia angelical dualista de *Jubileus* e pode não ter sido difundida.

#11. Monte Moriá, o lugar do sacrifício, é identificado com o Monte Sião (*Jubileus* 18,13; ver 2Cr 3,1), o local davídico do futuro Templo (Josefo, *Ant.* I,xiii,2; #226).

---

[7] Esse silêncio levou a especulações quase místicas quanto ao paradeiro de Isaac.

[8] Vou incluir várias referências cristãs primitivas à história de Gn 22 onde coincidem com os pontos de vista na literatura judaica. *1 Clemente* inclui-se com dificuldade dentro da estrutura temporal.

[9] P. R. Davies e Chilton ("Aqedah", p. 522-28) afirmam que *Pseudo-Fílon* é tardio demais para ter influenciado o NT.

#12. A ocasião do sacrifício é estabelecida na Páscoa em *Jubileus* 17,15, com 18,3.[10]

#13. Isaac dirige-se a Abraão como "Pai" duas vezes em *Jubileus* 18,6.

#14. A idade de Isaac é dada como vinte e cinco anos em Josefo, *Ant.* I,xii,3; #227.[11]

#15. Isaac apressa-se de bom grado para o altar (Josefo, *Ant.* I,xiii,4; #232) e tolera ser sacrificado por amor à religião (*4 Macabeus* 13,12). Em *Pseudo-Fílon* 32,3, Isaac diz: "Não vim eu ao mundo para ser oferecido como sacrifício àquele que me criou?" (também *Pseudo-Fílon* 40,2: O que estava sendo oferecido estava pronto). *1 Clemente* 31,3 relata: "Isaac com confiança, sabendo o que estava para acontecer, foi alegremente levado como sacrifício".

#16. *Jubileus* 18,9 relata as discussões nos concílios celestes que levam a sustar a mão de Abraão e o Senhor fala ele mesmo para Abraão, a fim de detê-lo (*Jubileus* 18,11).

#17. Embora Isaac não tenha morrido sobre o altar, há uma passagem em *Pseudo-Fílon* 32,4 ("E quando ele oferecera o filho sobre o altar e amarrara-lhe os pés para matá-lo") da qual se valem alguns como Vermes, Le Déaut e Daly para argumentar que *Pseudo-Fílon* trata o sacrifício como completo. Swetnam (*Jesus*, p. 53-54), lembrando que é difícil interpretar as palavras de Isaac em *Pseudo-Fílon* 32, afirma que a linguagem de *Pseudo-Fílon* 32,3 "parece ser calculada para sugerir que o sacrifício não se completou". No entanto, "o autor considera o sacrifício não consumado de Isaac uma expiação do pecado".

#18. Em *4 Macabeus*, vemos Isaac tornar-se um modelo para mártires: "Isaac não vacilou quando viu a mão de seu pai, armada com uma espada, descer sobre ele" (*4 Macabeus* 16,20). A boa vontade da mãe dos sete filhos para deixar os filhos morrerem por Deus compara-se à boa vontade de Abraão a respeito de Isaac (*4 Macabeus* 14,20; 15,20).

---

[10] Le Déaut (*Nuit*, p. 260-261) afirma que essa ligação com a Páscoa judaica difundiu-se cedo.

[11] Na tradição midráxica, a idade aumenta para trinta e sete, com base em cálculos rabínicos derivados de dados do Gênesis.

3. Elementos na literatura mais tardia (targumim, midraxes, Mixná)

O principal ponto controverso aqui refere-se aos elementos nos targumim. Já na literatura datada do fim do século I d.C., apareciam alguns dos elementos da teologia e da narrativa da *Aqedah* sobre o sacrifício de Isaac (por exemplo, ##14, 15, 17, acima). Não obstante, os targumim palestinenses sobre o Gênesis apresentam uma imagem muito mais desenvolvida de Isaac, que contém alguns elementos encontrados também nos midraxes primitivos, na Mixná e na *Epístola de Barnabé*, obras indiscutivelmente do século II. Como mencionei acima, alguns biblistas (Daly, Le Déaut, McNamara, Vermes etc.) argumentam que, aqui, os targumim preservam o pensamento do século I. Entretanto, com certeza esses targumim foram *escritos* depois do século I[12] e acho extremamente problemático construir a partir deles uma discussão de influência no NT. É mais provável que eles nos mostrem como a teologia da Aqedah se desenvolveu nos séculos II e III d.C. Quero relacionar alguns aspectos da história de Isaac que aparecem em um ou mais targumim palestinenses ou (onde especificado) em outra literatura judaica escrita depois de 100 d.C.

#19. Isaac demonstra medo diante da morte.

#20. O próprio Isaac pede para ser amarrado (o que realça a ideia de *Aqedah* e fortalece o paralelismo com o cordeiro amarrado do holocausto diário [*tamîd*]).

#21. Isaac olha para cima e vê os anjos no céu (e a *shekina* ou glória de Deus). Uma voz no céu explica a cena: há dois indivíduos escolhidos, isto é, Abraão que sacrifica e Isaac que é sacrificado.[13]

#22. O sangue de Isaac é mencionado em Midraxe *Mekilta* (*Pisha* 7, linhas 79, 81) e até as cinzas de Isaac em TalBab *Ta'anit* 16a ("Que [Deus] se lembre, em nosso benefício, das cinzas de Isaac").

#23. No targum de Jó (3,19), Isaac é identificado como "o servo de Iahweh".[14]

#24. Nos elementos targúmicos da liturgia da Páscoa judaica, a libertação de Isaac e a libertação de Israel do Egito estão relacionadas. Na *Pesikta de-Rab*

---

[12] Ver NJBC 68, p. 108-110; P. R. Davies & Chilton, "Aqedah", p. 542-545.

[13] Na pintura da sinagoga de Dura Europos, a mão de Deus impede Abraão de matar Isaac.

[14] Embora poucos datem este targum antes do século IV (e muitos datem-no consideravelmente mais tarde), biblistas como Le Déaut, Vermes e Wood acham que essa era uma identificação primitiva de Isaac. Ver Rosenberg, "Jesus".

Kahana do século V (Supl. 1,20), lemos que, graças ao mérito de Isaac que se ofereceu amarrado sobre o altar, Deus ressuscitará os mortos.

#25. *Epístola de Barnabé* 7,2 traça um paralelo direto entre o sacrifício de Isaac oferecido no altar e a entrega de si mesmo de Jesus na cruz. Em sua homilia *Sobre a Páscoa*, Melitão faz duas referências a Isaac amarrado (59, 69) como prenúncio da morte de Jesus; e nos fragmentos 9-10, Melitão indica diversos paralelos: ambos carregaram madeira, ambos foram conduzidos por um pai — porém, Isaac foi libertado enquanto Jesus sofreu a morte.[15]

C. Sugestão de paralelos neotestamentários à história de Isaac[16]

Claramente, os elementos mais tardios na narrativa e teologia de Isaac (##19-24) aumentam a semelhança com a história de Jesus e não admira que comparações específicas (#25) começassem a ser feitas no século II. Mencionei acima que muitos biblistas recorrem a esses elementos mais tardios como base para cenas do NT.[17] Entretanto, aqui vou restringir minhas observações aos elementos ##1-18 de Isaac que de forma plausível são anteriores ou contemporâneos aos escritos neotestamentários. Primeiro vou indicar sucintamente sugestões para a influência de Isaac em temas ou escritos neotestamentários fora da NP — se forem válidos, aumentam a possibilidade de influência na NP. Esta última será o assunto da segunda seção abaixo.

1. Paralelos fora das narrativas da Paixão

- *Referências ao sacrifício de Cristo*. 1Cor 5,7 declara: "De fato, Cristo, nossa páscoa (nosso cordeiro pascal), foi imolado", o que é considerado reflexo do sacrifício de Isaac que teve lugar na Páscoa judaica (#12), sacrifício no qual Isaac foi amarrado (como seria um cordeiro sacrifical).

---

[15] Ver R. Wilken, "Melito, the Jewish Community at Sardis, and the Sacrifice of Isaac", TS 37, 1976, p. 53-69.

[16] A designação "história de Isaac" é por preferência. A questão não é simplesmente a influência da história de Abraão em Gn 22 sobre o NT, nem penso na *Aqedah*, que é plenamente desenvolvida (conforme definida no início do APÊNDICE), que a meu ver talvez não tenha existido no Judaísmo antes dos séculos II e III d.C.

[17] Como exemplo, Stegner tenta encontrar um paralelo entre o elemento #21 e a cena batismal onde Jesus vê os céus se abrirem, enquanto uma voz do céu explica o que acontece. O tema do servo de Is 42,1, invocado em Mc 1,11, é então comparável a #23.

Segundo Rm 8,32, Deus "não poupou seu próprio Filho, mas o entregou por todos nós".[18] Em Jo 3,16, encontramos: "Deus amou tanto o mundo que Ele deu o único Filho".[19] Essa expressão poderia ter sido influenciada pela descrição da generosa disposição de Abraão de sacrificar seu filho amado (#1), em especial se Isaac era considerado vítima adulta e bem disposta que também exemplificava obediência (##14-15). Notamos, no entanto, que os paralelos sugeridos estão por demais no nível implícito.

- *Influência na Epístola dos Hebreus.* Swetnam (*Jesus*, p. 86-129) afirma que uma passagem como Hb 11,17-19 mostra a influência de Isaac.[20] Realmente, Abraão é a figura principal que é invocada por causa de sua presteza "para oferecer seu único filho", de modo que só se pode pensar em Gn 22. Mas, para Swetnam, o tema de teste (#10) e a referência ao recebimento metafórico por Abraão de Isaac de volta dos mortos são fatores que indicam "uma aparição incontestada da *Aqedah* em Hb 11,17-19" (p. 129). Nas páginas 130-177, ele defende a base da *Aqedah* em Hb 2,5-18, com suas referências à semente de Abraão (Isaac) e à obra hostil do diabo (#10). Ele invoca também diversas outras passagens de Hebreus; mas, como se vê, as alusões propostas à história desenvolvida de Isaac são muito sutis.

- *Influências na Última Ceia.*[21] Em *Jubileus* e talvez mais amplamente antes de 100 d.C., imaginava-se que o sacrifício de Isaac teve lugar na Páscoa judaica (#12) e seu sangue torna-se tema dos midraxes. Os sinóticos descrevem a Última Ceia como refeição pascal e em Mc 14,24 e Mt 26,28, Jesus especifica que seu sangue é "derramado por muitos". O sacrifício de Isaac na Páscoa já assumira um aspecto expiatório e fora associado à libertação de Israel (como mais tarde se tornaria específico: #24)? Como foi mencionado acima, biblistas como P. R. Davies e Chilton criaram dúvidas reais a respeito.

---

[18] Dahl ("Atonement") enfatiza esse versículo junto com Gl 3,13-14 (Cristo suspenso no madeiro [na história de Isaac, "um carneiro preso em um espinheiro"], seguido por uma referência à bênção de Abraão) e Rm 3,25-26 (Deus apresentou Cristo como expiação por seu sangue). A relação com a história de Isaac nessas passagens é sutil, para dizer o mínimo.

[19] É provável que originalmente esse texto não se referisse à morte de Jesus, mas à encarnação ou ao envio por Deus do Filho ao mundo. Mesmo assim, 1Jo 4,10 pode ser considerado reinterpretação para incluir a morte: "Deus enviou Seu único Filho ao mundo [...] para ser a expiação por nossos pecados".

[20] Ver em R. Williamson, JTS NS 34, 1983, p. 609-612, uma avaliação favorável da tese de Swetnam.

[21] Em um sentido mais amplo, a cena da ceia poderia ser interpretada como parte da NP, mas este comentário começa o exame da NP depois da Última Ceia.

Os poucos exemplos dados acima demonstram como são sutis os alegados paralelos entre o NT e os episódios da história de Isaac (fora da história de Abraão em Gn 22,1-19). Se não se permite um apelo à existência no século I de temas da *Aqedah* que só estão documentadas nos targumim e em outra literatura judaica, não existe nenhuma alusão neotestamentária fora da NP para a teologia e os temas desenvolvidos a respeito de Isaac. Portanto, é preciso avaliar os paralelos sugeridos na NP pelos méritos deles sem muito apoio do resto do NT.

2. Paralelos nas narrativas da Paixão[22]

- Em Mt 26,36 (mas não em Mc 14,32), quando entra no Getsêmani, Jesus diz ao grupo de discípulos: "Sentai-vos neste lugar [*kathisate autou*] enquanto, me afastando, rezo ali"; e então ele toma consigo (*paralambanein*) Pedro e os dois filhos de Zebedeu. Bons paralelos linguísticos encontram-se na história de Gn 22, como demonstrado em ##2-3, acima. Contudo, notemos que o paralelo é mais entre Jesus e Abraão que entre Jesus e Isaac.

- Um tema da cena no Getsêmani é a advertência de Jesus aos discípulos para vigiarem e rezarem, a fim de não entrarem em provação (*peirasmos*: Mc 14,38; Mt 26,41; Lc 22,40.46; também Hb 4,15, *peirazein*). Pode-se comparar esse com o tema em *Jubileus* (#10) das provações de Abraão engendradas por Mastema (cf. Jo 16,11 sobre a Paixão como julgamento do príncipe deste mundo, e Lc 22,53, sobre um confronto com o poder das trevas). Mais uma vez, o paralelismo é entre Jesus e Abraão.

- Na oração de Jesus no Getsêmani (Mc 14,36; Mt 26,39; Lc 22,41), Jesus dirige-se a Deus como "(Meu) Pai" (#5) e esse tema amplia-se em *Jubileus* (#13). É difícil julgar como isso é significativo, pois seria natural Isaac falar assim a seu pai.[23]

---

[22] Grassi ("*Abba*", p. 450-454) apresenta uma lista útil de sugestões das quais seleciono algumas como dignas de atenção. Algumas sugestões são forçadas demais (o Monte das Oliveiras na Paixão de Jesus paralelo ao Monte Moriá em #11); outras baseiam-se no material de Isaac que não é demonstravelmente tão primitivo quanto o NT (Jesus triste até a morte e pedindo para não beber o cálice como paralelo à expressão de medo por Isaac em #19).

[23] Grassi ("*Abba*") dá grande importância a isso, mas o verdadeiro paralelo teria de estar na tradição targúmica mais tardia.

- Em (alguns mss. de) Lc 22,43, um anjo do céu fortalece Jesus em sua oração no Monte das Oliveiras; em Mt 26,53, Jesus diz que poderia recorrer ao Pai e ser provido de doze legiões de anjos; em Jo 12,28b-29, a voz celeste que fala a Jesus é confundida com um anjo. Em Gn 22, há a intervenção de um anjo em benefício de Isaac (#7) e a história que se desenvolve ressalta o papel celeste (#16). A intervenção celeste, especificamente angelical, não é incomum no AT e nos apócrifos judaicos; e, assim, pressupor aqui a influência específica da história de Isaac nas passagens evangélicas é imaginoso, principalmente por Jesus não ser poupado, como Isaac o foi.

- Em Jo 18,11, quando Jesus é preso, ele diz: "O cálice que o Pai me deu — não vou bebê-lo?". Antes ele disse (Jo 10,17-18): "Dou minha vida [...] ninguém tira-a de mim; antes eu a dou por minha vontade". Diante de Pilatos (Jo 18,37), Jesus demonstra uma percepção de seu destino: "A razão pela qual nasci e vim ao mundo é que eu possa dar testemunho da verdade". Há quem encontre um paralelo na boa vontade de Isaac para ser sacrificado (#15) e um vocabulário paralelo nesta pergunta: "Não vim ao mundo para ser oferecido como sacrifício àquele que me criou?". Entretanto, na NP essa atitude é característica do Jesus joanino e um paralelo quase tão bom com Isaac encontra-se em Hb 10,7 onde, em uma citação de Salmo, é imaginado que Cristo disse: "Eis que eu vim para fazer tua vontade, Ó Deus!".

- Quando Jesus vai ao Gólgota, Jo 19,17a relata: "e carregando a cruz por si mesmo ele saiu". Uma interpretação patrística, que apareceu já em Melitão (#25), vê aqui um paralelo com o fato de Abraão tomar a lenha para a oferenda e colocá-la sobre Isaac (#4). Mais uma vez o "paralelo" que não é linguístico só se encontra em João (pois os sinóticos apresentam Simão Cireneu) e em Gn 22, sem os episódios mais tardios de Isaac.

À guisa de resumo geral, acho que, dos paralelos a Isaac sugeridos nas NPs, os que têm maior plausibilidade são os paralelos ao relato de Abraão e Isaac em Gn 22. Há muito pouca coisa relacionada de maneira plausível com os episódios mais tardios de Isaac e a *Aqedah*.

Bibliografia para o Apêndice VI: O sacrifício de Isaac

Esta é uma bibliografia prática, a ser suplementada pela bibliografia completa sobre a questão de Isaac no livro por Swetnam, relacionado abaixo.

CHILTON, B. D. Isaac and the Second Night: a Consideration. *Biblica* 16, 1980, p. 78-88.

DAHL, N. A. The Atonement — an Adequate Reward for the Akedah? (Ro 8:32). In: ELLIS, E. E. & WILCOX, M., orgs. *Neotestamentica et Semítica*. Edinburg, Clark, 1969, p. 15-29 (Honor of M. Black).

DALY, R. J. The Soteriological Significance of the Sacrifice of Isaac. CBQ 39, 1977, p. 45-75.

DANIÉLOU, J. La typologie d'Isaac dans le christianisme primitif. *Biblica* 28, 1947, p. 363-393

DAVIES, P. R. Martyrdom and Redemption: On the Development of Isaac Typology in the Early Church. In: LIVINGSTONE, E. A., org. *Studia Patristica*. Oxford, Pergamon, 1982, v. 2, p. 652-658 (8th International Conf. on Patristic Studies, 1979).

_____. Passover and the Dating of the Aqedah. JJS 30, 1979, p. 59-67.

_____. & CHILTON, B. D. The Aqedah: A Revised Tradition History. CBQ 40, 1978, p. 514-546.

GRASSI, J. A. *Abba*, Father (Mark 14:36): Another Approach. JAAR 50, 1982, p. 449-458.

HAYWARD, C. T. R. The Sacrifice of Isaac and Jewish Polemic against Christianity. CBQ 52, 1990, p. 292-306

LE DÉAUT, R. De nocte paschatis. VD 41, 1963, p. 189-195.

_____. *La nuit pascale*. AnBib 22. Roma, PBI, 1963.

MCNAMARA, M. The New Testament and the Palestinian Targum to the Pentateuch. AnBib 27a. Roma, PBI, 1978, p. 164-168 (2ª reimpressão).

ROSENBERG, R. A. Jesus, Isaac, and the "Suffering Servant". JBL 84, 1965, p. 381-388.

SCHOEPS, H. J. The Sacrifice of Isaac in Paul's Theology. JBL 65, 1946, p. 385-392.

SPIEGEL, S. *The Last Trial*: On the Legends and Lore of [...] the Akedah. New York, Pantheon, 1967.

STADELMANN, L. I. J. O sacrifício de Isaac: Um texto clássico sobre o discernimento espiritual na Bíblia. P*erspectiva Teológica* 23, 1991, p. 317-332.

STEGNER, W. R. The Baptism of Jesus: A Story Modeled on the Binding of Isaac. *Bible Review* 1, #3, outono de 1985, p. 35-45.

SWETNAM, J. *Jesus and Isaac: A Study of the Epistle to the Hebrews in the Light of the Aqedah*. AnBib 94. Roma, PBI, 1981.

VERMES, G. *Scripture and Tradition in Judaism*. Leiden, Brill, 1961, p. 193-227.

WOOD, J. E. Isaac Typology in the New Testament. NTS 14, 1967-1968, p. 583-589.

Apêndice VII:
Os antecedentes veterotestamentários das narrativas da Paixão

Depois de alguns comentários preliminares, o material será dividido desta maneira:

A. Paralelos à Paixão no Antigo Testamento em geral

    1. O Pentateuco

    2. Livros Históricos

    3. Livros Proféticos

    4. Livros Sapienciais

B. Paralelos à Paixão nos Salmos

    1. Paralelos à Paixão sugeridos nos Salmos (exceto Sl 22)

    2. Sl 22 e a Paixão

Bibliografia

§ 1 B já apresentou a teoria de que a NP surgiu não da lembrança do que aconteceu, mas simplesmente da reflexão imaginativa no AT, principalmente em passagens que descrevem o sofrimento do justo nas mãos dos inimigos que tramam contra ele e escarnecem de sua confiança em Deus. Embora eu tenha apresentado razões para rejeitar essa abordagem radical (pelo menos com referência ao esboço principal das NPs canônicas), é impossível negar que o ambiente veterotestamentário tenha exercido forte influência sobre a apresentação cristã primitiva da Paixão, realçando o que tinha de ser relatado a fim de expandir o contorno de pregação nas narrativas dramáticas. Além disso, em material da Paixão que não passou pelo cadinho da pregação comum ou dos debates na sinagoga e no qual se davam rédeas à imaginação popular (por exemplo, o material especificamente mateano e o *EvPd*), a influência veterotestamentária foi verdadeiramente criativa. É por isso que, por exemplo, em Mt 27,3-10 e At 1,16-25, temos duas diferentes histórias da morte de Judas, cada uma dramatizada em metáforas tomadas por empréstimo da morte de uma figura má do AT, respectivamente Aquitofel e Antíoco Epífanes. À medida que meu comentário sobre a NP prosseguiu pelos Evangelhos versículo por versículo, indiquei a base veterotestamentária para episódios ou expressões distintas. Entretanto, neste APÊNDICE vou examinar a questão da sequência veterotestamentária,[1] concentrando-me nos livros que mais influenciaram as NPs e, depois, voltando-me minuciosamente para os Salmos e, na verdade, para a obra mais influente, Sl 22. Este breve estudo deve ajudar a comprovar até que ponto os cristãos primitivos consideravam a Paixão o cumprimento da vontade de Deus, prenunciada nos sofrimentos do justo inocente de Israel.

À guisa de introdução geral, é preciso mencionar que a Paixão reproduz o AT de várias maneiras. Às vezes, há apenas uma alusão, sem qualquer aviso ao leitor que se tem em mente a Escritura. Se uma alusão percebida é a uma situação veterotestamentária, mas não utiliza o vocabulário da descrição das circunstâncias do AT, nem sempre temos certeza se o autor neotestamentário planejou a referência.[2] (Essa é uma das razões pelas quais há discordância entre listas de passagens veterotestamentárias que influenciaram as NPs; meu catálogo a seguir pretende apenas apresentar os paralelos que julguei importantes.) Outras vezes nas NPs, o vocabulário do AT é repetido de maneira inconfundível; e, na verdade, em alguns casos, a citação do AT torna-se explícita pelo uso de uma fórmula, por exemplo: "Isto aconteceu a fim de que a Escritura (ou as palavras do profeta) se cumprissem…".[3]

---

[1] Moo, *Old Testament*, um de diversos escritos que apresentam um estudo mais detalhado, concentra-se em temas específicos (servo sofredor, Zc 9–14, Salmos de lamentação, metáforas sacrificais) e não segue a sequência veterotestamentária.

[2] O entendimento de que a referência sugerida não é forçada é facilitado se alhures a respectiva situação veterotestamentária serviu sem ambiguidade a outros autores cristãos. Mesmo sem essa ajuda, Dillon ("Psalms", p. 431) acha que a aparência bíblica geral das NPs cria uma atmosfera propensa ao reconhecimento da probabilidade de alusões.

[3] Em estatísticas que abrangem os Evangelhos por inteiro, citações de cumprimento são mais frequentes em Mateus e João. Ocasionalmente, a ideia de que essas coisas aconteceram para cumprir a Escritura confunde os fiéis e dá munição aos céticos. Como pode haver responsabilidade ou culpa da parte dos que executaram Jesus ou daqueles por cujos pecados ele morreu, se tudo tinha de acontecer? Essa pergunta não reconhece que quase sempre o pensamento bíblico não distingue entre a Providência Divina e a

Para referências a escritos (sagrados) ou à Escritura na NP de Marcos/Mateus,[4] ver em especial Mc 14,27 (= Mt 26,31) e Mc 14,49 (cf. Mt 26,54.56). Fora dessas, uma citação de cumprimento foi apresentada no material especificamente mateano em Mt 27,9-10. A única citação lucana de cumprimento está na Última Ceia, em Lc 22,37. Na NP joanina,[5] o cumprimento da Escritura veterotestamentária aparece em Jo 19,24.36-37 (ver também Jo 19,28) e o cumprimento da palavra de Jesus aparece em Jo 18,9.32.

Para apreciar uma influência mais ampla do AT sobre a maneira como os cristãos entenderam a Paixão de Jesus, outros fatores devem ser lembrados. Primeiro, concentro-me aqui nas NPs *dos Evangelhos*, mas há referências à morte de Jesus na maioria dos outros livros neotestamentários. Não raro, essas referências também foram influenciadas pelo AT, mas não necessariamente pelas mesmas passagens que influenciaram os Evangelhos. Segundo, inclinamo-nos a pensar nas Escrituras (do AT) escritas bem conhecidas de nossas Bíblias. Contudo, sabemos que, por meio de uma abordagem como a um midraxe, o entendimento de episódios veterotestamentários no tempo de Jesus transcendera o texto escrito. Por exemplo, em BNM, p. 229-230, 255-257, mostrei que a história mateana de Herodes e do nascimento de Jesus refletiam não só o relato de Ex 1,8-16 de como o faraó matou os meninos para controlar o aumento dos hebreus no Egito, mas também aspectos desenvolvidos dessa história que conhecemos por meio de Fílon e Josefo, a saber, que os magos avisaram o faraó do nascimento de um menino hebreu maravilhoso, que salvaria seu povo. Do mesmo modo, há a possibilidade de autores neotestamentários terem recorrido para a Paixão a episódios de midraxes fora do sentido literal do AT.[6]

Por amor à conveniência, quero organizar o exame de acordo com agrupamentos veterotestamentários padronizados (Pentateuco, Livros Históricos,

---

predestinação, de modo que o que quer que aconteça é apresentado como sendo desejo de Deus. Segundo um entendimento mais sutil, Deus não quis (= desejou) a morte violenta do Filho, mas a anteviu e a transformou em uma coisa salvífica para todos.

[4] Mais cedo, na Última Ceia, ver Mc 14,21 (= Mt 26,24).

[5] Na Última Ceia, ver Jo 13,18, que repete Sl 41, talvez citado implicitamente em Mc 14,18. Jo 15,25 tem o cumprimento de um texto contido "na lei deles" ("Odiaram-me sem motivo"), que repete Sl 69,5 e Sl 35,19.

[6] Entretanto, vou insistir com regularidade que precisamos ter indicações de que esses episódios do tipo de midraxes eram conhecidos *no século I*; recorrer a midraxes judaicos mais tardios é metodologicamente fraco.

Livros Proféticos, Livros Sapienciais), com as últimas subseções dedicadas aos Salmos e Sl 22. Em geral, é dada preferência à forma da LXX para as passagens veterotestamentárias.

A. Paralelos à Paixão no Antigo Testamento em geral

1. O Pentateuco

Acreditava-se que duas histórias do Gênesis apresentavam paralelos à morte de Jesus. A primeira era o teste de Abraão em Gn 22,1-14, onde o patriarca mostrou-se obediente a Deus mesmo quando lhe foi ordenado sacrificar Isaac, seu amado filho. É provável que essa história esteja lembrada implicitamente em passagens como Rm 8,32, que descreve Deus não poupando "Seu próprio Filho", mas dando-o por todos, e 1Jo 4,9-10, onde se diz que Deus mostrou amor por nós ao enviar o Filho como sacrifício expiatório.[7] Se a elaboração semelhante a um midraxe da história de Abraão conhecida como a *Aqedah* (isto é, o ato de amarrar Isaac) já estava em circulação, as NPs evangélicas talvez a reproduzam em certos detalhes; mas cada exemplo proposto é discutível (ver APÊNDICE VI). A segunda narrativa influente foi a venda de José ao Egito, por sugestão de Judá, em troca de vinte (trinta) moedas de prata (Gn 37,26-28) e a posterior salvação por José de seus onze irmãos. Tinha paralelos nas moedas pagas a Judas (= Judá) por entregar Jesus, no fracasso dos outros onze para ajudar Jesus e no restabelecimento deles por Jesus como seus irmãos depois da ressurreição.

Ex 12 descreve o ritual de comer o cordeiro pascal e de borrifar seu sangue com hissopo nos batentes das portas dos israelitas para poupá-los quando o anjo matou os primogênitos egípcios. Os evangelistas sinóticos descrevem a Última Ceia como refeição pascal. João chama Jesus de Cordeiro de Deus e o mostra condenado ao meio-dia, quando os cordeiros da Páscoa eram imolados no recinto do Templo; há uma esponja encharcada de vinho avinagrado que foi posta no hissopo para lhe ser oferecida e uma citação formal que chama a atenção para seu cumprimento da Escritura, ao não ter nenhum osso fraturado (semelhante ao cordeiro de Ex 12,46; Nm 9,12).[8] Outro símbolo da experiência do Êxodo por Israel, a serpente erguida

---

[7] Ver APÊNDICE VI, nota 19.

[8] Ver também, em 1Cor 5,7 e 1Pd 1,19, o sacrifício ou sangue de Cristo, o cordeiro, e, talvez, em Hb 9,14.

no deserto para trazer cura (Nm 21,9; ver Sb 16,5-7) é vista em Jo 3,14-15 como prenúncio do Filho do Homem ser erguido na crucificação para que os fiéis tenham vida abundante.

2. Livros Históricos[9]

Jesus era considerado descendente de Davi, na verdade intitulado "filho de Davi", por isso foi encontrado um paralelo à Paixão no momento mais desesperado da vida de Davi, conforme descrito em 2Sm 15,13-37; 17,23. Ali, depois de seu amigo de confiança e conselheiro Aquitofel (= Judas) passar para o lado do inimigo, Davi atravessou o Cedron (ver Jo 18,1) e foi para a Subida das Oliveiras (ver Mc 14,26 e par.), onde chorou e rezou (nos sinóticos, cena do Monte das Oliveiras). Davi providenciou para seus seguidores não sofrerem sua sina, mas voltarem a Jerusalém e esperarem uma reunião futura (ver Jo 18,8b), enquanto o infiel Aquitofel, ao perceber que seu plano contra Davi fracassara, foi para casa e enforcou-se (ver Mt 27,5b).

No final do período histórico veterotestamentário, as dramáticas narrativas macabeias de mártires (o idoso Eleazar, a mãe e os sete filhos) que resistiram ao rei pagão Antíoco Epífanes (2Mc 6,18–7,42; *4 Macabeus* 5,1–18,23) têm sido com frequência sugeridas como modelos para a recusa de Jesus a concordar com o interrogatório de Pilatos, principalmente conforme narrado em Jo 19,10-11, onde Jesus contesta o poder do governador sobre ele (ver 2Mc 7,16). No entanto, é notável que nas NPs evangélicas faltem importantes aspectos das narrativas macabeias dos mártires, por exemplo, descrições horripilantes das torturas e discursos desafiadores que invocam castigo para o governante. A veneração dos túmulos dos macabeus (§ 47 C, acima) ajuda-nos a avaliar a possibilidade de terem os cristãos guardado a lembrança do túmulo de Jesus e recordarem anualmente a história de sua morte.

3. Livros proféticos

Isaías vem em primeiro lugar na coletânea (ou escritos) dos Profetas Posteriores. Em At 8,32-33, Filipe explica ao eunuco etíope que Is 53,7-8 (cordeiro conduzido ao matadouro) se refere a Jesus. Assim, muitos consideram as passagens do servo sofredor em Isaías[10] fonte importante para reflexão cristã sobre a Paixão de

---

[9] Quatro destes livros são conhecidos na coletânea hebraica como os Profetas Anteriores.

[10] Em geral, são descobertos quatro cânticos do servo (Is 42,1-4; 49,1-7; 50,4-11; 52,13–53,12); contudo,

Jesus.[11] 1Pd 2,22-24 relata que Jesus não cometeu nenhum pecado, que não havia nenhuma mentira em sua boca[12] (fazendo eco a Is 53,9b), e se entregou, levando nossos pecados à cruz (fazendo eco a Is 53,10: o servo dando a vida como oferenda pelo pecado, e a Is 53,5: o servo traspassado por nossas ofensas, esmagado por nossos pecados). O tema de Jesus sendo entregue (*paradidonai*), que é favorito nas NPs (§ 10, acima), reflete o tema do servo sendo entregue em Is 53,6.12.[13] No relato marcano do ministério (Mc 9,12), a "Escritura" é citada dizendo que o Filho do Homem deve sofrer muito e ser desprezado, o que faz eco a Is 53,3, onde o servo sofre rejeição. Mt 8,17 especifica que Jesus cumpria as palavras de Isaías (Is 53,4), visto que ele tomou nossas enfermidades e suportou nossos males. Apesar desse amplo uso das passagens do servo (especialmente o quarto cântico), não são muitas as indicações do tema do servo na NP propriamente dita. A única citação direta (de Is 53,12: "E com criminosos foi ele contado") acontece durante a passagem sobre a espada na Última Ceia lucana (Lc 22,37). A ideia de que essa passagem de Isaías foi lembrada nas descrições de Jesus na cruz entre dois bandidos/malfeitores (Mc 15,27 e par.) é duvidosa por causa da diferença de vocabulário.[14] Esse mesmo tipo de diferença torna incerta a ligação entre a descrição do servo em Is 53,7 ("Ele não abre a boca") e o silêncio de Jesus e sua recusa a responder nos julgamentos.[15] Uma alusão mais clara ao servo encontra-se no escárnio judaico de Jesus (Mc 14,65 e par.), pois Is 50,6-7 descreve o servo sofrendo tapas nas faces e cuspidas no rosto.[16]

---

não sabemos até que ponto, nos tempos neotestamentários, consideravam-se essas passagens inter-relacionadas e/ou diferenciáveis do resto de Isaías.

[11] R. A. Guelich ("'The Beginning of the Gospel': Mc 1,1-15", BR 27, 1982, p. 5-15) e outros veem maciça influência de Isaías sobre o Evangelho de Marcos; de fato, eles entendem que Mc 1,1-2a significa que Marcos inicia *o Evangelho* de Jesus Cristo, *conforme escrito* (profetizado) por Isaías, o profeta. De opinião contrária, o estudo da Paixão por Hooker, em *Jesus*, é cético quanto à provável influência de Isaías nessa área dos Evangelhos.

[12] Ver também 1Jo 3,5: "Nele não havia pecado".

[13] *Paradidonai* para entregar (a inimigos ou à morte) também aparece em Sl 27,12; 118,18; 119,121; 140,9. Na segunda das três predições sinóticas da Paixão (Quadro 13, *no* APÊNDICE VIII), Mc 9,31 tem o Filho do Homem "entregue às mãos dos homens [*anthropoi*]"; a metáfora das "mãos de" (pecadores etc.) encontra-se em Sl 71,4; 97,10; 140,5.

[14] Is 53,12 é citado em Mc 15,28, mas é adição de um copista mais tardio, não texto marcano genuíno (§ 40, nota de rodapé *, e #7, acima).

[15] (Mc 14,61 [= Mt 26,63]; Mc 15,5 [= Mt 27,12.14; Jo 19,9]; e Lc 23,9.) Hooker (*Jesus*, p. 89) é muito rigoroso ao rejeitar a influência de Isaías nos relatos do silêncio de Jesus.

[16] Fora dos cânticos do servo, há quem tenha sugerido como antecedente para a crucificação Is 65,2: "Abri os braços o dia todo para um povo desobediente e contraditório".

Jeremias. Mais próximo ao conjunto que cerca a morte de Jesus do que as histórias dos mártires macabeus é o tema de Jr 26, inclusive a advertência do profeta contra o Templo de Jerusalém,[17] a reunião de sacerdotes e profetas contra ele, a participação de "todo o povo", a advertência de que eles trariam sangue inocente sobre si e a afirmação de que ele "merecia a morte". Sugeri em § 2 que o padrão do livro de Jeremias, com palavras e ações proféticas e uma narrativa do sofrimento e rejeição do profeta, influenciou a ideia de escrever um Evangelho a respeito de Jesus que reuniria esses aspectos. Parte dessa sugestão faria "a Paixão de Jeremias" (inclusive a tradição mais tardia de morte violenta) influenciar a Paixão de Jesus. Digno de nota é que as alusões da NP mais próximas de Jeremias estão no material especificamente mateano da Paixão (sangue inocente, dinheiro de Judas, o campo do oleiro, "todo o povo"),[18] uma distribuição que sugere que, em nível popular, a analogia entre Jesus e Jeremias teve forte influência. Quando se acrescenta Lamentações ao cenário de Jeremias para a Paixão, em Lm 2,15 todos os que passam sacodem a cabeça para a aflita filha de Jerusalém, do mesmo modo que em Mc 15,29 e Mt 27,39 os transeuntes sacodem a cabeça para o Jesus crucificado. Lm 3,28-30 imagina que quem espera o Senhor se mantém calado quando o jugo lhe é colocado e dá o rosto a quem lhe bate.

Ezequiel. Ez 37, a visão da revitalização das ossadas secas (em especial Ez 37,12-13: "Vou abrir vossos túmulos e vos fazer sair de vossos túmulos e vos conduzir para a terra de Israel") é a base de outro material especificamente mateano, a saber, a quadra poética que descrevia o que aconteceu quando Jesus morreu: "Os túmulos foram abertos e muitos corpos dos santos adormecidos foram ressuscitados [...]. Eles entraram na cidade santa" (Mt 27,52-53). A influência de Ezequiel nessa cena mateana é mais forte quando utilizamos os afrescos mais tardios de Dura Europos como guia para o entendimento popular de Ez 37, pois ali um terremoto parte as rochas, abrindo os túmulos (Mt 27,51: "A terra foi sacudida e as rochas foram partidas").

Daniel. Dn 7 é não raro considerado a origem do uso evangélico de "Filho do Homem" para Jesus. Certamente, quando Jesus está de pé diante do sumo sacerdote

---

[17] A forma poética disso (Jr 7,11) é citada em Mc 11,17 e par.
[18] Jr 18,2; 19,1-2; 26,15-16. Fora desse material, ver Jr 15,9, onde um oráculo de ruína para Jerusalém adverte que "ainda é dia e o seu sol já se pôs". No contexto da Última Ceia, é possível comparar a "nova aliança" na fórmula eucarística lucana (Lc 22,20) com Jr 31,31.

em Mc 14,62 e par., suas palavras ("Vós vereis o Filho do Homem sentado à direita do Poder e vindo com as nuvens do céu") fazem eco a uma combinação do Sl 110,1 ("Senta-te à minha direita") e Dn 7,13, com a visão de "um como filho de homem vindo com as nuvens do céu".[19] A visão em Daniel diz respeito a um tribunal celeste onde é feito o julgamento de um filho de homem (= santos do Altíssimo: Dn 7,10.22), do mesmo modo que a declaração de Filho do Homem por Jesus tem o contexto de tribunal e julgamento. A questão de blasfêmia no julgamento talvez faça eco à figura do antideus de Dn 7,8.20.25, que fala com arrogância contra o Altíssimo. Vimos acima que Ez 37 deu a base para a descrição mateana dos fenômenos que cercaram a morte de Jesus, mas a ressurreição dos corpos dos santos adormecidos também reflete Dn 12,2: "E muitos dos que dormem no pó da terra acordarão, alguns para a vida eterna". O julgamento de Jesus pelo sinédrio, em Marcos/Mateus, assemelha-se à história de Susana em Dn 13 (anciãos, falsas testemunhas).

Profetas menores. A escuridão sobre a terra inteira da sexta hora (meio-dia) à nona hora (3 da tarde) em Mc 15,33 e par. é quase sempre considerada alusão ao dia escatológico do Senhor em Am 8,9: "O sol se porá ao meio-dia e a luz será escurecida sobre a terra durante o dia". (Ver também Sf 1,15; Jl 2,2). Essa escuridão faz parte do que leva à confissão pelo centurião de Jesus como Filho de Deus em Mc 15,39 e par.; e o versículo seguinte em Amós (Am 8.10) declara: "farei que enlutem pelo filho único".

Zc 9–14 exige atenção especial (ver Bruce, "Book"); de fato, como passagem veterotestamentária única, ao lado de Sl 22, ela apresenta a base mais extensa para a Paixão. Na verdade, quando se começa a Paixão como comecei, depois da Última Ceia, com Jesus indo do outro lado do Cedron para o Monte das Oliveiras, suas primeiras palavras (Mc 14,27; Mt 26,31) são citação formal de Zc 13,7 a respeito de ferir o pastor e dispersar as ovelhas. A entrada de Jesus em Jerusalém (Mc 11,1-10 e par.), sentado em um burrico e saudado por hosanas, faz eco a Zc 9,9. Em Zc 14,21, a casa do Senhor é purificada de todos os mercadores no último dia, do mesmo modo que Jesus purifica o Templo (Mc 11,15-19 e par.; em especial Jo 2,16). Parece que a declaração de Jesus na Última Ceia que identifica o vinho com sangue da aliança alude a Zc 9,11 ("o sangue de minha aliança convosco"). Zc 11,12-13 estabelece o preço do pastor em trinta moedas de prata, que são lançadas

---

[19] Ver alusões anteriores a este versículo de Daniel em Mc 8,38 e 13,26.

na Casa do Senhor para o oleiro (ver § 29, a respeito de Mt 27,3-10). Jo 19,34.37, quando o soldado trespassa com uma lança o lado de Jesus morto, lembra Zc 12,10, a respeito de olhar para o que foi trespassado.[20]

4. Livros Sapienciais[21]

Pr 31,6-7 dá bebida inebriante aos moribundos e vinho aos amargurados, a fim de fazê-los esquecer sua indigência; a passagem é muitas vezes proposta como base para Mc 15,23 e Mt 27,34, onde, logo que Jesus chega ao Gólgota, antes mesmo de ser crucificado, oferecem-lhe vinho. O livro da Sabedoria (de Salomão), escrito em grego, ao que tudo indica em Alexandria, c. 100 a.C., tem uma passagem sobre o justo sofredor que parece se repetir de maneira notável nas NPs.[22] Zombadores oprimem o justo (Sb 2,10ss), zangados com ele por ele declarar ter conhecimento de Deus e se intitular filho de Deus (Sb 2,13), e porque, por essa mesma alegação, sua vida não é como a dos outros homens (Sb 2,15). Em Sb 2,18, eles clamam por um teste, para ver se as palavras desse homem são verdadeiras: "Se o justo é o filho de Deus, Ele o defenderá e o livrará das mãos de seus inimigos". O tom do escárnio de Jesus na cruz aproxima-se dessa passagem, em especial a redação característica de Mt 27,43: "Ele confiou em Deus. Que seja libertado se Ele o ama, pois ele disse: 'Eu sou Filho de Deus'". O equivalente na passagem da Sabedoria entre "justo" e "filho de Deus" esclarece as formas evangélicas variantes na confissão do centurião quando Jesus morre: "Verdadeiramente, este (homem) era Filho de Deus" (Mc 15,39; Mt 27,54) e "Certamente este homem era justo" (Lc 23,47).[23]

B. Paralelos à Paixão nos Salmos, em especial Sl 22

O livro dos Salmos é *facile princeps* entre os livros veterotestamentários que dão base para a NP. Rose ("Influence") é particularmente útil na percepção dos

---

[20] Jo 7,38, com a água que flui de dentro de Jesus, talvez faça eco a Zc 14,8, onde a água flui de Jerusalém.

[21] Esses livros sapienciais encontrados na Bíblia hebraica são quase sempre classificados em ou com "os outros livros (escritos)".

[22] Esta situação nos faz notar como o conhecimento de livros que nunca fizeram parte da Bíblia hebraica logo entrou na reflexão cristã sobre as "Escrituras".

[23] A vitória do justo sofredor está descrita em Sb 5,1-5, que apresenta um paralelo geral melhor à vitória do Jesus ressuscitado que a segunda parte de Sl 22 (a ser examinado a seguir). Pode-se afirmar com razoável certeza que a figura do servo sofredor de Isaías influenciou a imagem no livro da Sabedoria.

muitos paralelos que vou examinar adiante. Contudo, como Homerski (Abstract) menciona corretamente, os paralelos dos Salmos são a detalhes secundários que completam a história (na maioria das vezes, a incidentes que indicam o que outras pessoas fazem a Jesus); e nenhum Salmo apresenta um paralelo ao esboço evangélico básico da Paixão de Jesus. Também não parece que, ao ampliarem o esboço, os cristãos primitivos fizessem uma interpretação versículo por versículo de qualquer Salmo (nem mesmo do Sl 22) semelhante ao que aparece no *pesharim* de Qumrã sobre os Salmos (McCaffrey, "Psalm", p. 73-74). Muitos Salmos citados nas NPs ou aos quais elas aludem classificam-se como Lamentações ou Súplicas concentradas nos sofrimentos do justo inocente, mas os Salmos de ação de graças (34) e os Salmos Régios (2; 110) também servem de base para a Paixão. Depois de Sl 22, os Salmos mais incontestavelmente lembrados eram Sl 69[24] e Sl 31, com Sl 42/43 exercendo influência especial sobre João.[25] Abaixo, vou seguir a ordem numérica dos Salmos ao citar as passagens[26] que foram propostas como apresentando subsídios para a Paixão de Jesus. Às vezes, a alusão proposta é muito geral e altamente especulativa; outras vezes (onde uso negrito), a proposta tem alta possibilidade, probabilidade ou certeza. A subseção 1 examinará todos os Salmos, exceto Sl 22, que será examinado na subseção 2.

1. Paralelos à Paixão sugeridos nos Salmos (exceto Sl 22)

Sl 2,1-2 (LXX) diz: "Por que os gentios agiram com arrogância e o povo pensa em coisas vazias? Os reis da terra vieram tomar posição e os governantes reuniram-se [*synagein*] no mesmo lugar contra o Senhor e contra Seu Messias".

---

[24] Antes das NPs, Sl 69,10 ("O zelo por tua casa me devora") é usado no relato da purificação do Templo em Jo 2,17. Outros usos de Salmos em passagens que preparam a Paixão incluem Sl 118,22-23 como parte da parábola de advertência dos meeiros na vinha (Mc 12,10-11 e par.). Ver também nota 5, acima, quanto às citações na Última Ceia de Sl 41,10; 69,5 e, talvez, 35,19.

[25] Ver o debate entre Beutler e Freed. Beutler afirma que Sl 42/43 exerceram para João a função que Sl 69 e 22 exerceram para os sinóticos; Freed insiste que as passagens onde Beutler vê a influência de Sl 42/43 são compostas livremente de diversas perícopes veterotestamentárias diferentes, que influenciaram o vocabulário e a metáfora.

[26] (Lembro aos leitores como números e versículos dos Salmos são citados; ver últimos parágrafos da seção "Abreviaturas".) Alguns talvez conjeturem a respeito da ordem, se relacionei os paralelos de Salmos mais plausíveis (os que aparecem em negrito) em uma sequência que seguiu a ordem na NP evangélica de acontecimentos ou palavras que faziam eco aos Salmos. Essa sequência daria Sl 41,10; Sl 42,6; Sl 110,1; Sl 2,1-2; Sl 69,22; Sl 31,6; Sl 34,21; Sl 38,12. Em nenhum Evangelho a sequência de incidentes com paralelos de Salmos segue a ordem numérica destes.

É citado em At 4,25-27 com referência a Herodes (rei) e Pilatos (governante), os gentios e os israelitas reunindo-se contra Jesus, o servo ungido de Deus. Na NP, só Lucas (Lc 23,6-12) dá a Herodes um lugar ao lado de Pilatos no julgamento de Jesus. O verbo "reunir-se", com referência aos adversários judaicos de Jesus juntando-se contra ele, encontra-se em Mt 26,3.57; 27,17.62; e Lc 22,66.

Sl 18,7: "Lá do seu santo santuário ele ouviu meu grito" talvez tenha eco em Mc 15,37-38 e par., onde ao "forte grito" de Jesus segue-se o divino rasgamento do véu do santuário.

Sl 26,6 e 73,13 usam a imagem de lavar as mãos na inocência e servem de antecedentes para Mt 27,24, onde Pilatos lava as mãos dizendo: "sou inocente do sangue deste homem".

Sl 27,12 e 35,11, onde testemunhas injustas (*adikoi*) levantam-se contra o justo; cf. as falsas testemunhas contra Jesus em Mc 14,57.59; Mt 26,59-60.

Sl 31,6: "Em tuas mãos colocarei meu espírito" fornece as últimas palavras de Jesus em Lc 23,46: "Pai, em tuas mãos eu coloco meu espírito". (O uso deste Salmo do justo sofredor deve ser comparado às últimas palavras de Jesus em Marcos/Mateus; ver 1*, sob Sl 22, a seguir.) Quanto a Sl 31,12, ver nota 51, adiante.

Sl 31,14: "Enquanto estavam reunidos [*synagein*] contra mim, tramaram [*bouleuein*] para tirar minha vida".[27] Depois da reunião contra Jesus em Mt 26,3 (ver Sl 2,1-2 acima), os chefes dos sacerdotes e os anciãos tramaram (*symbouleuein*) agarrar Jesus à traição e matá-lo (Mt 26,4). Ver também o relato em Jo 18,14 de que Caifás "advertiu" ou "aconselhou" (*symbouleuein*) que Jesus devia morrer.

Sl 31,23 traz a súplica do justo ouvida quando ele clama ao Senhor; cf. Mc 15,37-38 e par.

Sl 34,21, onde o Senhor zela pelos ossos do justo para que nenhum só deles se quebre, pode ser acrescentado à descrição do cordeiro pascal como outra fonte da Escritura citada em Jo 19,36: "Seu osso não será quebrado".

Sl 35,21, onde os inimigos do justo exclamam: "Ah!"; cf. Mc 15,29. Ver sob Sl 27,12, acima, o uso de Sl 35,11 e sob nota 5, acima, o uso na Última Ceia de Sl 35,19. Ver também nota 52, adiante.

---

[27] Ver também, em Sl 71,10, inimigos que tramam contra o justo.

Sl 38,12 traz os que estavam próximos ao aflito, "mantendo-se a [*apo*] certa distância" (ver também Sl 88,9; 69,9). Em Mc 15,40-41 e Mt 27,55, as seguidoras observavam à distância a morte de Jesus na cruz; a essas mulheres, Lc 23,49 acrescenta: "todos os conhecidos dele".

Sl 39,10 tem um suplicante que, por castigo, ficou mudo e não abria a boca, o que tem sido sugerido como paralelo às vezes em que Jesus ficou calado e nada respondeu.[28]

Sl 41,7: um inimigo vem até o justo, fala sem sinceridade; cf. o comportamento de Judas em Mc 14,45; Mt 26,49 e Jo 18,3.

Sl 41,10, que descreve o amigo de confiança que partilhou do pão do justo e depois levantou o calcanhar contra ele, aparece em uma citação de cumprimento na Última Ceia em Jo 13,18 com referência a Judas. Talvez também fundamente Mc 14,18 e par.[29]

Sl 42,2-3 ("Minha alma tem sede do Deus vivo") é às vezes considerado a base para as palavras de Jesus crucificado em Jo 19,28: "Tenho sede" (mas ver Sl 22,16).

Sl 42,6 (ver também 42,12) – "Por que estás triste, minha alma, e por que me perturbas [*syntarassein*]? – é repetido por Jesus no Getsêmani em Mc 14,34 e Mt 26,38 ("Minha alma está muito triste"[30]), e Sl 42,7 ("Minha alma está aflita [*tarassein*]") se repete em Jo 12,27 ("Agora minha alma está aflita").[31] Quanto a Sl 42,11, ver nota 51, adiante.

---

[28] Ver nota 15, acima. Alguns biblistas invocam também o TM de Sl 38,14: "Sou como [...] um mudo que não abre a boca [LXX: um homem que não tem censuras na boca]", mas este é um paralelo ao silêncio de Jesus ainda mais incerto que Is 53,7.

[29] Ao tratar do Sl 22, Fisher ("Betrayed", p. 27-36) analisa o Sl 41 e combina o paralelo de Judas com 2Sm 15–17 (Aquitofel trai Davi), examinado em § 5. Sl 41,2 abençoa o que cuida do humilde e do pobre, coisa que Judas fingiu fazer em Jo 12,4-5.

[30] As palavras de Jesus continuam: "até a morte", talvez fazendo eco a Jz 16,16 (onde a alma de Sansão cai em desespero mortal) e em especial a Eclo 37,2: "Não é uma tristeza mortal quando teu companheiro ou amigo torna-se inimigo?"

[31] O Jesus joanino prossegue e pergunta: "E que direi? Pai, livra-me desta hora?". Sl 6,4-5 traz: "Minha alma está aflita ao extremo [...] Ó Senhor [...] salva-me por amor à tua misericórdia". Ver também Hab 3,2 (LXX).

Sl 69,4 descreve o justo cansado de gritar, com a garganta seca ou rouca; ver a referência ao forte grito mortal dado por Jesus em Mc 15,34.37 e a sua sede em Jo 19,28. Ver na nota 5, acima, o uso de Sl 69,5 pela Última Ceia.

Sl 69,22 ("E eles deram para meu pão fel e para minha sede deram-me a beber vinho avinagrado [*oxos*]") está claramente repetido em Mt 27,34 e 48, onde é dado ao Jesus crucificado vinho (*oinos*) misturado com fel e, mais tarde, vinho avinagrado. É provável haver alusões a esta passagem em Mc 15,36; Lc 23,36 e Jo 19,29, onde se oferece vinho avinagrado a Jesus. É também o Salmo que serviu de base para Mc 15,23, onde se oferece a Jesus vinho (*oinos*) misturado com mirra?

Sl 109,25 faz do justo objeto de escárnio para os que o veem e meneiam a cabeça, do mesmo modo que os transeuntes blasfemam contra o Jesus crucificado e sacodem a cabeça em Mc 15,29; Mt 27,39. Entretanto, essa expressão de desprezo é comum no AT; ver Lm 2,15 e, em especial, Sl 22,8.

Sl 110,1, onde o Senhor Deus diz "ao meu senhor: 'Senta-te à minha direita'", dá o contexto para o Filho do Homem "sentado à direita do Poder e vindo com as nuvens" (Mc 14,62 e par.) na advertência de Jesus ao sumo sacerdote no relato sinótico do julgamento judaico.

Sl 118,22 fala da pedra que os construtores rejeitaram (*apodokimazein*), passagem usada por Jesus em Mc 12,10 como advertência à audiência hostil da parábola dos meeiros da vinha. Na primeira das três predições sinóticas detalhadas da Paixão (Quadro 13, no APÊNDICE VIII), Mc 8,31 e Lc 9,22 preveem que o Filho do Homem será "rejeitado".[32]

Voltemo-nos agora para o Salmo que apresenta o maior número de paralelos às NPs.

2. Sl 22 e a Paixão

Tertuliano (*Ad. Marcion* III,xix,5; CC 1,533) falou do "21º [= 22º hebraico] Salmo que continha a Paixão de Cristo toda"; na verdade, ele é chamado simplesmente *o Salmo da Paixão*. Comecemos com algumas observações gerais quanto à estrutura, à origem e ao sentido do Salmo. Em geral, concorda-se que ele consiste

---

[32] Em vez de *apodokimazein*, a citação deste Salmo em At 4,11 usa *exouthenein*, forma variante de *exoudenein*, "considerar como nada, desdenhar", que aparece em Sl 22,7.

em duas partes: lamento individual, em Sl 22,2-22,[33] e ação de graças, em Sl 22,23-32 (com Sl 22,28-32 às vezes designado como hino escatológico de louvor). Um "eu" que sofre fala do começo ao fim da primeira parte; mas, de repente, na segunda parte, esse "eu" desaparece nos bastidores e a congregação louva o Senhor. O hebraico ajuda a transição, pois o v. 22 termina com "Tu me respondeste" (ausente da LXX), que explica a mudança de tom.[34] Duhm e outros afirmam que dois Salmos originalmente independentes foram ligados; em sua maioria, os biblistas (por exemplo, Gunkel, Kittel, Lagrange, Westermann) tratam o Salmo como unidade, com a possível exceção dos vv. 28-32.[35] A interpretação é que, implícita ou explicitamente, o lamento contém um voto para dar ação de graças quando o suplicante é ouvido (o que está assegurado). Nesse caso específico, há o reconhecimento de que o Senhor livrou o suplicante da destruição. Assim, é bastante apropriado ter uma lamentação unida a uma ação de graças. (Os Salmos onde a ação de graças é praticamente a mensagem toda cumprem o voto da lamentação.) Um argumento a favor da unidade encontra-se no v. 25, que subentende que alguém se afligiu e clamou a Deus, como fez o "eu" da primeira parte do Sl 22.

O título (Sl 22,1) que atribui o Salmo a Davi[36] e o fato de Jesus aplicar a si mesmo Sl 22,2 (Mc 15,34; Mt 27,46) deram origem à percepção cristã primitiva de que o Salmo era profecia a respeito do Messias sofredor.[37] Assim, como men-

---

[33] Essa parte subdivide-se em duas subseções: 2-11 (fala e lamento diretos a Deus) e 12-22 (descrição do problema e súplica a Deus); ou em três subseções (por exemplo, Gese), 2-6, 7-12, 13-22, cada uma incluindo uma queixa (que cresce em intensidade e extensão) e uma expressão de confiança devota.

[34] Entretanto, como indicado por meus itálicos, muitos biblistas emendam por causa da brusquidão da oração ("Salva-me da boca do leão e dos chifres do búfalo [salva] *minha aflita pessoa*") ou preferem outro sentido verbal: "*faze-me triunfar*".

[35] Os que dividem a primeira parte do Salmo em duas subseções (nota 33, acima) veem a segunda parte também dividida em duas subseções: 23-27 e 28-32. Entretanto, Gelin, Martin-Achard e E. Podechard estão entre os que pensam que os vv. 28-32 tinham origem diferente, refletida em seu tema diferente (a realeza de Iahweh). E. Lipinski (*Biblica* 50, 1969, p. 153-168) considera-o hino dos séculos VIII ou VII a.C.

[36] É possível debater se *idwd* contém um *auctoris* pouco convincente ("Salmo de Davi") ou se tem a função de tornar o Salmo régio: "para o rei davídico". R. B. Hayes, "Christ Prays the Psalms: Paul's Use of an Early Christian Exegetical Convention", em A. Malherbe & E. Meeks, orgs., *The Future of Christology*, Minneapolis, Fortress, 1993, p. 122-136 (L. E. Keck Festschrift), afirma que a tradição de ler os Salmos de lamentação régios (davídico) como prefiguração do Messias era primitiva o bastante para ser pré-paulina.

[37] Áquila traduziu o que muitas vezes se julga ser uma notação musical no título do Salmo (Sl 22,1: *lmnsh*: "para o maestro") como "ao autor da vitória" (assim também Jerônimo); e a LXX traz: "até o fim" — desse modo, o messianismo recebia impulso escatológico. Ver Bornhäuser, *Death*, p. 2.

ciona Salguero ("Quién", p. 28), de Agostinho a Tomás de Aquino, predominava a aplicação literal do Sl 22 a Jesus crucificado. Justino (*Diálogo* 97,3-4) repreendeu Trifão e os judeus por não perceberem que Sl 22,17 tinha de falar do crucificado, pois nenhum outro rei judaico teve as mãos e os pés traspassados.[38] Na verdade, a opinião de Teodoro de Mopsuéstia de que o Salmo não era profecia foi desaprovada no Segundo (Quinto Ecumênico) Concílio de Constantinopla e condenada pelo papa Virgílio, em 14/24 de maio de 553 (PL 69.84ss). No entanto, alguns biblistas continuaram a interpretar típica ou espiritualmente a figura descrita no Salmo, em vez de recorrer a uma teoria de profecia direta. Um dos fatores antigos em apoio dessa tese é a segunda oração de Sl 22,2 na LXX e na Vulgata: "Longe de minha salvação estão as palavras [isto é, o relato] de meus pecados" — a referência a "meus pecados", inaplicável a Jesus, poderia ser entendida se a figura nos Salmos representasse a humanidade. Na exegese judaica mais tardia (Rashi), o destino do salmista identificava-se com o do povo judeu. Todavia, essas interpretações coletivas também estão sujeitas a objeção, pois o Salmo está próximo dos lamentos de indivíduos, por exemplo, de Jeremias. Senior ("Death Song", p. 1461) julga ser provável que o Salmo originou-se na experiência pessoal genuína do salmista anônimo, experiência que acabou sendo considerada apropriada ao justo israelita. Soggin ("Appunti", p. 109-113) afirma que, para fazer justiça ao indivíduo régio e também às interpretações coletivas do Salmo, devemos pensar na figura como o porta-voz do rei para a comunidade, mas de um rei humilhado, como em Zc 9,9.[39]

Até certo ponto, as antigas disputas a respeito da aplicação profética direta a Jesus já não são pertinentes.[40] Embora alguns biblistas julguem que o Salmo foi composto na última parte do período monárquico, com forte reorientação depois de 586 a.C., em sua maioria agora eles pensam em um contexto litúrgico. Schmid

---

[38] *Diálogo* 98-106 trata em grande parte da aplicação deste Salmo a toda a missão de Jesus, inclusive o nascimento.

[39] Sl 22,10-11, com sua sugestão de que o salmista que fala foi tirado do seio e reservado desde o nascimento, compara-se a Sl 2,7, que envolve a geração do rei. Seguindo intérpretes escandinavos, Soggin ("Appunti", p. 114-115) afirma que o rei e o servo sofredor foram unidos na expectativa judaica, em especial entre os anawin ou pobres.

[40] Contudo, ainda em 1948, no catolicismo romano, Feuillet ("Souffrance") insistia que Sl 22 é amplamente messiânico, conforme interpretado em sentido convencional, não literal, de modo que o salmista não tinha de saber a respeito de Cristo com antecedência. Em 1978, Lange ("Relationship", p. 610), defendendo uma aplicação tipológica, lembrou que, entre os luteranos do sínodo de Missouri, uma predição literal por Davi ainda era a interpretação mais comum.

("Mein Gott", p. 124) vê no Salmo a religião sacerdotal do período pós-exílico, onde liturgicamente a oração do fiel relaciona-se com a comunidade cuja fé assegura que Deus responderá. Stolz ("Psalm 22") fala de um círculo pós-exílico de justos sofredores que suportaram grande tribulação, mas permaneceram firmes, aguardando a ajuda divina. Quanto à profecia, notamos que, no TM do Salmo, o sofrimento está expresso no tempo presente, sem referência ao futuro, e não é primordialmente uma predição. A figura a quem o salmista se dirige como "Meu Deus" (Sl 22,2) está entronizada no Templo de Jerusalém, recebendo os louvores de Israel (Sl 22,4), e no céu, aguardando os louvores da terra toda (Sl 22,28-30). Um contexto especificamente litúrgico que muitos imaginam ser o serviço do *tôdâ*,[41] que envolve aquele que tem a prece pela libertação atendida. Indo ao santuário, essa pessoa cumpriu o voto incluído na lamentação e ofereceu uma refeição sacrifical para parentes e amigos, cantando o hino de ação de graças. A datação em um contexto pós-exílico torna concebível que a vocalização por Jeremias de suas queixas a Deus tenha influenciado o desenvolvimento do modelo dessa lamentação.[42] A referência ao salmista ser tirado da barriga e do seio "de minha mãe" (Sl 22,10-11) compara-se a Jr 1,5 (cf. Jr 20,17-18), onde o profeta foi escolhido antes de sair do ventre de sua mãe. O modelo de desalento e confiança de Sl 22 iguala-se ao tom dos solilóquios de Jeremias e Martin-Achard ("Remarques", p. 82) aponta para o salmista como uma pessoa que, embora semelhante a Jeremias, tem maior confiança, pois se recusa a terminar o Salmo no tom de Jr 20,14-18, amaldiçoando o dia em que nasceu. Paralelos também foram percebidos entre Sl 22 e os cânticos do servo sofredor do Dêutero-Isaías, com os maus-tratos em Sl 22,7-9 comparáveis aos de Is 50,6; 53,3.[43] O servo traspassado (TM *hll*) por nossos pecados, em Is

---

[41] A defesa de partes desta teoria está associada a J. Begrich (ZAW 52, 1934, p. 81-92); foi contestada por R. Kilian (BZ 12, 1968, p. 172-185), principalmente com referência ao fato de um oráculo sacerdotal de cumprimento estar ou não envolvido. Com referência a Sl 22 e a NP, o contexto do *tôdâ* é aceito por Dillon, Gese, Mays, Reumann etc. Especificamente, Senior ("Death", p. 1460) aponta para Lv 7,1ss, com sua descrição de oferenda da paz.

[42] Assim Gelin, "Quatre", p. 31. Holladay ("Background") chama a atenção para paralelos persuasivos entre Sl 22 e Jr, mas pensa que o profeta recorreu ao Salmo.

[43] Ver Ruppert, *Leidende*, p. 49-50; Feuillet, "Souffrance", p. 141-145. Embora Worden ("My God", p. 12) pense que o salmista baseou a descrição na imagem do servo, um elemento essencial da descrição do servo está ausente, a saber, o sofrimento indireto. Deve-se observar que a descrição do açoitado e escarrado em Is 50,6 leva ao louvor da ajuda divina em Is 50,7ss. Do mesmo modo, a descrição do servo que não grita em Is 42,2 é seguida pela descrição de uma vocação divina (aparentemente da criação) com propósitos salvíficos — sequência não diferente de Sl 22,7-11. Contudo, os cânticos do servo resultam

53,5, compara-se ao salmista que na LXX de Sl 22,17 fala de suas mãos e seus pés traspassados. (Não raro sugerem que o modelo do servo foi Jeremias, de modo que talvez estejamos comparando literatura paralela, profética e litúrgica com o mesmo antecedente.[44]) A ligação do cântico do servo de Is 53 e Sl 22,7-9 foi atestada no final do século I d.C., em *1 Clemente* 16.

Não há indícios de que, no pré-Judaísmo, o Sl 22 fosse aplicado ao aguardado Messias,[45] apesar do fato de o fim do Salmo dar forte impulso escatológico aos sofrimentos do justo representado. Martin-Achard ("Remarques", p. 85) fala de um assideu ou santo que é também personagem escatológica. Talvez esse contexto explique o interessante emprego de temas semelhantes aos do Sl 22 em um hino de ação de graças de Qumrã, 1QH 5,5-19.[46] Muitas vezes, julga-se que nesses hinos o interlocutor é o herói da comunidade, o Mestre de Justiça, que expressa não só a própria angústia, mas também a dor e a fé da comunidade que vive nos últimos tempos. 1QH 5,10-11 ("Eles não abriram a boca contra mim") contém a redação de Sl 22,14. 1QH 5,12-13 ("Pois na angústia de minha alma Tu não me abandonaste. Ouviste meu grito na amargura de minha alma; e recebeste o clamor de minha aflição em meus gemidos") pode ser comparado com os sentimentos do salmista que, depois de clamar a Deus em Sl 22,3.20-22, declara em Sl 22,25: "ele não desprezou nem desdenhou o aflito em sua aflição e não lhe ocultou Sua face; mas Ele o ouviu em seus gritos".[47] A continuação em 1QH 5,13 ("Tu libertaste a alma do aflito") faz eco à oração de Sl 22,21: "Livra minha alma".

---

na justificação ou elevação do servo, enquanto Sl 22 não ressalta a justificação pessoal daquele que lamenta.

[44] Stuhlmueller ("Faith", p. 18) relata com simpatia a opinião de H.-J. Kraus: Tantas passagens e tradições convergentes têm eco em Sl 22 que ele pode ter sido composto por muitos autores durante um longo período. Entretanto, é mais provável que um Salmo antigo tenha sido revisado através dos séculos.

[45] Meio milênio depois do tempo de Jesus, o *Midrash on Psalms* (tradução de Braude, v. 1, p. 298ss) mostra um emprego régio do Sl 22 ao rei Ezequias, quando ele foi ameaçado por Senaqueribe, e à rainha Ester, quando os judeus foram ameaçados por Amã.

[46] Ver Fisher, "Betrayed", p. 25-27; Lange, "Relationship", p. 611-613; Rupert, *Leidende*, p. 114-133. Dillon ("Psalms", p. 435) vê em 1QH 3,19-36 uma analogia de estrutura com Sl 22, exceto que o hino de Qumrã tem esta ordem: ação de graças, lamento retrospectivo e perspectiva escatológica.

[47] Observemos que em 1QH há um paralelo com a segunda parte do Salmo, mais positiva, enquanto nas NPs evangélicas os paralelos óbvios são todos com os versos de lamentação da primeira parte.

O pano de fundo que acabamos de citar nos ajuda a entender a aplicação cristã do Sl 22 ao Jesus sofredor,[48] que também foi considerado o servo sofredor e figura semelhante a Jeremias. Utilizando o exemplo de uma pessoa piedosa ou justa especial (talvez até régia),[49] o salmista expressou a tese de que o justo que confia em Deus não raro sofre atrozmente nas mãos de adversários, a ponto de sentir-se abandonado por Deus; contudo, no final Deus sempre defende o justo. (É uma refutação indireta de outra tese mais simples, de que Deus libertará os favorecidos do sofrimento — ver a atitude dos adversários de Jesus em Mt 27,43.) O salmista não pede o castigo desses adversários, o que dá uma adaptabilidade especial a Jesus, como deu o final escatológico em Sl 22,28-32; de fato, por intermédio deste justo sofredor, todos os confins da terra, inclusive as famílias dos gentios, são levados a adorar o Deus de Israel. Como os cristãos primitivos pensavam que o Salmo foi composto por Davi, esse entendimento também influenciou o modo de aplicarem o Salmo ao Filho de Davi. E, depois que se criou a tradição de que o próprio Jesus agonizante citou o primeiro verso do Salmo (Sl 22,2, em Mc 15,34 e Mt 27,46), seriam previsíveis outros usos cristãos para detalhes da crucificação.

Vamos agora relacionar alusões ao Sl 22 que os biblistas perceberam nas NPs evangélicas.[50] A lista segue a ordem dos Salmos, indicando em negrito alusões ou citações que são mais plausíveis ou certas (quanto a essa distinção, ver também Oswald, "Beziehungen", p. 56). A tradução do Salmo reflete a LXX.

1* **Sl 22,2a**: "Meu Deus, meu Deus, recebe-me, com que propósito me abandonaste?". Na citação desse versículo por Jesus, Mt 27,46 aproxima-se um

---

[48] Apesar da grande probabilidade de que o Salmo tenha fundamento litúrgico ou cultual, os paralelos nos hinos de ação de graças de Qumrã sugerem a possibilidade de a comunidade aplicar o Salmo a um indivíduo mesmo fora da liturgia do Templo. Quanto à aplicação cristã a Jesus, é discutido se o Salmo era ou não aplicado a Jesus em um contexto litúrgico, por exemplo, em um *tôdâ* cristão relacionado com a Eucaristia.

[49] Mays ("Prayer", p. 329) afirma: "O Salmo 22 pode ser a oração e o louvor simplesmente de qualquer israelita. Embora não saibamos com certeza para quem ele foi escrito e por quais revisões passou, em sua forma atual a figura no Salmo compartilha a vocação coletiva de Israel e o papel messiânico de Davi".

[50] As passagens do Sl 22 citadas ou às quais aludem outras passagens do NT, fora dos Evangelhos, incluem: *Sl 22,14* (inimigos "como um leão que ruge") em 1Pd 5,8 ("o diabo [...] um leão que ruge"); *Sl 22,22* ("Salva-me da boca do leão") em 2Tm 4,17 ("Eu fui libertado da boca do leão"); *Sl 22,23* ("Anunciarei o teu nome aos meus irmãos; no meio da igreja [*ekklesia*] vou te louvar") quase literalmente em Hb 2,12.

pouco mais da redação da LXX que Mc 15,34, mas nenhum dos dois cita a frase em itálico, que também está ausente do TM.

2* Sl 22,3: É possível aludir a "Meu Deus, grito [...] de noite e não há repouso para mim" no modelo sinótico de escuridão sobre a terra toda até a nona hora, quando Jesus deu um forte grito (Mc 15,33-34; Mt 27,45-46; Lc 23,44.46).

3* Sl 22,7b: É plausível haver alusão a "Ultrajado [*oneidizein*] por seres humanos e considerado um nada [*exouthenein*] pelo povo" no escárnio de Jesus na cruz, onde, em Mc 15,29.32b e Mt 27,39.44, os transeuntes blasfemam contra ele e o cocrucificado o "ultraja".[51] Em Lc 23,11, Herodes trata Jesus como nada (= "com desprezo"); ver também nota 32, acima.

4* **Sl 22,8a**: É provável que "Todos os que me observavam zombavam de mim" seja aludido na forma lucana (Lc 23,35a) do escárnio de Jesus na cruz: "E o povo estava de pé ali, observando. Mas havia também governantes zombando".[52]

5* **Sl 22,8b** ("Eles falavam com os lábios; eles sacudiam a cabeça") é talvez a referência em Mc 15,29 e Mt 27,39, onde os que passam estão "sacudindo a cabeça".

6* **Sl 22,9** ("Ele espera no Senhor; que Ele o liberte; que Ele o salve porque Ele o deseja") tem eco parcial no desafio a Jesus na cruz: "Salva-te a ti mesmo" (Mc 15,30; Mt 27,40; Lc 23,39b). Tem um eco mais completo em Mt 27,43: "Ele confiou em Deus. Que seja libertado se Ele o ama".

7* **Sl 22,16b** ("Minha língua está colada em minhas mandíbulas") é parte do fundamento de Jo 19,28, onde, a fim de se cumprir a Escritura, Jesus diz: "Tenho sede". (Ver também Sl 42,2-3; 69,4.)

8* **Sl 22,17b** ("Um grupo de malfeitores [*poneroumenoi*] me rodeia") talvez esteja por trás da representação de Jesus crucificado entre dois bandidos (Mc 15,27; Mt 27,38; cf. Jo 19,18), em especial em Lc 23,33: "Eles o crucificaram e os malfeitores [*kakourgoi*], um à direita, o outro à esquerda".

---

[51] Sl 31,12; 42,11; 102,9 e 119,22 referem-se a ser ultrajado por inimigos. Rm 15,3 cita Sl 69,10 a respeito de Cristo ser ultrajado.

[52] O escárnio é descrito como "zombaria" também em Sl 35,16.

9* **Sl 22,17c** ("Traspassaram[53] minhas mãos e meus pés") está, ao que tudo indica, repetido na descrição de Jesus crucificado, ressuscitado em Lc 24,39: "Vede minhas mãos e meus pés" (cf. Jo 20,25.27: "o lugar dos pregos [...] olha as minhas mãos").

10* **Sl 22,19** ("Repartiram minhas roupas entre eles e para meu traje tiraram a sorte") está por trás da descrição das roupas de Jesus crucificado nos quatro Evangelhos[54] e aparece literalmente como citação de cumprimento em Jo 19,24.

11* Sl 22,25c ("E em meu grito [*kragein*], Ele me ouviu") talvez seja a referência na sequência sinótica onde, quando Jesus expira com um forte grito (*phone*), tem lugar a intervenção divina e o véu do santuário se rasga (Mc 15,37-38; Mt 27,50-53; mas cf. Lc 23,46.45b).

12* Sl 22,28b ("Todas as famílias das nações se prostrarão diante Dele") talvez tenha uma referência remota na reação do centurião (gentio) ao confessar Jesus que acabara de morrer (Mc 15,39; Mt 27,54; Lc 23,47).

Essas doze propostas para citações do Sl 22 ou referências a ele nas NPs têm valor muito desigual. No entanto, que impressões surgem quando as consideramos? A ordem dos versículos dos Salmos não corresponde à ordem dos paralelos em nenhum dos quatro Evangelhos.[55] Assim, a sequência da NP certamente não

---

[53] O TM traz "*ka'arî* [como um leão] minhas mãos e meus pés", que Áquila e Jerônimo entendem como "amarraram", presumivelmente interpretando as consoantes como uma forma de *krh* (que deve ter produzido a forma *karû*, verbo que não é atestado alhures com esse sentido). A LXX usa *oryssein*, "cavar", recorrendo a um sentido atestado de *krh* (mas nunca em sentido figurado, como aqui). Outros, recorrendo a paralelos acádios, supõem que *krh* signifique "ser baixo, mirrar". (Ver J. J. M. Roberts, VT 23, 1973, p. 247-252.) É também possível aceitar o texto do TM e entender um verbo: "Como um leão (eles marretaram) minhas mãos e meus pés".

[54] É de se presumir que, em suas descrições, os evangelistas usem a linguagem dos Salmos livremente; e Robbins ("Reversed", v. 2, p. 1176) mostra como Marcos reformula-a em seu estilo. Contudo, Scheifler ("Salmo") argumenta que algumas das formas talvez representem o uso de um texto diferente do que está no TM ou na LXX, por exemplo, o "repartindo suas roupas" participial lucano (Lc 23,34b), que reflete a forma participial targúmica, ao contrário do verbo finito em TM/LXX. Seria preciso ter mais provas de que o targum estava disponível no século I e de que Lucas lia aramaico.

[55] Por exemplo, as passagens pertinentes Mc 15,24.27.29.30.32b.33-34.37-38.39 correspondem às passagens do Sl 22 relacionadas como 10*.8*.3*.5*.6*.3*.2*.1*.11*.12*. Como 11* e 12* são muito duvidosos, Robbins ("Reversed", v. 2, p. 1179) talvez esteja correto ao afirmar que, em termos de ordem numérica, os ecos do Sl 22 em Marcos começam com Sl 22,19 (10*) e se movem para trás até Sl 22,2 (1*).

foi criada deste Salmo.[56] Na verdade, todos os paralelos referem-se a episódios da crucificação, não a alguma coisa mais primitiva ou mais tardia na NP. Este Salmo, então, deve ser chamado Salmo da crucificação, em vez de "o Salmo da Paixão", pois não há nenhum sinal visível de que ele criou ou influenciou fortemente outras partes da Paixão. Dentro da narrativa da crucificação, as três áreas de concentração são, na terminologia de minhas seções no comentário, o ambiente da crucificação (§ 40: 8*.9*.10*), o escárnio de Jesus na cruz (§ 41: 3*.4*.5*.6*.) e a morte e suas consequências (§§ 42–44: 1*.2*.7*.11*.12*). Em outras palavras, considerando a tradição histórica de que Jesus morreu em uma cruz, este Salmo, *quando muito*, fez os cristãos: 1) concentrarem-se em certos detalhes, por exemplo, a presença de malfeitores cocrucificados, as mãos (e os pés) traspassadas, a divisão das roupas; 2) dramatizarem a hostilidade escarnecedora demonstrada a Jesus pelos que estavam ao redor da cruz, contestando sua afirmação de ter a ajuda divina; e 3) realçar a inversão na morte abandonado e na vitória subsequente.

Embora os quatro Evangelhos usem o Salmo (10*, talvez 8*), o emprego respectivo não é o mesmo. O uso mais amplo do Sl 22 está em Marcos/Mateus (1*. 2*.3*.5*.6*.8*.10*.11*.12*), com o emprego marcano distintamente mais pronunciado somente em 6*. Assim, o efeito formador do Sl 22 na NP já era grande quando o primeiro Evangelho foi escrito (se não antes). Há quem considere o uso marcano apologético (por exemplo, McCaffrey, "Psalm", p. 82-83), presumivelmente em discussões com judeus que rejeitavam Jesus. Entretanto, 1) e 2) de minha análise no parágrafo precedente não servem realmente a esse propósito; a principal citação (1*) é tão desesperadora que criou problemas para a apologética; e não há nenhuma história conhecida de o Salmo ter conotação messiânica que o tornasse atraente do ponto de vista apologético.[57] É muito mais provável que o apelo mais primitivo ao Salmo fosse para possibilitar aos cristãos ver a relação entre o que aconteceu e o plano de Deus. Os acontecimentos em torno dos quais os paralelos do Salmo foram agrupados não são fatores implausíveis na crucificação: vários condenados eram

---

[56] Stadelmann ("Salmo") usa uma extraordinária imaginação ao descobrir o esboço do conjunto de Mc 14–16 no Sl 22, de modo que as NPs sinóticas foram estruturadas nesse Salmo. Os paralelos do Sl 22 também não são particularmente úteis para teorias de fontes pré-marcanas. Por exemplo, na tese de duas fontes pré-marcanas propostas por Taylor (ver APÊNDICE IX), haveria paralelos com o Sl 22 nas duas fontes: 1*.3*.5*.6*.10*.12* em A; 2*.8* em B; e 11* em ambas.

[57] É possível discutir se, em 6*, Mateus introduz um tom apologético mais forte que o encontrado em Marcos, pelo menos na direção da polêmica, ao acrescentar uma referência mais clara de Sl 22,9 ao escárnio de Jesus *pelos chefes dos sacerdotes*.

crucificados ao mesmo tempo; seus bens, inclusive suas roupas, eram repartidos entre os executores; os crucificados eram insultados. Mas, por meio do Salmo, criou-se uma ponte entre os detalhes comuns da crucificação e a manifestação veterotestamentária (Oswald, "Beziehungen", p. 63).

Surge uma questão especial com respeito ao uso do Salmo por Marcos/Mateus. Com as exceções dos duvidosos 11* e 12*, todos os paralelos propostos são da primeira parte do Salmo. Assim, se o principal propósito de citar o Salmo (em especial em 1*) era chamar a atenção para a vitória na segunda parte, os evangelistas tomaram um caminho extraordinariamente obscuro para exprimir isso. Já argumentei no comentário contra minimizar a forte sensação de isolamento desolado que o uso de Sl 22,2 dá ao Jesus marcano (e mateano); e na verdade, revertendo a ordem e utilizando o primeiro versículo do Salmo (1*) no final da crucificação como últimas palavras de Jesus, Marcos (seguido por Mateus) põe a ênfase culminante no lamento mais desesperado do Salmo.[58] Contudo, surge uma questão um pouco diferente quando consideramos o que segue a NP: a seção de ação de graças do Salmo (onde o lamento foi ouvido) influencia a narrativa por Marcos/Mateus daquilo que aconteceu depois da morte de Jesus? Gese ("Psalm, p. 22) é um grande proponente dessa tese, e até liga a influência do Salmo à narrativa da ressurreição, com a Eucaristia sendo um *tôdâ* ou refeição de ação de graças cristã. As alusões em 11* e 12*, que se classificam quando muito como possíveis, dentro da NP seguem a morte; mas, depois do sepultamento, na sequência mateana *pós-ressurreição*, paralelos possíveis, mas bastante contestáveis, incluem *Sl 22,23* ("Anunciarei o Teu nome a meus irmãos"), paralelo à instrução às mulheres em Mt 28,10 ("Ide anunciar a meus irmãos que eles devem ir para a Galileia");[59] e *Sl 22,28* ("Todas as famílias das nações se prostrarão diante Dele"), paralelo a Mt 28,19 ("Indo, portanto, fazei discípulos de todas as nações"). (Notemos que não há nenhum vocabulário realmente paralelo em Marcos a nenhum desses paralelos propostos em Mateus; qualquer tentativa de fazer um paralelo entre José de Arimateia e Sl 22,28, onde todos os confins da terra voltam-se para o Senhor, não reconhece que José não é apresentado como convertido a Jesus em Marcos.)

---

[58] Realmente, o Midraxe Mekilta (*Shirata 3*) cita Sl 22,2 ("Meu Deus, meu Deus, por que me abandonaste?") como exemplo de misericórdia, mas acompanha essa citação com uma explicação justificadora de outras passagens que invocam a Deus.

[59] Ver também Jo 20,17: "Vai aos meus irmãos e dize-lhes...".

Alguns biblistas tentam encontrar uma referência à ressurreição nas palavras de Sl 22,30 (versículo obscuro) sobre os que descem para a poeira inclinando-se diante de Deus; mas esses são claramente os orgulhosos curvando-se diante do domínio de Deus e, assim, a passagem não é nem mesmo um bom paralelo à saída mateana dos santos dos túmulos (Mt 27,52). Não estou muito convencido por tudo isso. Uma coisa é afirmar que um entendimento muito primitivo da Paixão e suas consequências era que o sofrimento de Jesus fez irromper o reino escatológico — entendimento que encontra apoio no Sl 22. Entretanto, é outra coisa ultrapassar a influência lucidamente clara do Sl 22 na *narrativa* da crucificação por Marcos/Mateus para pressupor a influência contínua do Salmo na narrativa da ressurreição por Marcos/Mateus, onde não há alusão clara ao Sl 22, em especial porque, nessa narrativa, a vitória concretiza-se primordialmente em Jesus, enquanto o Salmo não fala da vitória daquele que proferiu o lamento, mas antes mergulha o indivíduo na comunidade litúrgica.

O exame do emprego lucano dos Salmos na NP (subseção anterior) mostra que Lucas não está particularmente próximo de Marcos e isso também é verdade com respeito ao Sl 22. McCaffrey ("Psalm", p. 27) acha que Lucas dá indícios de uma tradição independente por esse motivo, mas as diferenças de Marcos talvez reflitam simplesmente a opção editorial.[60] Certamente, a rejeição de 1* pode ser atribuída à cristologia lucana e a rejeição do papel dos transeuntes em 3* ao desejo lucano de descrever os judeus (o povo) favoráveis a Jesus no fim de sua vida, para combinar com os que saudaram seu nascimento. Quando se trata do escárnio de Jesus pelos governantes, em 4*, Lucas realça o emprego marcano do Salmo (5*). A concordância com Marcos em 2*.6*.8* e 10* diz respeito a detalhes da crucificação em relação aos quais Lucas não tinha nenhuma sensibilidade específica diferente da teologia marcana. Ao que tudo indica, a introdução lucana da referência ao Sl 22 encontrada em 9* não diz respeito diretamente à crucificação, mas reflete o interesse apologético de Lucas na realidade do corpo ressuscitado.

O único emprego joanino claro do Salmo é 10*, porque 9*, 8* e 7* são respectivamente apenas possíveis ou remotamente prováveis. Para pressupor a dependência joanina de Marcos,[61] é preciso imaginar que o evangelista removeu a maior parte

---

[60] Oswald ("Beziehungen", p. 64) sugere que Lucas estava mais interessado em uma apresentação martirológica da Paixão, diferente da do Sl 22.

[61] João não segue nenhum dos empregos característicos do Sl 22 em Mateus (6*), nem em Lucas (4*), com a possível exceção de 9*.

das referências marcanas ao Salmo (muitas delas em episódios a respeito dos quais não há nenhuma diferença teológica joanina especial), mas depois realçou outra (10*). Tem sido argumentado até que João utilizou outro Salmo como importante fator orientador na NP (nota 25, acima). Tudo isso constitui um *modus operandi* peculiar, para dizer o mínimo. Novamente, é mais fácil pressupor que a tradição joanina da Paixão (ou da crucificação) desenvolveu-se de maneira independente, às vezes com apelo a passagens veterotestamentárias diferentes das que dominaram a tradição pré-marcana e marcana.

Bibliografia para o Apêndice VII: Os antecedentes veterotestamentários das narrativas da Paixão

Muitos escritos examinam o emprego do AT no NT; esta bibliografia limita-se a exames do emprego do AT nas NPs evangélicas.

Basset, J.-C. Le psaume 22 (LXX:21) et la croix chez les pères. RHPR 54, 1974, p. 383-389.

Beutler, J. Psalm 42/43 im Johannesevangelium. NTS 25, 1978-1979, p. 33-57.

Bligh, J. Typology in the Passion Narratives: Daniel, Elijah, Melchizedek. HeyJ 6, 1965, p. 302-309.

Bruce, F. F. The Book of Zechariah and the Passion Narrative. BJRL 43, 1960-1961, p. 336-353.

Deissler, A. "Mein Gott warum hast du mich verlassen…!" (Ps 22,2): Das Reden zu Gott und von Gott in den Psalmen — am Beispiel von Psalm 22. In: Merklein, H. & Zenger, E., orgs. *"Ich will euer Gott werden"*. Stuttgart, KBW, 1981, p. 97-121 (SBS 100)

Dillon, R. J. The Psalms of the Suffering Just in the Accounts of Jesus' Passion. *Worship* 61, 1987, p. 430-440.

Feigel, F. K. *Der Einfluss des Weissagungsbeweises und anderer Motive auf die Leidensgeschichte*. Tübingen, Mohr, 1910.

Feuillet, A. Souffrance et confiance en Dieu. Commentaire du psaume xxii. NRT 70, 1948, p. 137-149.

Fisher, L. R. Betrayed by Friends, an Expository Study of Psalm 22. *Interpretation* 18, 1964, p. 20-38.

Flesseman-van Leer, E. Die Interpretation der Passionsgeschichte von Alten Testament aus. ZBTJ, p. 79-96.

Freed, E. D. Psalm 42/43 in John's Gospel. NTS 29, 1983, p. 62-73.

Gelin, A. Les quatre lectures du Psaume xxii. BVC 1, 1953, p. 31-39.

GESE, H. Psalm 22 und das Neue Testament. Der älteste Bericht vom Tode Jesu und die Enstehung des Herrenmahles. ZTK 65, 1968. Resumo em inglês em TD 18, 1970, p. 237-243.

GUICHARD, D. La reprise du Psaume 22 dans le récit de la mort de Jésus (Marc 15,21-41). FV 87, 1988, p. 59-64.

HOLLADAY, W. L. The Background of Jeremiah's Self-Understanding: Moses, Samuel and Psalm 22. JBL 83, 1964, p. 153-164.

HOMERSKI, J. Abstract of his Polish article on OT allusions in the NP. NTA 26, 1980-1981, #452.

HOOKER, M. D. *Jesus and the Servant: The Influence of the Servant Concept of Deutero--Isaiah in the New Testament*. London, SPCK, 1959, esp. p. 86-102.

KEE, H. C. The Function of Scriptural Quotations and Allusions in Mark 11–16. In: ELLIS, E. E. & GRÄSSER, E., orgs. *Jesus und Paulus*. Göttingen, Vandenhoeck & Ruprecht, 1975, p. 165-188.

KISSANE, E. J. "Foederunt manus meas et pedes meos". ITQ 19, 1952, p. 72-74.

KLEINKNECHT, K. T. *Der leidende Gerechtfertige. Die alttestamentlich-jüdische Tradition vom "leidende Gerechten" und ihre Rezeption bei Paulus*. Tübingen, Mohr, 1984 (WUNT 2/13).

LANGE, H. D. The Relationship between Psalm 22 and the Passion Narrative. CTM 43, 1972, p. 610-621.

LOHSE, E. Die alttestamentlichen Bezüge im neutestamentlichen Zeugnis vom Tode Jesu Christi. ZBTJ, p. 97-112.

MCCAFFREY, U. P. Psalm quotations in the passion narratives of the Gospels. *Neotestamentica* 14, 1981, p. 73-89.

MARTIN-ACHARD, R. Remarques sur le Paume 22. VCaro 17, 1963, p. 78-87.

MAYS, J. L. Prayer and Christology: Psalm 22 as Perspective on the Passion. TToday 42, 1985, p. 322-331.

MOO, D. J. *The Old Testament in the Gospel Passion Narratives*. Sheffield, Almond, 1983.

OSWALD, J. Die Beziehungen zwischen Psalm 22 und den vormarkinischen Passionsbericht. ZKT 101, 1979, p. 53-66.

REUMANN, J. H. Psalm 22 at the Cross. *Interpretation* 28, 1974, p. 39-58.

ROBBINS, V. K. The Reversed Contextualization of Psalm 22 in the Markan Crucifixion: A Socio-Rhetorical Analysis. FGN, v. 2, p. 1161-1183.

ROSE, A. L'influence des psaumes sur les announces et les récits de la Passion et de la Résurrection dans les Évangiles. In: LANGHE, R. De, org. *Le Psautier*. Louvain Univ., 1962, p. 297-356 (Orientalia et Biblica Lovaniensia 4).

Ruppert, L. *Der leidende Gerechte*. Würzburg, Echter, 1972 (Forschung zur Bibel 5).

_____. *Jesus als der leidende Gerechte?* Stuttgart, KBW, 1972 (SBS 59).

Salguero, J. ¿Quién es el "desamparado" de Salmo 22? CTom 84, 1957, p. 3-35.

Scheifler, J. R. El Salmo 22 y la Crucifixión del Señor. EstBib 24, 1965, p. 5-83.

Schmid, H. H. "Mein Gott, mein Gott, warum has du mich verlassen?" Psalm 22 als Beispiel alttestamentlicher Rede von Krankheit und Tod. *Wort und Dienst* NS 11, 1971, p. 119-140.

Senior, D. A Death Song. TBT 69, 1974, p. 1457-1463 (sobre Sl 22 e Mt 27,46).

Soggin, J. A. Appunti per l'esegesi cristiana della prima parte del Salmo 22. BeO 7, 1965, p. 105-116. Modelo inglês em seu *Old Testament and Oriental Studies*. Rome, PBI, 1975, p. 152-165 (Biblica et Orientalia 29).

Stadelmann, L. I. J. O Salmo 22(21) e a história da Paixão. *Perspectiva Teológica* 15, 1983, p. 193-221. Resumo em inglês em *Internationale Zeitschriftenschau für Bibelwissenschaft und Grenzgebiete* 31, 1984-1985, p. 128, #922.

Stolz, F. Psalm 22: Alttestamentliches Reden vom Menschen und neutestamentliches Reden von Jesus. ZTK 77, 1980, p. 129-148.

Stuhlmueller, C. Faith and Abandonment in the Psalms of Supplication. TLOTC, p. 1-28, esp. 18-24 sobre Sl 22 e 69.

Suhl, A. *Die Funktion der alttestamentlichen Zitate und Anspielungen im Markusevangelium*. Gütersloh, Mohn, 1965, esp. p. 26-66 sobre a NP.

Vaccari, A. Psalmus Christi patientis (Ps 22). VD 20, 1940, p. 72-80, 97-104.

Worden, T. My God, my God, why hast Thou forsakem me? *Scripture* 6, 1953-1954, p. 9-16.

Yubero, D. La Pasión de Cristo… según los Profetas. CB 10, 1953, p. 73-76 (sobre o Sl 22).

Zehrer, F. Sinn und Problematik der Schriftverwendung in der Passion. TPQ 121, 1973, p. 18-25.

Apêndice VIII:
As predições de Jesus a respeito de sua Paixão e morte

O controverso "Seminário de Jesus" fez uma votação sobre a autenticidade dos ditos de Jesus desta maneira: vermelho = é incontestável que ele disse isto ou algo muito parecido; cor-de-rosa = é provável que ele tenha dito alguma coisa parecida com isto; cinza = as ideias são dele, embora ele não tenha dito isto; preto = ele não disse isto, que representa tradição mais tardia ou diferente.[1] Em 1987, onze ditos sinóticos onde Jesus falava a respeito de sua futura Paixão foram todos recomendados para serem votados de preto (Butts, "Passion", p. 107). Em outro conjunto de votos, a maioria esmagadora votou que Jesus não predisse sua morte de um modo fora dos poderes perceptivos de alguém comprometido em tempos perigosos. Na raiz da questão estava o fator de muitos dos participantes relutarem em admitir que Jesus falava de sua morte iminente em virtude de poderes "extraordinários" (Borg, "Jesus Seminar", p. 83-84). Obviamente, quanto ao modo de pensar, há uma grande distância entre esses intérpretes e os evangelistas. Depois de descrever um ministério onde, agindo com o poder de Deus, Jesus acalmou a tempestade, multiplicou pães, transformou água em vinho, curou os doentes, ressuscitou os mortos, fez os cegos verem, os mudos falarem e os surdos ouvirem, os evangelistas com certeza pensavam que o poder divino permitia a Jesus prever o futuro. Consequentemente, ao interpretar o lugar e o progresso das predições evangélicas da Paixão, uma rejeição *a priori* de presciência extraordinária ou milagrosa é uma desvantagem. Essa rejeição também distorce a busca pela história. A historicidade deve ser determinada não pelo que julgamos possível ou provável, mas pela antiguidade e confiabilidade dos indícios; e, até onde podemos pesquisar, Jesus era conhecido e lembrado como alguém que tinha poderes extraordinários. No que se segue, então, vou proceder sem pressupor que o conhecimento "supra-

---

[1] Ver R. W. Funk, *Forum* 2, #1, 1986, p. 54-55.

ordinário" do futuro é impossível[2] e deixar que o próprio material evangélico guie os discernimentos de como se desenvolveu uma tradição na qual Jesus predisse sua Paixão e morte. O material será dividido desta maneira:

    A. Predições sinóticas da Paixão e morte violenta de Jesus

        1. Predições menos precisas ou mais alusivas

        2. As três predições detalhadas da Paixão e morte do Filho do Homem

    B. Predições joaninas da Paixão e morte de Jesus

    C. Comparação entre João e os sinóticos e conclusões

    Bibliografia

É preciso mencionar que, ao lidar com as predições de Jesus a respeito de sua Paixão, atingimos o limite da questão maior de como Jesus entendia sua morte. Schürmann (*Jesu*, p. 5) relaciona uma série de perguntas interessantes sobre essa questão, que é útil parafrasear. Podia Jesus contar com a séria possibilidade de morte violenta? Estava preparado para ela? (Bultmann levanta a possibilidade da efetiva prostração de Jesus ao enfrentar essa circunstância.) Esse perigo influenciou a maneira como ele agia? Podia Jesus conciliar essa morte com seu ministério? Teria ele atribuído um valor salvífico a essa morte? Ele falou publicamente (ou pelo menos diante dos discípulos) da morte violenta que se aproximava? Indicou o sentido salvífico de sua morte nessas ocasiões e/ou na Última Ceia? Este APÊNDICE não tenta responder a todas essas perguntas, mas a questão que examinamos tem relevância para elas.

A. Predições sinóticas da Paixão e morte violenta de Jesus

Para evitar tornar esta subdivisão excessivamente longa, será necessário limitar a maior parte do estudo às três famosas predições detalhadas do fim do

---

[2] Os evangelistas sinóticos não viram nenhuma contradição entre atribuir a Jesus presciência do que necessariamente aconteceria e descrever sua oração no Monte das Oliveiras pedindo para ficar livre do que previra. O autor de Hebreus não viu nenhuma contradição entre Cristo dizer "Vim fazer tua vontade, Ó Deus" (Hb 10,7) e ter de aprender "obediência pelas coisas que sofreu" (Hb 5,8). Quanto à questão teológica da compatibilidade de liberdade com a presciência do que está predestinado, ver Whitely, "Christ's".

Filho do Homem (Mc 8,31; 9,31; 10,33-34 e par.). Contudo, precisamos entender que essas não são expectativas isoladas de violência futura; por isso, relacionarei no Quadro 12, a seguir, todos os ditos do Jesus sinótico que possam razoavelmente ser considerados predições de uma Paixão ou crucificação, e farei um rápido levantamento das predições menos precisas ou mais alusivas antes de voltar-me para as três especiais (que estão marcadas I, II, III no quadro). Inevitavelmente, ao decidir quais as passagens que são predições, os comentaristas apresentam listas um pouco diferentes. Uma grande dificuldade é determinar se uma declaração altamente alusiva deve ser incluída. Por exemplo, em Mc 8,34 (Mt 10,38; 16,24; Lc 9,23; 14,27) Jesus diz: "Se alguém desejar seguir após mim, renuncie a si mesmo, e tome sua cruz e siga-me". Embora certamente essa declaração não teria sido preservada se Jesus não tivesse sido crucificado, o fato de o ato de carregar a cruz estar sendo incentivado para todos os seguidores (só alguns dos quais serão realmente crucificados) enfraquece bastante seu papel como predição do fim exato de Jesus. Entretanto, apesar de algumas possíveis discordâncias de opinião, este quadro de predições é, de modo geral, representativo das que devem ser discutidas seriamente.[3]

QUADRO 12. PREDIÇÕES NOS EVANGELHOS SINÓTICOS DA PAIXÃO E MORTE VIOLENTA DE JESUS

	MARCOS		MATEUS		LUCAS
	2,20		9,15		5,35
I	8,31	I	16,21	I	9,22
	9,12		17,12B		(ver 17,25)
II	9,31	II	17,22-23	II	9,44
					13,33
					17,25
III	10,33-34	III	20,18-19	III	18,31b-33

---

[3] Por exemplo, o quadro abrange a maioria das passagens tratadas no livro integral de Taylor sobre as predições (*Jesus*), com exceção das palavras eucarísticas de Jesus que Taylor considera predições de sua morte.

10,38	20,22	(12,50)
10,45	20,28	
12,7-8	21,38-39	20,14-15
	26,2	
14,8	26,12	
14,21	26,24	22,22
14,27-28	26,31-32	

1. Predições menos precisas ou mais alusivas

a) As quatro "predições" abaixo da linha horizontal em negrito no Quadro 12 são expressas em sua sequência evangélica no princípio ou dentro da própria NP. Vou comentá-las neste parágrafo, embora eu prefira limitar o âmbito de seleção ao ministério público, de modo que as predições ocorram suficientemente *antes* do que acontece na narrativa. Pouco antes de os chefes dos sacerdotes e escribas se reunirem para buscar um meio de prender Jesus (busca à qual Judas responderá), em Mt 26,2 Jesus diz aos discípulos: "Sabeis que dentro de dois dias vem a Páscoa, e o Filho do Homem é (vai ser) entregue para ser crucificado". Apesar do emprego de "Filho do Homem", que é bem característico das predições da Páscoa, a origem formativa deste dito elimina-o como verdadeira predição. Mateus simplesmente tomou a indicação cronológica de Mc 14,1 – "A Páscoa e os Pães sem fermento eram [para ser] dali a dois dias" (ver Lc 22,1; Jo 12,1) – e colocou-a nos lábios de Jesus como lembrete teológico do ponto até onde Deus planejara tudo o que aconteceria. Em Betânia, na cena que se segue imediatamente (Mc 14,8; Mt 26,12; cf. Jo 12,7), Jesus diz que a mulher ungiu seu corpo para o sepultamento, mas muitos consideram isso uma interpretação tardia, depois que a morte ocorrera. Em Mc 14,21; Mt 26,24 e Lc 22,22, no contexto da predição de Jesus de que um dos Doze o entregaria, ele diz: "O Filho do Homem se vai, como está escrito a respeito dele [Lucas: conforme o que está determinado], mas ai daquele pelo qual o Filho do Homem é entregue". Entendido sozinho, isso é para muitos uma predição ou combinação bastante antiga de predições (em especial quando removem a referência à Escritura ["escrita"], como faz Lucas). Contudo, no presente contexto, quando Judas já chegou a um acordo com os chefes dos sacerdotes, Jesus tem mais o ar de saber o que aconteceu do que o de saber o que vai acontecer. Por fim, no início do que considero a NP propriamente dita, quando Jesus sai da ceia e vai ao Monte das Oliveiras, nós o encontramos predizendo: "Está escrito: 'Ferirei o pastor, e as ovelhas (do rebanho) se dispersarão'. Entretanto, depois de minha ressurreição irei à vossa frente para a Galileia" (Mc 14,27-28; Mt 26,31-32). Essa passagem já foi examinada em § 5, acima. Como as grandes predições da Paixão, ela contém uma referência à ressurreição; mas, ao contrário de outras predições, não está redigida em termos do Filho do Homem e cita a Escritura explicitamente. Voltemo-nos agora para passagens anteriores do ministério de Jesus, que imprimi acima da linha horizontal em negrito no Quadro 12.

b) Mc 2,20; Mt 9,15 e Lc 5,35 destacam-se por estarem colocadas no início — colocação em harmonia com a apresentação joanina de um Jesus que sabe desde o princípio o que lhe vai acontecer. A forma (marcana) básica é altamente alusiva: "Dias virão em que o noivo lhes será tirado, e eles jejuarão naquele dia". Muitos julgam que a escolha do verbo (possível eco de Is 53,8: "Sua vida foi tirada da terra") e o jejum pesaroso ao qual o "tirado" leva indicam a previsão de morte violenta. Contudo, se Jesus tivesse sofrido morte não violenta, é provável que o dito fosse conciliado com isso; então, não o considero, entendido isolado, exemplo persuasivo da exata presciência de Jesus quanto a sua morte.

c) Mc 9,12 ("Está escrito a respeito do Filho do Homem que ele deve sofrer muitas coisas e ser tratado como nada [*exoudenein*]")[4] segue-se à primeira (I) predição marcana detalhada da Paixão (Mc 8,31) e também a uma referência ao Filho do Homem ressuscitando dos mortos (Mc 9,9). A forma mateana abreviada (Mt 17,12b: "Assim também o Filho do Homem será maltratado da parte [*hypo*: por] deles") está na mesma sequência. Uma declaração semelhante em Lc 17,25, de que o Filho do Homem "deve sofrer muitas coisas e ser rejeitado por [*apo*] esta geração", segue-se à segunda (II) predição lucana específica.[5] Embora em seu contexto essas referências a sofrimento claramente prevejam toda a Paixão e crucificação, há quem argumente que sozinhas elas não são mais específicas que as descrições veterotestamentárias do justo maltratado pelos inimigos. À luz da

---

[4] Isso ocorre dentro do contexto de uma pergunta. Notemos que Jesus é mostrado afirmando que o Filho do Homem sofredor faz parte do registro bíblico; não há nenhum conhecimento de que essa descrição seja inovação.

[5] Lc 17,25 é secundário, talvez influenciado por Mc 9,12, mas ainda mais certamente deriva de Lc 9,22 (I), que por sua vez deriva de Mc 8,31 (I). Ver Fitzmyer, *Luke*, v. 2, p. 1165.

Escritura a ser examinada abaixo, sob 2), vale a pena mencionar que, em Is 53,3, *exoudenein* é empregado a respeito do servo do Senhor no grego de Áquila, Símaco e Teodocião. (Ver também APÊNDICE VII, nota 32.)

d) Em Lc 13,33, depois de ficar sabendo que Herodes quer matá-lo (Lc 13,31), Jesus diz: "Mas, é necessário que hoje, amanhã e depois de amanhã eu continue, pois não convém que um profeta morra fora de Jerusalém". Não há dúvida de que essa é uma referência à morte violenta nas mãos dos que se opõem aos profetas (como o versículo seguinte deixa explícito). Entretanto, essa declaração, entendida por si só, representa uma inevitabilidade geral, em vez de exata presciência.

e) Mc 10,38 é dirigido a Tiago e João (o paralelo Mt 20,22 é dirigido à mãe deles): "Podeis beber o cálice que eu bebo, ou ser batizados com o batismo com o qual eu sou batizado?". (Ver Lc 12,50: "Eu tenho um batismo com o qual ser batizado, e como estou aflito até que isto se cumpra!".) O fato de se seguir à terceira (III) e mais detalhada predição da Paixão (Mc 10,33-34; Mt 20,18-19) e da reutilização da metáfora do cálice nos quatro Evangelhos quando Jesus começa sua Paixão (Mc 14,36 e par.) deixa claro que Jesus se refere aqui a sua morte violenta. Entretanto, mais uma vez, entendida sozinha, tal predição é muito alusiva; e se o fim de Jesus fosse outro ainda poderia ter sido usada por cristãos.

f) Mc 10,45 (Mt 20,28) – "O Filho do Homem não veio para ser servido, mas para servir e dar sua vida em resgate por muitos" – está alguns versículos depois e, assim, mais uma vez é esclarecido pelo contexto — o ato de dar a vida terá lugar na cruz. Contudo, entendida sozinho, se não tivesse havido crucificação, talvez essa declaração de Jesus teria sido entendida como referência mais geral à maneira como ele dedicou sua vida. Muitos biblistas consideram o "em resgate por muitos" secundário e reflexo da descrição do servo em Is 53,11-12, que sofreu por muitos. Ditos similares ao tema de servir em Lc 22,27 e Jo 13,16 não têm o elemento de resgate.

g) Mc 12,7-8 (Mt 21,38-39; Lc 20,14-15), contida em uma parábola, descreve como os meeiros mataram e lançaram fora (ou lançaram fora e mataram) o filho amado do homem que plantou a vinha que eles arrendavam. Embora não haja dúvida quanto ao fato de o evangelista entender que Jesus se referia a si mesmo na imagem do filho, se ele fosse decisivamente rejeitado pelas autoridades de outra maneira que não mediante uma sentença de morte, é provável que os comentaristas explicassem essa descrição simplesmente como exagero parabólico.

Avaliação. De uma forma ou de outra, essas declarações apontam para a morte com sofrimento, às vezes em linguagem figurada veterotestamentária ou parabólica. Vimos que nenhuma delas, considerada separadamente, mostra clara presciência da crucificação de Jesus pelos romanos. Contudo, considerá-las separadamente ou isoladas não faz justiça a seu efeito cumulativo. Se as passagens de b) a g) encontram-se no ministério público, todas, exceto b) ocorrem na última parte do relato evangélico desse período, a saber, quando aumentara a animosidade para com Jesus. Essa organização talvez se origine do plano para mostrar a progressão de uma aceitação de Jesus no início para a rejeição no fim. Porém, seria uma sequência histórica diferente verdadeiramente plausível? Muitas vezes, o entusiasmo por uma figura religiosa contestadora é mais forte no começo de sua proclamação, mas diminui quando a qualidade perturbadora de sua mensagem fica mais clara. Assim, historicamente, à medida que o ministério de Jesus progredia, a oposição a ele aumentava; e ele ficava cada vez mais pessimista, prevendo o pior. Se esses ditos predizem apenas vaga ou alusivamente a maneira da morte de Jesus, é porque sua redação *não* reflete com exatidão o que aconteceu na Paixão do respectivo Evangelho. Consequentemente, não é possível rejeitá-los simplesmente como retroprojeções do que aconteceu. Outros fatores levam os biblistas a julgar alguns deles formulações da Igreja primitiva, em vez de palavras de Jesus; mas é razoavelmente possível afirmar que todos esses ditos proféticos expressos em vocabulário e metáforas tão divergentes são posteriores a Jesus? Antes de respondermos a essa pergunta, precisamos examinar as mais famosas predições da Paixão.

2. As três predições detalhadas da Paixão e morte do Filho do Homem

Entre os biblistas, há grande divergência de opiniões quanto à origem dessas predições, como bem resumiu Maartens ("Son", p. 85). Bultmann e Conzelmann consideram-nas criações da Igreja helenística. Hahn, Tödt, Fuller e Hooker atribuem-nas à Igreja primitiva de língua aramaica da Palestina, com parte da argumentação de Fuller apontando para o início dos anos 30. O próprio Maartens (p. 88-89) reúne argumentos para mostrar que, em essência, elas podem ter se originado do Jesus histórico.[6] No que é, afinal de contas, problema tangencial a meu

---

[6] Em sua pesquisa a respeito do uso que Jesus faz de "o Filho do Homem" (§ 22, nota 35), Casey formula a possibilidade interessante, mas complicada, de Jesus ter feito uma predição genuína de sua morte sofredora, na qual os cristãos introduziram a referência a "o Filho do Homem".

QUADRO 13. AS TRÊS PREDIÇÕES SINÓTICAS DETALHADAS DA PAIXÃO DO FILHO DO HOMEM

I. Primeira predição da Paixão		
Mc 8,31	**Mt 16,21**	**Lc 9,22**
Que é necessário para o Filho do Homem	Que é necessário para ele (Jesus)	Que é necessário para o Filho do Homem
	ir embora para Jerusalém	
sofrer muitas coisas	e sofrer muitas coisas	sofrer muitas coisas
e ser rejeitado		e ser rejeitado
pelos [*hypo*] anciãos e os chefes dos sacerdotes e os escribas	da parte dos [*apo*] anciãos e chefes dos sacerdotes e escribas	da parte dos/pelos [*apo*] anciãos e chefes dos sacerdotes e escribas
e ser morto	e ser morto	e ser morto
e depois de três dias	e no terceiro dia	e no terceiro dia
ressuscitar	ser ressuscitado	ser ressuscitado

II. Segunda predição da Paixão		
Mc 9,31	**Mt 17,22-23**	**Lc 9,44**
Que o Filho do Homem	O Filho do Homem	Pois o Filho do Homem
é entregue	está prestes a ser entregue	está prestes a ser entregue
nas mãos dos homens;[7]	nas mãos dos homens;	nas mãos dos homens;
e eles o matarão,	e eles o matarão,	
e tendo sido morto,		
depois de três dias	no terceiro dia	
ele ressuscitará	ele será ressuscitado	

III. Terceira predição da Paixão		
Mc 10,33-34	**Mt 20,18-19**	**Lc 18,31b-33**
E o Filho do Homem	E o Filho do Homem	4. E para o Filho do Homem[8]
será entregue	será entregue	1. serão completadas

---

[7] O plural de *anthropos*, embora se refira a seres humanos, é aqui traduzido por "homens" para captar o jogo de palavras em "o Filho do Homem [*anthropos*]".

[8] Os numerais arábicos indicam a ordem dessas frases no grego lucano. O "para" de "para o Filho do Homem" talvez seja regido por "completadas" (e assim seja equivalente a "em") ou por "escritas" (e assim seja equivalente a "sobre").

aos chefes dos sacerdotes e os escribas;	aos chefes dos sacerdotes e escribas;	2. todas as coisas escritas 3. por meio dos profetas;
e eles julgarão contra ele à [dativo] morte	e eles julgarão contra ele até [*eis*] a morte	
e eles o entregarão	e eles o entregarão	pois ele será entregue
aos gentios	aos gentios	aos gentios
e eles escarnecerão dele	para escarnecer	e ele será escarnecido
		e ele será arrogantemente maltratado;
e eles vão cuspir nele		e nele cuspirão;
e eles vão açoitá-lo	e para açoitar	e tendo(-o) açoitado
e eles (o) matarão	e para crucificar	eles o matarão
e depois de três dias	e no terceiro dia	e no terceiro dia
ele ressuscitará	ele será ressuscitado	ele ressuscitará

comentário sobre as NPs, não há um meio no qual eu tenha esperança de apresentar e avaliar os detalhes exatos dessas discussões. No que se segue, concentro-me no que é útil para entender os problemas.

Precisamos prestar atenção à exata redação das predições nos três sinóticos (Quadro 13). Em geral, a prioridade marcana explica as relações entre as variantes evangélicas, mas há alguns pontos interessantes. Mateus e Lucas sempre preferem a fórmula querigmática fixa: "ressuscitado [*egeirein*] no terceiro dia" (1Cor 15,4), apesar do fato de Marcos ter "ressuscitar [*anistanai*] depois de três dias";[9] mais uma vez, isso explica a influência da tradição oral, mesmo copiando de um Evangelho escrito. Em II, eles também concordam[10] ao mudar do tempo presente marcano "é

---

[9] Pode bem ser que "ressuscitado" e "ressuscitar" reflitam traduções diferentes para o grego da mesma forma verbal aramaica *yequîm*. Farmer escreveu um artigo sobre essas predições como provas para sua abordagem do problema sinótico que afirma ter Marcos recorrido a Mateus e Lucas, por isso quero mencionar que encontro aqui um argumento bastante contrário. Mateus e Lucas estão de acordo aqui e usam uma fórmula querigmática bem estabelecida; contudo, Marcos prefere uma interpretação diferente. Não entendo por que Marcos não os seguiria; entendo por que eles o corrigiriam.

[10] A concordância de Mateus e Lucas em I – ao usar *apo* ("da parte de"), em lugar do *hypo* marcano ("por"), para os agentes da rejeição – não é significativa porque, respectivamente, de maneira diferente, eles deixam o verbo "sofrer" dominar a relação gramatical. Eles também concordam ao não gostar da tediosa repetição marcana do artigo definido antes de "chefes dos sacerdotes" e "escribas". Estranhamente, Farmer ("Passion", p. 559) considera essa preferência gramatical facilmente explicável prova definitiva de que Mateus e Lucas não dependiam de Marcos. Contudo, ele não tem problema em afirmar que Lucas

entregue" para o futuro com *mellei* ("está prestes a" — porém, em outra ordem de palavras), presumivelmente evidenciando um instinto mútuo para esclarecer o que Marcos quer dizer.[11] Como na NP propriamente dita, Lucas manifesta mais liberdade com respeito a Marcos do que Mateus, ao omitir a segunda parte de II e remodelar a primeira parte de III.[12]

O primeiro problema é com quantas predições originais estamos lidando. Muito poucos biblistas estão dispostos a afirmar que em três ocasiões diferentes o Jesus histórico fez essas predições independentes. Muitos escolhem uma das predições como mais original e consideram as outras duas variantes dela.[13] Jeremias (*Novo Testamento*, p. 420) afirma que o arranjo de três surgiu porque Marcos tomou três conjuntos de material, cada um dos quais tinha, por acaso, uma variante da predição básica única. Essa sugestão parece desesperada. Perrin ("Towards", p. 20) afirma que as três predições são fundamentais para a estrutura de Mc 8,22–10,52 e, portanto, que Marcos as compôs. Perrin certamente não admite uma situação (*Sitz*) para elas além da que Marcos deu. Porém, como veremos, também João tem três predições a respeito da elevação na morte do Filho do Homem e, com certeza, João encontrou para elas uma situação diferente da de Marcos. Apesar disso, se alguém pressupuser que houve um padrão de três pré-evangélico que Marcos e João aperfeiçoaram independentemente, isso ainda deixa o problema de saber se os três surgiram ou não de uma única predição. As predições II e III compartilham o padrão do Filho do Homem sendo "entregue", enquanto a predição I fala de "sofrer

---

(que, ele conclui por hipótese, recorreu a Mateus e não conhecia Marcos) omitiu infundadamente o "ir embora para Jerusalém" mateano e o substituiu por "e ser rejeitado", interpretação que adiante Marcos também preferiu à frase mateana mais original.

[11] A tese contrária é mais difícil. Se Marcos usou Mateus e Lucas, por que ele discorda deles aqui ao preferir o presente mais obscuro em lugar do futuro comum mais claro deles?

[12] Quer se argumente que Mateus e Lucas dependem de Marcos, ou (com Farmer) que Marcos depende de Mateus e Lucas (e que Lucas conhecia Mateus), a presença de formas verbais diferentes nos três Evangelhos em III depois de "aos gentios" é um problema. Contra Farmer, por que Marcos escolheria as formas verbais "*vão escarnecer*" e "*vão cuspir*", não encontradas nem em Mateus nem em Lucas? E, novamente contra Farmer, se conhecia Mateus, mas não conhecia Marcos, por que Lucas acrescentou "cuspir", sem nenhum apoio de Mateus e sem apoio interno em seu próprio relato, já que em Lucas ninguém cospe em Jesus? Na tese defendida mais amplamente de que Lucas (e Mateus) recorreu a Marcos, os verbos "escarnecer" e "cuspir" chegaram a Lucas a partir de Marcos.

[13] Lohmeyer afirmou que as três predições marcanas originaram-se de Lc 17,25, mas muitos consideram a passagem lucana secundária. Ver nota 5, acima.

muitas coisas" e, por isso, não seria desarrazoado pensar em dois ditos diferentes.[14] Em qualquer caso, como a predição mais detalhada, muitos consideram III criação secundária, ampliada retrospectivamente à luz do que aconteceu na NP. Mc 14,64 descreve os chefes dos sacerdotes e os escribas julgando contra Jesus; em Mc 15,15-20a, os soldados romanos (gentios) flagelam (açoitam), cospem, escarnecem e crucificam (matam) Jesus. Assim, talvez as adições características de III quanto a I e II sejam ecos da NP marcana. A forma mateana de III aumenta a analogia ao substituir "matar" por "crucificar".[15]

Se nos concentrarmos em I e II, para Strecker a mais original é I; para Fuller, Jeremias, Lindars e Tödt, é II. Certamente, a vaga atuação em II ("pelas mãos dos homens") é menos influenciada pela NP que a atuação dos anciãos, os chefes dos sacerdotes e os escribas em I. Por outro lado, se II era mais original, parece que Marcos não reconheceu isso, senão por que ele a teria posto no meio? A discussão é espantosamente complicada e envolve muitos fatores, que talvez seja útil expor aos leitores.

a) As três predições incluem a ressurreição depois de três dias ou no terceiro dia; por isso, muitos se recusam a examinar a previsão que Jesus fez de sua morte sem tratar da previsão que ele fez de sua ressurreição (Lindars, *Jesus*, p. 62). Segundo os indícios evangélicos, Jesus foi sepultado na tarde de sexta-feira e ressuscitou antes da manhã de domingo (ou, segundo Mt 28,1, antes do início do domingo, logo depois de escurecer no sábado) e, assim, depois de pouco mais de vinte e quatro horas no túmulo — não "depois de três dias" e só de modo geral "no terceiro dia". No § 20, com referência à profecia de Jesus quanto a destruir o santuário e construí-lo (ou um outro) "dentro de três dias", esse espaço de tempo em suas diversas redações talvez não signifique nada mais que um breve espaço de tempo, com a precisão sendo acrescentada ou percebida retrospectivamente. Ver também em A1d, acima, o espaço de tempo para Jesus prosseguir, a saber, "hoje, amanhã e depois de amanhã", na predição (Lc 13,33) de que um profeta não deve morrer fora de Jerusalém. Quanto a "ressuscitar" e "ser ressuscitado", é possível

---

[14] Alguns que pensam em dois ditos básicos não escolhem Mc 8,31 e 9,31; Fuller ("Son of Man Came", p. 47) considera Mc 14,21a ("O Filho do Homem vai") e Mc 14,21b ("O Filho do homem é entregue"), com este último padrão refletido em Mc 9,31. Ver em A1a, acima.

[15] O III lucano tem seus problemas: na NP lucana, os romanos não açoitam nem cospem em Jesus e, assim, Lucas tirou esses traços de Marcos em III sem reconhecer que sua reorganização da NP marcana significa que agora a predição de Jesus permanece não cumprida (§ 35, acima).

debater se essa é uma vocalização retrospectiva de uma predição mais geral de vitória sobre a morte hostil.[16] Uma predição de ressurreição depois de três dias ou no terceiro dia talvez seja uma reformulação da predição de Jesus de que, se sofresse morte violenta nas mãos de seus inimigos, ele sem demora seria justificado.[17]

b) Há quem exclua todas essas declarações porque nelas Jesus fala de "o Filho do Homem"; e, em sua opinião, Jesus nunca usou essa expressão a respeito de si mesmo. Na Análise de § 22, expliquei os três tipos de "ditos do Filho do Homem" encontrados nos Evangelhos e várias teorias sobre eles (inclusive a tese improvável de que, nos ditos futuros, Jesus falava a respeito de outro, não de si mesmo).[18] Apresentei argumentos para pensar que Jesus pode perfeitamente ter ampliado a descrição simbólica de "alguém semelhante a um filho de homem [ser humano]" que Deus fortalece e faz vitorioso (Dn 7,13-14; Sl 80,18), de modo que se tornou "o Filho do Homem", a figura humana específica por meio da qual Deus manifesta seu triunfo escatológico.[19] Ele identificou-se, então, como esse instrumento do plano de Deus. Ao abrir essa possibilidade, agi contra uma pressuposição muito comum que fundamenta toda esta discussão, a saber, a tese de que, se um conceito ou padrão identifica-se com esse contexto bíblico, não pode ter se originado de Jesus. O argumento prossegue assim: sabemos que os cristãos primitivos entendiam e explicavam Jesus recorrendo a passagens bíblicas que seu ministério esclarecera (ver o início lucano de III). Portanto, todo emprego da Escritura surgiu

---

[16] Mesmo biblistas centristas duvidam que Jesus predisse literalmente sua ressurreição corporal no terceiro dia. Na narrativa dos quatro Evangelhos, nenhum dos discípulos entendeu que ele quis dizer isso, e todos eles tiveram dificuldade para compreender quando, de fato, ele ressuscitou no terceiro dia. O fato de não entenderem é, sem dúvida, tema teológico, mas ainda sugere que, na tradição, Jesus não fora lucidamente claro nesse ponto. Tem sido perguntado se, ao pensar a respeito do plano de Deus para a história futura, Jesus distinguiu com algum detalhe entre parusia, ressurreição, consumação e construção do santuário do Templo. São esses apenas jeitos diferentes de expressar a visão ou presciência escatológica básica única? Seja como for, não concordo com a sugestão (ver Lindars, *Jesus*, p. 73) de que, em parte ou no todo, isso podia ter sido predito sem tornar Jesus fundamental para o que ia acontecer: Ele é o agente divino do reino neste tempo e no tempo que há de vir.

[17] Assim Black ("Son of Man", p. 7), para quem o estrato mais antigo de Filho do Homem refere-se a sofrimento e justificação, sem referência a ressurreição; ele lembra que os três ditos joaninos de Filho do Homem (que ainda vamos examinar) aproximam-se disso.

[18] Marshall ("Son of Man") apresenta um exame equilibrado de vários pontos de vista.

[19] Lembro ao leitor que, como "o Filho do Homem" aparece quase exclusivamente nos lábios de Jesus, a expressão não é facilmente atribuída à Igreja primitiva. Também não é fácil negar que Jesus refletiu sobre Dn 7, pois essa é uma das pouquíssimas passagens veterotestamentárias onde há referência ao Reino de Deus.

na Igreja primitiva e não podemos seguramente atribuí-lo a Jesus. Afirmo que é menos seguro negar dois fatores que frustram esse argumento.[20] Primeiro, precisa ter havido continuidade entre Jesus e seus seguidores mais primitivos, muitos dos quais estiveram com ele durante sua vida. Se ele não tinha ideias a respeito de uma questão que era essencial para eles, a saber, como ele se encaixava no plano revelado de Deus, por que eles passaram a pensar nessa direção? "Em benefício da apologética" é resposta insatisfatória; eles próprios chegaram à fé antes de discutir com outros. Segundo, nenhuma figura religiosa judaica do tempo de Jesus ignorava as Escrituras. Um Jesus que nunca pensava em si mesmo à luz das Escrituras torna-se mais inconcebível ainda, agora que temos um testemunho contemporâneo da mentalidade de seu tempo nos Manuscritos do Mar Morto, que retratam um esforço intenso para relacionar a vida do grupo à lei e aos Profetas. Consequentemente, prosseguirei com este exame da previsão por Jesus de seu fim, aceitando como fato que Jesus usou realmente as Escrituras e ignorando *a priori* a opinião preconcebida de que, embora Dn 7 oferecesse aos cristãos primitivos base para criar uma esperança nele em termos do Filho do Homem, talvez não apresentasse essa base ao próprio Jesus.

c) Mesmo os que admitem ter Jesus falado do Filho do Homem negam que ele o fez em relação a seu sofrimento (um dos três tipos de "ditos do Filho do Homem").[21] Afirmam que nada em Dn 7 sugere que aquele semelhante a um filho de homem sofreria. Como Schaberg salienta tão sabiamente,[22] isso não é exato. Em Dn 7,26, um dos chifres da quarta besta oprime os santos do Altíssimo, que são "entregues em suas mãos durante um período, dois períodos e meio período" (3 1/2 períodos), antes que o Altíssimo lhes dê reino e domínio. Muitos biblistas identificam esses santos como os simbolizados pelo "semelhante a um filho de homem" de Dn 7,13-14, a quem o Ancião de Dias dará reino e domínio. Se Jesus reconhecesse seu

---

[20] Em outras palavras, não aceito a tese de que um princípio minimalista como a descontinuidade é verdadeiramente científico (já que os ditos que passam nessa rede são seguramente atribuídos a Jesus); esse princípio garante uma distorção atroz.

[21] Um fator neste julgamento é a ausência em Q dos ditos do Filho do Homem sofredor. Contudo, como Q não tem uma NP, teria ela sido um veículo lógico para preservar predições pertinentes à Paixão? Dos cinco ditos do Filho do Homem que Lindars aceita como autenticamente de Jesus, três (Mc 9,31; 10,45; 14,21) envolvem sofrimento. Contudo, na tese de Lindars (*Jesus*) de que "Filho do Homem" significa "um homem como eu", nem Mc 10,45 nem Mc 14,21 fazem sentido sem uma grande correção.

[22] Ela reconhece ("Daniel", p. 213-214) que ideias dispersas apresentadas por ela foram propostas por Best, Lindars e Hooker, mas com certeza ela fez a melhor síntese.

papel em Dn 7,13-14, ele poderia ter usado a fraseologia de Dn 7,25 para predizer que seria entregue às mãos de homens hostis a ele e teria de esperar durante um espaço de tempo de três dias antes de ser vitorioso. Vale a pena notar que, embora nessas predições Jesus não fale de sua vitória em termos de reino, Mc 14,25; Mt 26,29 e Lc 22,28-30 apresentam-no fazendo isso na Última Ceia. Nas predições I, II e III, ele fala de ressurreição; e, embora acima eu tenha mencionado esse tema como possivelmente uma explicação retroativa, Schaberg ("Daniel", p. 209-212) lembra que Dn 12,1-2 tem uma ressurreição do povo santo de Deus. Se Daniel foi a base a partir da qual foi formado o dito em Mc 9,31 (II), foi II, por sua vez, o dito do qual I e III foram formados; ou é provável que a reflexão nas Escrituras tenha dado origem àquelas formas variantes? Muitos estudiosos julgam que a referência em III ao Filho do Homem sendo entregue "aos gentios" é retroprojeção da NP, embora *ta ethne* não seja usado para os gentios em nenhuma NP.[23] (At 4,25-27 refere-se a "gentios" e há quem afirme que Marcos pegou a expressão da pregação primitiva: ver em [d], abaixo.) Entretanto, o chifre da quarta besta a quem os santos do Altíssimo (simbolizado antes por alguém semelhante a um filho de homem) são entregues em Dn 7,25 é um governante gentio.

Há também a probabilidade de outras passagens da Escritura terem sido combinadas com Daniel para formular as predições. Um candidato plausível é a imagem do servo sofredor em Is 52,13-12. Taylor ("Origin") afirma que o uso da metáfora do servo de Isaías pertence a camadas neotestamentárias primitivas. Em especial, alguns recorrem ao targum a respeito de Is 53,5 ("entregue [*msr*] por nossas iniquidades") como prova de que Jesus falou em aramaico de o Filho do Homem ser "entregue" como na predição II.[24] Quanto à predição I, julga-se que o "desprezado e não respeitado" de Is 53,3 tem um eco em "ser rejeitado", enquanto "ele carregava [*sbl*] nossos sofrimentos" de Is 53,4 pode ser a base para "sofrer muitas coisas". Quando se pensa nessas passagens como base, não se pressupõe necessariamente que Jesus se identificou como o servo. Conforme vemos nos hinos

---

[23] Lc 23,2 e Jo 18,35 usam o singular *ethnos* para o povo judeu.

[24] O *paradidonai* do grego marcano encontra-se na LXX de Is 53,6.12. É tentador sugerir que esse verbo, que aparece em Dn 7,25, facilitou a associação de Dn 7 e Is 53; mas isso teria de ser no nível grego da reflexão cristã, pois os verbos semíticos fundamentais em Dn 7,25 e Is 53,6.12 (e no targum de Is 53,5) não são os mesmos. Contudo, *4 Esdras* (13,32), obra judaica escrita originalmente em hebraico, associa a figura apocalíptica do "homem" (que faz eco a "filho de homem" em Daniel) com o "servo" do Altíssimo (que faz eco a Isaías) e, por isso, a ligação entre essas figuras pode ter sido feita em nível pré-cristão. Nas predições da Paixão, como na base de Isaías referente ao servo, quem entrega é Deus (não Judas).

de Qumrã e nos hinos do Benedictus e do Magnificat, um tema principal, que tem uma analogia veterotestamentária primordial, não raro pega imagens, frases e palavras de muitas outras passagens veterotestamentárias, porque o porta-voz (autor) tinha a mente imbuída de cultura bíblica. Sob A1f, acima, examinamos ditos nos quais Jesus via-se em um papel de servo e, assim, passagens (inclusive Is 53) que falavam de um tipo de servo podem ter moldado seu pensamento. E, na verdade, a passagem do servo em Is 50,4 pode também ter feito parte da base. Muitos biblistas consideram os ultrajes previstos em III retroprojeções dos relatos reais da NP daquilo que foi feito, por exemplo, que cuspiriam em Jesus e o açoitariam; mas, em Is 50,6, o servo diz: "Minhas costas dei a açoites [...] não desviei o rosto da vergonha dos escarros".[25] É interessante que, se Isaías influenciou parte ou tudo em I, II e III, a característica soteriológica ou de expiação do papel do servo sofredor em Isaías, tão amada pela Igreja primitiva (nossas enfermidades, nosso pecado, fomos curados, culpa de todos nós), *não* foi levada para essas predições. Nesse sentido, elas podem ser consideradas menos aperfeiçoadas teologicamente que Mc 10,45 ("em resgate por muitos"; ver A1f, acima), ou Rm 4,25 ("entregue por nossas transgressões"), ou Rm 8,32 ("Deus o entregou por [*hyper*] nós todos").[26] Além de Daniel e Isaías, outras passagens, especialmente dos Salmos, foram sugeridas como base formadora para as predições da Paixão, por exemplo, Sl 118,22 ("a pedra que os construtores rejeitaram"), para o "rejeitado" de I.[27] As expressões "entregar" e "a mão de" (pecadores etc.) encontram-se também nos Salmos (APÊNDICE VII, nota 13).

d) Outros fatores que fundamentam a discussão das predições da Paixão incluem se a linguagem na qual elas estão expressas aparece na pregação cristã primitiva e em que etapa dessa pregação. Um princípio radical é que, se o vocabulário de um dito encontra-se na pregação (por exemplo, nos sermões dos Atos, em frases querigmáticas paulinas), isso não pode seguramente ser atribuído a Jesus.[28]

---

[25] Ver em § 26 e § 36, a possível influência do texto de Isaías nos relatos da NP dos maus-tratos de Jesus, de modo que se tem de lidar com um relacionamento triangular envolvendo a descrição em Isaías, as predições e os relatos das NPs.

[26] Também Rm 5,8 ("enquanto ainda éramos pecadores, Cristo morreu por [*hyper*] nós"). A linguagem de *hyper* não é usada em Is 53 e Perrin ("Use", p. 208) a atribui à etapa grega da pregação cristã primitiva.

[27] Fuller ("Son of Man Came", p. 48) ressalta a base do Salmo. Se passarmos para outras predições, Perrin, trabalhando com Mc 14,62 ("Vós vereis o Filho do Homem sentado à direita do Poder e vindo com as nuvens do céu"), vê uma combinação criativa de Dn 7,13-14; Sl 110,1 e Zc 12,10ss.

[28] Uma variante do argumento encontra-se em Perrin ("Towards", p. 26, 27). "Depois de três dias" é distintamente marcano e não remonta a Jesus. Além da duvidosa adequação da base para esse argumento, ver § 2, C2, a respeito da questão de onde Marcos tirou sua linguagem.

Como acima, ao lidar com o uso da Escritura, creio que esse princípio garante a desfiguração para entender Jesus. Se os discípulos eram responsáveis pela pregação e se Paulo menciona que ele "recebeu" algumas fórmulas (dos cristãos primitivos), teria sido inevitável a considerável continuidade entre o modo de Jesus se expressar e as fórmulas repetidas na pregação?[29] Em At 3,15, Pedro diz que os homens de Israel "mataram" o autor da vida. Por que temos de pensar que "morto" nas predições I, II e III é retroprojeção dessa linguagem? Se Jesus realmente predisse que seria morto, o que seria mais natural do que os fiéis proclamarem que ele foi "morto" exatamente como disse que seria?

A possibilidade (ou probabilidade) de continuidade linguística pode ser rejeitada quando as fórmulas de pregação estão expressas em um grego impossível de ser retrovertido para um aramaico que Jesus poderia ter falado,[30] mas isso ocorre relativamente poucas vezes. Ao defender a originalidade de Mc 9,31 (II), Jeremias recorre abundantemente a sua capacidade de reconstruir o aramaico fundamental.[31] Entretanto, é preciso ser cauteloso por diversos motivos. O grego da Septuaginta influenciou pregadores e autores neotestamentários — um grego semitizado, moldado pelo original hebraico ou aramaico que estava sendo traduzido. Portanto, a redação de um dito de Jesus em um grego semitizado que pode ser retrovertido em aramaico ou hebraico não prova necessariamente que existia um dito semítico inicial. A composição original nesse grego semitizado permanece uma possibilidade. Jeremias indica um trocadilho aramaico em II em *bar 'enasa' lidê benê 'enasa'* ("o Filho do Homem nas mãos dos *homens*"); mas o trocadilho também existe no

---

[29] Perrin ("Towards", p. 28) não aceita que o *dei* ("é necessário") de Mc 8,31 (I) tenha vindo de Jesus, pois reflete a apologética cristã primitiva. Creio ser possível defender a causa de não atribuir a Jesus o vocabulário da apologética, pois o contexto da luta cristã com as sinagogas não existia no tempo de Jesus. Mas foi "é necessário", com relação ao plano de Deus, criado (e não apenas usado) no debate apologético? Ou fez originalmente parte da tentativa cristã mais profunda de entender o ministério de Jesus e (ouso sugerir) até parte da tentativa de Jesus para entender as mudanças de sua vida? A questão da necessidade daquilo que é profetizado, que é importante porque dá um ar de inevitabilidade, está convenientemente estudada sob o título do uso de *dei*. Entretanto, esse título é por demais estreito. Mowery ("Divine") lembra que *dei* é apenas uma de seis maneiras diferentes nas quais Lucas se refere à intervenção divina na Paixão.

[30] Em § 20, mencionei a dificuldade de retroverter para o aramaico as frases gregas adjetivas que modificam "santuário" na predição de Mc 14,58: "eu destruirei este santuário *feito por mão humana* e, dentro de três dias, outro *não feito por mão humana* eu construirei".

[31] Reconhecer os substratos aramaicos não é ciência exata. Jeremias suspeita do *dei* ("é necessário") de I como elemento mais tardio, enquanto Black ("Son of Man") considera a construção que inicia I semítica, em vez de grega.

grego que Marcos nos deu: *huios anthropou [...] eis cheiras anthropon*. "Entregue nas mãos de" é expressão semítica, mas aparece na LXX. Muito mais sólida é a afirmação de Fitzmyer ("New Testament", p. 146-149), segundo a qual "o Filho do Homem" certamente não é criação merecedora de crédito em grego e, com certeza, representa o aramaico (não hebraico) *br 'ns*.[32] Contudo, mesmo quando um substrato aramaico pode ser reconstruído, não é demonstrada a autenticidade do dito; os seguidores cristãos primitivos de Jesus também falavam aramaico.

Antes de tirar quaisquer conclusões quanto a Jesus ter feito algumas das predições atribuídas a ele na tradição sinótica, examinemos resumidamente as contribuições à imagem em João.

B. Predições joaninas da Paixão e morte de Jesus

João será tratado mais resumidamente que os sinóticos, mas mesmo um tratamento resumido parecerá sem sentido aos que afirmam que o quarto Evangelho não nos diz nada a respeito do Jesus histórico. Comecei este APÊNDICE com uma referência ao Seminário de Jesus; em 1991, a imprensa noticiou que a maioria votante no seminário não considerou um único dito sequer em João originário de Jesus.

Como nos sinóticos (A1, acima), há em João referências alusivas à morte violenta, embora as que menciono neste parágrafo não ajudem muito nossos propósitos. Em Jo 1,29, João Batista saúda Jesus como "o Cordeiro de Deus que tira o pecado do mundo". Expliquei em APÊNDICE II, B4, que dentro do Evangelho essa designação relaciona a morte de Jesus com o cordeiro pascal que derrama seu sangue — sentido derivado da reflexão cristã primitiva sobre o fato de ter ele morrido no tempo pascal (1Cor 5,7). Porém, em BGJ (v. 1, p. 58-63), mencionei não ser esse necessariamente o sentido mais primitivo da descrição de Jesus como cordeiro e que, se a descrição remontava a João Batista, ele podia estar falando do cordeiro apocalíptico vitorioso, ou mesmo da figura do servo em Is 53,7 que era "como uma ovelha levada ao matadouro e como um cordeiro diante de seus tosquiadores". Entretanto, para nossos propósitos aqui, embora o Jesus joanino aceite a designação tacitamente, não faz parte de *sua* predição de seu fim. Em Jo 2,19, "os judeus" são desafiados por Jesus: "Destruí este santuário e em três dias eu o

---

[32] Cito essa forma porque, embora apareçam no aramaico mais tardio, as formas *br ns* ou *br ns'* não se encontram no século I d.C.; nem o significado de "eu" para "Filho do Homem".

erguerei"; e Jo 2,21 nos diz que o santuário era seu corpo. Entretanto, a leitura nas entrelinhas de Jo 2,22 mostra que o evangelista dá uma interpretação mais tardia de um dito enigmático (§ 20), que de qualquer modo não é uma predição clara, porém, mais um aviso do que acontecerá se os adversários de Jesus prosseguirem em seu caminho hostil.

Mais importante na imagem joanina é que, no meio do ministério (proporcionalmente no ponto onde os sinóticos começam a ter predições alusivas frequentes de morte violenta, como vimos no Quadro 12, acima), "os judeus" e as autoridades de Jerusalém começam uma série de tentativas para matar Jesus (Jo 5,18; 7,1.25; 8,37.40.59; 10,31; 11,8) que culminam, em algum momento antes da Páscoa, em uma reunião do sinédrio que formalmente faz planos para ele ser morto (Jo 11,49-53). Muitos biblistas reconhecem que a imagem joanina de Jesus indo a Jerusalém em diversas ocasiões é mais histórica que o esboço marcano simplificado de uma única viagem a Jerusalém, no tempo de sua morte. (É historicamente provável que nessas ocasiões ele encontrasse oposição.) Em João, então, quando os adversários de Jesus em Jerusalém tornam-se cada vez mais agressivos, a probabilidade de morte violenta nas mãos deles está constantemente diante de Jesus. Quando Jesus diz em Jo 10,15: "Por estas ovelhas eu dou minha vida", ele expressa, na teologia joanina, sua soberania sobre sua morte (Jo 10,17-18 — "ninguém tira [minha vida] de mim"); mas, no plano da narração, o tipo de morte à qual Jesus dá caráter teológico é inevitável. Do mesmo modo, quando Jesus associa a seu sepultamento o perfume que Maria põe em seus pés (Jo 12,3.7), seu comentário reflete inevitabilidade e presciência.

O elemento mais importante nas predições que o Jesus joanino faz de seu fim consiste em três ditos do Filho do Homem:[33]

- "Do mesmo modo que Moisés elevou a serpente no deserto, também é necessário que o Filho do Homem seja elevado" (Jo 3,14).

- "Quando vós [judeus e fariseus] elevardes o Filho do Homem, então sabereis que EU SOU" (Jo 8,28).

---

[33] Muitos comentários de João tratam do tema do Filho do Homem joanino. Ver também R. Schnackenburg, "Der Menschensohn im Johannesevangelium", em NTS 11, 1964-1965, p. 123-137; S. Smalley, "The Johanine Son of Man Sayings", em NTS 15, 1968-1969, p. 278-301; J. Coppens, "Le Fils de l'homme dans l'évangile johannique", em ETL 52, 1976, p. 28-81; F. J. Moloney, *The Johannine Son of Man*, 2. ed., Roma, Libreria Ateneo Salesiano, 1978.

- "E eu, quando eu for elevado da terra, atrairei todos a mim" (Jo 12,32). O evangelista comenta: "Ora, ele dizia isso para dar um sinal de que tipo de morte ele ia morrer" (Jo 12,33). Em seguida há uma reação hostil dos ouvintes: "Como podes dizer que é necessário para o Filho do Homem ser elevado?" (Jo 12,34).

A interpretação que o evangelista dá ao terceiro dito deixa claro que essa "elevação" envolve morte. O segundo dito subentende que a morte envolve ação hostil dos adversários. O primeiro sugere fortemente que a morte envolve crucificação (ele deve ser elevado em um poste, para que todos vejam) e a explicação do terceiro ("de que tipo de morte ele ia morrer") enfatiza esse envolvimento.[34] Assim, essas declarações são *predições*. Embora, na trama, a segunda e a terceira aconteçam depois de ter havido atentados contra a vida de Jesus, esses atentados levam a se prever apedrejamento (Jo 8,59; 10,31; 11,8), não crucificação. Além disso, a "elevação" envolve também, e talvez primordialmente, exaltação, pois, quando ela acontecer, todos reconhecerão que Jesus é de Deus ("sabereis que EU SOU", no segundo dito) e todos serão levados a crer nele e se tornar um com ele (o terceiro).[35] Quando, na cruz, Jesus é elevado fisicamente do chão, ele está ao mesmo tempo sendo elevado simbolicamente para Deus e voltando ao Pai (ver Jo 17,11.13). Nessa área, também, João quer que os leitores vejam Jesus verdadeiramente predizendo; pois, quando ele foi elevado na cruz, José de Arimateia e Nicodemos, que até então haviam sido discípulos hesitantes, se apresentam publicamente para lhe dar um sepultamento honroso, agindo como representantes de "todos" os que Jesus começara a atrair para si.

C. Comparação entre João e os sinóticos e conclusões

A meu ver, as três predições joaninas (aqui citadas como primeira, segunda e terceira) estão claramente relacionadas com as três predições sinóticas da Paixão (I, II, III). Todas têm o mesmo sujeito "Filho do Homem". (Reparemos que, enquanto Jesus diz "Eu" na terceira, a audiência ouve "Filho do Homem".) Há um *dei* ("é

---

[34] Isso se confirma na NP em Jo 18,31-32, quando ficou claro que, fisicamente, Pilatos, não os judeus, deve executar Jesus (e, assim, ele vai morrer pelo castigo romano da crucificação), "a fim de se cumprir a palavra de Jesus que ele disse para expressar de que tipo de morte ele ia morrer".

[35] G. C. Nicholson (*Death as Departure*, Chico, CA, Scholars Press, 1983, p. 75-144 [SBLDS 63]) enfatiza mais fortemente o fator de exaltação.

necessário") na primeira, como havia em I.[36] Enquanto em I, II e III marcanos há a predição de ser morto, o III mateano transforma isso em predição de ser crucificado, do mesmo modo que a terceira predição joanina encontra em "elevado" o tipo de morte que ele ia sofrer. A passiva "entregue" aparece no II e no III sinóticos, enquanto o I sinótico dá maior ênfase à atuação humana ("rejeitado por"); João usa uma forma passiva de "elevar" em suas primeira e terceira predições, mas enfatiza a atuação humana na segunda ("Quando vós elevardes"). As três predições sinóticas envolvem a vitória final: ressuscitar ou ser ressuscitado. Todas as predições joaninas envolvem sua exaltação a Deus. De certa maneira, as predições joaninas são menos aperfeiçoadas que as dos sinóticos, pois o que vai acontecer está expresso apenas simbolicamente ("elevar"), sem os detalhes sinóticos. Contudo, o efeito soteriológico, ausente das três predições sinóticas, está presente nas predições joaninas: o "sabereis" na segunda; o "atrairei todos a mim" na terceira.[37]

Essas semelhanças tornam provável que João tirou seus três ditos dos três sinóticos? O quarto evangelista leu Mc 8–10, escolheu I, II e III e decidiu remodelá-los em redação totalmente simbólica e espalhá-los do princípio ao fim de seu Evangelho? Isso parece forçado. A meu ver, uma hipótese mais provável é que, já no plano pré-evangélico, havia uma coletânea de três ditos predizendo a morte e ressurreição do Filho do Homem, e que as tradições marcana e joanina e/ou os evangelistas aperfeiçoaram esses ditos e os empregaram de forma independente.[38] Se é plausível que Dn 7 ofereceu a base para a ideia de que um "alguém semelhante a um filho de homem" poderia ser vitimado pelo representante do mal, mas seria triunfante e exaltado à presença do Ancião de Dias, a forma marcana das predições do Filho do Homem manteve parte do vocabulário e das metáforas de Daniel (a entrega nas mãos do líder gentio e [talvez] a ressurreição), mas omitiu

---

[36] O povo ouviu um *dei* também na terceira predição, embora Jesus não o tenha pronunciado. Devemos presumir que, na trama joanina, essa audiência se lembra do primeiro dito e interpreta o terceiro por meio do primeiro? É isso indício de que essas três predições eram outrora um bloco unificado?

[37] Alhures, ao comparar João e os sinóticos, por exemplo, na multiplicação dos pães, encontro exatamente o mesmo fenômeno envolvendo o que se pode considerar características mais primitivas e mais tardias. Isso opera contra a tese de simples apropriação: um copista teria de criar características novas, de estilo mais primitivo, além de incluir ou excluir características mais tardias.

[38] Létourneau ("Quatrième") mostra como esse aperfeiçoamento ajusta-se à respectiva teologia dos dois Evangelhos. Em Marcos, além de alertar os discípulos quanto ao futuro de Jesus, os três ditos com concentração no sofrimento ensinam aos discípulos que, se desejam seguir Jesus, terão de compartilhar o mesmo destino. Em João, a concentração nos três ditos a respeito da elevação de Jesus ensina a relação entre a exaltação de Jesus e a fé que traz a salvação.

a exaltação dessa figura de filho de homem ao trono de Deus. Exceto pelo título derivado "Filho do Homem", a forma joanina não tem nenhuma das metáforas de Daniel, mas preserva o impulso básico de exaltação. Vimos acima a probabilidade de uma influência das passagens do servo sofredor de Isaías nas predições marcanas. Muitos pensam que o *hypsoun* joanino ("elevar") origina-se de Is 52,13: "Meu servo será elevado e muito exaltado".[39] Entretanto, Schaberg ("Daniel", p. 218) observa que Dn 12,1 (LXX, não Teodocião) emprega esse verbo para a elevação do povo de Deus nos últimos tempos. Na nota 24, acima, mencionei que, no plano grego, podia ser feita uma ligação entre a LXX de Daniel e Isaías, pois, nos dois casos, é utilizado o verbo *paradidonai*, que aparece nas predições sinóticas da Paixão; do mesmo modo, é possível fazer uma ligação entre a LXX de Daniel e a de Isaías, pois as duas empregam o verbo *hypsoun*, que aparece nas predições joaninas.[40] É essa espécie de reflexão bíblica ligando passagens (juntamente com os respectivos objetivos teológicos dos evangelistas[41]) que talvez tenha levado de um padrão pré-evangélico comum de três predições ao que surgiu independentemente em Marcos e João.

Mas por que as duas tradições teriam trabalhado com Daniel e Isaías? Essa propensão já existia no plano pré-evangélico e, sendo assim, remontava a cristãos mais primitivos em um plano pré-grego ou ao próprio Jesus? Está relacionada com esse problema a pergunta formulada antes, mas deixada sem resposta: Havia uma única predição básica ou várias predições por trás das três? Apesar de afirmações feitas com convicção em alguns tratamentos eruditos das predições, duvido que mesmo nossos modernos métodos de investigação sejam capazes de proporcionar a precisão exigida por essas indagações. Quero apenas relacionar observações conclusivas gerais que acho persuasivas.

---

[39] A LXX interpreta: "Meu servo [...] será elevado e muitíssimo *glorificado*" e certamente a glorificação de Jesus é forte tema joanino.

[40] Tem havido uma tentativa de remontar o *hypsoun* joanino a uma forma passiva de *zap* aramaico, que em Esd 6,11 significa "empalar" e daí "crucificar", e em aramaico (siríaco) mais tardio significa "levantar, elevar". Assim, João estaria fazendo trocadilho com os dois sentidos quando escreveu em grego a respeito de Jesus ser elevado na cruz. Em um só verbo, João estaria resumindo o tipo de fórmula que os Atos colocam nos discursos apostólicos: Vós o crucificastes, mas Deus o exaltou (veja At 2,32.36; 5,30-31). É preciso mais provas de que, no aramaico do século I, a raiz *zap* tinha os dois sentidos e que João trabalhou a partir de uma base aramaica.

[41] Ver na nota 17, acima, a sugestão de Black de que o estrato pré-evangélico talvez estivesse mais próximo da forma joanina final do que da de Marcos.

É história comprovada que Jesus era associado a João Batista e que João Batista foi executado por Herodes (Antipas) porque sua pregação o tornava uma figura perigosa. De certa forma, o início do ministério de Jesus de pregação pública estava associado ao fim da missão de João Batista. Como Jesus poderia não ter previsto que sua missão lhe traria o mesmo fim violento?

É bastante plausível que Jesus exprimisse essa previsão. O exame das três predições sinóticas e das três predições joaninas do Filho do Homem, e das mais numerosas predições alusivas e menos detalhadas (Quadro 12, acima), mostra que a presciência era atribuída a Jesus amplamente e em linguagem bem variada. Somente uma pequena proporção dessa linguagem tem clara possibilidade de se originar das NPs evangélicas. Portanto, não se deve tranquilamente alegar que as predições são todas retroprojeções daquilo que os evangelistas sabiam ter acontecido. Nem é fácil perceber como todas essas formulações são redutíveis a uma única predição básica. Assim, julgo muito improvável a tese de que nenhum desses ditos que preveem morte violenta se origina de Jesus. Obviamente, os pregadores cristãos primitivos ampliaram e intensificaram o tema da presciência do plano divino que Jesus possuía, mas essa impressionante criatividade sem base no próprio Jesus é implausível. Contudo, a continuidade das predições expressas por Jesus às formadas pela pregação cristã primitiva com certeza produz semelhanças de tema e redação; por isso, é muito difícil determinar que forma de que dito é ou não é de Jesus.

Algumas dessas muitas predições fazem eco a descrições veterotestamentárias de justos que sofrem e são perseguidos pelos ímpios. Sem dúvida, os cristãos primitivos usam a Escritura para refletir sobre a morte de Jesus, mas não há nenhuma razão séria para duvidar que Jesus usou a Escritura também para interpretar seu papel no plano de Deus. Afinal de contas, o Reino de Deus é linguagem de Daniel. Em especial, algumas atividades de Jesus parecem intencionalmente destinadas a evocar os profetas de outrora, como Elias e Eliseu;[42] e Jesus tinha de saber que as missões deles de proclamar a Palavra de Deus punha suas vidas em perigo ao atrair a hostilidade dos governantes. Certamente, Jesus sabia que a denúncia por Jeremias das autoridades de Jerusalém levou a uma trama contra sua vida (Jr 26;

---

[42] Curas, ressuscitações, multiplicação de pães, exercer poder sobre tempestades. (A respeito de não menosprezar facilmente os milagres de Jesus, ver NJBC 78,20; 81,96.103-109.) Ver na BIBLIOGRAFIA DA SEÇÃO, adiante, as obras por Davies, Downing e Gnilka quanto à possibilidade de Jesus considerar-se profeta-mártir fornecer a chave para entender a presciência que Jesus tinha de seu fim.

37–38). A essa altura do pensamento judaico, acreditava-se que, em sua maioria, os profetas foram mortos por autoridades hostis (Lc 11,50-51; 13,33; ver *As vidas dos profetas*). Em várias viagens a Jerusalém durante seu ministério, Jesus deve ter mais de uma vez entrado em conflito com as autoridades ali, e seu conhecimento da Escritura com certeza fê-lo dar-se conta de que um fim de profeta o aguardaria se ele continuasse suas proclamações contestadoras.[43] Suas reflexões bíblicas a propósito de seu fim podem muito bem ter orientado as reflexões bíblicas mais detalhadas por seus seguidores depois de sua morte. Não há nada implausível, então, em pensar que Jesus fez uso de Daniel e Isaías nessas reflexões. Entretanto, de maneira paradoxal, é impossível determinar precisamente quanto do uso desses livros veterotestamentários atestado no NT veio do próprio Jesus.

Se Jesus previu que teria morte violenta nas mãos dos que se opunham a ele, se falou a respeito disso e expressou sua previsão em linguagem bíblica, quantos detalhes entraram em sua descrição de seu fim? Por um lado, somente as três predições sinóticas (I, II, III) apresentam detalhes; e, assim, pode-se suspeitar que Jesus não entrou em detalhes ao prever um fim violento. Contudo, quero lembrar que uma figura profética judaica que conhecia a situação religiosa e política do início do século I d.C. bem podia ter sido um tanto detalhada em suas expectativas. Se Jesus esperava problemas em Jerusalém, ele sabia que os chefes dos sacerdotes estariam envolvidos. A violência comprovada dos chefes dos sacerdotes contra os samaritanos, os fariseus e o Mestre de Qumrã, que já era história no tempo de Jesus, apontava claramente nessa direção. Josefo mostra-nos o sumo sacerdote envolvido com um sinédrio ou conselho em suas ações; e, assim, a inclusão de anciãos e escribas nas generalizações de Jesus a respeito dos que se opunham a ele não é inacreditável. (Precisamos, evidentemente, levar em conta que um grupo como anciãos, chefes dos sacerdotes e escribas é, com variações, padrão estabelecido das NPs; mas isso não significa que o grupo não era histórico. Se efetivamente um sinédrio julgou o que fazer com Jesus, esse sinédrio consistiu em vários tipos de líderes judaicos.) Na verdade, se Jesus estava familiarizado com Jr 23,37-38 e seu quadro de sacerdotes, profetas e príncipes que exigiam o castigo e a morte do profeta, ele podia perfeitamente ter incluído outros grupos hostis ao lado dos chefes dos sacerdotes prevendo os que cometeriam violência contra ele. Teria ele imaginado o envolvimento gentio (romano)? Se ele "subia" a Jerusalém somente nas

---

[43] Gnilka (*Jesu*) acha que isso incluía o fato de Jesus ter uma perspectiva salvífica a respeito de sua morte.

festas, ele sabia a probabilidade (confirmada a partir de Josefo) de que o prefeito romano estaria em Jerusalém no exato momento em que os chefes dos sacerdotes tentariam livrar-se dele. Josefo mostra que, nessas ocasiões, as autoridades judaicas tinham de lidar com o governador romano, e a perspectiva apocalíptica de Jesus, de sua proclamação do reino, bem podia intuir uma ação gentia hostil. Quanto às ações de escarnecer, cuspir e açoitar da predição III, descrições veterotestamentárias da perseguição do justo guiaram as descrições nas NPs da violência que foi feita a Jesus. Se Jesus pensava que o fariam sofrer, de que outra forma imaginaria seu sofrimento, exceto nessa mesma linguagem veterotestamentária? Tendo feito essas observações, quero reiterar que raramente (às vezes só uma vez) esse detalhe encontra-se nas declarações de Jesus a respeito de seu fim. Este parágrafo tem apenas o propósito de nos lembrar que um Jesus que não pensasse em nenhuma dessas coisas seria esquisito.

Embora Jesus pudesse ter adquirido certa presciência da leitura dos sinais dos tempos e mais presciência da reflexão sobre o que acontecera aos profetas e aos justos de Deus no passado, não fazemos justiça a uma figura tão imbuída de Deus, se racionalizamos demais a fonte de sua convicção de que ele seria rejeitado e morreria violentamente, mas sairia justificado. Qualquer que tenha sido o raciocínio em seu entendimento do que lhe aconteceria, ele certamente atribuiria sua convicção a esse respeito a sua posição como aquele que Deus enviou para proclamar o reino. Embora não concorde com ela, entendo a posição dos que negam que Jesus exercia esse papel em relação a Deus. Acho mais difícil a posição dos que reconhecem que ele exercia esse papel, mas imaginam que ele nunca falou a respeito de onde esse papel o levaria. A proclamação do reino tinha de incluir convicções a respeito de como o reino chegaria; e, para alguém que ligava a vinda do reino a sua própria atividade, isso incluía convicções sobre seu fim[44] — convicções que ele remontava ao Deus cujo reino estava sendo proclamado.

---

[44] Como mencionei no início deste APÊNDICE, é outra a questão de como a avaliação de Jesus de seu fim relacionava-se com o valor soteriológico ligado a sua morte pelos cristãos primitivos. Eles diziam que ele morreu por todos, pelos pecados, como sacrifício, por meio da redenção ou justificação ou salvação etc. Ele pensava em alguma dessas categorias ou de algum modo relacionava sua morte com a vinda do reino (Mc 14,25)? Há imensa literatura sobre o significado teológico da morte de Jesus (§ 1, nota 32); mas vale a pena notar que Léon-Dufour (*Face*, p. 168-171) afirma que não está historicamente demonstrado que Jesus declarou que morreria para salvar o mundo do pecado — ele deixou nas mãos de Deus essa salvação. Segalla ("Gesù") julga as implicações dessa opinião minimalistas demais para uma cristologia adequada.

Acabei de escrever sobre as "convicções" e a "presciência" de Jesus; antes, escrevi sobre "previsão" e "expectativa". Oberlinner, que dedicou um livro a essa questão, talvez permitisse esses termos sob seu cabeçalho alemão *Todeserwartung*; mas ele insiste que isso não significa necessariamente presciência infalível (*Todesgewissheit*). Ele acha que Jesus expressou sua expectativa de morte violenta e, assim, não estava despreparado para ela, e o mesmo acontecia com os discípulos. Porém, ele não tinha certeza do que aconteceria. Sabia o que seria plausível acontecer, mas não tinha nenhuma concepção completamente arraigada dos acontecimentos. Não vejo nenhum meio de determinar até onde sua relação com Deus no céu levou Jesus da previsão para a presciência, e pode bem ser que ele mesmo não soubesse responder a essa pergunta. A sutileza faz muito mais justiça às probabilidades do que um voto negativo de que Jesus não fez (e talvez não pudesse ter feito) quaisquer das predições atribuídas a ele.

Bibliografia para o Apêndice VIII: As predições de Jesus a respeito de sua Paixão

Muitos livros sobre a cristologia neotestamentária têm uma seção a respeito destas predições, por exemplo, Fuller, Hahn, Tödt.

BASTIN, M. *Jésus devant sa Passion*. Paris, Cerf, 1976 (LD 92).

BLACK, M. The "Son of Man" Passion Sayings in the Gospel Tradition. ZNW 60, 1969, p. 1-8.

BORG, M. J. The Jesus Seminar and the Passion Sayings. *Forum* 3, #2, 1987, p. 81-95.

BUTTS, J. R. Passion Apologetic, the Chreia, and the Narrative. *Forum* 3, #3, 1987, p. 96-127, esp. 107-111.

DAVIES, P. E. Did Jesus Die as a Martyr Prophet? BR 2, 1957, p. 19-30; 19, 1974, p. 34-47.

DOWNING, J. Jesus and Martyrdom. JTS NS, 14, 1963, p. 279-293.

FARMER, W. R. The Passion Prediction Passages and and the Synoptic Problem: a Test Case. NTS 36, 1990, p. 558-570.

FEUILLET, A. Les trois grandes prophéties de la Passion et de la Résurrection des évangiles synoptiques. RThom 67, 1967, p. 533-560; 68, 1968, p. 41-74.

FITZMYER, J. A. The New Testament Title "Son of Man" Philologically Considered. FAWA, p. 143-160.

FULLER, R. H. The Son of Man Came to Serve, Not to Be Served. In: EIGO, F. A., org. *Ministering in a Servant Church*. Proceedings of the Theology Institute of Villanova Univ., 1978, p. 45-72.

_____. The Son of Man: a Reconsideration. In: GROH, D. E. & JEWETT, R., orgs. *The Living Text*. Latham, MD, University of America, 1985, p. 207-217, esp. 211-213 (Honor of E. W. Saunders).

GNILKA, J. *Jesu ipsissima mors. Der Tod Jesu im Lichte seiner Martyriumsparänese*. Münch, Minerva, 1983.

JEREMIAS, J. *Teologia do Novo Testamento*. São Paulo, Paulus, 1977, esp. p. 412-450.

Kittel, G. Jesu Worte über sein Sterben. *Deutsche Theologie* 3, 1936, p. 166-189.

Létourneau, P. Le quatrième évangile et les prédictions de la passion dans les évangiles synoptiques. DJS, p. 579-586.

Lindars, B. *Jesus Son of Man*. London, SPCK, 1983, esp. p. 65-84.

Marshall, I. H. The Son of Man in Contemporary Debate. EQ 42, 1970, p. 67-87.

Mouson, J. De tribus praedictionibus Passionis apud Synopticos. *Collectanea Mechliniensia* 40 ou 25 ns, 1955, p. 709-714.

Oberlinner, L. *Todeserwartung und Todesgewissheit Jesu*. Stuttgart, KBW, 1980 (SBB 10).

Perrin, N. Towards an Interpretation of the Gospel of Mark. In: Betz, H. D., org. *Christology and a Modern Pilgrimage*. Claremont, CA, 1971, p. 1-78, esp. p. 14-28.

_____. The Use of *(para)didonai* in Connection with the Passion of Jesus in the New Testament. In: Lohse, E., org. *Der Ruf Jesu und die Antwort der Gemeinde*. Göttingen, Vandenhoeck & Ruprecht, 1970, p. 204-212 (J. Jeremias Festschrift).

Pesch, R. Die Passion des Menschensohnes. Eine Studie zu den Menschensohnworten der vormarkinischen Passionsgeschichte. In: Pesch, R. & Schnackenburg, R., orgs. *Jesus und der Menschensohn*. Freiburg, Herder, 1975, p. 166-195 (A. Vögtle Festschrift).

Schaberg, J. Daniel 7,12 and the New Testament Passion-Resurrection Predictions. NTS 31, 1985, p. 208-222.

Schmithals, W. Die Worte vom leidenden Menschensohn. TCSCD, p. 417-445.

Strecker, G. The Passion and Resurrection in Predictions in Mark's Gospel. *Interpretation* 22, 1968, p. 421-442. Original alemão em ZTK 64, 1967, p. 16-39.

Taylor, V. *Jesus and his Sacrifice: a Study of the Passion-sayings in the Gospels*. London, Macmillan, 1937.

_____. The Origin of the Markan Passion-sayings. *New Testament Essays*. London, Epworth, 1970, p. 60-71 (artigo original, 1955).

Tödt, H. E. *The Son of Man in the Synoptic Tradition*. Philadelphia, Westminster, 1965, esp. p. 141-221.

Whiteley, D. E. H. Christ's Foreknowledge of His Crucifixion. StEv I, p. 100-114.

Willaert, B. La connexion litéraire entre la première prédiction de la passion et la confession de Pierre chez les Synoptiques. ETL 22, 1956, p. 24-35.

Apêndice IX: A questão de uma narrativa pré-marcana da Paixão* por Marion L. Soards**

Nos últimos anos, muito se tem escrito a respeito das fontes da NP marcana, o que reflete uma diferença de opinião fundamental. De um lado, há biblistas que afirmam que Marcos teve uma fonte primitiva para a NP, que ele copiou praticamente inteira; de outro, há biblistas que afirmam que Marcos criou a NP usando tradições independentes que já existiam e não recorreu a uma NP mais primitiva contínua. A variedade de opinião é demonstrada pelas posições destes biblistas: E. Linnemann (*Studien*) emprega *Redaktionsgeschichte* para chegar à conclusão de que o evangelista Marcos era ele próprio responsável pela forma coerente da NP e que, na melhor das hipóteses, podemos falar de várias outras tradições que o autor empregou ao criar a NP. J. Ernst ("Passionserzählung") declara que 1Cor 15,3-4 revela a autêntica trajetória da NP original: morte → sepultura → ressurreição. Ele conclui que, de Mc 15,30b a Mc 16,8 (menos elementos redacionais), encontramos a trajetória da NP original. R. Pesch (*Markus*) trata todo o material entre Mc 8,27 e Mc 16,8 como sendo a NP pré-marcana, composta de trinta e nove unidades narrativas que são facilmente organizadas em treze grupos de três narrativas. W. Schmithals[1] afirma que um único documento básico (*Grundschrift*) está por trás de todo o Evangelho e, por isso, a NP pré-marcana deve ser considerada uma seção dessa obra unificada mais primitiva.

---

* Nota de R. E. Brown: O conteúdo deste APÊNDICE foi publicado como artigo em *Biblebhashyam* 11, 1985, p. 144-169. O professor Soards atualizou o estudo e gentilmente permitiu-me adaptá-lo ao estilo conciso de meu comentário e encurtá-lo, eliminando duplicações bibliográficas e outras. Submeti-lhe a forma final para aprovação. Ver minha avaliação de seu trabalho em § 2, E2, v. I.

** Professor de Estudos neotestamentários Louisville Presbyterian Theological Seminary

[1] *Das Evangelium nach Markus*. Ökumenischer Taschenbuchkommentar zum Neuen Testament. v. 2. Gütersloh, Mohn, 1979. 2 v.

Como a opinião erudita varia bastante quanto às dimensões da NP pré--marcana, é necessário estabelecer a seção a ser considerada neste APÊNDICE. Vou tratar do material em Marcos desde a prisão de Jesus no Getsêmani até sua morte e sepultamento, a saber, Mc 14,32 a Mc 15,47.[2] Meu estudo inclui quatro grandes seções:

A. Lista comentada de trinta e cinco biblistas com um resumo do método de trabalho de cada um

B. Quadro 14, que examina os versículos atribuídos por esses biblistas[3] à(s) NP(s) pré-marcana(s)[4]

C. Métodos/critérios para determinar a forma (ou não existência) da NP pré-marcana

    1. Paralelos

    2. Tensões internas

    3. Vocabulário e estilo

    4. Temas teológicos e motivos literários

    5. Agrupamentos conceituais

D. Conclusão deste exame: avaliação e inferências das origens da NP

---

[2] Neste comentário, Brown começou com Mc 14,26 e, assim, meu Quadro 14 não abrange seu § 5 introdutório (Mc 14,26-32).

[3] Entre os trinta e cinco, só Mohr não está incluído (por razões a serem explicadas). Além dos trinta e cinco, diversos renomados escritores sobre Marcos não estão incluídos, por exemplo, J. Gnilka, E. Güttgemanns, M.-J. Lagrange, E. Linnemann, E. Lohmeyer e J. Schniewind, não porque sua erudição não é proveitosa, mas porque sua abordagem e seu estilo tornam impossível apresentar suas conclusões no Quadro 14, planejado para esta análise. Ver também PMK, pois alguns autores com o trabalho representado no Quadro 14 contribuíram para essa obra. As posições que assumem em PMK não variam das apresentadas no quadro.

[4] Também F. Neirynck ("Redactional", p. 144-162) traz de maneira proveitosa listas do texto redacional de Marcos como está descrito por Gnilka, Pesch e outros.

A. Biblistas e obras: lista comentada

Os biblistas analisados aqui têm suas opiniões examinadas na Seção B (Quadro 14). Depois do nome de cada autor e do título da(s) obra(s) pertinente(s),[5] há uma descrição do objetivo, do método e das conclusões do estudo do biblista.

As palavras "fonte" e "tradição" aparecem em todo este estudo — palavras muitas vezes usadas com ambiguidade nos escritos a respeito da NP marcana. Neste APÊNDICE, "fonte" designa um recurso, oral ou escrito, que existia em uma forma basicamente estabelecida antes de Marcos recorrer a ele. "Tradição" indica um recurso que era sucinto e talvez não tivesse forma estabelecida antes de Marcos usá-lo. Por exemplo, se considerarmos a narrativa da negação de Pedro (§ 27, acima: Mc 14,53.66-72), há pelo menos três maneiras de explicar a presença desse episódio em Marcos. Primeiro, pode ser criação puramente marcana. Segundo, Marcos poderia ter ouvido a *tradição* de que Pedro negou Jesus e escrito ele mesmo a história. Terceiro, Marcos poderia ter recebido um relato meticuloso da negação de Pedro e incorporado essa *fonte* em seu Evangelho, depois de fazer as alterações apropriadas.

H. ANDERSON (*The Gospel of Mark*, London, Oliphants, 1976 [New Century Bible]) imagina uma extensa fonte pré-marcana, com uma história discernível de tradições às quais Marcos acrescentou toques redacionais. A atenção a temas diferentes na NP marcana (alguns relacionados a problemas vistos em outras passagens do Evangelho de Marcos), a ligações problemáticas na narrativa e a linguagem e estilo (inclusive estrutura) permite a Anderson definir a redação marcana e as várias tradições que formam a NP pré-marcana.

E. R. BUCKLEY ("Sources") alega que duas fontes importantes estão por trás da NP marcana. A Fonte A era um relato histórico básico e a Fonte B era um conjunto de fragmentos curtos, independentes e mais nítidos que estavam intercalados na Fonte A. Este ponto de vista é essencialmente igual ao de V. Taylor (ver abaixo), embora a contribuição de Buckley tenha surgido antes da de Taylor.

R. BULTMANN (BHST) pressupõe que, por trás da NP marcana, havia uma narrativa mais antiga, "que relatava muito sucintamente a prisão, a condenação pelo

---

[5] Títulos abreviados são usados para obras já citadas nas bibliografias do comentário, em especial na BIBLIOGRAFIA GERAL, que trata da NP marcana (§ 3, Parte II).

sinédrio e por Pilatos, o trajeto até a cruz, a crucificação e a morte" (p. 279). Ele analisa cada perícope dentro da NP para determinar se a unidade está ligada aos outros elementos da NP ou é uma tradição independente que foi incorporada mais tarde à NP original. Bultmann considera a questão de até onde Marcos conhecia o conjunto desenvolvido (da NP original e das adições subsequentes a esse fragmento original) problema secundário, que não pode ser respondido com nenhuma certeza. Ao tomar decisões quanto às dimensões e ao conteúdo da NP original, Bultmann observa tradições paralelas em outros materiais tradicionais, duplicatas dentro de perícopes, motivos apologéticos e teológicos, aspectos lendários, materiais editoriais e explanatórios e tensões internas no texto.

J. Czerski ("Passion") examina a NP marcana a partir da perspectiva da crítica formal (ver Bultmann). Ele pressupõe uma NP pré-marcana que se desenvolveu em quatro etapas: 1) morte e sepultamento, 2) julgamento diante de Pilatos e a crucificação, 3) o julgamento diante do sinédrio e a narrativa do túmulo vazio e 4) a adição de incidentes e tradições suplementares.

M. Dibelius (*From*; ver também *The Message of Jesus Christ*, New York, Scribners, 1939) acha que Marcos copiou uma narrativa da Paixão *in totum*. Ele afirma que o crítico pode suprimir da NP marcana, por julgá-las secundárias, cenas ou partes que tenham elos *artificiais* com a narrativa, isto é, as partes da NP marcana que estão em tensão com os materiais em torno delas (ou rompendo a continuidade do contexto imediato ou interferindo na sequência narrativa do conjunto).

J. R. Donahue (*Are You*) afirma que a NP é estrutura criativa marcana; por exemplo, Marcos compôs a cena do julgamento pelo sinédrio e intercalou-a no relato da negação de Pedro. Donahue emprega os instrumentos da crítica redacional e da crítica composicional para afirmar que Marcos usou pelo menos duas diferentes tradições pré-marcanas independentes ao compor a *primeira* NP. Uma era tradição apologética baseada em textos veterotestamentários; a outra era uma tradição histórica na qual Jesus foi conduzido ao sumo sacerdote. Elas foram combinadas em uma redação marcana esmerada para produzir Mc 14,53a-65. Donahue utiliza observações relacionadas a linguagem, estilo, estrutura, padrões e temas e motivos teológicos para separar tradição de redação.

D. Dormeyer (*Passion*) emprega estatística de vocabulário e crítica de estilo, juntamente com a investigação de temas e motivos teológicos, para separar Mc

14,1–16,8 em três concisas e distintas camadas separáveis. A primeira era uma antiga história de martírio com um núcleo histórico. Mais tarde, essa camada foi popularizada com adição de diálogos e expansões lendárias que imitavam biografias proféticas. Por fim, Marcos acrescentou versículos de material parenético a esse núcleo pré-marcano.

J. ERNST ("Passionserzählung") adota a confissão cristã primitiva de 1Cor 15,3-4 como ponto de partida para o conhecimento da Paixão de Jesus e expõe uma trajetória: morte → sepultura → ressurreição. Ele sugere que Mc 15,20b–16,8 contém o núcleo pré-marcano (NP) que segue essa trajetória. Ernst separa esse núcleo dos elementos redacionais marcanos, concentrando-se em componentes teológicos e argumentando a partir de uma perspectiva estilística e composicional de que certos elementos narrativos são secundários.

F. C. GRANT (*The Earliest Gospel*, New York, Abingdon-Cokesbury, 1943; *The Gospels: Their Origin and Their Growth*, New York, Harper, 1957) trabalha essencialmente como crítico formal, concentrando-se na continuidade de toda a NP e perguntando se perícopes individuais podiam ter ou realmente tiveram existência independente fora do contexto da NP. No método e também nas conclusões, a posição de Grant é quase idêntica à de Dibelius. Ele afirma que Marcos adotou *in totum* uma NP pré-marcana e a expandiu, fazendo adições. Além dos versículos indicados no Quadro 14, Grant alega que a NP pré-marcana incluía Mc 14,1-2.10-11.17-18a.21-27.29-31.

S. E. JOHNSON (*A Commentary on the Gospel According to St. Mark*, New York, Harper & Brothers, 1966) refere-se à "considerável concordância" entre os biblistas quanto às passagens a serem atribuídas à NP pré-marcana. Ele se refere à obra de Grant e Dibelius, e, em seguida, relaciona os versículos de Marcos que faziam parte da NP pré-marcana: Mc 14,1-2.10-11.17,18a.21-27.29-31.43-53a; 15,1-15.21-22.24a.25-27.29a.32b-37.39. Johnson desconfia que essa NP era lida juntamente com o AT no culto cristão primitivo.

W. KELBER (KKS) trabalha de modo semelhante ao de Donahue (ver acima). Ele acha "certo lampejo de uma tradição pré-marcana" (p. 539); mas, ao estudar Mc 14,32-42 da perspectiva de termos, vocabulário, motivos, estruturas e preocupações teológicas marcanas, Kelber conclui que "Marcos não é apenas o redator, mas, em alto grau, o criador e autor da narrativa do Getsêmani" (p. 540).

E. KLOSTERMANN (*Das Markusevangelium*, 4. ed., Tübingen, Mohr, 1950 [Handbuch zum Neuen Testament 3]) alega seguir Bultmann ao pressupor uma NP pré-marcana. Ele distingue a história contínua básica dessa NP pré-marcana de expansões que são tanto "histórias mais primitivas já existentes", como "criações que surgiram de maneira nova".

A. KOLENKOW ("Trial") analisa Mc 15,1-20a e se concentra em 1) material na narrativa para o qual Marcos não prepara o leitor e 2) a estrutura essencial do fragmento. O método e as conclusões de Kolenkow são semelhantes aos de Kelber e Donahue por dar ênfase à composição marcana em vez de às fontes pré-marcanas.

K. G. KUHN ("Jesus"), ao estudar a cena do Getsêmani à luz de temas e motivos teológicos, consegue distinguir duas fontes que foram empregadas na estrutura de Mc 14,32-42. Uma fonte era cristológica e falava da "hora". A outra fonte era parenética e falava do "cálice".

W. L. LANE (*The Gospel according to Mark*, Grand Rapids, Eerdmans, 1974 [New International Commentary on the NT]) começa com a suposição dos primeiros críticos formais de que Marcos tinha uma fonte primitiva adotada por ele praticamente intacta. Lane afirma que Marcos "decidiu suplementá-la com tradições paralelas ou complementares, e organizá-la para o desenvolvimento de certos temas" (p. 485). Para determinar como Marcos fez isso, Lane emprega tradições paralelas de Paulo e dos Atos, e pergunta se determinada perícope podia ter tido uma existência originalmente independente fora da NP.

X. LÉON-DUFOUR ("Passion") esboça de maneira geral as opiniões de diversos biblistas quanto ao conteúdo da PN pré-marcana e então relata o trabalho de Taylor em detalhe e com aprovação. Ele também refere-se a Buse ("St John [...] Marcan"), que menciona notáveis paralelos entre o quarto Evangelho e o estrato B (não o A) da NP pré-marcana quando Taylor a separa. É, portanto, admissível duvidar que a narrativa A apresente a NP primitiva. Ao examinar cada NP canônica separada e comparativamente, Léon-Dufour conclui haver certo grau de independência para cada relato, mas que Mateus e Marcos compartilharam uma fonte comum, enquanto Lucas e João compartilharam uma tradição comum. Por trás das quatro NPs agrupadas duas a duas, ele discerne uma história primitiva, escrita ou oral, que os evangelistas teriam eles próprios transformado, por meio da incorporação de relevantes tradições orais. Embora não apresente uma reconstrução precisa, Léon-Dufour define os limites gerais da "história primitiva": ao sair da sala onde foi consumida a ceia do Senhor, Jesus foi preso no Jardim das Oliveiras; foi entregue pelo sumo sacerdote a Pilatos, foi condenado à morte e crucificado. A história terminava com o sepulcro e, talvez, uma aparição. Até onde percebo, ela consistia em Mc 14,3-9.22-25.32-42.47-52.54.65.66-72; 15,2.6-14.16-20.25.27.31-33.38.40-41.47.

R. H. LIGHTFOOT (*History and Interpretation in the Gospels*, New York, Harper, 1934) concentra-se em Mc 14,1–16,8 e trabalha como crítico formal para identificar acontecimentos posteriores fora da NP pré-marcana. Os critérios críticos são semelhantes aos usados por Bultmann.

E. LOHSE (*History*) afirma que Mc 10,33-34 pressupõe breve relato da Paixão. Ele trabalha com os métodos da crítica formal (ver Bultmann) para determinar a forma original da NP pré-marcana.

D. LÜHRMANN (*Markus*) segue o exemplo de J. Becker e T. A. Mohr ao identificar semelhanças notáveis e amplas entre as NPs marcana e joanina. Ele insiste ser preciso justificar esses paralelos, pois o Evangelho de João é, sob outros aspectos, literariamente independente dos sinóticos e expressa outra interpretação teológica da Paixão de Jesus. Lührmann conclui que alguma fonte está necessariamente por trás desses atributos comuns; mas, ao discernir o alcance dessa NP pré-evangélica, é preciso reconhecer que, ao contrário de estar ligado submissamente a ela, Marcos incorporou-a com integridade. Lührmann atribui a ela: Mc 14,1.3-9.17-20.27.29-56.60-61a; 14,63–15,29a; 15,32b-38; 15,40–16,6.8a.

W. MOHN ("Gethsemane") utiliza os instrumentos da crítica redacional (ver Donahue e Kelber) para afirmar que um original apocalíptico (*Vorlage*) com ênfase em "hora" e "sono" está por trás da atual cena do Getsêmani.

T. A. MOHR (*Markus*) investiga as bases históricas, tradicionais e teológicas da NP marcana pela comparação meticulosa das NPs marcana e joanina. Ele conclui que Marcos empregou uma fonte importante que antes passara, ela própria, por uma revisão. A reconstrução que Mohr faz da fonte (subdividindo os versículos como a, b, c, e depois subdividindo mais como aa, ab, ba etc.) é tão complexa a ponto de resistir a ser incluída na Seção B, abaixo; assim, seus resultados estão relacionados aqui, como ele os dá: Mc 14,1-2 (em parte), 14,3.4.5a,6aa.8b.7ac.9ac; 11,1aa (até *Hierosolyma*), 11,8.9a (em parte), 9b.10 (em parte), 11,11ab.15abb.16. [19]; 14,18a (em parte), 14,18ba.20b.21c.22-23.24 (sem *tes diathekes*),

14,25.32.33.34.35a.36 (sem *ho pater*), 14,37 (sem b*b*), 14,38-39.40aba.42a.43 (em parte), 14,45.46.47.50.51-52.53a.55-56.61b (sem *palin* e, talvez, com a inserção de *kai*), 14,62.63-64.65b; 15,1 (em parte), 15,3.2.6.9.11.7.12 (sem *hon legete*), 15,13.15 (sem *boulomenos*, por meio de *poiesai*), 15,16aa.16b.17.18 (em parte), 15,19.20a (até *autou*), 15,20b-22a.24.26-27.34a (sem *te enate hora*), 15,36a.37b.40.42b.43.45b.46.47; 16,1.2.3.4a.5.8a (até *mnemeiou*) — então seguidos de um relato da aparição em Jo 20,11b-18.

M. Myllykoski (*Letzten Tage*) analisa a NP marcana no plano de palavras e frases específicas e fora dele, concentrando-se, acima de tudo, no "fio narrativo" (*Erzählfaden*) que unifica os diversos elementos da história. Depois de leituras minuciosas e complementares de Marcos e João (e dos outros Evangelhos), ele afirma que tensões e repetições perceptíveis interrompem a continuidade da narrativa e apontam para uma NP pré-marcana. Myllykoski distingue entre o estrato mais antigo da NP e uma NP ampliada que Marcos e João teriam usado como base de suas apresentações. (Os asteriscos estão explicados em B, abaixo.) A *tradição mais antiga* abrangia Mc 11,11*.15c.27b*.28*; 14,58*; 14,1-2*.10-11*.17*.26*.43*.45*.46-47*.50.53a. 61b*.62a.65ca*; 15,1*.3*.2*.15b.19a*.20b-22a.23-24a.27.26. A *fonte ampliada da Paixão* (com material da tradição mais antiga da Paixão em colchetes) continha Mc 11,8-10* [11,11*.15c.27b*.28*; 14,58*; 14,1-2*]; 14,3-8* [14,10-11*]; 14,17-20*.27a.29-31*.33-36*.41-42* [14,43*.45*.46-47*.50.53a]; 14,54* [14,61a*.62a.65ca*]; 14,66-72* [15,1*.3*.2*]; 15,6-15a* [15,15b]; 15,16-18.19b [15,19a*.20b-22a.23-24a], 15,24b [15,27.26]; 15,29a.30*.34* .36a.37*.40*.42-46*; e Jo 20,1.11bβ.12... 19ac.20*.22-23. Sou grato ao dr. Myllykoski por me fornecer um exemplar do v. 1 de seu estudo e diversas páginas manuscritas do v. 2, ainda em produção no momento em que escrevo; ele gentilmente colaborou para determinar o conteúdo exato deste parágrafo descritivo.

D. E. Nineham (*The Gospel of St. Mark*, Baltimore, Penguin, 1963 [Pelican NT Commentaries]) refere-se com frequência ao trabalho de "biblistas" (sem muita identificação) para defender a recuperação da NP pré-marcana. Usando métodos da crítica formal, ele indaga se uma tradição tem probabilidade de ser histórica, isto é, se uma tradição poderia remontar a uma testemunha ocular. Ele também emprega um critério semelhante ao da análise da crítica redacional de relações teológicas.

C. D. Peddinghaus (*Entstehung*) afirma que uma NP pré-marcana, originalmente inspirada no Salmo 22, foi mais tarde aperfeiçoada e, por fim, tornou-se o texto ao qual Marcos recorreu (*Vorlage*). Os métodos de estudo são em grande parte os da crítica formal, com conhecimento dos métodos da crítica redacional.

R. PESCH (*Markus*) argumenta que o compromisso marcano com materiais mais primitivos sobre Jesus tem sido subestimado em muitos estudos contemporâneos e afirma que Marcos usou fontes extensas, isto é, pelo menos sete blocos de tradição pré-marcana. Uma delas era uma extensa NP mais primitiva, que abrangia Mc 8,27-33; 9,2-13.30-35; 10,1.32-34.46-52; 11,1-23.27-33; 12,1-12.35-37.41-44; 13,1-2 e 14,1–16,8. Como o objetivo deste material da NP é mais amplo que o alcance dos versículos resumidos no Quadro 14, só as partes relevantes da NP proposta por Pesch estão indicadas naquele gráfico.

E. J. PRYKE (*Redactional*) relaciona catorze aspectos sintáticos que orientam o estilo marcano. Seu exame de "versículos redacionais" que os biblistas identificaram permite-lhe classificar os elementos do "texto redacional de Marcos" sob nove títulos, oito dos quais são aplicáveis a versículos redacionais da NP. Desse modo, Pryke isola os materiais tradicionais que Marcos empregou.

W. SCHENK (*Passionsbericht*) utiliza crítica de vocabulário e estilo, e concentra-se em temas e motivos teológicos para isolar duas fontes que estão por trás da NP marcana. A primeira fonte (uma tradição de Simão) era uma história simples que empregava alusões veterotestamentárias para estabelecer a inocência de Jesus. A segunda, uma tradição apocalíptica, representava a teologia defendida pelos adversários de Marcos. Marcos combinou essas fontes com elementos específicos adicionais (*Einzelstücke*), coordenando os componentes sob os títulos do Jesus sofredor e de imitação pelos discípulos.

L. SCHENKE (*Gekreuzigte*), com a ajuda da crítica literária, concentra-se em temas teológicos da NP. Ele isola a relação pré-marcana mais antiga: o motivo do justo sofredor que apresentava o sofrimento e a morte de Jesus como a do Messias. Em uma etapa pré-marcana mais tardia, foi trabalhado material de um ângulo polemicamente apologético que deixou clara a nítida distinção entre a comunidade cristã e o Judaísmo oficial.

G. SCHILLE ("Leiden") usa os princípios da crítica formal para isolar uma NP pré-marcana que pode ser descrita como coletânea de tradições culturalmente orientadas em três partes: 1) tradição da quinta-feira do lava-pés, 2) tradição da

Sexta-Feira Santa e 3) tradição de histórias do túmulo. O objetivo geral dessas tradições reunidas é Mc 14,18–16,8, com a omissão de Mc 14,55-65.

W. Schmithals (*Markus*) imagina um único escrito unificado (*Grundschrift*), que estava por trás de todo o Evangelho e continha uma NP. "O *Grundschrift* e a reelaboração redacional estão de modo relativo claramente separados um do outro porque, em geral, com respeito a sua redação do *Grundschrift*, Marcos não revisa o Grundschrift, mas, antes, o suplementa e ocasionalmente o abrevia ou reorganiza" (p. 43).

G. Schneider ("Verhaftung" e "Gab"), que não pressupõe uma NP pré--marcana, está mais interessado no processo de composição do texto marcano atual. Ele emprega os métodos de crítica formal e redacional (ver Bultmann e Donahue).

J. Schreiber (*Kreuzigungsbericht* e *Theologie*) emprega crítica da linguagem e de estilo, enquanto dá atenção a citações e concepções apocalípticas. Ele distingue duas fontes que estavam por trás do texto da NP marcana (ver Schenk).

E. Schweizer (*Mark*), ao sugerir a forma e a essência da NP pré-marcana, leva a sério os paralelos entre Marcos e João, e emprega os métodos da crítica formal.

R. Scroggs, em KKS, afirma que, embora Mc 15,20b-39 revele uma complexa história de transmissão, Marcos não criou essa seção. Na verdade, Marcos mudou muito pouco a tradição que recebeu. Scroggs sugere que estilo e vocabulário são "incertos demais" (p. 557) para serem usados como critérios metodológicos definitivos. Ele usa os métodos da crítica formal e enfatiza o isolamento e a correlação de grupos conceituais diferentes, que se encontram no texto para o processo de reconstruir a história de transmissão.

V. Taylor (*Mark*) isola duas fontes que estavam por trás da NP marcana. A fonte A, chamada fonte romana, era uma narrativa fluente, contínua e de caráter resumido, marcada pelo realismo. A fonte B, chamada fonte semítica, era composta de fragmentos concisos independentes, cheios de possíveis semitismos que estavam intercalados em A. Os critérios da crítica formal estão unidos a questões de estilo e vocabulário na obra de Taylor.

B. Quadro 14: Teorias de vários biblistas quanto à composição da narrativa marcana da Paixão

Oito páginas duplas compõem este quadro. O texto marcano é a tradução literal que Brown fez para este comentário. Os símbolos usados estão explicados abaixo. A ausência de um símbolo com referência a determinado versículo geralmente indica que o versículo em questão é considerado redacional pelo biblista cuja opinião a respeito da NP pré-marcana está sendo dada em símbolos. As exceções a esse princípio foram mencionadas acima, na descrição dos métodos de trabalho de cada biblista.

Símbolos usados no quadro 14 abrangendo Mc 14,32–15,47

A	identifica um versículo como pertencente a uma/à fonte ou tradição pré-marcana que foi incorporada por Marcos ao texto de sua NP.
B	identifica um versículo como pertencente a uma segunda fonte ou tradição pré-marcana independente, diferente de A, que foi incorporada por Marcos ao texto de sua NP.
C	identifica um versículo como pertencente a uma terceira fonte ou tradição pré-marcana, diferente de A e de B, que foi incorporada por Marcos ao texto de sua NP.
A1/2/3	indica um versículo daquilo que foi outrora tradição independente que se tornou parte de uma única fonte mais tardia, unificada, que, por sua vez, foi incorporada por Marcos ao texto de sua NP; por exemplo, ver, sob Dormeyer, onde, depois de Mc 15,27, A^1 significa que ele atribui v. 27 a uma primeira etapa pré-marcana de tradição-história. Ver também, sob Peddinghaus, onde, depois de Mc 15,27, A^2 significa que ele atribui v. 27 a uma segunda etapa pré-marcana de tradição-história. B e C às vezes também estão subdivididos.
a/b/c/	em seguida a um símbolo, designa parte do versículo ao qual o símbolo se refere; por exemplo, sob Buckley, depois de Mc 14,32, Aa e Bb significam que ele atribui 32a a A e 32b a B.
*	em seguida a um símbolo, significa que uma palavra ou palavras do versículo às quais esse símbolo se refere são provavelmente redacionais, mas que a preponderância do versículo é pré-marcana.
?	em seguida a outro símbolo, indica que o autor não tomou uma decisão clara quanto ao fato de o versículo ser pré-marcano ou redacional.
[ ]	ao redor de um símbolo, indica que o autor considera o versículo parte de uma adição secundária à fonte primária que o símbolo designa, e que essa adição secundária foi feita antes de Marcos incorporar a fonte (adição primária e secundária) ao texto de sua NP.
—	área da NP não tratada pelo autor respectivo

Mc 14,32-42	Anderson	Buckley	Bultmann	Czerski	Dibelius	Donahue	Dormeyer	Ernst	Grant	Johnson	Kelber	Klostermann	Kolenkow	Kuhn
[32] E eles vêm à propriedade de nome Getsêmani; e ele diz a seus discípulos: "Sentai-vos aqui enquanto rezo".	[B]	Aa Bb					Aa^1 Ab^2				Aa		–	A
[33] E ele toma consigo Pedro, e Tiago e João, e ele começou a ficar grandemente atormentado e angustiado.	[A]	Aa Bb											–	B
[34] E ele diz a eles: "Minha alma está muito triste até a morte. Permanecei aqui e continuai vigiando".	[A]	A									Ab?		–	B
[35] E tendo ido um pouco mais adiante, caía por terra e rezava que, se é possível, a hora passasse dele.	[B]	B					Aa^2				A?		–	A
[36] E ele dizia: "Abba, Pai, tudo é possível para ti: Afasta de mim este cálice. Mas não o que eu quero, mas o que tu (queres)".	[A]	A					A^2				A?		–	B
[37] E ele vem e encontra-os dormindo e diz a Pedro: "Simão, estás dormindo? Não foste forte o bastante para vigiar uma hora?	[A]	B					Aa^2						–	B
[38] Continuai vigiando e rezando, a fim de que não entreis em provação. Na verdade, o espírito está pronto, mas a carne é fraca".	[A]	B									A*		–	B
[39] E novamente tendo se afastado, ele rezou, dizendo a mesma palavra.		B											–	
[40] E novamente tendo vindo, encontrou-os dormindo; pois seus olhos estavam muito pesados e eles não sabiam o que lhe deviam responder.	[B]	A											–	A
[41] E ele vem pela terceira vez e diz a eles: "Continuais, então, dormindo e descansando? O dinheiro foi pago; chegou a hora; vede, o Filho do Homem é entregue às mãos dos pecadores.	[Bb]	B					Ab^2						–	A
[42] Levantai-vos; vamos; vede, aquele que me entrega se aproxima".		B											–	

Apêndice IX: A questão de uma narrativa pré-marcana da Paixão

Lane	Léon-Dufour	Lightfoot	Lohse	Lührmann	Mohn	Myllykoski	Nineham	Peddinghaus	Pesch	Pryke	Schenk	Schenke	Schille	Schmithals	Schneider	Schreiber	Schweizer	Scroggs	Taylor
A	A	A	A	A	A		[A]		A	Ab	A	Aa*[1]	A	A				—	B
A	A	A		A		B*	[A]		A		A B	Ab[1]	A					—	B
A	A	A	A	A		B*	[A]		A	A	A	A[1]	A	Ab				—	B
A	A	A	A	A	A	B*	[A]		A	A	A B	Aa[1]	A	A				—	B
A	A	A		A		B*	[A]		A	A	A	A[1]	A	A				—	B
A	A	A	A	A	Aa		[A]		A	A	A	A[1]	A	A				—	B
A	A	A		A			[A]		A		A	Ab[1]	A	A				—	B
A	A	A	[A]	A					A		A		A	A				—	B
A	A	A	[A]	A			[A]		A		A	Ab[1] [Ac[1]]	A	A				—	B
A	A	A	Aa	A	Ab	B*	[A]		A		A B	Aa*[1] [Ac*[1]]	A	A*				—	B
A	A	A		A		B*	[A]		A		A	A[1]	A					—	B

Mc 14,43-52	Anderson	Buckley	Bultmann	Czerski	Dibelius	Donahue	Dormeyer	Ernst	Grant	Johnson	Kelber	Klostermann	Kolenkow	Kuhn
[43]E imediatamente, enquanto ele ainda falava, chega Judas, um dos Doze, e com ele uma multidão com espadas e paus, da parte dos chefes dos sacerdotes e dos escribas e dos anciãos.	A	A	A	A	A		Ab[1]		A	A	–	A	–	–
[44]O que o estava entregando, dera-lhes um aviso, dizendo: "Ele é (aquele) que beijarei. Agarrai-o e levai-o em segurança".	A	B	A	A	A				A	A	–	A	–	–
[45]E tendo vindo, imediatamente tendo vindo para perto dele, diz: "Rabi", e beijou-o calorosamente.	A	A	A	A	A		A[2]		A	A	–	A	–	–
[46]Mas eles lançaram as mãos sobre ele e o agarraram.	A	A	A	A	A		A[1]		A	A	–	A	–	–
[47]Mas um certo indivíduo dos que estavam por perto, tendo desembainhado a espada, golpeou o servo do sumo sacerdote e decepou sua orelha.		B	A		A		A[2]		A	A	–	A	–	–
[48]E, em resposta, Jesus disse a eles: "Como se contra um bandido saístes com espadas e paus para me pegar?		A	A		A				A	A	–	A	–	–
[49]Dia após dia eu estava convosco no Templo ensinando e não me agarrastes. Entretanto – deixai que se cumpram as Escrituras!"	Aa	A	A		A				A	A	–	A	–	–
[50]E deixando-o, eles todos fugiram.	A	A	A		A		A[1]		A	A	–	A	–	–
[51]E um certo jovem estava seguindo com ele, vestido com um pano de linho sobre sua nudez; e eles o agarram.		A		A			A[1]		A*	A	–	A	–	–
[52]Mas ele, tendo deixado para trás o pano de linho, fugiu nu.		A		A			A[1]		A*	A	–	A	–	–

Apêndice IX: A questão de uma narrativa pré-marcana da Paixão

Lane	Léon-Dufour	Lightfoot	Lohse	Lührmann	Mohn	Myllykoski	Nineham	Peddinghaus	Pesch	Pryke	Schenk	Schenke	Schille	Schmithals	Schneider	Schreiber	Schweizer	Scroggs	Taylor
A		A	A	A		A*	Ab	A^3	A		A	Aa*^{1}	A	A*	A		A	—	A
A		A	A	A			A	A^2	A	A	A B	A^1	A		A		A	—	A
A		A	A	A		A*	A	A^2	A	A	A	A^1	A		A		A	—	A
A		A	A	A		A*	A	A^2	A	A	A B	A^1	A	A	A		A	—	A
A	A	A	[A?]	A		A*	[A?]	A^2	A		A	A^1	A	[A]			A	—	B
A	A	A	A	A			[A?]	A^3	A		A		A	A			A	—	B
A	A	A	A	A			[A?]	A^3	A		A		A	A			A	—	B
A	A	A	A	A		A	A?	A^2	A		A B	A^1	A	A			A	—	B
	A	A	A	A			A	A^2	A		A		A	[A]			A	—	B
	A	A	A			A	A^2	A			A		A	[A]			A	—	B

753

APÊNDICES

Mc 14,53-65	Anderson	Buckley	Bultmann	Czerski	Dibelius	Donahue	Dormeyer	Ernst	Grant	Johnson	Kelber	Klostermann	Kolenkow	Kuhn	Lane
⁵³E eles levaram Jesus ao sumo sacerdote e ali (agora) reúnem-se todos os chefes dos sacerdotes, e os anciãos, e os escribas.	A	A	Aa	A	A	Aa	Aa²		Aa	Aa	–	A	–	–	A
⁵⁴E Pedro seguiu-o de longe até dentro do pátio do sumo sacerdote, e ele estava sentado junto com os guardas e se aquecendo perto da chama abrasadora.	B?	A			A	B	A²		A				–	–	A
⁵⁵Mas os chefes dos sacerdotes e o sinédrio inteiro procuravam depoimento contra Jesus, a fim de lhe dar a morte e não encontravam (nenhum).	A	B		A			A¹					–	–	–	A
⁵⁶Pois muitos davam falso depoimento contra ele, e os depoimentos não eram consistentes.	A	B		A		C	A²					–	–	–	A
⁵⁷E alguns, tendo se levantado, davam falso depoimento contra ele, dizendo	A	A		A		C*						–	–	–	A
⁵⁸que "Nós o ouvimos dizendo que 'eu destruirei este santuário feito por mão humana e, dentro de três dias, outro não feito por mão humana eu construirei'".	A	A		A								–	–	–	A
⁵⁹E mesmo assim seu depoimento não era consistente.	A			A		C									
⁶⁰E tendo se levantado, o sumo sacerdote no meio (deles) interrogou Jesus, dizendo: "Não tens absolutamente nada a responder ao que estes depõem contra ti?".	A	A		A		A									A
⁶¹Mas ele ficou calado e não respondeu absolutamente nada. Novamente o sumo sacerdote o interrogava e lhe diz: "És tu o Messias, o Filho do Bendito?".	A	Aa Bb		A		Aa	Ab²					–	–	–	A
⁶²Mas Jesus disse: "Eu sou e vós vereis o Filho do Homem sentado à direita do Poder e vindo com as nuvens do céu".	A	B		A			Aa²					–	–	–	A
⁶³Mas o sumo sacerdote, tendo rasgado suas vestes, diz: "Que outra necessidade temos de depoentes?	A	B		A			A²					–	–	–	A
⁶⁴Ouvistes a blasfêmia. O que é evidente para vós?". Mas eles todos julgaram contra ele como sendo culpado, punível com a morte.	A	B		A			A²					–	–	–	A
⁶⁵E alguns começaram a cuspir nele e a cobrir sua face e golpeá-lo e dizer-lhe: "Profetiza"; e os guardas pegaram-no com tapas.	A	A	A?	A		C	Ab²					–	A?	–	–	A

Apêndice IX: A questão de uma narrativa pré-marcana da Paixão

Léon-Dufour	Lightfoot	Lohse	Lührmann	Mohn	Myllykoski	Nineham	Peddinghaus	Pesch	Pryke	Schenk	Schenke	Schille	Schmithals	Schneider	Schreiber	Schweizer	Scroggs	Taylor
	A		A		Aa		Aa^2 Ab^3	A	Ab	A B	Aa^1	A	Aa	Aa		Aa	—	[A]
A	A		A		B*	A?	A^3	A	A	A		A	A			A	—	B
		A	A					A	A	A	A^1					A?	—	[A]
		A	A					A	A	A	A^1					A	—	[A]
		A						A		B	A^2					Aa*	—	[A]
		A						A		B	A^2					A	—	[A]
		A						A			A^2						—	[A]
		A	A					A	A	B	A^1					A	—	[A]
			Aa		Ab*			A		A B	A^1			Ab		Aa	—	[A]
					Aa			A	A	A	Aa^1 Ab^2			A			—	[A]
		A	A					A	A	A	A^1			Aa		A	—	[A]
		A	A					A	A	A	A^1			Aa		A?	—	[A]
A	A	A			Aca*			A		B	A^1					A	—	B

755

Mc 14,66-72	Anderson	Buckley	Bultmann	Czerski	Dibelius	Donahue	Dormeyer	Ernst	Grant	Johnson	Kelber	Klostermann	Kolenkow	Kuhn	Lane
^{66}E Pedro estando embaixo no pátio, vem uma das criadas do sumo sacerdote;		B			A		Ab^2					–	–	–	A
^{67}e tendo visto Pedro se aquecendo e tendo olhado para ele, ela lhe diz: "Tu também estavas com o Nazareno, Jesus".	Bb	B			A		Ab^2					–	–	–	A
^{68a}Mas ele negou, dizendo: "Não sei nem entendo o que estás dizendo". ^{68b}E ele foi para fora no pórtico [e um galo cantou].	B	Ba Ab			A		A^2					–	–	–	A
^{69}E a criada, vendo-o, começou novamente a dizer aos circunstantes que: "Este é um deles".	B	A			A							–	–	–	A
^{70a}Mas novamente ele o negava. ^{70b}E pouco depois, os circunstantes novamente diziam a Pedro: "Verdadeiramente tu és um deles, pois de fato és galileu".	B	A			A							–	–	–	A
^{71}Mas ele começou a amaldiçoar e a jurar que: "Não conheço esse homem de quem falas".	B	A			A							–	–	–	A
^{72}E, nesse instante, uma segunda vez um galo cantou; e Pedro lembrou-se da palavra como Jesus a tinha falado para ele, que: "Antes que um galo cante duas vezes, três vezes tu me negarás". E tendo saído apressadamente, ele chorava.		A			A		Ac^2					–	–	–	A

Apêndice IX: A questão de uma narrativa pré-marcana da Paixão

Léon-Dufour	Lightfoot	Lohse	Lührmann	Mohn	Myllykoski	Nineham	Peddinghaus	Pesch	Pryke	Schenk	Schenke	Schille	Schmithals	Schneider	Schreiber	Schweizer	Scroggs	Taylor
A	A	A		B*	A	A^3	A	Ab	A		A	Ab			A	—	B	
A	A	A		B*	A	A^3	A		A		A	A			A	—	B	
A	A	A		B*	A	A^3	A		A		A	A			A	—	B	
A	A	A		B*	A	A^3	A		A		A	A			A	—	B	
A	A	A		B*	A	A^3	A	Ab	A		A	A			A	—	B	
A	A	A		B*	A	A^3	A	Ab	A		A	A			A	—	B	
A	A	A		B*	A	A^3	A		A		A	A			A	—	B	

Mc 15,1-15

Mc 15,1-15	Anderson	Buckley	Bultmann	Czerski	Dibelius	Donahue	Dormeyer	Ernst	Grant	Johnson	Kelber	Klostermann	Kolenkow	Kuhn
¹E nesse instante, cedo, tendo feito sua consulta, os chefes dos sacerdotes com os anciãos e escribas e o sinédrio inteiro, tendo amarrado Jesus, levaram-no embora e o entregaram a Pilatos.			A		A		Ab^1		A	A	–	A		–
²E Pilatos interrogou-o: "És tu o Rei dos Judeus?". Mas em resposta, ele lhe diz: "Tu (o) dizes".	A	B		A	A		A^2		A	A	–	A		–
³E os chefes dos sacerdotes estavam acusando-o de muitas coisas.	A	A	A	A	A		A^1		A	A	–	A		–
⁴Mas Pilatos tentou interrogá-lo novamente, dizendo: "Não respondes absolutamente nada? Vê de quanta coisa te acusaram".	A	A	A	A	A				A	A	–	A		–
⁵Mas Jesus não respondeu mais nada, de modo que Pilatos ficou espantado.	Aa	A	A	A	A		A^1		A	A	–	A		–
⁶Mas em uma/na festa ele costumava soltar para eles um prisioneiro que eles solicitassem.	A	B			A		A^1		A	A	–		A	–
⁷Mas havia alguém chamado Barrabás aprisionado com os desordeiros, os que haviam cometido homicídio durante o tumulto.	A	A			A		A^1		A	A	–		A	–
⁸E a multidão, tendo subido, começou a solicitar (que ele fizesse) como ele costumava fazer para eles.	A	A			A				A	A	–		A	–
⁹Mas Pilatos respondeu-lhes, dizendo: "Quereis que eu liberte para vós 'o Rei dos Judeus'?",	A	B			A		A^2		A	A	–		A	–
¹⁰pois ele tinha conhecimento de que (foi) por inveja/zelo que os chefes dos sacerdotes o tinham entregado.	A	B			A		A^2		A	A	–			–
¹¹Mas os chefes dos sacerdotes instigaram a multidão que ele, de preferência, soltasse Barrabás para eles.	A	B			A		A^1		A	A	–			–
¹²Mas em resposta novamente, Pilatos continuava dizendo a eles: "O que, portanto, farei com ele a quem vós chamais 'o Rei dos Judeus'?".	A	B			A				A	A	–			–
¹³Mas eles gritaram de volta: "Crucifica-o".	A	B			A				A	A	–		A	–
¹⁴Mas Pilatos continuava dizendo a eles: "Pois o que fez ele que é mau?". Mas eles gritaram ainda mais: "Crucifica-o".	A	B			A				A	A	–			–
¹⁵Mas Pilatos, desejando satisfazer a multidão, soltou para eles Barrabás; e ele entregou Jesus, tendo mandado flagelá-lo, a fim de que ele fosse crucificado.	A	A	Ab		A		A^1		A	A	–	Ab	Ab	–

Apêndice IX: A questão de uma narrativa pré-marcana da Paixão

Lane	Léon-Dufour	Lightfoot	Lohse	Lührmann	Mohn	Myllykoski	Nineham	Peddinghaus	Pesch	Pryke	Schenk	Schenke	Schille	Schmithals	Schneider	Schreiber	Schweizer	Scroggs	Taylor
A		A	A		A	A*	A?	A^2	A	Ab	A B	A*^{1}		A*			Aa? Ab	—	A
A	A	A		A		A*	[A]	A^3	A		A	A^1	B				A	—	B
A		A	A			A*	A	A^3	A	A	B	A^1	B	A*			A	—	A
A		A	A				A	A^3	A	A		A^1	B	A			A	—	A
A		A	A				A	A^3	A	A	B	A^1	B	A*			A	—	A
A	A	A		A		B*	A	A^3	A	A		A^2	B	A*			A	—	B
A	A	A		A		B*	A	A^3	A		C	A^2	B	A			A	—	B
A	A	A		A		B*	A	A^3	A		C	A^2	B	A			A	—	B
A	A	A		A		B*	A	A^3	A	A		A^2	B	A			A	—	B
A	A	A		A		B*	A	A^3	A			A^2	B	A			A	—	B
A	A	A		A		B*	A	A^3	A	A	C	A^2	B	A*			A	—	B
A	A	A		A		B*	A	A^3	A		B	A^2	B				A	—	B
A	A	A		A		B*	A	A^3	A	Ab	B	A^2	B				A	—	B
A	A	A		A		B*	A	A^3	A	Aa	B	A^2	B				A	—	B
A		A		A		Ab Ba*	A	Aa^3 Ab^2	A	Aa Ab*	B C	Aa^2 $[Ab*^1]$	B	A			A	—	A

APÊNDICES

Mc 15,16-26	Anderson	Buckley	Bultmann	Czerski	Dibelius	Donahue	Dormeyer	Ernst	Grant	Johnson	Kelber	Klostermann	Kolenkow	Kuhn
¹⁶Mas os soldados o levaram embora para dentro do pátio, isto é, o pretório, e convocaram a coorte inteira.	[A]	B		A			Aac^2				–	A	A	–
¹⁷E eles põem púrpura sobre ele; e tendo trançado uma coroa espinhosa, eles a põem nele.	[A]	B		A			A^2				–	A	A	–
¹⁸E eles começaram a saudá-lo: "Salve, Rei dos Judeus".	[A]	B		A			A^2				–	A	A	–
¹⁹E eles golpeavam sua cabeça com um caniço e cuspiam nele; e, dobrando o joelho, eles o reverenciavam.	[A]	B		A			Ab^2				–	A	A	–
²⁰ᵃQuando escarneceram dele, eles o despiram da púrpura e o vestiram com suas próprias roupas. ²⁰ᵇE eles o levam para fora, a fim de que pudessem crucificá-lo;	[Aa] Ab	Ba	Ab	A			Aa^2 Ab^1	Ab			–	A	Aa	–
²¹e eles obrigam certo transeunte, Simão de Cirene, chegando do campo, pai de Alexandre e Rufo, a tomar sua [de Jesus] cruz.	A		A	A	A		A^1	A	A	A	–	A	–	–
²² E eles o conduzem para o lugar do Gólgota, que é interpretado Lugar da Caveira;	A	B	A	A	A		Aa^1	A	A	A	–	A	–	–
²³e eles estavam lhe dando vinho com mirra, mas ele não o tomou.	A		A	A	A		A^1	A	A?		–	A	–	–
²⁴E eles o crucificam; e eles repartem suas roupas, tirando a sorte para elas quanto a quem devia pegar o quê.	Aa Ab?	A	Aa	A	A		Aa^1	A	A?	Aa	–	Aa	–	–
²⁵Agora era a terceira hora e eles o crucificaram.		B		A	A			A?	A		–	A	–	–
²⁶E havia uma inscrição da acusação contra ele, inscrita: "O Rei dos Judeus".	A?		A	A			A^1	A	A	A	–	A	–	–

Apêndice IX: A questão de uma narrativa pré-marcana da Paixão

Lane	Léon-Dufour	Lightfoot	Lohse	Lührmann	Mohn	Myllykoski	Nineham	Peddinghaus	Pesch	Pryke	Schenk	Schenke	Schille	Schmithals	Schneider	Schreiber	Schweizer	Scroggs	Taylor
A	A	A	A	A		B	[A?]		A	Aa	A B	A^1	B				A	—	B
A	A	A	A	A		B	[A?]		A	A	A	A^1	B				A	—	B
A	A	A	A	A		B	[A?]		A		A	A^1	B				A	—	B
A	A	A	A	A		Aa* Bb	[A?]		A	A	A	A^1	B				Ab	—	B
A	A	A	A	A		Ab	[Aa?] Ab	Ab^2	A	Aa Ab*	A	A^1	B			Ab	A	Ab^1	B
	A	A	A			A	A	A^2	A	A	A	A^2	B	A		A	A	A^1	A
	A	A	A			Aa	A	A^2	A	Aa	A	A^1	B	A		Aa	A	A^1	A
A		A	A	A		A	A	A^3	A	A	A	A^1	B	A			A	A^1	A
A		A	A	A		Aa Bb	Aa	A^2	A	A	A	A^1	B	A		A	Aa [Ab]	Aa^1 Ab^3	A
A	A	A		A				A^1	A		B	A^1	B			B	[A]	A^2	B
A		A	A	A				A^1	A		B	A^1	B			B	A	A$^{4?}$	A

761

APÊNDICES

Mc 15,27-39	Anderson	Buckley	Bultmann	Czerski	Dibelius	Donahue	Dormeyer	Ernst	Grant	Johnson	Kelber	Klostermann	Kolenkow	Kuhn
^{27}E com ele eles crucificam dois bandidos, um à direita e outro à sua esquerda.	A	A?	A	A			A^1	A	A	A	–	A	–	–
^{29}E os que passavam por ali estavam blasfemando contra ele, sacudindo a cabeça e dizendo: "Ah! Ó aquele destruindo o santuário e construindo-o em três dias,	A	A		A	A			A	Aa	Aa	–	A	–	–
^{30}salva-te a ti mesmo, tendo descido da cruz".	A	A		A	A			A			–	A	–	–
^{31}Similarmente, também os chefes dos sacerdotes, escarnecendo dele entre si com os escribas, estavam dizendo: "Outros ele salvou; a si mesmo ele não pode salvar.	A	B		A	A		Aa^1 Ab^2	A			–	A	–	–
^{32}Que o Messias, o Rei de Israel, desça agora da cruz, a fim de podermos ver e crer". Mesmo os que tinham sido crucificados junto com ele estavam insultando-o.	A	Ba Ab		A	A		Aa^2 Ac^1	A	Ab	Ab	–	A	–	–
^{33}E a sexta hora tendo chegado, a escuridão cobriu a terra inteira até a nona hora.	B	B			A				A	A	–	A*?	–	–
^{34}E na nona hora Jesus vociferou com um forte grito: "Eloi, Eloi, lama sabachthani?" que se traduz: "Meu Deus, meu Deus, por que razão me abandonaste?"	B	B		A	A		Aab^1		A	A	–	A*?	–	–
^{35}E alguns dos circunstantes, tendo ouvido, estavam dizendo: "Olhai, ele está gritando para Elias".	B	B		A	A			A	A	A	–	A*?	–	–
^{36}Mas alguém, correndo, tendo enchido uma esponja com vinho avinagrado, tendo-a posto em um caniço, estava lhe dando para beber, dizendo: "Deixai (estar). Vejamos se Elias vem descê-lo".	Aa Bb	B	Aa?	A	A			A	A	A	–	A*?	–	–
^{37}Mas Jesus, tendo soltado um forte grito, expirou.	A		A?	A	A		A^1	A	A	A	–	A*?	–	–
^{38}E o véu do santuário foi rasgado em dois de alto a baixo.	B				A		A^1				–	A*?	–	–
^{39}Mas o centurião que tinha estado de pé ali na frente dele, tendo visto que ele assim expirou, disse: "Verdadeiramente, este homem era Filho de Deus".		A		A	A				A	A	–	A*?	–	–

762

Apêndice IX: A questão de uma narrativa pré-marcana da Paixão

Lane	Léon-Dufour	Lightfoot	Lohse	Lührmann	Mohn	Myllykoski	Nineham	Peddinghaus	Pesch	Pryke	Schenk	Schenke	Schille	Schmithals	Schneider	Schreiber	Schweizer	Scroggs	Taylor
A	A	A	A	A		A	A	A^2	A		A	A^1	B	A		A	A		B
A		A	A	Aa		Ba		A^2	A		A	Aa^1 Ab^2	B	A*		Ba	A	Aa^3	A
A		A	A			B*		A^2	A		B	A^2	B	A			A	A^3	A
A	A	A						Ac^3	A		Ab^1		B	A			Ab^3		B
A	A	A		Ab			Ab	Aab^3 Ac^2	A			A^1	B	A*		Bc	Ab	Aa^4	B
A	A	A		A				A^1	A		B	A^2	B			B	[A]	A^2	B
A		A	A	A		B*	A?	Aa^2 $Abcd^3$	A	Aa	B	Aa^1	B	A*		Ba	[A]	Aa^2 Abc^3	A
A		A	A	A			A?	A^2	A	A			B	A			A		A
A		A	A	A		Ba	Aa Ab?	Aa^2 Abc^3	A	Ab		Aa^1	B	A			A	Aa^3	A
A		A	A	A		B*	A	A^2	A	A	B	A^1	B	A		B	A	Aa^2	A
A	A	A		A				$A^{1/2}$	A	A	B	A^2	B			B	[A]		B
A		A					A?	A^2	A		B	A^1	B					$[A^2]$	A

763

APÊNDICES

Mc 15,40-47	Anderson	Buckley	Bultmann	Czerski	Dibelius	Donahue	Dormeyer	Ernst	Grant	Johnson	Kelber	Klostermann	Kolenkow	Kuhn
⁴⁰Mas havia também mulheres observando de longe, e entre elas Maria Madalena e Maria, mãe de Tiago Menor e de Joset, e Salomé	A						A¹	A			–	–	–	
⁴¹(que, quando ele estava na Galileia, costumavam segui-lo e servi-lo), e muitas outras que tinham subido com ele a Jerusalém.	A							A			–	–	–	
⁴²E, sendo já o entardecer, como era dia de preparação, isto é, o dia antes do sábado,		A					Ab¹	A			–	–	–	
⁴³José de Arimateia, tendo vindo (um respeitado membro do conselho que estava também ele próprio esperando o Reino de Deus), tendo tomado coragem, veio diante de Pilatos e solicitou o corpo de Jesus.	[A]	A					Aac¹	A			–	–	–	
⁴⁴Mas Pilatos ficou espantado que ele já tivesse morrido; e, tendo chamado o centurião, interrogou-o se ele estava morto havia algum tempo.	[B?]	A						A			–	–	–	
⁴⁵E, tendo vindo a saber do centurião, ele concedeu o cadáver a José.	[B?]	A						A			–	–	–	
⁴⁶E tendo comprado um pano de linho, tendo-o descido, com o pano de linho ele o amarrou e pôs em um lugar de sepultamento que foi escavado na rocha; e rolou uma pedra contra a entrada do túmulo.	[A]	A					Aa¹	A			–	–	–	
⁴⁷Mas Maria Madalena e Maria de Joset estavam observando onde ele foi colocado.	[A]	A						A			–	–	–	

Apêndice IX: A questão de uma narrativa pré-marcana da Paixão

Lane	Léon-Dufour	Lightfoot	Lohse	Lührmann	Mohn	Myllykoski	Nineham	Peddinghaus	Pesch	Pryke	Schenk	Schenke	Schille	Schmithals	Schneider	Schreiber	Schweizer	Scroggs	Taylor
A	A	A	A	A		B*	A?		A	Ab			B	A			A	–	B
A	A	A	A	A			Aa?		A	A			B	A				–	B
A		A	A	A		B*	A		A			A*[1]	C	Ab			[A]	–	A
	A	A	A		B*	A		A	Aa	C	A[1]	C	A			[A]	–	A
		A	A	A		B*			A	A		A[1]	C	A				–	A
		A	A	A		B*			A	A		A[1]	C	A			[A]	–	A
A		A	A	A		B*	A		A		C	A[1]	C	A			[A]	–	A
A	A	A	A						A	A	C	A[1]	C	A			[A]	–	B

765

C. Exame de métodos e critérios

É possível classificar os métodos que os biblistas empregam para determinar a forma e o conteúdo das fontes ou tradições que estão por trás da NP marcana de várias maneiras; mas eu o farei sob cinco títulos, conforme indiquei no esboço no início do APÊNDICE.

1. Paralelos

Os biblistas concentram-se em paralelos entre a NP marcana e outros escritos, a fim de fazer comparações de forma, conteúdo, sequência, linguagem e estilo. Bultmann (BHST, p. 275) acha os paralelos entre Marcos e João significativos, pois é muito provável que esses autores tenham escrito de modo independente um do outro. Ernst ("Passionserzählung", p. 171) estuda a NP marcana em relação à confissão cristã primitiva de 1Cor 15,3-4. Lane (*Mark*, p. 485) compara Marcos com fragmentos de tradição encontrados nos Atos, em 1 Coríntios, em Gálatas e em 1 Timóteo. Lohse (*History*, p. 15-16) compara Mc 10,33-34 e os sermões na primeira parte dos Atos com a NP marcana. Schneider ("Gab" p. 27, 35-38) compara partes da NP lucana com segmentos da NP marcana. Além disso, muitos biblistas notam paralelos entre a NP marcana e certos textos veterotestamentários, principalmente dos Salmos e do Dêutero-Isaías.[6] Por fim, ao discutir a sequência dos julgamentos em Marcos, outros consideram o tratado da Mixná *Sanhedrin* como paralelo.[7]

Paralelos entre a NP marcana e outras obras ou tradições neotestamentárias são usados para reconstruir uma forma mais primitiva e mais simples da NP, pois presume-se que tradições encontradas apenas na NP marcana são secundárias. Materiais veterotestamentários permitem aos biblistas verem possíveis linhas de influência e evolução que levam à NP. Os materiais da Mixná formulam perguntas gerais a respeito da plausibilidade histórica da NP marcana.

Entretanto, surgem problemas na aplicação desse método de estudo. Com respeito a materiais paralelos encontrados em outras passagens do NT, é válida a suposição de que apenas os pontos comuns compartilhados por Marcos e outra

---

[6] Por exemplo, Donahue (*Are You*, p. 53-102) e Lohse (*History*).

[7] Ver em Winter (*On the Trial*, esp. p. 23, nota 6) uma história geral do emprego erudito do tratado *Sanhedrin* para criticar a NP marcana. Ver uma esmerada análise dos problemas em Blinzler, *Trial e Prozess*. Entre biblistas com opiniões registradas no Quadro 14, ver Grant, *Earliest*, p. 177-178.

tradição neotestamentária formaram a NP mais antiga (por exemplo, Ernst)? Embora esse método ajude-nos a recuperar uma forma mais simples da NP, precisamos nos lembrar que nada foi provado quanto à forma e substância da NP específica que se presume ter sido empregada por Marcos. A NP pré-marcana talvez já tivesse uma história tradicional complexa antes de sua incorporação à NP marcana. Quanto a paralelos veterotestamentários, é difícil ou impossível determinar como as linhas da tradição mais primitiva foram influenciadas pelos textos veterotestamentários que dão qualidade teológica aos acontecimentos descritos (por exemplo, Dibelius). Como saber em que época o motivo veterotestamentário foi incluído na tradição da Paixão — antes de Marcos ou por Marcos? Finalmente, por causa da data tardia da codificação da Mixná, a relevância de seus textos é questionável. Como sabemos se o procedimento descrito no tratado *Sanhedrin* era realmente praticado no século I?

2. Tensões internas

Dentro do texto da NP marcana, há enigmas observáveis às vezes usados como sinais de expansões secundárias de fontes/tradições da NP original. H. W. Anderson fala de ligações desajeitadas entre Mc 14,46.47.48.49a e 49b.[8] Bultmann identifica 14,55-64 e 15,1 como duplicatas.[9] Dibelius (*Message*, p. 145-146) descreve a cena no Getsêmani como fragmento que interrompe a fluidez da tradição maior, unificada e contínua da NP. Kolenkow afirma que certo material se destaca como tradição pré-marcana porque Marcos não preparou o leitor para as informações que ele transmite.[10] Schmithals (*Markus*, v. 2, p. 694) considera Mc 15,33.38 e 39 criações marcanas, porque esses versículos acrescentam um motivo mais completamente helenizado que a narrativa básica, por exemplo, o motivo da morte de Jesus como o Filho de Deus.

---

[8] *Mark*, p. 321-322. Em resultado de sua análise das tensões internas encontradas em Mc 14,43-52, Anderson conclui que os vv. 47, 48 e 49b foram adições marcanas.

[9] BHST, p. 276-277. A partir da identificação desses fragmentos como duplicatas, Bultmann conclui que "histórias especiais constituem o ingrediente principal da narrativa da Paixão". O "relato detalhado" de Mc 14,55-64 divide a tradição de Pedro e se chama "explicação secundária da breve declaração de Mc 15,1".

[10] "Trial", p. 551-553. Um exemplo dessas informações é o título "o Rei dos Judeus". A inferência dessa asserção é a maior probabilidade de ser atribuído a Marcos o material para o qual ele preparou o leitor. Esse raciocínio é obviamente questionável.

Esse método tenta lidar com o incomum e/ou difícil dentro do texto e fazer sentido de problemas evidentes. Ao operar de modo semelhante à crítica textual, esse método prefere uma explicação simples a uma mais complicada. Mas é válida essa inerente predisposição para a simplicidade e a continuidade? Inconsistências que nos parecem problemáticas evidentemente não pareciam ser problemas para o autor que produziu o texto final que temos; e como podemos ter certeza de que as supostas inconsistências não existiam em uma etapa pré-marcana mais primitiva? Em suma, esse método não distingue entre elementos secundários que Marcos acrescentou e elementos secundários que se tornaram partes da NP antes de ela chegar até Marcos.

3. Vocabulário e estilo

Os biblistas empregam estes critérios de várias maneiras. Muitos comparam frases e sentenças de Marcos com o grego usual do período e, assim, descobrem padrões habituais de gramática, sintaxe e escolha de palavras marcanas. Bultmann (BHST, p. 262-274) concentra-se simplesmente no estilo e considera certas partes da NP marcana modificações por causa de seu caráter explicativo secundário. Por outro lado, ao compilar uma lista de características redacionais das declarações marcanas introdutórias e finais, Donahue (*Are You*, p. 53-102), Kelber (KKS, p. 537-543), Kolenkow ("Trial", p. 550-556) e Pryke (*Redactional*) afirmam distinguir entre elementos marcanos e não marcanos em qualquer perícope confirmada. Ao distinguir a linguagem marcana da não marcana, Mohn concentra-se nas palavras "hora" e "sono/dormir". Taylor (*Mark*, p. 649-664) usa os critérios linguísticos de realismo e a presença de possíveis semitismos dentro de uma narrativa para distinguir uma fonte pré-marcana de outra.

Quando usados em conjunto com outro critério, os critérios de vocabulário e estilo proporcionam informações úteis para entender a possível história da tradição. Por exemplo, pela comparação do vocabulário de tradições paralelas encontradas nas NPs marcana e joanina, o intérprete pode esclarecer as tradições que estavam por trás desses relatos. Além disso, a ênfase em estilo e vocabulário ajuda o intérprete a identificar e concentrar a atenção em temas significativos da NP. Mesmo assim, o emprego de estilo e vocabulário para distinguir elementos marcanos de elementos pré-marcanos na NP não demonstra ser o critério definitivo que alguns críticos afirmam ser. Sinais de estilo marcano não nos dizem se Marcos criou a narrativa independentemente ou apenas tornou a contar com suas palavras uma narrativa que encontrou em uma NP mais primitiva. Resultados controversos são produzidos ao se isolar uma parte da narrativa por meio de métodos estritamente linguísticos.[11]

4. Temas teológicos e motivos literários

Os biblistas afirmam que a presença destes temas e motivos na NP marcana pode ser usada como guia para a composição marcana, porque ou são característicos do Evangelho de Marcos como um todo (e assim presumivelmente originam-se dele) ou não são (e assim presumivelmente originam-se de outra fonte, a saber, de uma NP pré-marcana).

Ernst ("Passionserzählung", p. 173-176) concentra-se nos títulos de Cristo, tais como "Filho de Deus" (Mc 14,61-62; 15,39), nos sinais da natureza (Mc 15,33.34.38) e no horário (Mc 15,25.33-34) na NP marcana, a fim de distinguir elementos marcanos de elementos pré-marcanos. Kuhn ("Jesus") estuda a cena do Getsêmani e encontra dois temas que revelam duas fontes pré-marcanas: uma fonte cristológica caracterizada pela referência à hora de Jesus e uma fonte parenética que se refere ao cálice. Schille ("Leiden") distingue os dias na NP marcana e fala de uma fonte pré-marcana, que consiste em três fragmentos, outrora separados, que se concentravam na quinta-feira, na sexta-feira e no túmulo. Schreiber (*Theologie*, esp. p. 32-33), seguido por Schenk (*Passionsbericht*), distingue dois temas teológicos que lhe permitem supor duas fontes pré-marcanas: uma apologética; a outra, uma declaração sobre a morte de Jesus de uma perspectiva veterotestamentária/apocalíptica.

O foco desse método é útil para distinguir entre elementos literários primordiais e secundários. Contudo, há problemas. Primeiro, se um tema ou motivo aparece somente na NP e não em outras passagens de Marcos, não há nenhuma garantia de que seja pré-marcano. Talvez o único lugar apropriado para esse tema/motivo aparecer seja no contexto da NP (por exemplo, "o Rei dos Judeus"). Se um tema ou motivo aparece na NP e no restante do Evangelho, não podemos automaticamente concluir que esse elemento é originalmente marcano. Um tema/motivo

---

[11] O meticuloso estudo por Scroggs (KKS, p. 529-537) do valor de estilo e vocabulário para distinguir tradições marcanas e pré-marcanas reúne provas estatísticas contra a afirmação de que foram estabelecidos critérios definitivos pelos quais os críticos fazem essas distinções usando métodos estritamente linguísticos.

poderia ter estado presente na NP pré-marcana e ter impressionado tanto Marcos que ele preparou o leitor para esse tema/motivo da NP nas seções do Evangelho anteriores à NP. Um tema específico poderia ter estado na NP marcana e também em outra fonte diferente de Marcos; ou, na verdade, na NP marcana, no restante do Evangelho e em uma fonte que não Marcos. Depois de fazer essa observação, precisamos reconhecer que não possuímos instrumentos para determinar se o tema/motivo foi empregado primeiro pelo autor de Marcos ou em uma etapa mais primitiva da história da tradição.

5. Agrupamentos conceituais

Scroggs (KKS, p. 556-563) defende o emprego de agrupamentos conceituais no estudo da NP marcana. Ao estudar Mc 15,20b-39, ele afirma que o pesquisador "tem como único indício o conteúdo da linguagem", pois "em uma narrativa tão sucinta, assuntos de estilo e escolha de palavras são incertos demais para serem usados com confiança" (p. 557). Assim, Scroggs identifica "materiais na história, agrupados ao redor de certas estruturas conceituais [isto é: a) o arranjo das horas; b) Jesus como o justo sofredor; c) Jesus como o Messias; d) as referências a Elias; e e) as referências ao santuário do Templo], que são diferentes de outras estruturas conceituais, se não contraditórios a elas". Ao separar esses agrupamentos (de a] a e], acima) da narrativa básica, ele identifica Mc 15,20b-24a como "seção estreitamente organizada" (p. 559), à qual os agrupamentos conceituais foram posteriormente acrescentados. Ele fala, "somente com a maior cautela, de certas etapas pelas quais a narrativa passou, cada etapa contribuindo com um motivo próprio para a interpretação teológica da morte de Jesus".

Assim, ao distinguir entre agrupamentos conceituais e um núcleo da narrativa, esse método permite ao intérprete descrever especulativamente a história da tradição. A franca admissão da natureza especulativa dessa reconstrução é por si só uma força, embora signifique que a certeza nunca será alcançada. Contudo, esse método sofre da fraqueza de não distinguir fases marcanas de fases pré-marcanas no desenvolvimento da tradição. Além disso, o intérprete que emprega esse método corre dois riscos: 1) a tentação de forçar partes da tradição em agrupamentos para os quais elas não estão totalmente qualificadas e 2) a possibilidade de ignorar certos elementos da tradição ao reconstruir a história da tradição porque não há lugar conveniente para situar esses fragmentos.[12]

D. Conclusões

Nosso levantamento dos métodos que os biblistas empregam para determinar a forma e o conteúdo das fontes ou tradições que estão por trás da NP marcana leva a diversas conclusões: 1) Nenhum método único permite-nos distinguir elementos marcanos de elementos pré-marcanos na NP e, assim, devemos perceber a necessidade de usar uma série de métodos que seja a mais completa possível. 2) Já que existem forças e fraquezas inerentes em cada um dos métodos que empregamos, devemos variar esses métodos, deixando que o texto sugira os métodos mais apropriados para o estudo. 3) Por reconhecermos o perigo de determinados métodos produzirem resultados específicos e muitas vezes previsíveis, as conclusões quanto à existência ou não existência de uma NP pré-marcana precisam ser cuidadosamente graduadas.

Não está dentro dos limites deste estudo tentar uma nova reconstrução da NP pré-marcana. Entretanto, é possível perguntar se essas advertências quanto às limitações dos instrumentos críticos levam a uma conclusão estritamente negativa com respeito a nossa capacidade de saber alguma coisa sobre a NP pré-marcana. Creio que não.

Estando onde está no Evangelho de Marcos, a descrição de Judas em Mc 14,43 ("Judas, um dos Doze") é notável. O leitor precisa dessa informação? Não. Marcos apresenta Judas duas vezes (Mc 3,19; 14,10) antes de Mc 14,43. Tão próximo quanto em Mc 14,10, Marcos descreve Judas Iscariotes como *um dos Doze*. Embora seja correto descrever o estilo marcano como às vezes redundante, não é justo dizer que o Evangelho de Marcos caracteriza-se por tal repetição quase inútil, como ocorre em Mc 14,43.[13] A explicação que melhor justifica a redundância de

---

[12] Em sua reconstrução, Scroggs nunca justifica Mc 15,27.

[13] Talvez os leitores achem engraçado saber que o argumento que uso para mostrar nossa capacidade de perceber uma NP pré-marcana contradiz um ponto que Brown afirmou em seu comentário (§ 13). Ele argumenta que a repetição de "um dos Doze" não é redundante, pois no próprio momento da traição a frase enfatiza a atrocidade do que acontece: é um dos próprios Doze de Jesus que o entrega. Talvez eles também achem engraçado saber que, desde o primeiro esboço (1982) e a subsequente revisão para publicação (1985) da obra que agora aparece neste APÊNDICE, tornei-me menos entusiasmado quanto a esse argumento específico a favor de uma fonte pré-marcana da NP.

Mc 14,43 é que Marcos está empregando uma fonte. Sem as partes mais primitivas do Evangelho de Marcos, o leitor precisa de informações referentes a Judas, tais como Mc 14,43. Mas, o que devemos concluir da presente repetição? A descrição em Mc 14,10 deve ser redação marcana baseada em parte em Mc 14,43. Quando apresenta Judas ao leitor, Marcos o faz em uma lista dos Doze (Mc 3,14-19). Em Mc 3,19, quando Marcos menciona Judas, ficamos sabendo 1) que Judas é "Judas Iscariotes" e 2) que é o "que na verdade entregou-o [Jesus]". Em Mc 14,43, Judas é simplesmente "Judas",[14] e é descrito como "um dos Doze". Assim, é provável que, quando Marcos descreve "Judas Iscariotes, (aquele) um dos Doze" (em Mc 14,10), o nome Judas Iscariotes reflita Mc 3,19 e a descrição "um dos Doze" reflita Mc 14,43. A forma do nome e a descrição em Mc 14,10, bem como a repetição desnecessária de informações basicamente desnecessárias em Mc 14,43, sugerem que Marcos usa uma fonte para este último versículo.

O que se pode dizer quanto a essa fonte? 1) Não sabemos com certeza absoluta onde a fonte começou, mas essa teria sido a primeira menção a Judas. 2) Não haveria uso para uma tradição que relatasse apenas que Judas entregou Jesus. Portanto, a atividade de Judas a essa altura exige que a história continue com um relato da prisão, condenação e execução de Jesus. Entretanto, não temos certeza absoluta quanto a onde a fonte marcana teria terminado.

Quando voltamos a atenção para o relato marcano da prisão, condenação e execução de Jesus, encontramos uma narrativa com uma história complexa de tradições, como mostra a obra de Bultmann e Scroggs. Mesmo assim, a presente NP marcana (como estudamos em Mc 14,32–15,47) não tem margens extremamente irregulares ou emendas óbvias. Marcos insere com habilidade em seu Evangelho toda fonte que ele emprega, deixando apenas traços (por exemplo, Mc 14,43) da existência mais primitiva da fonte.

Desse modo, nossa investigação nos traz a uma conclusão positiva e a um ponto de desafio. Podemos seguramente concluir que, para escrever sua NP, Marcos usa uma fonte. Entretanto, só conhecemos essa fonte da maneira como está incorporada em Marcos. O maior desafio diante de nós não é a separação entre a tradição e a redação marcana; pois, como mostra nosso trabalho anterior, essa

---

[14] O apoio textual para acrescentar "Iscariotes" é fraco e nem Mateus nem Lucas leem esse nome em Marcos. A inserção é facilmente justificada como modificação dos copistas que põe essa referência a Judas em conformidade com as duas referências marcanas anteriores a ele.

tarefa talvez acabe sendo impossível. Mais exatamente, precisamos investigar as ricas camadas de tradições que nos chegam na forma da NP marcana. Essa conclusão não significa que podemos simplesmente descartar toda noção de atividade editorial. Exige, entretanto, que uma preocupação com os dados desse trabalho editorial não seja nossa preocupação principal.[15]

---

[15] A posição que adoto é semelhante à de Juel, *Messiah*.